2020
3ª EDIÇÃO AGORA COM + MAPAS

#1 BEST SELLER
DOS MAPAS MENTAIS

EXAME DA OAB
MAPAMENTALIZADO

WANDER GARCIA | ANA PAULA GARCIA | RENAN FLUMIAN
COORDENADORES

2020 © Editora Foco

Coordenadores: Ana Paula Garcia, Wander Garcia e Renan Flumian
Autores: Wander Garcia, Renan Flumian, Arthur Trigueiros, Bruna Vieira, Eduardo Dompieri, Fernando Leal Neto, Henrique Subi, Hermes Cramacon, Lucas Corradini, Luiz Dellore, Marcio Pereira, Tony Chalita e Robinson Barreirinhas
Título: Exame da OAB: MapaMentalizado
Edição: 3ª Edição 2020
Paginas: 632
Projeto Gráfico: WCG Propaganda & Design (Wilton Carvalho Garcia)
Criação Capa: Wilton Carvalho Garcia
Diagramação: Débora Torbitoni e Wilton Carvalho Garcia
Arte Capa: Leonardo Hermano
Imagem Capa: Projetado por *Freepik*
Revisão: Allan Moraes
Editora: Foco
Impressão e acabamento: Gráfica EDELBRA

Dados Internacionais de Catalogação na Publicação (CIP) de acordo com ISBD

E96	Exame da OAB: mapamentalizado / coordenado por Wander Garcia. - 2. ed. - Indaiatuba, SP : Editora Foco, 2020. 603 p. ; 21cm x 28cm. ISBN: 978-85-8242-430-8 1. Direito. 2. Ordem dos Advogados do Brasil - OAB. 3. Mapamentalizado. I. Garcia, Wander. II. Título.
2019-2210	CDD 340 CDU 34

Elaborado por Vagner Rodolfo da Silva - CRB-8/9410

Índice para catálogo sistemático:
1. Direito 340
2. Direito 34

DIREITOS AUTORAIS: É proibida a reprodução parcial ou total desta publicação, por qualquer forma ou meio, sem a prévia autorização da Editora FOCO, com exceção do teor das questões de concursos públicos que, por serem atos oficiais, não são protegidas como Direitos Autorais, na forma do Artigo 8º, IV, da Lei 9.610/1998. Referida vedação se estende às características gráficas da obra e sua editoração. A punição para a violação dos Direitos Autorais é crime previsto no Artigo 184 do Código Penal e as sanções civis às violações dos Direitos Autorais estão previstas nos Artigos 101 a 110 da Lei 9.610/1998. Os comentários das questões são de responsabilidade dos autores.

NOTAS DA EDITORA:

Atualizações e erratas: A presente obra é vendida como está, atualizada até a data do seu fechamento, informação que consta na página II do livro. Havendo a publicação de legislação de suma relevância, a editora, de forma discricionária, se empenhará em disponibilizar atualização futura.

Bônus ou Capítulo On-line: Excepcionalmente, algumas obras da editora trazem conteúdo no *on-line*, que é parte integrante do livro, cujo acesso será disponibilizado durante a vigência da edição da obra.

Erratas: A Editora se compromete a disponibilizar no site www.editorafoco.com.br, na seção Atualizações, eventuais erratas por razões de erros técnicos ou de conteúdo. Solicitamos, outrossim, que o leitor faça a gentileza de colaborar com a perfeição da obra, comunicando eventual erro encontrado por meio de mensagem para contato@editorafoco.com.br. O acesso será disponibilizado durante a vigência da edição da obra.

Impresso no Brasil (01.2020) – Data de Fechamento (11.2019)

2020
Todos os direitos reservados à
Editora Foco Jurídico Ltda.
Rua Nove de Julho, 1779 - Vila Real
CEP 13333-070 – Indaiatuba – SP
E-mail: contato@editorafoco.com.br
www.editorafoco.com.br

APRESENTAÇÃO

Sempre que nosso cérebro recebe informações, ele as classifica ao extremo e as armazena em uma série de "caixinhas".

O problema é que os livros técnicos em geral apresentam aos leitores textos extremamente compridos e pouco classificados, o que faz com que a leitura, além de árida, exija da mente classificações em tempo real e posterior organização disso tudo no cérebro.

Por conta disso você demora muito tempo para estudar, não consegue classificar tudo o que lê e acaba sem organizar isso tudo no cérebro, deixando a maior parte das informações soltas e perdidas, o que faz com que elas sejam esquecidas em pouco tempo.

Imagine agora um livro que já organizasse todas essas informações exatamente da forma como a sua mente e o seu cérebro funcionam.

Um livro assim certamente multiplicaria a velocidade dos seus estudos e também garantiria que todas as informações estudadas ficariam organizadas no cérebro.

Pois é. Pela primeira vez você tem à disposição um livro com todas as disciplinas do Exame de Ordem, num volume só, elaborado exatamente da forma como a sua mente e o seu cérebro aprendem mais, que é pela forma de "Mapas Mentais".

Com esse livro a sua velocidade de estudo e o seu nível de compreensão e retenção serão levados ao extremo, o que certamente fará diferença para a sua aprovação no Exame de Ordem.

O material foi elaborado em Mapas Mentais classificados e esquematizados ao extremo, e ainda conta com variadas cores (para ajudar na fixação das informações) e uma série de alertas e destaques (como "Cuidado", "Atenção", "Dica", "Tradução", "Jurisprudência", "Exemplo" etc.), tudo de modo a fazer você aprender e reter o aprendizado da forma mais efetiva possível.

Ha também campos em branco em cada Mapa Mental, permitindo que você faça anotações complementares, de modo a tornar cada mapa ainda mais personalizado e perfeito para os seus estudos.

Portanto, ao usar os Mapas Mentais você terá maior velocidade de leitura, melhor organização das ideias, melhor retenção da informação e ainda mais vontade de estudar, pois é muito mais agradável, lúdico e eficaz estudar por Mapas Mentais do que por textos longos, discursivos e pouco classificados.

Agora é com você: estude firme e com disciplina pelo livro "Exame da OAB MapaMentalizado" e garanta a sua aprovação no Exame de Ordem.

Um grande abraço!

Prof. Wander Garcia
Prof. Renan Flumian

SUMÁRIO

1. **Ética Profissional** - Arthur Trigueiros 07
2. **Direito Constitucional** - Bruna Vieira e Tony Chalita 39
3. **Direito Internacional** - Renan Flumian 79
5. **Direito Empresarial** - Henrique Subi 107
6. **Direito do Consumidor** - Wander Garcia 141
7. **Direito Civil** - Wander Garcia 153
8. **Direito Processual Civil** - Luiz Dellore 211
9. **Direito Administrativo** - Wander Garcia 261
10. **Direito Tributário** - Robinson Barreirinhas 317
11. **Direito do Trabalho** - Hermes Cramacon 359
12. **Direito Processual do Trabalho** - Hermes Cramacon 401
13. **Direito Ambiental** - Wander Garcia 441
14. **Direito da Criança e do Adolescente** - Eduardo Dompieri e Lucas Corradini 453
15. **Direito Penal** - Arthur Trigueiros 471
16. **Direito Processual Penal** - Marcio Pereira, Fernando Leal Neto e Lucas Corradini 543
17. **Direitos Humanos** - Renan Flumian 601
18. **Filosofia do Direito** - Renan Flumian 619

ÉTICA PROFISSIONAL
Arthur Trigueiros

ÉTICA

Tema I – OAB e sua Estrutura

OAB e sua estrutura I

1.1. Natureza jurídica da OAB: entidade *sui generis*, ímpar no rol das personalidades jurídicas (STF, ADI 3026/06)

1.2. Características da OAB
- **1.2.1.** Serviço público independente (art. 44, EAOAB)
- **1.2.2.** Forma federativa
- **1.2.3.** Imunidade tributária total – rendas, bens e serviços (inclusive as Caixas de Assistência dos Advogados – STF, Recurso Extraordinário - RE 405.267)
- **1.2.4.** Personalidade jurídica

1.3. Órgãos da OAB (art. 45, EAOAB)
- **1.3.1. Órgão federal:** Conselho Federal
- **1.3.2. Órgãos estaduais:** Conselhos Seccionais
- **1.3.3. Órgãos municipais:** Subseções
- **1.3.4. Órgãos assistenciais:** Caixas de Assistência dos Advogados

1.4. Conselho Federal (arts. 51 a 55, EAOAB; arts. 62 a 104, RGOAB)

1.4.1. Órgão supremo da OAB, dotado de personalidade jurídica própria

1.4.2. Localização: tem sede em Brasília-DF

1.4.3. Competências do CFOAB (art. 54, EAOAB)

– Destaques das principais competências:
a) Editar e alterar o CED e o RGOAB (quórum de 2/3 de seus membros)
b) Representar os advogados, com exclusividade, em eventos e órgãos internacionais da advocacia
c) Elaborar as listas de advogados constitucionalmente previstas para o preenchimento de cargos vagos nos Tribunais judiciários nacionais e interestaduais
d) Ajuizar ADI (contra leis federais ou estaduais em descompasso com a CF)
e) Autorizar, mediante a maioria absoluta das delegações, alienação ou oneração de bens imóveis (se forem bens móveis, competirá à Diretoria)

1.4.4. Órgãos do CFOAB

– **Conselho Pleno:** presidido pelo Presidente do Conselho Federal – competências definidas no art. 75, RGOAB
– **Órgão Especial do Conselho Pleno:** presidido pelo Vice-Presidente do Conselho Federal – competências definidas no art. 85, RGOAB
– **Primeira Câmara:** presidida pelo Secretário Geral do Conselho Federal – competências definidas no art. 88, RGOAB
– **Segunda Câmara:** presidida pelo Secretário Geral-Adjunto do Conselho Federal – competências definidas no art. 89, RGOAB
– **Terceira Câmara:** presidida pelo Tesoureiro do Conselho Federal – competências definidas no art. 90, RGOAB
– **Diretoria:** composta de um Presidente, um Vice-Presidente, um Secretário Geral, um Secretário Geral-Adjunto e um Tesoureiro – competências definidas no art. 99, RGOAB
– **Presidente:** é conhecido como Presidente da OAB Nacional – competências definidas no art. 100, RGOAB

1.4.5. Composição do Conselho Federal

– **Presidente:** conhecido como Presidente da OAB Nacional. Não é um Conselheiro federal
– **Conselheiros Federais:** integrantes das delegações de cada uma das unidades federativas
Dica: temos, ao todo, 81 Conselheiros federais, oriundos de cada uma das 27 unidades federativas (26 Estados e DF). Cada delegação é composta de 3 Conselheiros federais
– **Ex-presidentes:** são membros honorários vitalícios
Dica: os ex-presidentes do Conselho Federal têm somente direito a voz nas sessões do Conselho Federal, salvo aqueles que ocuparam o cargo até 5 de julho de 1994, tendo, nesse caso, também direito a voto

1.4.6. Sessões no Conselho Federal

– **Participantes:** todos os membros do Conselho Federal podem participar (conselheiros federais e membros da diretoria)
– **Presidentes dos Conselhos Seccionais:** somente **direito a voz**
– **Presidente do Instituto dos Advogados Brasileiros:** somente **direito a voz**
– **Agraciados com a "Medalha Rui Barbosa":** somente direito a voz
– **Ex-presidentes do Conselho Federal:** somente **direito a voz**, salvo os que exerceram o cargo ou estavam no seu exercício em 5 de julho/1994
– **Presidente da OAB Nacional:** não vota, salvo em caso de empate
Dica: nas sessões do Conselho Federal os votos são tomados por delegação, e não por cabeça. As delegações não poderão votar nos assuntos de interesse de sua unidade federada

ÉTICA

Tema I - OAB e sua Estrutura II

OAB e sua estrutura II

1.5. Conselhos Seccionais
(arts. 56 a 59, EAOAB; arts. 105 a 114, RGOAB)

- **1.5.1. Órgãos estaduais:** sediados em cada um dos Estados e no DF
- **1.5.2. Personalidade jurídica própria:** todos os Conselhos Seccionais têm personalidade jurídica própria

1.6. Competências dos Conselhos Seccionais
(art. 58, EAOAB)

1.6.1. Destaques:
– Criação das Subseções e Caixas de Assistência
– Fixação de tabelas de honorários, com validade estadual
– Fixação das anuidades
– Decidir critérios sobre os trajes dos advogados
– Eleger as listas de advogados constitucionalmente previstas para o preenchimento de vagas dos Tribunais judiciários estaduais

1.7. Composição dos Conselhos Seccionais

- **1.7.1. Presidente**
- **1.7.2. Conselheiros seccionais:** são denominados também de Conselheiros estaduais
  - *Dica:* são eleitos no âmbito estadual e distrital
- **1.7.3. Ex-presidentes:** são membros honorários vitalícios, somente com direito a voz nas sessões
- **1.7.4. Presidente do Instituto de Advogados local:** membro honorário, somente com direito a voz

1.8. Número de Conselheiros Seccionais

- **1.8.1. Abaixo de 3.000 inscritos:** até 30 conselheiros
- **1.8.2. A partir de 3.000 inscritos:** mais 1 membro a cada grupo de 3000 inscritos, até o limite de 80

Dica: o número de Conselheiros Seccionais varia de acordo com o número de inscritos no Conselho Seccional

1.9. Sessões nos Conselhos Seccionais

1.9.1. Participantes:
- **Conselheiros seccionais:** direito a voz e voto
- **Presidente do Conselho Federal:** direito a voz
- **Conselheiros Federais integrantes da respectiva delegação:** direito a voz
- **Presidente da Caixa de Assistência dos Advogados:** direito a voz
- **Presidentes das Subseções:** direito a voz

1.10. Subseções
(arts. 60 e 61, EAOAB; arts. 115 a 120, RGOAB)

- **1.10.1. Partes autônomas** do Conselho Seccional
- **1.10.2. Personalidade jurídica:** as subseções não têm
- **1.10.3. Criação:** são criadas pelos Conselhos Seccionais, após estudo de viabilidade realizado por comissão especialmente designada pelo Presidente do Conselho Seccional
- **1.10.4. Exigência:** mínimo de 15 advogados domiciliados profissionalmente

1.11. Abrangência territorial das subseções

- **1.11.1. Um município**
- **1.11.2. Mais de um município**
- **1.11.3. Parte de um município**

Dica: é possível que uma mesma subseção abranja dois ou mais municípios, ou, ainda, um mesmo município tenha duas ou mais subseções

ÉTICA

TEMA II - ATIVIDADES DE ADVOCACIA

ÉTICA

Tema II - Atividades de Advocacia II

1. Atividades de advocacia II

- **1.6. Advocacia vinculada a outras atividades**
  - **1.6.1.** É vedada a divulgação de advocacia em conjunto com outras atividades (Art. 1º, §3º, EAOAB)
  - **1.6.2. Indispensabilidade do advogado à administração da justiça** (art. 2º, EAOAB; art. 133, CF)
    - **1.6.2.1.** O advogado é indispensável à administração da justiça
    - **1.6.2.2.** No seu ministério privado, o advogado presta serviço público e exerce função social

- **1.7. Exercício da advocacia no território brasileiro e a denominação de advogado** (art. 3º, EAOAB)
  - **1.7.1.** O exercício da advocacia exige a inscrição na OAB
  - **1.7.2.** A denominação de advogado é privativa dos inscritos na OAB

- **1.8. Advocacia Pública** (art. 3º, §1º, EAOAB; arts. 9º e 10, RGOAB; art. 8º, Novo CED)
  - **1.8.1. Integrantes da advocacia pública:**
    - a) Advocacia-Geral da União (AGU)
    - b) Procuradoria da Fazenda Nacional (PFN)
    - c) Defensoria Pública da União (DPU) e Defensoria Pública dos Estados (DPEs)
    - d) Procuradorias e Consultorias Jurídicas dos Estados, Distrito Federal, Municípios, autarquias e fundações públicas
  - **1.8.2. Características dos integrantes da advocacia pública, obrigações e regime ético**
    - a) Independência técnica e dever de urbanidade das chefias (art. 8º, Novo CED)
    - b) Obrigam-se à inscrição na OAB
    - c) São elegíveis e podem integrar qualquer órgão da OAB
    - d) Sujeitam-se às regras do EAOAB/CED/RGOAB, sem prejuízo do regime próprio a que se subordinem

- **1.9. Consequências da prática de atos privativos de advocacia por pessoa não inscrita na OAB** (art. 4º, EAOAB; art. 4º, RGOAB)
  - a) São nulos os atos privativos de advogado praticados por pessoa não inscrita na OAB, sem prejuízo das sanções civis, penais e administrativas
  - b) Exercício ilegal da profissão (art. 4º, RGOAB)

- **1.10. Efetivo exercício da advocacia** (art. 5º, RGOAB): considera-se efetivo exercício da atividade de advocacia a participação anual mínima em cinco atos privativos previstos no art. 1º do Estatuto, em causas ou questões distintas
  - **1.10.1. Comprovação do efetivo exercício da advocacia:**
    - a) certidão expedida por cartórios/secretarias judiciais;
    - b) cópia autenticada de atos privativos;
    - c) certidão expedida pelo órgão público no qual o advogado exerça função privativa do seu ofício, indicando os atos praticados

- **1.11. Advocacia *pro bono*** (art. 30, Novo CED)
  - **1.11.1. Conceito:** prestação gratuita, eventual e voluntária de serviços jurídicos
  - **1.11.2. Destinatários:**
    - Instituições sociais sem fins econômicos e aos seus assistidos, sempre que os beneficiários não dispuserem de recursos para contratação de profissional
    - Pessoas naturais que não possam, sem prejuízo do seu sustento, contratar advogado
  - **1.11.3. Vedações:**
    - **1.11.3.1.** Utilização da advocacia *pro bono* para fins político-partidários ou eleitorais
    - **1.11.3.2.** Instrumento de publicidade para captação de clientela

ÉTICA

Tema III - Mandato

1. Mandato

1.1. Conceito de mandato: trata-se de uma espécie de contrato pelo qual o cliente (mandante) outorga poderes ao contratado (mandatário) para que este o represente em algum ato ou negócio

- **1.1.1. Instrumento de mandato:** é a procuração

1.2. Postulação pelo advogado e a procuração (instrumento de mandato) (art. 5º, EAOAB)

- **1.2.1. Regra:** o advogado somente postula, em juízo ou fora dele, fazendo prova do mandato
- **1.2.2. Exceção:** em caso de URGÊNCIA, assim afirmada pelo advogado, poderá postular em nome do cliente sem procuração, devendo juntá-la, contudo, no prazo de 15 dias, prorrogável por igual período

1.3. Formas de extinção do mandato

- **1.3.1. Tácita:** com a conclusão da causa ou arquivamento do processo, presume-se cumprido e extinto o mandato (art. 13, Novo CED)
- **1.3.2. Expressa:**
  - **1.3.2.1. Renúncia** (art. 5º, §3º, EAOAB; art. 16, CED; art. 6º, RGOAB)
    - Ato unilateral do advogado
    - Proibição de menção ao motivo da renúncia (art. 16, CED)
    - Dever de dupla comunicação: ao cliente, preferencialmente por carta com aviso de recepção, e ao juízo
    - Dever de prosseguir representando o cliente por mais 10 dias (subsequentes à notificação ao cliente), salvo novo advogado constituído
  - **1.3.2.2. Revogação** (art. 17, CED)
    - Ato unilateral do cliente
    - Não desobriga o cliente de pagar os honorários convencionados, nem impede o recebimento de honorários de sucumbência, ainda que proporcionalmente
  - **1.3.2.3. Substabelecimento sem reserva de poderes** (art. 26, §1º, CED)
    - Conceito de substabelecimento: é a transferência do mandato por um advogado a outro
    - Espécies de substabelecimento:
      a) Com reserva de poderes: é ato pessoal do advogado da causa, não implicando a extinção do mandato
      b) Sem reserva de poderes: por acarretar a extinção do mandato, exige-se prévio e inequívoco conhecimento ao cliente, sob pena de abandono da causa

1.4. Decurso do tempo e o mandato (art. 18, CED): o decurso do tempo não extingue o mandato, salvo se o contrário for consignado no respectivo instrumento

1.5. Conflito de interesses e mandato (art. 20, CED): caso o advogado se depare com conflito de interesses entre clientes, não conseguindo o advogado harmonizá-los, caber-lhe-á optar, com prudência e discrição, por um dos mandatos, renunciando aos demais, resguardando sempre o sigilo profissional

1.6. Aceitação de procuração por advogado e existência de outro patrono constituído (art. 14, CED):

– O advogado não deve aceitar procuração de quem já tem patrono constituído, sem prévio conhecimento deste, salvo por motivo plenamente justificável ou para adoção de medidas judiciais urgentes e inadiáveis

ÉTICA

Tema V - Estágio Profissional

1. Estágio profissional (art. 9º, EAOAB; arts. 27 a 31 e 35, RGOAB)

1.1. Estagiário
é o "aprendiz" do direito. O estágio confere-lhe aprendizagem prática, tendo função pedagógica

1.2. Quem pode ser estagiário?
- **1.2.1.** O estudante de direito (últimos anos do curso)
- **1.2.2.** O bacharel

1.3. Requisitos para a inscrição como estagiário (art. 9º, EAOAB)
a) preencher os requisitos do art. 8º, I (capacidade civil), III (título de eleitor e quitação militar), V (não exercer atividade incompatível), VI (idoneidade moral) e VII (prestar compromisso perante o Conselho), do EAOAB;
b) ter sido admitido em estágio profissional da advocacia

1.4. Duração do estágio (art. 9º, §1º, EAOAB; art. 35, RGOAB)
- **1.4.1. Dois anos (realizado nos últimos anos do curso):** pode ser mantido pelas respectivas instituições de ensino superior, pelos Conselhos da OAB, ou por setores, órgãos jurídicos e escritórios de advocacia credenciados pela OAB
- **1.4.2. Três anos (validade do cartão de identidade do estagiário):** art. 35, RGOAB

1.5. Local de inscrição do estagiário
a inscrição do estagiário é feita no Conselho Seccional em cujo território se localize seu curso jurídico (art. 9º, §2º, EAOAB)

1.6. Incompatibilidades e o estágio profissional (art. 9º, §3º, EAOAB)
– Se o aluno exercer alguma atividade incompatível (vide art. 28 do EAOAB), ainda assim poderá frequentar estágio, ministrado, porém, pela instituição de ensino superior, vedada a inscrição na OAB

1.7. Atividades do estagiário (art. 3º, §2º, EAOAB; art. 29, RGOAB)
- **1.7.1. Todas as atividades privativas de advocacia:** desde que em conjunto e sob a responsabilidade de um advogado
- **1.7.2. Atos isolados, embora sob a responsabilidade do advogado** (art. 29, §§1º e 2º, RGOAB):
  I – Retirar e devolver autos em cartório, assinando a respectiva carga
  II – Obter, junto aos escrivães e chefes de secretarias, certidões de peças ou autos de processos em curso ou findos
  III – Assinar petições de juntada de documentos a processos judiciais ou administrativos
  IV – Exercício de atos extrajudiciais, desde que autorizado ou com substabelecimento do advogado

ÉTICA

Tema VI - Prerrogativas dos Advogados

1. Prerrogativas dos advogados I

1.1. Conceito: são os direitos (e não privilégios!) conferidos ao advogado em virtude da função que exerce

1.2. Inexistência de hierarquia ou de subordinação: o EAOAB (art. 6º) assegura não existir HIERARQUIA ou SUBORDINAÇÃO entre juízes, membros do Ministério Público e advogados

1.3. Rol das prerrogativas do advogado I (art. 7º, EAOAB)

1.3.1. Liberdade de exercício profissional (art. 7º, I): exercer, com liberdade, a profissão em todo o território nacional

1.3.2. Inviolabilidade do advogado (art. 7º, II, e §§ 6º e 7º, EAOAB): inviolabilidade de seu escritório ou local de trabalho, bem como de seus instrumentos de trabalho, de sua correspondência escrita, eletrônica, telefônica e telemática, desde que relativas ao exercício da advocacia

1.3.2.1. Alcance:
i) escritório ou local de trabalho;
ii) instrumentos de trabalho;
iii) comunicações escritas, eletrônicas, telefônicas e telemáticas, desde que relativas ao exercício profissional

1.3.2.2. Requisitos para a quebra da inviolabilidade do escritório de advocacia (art. 7º, §§ 6º e 7º, EAOAB)
- Indícios de autoria e materialidade da prática de crime por parte do advogado
- Medida decretada pela autoridade judiciária competente, em decisão motivada
- Que o mandado de busca e apreensão seja específico e pormenorizado
- Que a busca e apreensão ocorra na presença de representante da OAB, vedada a utilização de pertences de clientes do advogado (salvo se coautores ou partícipes no mesmo crime que tiver ensejado a busca e apreensão)

1.3.3. Comunicação com cliente preso (art. 7º, III, EAOAB): comunicar-se com seus clientes, pessoal e reservadamente, mesmo sem procuração, quando estes se acharem presos, detidos ou recolhidos em estabelecimentos civis ou militares, ainda que considerados incomunicáveis

1.3.4. Prisão em flagrante do advogado por motivo ligado à profissão (art. 7º, IV e § 3º, EAOAB): ter a presença de representante da OAB, quando preso em flagrante, por motivo ligado ao exercício da advocacia, para lavratura do auto respectivo, sob pena de nulidade e, nos demais casos, a comunicação expressa à seccional da OAB

1.3.4.1. Quando o advogado preso em flagrante terá direito à presença de representante da OAB? Somente quando for preso por motivo ligado ao exercício da profissão, em caso de crime inafiançável

Dica: a Nova Lei de Abuso de Autoridade (Lei 13.869/2019), com vacatio legis de 120 dias, incluiu ao Estatuto da OAB o art. 7º-B, que dispõe constituir crime violar direito ou prerrogativa de advogado previstos nos incisos II, III, IV e V do *caput* do art. 7º desta Lei, punido com detenção, de 3 (três) meses a 1 (um) ano, e multa."

Dica: não é a condição de advogado que define a prerrogativa em comento, mas sim o fato de ter o crime sido praticado por motivo ligado à profissão. Nesse caso, somente se se tratar de crime inafiançável impor-se-á a prisão em flagrante

1.3.5. Prisão cautelar do advogado (art. 7º, V, EAOAB): não ser recolhido preso, antes de sentença transitada em julgado, senão em sala de Estado-Maior, com instalações e comodidades condignas, assim reconhecidas pela OAB, e, na sua falta, em prisão domiciliar

Dica: o STF, no julgamento da ADI 1127-8, declarou inconstitucional a expressão "assim reconhecidas pela OAB"

ÉTICA

Tema VI - Prerrogativas dos Advogados II

1. Prerrogativas dos advogados II

1.3. Rol das prerrogativas do advogado II (art. 7º, EAOAB)

1.3.6. Acesso livre a determinados lugares (art. 7º, VI, EAOAB):

a) Nas salas de sessões dos tribunais, mesmo além dos cancelos que separam a parte reservada aos magistrados
b) Nas salas e dependências de audiências, secretarias, cartórios, ofícios de justiça, serviços notariais e de registro, e, no caso de delegacias e prisões, mesmo fora da hora de expediente e independentemente da presença de seus titulares
c) Em qualquer edifício ou recinto em que funcione repartição judicial ou outro serviço público onde o advogado deva praticar ato ou colher prova ou informação útil ao exercício da atividade profissional, dentro do expediente ou fora dele, e ser atendido, desde que se ache presente qualquer servidor ou empregado
d) Em qualquer assembleia ou reunião de que participe ou possa participar o seu cliente, ou perante a qual este deve comparecer, desde que munido de poderes especiais

1.3.7. Permanência do advogado nos lugares em que possa ingressar livremente (art. 7º, VII, EAOAB): permanecer sentado ou em pé e retirar-se de quaisquer locais indicados no inciso anterior, independentemente de licença

1.3.8. Acesso a magistrados (art. 7º, VIII, EAOAB): dirigir-se diretamente aos magistrados nas salas e gabinetes de trabalho, independentemente de horário previamente marcado ou outra condição, observando-se a ordem de chegada

1.3.9. Sustentação oral em processos e recursos (art. 7º, IX, EAOAB): sustentar oralmente as razões de qualquer recurso ou processo, nas sessões de julgamento, após o voto do relator, em instância judicial ou administrativa, pelo prazo de quinze minutos, salvo se prazo maior for concedido

> **Dica:** o STF, no julgamento da ADI 1.127-8 e ADI 1.105-7, declarou inconstitucional o inciso IX em comento. Assim, somente caberá sustentação oral quando houver previsão

1.3.10. Uso da palavra (art. 7º, X, EAOAB): usar da palavra, pela ordem, em qualquer juízo ou tribunal, mediante intervenção sumária, para esclarecer equívoco ou dúvida surgida em relação a fatos, documentos ou afirmações que influam no julgamento, bem como para replicar acusação ou censura que lhe forem feitas

1.3.11. Reclamação verbal ou escrita (art. 7º, XI, EAOAB): reclamar, verbalmente ou por escrito, perante qualquer juízo, tribunal ou autoridade, contra a inobservância de preceito de lei, regulamento ou regimento

1.3.12. Postura do advogado ao falar (art. 7º, XII, EAOAB): falar, sentado ou em pé, em juízo, tribunal ou órgão de deliberação coletiva da Administração Pública ou do Poder Legislativo

1.3.13. Exame de autos de processos (art. 7º, XIII, EAOAB): examinar, em qualquer órgão dos Poderes Judiciário e Legislativo, ou da Administração Pública em geral, autos de processos findos ou em andamento, mesmo sem procuração, quando não estejam sujeitos a sigilo ou segredo de justiça, assegurada a obtenção de cópias, podendo tomar apontamentos. Esta prerrogativa poderá ser exercida mesmo em processos ou procedimentos que tramitem sob a forma eletrônica

ÉTICA

TEMA VI - PRERROGATIVAS DOS ADVOGADOS III

1. Prerrogativas dos advogados III

1.3. Rol das prerrogativas do advogado III (art. 7º, EAOAB)

1.3.14. Exame de autos de investigação (art. 7º, XIV, EAOAB)
examinar, em qualquer instituição responsável por conduzir investigação, mesmo sem procuração, autos de flagrante e de investigações de qualquer natureza, findos ou em andamento, ainda que conclusos à autoridade, podendo copiar peças e tomar apontamentos, em meio físico ou digital. Esta prerrogativa poderá ser exercida mesmo em procedimentos que tramitem sob a forma eletrônica

- **1.3.14.1. Necessidade de procuração:** Nos autos sujeitos a sigilo, deve o advogado apresentar procuração para o exercício dos direitos de que trata o inciso XIV
- **1.3.14.2. Delimitação do acesso às informações:** No caso previsto no inciso XIV, a autoridade competente poderá delimitar o acesso do advogado aos elementos de prova relacionados a diligências em andamento e ainda não documentados nos autos, quando houver risco de comprometimento da eficiência, da eficácia ou da finalidade das diligências
- **1.3.14.3. Consequências da violação à prerrogativa:** A inobservância aos direitos estabelecidos no inciso XIV, o fornecimento incompleto de autos ou o fornecimento de autos em que houve a retirada de peças já incluídas no caderno investigativo implicará responsabilização criminal e funcional por abuso de autoridade do responsável que impedir o acesso do advogado com o intuito de prejudicar o exercício da defesa, sem prejuízo do direito subjetivo do advogado de requerer acesso aos autos ao juiz competente

1.3.15. Vista de processos e direito de retirada (art. 7º, XV, EAOAB)
ter vista dos processos judiciais ou administrativos de qualquer natureza, em cartório ou na repartição competente, ou retirá-los pelos prazos legais

- **1.3.15.1. Não se aplica o disposto no inciso XV:**
  a) aos processos em segredo de justiça;
  b) quando existirem documentos de difícil restauração ou circunstância relevante que justifique sua permanência no cartório/secretaria/repartição;
  c) até o encerramento do processo, ao advogado que não tiver devolvido os autos no prazo, e só o fizer depois de intimado

1.3.16. Retirada de autos de processos findos (art. 7º, XVI, EAOAB)
retirar autos de processos findos, mesmo sem procuração, pelo prazo de dez dias

- **1.3.16.1. Não se aplica o disposto no inciso XVI:**
  a) aos processos em segredo de justiça;
  b) quando existirem documentos de difícil restauração ou circunstância relevante que justifique sua permanência no cartório/secretaria/repartição;
  c) até o encerramento do processo, ao advogado que não tiver devolvido os autos no prazo, e só o fizer depois de intimado

1.3.17. Desagravo público (art. 7º, XVII e §5º, EAOAB; arts. 18 e 19, RGOAB)
ser publicamente desagravado, quando ofendido no exercício da profissão ou em razão dela

- **1.3.17.1. Ofensa pessoal:** se a ofensa ao advogado for puramente pessoal, caberá o arquivamento liminar do pedido de instauração de desagravo público
- **1.3.17.2. Concordância do advogado ofendido:** o desagravo público será promovido a critério do Conselho competente, independentemente de concordância do advogado ofendido
- **1.3.17.3. Competência:**
  a) o desagravo será promovido pela diretoria ou conselho da subseção se a ofensa ocorrer no território da subseção a que se vincule o inscrito, com representação do Conselho Seccional;
  b) o desagravo será promovido pelo Conselho Federal quando a ofensa for dirigida a Conselheiro Federal ou Presidente de Conselho Seccional, quando ofendidos no exercício das atribuições de seus cargos, bem como quando a ofensa se revestir de relevância e grave violação a prerrogativas do advogado
- **1.3.17.4. Procedimento:**
  a) O pedido será submetido à Diretoria do Conselho competente, que poderá, nos casos de urgência e notoriedade, conceder imediatamente o desagravo, ad referendum do órgão competente do Conselho, conforme definido em regimento interno
  b) Nos demais casos, a Diretoria remeterá o pedido de desagravo ao órgão competente para instrução e decisão, podendo o relator, convencendo-se da existência de prova ou indício de ofensa relacionada ao exercício da profissão ou de cargo da OAB, solicitar informações da pessoa ou autoridade ofensora, no prazo de 15 (quinze) dias, sem que isso configure condição para a concessão do desagravo
  c) O relator pode propor o arquivamento do pedido se a ofensa for pessoal, se não estiver relacionada com o exercício profissional ou com as prerrogativas gerais do advogado ou se configurar crítica de caráter doutrinário, político ou religioso
  d) Recebidas ou não as informações e convencendo-se da procedência da ofensa, o relator emite parecer que é submetido ao órgão competente do Conselho, conforme definido em regimento interno
  e) Os desagravos deverão ser decididos no prazo máximo de 60 (sessenta) dias
  f) Em caso de acolhimento do parecer, é designada a sessão de desagravo, amplamente divulgada, devendo ocorrer, no prazo máximo de 30 (trinta) dias, preferencialmente, no local onde a ofensa foi sofrida ou onde se encontre a autoridade ofensora
  g) Na sessão de desagravo o Presidente lê a nota a ser publicada na imprensa, encaminhada ao ofensor e às autoridades, e registrada nos assentamentos do inscrito e no Registro Nacional de Violações de Prerrogativas

ÉTICA

Tema VI - Prerrogativas dos Advogados IV

1. Prerrogativas dos advogados IV

1.3. Rol das prerrogativas do advogado IV (art. 7º, EAOAB)

1.3.18. Uso de símbolos privativos da profissão (art. 7º, XVIII, EAOAB): usar os símbolos privativos da profissão de advogado

1.3.19. Recusa em depor como testemunha (art. 7º, XIX, EAOAB): recusar-se a depor como testemunha em processo no qual funcionou ou deva funcionar, ou sobre fato relacionado com pessoa de quem seja ou foi advogado, mesmo quando autorizado ou solicitado pelo constituinte, bem como sobre fato que constitua sigilo profissional

1.3.20. Retirada do advogado do fórum ou outro local em que se encontre aguardando ato judicial (art. 7º, XX, EAOAB): retirar-se do recinto onde se encontre aguardando pregão para ato judicial, após trinta minutos do horário designado e ao qual ainda não tenha comparecido a autoridade que deva presidir a ele, mediante comunicação protocolizada em juízo

1.3.21. Imunidade penal do advogado (art. 7º, §2º, EAOAB): o advogado tem imunidade profissional, não constituindo injúria, difamação ou desacato puníveis qualquer manifestação de sua parte, no exercício de sua atividade, em juízo ou fora dele, sem prejuízo das sanções disciplinares perante a OAB, pelos excessos que cometer

> **Dica:** o STF, no julgamento da ADI 1.127-8, declarou inconstitucional a expressão "desacato". Portanto, o advogado, ainda que no exercício da profissão, não é imune ao crime de desacato

1.3.22. Salas especiais para advogados (art. 7º, §4º, EAOAB): o Poder Judiciário e o Poder Executivo devem instalar, em todos os juizados, fóruns, tribunais, delegacias de polícia e presídios, salas especiais permanentes para os advogados, com uso e controle assegurados à OAB

> **Dica:** o STF, no julgamento da ADI 1.127-8, declarou inconstitucional a expressão "controle", ou seja, os advogados e a OAB poderão utilizar as salas especiais permanentes, mas estas não serão controladas por referida entidade

1.3.23. Direito de assistência a clientes investigados: assistir a seus clientes investigados durante a apuração de infrações, sob pena de nulidade absoluta do respectivo interrogatório ou depoimento e, subsequentemente, de todos os elementos investigatórios e probatórios dele decorrentes ou derivados, direta ou indiretamente, podendo, inclusive, no curso da respectiva apuração, apresentar razões e quesitos

1.4. Direitos das advogadas (art. 7º-A, EAOAB – novidade: Lei 13.363/2016)

1.4.1. São direitos da advogada:

1.4.1.1. Gestante:
a) Entrada em tribunais sem ser submetida a detectores de metais e aparelhos de raios X
b) Reserva de vaga em garagens dos fóruns dos tribunais

1.4.1.2. Lactante, adotante ou que der à luz: acesso a creche, onde houver, ou a local adequado ao atendimento das necessidades do bebê

1.4.1.3. Gestante, lactante, adotante ou que der à luz: preferência na ordem das sustentações orais e das audiências a serem realizadas a cada dia, mediante comprovação de sua condição

1.4.1.4. Adotante ou que der à luz: suspensão de prazos processuais quando for a única patrona da causa, desde que haja notificação por escrito ao cliente

1.4.1.5. Duração dos direitos das gestantes ou lactantes: Os direitos previstos à advogada gestante ou lactante aplicam-se enquanto perdurar, respectivamente, o estado gravídico ou o período de amamentação

1.4.1.6. Duração dos direitos das adotantes ou das que tiverem dado à luz: Os direitos assegurados nos incisos II e III do artigo 7º-A à advogada adotante ou que der à luz serão concedidos pelo prazo previsto no **art. 392 do Decreto-Lei nº 5.452, de 1º de maio de 1943 (CLT)** – 120 dias

1.4.1.7. Suspensão dos prazos processuais para as adotantes ou para as que tiverem dado à luz: O direito assegurado no inciso IV do artigo 7º-A à advogada adotante ou que der à luz será concedido pelo prazo previsto no § 6º do **art. 313 da Lei nº 13.105, de 16 de março de 2015 (CPC)** – 30 dias

ÉTICA

TEMA VII - SOCIEDADE DE ADVOGADOS

1. Sociedades de advogados I (arts. 15 a 17, EAOAB; art. 19, CED)

1.1. Espécies de sociedades de advogados
- **1.1.1. Sociedade simples de advocacia**
- **1.1.2. Sociedade individual ou unipessoal de advocacia**

Dica: ambas as espécies de sociedades de advogados têm natureza jurídica de sociedade simples

1.2. Composição societária
- **1.2.1. Sociedades simples:** mínimo de dois advogados regularmente inscritos. Portanto, sociedade pluripessoal
- **1.2.2. Sociedade individual:** somente um advogado. Portanto, sociedade unipessoal

1.3. Aquisição da personalidade jurídica da sociedade de advogados (art. 15, §1º, EAOAB):
a sociedade de advogados e a sociedade unipessoal de advocacia adquirem personalidade jurídica com o registro aprovado dos seus atos constitutivos no Conselho Seccional da OAB em cuja base territorial tiver sede

1.4. Vedação de registro de sociedade de advogados na Junta Comercial ou Cartório de Registro Civil:
não é possível registrar a sociedade de advogados em Cartório de Registro Civil de Pessoas Jurídicas ou Junta Comercial

1.5. Nome ou Razão social da sociedade de advogados (art. 16, §1º, EAOAB; art. 38, RGOAB)
- **1.5.1. Sociedade simples (pluripessoal):** nome ou nome social de pelo menos um dos sócios, completo ou abreviado
- **1.5.2. Sociedade individual (unipessoal):** nome ou nome social completo ou parcial do seu titular, com a expressão "Sociedade Individual de Advocacia"

1.6. Filiais de sociedade de advogados (art. 15, §§4º e 5º, EAOAB):
nenhum advogado pode integrar mais de uma sociedade de advogados, constituir mais de uma sociedade unipessoal de advocacia ou integrar, simultaneamente, uma sociedade de advogados e uma sociedade unipessoal de advocacia, com sede ou filial na mesma área territorial do respectivo Conselho Seccional

- **1.6.1. Procedimento da constituição de filiais:** elaboração de ato constitutivo da filial, que deverá ser arquivado no Conselho Seccional em que vier a ser instalada, bem como averbado no registro da sede da sociedade
- **1.6.2.** Constituída a filial, os sócios ou o titular da sociedade individual obrigam-se à inscrição suplementar

Dica: cada sociedade de advogados poderá ter somente uma filial por Conselho Seccional

1.7. Sócio integrando mais de uma sociedade de advogados (art. 15, §4º, EAOAB):
nenhum advogado pode integrar mais de uma sociedade de advogados, constituir mais de uma sociedade unipessoal de advocacia ou integrar, simultaneamente, uma sociedade de advogados e uma sociedade unipessoal de advocacia, com sede ou filial na mesma área territorial do respectivo Conselho Seccional

Dica: o advogado somente poderá ser sócio ou titular de uma única sociedade por Conselho Seccional

ÉTICA

Tema VII - Sociedade de Advogados II

1. Sociedades de advogados II (arts. 15 a 17, EAOAB; art. 19, CED)

- **1.8. Vedação de patrocínio de causas de clientes com interesses conflitantes** (art. 15, §6º, EAOAB; arts. 19 e 20, CED): os advogados sócios de uma mesma sociedade profissional não podem representar em juízo clientes de interesses opostos
  - **1.8.1. Dever de renunciar aos demais mandatos** (art. 20, CED): constatado o conflito de interesses e não sendo possível harmonizá-los, o advogado optará por um dos mandatos e renunciará aos demais, resguardando o sigilo profissional

- **1.9. Procuração e sociedade de advogados** (art. 15, §3º, EAOAB): as procurações devem ser outorgadas individualmente aos advogados e indicar a sociedade de que façam parte

- **1.10. Responsabilidade civil e sociedade de advogados** (art. 17, EAOAB; art. 40, RGOAB): além da sociedade, o sócio e o titular da sociedade individual de advocacia, bem como o advogado associado, respondem subsidiária e ilimitadamente pelos danos causados aos clientes por ação ou omissão no exercício da advocacia, sem prejuízo da responsabilidade disciplinar em que possam incorrer

- **1.11 Advogados associados** (art. 39, RGOAB): a sociedade de advogados pode associar-se com advogados, sem vínculo de emprego, para participação nos resultados
  - **1.11.1.** Os contratos de associação devem ser averbados no registro da sociedade de advogados

- **1.12. Vedações em matéria de sociedade de advogados** (art. 16, caput, EAOAB):
  - **1.12.1.** Não são admitidas a registro nem podem funcionar todas as espécies de sociedades de advogados que apresentem forma ou características de sociedade empresária
  - **1.12.2.** Que adotem denominação de fantasia
  - **1.12.3.** Que realizem atividades estranhas à advocacia
  - **1.12.4.** Que incluam como sócio ou titular de sociedade unipessoal de advocacia pessoa não inscrita como advogado ou totalmente proibida de advogar

- **1.13. Licenciamento de advogado e sociedade de advogados** (art. 16, §2º, EAOAB): o licenciamento do sócio para exercer atividade incompatível com a advocacia em caráter temporário deve ser averbado no registro da sociedade, não alterando sua constituição

- **1.14. Transformação de sociedade pluripessoal em unipessoal** (art. 15, §7º, EAOAB): a sociedade unipessoal de advocacia pode resultar da concentração por um advogado das quotas de uma sociedade de advogados, independentemente das razões que motivaram tal concentração

ÉTICA

Tema VIII - Advogado Empregado

1. Advogado empregado (arts. 18 a 21, EAOAB; arts. 3º, 11 a 14, RGOAB; art. 25, CED)

- **1.1. Subordinação mitigada do advogado empregado:** o advogado empregado é subordinado aos empregadores (caso contrário, inexistiria vínculo empregatício). Contudo, trata-se de subordinação mitigada, pois mantém sua isenção técnica e independência profissional

- **1.2. Prestação de serviços estranhos ao contrato** (art. 18, parágrafo único, EAOAB)**:** o advogado não está obrigado a prestar serviços de interesse puramente pessoal do empregador, fora da relação de emprego

- **1.3. Salário mínimo profissional (ou piso salarial) do advogado empregado** (art. 19, EAOAB)
  - **1.3.1. Formas de fixação:** acordo ou convenção coletiva ou, à falta destes, sentença normativa proferida em dissídio coletivo na Justiça do Trabalho

- **1.4. Representação dos advogados empregados** (art. 11, RGOAB)**:** nos acordos e convenções coletivas e nos dissídios coletivos, a representação dos advogados será feita pelo Sindicato, ou, à falta deste, pela Federação ou Confederação de advogados

- **1.5. Jornada de trabalho do advogado empregado** (art. 20, EAOAB; art. 12, RGOAB)
  - **1.5.1. Alcance da jornada:** considera-se como período de trabalho o tempo em que o advogado estiver à disposição do empregador, aguardando ou executando ordens, no seu escritório ou em atividades externas, sendo-lhe reembolsadas as despesas feitas com transporte, hospedagem e alimentação
  - **1.5.2. Regra:** 4 horas diárias contínuas e 20 horas semanais
  - **1.5.3. Exceção:** se houver acordo ou convenção coletiva ou dedicação exclusiva, a jornada será diferente
    - **Dedicação exclusiva:** cláusula expressa no contrato de trabalho, caso em que a jornada será de 8 horas diárias. O que exceder será remunerado como hora extra
  - **1.5.4. Jornada noturna e adicional:** as horas trabalhadas no período das vinte horas de um dia até as cinco horas do dia seguinte são remuneradas como noturnas, acrescidas do adicional de vinte e cinco por cento

 Dica: não confundir a jornada noturna do advogado empregado com a da CLT, que vai das 22h00 às 5h00

- **1.6. Hora extra** (art. 20, §2º, EAOAB)**:** as horas trabalhadas que excederem a jornada normal são remuneradas por um adicional não inferior a 100% sobre o valor da hora normal, mesmo havendo contrato escrito

- **1.7. Advogado empregado e preposto** (art. 25, CED)**:** é defeso (leia-se: proibido) ao advogado funcionar no mesmo processo, simultaneamente, como patrono e preposto do empregador ou cliente

ÉTICA

TEMA IX - HONORÁRIOS ADVOCATÍCIOS

1. Honorários advocatícios I (arts. 22 a 26, EAOAB; arts. 48 a 54, CED)

- **1.1. Conceito:** trata-se da contraprestação a que o advogado faz jus pelos serviços (atos privativos de advocacia) prestados a clientes, ou, ainda, em razão da vitória da parte assistida

- **1.2. Espécies de honorários** (art. 22, EAOAB; art. 50, CED)
  - **1.2.1.** Convencionais (ou contratuais; ou pactuados)
  - **1.2.2.** Por arbitramento judicial (ou arbitrados judicialmente)
  - **1.2.3.** Sucumbenciais (ou de sucumbência)
  - **1.2.4.** Com cláusula ou com pacto *quota litis*
  - **1.2.5.** Honorários assistenciais

- **1.3. Honorários contratuais**
  - **1.3.1.** Contratação preferentemente por escrito (art. 48, CED)
  - **1.3.2. Momento para pagamento:** salvo estipulação em contrário, devem ser pagos em três etapas: 1/3 (início da prestação dos serviços); 1/3 (até a decisão de 1º grau); 1/3 (no final)
  - **1.3.3. Valor mínimo:** não se pode cobrar abaixo da Tabela de Honorários editada por cada Conselho Seccional, sob pena de caracterização de aviltamento (art. 48, §6º, CED)
  - **1.3.4. Critério da moderação** (art. 49, CED): os honorários devem ser fixados com moderação
  - **1.3.5. Juntada do contrato escrito aos autos** (art. 22, §4º, EAOAB): se o advogado o fizer antes de expedir-se mandado de levantamento ou precatório, o juiz deve determinar que lhe sejam pagos diretamente, por dedução da quantia a ser recebida pelo constituinte, salvo se este provar que já os pagou
  - **1.3.6. Título executivo extrajudicial:** o contrato escrito goza de eficácia executiva
  - **1.3.7. Compensação de honorários contratuais com valores do cliente** (art. 48, §2º, CED): a compensação de créditos, pelo advogado, de importâncias devidas ao cliente, somente será admissível quando o contrato de prestação de serviços a autorizar ou quando houver autorização especial do cliente para esse fim, por este firmada

- **1.4. Honorários por arbitramento judicial**
  - **1.4.1. Necessidade:** na falta de estipulação ou de acordo, os honorários são fixados por arbitramento judicial, em remuneração compatível com o trabalho e o valor econômico da questão, não podendo ser inferiores aos estabelecidos na tabela organizada pelo Conselho Seccional da OAB (Art. 22, §2º, EAOAB)

- **1.5. Honorários sucumbenciais:** são aqueles devidos pela parte vencida ao advogado da parte vencedora
  - **1.5.1. Direito autônomo do advogado** (art. 23, EAOAB): os honorários por arbitramento ou sucumbência pertencem ao advogado, que tem direito autônomo para executar a sentença nesta parte, podendo requerer que o precatório, quando necessário, seja expedido em seu favor
  - **1.5.2. Tratamento dado pelo EAOAB:** é nula qualquer disposição, cláusula, regulamento ou convenção individual ou coletiva que retire do advogado o recebimento dos honorários de sucumbência (art. 24, §3º, EAOAB)
  - **Dica:** o STF, no julgamento da ADI 1.194, declarou a inconstitucionalidade de todo o art. 24, §3º, do EAOAB, que dava ares de indisponibilidade aos honorários sucumbenciais. O entendimento da Excelsa Corte é de que se trata de direito disponível
  - **1.5.3. Cumulatividade dos honorários contratuais com os de sucumbência** (art. 51, CED): os honorários de sucumbência e os honorários contratuais, pertencendo ao advogado que houver atuado na causa, poderão ser por ele executados, assistindo-lhe o direito autônomo para promover a execução do capítulo da sentença que os estabelecer ou para postular, quando for o caso, a expedição de precatório ou requisição de pequeno valor em seu favor
  - **1.5.4. Falecimento ou incapacidade do advogado credor** (art. 24, §2º, EAOAB): na hipótese de falecimento ou incapacidade civil do advogado, os honorários de sucumbência, proporcionais ao trabalho realizado, são recebidos por seus sucessores ou representantes legais
  - **1.5.5. Honorários de sucumbência do advogado empregado** (art. 21, EAOAB; art. 14, RGOAB):
    - **1.5.5.1.** São devidos aos advogados empregados
    - **1.5.5.2.** Quando empregado de sociedade de advogados, serão partilhados entre ele e a empregadora, na forma estabelecida em acordo
    - **1.5.5.3.** Não integram o salário ou a remuneração
    - **1.5.5.4. Honorários sucumbenciais e substabelecimento** (art. 51, §1º, CED): em caso de substabelecimento, haverá a repartição dos honorários entre os advogados, proporcionalmente à atuação de cada um no processo ou em conformidade com o que tenham estabelecido
    - **1.5.5.5. Indicação de mediador pelo TED/OAB:** caso haja conflito entre os advogados, a OAB ou os Tribunais de Ética poderão indicar mediador que contribua para que a partilha dos honorários seja feita na forma estabelecida no art. 51, §1º, do CED

ÉTICA

TEMA IX - HONORÁRIOS ADVOCATÍCIOS II

1. Honorários advocatícios II (arts. 22 a 26, EAOAB; arts. 48 a 54, CED)

1.6. Honorários com cláusula ou pacto *quota litis* (art. 50, CED)

- **1.6.1. Cláusula de sucesso (contrato *ad exitum*):** a cláusula *quota litis* está vinculada ao êxito na demanda. Ou seja, o advogado só recebe os honorários *quota litis* se o cliente sair vitorioso
- **1.6.2. Regras éticas a serem observadas** (art. 50, CED):
  - **1.6.2.1.** Fixação em pecúnia (dinheiro)
  - **1.6.2.2. Equilíbrio de ganhos:** os ganhos do advogado, já computados os honorários sucumbenciais, não podem ser superiores aos do cliente
  - **1.6.2.3. Participação do advogado em bens particulares do cliente:** tolera-se excepcionalmente, se acertado em instrumento contratual
- **1.6.3. Prestações vencidas e vincendas** (art. 50, §2º, CED): se o objeto dos serviços jurídicos versar sobre prestações vencidas e vincendas, os honorários podem incidir sobre ambas, desde que haja moderação e razoabilidade

1.7. Honorários assistenciais (art. 22, §§ 6º e 7º, EAOAB)

- **1.7.1. Conceito:** são aqueles fixados em ações coletivas propostas por entidades de classe em substituição processual, sem prejuízo aos honorários convencionais
- **1.7.2. Responsabilidade pelo pagamento:** Os honorários convencionados com entidades de classe para atuação em substituição processual poderão prever a faculdade de indicar os beneficiários que, ao optarem por adquirir os direitos, assumirão as obrigações decorrentes do contrato originário a partir do momento em que este foi celebrado, sem a necessidade de mais formalidades

1.8. Honorários advocatícios e patrocínio de causa de pessoas necessitadas (art. 22, §1º, EAOAB):
no caso de impossibilidade da Defensoria Pública, se indicado para patrocinar causa de pessoa juridicamente necessitada, o advogado fará jus aos honorários fixados pelo juiz, segundo tabela da OAB, pagos pelo Estado

1.9. Natureza dos honorários advocatícios

- **1.9.1.** Constituem crédito privilegiado em caso de concurso de credores (art. 24, caput, EAOAB)
- **1.9.2. Jurisprudência:** na falência, o crédito de honorários advocatícios é equiparado ao crédito trabalhista
- **1.9.3. Novo CPC e Súmula vinculante 47:** os honorários constituem crédito alimentar, gozando dos mesmos privilégios dos créditos trabalhistas

1.10. Cobrança de honorários em caso de substabelecimento com reserva de poderes (art. 26, EAOAB):
o advogado substabelecido, com reserva de poderes, não pode cobrar honorários sem a intervenção daquele que lhe conferiu o substabelecimento

1.11. Vedações em matéria de honorários (art. 52, CED)

- **1.11.1.** Não se autoriza o saque, pelo advogado, de duplicatas ou qualquer outro título de crédito de natureza mercantil
- **1.11.2.** Admite-se a emissão de fatura (quando o cliente assim pretender, não sendo possível o protesto)
- **1.11.3.** Cheque ou promissória emitidos por cliente poderão ser protestados após infrutífera tentativa de cobrança amigável

1.12. Cobrança judicial dos honorários (art. 54, CED)

- **1.12.1.** Necessidade de prévia renúncia ao mandato
- **1.12.2.** Possibilidade de atuação em causa própria (vedação contida no CED "antigo" não foi repetida no Novo CED)

1.13. Utilização de sistema de cartão de crédito (art. 53, CED)

- **1.13.1. Novidade:** o novo CED autoriza expressamente a possibilidade de emprego, para recebimento de honorários, de sistema de cartão de crédito
- **1.13.2. Responsabilidade do advogado:** eventual pagamento antecipado pela empresa operadora ao advogado não poderá prejudicar o cliente em caso de rescisão do contrato de prestação de serviços

1.14. Prescrição da cobrança judicial de honorários (art. 25, EAOAB)

- **1.14.1. Prazo:** 5 anos
- **1.14.2. Termo inicial da contagem do prazo prescricional:**
  - Vencimento do contrato, se houver
  - Trânsito em julgado da decisão que tiver fixado os honorários
  - Renúncia ou revogação do mandato
  - Desistência ou transação no processo
  - Ultimação do serviço extrajudicial

1.15. Prescrição de ação de prestação de contas (art. 25-A, EAOAB):
se o cliente pretender que o advogado lhe preste contas de quantias recebidas em seu nome, deverá promover ação de prestação de contas no prazo de 5 anos

ÉTICA

TEMA X - INCOMPATIBILIDADES E IMPEDIMENTOS

1. Incompatibilidades e impedimentos I (arts. 27 a 30, EAOAB)

1.1. Ponto em comum
Ambas (incompatibilidades e impedimentos) decorrem do exercício de atividades geradoras de proibição para a advocacia

- **1.1.1. Incompatibilidades:** geram proibição total para advogar
- **1.1.2. Impedimentos:** geram proibição parcial para advogar

1.2. Incompatibilidades I

1.2.1. Classificação:
a) **Incompatibilidades prévias:** são as que existem antes do pedido de inscrição como advogado. A consequência delas será o indeferimento da inscrição (art. 11, IV, EAOAB)
b) **Incompatibilidades supervenientes:** são as que se verificam após a inscrição na OAB como advogado. As consequências delas serão o licenciamento (art. 12, IV, EAOAB) se temporárias; ou o cancelamento (art. 11, II, EAOAB) se definitivas

1.2.2. Incompatibilidades em espécie (art. 28, EAOAB)

1.2.2.1. Chefe do Poder Executivo e Membros das Mesas do Poder Legislativo e seus substitutos legais

1.2.2.2. Membros de órgãos do Poder Judiciário, do Ministério Público, dos tribunais e conselhos de contas, dos juizados especiais, da justiça de paz, juízes classistas, bem como de todos os que exerçam função de julgamento em órgãos de deliberação coletiva da administração pública direta ou indireta

> **Dica:** o STF, no julgamento da ADI 1.127-8, excluiu do inciso II, do art. 28 do EAOAB, os juízes eleitorais e seus suplentes não remunerados no TSE e nos TREs quando oriundos da classe dos advogados

> **Dica:** integrantes do CNJ e do CNMP (art. 8º, RGOAB), quando representantes da classe dos advogados, não são incompatíveis, embora exerçam funções de julgamento

> **Dica:** conciliadores e juízes leigos nos Juizados Especiais não são incompatíveis. Somente não poderão advogar no próprio Juizado em que exerçam suas funções

1.2.2.3. Ocupantes de cargos ou funções de direção em órgãos da Administração Pública direta ou indireta, em suas fundações e em suas empresas controladas ou concessionárias de serviço público – Exceções (art. 28, §2º, EAOAB):
a) Os que não detenham poder de decisão relevante sobre interesses de terceiro, a juízo do Conselho competente
b) Administração acadêmica diretamente relacionada ao magistério jurídico

1.2.2.4. Ocupantes de cargos ou funções vinculados direta ou indiretamente a qualquer órgão do Poder Judiciário e os que exercem serviços notariais e de registro

1.2.2.5. Ocupantes de cargos ou funções vinculados direta ou indiretamente a atividade policial de qualquer natureza

1.2.2.6. Militares de qualquer natureza, na ativa

1.2.2.7. Ocupantes de cargos ou funções que tenham competência de lançamento, arrecadação ou fiscalização de tributos e contribuições parafiscais

1.2.2.8. Ocupantes de funções de direção e gerência em instituições financeiras, inclusive privadas

ÉTICA

TEMA X - INCOMPATIBILIDADES E IMPEDIMENTOS

1. Incompatibilidades e impedimentos II (arts. 27 a 30, EAOAB)

1.2. Incompatibilidades II

- **1.2.3. Permanência das incompatibilidades em caso de afastamento temporário do cargo ou função incompatível** (art. 28, §1º, EAOAB): a incompatibilidade não cessa se o agente estiver afastado apenas temporariamente do cargo incompatível (exemplo: licença-saúde)

- **1.2.4. Incompatibilidades e advocacia em causa própria:** as incompatibilidades geram proibição total para advogar mesmo em causa própria

- **1.2.5. Consequência de quem pratica atos de advocacia exercendo cargo ou função incompatível:** nulidade dos atos (art. 4º, parágrafo único, do EAOAB)

1.3. Impedimentos (art. 30, EAOAB)

- **1.3.1. Conceito:** geram proibição parcial para advogar

- **1.3.2. Inscrição na OAB:** quem ostentar qualquer impedimento obterá a inscrição na OAB, mas sofrerá alguns obstáculos ao exercício da advocacia. O impedimento ficará anotado nos assentamentos do inscrito e em sua identidade profissional

- **1.3.3. Rol dos impedimentos**
  - **1.3.3.1. Servidores públicos** (art. 30, I, EAOAB): os servidores da Administração direta, indireta ou fundacional são impedidos de advogar contra a Fazenda Pública que os remunere ou à qual seja vinculada a entidade empregadora
  - **– Exceção ao art. 30, I, EAOAB:** não se incluem nas hipóteses do inciso I os docentes dos cursos jurídicos
  - **1.3.3.2. Parlamentares** (art. 30, II, EAOAB): os membros do Poder Legislativo, em seus diferentes níveis, são impedidos de advogar contra ou a favor das pessoas jurídicas de direito público, empresas públicas, sociedades de economia mista, fundações públicas, entidades paraestatais ou empresas concessionárias ou permissionárias de serviço público

- **1.3.4. Consequências do descumprimento das proibições parciais (impedimentos):** são nulos os atos praticados por advogado impedido – no âmbito do impedimento (art. 4º, parágrafo único, do EAOAB)

1.4. Advocacia exclusiva ou exercício limitado da advocacia
(art. 29, EAOAB): os Procuradores Gerais, Advogados Gerais, Defensores Gerais e dirigentes de órgãos jurídicos da Administração Pública direta, indireta e fundacional são exclusivamente legitimados para o exercício da advocacia vinculada à função que exerçam durante o período da investidura

ÉTICA

TEMA XI - INFRAÇÕES E SANÇÕES DISCIPLINARES

1. Infrações e Sanções Disciplinares I

1.1. Espécies de sanções disciplinares:
- Censura
- Suspensão
- Exclusão
- Multa

1.2. Censura (art. 36 do EAOAB)

1.2.1. Hipóteses de cabimento:
- Art. 34, I a XVI e XXIX, do EAOAB
- Violação ao CED
- Violação ao EAOAB, se não houver pena mais grave

1.2.2. Infrações punidas com censura no rol do art. 34 do EAOAB (incisos I a XVI e XXIX):

I – Exercer a profissão, quando impedido de fazê-lo, ou facilitar, por qualquer meio, o seu exercício aos não inscritos, proibidos ou impedidos
II – Manter sociedade profissional fora das normas e preceitos estabelecidos nesta Lei
III – Valer-se de agenciador de causas, mediante participação nos honorários a receber
IV – Angariar ou captar causas, com ou sem a intervenção de terceiros
V – Assinar qualquer escrito destinado a processo judicial ou para fim extrajudicial que não tenha feito ou em que não tenha colaborado
VI – Advogar contra literal disposição de lei, presumindo-se a boa-fé quando fundamentado na inconstitucionalidade, na injustiça da lei ou em pronunciamento judicial anterior
VII – Violar, sem justa causa, sigilo profissional
VIII – Estabelecer entendimento com a parte adversa sem autorização do cliente ou ciência do advogado contrário
IX – Prejudicar, por culpa grave, interesse confiado ao seu patrocínio
X – Acarretar, conscientemente, por ato próprio, a anulação ou a nulidade do processo em que funcione
XI – Abandonar a causa sem justo motivo ou antes de decorridos dez dias da comunicação da renúncia
XII – Recusar-se a prestar, sem justo motivo, assistência jurídica, quando nomeado em virtude de impossibilidade da Defensoria Pública
XIII – Fazer publicar na imprensa, desnecessária e habitualmente, alegações forenses ou relativas a causas pendentes
XIV – Deturpar o teor de dispositivo de lei, de citação doutrinária e de julgado, bem como de depoimentos, documentos e alegações da parte contrária, para confundir o adversário ou iludir o juiz da causa
XV – Fazer, em nome do constituinte, sem autorização escrita deste, imputação a terceiro de fato definido como crime
XVI – Deixar de cumprir, no prazo estabelecido, determinação emanada do órgão ou autoridade da Ordem, em matéria da competência desta, depois de regularmente notificado
XXIX – Praticar, o estagiário, ato excedente de sua habilitação

1.2.3. Possibilidade de conversão da censura em advertência

– Art. 36, parágrafo único, EAOAB: a censura pode ser convertida em advertência, em ofício reservado, sem registro nos assentamentos do inscrito, quando presente circunstância atenuante

1.2.3.1. Circunstâncias atenuantes (art. 40, EAOAB)

I – Falta cometida na defesa de prerrogativa profissional
II – Ausência de punição disciplinar anterior
III – Exercício assíduo e proficiente de mandato ou cargo em qualquer órgão da OAB
IV – Prestação de relevantes serviços à advocacia ou à causa pública

ÉTICA

Tema XI - Infrações e Sanções Disciplinares II

1. Infrações e Sanções Disciplinares II

1.3. Suspensão (art. 37, EAOAB)

1.3.1. Hipóteses de cabimento:
– Art. 34, XVII a XXV, EAOAB (dica mnemônica)
– Reincidência em infração disciplinar

1.3.1.1. Infrações punidas com suspensão no rol do art. 34 do EAOAB (incisos XVII a XXV):

XVII – Prestar concurso a clientes ou a terceiros para realização de ato contrário à lei ou destinado a fraudá-la
XVIII – Solicitar ou receber de constituinte qualquer importância para aplicação ilícita ou desonesta
XIX – Receber valores, da parte contrária ou de terceiro, relacionados com o objeto do mandato, sem expressa autorização do constituinte
XX – Locupletar-se, por qualquer forma, à custa do cliente ou da parte adversa, por si ou interposta pessoa
XXI – Recusar-se, injustificadamente, a prestar contas ao cliente de quantias recebidas dele ou de terceiros por conta dele
XXII – Reter, abusivamente, ou extraviar autos recebidos com vista ou em confiança
XXIII – Deixar de pagar as contribuições, multas e preços de serviços devidos à OAB, depois de regularmente notificado a fazê-lo
XXIV – Incidir em erros reiterados que evidenciem inépcia profissional
XXV – Manter conduta incompatível com a advocacia (art. 34 parágrafo único, EAOAB): inclui-se na conduta incompatível:
a) prática reiterada de jogo de azar, não autorizado por lei;
b) incontinência pública e escandalosa;
c) embriaguez ou toxicomania habituais)

1.3.1.2. Dica mnemônica para as hipóteses de suspensão do art. 34 do EAOAB

– 1ª) situações que envolvam **DINHEIRO** (incisos XVIII, XIX, XX, XXI e XXIII do art. 34 do EAOAB);
– 2ª) demais situações que se encaixem na sigla **RECIF** (incisos XVII, XXII, XXIV e XXV do art. 34 do EAOAB):
a) **RE**tenção abusiva de autos (inciso XXII)
b) **C**onduta incompatível (inciso XXV)
c) **I**népcia profissional (inciso XXIV)
d) **F**raude (inciso XVII)

1.3.1.3. Prazo de duração da suspensão

a) **Regra:** 30 dias a 12 meses
b) **Exceções:**
b1) **Dívida com a OAB/dívida com cliente** (art. 34, XXI e XXIII, EAOAB) = até a satisfação da dívida, com correção monetária
b2) **Inépcia profissional** (art. 34, XXIV, EAOAB) = até que preste novas provas de habilitação

1.3.1.4. Critério para a fixação do prazo de duração da suspensão (art. 40, parágrafo único, EAOAB)

– Antecedentes profissionais do inscrito
– As atenuantes
– O grau de culpa por ele revelada
– As circunstâncias e as consequências da infração

1.3.1.5. Consequências da aplicação da pena de suspensão

– Impossibilidade de o advogado atuar em TODO o território nacional
– Não cessa o dever de pagamento de anuidade!
– Prática de atos privativos de advocacia durante a suspensão: nulidade

ÉTICA

Tema XI - Infrações e Sanções Disciplinares III

1. Infrações e Sanções Disciplinares III

1.4. Exclusão (art. 38, EAOAB)

1.4.1. Hipóteses de cabimento:
- Art. 34, XXVI a XXVIII, EAOAB (dica mnemônica)
- Aplicação, por três vezes, de suspensão (reincidência específica)

1.4.1.1. Infrações punidas com exclusão no rol (art. 34 do EAOAB, incisos XXVI a XXVIII):

XXVI – Fazer falsa prova de qualquer dos requisitos para inscrição na OAB
XXVII – Tornar-se moralmente inidôneo para o exercício da advocacia
XXVIII – Praticar crime infamante

1.4.2. Dica mnemônica para as hipóteses de exclusão do art. 34 do EAOAB: Sigla CIF:

a) **C**rime infamante (art. 34, XXVIII, do Estatuto)
b) **I**nidoneidade moral (art. 34, XXVII, do Estatuto)
c) **F**also requisito para a inscrição na OAB (art. 34, XXVI, do Estatuto)

1.4.3. Consequências da imposição da pena de exclusão: CANCELAMENTO da inscrição do advogado

1.4.3.1. Possibilidade de retorno à OAB: necessidade de preenchimento dos requisitos do art. 8º, I (capacidade civil), V (não exercer atividade incompatível), VI (idoneidade moral) e VII (prestar compromisso perante o Conselho competente), EAOAB

1.4.3.2. Novo pedido de inscrição em caso de exclusão (art. 11, §3º, EAOAB): na hipótese de advogado condenado à pena de exclusão, o novo pedido de inscrição também deve ser acompanhado de provas de reabilitação. Não há restauração da inscrição anterior

1.4.3.3. Quórum para a imposição da pena de exclusão (art. 38, parágrafo único, do EAOAB): necessária a manifestação favorável de dois terços dos membros do Conselho Seccional competente

1.5. Multa (art. 39 do EAOAB)

1.5.1. Característica: trata-se de sanção com natureza acessória (não poderá ser aplicada isoladamente). Será imposta cumulativamente com censura ou suspensão

💡 **Dica:** não se admite a imposição de multa com exclusão!

1.5.2. Cabimento da cumulação da multa com censura ou suspensão: advogado que ostentar agravantes (exemplo: reincidência)

1.5.3. Valor da multa: será fixada entre 1 e 10 anuidades. Os critérios para a definição do valor decorrem das seguintes circunstâncias (art. 40, parágrafo único, EAOAB): antecedentes profissionais do inscrito, as atenuantes, o grau de culpa por ele revelada, as circunstâncias e as consequências da infração

ÉTICA

TEMA XII - PROCESSO DISCIPLINAR

1. Processo Disciplinar I (arts. 68 a 77, EAOAB; arts. 55 a 63 e 66 a 67, CED; arts. 120, 137-D a 144-A, RGOAB)

1.1. Normas aplicáveis subsidiariamente aos processos na OAB (art. 68, EAOAB)

- **1.1.1. Ao processo disciplinar:** regras da legislação processual penal comum
- **1.1.2. Aos demais processos:** regras gerais do procedimento administrativo comum e processo civil, nessa ordem

1.2. Prazos para manifestação nos processos em geral na OAB (art. 69, EAOAB; art. 139, RGOAB)

- **1.2.1. Manifestação de advogados, estagiários e terceiros:** 15 dias (inclusive para interposição de recursos). De acordo com o art. 139 do RGOAB, os prazos processuais serão contados em **dias úteis**
- **1.2.2. Início de contagem dos prazos** (art. 69, §1º, EAOAB):
  - **1.2.2.1. Se a comunicação do ato se der por ofício reservado ou notificação pessoal:** dia útil imediato ao da notificação do recebimento
  - **1.2.2.2. Se a comunicação do ato se der por publicação na imprensa oficial:** primeiro dia útil seguinte ao da publicação
  - **1.2.2.3. Novidade:** Diário Eletrônico da OAB
    - A Lei 13.688, de 3 de julho de 2018, com início de vigência apenas após 180 dias da data de sua publicação oficial (ou seja, somente em janeiro de 2019!), criou o Diário Eletrônico da OAB
    - No caso de atos, notificações e decisões divulgados por meio do Diário Eletrônico da Ordem dos Advogados do Brasil, o prazo terá início no primeiro dia útil seguinte à publicação, assim considerada o primeiro dia útil seguinte ao da disponibilização da informação no Diário

> **DICA:** Art. 139, §3º, do RGOAB: entre os dias **20 e 31 de dezembro** e durante o **período de recesso (janeiro)** do Conselho da OAB que proferiu a decisão recorrida, os **prazos são suspensos**, reiniciando-se no primeiro dia útil após o seu término

1.3. Competência (poder de punição disciplinar e julgamento) (art. 70, EAOAB)

- **1.3.1. Poder de punir disciplinarmente**
  - **1.3.1.1. Em regra:** Conselho Seccional em cuja base territorial tenha ocorrido a infração
  - **1.3.1.2. Exceções:** competência originária do Conselho Federal da OAB se (i) a falta cometida ocorrer perante o Conselho Federal; se (ii) a infração praticada por membros do Conselho Federal e Presidentes dos Conselhos Seccionais
- **1.3.2. Competência para o julgamento do processo disciplinar:** cabe ao TED do Conselho Seccional competente julgar os processos disciplinares, instruídos pelas Subseções ou por relatores do próprio Conselho ou a uma das Câmaras do CFOAB (nos casos de competência originária)
- **1.3.3. A decisão condenatória irrecorrível deve ser comunicada ao Conselho Seccional da inscrição principal** (para registro nos assentamentos do inscrito)

1.4. Suspensão preventiva (art. 70, §3º, EAOAB)

- **1.4.1. Natureza jurídica:** medida de natureza cautelar (provisória), que não se confunde com a pena de suspensão. Haverá o afastamento do advogado dos quadros da OAB
- **1.4.2. Cabimento:** fato que cause repercussão prejudicial à dignidade da advocacia
- **1.4.3. Competência e procedimento:** a suspensão preventiva será decretada pelo TED do Conselho Seccional da inscrição principal do advogado, após designação de sessão especial pelo Presidente do TED, oportunizando-se defesa, produção de prova e sustentação oral, restritas, apenas, ao cabimento, ou não, da suspensão preventiva
- **1.4.4. Duração da suspensão preventiva:** máximo de 90 dias, até que a OAB conclua processo contra o advogado

1.5. Sigilo no processo disciplinar

- **1.5.1. Durante o trâmite do processo:** somente terão acesso ao processo disciplinar as partes, seus defensores e a autoridade judiciária competente
- **1.5.2. Após o trânsito em julgado:** em caso de aplicação da pena de **censura** permanece o sigilo. Haverá publicidade no caso de aplicação das penas de **suspensão** e **exclusão**

ÉTICA

TEMA XII - PROCESSO DISCIPLINAR II

1. Processo Disciplinar II (arts. 68 a 77, EAOAB; arts. 55 a 63 e 66 a 67, CED; arts. 120, 137-D a 144-A, RGOAB)

1.6. Fases do processo disciplinar

1.6.1. Instauração (art. 72, EAOAB; arts. 55 a 57, CED)

- **1.6.1.1. De ofício** (quando o conhecimento do fato se der por meio de fonte idônea ou por comunicação da autoridade competente, não se considerando fonte idônea a denúncia anônima)
- **1.6.1.2. Mediante representação** de qualquer autoridade ou pessoa interessada

1.6.2. Instrução (art. 73, EAOAB; arts. 58 e 59, CED; art. 137-D, RGOAB)

- **1.6.2.1. Designação de um relator (por sorteio):** que terá por incumbência presidir a instrução processual
- **1.6.2.2. Possibilidades que se abrem para o relator** (prazo de 30 dias para qualquer das manifestações)
  - **Proposta de arquivamento liminar:** que será decretado pelo Presidente do Conselho Seccional ou do TED
  - **Proposta de instauração do processo**

  💡 **Dica:** se o relator descumprir o prazo de 30 dias para qualquer das manifestações que poderá apresentar, o processo será redistribuído a outro relator, também por sorteio

- **1.6.2.3.** Presidente do Conselho Seccional ou do TED profere despacho declarando instaurado o processo ou determinando o arquivamento liminar
- **1.6.2.4.** Declarado instaurado o processo, o relator determinará a notificação dos interessados para prestarem esclarecimentos, ou do representado para a apresentação de defesa prévia (prazo de 15 dias, ou mais, a juízo do relator). Podem ser arroladas até 5 testemunhas
  - **Revelia em caso de não apresentação de defesa prévia:** relator indicará defensor dativo
- **1.6.2.5.** Relator profere despacho saneador
- **1.6.2.6. Colheita de prova oral:** se houver necessidade de oitiva de testemunhas ou depoimento das partes
- **1.6.2.7.** Relator pode determinar a realização de diligências se julgá-las convenientes e necessárias. No mais, o processo seguirá por impulso oficial
- **1.6.2.8.** Emissão de parecer preliminar e encaminhamento para o TED, já dando o relator o enquadramento legal aos fatos imputados
- **1.6.2.9.** Apresentação de razões finais (prazo comum de 15 dias)

  💡 **Dica:** no CED anterior, as razões finais eram apresentadas antes do parecer preliminar do relator. No Novo CED, serão apresentadas após o referido parecer

1.6.3. Julgamento (art. 60 a 67, CED)

- **1.6.3.1.** Presidente do TED designa um relator (não poderá ser o mesmo da fase instrutória caso o processo já estivesse no TED)
- **1.6.3.2.** Colocação do processo em pauta de julgamento na primeira sessão seguinte após distribuído ao relator
- **1.6.3.3.** Notificação das partes com antecedência mínima de 15 (quinze) dias da sessão de julgamento
- **1.6.3.4.** Na sessão de julgamento, há possibilidade de sustentação oral pelas partes pelo prazo de 15 (quinze) minutos, após ser lido o voto do relator
- **1.6.3.5.** Encerrado o julgamento, os autos seguirão para a lavratura do acórdão. Se este for de procedência da representação, nele deverá constar:
  - i. Enquadramento da infração e a respectiva sanção aplicada
  - ii. O quórum de instalação e de deliberação
  - iii. O voto prevalente (se do relator ou o divergente)
  - iv. Agravantes/atenuantes
  - v. Razões determinantes para conversão da censura em advertência

ÉTICA

Tema XII - Processo Disciplinar III

1. Processo Disciplinar III (arts. 68 a 77, EAOAB; arts. 55 a 63 e 66 a 67, CED; arts. 120, 137-D a 144-A, RGOAB)

1.7. Recursos nos processos na OAB (arts. 75 a 77, EAOAB; art. 67, CED; arts. 138 a 144-A, RGOAB)

- **1.7.1. Competência para julgamento**
  - **1.7.1.1. Conselho Seccional** (art. 76, EAOAB): das decisões proferidas pelo seu Presidente, pelo TED ou pela diretoria da Subseção ou da Caixa de Assistência dos Advogados
  - **1.7.1.2. Conselho Federal** (art. 75, EAOAB): das decisões definitivas proferidas pelo Conselho Seccional, quando não tenham sido unânimes, ou, sendo unânimes, contrariarem o EAOAB, CED, Provimentos e decisões do Conselho Federal ou de outros Conselhos Seccionais

- **1.7.2. Direcionamento dos recursos** (art. 138, RGOAB)
  - **1.7.2.1. Embargos de declaração:** ao próprio órgão/autoridade que proferiu a decisão
  - **1.7.2.2. Demais recursos:** ao órgão julgador superior competente

- **1.7.3. Juízo de admissibilidade** (art. 138, §1º, RGOAB): órgão julgador a que se dirige o recurso

- **1.7.4. Prazo para interposição dos recursos** (art. 139, RGOAB): 15 dias úteis contados do primeiro dia útil seguinte da data da publicação da decisão na imprensa oficial ou notificação do recebimento de ofício ou de notificação
  - **1.7.4.1. Se o recurso for interposto via fac-símile ou similar (exemplo: fax):** o original deve ser entregue em até 10 dias contados da interposição

- **1.7.5. Duplo grau de jurisdição obrigatório** (art. 142, RGOAB): quando a decisão conflitar com orientação de órgão colegiado superior, fica sujeita ao duplo grau de jurisdição (reexame necessário)

- **1.7.6. Efeitos dos recursos** (art. 77, EAOAB)
  - **1.7.6.1. Regra:** duplo efeito (devolutivo e suspensivo)
  - **1.7.6.2. Exceção:** efeito meramente devolutivo (sem efeito suspensivo)
    - Matéria relativa a eleições
    - Suspensão preventiva decidida pelo TED
    - Cancelamento de inscrição quando obtida com falsa prova

1.8. Revisão dos processos disciplinares findos (art. 73, §5º, EAOAB): será cabível a revisão dos processos disciplinares em casos de *erro de julgamento* e *condenação baseada em falsas provas*

- **1.8.1. Legitimidade e procedimento** (art. 68 do CED):
  - **1.8.1.1. Legitimidade:** advogado punido com a sanção disciplinar
  - **1.8.1.2. Competência:** órgão do qual emanou a condenação final. Quando a competência for do Conselho Federal, a revisão será processada perante a sua Segunda Câmara (sessão plenária)
  - **1.8.1.3. Autuação própria:** o pedido de revisão receberá autuação própria, sendo apensado aos autos do processo disciplinar a que se refira

1.9. Reabilitação (art. 41, EAOAB; art. 69, CED)

- **1.9.1. Requisito:** aplicação definitiva de sanção (censura, suspensão ou exclusão)
- **1.9.2. Prazo para requerer a reabilitação:** um ano após o cumprimento da sanção, devendo, para tanto, fazer provas efetivas de bom comportamento
- **1.9.3. Se a infração ética for decorrente da prática de crime:** necessidade de prévia sentença concessiva de reabilitação criminal
- **1.9.4. Legitimidade e procedimento** (art. 69 do CED)
  - **1.9.4.1. Legitimidade:** advogado que tiver sofrido a punição disciplinar
  - **1.9.4.2. Competência:** Conselho Seccional que tenha aplicado a sanção disciplinar ou o Conselho Federal (em caso de competência originária)
  - **1.9.4.3. Autuação própria:** o pedido de reabilitação receberá autuação própria, sendo apensado aos autos do processo disciplinar a que se refira
- **1.9.5. Provas de bom comportamento:** o pedido de reabilitação deverá ser instruído com provas efetivas de bom comportamento do advogado no exercício profissional e vida social
- **1.9.6. Complementação do pedido de reabilitação:** o relator do pedido de reabilitação poderá determinar ao advogado a complementação das provas de bom comportamento, o que, se desatendido, gerará arquivamento liminar do processo

1.10. Prescrição da pretensão punitiva disciplinar (art. 43, EAOAB)

- **1.10.1. Prazo** (art. 43, *caput*, EAOAB): cinco anos, contados da data da constatação oficial do fato (e não a partir do fato!)
- **1.10.2. Prescrição intercorrente** (art. 43, §1º, EAOAB): aplica-se a prescrição a todo processo disciplinar paralisado por mais de três anos, pendente de despacho ou julgamento, devendo ser arquivado de ofício, ou a requerimento da parte interessada, sem prejuízo de serem apuradas as responsabilidades pela paralisação
- **1.10.3. Interrupção da prescrição** (art. 43, §2º, EAOAB)
  - a) Instauração do processo disciplinar
  - b) Notificação válida feita diretamente ao representado
  - c) Decisão condenatória recorrível de qualquer órgão julgador da OAB

ÉTICA

Tema XIII - Deveres Éticos dos Advogados

1. Deveres éticos dos advogados I

1.1. Dos princípios fundamentais (arts. 1º a 7º, CED): o exercício da advocacia exige conduta compatível com os preceitos do Código de Ética, do Estatuto, do Regulamento Geral, dos Provimentos e com os demais princípios da moral individual, social e profissional

1.2. Indispensabilidade do advogado (art. 2º, CED): o advogado, indispensável à administração da Justiça, é defensor do Estado democrático de direito, dos direitos humanos e garantias fundamentais, da cidadania, da moralidade pública, da Justiça e da paz social, cumprindo-lhe exercer o seu ministério em consonância com sua elevada função pública e com os valores que lhe são inerentes

1.3. Alguns deveres éticos dos advogados (art. 2º, parágrafo único, CED)

I – Preservar, em sua conduta, a honra, a nobreza e a dignidade da profissão, zelando pelo seu caráter de essencialidade e indispensabilidade da advocacia
II – Atuar com destemor, independência, honestidade, decoro, veracidade, lealdade, dignidade e boa-fé
III – Velar por sua reputação pessoal e profissional
IV – Empenhar-se, permanentemente, em seu aperfeiçoamento pessoal e profissional
V – Contribuir para o aprimoramento das instituições, do Direito e das leis
VI – Estimular, a qualquer tempo, a conciliação e a mediação entre os litigantes, prevenindo, sempre que possível, a instauração de litígios
VII – Desaconselhar lides temerárias, a partir de um juízo preliminar de viabilidade jurídica
VIII – Abster-se de:
a) Utilizar de influência indevida, em seu benefício ou do cliente
b) Vincular seu nome ou nome social a empreendimentos sabidamente escusos
c) Emprestar concurso aos que atentem contra a ética, a moral, a honestidade e a dignidade da pessoa humana
d) Entender-se diretamente com a parte adversa que tenha patrono constituído, sem o assentimento deste
e) Contratar honorários advocatícios em valores aviltantes

1.4. Liberdade e independência do advogado (art. 4º, CED): o advogado, ainda que vinculado ao cliente ou constituinte, mediante relação empregatícia ou por contrato de prestação permanente de serviços, ou como integrante de departamento jurídico, ou de órgão de assessoria jurídica, público ou privado, deve zelar pela sua liberdade e independência

1.4.1. Recusa pelo advogado: é legítima a recusa, pelo advogado, do patrocínio causa e de manifestação, no âmbito consultivo, de pretensão concernente a lei ou direito que também lhe seja aplicável, ou contrarie orientação que tenha manifestado anteriormente

1.5. Uso da mentira e/ou da má-fé pelo advogado (art. 6º, CED): é defeso ao advogado expor os fatos em Juízo ou na via administrativa falseando deliberadamente a verdade e utilizando de má-fé

1.6. Vedação de captação de clientela (art. 7º CED): é vedado o oferecimento de serviços profissionais que implique, direta ou indiretamente, angariar ou captar clientela

ÉTICA

Tema XIII - Deveres Éticos dos Advogados II

1. Deveres éticos dos advogados II

- **1.6. Das relações com o cliente** (arts. 9º a 26, CED)

  - **1.6.1. Dos riscos da demanda:** o advogado deve informar o cliente, de modo claro e inequívoco, quanto a eventuais riscos da sua pretensão, e das consequências que poderão advir da demanda. Deve, igualmente, denunciar, desde logo, a quem lhe solicite parecer ou patrocínio, qualquer circunstância que possa influir na resolução de submeter-lhe a consulta ou confiar-lhe a causa

  - **1.6.2. Devolução de bens/valores/documentos e prestação de contas:** a conclusão ou desistência da causa – tenha havido ou não extinção do mandato – obriga o advogado a devolver ao cliente bens, valores e documentos que lhe hajam sido confiados e ainda estejam em seu poder, bem como a prestar-lhe contas, pormenorizadamente, sem prejuízo de esclarecimentos complementares que se mostrem pertinentes e necessários
    - **1.6.2.1. Devolução de honorários:** a parcela dos honorários paga pelos serviços até a conclusão ou desistência da causa não se inclui entre os valores a serem devolvidos

  - **1.6.3. Confiança recíproca entre cliente e advogado:** as relações entre advogado e cliente baseiam-se na confiança recíproca. Sentindo o advogado que essa confiança lhe falta, é recomendável que externe ao cliente sua impressão e, não se dissipando as dúvidas existentes, promova, em seguida, o substabelecimento do mandato ou a ele renuncie

  - **1.6.4. Ausência de subordinação na atuação do advogado:** o advogado, no exercício do mandato, atua como patrono da parte, cumprindo-lhe, por isso, imprimir à causa orientação que lhe pareça mais adequada, sem se subordinar a intenções contrárias do cliente, mas, antes, procurando esclarecê-lo quanto à estratégia traçada

  - **1.6.5. Abandono dos feitos pelos advogados:** o advogado não deve deixar ao abandono ou ao desamparo as causas sob seu patrocínio, sendo recomendável que, em face de dificuldades insuperáveis ou inércia do cliente quanto a providências que lhe tenham sido solicitadas, renuncie ao mandato

  - **1.6.6. Postulação contra ex-cliente/ex-empregador:** o advogado, ao postular em nome de terceiros, contra ex-cliente ou ex-empregador, judicial e extrajudicialmente, deve resguardar o sigilo profissional
    - **1.6.6.1. Abstenção bienal:** é vedado ao advogado advogar contra ex-cliente ou ex-empregador antes de decorridos dois anos do fim da relação contratual. Porém, mesmo após esse período, deverá ser resguardado o sigilo profissional

  - **1.6.7. Assunção de causas criminais pelo advogado:** é direito e dever do advogado assumir a defesa criminal, sem considerar sua própria opinião sobre a culpa do acusado. Não há causa criminal indigna de defesa, cumprindo ao advogado agir, como defensor, no sentido de que a todos seja concedido tratamento condizente com a dignidade da pessoa humana, sob a égide das garantias constitucionais

  - **1.6.8. Atuação desvinculada a outros advogados:** o advogado não se sujeita à imposição do cliente que pretenda ver com ele atuando outros advogados, nem fica na contingência de aceitar a indicação de outro profissional para com ele trabalhar no processo

  - **1.6.9. Abstenções a serem observadas pelo advogado:** ao advogado cumpre abster-se de patrocinar causa contrária à validade ou legitimidade de ato jurídico em cuja formação haja colaborado ou intervindo de qualquer maneira; da mesma forma, deve declinar seu impedimento ou o da sociedade que integre quando houver conflito de interesses motivado por intervenção anterior no trato de assunto que se prenda ao patrocínio solicitado

ÉTICA

Tema XIV - Sigilo Profissional

1. Sigilo profissional (arts. 35 a 38, CED)

- **1.1. Conceito:** o sigilo profissional corresponde ao dever do advogado de resguardar os fatos de que tome conhecimento no exercício profissional, bem como em virtude de funções desempenhadas na OAB. Também se aplica aos conciliadores, mediadores e árbitros no tocante aos fatos por eles conhecidos nos exercícios dessas atividades

- **1.2. Rompimento do sigilo profissional:** o sigilo profissional cederá em face de circunstâncias excepcionais que configurem justa causa, como nos casos de grave ameaça ao direito à vida e à honra ou que envolvam defesa própria
    - **1.2.1. Relatividade do sigilo:** o dever de sigilo profissional é relativo, eis que comporta rompimento em caso de hipóteses que configurem justa causa. Inexistente justa causa, o advogado incorrerá em infração disciplinar (art. 34, VII, do EAOAB)

- **1.3. Sigilo profissional e testemunho de advogado** (art. 38, CED)**:** o advogado não é obrigado a depor, em processo ou procedimento judicial, administrativo ou arbitral, sobre fatos a cujo respeito deva guardar sigilo profissional

- **1.4. Natureza do sigilo profissional** (art. 36, CED)**:** o sigilo profissional é de ordem pública, independendo de solicitação de reserva que lhe seja feita pelo cliente

- **1.5. Presunção de confidencialidade** (art. 36, §1º, CED)**:** presumem-se confidenciais as comunicações de qualquer natureza entre advogado e cliente

- **1.6. Prazo de duração do sigilo profissional:** eterno

ÉTICA

TEMA XV - PUBLICIDADE PROFISSIONAL

1. Publicidade na advocacia (arts. 39 a 47, CED)

1.1. Características da publicidade profissional do advogado: caráter meramente informativo e deve primar pela discrição e sobriedade, não podendo configurar captação de clientela ou mercantilização da profissão

1.2. Meios de publicidade vedados (art. 40, CED): os meios utilizados para a publicidade profissional hão de ser compatíveis com a diretriz estabelecida no artigo anterior (caráter informativo, discrição e sobriedade), sendo vedados:

I – A veiculação da publicidade por meio de rádio, cinema e televisão
II – O uso de outdoors, painéis luminosos ou formas assemelhadas de publicidade
III – As inscrições em muros, paredes, veículos, elevadores ou em qualquer espaço público
IV – A divulgação de serviços de advocacia juntamente com a de outras atividades ou a indicação de vínculos entre uns e outras
V – O fornecimento de dados de contato, como endereço e telefone, em colunas ou artigos literários, culturais, acadêmicos ou jurídicos, publicados na imprensa, bem assim quando de eventual participação em programas de rádio ou televisão, ou em veiculação de matérias pela internet, sendo permitida a referência a e-mail
VI – A utilização de mala-direta, a distribuição de panfletos ou formas assemelhadas de publicidade, com o intuito de captação de clientela

 Dica: exclusivamente para fins de identificação dos escritórios de advocacia, é permitida a utilização de placas, painéis luminosos e inscrições em suas fachadas, desde que respeitadas as diretrizes previstas no artigo 39 do CED (caráter informativo, discrição e sobriedade)

1.3. Colunas e textos em meios de comunicação (art. 41, CED): as colunas que o advogado mantiver nos meios de comunicação social ou os textos que por meio deles divulgar não deverão induzir o leitor a litigar nem promover, dessa forma, captação de clientela

1.4. Algumas vedações à publicidade (art. 42, CED): é vedado ao advogado:

I – Responder com habitualidade a consulta sobre matéria jurídica nos meios de comunicação social
II – Debater, em qualquer meio de comunicação, causa sob o patrocínio de outro advogado
III – Abordar tema de modo a comprometer a dignidade da profissão e da instituição que o congrega
IV – Divulgar ou deixar que sejam divulgadas listas de clientes e demandas
V – Insinuar-se para reportagens e declarações públicas

1.5. Participação do advogado em programas de rádio e TV (art. 43, CED): o advogado que eventualmente participar de programa de televisão ou de rádio, de entrevista na imprensa, de reportagem televisionada ou veiculada por qualquer outro meio, para manifestação profissional, deve visar a objetivos exclusivamente ilustrativos, educacionais e instrutivos, sem propósito de promoção pessoal ou profissional, vedados pronunciamentos sobre métodos de trabalho usados por seus colegas de profissão

 Dica: quando convidado para manifestação pública, por qualquer modo e forma, visando ao esclarecimento de tema jurídico de interesse geral, deve o advogado evitar insinuações com o sentido de promoção pessoal ou profissional, bem como o debate de caráter sensacionalista

1.6. Regras de observância obrigatória na publicidade profissional (art. 44, CED): na publicidade profissional que promover ou nos cartões e material de escritório de que se utilizar, o advogado fará constar seu nome, nome social ou o da sociedade de advogados, o número ou os números de inscrição na OAB

1.6.1. Referências a títulos e outras informações: poderão ser referidos apenas os títulos acadêmicos do advogado e as distinções honoríficas relacionadas à vida profissional, bem como as instituições jurídicas de que faça parte e as especialidades a que se dedicar, o endereço, e-mail, site, página eletrônica, QR code, logotipo e a fotografia do escritório, o horário de atendimento e os idiomas em que o cliente poderá ser atendido

1.6.2. Cartões de visita: é vedada a inclusão de fotografias pessoais ou de terceiros nos cartões de visitas do advogado, bem como menção a qualquer emprego, cargo ou função ocupado, atual ou pretérito, em qualquer órgão ou instituição, salvo o de professor universitário

1.7. Patrocínio de eventos culturais, publicações de caráter científico ou cultural e boletins informativos (art. 45, CED): são admissíveis como formas de publicidade o patrocínio de eventos ou publicações de caráter científico ou cultural, assim como a divulgação de boletins, por meio físico ou eletrônico, sobre matéria cultural de interesse dos advogados, desde que sua circulação fique adstrita a clientes e a interessados do meio jurídico

1.8. Publicidade pela internet e outros meios (art. 46, CED): a publicidade veiculada pela internet ou por outros meios eletrônicos deverá observar as diretrizes estabelecidas neste capítulo

1.8.1. Internet e telefonia: a telefonia e a internet podem ser utilizadas como veículo de publicidade, inclusive para o envio de mensagens a destinatários certos, desde que estas não impliquem o oferecimento de serviços ou representem forma de captação de clientela

ÉTICA

TEMA XVI - ELEIÇÕES E MANDATO NA OAB

1. Eleições e Mandato na OAB I

1.1. Base normativa: arts. 63 a 67 do EAOAB, arts. 128 a 137-C do Reg. Geral e Provimento 146/11 do CFOAB. Subsidiariamente, aplica-se a legislação eleitoral

1.2. Requisitos para ser candidato a cargos eletivos na OAB
(art. 63, §2, EAOAB e art. 131, §2º, RGOAB)

a) Ser regularmente inscrito no Conselho Seccional respectivo, com inscrição principal ou suplementar
b) Situação regular na OAB (estar em dia com as anuidades na data do protocolo do pedido de registro da candidatura; em caso de parcelamento, devem estar as parcelas quitadas)
c) Não ocupar cargo exonerável *ad nutum*
d) Não ter condenação por infração disciplinar, salvo se reabilitado, ou não ter representação disciplinar julgada procedente por órgão do Conselho Federal
e) Exercer efetivamente a profissão há mais de 3 (três) anos, nas eleições para os cargos de Conselheiro Seccional e das Subseções, quando houver, e há mais de 5 (cinco) anos, nas eleições para os demais cargos, conforme redação dada pela Lei 13.875, de 20 de setembro de 2019, que alterou o art. 63, § 2º, do EAOAB. Referidos prazos são contados até o dia da posse
f) Não exercer atividade incompatível com a advocacia, em caráter permanente ou temporário
g) Não integrar listas, com processo em tramitação, para provimento de cargos em tribunais judiciários ou administrativos

1.3. Datas para as eleições

- **1.3.1. Regra:** segunda quinzena do mês de novembro do último ano do mandato, com posse em 01 de fevereiro do ano seguinte
- **1.3.2. Exceção:** eleições para a Diretoria do Conselho Federal ocorrerão em 31/01 do ano seguinte ao das "eleições gerais", às 19h00, com posse em 01 de janeiro

1.4. Duração do mandato: 3 anos, sendo gratuito (não remunerado). Porém, é considerado serviço relevante, inclusive para fins de disponibilidade e aposentadoria

1.5 Chapas: não são admissíveis candidaturas isoladas. As chapas devem ser completas, contemplando todos os cargos (Diretoria dos Conselhos Seccionais, Conselheiros Seccionais, Conselheiros Federais, Diretoria da Caixa de Assistência dos Advogados e suplentes, se houver)

1.6. Votação

- **1.6.1. Comparecimento:** a votação é de comparecimento obrigatório, sob pena de multa de 20% do valor da anuidade, salvo justificativa escrita
- **1.6.2. Forma da votação:** a votação ocorrerá, preferencialmente, em urna eletrônica, ou, caso impossibilidade, em cédula única
- **1.6.3. Voto em trânsito:** não é permitido

1.7. Eleição da Diretoria do Conselho Federal (art. 137, RGOAB): diversamente da Diretoria dos Conselhos Seccionais e Subseções, bem como das Caixas de Assistência, a Diretoria do Conselho Federal não é escolhida não diretamente pelos advogados, mas pelos Conselheiros Federais

- **1.7.1. Votação:** a votação para Diretoria do Conselho Federal ocorre em 31 de janeiro do ano seguinte ao das "eleições diretas", às 19h00, em reunião presidida pelo Conselheiro Federal mais antigo
- **1.7.2. Vitória:** reputa-se eleita a chapa que conseguir a maioria simples dos votos dos Conselheiros Federais, presente a metade mais um de seus membros
- **1.7.3. Requisitos:** todos os membros da chapa candidata à Diretoria do Conselho Federal devem ser Conselheiros Federais, exceto o Presidente
- **1.7.4. Apoio dos Conselhos Seccionais:** o candidato a Presidente do CFOAB deve contar, no mínimo, com o apoiamento de 6 Conselhos Seccionais

ÉTICA

Tema XVI - Eleições e Mandato na OAB II

1. Eleições e Mandato na OAB II

1.8. Propaganda eleitoral
(art. 133 do RGOAB e Provimento 146/11)

1.8.1. Meios admitidos de propaganda eleitoral

a) Envio de cartas, mensagens eletrônicas (e-mail), "torpedos" (SMS e MMS) e WhatsApp aos advogados
b) Cartazes, faixas, banners e adesivos, desde que não explorados comercialmente por empresas que vendam espaço publicitário, observada a distância de até trezentos metros dos fóruns
c) Uso e distribuição de camisetas, bonés e bótons
d) Distribuição de impressos variados
e) Manutenção de sítios eletrônicos (das chapas e de terceiros, mas, neste último caso, restrito a 1 banner de 234 x 60 pixels, com até 25 KB), blogs na internet e assemelhados, desde que devidamente informados à Comissão Eleitoral para fins de registro

1.8.2. Condutas vedadas em matéria eleitoral

a) Qualquer propaganda transmitida por meio de emissora de televisão ou rádio, excluindo entrevistas, debates e notícias sobre a campanha eleitoral, desde que integrando a programação normal da emissora
b) Utilização de outdoors e assemelhados, exceto nos locais de votação
c) Qualquer meio de divulgação em espaço publicitário comercializado em ruas e logradouros, independentemente de tamanho, a exemplo de cartazes eletrônicos, em veículos de transportes públicos, como ônibus e táxis, bem como em outros pontos de divulgação ou, ainda, em veículos contratados mediante aluguel, ressalvados os espaços publicitários de comitês de candidaturas
d) Propaganda na imprensa que exceda, por edição, 1/8 (um oitavo) de página de jornal padrão e 1/4 (um quarto) de página de revista ou tabloide, ainda que gratuita, não podendo exceder, ainda, 10 (dez) edições
e) Propaganda com uso de carros de som e assemelhados, ou seja, qualquer veículo ou instrumento fixo ou ambulante de emissão sonora, como megafones. A vedação não atinge a sonorização de atos públicos de campanha com a presença de candidatos
f) Quaisquer pinturas ou pichações em prédios públicos ou privados, com exceção de pinturas alusivas à chapa, nos respectivos comitês
g) Distribuição de brindes, ressalvado o uso e a distribuição de camisetas, bonés e bótons
h) Contratação de terceiros para veiculação e exibição de bandeiras, bandeirolas e assemelhados na parte externa do prédio onde estiverem situadas as salas de votação (Provimento 146/2011, art. 10, § 6º) e, no dia da eleição, é vedada a propaganda eleitoral nos prédios onde estiverem situadas as salas de votação

1.8.3. Atos de abuso econômico

a) Propaganda transmitida por meio de emissora de televisão ou rádio, permitindo-se entrevistas e debates com os candidatos
b) Propaganda por meio de outdoors ou com emprego de carros de som ou assemelhados
c) Propaganda na imprensa, a qualquer título, ainda que gratuita, que exceda, por edição, 1/8 (um oitavo) de página de jornal padrão e 1/4 (um quarto) de página de revista ou tabloide
d) Uso de bens imóveis e móveis pertencentes à OAB, à Administração direta ou indireta da União, dos Estados, do Distrito Federal e dos Municípios, ou de serviços por estes custeados, em benefício de chapa ou de candidato, ressalvados os espaços da Ordem que devam ser utilizados, indistintamente, pelas chapas concorrentes
e) Pagamento, por candidato ou chapa, de anuidades de advogados ou fornecimento de quaisquer outros tipos de recursos financeiros ou materiais que possam desvirtuar a liberdade do voto
f) Utilização de servidores da OAB em atividades de campanha eleitoral

DIREITO CONSTITUCIONAL

Bruna Vieira   Tony Chalita

DIREITO CONSTITUCIONAL

TEMA I - TEORIA GERAL DO DIREITO CONSTITUCIONAL

1. Constituição I: noções, estrutura, princípios fundamentais

1.1. Constituição

1.1.1. Conceito: é a norma suprema de organização de um Estado

1.1.2. Constituições brasileiras: 1ª – 1824 (outorgada), 2ª – 1891 (promulgada), 3ª – 1934 (promulgada), 4ª – 1937 (outorgada), 5ª – 1946 (promulgada), 6ª – 1967 (outorgada), 7ª ou EC 1/1969 – (outorgada) e 8ª – 1988 (promulgada) – "Constituição Cidadã"

1.1.3. Princípio da supremacia: significa que as normas constitucionais fundamentam e validam os demais atos normativos. Sendo assim, todo o ordenamento infraconstitucional deve estar de acordo com o texto constitucional (relação de compatibilidade vertical com a Constituição)

Dica: não há hierarquia entre normas constitucionais, todas são dotadas de supremacia

1.2. Estrutura da Constituição Federal de 1988

1.2.1. Preâmbulo: segundo o STF, o preâmbulo traz valores que norteiam a interpretação das normas constitucionais, mas não tem força normativa

1.2.2. Disposições duráveis: art. 1º ao 250 da CF

1.2.3. Disposições transitórias: são normas criadas para executarem um determinado papel que, sendo cumprido, passam a não ter mais utilidade. O ADCT – Ato das Disposições Constitucionais Transitórias – fica ao final do texto constitucional, possui numeração própria (art. 1º ao 114) e só pode ser alterado por emenda constitucional

1.2.4. Emendas constitucionais

– **Comuns:** 1/1992 a 102/2019
- 1824 (outorgada, monarca, semirrígida, poder moderador, religião oficial, sufrágio censitário)
- 1891 (promulgada, república, presidencialismo, habeas corpus, estado leigo, controle difuso, voto universal)
- 1934 (promulgada, estado liberal para estado social, mandado de segurança, ação popular, voto da mulher, voto secreto)
- 1937 (outorgada por Vargas, nomeação de interventores poder todo centralizado, desconstitucionalizou o MP e o mandado de segurança)
- 1946 (promulgada, redemocratização do pais, 3 poderes, mandado de segurança e ação popular no texto constitucional)
- 1967 (promulgada, apenas formalmente, atos institucionais, centralização dos poderes nas mãos dos PR, enfraqueceu a competência dos estados-membros)
- EC 1/1969 (outorgada por uma junta militar, censura, ditadura)
- 1988 (promulgada, rígida, república, presidencialismo, federação, estado laico)

1.3. Princípios fundamentais

1.3.1. Fundamentos: soberania, cidadania, dignidade da pessoa humana, valores sociais do trabalho e da livre iniciativa (art. 1º da CF)

1.3.2. Objetivos fundamentais: construir uma sociedade livre, justa e solidária; garantir o desenvolvimento nacional; erradicar a pobreza e a marginalização e reduzir as desigualdades sociais e regionais; promover o bem de todos, sem preconceitos de origem, raça, sexo, cor, idade e quaisquer outras formas de discriminação (art. 3º da CF)

DIREITO CONSTITUCIONAL

TEMA I - TEORIA GERAL DO DIREITO CONSTITUCIONAL

1. Constituição II: elementos e classificação

1.4. Elementos da Constituição

1.4.1. Elementos orgânicos: contemplam as normas estruturais da Constituição

= **Exemplos:** regras sobre organização do Estado e dos Poderes, Forças Armadas e segurança pública, tributação e orçamento

1.4.2. Elementos limitativos: normas que limitam o poder de atuação do Estado

= **Exemplos:** direitos e garantias fundamentais, exceto direitos sociais

1.4.3. Elementos socioideológicos: demonstram a ideologia adotada pelo texto constitucional

= **Exemplos:** direitos sociais, ordem econômica e financeira e ordem social

1.4.4. Elementos de estabilização constitucional: visam à superação dos conflitos constitucionais, ao resguardo da estabilidade constitucional, à preservação da supremacia da Constituição, à proteção do Estado e das instituições democráticas e à defesa da Carta Política

= **Exemplos:** intervenção federal e estadual, processo de emendas constitucionais e regras sobre o controle de constitucionalidade

1.4.5. Elementos formais de aplicabilidade: servem para auxiliar a efetiva aplicação das normas constitucionais

= **Exemplos:** preâmbulo e o ADCT

1.5. Classificação das Constituições

1.5.1. Quanto à forma: escrita (sistematizadas num único texto) ou **não escrita** (baseadas em textos esparsos, jurisprudência, costumes, convenções, atos do parlamento, etc)

1.5.2. Quanto ao modo de elaboração: dogmática (aceitação de dogmas do momento vigente) ou **histórica** (fruto de um processo evolutivo)

1.5.3. Quanto à origem: outorgada (imposta pelo detentor do poder), **promulgada** (democrática ou popular, fruto de Assembleia Nacional Constituinte) ou **cesarista** (embora imposta, é submetida a referendo popular)

1.5.4. Quanto ao processo de mudança: rígida (processo de alteração solene e dificultoso), **flexível** (alterável por meio do procedimento das leis), **semirrígida** (uma parte rígida, outra flexível) e **"superrígida"** (aquela que possui núcleos essenciais intangíveis – cláusulas pétreas – art. 60, §4º da CF)

1.5.5. Quanto à extensão: concisas (são sucintas, cuidam apenas de regras gerais, estruturais do ordenamento jurídicoestatal) ou **prolixas** (são longas, numerosas, cuidam de assuntos diversos, que poderiam estar dispostos em normas infraconstitucionais)

1.5.6. Quanto ao conteúdo: material (trata apenas de matéria constitucional, ou seja, as que giram em todo do poder, por exemplo, as que organizam o poder e o Estado e as que dispõem sobre os direitos fundamentais) ou **formal** (tudo que estiver previsto formalmente na Constituição é considerado norma constitucional, ainda que não esteja relacionado ao "poder")

DIREITO CONSTITUCIONAL

Tema I - Teoria geral do Direito Constitucional

1. Fenômenos, poder constituinte e eficácia das normas constitucionais I

1.1. Fenômenos constitucionais

1.1.1. Recepção

– **Conceito:** é o fenômeno jurídico pelo qual se resguarda a continuidade do ordenamento jurídico anterior e inferior à nova Constituição, desde que se mostre materialmente compatível com a nova Constituição

1.1.2. Desconstitucionalização

– **Conceito:** fenômeno que faz com que a Constituição antiga seja recebida pela nova como norma infraconstitucional. Há uma verdadeira queda de hierarquia

Dica: não existe no Brasil, pois com a entrada em vigor de uma nova Constituição, a antiga é totalmente revogada

1.1.3. Repristinação e efeito repristinatório

– **Conceito:** repristinação é o fenômeno pelo qual se restabelece a vigência de uma lei que foi revogada em razão da lei revogadora ter sido posteriormente revogada por outra. De acordo com o art. 2º, § 3º, da LINDB, em regra, a lei revogada não se restaura por ter a lei revogadora perdido a vigência (repristinação). É possível disposição em contrário. Por sua vez, o efeito repristinatório decorre do controle abstrato de constitucionalidade das leis quando dada lei revogadora é declarada inconstitucional e a revogada volta a produzir efeitos automáticos

1.1.4. Mutação constitucional

– **Conceito:** significa a alteração informal da Constituição. O texto constitucional permanece intacto; a sua interpretação é alterada

1.1.5. Vacatio constitucionis

– **Conceito:** período de transição entre uma Constituição e outra

DIREITO CONSTITUCIONAL

Tema I - Teoria geral do Direito Constitucional

1. Fenômenos, poder constituinte e eficácia das normas constitucionais II

1.2. Poder constituinte

1.2.1. Poder constituinte originário

– **Conceito:** é aquele que cria a primeira constituição de um Estado ou a nova constituição de um Estado
– **Características:** ilimitado (conteúdo), incondicionado (forma) e autônomo

1.2.2. Poder constituinte derivado (decorrente, reformador e revisor)

– **Conceito:** criado pelo originário, é aquele que reforma e revisa a Constituição, além de também possibilitar aos Estados a criação das suas próprias Constituições
– **Características: limitado, condicionado e subordinado**
– **Espécies:**
a) **Decorrente:** poder que cada estado tem de se autorregulamentar, por meio da sua própria Constituição (art. 11 do ADCT e 25 da CF)
b) **Reformador:** poder de alterar a Constituição e que se manifesta por meio das emendas constitucionais (art. 60 da CF). **Limites:** *materiais (cláusulas pétreas)*: forma federativa de Estado, voto direto, secreto, universal e periódico, separação dos poderes e direitos e garantias individuais (art. 60, §4º da CF); *formais:* quanto à iniciativa – somente os previstos nos incisos do *caput* do art. 60 podem iniciar proposta de emenda constitucional – PEC (I – de um terço, no mínimo, dos membros da Câmara dos Deputados ou do Senado Federal, II – do presidente da República e III – de mais da metade das Assembleias Legislativas das unidades da Federação, manifestando-se, cada uma delas, pela maioria relativa de seus membros); quanto ao **quórum:** as propostas de emendas devem ser discutidas e votadas em cada Casa do Congresso Nacional, em dois turnos, considerando-se aprovadas se obtiverem, em ambos, três quintos dos votos dos respectivos membros (art. 60, §2º da CF); *quanto à* **promulgação:** as emendas à Constituição serão promulgadas pelas Mesas da Câmara dos Deputados e do Senado Federal, com o respectivo número de ordem (art. 60, §3º da CF); *quanto à* **reapresentação:** a matéria constante de proposta de emenda rejeitada ou havida por prejudicada não pode ser objeto de nova proposta na mesma sessão legislativa (art. 60, §5º da CF); circunstanciais: em determinados momentos, em que o país está vivendo uma situação de anormalidade (**estado de sítio, estado de defesa e intervenção federal**), a Constituição não poderá ser emendada (art. 60, §1º da CF) e
c) **Revisor** (art. 3º do ADCT)**:** a revisão constitucional ocorreu pelo voto da maioria absoluta dos membros do Congresso Nacional, em sessão unicameral

1.3. Eficácia jurídica das normas constitucionais

1.3.1. Plena: produzem, por si só, a plenitude de seus efeitos. Possuem aplicabilidade direta, imediata e integral

Exemplos: arts. 1º, 2º, 13 e 18, §1º da CF/1988

1.3.2. Contida: não dependem de norma regulamentadora, mas admitem leis que restrinjam o seu conteúdo. Possuem aplicabilidade direta e imediata, mas eventualmente não integral

Exemplo: art. 5º, XIII, da CF (liberdade de profissão)

1.3.3. Limitada: dependem de norma regulamentadora para produzirem efeitos. Possuem aplicabilidade indireta, mediata e reduzida. Não havendo a regulamentação e o direito não puder ser exercido, dois instrumentos são cabíveis: mandado de injunção (art. 5º, LXXI, da CF e Lei 13.1300/2016) e ação direta de inconstitucionalidade por omissão (Lei 9.868/1999, capítulo II-A, incluído pela Lei 12.063/2009)

Exemplos: arts. 88 e 102, §1º, da CF

DIREITO CONSTITUCIONAL

Tema II - Direitos fundamentais

1. Direitos fundamentais I

1.1. Espécies:

- **1.1.1. Direitos e deveres individuais e coletivos** (art. 5º da CF)
- **1.1.2. Direitos sociais** (arts. 6º a 11 da CF)
- **1.1.3. Nacionalidade** (arts. 12 e 13 da CF)
- **1.1.4. Direitos políticos** (arts. 14 a 16 da CF)
- **1.1.5. Partidos políticos** (art. 17 da CF)

1.2. Características:

- **1.2.1. Universalidade:** os direitos fundamentais são destinados a todas as pessoas, indistintamente. Aplicação aos brasileiros, estrangeiros (ainda que não residam no Brasil, segundo o STF), pessoas naturais, jurídicas, Estado e etc

- **1.2.2. Limitabilidade ou caráter relativo:** ainda que sejam considerados fundamentais, não são direitos absolutos. Não há direito absoluto. Na crise advinda do confronto entre dois ou mais direitos fundamentais, ambos terão de ceder (ponderação de valores e princípio da harmonização). Há quem sustente que a dignidade da pessoa humana não entraria em confronto com outros direitos, pois possuiria hierarquia supraconstitucional

- **1.2.3. Cumulatividade ou concorrência dos direitos fundamentais:** os direitos fundamentais não se excluem, na verdade se somam. Para o exercício de um, não é necessário que outro seja eliminado

- **1.2.4. Irrenunciabilidade:** ninguém pode recusar, abrir mão de um direito fundamental. O exercício desses direitos pode não ser efetivado por aquele que não o deseja, mas ainda que não colocados em prática, pertence ao seu titular. O Estado é o garantidor

- **1.2.5. Irrevogabilidade:** significa que nem mesmo pelo processo de alteração da Constituição (emendas constitucionais) é possível revogar um direito fundamental. Essa afirmação é pacífica, no tocante aos direitos inseridos no texto constitucional pelo poder constituinte originário

- **1.2.6. Imprescritibilidade:** os direitos fundamentais, por serem inerentes à pessoa humana, não prescrevem. Os titulares desses direitos, mesmo que não os exerçam, não os perdem

- **1.2.7. Inalienabilidade:** não podem ser alienados, vendidos. São indisponíveis e não detém caráter patrimonial

- **1.2.8. Historicidade:** a formação dos direitos fundamentais se dá no decorrer da história. A origem desses direitos tem por base movimentos como o constitucionalismo. Sua evolução concreta é demonstrada ao longo do tempo. As conhecidas gerações ou dimensões dos direitos fundamentais se fundamentam especificamente nessa característica

- **1.2.9. Aplicação imediata:** as normas definidoras dos direitos e garantias fundamentais têm aplicação imediata (art. 5º, §1º, da CF), ou seja, são aplicáveis até onde estiverem capacitadas para tanto. Vale lembrar que o grau de aplicabilidade estará de acordo com a classificação da norma que pode ser plena, contida e limitada

DIREITO CONSTITUCIONAL

TEMA II - DIREITOS FUNDAMENTAIS

1. Direitos fundamentais II

1.3. Gerações ou dimensões

1.3.1. Primeira (liberdade): consubstancia-se fundamentalmente nas liberdades públicas. Tem por finalidade limitar o poder de atuação do Estado. São conhecidos como direitos negativos. Há um dever de abstenção por parte do Estado, pois as liberdades criam uma barreira de proteção ao indivíduo. Ex.: direito à liberdade, direitos individuais, direitos civis e direitos políticos

1.3.2. Segunda (igualdade): os direitos de segunda geração exigem uma conduta positiva do Estado. Prestigiam-se valores ligados à igualdade, atingem grupos sociais. Ao contrário dos direitos de primeira geração, em que há um dever de abstenção por parte do Estado, o poder público passa a participar da vida dos indivíduos. Ex.: direitos sociais, culturais e econômicos

1.3.3. Terceira (fraternidade): os direitos de terceira geração dizem respeito à solidariedade. Encontram-se aqui os denominados direitos transindividuais que abarcam, por exemplo, o direito ao meio ambiente ecologicamente equilibrado e os direitos do consumidor

1.3.4. Quarta: para aqueles que sustentam a existência dessa dimensão, os direitos incluídos aqui são os mais novos, relacionados à globalização dos direitos fundamentais. Ex.: direito informático, patrimônio genético, softwares e direito espacial

1.3.5. Quinta: para aqueles que sustentam a existência dessa dimensão, o direito à paz é o principal exemplo. As guerras e os ataques civis, dentre outras situações, seriam enfrentadas por essa geração

1.4. Direitos fundamentais em espécie I

1.4.1. Direito à vida e à integridade (art. 5º, "caput", da CF) a CF admite a pena de morte em caso de guerra externa declarada (art. 5º, XLVII, "a", e art. 84, XIX, da CF)

Dica: o STF, ao julgar a ADI 3.510, declarou que o artigo 5º da Lei de Biossegurança (Lei 11.105/2005) é constitucional, autorizando, portanto, as pesquisas com células-tronco. Também autorizou a interrupção da gravidez do feto anencefálico (ADPF 54-DF). Ambas as situações não violam o direito à vida

1.4.2. Princípio da igualdade ou isonomia (art. 5º, I, da CF)**:** todos são iguais perante a lei, sem distinção de qualquer natureza. A realização efetiva da justiça busca o tratamento igual para os iguais, mas para tanto é preciso dar tratamento desigual aos desiguais, na exata medida da desigualdade; isso tem como objetivo a superação da **igualdade meramente formal (perante a lei)** e o alcance da **igualdade material (real)**. Discriminações positivas são admitidas na busca da isonomia material, por exemplo, quotas raciais, a reserva de vagas para deficientes em concursos públicos, etc. Não cabe ao Poder Judiciário, que não tem função legislativa, aumentar vencimentos de servidores públicos sob o fundamento de isonomia (súmula vinculante 37 do STF)

1.4.3. Princípio da legalidade (art. 5º, II, da CF)**:** ninguém será obrigado a fazer ou deixar de fazer alguma coisa senão em virtude de lei (legalidade para o particular); em relação ao poder público, a legalidade indica que o administrador só faz aquilo que a lei determinar ou autorizar (legalidade para a Administração Pública). É importante mencionar que o princípio da legalidade não se confunde com o da reserva legal. O primeiro está previsto no art. 5º, inciso II, da CF e tem sentido amplo, abrangendo todas as espécies normativas, previstas no art. 59 da CF. Já o da reserva legal pressupõe somente a lei em sentido estrito, ou seja, lei ordinária ou complementar

1.4.4. Liberdade de pensamento, manifestação e direito de resposta (art. 5º, IV e V da CF)**:** a manifestação do pensamento é livre, sendo proibido o anonimato. O direito de resposta deve ser exercido sempre de forma proporcional ao agravo, além do cabimento de indenizações. Art. 220 da CF – manifestação de pensamento, de informação e proibição da censura política

DIREITO CONSTITUCIONAL
TEMA II - DIREITOS FUNDAMENTAIS

1. Direitos fundamentais III

- **1.4. Direitos fundamentais em espécie II**

  - **1.4.5. Princípio da liberdade religiosa** (art. 5º, VI, da CF): o Brasil é considerado laico ou leigo (sem religião oficial). Liberdades protegidas: crença e consciência (religiosa, política e filosófica). Exceção: se invocar a crença e/ou consciência para eximir-se de obrigação legal a todos imposta e recusar-se a cumprir prestação alternativa, fixada em lei (art. 5º, VIII, da CF). A liberdade de culto possui eficácia plena. Por outro lado, a parte do dispositivo que trata da proteção aos locais de culto e a suas liturgias é considerada norma de eficácia limitada ("na forma da lei"). Além disso, a CF assegura, nos termos da lei, a prestação de assistência religiosa nas entidades civis e militares de internação coletiva (art. 5º, VII, da CF) como, por exemplo, em hospitais e presídios. Por fim, vale lembrar que o art. 210, §1º, da CF determina que o ensino religioso deva ser prestado de matrícula **facultativa** e constituirá disciplina dos horários normais das escolas públicas de ensino fundamental

  - **1.4.6. Liberdade de expressão** (art. 5º, IX, da CF): é livre a expressão da atividade intelectual, artística, científica e de comunicação, independentemente de censura ou licença. Essa garantia abrange também o direito de opinião, de informação e de escusa de consciência. STF: RE 511.961 declarou como não recepcionado pela Constituição o artigo 4º, V, do Decreto-Lei 972/1969, que exigia diploma de curso superior para o exercício da profissão de jornalista; ADPF 130 considera como não recepcionada toda a Lei de Imprensa (Lei 5.250/1967)

  - **1.4.7. Direito à privacidade e à preservação da imagem** (art. 5º, X, da CF): são invioláveis a intimidade, a vida privada, a honra e a imagem das pessoas, assegurado o direito à indenização pelo dano material ou moral decorrente de sua violação. Acarreta dano moral a mera publicação de fotografias não autorizadas, pois não é necessária a comprovação de dano efetivo. Vale lembrar que a proteção em relação a pessoas é diminuída. Além disso, a súmula vinculante 11 restringe o uso de algemas aos casos de resistência e de fundado receio de fuga ou de perigo à integridade física própria ou alheia por parte do preso ou de terceiros, desde que justificada por escrito, sob pena de responsabilidade. Isso decorre da preservação da imagem

  - **1.4.8. Princípio da inviolabilidade domiciliar** (art. 5º, XI, da CF): a casa (abrange, por exemplo, quarto de hotel, escritório de advocacia, trailer, etc.) é considerada asilo inviolável do indivíduo, de modo que ninguém nela pode adentrar sem consentimento do morador. **Exceções:** 1. flagrante delito, 2. desastre, 3. para prestar socorro ou por determinação judicial (durante o dia)

  - **1.4.9. Direito ao sigilo de correspondência, comunicações telegráficas, de dados e telefônicos** (art. 5º, XII, da CF): é inviolável o sigilo da correspondência e das comunicações telegráficas, de dados e das comunicações telefônicas, salvo, no último caso, por ordem judicial, nas hipóteses e na forma que a lei estabelecer para fins de investigação criminal ou instrução processual penal. Prevalece o entendimento que esses sigilos podem ser relativizados. O das **comunicações telefônicas** para ser quebrado, desde que **por ordem judicial** e para **fins de investigação criminal ou processual penal**. Vale lembrar que o Supremo admite que sejam utilizadas as gravações feitas na instrução processual penal como prova emprestada nos processos de natureza civil e administrativa

  - **1.4.10. Direito de exercer qualquer profissão** (art. 5º, XIII, da CF): o exercício da atividade profissional é livre, mas pode ser restringido por lei. Trata-se de uma norma de eficácia contida (ou restringível), de modo que a lei pode estabelecer requisitos para o exercício da atividade profissional, como, por exemplo, o EOAB (Lei 8.906/1994) que, dentre outros requisitos, exige a aprovação no exame de ordem para o exercício da advocacia. O Supremo já declarou a constitucionalidade de tal exame (RE 603.583). Por outro lado, a mesma Corte definiu que o exercício da atividade de jornalismo não depende de prévia obtenção de diploma universitário (RE 511.961/SP)

  - **1.4.11. Acesso à informação** (art. 5º, XIV, da CF): é assegurado a todos, resguardado o sigilo da fonte, quando necessário ao exercício profissional

  - **1.4.12. Liberdade de locomoção** (art. 5º, XV, da CF): entrada, permanência ou saída no território nacional é livre, nos termos da lei e em tempo de paz. Nos estados sítio e de defesa podem ser criadas restrições

DIREITO CONSTITUCIONAL

Tema II - Direitos fundamentais

1. Direitos fundamentais IV

1.4. Direitos fundamentais em espécie III

1.4.13. Direito de reunião (art. 5º, XVI, da CF): a reunião deve ser realizada em um **local aberto ao público** e desde que: **a)** ocorra de forma **pacífica**; **b)** sem armas; **c)** haja **prévia comunicação** à autoridade competente (não é autorização, apenas comunicação) e **d)** não frustre outra reunião já agendada para o mesmo dia e local. No estado de sítio, o direito pode ser suspenso (art. 139, IV, da CF) e no de defesa restringido (art. 136, §1º, I, "a", da CF)

1.4.14. Direito de associação (art. 5º, XVII a XXI, da CF): para fins lícitos. Sua criação independe de autorização. Vedada a obrigatoriedade de associação ou sua permanência aos que não quiserem. Para suspender as atividades da associação, é necessária a ordem judicial; e para dissolver compulsoriamente, decisão judicial transitada em julgado

1.4.15. Direito de propriedade (art. 5º, XXII a XXV, da CF): desde que atenda a função social

💡 **Dica:** há limites. Além de outras hipóteses, quando houver necessidade ou utilidade pública, o Estado poderá desapropriar. Requisitos: justa e prévia indenização. Exceção (art. 182, III da CF)

1.4.16. Direito do autor (art. 5º XXVII e XXIX, da CF): direito exclusivo de utilização, publicação ou reprodução de suas obras, transmissível aos herdeiros em período fixao em lei (súmula 386)

1.4.17. Direito de herança (art. 5, XXX e XXXI, da CF): jurisprudência: a capacidade para suceder é verificada no momento da abertura da sucessão (RE 162.350). Aos bens do estrangeiro no país, a lei brasileira regulará o benefício dos herdeiros brasileiros quando a lei de *cujus* não for mais favorável

1.4.18. Direito à informação (art. 5º, XXXIII, da CF), **regulamentado pela Lei 12.527/2011:** é dado a todos. As informações podem ser de interesse particular, coletivo ou geral. Exceções: aquelas cujo sigilo seja imprescindível à segurança da sociedade e do Estado

💡 **Dica:** o art. 8º da Lei 12.527/11 (lei do acesso a informações) determina que é dever dos órgãos e entidades públicas promover, **independentemente de requerimentos**, a divulgação em local de fácil acesso, no âmbito de suas competências, de informações de interesse coletivo ou geral por eles produzidas ou custodiadas

1.4.19. Direito de petição e de certidão (art. 5º, XXXIV, "a" e "b", da CF): assegurados a todos, independentemente do pagamento de taxas. Petição em defesa de direitos ou contra ilegalidade ou abuso de poder. Certidão para defesa de direitos e esclarecimento de situações de interesse pessoal

1.4.20. Princípio da irretroatividade da lei (art. 5º, XXXVI, da CF): a lei não prejudicará o direito adquirido, o ato jurídico perfeito e a coisa julgada (segurança das relações jurídicas)

1.4.21. Princípio do livre acesso ao Judiciário (art. 5º, XXXV, da CF): a lei não excluirá da apreciação do Poder Judiciário lesão ou ameaça a direito. É o denominado princípio da inafastabilidade do controle jurisdicional

1.4.22. Hipóteses de prisão civil (art. 5º, LXVII, da CF): impossibilidade de prisão civil por dívida, salvo a do responsável pelo inadimplemento voluntário e inescusável de obrigação alimentícia e a do depositário infiel. O STF decidiu que é ilegal a prisão do depositário infiel (súmula vinculante 25)

1.4.23. Princípio da razoável duração do processo (art. 5º, LXXVIII, da CF): a todos, no âmbito judicial e administrativo, são assegurados a razoável duração do processo e os meios que garantam a celeridade de sua tramitação

1.4.24. Irretroatividade da lei (art. 5, XXXVI, da CF): súmulas vinculantes 1 e 9. Segurança das relações jurídicas. Exceção à lei penal que poderá retroagir desde que beneficie o réu (art. 5, XL, da CF). Súmula 611 do STF

1.4.25. Juízo natural (art. 5º, XXXVII e LIII, da CF): tem a ver com a proibição da criação de juízo ou tribunal de exceção, aqueles criados após a ocorrência do fato, para julgarem crimes específicos, e com a regra de que ninguém será processado nem sentenciado senão pela autoridade competente

1.4.26. Rol exemplificativo de direitos fundamentais (art. 5º, §2º, da CF): os direitos e garantias expressos nesta Constituição não excluem outros decorrentes do regime e dos princípios por ela adotados, ou dos tratados internacionais em que a República Federativa do Brasil seja parte

💡 **Dica:** o Supremo Tribunal Federal já afirmou reiteradas vezes que os direitos e garantias fundamentais não se esgotam no artigo 5º da Lei Maior, podendo ser encontrados em diversos dispositivos inseridos na Constituição, como por exemplo: sistema tributário constitucional, a partir do artigo 145 da CF

DIREITO CONSTITUCIONAL
Tema III - Remédios constitucionais

1. Remédios constitucionais

1.1. Espécies

1.1.1. Habeas corpus (art. 5º, LXVIII, da CF)

– **Objetivo:** proteger a liberdade de locomoção (ir, vir e permanecer) diante de uma ameaça (*habeas corpus* preventivo – pedido: salvo conduto) ou já violação (*habeas corpus* repressivo – pedido: alvará de soltura). Pode ser impetrado por terceiro. Não exige formalidades, capacidade civil nem advogado constituído. Não cabe HC em relação a punições disciplinares militares (art. 142, §2º, da CF).
Exceção: para discutir questões sobre legalidade, por exemplo, a competência da autoridade militar que determinou a prisão.
Dica: cabe HC em vara cível na hipótese de risco à liberdade em decorrência de prisão civil (alimentos)

1.1.2. Habeas data (art. 5, LXXII, da CF – Lei 9.507/1997)

– **Objetivo:** conhecimento de informações relativas ao impetrante, retificação de informações e complementação (anotação ou explicação) – trazida pela Lei 9.507/1997. Tais informações devem constar de registros e bancos de dados de entidades governamentais ou de caráter público. Não cabe para informações de terceiros. É necessária a recusa de informações por parte da autoridade administrativa, na hipótese de conhecimento das informações. É uma ação gratuita. Tem prioridade de tramitação, salvo em relação ao HC e MS (art. 19 da Lei 9.507/1997)

1.1.3. Mandado de injunção (art. 5, LXXI, da CF – Lei 13.300/2016)

– **Objetivo:** cabível em razão da inércia do legislador (omissão legislativa) que inviabilize o exercício de direitos e liberdades constitucionais e das prerrogativas inerentes à nacionalidade, à soberania e à cidadania
Dica: a lei prevê a possibilidade de impetração coletiva pelos seguintes legitimados: Ministério Público, partido político com representação no Congresso Nacional, organização sindical e associação constituída há 1 ano e defensoria pública (art. 12 da Lei 13.300/2016)
Exemplo: art. 37, VII da CF prevê o direito de greve nos termos e limites da lei. Não houve edição de lei. MI, remédio constitucional aplicável
– **Teoria:** a lei adotou a chamada concretista intermediária, prestigiando a efetividade das normas constitucionais. É reconhecida a mora, estabelecido prazo para regulamentação e, na inércia do órgão omisso, o direito é concretizado
– **Efeitos da decisão ao caso concreto** (há exceções para aplicação geral – art. 9 da Lei 13.300/2016) até que sobrevenha norma regulamentadora (que valerá a partir da publicação – ex nunc, salvo se mais benéfica – art. 11 da Lei 13.300/2016)

1.1.4. Ação popular (art. 5, LXXIII, da CF e Lei 4.717/1965)

– **Objetivo:** garante a qualquer cidadão (eleitor alistado regularmente) questionar e requerer a anulação de ato administrativo lesivo ao patrimônio público, à moralidade administrativa, meio ambiente e patrimônio histórico e cultural
Dica: pessoa jurídica, inelegíveis (estrangeiros e conscritos) e apátridas não têm legitimidade. Remédio exclusivamente designado à proteção do interesse coletivo. O MP, como instituição, não pode propor a ação popular, mas pode assumir o polo ativo, caso o cidadão desista
– **Custas:** é uma ação isenta de custas, salvo comprovada má-fé (declarada expressamente pelo juiz)
– **Recurso:** se o cidadão perder a ação e não recorrer, outro pode fazê-lo e até o MP (art. 19, §2º, da Lei 4.717/1965)

1.1.5. Mandado de segurança
(art. 5º, LXIX e LXX, da CF e Lei 12.016/2009 – súmula 510 do STF)

– **Objetivo:** resguardar direito líquido e certo violado por abuso de poder ou ilegalidade (autoridade pública). É um remédio residual, ou seja, cabível desde que não seja amparado por HC ou HD
– **Espécies:** individual ou coletivo. Quando coletivo (art. 5º, LXX, da CF), a legitimidade será: do partido político com representação no Congresso, da organização sindical, e da entidade de classe ou da associação legalmente constituída e em funcionamento há pelo menos um ano
Dica: em razão da liquidez e certeza do direito (prova documental pré-constituída), não admite produção de provas. Precisa de advogado. Não há condenação de honorários à parte vencida (súmula 512 do STF)
– **Prazo:** decadencial de 120 dias, contados a partir do ato lesivo

⚠️ **Atenção!** A Lei 13.676/18 alterou a 12.016/09 para permitir a defesa oral do pedido de liminar na sessão de julgamento do mandado de segurança

DIREITO CONSTITUCIONAL

TEMA IV - NACIONALIDADE

1. Nacionalidade

1.1. Conceito
É o vínculo de natureza jurídica e política que integra o indivíduo a um determinado Estado. Após isso, o sujeito passa a fazer parte do elemento pessoal do Estado e é chamado de **nacional**. É direito fundamental de primeira geração e quem a atribui é o Estado.

- **1.1.1. Povo:** conjunto de pessoas que têm vínculo de nacionalidade com o Estado. Conjunto de nacionais (nato ou naturalizado)
- **1.1.2. População:** conjunto de habitantes de um território. Inclui-se nacional e estrangeiro
- **1.1.3. Nação:** conjunto de pessoas ligadas por semelhanças, afinidades étnicas, costumes e idioma
- **1.1.4. Cidadania:** adquirida por meio de alistamento eleitoral. Cabível somente ao detentor de direitos políticos

1.2. Formas de aquisição da nacionalidade brasileira:

- **1.2.1. Originária/primária:** é a que o indivíduo detém por meio do nascimento. Critérios para a atribuição dessa nacionalidade: o territorial *(jus soli)* – leva em conta o local de nascimento e sanguíneo *(jus sanguinis)* – leva em conta a ascendência do indivíduo (art. 12, I, "a", "b" e "c", da CF)
- **1.2.2. Secundária:** é a que o indivíduo adquire, após o nascimento, por meio do processo de naturalização, por um ato voluntário (art. 12, II, "a" e "b", da CF)

- **Ordinária** (art. 12, II, "a", da CF – Lei 13.445/17 – Lei de Migração): obtida a partir da adoção dos procedimentos da Lei de Migração (art. 65). E, aos estrangeiros originários de países que falam a língua portuguesa, um ano de residência ininterrupta no Brasil e idoneidade moral
- **Extraordinária** (art. 12, II, "b", da CF e art. 67 da Lei 13.445/17): largo lapso temporal de residência no país. Presunção de fortes vínculos com o Brasil. Requisitos: residência ininterrupta há mais de 15 anos e não possuir condenação criminal
- **Especial** (arts. 68 e 69 da Lei 13.445/17)
- **Provisória** (art. 70 da Lei 13.445/17)

1.3. Perda da nacionalidade brasileira (art. 12, §4º, da CF)

- **1.3.1. Cancelamento judicial da naturalização:** atividade nociva ao interesse nacional. Cabível ao estrangeiro naturalizado
- **1.3.2. Aquisição voluntária de outra nacionalidade:** cabível ao nato e ao naturalizado

🚫 **Exceções:** reconhecimento de nacionalidade originária pela Lei Estrangeira e imposição de naturalização pela Lei Estrangeira para permanência ou exercício de direitos

1.4. Nato e naturalizado: distinções

1.4.1. Cargos privativos de natos (art. 12, §3º, da CF):

I – de presidente e vice-presidente da República
II – de presidente da Câmara dos Deputados
III – de presidente do Senado Federal
IV – de ministro do Supremo Tribunal Federal
V – da carreira diplomática
VI – de oficial das Forças Armadas
VII – de ministro de Estado da Defesa

1.4.2. Impossibilidade de extradição de brasileiro nato (art. 5, LI, da CF) somente o naturalizado poderá ser extraditado e em duas hipóteses: crime comum praticado antes da naturalização ou comprovado envolvimento em tráfico ilícito de entorpecentes e drogas afins

💡 **Dica:** o Brasil não concede extradição de estrangeiro por crime político ou de opinião (art. 5, LII da CF). Ao contrário, pode ser concedido o asilo político (art. 4º, X, CF)

1.4.3. Perda de nacionalidade do naturalizado (art. 12, §4º, I da CF): sentença judicial transitada em julgado em razão de atividade nociva ao interesse nacional. Reaquisição possível por ação rescisória

1.4.4. Demais distinções: alguns membros do Conselho da República (art. 89, VII da CF); propriedade de empresa jornalística e radiodifusão e o conteúdo da programação será estabelecido por brasileiros natos ou naturalizados há mais de 10 anos

1.5. Portugueses residentes no Brasil
(art.12, §1º, da CF): de forma fixa e desde que haja tratamento recíproco aos brasileiros residentes em Portugal, terão os mesmos direitos dos brasileiros naturalizados. Não se trata de naturalização

DIREITO CONSTITUCIONAL

Tema V - Direitos Políticos

1. Direitos políticos I

1.1. Conceito: conjunto de normas que disciplinam a atuação da soberania popular

1.2. Positivos: possibilidade de votar e ser votado. Direito de sufrágio ou capacidade eleitoral ativa e passiva. Exercido nas eleições ou em consultas (plebiscitos e referendos). Núcleo dos direitos políticos

1.2.1 Forma direta ou indireta: no primeiro caso, exercido pelo povo em plebiscito, referendo e lei de iniciativa popular. No segundo, por meio da democracia representativa (representantes eleitos)

1.2.2. Plebiscito: convocação do povo para se manifestar. Consulta **prévia** à edição do ato normativo, vincula a atuação governamental

1.2.3. Referendo: consulta do povo posterior ao ato legislativo e que vincula a atuação governamental. Ratifica ou não o ato legislativo produzido

1.2.4. Capacidade eleitoral ativa: direito de votar, exercido por meio do alistamento eleitoral. Voto obrigatório aos maiores de 18 e menores de 70 anos. Voto facultativo aos maiores de 16 e menores de 18 anos, aos maiores de 70 e aos analfabetos (art. 14, §1º, CF)

Dica: são inalistáveis, ou seja, não podem alistar-se como eleitores, os estrangeiros e, durante o período do serviço militar obrigatório, os conscritos. Se não podem o menos que é votar, não poderão o mais que é ser votado

1.2.5. Capacidade eleitoral passiva: direito de ser votado. Requisitos: nacionalidade brasileira, alistamento eleitoral, direitos políticos regulares, domicílio eleitoral na circunscrição e filiação partidária (art. 14, §3º, da CF). Além disso, **idades mínimas**: vereador– 18 anos, deputado federal, estadual e prefeito– 21 anos, governador– 30 anos, presidente da República e senador – 35 anos.
Nacionalidade: nato e naturalizados são elegíveis. Exceção presidente e vice (apenas natos)

DIREITO CONSTITUCIONAL

TEMA V - DIREITOS POLÍTICOS

1. Direitos políticos II

- **1.3. Negativos:** relacionados aos impedimentos, aos fatos que impossibilitam a participação no processo eleitoral. Engloba inelegibilidades e privação de direitos políticos

  - **1.3.1. Inelegibilidades**

  - **1.3.2. Conceito:** impedimentos relativos ou absolutos que atingem o direito de ser votado

  - **1.3.3. Modalidades: absolutas ou relativas**
    - **Absolutas:** os inalistáveis (estrangeiros e conscritos, durante o serviço militar obrigatório) e os analfabetos são inelegíveis de forma absoluta, ou seja, não podem concorrer a nenhum cargo eletivo (art. 14, § 4º, da CF)
    Dica: é uma norma de eficácia plena, aplicabilidade direta, imediata e integral
    - **Relativas:** não estão relacionadas ao indivíduo, mas a fatores externos ou pessoas ligadas a ele: funcional, casamento, parentesco ou afinidade, legais, militares e domicílio eleitoral

  - **1.3.4. Motivo funcional** (art. 14, §5º, da CF): chefe do Executivo poderá ser candidato à reeleição por somente 1 vez. Há vedação a mandatos sucessivos para o mesmo cargo do executivo. Havendo intervalo de um mandato, poderá voltar a concorrer novamente. A regra vale para os prefeitos, governadores e presidente da República. O exercente de cargo do Executivo para concorrer a cargo diverso deverá se desincompatibilizar 6 meses antes das eleições (art. 14, §6º, da CF)

  - **1.3.5. Casamento, parentesco ou afinidade** (art. 14, §7º, da CF – súmula vinculante 18): são inelegíveis, no território da jurisdição do titular, o cônjuge e consanguíneos até o segundo grau, ou por adoção do presidente da República, governador e prefeito. Exceção: se já titular de mandato e candidato a reeleição. É chamada de inelegibilidade reflexa

  - **1.3.6. Motivos legais:** casos regulamentados em lei. Ex.: Lei 64/1990 (Lei das Inelegibilidades) alterada pela Lei Complementar 135/2010 (Lei da Ficha Limpa)

    > **Dica:** a Lei da Ficha Limpa proíbe, dentre outras hipóteses, a candidatura de cidadãos que possuam condenação criminal ou por ato de improbidade administrativa em órgão colegiado, não sendo necessário o trânsito em julgado

- **1.4. Privação ou restrição dos direitos políticos:**

  - **1.4.1. Suspensão:** a) incapacidade civil absoluta, b) condenação criminal transitada em julgado, enquanto durarem seus efeitos, c) prática de atos de improbidade administrativa

  - **Reaquisição:** se os motivos não mais persistirem, haverá reaquisição

  - **1.4.3. Perda:** a) cancelamento da naturalização, b) recusa em cumprir obrigação a todos imposta

  - **Reaquisição:** se a perda foi em razão do cancelamento da naturalização, somente por meio de ação rescisória. Se for recusa de obrigação, basta que cumpra

- **1.5. Impugnação do mandato eletivo:** dentro de 15 dias contados da diplomação, com provas do abuso do poder econômico, corrupção ou fraude (art. 14, §10, da CF). A ação corre em segredo de justiça, perante a Justiça Eleitoral e o autor responderá, na forma da lei, se tiver proposto a ação de forma temerária ou de má-fé (art. 14, §11, da CF)

- **1.6. Cassação dos direitos políticos:** é proibida. Seria a exclusão unilateral desses direitos sem a observância do contraditório e da ampla defesa

- **1.7. Princípio da anterioridade eleitoral** (art. 16 da CF): a lei que alterar o processo eleitoral entrará em vigor na data de sua publicação, não se aplicando à eleição que ocorra até um ano da data de sua vigência

- **1.8. Características do voto:** direto, secreto, universal, periódico, personalíssimo, obrigatório e de conteúdo livre

DIREITO CONSTITUCIONAL
Tema VI - Partidos Políticos

1. Partidos políticos

- **1.1. Função:** assegurar a autenticidade do sistema representativo, defender o estado democrático e os direitos e garantias fundamentais

  > **Dica:** os partidos políticos são pessoas jurídicas de direito privado, adquirem personalidade da forma da lei civil e, após isso, devem registrar seus estatutos no TSE (art. 17, § 2º, da CF)

- **1.2. Condições de existência** (art. 17 da CF): caráter nacional, proibição de recebimento de recursos financeiros de entidade ou governo estrangeiro, prestação de contas à justiça eleitoral e funcionamento parlamentar de acordo com a lei

- **1.3. Autonomia:** definirão sua estrutura interna, organização e funcionamento e poderão adotar os critérios de escolha e o regime de suas coligações eleitorais

  > **Dica:** a reforma eleitoral de 2017, a partir da EC 97/2017, vedou expressamente a coligação de partidos para cargos proporcionais

- **1.4. Fim da verticalização das coligações:** EC 52/2006 estabeleceu que não há obrigatoriedade de vinculação entre candidaturas no âmbito nacional, estadual, distrital ou municipal

- **1.5. Financiamento:** desde 2015, após julgamento pelo STF da ADI 4650 e edição da Lei 13.165/2015, passou a ser vedada a doação por pessoa jurídica. Os partidos recebem fundo partidário proporcional ao número de cadeiras que detêm na Câmara dos Deputados. Em 2017, foi aprovado ainda o Fundo Especial de Financiamento de Campanha (Lei 13.487/2017)

- **1.6. Fim das coligações proporcionais:** A EC 97/2017 estabeleceu a vedação da celebração de coligações nas eleições proporcionais, a partir das eleições de 2020

- **1.7. Fundo partidário e direito de antena:** a EC 97/17 estabeleceu regras sobre o acesso dos partidos políticos aos recursos do fundo partidário e ao tempo de propaganda gratuito na rádio e na televisão

- **1.8. Reserva de vagas:** o art. 10, § 3º, da Lei 9.504/97 (Lei das Eleições) determina que cada partido ou coligação preencherá o mínimo de 30% (trinta por cento) e o máximo de 70% (setenta por cento) para candidaturas de cada sexo

DIREITO CONSTITUCIONAL

TEMA VII - CONTROLE DE CONSTITUCIONALIDADE

1. Controle de constitucionalidade I

1.1. Conceito: mecanismo de verificação da compatibilidade de uma lei ou um ato normativo em face da Constituição Federal

1.2. Fundamento: assegurar a supremacia formal da Constituição Federal. Tal princípio decorre da rigidez constitucional, ou seja, o processo de alteração do texto constitucional observa um procedimento mais solene e dificultoso que o de modificação das leis

1.3. Objeto: todas as normas que encontrem fundamento de validade diretamente na Constituição, não em norma infraconstitucional e que firam a CF. Podem ser: atos normativos (decretos e portarias) e legislativos (emendas constitucionais, leis complementares, leis ordinárias, medidas provisórias, decretos legislativos e resoluções) (art. 59 da CF)

1.4. Formas

- **1.4.1. Por ação:** ocorre quando a lei ou o ato normativo afronta a Constituição. A elaboração de uma norma em desacordo com a CF, por parte do legislador, gera inconstitucionalidade por ação. Tal inconstitucionalidade pode ser formal ou material

  – **Material:** ocorre quando o conteúdo da norma fere as disposições e princípios trazidos pela Constituição. Nessa inconstitucionalidade, a matéria disciplinada pelo ato normativo está em desacordo com o ordenamento jurídico maior.
  – **Formal:** ocorre quando é descumprido algum dos requisitos exigidos para a elaboração de um ato normativo. Há, portanto, vício no processo legislativo
  a) **Formal subjetivo:** a inconstitucionalidade se refere à iniciativa do projeto
  b) **Formal objetivo:** a inconstitucionalidade se refere às demais fases do processo legislativo

- **1.4.2. Por omissão:** verifica-se a inconstitucionalidade por omissão quando uma norma constitucional de eficácia limitada, ou seja, aquela que depende de regulamentação para produzir efeitos, não é regulamentada. Por conta dessa omissão, o exercício do direito fica impedido

Dica: as leis são dotadas de presunção de constitucionalidade, de modo que devem ser utilizadas técnicas (interpretação conforme a CF e a declaração parcial de inconstitucionalidade sem redução de texto) com o objetivo de "evitar" a declaração de inconstitucionalidade. Vale lembrar que a presunção é relativa *(juris tantum)*, ou seja, admite prova em contrário

1.5. Sistemas de controle

- **1.5.1. Político:** aquele feito por um órgão que não faz parte do Judiciário

- **1.5.2. Jurisdicional:** aquele feito pelo Judiciário. É o caso do Brasil, com algumas exceções

- **1.5.3. Misto:** aquele feito pelo Judiciário e por outros órgãos que não fazem parte desse poder também

DIREITO CONSTITUCIONAL

TEMA VII - CONTROLE DE CONSTITUCIONALIDADE

1. Controle de constitucionalidade II

1.6. Classificação do controle quanto ao momento em que é realizado

1.6.1. Prévio ou preventivo: é feito quando o ato normativo impugnado ainda não está em vigor. Visa a evitar que um projeto de lei que fira a Constituição se transforme em lei. O controle é feito no projeto de lei (pelo Legislativo, por meio da Comissão de Constituição e Justiça – CCJ e/ou pelo Executivo, por meio do veto jurídico – art. 66, §1º, da CF)

1.6.2. Posterior ou repressivo: *é feito* quando o ato normativo eivado de vício de inconstitucionalidade já foi produzido. Portanto, na própria lei ou no ato normativo. Normalmente é feito pelo Poder Judiciário por meio do controle difuso ou do concentrado

Cuidado: existe exceção? Sim, exemplos:
a) **Judiciário fazendo controle prévio:** proposta de emenda (PEC) que viola regras do próprio processo legislativo. Parlamentares que não participam dessa elaboração podem impetrar mandado de segurança no STF visando a obstar a tramitação dessa PEC
b) **Legislativo fazendo controle posterior:** presidente da República expede decreto regulamentar, mas excede, cria norma abstrata. Nesse caso, o Congresso Nacional pode sustar o excesso (art. 49, V, da CF)

1.7. Controle difuso

1.7.1. Conceito e características: aquele que pode ser realizado por todos os órgãos do Judiciário (está espalhado, ou seja, poder ser realizado por qualquer juiz ou tribunal), além de ser requerido em qualquer ação. A inconstitucionalidade é a causa de pedir; o mero incidente. O pedido principal não é a declaração de inconstitucionalidade, mas um provimento jurisdicional num caso concreto, que depende da apreciação da constitucionalidade do ato normativo. Também é conhecido como via de exceção ou defesa, pois a declaração de inconstitucionalidade é utilizada como mecanismo de defesa

1.7.2. Efeitos: normalmente o controle difuso ocorre num caso concreto, de modo que os efeitos gerados são *inter partes* (para as partes). Além disso, de forma retroativa *(ex tunc)*, em regra

Cuidado: é possível que os efeitos no controle difuso sejam alterados. O art. 52, X, da CF determina a competência privativa do Senado Federal para suspender a execução, no todo ou em parte, de lei declarada inconstitucional por decisão definitiva do Supremo Tribunal Federal. Se isso ocorrer, os efeitos da declaração valerão a partir da resolução do Senado *(ex nunc)* e para todos *(erga omnes)*

1.7.3. Objeto: normas federais, estaduais, distritais e municipais (inclusive normas criadas antes da CF/1988) que afrontem a CF/1988, Constituições Estaduais e Leis Orgânicas (do DF ou municipais).

1.7.4. Cláusula de reserva de plenário: é obrigatória tanto para o controle difuso (art. 97 da CF, c/c art. 948 do CPC) como para o controle concentrado (art. 97 da CF, c/c art. 23 da Lei 9.868/1999): somente pelo voto da maioria absoluta de seus membros ou dos membros do respectivo órgão especial poderão os tribunais declarar a inconstitucionalidade de lei ou ato normativo do poder público. Vale lembrar que os órgãos fracionários dos tribunais não submeterão ao plenário ou ao órgão especial a arguição de inconstitucionalidade quando já houver pronunciamento destes ou do plenário do Supremo Tribunal Federal sobre a questão (art. 948, parágrafo único do CPC). Além disso, existe a súmula vinculante 10 que determina que viola a cláusula de reserva de plenário a decisão de órgão fracionário de tribunal que, embora não declare expressamente a inconstitucionalidade de lei ou ato normativo do poder público, afasta sua incidência, no todo ou em parte

DIREITO CONSTITUCIONAL

TEMA VII - CONTROLE DE CONSTITUCIONALIDADE

1. Controle de constitucionalidade III

1.8. Controle concentrado I (via de ação)

1.8.1. Conceito e características: aquele que só pode ser feito por dois órgãos (está concentrado): no **âmbito federal**, cujo padrão de confronto é a **CF/1988**, pelo **STF** e no **âmbito estadual**, cujo padrão é a **Constituição Estadual**, pelo **Tribunal de Justiça** do respectivo estado. É feito de forma abstrata, pois a lei "em tese" é que está sendo analisada. Além disso, é exercido por meio de uma ação própria, em que o pedido principal é a declaração da inconstitucionalidade ou da constitucionalidade de uma lei ou ato normativo

1.8.2. Efeitos: em regra, os efeitos são erga omnes (para todos), de forma retroativa *(ex tunc)* e vinculante

🔒 **Cuidado:** há possibilidade de modulação dos efeitos (art. 27 da Lei 9.868/1999). Requisitos para tanto: razões de segurança jurídica ou de excepcional interesse social. Quórum: 2/3 dos membros do STF

1.8.3. Ações:

a) **ADI – Ação Direta de Inconstitucionalidade** (genérica, por omissão e interventiva)
b) **ADC – Ação Declaratória de Constitucionalidade**
c) **ADPF – Arguição de Descumprimento de Preceito Fundamental**

1.8.4. Ação Direta de Inconstitucionalidade Genérica – ADI I

- **Paradigma:** CF vigente, ou seja, CF/1988
- **Fundamentos:** artigo 102, I, "a", da CF e a Lei Federal 9.868/1999
- **Objetivo:** verificar se uma lei ou um ato normativo *federal, estadual* ou *distrital* (no exercício da competência estadual) fere a CF/1988
- **Legitimados:** art. 103 da CF (universais e especiais)
I – O presidente da República
II – A Mesa do Senado Federal
III – A Mesa da Câmara dos Deputados
IV – A Mesa de Assembleia Legislativa ou da Câmara Legislativa do Distrito Federal
*V – O governador de Estado ou do Distrito Federal
*VI –O procurador-geral da República
VII –O Conselho Federal da Ordem dos Advogados do Brasil
VIII –Partido político com representação no Congresso Nacional
*IX –Confederação sindical ou entidade de classe de âmbito nacional

💡 **Dica 1:** os legitimados especiais, aqueles previstos no art. 103, IV (a Mesa de Assembleia Legislativa ou da Câmara Legislativa do Distrito Federal), V (o governador de Estado ou do Distrito Federal) e IX (confederação sindical ou entidade de classe de âmbito nacional) da CF, devem demonstrar **pertinência temática, ou seja, a norma impugnada deve ter relação com as suas finalidades**

💡 **Dica 2:** é possível que o governador de um determinado Estado-Membro impugne uma lei de outro? Sim, se ele demonstrar que a lei do outro Estado impacta economicamente ou de alguma outra maneira o estado que ele representa

🔒 **Cuidado:** o STF entende que a União Nacional dos Estudantes – UNE não tem legitimidade para propor ação direta de inconstitucionalidade, pois não se enquadra no conceito "entidade de classe"

DIREITO CONSTITUCIONAL

TEMA VII - CONTROLE DE CONSTITUCIONALIDADE

1. Controle de constitucionalidade IV

- **1.8. Controle concentrado II** (via de ação)

  - **1.8.4. Ação Direta de Inconstitucionalidade Genérica – ADI II**

    – **Possibilidade de medida cautelar** (art. 10 e 11, §1º, ambos da Lei 9.868/1999)**:** suspende a execução da lei. Efeitos: *erga omnes* (para todos) e *ex nunc* (não retroativos). Depende de decisão da maioria absoluta dos membros (**salvo** no período de **recesso**). O relator, **julgando indispensável**, ouvirá o Advogado-Geral da União e o Procurador-Geral da República, no prazo de três dias. No julgamento do pedido de medida cautelar, será facultada sustentação oral aos representantes judiciais do requerente e das autoridades ou órgãos responsáveis pela expedição do ato, na forma estabelecida no regimento do Tribunal. Em caso de **excepcional urgência**, o Tribunal poderá deferir a medida **cautelar sem a audiência dos órgãos ou das autoridades** das quais emanou a lei ou o ato normativo impugnado

    🔒 **Cuidado:** o art. 11, §2º, da Lei 9.868/1999 determina que a concessão da medida cautelar **torna aplicável a legislação anterior** acaso existente, salvo expressa manifestação em sentido contrário **(efeito repristinatório)**. Vale lembrar que o **art. 27 da Lei 9.868/1999 admite a modulação dos efeitos** e nesse caso não haveria efeito repristinatório

    – **AGU** (art. 103, §3º, da CF)**:** quando o STF apreciar a inconstitucionalidade, em tese, de norma legal ou ato normativo, citará, previamente, o advogado-geral da União, que defenderá o ato ou texto impugnado. O STF entende que o AGU não está obrigado a defender o ato questionado, quando o próprio Supremo já tiver decidido pela inconstitucionalidade da norma
    – **PGR** (art. 103, §1º, da CF)**:** deverá ser previamente ouvido nas ações de inconstitucionalidade e em todos os processos de competência do Supremo Tribunal Federal
    – **Art. 9º, §1º, da Lei 9.868/1999:** em caso de necessidade de esclarecimento de **matéria** ou circunstância **de fato** ou de notória insuficiência das informações existentes nos autos, poderá o relator requisitar informações adicionais, designar perito ou comissão de peritos para que emita parecer sobre a questão, ou fixar data para, em **audiência pública**, ouvir depoimentos de pessoas com experiência e autoridade na matéria
    – *Amicus curiae* **(amigo da corte):** art. 7º, §2º, da Lei 9.868/1999 traz a possibilidade do relator do processo, considerando a relevância da matéria e a representatividade dos legitimados, admitir a manifestação de outros órgãos ou entidades. Finalidade: **pluralizar** o debate constitucional
    – **A ADI não admite desistência** (art. 5º da Lei 9.868/1999)
    – **Possibilidade de modulação dos efeitos da decisão:** por motivos de *segurança jurídica* ou de excepcional *interesse social,* o STF poderá conceder eficácia *ex nunc* (a partir do trânsito em julgado da decisão ou de outro momento que venha a ser fixado), ou, ainda, restringir os efeitos da decisão, mediante votação por maioria de **2/3 de seus membros**
    – **Efeitos da decisão final:** *erga omnes, ex tunc* e vinculante. De acordo com o art. 102, §2º da CF, e art. 28, parágrafo único, da Lei 9.868/1999, as decisões definitivas de mérito, proferidas pelo STF, nas ADIs e nas ADCs produzirão eficácia contra todos e efeito vinculante, relativamente aos demais órgãos do Poder Judiciário e à Administração Pública direta e indireta, nas esferas federal, estadual e municipal. Sendo assim, não vinculam a função legislativa, nem o STF (que pode alterar o seu posicionamento)
    – **A decisão é irrecorrível**, não podendo ser objeto de ação rescisória; contra tal decisão cabem apenas os embargos de declaração

DIREITO CONSTITUCIONAL

Tema VII - Controle de Constitucionalidade

1. Controle de constitucionalidade V

1.8. Controle concentrado III (via de ação)

1.8.5. Ação Declaratória de Constitucionalidade – ADC

– **Paradigma:** CF vigente, ou seja, CF/1988
– **Fundamento:** artigo 102, I, "a", da CF (EC 3/1993) e a Lei Federal 9.868/1999
– **Objetivo:** tem por finalidade verificar a constitucionalidade de uma lei ou ato normativo **federal**
Cuidado: observem que na ADC o objeto é só norma FEDERAL!
– **Legitimados:** art. 103 da CF (universais e especiais). Vide observações da ADI
– **Pressuposto** (art. 14, III, da Lei 9.868/1999)**:** demonstração da existência de controvérsia judicial relevante sobre a aplicação da disposição objeto da ação declaratória
Dica: as leis são presumidamente constitucionais – a ADC serve para transformar essa presunção relativa em absoluta
– **Possibilidade de cautelar** (art. 21 da Lei 9.868/1999)**:** depende de decisão da maioria absoluta dos membros do STF. Efeito: o julgamento dos processos que envolvam a aplicação da norma objeto de questionamento ficará suspenso (prazo para conclusão: 180 dias, sob pena de perda da eficácia da cautelar)
– **A ADC não admite desistência** (art. 16 da Lei 9.868/1999)
– **Efeitos da decisão final:** *erga omnes, ex tunc* e vinculante. Na ADC também há a possibilidade de modulação dos efeitos
– **AGU:** não há defesa a ser promovida pelo advogado-geral da União
– **Não é admitida a intervenção de terceiros** no processo de ação declaratória de constitucionalidade (art. 18 da Lei 9.868/1999)
Dica: a ADI e ADC: são ações de natureza dúplice, ambivalentes ou ações de sinais trocados – significa que a procedência de uma equivale à improcedência de outra e vice-versa. Isso não se aplica às decisões cautelares proferidas em tais ações
Cuidado: não é possível a propositura de ADI e ADC de lei municipal em face da Constituição Federal, devendo o controle ser realizado por meio de **ADPF** ou pela via do **controle difuso**

1.8.6. Arguição de Descumprimento de Preceito Fundamental – ADPF

– **Paradigma:** CF vigente, ou seja, CF/1988
– **Fundamento:** artigo 102, §1º, da CF e a Lei Federal 9.882/1999
– **Objetivo:** verificar se uma lei ou ato normativo viola um preceito fundamental previsto na CF. A lei não conceitua preceito fundamental, o STF é quem define, ao conhecer das ações. O objeto da ADPF é o mais abrangente de todas as ações de controle concentrado. Cabe tal ação quando uma lei ou ato normativo federal, estadual, **municipal** e **norma pré-constitucional**, ou seja, normas editadas antes da vigência da constituição, violem preceitos fundamentais
– **Legitimados:** art. 103 da CF (universais ou especiais). Vide observações da ADI
– **Possibilidade de liminar** (art. 5º da Lei 9.882/1999)**:** pelo voto da maioria absoluta dos membros do STF. A liminar poderá consistir na determinação de que juízes e tribunais suspendam o andamento de processos ou os efeitos de decisões judiciais, ou de qualquer outra medida que apresente relação com a matéria objeto da arguição de descumprimento de preceito fundamental, salvo se decorrentes da coisa julgada
– **Princípio da subsidiariedade** (art. 4º, §1º, da Lei 9.882/1999)**:** cabível apenas quando não houver outro meio eficaz para sanar a lesividade
– **Efeitos:** *erga omnes, ex tunc* e vinculante. Na ADPF também há possibilidade de modulação dos efeitos (art. 11 da Lei 9.882/1999)
– **Art. 4º, §2º, da Lei 9.868/1999:** da decisão de indeferimento da petição inicial caberá agravo, no prazo de cinco dias
– **Defesa da AGU:** a Lei 9.882/1999 não exige a defesa do ato impugnado pelo advogado-geral da União

> **Dica:** o objeto da ADPF não está adstrito às leis ou a atos normativos produzidos pelo Legislativo. Decisões judiciais e atos administrativos que atentem preceitos fundamentais da CF ADPF também podem ser impugnados por essa ação

DIREITO CONSTITUCIONAL
Tema VII - Controle de Constitucionalidade

1. Controle de constitucionalidade VI

1.9. Mecanismos de interpretação

1.9.1. Interpretação conforme a Constituição ou apenas "interpretação conforme": é um mecanismo de interpretação utilizado pelo Supremo que tem por finalidade "salvar" a norma, não a declarando inconstitucional e banindo-a do ordenamento jurídico brasileiro, mas preservando-a. Tem por fundamento o princípio da conservação ou da preservação das normas. Desse modo, o STF fixa uma interpretação a ser dada à norma que esteja em conformidade com o texto constitucional

1.9.2. Declaração parcial sem redução de texto: a Corte não declara a norma inconstitucional e retira-a do ordenamento jurídico, mas apenas declara que determinada interpretação (parte) dada à norma é inconstitucional

1.9.3. Parcelaridade: significa que o Supremo, ao analisar uma norma que esteja sendo impugnada por razões de inconstitucionalidade, pode declarar inconstitucional todo o seu conteúdo ou apenas parte dele. Ex.: art. 7º, §2º, da EOAB – declarou inconstitucional apenas a expressão "desacato"

1.9.4. Princípio da correlação, da congruência ou da adstrição: no controle concentrado não há necessidade do STF atender esse princípio, pode, por exemplo, declarar a inconstitucionalidade de interpretações dadas ao texto e ainda de dispositivos não impugnados, mas relacionados aos que foram objeto da ação

1.10. ADI por omissão – ADO

1.10.1. Conceito e objeto: é uma ação constitucional que tem por objetivo sanar uma inconstitucionalidade por omissão ou, também denominada, omissão inconstitucional. Prevista no artigo 103, §2º, da CF e no capítulo II-A da Lei Federal 9.868/1999. Tal capítulo foi acrescentado pela Lei Federal 12.063/2009

1.10.2. Legitimados: segundo o artigo **12-A** da Lei 9.868/1999, podem propor ADI por omissão os mesmos legitimados à propositura da ADI, ADC e ADPF. Desse modo, todas as observações feitas, em relação aos legitimados, no item da ADI genérica, valem aqui

1.10.3. Possibilidade de cautelar: havendo **excepcional urgência e relevância da matéria**, poderá ser concedida medida cautelar. No Tribunal, o voto da **maioria absoluta** dos membros e após a audiência dos órgãos ou autoridades responsáveis pela omissão é quem é competente para conceder a cautelar

– **Efeitos da cautelar** (art. 12-F, §1º, da Lei 9.868/1999)**:** poderá consistir na suspensão da aplicação da lei ou do ato normativo questionado, no caso de **omissão parcial**, bem como na suspensão de processos judiciais ou de procedimentos administrativos, ou ainda em outra providência a ser fixada pelo Tribunal. Sendo concedida, será aberto o prazo de **cinco dias** para que os responsáveis pela omissão se manifestem. O PGR pode ser ouvido dentro de três dias se o relator julgar indispensável (art. 12-F, §2º da Lei 9.868/1999). No julgamento da cautelar, poderá haver sustentação oral tanto pelo advogado do requerente quanto pelos órgãos responsáveis pela omissão
– **Efeitos da decisão final:** declarada a inconstitucionalidade por omissão, será dada ciência ao Poder competente para a adoção das providências necessárias e, em se tratando de órgão administrativo, para fazê-lo em 30 dias ou em prazo razoável a ser estipulado excepcionalmente pelo Tribunal, tendo em vista as circunstâncias específicas do caso e o interesse público envolvido

1.10.4. A ADI por omissão não admite desistência (art. 12-D da Lei 9.868/1999)

DIREITO CONSTITUCIONAL

TEMA VII - CONTROLE DE CONSTITUCIONALIDADE

1. Controle de constitucionalidade VII

1.11. ADI interventiva (art. 34, VII da CF): nas hipóteses de violação a princípios constitucionais sensíveis, a intervenção deve ser antecedida por uma ação – ADI interventiva. É necessária a requisição do STF, após ter dado provimento à representação do procurador-geral da República, que se materializa por meio da ADI interventiva

Princípios constitucionais sensíveis:
a) forma republicana, sistema representativo e regime democrático;
b) direitos da pessoa humana;
c) autonomia municipal;
d) prestação de contas da Administração Pública direta e indireta;
e) aplicação do mínimo exigido da receita resultante de impostos estaduais, compreendida a proveniente de transferências, na manutenção e desenvolvimento do ensino e nas ações e serviços públicos de saúde

1.12. Controle de constitucionalidade estadual: o artigo 125, §2º, da CF traz a possibilidade dos estados instituírem a representação de inconstitucionalidade de leis ou atos normativos estaduais ou municipais em face da Constituição Estadual. Trata-se do controle estadual de constitucionalidade das leis, que visa ao exame da compatibilidade formal e material das normas estaduais e municipais em face das Constituições Estaduais

- Competência: a ação de inconstitucionalidade deve ser proposta perante Tribunal de Justiça do Estado. As Constituições Estaduais não poderão atribuir a legitimação para agir a um único órgão (art. 125, § 2º, da CF) mesmos dados em sede de controle abstrato, não é necessário que o Supremo comunique ao Senado a decisão, não se aplica o mandamento previsto no art. 52, X, da CF

⚠️ **Atenção:** de acordo com o STF, os Tribunais de justiça podem exercer controle abstrato de constitucionalidade de leis municipais utilizando como parâmetro normas da CF, desde que se trate de normas de reprodução obrigatória pelos Estados [RE 650.898, rel. p/ o ac. min. Roberto Barroso, j. 1º-2-2017, P, DJE de 24-8-2017, Tema 484]

DIREITO CONSTITUCIONAL
Tema VIII - Organização do Estado

1. Organização do Estado I

- **1.1. Composição: três elementos:** o povo, o território e a soberania

- **1.2. Classificação:**
  - **1.2.1. Quanto à forma**
    - **Unitário:** as capacidades legislativas, políticas e administrativas se concentram nas mãos de um único centro, de um único governo
    - **Federal:** há repartição de competências e as capacidades estão divididas em vários centros
    - **Dica:** a forma federativa de Estado pela CF/88 (U, E,M, DF e M) proíbe o exercício do direito de separação (ou direito de secessão), pois é considerada cláusula pétrea (art. 60, § 4º, I, da CF/88). A prática de tal ato pode ensejar intervenção federal

- **1.3. Forma de governo**
  - **1.3.1. Conceito:** relação entre aqueles que governam e os que são governados
  - **1.3.2. Modalidades:** república e monarquia
    - **República:** governantes são eleitos, direta ou indiretamente para que exerçam o poder por um período determinado
    - **Monarquia:** o poder advém da família, é vitalício e os governantes não precisam prestar contas para os governados

- **1.4. Sistemas de governo**
  - **1.4.1. Conceito:** maneira pela qual as funções legislativas, executiva e judiciária são relacionadas
  - **1.4.2. Modalidades:** presidencialismo e parlamentarismo
    - **Presidencialismo:** independência e harmonia entre os poderes. O detentor do poder cumula funções de chefe de Estado e chefe de governo
    - **Parlamentarismo:** existe apoio e colaboração entre as funções e o poder é dividido. Presidente é chefe de Estado. A chefia de governo cabe ao primeiro-ministro, que necessariamente precisa do apoio do parlamento

- **1.5. Organização político-administrativa** (art. 18 da CF): formado pela União, Estados-membros, Distrito Federal e os Municípios
  - **1.5.1. União:** pessoa jurídica de direito público com autonomia e capacidade de auto-organização, autogoverno e autoadministração
    - **Bens da União** (art. 20 da CF): mar territorial, terrenos de marinha, potenciais de energia, recursos minerais, dentre outros
    - **Impostos de competência da União** (art. 153 da CF): imposto de importação, exportação, renda e proventos de qualquer natureza, produtos industrializados, operações de crédito, câmbio e seguro, dentre outros
  - **1.5.2. Poder Executivo** (art. 76 a 91 da CF): presidente da República e vice, ministros, Conselho da República e Conselho de Defesa Nacional
  - **1.5.3. Poder Judiciário** (art. 101 a 124 da CF): as competências dos juízes federais concentram-se em causas em que a União, entidade autárquica ou empresa pública federal forem interessadas como autoras, rés, assistentes ou oponentes. Destacam-se ainda os referentes à Justiça Eleitoral e Justiça do Trabalho, dentre outras
  - **1.5.4. Poder Legislativo (bicameral):** Congresso Nacional (Câmara dos Deputados e Senado Federal)

DIREITO CONSTITUCIONAL

Tema VIII - Organização do Estado

1. Organização do Estado II

- **1.6. Competências da União**

  - **1.6.1. Não legislativas:** identifica-se o âmbito de atuação de cada ente federativo. Pode ser: exclusiva ou comum

    – **Exclusiva** (art. 21 da CF): atribuições indelegáveis; somente a União poderá efetivá-las. Ex.: Relações com Estados estrangeiros e monopólio dos Correios
    – **Comum** (art. 23 da CF): atribuições dadas a todos os entes da federação. Havendo conflito, deverá ser aplicado o princípio da preponderância do interesse público

  - **1.6.2. Legislativas:** privativa, concorrente e residual

    – **Privativa** (art. 22 da CF): a União, por meio de lei complementar, poderá autorizar os Estados a legislar sobre questões específicas, sendo tais normas delegáveis
    – **Concorrente** (art. 24 da CF): matérias que mais de um ente político poderá legislar. Ex.: direito tributário, financeiro, educação e cultura. União edita normas gerais; e Estados e Distrito Federal, normas específicas. Inexistindo lei federal sobre normas gerais, os Estados poderão legislar plenamente, com competência suplementar

    > **Dica:** a superveniência de lei federal sobre norma geral suspende a eficácia de lei estadual no que com ela colidir. Suspensão não é revogação. Enquanto a lei federal não for editada, vale a estadual. Após a edição da federal, a estadual fica com eficácia suspensa no que for contrário. Sendo a federal revogada, retorna a estadual

- **1.7. Estados:** pessoas políticas dotadas de autonomia, que elaboram suas próprias Constituições (estaduais). Devem refletir os preceitos fundamentais da Constituição Federal (princípio da simetria)

  - **1.7.1. Bens dos Estados** (art. 26 da CF): as terras devolutas, ilhas fluviais e lacustres não compreendidas entre as da União, dentre outros

  - **1.7.2. Poder Executivo** (art. 28 da CF): governador e vice. Mandato de 4 anos, admitida uma reeleição

    > **Dica:** criação e extinção dos Estados (art. 18, §3º e §4º, da CF). Requisitos: plebiscito, lei complementar, audiência nas Assembleias Legislativas, aprovação do Congresso Nacional e promulgação pelo presidente da República

  - **1.7.3. Modalidades de criação e extinção de Estados**

    – **Fusão:** dois ou mais Estados se incorporam geograficamente, formando um novo, diferente dos demais
    – **Cisão:** estados subdividem-se para formar dois os mais Estados novos, com personalidades distintas
    – **Desmembramento** (ADI 2.650–necessário que os dois territórios sejam ouvidos): um ou mais Estados destinam parte de seu território com a finalidade de formar um novo Estado ou território

DIREITO CONSTITUCIONAL
TEMA VIII - ORGANIZAÇÃO DO ESTADO

1. Organização do Estado III

1.8. Competência dos Estados

1.8.1. Competências não legislativas

– **Comum** (art. 23 da CF): é dada indistintamente a todas as pessoas políticas (União, Estados, Distrito Federal e Municípios)
– **Residual** (art. 25, §1º, da CF): para tratar de assuntos que não sejam de competência da União, Distrito Federal e dos Municípios

1.8.2. Competência legislativa já tratada no âmbito da União

1.8.3. Distrito Federal: ente político autônomo, dotado de capacidade de auto-organização, autogoverno, autoadministração e autolegislação (regido por Lei Orgânica)

– **Competência legislativa** (art. 32, §1º, da CF): pode legislar tanto sobre matérias reservadas aos Estados, como as atribuídas aos Municípios

1.8.4. Municípios: entes políticos dotados de capacidade administrativa, política e de auto-organização

– **Autonomia municipal** (art. 34, VII, "c", da CF): violação à autonomia municipal pelos estados está sujeita à intervenção federal
– **Requisitos para criação, incorporação, fusão e desmembramento de municípios** (art. 18, §4º, da CF): aprovação de lei complementar (federal), divulgação de estudos de viabilidade municipal, realização de consulta prévia à população diretamente interessada (plebiscito) e existência de lei estadual tratando do assunto
- **Contas:** ficarão, durante 60 dias, anualmente, à disposição de qualquer contribuinte, para exame e apreciação, o qual poderá questionar-lhes a legitimidade (art. 30, § 3º, da CF). Além disso, é proibida a criação de Tribunais, Conselhos ou órgãos de Contas Municipais (art. 30, § 4º, da CF)

1.9. Competência dos municípios

1.9.1. Comum (art. 23 da CF): competência que todos os entes políticos possuem

1.9.2. Enumeradas (art. 30 da CF): tratam de assuntos de interesse local e suplementar à legislação federal e estadual, no que for cabível

💡 **Dica:** súmula vinculante 38. Os municípios têm competência para fixar horário de funcionamento dos estabelecimentos comerciais

1.10. Territórios Federais (art. 18, §2º, da CF): pertencem à União. Somente por meio de lei complementar é que poderão ser criados, transformados em Estados ou reintegrados aos de origem. Não possuem autonomia política, apenas administrativa

💡 **Dica:** atualmente, não existem territórios federais no Brasil. Os últimos foram extintos pelos arts. 14 e 15 da ADCT

1.11. Intervenção federal e intervenção estadual: medida de exceção, consistente na supressão temporária das prerrogativas dos Estados e dos Municípios

– **Legitimados:** União intervém nos Estados e Distrito Federal e os Estados intervêm nos Municípios

1.12. Modalidades

– **Espontânea:** manter a integridade nacional, repelir invasão estrangeira ou de uma unidade da Federação em outra, para pôr termo a grave comprometimento da ordem pública e para reorganizar as finanças da unidade da federação que suspender o pagamento da dívida por mais de dois anos consecutivos ou deixar de entregar aos municípios receitas tributárias fixadas na Constituição. O presidente da República agirá de ofício
– **Provocação:** para garantir o livre exercício de qualquer dos Poderes nas unidades da Federação, prover a execução de lei federal, ordem ou decisão judicial, para assegurar a observância dos princípios constitucionais sensíveis

💡 **Dica:** princípios constitucionais sensíveis são: forma republicana, sistema representativo, regime democrático, direitos da pessoa humana, autonomia municipal, prestação de contas da administração pública, aplicação do mínimo exigido da receita resultante dos impostos (art. 34, VII da CF). Nessas hipóteses, a intervenção dependerá de requerimento do Procurador-Geral da República perante o STF (art. 36, III, da CF)

DIREITO CONSTITUCIONAL

TEMA IX - ORGANIZAÇÃO DOS PODERES

1. Organização dos Poderes I

1.1. Composição (art. 2º da CF): são poderes da União, independentes e harmônicos entre si, o Legislativo, o Executivo e o Judiciário

1.2. Legislativo I

1.2.1. Funções típicas: legislar e fiscalizar a Administração Pública (com o auxílio do Tribunal de Contas – órgão do Poder Legislativo)

1.2.2. Composição

– **União:** órgão bicameral (art. 44 da CF), formado por duas casas legislativas: Câmara dos Deputados (representa o povo) e o Senado Federal (representa os Estados), juntas formam o Congresso Nacional. Em número proporcional à população do Estado e do DF (art. 45, §1º da CF). No mínimo 8 e no máximo 70 deputados federais com mandato de 4 anos. Já o Senado terá composição fixa de 3 membros por Estado e mandato de 8 anos, alternando as cadeiras duas vezes em uma eleição e uma vez na outra
- **Deputados Federais:** deverão ser brasileiros (nato ou naturalizado) maior de 21 anos e estar no pleno exercício dos direitos políticos. Votação por sistema proporcional
- **Senadores:** brasileiros (nato ou naturalizado), maior de 35 anos e estar no pleno exercício dos direitos políticos. Votação por sistema majoritário
- **Estados** (art. 27 da CF): unicameral, formado por apenas uma casa, a Assembleia Legislativa
- **Distrito Federal:** unicameral, formado pela Câmara Legislativa
- **Municípios:** unicameral, formado pela Câmara Municipal
– **Funcionamento** (art. 44 ao 54 da CF)
- **Sessão legislativa:** período de um ano de funcionamento do legislativo (02 de fevereiro a 17 de julho e de 1º de agosto a 22 de dezembro)
- **Legislatura:** período de 4 anos (4 sessões legislativas). Equivale ao período do mandato
- **Recesso parlamentar** (art. 57 da CF): período que o Legislativo não funciona (18 de julho a 31 do mesmo mês e de 23 de dezembro a 1 de fevereiro)
- **Sessão ordinária:** corresponde a um dia de funcionamento do Poder Legislativo, mediante convocação ordinária
- **Sessão extraordinária** (art. 57, §7º, da CF): ocorre fora do período comum destinado à sessão legislativa. Tem por finalidade a deliberação de matéria específica
- **Hipóteses de cabimento** (art. 57, §6º, da CF): pelo presidente do Senado (estado de defesa ou intervenção federal, pedido de decretação de estado de sítio e para a posse do presidente da República); pelo presidente da República, da Câmara ou do Senado, ou a requerimento da maioria dos membros de ambas as casas na hipótese de urgência ou interesse público relevante

Dica: em relação à presidência das casas legislativas do Congresso Nacional, há limite temporal para o exercício - o mandato é de dois anos e é proibida a recondução para o mesmo cargo na eleição imediatamente subsequente (art. 57, § 4º, CF/88)

1.2.3. Comissões

– **Conceito:** subconjuntos parlamentares organizados com o fim de tratar de um assunto específico
– **Permanentes:** têm início no começo de cada legislatura. Analisam projeto de lei quanto a determinadas especificidades. Ex.: CCJ que verifica a constitucionalidade das leis
– **Provisórias:** reunião provisória de um grupo de parlamentares para tratar de um assunto específico. Ex.: CPI

DIREITO CONSTITUCIONAL

TEMA IX - ORGANIZAÇÃO DOS PODERES

1. Organização dos Poderes II

1.2. Legislativo II

1.2.4. Comissão Parlamentar de Inquérito
(art. 58, §3º, da CF)

– **Conceito:** tem a função de apurar um fato determinado por um prazo certo. Criadas no âmbito do poder legislativo (federal, estadual ou municipal) e após ter sido apurado o fato, a comissão é desfeita

– **Requisitos de instalação:** requerimento de 1/3 dos membros (direito das minorias de investigar). Podem ser criadas separadamente tanto pela Câmara dos Deputados como pelo Senado Federal. Existe ainda a possibilidade de uma CPI mista. As conclusões serão encaminhadas ao Ministério Público, para que promova a responsabilidade civil ou criminal dos infratores

– **Poderes:** das autoridades judiciais e não de autoridades policiais. Poderão: i) convocar testemunhas, investigados e autoridades para prestarem esclarecimentos; ii) determinar a realização de certas perícias; iii) determinar as buscas que sejam imprescindíveis à instrução da investigação; iv) quebrar sigilo fiscal, bancário, financeiro e telefônico (apenas dados telefônicos, ou seja, acesso às contas)

– **Representativas** (art. 58, §4º, da CF)**:** reunião durante o período de recesso parlamentar, para que não sejam interrompidas as atividades do Congresso

> **Dica:** são cabíveis os remédios constitucionais, em especial mandado de segurança e *habeas corpus*, na ocorrência de abusos no decorrer dos trabalhos

1.2.5. Imunidades:
finalidade de resguardar a liberdade e a independência durante o exercício do mandato eletivo. Inicia com a diplomação (ato do TSE que valida a candidatura e autoriza a posse) dos eleitos. Pode ser material ou formal/ processual

– **Imunidade material** (art. 53 da CF)**:** o parlamentar se torna inviolável civil e penalmente por qualquer palavra, opinião e voto que proferir durante o mandato

– **Imunidade formal/ processual** (art. 53, §3º, da CF)**:** relacionada a garantias relativas à prisão do parlamentar (somente em flagrante) e ao processo criminal que corra contra ele. Somente os crimes praticados após a diplomação são contemplados. Os processos criminais poderão ter seus andamentos suspensos. Se isso ocorrer, o prazo prescricional do crime também ficará suspenso (art. 53, §5º da CF)

– **Prerrogativa de foro** (art. 53, §1º e 102, I, "b", da CF)**:** deputados e senadores gozam de prerrogativas de foro para julgamento dos processos criminais que estejam litigando. Desde a expedição do diploma, serão submetidos a julgamento perante o Supremo Tribunal Federal. No âmbito estadual (deputados estaduais), a competência será do Tribunal de Justiça

– **Vedações** (art. 54 da CF)**:** desde a diplomação firmar contrato com pessoa jurídica de direito público, autarquia, empresa pública, exercer função ou emprego público, ser proprietários ou diretores de empresa que goze de favor decorrente de contrato com administração pública, dentre outras enumeradas na CF

– **Perda do mandato** (art. 55 da CF)**:** a CF estabelece seis hipóteses de perda do mandato. **Cassação** diz respeito à perda do mandato em virtude do parlamentar ter cometido falta funcional; já a **extinção** relaciona-se ao fato que torne automaticamente inexistente o mandato. Ex.: renúncia, morte, ausência injustificada

– **Decoro parlamentar** (art. 55, II, da CF)**:** a quebra do decoro é uma das hipóteses de perda do mandato e é caracterizada pelo abuso das prerrogativas parlamentares ou pela percepção de vantagens indevidas, além de outras previsões regimentais

DIREITO CONSTITUCIONAL

TEMA IX - ORGANIZAÇÃO DOS PODERES

1. Organização dos Poderes III

1.2. Legislativo III

1.2.6. Processo Legislativo I

1.2.6.1. Conceito (art. 59 da CF): para a criação de atos normativos, é preciso respeitar um processo formal. Fases: instrutória, constitutiva e complementar

1.2.6.2. Fase instrutória: iniciativa do projeto. Apresentação por um dos seguintes legitimados: qualquer membro ou Comissão da Câmara dos Deputados, do Senado Federal ou do Congresso Nacional, ao presidente da República, ao Supremo Tribunal Federal, aos Tribunais Superiores, ao procurador-geral da República e aos cidadãos (art. 61 da CF)

- **Iniciativa popular** (art. 61, §2º, da CF): o projeto precisa ser subscrito por, no mínimo, um por cento do eleitorado nacional, distribuído em pelo menos por cinco Estados, com não menos de três décimos por cento dos eleitores de cada um deles. No âmbito estadual, as Constituições Estaduais estabelecem o percentual. No âmbito municipal, é necessário a assinatura de cinco por cento do eleitorado municipal (art. 29, XIII, da CF)
- **Tramitação** (art. 61, §2º, e 64 da CF): os projetos apresentados pelo presidente da República, Supremo Tribunal Federal e Tribunais Superiores terão início na Câmara dos Deputados (casa iniciadora) e concluídos no Senado Federal (casa revisora). Projeto de iniciativa do Senado, a tramitação começará nesta casa e a Câmara revisará

Observação: o Presidente da República, em projetos de sua própria iniciativa, poderá solicitar urgência na apreciação (art. 64, § 1º, CF)

1.2.6.3. Fase constitutiva: deliberação que ocorrerá tanto no poder Legislativo quanto no Executivo

– **Deliberação Legislativa** (art. 58, §2º, I, e 65 da CF): O projeto passa por algumas comissões (temática – de acordo com o conteúdo) e pela Comissão de Constituição e Justiça, que dará parecer terminativo quanto à constitucionalidade. Em seguida o processo é votado no plenário da casa iniciadora. Após esse processo, o texto será encaminhado à casa revisora, com igual procedimento. Poderá ser aprovado, emendado ou rejeitado. Se rejeitado, será arquivado. Se aprovado, encaminhado ao Executivo para sanção ou veto. Se emendado (desde que haja alteração no sentido jurídico da norma), devolvido para apreciação da Casa iniciadora que poderá concordar ou rejeitar, nunca emendar

Dica: projeto de lei rejeitado só poderá ser reapresentado, na mesma sessão legislativa (ano) por iniciativa da maioria absoluta dos membros de quaisquer das Casas (art. 67 da CF)

– **Deliberação executiva** (art. 66, §1º, da CF): o veto poderá ter dois fundamentos: inconstitucionalidade (veto jurídico) ou contrariedade ao interesse público (veto político). Após o veto, o presidente da República terá 48h para comunicar os motivos ao presidente do Senado, que colocará a matéria para ser apreciada e votada em sessão conjunta, podendo ser mantido ou rejeitado pelo Congresso no prazo de 30 dias

– **Derrubada de veto:** caso o projeto vetado pelo presidente seja "derrubado" pela maioria absoluta dos deputados e senadores, em sessão conjunta, o projeto volta para promulgação, independente da vontade do presidente da República. Se o presidente não promulgar, o presidente do Senado poderá fazê-lo

1.2.6.4. Fase complementar (art. 84, IV, da CF): compreende a promulgação e a publicação oficial do projeto de lei (competência do presidente da República)

– **Promulgação:** significa ratificar o processo legislativo, validando a lei no ordenamento jurídico. Cria vida jurídica
– **Tramitação:** após a promulgação, a lei é publicada no Diário Oficial. Entretanto, a eficácia está condicionada à *vacatio legis* (período entre a publicação e a entrada em vigor). Regra geral, o prazo é de 45 dias. Poderá ser alterada por disposição expressa

DIREITO CONSTITUCIONAL
Tema IX - Organização dos Poderes

1. Organização dos Poderes IV
└── **1.2. Legislativo IV**
   └── **1.2.6. Processo Legislativo II**

1.2.6.5. Espécies normativas (art. 59 da CF): estão enumeradas no art. 59 da CF. São elas: emendas constitucionais, leis complementares, leis ordinárias, leis delegadas, medidas provisórias, decretos legislativos e resoluções

1.2.6.5.1. Emendas constitucionais (art. 60 da CF): fruto do poder constituinte reformador, é a espécie legislativa utilizada para alterar a CF
* Limitações ao poder de reforma
– **Limitações procedimentais ou formais:** relacionadas à iniciativa, quórum, promulgação e representação:
a) **Iniciativa:** um terço da Câmara dos Deputados ou do Senado Federal, presidente da República e mais da metade das Assembleias Legislativas
b) **Quórum:** três quintos, em dois turnos e nas duas Casas do Congresso Nacional
c) **Promulgação:** Mesa da Câmara dos Deputados e do Senado Federal
Dica: emenda constitucional não passa por sanção ou veto presidencial
d) **Reapresentação:** a proposta de emenda rejeitada ou havida por prejudicada não poderá ser objeto de nova proposta na mesma sessão legislativa (mesmo ano)
– **Limitações circunstanciais:** em determinadas situações de anormalidade (intervenção federal, estado de defesa ou de sítio), a Constituição não poderá ser emendada
– **Limitações materiais** (art. 60, §4º, da CF): cláusulas pétreas. Matérias que são imodificáveis do texto: forma federativa de Estado; voto secreto, direto, universal e periódico; separação dos poderes; e direitos e garantias individuais

1.2.6.5.2. Leis complementares: quórum de aprovação diferenciado (maioria absoluta). Trata de matérias específicas, previstas na Constituição

1.2.6.5.3. Leis ordinárias: disciplina toda matéria, em que a Constituição exija lei, desde que a exigência não seja de lei complementar. Quórum de maioria simples

> **Dica:** quando determinado assunto não está reservado à lei complementar, mas o Congresso Nacional disciplina por meio de lei complementar, não há vício formal, pois o quórum para aprovação dessa espécie legislativa é superior (art. 69 da CF/88) ao da aprovação das leis ordinárias

1.2.6.5.4. Leis delegadas (art. 68 da CF): elaboradas pelo presidente da República quando ele exerce, atipicamente, função legislativa. Necessário que haja autorização do Legislativo. A delegação legislativa ao Executivo é realizada por meio de resolução que deve especificar o conteúdo e os termos de seu exercício. Vale lembrar que a resolução do Congresso também pode mencionar que o projeto de lei, elaborado pelo presidente, passe por sua apreciação (delegação atípica). Nessa hipótese, a verificação se dará em votação única e o Congresso não poderá fazer emendas ao texto (art. 68, §3º, da CF). Por outro lado, a delegação dada pelo Congresso Nacional pode ser de natureza típica, ou seja, sem qualquer interferência. Nessa hipótese, o presidente da República terá autonomia para criar, promulgar e mandar publicar a lei delegada. Vedações – não poderão ser objetos de delegação os atos de competência exclusiva do Congresso Nacional, os de competência privativa da Câmara dos Deputados ou do Senado Federal, a matéria reservada à lei complementar, nem a legislação sobre:
I – organização do Poder Judiciário e do Ministério Público, a carreira e a garantia de seus membros;
II – nacionalidade, cidadania, direitos individuais, políticos e eleitorais;
III – planos plurianuais, diretrizes orçamentárias e orçamentos (art. 68, §1º, da CF)

DIREITO CONSTITUCIONAL
TEMA IX - ORGANIZAÇÃO DOS PODERES

1. Organização dos Poderes V
 └ **1.2. Legislativo V**
   └ **1.2.6. Processo Legislativo III**

1.2.6.5. Espécies normativas (art. 59 da CF) II:

1.2.6.5.5 Medida provisória (art. 62 da CF):
- **Competência:** o presidente da República poderá adotar medidas provisórias com força de lei, devendo submetê-las imediatamente ao Congresso Nacional
- **Requisitos:** relevância e urgência
- **Matérias vedadas** (art. 62, I, §1º da CF): nacionalidade, cidadania, direitos políticos e eleitorais, direito penal, organização do Poder Judiciário e do Ministério Público, dentre outros previstos na CF
- **Período de eficácia:** a medida provisória terá duração de 60 dias, prorrogável, uma única vez, por igual período, a partir da publicação. Prazo suspenso no recesso do Congresso, portanto a MP pode ultrapassar os 120 dias de vigência nesse período
- **Perda de eficácia** (art. 62, §3º, da CF): não sendo convertida em lei neste período, perderá sua eficácia. Nessa hipótese, deve o Congresso por meio de **decreto legislativo**, regulamentar as relações jurídicas formadas durante o período que a medida vigorou. Se o Congresso não fizer o decreto em até 60 dias para aquelas relações (estabelecidas na vigência da MP), a MP valeu
- **Trancamento de pauta:** se a MP não for apreciada em um prazo de 45 dias, haverá trancamento de pauta e sobrestamento das demais deliberações legislativas
- **Reedição:** não poderão ser reeditas na mesma sessão legislativa (ano) as MPs que tenham sido rejeitadas ou perdido sua eficácia por decurso de prazo

1.2.6.5.6. Decretos legislativos (art. 49 da CF):
- **Conceito:** ato normativo primário que contempla as matérias de competência exclusiva do Congresso Nacional (art. 49 da CF). Exemplos de utilização do decreto legislativo: para sustar os atos normativos do Poder Executivo que exorbitem o poder regulamentar, para autorizar referendo e convocar plebiscito

> 💡 **Dica:** o presidente do Senado é quem promulga um decreto legislativo, não passando por deliberação executiva

1.2.6.5.7. Resolução (arts. 51 e 52 da CF):
- **Finalidade:** normatizar as matérias de competência privativa da Câmara dos Deputados, do Senado Federal e algumas do Congresso Nacional (assuntos administrativos e de natureza política)
- **Competência:** quem promulga uma resolução é a mesa da Casa Legislativa responsável por sua edição. Também não passa por deliberação executiva (sanção ou veto presidencial)

DIREITO CONSTITUCIONAL

TEMA IX - ORGANIZAÇÃO DOS PODERES

1. Organização dos Poderes VI

1.3. Executivo I

1.3.1. Funções típicas: administrar. O chefe do Executivo cumula as atribuições de chefe de Estado (representa o país perante a comunidade internacional) e chefe de governo (comanda e administra o país no âmbito interno)

1.3.2. Funções atípicas: realiza funções legislativas ao vetar ou sancionar uma lei, ao iniciar um projeto de lei nas hipóteses de sua competência, e ao editar medidas provisórias e leis delegadas

1.3.3. Representantes no âmbito federal: presidente da República: brasileiro nato, com mais de 35 anos, em pleno gozo dos direitos políticos. Ministros de Estado: brasileiro, com mais de 21 anos, em pleno gozo dos direitos políticos

> **Dica:** ministro do Estado da Defesa obrigatoriamente deverá ser brasileiro nato

1.3.4. Representantes no âmbito estadual: governador do Estado: brasileiro, com mais de 30 anos, auxiliado pelo vice-governador e secretários estaduais

1.3.5. Representantes no âmbito municipal: prefeito: brasileiro, com mais de 21 anos, auxiliado pelo vice-prefeito e secretários municipais

1.3.6. Mandato (art. 14, §5º, da CF)**:** 4 anos, admitida uma reeleição para um único período subsequente

1.3.7. Segundo turno nos municípios (art. 29, II, da CF)**:** haverá se o número de eleitores for superior a duzentos mil. Regra geral, caso nenhum candidato obtenha a maioria absoluta dos votos válidos em primeira votação, far-se-á nova eleição em até 20 dias, concorrendo os dois mais votados

1.3.8. Sucessão: afastamento definitivo. Ex.: morte do presidente, afastamento em virtude de *impeachment*, invalidez permanente, etc.

1.3.9. Substituição: a ausência se dará de forma transitória. Ex.: afastamento médico ou suspensão de atividades em decorrência de processo judicial

1.3.10. Linha sucessória: vice-presidente, presidente da Câmara, presidente do Senado e presidente do Supremo Tribunal Federal. Somente o vice-presidente poderá suceder o presidente de forma definitiva, os demais o farão de modo temporário

1.3.11. Vacância do cargo (art. 81 da CF)**:** ocorrendo a vacância do cargo de presidente e vice nos dois primeiros anos do mandato, novas eleições diretas deverão ser feitas no prazo de 90 dias. Caso a vacância ocorra nos dois últimos anos, o Congresso Nacional é que escolherá o novo presidente e vice (eleição indireta), para terminar o mandato de seus antecessores

> **Dica:** o presidente da República e seu vice não poderão ausentar-se do Brasil por período superior a 15 dias, salvo se tiverem autorização do Congresso Nacional

1.3.12. Atribuições do presidente da República (art. 84 da CF)**:** regulamentar normas (mediante decreto), relacionar-se com Estados estrangeiros no âmbito internacional, nomear autoridades para ocuparem cargos (ministros de Estado, do Supremo, Tribunais Superiores, procurador-geral da República, dentre outros), atuar no processo de formação de leis (como autor ou para vetar ou sancionar), atuar no estado de exceção, dirigir a Administração federal, comandar as Forças Armadas, dentre outras atribuições

DIREITO CONSTITUCIONAL
Tema IX - Organização dos Poderes

1. Organização dos Poderes VII

1.3. Executivo II

1.3.13. Responsabilidade do presidente (art. 86 da CF)

– **Modalidades:** o chefe do Executivo pode ser responsabilizado pela prática de crime comum (responde perante o STF) e por responsabilidade (responde perante o Senado Federal).
Dica: súmula vinculante 46: a definição dos crimes de responsabilidade e o estabelecimento das respectivas normas de processo e julgamento são de competência legislativa privativa da União
Dica: crimes de responsabilidade (art. 4 da Lei 1.079/1950): atos que atentem contra a Constituição Federal, em especial contra a existência da União, contra o livre exercício dos poderes, contra o exercício dos direitos políticos, individuais e sociais, contra a segurança interna do País, contra a probidade na Administração, contra a lei orçamentária e contra o cumprimento das leis e das decisões judiciais
– **Procedimento:** 1ª etapa: tanto os crimes comuns como os de responsabilidade dependem da autorização da Câmara dos Deputados (admissibilidade) com aprovação de 2/3 dos membros, ou seja, pelo menos o voto de 342 deputados federais (art. 86 da CF). Havendo autorização, avança-se à segunda etapa. 2ª etapa: se for crime comum (art. 86 e 102, I, "b", da CF) será processado e julgado pelo STF. Sendo a denúncia ou queixa recebida, o presidente será suspenso de suas funções por até 180 dias. Passado esse período sem julgamento, o chefe do executivo retoma o mandato até o julgamento definitivo pelo STF (art. 86, §1º, I e §2º, da CF). Sendo crime de responsabilidade e após autorização da Câmara dos Deputados, será processado perante o Senado (haverá ampla defesa ao presidente). A partir desse momento, o presidente ficará suspenso de suas funções. Havendo aprovação de 2/3 dos senadores, o presidente sofrerá *impeachment*
– **Imunidades:** durante a vigência do mandato, se o presidente cometer crime comum, não poderá ser preso enquanto não houver sentença condenatória. Regra geral, não poderá ter restrita sua liberdade por nenhuma modalidade de prisão cautelar (imunidade formal)
Dica: a imunidade à prisão cautelar é prerrogativa exclusiva do presidente da República, não se estendendo aos governadores e prefeitos (ADI 1.028)
Dica: presidente não será julgado por crime comum estranho ao exercício de função durante o mandato. Nessa hipótese, serão processados pela justiça comum no fim do mandato
– **Consequências da condenação por crime de responsabilidade:**
autônomas e aplicadas cumulativamente: 1 – perda do cargo; 2 – inabilitação para o exercício da função por oito anos, incluindo concurso público, nomeação em confiança, mandatos eletivos. Todas cumulativas (art. 52, parágrafo único, da CF)
– **Procedimento nos estados:** governadores serão julgados pelo STJ nos crimes comuns (art. 105, I, "a", da CF) e pelo TJ nos crimes de responsabilidade (composição: 5 deputados e 5 senadores – art. 78, §3º, da Lei 1.079/1950)
– **Procedimento nos municípios:** prefeitos serão julgados pelo TJ nos crimes comuns (art. 29, X, da CF). Haverá dois procedimentos distintos a depender da espécie de crime de responsabilidade. Se for próprio (natureza política), será realizado pela Câmara dos Vereadores. Se for impróprio (natureza penal), a competência será do TJ

DIREITO CONSTITUCIONAL

Tema IX - Organização dos Poderes

1. Organização dos Poderes VIII

1.4. Poder Judiciário I

1.4.1. Pressupostos: Existência de uma lide. Depende de provocação. É regido pela imparcialidade, ou seja, deve agir com neutralidade

1.4.2. Magistratura (art. 93 da CF)

- **Ingresso na carreira** (art. 93, I da CF): mediante aprovação em concurso público de provas e títulos, com comprovação de três anos de atividade jurídica para ingresso (a partir da conclusão do curso)
- **Residência do juiz titular** (art. 93, VII da CF): na respectiva comarca, salvo se houver autorização do Tribunal
- **Remoção, disponibilidade e aposentadoria por interesse público** (art. 93, VIII da CF): depende de quórum da maioria absoluta do Tribunal respectivo ou CNJ (garantia de ampla defesa)
- **Publicidade** (art. 93, IX da CF): todos os julgamentos serão públicos e fundamentadas todas as decisões, sob pena de nulidade
- **Decisões administrativas dos Tribunais** (art. 93, X da CF): devem ser motivadas e tomadas em sessão pública
- **Composição do órgão especial** (art. 93, XI da CF): Tribunais com mais de 25 julgadores poderão possuir órgão especial com no mínimo 11 e no máximo 25 membros
- **Quinto constitucional** (art. 94 da CF): composição de um quinto (20%) dos Tribunais Regionais Federais e Tribunais de Justiça por promotores e advogados de notório saber jurídico e reputação ilibada com mais de dez anos de atividade profissional. Órgãos da respectiva classe indicarão lista sêxtupla ao Tribunal que reduzirá para uma lista tríplice e encaminhará ao chefe do Executivo para escolha

1.4.3. Funções típicas: atividade jurisdicional (solução de interesse por meio do devido processo legal). **Atípicas:** funções de natureza legislativa (elaboração de regimento interno) e executiva-administrativa (organização de suas secretarias)

1.4.4. Órgãos (art. 92 da CF): Supremo Tribunal Federal, Conselho Nacional de Justiça (EC 45/2004), Superior Tribunal de Justiça, Tribunal Superior do Trabalho (EC 92/2016), Tribunal Regional Federal, Justiça Federal, Tribunal Regional do Trabalho, Tribunal Regional Eleitoral, Tribunal de Justiça Militar e Tribunais de Justiça dos Estados e DF. O STF, os Tribunais Superiores e o Conselho Nacional de Justiça têm sede na capital federal (Brasília) e os dois primeiros têm jurisdição em todo território nacional

Dica: a súmula vinculante 37 estabelece que aos membros do Judiciário é vedada a autonomia quanto à atualização de seus salários

DIREITO CONSTITUCIONAL

TEMA IX - ORGANIZAÇÃO DOS PODERES

1. Organização dos Poderes IX

1.4. Poder Judiciário II

1.4.5. Súmula vinculante (art. 103-A da CF e Lei 11.417/2006): o STF poderá de ofício, ou mediante provocação, aprovar súmula vinculante mediante decisão de dois terços de seus membros, após reiteradas decisões de matéria constitucional. É necessário que haja uma controvérsia atual sobre a matéria que esteja acarretando multiplicação de processos

- **Legitimados:** os mesmos da ADI (art. 103 da CF), acrescidos do defensor-geral da União, Tribunais (Superiores, Estaduais, Regionais Federais, do Trabalho, Eleitorais e Militares) além dos municípios em ações que façam parte, de maneira incidental
- **Efeitos:** a partir da publicação na imprensa oficial, terá efeito vinculante em relação aos demais órgãos do judiciário e à Administração Pública direta e indireta nas esferas federal, estadual e municipal
Dica: a súmula não vincula a função legislativa, ainda que exercida de forma atípica por outro poder
- **Objetivo:** validade, interpretação e eficácia de normas que apresentem controvérsia atual entre órgãos do Judiciário ou entre esses e a Administração que acarrete insegurança jurídica e relevante multiplicação de processos sobre questão idêntica
- **Consequências do descumprimento:** caberá reclamação ao STF. Se julgada procedente, a decisão contestada será anulada e outra deverá ser proferida
- **Súmula viciada:** se o problema for na própria súmula vinculante, por exemplo, ela não tratou de matéria constitucional ou não foi aprovada por dois terços do STF (pelo menos 8 ministros), caberá um pedido de cancelamento ou de revisão pelos mesmos legitimados a sua edição (art. 3º da Lei 11.417/2006)
- **Garantias dadas aos membros do judiciário** (art. 95 da CF): vitaliciedade (após dois anos de estágio probatório), inamovibilidade (não serão removidos/transferidos sem prévio consentimento, exceto por interesse público que dependerá do voto da maioria absoluta dos membros do Tribunal ou do CNJ), irredutibilidade de subsídio

1.4.6. Atividades vedadas aos membros do Judiciário (art. 95, parágrafo único da CF): exercer outro cargo ou função, exceto magistério; recebimento de valores a qualquer título; atividade político-partidária; recebimento de qualquer tipo de auxílio financeiro ou contribuição de pessoas; exercício da advocacia antes de três anos do afastamento, em relação ao Tribunal a que estava vinculado

1.4.7. Supremo Tribunal Federal

- **Função:** guarda da Constituição
- **Competência** (art. 102, I, da CF): processar e julgar ADI e ADC; infrações penais comuns do presidente, vice, membros do Congresso, ministros e procurador-geral; litígio entre Estado estrangeiro e os poderes da União; extradição solicitada por Estado estrangeiro, dentre outros
- **Composição:** 11 ministros escolhidos pelo presidente após aprovação do Senado. Mínimo de 35 e máximo de 65 anos, notório saber jurídico e reputação ilibada

1.4.8. Superior Tribunal de Justiça

- **Composição:** no mínimo 33 ministros: um terço por membros dos TRFs, um terço por membros dos TJs, e um terço por advogados e promotores. A escolha será realizada pelo presidente após a apresentação de lista tríplice. Dependerá de aprovação do Senado Federal. Requisitos de investidura semelhante aos do STF
- **Competência** prevista no art. 105 da CF, se divide em: originária (I), por ex. processo e julgamento dos mandados de segurança e os habeas data contra ato de Ministro de Estado, dos Comandantes da Marinha, do Exército e da Aeronáutica ou do próprio Tribunal (alínea "b"); em sede de recurso ordinário (II), por ex. as causas em que forem partes Estado estrangeiro ou organismo internacional, de um lado, e, do outro, Município ou pessoa residente ou domiciliada no País (alínea "c"); e em sede de recurso especial (III), por ex. as causas decididas, em única ou última instância, pelos Tribunais Regionais Federais ou pelos tribunais dos Estados, do Distrito Federal e Territórios, quando a decisão recorrida contrariar tratado ou lei federal, ou negar-lhes vigência (alínea "a")

DIREITO CONSTITUCIONAL
TEMA IX - ORGANIZAÇÃO DOS PODERES

1. Organização dos Poderes X

1.4. Poder Judiciário III

1.4.9. Conselho Nacional de Justiça

- **Funções:** fiscalizar o judiciário no cumprimento de deveres funcionais dos juízes e a administração financeira desse poder, além de outras atribuições (art. 103-B, §4º, da CF)
- **Composição:** 15 (quinze) membros com mandato de 2 (dois) anos, admitida 1 (uma) recondução (art. 103-B, I a XII, da CF). O Conselho é presidido pelo presidente do STF e nas suas ausências e impedimentos pelo Vice-Presidente do Supremo Tribunal Federal (art. 103-B, §1º, da CF)

1.4.10. Tribunais Regionais Federais e juízes federais (art. 106 a 110 da CF)

– **Composição:** no mínimo 7 juízes, recrutados, na respectiva região se possível, nomeados pelo presidente da República dentre brasileiros com mais de 30 e menos de 65 anos. Um quinto entre advogados e membros do MPF. Os demais, mediante promoção de juízes federais com mais de cinco anos de exercício (antiguidade e merecimento)

1.4.11. Competência da Justiça Federal:
competências em que a União, entidade autárquica ou empresa pública federal for parte ou interessada, dentre outras previstas no art. 109 da CF

1.4.12. Competência do TRF:
julgar recursos da JF, os juízes federais em crimes comuns, dentre outras previsto no art. 108 da CF

1.4.13. Tribunais e juízes do trabalho (art. 111 a 116 da CF)

– **Órgãos da Justiça do Trabalho:** TST, TRT e os juízes do trabalho
– **Composição:** 27 ministros, escolhidos dentre brasileiros com mais de 35 anos e menos de 65 anos, de notável saber jurídico e reputação ilibada, nomeados pelo presidente da República após aprovação pela maioria absoluta do Senado Federal (EC 92/16). Um quinto formado por advogados e membros do Ministério Público do Trabalho, ambos com mais de 10 anos de experiência e os demais dentre os juízes dos TRTs indicados pelo próprio Tribunal Superior do Trabalho

> **Dica:** a EC 92/16 acrescentou § 3º ao art. 111-A da CF, dando competência ao TST para processar e julgar, originariamente, a reclamação para a preservação de sua competência e garantia da autoridade de suas decisões

1.4.14. Tribunais Regionais Eleitorais e juízes eleitorais (art. 118 a 120 da CF)

– **Órgãos:** Tribunal Superior Eleitoral, Tribunais Regionais Eleitorais, juízes eleitorais e juntas eleitorais
– **Composição do TSE:** 7 membros: 3 ministros do STF, 2 ministros do STJ e 2 advogados escolhidos pelo presidente da República após indicação por lista apresentada pelo STF. No TRE, a composição será formada por 7 membros, sendo 2 entre desembargadores do TJ, dois entre juízes de 1ª instância estadual, um juiz advindo do TRF e dois advogados dentre indicados pelo TJ
Dica: as decisões do TSE são irrecorríveis, salvo as que contrariarem a Constituição e as denegatórias de *habeas corpus* ou mandado de segurança que caberá recurso ao STF

1.4.15. Tribunais e juízes militares

– **Órgãos da Justiça Militar:** Superior Tribunal Militar e os Tribunais e juízes militares
– **Competência:** processar e julgar os crimes militares definidos em lei
– **Composição:** 15 ministros vitalícios, nomeados pelo presidente após aprovação do Senado Federal. 3 oficiais-generais da Marinha, 4 oficiais-generais do Exército e 5 civis escolhidos pelo presidente da República maiores de 35 anos (3 advogados e 2 dentre juízes e membros do Ministério Público Militar)
– **Regime de precatórios:** os valores devidos pela Fazenda Pública, em razão do regime de impenhorabilidade dos bens públicos são pagos por meio da expedição de precatórios judiciais

1.4.16. Teto dos gastos públicos (EC 95/2016):
criou um novo regime fiscal, estabelecendo limites para os gastos realizados pelo governo federal para os próximos 20 anos. A partir do décimo exercício do novo regime, o presidente da República poderá propor projeto de lei complementar para alterar o método de correção dos limites. Essa medida poderá ser realizada apenas uma vez a cada mandato presidencial

– **Consequências pelo descumprimento** (art. 109 do ADCT da CF): os órgãos públicos que não observarem os respectivos tetos estarão sujeitos a diversas sanções como (até o final do exercício de retorno das despesas aos respectivos limites): impossibilidade de realizar contratações, concursos públicos, reajustar salários de servidores, receber subsídios ou incentivos

DIREITO CONSTITUCIONAL

TEMA X - FUNÇÕES ESSENCIAIS À JUSTIÇA

1. Funções essenciais à Justiça

- **1.1. Conceito** (art. 127 da CF): funções sem as quais não se faz Justiça. Não fazem parte dos 3 poderes. Previstas a partir do art. 127 da CF. Integram as funções essenciais: o Ministério Público, as advocacias pública e privada e as defensorias públicas

- **1.2. Ministério Público** (art. 127 da CF): instituição de caráter permanente que tem por função a defesa da ordem jurídica, do regime democrático e dos interesses sociais e individuais indisponíveis
  - **1.2.1. Princípios que regem a instituição:** unidade (os membros integram um só órgão sob a chefia do procurador-geral da República (federal) e procurador-geral do Estado (estadual); indivisibilidade (os membros do MP atuam sempre em nome da instituição); independência funcional (os membros do MP atuam com total independência, não estando sujeitos às imposições de qualquer autoridade superior)
  - **1.2.2. Composição** (art. 128 da CF): Ministério Público da União (MP Federal, MP do Trabalho, MP Militar e o MP do DF e Territórios e em MP Estaduais). É dirigido pelo procurador-geral da República (35 anos e ser integrante da carreira do Ministério Público) que exercerá mandato de 2 anos, admitida recondução
  - **1.2.3. Funções institucionais** (art. 129 da CF): promover, privativamente, a ação penal pública, o inquérito civil, a ação civil pública, dentre outras atribuições
  - **1.2.4. Forma de ingresso na carreira:** aprovação em concurso de provas e títulos após 3 anos de comprovada atuação jurídica
  - **1.2.5. Garantias:** vitaliciedade, inamovibilidade e irredutibilidade de subsídios
  - **1.2.6. Vedações** (art. 128, §5º, II da CF): receber honorários ou valores sob qualquer pretexto, exercer advocacia, participar de sociedades comerciais, exercer qualquer outra função pública, atividade político-partidária, dentre outras

- **1.3. Conselho Nacional do Ministério Público** (art. 130-A da CF): atua na fiscalização do MP na atuação administrativa e financeira da instituição e do cumprimento dos deveres funcionais de seus membros
  - **1.3.1. Composição:** integrado por 14 membros, nomeados pelo presidente da República após aprovação do Senado Federal. Formado por cidadãos oriundos do Ministério Público, magistratura, advocacia e da sociedade

- **1.4. Advocacia pública:** defende os interesses do Estado em juízo e extrajudicialmente, bem como prestam assessoria e consultoria jurídica

- **1.5. Advocacia-geral da União** (art. 131 da CF)

- **1.6. Procuradoria-geral do Estado:** além de representarem judicialmente as respectivas unidades federadas, prestam consultoria e assessoramento jurídico
  - **1.6.1. Estabilidade:** garantida após 3 anos de efetivo exercício, mediante aprovação em avaliação de desempenho

- **1.7. Defensoria pública:** defesa, em todos os graus, dos necessitados na forma do art. 5º, LXXIV, da CF
  - **1.7.1. Função** (art. 134 da CF): orientação jurídica, a promoção dos direitos humanos e a defesa em todos os graus dos direitos individuais e coletivos de forma integral e gratuita, aos necessitados
  - **1.7.2. Forma de ingresso na carreira:** aprovação em concurso público de provas e títulos, além da garantia de inamovibilidade e da vedação ao exercício da advocacia além daqueles previstos ao cargo

- **1.8. Advocacia privada**
  - **1.8.1. Hierarquia:** não há hierarquia entre os advogados, magistrados e membros do Ministério Público
  - **1.8.2. Prerrogativas:** inviolabilidade material. No exercício da atividade profissional, não pode ser punido por seus atos ou manifestações, ainda que constituam injuria ou difamação, sem prejuízo das sanções disciplinares perante a OAB pelos excessos que eventualmente cometer

> **Dica:** a súmula vinculante 14 estabelece como prerrogativa do advogado o direito, no interesse do representado, de ter acesso amplo aos elementos de prova já produzidos em procedimentos investigatórios, a fim de garantir o exercício do direito de defesa

DIREITO CONSTITUCIONAL

Tema XI - Estados de Exceção

1. Estados de exceção

- **1.1. Conceito:** configuram situações de anormalidade institucional, momentos de crise em que o próprio texto constitucional autoriza que o Estado adote medidas de repressão, limitando algumas garantias fundamentais. Tanto no estado de defesa como no estado de sítio é necessária a existência de uma comissão com função de acompanhamento e fiscalização das medidas tomadas durante este período de anormalidade

- **1.2. Estado de defesa** (art. 136 da CF)
  - **1.2.1. Aplicabilidade:** preservar ou prontamente restabelecer, em locais restritos e determinados, a ordem pública ou a paz social ameaçadas por grave ou iminente instabilidade institucional ou atingidas por calamidades de grandes proporções
  - **1.2.2. Procedimento:** será decretado pelo presidente da República, após ouvir o conselho da República e o Conselho de Defesa. Deve conter o tempo de duração da medida, que não poderá ser superior a 30 dias, podendo ser prorrogável uma vez em igual período
  - **1.2.3. Consequências:** restrições aos direitos de reunião, ao sigilo de correspondência, comunicação telegráfica e telefônica e ao uso temporário de bens públicos

- **1.3. Estado de sítio** (art. 137 da CF)
  - **1.3.1. Aplicabilidade:** nas hipóteses de comoção grave de repercussão nacional, ineficácia do estado de defesa, declaração de estado de guerra ou resposta à agressão estrangeira armada
  - **1.3.2. Procedimento:** semelhante ao estado de defesa, diferindo deste quanto à necessidade de aprovação prévia pelo Congresso Nacional por voto da maioria absoluta. O prazo também será de 30 dias, com a exceção de que poderá ser prorrogável por quantas vezes forem necessárias, desde que com prévia autorização do Congresso Nacional
  - **1.3.3. Consequências:** algumas medidas ficarão suspensas, como a obrigação de permanência em localidade determinada, suspensão da liberdade de reunião, intervenção nas empresas de serviços públicos, requisição de bens, dentre outros

- **1.4. Responsabilização dos agentes durante o estado de exceção:** ao término, os efeitos cessarão, mas os ilícitos praticados pelos agentes poderão ser apurados para que sejam determinadas eventuais responsabilizações

- **1.5. Forças Armadas** (art. 142 da CF)
  - **1.5.1. Composição:** Marinha, Exército e Aeronáutica. Comandadas pelo presidente da República
  - **1.5.2. Objetivos:** destinam-se à defesa da Pátria, à garantia dos poderes constitucionais, da lei e da ordem
  - **1.5.3. Iniciativa:** a utilização das Forças Armadas depende da iniciativa do STF, da presidência da República ou do Congresso Nacional
  - **1.5.4. Promoção na carreira:** as patentes são conferidas pelo presidente da República
  - **1.5.5. Exercício de função pública:** o militar que tomar posse em cargo, emprego ou função pública temporária (não eletiva), enquanto permanecer nessa situação, só poderá ser promovido por antiguidade, enquanto perdurar esta situação
  - **1.5.6. Vedações:** ao militar são proibidas sindicalização e greve. Também não poderão ser filiados a partidos políticos

- **1.6. Segurança pública** (art. 144 da CF)
  - **1.6.1. Comando constitucional:** a segurança pública é dever do Estado, direito e responsabilidade de todos e é exercida para a preservação da ordem pública e proteção das pessoas e do patrimônio
  - **1.6.2. Composição:** Polícia Federal, Polícia Rodoviária Federal, Polícias Civis, Polícias Militares e Corpos de Bombeiros Militares

Dica: embora a Constituição determine que os municípios possam constituir guardas municipais destinadas à proteção de seus bens, serviços e instalações, não farão parte da segurança pública. Atribuições de proteção patrimonial

DIREITO CONSTITUCIONAL
Tema XII - Ordem econômica e social

1. Ordem econômica

1.1. Conceito: tem por fundamento a valorização do trabalho humano e a livre-iniciativa, visando assegurar existência digna a todos, conforme os ditames da justiça social

1.2. Princípios (art. 170 da CF)**:** a ordem econômica é alicerçada pelos princípios da soberania nacional, propriedade privada, função social da propriedade, livre concorrência, defesa do consumidor, do meio ambiente, redução das desigualdades regionais e sociais, busca do pleno emprego, tratamento favorecido para empresas de pequeno porte, dentre outras

1.3. Atuação estatal do domínio econômico: embora prevaleça em nosso ordenamento a garantia de independência à iniciativa privada, o Estado também poderá atuar de maneira residual, subsidiária. O Estado participa quando há relevante interesse coletivo ou imperativo de segurança nacional (Ex.: fabricação de material bélico)

1.4. Monopólio da união (art. 177 da CF)**:** pesquisa e lavra, exploração e domínio sobre petróleo, gás natural, dentre outras previstas na CF

DIREITO CONSTITUCIONAL
Tema XII - Ordem econômica e social

1. Ordem social I

1.1. Fundamento: a ordem social tem como base o primado do trabalho e como objetivo o bem-estar e a justiça social

1.2. Seguridade social: composta por três pressupostos importantes. Previdência social, saúde e assistência social. O sistema de previdência no Brasil é contributivo e não retributivo

1.2.1. Princípios: universalidade da cobertura e do atendimento, uniformidade dos benefícios e serviços às populações urbanas e rurais, seletividade e distributividade na prestação dos benefícios e serviços, irredutibilidade do valor dos benefícios, equidade na forma de participação no custeio, diversidade da base de financiamento, dentre outras

1.2.2. Fontes da seguridade: folha de salário dos empregados, receita ou faturamento das empresas, etc

1.2.3. Saúde: dever do Estado prestá-la, valendo-se para tanto de políticas públicas sociais e econômicas. Instituir programas para reduzir risco de doença, com campanhas publicitárias de prevenção, vacinação, dentre outras

– **Competência:** a regulamentação, fiscalização, controle e a execução das ações e serviços de saúde cabem ao poder público. O Estado poderá conceder a prestação dos serviços de saúde indiretamente ao particular
– **Aplicação de receitas** (art. 198 da CF e Lei 141/2012)**:** a União, Estados, DF e Municípios deverão aplicar um percentual mínimo das receitas em ações e serviços de saúde
– **Fundamentos do Sistema Único de Saúde:** descentralização, com direção única em cada esfera de governo, atendimento integral com prioridade para as atividades preventivas e participação da comunidade
– **Instituições privadas:** poderão participar de forma complementar do Sistema Único de Saúde, segundo diretrizes deste, mediante contrato de direito público ou convênio, tendo preferência as entidades filantrópicas e as sem fins lucrativos (art. 199, §1º da CF)

💡 **Dica:** é proibida a destinação de recursos públicos para auxílios ou subvenções às instituições privadas com fins lucrativos (art. 199, §2º da CF)

1.2.4. Previdência social

– **Estrutura:** regime contributivo e filiação obrigatória
– **Cobertura** (art. 201 da CF)**:** doença, invalidez, morte, idade avançada, desemprego involuntário, maternidade e prisão

1.2.5. Assistência social

– **Universalidade:** deverá ser prestada a todos que necessitarem, de forma gratuita, independente de contribuição
– **Objetivos:** proteção à família, maternidade, infância, adolescência e velhice; amparo às crianças e adolescentes carentes; promover a integração ao mercado de trabalho; habilitar e reabilitar as pessoas portadoras de deficiência e a promoção de sua integração à vida comunitária, dentre outros previstos na CF

Exemplo: o benefício de um salário mínimo mensal à pessoa portadora de deficiência e ao idoso que comprovem não possuir meios de prover à própria manutenção ou de tê-la provida por sua família, conforme dispuser a lei (art. 203, V, da CF)

DIREITO CONSTITUCIONAL

TEMA XII - ORDEM ECONÔMICA E SOCIAL

1. Ordem social II

1.3. Educação (art. 206 da CF)

1.3.1. Princípios: direito de todos e dever do Estado, baseado na igualdade de condições para o acesso e permanência na escola, gratuidade do ensino público em estabelecimentos oficiais, gestão democrática do ensino público, dentre outros pilares fundamentais previstos na CF

1.3.2. Iniciativa privada (art. 209 da CF)**:** deverá cumprir normas gerais da educação nacional e dependerá de autorização e avaliação de qualidade pelo poder público

1.3.3. Universalização do ensino obrigatório (art. 211 §4º da CF)**:** a União, os Estados, o Distrito Federal e os Municípios na organização de seus sistemas de ensino definirão formas de colaboração que assegure a universalização do ensino obrigatório

> **Dica:** o não oferecimento do ensino obrigatório pelo Poder Público, ou sua oferta irregular, importa responsabilidade da autoridade competente (art. 208, § 2º, da CF)

1.3.4. Competências

– **União:** organizará o sistema federal de ensino, financiará as instituições de ensino público federal e exercerá função redistributiva e supletiva em matéria educacional a fim de garantir a equalização de oportunidades e padrão mínimo de qualidade do ensino mediante assistência financeira aos demais entes
– **Municípios:** atuarão prioritariamente no ensino fundamental e na educação infantil
– **Estados e DF:** atuarão prioritariamente no ensino fundamental e médio

1.4. Cultura (art. 215 da CF)

1.4.1. Princípios: dever do Estado garantir o exercício dos direitos culturais e o acesso às fontes da cultura nacional, devendo dar suporte e incentivar a valorização e difusão das manifestações culturais

1.4.2. Competência pela promoção e preservação: a promoção e a proteção do patrimônio cultural brasileiro é dever do poder público e de toda comunidade por meio de tombamento, desapropriação, vigilância e outras formas de preservação

1.4.3. Sistema Nacional de Cultura (art. 216-A da CF)**:** finalidade de instituir um processo de gestão e promoção conjunta de políticas públicas de cultura entre Estado e sociedade. Visam à promoção do desenvolvimento humano, social e econômico com o exercício de direitos culturais além de prestigiar a transparência na aplicação de recursos

1.5. Desporto (art. 217 da CF)

1.5.1. Obrigações do Estado: apoiar práticas desportivas formais e não formais, como direito de cada um garantindo a autonomia das entidades desportivas e associações, a destinação de recursos públicos para a promoção prioritária do desporto educacional e, em casos específicos, para o de alto rendimento, além de tratamento diferenciado ao desporto profissional e o não profissional

1.5.2. Justiça desportiva: só será admitida a propositura de ação perante o Poder Judiciário na hipótese do esgotamento das instâncias da justiça desportiva, que emana decisões de natureza eminentemente administrativa

DIREITO CONSTITUCIONAL
Tema XII - Ordem econômica e social

1. Ordem social III

- **1.6. Ciência, tecnologia e inovação**
  - **1.6.1. Deveres do Estado:** Promover e incentivar o desenvolvimento científico, a pesquisa, a capacitação científica e tecnológica e a inovação. Para tanto, deverá estimular a articulação entre entes públicos e privados além de promover e incentivar a atuação no exterior das instituições públicas de ciência, tecnologia e inovação

- **1.7. Meio ambiente** (art. 225 da CF)
  - **1.7.1. Atribuições do poder público:** preservar e restaurar os processos ecológicos essenciais e prover o manejo ecológico das espécies e ecossistema e proteger a fauna e a flora; veda as práticas que coloquem em risco sua função ecológica, provoquem a extinção de espécies ou submetam os animais à crueldade
  - **1.7.2. Práticas desportivas com animais:** a EC 96/2017 incluiu no texto constitucional dispositivo que afasta a caracterização de crueldade aos animais das práticas desportivas, desde que sejam manifestações culturais. O tema foi objeto da ADI 4983 a respeito de lei do estado do Ceará que tratava da vaquejada. Na ocasião, o STF considerou haver crueldade intrínseca, proibindo a prática. A EC foi uma resposta à decisão do STF. Há pendente de julgamento a ADI 5728 que questiona a constitucionalidade da EC

- **1.8. Família**
  - **1.8.1. Deveres da família, sociedade e estado** (art. 227 da CF): assegurar à criança, ao adolescente e ao jovem, com absoluta prioridade, o direito à vida, à saúde, à alimentação, à educação, ao lazer, à profissionalização, à cultura, à dignidade, ao respeito, à liberdade e à convivência familiar e comunitária, além de colocá-los a salvo de toda forma de negligência, discriminação, exploração, violência, crueldade e opressão
  - **1.8.2. Igualdade de direito dos filhos:** os filhos, havidos ou não da relação do casamento, ou por adoção, terão os mesmos direitos e qualificações, proibidas quaisquer designações discriminatórias relativas à filiação
  - **1.8.3. Maioridade penal:** são penalmente inimputáveis os menores de 18 anos
  - **1.8.4. Dever dos pais e dos filhos:** os pais têm o dever de assistir, criar e educar os filhos menores, e os filhos maiores têm o dever de ajudar e amparar os pais na velhice, carência ou enfermidade
  - **1.8.5. Casamento:** é civil e gratuita a celebração. O religioso, em igual sentido, terá efeito civil. Poderá ser dissolvido pelo divórcio
    - **União estável:** é reconhecida a união estável entre o homem e a mulher como entidade familiar, devendo a lei facilitar sua conversão em casamento

DIREITO INTERNACIONAL

Renan Flumian

DIREITO INTERNACIONAL PRIVADO

TEMA I - INTRODUÇÃO: CONFLITOS DE LEIS NO ESPAÇO E REGRAS DE CONEXÃO

1. Introdução: Conflitos de Leis no Espaço e Regras de Conexão

1.1. Direito Internacional Privado (DIPr)

1.1.1. Conceito: ramo do direito que tem como principal função resolver os conflitos de leis no espaço

- **1.1.1.1 Conflito de Leis no Espaço:** situação de existência de duas ou mais leis aplicáveis ao mesmo fato ou relação jurídica e ao menos uma destas lei é estrangeira

  - **Tradução:** os elementos de estraneidade são aqueles que dão a uma relação – ou situação - jurídica o caráter internacional

- **1.1.1.2. Exemplos:** a nacionalidade do empregado, a nacionalidade do empregador, o lugar da sede da empresa, o local da prestação de serviços e o foro da celebração do contrato

1.1.2. Função do DIPr: auxilia o juiz nacional na determinação do direito aplicável aos casos, a ele submetido, que contenham elementos estrangeiros

- **Tradução:** o DIPr prescreve, em determinados casos, a aplicação do direito estrangeiro pelo juiz nacional

1.1.3. Natureza das Normas de DIPr: de direito público (se dirigem ao juiz - o administrador da justiça em nome do Estado) mesmo que indiquem a aplicação de normas de direito material de natureza privada

- **Atualidade:** a grande característica da matéria é a busca de harmonização e de uniformização mediante a produção convencional internacional ("direito internacional privado convencional e institucional"), até mesmo pela dita *soft law*

1.1.4. Direito Int. Privado Convencional: é aquele que provém de tratados e convenções

1.1.5. Direito Int. Privado Institucional: é aquele que provém da produção normativa de blocos regionais de integração, como a União Europeia e o Mercosul

1.2. Regras de conexão

1.2.1. Conceito: são **normas indiretas**, pois não resolvem os problemas materiais e nem as questões processuais, apenas **resolvem o conflito de leis no espaço**

- **Tradução:** não solucionam o caso, apenas indicam a solução, isto é, a(s) norma(s) jurídicas a ser(em) aplicada(s) para resolvê-lo

- **Dica:** as normas diretas preveem fatos e apontam soluções (resolvem diretamente o problema) e as normas indiretas não preveem fatos mas indicam a lei a ser aplicada (resolvem indiretamente o problema)

- **Atenção absoluta:** utilizadas nos casos que envolvem relação jurídica ou fato dotados de elemento estrangeiro

DIREITO INTERNACIONAL PRIVADO

TEMA II - REGRAS DE CONEXÃO

1. Regra de Conexão *Lex Domicilii* - I (Art. 7º da LINDB)

1.1. Regra de Conexão: *lex domicilii* (Art. 7º, caput, da LINDB)

- **1.1.1 Conceito:** a lei do país de domicílio da pessoa vai determinar as regras sobre o começo e o fim da personalidade, o nome, a capacidade e os direitos de família

1.2. Regra de Conexão: *lex loci celebrationis* (§1º do art. 7º da LINDB)

- **1.2.1. Conceito:** o casamento é regido, no que tange às suas formalidades, pela lei do país que for celebrado
- **1.2.2. Exemplo:** o casamento realizado no exterior, que respeitou a lei do país de constituição do matrimônio, terá validade no Brasil se não ofender a ordem pública
- **1.2.3. Requisito:** obrigatoriedade de registro no Brasil do casamento de brasileiros realizado no exterior no prazo de 180 dias contados da volta de um ou ambos cônjuges ao Brasil, no cartório do respectivo domicílio ou, em sua falta, no 1º Ofício da capital do estado em que passarem a residir (art. 1.544, CC)

1.3. Exceção à *lex loci celebrationis* (§2º do art. 7º da LINDB)

- **1.3.1. Conceito:** nubentes estrangeiros podem no Brasil casar com base em sua lei da nacionalidade, desde que perante autoridades diplomáticas ou consulares do país de ambos os nubentes

💡 **Dica:** consagra indiretamente a lei da nacionalidade dos nubentes como regra de conexão

⚠️ **Atenção Absoluta:** o casamento é regido, no que tange às suas formalidades, pela citada lei, mas o regime de bens continua sendo regulado pela lei do domicílio dos nubentes, consoante determina o artigo 7º, *caput*, da LINDB

1.4. 1º domicílio conjugal – invalidade do casamento (§3º do art. 7º da LINDB)

- **1.4.1. Conceito:** se o domicílio dos nubentes for diverso, usa-se a lei do primeiro domicílio conjugal (**regra de conexão subsidiária**). Do contrário, aplica-se a lei do país do domicílio conjugal atual

🔒 **Cuidado:** 1º domicílio conjugal não é sempre o país onde o casamento foi realizado, pois os nubentes podem contratar matrimônio em um país e estabelecer-se em outro

DIREITO INTERNACIONAL PRIVADO

Tema II - Regras de Conexão

1. Regra de Conexão *Lex Domicilli* - II (Art. 7º da LINDB)

1.5. 1º domicílio conjugal – regime de bens (§4º do art. 7º da LINDB)

1.5.1. Conceito: se o domicílio dos nubentes for diverso, usa-se a lei do primeiro domicílio conjugal (**regra de conexão subsidiária**). Do contrário, aplica-se a lei do país do domicílio conjugal atual

🔒 **Cuidado:** 1º domicílio conjugal não é sempre o país onde o casamento foi realizado, pois os nubentes podem contratar matrimônio em um país e estabelecer-se em outro

⚖️ **Jurisprudência:** Inf. 544, STJ - em ação de divórcio e partilha de bens de brasileiros, casados e residentes no Brasil, o juiz brasileiro tem competência para, reconhecendo o direito à meação e a existência de bens situados no exterior, fazer incluir seus valores na partilha

1.6. Modificação do Regime de Bens após o casamento (§5º do art. 7º da LINDB)

1.6.1. Conceito: o estrangeiro casado que adquire a naturalização brasileira, pode, mediante expressa anuência de seu cônjuge, requerer ao juiz a adoção do regime de comunhão parcial de bens

1.6.2. Requisito: desde que respeitados os direitos de terceiros e feito o competente registro

💡 **Dica:** guarda sintonia com *o princípio da mutabilidade justificada do regime adotado* (art. 1639, §2º, do CC), o qual permite a alteração do regime de bens mediante autorização judicial em pedido motivado por ambos os cônjuges, apurada a procedência das razões invocadas e ressalvados os direitos de terceiros

1.7. Divórcio Realizado no Exterior (§6º do art. 7º da LINDB)

1.7.1. Conceito: o divórcio realizado no exterior, quando um ou ambos os cônjuges forem brasileiros, será homologado no Brasil **sem** o decurso do prazo de um ano da data da sentença estrangeira

🔒 **Cuidado:** o § 6º não se encontra em compatibilidade com a ordem constitucional brasileira, porque a EC nº 66/2010 suprimiu a separação judicial como requisito prévio para pedir o divórcio, bem como a obrigatoriedade do prazo de um ano de separação judicial (antigo divórcio-conversão) ou de dois anos de separação de fato (antigo divórcio-direto)

DIREITO INTERNACIONAL PRIVADO

TEMA II - REGRAS DE CONEXÃO

1. Regra de Conexão *Lex Rei Sitae* (Art. 8º da LINDB)

1.1. Regra de Conexão: *lex rei sitae* (Art. 8º, *caput*, da LINDB)

1.1.1 Conceito: é a lei do país onde os bens estão situados que vai regulá-los **(princípio da territorialidade)**

Dica: os direitos reais dizem respeito as relações jurídicas proprietárias, possessórias, garantias sobre bens

Atenção Absoluta: *lex rei sitae* regulará somente os bens móveis e imóveis considerados individualmente **(uti singuli)**. Assim, os bens considerados *uti universitas*, como o espólio, o patrimônio conjugal, escapam à aplicação da *lex rei sitae*, passando a se reger pela lei reguladora da sucessão **(lex domicilii do autor da herança)** e da sociedade conjugal

Doutrina: "É mister salientar que a capacidade para exercer direitos reais ou efetivar contratos a eles relativos rege-se pela *lex domicilii*, e a forma extrínseca dos atos negociais destinados à aquisição, transmissão e extinção de direitos reais obedece ao *locus regit actum*, mas as condições da constituição da aquisição, da transferência do direito real, p. ex., a exigência de tradição ou do assento no registro imobiliário, submetem-se à *lex rei sitae*" (síntese de M. H. Diniz)

1.2. Regra de Conexão Subsidiária: *lex domicilii* do proprietário (§1º do art. 8º da LINDB)

1.2.1. Conceito: a lei do país de domicílio do proprietário regulará os bens que estiverem em situação de intensa mobilidade e trânsito

Tradução: os bens móveis que estiverem em situação de intensa mobilidade terão como regra de conexão a lei do domicílio do proprietário

1.3. Regra de Conexão Subsidiária: *lex domicilii* do possuidor (§2º do art. 8º da LINDB)

1.3.1. Conceito: a lei do país de domicílio do possuidor que regulará o penhor

1.3.2. Objetivo: dar maior segurança ao negócio, pois o credor, após a tradição do bem dado em penhor, será o possuidor direto

DIREITO INTERNACIONAL PRIVADO

Tema II - Regras de Conexão

1. Regra de Conexão *Locus Regit Actum* (Art. 9º da LINDB)

- **1.1. Regra de Conexão:** *locus regit actum* (Art. 9º, *caput*, da LINDB)

  - **1.1.1. Conceito:** a lei do país onde as obrigações foram constituídas que vai regulá-las (**aspectos extrínsecos**)

    - 🔒 **Cuidado:** o local onde a obrigação foi constituída também será a sede da relação jurídica, ou seja, onde está produzindo efeitos. Assim, o juiz brasileiro poderá aplicar a lei nacional (*lex fori*), sem afrontar o art. 9º, quando um contrato constituído no estrangeiro for executado majoritariamente no Brasil. E um exemplo comum desse caso é a aplicação da *lex loci executionis* aos contratos de trabalho celebrados no exterior, mas com a execução das atividades laborais tomando corpo inteiramente em solo brasileiro

  - **1.1.2. Exemplos:** as obrigações surgem geralmente dos contratos, dos delitos e dos quase delitos

  - **1.1.3 Característica:** funciona como um limitador da autonomia da vontade

- **1.2. Regra Unilateral:** *lex loci executionis* (§1º do art. 9º da LINDB)

  - **1.2.1. Conceito:** aplicação da lei brasileira no tocante à forma essencial para validade da obrigação constituída no exterior e que será executada no Brasil

  - **1.2.2 Requisitos:** respeitar os requisitos para validade do negócio jurídico (forma essencial)

    - 💡 **Dica:** a regra do § 1º não colide, mas sim reforça a regra geral de conexão *locus regit actum*. Isso porque prescreve, além do respeito à forma essencial ditada pelo direito brasileiro, a aplicação da lei do local onde a obrigação se constituiu.

  - **1.2.3. Exemplo:** negócio constituído no exterior que envolva a compra de imóvel, situado no Brasil, com valor superior à trinta vezes o maior salário mínimo vigente no país, dependerá para sua efetivação que se proceda à lavratura da escritura pública, caso não disponha a lei em contrário (art. 108 do CC)

- **1.3. Obrigação resultante do contrato entre ausentes** (§2º do art. 9º da LINDB)

  - **1.3.1. Conceito:** a obrigação resultante de contrato, entre ausentes, reputa-se constituída no lugar em que **residir** o proponente

    - 💡 **Dica:** o país onde residir o proponente significa o país onde ele estiver

    - 🔒 **Cuidado:** "entre ausentes" significa contratantes residentes em países diversos

    - ⚠️ **Atenção Absoluta:** o art. 9º, *caput*, é aplicado aos contratos internacionais entre presentes e determina que é a lei do local em que as obrigações foram constituídas que vai regulá-las

DIREITO INTERNACIONAL PRIVADO

TEMA II - REGRAS DE CONEXÃO

1. Regra de Conexão *Lex Domicilii* do defunto ou do desaparecido (Art. 10 da LINDB)

1.1. Regra de Conexão: *lex domicilii* do defunto ou do desaparecido (Art. 10 da LINDB)

1.1.1 Conceito: a lei do país de último domicílio do defunto ou do desaparecido regulará a sucessão por morte ou por ausência, qualquer que seja a natureza e a situação dos bens **(concepção unitarista da sucessão)**

Jurisprudência: Inform. STJ 563 - a concepção unitarista da sucessão vem sendo relativizada (REsp 1.362.400-SP)

1.1.2. Contraponto: concepção pluralista da sucessão

1.1.2.1. Conceito: a pluralidade sucessória prega que cada bem, individualmente considerado, deve ser regulado pela lei de sua localização *(lex rei sitae)*

Atenção Absoluta: a regra de conexão *lex domicilii* do defunto ou do desaparecido diz respeito aos **aspectos intrínsecos do testamento**, como, por exemplo, o conteúdo das disposições de última vontade, sua admissibilidade e os efeitos dela decorrentes. Por outro lado, **os aspectos extrínsecos do testamento** teriam como regra de conexão o *locus regit actum* (lei do local onde o negócio jurídico tenha se constituído). Como exemplos de aspectos extrínsecos podem-se apontar o respeito à forma legal e se o ato foi lavrado pela autoridade competente

Dica: a LINDB não regulou a comoriência, aplica-se, então, o art. 29 do Cód. Bustamante: sem provas, será aplicada a lei de domicílio do de *cujus* para regular a comoriência

1.2. Exceção Benéfica (§1º do art. 10 da LINDB)

1.2.1. Conceito: a regra de conexão do *caput* será afastada para aplicação da *lex fori* sobre sucessão de bens de estrangeiros, situados no País (art. 5º, XXXI, da CF)

1.2.2. Requisito: desde que não seja mais favorável para o cônjuge ou os filhos brasileiros a lei pessoal do *de cujus*

Dica: é um exemplo de aplicação do princípio da pluralidade sucessória, o que destoa da concepção unitarista adotada pelo DIPr brasileiro

1.3. Regra de Conexão: *lex domicilii* do herdeiro ou do legatário (§2º do art. 10 da LINDB)

1.3.1 Conceito: a lei do país de domicílio do herdeiro ou do legatário regulará a capacidade para suceder

Atenção Absoluta: é a lei do país do último domicílio do de cujus que definirá quem é herdeiro ou não. Após a definição dos herdeiros, cabe verificar a capacidade para suceder de cada um. Tal verificação é balizada pela lei do domicílio do herdeiro

DIREITO INTERNACIONAL PRIVADO

Tema III - Aplicação do Direito Estrangeiro

1. Aplicação do Direito Estrangeiro

1.1. Aplicação do Direito Estrangeiro

1.1.1. Conceito: o juiz brasileiro terá que aplicar o direito estrangeiro em determinadas situações

🔊 **Tradução:** com a aplicação das regras de conexões é possível determinar o direito material que vai regular o caso com elemento estrangeiro. E este direito indicado pela **norma indireta do DIPr pode ser tanto o nacional como o estrangeiro**

1.2. Reenvio ou Devolução

1.2.1. Conceito: i**nterpretação que despreza a norma material indicada pela regra** de conexão e aplica DIPr estrangeiro para se chegar a outra norma material; geralmente de índole nacional (aqui o reenvio ou retorno tomava corpo)

🔊 **Tradução:** funciona como se a solução fosse enviada para o direito de certo país e o direito desse país a reenviasse (de volta ou para outro país)

⚠️ **Atenção Absoluta:** o art. 16 da LINDB **proíbe** o juiz nacional de utilizar-se do reenvio

1.2.2. Graus: 1º grau: refere-se a dois países, isto é, a legislação do país A remete à do país B, que reenvia para A; **2º grau:** refere-se a três países, situação em que a legislação de A remete à de B, que reenvia para C; **3º grau:** refere-se a quatro países, situação esta similar a do reenvio de 2º grau, com a diferença de que nesta a legislação de C remete à do país D

🔊 **Tradução:** o instituto do reenvio é um desfigurador das regras de conexão, pois a estas cabem solucionar os conflitos de leis no espaço, e, a partir do momento em que o DIPr brasileiro indicar o DIPr estrangeiro, ele não estará cumprindo com sua função

DIREITO INTERNACIONAL PRIVADO

Tema IV - Prova de Fatos Ocorridos no Estrangeiro e Prova do Direito Estrangeiro

1. Prova de Fatos Ocorridos no Estrangeiro e Prova do Direito Estrangeiro

1.1. Prova dos Fatos Ocorridos no Estrangeiro (art. 13 da LINDB)

1.1.1. Conceito: é a lei do país onde ocorreu o fato ou ato que vai regular o procedimento probatório *(locus regit actum)*

💡 **Dica:** o juiz não poderá se valer das provas **não admitidas** pelo direito brasileiro

⚠️ **Atenção Absoluta:** "Não admitidas" aparece sublinhada como forma de contrastar com o texto literal do artigo 13, que se refere às provas que a lei brasileira **não conheça**. Se prevalecesse o texto literal, teríamos uma mitigação do direito da parte de defender-se por meio de todas as provas em direito admitidas

🔊 **Tradução:** deve ser aceito qualquer meio de prova, desde que lícito conforme os ditames do ordenamento jurídico brasileiro e não violar a ordem pública (art. 17 da LINDB)

⚖️ **Legislação:** art. 369 NCPC - "As partes têm o direito de empregar todos os meios legais, bem como os moralmente legítimos, ainda que não especificados neste Código, para provar a verdade dos fatos em que se funda o pedido ou a defesa e influir eficazmente na convicção do juiz"

1.2. Prova do Direito Estrangeiro (art. 14 da LINDB)

1.2.1. Conceito: se o juiz não conhecer, as partes devem provar o texto legal e a vigência do direito estrangeiro a ser aplicado no caso concreto (arts. 409, 410 e 411 do Código Bustamante)

💡 **Dica:** aplicação da lei estrangeira, quando determinada pelo DIPr brasileiro, é uma obrigação do juiz, e não mera faculdade

🔊 **Tradução:** o juiz deve aplicar *ex officio* o direito estrangeiro, caso o conheça. Do contrário, pedirá que as partes provem o texto e a vigência desse direito (art. 376 do NCPC)

DIREITO INTERNACIONAL PRIVADO

Tema V - Competência Internacional

1. Competência Internacional I: introdução e competência concorrente

- **1.1. Competência Internacional**
  - **1.1.1. Conceito:** antes do conflito de leis no espaço, existiria um conflito internacional de jurisdição, que deve ser resolvido com suporte na *lex fori* (artigo 12 da LINDB e nos artigos 21, 23 e 24 do NCPC)
    - **Dica:** o juiz deve aplicar uma regra de conexão para determinar o direito aplicável ao caso com elemento estrangeiro, mas só poderá aplicar o DIPr brasileiro se for competente para julgar o caso misto (elemento estrangeiro)
  - **1.1.2. Requisitos:** o rol do NCPC não é exaustivo (STJ), porém é necessário obedecer os seguintes requisitos – **(i)** interesse do judiciário brasileiro no julgamento da causa; **(ii)** possibilidade de execução da sentença (p. da efetividade); **(iii)** na concordância dos envolvidos em submeter o litígio à jurisdição nacional (p. da submissão)

- **1.2. Competência Concorrente ou Relativa I**
  - **1.2.1. Conceito:** o judiciário brasileiro possui competência para julgar o caso, porém o judiciário de outro país também pode ser competente para tanto (arts. 12, *caput*, da LINDB e 21 do NCPC)
  - **1.2.2. Hipóteses:**
    - **1.2.2.1. O juiz brasileiro terá competência concorrente** quando o réu, qualquer que seja sua nacionalidade, estiver domiciliado no Brasil (art. 21, III, NCPC)
      - **"Característica":** o princípio informador desta regra é o *actio sequitur forum rei*
      - **Tradução:** a competência do juiz nacional é determinada pelo critério domiciliar, não importando a condição de estrangeiro do réu
      - **Dica:** reputa-se domiciliada no Brasil a pessoa jurídica estrangeira que aqui tiver agência, filial ou sucursal (art. 21, parágrafo único, do NCPC)
    - **1.2.2.2. O juiz brasileiro terá competência concorrente** quando uma ação sobre obrigação, contratual ou extracontratual, deva ser cumprida no Brasil (art. 21, II, NCPC)
      - **Característica:** esta regra prescinde do critério domiciliar
      - **Jurisprudência:** o STJ decidiu que é vedado às partes dispor (ex.: cláusula de eleição de foro) sobre a competência concorrente de juiz brasileiro por força das normas fundadas na soberania nacional, não suscetíveis à vontade dos interessados (REsp 804.306-SP/STJ)
      - **"Exemplo":** contrato internacional que estipule sua execução no Brasil. Tal situação torna o juiz brasileiro competente, mas, ao mesmo tempo, não torna incompetente, por exemplo, o juiz

DIREITO INTERNACIONAL PRIVADO

Tema V - Competência Internacional

1. Competência Internacional II: competência concorrente competência exclusiva

1.2. Competência Concorrente ou Relativa

1.2.2.3. O juiz brasileiro terá competência **concorrente** quando o fundamento da ação seja fato ocorrido ou ato praticado no Brasil (art. 21, III, NCPC)

1.2.2.4. O juiz brasileiro terá **competência concorrente** quando julgar ações de alimentos quando **(i)** o credor tiver domicílio ou residência no Brasil ou **(ii)** o réu mantiver vínculos no Brasil, tais como posse ou propriedade de bens, recebimento de renda ou obtenção de benefícios econômicos (art. 22, I, a e b, NCPC)

1.2.2.5. O juiz brasileiro terá competência **concorrente** quando julgar ações decorrentes de relações de consumo, quando o consumidor tiver domicílio ou residência no Brasil (art. 22, II, NCPC)

1.2.2.6. O juiz brasileiro terá competência **concorrente** quando as partes, expressa ou tacitamente, se submeteram à jurisdição nacional (art. 22, III, NCPC)

> **Dica:** o art. 25 NCPC **(exclusão de competência)** define que o juiz brasileiro não terá competência quando houver cláusula de eleição de foro exclusivo estrangeiro em contrato internacional, arguida pelo réu na contestação. E desde que não seja caso de competência exclusiva do judiciário brasileiro (§ 1o do art. 25, NCPC)

1.3. Competência Exclusiva ou Absoluta

1.3.1. Conceito: Arts. 12, §1º, da LINDB e 23 do NCPC

1.3.2. Hipóteses:

1.3.2.1. O juiz brasileiro terá competência **exclusiva** quando a ação for relativa a imóvel situado no Brasil (art. 23, I, NCPC)

> **"Característica":** o princípio informador desta regra é o *forum rei sitae* (foro de situação da coisa)

> **Tradução:** significa que nenhuma outra jurisdição poderá conhecer de ação que envolva bem imóvel situado no Brasil. Logo, sentença estrangeira sobre bem imóvel situado no Brasil nunca irradiará efeitos no Brasil

> **Jurisprudência:** Inform. 586 STJ - é possível a homologação de sentença penal estrangeira que determine o perdimento de imóvel situado no Brasil em razão de o bem ser produto do crime de lavagem de dinheiro

1.3.2.2. O juiz brasileiro terá **competência exclusiva** quando confirmar testamento particular e o inventário e à partilha de bens situados no Brasil na sucessão hereditária, ainda que o autor da herança seja de nacionalidade estrangeira ou tenha domicílio fora do território nacional (art. 23, II, NCPC)

1.3.2.3. O juiz brasileiro terá **competência exclusiva** quando em divórcio, separação judicial ou dissolução de união estável, proceder à partilha de bens situados no Brasil, ainda que o titular seja de nacionalidade estrangeira ou tenha domicílio fora do território nacional (art. 23, III, NCPC)

> **Legislação:** Art. 964 NCPC - não será homologada a decisão estrangeira na hipótese de competência exclusiva da autoridade judiciária brasileira

DIREITO INTERNACIONAL PRIVADO

Tema VI - Cooperação Judiciária Internacional

1. Cooperação Judiciária Internacional: carta rogatória

- **1.1. Cooperação Judiciária Internacional**
  - **1.1.1. Conceito:** muitas são as situações em que um juiz depende do judiciário de outro país para efetuar uma diligência judiciária ou qualquer ato desprovido de carga executória
    - 💡 **Dica:** o instrumento pelo qual um juiz doméstico pede auxílio a um juiz estrangeiro denomina-se *carta rogatória*
    - 🔒 **Cuidado:** o juiz que pede é denominado *rogante* **(carta rogatória ativa)**, e o que recebe *rogado* **(carta rogatória passiva)**
    - ⚖️ **Legislação:** arts. 26 e 27 do NCPC

- **1.2. Carta Rogatória** (art. 12, §2º, da LINDB)
  - **1.2.1. Conceito:** é o meio processual adequado para a realização de diligências fora da jurisdição de um determinado
  - **1.2.2. Características:** compreende tanto os atos ordinatórios (exs: citação, notificação, intimação etc.) como os instrutórios (ex: coleta de provas)
    - 💡 **Dica:** existe a possibilidade de executar, via carta rogatória, a decisão interlocutória estrangeira que concede medida de urgência (art. 960, § 1º, NCPC)
  - **1.2.3. Requisito:** um tratado regulando o instituto processual ou o princípio da reciprocidade
    - 💡 **Dica:** a competência para conceder *exequatur* é do STJ (art. 105, I, i, da CF). Após a concessão de *exequatur*, a carta rogatória é remetida para o juiz federal competente cumpri-la (art. 109, X, CF)
    - ⚠️ **Atenção Absoluta:** a carta rogatória deve respeitar a lei do país em que será cumprida (*lex fori* do juiz rogado) e nunca pode violar a ordem pública
    - ⚠️ **Atenção Absoluta:** os efeitos do cumprimento ou da denegação da carta rogatória fazem apenas coisa julgada formal, ou seja, permitem a reapresentação da carta rogatória

DIREITO INTERNACIONAL PRIVADO

TEMA VII - HOMOLOGAÇÃO DE DECISÃO ESTRANGEIRA

1. Homologação de decisão estrangeira

- **1.1 Homologação de decisão estrangeira**

  - **1.1.1. Conceito:** a sentença, já apta a produzir efeitos no país prolator, passa a produzir efeitos em outro país também (art. 961 NCPC)

    - **Tradução:** a sentença judicial é um ato soberano. A sentença, como todo ato soberano, incide apenas dentro do território nacional. Mas existem fatos ou relações jurídicas que interessam a mais de um país

    - **Dica:** a competência é do STJ (art. 105, I, i, da CF)

  - **1.1.2. Características:**

    - **1.1.2.1.** O procedimento homologatório não examina o mérito da sentença estrangeira (v. SEC 651-FR e SEC. 1.043-AR). Ao STJ cabe apenas a análise dos requisitos formais e, sob um viés mais subjetivo, a análise sobre a violação ou não da ordem pública brasileira (art. 17 da LINDB)

    - **1.1.2.2.** Art. 961, § 3º, NCPC – a autoridade judiciária brasileira pode deferir pedidos de urgência e realizar atos de execução provisória no processo de homologação de decisão estrangeira

    - **1.1.2.3.** A sentença estrangeira poderá ser homologada parcialmente (art. 961, § 2º, NCPC)

    - **1.1.2.4.** A denegação da homologação por vício formal não obsta que a parte interessada renove o pedido, uma vez sanado o vício verificado (o rechaço da homologação não faz coisa julgada material)

      - **Dica:** o estado estrangeiro interessado na homologação deve entrar com ação de homologação de decisão estrangeira (art. 960 NCPC)

    - **1.1.2.5.** Todo tipo de sentença (declaratória, constitutiva ou condenatória) e a sentença arbitral são objeto de homologação

      - **Dica:** a sentença estrangeira de divórcio consensual não depende de homologação para produzir efeitos no Brasil (art. 961, § 5º, do NCPC)

      - **Atenção Absoluta:** os títulos executivos extrajudiciais oriundos do exterior também não dependem de homologação do STJ para serem executados (art. 515, §§ 2º e 3º, NCPC)

      - **Dica:** não é possível a homologação de sentença estrangeira na parte em que ordene a desistência de ação judicial proposta no Brasil (CF, art. 5º, XXXV)

DIREITO INTERNACIONAL PRIVADO

Tema VII - Homologação de Decisão Estrangeira

1. Homologação de decisão estrangeira I: requisitos do procedimento

- **1.1. Procedimento homologatório brasileiro**
  - **Legislação:** o art. 15 da LINDB deve ser conjugado com o Regimento Interno do STJ, conforme dispõe o art. 960, §2º, do NCPC e com o art. 963 NCPC
  - **1.1.1. Requisitos para homologação:**
    - **1.1.1.1. formalidades externas** (art. 963, III, NCPC, e art. 15, c, LINDB)
      - **Tradução:** a sentença tem de ser válida e eficaz em seu país de origem. Seguindo o mesmo raciocínio, o procedimento arbitral tem de estar de acordo com o compromisso arbitral ou cláusula compromissória para ser considerado válido
    - **1.1.1.2. competência do juízo prolator** (art. 963, I, NCPC)
      - **Tradução:** a sentença tem que ser prolatada por juiz competente segundo as regras de competência do direito processual internacional
    - **1.1.1.3. citação e revelia** (art. 963, II, NCPC)
      - **Tradução:** cabe ao STJ checar se a citação das partes envolvidas foi regularmente efetuada ou se a revelia foi corretamente configurada com supedâneo na legislação do país onde a sentença foi prolatada
      - **Dica:** tal regra tem por base os princípios constitucionais do devido processo legal, da ampla defesa e do contraditório (art. 5º, LIV e LV, da CF)
      - **Jurisprudência:** se o réu tem domicílio no Brasil, o único meio de citá-lo é mediante carta rogatória (Inf. 543 STJ)
    - **1.1.1.4. trânsito em julgado** (art. 963, III, NCPC)
      - **Tradução:** a sentença só será aqui homologada se tiver transitado em julgado no país onde foi prolatada (S. 420 do STF)
    - **1.1.1.5. tradução juramentada** (art. 963, V, NCPC)
      - **Tradução:** necessário que documentos redigidos em língua estrangeira sejam traduzidos para o português para terem efeitos legais no País (art. 224, CC)
    - **1.1.1.6. não ofender a coisa julgada brasileira** (art. 963, IV, NCPC)

DIREITO INTERNACIONAL PRIVADO

TEMA VII - HOMOLOGAÇÃO DE DECISÃO ESTRANGEIRA

1. Homologação de decisão estrangeira II: requisitos do procedimento e ordem pública

- **1.1. Procedimento homologatório brasileiro**
  - **1.1.1. Requisitos para homologação:**
    - **1.1.1.7. não ofender a ordem pública** (arts. 963, VI e 17 da LINDB)
    - **1.1.1.8. homologação**

🔊 **Tradução:** é o ato final do procedimento homologatório

💡 **Dica:** a sentença estrangeira só ganhará a chancela da homologação quando o STJ verificar que todos os requisitos determinados pela *lex fori* foram observados

⚖️ **Jurisprudência:** "A simplicidade das sentenças estrangeiras, a exemplo das proferidas nos EUA, não inibe a homologação cabível, quando presentes seus requisitos" (SEC 868-US)

⚠️ **Atenção Absoluta:** a execução da sentença estrangeira depois de homologada é de competência dos juízes federais (arts. 109, X, CF e 965 NCPC)

💡 **Dica:** os laudos arbitrais, para no Brasil irradiarem seus efeitos, também dependem da chancela homologatória conferida pelo STJ

✅ **"Requisitos":** os países podem confeccionar tratado para regular de maneira específica como o procedimento de homologação pode ocorrer. Só que na ausência de tratado não se exigirá a *promessa de reciprocidade* para homologação da sentença estrangeira (art. 26, §2º, NCPC)

⚖️ **Jurisprudência:** Inform. 574 STJ - é possível a homologação pelo STJ de sentença eclesiástica de anulação de matrimônio, confirmada pelo órgão de controle superior da Santa Sé (§ 1º do art. 216-A do RISTJ)

- **1.2. Ordem Pública** (arts. 963, VI e 17 da LINDB)
  - **1.2.1. Conceito:** são os valores compartilhados por uma dada sociedade num determinado corte temporal **(sentido amplo)**/ são as regras e princípios basilares de um certo ordenamento jurídico **(sentido jurídico)**

    💡 **Dica:** a redação do art. 17, LINDB, foi atualizada pelo art. 216-F do RISTJ, que assim dispõe - "Não será homologada a sentença estrangeira que ofender a soberania nacional, a dignidade da pessoa humana e/ou a ordem pública".

  - **1.2.2. Características:**
    - **1.2.2.1.** defender o sistema de valores de um determinado país (instrumento reativo). Trata-se da chamada *exceção de ordem pública*
    - **1.2.2.2.** mesmo se o DIPr brasileiro indicar o direito estrangeiro como aplicável ao caso misto, o juiz poderá afastá-lo para proteger a ordem pública

  - **1.2.3. Exemplos:** leis estrangeiras, atos ou negócios jurídicos celebrados no exterior (contrato, casamento, testamento etc.) e sentenças estrangeiras serão impedidos de irradiar efeitos no Brasil se atentarem contra a ordem pública

    ⚖️ **Jurisprudência:** o STJ asseverou que não é possível a homologação de sentença estrangeira na parte em que ordene, sob pena de responsabilização civil e criminal, a desistência de ação judicial proposta no Brasil. Isso porque essa determinação claramente encontra obstáculo no princípio do acesso à Justiça (art. 5º, XXXV, da CF), que é cláusula pétrea da Constituição brasileira (SEC 854-US)

DIREITO INTERNACIONAL PÚBLICO

TEMA I - INTRODUÇÃO: CONCEITO E FUNDAMENTO

1. Conceito e Fundamento

- **1.1. Direito Internacional Público**
  - **1.1.1. Conceito:** ramo do direito que tem como função reger a comunidade internacional mediante o estabelecimento de direitos e de deveres aos sujeitos de direito internacional
  - **1.1.2. Característica da Comunidade Internacional:** ausência de mecanismos altamente centralizados e compulsórios de criação e de aplicação do direito
    - 💡 **Dica:** Repousa sobre o consentimento dos estados

- **1.2. Direito Internacional X Direito Interno**
  - **1.2.1. Sujeitos de Direito**
    - **1.2.1.1. direito internacional:** estado, OI (incluindo os blocos regionais) e pessoa humana - teoria eclética ou heteropersonalista
    - **1.2.1.2. direito interno:** pessoa física e pessoa jurídica
  - **1.2.2. Função**
    - **1.2.2.1. direito int.:** reger a comunidade internacional
    - **1.2.2.2. direito interno:** reger o seu próprio estado
  - **1.2.3. Criação e Aplicação do Direito**
    - **1.2.3.1. direito internacional:** ausência de mecanismos centralizados e compulsórios
    - **1.2.3.2. direito interno:** presença de mecanismos centralizados e compulsórios

- **1.3. Fundamento**
  - **1.3.1. Correntes:**
    - **1.3.1.1. voluntarista:** tem por fundamento a própria vontade dos estados
      - 🔊 **Tradução:** os estados criam o direito mediante a confecção de tratados
      - 💡 **Dica:** tal corrente abriga o princípio do *pacta sunt servanda*
      - = **Exemplo:** tratado para exportação de soja
    - **1.3.1.2. naturalista:** tem por fundamento razões objetivas
      - 🔊 **Tradução:** o direito existe independentemente da existência de algum tratado
      - 💡 **Dica:** em tal corrente aparece o jus cogens

- **1.4. *Pacta Sunt Servanda***
  - **1.4.1. Conceito:** é lei para as partes
    - 💡 **Dica:** tal princípio é a base do direito dos tratados
  - **1.4.2. Consequências:** O tratado tem que ser cumprido
    - 💡 **Dica:** Só obriga as partes pactuantes e nunca terceiros

- **1.5. *Jus Cogens***
  - **1.5.1. Conceito:** *lei para toda comunidade internacional*
    - 🔊 **Tradução:** existência de direitos e de obrigações naturais, independentemente da existência de algum tratado internacional
    - ⚖ **Legislação:** Art. 53 da Conv. de Viena sobre Direito dos Tratados
  - **1.5.2. Consequência:** inderrogáveis pela vontade das partes
    - = **Exemplo:** proibição da escravidão

DIREITO INTERNACIONAL PÚBLICO

Tema II - Fontes do Direito Internacional Público

1. Fontes I (art. 38 do Estatuto da CIJ): **Costume Internacional e Princípios Gerais do Direito**

1.1. Costume Internacional

- **1.1.1. Conceito:** toda prática geral e reiterada (elem. objetivo ou material) e aceita como o direito (elem. subjetivo ou psicológico)
  - **Dica:** Trata-se do costume qualificado pela *opinio juris*

- **1.1.2. *Opinio Juris*:** correto, justo, de bom direito
  - **Exemplo:** asilo diplomático. Foi regra costumeira por muito tempo

- **1.1.3. curiosidade:** a grande parte do direito internacional positivado é fruto da codificação de costumes

- **1.1.4. comunidade internacional:** consuetudinária por excelência
  - **Dica:** É imperioso noticiar o atual desprestígio da teoria do objetor persistente. Essa teoria predica que um Estado pode se livrar da incidência da regra costumeira desde que tenha abertamente a contrariado desde os primórdios de sua formação

- **1.1.5. extinção:** em função do desuso, da adoção de um novo costume ou da incompatibilidade com um novo tratado internacional
  - **Cuidado:** não há hierarquia entre tratados e costumes internacionais, como fontes de Direito Internacional; assim, costumes podem revogar tratados e tratados podem revogar costumes

1.2. Princípios Gerais do Direito

- **1.2.1. Conceito:** axiomas valorativos que servem de instrumento para os juízes interpretarem os tratados e os costumes internacionais e, destarte, aplicarem o Direito Internacional em conformidade com os valores compartilhados pela comunidade internacional

  - **Atenção Absoluta:** diante da inclusão dos princípios gerais como fonte do Direito Internacional, a Corte não pode eximir-se de julgar sob a alegação de inexistência de normas oriundas dos tratados ou dos costumes; portanto, fica proibido de forma indireta o *non liquet*

  - **Exemplos:** solução pacífica dos litígios; autodeterminação dos povos; boa-fé no cumprimento de obrigações internacionais; igualdade soberana dos estados; não-intervenção em assuntos domésticos dos estados; proibição da ameaça ou emprego da força; dever de cooperação internacional etc

DIREITO INTERNACIONAL PÚBLICO

Tema II - Fontes do Direito Internacional Público

1. Fontes III (art. 38 do Estatuto da CIJ): **Tratado**

1.1. Tratado

1.1.1. Conceito: todo acordo formal concluído entre pessoas jurídicas de direito internacional público que tenha por escopo a produção de efeitos jurídicos

= **Exemplo:** Tratado de Tordesilhas

1.1.2. Quem pode celebrar? Os estados e as OIs possuem capacidade para celebrar tratados

1.1.3. Efeitos em relação a terceiros: um tratado só obriga as partes pactuantes (art. 35 da Conv. de Viena sobre Tratados). Tal princípio decorre da soberania dos Estados e da autonomia da vontade. Aplica-se igualmente às OIs. E, no caso de criação de direitos em favor de terceiros, é imperioso seu respectivo consentimento, embora, nesse caso, possa ser tácito (art. 36)

Legislação: art. 38: as regras de um tratado podem se tornar obrigatórias para Terceiros Estados quando se transformarem em costume internacional

1.1.4. Expressão do Consentimento

1.1.4.1. Assinatura: é a exteriorização preliminar de consentimento das pessoas jurídicas de direito int. que os signatários representam

Cuidado: não cria obrigação de ulterior ratificação, mas pode ser cobrado para que não frustre o objeto e a finalidade do tratado (art. 18 da Conv. de Viena)

Dica: alguns tratados de importância reduzida não exigem a ratificação, bastando a assinatura para colocá-los em vigência (acordos executivos/*executive agreements*)

1.1.4.2. Ratificação: é o ato administrativo unilateral que exterioriza definitivamente o consentimento das pessoas jurídicas de direito internacional já signatárias de um tratado
Dica: tem que ser expressa
Funcionamento: consuma-se com a troca de instrumentos de ratificação (bilateral) ou com a entrega ao depositário (multilateral)
"Ratificação no Brasil": procedimento complexo que exige comunhão de vontades do:
- **Congresso Nacional:** aprova por decreto legislativo - promulgado pelo presidente do Senado e publicado no Diário Oficial da União. O tratado regularmente concluído depende da promulgação e da publicidade pelo pres. da República p/ integrar o Direito Nacional
- **Presidente da República:** aprova por decreto presidencial - promulgado pelo presidente da República e publicado no Diário Oficial da União

Atenção Absoluta: a aprovação congressional não obriga a ulterior ratificação do tratado pelo presidente da República

1.1.4.3. Adesão ou Aceitação: é o ato administrativo unilateral mediante o qual a pessoa jurídica de Direito Internacional, não signatária de um tratado, exprime definitivamente, no plano internacional, seu consentimento
"Adesão ou Aceitação no Brasil": o mesmo procedimento no tocante à ratificação no Brasil deverá ser observado quando da adesão ou da aceitação promovida pelo país. Ou seja, é peremptório um procedimento complexo que privilegie a comunhão de vontades do Congresso Nacional e da Presidência da República

DIREITO INTERNACIONAL PÚBLICO

TEMA II - FONTES DO DIREITO INTERNACIONAL PÚBLICO

1. Fontes II (art. 38 do Estatuto da CIJ): **Jurisprudência e Doutrina, Resolução das OIs e Atos Unilaterais dos Estados**

1.3. Jurisprudência e Doutrina:

1.3.1. Conceito: são meios auxiliares para determinação das regras de direito

💡 **Dica:** tais regras também visam evitar o *non liquet*

1.3.2. Jurisprudência

- **Amplitude:** comporta tanto as decisões dos tribunais internacionais, dos arbitrais internacionais e dos tribunais de algumas OIs quanto dos nacionais, existindo entre tais decisões uma hierarquia material

⚠️ **Atenção Absoluta:** o art. 59 do Estatuto afastou a aplicação da doutrina do *stare decisis*

1.4. Outras Fontes (não expressas)

1.4.1. Conceito: denominadas como fontes auxiliares ou subsidiárias

1.4.2. Resoluções das OIs

1.4.2.1. Poder Normativo Interno: a OI quando adota uma resolução dirigida aos seus membros, está a produzir normas de Direito Internacional (quando estas forem de caráter obrigatório). Esse poder normativo da OI é exercido geralmente em relação aos seus membros

1.4.2.2. Poder Normativo Externo: afetam terceiros estados. As OIs criadas para gerir espaços internacionalizados determinados, como as Comissões instituídas para disciplinar a navegação em rios internacionais e a ONU (caráter indivisível da paz e coletivo da segurança internacional) possuem

💡 **Dica:** no geral, tem valor político e moral

1.4.3. Atos Unilaterais dos Estados

1.4.3.1. Conceito: exteriorização da vontade estatal discricionária, sem base em tratado ou costume prévios

= **Exemplo:** declaração do presidente dos Estados Unidos, Harry Truman, que indicava a jurisdição de seu país sobre a Plataforma Continental, o que logo após se converteu em prática generalizada e deu origem a uma nova regra na seara do Direito do Mar

⚠️ **Atenção Absoluta:** há duas condições para que o ato unilateral de um Estado possa gerar direitos e obrigações na comunidade internacional: deve ser público e o Estado deve ter a intenção de se obrigar pelo ato unilateral produzido (princípio de *estoppel*)

DIREITO INTERNACIONAL PÚBLICO

Tema III - Incorporação no Direito Brasileiro

1. Reserva e Incorporação no Direito Brasileiro

1.1. Reserva

1.1.1. Conceito: é um condicionante do consentimento. Ou seja, é a declaração unilateral do Estado aceitando o tratado, mas sob a condição de que certas disposições não valerão para ele

1.1.2. Momento: pode aparecer tanto no momento da assinatura do tratado como no da ratificação ou da adesão, momento em que o CN pode fazer ressalvas sobre o texto do tratado e até mesmo desabonar as reservas feitas por ocasião da assinatura do tratado. No primeiro caso, as ressalvas serão traduzidas em reservas no momento da ratificação pelo PR e, no segundo caso, o PR fica impedido de confirmar as reservas previamente feitas

💡 **Dica:** por razões óbvias, a reserva é fenômeno incidente sobre os tratados multilaterais

⚠️ **Atenção Absoluta:** de acordo com a Conv. de Viena sobre Direito dos Tratados, um tratado pode proibir expressamente a formulação de reservas (art. 19, a) e que, se ele nada dispuser sobre o assunto, entende-se que as reservas a um tratado internacional são possíveis, a não ser que sejam incompatíveis com seu objeto e sua finalidade (art. 19, c)

= **Exemplo:** o Estatuto de Roma (TPI) é um tratado que não admite a apresentação de reservas

1.2. Incorporação no Direito Brasileiro

1.2.1. Monismo

Apresentação: segundo a tese monista, o Dir. Int. e o Nacional fazem parte do mesmo sistema jurídico, ou seja, incidem sobre o mesmo espaço. Logo, os compromissos normativos que os países - adeptos do monismo como França, Bélgica e Holanda -, assumem na comunidade internacional passam a ter vigência imediata no ordenamento interno de tais Estados, gerando a figura da *incorporação automática*

Classificação:
"Radical": prega a preferência pelo Dir. Int. em detrimento do Dir. Nacional
"Moderado": prega a equivalência entre o Direito Int. e o Direito Nacional

1.2.2. Dualismo

Apresentação: a tese dualista advoga que cada um pertence a um sistema distinto e, portanto, incide sobre espaços diversos. Assim, essa concepção não possibilita a configuração da incorporação automática

Classificação:
"Radical": impõe a edição de uma lei distinta para incorporação do tratado
"Moderado ou Temperado": não exige lei para incorporação do tratado, apenas se exige um procedimento complexo, com aprovação do Congresso e promulgação do Executivo

1.2.3. Brasil: adotou o dualismo moderado, isso porque o tratado só passará a ter validade interna após ter sido aprovado pelo CN e ratificado e promulgado pelo presidente da República

💡 **Dica:** depois de internalizado, o tratado é equiparado hierarquicamente à norma infraconstitucional

DIREITO INTERNACIONAL PÚBLICO

Tema IV - Incorporação no Direito Brasileiro

1. Imunidades I

1.1. Imunidades diplomáticas

- **1.1.1. titularidade:** membros do quadro diplomático de carreira e do quadro administrativo e técnico
- **1.1.2. amplitude:** jurisdição penal, civil e administrativa
- **1.1.3. fisicamente invioláveis:** sim
- **1.1.4. podem depor como testemunha:** não
- **1.1.5. imunidade tributária:** sim

> **Dica:** os locais da missão diplomática (com todos os bens ali situados) e as residências dos titulares de imunidade são invioláveis. Não podem ser objeto de busca, requisição, penhora ou medida qualquer de execução *(imunidade de execução)*

> **Legislação:** art. 22, ponto 2, da Con. de Viena sobre Imunidades Diplomáticas (obrigação especial do estado acreditado)

> **Dica:** os locais da missão diplomática também gozam de imunidade tributária

> **Jurisprudência:** o Município não pode cobrar IPTU de Estado estrangeiro, embora possa cobrar taxa de coleta domiciliar de lixo (RO 138-RJ, STJ)

- **1.1.6. *Agrément*:** é o ato por meio do qual o Estado acreditado manifesta sua concordância com a nomeação de um agente diplomático por parte do Estado acreditante

> **Atenção Absoluta:** o *agrément* pode ser negado e a negativa não precisa ser justificada (art. 4º, ponto 2, da Convenção de Viena sobre Relações Diplomáticas)

1.2. Imunidades Consulares:

- **1.2.1. titularidade:** os cônsules e os funcionários consulares
- **1.2.2. amplitude:** apenas em relação aos processos relacionados ao trabalho (atos oficiais)
- **1.2.3. fisicamente invioláveis:** sim
- **1.2.4. podem depor como testemunha:** sim
- **1.2.5. imunidade tributária:** sim

> **Dica:** os locais consulares são invioláveis na medida estrita de sua utilização funcional e gozam de imunidade tributária

DIREITO INTERNACIONAL PÚBLICO

Tema IV - Incorporação no Direito Brasileiro

1. Imunidades II

1.1. Imunidade inconteste: arquivos e documentos diplomáticos/consulares são invioláveis em qualquer circunstância e onde quer que se encontrem

1.2. Renúncia: o estado acreditante pode renunciar às imunidades penal, civil e administrativa de que gozam seus representantes diplomáticos e consulares

- **Atenção Absoluta:** o beneficiário da imunidade nunca pode renunciar
- **Dica:** tem que ser expressa e a renúncia à imunidade de jurisdição (ações cíveis ou administrativas) não implica renúncia à imunidade quanto às medidas de execução de sentença, para a consecução das quais nova renúncia é necessária

1.3. Imunidade de Jurisdição

- **1.3.1. Conceito:** se consubstancia na não possibilidade de o Estado figurar como parte perante tribunal estrangeiro contra sua vontade *(par in parem non habet judicium)*
- **Atualidade:** passou de um costume internacional absoluto à matéria a ser regulada internamente por cada estado
- **Jurisprudência:** no Brasil, o STF decidiu no julgamento da ACI 9.696 em 1989 que Estado estrangeiro não tem imunidade em causa de natureza trabalhista, entendida como ato de gestão
- **1.3.2. Conclusão:** todo ato de gestão que envolva relação civil, comercial ou trabalhista (atos de gestão) não se encontra abrangido pela imunidade de jurisdição estatal. Assim, a imunidade recai apenas sobre os atos de império, mas pode ser afastada mediante concordância do Estado por ela beneficiado

1.4. Imunidade de Execução

- **1.4.1. Conceito:** significa que não poderá ser decretada execução forçada - como, por exemplo, o sequestro, o arresto e o embargo - contra os bens de um estado estrangeiro
- **Dica:** os estados possuem imunidade de execução
- **Jurisprudência:** essa imunidade é considerada por parcela da doutrina como absoluta, mas pode ser renunciada pelo próprio estado (vide RE-AgR 222.368/PE e ACO 709, ambas do STF) ou relativizada quando a execução for de bens não afetos aos serviços diplomáticos e consulares do Estado estrangeiro, como, por exemplo, recursos financeiros vinculados a atividades empresariais disponíveis em contas bancárias (vide SBDI-2 ROMS n 282/2003-000-10-00-1). Essa última possibilidade não é pacífica

DIREITO INTERNACIONAL PÚBLICO

Tema V - Exclusão do Estrangeiro

1. Exclusão do estrangeiro

1.1. Condição jurídica do estrangeiro

- Consoante o artigo 5º da CF, o estrangeiro tem aqui proteção da ordem jurídica como qualquer nacional, apenas com a diferença de não se beneficiar dos direitos políticos
- Cabe lembrar que todo Estado tem a prerrogativa de decidir sobre a conveniência da entrada ou não de estrangeiros em seu território nacional

1.2. Deportação

1.2.1. Conceito: é medida decorrente de procedimento administrativo que consiste na retirada compulsória de pessoa que se encontre em situação migratória irregular em território nacional (nova redação dada pelo art. 50 da Lei de Migração – 13.445/17)

Exemplos: expiração do prazo de permanência ou exercício de atividade não permitida, como trabalho remunerado no caso do turista

1.2.2. Procedimento: será precedida de notificação pessoal ao deportando, da qual constem, expressamente, as irregularidades verificadas e prazo para a regularização não inferior a 60 dias, podendo ser prorrogado, por igual período, por despacho fundamentado e mediante compromisso de a pessoa manter atualizadas suas informações domiciliares (art. 50, § 1º, da Lei de Migração)

Dica: não confundir com o impedimento à entrada de estrangeiro, que ocorre quando não forem cumpridas as exigências necessárias para o ingresso. As causas geradoras do "impedimento de ingresso" estão disciplinadas no art. 45 da Lei de Migração

Atenção Absoluta: Impossível proceder à deportação se isso implicar extradição inadmitida pela lei brasileira (art. 53 da Lei de Migração). Portanto, a deportação não é permitida quando relacionada à prática de crimes políticos, de imprensa, religiosos e militares

1.3. Expulsão

1.3.1. Conceito: consiste em medida administrativa de retirada compulsória de migrante ou visitante do território nacional, conjugada com o impedimento de reingresso por prazo determinado (art. 54 da Lei de Migração)

Exemplos: condenação com sentença transitada em julgado relativa à prática de: **a)** crime de genocídio, crime contra a humanidade, crime de guerra ou crime de agressão, nos termos definidos pelo Estatuto de Roma do Tribunal Penal Internacional, de 1998; **b)** crime comum doloso passível de pena privativa de liberdade, consideradas a gravidade e as possibilidades de ressocialização em território nacional (art. 54, § 1º, da Lei de Migração)

Atenção Absoluta: impedimento *(condições de inexpulsabilidade):* "não se procederá à expulsão "quando: **a)** a medida configurar extradição inadmitida pela legislação brasileira; ou **b)** o expulsando tiver filho brasileiro que esteja sob sua guarda ou dependência econômica ou socioafetiva ou tiver pessoa brasileira sob sua tutela; tiver cônjuge ou companheiro residente no Brasil, sem discriminação alguma, reconhecido judicial ou legalmente; tiver ingressado no Brasil até os 12 (doze) anos de idade, residindo desde então no País; e for pessoa com mais de 70 (setenta) anos que resida no País há mais de 10 (dez) anos, considerados a gravidade e o fundamento da expulsão" (o art. 55 da Lei de Migração)

DIREITO INTERNACIONAL PÚBLICO

Tema VI - Cooperação Internacional

1. Cooperação Internacional

1.1. Extradição

1.1.1. Conceito: é uma medida de cooperação internacional que consiste na entrega de um Estado para outro Estado, a pedido deste, de indivíduo que em seu território deva responder a processo penal ou cumprir pena por prática de crime de certa gravidade (art. 81 da Lei de Migração)

1.1.2. Condicionante: confirmação de que os direitos humanos do extraditando serão respeitados *(chamada limitação humanística)*. Essa limitação está disciplinada na nova Lei de Migração, mais especificamente no seu art. 96, III

1.1.3. Finalidade: garantir, por meio da cooperação internacional, que o crime não ficará sem punição

1.1.4. Fundamento do Pedido: existência de tratado ou a declaração de reciprocidade

> **Dica:** além dos tradicionais tratados bilaterais a respeito, cada vez mais o pedido de extradição tem por suporte tratado multilateral, especialmente os onusianos

> **Exemplo:** Ext. 1212/Estados Unidos da América, Inf. 635 STF

1.1.5. Impedimento: não é permitida quando relacionada à prática de crimes políticos, de imprensa, religiosos, militares e quando envolva nacionais

- **Reextradição:** permitido, desde que com o consentimento do estado brasileiro (do art. 96, IV, da Lei de Migração e Ext. 1267/DF, Inform. STF 740)

> **Dica:** Se o indivíduo foi condenado à morte, a extradição só deve tomar curso se ficar assegurada a conversão da pena de morte em pena de prisão

> **Jurisprudência:** S. 421 STF - "Não impede a extradição a circunstância de ser o extraditando casado com brasileira ou ter filho brasileiro"

1.2. Extradição no Brasil

1.2.1 Disciplina Constitucional (art. 5º, LI e LII): o brasileiro nato nunca será extraditado (*MS 33.864, STF, 2016); o brasileiro naturalizado será extraditado se praticar crime comum antes da naturalização ou for comprovado seu envolvimento com o tráfico ilícito de entorpecentes; e o estrangeiro não será extraditado por crime político ou de opinião

- **Lei de Migração** (art. 82):
a) o indivíduo cuja extradição é solicitada ao Brasil for brasileiro nato;
b) o fato que motivar o pedido não for considerado crime no Brasil ou no Estado requerente (necessidade da presença dos requisitos da *dupla tipicidade* e da *dupla punibilidade*);
c) o Brasil for competente, segundo suas leis, para julgar o crime imputado ao extraditando;
d) a lei brasileira impuser ao crime pena de prisão inferior a 2 (dois) anos;
e) o extraditando estiver respondendo a processo ou já houver sido condenado ou absolvido no Brasil pelo mesmo fato em que se fundar o pedido;
f) estiver extinta a punibilidade pela prescrição segundo a lei brasileira ou a do Estado requerente;
g) o fato constituir crime político ou de opinião;
h) o extraditando tiver de responder, no Estado requerente, perante tribunal ou juízo de exceção;
i) o extraditando for beneficiário de refúgio, nos termos da Lei nº 9.474, ou de asilo territorial

1.2.2. Peculiaridades: o Estado requerente não é parte e o Ministério Público atua como fiscal da lei, isto é, seu caráter contencioso é mitigado; e a defesa do extraditando não pode explorar o mérito da acusação, isso porque o exame do STF recairá somente sobre a existência ou não dos pressupostos autorizadores da extradição

DIREITO INTERNACIONAL PÚBLICO

TEMA VII - NACIONALIDADE

1. Nacionalidade

1.1. Conceito: é o vínculo político existente entre o Estado soberano e o indivíduo - Caso Nottebom (Liechtenstein vs. Guatemala)

⚠️ **Atenção Absoluta:** apátrida é a condição do indivíduo que não possui nenhuma nacionalidade. E o polipátrida é o indivíduo que possui mais de uma nacionalidade

1.2. Tipos: a) originária ou primária quando provier do nascimento (involuntária). A nacionalidade originária pode ser a do Estado de nascimento (jus soli) ou a de seus pais (jus sanguinis); **b) adquirida ou secundária** quando resultar de alteração de nacionalidade por meio da naturalização ou em virtude de casamento (logo, voluntária)

- **No Brasil:** o critério adotado para determinar quem é brasileiro nato é o jus soli, todavia, existem exceções que utilizam o critério jus sanguinis (artigo 12, I, b e c, da CF), logo, pode-se afirmar que o Brasil usa um critério misto para a fixação da nacionalidade

1.3. Brasileiros natos: a) os nascidos em território brasileiro, embora de pais estrangeiros, desde que estes não estejam a serviço de seu país; **b)** os nascidos no estrangeiro, de pai ou mãe brasileiros, desde que qualquer deles esteja a serviço do Brasil; **c)** os nascidos no estrangeiro, de pai ou mãe brasileiros, desvinculados do serviço público, desde que sejam registrados em repartição brasileira competente ou venham a residir no território nacional e optem, a qualquer tempo, depois de atingida a maioridade, pela nacionalidade brasileira (inciso I do artigo 12 da CF)

1.4. Brasileiros naturalizados: a) os que, na forma da lei, adquiram a nacionalidade brasileira, exigidas aos originários de países de língua portuguesa apenas residência por um ano ininterrupto e idoneidade moral; **b)** os estrangeiros de qualquer nacionalidade, residentes no Brasil há mais de 15 anos ininterruptos e sem condenação penal, desde que requeiram a nacionalidade brasileira - conhecida como naturalização extraordinária (ambas disciplinadas pelo inciso II do artigo 12 da CF);

- **Lei de Migração:** no seu art. 64, traz quatro tipos de naturalização:
a) ordinária;
b) extraordinária;
c) especial; e
d) provisória

1.5. Perda da nacionalidade: a) se adquirir outra nacionalidade, por naturalização voluntária (art. 12, § 4º, II, da CF). Esse caso de extinção do vínculo patrial pode atingir tanto o brasileiro nato (nacionalidade originária) quanto o naturalizado (nacionalidade derivada); **b)** cancelada, por sentença judicial, pelo exercício de atividade contrária ao interesse nacional (art. 12, § 4º, I, da CF). Aqui apenas o brasileiro naturalizado poderá perder a nacionalidade. Nesse caso, só é possível readquirir a nacionalidade brasileira por meio de ação rescisória, cabível somente quando a sentença judicial já estiver transitada em julgado

⚖️ **Jurisprudência:** MS 33864, STF (2016) – apenas nos casos de reconhecimento de nacionalidade originária pela lei estrangeira é que não se aplica a perda a quem adquira outra nacionalidade. Ainda, a aquisição da cidadania americana ocorreu por livre e espontânea vontade, pois ela já tinha o *green card*, que lhe assegurava pleno direito de moradia e trabalho legal

⚠️ **Atenção Absoluta:** existem exceções, uma é no caso de a lei estrangeira reconhecer a nacionalidade originária, e a outra é quando a lei estrangeira impõe a naturalização ao brasileiro residente em país estrangeiro como condição para a permanência em seu território ou para o exercício de direitos civis

DIREITO INTERNACIONAL PÚBLICO

Tema VIII - Asilo Político

1. Asilo Político

- **1.1. Asilo territorial:** é o acolhimento, pelo Estado, em seu território, de estrangeiro perseguido em seu país por causa de dissidência política, de delitos de opinião ou por crimes que, relacionados com a segurança do Estado, não configurem infração penal comum

  - ⚠️ **Atenção Absoluta:** é concedido pelo chefe de Estado e a decisão é constitutiva, com efeitos *ex nunc*

  - **1.1.1. Atualização:** a discricionariedade nacional é regrada e sua fundamentação pode ser rechaçada pelos órgãos internacionais (efeito dos tratados e declarações dos DHs)

  - 💡 **Dica:** a Lei de Migração dispõe expressamente que não se concederá asilo a quem tenha cometido crime de genocídio, crime contra a humanidade, crime de guerra ou crime de agressão, nos termos do Estatuto de Roma do TPI (art. 28)

- **1.2. Asilo diplomático:** é o acolhimento, pelo Estado, em sua representação diplomática, do estrangeiro que busca proteção

  - **1.2.1. Pressupostos:** são a natureza política dos delitos atribuídos ao perseguido e a contemporaneidade da perseguição (= asilo territorial)

- **1.3. Refúgio:** é o acolhimento, pelo Estado, em seu território, de indivíduo perseguido ou que tenha fundado temor de perseguição por motivos de raça, religião, nacionalidade, grupo social ou opiniões políticas e, por isso, não possa retornar ao seu país de residência

  - 💡 **Dica:** diferentemente do asilo, não exige a atualidade da perseguição (urgência)

  - ⚠️ **Atenção Absoluta:** o Dec. 9.199/17, que regulamenta a Lei de Migração, definiu que o ingresso irregular no território nacional não constituirá impedimento para a solicitação de reconhecimento da condição de refugiado e para a aplicação dos mecanismos de proteção da pessoa refugiada (art. 120) e que as solicitações de refúgio terão prioridade de avaliação e decisão na hipótese de existir contra o solicitante procedimento do qual possa resultar a aplicação de medida de retirada compulsória (art. 122)

- **1.4. Principais Diferenças: Refúgio e Asilo**

  - **1.4.1.** A perseguição política é apenas uma das causas possíveis do refúgio

  - **1.4.2.** O refúgio é sempre territorial

  - **1.4.3.** Existe a vigilância internacional dos motivos do *refoulement* (rechaço)

  - **1.4.4.** O solicitante de refúgio tem o direito subjetivo de ingressar no território brasileiro, até que sua situação de refúgio seja decidida pelo CONARE

  - **1.4.5.** A decisão de concessão do refúgio é declaratória, com efeito *ex tunc*, o que implica em reconhecer o direito do solicitante, caso preencha as condições, de obter o refúgio

  - **1.4.6.** Pode ser invocado também no caso de indivíduo que não possa retornar ao Estado de sua nacionalidade ou residência em virtude da existência de violações graves e sistemáticas de direitos humanos naquela região – não é necessário uma perseguição propriamente dita

DIREITO INTERNACIONAL PÚBLICO

Tema IX - Direito Comunitário

1. Mercosul

1.1. Conceito: é uma união aduaneira

1.2. Funcionamento: cooperação intergovernamental via consenso

1.3. Integrantes: Argentina, Uruguai, Brasil, Paraguai e Venezuela

1.4. História: fundado pelo Tratado de Assunção em 1991

Legislação: art. 34 Prot. de Ouro Preto: "O Mercosul terá personalidade jurídica de direito internacional"

1.5. Solução de Controvérsias:

a) o primeiro passo é aplicar as negociações diretas;
b) com o fracasso dessas, passa-se ao tribunal arbitral *ad hoc* – funciona como primeira instância. Lembrando que antes das partes submeterem o caso ao tribunal arbitral ad hoc, podem escolher a etapa intermediária, que toma corpo com o envio da contenda para o Grupo Mercado Comum, que promoverá estudos sobre a disputa e formulará recomendações não cogentes;
c) depois, com a provocação das partes, exerce-se o duplo grau de jurisdição mediante a análise da decisão do tribunal arbitral *ad hoc* pelo Tribunal Permanente de Revisão

Atenção Absoluta: pode-se passar diretamente das negociações diretas malsucedidas para o TPR. Nesse último caso, o tribunal vai julgar a demanda de forma definitiva

1.6. Síntese: o procedimento compreende 2 etapas: fase diplomática e a jurisdicional. A fase diplomática poderá começar por iniciativa dos estados ou dos particulares, já a jurisdicional somente toma curso por iniciativa dos estados

1.7. Tribunal Permanente de revisão

- **Sede:** Assunção, no Paraguai
- **Composição:** cinco árbitros

Atenção Absoluta: cada Estado-membro envia um titular e um suplente por um período de dois anos, renovável por no máximo dois períodos consecutivos. Já o quinto árbitro é designado por um período de três anos não renovável e escolhido, por unanimidade ou por critério definido por unanimidade, numa lista de oito nomes. Esse árbitro tem de ter a nacionalidade de algum dos Estados-membros

- **Funcionamento:** diante de controvérsia entre dois Estados-partes, o tribunal funcionará com três árbitros, sendo dois destes nacionais dos Estados em litígio e o terceiro, que será o presidente, designado por sorteio, organizado pelo diretor da Secretaria Administrativa, entre os outros árbitros do tribunal

DIREITO EMPRESARIAL

Henrique Subi

DIREITO EMPRESARIAL

Tema I - Empresário

1. Empresário

1.1. Caracterização do empresário

- **1.1.1. Conceito:** *quem exerce profissionalmente atividade econômica organizada para produção ou circulação de bens ou serviços*
- **1.1.2. Requisitos:** profissionalismo, finalidade lucrativa, organização empresarial, objeto empresarial

> 💡 **Dica:** a **organização empresarial** contempla os **quatro** fatores de produção: *capital, mão de obra, insumos e tecnologia*

1.2. Pessoas excluídas do Direito Empresarial:

- **1.2.1.** Quem não se enquadra no conceito
- **1.2.2.** Excluídos expressamente pela lei:
  - **1.2.2.1.** *Quem exerce atividade de natureza científica, literária ou artística, salvo se constituir elemento de empresa*

    ⚖️ **Jurisprudência:** "caracterização do exercício de profissão intelectual como 'elemento de empresa' ocorre quando a aludida atividade integra um objeto mais complexo, próprio da atividade empresarial. Há, ainda, caracterização de 'elemento de empresa' quando o serviço é prestado sem caráter personalíssimo, vale dizer, quando não exige atuação pessoal de um profissional habilitado a desempenhar uma atividade qualificada dirigida a uma clientela individualizada" (REsp 1028086/RO, DJ 20/10/2011, voto do Ministro Teori Albino Zavascki)
  - **1.2.2.2.** *Sociedade cooperativa, não importando seu objeto*
  - **1.2.2.3.** *Produtor rural não inscrito no órgão de registro público de empresas mercantis*

  > 💡 **Dica:** o produtor rural é livre para escolher o regime jurídico empresarial ou o civil para sua atividade

2. Exercício da empresa

2.1. Formas de exercício da empresa:

- **2.1.1. Por conta própria:** empresário individual ou empresa individual de responsabilidade limitada

  > 💡 **Dica:** "por conta própria" significa **sem sócios**; o empresário **deve ter empregados**, caso contrário não organiza o fator de produção **mão de obra**
- **2.1.2. Dividindo os lucros e perdas com terceiros:** sociedade empresária

2.2. Aquisição da personalidade jurídica:

- **2.2.1. Momento:** *com a inscrição do empresário individual, da empresa individual de responsabilidade limitada ou dos atos constitutivos da sociedade empresária no Registro Público de Empresas Mercantis – Junta Comercial*
- **2.2.2. Efeitos:** autonomia (ou titularidade) negocial, patrimonial e processual e a regularidade da atividade empresarial

> 💡 **Dica:** o empresário irregular (sem registro) **continua sendo empresário**, apenas deixa de ter acesso a alguns direitos: não poderá contratar com o Poder Público, não pode pedir falência (mas pode falir), não pode pedir recuperação judicial ou extrajudicial, seus livros empresariais não fazem prova, não pode ter CNPJ, os sócios somente podem provar a sociedade por escrito, mas terceiros podem prová-la de qualquer modo

DIREITO EMPRESARIAL

TEMA I - EMPRESÁRIO

3. Capacidade:

- **3.1. Conceito:** aptidão jurídica para exercer validamente a atividade empresária

- **3.2. Requisitos:**
  - **3.2.1. Pleno gozo da capacidade civil:** (art. 3º e 4º do CC), inclusive o emancipado
  - **3.2.2. Não ser impedido de exercer empresa:** *o impedimento decorre de determinação legal.* Exemplos: falido não reabilitado, leiloeiro oficial, devedores do INSS

- **3.3. Incapaz como empresário:**
  - **3.3.1.** Situação excepcional
  - **3.3.2.** Não pode iniciar empresa, apenas continuar uma já existente
  - **3.3.3.** Obrigatória autorização judicial (alvará)
  - **3.3.4.** Seus bens não respondem pelas dívidas empresariais, exceto se forem empregados na atividade
  - **3.3.5.** Deve ser representado ou assistido
  - **3.3.6.** Podem ser nomeados gerentes
  - **3.3.7.** Não pode exercer a administração
  - **3.3.8.** Capital totalmente integralizado

- **3.4. Empresário casado:**
  - **3.4.1. Cônjuges sócios:** pessoas casadas podem constituir sociedade entre si, sozinhos ou com terceiros, originária ou incidentalmente, em sociedade simples ou empresária, *exceto nos regimes da comunhão universal e separação obrigatória de bens*
    - **Jurisprudência:** STJ, REsp 1058165/RS, DJ 14/04/2009
    - **Dica:** não há qualquer vedação para a constituição de sociedade entre cônjuges casados pelo regime da separação convencional de bens
  - **3.4.2. Gerenciamento dos bens:** o empresário casado pode livremente alienar ou gravar de ônus real bens imóveis pertencentes à empresa, sem necessidade de outorga uxória ou marital

DIREITO EMPRESARIAL
TEMA I - EMPRESÁRIO

4. Registro I

- **4.1. Conceito:** os atos constitutivos e alteradores da empresa devem ser registrados na Junta Comercial
- **4.2. Fundamento:** garantir publicidade, autenticidade, segurança e eficácia aos atos empresariais
- **4.3. Efeitos:**
  - **4.3.1.** Aquisição da personalidade jurídica
  - **4.3.2.** Regularidade da atividade
  - **4.3.3.** Oponibilidade *erga omnes* dos atos registrados
  - **4.3.4.** Proteção ao nome empresarial
- **4.4. Estrutura dos órgãos:** o Registro Público de Empresas Mercantis está dividido em dois níveis:
  - **4.4.1. Nacional:** Departamento de Registro de Empresas e Integração (DREI)
  - **4.4.2. Estadual:** Juntas Comerciais
- **4.5. Atos da Junta Comercial:**
  - **4.5.1. Matrícula:** inscrição de pessoas exercentes de atividades *paracomerciais*, ou seja, que exercem funções paralelas ao regime jurídico empresarial (tradutores juramentados e leiloeiros oficiais)
  - **4.5.2. Arquivamento:** análise e publicidade para os atos de constitutivos de EIRELI, sociedades empresariais, inscrição do empresário individual e alterações posteriores
    - ⚠️ **Atenção:** as sociedades simples são registradas no Cartório de Registro Civil de Pessoas Jurídicas e as sociedades de advogados exclusivamente na OAB
  - **4.5.3. Autenticação:** para terem validade como escrituração contábil, os livros empresariais devem ser autenticados na Junta Comercial
    - 💡 **Dica:** Trata-se de requisito extrínseco à validade dos livros

5. Registro II

- **5.1. Subordinação da Junta Comercial:**
  - **5.1.1. Questões técnicas (registros públicos):** DREI
  - **5.1.2. Questões administrativas:** Secretaria de Estado competente
  - ⚠️ **Atenção:** a Junta Comercial do DF vincula-se **técnica e administrativamente ao DREI**
- **5.2. Julgamento pela Junta Comercial:**
  - **5.2.1. Órgão colegiado:** arquivamento relativos a S/A e recursos
  - **5.2.2. Órgão singular:** para os demais arquivamentos, matrículas e autenticações
- **5.3. Inatividade do registro:** declarada após 10 anos sem qualquer arquivamento ou comunicação à Junta Comercial
- **5.4. Documentos que devem ser registrados**
  - **5.4.1.** Atos constitutivos ou alteradores da empresa
  - **5.4.2.** Atos que importem em dissolução da empresa
  - **5.4.3.** Instituição de filial, sucursal ou agência
  - **5.4.4.** Pacto antenupcial
  - **5.4.5.** Títulos de doação, herança ou legado de bens gravados com cláusula de inalienabilidade ou incomunicabilidade
  - **5.4.6.** Sentença que decreta a separação judicial, o ato de reconciliação e o divórcio do empresário
  - **5.4.7.** Sentença que decreta a emancipação

DIREITO EMPRESARIAL
Tema I - Empresário

6. Escrituração

- **6.1. Conceito:** É o dever imposto pela lei ao empresário, à empresa individual de responsabilidade limitada e à sociedade empresária de *manter seu sistema de contabilidade em dia e conforme as melhores técnicas contábeis*

- **6.2. Livros empresariais (ou contábeis)**
  - **6.2.1. Livros obrigatórios**
    - **6.2.1.1. Livros obrigatórios comuns**
      - Livro Diário
    - **6.2.1.2. Livros obrigatórios específicos**
      - Devem ser escriturados apenas se ocorrerem determinadas situações. Ex.: o **Livro Registro de Duplicatas** é obrigatório somente para as empresas que emitem esta espécie de título de crédito, desde que não se utilizem do sistema de emissão escritural previsto na Lei nº 13.775/2018 (art. 19 da Lei nº 5.474/1968)
  - **6.2.2. Livros facultativos (ou acessórios):** servem para auxiliar o empresário na administração da atividade, mantendo um registro mais detalhado de suas operações. Não há sanções pela não escrituração de um livro facultativo. **Ex.: Livro Caixa**

- **6.3. Atividade privativa de contador ou contabilista:** não havendo nenhuma na localidade, poderá ser pessoa de confiança do empresário (art. 1.182 do CC)

- **6.4. Abrangência do dever de escrituração**
  - **6.4.1. Lançamentos contábeis**
  - **6.4.2. Balanço patrimonial**
  - **6.4.3. Balanço de resultado econômico (ou demonstração do resultado do exercício)**

- **6.5. Eficácia probatória judicial**
  - **6.5.1.** A escrituração formalmente em ordem faz prova a favor do empresário (art. 418 do CPC)
    - 🔊 **Tradução:** eventuais créditos registrados nos livros contábeis servem como prova de que a obrigação realmente existe
  - **6.5.2.** Vícios intrínsecos ou extrínsecos provam somente contra o empresário
  - 💡 **Dica:** se houver nos livros fatos escriturados favoráveis e outros prejudiciais aos interesses do empresário, todos deverão ser considerados como prova pelo juiz – **princípio da indivisibilidade da escrituração** (art. 419 do CPC)

- **6.6. Confidencialidade:** *apenas por meio de* **ordem judicial** *pode o empresário ser compelido a apresentar os livros contábeis* (arts. 1.190 e 1.191 do CC)
  - **6.6.1. Exibição integral:** apenas em litígios que versem sobre:
    - **6.6.1.1.** Sucessão, comunhão ou sociedade
    - **6.6.1.2.** Administração de bens a conta de outrem
    - **6.6.1.3.** Falência
    - **6.6.1.4.** Atos violadores da lei ou do estatuto social ou fundada suspeita de irregularidades graves (art. 105 da LSA)
  - **6.6.2. Exibição parcial:** qualquer tipo de litígio
  - **6.6.3. Exibição para autoridades fazendárias:** a proibição de acesso aos livros a elas não se aplica, porém a exibição é limitada ao exame dos pontos de interesse para a fiscalização (Súmula 439 do STF)

DIREITO EMPRESARIAL
Tema I - Empresário

7. Nome empresarial

7.1. Conceito: designação pela qual o empresário e a sociedade empresária são conhecidos em suas relações de fundo econômico

7.2. Espécies:
a) **Firma:** identifica a empresa e é a assinatura que deve ser aposta nos documentos em que esta figure como parte; seu núcleo é o nome civil de um ou mais sócios
b) **Denominação:** apenas identifica a empresa; seu núcleo é o nome civil de um ou mais sócios ou elemento-fantasia

7.3. Proteção ao nome empresarial:
a) **Princípio da regulamentação:** somente está protegido o nome empresarial regularmente registrado na Junta Comercial
b) **Princípio da novidade:** somente será registrado nome empresarial que não seja idêntico (homógrafo) ou semelhante (homófono) a outro já registrado
c) **Princípio da veracidade:** o nome empresarial baseado em nome civil de sócio deve representar o verdadeiro nome deste, sendo vedados apelidos (China, Pinguim) ou hipocorísticos (Zé ao invés de José, Chico ao invés de Francisco)
d) **Abrangência:** a proteção ao nome restringe-se ao âmbito estadual (art. 11 da IN DREI nº 15/2013) e para o mesmo ramo de atividade (STF, RE 115820/RJ, DJ 26/02/1991; STJ, REsp 262643/SP, DJ 17/03/2010)

7.4. Regras de formação

- **7.4.1. Empresário individual**
  - 7.4.1.1. Somente firma baseada em seu nome civil

- **7.4.2. Empresa Individual de Responsabilidade Limitada**
  - 7.4.2.1. Firma ou denominação
  - 7.4.2.2. Expressão "EIRELI" ao final

- **7.4.3. Sociedade em nome coletivo**
  - 7.4.3.1. Firma baseada no nome civil de um, alguns ou todos os sócios
  - 7.4.3.2. Se não estiverem todos, deve conter "& Cia."

- **7.4.4. Sociedade em comandita simples**
  - 7.4.4.1. Somente firma baseada no nome civil de um, alguns ou todos os sócios comanditados
  - 7.4.4.2. Se não estiverem todos os comanditados, deve conter "& Cia."

- **7.4.5. Sociedade limitada**
  - 7.4.5.1. Firma ou denominação
  - 7.4.5.2. Se denominação, deve conter o ramo de atividade
  - 7.4.5.3. Sempre com a expressão "Ltda." ao final

- **7.4.6. Sociedade em comandita por ações**
  - 7.4.6.1. Firma ou denominação
  - 7.4.6.2. Se firma, baseada no nome civil de um, alguns ou todos os diretores
  - 7.4.6.3. Se não estiverem todos os diretores, deve conter "& Cia."
  - 7.4.6.4. Se denominação, deve conter o ramo de atividade
  - 7.4.6.5. Sempre com a expressão "Comandita por Ações" (C.A.)

- **7.4.7. Sociedade anônima**
  - 7.4.7.1. Somente denominação
  - 7.4.7.2. Deve conter o ramo de atividade
  - 7.4.7.3. Deve constar o elemento "sociedade anônima", em qualquer parte, ou "companhia", no início ou no meio do nome (nunca no final), por extenso ou abreviado ("S.A." ou "Cia")
  - 7.4.7.4. Excepcionalmente, pode conter o nome civil do fundador ou de pessoa que concorreu para o bom êxito da sociedade

⚠️ **Atenção:** a **sociedade em conta de participação** não tem nome empresarial, porque sua existência não é divulgada

💡 **Dica:** a sociedade simples pode girar sob firma ou denominação (Enunciado 213 JDC/CJF)

DIREITO EMPRESARIAL

Tema I - Empresário

8. Estabelecimento empresarial

- **8.1. Conceito:** todo complexo de bens organizado pelo empresário ou sociedade empresária para o exercício da empresa
  - **Tradução:** é a base física da empresa
- **8.2. Composição:** todos os bens que compõem o patrimônio da empresa, sejam eles corpóreos (mesas, computadores) ou incorpóreos (patente de invenção, clientela)
- **8.3. Natureza jurídica:** o estabelecimento empresarial é uma universalidade de fato
- **8.4. Alienação do estabelecimento**
  - **8.4.1. Denominação:** contrato de trespasse
  - **8.4.2. Regras para validade:** as mesmas de qualquer negócio jurídico (partes capazes, objeto lícito e forma prescrita ou não defesa em lei)
  - **8.4.3. Condição de eficácia:** para que o trespasse seja eficaz perante credores do alienante, estes devem manifestar sua concordância, expressa ou tacitamente, com a alienação do estabelecimento
    - **Dica:** a alienação do estabelecimento sem essa formalidade pode ensejar a falência do empresário alienante *(art. 94, III, "c", da LF)*
    - **Jurisprudência:** a alienação de parte essencial do estabelecimento que o descaracterize como local de comércio ou indústria também configura o ato de falência *(STJ, REsp 33762/SP, 26/02/1997)*
  - **8.4.4. Responsabilidade pelas dívidas:** o adquirente responde por todas as dívidas contabilizadas, bem como todo o passivo trabalhista e tributário. O alienante continua solidariamente responsável por um ano contado do contrato, para as dívidas vencidas, ou do vencimento, para as vincendas
  - **8.4.5. Cláusula de não restabelecimento:** proíbe que o alienante volte a exercer a mesma atividade na mesma localidade por 05 anos *(art. 1.147 do CC)*
    - **Dica:** é implícita ao contrato de trespasse, mas pode ser afastada por vontade das partes
- **8.5. Proteção ao ponto:**
  - **8.5.1. Instrumento:** renovação compulsória do contrato de locação
  - **8.5.2. Requisitos:**
    - **8.5.2.1.** Contrato escrito
    - **8.5.2.2.** Prazo determinado de 05 anos, podendo somar o prazo de vários contratos, desde que todos por escrito e com prazo determinado
      - **Jurisprudência:** Não impede o exercício do direito o curto espaço de tempo entre cada renovação, tendo sido reconhecido como curto o lapso de um mês *(STJ, AgRg no REsp 61436/SP, DJ 16/03/2006)*
    - **8.5.2.3.** Exploração da atividade há, no mínimo, 03 anos
    - **8.5.2.4.** A ação deve ser ajuizada entre um ano e seis meses do fim do contrato
  - **8.5.3. Exceção de retomada:**
    - **8.5.3.1.** Necessidade de realizar obras que importem em radical transformação do imóvel por ordem do Poder Público
    - **8.5.3.2.** Realização de obras de valorização do imóvel
    - **8.5.3.3.** Retomada do imóvel para uso próprio, com fins não empresariais
    - **8.5.3.4.** Uso do imóvel para estabelecimento de empresa existente há mais de um ano, da qual o locador, cônjuge, ascendente ou descendente seja sócio
    - **8.5.3.5.** Proposta melhor de terceiro
    - **8.5.3.6.** Insuficiência na proposta do locatário
  - **8.5.4. Indenização:** mesmo deferida a exceção de retomada, caberá indenização ao locatário:
    - **8.5.4.1.** Se as obras não forem iniciadas em 03 meses
    - **8.5.4.2.** Se o locador não der o destino alegado para desocupação

DIREITO EMPRESARIAL
Tema II - Direito Societário

1. Sociedade Empresária

1.1. Conceito de sociedade empresária: *pessoa jurídica de direito privado na qual os sócios reciprocamente se obrigam a contribuir para o exercício da atividade empresária* (art. 966 do CC) *e a partilhar os resultados*

💡 **Dica:** a sociedade limitada pode ser constituída por um único sócio (art. 1.052, parágrafo único, do CC)

1.2. Personalidade jurídica: garante existência distinta dos sócios, com autonomia patrimonial, negocial e processual

1.2.1. Desconsideração da personalidade jurídica: *visa a responsabilizar os sócios por obrigações da sociedade por conta do uso ilegal ou abusivo da pessoa jurídica*

1.2.1.1. São requisitos para a desconsideração:
- **No CC:** desvio de finalidade ou confusão patrimonial que gere benefício direto ou indireto a sócio ou administrador
- **No CTN:** excesso de poderes ou infração à lei, ao contrato ou estatuto social
- **No CDC:** abuso de direito, excesso de poder, fato ao ato ilícito, violação do contrato social, falência, insolvência, encerramento por má administração ou sempre que for um obstáculo ao ressarcimento

1.2.1.2. Teorias decorrentes
- **Teoria maior da desconsideração:** adotada pelo CC e pelo CTN
- **Teoria menor da desconsideração:** adotada pelo CDC
- **Teoria da desconsideração da personalidade jurídica inversa:** o adotada pelo art. 50, §3º, do CC

1.3. Princípios de Direito Societário

1.3.1. Preservação da empresa: *deve-se priorizar a existência da sociedade frente aos interesses individuais de seus integrantes* (Ex.: dissolução parcial)

1.3.2. Defesa das minorias societárias: *o sócio minoritário deve ter sua opinião e participação protegidas pelo ordenamento* (Ex.: direito de recesso)

1.3.3. Proteção à ME e EPP: *atribuição de tratamento simplificado às pequenas empresas* (Ex.: plano especial de recuperação judicial)

1.3.4. Liberdade contratual e autonomia da vontade: *os sócios são livres para dispor sobre as cláusulas do contrato social como bem entenderem, respeitando apenas as normas de caráter cogente* (Ex.: objeto social lícito)

1.3.5. Pluralidade de sócios: *somente se concebe uma sociedade se existe mais de uma pessoa na sua composição*

⚠️ **Atenção:** são exceções a sociedade limitada unipessoal (art. 1.052, parágrafo único, do CC), a unipessoalidade temporária para os demais tipos societários e a sociedade subsidiária integral (art. 251 da LSA)

DIREITO EMPRESARIAL
Tema II - Direito Societário

2. Empresa Individual de Responsabilidade Limitada – EIRELI

- **2.1 Conceito:** pessoa jurídica de direito privado, na qual todo o capital social é subscrito e integralizado por uma única pessoa
  - ⚠️ **Atenção:** EIRELI não é sociedade, é espécie distinta de pessoa jurídica (art. 44 do CC)

- **2.2. EIRELI x Empresário individual:** autonomia patrimonial e negocial da EIRELI; responsabilidade ilimitada do empresário individual

- **2.3. Requisitos para constituição**
  - **2.3.1.** Capital de, no mínimo, 100 salários-mínimos
  - **2.3.2.** A pessoa física que constituir a EIRELI somente poderá figurar em uma única pessoa jurídica dessa modalidade

- **2.4. Aplicação supletiva das normas que regem a sociedade limitada**

- **2.5. Nome empresarial:** a EIRELI recebeu regras próprias para formação de seu nome empresarial, não se confundindo com aquelas previstas para o empresário individual
  - **2.5.1.** Pode adotar firma ou denominação
  - **2.5.2.** Deve incluir a expressão "EIRELI" ao final do nome

- **2.6. Aspectos práticos:**
  - **2.6.1.** Personalidade jurídica própria que não se confunde com a da pessoa titular
  - **2.6.2.** Possibilidade de desconsideração da personalidade jurídica
    - ⚠️ **Atenção:** a lei prevê como hipótese para desconsideração da personalidade jurídica da EIRELI apenas "casos de fraude" (art. 980-A, §7º, do CC)
  - **2.6.3.** Pertence à EIRELI eventual remuneração decorrente da cessão de direitos patrimoniais de autor ou de imagem, nome, marca ou voz de que seja detentor seu titular, quando vinculados à atividade profissional
    - 🔊 **Tradução:** um apresentador de TV ou um jogador de futebol por constituir uma EIRELI e receber a remuneração pela exploração de sua imagem como receita da pessoa jurídica, o que traz reflexos tributários
  - **2.6.4.** Pode ser constituída por pessoa física ou jurídica
  - **2.6.5.** Pode ser usada para fins empresariais ou não empresariais (científicas, literárias ou artísticas)
    - 💡 **Dica:** apesar do nome "**empresa** individual...", pode ser constituída uma "EIRELI Simples" (não empresária)

DIREITO EMPRESARIAL

Tema II - Direito Societário

3. Classificação das sociedades

- **3.1. Quanto à personalidade jurídica**
  - **3.1.1. Personificadas:** possuem personalidade jurídica e a autonomia daí decorrente
  - **3.1.2. Não personificadas:** não detêm personalidade jurídica própria

- **3.2. Quanto à atividade exercida**
  - **3.2.1. Empresárias:** exercem atividade própria do empresário sujeito a registro (art. 966 do CC)
  - **3.2.2. Simples:** constituídas para o exercício de atividades econômicas excluídas do regime jurídico empresarial (Ex.: sociedade de advogados)

- **3.3. Quanto à responsabilidade dos sócios**
  - **3.3.1 Responsabilidade ilimitada:** todos os sócios respondem com seu patrimônio pessoal pelas dívidas da sociedade
  - **3.3.2. Responsabilidade limitada:** todos os sócios respondem com seu patrimônio limitadamente à integralização do capital
  - **3.3.3. Sociedade mista:** existem sócios com responsabilidade limitada e outros com responsabilidade ilimitada

- **3.4. Quanto à forma de constituição e dissolução**
  - **3.4.1. Contratuais:** são constituídas pelo contrato social e podem sofrer dissolução parcial
  - **3.4.2. Institucionais (ou estatutárias):** regem-se pelo estatuto social e não podem sofrer dissolução parcial

- **3.5. Quanto às condições de ingresso de novo sócio**
  - **3.5.1. De pessoas:** os sócios podem vetar a entrada de terceiros no quadro social
  - **3.5.2. De capital:** não pode haver oposição à entrada de novos sócios

- **3.6. Quanto à nacionalidade**
  - **3.6.1. Nacional:** organizada conforme a lei brasileira e com sede no país
  - **3.6.2. Estrangeira:** tem sede em outro país ou são constituídas segundo o direito estrangeiro

> **Dica:** as sociedades estrangeiras não podem funcionar no país sem autorização (art. 1.134 do CC)

- **3.7. Quanto ao controle**
  - **3.7.1. Sociedade controlada:** sociedade de cujo capital outra sociedade possua a maioria dos votos nas deliberações e o poder de eleger a maioria dos administradores
  - **3.7.2. Sociedade coligada:** sociedade em cujo capital outra sociedade tenha participação de 10% ou mais, sem controlá-la
  - **3.7.3. Sociedade de simples participação:** sociedade em cujo capital outra sociedade tenha participação de menos de 10%

DIREITO EMPRESARIAL

Tema II - Direito Societário

4. Sociedades não personificadas

- **4.1. Sociedade em comum**
  - **4.1.1.** Não registra seus atos constitutivos; é, portanto, uma sociedade irregular
  - **4.1.2.** Responsabilidade ilimitada, excluído do benefício de ordem o sócio que contratou pela sociedade
    - **Tradução:** todos os sócios têm responsabilidade ilimitada (o patrimônio pessoal de cada um responde integralmente pelas dívidas sociais) e benefício de ordem (podem exigir que primeiro se executem todos os bens sociais antes de atingi-los). Somente o sócio que figurar no negócio jurídico (assinando o contrato, cheque etc.) que **não terá** esse benefício de ordem, sendo executado conjuntamente com a pessoa jurídica
  - **4.1.3.** Limitações ao exercício da atividade (Ex.: não pode pedir falência, não pode obter CNPJ, não pode contratar com o Poder Público)

- **4.2. Sociedade em conta de participação**
  - **4.2.1.** A sociedade é secreta, por isso não registra seus atos constitutivos
    - **Dica:** trata-se de sociedade regular dispensada do registro; é exceção à exigência de arquivamento na Junta Comercial
    - **Atenção:** ainda que levem o contrato a registro no Cartório de Títulos e Documentos, isso não conferirá personalidade jurídica à sociedade
  - **4.2.2.** É integrada por sócios ostensivos (responsabilidade ilimitada) e sócios participantes (responsabilidade limitada)
  - **4.2.3.** A falência do sócio ostensivo implica na dissolução da sociedade; a falência de sócio participante, não

5. Sociedade contratuais menores

- **5.1. Sociedade simples**
  - **5.1.1.** Não é empresária
  - **5.1.2.** Normas de aplicação subsidiária
  - **5.1.3.** Pode ter sócio que contribua exclusivamente com serviços
  - **5.1.4. Pode** adotar tipo societário específico (a sociedade empresária **deve** adotar)
  - **5.1.5.** Administração por sócio ou terceiro
  - **5.1.6.** O administrador pode ser nomeado no próprio contrato social ou em instrumento separado
  - **5.1.7.** Se nomeado no próprio contrato social, seus poderes são irrevogáveis
  - **5.1.8.** A responsabilidade dos administradores é subjetiva
  - **5.1.9. Teoria *ultra vires*:** *a sociedade não responde pelos atos praticados com excesso de poderes pelo administrador*, desde que (art. 1.015, parágrafo único, do CC):
    - **5.1.9.1.** A limitação dos poderes estava regularmente registrada na Junta Comercial
    - **5.1.9.2.** Provada que a limitação era conhecida do terceiro que contratou
    - **5.1.9.3.** Tratava-se de operação evidentemente estranha aos negócios da sociedade, ou seja, à realização do objeto social

- **5.2. Sociedade em nome coletivo**
  - **5.2.1.** Responsabilidade ilimitada de todos os sócios
  - **5.2.2.** Apenas pessoas físicas podem ser sócias
  - **5.2.3.** Sociedade "de pessoas", no silêncio do contrato
  - **5.2.4.** Administrador deve ser sócio

- **5.3. Sociedade em comandita simples**
  - **5.3.1.** Sócios comanditados e comanditários
  - **5.3.2.** Somente comanditados podem administrar
  - **5.3.3.** Sócio comanditado deve ser pessoa física

DIREITO EMPRESARIAL

Tema II - Direito Societário

6. Sociedade limitada I

- **6.1. Responsabilidade dos sócios:** é limitada à integralização do capital social
  - **Dica:** a sociedade limitada pode ser constituída por um único sócio (art. 1.052, parágrafo único, do CC)

- **6.2. Normas supletivas:** no silêncio do contrato, serão as normas da sociedade simples; porém, o contrato pode determinar expressamente o uso da LSA (Lei 6.404/76)
  - **Dica:** os sócios podem indicar no contrato somente alguns pontos a serem regidos para a LSA, deixando os demais sob as regras da sociedade simples (Enunciado 223 JDC/CFJ)

- **6.3. Deliberações dos sócios**
  - **6.3.1. Assembleia ou reunião**
    - **Atenção:** A assembleia é obrigatória se houver mais de dez sócios (11 ou mais)
    - **6.3.1.1. Normas da assembleia:**
      - Publicação do ato convocatório
      - Disponibilização prévia de documentos
      - Registro da ata na Junta Comercial
    - **6.3.1.2. Normas da reunião:** os sócios são livres para dispor sobre suas regras no contrato social. A reunião se dará segundo as formalidades estabelecidas pelos sócios
      - **Dica:** os sócios devem elencar **todas** as regras da reunião no contrato social, sob pena de terem de realizar as formalidades da assembleia (art. 1.079 do CC)
  - **6.3.2. Quórum de votação**
    - **6.3.2.1. Regra:** maioria do capital presente
    - **6.3.2.2. Empate:**
      - Se aplicáveis as normas da sociedade simples, desempata por cabeça e, se não resolver, leva-se o caso ao Judiciário
      - Se aplicáveis as normas da sociedade anônima, deve ocorrer nova assembleia ou reunião no prazo mínimo de dois meses e, se não resolver, submete-se ao Poder Judiciário
    - **6.3.2.3. Quóruns qualificados:**
      - Unanimidade de sócios: nomeação de administrador não sócio se o capital não estiver integralizado
      - 3/4 do capital: modificação no contrato social, operações societárias e cessação da liquidação
      - 2/3 do capital: nomeação de administrador não sócio se o capital estiver integralizado
      - 1/2 do capital: designação e destituição de administrador sócio nomeado no contrato social ou em ato separado, remuneração do administrador e pedido de recuperação judicial

DIREITO EMPRESARIAL

Tema II - Direito Societário

7. Sociedade limitada II

7.1. Características importantes:

- **7.1.1.** Na omissão do contrato, é sociedade "de pessoas";
- **7.1.2.** É vedada a existência de sócio que contribua exclusivamente com serviços (sócio-indústria)

  💡 **Dica:** a sociedade simples pura permite sócio que participa do capital social unicamente com seus serviços; contudo se ela adotar o tipo "limitada", tal situação será proibida

- **7.1.3.** Independentemente da aplicação supletiva da LSA, cabíveis todas as causas de dissolução parcial e total previstas para a sociedade simples

  🔊 **Tradução:** lembre-se que as sociedades institucionais não admitem dissolução parcial. O fato, porém, da sociedade limitada ser regida supletivamente pela LSA não desnatura sua natureza contratual

7.2. Conselho Fiscal: *órgão facultativo na limitada, pode ser constituído para acompanhar e fiscalizar os trabalhos dos administradores*

- **7.2.1.** Tem poderes para examinar livros, convocar assembleia e elaborar pareceres indicativos
- **7.2.2.** Formado por, no mínimo, três integrantes, sócios ou não
- **7.2.3.** São impedidos de figurar no Conselho: membros de outros órgãos da sociedade (ex.: administrador) ou de outra por esta controlada, empregados e cônjuges ou parentes até o 3º grau dessas
- **7.2.4.** Os sócios minoritários têm direito de eleger separadamente um dos membros do Conselho

7.3. Aumento e diminuição do capital social

- **7.3.1. Aumento:** basta que esteja integralizado. Os sócios têm preferência na aquisição de novas cotas
- **7.3.2. Diminuição:** se houver perdas irreparáveis, devendo o capital estar integralizado; ou se for excessivo em relação ao objeto da sociedade
  - **7.3.2.1.** Na segunda hipótese, os credores quirografários podem contestar a medida em até 90 dias

7.4. Exclusão de sócio minoritário

- **7.4.1.** Procedimento extrajudicial
- **7.4.2.** Importa na dissolução parcial da sociedade
- **7.4.3.** Atitude do sócio esteja pondo em risco a continuidade da empresa em virtude de atos de inegável gravidade
- **7.4.4.** Possibilidade que deve estar prevista no contrato social

7.5. Direito de recesso: *o sócio dissidente da decisão tomada em assembleia ou reunião de modificar o contrato social, incorporação ou fusão da sociedade tem o direito de retirar-se nos trinta dias subsequentes*

- **7.5.1.** Deve consignar sua dissidência em ata
- **7.5.2.** Liquidação de suas cotas
- **7.5.3.** Hipótese de dissolução parcial

DIREITO EMPRESARIAL
Tema II - Direito Societário

8. Dissolução da sociedade contratual

- **8.1. Dissolução parcial:** *o sócio que desejar retirar-se da sociedade pode fazê-lo a qualquer momento, apurando-se seus haveres*

  ⚠️ **Atenção:** o CC chama o instituto de "resolução da sociedade em relação a um sócio"

  - **8.1.2. Hipóteses:**
    - **8.1.2.1. Vontade do sócio:**
      - Quebra da *affectio societatis*
      - Exercício do direito de recesso
    - **8.1.2.2. Exclusão extrajudicial de sócio:**
      - Sócio remisso
      - Sócio minoritário que esteja pondo em risco a continuidade da empresa em virtude de atos de inegável gravidade (**somente para as limitadas** – art. 1.085 do CC)
    - **8.1.2.3. Exclusão judicial de sócio**
      - Incapacidade superveniente
      - Falta grave no cumprimento de suas obrigações (inclusive se majoritário)
    - **8.1.2.4. Falência ou morte de sócio**
    - **8.1.2.5. Liquidação forçada de quota**
      - 🔊 **Tradução:** é determinada judicialmente após requerimento de credor particular do sócio, a fim de que seja usado para o adimplemento desta obrigação (art. 1.026, parágrafo único, do CC)

- **8.2. Dissolução total:** *a sociedade deixa de existir, apurando-se e distribuindo-se os haveres de todos os sócios*

  - **8.2.1. Hipóteses:**
    - **8.2.1.1. Escoamento do prazo da sociedade por prazo determinado**
      - 💡 **Dica:** pode haver prorrogação tácita da sociedade, se a atividade continuar a ser exercida sem qualquer manifestação ou oposição
    - **8.2.1.2. Deliberação dos sócios**
      - determinado
      - Maioria absoluta, na sociedade de prazo indeterminado
    - **8.2.1.3. Unipessoalidade por mais de 180 dias, exceto nas sociedades limitadas**
      - 💡 **Dica:** o sócio remanescente pode requerer a transformação da pessoa jurídica para EIRELI
    - **8.2.1.4. Falência**
    - **8.2.1.5. Anulação do contrato social**
    - **8.2.1.6. Revogação da autorização para funcionar, quando exigida**
    - **8.2.1.7. Qualquer outra hipótese prevista no contrato**

DIREITO EMPRESARIAL
Tema II - Direito Societário

9. Sociedade anônima I

- **9.1. Conceito:** é espécie de sociedade institucional, cujo capital está dividido em ações e a responsabilidade dos sócios é limitada à subscrição destas

- **9.2. É empresária por força de lei**

- **9.3. Gira somente sob denominação**

- **9.4. O estatuto social deve indicar com precisão o objeto social da companhia,** podendo este restringir-se à participação societária em outras empresas *(holdings)*

- **9.5. Responsabilidade dos sócios:** é limitada à subscrição de suas ações

  Dica: Na S.A., não há responsabilidade solidária entre os sócios pela integralização do capital, como ocorre na limitada

- **9.6. Classificação das companhias:**
  - **9.6.1. Companhia aberta:** está autorizada a emitir valores mobiliários para negociação na Bolsa
  - **9.6.2. Companhia fechada:** não está autorizada a negociar no mercado de valores

- **9.7. Constituição da companhia**
  - **9.7.1. Requisitos preliminares**
    - **9.7.1.1.** Subscrição de todo o capital social
    - **9.7.1.2.** Integralização imediata de, no mínimo, 10% do capital em dinheiro
    - **9.7.1.3.** Depósito desta parcela no Banco do Brasil ou qualquer outra instituição financeira autorizada pela CVM
  - **9.7.2. Constituição propriamente dita**
    - **9.7.2.1. Se companhia aberta (constituição continuada ou sucessiva):**
      - Registro prévio na CVM
      - Oferta pública de ações
      - Assembleia constituinte
    - **9.7.2.2. Se companhia fechada (constituição simultânea)**
      - Assembleia geral ou escritura pública
  - **9.7.3. Providências complementares**
    - **9.7.3.1.** Registro do estatuto social na Junta Comercial
    - **9.7.3.2.** Transferência de bens imóveis como integralização do capital, se o caso

DIREITO EMPRESARIAL
Tema II - Direito Societário

10. Sociedade anônima II

- **10.1. Valores mobiliários**
  - **10.1.1. Ações:** são parcela do capital social
  - **10.1.2. Debêntures:** representam um empréstimo realizado para a S.A.
  - **10.1.3. Bônus de subscrição:** garantem preferência na subscrição de novas ações quando estas forem emitidas pela companhia
  - **10.1.4. *Commercial paper*:** títulos representativos de empréstimos a curto prazo (menor que um ano)
  - **10.1.5. Partes beneficiárias:** garantem direito a crédito eventual sobre a participação nos lucros da empresa, limitado a 10% do lucro (exclusivo das companhias fechadas)

- **10.2. Acionista**
  - **10.2.1. Deveres:**
    - **10.2.1.1. Integralização das ações subscritas**
    - **10.2.1.2. Dever de lealdade**
  - **10.2.2. Direitos fundamentais:**
    - **10.2.2.1. Participação nos lucros da empresa**
    - **10.2.2.2. Participação no ativo, após a liquidação da empresa**
    - **10.2.2.3. Fiscalização dos atos dos administradores**
    - **10.2.2.4. Preferência na subscrição de novas ações, de partes beneficiárias e debêntures conversíveis em ações e de bônus de subscrição**
    - **10.2.2.5. Direito de recesso**

    > **Dica:** direito de voto não é um direito essencial, porque pode ser suprimido nas ações preferenciais

  - **10.2.3. Acionista controlador:** *pessoa física ou jurídica, ou grupo de pessoas vinculadas por acordo de voto, que é titular de direitos de sócio que lhe assegurem, de forma permanente, a maioria dos votos nas deliberações em assembleia e o poder de eleger a maioria dos administradores*
  - **10.2.4. Acionista majoritário:** é aquele que detém a maioria do capital social. Pode, ou não, ser o acionista controlador, pois esta figura independe da proporção na qual participa do capital
  - **10.2.5. Acordo de acionistas:** *pacto celebrado entre dois ou mais acionistas que, uma vez registrado junto à sede da companhia, obriga esta a respeitá-lo*
    - **10.2.5.1. Pode ter por objeto:**
      - Compra e venda de ações
      - Preferência na aquisição de ações
      - Exercício do direito de voto
      - Concessão ou alteração do poder de controle

DIREITO EMPRESARIAL
Tema II - Direito Societário

11. Sociedade anônima III

- **11.1. Órgãos de administração**
  - **11.1.1. Assembleia-geral:** *reunião de todos os sócios, com ou sem direito a voto, para deliberação e decisão de quaisquer assuntos relativos à companhia*
    - **11.1.1.1.** Órgão obrigatório, com competência privativa (art. 122 da LSA)
    - **11.1.1.2.** Convocação pelo Conselho de Administração ou pela Diretoria
  - **11.1.2. Conselho de Administração:** *fixa diretrizes gerais da administração da companhia e deve eleger, destituir e fiscalizar o trabalho dos diretores*
    - **11.1.2.1.** Órgão **obrigatório** nas companhias abertas, nas de capital autorizado e nas sociedades de economia mista e **facultativo** nas companhias fechadas
    - **11.1.2.2.** Não são representantes da companhia perante terceiros
    - **11.1.2.3.** Mínimo três membros, acionistas, para mandato de 03 anos, permitida a reeleição, destituíveis a qualquer tempo pela assembleia
  - **11.1.3. Diretoria:** *cabe aos diretores a representação da companhia perante terceiros e a prática de quaisquer atos de gestão*
    - **11.1.3.1.** No mínimo, dois diretores, eleitos pelo Conselho de Administração ou pela Assembleia-geral, na falta daquele, para mandato de 03 anos, permitida a reeleição
    - **11.1.3.2.** Não precisam ser acionistas, mas devem residir no País
    - **11.1.3.3.** Até 1/3 do Conselho de Administração pode cumular o cargo de diretor
  - **11.1.4. Conselho Fiscal:** *fiscaliza os atos dos administradores (conselheiros e diretores), manifestando suas opiniões em pareceres*
    - **11.1.4.1.** Órgão **obrigatório**, mas **não necessariamente permanente**
    - **11.1.4.2.** No mínimo 03 e no máximo 05 membros, acionistas ou não, que cumprem suas funções até a próxima AGO, permitida a reeleição

- **11.2. Deveres dos administradores**
  - **11.2.1. Dever de diligência:** conduta prudente no desempenho de suas funções
  - **11.2.2. Dever de lealdade:** atuação conforme os interesses da companhia
  - **11.2.3. Dever de informar (ou *disclosure*):** publicidade dos atos na forma da lei ou do estatuto

- **11.3. Dissolução da sociedade institucional**
  - **11.3.1. De pleno direito:**
    - **11.3.1.1.** Término do prazo de duração
    - **11.3.1.2.** Quando expressamente previsto no estatuto
    - **11.3.1.3.** Deliberação da assembleia-geral
    - **11.3.1.4.** Unipessoalidade não resolvida até a próxima AGO
      - 💡 **Dica:** o sócio remanescente pode pedir a transformação da sociedade para EIRELI
    - **11.3.1.5.** Extinção da autorização para funcionar
    - **11.3.1.6.** Incorporação, fusão ou cisão total
  - **11.3.2. Por decisão judicial:**
    - **11.3.2.1.** Anulação dos atos constitutivos
    - **11.3.2.2.** Impossibilidade de realizar o objeto social
    - **11.3.2.3.** Falência
  - **11.3.3. Por decisão administrativa:**
    - **11.3.3.1.** Nos casos e formas previstas na legislação extravagante (ex.: revogação da autorização para negociação de ações no mercado mobiliário)

DIREITO EMPRESARIAL

Tema III - Títulos de crédito

1. Teoria geral dos títulos de crédito

- **1.1. Conceito:** *documento necessário para o exercício do direito literal e autônomo nele contido* (art. 887 do CC)

- **1.2. Características:**
  - **1.2.1. Abstração**
  - **1.2.2. Negociabilidade**
  - **1.2.3. Executividade**

- **1.3. Nascimento da obrigação cambial**
  - **1.3.1. Teoria da criação:** *considera-se emitido o título no momento da assinatura, sendo válido ainda que entre em circulação contra a vontade do sacador*
  - **1.3.2. Teoria da emissão:** *considera-se emitido o título no momento de sua entrega voluntária e efetiva pelo sacador ao beneficiário*
  - **Dica:** o Brasil adota a **teoria da criação abrandada**, porque o sacador pode recuperar o título das mãos de quem injustamente o detenha

- **1.4. Princípios de Direito Cambiário**
  - **1.4.1. Princípio da cartularidade:** *é credor do título aquele que o detém concretamente*
  - **1.4.2. Princípio da literalidade:** *pode ser exigido do devedor apenas o que constar, literalmente, no título de crédito*
  - **1.4.3. Princípio da autonomia das relações cambiárias:** *a nulidade de uma obrigação cambial não implica na nulidade das outras obrigações constantes do título*

- **1.5. Classificação dos títulos de crédito:**
  - **1.5.1. Quanto à previsão legal**
    - **1.5.1.1. Típicos (ou nominados):** *são previstos em lei*
    - **1.5.1.2. Atípicos (ou inominados):** *são criados pelas partes, com base na autorização prevista no CC*
  - **1.5.2. Quanto à forma**
    - **1.5.2.1. Vinculados:** *tanto os requisitos materiais quanto os formais são estabelecidos pela lei* (ex.: cheque)
    - **1.5.2.2. Não vinculados (ou de forma livre):** *apenas os requisitos materiais estão previstos em lei* (ex.: nota promissória)
  - **1.5.3. Quanto à estrutura**
    - **1.5.3.1. Ordem de pagamento:** *cria duas relações jurídicas distintas: uma entre sacador e sacado e outra entre sacado e tomador* (ex.: letra de câmbio)
    - **1.5.3.2. Promessa de pagamento:** *cria apenas uma relação jurídica, entre sacador e tomador* (ex.: nota promissória)
  - **1.5.4. Quanto às hipóteses de emissão**
    - **1.5.4.1. Causais:** *a lei autoriza sua emissão apenas em situações específicas* (ex.: duplicata)
    - **1.5.4.2. Não causais:** *podem ser emitidos em qualquer situação* (ex.: cheque)
  - **1.5.5. Quanto à circulação**
    - **1.5.5.1. Ao portador:** *circulam por simples tradição* (ex.: cheque inferior a R$100,00)
    - **1.5.5.2. Nominais à ordem:** *circulam por endosso* (ex.: em regra, letra de câmbio)
    - **1.5.5.3. Nominais não à ordem:** *sua circulação como título de crédito não está autorizada, somente por meio de cessão civil de crédito*

DIREITO EMPRESARIAL
Tema III - Títulos de crédito

2. Letra de câmbio

- **2.1. Conceito:** *título à ordem que se completa com o aceite, se transmite por endosso e se garante por aval*

- **2.2. Classificação:** *típico, de forma livre, ordem de pagamento, não causal e nominal à ordem*

- **2.3. Devedor principal:** *aceitante e seus avalistas*

- **2.4. Coobrigados:** *sacador e seus avalistas, endossantes e seus avalistas*

  - **Dica:** na letra de câmbio, sacador e sacado ou sacador e tomador podem ser a mesma pessoa (art. 3º da Lei Uniforme de Genebra)

- **2.5. Aceite:** *ato cambiário pelo qual o sacado concorda com a ordem de pagamento, tornando-se devedor principal*
  - **2.5.1. Deve ser dado no anverso** (pode ser no verso, desde que identifique o ato)
  - **2.5.2. O sacado não é obrigado a aceitar.** Nesse caso, opera-se o vencimento antecipado da letra contra o sacador, mesmo em caso de aceite parcial
    - **Dica:** a recusa ao aceite ou o aceite parcial não acarretarão o vencimento antecipado se o sacador inserir na letra a cláusula "não aceitável"
  - **2.5.3. Prazo de respiro:** *direito assegurado ao sacado de exigir que o tomador lhe apresente novamente a letra para aceite em 24 horas, para ponderar sobre a conveniência ou não de aceitar a ordem de pagamento*

- **2.6. Endosso:** *ato cambial que transfere o crédito representado pelo título*
  - **2.6.1. O endossante vincula-se como coobrigado**
  - **2.6.2. Deve ser feito no verso** (pode ser no anverso, desde que identifique o ato)
  - **2.6.3. A ele deve seguir a tradição da cártula**
  - **2.6.4. É proibido o endosso parcial e o condicionado**
  - **2.6.5. Deve ser realizado até o protesto pela falta de pagamento ou fim desse prazo,** sob pena de valer apenas como cessão civil de crédito *(endosso póstumo)*
  - **2.6.6. Endosso em branco:** *não identifica o endossatário*
  - **2.6.7. Endosso em preto:** *identifica o endossatário*
  - **2.6.8. Endosso impróprio**
    - **2.6.8.1. Endosso-caução:** *não transfere o crédito, é dado apenas como garantia do pagamento de uma dívida*
    - **2.6.8.2. Endosso-mandato:** *não transfere o crédito, é dado para conferir poderes a terceiro para cobrar a dívida em nome do endossante*

- **2.7. Aval:** *ato cambial através do qual uma pessoa torna-se garantidora do pagamento a ser realizado por outra previamente vinculada ao título*
  - **2.7.1. Deve ser feito no anverso** (pode ser no verso, desde que identifique o ato)
  - **2.7.2. O avalista é devedor igual**
  - **2.7.3. Não há benefício de ordem**
  - **2.7.4.** É autônomo em relação à obrigação do avalizado
  - **2.7.5. Aval em branco:** *não identifica o avalizado, considerando-se como tal o sacador*
  - **2.7.6. Aval em preto:** *identifica o avalizado*
  - **2.7.7. É permitido o aval parcial**
  - **Atenção:** em títulos de crédito atípicos, regidos pelo CC, o aval parcial é proibido

- **2.8. Protesto:** *ato extrajudicial e solene que constitui o devedor em mora no cumprimento de sua obrigação*
  - **2.8.1. O protesto por falta de pagamento é facultativo para cobrar o aceitante, porém é obrigatório para cobrar qualquer coobrigado**
  - **2.8.2. Cláusula "sem despesas":** *torna facultativo o protesto contra os coobrigados*
  - **2.8.3. Prazo:** *a maioria da doutrina entende que o prazo é de um dia útil após o vencimento*

DIREITO EMPRESARIAL
Tema III - Títulos de crédito

3. Demais títulos em espécie I

- **3.1. Nota promissória**
  - **3.1.1. Conceito:** *título à ordem pelo qual alguém (sacador) promete pagar determinada quantia a outrem (tomador) em determinada data futura*
  - **3.1.2. Classificação:** típico, de forma livre, promessa de pagamento, não causal, nominal à ordem
  - **3.1.3. Devedor principal:** sacador e seus avalistas
  - **3.1.4. Coobrigados:** endossantes e seus avalistas
  - **3.1.5. Características relevantes:**
    - **3.1.5.1.** Não permite aceite
    - **3.1.5.2. Endosso, aval e pagamento** seguem as mesmas regras da letra de câmbio
    - **3.1.5.3. Protesto:** contra o sacador é *facultativo*, pois ele é o devedor principal da nota promissória

- **3.2. Cheque**
  - **3.2.1. Conceito:** *título à ordem sacado contra uma instituição financeira, para que esta pague o tomador com recursos previamente depositados pelo correntista*
  - **3.2.2. Classificação:** típico, vinculado, ordem de pagamento, não causal, nominal à ordem (pode ser ao portador se for inferior a R$100,00)
  - **3.2.3. Devedor principal:** sacador e seus avalistas
  - **3.2.4. Coobrigados:** endossantes e seus avalistas
  - **3.2.5. Características relevantes:**
    - **3.2.5.1.** Não há aceite, pois o banco não integra a relação cambial, sendo também proibido que seja avalista de quem quer que seja
    - **3.2.5.2.** A ordem de pagamento deve ser incondicional e à vista
    - **3.2.5.3.** Endosso e aval seguem as mesmas regras da letra de câmbio
    - **3.2.5.4.** No cheque, sacador e coobrigados podem ser cobrados conjuntamente (art. 51 da Lei do Cheque)
  - **3.2.6. Modalidades de cheque:**
    - **3.2.6.1. Cheque visado:** *o banco afirma que existem fundos na conta na data do visto*
    - **3.2.6.2. Cheque cruzado:** *deve ser creditado em conta bancária, não podendo ser pago em dinheiro no caixa*
    - **3.2.6.3. Cheque para ser creditado em conta:** *seus efeitos são o mesmo do cheque cruzado*
    - **3.2.6.4. Cheque administrativo:** *cheque emitido por uma instituição financeira para pagamento com fundos próprios*

DIREITO EMPRESARIAL
Tema III - Títulos de crédito

4. Demais títulos em espécie II

4.1. Duplicata

- **4.1.1. Conceito:** *título à ordem sacado em decorrência de compra e venda de mercadoria para pagamento a prazo maior de 30 dias ou prestação de serviços*

  💡 **Dica:** se o empresário adotar a duplicata escritural (eletrônica), fica liberado da obrigação ter o Livro Registro de Duplicatas (art. 9º da Lei nº 13.775/2018)

- **4.1.2. Classificação:** típico, vinculado, ordem de pagamento, causal, nominal à ordem

- **4.1.3. Devedor principal:** aceitante e seus avalistas

- **4.1.4. Coobrigados:** endossantes e seus avalistas

- **4.1.5. Características relevantes:**
  - **4.1.5.1.** Sacador e tomador são a mesma pessoa
  - **4.1.5.2.** O aceite é obrigatório, podendo ser recusado apenas em caso de:
    - Avaria ou não recebimento das mercadorias ou serviços
    - Vícios no produto ou serviço
    - Divergências em relação ao pagamento
  - **4.1.5.3.** No mais, aplicam-se as regras da letra de câmbio

4.2. Prescrição dos títulos de crédito

⚠️ **Atenção:** a prescrição que ora se trata é a da cártula, operando a perda de sua executividade; a obrigação que ela representa segue os prazos de prescrição do CC

- **4.2.1. Para a letra de câmbio e nota promissória**
  - **4.2.1.1. 03 anos, contra o devedor principal e avalistas,** contados do vencimento
  - **4.2.1.2. 01 ano, contra qualquer coobrigado e avalistas,** contados do protesto
  - **4.2.1.3. 06 meses, para o direito de regresso de um coobrigado contra outro,** contados do pagamento

- **4.2.2. Para a duplicata**
  - **4.2.2.1. 03 anos, contra o devedor principal e avalistas,** contados do vencimento
  - **4.2.2.2. 01 ano, contra qualquer coobrigado e avalistas,** contados do protesto
  - **4.2.2.3. 01 ano, para o direito de regresso de um coobrigado contra outro,** contados do pagamento

- **4.2.3. Para o cheque: sempre de 06 meses, em qualquer dos três casos,** mantendo-se o respectivo critério do dia inicial

DIREITO EMPRESARIAL
Tema IV - Propriedade Industrial

1. Propriedade Industrial

1.1. Conceito de Direito Industrial: conjunto de normas jurídicas que regulamentam a produção intelectual das pessoas, determinando requisitos para sua proteção contra uso indevido e a exclusividade na exploração econômica por um certo período de tempo

1.2. Natureza jurídica: a propriedade intelectual é parcela do direito de propriedade e sua proteção tem status constitucional (art. 5º, XXIX, da CF)

1.3. Instrumentos de proteção: patente e registro

1.4. Patentes

- **1.4.1. Invenção:** é a criação de algo novo, até então desconhecido da sociedade, originária da atividade intelectual humana

- **1.4.2. Modelo de utilidade:** item que, agregado a outro já existente, implica no aumento de sua utilidade, permitindo uso mais amplo, seguro ou econômico do produto

- **1.4.3. Requisitos:**
  - **1.4.3.1. Novidade:** sua elaboração não está compreendida no estado da técnica
    - *Tradução:* "estado da técnica" é o estágio atual do conhecimento de uma determinada área do conhecimento, ou seja, a invenção e o modelo de utilidade são criações realmente novas
  - **1.4.3.2. Inventividade:** não é mera decorrência do estado da técnica, representa verdadeiro progresso em sua área do conhecimento
  - **1.4.3.3. Possibilidade de industrialização:** o objeto deve ser suscetível de produção industrial
  - **1.4.3.4. Ausência de impedimentos:** ofensa à moral, bons costumes, segurança ou saúde públicas; substâncias resultantes de transformação do núcleo atômico; e seres vivos
    - *Dica:* há uma **exceção** à proibição de patentes sobre seres vivos – os organismos geneticamente modificados (OGM), conhecidos como *transgênicos*

- **1.4.4. Prazo:**
  - **1.4.4.1. Invenção: 20 anos**, contados do depósito do pedido; garantidos no mínimo 10 anos a partir da concessão
  - **1.4.4.2. Modelo de utilidade: 15 anos**, contados do depósito do pedido; garantidos no mínimo 07 anos a partir da concessão

- **1.4.5. Extinção da patente:**
  - **1.4.5.1. Término do prazo**
  - **1.4.5.2. Caducidade**, após dois anos da primeira licença compulsória
  - **1.4.5.3. Renúncia**
  - **1.4.5.4. Falta de pagamento da retribuição anual**
  - **1.4.5.5. Falta de representante no Brasil**

DIREITO EMPRESARIAL

TEMA IV - PROPRIEDADE INDUSTRIAL

2. Direito Industrial II

2.1. Registros

- **2.1.1. Desenho industrial (ou design):** *forma utilizada para fabricação de determinado objeto, abrangendo seu formato, linhas de desenho e suas cores*

- **2.1.2. Marca:** *designativo visualmente perceptível que identifica determinado produto ou serviço*

- **2.1.3. Requisitos para o registro de design:**
  - **2.1.3.1. Novidade:** *sua elaboração não está compreendida no estado da técnica*
  - **2.1.3.2. Originalidade:** *não se confunde com outros desenhos já registrados*
  - **2.1.3.3. Ausência de impedimentos:** *ofensa à moral, bons costumes, honra ou imagem das pessoas; atentatórios à liberdade de consciência e formas comuns, vulgares ou necessárias*

- **2.1.4. Requisitos para o registro de marca:**
  - **2.1.4.1. Novidade relativa:** *a novidade é restrita à utilização como elemento identificador de determinado produto ou serviço*
  - **2.1.4.2. Não colidência com marca notória:** *ainda que não registradas*
  - **2.1.4.3. Ausência de impedimentos:** *ofensa à moral, bons costumes; brasões ou emblemas oficiais; letras, algarismos ou datas sem qualquer especialidade; reprodução ou imitação de marca já registrada*

  > **Jurisprudência:** não há presunção absoluta de prejuízo pelo uso indevido de marca registrada, cabendo ao titular do registro provar o dano causado (STJ, REsp 333105/RJ, DJ 02/06/2005)

- **2.1.5. Prazo:**
  - **2.1.5.1. Design: 10 anos**, contados do depósito do pedido, prorrogáveis por três períodos de 05 anos
  - **2.1.5.2. Marca: 10 anos**, contados do depósito do pedido, prorrogáveis por ilimitados períodos iguais e sucessivos

- **2.1.6. Abrangência:** *o registro da marca confere proteção relativa ao uso indevido, pois se limita à categoria profissional na qual se inserir o requerente, exceto quando se tratar de marca de alto renome*

- **2.1.7. Extinção do registro:**
  - **2.1.7.1. Término do prazo**
  - **2.1.7.2. Caducidade (apenas para a marca)**
    - Exploração não iniciada em 05 anos contados da concessão
    - Interrupção da exploração pelo prazo de 05 anos consecutivos
    - Alteração substancial da marca
  - **2.1.7.3. Renúncia**
  - **2.1.7.4. Falta de pagamento da retribuição anual**
  - **2.1.7.5. Falta de representante no Brasil**

DIREITO EMPRESARIAL
Tema V - Contratos empresariais

1. Compra e venda mercantil

- **1.1. Conceito:** *um dos contratantes se obriga a transferir o domínio de certa coisa, e o outro, a pagar-lhe certo preço em dinheiro* (art. 481 CC)

- **1.2. Características:**
  - **1.2.1.** Típico
  - **1.2.2.** Oneroso
  - **1.2.3.** Bilateral

- **1.3. Requisitos:** os mesmos estabelecidos pelo CC para a compra e venda, sendo aplicáveis todas as regras ali expostas

- **1.4. Cláusulas especiais da compra e venda**
  - **1.4.1. Contrato de fornecimento:** espécie de compra e venda na qual a negociação *toma um cunho geral sobre compras e vendas sucessivas, mantendo-se as mesmas condições para todas elas, durante determinado período de tempo*
  - **1.4.2. Venda mediante amostra:** *o vendedor, previamente à celebração da avença, disponibiliza ao comprador uma amostra, protótipo ou modelo da coisa objeto do contrato, garantindo que esta comportará as mesmas características apresentadas*
  - **1.4.3. Venda a contento:** *o vendedor disponibiliza ao comprador a própria coisa objeto da negociação, autorizando que este a retenha por certo prazo para apreciação*

- **1.5. Comércio eletrônico:** *é aquele realizado por meio da Rede Mundial de Computadores (Internet) nos estabelecimentos virtuais das empresas*
  - **1.5.1. B2B – Business to Business:** aplica o CC
  - **1.5.2. B2C – Business to Consumer:** aplica o CDC
  - **1.5.3. C2C – Consumer to Consumer:** aplica o CC

DIREITO EMPRESARIAL
TEMA V - CONTRATOS EMPRESARIAIS

2. Contratos de colaboração

- **2.1. Franquia (ou *franchising*)**
  - **2.1.1. Conceito:** *o franqueador cede ao franqueado o direito de uso de marca ou patente, associado ao direito de distribuição exclusiva ou semiexclusiva de produtos ou serviços e, eventualmente, também ao direito de uso de tecnologia de implantação e administração de negócio ou sistema operacional desenvolvidos ou detidos pelo franqueador, mediante remuneração direta ou indireta, sem que, no entanto, fique caracterizado vínculo empregatício*
  - **2.1.2. Características:**
    - **2.1.2.1. Autonomia relativa do franqueado**
    - **2.1.2.2. Circular de oferta de franquia:** *documento essencial à validade do contrato de franquia, deve ser apresentado ao potencial franqueado no mínimo dez dias antes da assinatura de qualquer contrato*
    - **2.1.2.3. Contrato típico, oneroso e bilateral**

- **2.2. Comissão:** *um empresário (comissário) obriga-se a realizar negócios em prol de outro (comitente), mas em nome próprio*
  - **2.2.1. Cláusula *del credere*:** *deve ser expressa no contrato de comissão e serve para transferir ao comissário os riscos do inadimplemento do terceiro com o qual contratar*

- **2.3. Mandato:** *um empresário (mandatário) obriga-se a realizar negócios em prol de outro (mandante), em nome deste, desde que aja nos limites dos poderes que lhe foram conferidos*

- **2.4. Representação (ou agência):** *um empresário (representante) obriga-se a localizar potenciais interessados nos produtos ou serviços de outro (representado) e obter, para este, pedidos de compra e venda ou prestação de serviços*
  - **2.4.1. Cláusula de exclusividade:**
    - **2.4.1.1. Exclusividade de representação:** deve estar expressa
    - **2.4.1.2. Exclusividade de zona:** é implícita (art. 27, "d", da Lei nº 4.886/1965)
    - ⚠️ **Atenção:** no contrato de representação, diferente da comissão, é vedada a inclusão da cláusula del credere (art. 43 da Lei nº 4.886/1965)
  - **2.4.2. Distribuição:** *espécie de contrato de agência na qual o agente (aqui chamado de distribuidor) fica na posse direta dos bens do representado*
    - **2.4.2.1. Distribuição por aproximação:** os bens estão com o distribuidor a título de *depósito*
    - **2.4.2.2. Distribuição por intermediação:** os bens são *adquiridos* pelo distribuidor (exemplo: postos de combustíveis)

DIREITO EMPRESARIAL

Tema V - Contratos empresariais

3. Arrendamento mercantil (ou *leasing*)

- **3.1. Conceito:** contrato de aluguel no qual o locatário tem, ao final do prazo estipulado, a opção de devolver o bem, renovar a locação ou comprar a coisa, deduzido do preço o valor já pago a título de aluguel

- **3.2. Características**
  - **3.2.1.** Arrendadora deve ser S.A. ou instituição financeira autorizada pelo BACEN
  - **3.2.2.** É obrigatória a prévia notificação do devedor, em caso de atraso no pagamento das parcelas, para constituí-lo em mora (STJ, Súmula 369)

  > **Jurisprudência:** é cabível, como regra, a reintegração de posse em caso de inadimplemento. Mas a jurisprudência vem adotando **a teoria do adimplemento substancial**, a qual afasta a possibilidade de resolução do contrato e consequente reintegração de posse se o arrendatário já pagou um número expressivo de parcelas.
  > Nesse caso, mantém-se o direito ao crédito, o qual deverá ser exercido pelas vias executórias comuns (STJ, REsp 1.200.105/AM, DJ 19/06/2012).

- **3.3. Valor Residual Garantido (VRG)**
  - **3.3.1. Conceito:** é o valor mínimo que o arrendador receberá pela disponibilização do bem, calculado com base em seu valor de mercado, independentemente das parcelas mensais
  - **3.3.2.** A cobrança antecipada do Valor Residual Garantido (VRG) não desnatura o contrato de *leasing* (Súmula 293 do STJ)

  > **Jurisprudência:** (...) quando o produto da soma do valor residual garantido (VRG) quitado com o valor da venda do bem for maior que o total pactuado como VRG na contratação, será direito do arrendatário receber a diferença, cabendo, porém, se estipulado no contrato, o prévio desconto de outras despesas ou encargos contratuais. (STJ, REsp 1.099.212/RJ – Recurso Repetitivo)

DIREITO EMPRESARIAL

Tema VI - Falência e Recuperação de Empresas

1. Disposições comuns à falência e à recuperação I

- **1.1. Princípios**
  - **1.1.1. Princípio da preservação da empresa:** *o interesse primário a ser buscado é a manutenção da fonte produtora, do emprego dos trabalhadores e dos interesses dos credores, promovendo, assim, a preservação da empresa, sua função social e o estímulo à atividade econômica* (art. 47 da LF)
  - **1.1.2. Princípio da equivalência dos créditos (*par conditio creditorum*):** todos os credores terão tratamento equitativo, *priorizando-se o recebimento proporcional por todos eles do que a satisfação integral de apenas alguns*
  - **1.1.3. Princípio da prevalência dos interesses dos credores:** ao lado da conservação da empresa, o Direito Falimentar *serve à satisfação das obrigações do devedor, participando os credores de todas as decisões relevantes (assembleia-geral, comitê de credores etc.)*

- **1.2. Órgãos da falência e da recuperação**
  - **1.2.1. Juiz:**
    - **1.2.1.1.** Decretação da falência
    - **1.2.1.2.** Deferimento da recuperação
    - **1.2.1.3.** Decisão sobre quaisquer questões controvertidas no curso do processo
    - **1.2.1.4.** Nomeação do administrador judicial
    - **1.2.1.5.** Homologação do quadro-geral de credores
  - **1.2.2. Ministério Público**
    - **1.2.2.1.** Impugnar o quadro-geral de credores antes de sua homologação ou promover sua alteração através de ação de rito ordinário (se já homologado);
    - **1.2.2.2.** Requerer a substituição do Administrador Judicial e de membros do Comitê de Credores nomeados em desacordo com a lei;
    - **1.2.2.3.** Ser intimado do deferimento da recuperação judicial e da decretação da falência;
    - **1.2.2.4.** Recorrer, através de agravo, da decisão que concede a recuperação judicial;
    - **1.2.2.5.** Propor ação revocatória;
    - **1.2.2.6.** Ser intimado de todo e qualquer ato de alienação de ativos, podendo inclusive impugnar a arrematação;
    - **1.2.2.7.** Pronunciar-se sobre a prestação de contas do Administrador Judicial no encerramento da falência.

DIREITO EMPRESARIAL
Tema VI - Falência e Recuperação de Empresas

1. Disposições comuns à falência e à recuperação II

- **1.3. Órgãos da falência e da recuperação**
  - **1.3.1. Administrador Judicial**
    - **1.3.1.1. Conceito:** *pessoa de confiança do juiz e nomeada por este para administrar o complexo de bens e dívidas do empresário falido (massa falida) durante o processo de falência ou para acompanhar a execução do plano de recuperação, no caso de recuperação judicial da empresa*
    - **1.3.1.2. Atribuições:** art. 22 da LF
    - **1.3.1.3. Remuneração:** fixada pelo juiz até o limite de 5% do valor devido aos credores na recuperação judicial ou do valor total de venda do ativo na falência
  - **1.3.2. Assembleia-geral de credores**
    - **1.3.2.1. Conceito:** *o órgão colegiado formado por todos os credores do falido ou do devedor em recuperação judicial, reunido para deliberar sobre questões afetas aos interesses daqueles*
    - **1.3.2.2. Atribuições:** art. 35 da LF
    - **1.3.2.3. Convocação:** por credores que representem 25% dos créditos de determinada classe, pelo administrador judicial ou pelo juiz
    - **1.3.2.4. Organização:** os credores são divididos em quatro classes
      - Credores trabalhistas e por acidente de trabalho
      - Credores com garantia real
      - Credores com privilégio especial e geral e credores quirografários
      - Credores microempresas e empresas de pequeno porte

    > 💡 **Dica:** Não será deferido provimento liminar, de caráter cautelar ou antecipatório dos efeitos da tutela, para a suspensão ou adiamento da assembleia-geral de credores em razão de pendência de discussão acerca da existência, da quantificação ou da classificação de créditos (art. 40 da LF)

  - **1.3.3. Comitê de credores**
    - **1.3.3.1. Conceito:** *órgão colegiado simplificado, formado por representantes das quatro classes de credores, com o objetivo de fiscalizar o trabalho do administrador judicial e manifestar suas opiniões nos casos previstos em lei*
    - **1.3.3.2. Atribuições:** art. 27 da LF

    > 💡 **Dica:** a criação do Comitê é **facultativa**. Na sua ausência, as funções serão realizadas pelo Administrador Judicial

DIREITO EMPRESARIAL

Tema VI - Falência e Recuperação de Empresas

2. Falência I

2.1. Sujeito passivo: empresário individual, EIRELI ou sociedade empresária, *exceto*:

- **2.1.1. Exclusão absoluta:** nunca se submeterão à LF
  - 2.1.1.1. Empresa pública
  - 2.1.1.2. Sociedade de economia mista

- **2.1.2. Exclusão relativa:** podem vir a se submeter à LF nos casos previstos na legislação que rege cada uma das atividades
  - 2.1.2.1. Instituições financeiras
  - 2.1.2.2. Cooperativas de crédito
  - 2.1.2.3. Entidades de previdência privada
  - 2.1.2.4. Planos de saúde
  - 2.1.2.5. Seguradoras
  - 2.1.2.6. Sociedades de capitalização

Dica 1: quem é **falido** é o empresário, seja ele pessoa física ou jurídica. Portanto, como regra, o **sócio** da sociedade falida não sofrerá qualquer consequência da quebra

Dica 2: a responsabilização dos sócios com responsabilidade **limitada** é possível desde que estejam presentes os requisitos da desconsideração da personalidade jurídica previstos no art. 50 do CC

Exceção: a falência da sociedade opera, de pleno direito, *a falência do sócio com responsabilidade ilimitada* (sociedade em comum – todos; sociedade em nome coletivo – todos; sociedade em comandita simples – comanditados; sociedade em comandita por ações – diretores e administradores)

2.2. Sujeito ativo: qualquer credor. Se empresário, deve estar regularmente inscrito na Junta Comercial

2.3. Hipóteses de decretação

- **2.3.1. Impontualidade injustificada:** *se o empresário não paga no vencimento, sem motivo justo, dívida líquida de valor superior a 40 salários-mínimos, consubstanciada em título devidamente protestado*

  Dica: o protesto para fins falimentares exige a identificação da pessoa que recebeu a notificação (Súmula 361 do STJ)

- **2.3.2. Execução frustrada:** *baseada na tríplice omissão, ou seja, o devedor, no bojo de processo de execução individual, não paga, não deposita o valor e não nomeia bens à penhora*

  Dica: aqui não há valor mínimo para o pedido de falência, porque a insolvência se presume a partir da tríplice omissão

- **2.3.3. Atos de falência:** *atos do devedor que a lei presume fraudulentos e indicativos de sua insolvência* (art. 94, III, da LF). Exemplos:
  - 2.3.3.1. Liquidação precipitada de ativos
  - 2.3.3.2. Simulação de negócios
  - 2.3.3.3. Alienação do estabelecimento sem o consentimento dos credores
  - 2.3.3.4. Abandono de estabelecimento

- **2.3.4. Autofalência:** *quando o pedido parte do próprio empresário, do cônjuge sobrevivente, qualquer herdeiro ou inventariante. É colocada pela lei como uma obrigação, porém não prevê sanção para seu descumprimento*

DIREITO EMPRESARIAL
Tema VI - Falência e Recuperação de Empresas

2. Falência II

2.4. Contratos do falido: *não se resolvem de pleno direito*, como regra, devendo o Administrador Judicial se manifestar em 90 dias sobre a intenção ou não do adimplemento da obrigação

2.5. Termo legal da falência: *período anterior à decretação da quebra no qual os atos jurídicos com escopo patrimonial praticados pelo devedor são considerados suspeitos e, destarte, ineficazes perante a massa falida.*

2.5.1. Critério: é fixado pelo juiz na sentença declaratória de falência em, no máximo, 90 dias antes do pedido de falência, ou de recuperação judicial, ou do primeiro protesto noticiado nos autos

2.6. Ordem de pagamento:

- **2.6.1.** Antecipação dos créditos trabalhistas de natureza alimentar (art. 151 da LF)

- **2.6.2.** Restituições em dinheiro (art. 86, parágrafo único, da LF)

- **2.6.3.** Créditos extraconcursais (art. 84 da LF)
  - **Dica:** são credores da **massa falida**, e não do falido – ou seja, são obrigações que se constituíram depois da decretação da falência

- **2.6.4.** Créditos decorrentes de direitos trabalhistas e acidentes de trabalho, limitados a 150 salários-mínimos por trabalhador
  - **Dica:** o que ultrapassar o limite será considerado como crédito quirografário

- **2.6.5.** Créditos com garantia real, até o valor do bem gravado
  - **Dica:** o que ultrapassar o limite será considerado como crédito quirografário

- **2.6.6.** Créditos tributários
  - **Dica:** única categoria em que há ordem de preferência no recebimento: União, Estados/DF, Municípios

- **2.6.7.** Créditos com privilégio especial
  - **Dica:** os créditos das microempresas e empresas de pequeno porte e os previstos no art. 964 do CC

- **2.6.8.** Créditos com privilégio geral
  - **Dica:** previstos no art. 965 do CC e aquele decorrente de contratação do devedor em recuperação judicial

- **2.6.9.** Créditos quirografários
  - **Dica:** credores sem qualquer tipo de privilégio ou garantia, normalmente titulares de títulos de crédito

- **2.6.10.** Multas contratuais e por infrações das leis penais, tributárias e administrativas

- **2.6.11.** Créditos subordinados
  - **Dica:** são os créditos dos sócios perante a sociedade

2.7. A existência de crédito em classe mais elevada *impede o pagamento das classes inferiores*. Dentro da mesma classe, os créditos são rateados entre os credores

DIREITO EMPRESARIAL

TEMA VI - FALÊNCIA E RECUPERAÇÃO DE EMPRESAS

3. Procedimento judicial da falência

- **3.1. Fase pré-falimentar**
  - **3.1.1. Baseada em impontualidade injustificada ou execução frustrada**
    - **3.1.1.1.** Citação do devedor com prazo para defesa: 10 dias
    - **3.1.1.2.** No prazo para defesa, o devedor pode:
      - Só apresentar defesa
      - Apresentar defesa + depósito elisivo
      - Só efetuar o depósito elisivo
      - Requerer a recuperação judicial
      - **Dica:** o depósito elisivo está autorizado pela LF apenas para as hipóteses de impontualidade injustificada ou execução frustrada
  - **3.1.2. Baseada em ato de falência:** rito comum ordinário

- **3.2. Fase falimentar**
  - **3.2.1.** Inicia-se com a sentença declaratória de falência
    - **Dica:** da sentença declaratória de falência cabe **agravo de instrumento**
  - **3.2.2.** Visa a saldar as dívidas do falido mediante a arrecadação e posterior realização do ativo
  - **3.2.3.** A falência impõe o vencimento antecipado de todas as dívidas do falido, devendo os credores habilitarem seus créditos junto ao administrador judicial
  - **3.2.4. Formação do quadro-geral de credores**
    - **3.2.4.1.** Publicação da relação de credores entregue pelo falido
    - **3.2.4.2.** Impugnações à lista, protocolizadas junto ao administrador judicial – 15 dias
    - **3.2.4.3.** Publicação de nova lista, após as decisões do administrador judicial – 45 dias
    - **3.2.4.4.** Recurso ao juiz da falência – 10 dias
    - **3.2.4.5.** Resolvidas as pendências, o juiz homologa o quadro-geral de credores
    - **3.2.4.6.** Paralelamente e independentemente, tem início a realização do ativo, devendo o MP ser intimado de todos os atos de alienação, sob pena de nulidade
  - **3.2.5.** Não há sucessão nas dívidas trabalhistas e tributárias, exceto se o adquirente da unidade produtiva:
    - **3.2.5.1.** É sócio da sociedade falida ou de outra por esta controlada
    - **3.2.5.2.** É parente, em linha reta ou colateral, até 4º grau, do falido ou de sócio da sociedade falida
    - **3.2.5.3.** É identificado como agente do falido

- **3.3. Encerramento da falência**
  - **3.3.1.** Sentença de encerramento é o marco inicial da prescrição das obrigações do devedor
    - **Dica:** da sentença de encerramento da falência cabe **apelação**
  - **3.3.2.** O falido é impedido de exercer empresa, a não ser que obtenha sua **reabilitação** através de **sentença judicial**, provado um dos seguintes acontecimentos:
    - **3.3.2.1.** Pagamento de todos os créditos
    - **3.3.2.2.** Pagamento de mais de 50% dos créditos quirografários após a realização de todo o ativo
    - **3.2.3.3.** Decurso do prazo de 05 anos, após o encerramento da falência, se o falido não tiver sido condenado por crime
    - **3.2.3.4.** Decurso do prazo de 10 anos, após o encerramento da falência, se o falido tiver sido condenado por crime falimentar

DIREITO EMPRESARIAL
Tema VI - Falência e Recuperação de Empresas

4. Ações falimentares

- **4.1. Ação revocatória**
  - **4.1.1. Atos ineficazes perante a massa**
    - **4.1.1.1. Previsão legal:** art. 129 da LF
    - **4.1.1.2. Características:**
      - **Independem de conluio** entre os contratantes e da **intenção ou não de fraudar** os credores.
      - Podem ser praticados **dentro ou fora do termo legal**
      - Demandam simples declaração de ineficácia dentro dos próprios autos da falência
  - **4.1.2. Atos revogáveis**
    - **4.1.2.1. Previsão legal:** art. 130 da LF
    - **4.1.2.2. Características:**
      - **Dependem de conluio** entre os contratantes e da **intenção** de fraudar os credores
      - Podem ser praticados **dentro ou fora do termo legal**
      - Demandam ação revocatória, que correrá em apenso ao processo principal
  - **4.1.3. Legitimidade ativa**
    - **4.1.3.1.** Administrador judicial
    - **4.1.3.2.** Qualquer credor
    - **4.1.3.3.** Ministério Público
  - **4.1.4. Legitimidade passiva:** o devedor e todos aqueles que se beneficiaram com o ato, inclusive herdeiros e legatários
  - **4.1.5. Prescrição:** 03 anos contados da decretação da falência
  - **4.1.6. Competência:** juízo da falência
  - **4.1.7. Rito:** ordinário
  - **4.1.8. Efeitos:** retorno ao *status quo ante*, com o retorno do bem em espécie, com todos os seus acessórios, à massa falida ou, na impossibilidade, o equivalente em dinheiro, acrescido de eventuais perdas e danos
  - **4.1.9.** Cabível o sequestro preventivo dos bens
  - **4.1.10. Recurso:** apelação

- **4.2. Pedido de restituição**
  - **4.2.1. Hipóteses**
    - **4.2.1.1.** Bem de propriedade de terceiro que foi arrecadado no processo de falência ou que se encontra em poder do devedor na data da decretação da quebra
    - **4.2.1.2.** Coisa vendida a crédito e entregue ao devedor nos 15 dias anteriores ao requerimento da falência
  - **6.2.2. Restituições em dinheiro:**
    - **4.2.2.1.** A coisa não mais existe
    - **4.2.2.2.** A coisa foi vendida
    - **4.2.2.3.** Relacionada a adiantamento a contrato de câmbio para exportação
    - **4.2.2.4.** Valor ter sido entregue de boa-fé pela outra parte em caso de ato declarado ineficaz ou revogado
  - **4.2.3. Rito:** autuação em apenso; manifestação sucessiva do falido, do Comitê, dos credores e do administrador judicial (todos em 05 dias); produção de provas; sentença
  - **4.2.4.** Em caso de procedência, a coisa será restituída em 48 horas
  - **4.2.5.** O pedido de restituição suspende a disponibilidade da coisa até o trânsito em julgado
  - **4.2.6. Recurso:** apelação sem efeito suspensivo

DIREITO EMPRESARIAL
Tema VI - Falência e Recuperação de Empresas

5. Recuperação de empresas

- **5.1. Recuperação judicial**
  - **5.1.1. Conceito:** procedimento que visa a preservar o funcionamento da empresa viável que atravessa período de crise econômico-financeira
  - **5.1.2. Diferenças importantes com a falência**
    - **5.1.2.1.** Os créditos **tributários não se sujeitam** à recuperação
    - **5.1.2.2.** Outros créditos não podem ser incluídos (art. 49, §3º, da LF)
  - **5.1.3. Requisitos para deferimento do processamento:**
    - **5.1.3.1.** Exercício regular de atividade empresária há mais de dois anos
    - **5.1.3.2.** Não ser falido, ou, se o foi, já estar reabilitado
    - **5.1.3.3.** Não ter sido beneficiado com a recuperação há menos de 05 anos
    - **5.1.3.4.** Não ter sido condenado (ou o sócio-administrador) por crime falimentar
  - **5.1.4. Deferimento do processamento do pedido**
    - **5.1.4.1.** Suspensão da tramitação e da prescrição de todas as ações individuais em curso contra o devedor por 180 dias
    - **5.1.4.2.** Obrigação do devedor de apresentar o plano de recuperação em 60 dias

    > **Dica:** se o devedor não apresentar o plano de recuperação no prazo fixado, haverá a **convolação** da recuperação judicial em falência

  - **5.1.5. Se houver qualquer impugnação ao plano,** ele será votado em assembleia:
    - **5.1.5.1. Aprovação do plano:** se receber a maioria de votos em todas as classes, em votação independente
    - **5.1.5.2. Aprovação do plano com alterações:** que deverão ser ratificadas pelo devedor e não podem implicar em prejuízo apenas aos credores que não estejam presentes
    - **5.1.5.3. Rejeição do plano:** sendo decretada a falência do devedor
    - **5.1.5.4. Apoio ao plano:** se, cumulativamente, obteve voto favorável da maioria dos créditos presentes, provação em duas das quatro classes e voto favorável de 1/3 da classe que rejeitou
  - **5.1.6. Administrador judicial e gestor judicial:** na recuperação judicial, o administrador não substitui os sócios. Estes serão afastados apenas se:
    - **5.1.6.1.** Condenação ou indícios veementes de crime falimentar
    - **5.1.6.2.** Condenação por crime contra o patrimônio, a economia popular ou a ordem econômica
    - **5.1.6.3.** Lesão a credores (dolo, simulação ou fraude)
    - **5.1.6.4.** Houverem efetuado gastos pessoais manifestamente excessivos
    - **5.1.6.5.** Descapitalização injustificada da empresa
    - **5.1.6.6.** Simulação ou omissão de créditos na relação de credores
    - **5.1.6.7.** Não prestarem as informações solicitadas
    - **5.1.6.8.** A medida estiver prevista no plano
  - **5.1.7.** Nessas hipóteses, os administradores são afastados e o juiz nomeia um **gestor judicial** para dar cumprimento ao plano de recuperação aprovado
  - **5.1.8. Plano especial da ME e da EPP:**
    - **5.1.8.1.** É opcional
    - **5.1.8.2.** Abrange todos os créditos
    - **5.1.8.3.** Pagamento em 36 parcelas mensais e sucessivas, com juros pela taxa SELIC, vencendo a primeira em, no máximo, 180 dias
    - **5.1.8.4.** Não depende de aprovação em assembleia-geral

    > ⚠ **Atenção:** os credores podem se reunir e assinar manifestação representando mais da metade dos créditos de cada classe pedindo a improcedência do pedido

- **5.2. Recuperação extrajudicial**
  - **5.2.1. Conceito:** elaboração de um plano de recuperação da empresa pelo devedor em crise e negociado diretamente com os credores, sem a interferência direta do Poder Judiciário
  - **5.2.2. Requisitos:** os mesmos da recuperação judicial e, mais ainda, *não será admitido se pendente pedido de recuperação judicial ou se já tiver se beneficiado de recuperação, judicial ou extrajudicial, há menos de 02 anos*
  - **5.2.3. Créditos sujeitos ao plano:** todos os que estiverem nominalmente listados, sendo **vedados os tributários e trabalhistas**
  - **5.2.4.** O plano será homologado pelo juiz e sujeitará os credores listados que não tenham concordado com a recuperação judicial se mais de 3/5 dos credores de cada classe tiver assinado

DIREITO DO CONSUMIDOR
Wander Garcia

DIREITO DO CONSUMIDOR

Tema I - Princípios do Direito do Consumidor

1. Princípios do Direito do Consumidor I

1.1. Legislação

1.1.1. Art. 48, do ADCT: "O Congresso Nacional, dentro de cento e vinte dias da promulgação da Constituição, elaborará código de **defesa** do consumidor"

1.1.2. Art. 5º, XXXII, da CF: "[...] o Estado promoverá, na forma da lei, a defesa do consumidor"
- cláusula pétrea
- mais uma vez, observe-se a expressão "defesa"

1.1.3. Art. 1º, III, da CF: fundamento da República: "dignidade da pessoa humana"
- enquanto trabalhadora, parte de uma família, presidiária, consumidora etc

1.1.4. Art. 150, § 5º, da CF: "A lei determinará medidas para que os consumidores sejam esclarecidos acerca dos impostos que incidam sobre mercadorias e serviços"

1.1.5. Art. 170, da CF: um dos princípios da ordem econômica: "defesa do consumidor". O fim da ordem econômica é: "[...] assegurar a todos existência digna, conforme os ditames da justiça social"

1.1.6. Lei 8.078/1990: Código de Defesa do Consumidor (CDC). A partir de agora, toda vez que se citar um artigo de lei no texto sem referência à lei respectiva, considere que se trata do CDC

1.2. Princípio da Vulnerabilidade

1.2.1. Conceito: *impõe o reconhecimento da vulnerabilidade do consumidor no mercado de consumo* (art. 4º, I)

1.2.2. Aplicação prática:

a) as cláusulas contratuais serão interpretadas da maneira mais favorável ao consumidor (art. 47)
b) o consumidor pode desistir de contratos feitos fora do estabelecimento (art. 49)

1.3. Princípio da Ordem Pública e do Interesse Social (art. 1º)

1.3.1. Conceito: *estabelece que o CDC é norma de ordem pública e de interesse social* (art. 1º)

1.3.2. Aplicação prática:

a) normas do CDC são cogentes e não podem ser afastadas por vontade das partes
b) juiz pode conhecer de ofício foro de eleição abusivo; porém, não se admite que juiz conheça de ofício outras cláusulas nulas
c) MP tem legitimidade para buscar a defesa de certos direitos do consumidor (Súm. do STF 643)

1.4. Princípio da Informação (arts. 6º, III, e 8º e ss.)

1.4.1. Conceito: *estabelece o dever de o fornecedor informar de modo adequado e claro sobre as características, uso, risco e preço dos produtos e serviços*

1.4.2. Aplicação prática:

a) supermercado tinha que colocar etiqueta em cada produto, mas a Lei 10.962/2004 admite sistema de código de barras e outros
b) o contrato não obrigará o consumidor se este não tomou conhecimento prévio de seus termos ou o instrumento for digido de modo a dificultar a compreensão (art. 46)
c) não é suficiente colocar "contém glúten" – tem que explicar consequências também (Inform. 417 do STJ)

1.5. Princípio da Prevenção (art. 6º, VI)

1.5.1. Conceito: *obriga o fornecedor a tomar todas as precauções para evitar danos ao consumidor*

1.5.2. Aplicação prática:

a) dever de informação ostensiva dos perigos e formas de uso dos produtos (arts. 8º e 9º)
b) proibição de venda de produto/serviço de alto grau de nocividade ou periculosidade (art. 10)
c) no caso de conhecimento ulterior do perigo, fornecedor deve comunicar o fato às autoridades competentes e aos consumidores, mediante anúncios publicitários – recall (art. 10, § 1º)

1.6. Princípio da Reparação Integral dos Danos

1.6.1. Conceito: *impõe reparação de todos os danos causados ao consumidor* (art. 6º, VI)

1.6.2. Aplicação prática:

a) deve-se reparar os danos patrimoniais e morais
b) deve-se reparar os danos individuais, coletivos e difusos
c) deve-se reparar integralmente os danos, não sendo possível o tabelamento destes, ressalvados os tratados internacionais firmados pelo País

DIREITO DO CONSUMIDOR

Tema I - Princípios do Direito do Consumidor

1. Princípios do Direito do Consumidor II

1.7. Princípio da Responsabilidade Objetiva

1.7.1. Conceito: *impõe responsabilidade ao fornecedor, independentemente da existência de culpa ou dolo*

1.7.2. Aplicação prática:

a) objetivo é garantir a efetiva reparação dos danos
b) outro objetivo é promover a socialização dos danos
Exceção: profissional liberal responde subjetivamente (art. 14, § 4º)

1.8. Princípio da Solidariedade

1.8.1. Conceito: *impõe que, havendo a ofensa mais de um autor, todos respondam solidariamente* (art. 7º, p. ún.)

1.8.2. Aplicação prática:

Ex. 1: plano de saúde responde por dano causado por médico conveniado
Ex. 2: agência de turismo responde por dano causado em hotel recomendado
Ex. 3: corretora de seguro pode responder junto com seguradora (falta de transparência)
Exceção: no caso de acidente de consumo, comerciante não responde, salvo hipóteses do art. 13

1.9. Princípio da Facilitação da Defesa

1.9.1. Conceito: *impõe que a defesa do consumidor seja facilitada por meio de normas de direito material e processual, bem como por atuação específica do Estado* (art. 5º)

1.9.2. Aplicação prática:

a) responsabilidade objetiva facilita
b) Estado deve manter assistência jurídica gratuita e promotorias, delegacias e juizados específicos
c) ações coletivas facilitam
d) possibilidade de inversão do ônus da prova
Inversão do ônus da prova (art. 6º, VIII)
- hipótese legal: "[...] quando, a critério do juiz, for verossímil a alegação OU quando for ele hipossuficiente, segundo as regras ordinárias de experiências"
- adotou-se a Teoria da Carga Dinâmica
- STJ 1: inversão não é automática (ope legis), dependendo de decisão judicial (ope iudicis); salvo ônus da publicidade (art. 38)
- STJ 2: não é necessário cumprir os dois requisitos (verossimilhança e hipossuficiência), bastando cumprir um
- STJ 3: inversão não importa sempre obrigação da parte desfavorecida com a medida pagar perícia
- STJ 4: MP pode requerer inversão do ônus da prova

1.10. Princípio da Modificação e Revisão Contratual

1.10.1. Modificação: *estabelece direito de modificação de cláusulas que imponham prestações desproporcionais*

Ex.: cláusula que determina que, havendo desistência de compromisso de compra e venda de imóvel, vendedor ficará com 30% do valor pago

1.10.2. Revisão: *estabelece direito de revisão de cláusulas em razão de fatos supervenientes que as tornem excessivamente onerosas*

Ex.: revisão de cláusula em leasing, por elevadíssima variação cambial

1.11. Princípio da Boa-Fé (art. 4º, III)

1.11.1. Conceito: *impõe ao fornecedor e ao consumidor o respeito à boa-fé objetiva*

- em todas as fases que envolvem a contratação e também quanto às demais práticas comerciais
- concepção ética da boa-fé e não concepção subjetiva desta
Ex.: viola o princípio instituição financeira pedir busca e apreensão de veículo alienado fiduciariamente faltando apenas 1 parcela para quitar a obrigação

DIREITO DO CONSUMIDOR

TEMA II - ELEMENTOS DA RELAÇÃO DE CONSUMO

1. Elementos da Relação de Consumo

1.1. Elementos subjetivos

a) consumidor: pessoa física ou jurídica (art. 2º)
b) fornecedor: (art. 3º)
- pessoa física ou jurídica
- pública ou privada
- nacional ou estrangeira
- bem como entes despersonalizados
- que **desenvolvem** atividades de **produção**, montagem, criação, construção, transformação, importação, exportação, distribuição ou **comercialização** de produtos ou **prestação de serviços**

1.2. Elementos objetivos

a) produto: qualquer bem, móvel ou imóvel, material ou imaterial (art. 3º, § 1º)
b) serviço: (art. 3º, § 2º)
- qualquer atividade fornecida no mercado de consumo
- mediante remuneração
- inclusive as de natureza bancária, financeira, de crédito e securitária
- salvo as decorrentes das relações de caráter trabalhista

1.3. Elemento finalístico: aquisição ou utilização do produto ou serviço como destinatário final. Teorias sobre o requisito finalístico:

1.3.1. Teoria finalista ou subjetiva: consumidor é aquele que adquire produto ou serviço como destinatário final fático e econômico; STJ aplica essa teoria

– compra para revenda ou como insumo: não há relação

1.3.2. Teoria maximalista: consumidor é aquele que adquire produto ou serviço como destinatário final fático; ex.: taxista; empresa que toma crédito para investir no negócio

1.3.3. Teoria intermediária: consumidor é aquele que adquire produto ou serviço como destinatário final fático e econômico, podendo-se aplicar o CDC em caso de comprovação de vulnerabilidade técnica, jurídica ou econômica. **Ex.:** microempresas e empresários individuais (Inform. 441 do STJ, máquina de bordar; Inform. 383 do STJ, caminhoneiro) Por conta disso, o STJ também costuma denominar essa nova forma de encarar a teoria finalista como **finalismo aprofundado**; O STJ aplica essa teoria em casos exepcionais de vulnerabilidade

1.4. Consumidores equiparados

1.4.1. Consumidor standard: pessoa que **adquire** ou **utiliza** produto/serviço como destinatário final (art. 2º)

1.4.2. Equiparado a consumidor 1: coletividade de pessoas, ainda que indetermináveis, que haja intervindo nas relações de consumo (art. 2º, parágrafo único)

1.4.3. Equiparado a consumidor 2 ("bystander"): vítimas do evento decorrente de responsabilidade pelo fato do produto ou do serviço (art. 17)

Ex.: vítima terrestre de acidente aéreo

1.4.4. Equiparado a consumidor 3: pessoas, determináveis ou não, expostas às práticas comerciais de oferta, publicidade, práticas abusivas, cobranças de dívidas e bancos de dados e cadastros de consumidores (art. 29)

Ex.: telespectadores de televisão que assistem à propaganda; negativados no Serasa

1.5. Não há relação de consumo:

a) entre condomínio e condôminos
b) na locação de imóveis
c) entre o fisco e os contribuintes de impostos e taxas
d) entre o INSS e seus segurados
e) na atividade profissional desenvolvida pelo advogado (STJ, REsp 1.228.104); aplica-se a Lei 8.906/1994

1.6. Há relação de consumo:

a) na alienação fiduciária
b) no *leasing*
c) no contrato bancário (Súmula 297 do STJ)
d) nos contratos com entidades abertas de previdência complementar (Súmula 563 do STJ)
e) nos planos de saúde, salvo os administrados por entidades de autogestão (Súmulas 469 e 608 do STJ)
f) nos contratos de transporte aéreo
g) quanto ao beneficiário de serviço público que não seja daqueles que só o Estado pode prestar, como segurança pública, justiça etc. (**ex.:** consumidor de água, luz, energia)
h) doação de sangue para entidade que o cobra depois
i) entre os torcedores e as entidades do esporte (Estatuto do Torcedor)
j) nos serviços prestados gratuitamente na internet, mas que sejam remunerados indiretamente por anúncios, como é o caso do Google; todavia, há de se verificar no caso concreto se o serviço foi defeituoso, considerando o que legitimamente se espera
k) nos empreendimentos habitacionais promovidos pelas sociedades cooperativas (Súmula 602 do CDC)

DIREITO DO CONSUMIDOR
Tema III - Responsabilidade por Defeito

1. Responsabilidade por Defeito (fato do produto ou serviço)

- **1.1. Conceito:** obrigação de indenizar por danos causados por defeito ou falta de informação de produto ou serviço
  - **Ex. 1:** problema no freio de veículo que causa acidente com vítima
  - **Ex. 2:** problema em tratamento estético que causa queda de todo o cabelo de uma pessoa

- **1.2. Requisitos da responsabilidade**
  - **1.2.1. Defeito** do produto/serviço ou **falta de informação** (não se analisa culpa ou dolo)
  - **1.2.2. Dano** relacionado à segurança
  - **1.2.3. Nexo de causalidade** entre o defeito ou falta de informação e o dano
  - **Obs.:** profissional liberal responde por culpa ou dolo (art. 14, § 4º)

- **1.3. Defeito**
  - **1.3.1. Conceito:** há defeito quando produto ou serviço não oferece a segurança que dele legitimamente se espera
  - **1.3.2. Leva-se em consideração**
    a) apresentação ou modo de fornecimento
    b) resultado e riscos que razoavelmente se esperam
    c) época em que foi colocado no mercado
  - **1.3.3. Não há defeito:** se há produto de melhor qualidade
  - **1.3.4. Tipos de defeitos**
    a) **de concepção:** projeto, design (**ex.:** embalagem cortante)
    b) **de produção:** fabricação, construção, montagem (**ex.:** freio montado errado)
    c) **de informação:** falta desta quanto à utilização e riscos (**exs.:** riscos de pesticida; piscina funda)

- **1.4. Sujeitos da relação de responsabilidade**
  - **1.4.1. Sujeito ativo:**
    a) vítima que adquiriu ou utilizou produto ou serviço
    b) vítima do evento (art. 17)
  - **1.4.2. Sujeito passivo:**
    - fabricante, produtor, construtor e importador (nacional/estrangeiro)
    - não são todos os fornecedores (comerciante está fora)
    - comerciante responde nos seguintes casos:
    a) se fabricante ou fornecedor não puder ser identificado
    b) quando não conservar adequadamente produtos perecíveis
  - **1.4.3. Direito de regresso:** há solidariedade entre os fornecedores, podendo o responsabilizado entrar com ação de regresso contra os demais posteriormente
  - **1.4.4. Denunciação da lide:** não cabe

- **1.5. Excludentes da responsabilidade** - fornecedor não responde se provar que:
  - **1.5.1. Não colocou o produto no mercado**
    - **Ex.:** furto de produto ainda não finalizado
  - **1.5.2. Inexiste defeito**
    - **Ex.:** freio não está com problema
  - **1.5.3. Houve culpa exclusiva do consumidor**
    - **Ex.:** não seguiu regras explícitas de segurança
  - **1.5.4. Houve culpa exclusiva de terceiro**
    - **Ex.:** roubo em posto de gasolina
  - **1.5.5. Caso fortuito ou de força maior:** se fortuito ocorrer no processo produtivo (interno), não há excludente; se ocorrer após produção (externo), há excludente
  - **Jurisprudência:** segundo a Súmula 479 do STJ: "[...] as instituições financeiras respondem objetivamente pelos danos gerados por fortuito interno relativo a fraudes e delitos praticados por terceiros no âmbito de operações bancárias"

- **1.6. Prescrição**
  - **1.6.1. Prazo:** 5 anos
  - se tiver prazo maior no CC, aplica-se este
  - **1.6.2. Termo inicial:** a partir do conhecimento do dano e de sua autoria
    - **Ex.:** fumante

DIREITO DO CONSUMIDOR

TEMA IV - RESPONSABILIDADE POR VÍCIO

1. Responsabilidade por Vício do Produto ou Serviço

1.1. Conceito: obrigação de sanar problemas intrínsecos de produtos ou serviços

- problema de qualidade e quantidade que tornem produtos ou serviços:
a) **impróprios:** validade vencida, produto deteriorado, adulterado, falsificado, nocivo, em desacordo com normas
b) **inadequados:** TV não funciona
c) **com diminuição do valor:** veículo com risco
d) **com disparidade na informação:** sem acessório informado
e) **com quantidade inferior:** 100 ml a menos que o informado na embalagem

> **Obs.:** se alguém compra uma roupa e não serve, não tem então direito à troca, por não haver vício; comerciantes, na prática, trocam por uma política de bom relacionamento

1.2. Natureza da responsabilidade: objetiva!
Ou seja, independe de culpa ou dolo

1.3. Sujeitos da relação de responsabilidade

1.3.1. Sujeito ativo: adquirente ou destinatário do produto ou serviço

1.3.2. Sujeito passivo:

- todos os fornecedores envolvidos, inclusive comerciante

> **Ex.:** no caso de TV que não funciona; pode-se reclamar junto ao comerciante ou ao fabricante
> - há **solidariedade** entre os fornecedores
> - **ignorância** de qualquer dos fornecedores sobre o vício não exime sua responsabilidade
> - é vedada a **exoneração/mitigação** contratual do fornecedor

1.4. Consequências do vício de qualidade de produto

1º passo: consumidor deve pedir, no prazo decadencial e por escrito, substituição das partes viciadas. Caso problema não seja resolvido no prazo de 30 dias (ou no prazo de 7 a 180 dias convencionado), vai-se ao 2º passo
2º passo: consumidor pode escolher o seguinte:
a) substituição do produto por outro da mesma espécie, em perfeito estado; ou
b) restituição imediata da quantia paga, corrigida, sem prejuízo das perdas e danos; ou
c) abatimento proporcional do preço.
- **tutela antecipada (de direito material):** consumidor pode passar direto para o 2º passo nos seguintes casos:
a) substituição das partes viciadas possa comprometer o produto (**ex.:** troca de motor)
b) produto seja daqueles essenciais (**ex.:** telefone)

1.5. Consequências do vício de quantidade de produto

a) substituição do produto ou
b) restituição da quantia paga ou
c) abatimento proporcional do preço ou
d) complementação do peso ou medida, quando for o caso

1.6. Consequências dos vícios dos serviços

a) re-execução dos serviços, sem custo e quando cabível ou
b) restituição imediata da quantia paga ou
c) abatimento proporcional do preço

1.7. Decadência para reclamar de vícios

1.7.1. Prazo (art. 26):

a) 30 dias se produto/serviço não durável
b) 90 dias se produto/serviço durável

> **Atenção:** garantia contratual é complementar à legal (art. 50)

> **Jurisprudência:** o início da contagem do prazo de decadência para a reclamação de vícios do produto se dá após o encerramento daquela (STJ, REsp 984106/SC)

1.7.2. Termo a quo:

a) **vício aparente:** entrega efetiva do produto ou término da execução dos serviços
b) **vício oculto:** momento em que ficar evidenciado o defeito (art. 26, § 3º)

1.7.3. Obstam a decadência:

a) reclamação comprovadamente formulada até resposta negativa inequívoca
b) instauração de inquérito civil até seu encerramento

DIREITO DO CONSUMIDOR

Tema V - Práticas Comerciais

1. Práticas Comerciais I

1.1. Desconsideração da personalidade jurídica

1.1.1. Hipóteses:
- abuso de direito
- excesso de poder
- infração da lei
- fato ou ato ilícito
- violação dos estatutos ou contrato social
- quando houver falência, estado de insolvência, encerramento ou inatividade da pessoa jurídica provocados por má-administração
- sempre que personalidade for obstáculo ao ressarcimento de prejuízos causados ao consumidor

⚠️ **Atenção:** a norma acima é tão ampla que se entende que o CDC adotou a Teoria Menor da Desconsideração, ou seja, basta que a personalidade seja um obstáculo ao ressarcimento, para que a desconsideração seja autorizada

1.1.2. Sociedades múltiplas:

a) sociedades integrantes de grupos societários e sociedades controladas (art. 265, Lei 6.404/1976):
- sociedade controladora e sua controlada podem constituir grupo de sociedades, mediante convenção, para combinar recursos e esforços para a realização de seus objetos
- respondem **subsidiariamente**

b) sociedades consorciadas (art. 278, Lei 6.404/1976):
- aliança para executar juntas determinado empreendimento
- respondem **solidariamente**

c) sociedades coligadas:
- são coligadas as sociedades nas quais a investidora tenha influência significativa (art. 243, § 1º, Lei 6.404/1976)
- só respondem por **culpa**

1.2. Oferta

1.2.1. Conceito: *veículo que transmite uma mensagem, seja ela **informação** ou **publicidade***

Ex. de informação: resposta de gerente ou atendente

Ex. de publicidade: anúncio em revista

1.2.2. Princípio da vinculação: toda informação ou publicidade suficientemente precisa, veiculada por qualquer forma ou meio de comunicação, obriga o fornecedor e integra o contrato que vier a ser celebrado (art. 30)

1.2.3. Recusa à oferta: consumidor pode escolher

a) exigir cumprimento forçado do oferecido (execução específica) ou
b) aceitar outro produto/serviço equivalente ou
c) rescindir o contrato, com direito à restituição da quantia paga atualizada e a perdas e danos

1.3. Publicidade

1.3.1. Princípio da identificação: deve ser veiculada de tal forma que o consumidor, fácil e imediatamente, a identifique como tal (art. 36)

- não pode ser feita como se fosse texto jornalístico

1.3.2. Princípio da veracidade: o fornecedor manterá em seu poder os dados fáticos, técnicos e científicos que dão sustentação à mensagem – ônus da prova é **dele**

1.3.3. Princípios da não abusividade:

É vedado:
a) propaganda enganosa: inteira ou parcialmente falsa ou capaz de induzir em erro
- enganosa por omissão: quando deixa de informar algo **essencial**
b) propaganda abusiva: discriminatória, que incite a violência, explore o medo ou superstição, aproveite-se da deficiência de julgamento, desrespeite valores ambientais, ou induza a comportamentos perigosos

DIREITO DO CONSUMIDOR
TEMA V - PRÁTICAS COMERCIAIS

1. Práticas Comerciais II

1.4. Práticas abusivas: são práticas abusivas, dentre outras (art. 39):

I – fazer venda casada e condição quantitativa, salvo justa causa
Ex. 1: obrigação de adquirir lanche, batata frita e refrigerante
Ex. 2: justa causa – é razoável embalagem com 1 Kg de açúcar
Jurisprudência: de acordo com a Súmula do STJ n. 356, "É legítima a cobrança da tarifa básica pelo uso dos serviços de telefonia fixa"
II – recusar atendimento à demanda de consumidor, na medida do estoque
Exs.: postos de gasolina que esperam aumento para vender; taxista que não aceita corrida pequena
III – fornecer sem solicitação
Sanção: equiparam-se a amostra grátis serviços prestados e produtos remetidos ou entregues sem solicitação
Ex.: *couvert* deixado na mesa; cartão de crédito não pedido
IV – aproveitar da fraqueza do consumidor
- STJ entende que o Banco não pode cobrar tarifa pela emissão de boleto bancário (Inf. 423)
VI – executar serviços sem prévios orçamento e autorização, salvo costume entre as partes
- art. 40 dispõe que o orçamento deve discriminar mão de obra, materiais, condições de pagamento, início e término dos serviços – salvo estipulação em contrário, o valor orçado tem validade de 10 dias, contado do recebimento
VII – repassar informação depreciativa de consumidor no exercício de seu direito
VIII – colocar no mercado de consumo produto em desacordo com as normas técnicas
IX – recusar venda a quem se dispõe comprar mediante pronto pagamento
X – elevar sem justa causa o preço
- atualmente a legislação permite a diferença de preço para pagamento em dinheiro, ou cartão, não constituindo prática abusiva esse procedimento
XI – aplicar fórmula ou índice de reajuste diverso do previsto no contrato
XII – deixar de estipular prazo para cumprimento ou início da obrigação

1.5. Cobrança de dívidas (art. 42)

1.5.1. Limites: na cobrança de débitos, o consumidor inadimplente não será exposto a ridículo, nem será submetido a qualquer tipo de constrangimento ou ameaça

1.5.2 Cobrança indevida: o consumidor cobrado em quantia indevida tem direito à repetição do indébito, por valor igual ao dobro do que pagou em excesso, acrescido de correção e juros legais, salvo engano justificável- essa pena incide tanto na cobrança judicial, como na extrajudicial. Basta que o pagamento tenha sido feito

1.5.3. Qualificação: em todos os documentos de cobrança de débitos apresentados ao consumidor, deverão constar o nome, o endereço e o número de inscrição no Cadastro de Pessoas Físicas – CPF ou no Cadastro Nacional de Pessoa Jurídica – CNPJ **do fornecedor** do produto ou serviço correspondente

1.6. Banco de dados e Cadastro de Consumidores – SPC, SERASA, SISBACEN

1.6.1. Direito à informação: o consumidor terá acesso às informações existentes em cadastros, fichas, registros e dados pessoais e de consumo arquivados sobre ele, bem como sobre as suas respectivas fontes (art. 43)

1.6.2. Caducidade da informação: o cadastro não pode conter informações negativas referentes a período superior a 5 anos, prazo esse que se inicia "no dia subsequente ao vencimento da obrigação não paga, independentemente da data da inscrição no cadastro" (STJ, REsp 1.316.117-SC). Consumada a prescrição da cobrança do débito, dado também não pode mais ser oferecido

Súm. do STJ 323: a inscrição do nome do devedor pode ser mantida nos serviços de proteção ao crédito até o prazo máximo de 5 anos, independentemente da prescrição da execução

1.6.3. Comunicação de abertura de cadastro: a abertura de cadastro, ficha, registro e dados pessoais e de consumo deve ser comunicada por escrito ao consumidor, quando não solicitada por ele

1.6.4. Inexatidão: o consumidor, sempre que encontrar inexatidão nos seus dados e cadastros poderá exigir sua imediata correção, devendo o arquivista, no prazo de **5 dias úteis**, comunicar a alteração aos eventuais destinatários das informações incorretas

- negativação indevida dá ensejo a que se acione quem deu a informação (**ex.:** Banco)
- manutenção de informação indevida após ciência inequívoca da falta dá ensejo a que se acione o Banco de Dados (**ex.:** Serasa)

1.6.5. Outros entendimentos jurisprudenciais

- **Súm. do STJ 359:** cabe ao órgão mantenedor do Cadastro de Proteção ao Crédito a notificação do devedor antes de proceder à inscrição
- **Súm. do STJ 404:** é dispensável o aviso de recebimento (AR) na carta de comunicação ao consumidor sobre a negativação de seu nome em bancos de dados e cadastros
- **Súm. do STJ 385:** da anotação irregular em cadastro de proteção ao crédito, não cabe indenização por dano moral, quando preexistente legítima inscrição, ressalvado o direito ao cancelamento
- **STJ:** discussão judicial da dívida não é suficiente para suspender a negativação do nome; o consumidor há de demonstrar requisitos para a concessão de tutela de urgência
- **Súm. do STJ 380:** a simples propositura da ação de revisão de contrato não inibe a caracterização da mora do autor
- **Súm. do STJ 548:** "incumbe ao credor a exclusão do registro da dívida em nome do devedor no cadastro de inadimplentes no prazo de cinco dias úteis, a partir do integral e efetivo pagamento do débito";

DIREITO DO CONSUMIDOR

TEMA VI - CONTRATOS DE CONSUMO

1. Contratos I

1.1. Pressupostos para a vinculação ao contrato: oportunidade de tomar conhecimento prévio de seu conteúdo e redação/apresentação de fácil compreensão

Art. 46: "Os contratos que regulam as relações de consumo **não obrigarão** os consumidores, senão lhes for dada oportunidade de tomar conhecimento prévio de seu conteúdo, ou se os respectivos instrumentos forem redigidos de modo a dificultar a compreensão de seu sentido e alcance"

1.2. Interpretação mais favorável (art. 47): as cláusulas contratuais serão interpretadas de maneira mais favorável ao consumidor

1.3. Vinculação de escritos (art. 48): declarações de vontade constantes de escritos, recibos e pré-contratos vinculam o fornecedor, ensejando execução específica

1.4. Direito de arrependimento (denúncia vazia do contrato de consumo – art. 49): "O consumidor pode desistir do contrato, no prazo de 7 dias a contar de sua assinatura ou do ato de recebimento do produto ou serviço, sempre que a contratação de fornecimento de produtos ou serviços ocorrer fora do estabelecimento comercial, especialmente por telefone ou a domicílio"

1.5. Garantia contratual (art. 50): a garantia contratual é complementar à legal e será conferida mediante termo escrito

1.6. Cláusulas abusivas (art. 51):
- São nulas de pleno direito, entre outras, as cláusulas contratuais relativas ao fornecimento de produtos ou serviços que:

I – mitiguem a responsabilidade por vícios de qualquer natureza ou impliquem renúncia ou disposição de direitos, salvo indenização de consumidor pessoa jurídica, que pode ser limitada em situações justificáveis

> **Ex.:** rádio furtado em estacionamento – Súmula 130 do STJ

II – subtraiam opção de reembolso prevista no CDC

> **Ex.:** afastamento contratual do direito de arrependimento

III – transfiram responsabilidade a terceiro

> **Obs.:** mas é possível o chamamento ao processo da seguradora

IV – estabeleçam obrigações iníquas, abusivas, que coloquem o consumidor em desvantagem exagerada, ou sejam incompatíveis com a boa-fé ou a equidade

> **Ex.:** é abusiva a limitação de dias de internação por parte de plano de saúde (Súm. STJ 302)
> - presume-se exagerada, entre outras, a vantagem que:
> i) ofende os princípios fundamentais do sistema
> ii) restringe direitos ou obrigações fundamentais inerentes à natureza do contrato, de tal modo a ameaçar seu objeto ou o equilíbrio contratual
> iii) mostre-se excessivamente onerosa ao consumidor. **Ex.:** foro de eleição oneroso

V – estabeleçam inversão do ônus da prova em prejuízo do consumidor

VI – determinem a utilização compulsória de arbitragem

> **Ex.:** consumidor pode aceitar, posteriormente à feitura do contrato, a arbitragem; a cláusula prévia é proibida

VII – imponham representante legal para concluir ou realizar outro negócio jurídico pelo consumidor

> **Ex.:** consumidor autoriza emissão de nota promissória em seu nome – é proibido pela Súmula 60 do STJ

VIII – deixem ao fornecedor a opção de concluir ou não o contrato, embora obrigando o consumidor

IX – permitam ao fornecedor, direta ou indiretamente, variação do preço de maneira unilateral

X – autorizem o fornecedor a cancelar o contrato unilateralmente, sem que igual opção seja dada ao consumidor

XI – obriguem o consumidor a ressarcir custos de cobrança de sua obrigação, sem que igual direito lhe seja concedido

XII – autorizem mudança unilateral do contrato

XIII – infrinjam ou possibilitem violação de normas ambientais

XIV – estejam em desacordo com o sistema de proteção ao consumidor

> **Ex.:** exigir maiores garantias de idoso – discriminatório

XV – possibilitem a renúncia do direito de indenização por benfeitorias necessárias

DIREITO DO CONSUMIDOR

TEMA VI - CONTRATOS DE CONSUMO

1. Contratos II

- **1.7. Efeitos da nulidade:** a nulidade de uma cláusula contratual abusiva não invalida o contrato, exceto quando, de sua ausência, apesar dos esforços de integração, decorrer ônus excessivo a qualquer das partes

- **1.8. Ação anulatória geral:** é facultado, a qualquer consumidor ou entidade que o represente requerer ao Ministério Público que ajuíze a competente ação para ser declarada a nulidade de cláusula contratual, a qual contrarie o disposto no CDC, ou de qualquer forma, não assegure o justo equilíbrio entre direitos e obrigações das partes

- **1.9. Fornecimento de produtos ou serviços que envolva outorga de crédito ou concessão de financiamento ao consumidor** (art. 52)
  - **1.9.1. Informação:** deve ser prévia e adequada sobre o preço do produto/serviço, montante de juros e a taxa de juros efetiva anual, acréscimos legais, número e periodicidade das prestações e soma total a pagar, sem e com financiamento
  - **1.9.2. Multas de mora:** as multas de mora decorrentes do inadimplemento de obrigação no seu termo não poderão ser superiores a 2% do valor da prestação
  - **1.9.3. Liquidação antecipada:** é assegurada ao consumidor a liquidação antecipada do débito, total ou parcialmente, mediante redução proporcional dos juros e demais acréscimos
  - **1.9.4. Compra e venda de móveis/imóveis por prestações + alienação fiduciária:** são nulas de pleno direito as cláusulas que estabeleçam a perda total das prestações pagas em benefício do credor que, em razão do inadimplemento, pleitear a resolução do contrato e a retomada do produto alienado (art. 53)
  - **Súmula 543 do STJ:** "Na hipótese de resolução de contrato de promessa de compra e venda de imóvel submetido ao CDC, deve ocorrer a imediata restituição das parcelas pagas pelo promitente comprador – integralmente, em caso de culpa exclusiva do promitente vendedor/construtor, ou parcialmente, caso tenha sido o comprador quem deu causa ao desfazimento"
  - **1.9.5. Consórcio:** nos contratos do sistema de consórcio de produtos duráveis, a compensação ou a restituição das parcelas quitadas terá descontada, além da vantagem econômica auferida com a fruição, os prejuízos que o desistente ou inadimplente causar ao grupo

- **1.10. Contratos de adesão**
  - **1.10.1. Conceito:** *contrato de adesão é aquele cujas cláusulas tenham sido aprovadas pela autoridade competente ou estabelecidas unilateralmente pelo fornecedor de produtos ou serviços, sem que o consumidor possa discutir ou modificar substancialmente seu conteúdo* (art. 54)
    - **Obs.:** a inserção de cláusula no formulário não desfigura a natureza de contrato de adesão
  - **1.10.2. Cláusula resolutória:** nos contratos de adesão, admite-se cláusula resolutória, desde que alternativa, cabendo a escolha ao consumidor
  - **1.10.3. Redação:** os contratos de adesão escritos serão redigidos em termos claros e com caracteres ostensivos e legíveis, de modo a facilitar a sua compreensão pelo consumidor
    - A fonte da letra não pode ter corpo inferior a 12
  - **1.10.4. Limitação de direitos:** as cláusulas que implicarem limitação de direitos do consumidor deverão ser redigidas com destaque, permitindo a sua imediata e fácil compreensão

DIREITO DO CONSUMIDOR

Tema VII - Polícia do Consumidor

1. Polícia do Consumidor

- **1.1. Esferas de proteção do consumidor:** a) Civil, b) Administrativa e c) Penal

- **1.2. Proteção do consumidor na CF**
  - art. 24, V e VIII: compete à União, aos Estados e ao DF legislar sobre consumo e responsabilidade do consumidor
  - União edita normas gerais, Estados suplementam, e Municípios legislam sobre interesse local
  - CDC é a norma geral. Decreto 2.181/1987 regulamenta o CDC quanto à proteção administrativa

- **1.3. Sistema Nacional de Defesa do Consumidor-SNDC**
  - **1.3.1. Integrantes:** a) Secretaria de Direito Econômico do MJ-SDE, por meio do Departamento de Proteção e Defesa do Consumidor – DPDC; b) demais órgãos federais, estaduais, distritais, municipais e as entidades civis de defesa do consumidor
  - **1.3.2. DPDC:** a) **competência 1:** coordenar a política nacional, resolver conflito de competência, criar cadastro nacional de reclamações; b) **competência 2:** orientar consumidor, denunciar aos demais órgãos, exercer a polícia administrativa
  - **1.3.3. Órgãos locais de defesa do consumidor:** competência: as mesmas do DPDC (menos a compet. 1), com destaque para a polícia administrativa

- **1.4. Práticas infrativas**
  - **1.4.1. Definição:** no Decreto 2.181/1997 (arts. 12 e 13) - normalmente, repete o texto de uma norma do CDC
    - Ex.: "[...] condicionar o fornecimento de produto ou serviço ao fornecimento de outro produto ou serviço, bem como, sem justa causa, a limites quantitativos"
  - **1.4.2. Classificação** (art. 17):
    - a) **leves:** aquelas em que verificadas apenas circunstâncias atenuantes
    - b) **graves:** aquelas em que verificadas circunstâncias agravantes
  - **1.4.3. Atenuantes:**
    - a) ação do infrator não ter sido fundamental para a consecução do fato
    - b) infrator primário
    - c) infrator ter minimizado ou logo reparado efeitos do ato
  - **1.4.4. Agravantes:**
    - a) ser o infrator reincidente
    - b) ter o infrator cometido o ato p/ obter vantagens indevidas
    - c) trazer o ato dano à saúde ou segurança do consumidor
    - d) deixar o infrator de tomar as providências para evitar ou mitigar consequências do ato
    - e) ter o infrator agido com dolo
    - f) ocasionar o ato dano coletivo ou ter caráter repetitivo
    - g) ter a prática infrativa ocorrido em detrimento de menor de 18 ou maior de 60 anos, ou de pessoa deficiente
    - h) dissimular-se a natureza ilícita do ato ou atividade
    - i) ser a conduta infrativa praticada aproveitando-se o infrator de grave crise econômica ou da condição cultural, social ou econômica da vítima, ou, ainda, por ocasião de calamidade
  - **1.4.5. Sanções administrativas** (arts. 56 a 60 do CDC): (podem ser cumuladas e aplicadas cautelarmente)
    - **1.4.5.1. Multa:** aplicável em qualquer caso, de acordo com gravidade da infração, vantagem auferida e condição econômica do fornecedor; reverte p/ o fundo de direitos difusos de cada ente político; valor será de 200 a 3 milhões de UFIRs
    - **1.4.5.2. Em caso de vício no produto ou serviço**
      - a) apreensão do produto
      - b) inutilização do produto
      - c) cassação do registro do produto no órgão competente
      - d) proibição de fabricação do produto
      - e) suspensão de fornecimento de produtos e serviço
      - f) revogação de concessões ou permissão: quando a concessionária violar obrigação legal ou contratual
    - **1.4.5.3. Em caso de reincidência em infrações de maior gravidade**
      - a) suspensão temporária da atividade
      - b) cassação de licença do estabelecimento ou atividade
      - c) interdição, total ou parcial, de estabelecimento, de obra ou de atividade
      - d) intervenção administrativa: será aplicada sempre que as circunstâncias de fato desaconselharem a cassação de licença, a interdição ou a suspensão da atividade
    - **1.4.5.4. Em caso de propaganda enganosa ou abusiva**
      - **imposição de contrapropaganda:** feita às expensas do infrator, deve ser divulgada da mesma forma, frequência e dimensão e, preferencialmente, no mesmo veículo, local, espaço e horário, de forma capaz de desfazer o malefício da publicidade enganosa ou abusiva
      - ⚠ **Atenção:** sujeitam-se à pena de multa os órgãos públicos que, por si ou suas empresas concessionárias, permissionárias ou sob qualquer outra forma de empreendimento, deixarem de fornecer serviços adequados, eficientes, seguros e, quanto aos essenciais, contínuos (art. 20 do Decreto 2.181/1997)

DIREITO DO CONSUMIDOR
Tema VIII - Tópicos Finais

1. Tópicos Finais

1.1. Ações cabíveis: segundo o art. 83 do CDC, são admissíveis todas as espécies de ações para a defesa do consumidor

1.2. Tutela específica + Tutela de urgência: art. 84

1.3. Vedação à denunciação da lide: o art. 88 veda esse instituto, assim como o art. 101, II

- comerciante acionado por defeito por não identificação do fabricante (art. 13) deve exercer direito de regresso em ação autônoma
- porém o réu que tiver seguradora, pode promover o chamamento ao processo desta, vedada a integração no processo do Instituto de Resseguros

1.4. Competência nas ações de responsabilidade do fornecedor de produtos e serviços: competência tradicional do NCPC + competência adicional do CDC (foro do domicílio do autor – art. 101)

1.5. Convenção Coletiva de Consumo

1.5.1. Conceito: *convenção escrita estabelecida entre as entidades civis de consumidores e as associações de fornecedores ou sindicatos de categoria econômica, que têm por fim regular relações de consumo que tenham por objeto estabelecer condições relativas ao preço, à qualidade, à quantidade, à garantia e às características de produtos e serviços, bem como reclamação e composição do conflito de consumo* (art. 107)

1.5.2. Formalidades: a convenção, além de dever ser escrita, apenas se tornará obrigatória a partir do registro do instrumento no cartório de títulos e documentos

1.5.3. Abrangência: a convenção somente obrigará os filiados às entidades signatárias

- além disso, não se exime de cumprir a convenção o fornecedor que se desligar da entidade em data posterior ao registro do instrumento

1.6. Crimes contra as relações de consumo

a) estão previstos no CDC (arts. 63 e ss.), sem prejuízo do disposto no CP e leis especiais (art. 61)
b) há tipos culposos (art. 63, § 2º)
c) a lei prevê circunstâncias agravantes (art. 76)
d) quem, de qualquer forma, concorrer para os crimes previstos no CDC, incide as penas a esses cominadas na medida de sua culpabilidade; bem como o diretor, administrador ou gerente da pessoa jurídica que promover, permitir ou por qualquer modo aprovar o fornecimento, oferta, exposição à venda ou manutenção em depósito de produtos ou a oferta e prestação de serviços nas condições por ele proibidas (art. 75)
e) além das penas privativas de liberdade e de multa, podem ser impostas, cumulativa ou alternadamente, observado o disposto nos arts. 44 a 47, do Código Penal:
I – a interdição temporária de direitos;
II – a publicação em órgãos de comunicação de grande circulação ou audiência, às expensas do condenado, de notícia sobre os fatos e a condenação;
III – a prestação de serviços à comunidade (art. 78)
f) no processo penal atinente aos crimes e contravenções que envolvam relações de consumo, poderão intervir, como assistentes do Ministério Público, os legitimados indicados no art. 82, inciso III e IV, aos quais também é facultado propor ação penal subsidiária, se a denúncia não for oferecida no prazo legal (art. 80)

DIREITO CIVIL

Wander Garcia

DIREITO CIVIL

Tema I - Lei de Introdução às Normas do Direito Brasileiro – LINDB

1. LINDB

1.1. Existência, validade e eficácia das leis

1.1.1. Existência: *é a qualidade da lei de ter cumprido o ciclo necessário à sua formação*
– Ocorre após a sanção ou a rejeição ao veto

1.1.2. Validade: *é a qualidade da lei de não ser contrária à ordem jurídica*
– Presume-se a validade da lei
– Em ação de inconstitucionalidade por via direta é possível o desfazimento da presunção com efeito *erga omnes*

1.1.3. Eficácia: *é a qualidade de poder produzir efeitos*
a) **Requisitos:** *publicação + período de vacância*
b) *Vacatio legis* (VL): salvo disposição contrária, é de 45 dias (no Brasil) e 3 meses (no exterior)
– No Brasil adotou-se vigência *sincrônica* (e não *progressiva*)
c) **Nova publicação na VL:** corre novo prazo
d) **Nova publicação após VL:** considera-se lei nova, preservando-se os efeitos produzidos

1.2. Aplicação da lei em caso de lacuna:
– O juiz não pode se eximir de julgar, cabendo-lhe, sucessivamente, aplicar:
a) **Analogia:** *utilização de norma que regula situação semelhante*
b) **Costumes:** *utilização de práticas reiteradas, que geram convicção de que são obrigatórias*
– Não é possível usar o costume *contra legem*; deve ser o *praeter legem* (não regulado em lei)
c) **Princípios gerais do direito:** *valores subjacentes ao sistema jurídico*
– Boa-fé, proibição do enriquecimento sem causa

1.3. Vigência da lei no tempo

1.3.1. Regra: *pelo princípio da continuidade, a lei tem vigência indeterminada*

1.3.2. Exceções:
a) Lei temporária
b) Suspensão da execução pelo Senado – declaração incidental de inconstitucionalidade
c) Trânsito em julgado de ação direta de inconstitucionalidade
d) Não recepção pela nova ordem constitucional
e) Revogação por outra lei

1.3.3. Espécies de revogação:

1.3.3.1. Quanto à extensão:
a) **Ab-rogação:** de todo o texto
b) **Derrogação:** de parte do texto

1.3.3.2. Quanto à forma:
a) **Expressa:** por declaração inequívoca
b) **Tácita ou indireta:**
– Por incompatibilidade
– Por regulamentação de uma matéria por inteiro

1.3.4. Ultratividade:
– Lei revogada não tem mais **vigência**, mas pode ainda ter **vigor** quanto a atos do seu tempo (ultratividade)

1.3.5. Repristinação: *é a restauração da lei revogada por ter a lei revogadora perdido a vigência*
– Nosso direito não admite, salvo disposição expressa na lei que tiver revogado a lei revogadora (art. 2º, § 3º)

1.3.6. Conflito de lei no tempo:

1.3.6.1. Regra: lei nova revoga lei anterior

1.3.6.2. Exceção: lei geral nova não revoga lei especial velha
– LINDB: "a lei nova, que estabeleça disposições gerais ou especiais a par das já existentes, não revoga nem modifica a lei anterior" (art. 2º, § 2º)

1.3.6.3. Limites à retroatividade da lei:
– A lei nova **não pode prejudicar** (art. 6º):
a) **Direito adquirido:** *aquele que o seu titular, ou alguém por ele, possa exercer, como aquele cujo começo do exercício tenha termo prefixo, ou condição preestabelecida inalterável, a arbítrio de outrem*
b) **Ato jurídico perfeito:** *é o já consumado segundo a lei vigente ao tempo em que se efetuou*
c) **Coisa julgada:** *é a decisão de que já não caiba recurso*
– Obs.: aqui teríamos a retroatividade máxima
– **Por outro lado:**
a) A lei nova pode **retroagir para beneficiar**
b) A lei nova tem **aplicabilidade imediata**, ou seja, aplica-se aos *efeitos* dos negócios jurídicos praticados sob a égide da lei anterior (Retroatividade mínima)
c) A lei nova pode retroagir se a convenção contrariar preceitos de ordem pública (Retroatividade média)

DIREITO CIVIL
Tema II - Pessoas Naturais

1. Pessoas Naturais I – Aspectos Gerais

1.1. Conceito de pessoa natural: *é o ser humano*

1.2. Início da personalidade:

Com o nascimento com vida = separação do ventre materno + inspiração
– Teoria adotada: natalista (e não concepcionista)
– Não é necessário:
a) Corte do cordão umbilical
b) Forma humana
c) Perspectiva de vida

1.3. Nascituro:

- **1.3.1. Conceito:** *é o já concebido, mas que ainda não nasceu*
- **1.3.2. Natureza jurídica:** não é pessoa
  – É sujeito de direito despersonificado
- **1.3.3. Regime jurídico:**
  – A lei põe a salvo seus direitos desde a concepção
  – Tem direitos da personalidade (vida, alimentos)
  – Tem direitos patrimoniais sob condição suspensiva

1.4. Embriões excedentários (Lei 11.105/2005):

- **1.4.1. Conceito:** são os embriões humanos produzidos por fertilização in vitro e não utilizados
- **1.4.2. Natureza jurídica:** não são pessoas nem sujeitos de direito despersonificados
  – São *objetos* de direito
- **1.4.3. Regime jurídico:** é permitida a utilização de células-tronco desses embriões, atendido ao seguinte:
  a) Para fins de ensino ou pesquisa, mediante autorização
  b) Embriões não utilizados no procedimento
  c) Embriões inviáveis ou congelados há mais de 3 anos
  d) Consentimento dos genitores

1.5. Fim da personalidade:

- **1.5.1. Modo:** com a morte
- **1.5.2. Espécies de morte**
  - **1.5.2.1. Real:** é a morte certa
    – Atestada por médico ou, na falta, por duas pessoas qualificadas que tiverem presenciado/verificado a morte
    – Com base no atestado de óbito, faz-se a lavratura do assento de óbito no Registro Público
    – A partir desse assento, faz-se a certidão de óbito
    – O enterro depende da certidão
    – A cremação, de vontade do falecido ou motivo de saúde pública, dependendo do atestado de 2 médicos ou de legista e, se morte violenta, de autorização judicial
  - **1.5.2.1. Presumida:**
    a) **Sem declaração de ausência:**
    – *Se provável a morte de quem estava em perigo de vida*
    – *Se desaparecido em campanha ou feito prisioneiro, não for encontrado até 2 anos após a guerra* (devem-se esgotar as buscas)
    b) **Com declaração de ausência:** *dá-se quando alguém está ausente e a lei autoriza a abertura da sucessão definitiva.* Fases:
    – Arrecadação de bens
    – Espera de 1 ano
    – Declaração de ausência e abertura da sucessão provisória
    – Espera de 10 anos após trânsito em julgado da decisão
    – Decisão autorizando abertura da sucessão definitiva

DIREITO CIVIL
Tema II - Pessoas Naturais II

1. Pessoas Naturais II – Capacidade

1.7. Capacidade:

a) De direito (de gozo): aptidão para adquirir direitos e deveres– Todos têm, inclusive os absolutamente incapazes
b) De fato (de exercício): aptidão para adquirir, pessoalmente, direitos e deveres
c) Legitimação: aptidão específica para a prática de certos atos
– Pessoa casada e plenamente capaz não tem legitimidade para vender imóvel a filho sem autorização do cônjuge e dos outros filhos (art. 496)

1.8. Absolutamente incapaz:

a) Conceito: é o que não pode exercer qualquer ato da vida civil
b) Integração da incapacidade: pela representação
c) Sanção pela prática de atos: nulidade absoluta
d) Quem é: Menor de 16 anos

1.9. Relativamente incapaz:

a) Conceito: *é o que não pode exercer sozinho grande parte dos atos da vida civil*
b) Integração da incapacidade: pela assistência
c) Sanção pela prática de atos: nulidade relativa
d) Espécies:
– Entre 16 e 18 anos
– Ébrios habituais e viciados em tóxico
– Aqueles que, por causa transitória ou permanente, não puderem exprimir sua vontade
– Pródigos
e) Pródigos:
– **Não podem:** alienar, emprestar, dar quitação, transigir, hipotecar, demandar
– **Podem fazer:** a mera administração do patrimônio – exemplos: casar (menos fazer pacto), mudar de domicílio, contratar empregados domésticos e prestadores de serviços ordinários
f) Limites à curatela: CC determina que o juiz, pronunciada a interdição, assinale limites à atuação do curador, especificando o que o incapaz pode fazer sozinho e no que este depende da participação do curador (art. 755, II, do NCPC)

= **Exemplo:** permitir que o interditado por dependência química tenha os mesmos poderes do pródigo

1.10. Interdição:

a) Casos: art. 1.767
b) Legitimidade ativa:
– Pais ou tutores
– Cônjuge ou qualquer parente
– Ministério Público
c) Curador:
– Cônjuge ou companheiro não separado de fato
– Na falta, pai ou mãe
– Na falta, o descendente mais apto e mais próximo
– Na falta, o juiz escolhe

1.11. Internação psiquiátrica involuntária:

A Lei 10.216/2001 prevê as seguintes internações:
I – Internação voluntária: dá-se com o consentimento do internando
II – Internação compulsória: dá-se por ordem judicial
III – Internação involuntária: dá-se sem o consentimento do internando e a pedido de terceiro
– Feita por médico, com laudo que caracterize os motivos
– Necessário comunicação em 72 horas ao MP
– Término dá-se por solicitação de familiar, responsável ou por decisão do médico

1.12. Emancipação:

a) Conceito: cessação da incapacidade do menor
b) Espécies:
– **Voluntária:** dada pelos pais (ou um deles, na falta dos dois), por escritura pública, após os 16 anos
– **Judicial:** no caso de existência de tutor; conferida pelo juiz, após os 16 anos
– **Legal:**
• Pelo casamento
• Pelo exercício de emprego público efetivo
• Pela colação de grau em curso superior
• Pelo estabelecimento civil/comercial ou emprego, com economia própria e 16 anos

DIREITO CIVIL

TEMA II - PESSOAS NATURAIS III

1. Pessoas Naturais III – Direitos da personalidade

13. Direitos da personalidade

13.1. Conceito: são os direitos relativos às características próprias das pessoas, tais como

a) *A integridade física* (vida, corpo, partes do corpo)
b) *A integridade intelectual* (liberdade de expressão, autorias científica e artística)
c) *A integridade moral* (intimidade, vida privada, honra, imagem e nome)

Obs.: nascituro e pessoa jurídica são protegidos, no que couber - exemplo: direito à vida do nascituro e dano moral de pessoa jurídica (Súmula STJ 227)

13.2. Características (regime jurídico):

a) **Intransmissíveis:** *não cabe cessão dos direitos*
– Mas exercício do direito pode ser autorizado
Exemplo 1: é possível usar nome de alguém em propaganda comercial mediante autorização (art. 18)
Exemplo 2: é possível usar escritos, palavras e imagem das pessoas mediante autorização (art. 20)
Obs.: em caso de ordem pública também caberá exposição
b) **Irrenunciáveis:** *não cabe rejeição do direito*
Exemplo: é defeso disposição do corpo quando importar diminuição permanente ou contrariar bons costumes (art. 13) – salvo decisão médica, transplante ou após morte, gratuitamente
c) **Não passíveis de limitação voluntária:**
– São de ordem pública, de modo que a vontade é irrelevante à disposição do direito, ainda que autorizada pelo titular
d) **Absolutos:** *oponíveis erga omnes*
e) **Ilimitados:** *abrangem características não identificadas expressamente, tais como direito a alimentos, ao planejamento familiar, à dignidade, à religião etc*
f) **Imprescritíveis:** não sujeitos a usucapião
g) **Impenhoráveis:** não passíveis de constrição judicial
h) **Inexpropriáveis:** não passíveis de desapropriação

13.3. Sanções pela violação de tais direitos:

a) **Cessação da ameaça ou da lesão ao direito**
– O STF entende que, num primeiro momento, a liberdade de expressão prepondera em relação à inviolabilidade da imagem, não cabendo censura prévia (ADPF 130)
– Porém, o abuso da liberdade de expressão pode ser combatido posteriormente com outras sanções
b) **Perdas e danos:** incluindo dano moral e danos materiais (emergentes e lucros cessantes)
c) **Demais sanções previstas em lei:** como direito de resposta, sanções criminais etc

13.4. Legitimados a requerer a aplicação das sanções

a) **Próprio lesado:** por si ou seu representante
b) **Caso lesado seja falecido:**
– Cônjuge sobrevivente
Obs.: Enunciado 275 JDC – companheiro está compreendido na regra
– Qualquer parente em linha reta ou colateral até o 4º grau

14. Meios de individualização da pessoa:

a) **Pelo estado**
– **Político:** nato, naturalizado, estrangeiro
– **Familiar:** pai, filho, solteiro, casado etc
– **Individual:** capaz, incapaz
b) **Pelo nome**
c) **Pelo domicílio**

15. Nome

15.1. Terminologia:

a) **Prenome:** é o nome próprio (exemplo: João)
b) **Patronímico:** é o nome de família (exemplo: Garcia)
c) **Agnome:** é o sinal distintivo de parente (exemplo: Filho)
d) **Axiônimo:** são os títulos e qualificativos (exemplo: doutor)
e) **Alcunha ou epíteto:** são os apelidos (exemplo: Gugu)

15.2. Regime jurídico:

a) O nome não pode expor a pessoa ao ridículo
b) Como regra, o nome é imutável
c) O nome não pode ser utilizado por outros expondo a pessoa a desprezo público
d) O nome não pode ser usado em propaganda comercial, salvo autorização
e) O pseudônimo adotado para atividades lícitas goza da proteção que se dá ao nome

15.3. Exceções ao princípio da imutabilidade:

a) **Modificação no estado de filiação/paternidade:** muda-se patronímico apenas; salvo adoção de menores, em que é possível mudar o prenome (art. 47, § 6º, ECA)
b) **Alteração do nome de um dos pais**
c) **Casamento**
d) **Dissolução da sociedade conjugal e do casamento:** não é obrigatória a perda do nome; mas inocente pode requerer que o outro perca, desde que não cause prejuízo de identificação profissional ou familiar ao outro
e) **Pela união estável:** LRP art. 57, § 2º
f) **Vontade do que tem entre 18 e 19 anos:** não pode prejudicar apelidos de família (art. 56, LRP); em Cartório
g) **Erro gráfico evidente:** art. 110, LRP
h) **Exposição do portador ao ridículo:** art. 55, parágrafo único, LRP
i) **Apelido público notório:** exemplo: Xuxa – art. 58, LRP
j) **Proteção de vítimas, testemunhas e seus parentes:** art. 57, § 7º, LRP
k) **Homonímia:** qualquer alteração motivada – art. 57, caput, LRP
l) **Transgêneros:** os transgêneros, independentemente da cirurgia de transgenitalização ou tratamentos hormonais, têm direito à alteração tanto de seu **prenome** como de seu **gênero**, diretamente no Registro Civil (cartório), ou seja, sem pedido perante o Judiciário. Inexiste outro requisito (ex: idade mínima ou parecer médico). Basta o consentimento livre e informado do solicitante. O pedido é confidencial e os documentos não podem fazer remissão a eventuais alterações (STF, ADI 4275/DF, Plenário, 1o/3/18)

DIREITO CIVIL
Tema III - Domicílio

1. Domicílio

1.1. Conceito: *é a sede jurídica da pessoa*

1.2. Domicílio da pessoa natural:

a) **Regra 1:** é o local onde ela estabelece a sua residência com ânimo definitivo (elemento objetivo + elemento subjetivo)
b) **Regra 2:** se houver mais de uma residência, considera-se domicílio qualquer delas
c) **Regra 3:** se não houver residência habitual, é local onde a pessoa for encontrada (domicílio aparente/ocasional)
d) **Regra 4:** quanto às relações profissionais, é também domicílio o local onde estas são exercidas
e) **Regra 5:** constitui domicílio necessário
– **Do incapaz:** o de seu representante ou assistente
– **Do servidor público:** o local onde exercer permanentemente suas atribuições
– **Do militar:** o local onde servir, e, sendo da Marinha ou Aeronáutica, a sede do comando a que se encontrar imediatamente subordinado
– **Do marítimo:** o local onde o navio estiver matriculado
– **Do preso:** o lugar em que cumprir a sentença

1.3. Domicílio da pessoa jurídica:

a) **Regra 1:** é o local eleito no estatuto ou, não havendo eleição, o local onde funcionarem as respectivas diretorias ou administrações
b) **Regra 2:** se houver mais de um estabelecimento, cada um deles será considerado domicílio para os atos nele praticados
c) **Regra 3:** se a administração (ou diretoria) tiver sede no estrangeiro, haver-se-á por domicílio o lugar do estabelecimento, sito no Brasil, a que ela corresponder
d) **Regra 4:** quanto às pessoas jurídicas de direito público interno, o da União é o DF; o dos Estados, as capitais; e o dos Municípios, o lugar onde funcione a Administração

DIREITO CIVIL
Tema IV - Pessoas Jurídicas

1. Pessoas Jurídicas

1.1. Teoria adotada:
– Adotamos a da realidade das instituições jurídicas
– Não adotamos a da ficção e realidade objetiva

1.2. Pessoas de Direito Público:
a) Externo: países, Santa Sé, uniões aduaneiras, organismos internacionais (ONU, OEA, OMC)
b) Interno: entes políticos
– Autarquias e fundações públicas
– Agências reguladoras – Associações públicas

1.3. Pessoas de Direito Privado:

1.3.1. Associação: *união de pessoas para fins não econômicos*
- **Criação:** estatuto + cartório de pessoa jurídica
- **Liberdade:** livre entrada e saída
- **Exclusão de associado:** cabe por justa causa, com defesa e recurso, nos termos do estatuto

1.3.2. Fundação: *bens personalizados para fins não econômicos*
- **Criação:** estatuto + cartório de pessoa jurídica
- Dotação de bens por escritura pública ou testamento
- Fiscalização pelo MP

1.3.3. Sociedade: *pessoa jurídica com objetivo econômico*
- **Criação:** contrato social + cartório ou junta comercial
- **Sociedade simples:** reunião de profissionais liberais
- **Sociedade empresarial:** organização para a produção e circulação de bens ou serviços

1.3.4. Organização religiosa: *natureza de associação*

1.3.5. Partido político: *natureza de associação*

1.3.6. Empresas individuais de responsabilidade limitada

1.4. Desconsideração da personalidade:

1.4.1. Conceito: *declaração de ineficácia da personalidade para atingir o patrimônio de sócios ou administradores da pessoa jurídica*

1.4.2. Hipóteses: (abuso da personalidade)

- **Desvio de finalidade:** é a utilização da pessoa jurídica com o propósito de lesar credores e para a prática de atos ilícitos de qualquer natureza. Não constitui desvio de finalidade a mera expansão ou a alteração da finalidade original da atividade econômica específica da pessoa jurídica
- **Confusão patrimonial:** é a ausência de separação de fato entre os patrimônios, caracterizada por:
I - cumprimento repetitivo pela sociedade de obrigações do sócio ou do administrador ou vice-versa
II - transferência de ativos ou de passivos sem efetivas contraprestações, exceto os de valor proporcionalmente insignificante; e
III - outros atos de descumprimento da autonomia patrimonial.(as definições acima foram dadas pela Lei 13.874/19 - Lei da Liberdade Econômica - que alterou o art. 50 do CC)

Obs.: adotou-se **Teoria Maior da Desconsideração**, pois há mais requisitos para a desconsideração, diferente do CDC

1.4.3. Legitimados ativos:
– Credor
– Ministério Público, quando couber sua intervenção

1.4.4. Legitimados passivos:
– **Administradores** ou **Sócios** da pessoa jurídica beneficiados direta ou indiretamente pelo abuso

1.4.5. Desconsideração inversa: *consiste em desconsiderar a personalidade do sócio para atingir o patrimônio da pessoa jurídica*

Exemplo: marido que transfere bens para pessoa jurídica de sua titularidade para não dividi-los com a esposa em caso de divórcio

DIREITO CIVIL

TEMA V - BENS

1. Bens I

- **1.1. Conceito de bens:** *toda utilidade física ou ideal que possa ser objeto de um direito subjetivo*
  - **Coisas:** só utilidades físicas
  - **Relação jurídica:** pessoas – bens – vínculo

- **1.2. Classificação dos bens**
  - **1.2.1. Considerados em si mesmos:**
    - Imóvel/móvel, fungíveis/infungíveis, consumíveis/inconsumíveis, divisíveis/indivisíveis, singulares/coletivos
  - **1.2.2. Reciprocamente considerados:**
    - Principais/acessórios
  - **1.2.3. Quanto à titularidade:**
    - Públicos/privados

- **1.3. Móveis e imóveis**
  - **1.3.1. Imóveis:** bens que não podem ser transportados de um lugar para outro sem alteração de sua substância
    - **a) Imóveis por natureza:** solo
    - **b) Imóveis por acessão:** tudo que se incorporar ao solo, podendo ser **natural** (exemplo: árvores) ou **artificial** (exemplos: casa construída, plantação)
    - **c) Imóveis por determinação legal:**
      - Direitos reais sobre imóveis e ações que os asseguram
      - Direito à sucessão aberta (herança)
    - **d) Não perdem caráter de imóvel**
      - Edificações removidas para outro local (casa pré-fabricada)
      - Material separado de prédio para nele se reempregar
  - **1.3.2. Móveis:** bens que podem ser transportados de um lugar para outro sem alteração de sua substância
    - **a) Semoventes:** suscetíveis de movimento próprio; exemplo: boi
    - **b) Móveis por antecipação:** incorporados ao solo, mas com intenção de retirá-los; exemplo: árvores para corte e frutos
    - **c) Móveis por determinação legal:**
      - Energias que têm valor econômico
      - Direitos reais sobre móveis e ações que os asseguram
      - Direitos pessoais patrimoniais e ações que os asseguram
      - Direitos autorais (art. 3º da Lei 9.610/1998)
    - **d) Conservam ou readquirem qualidade de móvel**
      - Materiais destinados a alguma construção
      - Materiais provenientes de demolição de prédio

- **1.4. Fungíveis e infungíveis**
  - **1.4.1. Fungíveis:** móveis que podem ser substituídos por outros da mesma espécie, qualidade e quantidade
    - **Exemplo:** dinheiro, laranjas
    - Vontade também pode determinar fungibilidade
  - **1.4.2. Infungíveis:** imóveis ou móveis que não podem ser substituídos por outros da mesma espécie, qualidade e quantidade
    - **Exemplo:** quadro de pintor renomado, prédio
    - **Importância da classificação:**
      - a) mútuo e comodato;
      - b) compensação de dívidas;
      - c) matéria processual

DIREITO CIVIL
TEMA V - BENS II

1. Bens II

- **1.5. Consumíveis e inconsumíveis**
  - **1.5.1. Consumíveis:** *móveis cujo uso importa na sua destruição ou os destinados à alienação*
    - **Exemplo:** alimentos em geral
    - – Também são consumíveis bens destinados à alienação
  - **1.5.2. Inconsumíveis:** *imóveis ou móveis cujo uso não importa na sua destruição e que não estejam destinados à alienação*
    - **Exemplo:** carro, casa
    - – **Importância da classificação: a)** usufruto; **b)** CDC adotou critério de durável e não durável

- **1.6. Divisíveis e indivisíveis**
  - **1.6.1. Divisíveis:** *bens que se podem fracionar sem alteração da substância, boa diminuição de valor ou prejuízo do uso a que se destinam*
    - **Exemplo:** alimentos em geral, grande gleba de terra
  - **1.6.2. Indivisíveis:** *bens que, caso fracionados, sofrem alteração da substância, boa diminuição de valor ou prejuízo ao uso a que se destinam*
    - **Exemplo:** carro, casa
    - – Bem divisível pode se tornar indivisível por lei ou vontade das partes
    - – **Importância da classificação: a)** obrigações; **b)** divisão de condomínio

- **1.7. Singulares e coletivos**
  - **1.7.1. Singulares:** *bens que, embora reunidos, se consideram de per si, independentemente dos demais*
    - **Exemplo:** 1 livro, 1 animal, 1 casa
  - **1.7.2. Coletivos:** *reunião de bens que forma um todo com individualidade própria*
    - **Exemplo:** 1 biblioteca, 1 rebanho, 1 herança
    - – Há duas espécies de **universalidade**:
    - **a) De fato** (biblioteca, rebanho)
    - **b) De direito** (herança, patrimônio, massa falida)
    - – A primeira decorre da vontade e a segunda, da lei

- **1.8. Principais e acessórios**
  - **1.8.1. Principais:** *bens que existem por si só*
    - **Exemplo:** solo, contrato de locação
  - **1.8.2. Acessórios:** *bens cuja existência depende da do principal*
    - **Exemplo:** frutos da árvore, contrato de fiança
    - – **Importância da classificação:**
    - **a)** Natureza do acessório tende a ser a mesma do principal (princípio da gravitação)
    - **b)** Destino do acessório acompanha o do principal, ou seja, o "acessório segue principal" (presunção relativa)
  - **1.8.3. Espécies de bens acessórios**
    - **1.8.3.1. Frutos:** *utilidades que se reproduzem*; exemplos: juros, aluguéis (civis), leite (naturais) e chocolate (industriais)
    - **1.8.3.2. Produtos:** *utilidades que não se reproduzem*; exemplos: pedras, metais e areia encontrados no solo
    - **1.8.3.3. Pertenças:** *bens móveis destinados de modo duradouro à coisa, não constituindo parte integrante desta*
      - **Exemplo:** móveis de uma casa, tratores de fazenda
      - – Pertenças não acompanham o principal, salvo:
      - a) lei; b) convenção; c) circunstâncias
      - – Assim, vendida uma fazenda, em regra, não acompanham a venda tratores e máquinas usados no imóvel
    - **1.8.3.4. Benfeitorias:** *melhoramentos feitos em coisa já existente*
      - – Diferem de *acessões*, que são criação de coisa nova
      - – Espécies de benfeitorias:
      - **a) Voluptuárias:** *de mero recreio ou deleite*
      - **b) Úteis:** *aumentam ou facilitam o uso da coisa*
      - **c) Necessárias:** *indispensáveis à conservação do bem principal*
      - – Benfeitorias, diferente das pertenças, acompanham o principal
      - – Em matéria possessória, natureza da benfeitoria faz diferença quando há perda da posse

DIREITO CIVIL

Tema VI - Fatos Jurídicos

1. Classificação e requisitos de existência do negócio jurídico

1.1. Classificação do fato jurídico

– **Fato jurídico:** todo acontecimento que produz efeito jurídico

1.1.1. Fato jurídico em sentido estrito: *é o acontecimento natural que produz efeitos jurídicos* – exemplos: nascimento, morte, decurso do tempo

1.1.2. Ato jurídico: *é o acontecimento humano que produz efeito jurídico*

- **1.1.2.1. Atos ilícitos:** *atos contrários ao Direito*
- **1.1.2.2. Atos lícitos:** *atos que produzem efeitos queridos pelo agente*
  - **a) Ato jurídico em sentido estrito:** *simples declaração de vontade com efeitos legais*
    – Exemplo: tradição, reconhecimento de filho, ocupação
  - **b) Negócio jurídico:** *declaração de vontade com a finalidade de alcançar um fim previsto em lei*
    – Aqui a vontade é qualificada; exemplo: contrato de locação
    – Unilateral (testamento), bilateral (contrato)
  - **c) Ato-fato jurídico:** ato material humano com efeito jurídico; exemplo: achado de tesouro

1.2. Requisitos de existência do negócio jurídico

1.2.1. Manifestação de vontade: *expressa ou tácita*

– Ou seja, vontade *inequívoca* ou *comportamento*
– Silêncio: significará vontade se os usos ou circunstâncias autorizarem, e não for necessária vontade expressa

1.2.2. Finalidade negocial: *vontade de regulamentar uma relação jurídica*

1.2.3. Objeto: *utilidade física ou ideal sobre a qual recai a vontade*

DIREITO CIVIL

TEMA VI - FATOS JURÍDICOS

1. Requisitos de validade e eficácia do negócio jurídico

1.1. Requisitos de validade do negócio jurídico

1.1.1. Manifestação de vontade livre: externada sem vícios (exemplo: erro, dolo, coação)

1.1.2. Agente emissor da vontade capaz: alguém com capacidade de fato ou com mediador idôneo

1.1.3. Legitimação: aptidão específica para o ato

1.1.4. Objeto lícito, possível e determinável

1.1.5. Obediência à forma, quando prescrita em lei

1.1.6. Inexistência de configuração de outras hipóteses de nulidade (exemplo: simulação) e de **anulabilidade** (exemplo: fraude contra credores)

Atos nulos: arts. 166 (vários casos) e 167 (simulação)
Simulação
a) **Absoluta:** *quando não se quer negócio algum* (exemplo: divórcio simulado para fugir de responsabilidade civil)
b) **Relativa:** *quando se encobre um negócio querido*
– Na relativa, temos:
i) **Negócio simulado:** *o que se declara, mas não se quer* – exemplo: doação de um imóvel– é nulo
ii) **Negócio dissimulado:** *o que se pretende de verdade* – exemplo: compra e venda do mesmo imóvel
– Negócio dissimulado pode ser mantido, desde que válido na forma e na substância
Atos anuláveis: art. 171
a) Por incapacidade relativa do agente (4 anos)
b) Por vício resultante de erro, dolo, coação, estado de perigo, lesão ou fraude contra credores (defeitos do negócio jurídico) (4 anos)
c) Outros casos previstos em lei, como na venda de ascendente para descendente (art. 496)(2 anos)
Anulabilidade versus Nulidade
a) **Interesse:** privado x público
b) **Legitimidade:** interessados x interessados, MP e juiz de ofício
c) **Confirmação:** admite x não admite
d) **Decurso do tempo:** convalesce (regra: 2 anos) x não convalesce
e) **Ação:** anulatória x declaratória de nulidade
f) **Efeitos da sentença:** não retroage *(ex nunc)* x retroage *(ex tunc)*
g) **Aproveitamento:** convalidação x conversão

1.2. Requisitos de eficácia do negócio jurídico

1.2.1. Inexistência de condição suspensiva pendente: ou seja, de evento futuro e incerto que condiciona o início dos efeitos do negócio

Exemplo: "se você se casar, ganhará R$ 200 mil" – enquanto não houver casamento, negócio não produz efeitos

1.2.2. Inexistência de termo suspensivo pendente: ou seja, de evento futuro e certo que condiciona o início dos efeitos do negócio

Exemplo: "a locação entrará em vigor dia 20 deste mês" – enquanto não chegar dia 20, negócio não produz efeitos
Obs.: quanto aos elementos acidentais do negócio:
a) **Condição:** subordina negócio a evento futuro e incerto
b) **Termo:** subordina negócio a evento futuro e certo
a) **Condição/termo suspensivos:** enquanto não acontecerem, negócio fica com efeitos suspensos
b) **Condição/termo resolutivos:** quando acontecerem negócio fica resolvido, ou seja, não produzirá mais efeitos
– **Encargo:** *cláusula que impõe obrigação ao beneficiário de negócio jurídico*
Exemplo: doação com encargo
– Não suspende aquisição do direito

DIREITO CIVIL
TEMA VI - FATOS JURÍDICOS

1. Defeitos do Negócio Jurídico (geram anulabilidade)

1.1. Erro ou ignorância: *é o engano cometido pelo próprio agente*

– Deve ser:
a) **Substancial (essencial):** quanto à sua natureza, seu objeto ou suas qualidades
b) **Escusável**
c) **Real:** prejuízo deve ser a causa determinante do negócio
Exemplos: pensa-se ser doação, mas é venda; pensa-se ser filho, mas não é
– O erro acidental (relativo a questões secundárias) não gera a anulabilidade do ato, nem indenização

1.2. Dolo: *erro provocado pela parte contrária ou por terceiro, por meio de expediente malicioso*

Exemplo: adulteração de quilometragem
– Deve ser:
a) **Essencial**
b) **Com malícia**
c) **Determinante**
d) **Não recíproco**
– O dolo acidental só enseja reparação por perdas e danos

1.3. Coação: *é a ameaça que constrange alguém à prática de um negócio*

A ameaça deve ser:
a) **Da parte que aproveita ou de terceiro, com conhecimento daquela**
b) **Determinante**
c) **Grave:** veem-se aspectos subjetivos das partes
d) **Injusta:** mal prometido não é exercício regular de direito; se for, ameaça não é injusta
e) **Iminente**
f) **Relativa ao paciente, sua família ou seus bens**
Obs.: pessoa que não for da família, juiz decide

1.4. Estado de perigo: *assunção de obrigação excessivamente onerosa com o intuito de salvar a si ou a alguém de sua família de grave dano conhecido da outra parte*

Exemplo: exigência de cheque caução em hospital
– Ato anulável
– Há corrente doutrinária que entende que o ato deveria ser válido, determinando-se apenas o ajuste das prestações

1.5. Lesão: *assunção de prestação manifestamente desproporcional ao valor da prestação oposta, por premente necessidade ou inexperiência*

Exemplo: compra de imóvel que vale R$ 500 mil por R$ 100 mil, por inexperiência de quem vende
– Elementos objetivo e subjetivo
– Não ocorre em atos unilaterais– Não há necessidade de: i) situação de perigo; ii) conhecimento da outra parte
– Ato é anulável
– Negócio pode ser mantido se parte prejudicada receber uma compensação

1.6. Fraude contra credores:

1.6.1. Dá-se com a transmissão de bens ou remissão de dívida feitas pelo devedor já insolvente, ou por elas reduzido à insolvência

1.6.2. Requisitos:
a) *Consilium fraudis:* conluio fraudulento (elemento subjetivo)
– Nos gratuitos, é presumido
– Nos onerosos, a existência de ações configura
b) **O evento danoso:** prejuízo (elemento objetivo)
c) **Ação própria:** pauliana ou revocatória

1.6.3. Diferenças com fraude de execução: a) vício social *versus* ato atentatório da Justiça; b) ação própria *versus* reconhecimento na própria execução; c) anulação do negócio *versus* ineficácia do negócio perante credor

DIREITO CIVIL
Tema VII - Prescrição e Decadência

1. Prescrição e Decadência

1.1. Prescrição

1.1.1. Conceito: é a causa extintiva da pretensão pelo seu não exercício no prazo estipulado pela lei

– Diz respeito às ações **condenatórias**

1.1.2. Características:

a) Parte que se beneficia só pode renunciar ao direito após o decurso do prazo (191)
b) Prazos não podem ser alterados por convenção (192)
c) Juiz pode reconhecer de ofício (487, II, do NCPC)
d) Pode-se reconhecê-la a qualquer tempo (193)
e) Relativamente incapaz e PJ têm ação contra responsáveis por ela (195)
f) Prescrição iniciada contra uma pessoa, continua a correr contra o seu sucessor (196)

1.1.3. Não corre prescrição:

– Entre os cônjuges, na constância da sociedade conjugal
– Entre ascendentes e descendentes, durante o poder familiar
– Entre tutelados ou curatelados e seus tutores ou curadores, durante a tutela ou curatela
– Contra os incapazes de que trata o art. 3º
– Contra os ausentes do País em serviço público da União, dos Estados ou dos Municípios
– Contra os que se acharem servindo nas Forças Armadas em tempo de guerra
– Pendendo condição suspensiva
– Não estando vencido o prazo– Pendendo ação de evicção

1.1.4. Interrompem a prescrição (uma única vez):

– O despacho do juiz, mesmo incompetente, que ordenar a citação, se o interessado a promover no prazo e na forma da lei processual
– O protesto, nas condições do inciso antecedente
– O protesto cambial
– A apresentação do título de crédito em juízo de inventário ou em concurso de credores
– Qualquer ato judicial que constitua em mora o devedor
– Qualquer ato inequívoco, ainda que extrajudicial, que importe reconhecimento do direito pelo devedor

Observações:
– A prescrição interrompida recomeça a correr da data do ato interruptivo ou do último ato do processo para interrompe
– A prescrição pode ser interrompida por qualquer interessado
– A interrupção da prescrição por um credor não aproveita aos outros; semelhantemente, a interrupção operada contra o codevedor, ou seu herdeiro, não prejudica aos demais coobrigados (art. 204)
– Exceção: interrupção por um credor solidário aproveita aos outros; assim como a interrupção efetuada contra o devedor solidário envolve os demais e seus herdeiros
– A interrupção operada contra um dos herdeiros do devedor solidário não prejudica os outros herdeiros ou devedores, senão quando se trate de obrigações e direitos indivisíveis
– A interrupção produzida contra o principal devedor prejudica o fiador (acessório segue o principal)

1.1.5. Prazos:

1.1.5.1. Geral: a prescrição ocorre em 10 anos, quando a lei não lhe haja fixado prazo menor (art. 205)

1.1.5.2. Especiais (art. 206):

a) **1 ano:** pretensão de hotéis; segurado contra segurador (pedido de pagamento suspende prazo); tabeliães; peritos etc.
b) **2 anos:** prestação de alimentos, dos vencimentos
c) **3 anos:** alugueres; ressarcimento por enriquecimento sem causa; reparação civil; seguro obrigatório (exemplo: DPVAT)
d) **4 anos:** pretensão relativa à tutela, prestação de contas
e) **5 anos:** cobrança de dívidas líquidas constantes de instrumentos; pretensão de profissionais liberais, contado da conclusão dos serviços; pretensão do vencedor para haver do vencido o que despendeu em juízo

1.2. Decadência

1.2.1. Conceito: é a causa extintiva do direito potestativo pelo seu não exercício no prazo estipulado pela lei

– Diz respeito às ações **constitutivas**

1.2.2. Características:

a) Salvo disposição legal, não se aplicam os casos de impedimento, suspensão e interrupção (art. 207)
b) Não corre prazo decadencial contra absolutamente incapaz (art. 208)
c) É nula a renúncia à decadência legal (art. 209), mas a decadência convencional pode ser alterada
d) Juiz deve conhecer de ofício decadência legal (art. 210)
e) Pode-se reconhecê-la a qualquer tempo (art. 211)

DIREITO CIVIL
Tema VIII - Obrigações

1. Obrigações I – Aspectos Gerais

1.1. Conceito de obrigação: *é o vínculo jurídico que confere ao credor (sujeito ativo) o direito de exigir do devedor (sujeito passivo) o cumprimento de determinada prestação*

– **Obrigação:** vínculo entre pessoas
– **Responsabilidade:** sujeição do patrimônio do devedor ao cumprimento da obrigação

1.2. Fontes das obrigações:

a) **Atos ilícitos**
b) **Contratos**
c) **Declarações unilaterais de vontade** (exemplo: promessa)
d) **Outros fatos previstos em lei** (exemplo: tributos)

1.3. Classificação das obrigações

1.3.1. Quanto à exigência:

a) **Civil:** aquela que pode ser exigida em juízo
b) **Natural:** aquela que não pode ser exigida em juízo, mas, uma vez cumprida, não pode ser repetida
– Exemplo: dívida prescrita; dívida de jogo

1.3.2. Quanto à extensão:

a) **De resultado:** *aquela em que devedor se compromete a atingir fim, sob pena de responder;* exemplo: cirurgia plástica
b) **De meio:** *aquela em que devedor se compromete a fazer o melhor, mas sem garantir o resultado;* exemplo: defesa em ação judicial

1.3.3. Quanto à natureza do direito:

a) **De direito pessoal:** *aquela travada entre pessoas;* exemplo: obrigação de pagar determinada quantia
b) **De direito real:** *aquela em que todas as pessoas ficam obrigadas a respeitar relação que vincula a pessoa à coisa;* exemplo: obrigação de respeitar propriedade
c) **Propter rem:** *aquela em que alguém, pelo simples fato de ser titular de um direito real sobre uma coisa, fica obrigado a cumprir;* exemplos: obrigação de pagar dívida de condomínio ou dívida tributária; obrigação de proprietários de prédios confinantes dividirem despesas de tapumes provisórios

DIREITO CIVIL

TEMA VIII - OBRIGAÇÕES II - MODALIDADES DAS OBRIGAÇÕES

1. Obrigações II

1.4. Modalidades das obrigações

1.4.1. Obrigação de dar:

1.4.1.1. Conceito: de *entregar* ou *restituir* uma coisa

1.4.1.2. Regras em caso de perecimento (perda total)

a) **Se ocorrer antes da tradição, sem culpa** do devedor, resolve-se a obrigação; exemplo: inundação destrói coisa
b) **Se ocorrer antes da tradição, com culpa** do devedor, credor recebe equivalente em $ + perdas e danos; exemplo: vendedor bate carro antes de entregar
c) **Se ocorrer após a tradição**, o problema é do credor, pois a coisa perece para o dono, salvo se a coisa já estava com problema (exemplo: cavalo com problema respiratório)
Obs.: se for *deterioração* (perda parcial), credor pode ficar com a coisa, com abatimento no preço

1.4.2. Obrigação de fazer:

1.4.2.1. Conceito: de *prestar atos ou serviços*

1.4.2.2. Regras em caso de não cumprimento

a) **Se obrigação for personalíssima**: i) impossível sem culpa do devedor, ficará resolvida; ii) impossível com culpa do devedor, transforma-se em perdas e danos; iii) não cumprida por recusa do devedor, transforma-se em perdas e danos. Obs.: pode ser que meios suasórios judiciais possam conseguir o cumprimento da obrigação (497, NCPC)
b) **Se obrigação for impessoal**: i) impossível sem culpa do devedor, ficará resolvida; ii) impossível com culpa do devedor, transforma-se em perdas e danos; iii) não cumprida por recusa ou mora do devedor, cabe perdas e danos OU ação cominatória + perdas e danos OU executar a obrigação por terceiro, à custa do devedor (urgência)
Resumo da obrigação impessoal:
Impossível sem culpa: resolve-se
Impossível com culpa: perdas e danos
Recusa ou mora:
– Perdas e danos OU
– Cobrar + perdas e danos OU
– Executar por 3º, às custas do devedor

1.4.3. Obrigação alternativa:

1.4.3.1. Conceito: *tem 2 ou + objetos e se extingue com a prestação de um deles;* exemplo: entregar carro ou moto

1.4.3.2. Escolha: compete ao devedor, salvo acordo diverso

1.4.3.3. Impossibilidade de 1 prestação: subsiste débito em relação à outra; salvo culpa do devedor se credor escolhe

1.4.3.4. Impossibilidade das 2 ou + prestações: sem culpa, resolve-se; com culpa, ver a quem cabe a escolha, que pagará o equivalente em $ + perdas e danos

1.4.3.5. Alternativa *versus* Facultativa

a) **Alternativa:** tem 2 ou + objetos principais – carro ou moto
b) **Facultativa:** tem 1 objeto principal – carro – mas devedor, na hora de cumprir, pode substituir carro por outra coisa
Importância: se carro perecer, obrigação facultativa fica extinta

1.4.4. Obrigação solidária

1.4.4.1. Conceito: *aquela em que há mais de um credor ou mais de um devedor, cada um com direito, ou obrigado à dívida toda*

1.4.4.2. Formação da solidariedade

a) Solidariedade não se presume
b) Solidariedade decorre da LEI ou VONTADE DAS PARTES

1.4.4.3. Solidariedade ativa

a) **Conceito:** cada credor pode cobrar sozinho toda obrigação
– A deve a B e C; B ou C podem cobrar toda dívida de A
– Exemplo: titulares de conta-corrente podem exigir do banco todo o $
b) **Efeitos:**
– Devedor se exonera da dívida pagando a qualquer credor
– Morrendo um credor, herdeiros sozinhos não têm benefício

1.4.4.4. Solidariedade passiva

a) **Conceito:** *cada devedor deve a obrigação por inteiro*
– A e B devem a C; C pode cobrar dívida inteira de A ou B
– Exemplo: praticantes de ato ilícito respondem solidariamente
b) **Efeitos:**
– Morrendo devedor solidário, herdeiros só podem ser cobrados isoladamente no correspondente a seu quinhão
– Se houver impossibilidade da obrigação por culpa de um dos devedores, todos continuam solidários pelo valor da coisa em $, mas só o culpado responde por danos; se obrigação for em $, solidariedade permanece quanto aos juros
– Defesa pessoal só pode ser alegada pelo devedor pertinente
– Credor pode renunciar à solidariedade total ou parcialmente
– Devedor que pagar: direito de regresso contra os outros

DIREITO CIVIL

Tema VIII - Obrigações III - Transmissão das obrigações

1. Obrigações III

- **1.5. Transmissão das obrigações** (alteração subjetiva)

  - **1.5.1. Cessão de crédito**

    - **1.5.1.1. Conceito:** transferência da posição de credor
      - **Cedente:** credor que transmite o crédito
      - **Cessionário:** terceiro que recebe o crédito
      - **Cedido:** sujeito que continua como devedor

    - **1.5.1.2. Eficácia perante devedor:** cessão depende de notificação do devedor ou de ciência manifestada por escrito

    - **1.5.1.3. Responsabilidade do cedente**
      - Se cessão for onerosa, responde pela existência do crédito, pela *sua qualidade de credor* e pela validade da dívida
      - Se for gratuita, só responde pela *existência* se de *má-fé*
      - Em qualquer caso, *responsabilidade pelo débito* só se cedente *assumir* responsabilidade pela solvência do cedido

  - **1.5.2. Assunção de dívida (cessão de débito)**

    - **1.5.2.1. Conceito:** *transferência da posição de devedor*
      - Dívida não fica extinta, diferente da novação subjetiva

    - **1.5.2.2. Espécies:**
      a) **Expromissão:** contrato entre credor e 3º, em que este passa a ser devedor, sem a participação do originário
      b) **Delegação:** contrato entre o devedor originário (delegante) e 3º (delegatário), com a concordância do credor

    - **1.5.2.3. Efeitos**
      a) **Liberatórios:** o devedor originário fica desvinculado do pagamento da dívida. Esta é a regra
      b) **Cumulativos:** o devedor originário continua vinculado, servindo a assunção de reforço da dívida, com solidariedade entre os devedores. Depende de convenção

DIREITO CIVIL

TEMA VIII - OBRIGAÇÕES IV - EXTINÇÃO DAS OBRIGAÇÕES

1. Obrigações IV

- **1.6. Extinção das obrigações I**

  - **1.6.1. Pagamento**

    - **1.6.1.1. Quem deve pagar:**
      – Qualquer *interessado* na extinção da dívida pode pagar, ficando sub-rogado nos direitos do credor originário;
      – 3º não *interessado* só fica sub-rogado quanto ao valor pago

    - **1.6.1.2. A quem se deve pagar:** pagamento só tem efeito liberatório se feito ao credor, representante, sucessor ou a credor putativo (havendo boa-fé)

    - **1.6.1.3. Objeto:** credor não é obrigado a receber coisa diversa ainda que mais valiosa

    - **1.6.1.4. Lugar:** regra é domicílio do devedor (dívida quesível), mas por lei/convenção pode ser do credor (dívida portável)

    - **1.6.1.5. Tempo:** credor pode cobrar antes do vencimento se devedor cair em insolvência ou garantia ficar insuficiente

  - **1.6.2. Consignação em pagamento**

    - **1.6.2.1. Conceito:** *forma especial de pagamento, por meio de depósito judicial ou em estabelecimento bancário, cabível quando houver mora do credor ou risco para o devedor na realização do pagamento direto*

    - **1.6.2.2. Cabimento:**
      a) Se o credor não puder, ou, sem justa causa, recusar receber o pagamento, ou dar quitação na devida forma
      b) Se o credor não for, nem mandar receber a coisa no lugar, tempo e condição devidos
      c) Se o credor for incapaz de receber, for desconhecido, declarado ausente ou residir em lugar incerto ou difícil
      d) Se ocorrerem dúvidas sobre quem deva legitimamente receber o objeto do pagamento
      e) Se pender litígio sobre o objeto do pagamento

  - **1.6.3. Imputação do pagamento**

    - **1.6.3.1. Conceito:** *é a indicação ou determinação da dívida a ser quitada quando uma pessoa obrigada por dois ou mais débitos da mesma natureza e com o mesmo credor só pode pagar parte deles*

    - **1.6.3.2. Cabimento:** cabe ao devedor indicar, no ato do pagamento, qual dívida deseja saldar

    - **1.6.3.3. Ausência de indicação do devedor:** credor fará a indicação; que, não feita, importará na imputação legal:
      a) Primeiro nos juros vencidos e depois no capital
      b) Primeiro nas dívidas vencidas há mais tempo
      c) Se todas forem vencidas no mesmo tempo, imputa-se na mais onerosa
      d) Se todas forem iguais, imputa-se proporcionalmente

DIREITO CIVIL
Tema VIII - Obrigações V - Extinção das obrigações II

1. Obrigações V

- **1.6. Extinção das obrigações II**

  - **1.6.4. Dação em pagamento**
    - **1.6.4.1. Conceito:** é o acordo de vontades por meio do qual o credor aceita receber prestação diversa da que lhe é devida
    - **Exemplo:** alguém deve R$ 500 e combina com credor que pagará com uma bicicleta
    - **1.6.4.2. Efeitos:**
      a) Extingue a obrigação principal
      b) Se houver evicção, ficará restabelecida a obrigação primitiva, ficando sem efeito a quitação dada

  - **1.6.5. Novação**
    - **1.6.5.1. Conceito:** é a criação de obrigação nova para extinguir anterior
    - **1.6.5.2. Requisitos:**
      a) existência de obrigação anterior
      b) constituição de nova dívida;
      c) intenção de novar
    - **1.6.5.3. Espécies:**
      a) **Objetiva ou real:** modificação no próprio objeto da obrigação; exemplo: substitui-se obrigação em $ por de não fazer
      b) **Subjetiva ou pessoal:** substituição de um dos sujeitos da obrigação anterior, com extinção da obrigação. Pode ser ativa (do credor) ou passiva (do devedor). Será chamada novação por expromissão quando não há conhecimento; e por delegação se há anuência do devedor
      c) **Mista ou subjetiva-objetiva:** substituição, ao mesmo tempo, do objeto e de algum dos sujeitos da obrigação

  - **1.6.6. Compensação**
    - **1.6.6.1. Conceito:** é a extinção das obrigações entre duas pessoas que são, ao mesmo tempo, credora e devedora uma da outra
    - – As obrigações ficam extintas até onde se compensarem
    - **1.6.6.2. Requisitos da compensação legal:**
      a) Reciprocidade das obrigações
      b) Prestações líquidas e vencidas
      c) Coisas fungíveis
    - **1.6.6.3. Impedimentos à compensação:**
      a) Se 1 das dívidas provier de furto, roubo ou esbulho
      b) Se 1 das dívidas originar de comodato/depósito/alimentos
      c) Se 1 das dívidas for de coisa não suscetível de penhora
      d) Se a compensação se der em prejuízo de terceiros
      Em relação a débitos fiscais, aplica-se legislação especial

  - **1.6.7. Confusão**
    - **1.6.7.1. Conceito:** é a extinção da obrigação pela reunião, em uma única pessoa, das qualidades de credora e devedora na relação jurídica
    - **Exemplo:** herdeiro recebe de herança crédito contra si mesmo
    - **1.6.7.2. Outras questões:**
      a) A confusão pode ser total ou parcial
      b) O processo será extinto, sem julgamento de mérito

  - **1.6.8. Remissão das dívidas**
    - **1.6.8.1. Conceito:** consiste na exoneração da dívida do devedor, por liberalidade do credor
    - **1.6.8.2. Outras questões:**
      a) A lei exige concordância do devedor (negócio bilateral)
      b) A remissão não pode prejudicar terceiros

DIREITO CIVIL

TEMA VIII - OBRIGAÇÕES VI - INADIMPLEMENTO DAS OBRIGAÇÕES I

1. Obrigações VI

1.7. Inadimplemento das obrigações I

1.7.1. Espécies

1.7.1.1. Inadimplemento absoluto: *inexecução da obrigação que impossibilita o credor de receber a prestação*

Exemplo: vestido de noiva chega após casamento

1.7.1.2. Inadimplemento relativo: *inexecução da obrigação que não impossibilita o credor de receber a prestação, que continua útil para este, apesar da inobservância do tempo, do lugar e da forma devidos*

Exemplo: vestido de noiva chega só 1 dia antes do casamento
Importância da distinção:
– **Absoluto:** enseja cobrança de perdas e danos, sem direito à prestação
– **Relativo:** enseja cobrança de perdas e danos + cobrança da própria prestação

1.7.1.3. Inadimplemento culposo: *é a inexecução da obrigação por culpa ou dolo do devedor*

Exemplo: fotógrafo esquece dia do casamento
– **Obrigações negociais e contratuais:** a culpa é presumida
– **Contratos benéficos:** aquele a quem não aproveita só responde se houver dolo
– **Excludentes:** o devedor fica exonerado da responsabilidade se demonstrar algum excludente, como o *caso fortuito* ou de *força maior*, ou a *culpa exclusiva* de terceiro
– **Reforço da responsabilidade:** no fortuito, o devedor responde **se** expressamente houver se responsabilizado pelo caso fortuito ou de força maior

1.8. Espécies de mora

1.8.1. Mora *ex re* (ou de pleno direito): *é aquela em que há data de vencimento*

– Aplica a regra: "dies interpellat pro homine"
– Também há mora automática nos casos de ato ilícito

1.8.2. Mora ex persona ("por ato da parte"): *é aquela que depende de providência por parte do credor, para que se caracterize*

– Depende de interpelação judicial/extrajudicial, protesto, citação
– O CC estabelece que "não havendo termo, a mora se constitui mediante interpelação judicial ou extrajudicial"
– Há casos em que, mesmo havendo termo (vencimento), a lei determina que a mora só se configurará com interpelação

1.9. Perdas e danos

a) **Danos emergentes:** o que efetivamente se perdeu
b) **Lucros cessantes:** o que razoavelmente se deixou de lucrar
c) **Incluem danos morais**
d) **Quando se trata de dívida em dinheiro**
– Danos emergentes: a própria prestação + atualização monetária + custas + honorários de advogado
– Lucros cessantes: juros de mora
– O juiz pode conceder **indenização suplementar**, quando for provado que os juros de mora não cobrem o prejuízo e **não houver pena convencional**
– Os juros de mora são contados desde a citação; isso não ocorre nas indenizações por ato ilícito e nos casos de mora *ex re*

DIREITO CIVIL

TEMA VIII - OBRIGAÇÕES VI - INADIMPLEMENTO DAS OBRIGAÇÕES II

1. Obrigações VII

└── **1.7. Inadimplemento das obrigações II**

1.10. Juros legais

1.10.1. Natureza:
- Têm caráter *punitivo* e *indenizatório*
- Já os **juros compensatórios** têm caráter *remuneratório*

1.10.2. Características

a) As partes podem convencionar os juros moratórios no percentual de até 12% ao ano
b) Se as partes não convencionarem os juros moratórios, estes serão fixados "segundo a taxa que estiver em vigor para a mora do pagamento de impostos devidos à Fazenda Nacional"– Ou seja, segundo a taxa SELIC (STJ, Corte Especial, Emb. de divergência no RE 727.842)
c) Ainda que não se alegue prejuízo, o devedor é obrigado ao pagamento de juros moratórios

1.11. Cláusula Penal

1.11.1. Conceito: *é a obrigação acessória que incide caso uma das partes deixe de cumprir a obrigação principal*
- Pode ser estipulada para mora e inadimplemento absoluto

1.11.2. Finalidades:
a) **Meio de coerção:** incentivo ao fiel cumprimento da obrigação
b) **Prefixação de danos:** ou seja, independentemente de provar a existência de danos, o credor pode exigi-la

1.11.3. Indenização suplementar
- **Regra:** credor **não pode** pedir indenização suplementar – **cláusula penal substitutiva** (ou disjuntiva)
Exceção: caso haja previsão de que a cláusula penal é apenas uma indenização mínima, o credor poderá pedir indenização suplementar – **cláusula penal cumulativa**

1.11.4. Limites da cláusula penal:

1.11.4.1. Valor:
- A multa não pode exceder o valor da obrigação principal; ou seja, seu valor máximo é de 100%
- Já no CDC a multa é de até 2% sobre o valor da prestação no fornecimento de crédito
- A Lei de Usura limita a multa em 10% para o mútuo
- A legislação que regula compromissos de compra e venda de imóveis também a limita em 10%
- Quanto às cotas condominiais, a taxa máxima é de 2%

1.11.4.2. Redução equitativa:
- Se a obrigação principal tiver sido cumprida em **parte**, ou se o montante da penalidade for **manifestamente excessivo**, a penalidade deve ser reduzida equitativamente pelo juiz

1.12. Arras ou sinal

1.12.1. Conceito: *é o bem entregue por um dos contratantes, como confirmação do contrato e princípio de pagamento*

1.12.2. Espécies:

a) **Confirmatórias:** *utilizadas para confirmar o negócio*
- Se quem pagar arras desistir do contrato, ficará sem elas
- Se quem receber arras desistir do contrato, deverá devolvê-las em dobro, com atualização monetária/juros/honorários
- Servem de prefixação das perdas e danos; se os prejuízos superarem seu valor, pode-se pedir indenização suplementar

b) **Penitenciais:** *utilizadas para a prefixação das perdas e danos, no caso de qualquer das partes desistir do contrato*
- A regra é igual à das arras confirmatórias
- Diferença é que aqui não cabe indenização suplementar

DIREITO CIVIL
Tema IX - Contratos

1. Princípios contratuais

1.1. Princípio da autonomia da vontade

1.1.1. Conceito: *é aquele que assegura a liberdade de contratar, consistente na escolha entre celebrar ou não um contrato e na faculdade de escolher com quem, o que e como contratar*

1.1.2. Consequências

i) Liberdade quádrupla: as pessoas podem contratar se, com quem, o que e como quiserem
ii) Pacta sunt servanda: a vontade livremente manifestada "faz lei entre as partes" (princípio da força obrigatória)
iii) Relatividade dos contratos: os contratos só vinculam os contratantes (princípio da relatividade)

Atenção: a Lei 13.874/19 (Lei da Liberdade Econômica) criou um novo dispositivo para reforçar o princípio da autonomia da vontade, criando uma presunção relativa de paridade e simetria dos contratos civis empresariais, com o nítido objetivo de frear o exagero nas modificações contratuais judiciais com base em outros princípios do CC. Confira: Art. 421-A. Os contratos civis e empresariais presumem-se paritários e simétricos até a presença de elementos concretos que justifiquem o afastamento dessa presunção, ressalvados os regimes jurídicos previstos em leis especiais, garantido também que:
I - as partes negociantes poderão estabelecer parâmetros objetivos para a interpretação das cláusulas negociais e de seus pressupostos de revisão ou de resolução
II - a alocação de riscos definida pelas partes deve ser respeitada e observada
III - a revisão contratual somente ocorrerá de maneira excepcional e limitada

1.2. Princípio da função social dos contratos

1.2.1. Conceito: *aquele que só protege contratos que objetivam trocas úteis, justas e não prejudiciais ao interesse coletivo*

1.2.2. Consequências valorativas:

a) Os contratos devem ser úteis para as partes; exemplo: não é útil o contrato com venda casada
b) Os contratos devem ser justos, ou seja, devem ser equilibrados e sem abusividade; exemplo: viola o princípio cláusula que estabelece que um contratante fica exonerado de qualquer responsabilidade pelo serviço prestado
c) Os contratos devem respeitar o interesse coletivo, ou seja, não podem prejudicar os interesses difusos e coletivos, tais como o meio ambiente ecologicamente equilibrado
– O juiz, diante dessa cláusula geral, valer-se-á das *regras de experiência* e das *conexões sistemáticas*

1.2.3. Consequências operacionais/instrumentais

O princípio, de ordem pública (art. 2.035, parágrafo único, do CC), tem tríplice função no plano operacional (instrumental):
a) Interpretativa: é vetor interpretativo da lei e do contrato
b) Integrativa: é meio de integração em caso de lacuna
c) Corretiva: corrige cláusulas contratuais injustas e abusivas, tendo o juiz as seguintes possibilidades:
i) Modificar a cláusula
ii) Invalidar a cláusula
iii) Resolver o contrato
iv) Condenar o ofensor ao pagamento de uma indenização

Atenção: a Lei 13.874/19 (Lei da Liberdade Econômica) inseriu um parágrafo no art. 421, também com o objetivo de frear o exagero nas modificações contratuais judiciais com base nesse princípio. Confira a regra: "Nas relações contratuais privadas, prevalecerão o princípio da intervenção mínima e a excepcionalidade da revisão contratual"

1.3. Princípio da boa-fé objetiva

1.3.1. Conceito: *aquele que impõe aos contratantes guardar em todas as fases que envolvem o contrato o respeito à lealdade*

1.3.2. Consequências valorativas:

a) Contratantes devem ser **leais**, ou seja, devem agir com honestidade, retidão, respeito, cuidado e probidade
b) Impõe **boa-fé objetiva**, ou seja, a concepção ética da boa-fé, e não a concepção individual, subjetiva
– O juiz, diante dessa cláusula geral, também deverá se valer das regras de experiência e das conexões sistemáticas

1.3.3. Extensão no tempo: o princípio deve ser obedecido em todas as fases contratuais: a) tratativas; b) celebração (ou conclusão); c) execução; d) extinção; e e) fase pós-contratual

1.3.4. Consequências operacionais: o princípio tem as seguintes funções operacionais ou instrumentais:

a) Interpretativa, integrativa e corretiva
b) Criativa de deveres anexos, vez que estabelece deveres acessórios a todos os contratos, proibindo que as pessoas exerçam abusivamente seus direitos e impondo que as pessoas ajam com cuidado e respeito
– **Enunciado CFJ 24:** a violação de deveres anexos constitui espécie de inadimplemento, independentemente de culpa

DIREITO CIVIL
Tema IX - Contratos

1. Classificação dos Contratos I

1.1. Quanto aos efeitos (ou quanto às obrigações):

1.1.1. Contratos unilaterais: são aqueles em que há obrigações para apenas uma das partes

Exemplos: doação pura e simples, mandato, depósito, mútuo e comodato
– Os três últimos são unilaterais, pois só se formam no instante da entrega da coisa; a partir desse momento, só uma das partes (a devedora) tem obrigações

1.1.2. Contratos bilaterais: são aqueles em que há obrigações para ambos os contratantes

– Também são chamados de sinalagmáticos
Exemplos: a prestação de serviços e a compra e venda

1.1.3. Contratos bilaterais imperfeitos: são aqueles originariamente unilaterais, que se tornam bilaterais por uma circunstância acidental

Exemplo: mandato e depósito não remunerados

1.1.4. Contratos bifrontes: são aqueles que originariamente podem ser unilaterais ou bilaterais

Exemplo: mandato e depósito
Importância da classificação:
a) Apenas nos contratos bilaterais cabe exceção de contrato não cumprido, seja por inexecução total (*exceptio non adimplecti contractus*), seja por inexecução parcial (*exceptio non rite adimplecti contractus*)
b) Verificar qual das duas partes tem de cumprir primeiro a obrigação

1.2. Quanto às vantagens:

1.2.1. Contratos gratuitos: são aqueles em que há vantagens apenas para uma das partes

– Também são chamados de benéficos
Exemplo: doação pura e simples, depósito e mútuo não remunerados, comodato

1.2.2. Contratos onerosos: são aqueles em que há vantagens para ambas as partes

Exemplo: compra e venda, prestação de serviços, mútuo remunerado (feneratício) e doação com encargo
– Não confundir com a classificação anterior, pois há contratos unilaterais e onerosos, como o mútuo feneratício

1.3. Quanto ao momento de formação

1.3.1. Contrato consensual: é aquele que se forma no momento do acordo de vontades

Exemplo: a compra e venda e o mandato
– Entrega da coisa (tradição) é mera execução do contrato

1.3.2. Contrato real: é aquele que somente se forma com a entrega da coisa

Exemplo: comodato, depósito e mútuo
– Entrega da coisa é requisito para a formação do contrato

1.4. Quanto à forma

1.4.1. Contratos não solenes: são os de forma livre

Exemplo: compra e venda de bens móveis, prestação de serviços e locação
– A regra é ter o contrato forma livre (art. 107 do CC), obedecendo forma especial só quando a lei determinar

1.4.2. Contratos solenes: são aqueles que devem obedecer a uma forma prescrita em lei

Exemplo: compra e venda de imóveis, seguro e fiança
– A forma costuma ser essencial para a validade do negócio (forma "ad solemnitatem"), mas há situações em que a forma é mero meio de prova (forma "ad probationem tantum")

1.5. Quanto à existência de regramento legal

1.5.1. Contratos típicos (ou nominados): são os que têm regramento legal específico

Exemplos: compra e venda, locação de imóveis urbanos

1.5.2. Contratos atípicos (ou inominados): são os que não têm regramento legal específico

Exemplo: cessão de clientela, agenciamento matrimonial
– Podem ser celebrados observados os limites legais

1.5.3. Contratos mistos: são os que resultam da fusão de contratos nominados com elementos particulares, não previstos pelo legislador, criando novos negócios contratuais

Exemplo: exploração de lavoura de café, em que se misturam locação, empreitada, arrendamento rural e parceria agrícola

DIREITO CIVIL
Tema IX - Contratos

1. Classificação dos Contratos II

1.6. Quanto às condições de formação

1.6.1. Contratos paritários: *são aqueles em que as partes estão em situação de igualdade, podendo discutir efetivamente as condições contratuais*

1.6.2. Contratos de adesão: *são aqueles cujas cláusulas são:*

a) *Aprovadas pela autoridade competente; ou*
b) *Estabelecidas unilateralmente, sem que o aderente possa modificar/discutir substancialmente seu conteúdo*
Exemplo: contratos de financiamento bancário, seguro e telefonia
– A inserção de cláusula no formulário não desnatura o contrato, que continua de adesão
Regras no CC:
a) As cláusulas **ambíguas** devem ser interpretadas favoravelmente ao aderente
b) A cláusula que estipula a **renúncia antecipada** do aderente a direito resultante da natureza do contrato é nula
Regras no CDC:
a) Os contratos de adesão admitem cláusula resolutória, mas estas são alternativas, cabendo a escolha ao consumidor
b) As cláusulas limitativas de direito devem ser redigidas com destaque, permitindo sua imediata e fácil identificação, sob pena de nulidade

1.7. Quanto à definitividade

1.7.1. Contratos definitivos: *são aqueles que criam obrigações finais aos contratantes*

1.7.2. Contratos preliminares: *são aqueles que têm como objeto a realização futura de um contrato definitivo*

Exemplo: compromisso de compra e venda
– Os contratos preliminares devem conter os requisitos essenciais do contrato a ser celebrado, salvo quanto à forma
– O contrato preliminar deve ser levado a registro para ter eficácia perante terceiros
– Mas o compromissário comprador, uma vez pagas todas as parcelas do compromisso, tem direito à adjudicação compulsória, independentemente do registro
– A parte prejudicada pode pedir que o juiz supra a vontade daquele que não celebra o contrato definitivo

1.8. Quanto ao momento de execução

1.8.1. Contratos instantâneos: *são aqueles em que a execução se dá no momento da celebração*

Exemplo: compra e venda de pronta entrega e pagamento

1.8.2. Contratos de execução diferida: *são aqueles em que a execução se dá em ato único, em momento posterior à celebração*

Exemplo: compra e venda para pagamento em 120 dias

1.8.3. Contratos de trato sucessivo ou de execução continuada: *são aqueles em que a execução é distribuída no tempo em atos reiterados*

Exemplo: compra e venda em prestações, locação e financiamento pago em parcelas

1.9. Onerosidade Excessiva

1.9.1. Requisitos para aplicação da regra da imprevisão

a) O contrato deve ser de execução continuada ou diferida
b) A prestação de uma das partes deve se tornar excessivamente onerosa
c) A outra parte deve ficar com extrema vantagem
d) O desequilíbrio deve ser decorrência de acontecimentos extraordinários e imprevisíveis (Doutrina aceita acontecimento imprevisível ou resultados imprevisíveis)
Exemplo: uma guerra que afeta substancialmente o preço do petróleo, desequilibrando contratos de longo prazo no Brasil

1.9.2. Consequência da configuração do instituto

– Pode-se pedir em juízo a **resolução** do contrato, retroagindo os efeitos da sentença para a data da citação (art. 478 do CC)
– Isso **fere** os princípios da conservação dos contratos, função social, boa-fé objetiva e proibição de exercício abusivo dos direitos, bem como os arts. 317 e 480 do CC
– Assim, doutrina e jurisprudência entendem que se deve buscar, em 1º lugar, a **revisão** contratual; e, se não for possível, promover a resolução do contrato
– Se o prejudicado pedir a resolução do contrato e o réu se oferecer a modificar equitativamente as condições do contrato, o juiz pode aceitar a proposta

DIREITO CIVIL
TEMA IX - CONTRATOS

1. Evicção

1.1. Conceito
é a perda da coisa adquirida onerosamente, em virtude de decisão judicial ou administrativa que a atribui a outrem por motivo anterior à aquisição

Exemplo: "A" compra carro de "B", mas vem a perdê-lo para "C", verdadeiro proprietário da coisa
– **Alienante:** aquele que transferiu o direito sobre a coisa e que não era seu verdadeiro titular
– **Evicto:** aquele que adquiriu o direito sobre a coisa, mas foi vencido numa demanda promovida por terceiro, verdadeiro titular de tal direito
– **Evictor** ou **evencente**: terceiro reivindicante da coisa, que vence a demanda que promoveu contra o adquirente

1.2. Incidência:

– Na perda da *posse* e na perda do *domínio*
– Perda pode ser *parcial* ou *total*
– Deve se tratar de *contrato oneroso* ou *doação para casamento com certa e determinada pessoa*
– A garantia subsiste mesmo na compra feita em *hasta pública*
– A privação da coisa, configuradora da evicção, pode se dar tanto por decisão judicial como por *decisão administrativa*

1.3. Garantia

– Ocorrendo a evicção, o evicto se voltará contra o alienante para fazer valer os seguintes direitos:
a) *Restituição integral do preço ou das quantias pagas;* o preço será o do valor da coisa na época em que se evenceu
b) *Indenização dos frutos que tiver sido obrigado a restituir*
c) *Indenização pelas despesas dos contratos e pelos prejuízos que diretamente resultarem da evicção;* exemplos: escritura, registro e imposto; correção monetária e juros
d) *De ressarcimento das custas judiciais e dos honorários do advogado por ele constituído*
e) *De pagamento das benfeitorias necessárias ou úteis que fizer, não abonadas pelo reivindicante*

1.4. Evicção parcial

– Se a evicção for parcial, mas considerável (exemplos: evicto perde 80% de uma fazenda comprada), ele terá duas opções:
a) Pedir a *restituição de parte do preço* correspondente ao desfalque sofrido
b) Optar pela *rescisão do contrato*, com a devolução total do preço pago

1.5. Possibilidades de alteração da garantia

1.5.1. Possibilidades
é facultado às partes, desde que por cláusula expressa, reforçar, diminuir ou excluir a responsabilidade pela evicção

1.5.2. Exclusão parcial:
– Dá-se quando há mera cláusula que exclui a garantia (exemplo: "fica excluída a garantia que decorre da evicção")
– Aqui temos uma *cláusula genérica de exclusão da garantia*
– Evicto **terá direito** à devolução do preço pago pela coisa
– Ficam excluídos **somente** os demais direitos que decorrem da evicção (indenização dos frutos, despesas, prejuízos, sucumbência e benfeitorias)
– Preserva-se o não enriquecimento sem causa

1.5.3. Exclusão total:
– Dá-se quando presentes três requisitos:
a) Existência de uma **cláusula de exclusão da garantia**
b) **Ciência**, pelo adquirente, do risco da evicção (exemplo: o evicto é informado de ação judicial sobre o bem)
c) **Assunção**, pelo adquirente, do risco de perder a coisa
– Trata-se da chamada *cláusula específica de exclusão da garantia*

1.6. Denunciação da lide ao alienante

1.6.1. Regra:
CC obriga denunciação da lide pelo adquirente ao alienante

1.6.2. Consequências da não denunciação (STJ):
– STJ: o adquirente fica impedido de exercer o direito de regresso no mesmo processo
– Mas o adquirente pode ingressar com ação autônoma, para exercer os direitos que decorrem da evicção, evitando-se o enriquecimento sem causa

1.6.3. Denunciação *per saltum*:
– Adquirente pode denunciar o alienante imediato ou qualquer dos anteriores

DIREITO CIVIL
Tema IX - Contratos

1. Vícios redibitórios

1.1. Conceito
são problemas ocultos presentes em coisas recebidas em virtude de contrato comutativo, que as tornem impróprias ao uso a que são destinadas ou lhes diminuam o valor

Exemplo: carro com motor ruim; apartamento com infiltração
– Fundamento é o princípio da garantia quanto à coisa
– Não confundir com dolo:
a) Vício – problema na coisa – gera redibição ou abatimento no preço
b) Dolo – problema na vontade – gera anulação

1.2. Requisitos para a configuração do instituto

a) Prejuízo sensível ao uso ou ao valor da coisa
b) Problema imperceptível à diligência ordinária do adquirente (vício oculto)
c) Problema já existente ao tempo da entrega da coisa
d) Contrato oneroso e comutativo

1.3. Efeitos do vício redibitório

Configurado o vício, o adquirente poderá ingressar com uma das seguintes ações (ações edilícias):

1.3.1. Ação redibitória
é aquela que objetiva a rescisão do contrato

– Pede-se a extinção do contrato + devolução do valor recebido + despesas do contrato
– Se o alienante sabia do vício, pede-se ainda a indenização por perdas e danos

1.3.2. Ação estimatória ("quanti minoris")
é aquela que tem por finalidade a obtenção do abatimento do preço

1.4. Prazo decadencial para ingressar com a ação

a) Se coisa móvel: 30 dias
b) Se coisa imóvel: 1 ano

– Termo "a quo". Conta-se o prazo da/do:
a) Data da entrega: se adquirente não está na posse
b) Data da alienação: se adquirente está na posse da coisa. Nesse caso, o prazo fica reduzido à metade
c) Momento em que o adquirente tiver ciência do vício: se este, além de oculto, só puder ser conhecido mais tarde
– Neste caso, há prazo máximo para ciência do vício
– Prazo para ciência: 180 dias p/ móvel e 1 ano p/ imóvel
Exemplo: comprador de carro descobre vício 170 dias após a compra, cumprindo o *prazo para ciência*. Terá, agora, 30 dias para ingressar com ação, que é o *prazo de garantia*

DIREITO CIVIL
Tema IX - Contratos

1. Espécies de extinção do contrato

1.1. Execução
– Cumprimento dos efeitos

1.2. Invalidação
– Anulação (ato anulável) ou declaração de nulidade (ato nulo)

1.3. Morte
– Em contrato **impessoal**, a morte de uma das partes não o extingue. Os herdeiros deverão cumpri-lo segundo as forças da herança
– Já em contrato **personalíssimo** (exemplo: contratação de um cantor), a morte da pessoa contratada extingue o contrato

1.4. Resolução: há três hipóteses:

1.4.1. Por inexecução culposa: é aquela que decorre de culpa de um dos contratantes

a) Cláusula resolutiva expressa (pacto comissório):
– Resolução opera de pleno direito, extinguindo o contrato
– Pode-se entrar com ação declaratória, com efeitos *ex tunc*
– Há casos em que a lei determina a notificação do devedor, dando oportunidade para este purgar a mora

b) Se não houver cláusula resolutiva expressa:
– Cláusula resolutiva tácita: a resolução dependerá de interpelação judicial, com efeitos *ex nunc*. Opções: parte lesada pode pedir resolução do contrato ou cumprimento deste + indenização por perdas e danos

1.4.2. Por inexecução involuntária: é aquela que decorre da impossibilidade da prestação

– Pode decorrer de caso fortuito ou força maior
– Esta forma de inexecução exonera o devedor de responsabilidade (art. 393, CC), salvo se este expressamente assumiu o risco (art. 393, CC) ou se estiver em mora (art. 399, CC)

1.4.3. Por onerosidade excessiva: é aquela em que fato extraordinário e imprevisível desequilibra significativamente o contrato e não há como se proceder a uma revisão contratual

1.5. Resilição

1.5.1. Conceito: é a extinção do contrato pela vontade de um ou de ambos contratantes

1.5.2. Resilição bilateral (distrato): é o acordo de vontades para pôr fim ao contrato

– A forma para o distrato é a mesma que a lei exige para o contrato
Exemplo: o distrato de venda de imóvel deve ser por escritura

1.5.3. Resilição unilateral (denúncia): é a extinção do contrato pela vontade de uma das partes

a) Hipóteses:
i) Se houver previsão contratual
ii) Se a lei expressa ou implicitamente autorizar; exemplos: contrato de execução continuada com prazo indeterminado; mandato; comodato; depósito; compra virtual; locação
b) Formalidade: o denunciante deve notificar a outra parte, podendo fazê-lo extrajudicialmente
c) Aviso prévio legal: se a parte tiver feito investimentos consideráveis, a lei dispõe que a denúncia só produzirá efeitos após prazo compatível com a amortização dos investimentos

1.6. Rescisão
– A maior parte da doutrina encara a rescisão como gênero, que tem como espécies a resolução, a resilição, a redibição etc

DIREITO CIVIL
Tema IX - Contratos

1. Compra e Venda I

1.1. Conceito: *é o contrato pelo qual um dos contratantes (vendedor) se obriga a transferir o domínio de coisa corpórea ou incorpórea, e o outro (comprador), a pagar-lhe certo preço em dinheiro ou valor fiduciário equivalente*

– Compra e venda não transfere a propriedade da coisa, mas apenas obriga uma das partes a transferir a coisa a outro (sistema romano)
– No sistema francês é diferente: o contrato tem o poder de transferir o domínio da coisa

1.2. Classificação: compra e venda é bilateral, consensual, onerosa, comutativa e não solene (salvo os direitos reais sobre imóveis)

1.3. Elementos

1.3.1. Consentimento

1.3.2. Preço

a) Deve ter **pecuniariedade, seriedade** (ser verdadeiro, sob pena de ser simulação) e **certeza** (certo ou determinável)
b) A lei admite o **preço segundo**:
i) acordo entre os contratantes;
ii) arbítrio de 3º escolhido pelas partes;
iii) tabelamento oficial;
iv) taxa de mercado ou bolsa em certo dia e lugar;
v) índices ou parâmetros (exemplo: valor do petróleo)
c) A lei admite venda sem fixação de preço, hipótese em que se considera a tabela oficial ou o preço corrente
d) O preço é livre, mas há alguns limites (exemplo: lesão – 157)

1.3.3. Coisa

a) Deve ser **existente**, ainda que de modo potencial; se já pereceu, a venda é nula; se for sobre coisa futura sem assunção de risco, a venda é sob condição; se for coisa futura com assunção de risco, a venda é aleatória
b) Deve ser **individuada**: determinada ou determinável; se for incerta, deve ser indicada quanto ao gênero e à qualidade; o devedor escolherá, pelo menos, a de termo médio
c) Deve ser **disponível**, ou seja, alienável natural, legal e voluntariamente, e pertencente ao vendedor. Neste caso, não sendo o vendedor dono da coisa, a venda poderá ser convalidada se ele vier a adquiri-la posteriormente e estiver de boa-fé (art. 1.268, CC)

1.4. Efeitos da compra e venda

1.4.1. Principais:

a) gera obrigações recíprocas de entregar a coisa e pagar o preço;
b) gera responsabilidades por vícios redibitórios e pela evicção

1.4.2. Secundários:

a) Responsabilidade pelos riscos da coisa: até a tradição, é do vendedor; se houver mora no recebimento, é do comprador; se for entregue ao transportador indicado pelo comprador, é do comprador
b) Responsabilidade pelos riscos do preço: até o pagamento, é do comprador; após o pagamento e em caso de mora em receber, é do vendedor
c) Responsabilidade pelas despesas de escritura e registro: é do comprador, salvo convenção diversa
d) Responsabilidade pela tradição: é do vendedor, salvo convenção diversa
e) Responsabilidade pelas dívidas pretéritas que gravam a coisa até a tradição: é do vendedor, salvo convenção diversa; se a obrigação for *propter rem*, o comprador terá direito de regresso contra o vendedor
f) Direito de retenção da coisa: até o pagamento, o vendedor não é obrigado a entregar a coisa, salvo nas vendas a crédito e em caso de convenção em contrário

DIREITO CIVIL
Tema IX - Contratos

1. Compra e Venda II

1.5. Limitações à compra e venda

1.5.1. Venda de ascendente à descendente: é anulável, salvo se houver consentimento dos outros descendentes e do cônjuge

– A doação não precisa do consentimento
– Porém o donatário deverá colacionar os bens recebidos em vida, no inventário do doador, salvo se houver dispensa disso

1.5.2. Aquisição por pessoa encarregada de zelar pelos interesses do vendedor: é nula

Exemplos: aquisição pelo tutor, curador, administrador, juiz, servidor público etc

1.5.3. Venda de fração ideal de coisa indivisível em condomínio: consortes terão direito de preferência

Exemplos:
– Três pessoas donas de um mesmo imóvel. Caso uma delas queira vender sua parte, deverá oferecer às outras, que terão preferência na aquisição
– Não respeitada tal preferência, o prejudicado poderá depositar o preço dentro de 180 dias da transmissão
– Se os dois consortes prejudicados tiverem interesse na coisa, tem primazia:
i) o que tiver benfeitorias de maior valor na coisa;
ii) o que tiver maior quinhão;
iii) o que fizer o primeiro depósito, nessa ordem

1.5.4. Venda entre cônjuges: só é possível em relação a bens excluídos da comunhão

1.6. Venda ad mensuram

1.6.1. Conceito: aquela em que o preço estipulado é feito com base nas dimensões do imóvel

Exemplo: "Vendo terreno de 360 m² por R$ 70 mil"

1.6.2. Consequência: área deve corresponder à promessa

1.6.3. Tolerância: lei admite diferença de até 1/20 da área total enunciada (5%)

1.6.4. Exclusão da tolerância:
a) se houver exclusão expressa no contrato;
b) se o comprador provar que não teria realizado o negócio se soubesse da diferença

1.6.5. Direitos do comprador: pedir complemento da área (ação *ex empto* ou *ex vendito*). Não sendo possível, deve optar entre resolução do contrato e abatimento do preço

1.7. Venda ad corpus

1.7.1. Conceito: aquela em que o imóvel é vendido como coisa certa e discriminada, sendo meramente enunciativa eventual referência às suas dimensões

Exemplo: consta do contrato que "a área tem mais ou menos 20.000 m²"

1.7.2. Consequência: pouco importa a área efetiva do imóvel. Não haverá complemento ou devolução do preço

1.8. Retrovenda

1.8.1. Conceito: cláusula pela qual o vendedor reserva-se o direito de reaver o imóvel que está sendo alienado, em certo prazo, restituindo o preço, mais despesas feitas pelo comprador (art. 505, CC)

– Ou seja, alguém vende imóvel, mas assegura direito de recomprá-lo em certo prazo, pelo mesmo preço da venda anterior
– Infelizmente esse instituto é muito utilizado na agiotagem
– O Judiciário vem reconhecendo a simulação quando o intuito da retrovenda é servir de garantia para uma dívida

1.8.2. Direito de retrato: o prazo máximo para esse direito é de 3 anos. Trata-se de prazo decadencial

1.9. Preferência

1.9.1. Conceito: convenção em que o comprador se obriga a oferecer ao vendedor a coisa que vai vender, para que este use seu direito de prelação na compra, tanto por tanto

1.9.2. Exercício do direito:
– Comprador deve notificar vendedor para este dizer se tem interesse em adquirir a coisa pelo preço de proposta atual
– Não havendo prazo estipulado, vendedor terá 3 dias, se a coisa for móvel, e 60 dias, se a coisa for imóvel, para manifestar-se, sob pena de decadência
– O prazo máximo que pode ser convencionado para esse tipo de manifestação é de 180 dias, se a coisa for móvel, e de 2 anos, se imóvel

1.9.3. Descumprimento do direito:
– A preferência contratual, se preterida, enseja apenas o direito de o prejudicado pedir perdas e danos ao ofensor **(direito pessoal)**
– Não há direito de perseguir a coisa (direito real)
– Há outros direitos de preferência previstos na lei que estabelecem direito real; por exemplo, o caso da preferência que existe entre coproprietários de um bem indivisível, quando um deles deseja vender sua fração ideal

DIREITO CIVIL
TEMA X - RESPONSABILIDADE CIVIL

1. Responsabilidade Civil I - Obrigação de Indenizar I

1.1. Responsabilidade subjetiva

1.1.1. Hipótese de incidência (art. 186)

– Aquele que, por ação ou omissão voluntária, negligência ou imprudência, violar direito e causar dano a outrem, ainda que exclusivamente moral, comete ato ilícito
Conduta + culpa lato sensu + dano + nexo causal

1.1.2. Consequência (art. 927)

– Aquele que cometer ato ilícito fica obrigado a reparar o dano

1.1.3. Excludentes da ilicitude

a) Legítima defesa
b) Exercício regular de direito e estrito cumprimento de dever legal
c) Estado de necessidade – neste caso, o 3º não culpado será indenizado pelo agressor

1.2. Responsabilidade objetiva

Conduta + dano + nexo causal

1.2.1. Ato ilícito por abuso de direito (art. 187)

– Também comete ato ilícito o titular de um direito que, ao exercê-lo, excede manifestamente os limites impostos pelo seu fim econômico ou social, pela boa-fé ou pelos bons costumes
– Trata-se do chamado **ato emulativo**
– Enunciado 37/CJF considera **objetiva** a responsabilidade no caso, ou seja, não é necessário culpa ou dolo
– Exemplos:
– Excesso na liberdade de informação
– Excesso no exercício da propriedade
– Excesso na legítima defesa

1.2.2. Atividade de risco (art. 927, parágrafo único)

Quando a atividade normalmente desenvolvida pelo autor do dano implicar, por sua natureza, risco para os direitos de outrem
Exemplos: acidente em loja de fogos; acidente com helicóptero, matando terceiros
– Configura-se quando a atividade causar à pessoa determinada um ônus maior do que aos demais membros da coletividade (Enunciado 39/CJF)

1.2.3. Produtos postos em circulação (art. 931)

Os empresários individuais e as empresas respondem independentemente de culpa pelos danos causados pelos produtos postos em circulação
Exemplo: danos causados por insumo vendido a uma indústria

1.2.4. Responsabilidade pelo fato de 3º (arts. 932 e 933)

– Responsabilidade **indireta**
– **Não afasta** a responsabilidade do causador do dano
– Se o agente praticante do ato responder (o que requer culpa ou dolo, como regra), o responsável também responderá, mas sem necessidade de dolo ou culpa *in vigilando/eligendo*
– Hipóteses:
a) **Pais** por filhos menores sob sua autoridade e companhia
STJ: emancipação voluntária não exclui a responsabilidade do pai
b) **Tutor** e **curador** nos mesmos casos
c) **Empregador** por empregados, no exercício do trabalho
STF: é presumida a culpa do patrão (Sum. 341); STJ: tomador de serviço não responde por empresa terceirizada
d) **Dono** de hotel por hóspedes
e) **Partícipe** de crime, sem ganho, até participação

DIREITO CIVIL
Tema X - Responsabilidade Civil II

1. Responsabilidade Civil II - Obrigação de Indenizar II

1.3. Outros casos de obrigação de indenizar

1.3.1. Dono ou detentor de animal (art. 936)

– **Responsabilidade objetiva:** *o dono ou detentor do animal ressarcirá o dano por este causado, se não provar culpa da vítima ou força maior*

1.3.2. Prédio em ruína (art. 937)

– **Responsabilidade objetiva:** *o dono de edifício ou construção responde pelos danos que resultarem de sua ruína, se esta provier de falta de reparos, cuja necessidade fosse manifesta*

1.3.3. Coisas caídas ou lançadas (art. 938)

– **Responsabilidade objetiva:** *aquele que habitar prédio, ou parte dele, responde pelo dano proveniente das coisas que dele caírem ou forem lançadas em lugar indevido*

1.4. Excludentes de responsabilidade em geral

1.4.1. Legítima defesa

– Situação atual/iminente de injusta agressão a si ou a 3º
Exemplo: atira-se em pessoa que está para matar outra

1.4.2. Exercício regular de direito

Exemplo: ingresso com ação judicial; protesto

1.4.3. Estrito cumprimento de dever legal

Exemplo: prestação de informações às autoridades fiscais

1.4.4. Estado de necessidade

– Dano à coisa ou pessoa para remover perigo iminente
– Se 3º atingido não causar o perigo, o agente **responde**, com ação regressiva contra verdadeiro culpado
Exemplo: "A", fechado por "B", desvia carro, batendo em 3º ("C"), para não cair num rio; "A", apesar do estado de necessidade, responderá perante 3º ("C"), podendo ingressar com ação de regresso contra "B", culpado por tudo

1.4.5. Caso fortuito ou de força maior

– *É o fato necessário, cujos efeitos não é possível evitar ou impedir* (art. 393 do CC)
Exemplos: um tornado de grande expressão, um terremoto
– Para o STJ, roubo em posto de gasolina é considerado força maior, excluindo a responsabilidade do estabelecimento
– Já roubo em agência bancária é evento previsível, não caracterizando força maior

1.4.6. Culpa exclusiva da vítima

Exemplo: alguém se joga na frente de um carro e é atropelado
Obs.: culpa concorrente da vítima só altera valor indenizatório

1.4.7. Fato de terceiro

Exemplo: arremesso de pedra em ônibus, ferindo passageiro (STJ)
– Já se houver acidente de ônibus causado por 3º, transportador responde perante passageiros, com regresso contra 3º
Obs.: extinção da punibilidade criminal não acarreta exoneração da responsabilidade, salvo nos casos de:
– Negativa de autoria
– Inexistência material do fato

DIREITO CIVIL
Tema X - Responsabilidade Civil III

1. Responsabilidade Civil III - Obrigação de Indenizar III

- **1.5. Sujeitos passivos do direito à indenização**
  - **1.5.1. Autores e coautores da ofensa**
  - **1.5.2. Responsáveis indiretos**
    - a) **Responsáveis por atos de 3ºs** (arts. 932 e 933)
    - b) **Súmula STJ 130:** a empresa responde, perante o cliente, pela reparação de dano/furto em seu **estacionamento**
    - c) **Súmula STF 492:** a empresa **locadora** de veículos responde civil e solidariamente com o locatário, pelos danos por este causados a terceiro, no uso do carro locado
    - d) **Súmula STJ 132:** a ausência de registro da transferência não implica responsabilidade do antigo dono resultante de acidente que envolva o **veículo alienado**
  - **1.5.3. Solidariedade**
    - – Se a ofensa tiver mais de um autor, todos responderão solidariamente pela reparação (art. 942)
    - – Súmula STJ 221: são civilmente responsáveis pelo ressarcimento do dano, decorrente de publicação pela imprensa, tanto o autor do escrito quanto o proprietário do veículo de divulgação
    - – STJ: quem permite que 3º conduza seu veículo é responsável solidário pelos danos culposamente causados por este

- **1.6. Sujeitos ativos do direito à indenização**
  - **1.6.1. Vítima direta**
    - **Exemplo:** aquele que sofreu o acidente
  - **1.6.2. Vítima indireta**
    - **Exemplo:** os familiares próximos da vítima do acidente
    - – Tem-se no caso danos morais **reflexos** ou por **ricochete**
    - – Trata-se do *préjudice d'affection*, pois o instituto é fundado no princípio da afeição
    - – O STJ admite o dano indireto, sendo comum fixar-se indenização por danos morais em favor de pessoas muito próximas da vítima de um homicídio, tais como pais, filhos, irmãos, cônjuge e companheiro

DIREITO CIVIL

TEMA X - RESPONSABILIDADE CIVIL IV

1. Responsabilidade Civil IV - Danos I

1.7. Reparação dos danos

1.7.1. Regra: *a indenização mede-se pela extensão do dano*

– Trata-se do princípio da reparação integral dos danos
– Exemplo de aplicação prática do princípio é a Súmula 281 do STJ, que impede a tarifação do dano moral

1.7.2. Exceções ao princípio da reparação integral:

a) Se houver **excessiva desproporção** entre a *gravidade da culpa* e o *dano*, o juiz pode reduzir equitativamente a indenização (art. 944, parágrafo único)
Obs.: há quem entenda inconstitucional esse preceito
b) Se houver **culpa recíproca**, a indenização será proporcional, levando em conta os graus de culpa (art. 945)
c) O **incapaz** responde *subsidiária* e *equitativamente*
– **Subsidiariamente:** pois só responde se o responsável não responder ou não dispuser de meios– Exemplo: curador de um incapaz rico, que não tiver meios
– **Equitativamente:** pois, caso o incapaz responda, o valor não poderá privá-lo do necessário para a sua subsistência
– Adotou-se a **Teoria do Patrimônio Mínimo**

1.7.3. Espécies de danos:

1.7.3.1. Dano material

a) **Danos emergentes:** *o que efetivamente se perdeu*
Exemplo: conserto do veículo, medicamentos, tratamentos
b) **Lucros cessantes:** *o que razoavelmente se deixou de lucrar*
Exemplo: renda que profissional liberal deixa de auferir por ficar 30 dias sem trabalhar
c) **Decorrentes da "perda de uma chance":** dano decorrente da possibilidade de se buscar posição jurídica mais vantajosa que **muito provavelmente** ocorreria
Exemplo: voo atrasado a impedir posse de aprovado em concurso

1.7.3.2. Dano estético

– Cicatrizes, marcas, aleijão
– STJ: dano estético é cumulável com dano moral (STJ 387)

1.7.3.3. Dano moral: cumulável com dano material (STJ 37)

1.7.4. Demanda antes de vencida a dívida (art. 939)

Credor ficará obrigado a:
i) esperar o tempo que faltava para o vencimento;
ii) descontar os juros correspondentes, embora estipulados;
iii) pagar as custas em dobro

1.7.5. Demanda por dívida já paga (art. 940)

– Credor pagará ao devedor o dobro do que houver cobrado

1.7.6. Demanda com pedido maior que o devido (art. 940)

– Credor pagará ao devedor o equivalente do que dele exigir
Obs. 1: excludente – essas penas não se aplicarão se credor **desistir** da ação antes de contestada a lide, ressalvada ao réu indenização por prejuízos comprovados
Obs. 2: STJ admite cobrança da indenização na contestação

1.7.7. Homicídio (art. 948)

a) Despesas com tratamento da vítima, seu funeral e o luto da família (exemplo: médico + enterro + dano moral)
b) Alimentos às pessoas a quem o morto os devia, levando-se em conta a duração provável da vida da vítima – PENSÃO

1.7.8. Lesão à saúde (art. 949)

a) Despesas do tratamento e dos lucros cessantes até ao fim da convalescença, além de prejuízos provados (art. 949)
b) se resultar defeito prejudicando o exercício de profissão, a indenização incluirá a pensão correspondente (art. 950)

DIREITO CIVIL
TEMA X - RESPONSABILIDADE CIVIL V

1. Responsabilidade Civil V - Danos II

1.8. Dano moral

1.8.1. Conceito: consiste na ofensa ao patrimônio moral de pessoa, tal como o nome, a honra, a fama, a imagem, a intimidade, a credibilidade, a respeitabilidade, a liberdade de ação, a autoestima, o respeito próprio e a afetividade

1.8.2. Sujeitos passivos do dano moral:

a) **Pessoas naturais**
Exemplo: atropelamento da esposa de alguém, causando morte
b) **Pessoas jurídicas** (Súmula 227 do STJ), sendo que, nesse caso, o dano moral exsurge da ofensa à honra objetiva da pessoa jurídica
Exemplo: difamação do nome de um restaurante da cidade
c) **Coletividade:** STJ está dividido sobre essa possibilidade

1.8.3. Prova do dano moral

a) **Pessoa natural:** a simples lesão ao patrimônio moral da pessoa natural caracteriza o dano moral, não sendo necessária a prova da ocorrência desse dano
Exemplo: mãe não precisa demonstrar que sentiu morte do filho
Obs.: na inexecução de um contrato não existe tal presunção
b) **Pessoa jurídica:** o fato lesivo deve ser devidamente demonstrado para caracterizá-lo (Enunciado 189/CJF)
c) **Dano moral *in re ipsa*:** para o STJ, determinadas condutas geram dano moral, sem necessidade de demonstração ou prova da ocorrência deste, mesmo quando a vítima for pessoa jurídica
Exemplos:
i) Inscrição indevida em cadastro de inadimplentes
ii) Publicação não autorizada da imagem de pessoa com fins econômicos ou comerciais (Súm. STJ 403)

1.8.4. Exemplos de casos em que cabe dano moral

– Súm. STJ 388: a simples devolução indevida de cheque caracteriza dano moral
– Súm. STJ 370: caracteriza dano moral a apresentação antecipada de cheque pré-datado
– Resp 1.159.242 STJ: abandono afetivo por pai gera dano moral, em caso de culpa ou dolo deste

1.8.5. Exemplos de casos em que não cabe dano moral

– Súm. STJ 385: anotação irregular em cadastro de crédito não gera dano moral se já existe legítima inscrição
– Inf. 350 STJ: descumprimento de contrato, por si só, não gera dano moral
– Mero dissabor decorrente de produto com vício não gera dano moral, se a coisa vem a ser consertada

1.8.6. Encargos de condenação no dano moral

a) **Correção monetária:** é devida desde a data da fixação da indenização por dano moral (sentença ou acórdão)
b) **Juros moratórios:** são devidos desde a data do evento danoso (Súm. STJ 54)
c) **Honorários:** incidem também sobre o valor fixado a título de danos morais

1.9. Pensão segundo o STJ

1.9.1. Falecimento de pai/mãe, com filhos menores: devida até 25 anos do filho, quando presumidamente este terá concluído sua formação

1.9.2. Falecimento de cônjuge ou companheiro: devida até quando vítima fizesse 70 anos

1.9.3. Falecimento de filho menor em família de baixa renda: devida desde quando vítima tivesse 14 anos, até quando fizesse 65 anos; valor cairá à metade quando vítima fizesse 25, pois se presume que teria contraído família e não mais poderia ajudar tanto os pais

1.9.4. Falecimento de filho maior que ajudava família: devida vitaliciamente à família, diminuindo o valor quando vítima fizesse 25 anos

1.9.5. Encargos de condenação na pensão

a) **Correção monetária:** é devida desde o evento danoso
b) **Juros moratórios:** são devidos desde a data do evento danoso (Súm. STJ 54)
c) **Honorários:** incidem sobre as parcelas vencidas e 12 parcelas vincendas

DIREITO CIVIL
Tema XI - Direito das Coisas

1. Posse I

1.1. Aspectos Gerais

1.1.1. Conceito: é o exercício, pleno ou não, de algum dos poderes inerentes à propriedade (art. 1.196, CC)

– É a exteriorização da propriedade
Exemplo: locatário, comodatário
– **Teoria adotada:** objetiva de Ihering – basta conduta de dono (não são necessários *corpus* e *animus* – apreensão e vontade de dono – Savigny)
– **Detenção:** *é aquela situação em que alguém conserva a posse em nome de outro e em cumprimento às suas ordens e instruções.* Exemplo: caseiro

1.1.2. Classificação da posse

1.1.2.1. Quanto à existência de vício objetivo

a) **Posse justa:** *é aquela não obtida de forma violenta, clandestina ou precária* (1.200)
– Não tem força, ocultação ou abuso de confiança
b) **Posse injusta:** *é aquela originada de esbulho*
– **Nasce** com a cessação da violência ou da clandestinidade (1.208); na precariedade a passagem é direta
– **Cuidado:** após ano e dia continua injusta; a injustiça cessa com a aquisição da coisa
– A posse só é injusta em **relação** ao anterior possuidor

1.1.2.2. Quanto à existência de vício subjetivo

a) **Posse de boa-fé:** *é aquela em que possuidor ignora vício ou obstáculo à aquisição da coisa* (1.201)
– **Presunção:** está de boa-fé quem tem **justo título**, que é aquele hábil a transferir, se proviesse do verdadeiro possuidor/dono
b) **Posse de má-fé:** *é aquela em que o possuidor tem ciência do vício/obstáculo para a aquisição da coisa*
– Posse de boa-fé pode se transmudar em de má-fé, com a ciência do vício.
Exemplo: citação em reintegração

1.1.3. Efeitos da posse

Os direitos ou obrigações do possuidor que tiver perdido a posse são os seguintes:
a) **Indenização por benfeitorias**
– **Boa-fé:** possuidor será indenizado pelas benfeitorias necessárias e úteis (valor atual); e poderá levantar as voluptuárias
– **Má-fé:** possuidor só será ressarcido pelas benfeitorias necessárias
b) **Direito de retenção da coisa enquanto não indenizado por benfeitorias:** só o possuidor de boa-fé tem esse direito, até ser indenizado
– Deve requerer na contestação da ação para a retomada da coisa
c) **Direito aos frutos:**
– **Boa-fé:** possuidor tem direito aos frutos percebidos no momento certo, enquanto de boa-fé
– **Má-fé:** possuidor indenizará os frutos percebidos e os que deixou de perceber por sua culpa; mas tem direito às despesas de produção
d) **Responsabilidade por deterioração da coisa:** possuidor de boa-fé não responde; mas o de má-fé sim, salvo se demonstrar que o fato ocorreria de qualquer maneira
e) **Direito a usucapião**
f) **Direito à proteção possessória**

DIREITO CIVIL
Tema XI - Direito das Coisas

1. Posse II

1.2. Proteção possessória

1.2.1. Conceito: *direito do possuidor de defender sua posse contra ameaças ou intervenções provocadas por terceiro*

1.2.2. Espécies:

a) **Autoproteção:** promovida pelo próprio possuidor
– **Legítima defesa da posse**, em caso de perturbação
– **Desforço imediato**, em caso de esbulho; nesse caso o prejudicado deve "agir logo", ou seja, fazê-lo no calor dos acontecimentos; se ausente, deve fazê-lo logo que tomar conhecimento
b) **Heteroproteção:** promovida pelo Judiciário, a pedido do possuidor

1.2.3. Características dos interditos possessórios:

a) **Fungibilidade:** juiz pode outorgar comando diferente do pedido
b) **Cumulação de pedidos:** possessório + perdas e danos + cominação de pena + desfazimento
c) **Caráter dúplice:** o réu pode pedir proteção possessória na contestação
d) **Impossibilidade de discussão de domínio** exceto se a pretensão for deduzida em face de terceira pessoa: art. 1.210, § 2º, CC e 557 do NCPC; ganha a ação quem provar que detinha a posse anteriormente

🚫 **Exceção:** quando ambos disputam a posse sob alegação de domínio (Súmula 487 do STF)

1.2.4. Espécies de interditos possessórios:

a) **Interdito proibitório:** *ação cominatória para impedir agressões iminentes*; ação preventiva
– Juiz fixa pena para o caso de descumprimento da ordem
b) **Manutenção de posse:** *ação destinada a reprimir turbação da posse*
– Turbação: todo ato que **embaraça** o livre exercício da posse; exemplo: vizinho colhe frutos do imóvel do outro
– Expede-se mandado para a manutenção da posse
c) **Reintegração de posse:** *ação destinada a reprimir esbulho*
– Ação de força espoliativa, com as **seguintes** regras:
– **Requisitos:** prova da *posse*, do *esbulho*, da *data* do esbulho e da *perda* da posse
– **Legitimidade ativa:** *do possuidor*, que pode agir sozinho, se houver outros possuidores; não se exige autorização do cônjuge
– **Legitimidade passiva:** *é do autor do esbulho*; se se trata de terceiro que não sabe do esbulho, melhor é a reivindicatória (domínio)
– **Ordem judicial:** de reintegração; outras ordens dependem de pedido específico (pena, perdas e danos, desfazimento)
– **Liminar:** se ação for promovida dentro de ano e dia do esbulho, o rito é especial e o juiz dará liminar independentemente de *periculum in mora*; se após ano e dia, o rito é o comum e cabe tutela de urgência

1.3. Reivindicatória

1.3.1. Conceito: *ação de natureza real promovida pelo proprietário da coisa para retomá-la de quem injustamente a possua*

1.3.2. Pressupostos:

a) **Titularidade do domínio:** há de existir registro na matrícula; compromissário comprador só pode ajuizar se mostrar que compromisso era irrevogável e que pagou tudo
b) **Individuação da coisa:** descrição atualizada do bem (limites, confrontações)
c) **Demonstração de posse injusta do réu:** não é necessário demonstrar esbulho; basta demonstrar posse sem causa jurídica
d) **Impossibilidade de ser movida na constância de ação possessória**

1.3.3. Outras características:

a) É imprescritível
b) É improcedente se houver usucapião (Súmula 237 do STF admite alegação de usucapião em defesa); aliás, o Estatuto da Cidade, no art. 10, dispõe que se o juiz reconhecer a usucapião especial urbana alegada na defesa, pode determinar diretamente o registro no Registro de Imóveis
c) É indispensável a autorização do cônjuge (art. 73, § 2º, do NCPC)
d) Cada condômino pode reivindicar individualmente (art. 1.314 do CC)

DIREITO CIVIL

TEMA XI - DIREITO DAS COISAS

1. Posse III

1.4. Usucapião

1.4.1. Conceito: é a forma de aquisição originária da propriedade pela posse prolongada no tempo e pelo cumprimento de outros requisitos legais

– A sentença é declaratória
– A aquisição da propriedade é originária

1.4.2. Requisitos básicos

a) **Posse prolongada no tempo:** não basta mera detenção da coisa
b) **Posse com *animus domini*:** com intenção de proprietário; isso impede que locatário adquira a coisa
c) **Posse mansa e pacífica:** posse sem oposição; se teve reintegração no período requisitado não fica preenchido
d) **Posse contínua:** sem interrupção

1.4.3. Usucapião extraordinária – requisitos:

a) **Tempo: 15 anos**
– O prazo será reduzido para 10 anos se o possuidor houver estabelecido no imóvel a sua moradia habitual, ou nele realizado obras ou serviços de caráter produtivo
(art. 1.238, parágrafo único, do CC)
+
b) **Requisitos básicos:**
– Posse com "ânimo de dono"
– Posse "mansa e pacífica" (sem oposição)
– Posse "contínua" (sem interrupção)

1.4.4. Usucapião ordinária – requisitos:

a) **Tempo: 10 anos**
– O prazo será reduzido para **5 anos** se preenchidos dois requisitos:
i) se o imóvel tiver sido adquirido onerosamente com base no registro constante do respectivo cartório;
ii) se os possuidores nele tiverem estabelecido a sua moradia ou realizado investimentos de interesse social e econômico (art. 1.242, parágrafo único, do CC)
+
b) **Requisitos básicos**
+
c) **Boa-fé e justo título**

1.4.5. Usucapião especial urbana – requisitos:

a) **Tempo: 5 anos** (art. 1.240, CC) (183 CF) (9º EC)
+
b) **Requisitos básicos**
+
c) **Tipo de imóvel:** área urbana; tamanho de até 250 m2; ECJF 85: cabe em unidade autônoma de condomínio edilício
d) **Finalidade do imóvel:** moradia do possuidor/família
e) **Requisitos negativos:** que o possuidor não seja proprietário de outro imóvel ou já beneficiado
f) **Outras características:**
– MP fiscal da lei
– Associação de moradores tem legitimidade extraordinária
– Autor tem benefício da justiça gratuita e da assistência judiciária gratuita, inclusive perante o Registro de Imóveis (art. 12, Estatuto da Cidade)

1.4.6. Usucapião especial urbana FAMILIAR

– Requisitos:
a) **Tempo: 2 anos** (art. 1.240-A, CC) (Lei 12.424/2011)
+
b) **Requisitos básicos**
+
c) **Tipo de imóvel:** urbano de até 250 m2
d) **Finalidade do imóvel:** moradia do possuidor/família
e) **Tipo de posse:** posse direta, com exclusividade
f) **Requisito específico:** imóvel cuja propriedade é dividida com ex-cônjuge ou ex-companheiro que abandonou lar
g) **Requisitos negativos:** que o possuidor não seja proprietário de outro imóvel ou já beneficiado
h) **Outra característica:** Adquire-se o domínio integral do imóvel

1.4.7. Usucapião urbana coletiva – requisitos:

a) **Tempo: 5 anos** (art. 10 EC)
+
b) **Requisitos básicos**
+
c) **Tipo de imóvel:** área urbana; superior a 250 m2
– Juiz atribui fração ideal do terreno para cada possuidor, salvo acordo
d) **Finalidade do imóvel:** tratar-se de núcleo urbano informal cuja área total dividida pelo número de possuidores seja inferior a 250 m2 por possuidor (Lei 13.465/17)
e) **Requisitos negativos:** que o possuidor não seja proprietário de outro imóvel urbano ou rural; que seja impossível identificar o terreno ocupado por cada um dos possuidores

1.4.8. Usucapião especial rural – requisitos: 191, CF

a) **Tempo:** 5 anos (art. 1.239, CC)
+
b) **Requisitos básicos**
+
c) **Tipo de imóvel:** área de terra em zona rural, de até 50 hectares
d) **Finalidade do imóvel:** moradia do possuidor ou de sua família + área produtiva pelo trabalho dele
e) **Requisito negativo:** a terra não pode ser pública

DIREITO CIVIL
Tema XI - Direito das Coisas

1. Direitos Reais I

1.1. Posse "pro labore" ("desapropriação privada")

1.1.1. Conceito: *direito do possuidor de extensa área de adquirir compulsoriamente a coisa, pagando justa indenização ao proprietário do imóvel*

1.1.2. Requisitos:

a) posse ininterrupta por mais de 5 anos;
b) boa-fé do possuidor;
c) extensa área;
d) considerável número de possuidores;
e) realização de obras e serviços considerados pelo juiz de relevante interesse social e econômico
– Diferentemente da usucapião coletiva, não requer moradia, mas boa-fé e pagamento de justa indenização

1.1.3. Operacionalização: por ocasião da reivindicação da coisa, interessados devem requerer ao juiz fixação de justa indenização ao proprietário, que, paga, ensejará registro da sentença no Registro de Imóveis, para o fim de atribuir a propriedade aos possuidores
(art. 1.228, §§ 4º e 5º, CC)

1.2. Direito real

1.2.1. Conceito: *é o poder, direto e imediato, do titular sobre a coisa, com exclusividade e contra todos*

– Direito **pessoal** (é diferente)
– Gera uma relação entre pessoas determinadas – violado, converte-se em perdas e danos
– Direito **real**
– Gera uma relação oponível em face de todos – violado, permite perseguição da coisa
– Em regra, adquire-se com a tradição (móvel) ou o registro (imóvel)

1.2.2. Formas de aquisição da propriedade imóvel

a) **Registro** do título na matrícula
b) **Usucapião**
c) **Acessão:** "passa a pertencer ao proprietário tudo o que se une ou se incorpora ao seu bem"
Exemplos: acessões artificiais; álveo abandonado, aluvião, avulsão, formação de ilhas

1.2.3. Formas de aquisição da propriedade móvel

a) **Ocupação, achado de tesouro, especificação, confusão, comissão e adjunção**
b) **Tradição**, que pode ser *real, simbólica* ou *consensual*
Exemplo: constituto possessório, em que possuidor proprietário passa a ter apenas a posse direta da coisa

DIREITO CIVIL
Tema XI - Direito das Coisas

1. Direitos Reais II

- **1.3. Direitos reais de fruição**

  - **1.3.1. Superfície**

    - **1.3.1.1. Conceito:** *é o direito real pelo qual o proprietário concede a outrem, por tempo determinado, gratuita ou onerosamente, a faculdade de construir ou de plantar em seu terreno*
    - – Art. 1.369, CC, e arts. 21 a 24 da Lei 10.257/2001
    - **1.3.1.2. Características:**
      a) Superficiário paga *solarium* ao concedente (fundieiro)
      b) Superficiário só usa solo, e não o subsolo

  - **1.3.2. Servidão**

    - **1.3.2.1. Conceito:** *é o direito real de gozo que proporciona utilidade para o prédio dominante e grava o prédio serviente, que pertence a dono diverso* (art. 1.378)
    - **Exemplo:** convenção estabelecendo recuos para construção
    - **1.3.2.2. Características:**
      a) **Perpétua:** tem duração indefinida, como regra; mas cabe servidão ad tempus
      b) **Indivisível:** mesmo se dividido prédio dominante ou serviente, a restrição continua a gravar cada parte
      c) **Inalienável:** como a restrição é feita pela necessidade do prédio dominante, não há que se falar em transferência da restrição, por alienação, a outro prédio
    - **1.3.2.3. Ações judiciais:**
      a) **Ação confessória:** *visa ao reconhecimento da existência da servidão;* promovida pelo dono do prédio dominante
      b) **Ação negatória:** *visa à negativa da existência da servidão;* é promovida pelo dono do prédio serviente
      c) **Manutenção ou reintegração de posse:** *promovidas para reprimir violações ao exercício da servidão*
    - **1.3.2.4. Servidão de passagem versus Passagem forçada:**
      a) A 1ª decorre de negócio jurídico; a 2ª, da lei
      b) A 2ª decorre de um imperativo (prédio encravado)
      c) A 2ª impõe indenização
      d) A 1ª está regulada no âmbito dos direitos reais, ao passo que a 2ª, mesmo encerrando as características de direito real, está no âmbito do direito de vizinhança

  - **1.3.3. Usufruto**

    - **1.3.3.1. Conceito:** *é o direito real de retirar temporariamente de coisa alheia os frutos e as utilidades que ela produz, sem alterar-lhe a substância* (art. 1.390, CC)
    - – USAR + FRUIR
    - – Nu-proprietário (proprietário) *versus* Usufrutuário (beneficiário)
    - **1.3.3.2. Características:**
      a) **Temporário:** extingue-se no prazo ou com morte do usufrutuário; se pessoa jurídica, prazo máximo é de 30 anos
      b) **Direito real:** diferente do comodato, que é pessoal
      c) **Inalienável:** não é possível ceder o *direito* ao usufruto, mas apenas o *exercício do direito;* assim, o usufrutuário pode alugar a coisa, mas não ceder o usufruto desta

  - **1.3.4. Uso**

    - **1.3.4.1. Conceito:** *é o direito real que, a título gratuito ou oneroso, autoriza uma pessoa a retirar temporariamente de coisa alheia todas as utilidades para atender às suas próprias necessidades e às de sua família* (art. 1.412, CC)
    - – USAR + FRUIR PARA MANUTENÇÃO DA FAMÍLIA
    - **1.3.4.2. Características:** é temporário, indivisível, intransmissível e personalíssimo; aplica-se, no que couber, as disposições relativas ao usufruto

  - **1.3.5. Habitação**

    - **1.3.5.1. Conceito:** *direito real temporário de ocupar gratuitamente coisa alheia, para morada do titular e de sua família* (art. 1.414, CC)
    - – OCUPAR CASA PARA MORAR (só isso!)
    - – GRATUITO

DIREITO CIVIL
TEMA XI - DIREITO DAS COISAS

1. Direitos Reais III

- **1.4. Direitos reais de garantia**

1.4.1. Efeitos: os direitos reais em garantia geram os seguintes efeitos

a) Direito de preferência: os credores hipotecários (de hipoteca) e pignoratícios (de penhor) têm preferência no pagamento de seus créditos, em relação a outros credores que não tiverem o mesmo direito (art. 1.422 do CC). Uma vez arrematada em juízo a coisa, o credor com garantia real receberá primeiro, e, havendo sobras, serão pagos os demais credores. Havendo mais de uma hipoteca, terá preferência aquele que tiver prioridade na inscrição, ou seja, aquele que tiver a garantia mais antiga
b) Direito de sequela: consiste no poder de o credor com garantia real perseguir e reclamar a coisa dada em garantia de qualquer pessoa
c) Direito de excussão: consiste no poder de promover a venda judicial da coisa dada em garantia, após o vencimento da dívida. Esse direito é diferente na anticrese
d) Indivisibilidade: o pagamento de uma ou mais prestações da dívida não importa em exoneração da garantia, salvo convenção entre as partes

1.4.2. Requisitos para a validade da garantia

a) Capacidade geral para os atos da vida civil
b) Capacidade especial para alienar
c) Legitimidade (exemplo: presença de outorga uxória)
d) Existência de bem suscetível de alienação
Exemplo: não pode ser dado em garantia um bem público)

1.4.3. Requisitos para a constituição e a eficácia da garantia

a) especialização, que consiste na descrição pormenorizada do bem, do valor do crédito, do prazo para pagamento e da taxa de juros
b) publicidade, que consiste no Registro de Imóveis (para hipoteca, anticrese e penhor rural) ou no Registro de Títulos e Documentos (para penhor convencional)

1.4.4. Cláusula comissória: estipulação que autoriza o credor a ficar com a coisa dada em garantia, caso a dívida não seja paga. É nula estipulação nesse sentido

1.4.5. Penhor: recai sobre coisa **móvel** e fica constituído, de acordo com a **tradição**, a transferência efetiva da posse da coisa ao credor (art. 1.431 do CC), que passa a ser depositário da coisa. No penhor rural, industrial, mercantil e de veículos as coisas empenhadas ficam na posse do devedor, que as deve guardar e conservar

1.4.6. Hipoteca: recai sobre os imóveis e seus acessórios, o domínio direto, o domínio útil, as estradas de ferro, os navios, as aeronaves, entre outros. A hipoteca abrange as ações e melhoramentos feitos posteriormente no imóvel (arts. 1.473 e 1.474 do CC). Deve ser registrada no cartório do lugar do imóvel. A lei considera nula a cláusula que proíbe ao proprietário alienar a coisa, mas o adquirente terá de suportar a garantia que recai sobre o bem

1.4.7. Anticrese: *direito real em garantia em que o devedor entrega imóvel ao credor, que recebe o direito de perceber os frutos e rendimentos da coisa, para compensação da dívida* (art. 1.506 do CC). O credor anticrético pode administrar os bens dados em anticrese e fruir seus frutos e utilidades, mas deverá apresentar anualmente balanço, exato e fiel, de sua administração

DIREITO CIVIL
TEMA XI - DIREITO DAS COISAS

1. Direitos Reais IV

1.5. CONDOMÍNIO I

1.5.1. Conceito: *é o direito de propriedade de mais de uma pessoa sobre a mesma coisa, cabendo a cada uma delas a totalidade dos poderes inerentes ao domínio, sendo que o exercício desses poderes é limitado pelos direitos dos demais* (art. 1.314 do CC)

1.5.2. Direitos e exercício dos direitos: *todos os condôminos podem usar, reivindicar e gravar a coisa, bem como alhear parte ideal dela; mas não podem alterar a destinação da coisa e dar posse a estranhos; devem também dividir as despesas proporcionalmente, deliberar sobre a administração da coisa pela maioria e dividir os frutos na proporção de seus quinhões*

1.5.3. Quota ideal: *é a fração que, no bem indiviso, cabe a cada consorte*

1.5.4. Direitos dos condôminos

a) *Usar a coisa conforme sua destinação e sobre ela exercer todos os direitos compatíveis com a indivisão*
b) *Reivindicar os bens de terceiros*
c) *Alhear ou gravar sua parte, mas a alienação deve respeitar o direito de preferência em favor dos demais condôminos* (art. 504 do CC); *já o gravame (instituição de hipoteca, por exemplo) só incidirá sobre a parte ideal pertencente ao condômino*
d) *Direito de pedir a divisão*

1.5.5. Deveres dos condôminos

a) **Concorrer para as despesas** de conservação e divisão da coisa, na proporção de sua parte
b) **Responder pelas dívidas** contraídas em proveito da comunhão, presumindo-se o rateio na proporção dos quinhões
c) **Responder pelos frutos** que percebeu da coisa e pelo **dano** que lhe causou

1.5.6. Extinção do condomínio: a todo tempo será lícito ao condomínio exigir a divisão da coisa comum (art. 1.320 do CC) Demais regras:

1.5.6.1 Exceções:

a) Existindo pacto de não dividir, cujo prazo máximo é de cinco anos, suscetível de prorrogação posterior
b) Pela vontade do doador ou do testador
c) Por determinação judicial, se houver graves razões aconselhando

1.5.6.2. Meios para a divisão

a) **Coisa divisível:** divide-se fisicamente, de acordo com os quinhões
b) **Coisa indivisível:** i) verifica-se se um dos consortes tem interesse em adjudicar tudo para si, com a concordância de todos; não sendo possível, ii) vende-se e reparte-se o apurado, sendo que há direito de preferência do condômino em relação a estranhos. É importante ressaltar que as regras do direito de preferência em caso de venda voluntária de fração ideal (art. 504 do CC) são diferentes das regras do mesmo direito em caso de divisão forçada (art. 1.322 do CC)

1.5.7. Administração do condomínio

1.5.7.1. *Escolha do administrador:* a maioria escolherá o administrador, que pode ser estranho ao condomínio (art. 1.323 do CC)

1.5.7.2. Poderes do administrador: *este não poderá praticar atos que exigem poderes especiais, como alienar, por exemplo*

1.5.7.3. Quorum para deliberações: *estas serão tomadas pela maioria absoluta; a maioria será calculada pelo valor dos quinhões. Em caso de empate, decidirá o juiz, a requerimento de qualquer condômino, ouvidos os outros* (art. 1.325, §§ 1º e 2º, do CC)

DIREITO CIVIL

TEMA XI - DIREITO DAS COISAS

1. Direitos Reais V

- **1.5. CONDOMÍNIO II**
  - **1.5.8. Condomínio edilício**

1.5.8.1. Conceito
É o condomínio caracterizado pela existência de uma propriedade comum ao lado de uma propriedade privativa (art. 1.331 do CC)

Nesse caso temos
a) unidades autônomas, tais como apartamentos, escritórios, salas, lojas e garagens; e
b) partes comuns, tais como o terreno, a estrutura do edifício, o telhado, os corredores, as escadas, as áreas de lazer

1.5.8.2. Deveres e sujeições dos condôminos

a) Contribuir para as despesas na proporção de sua fração ideal, salvo disposição em contrário na convenção, não podendo votar na assembleia se não estiver quite
b) Pagar juros de 1% ao mês e multa de até 2% caso não pague sua contribuição
c) Não alterar a fachada
d) Preservar o sossego, a salubridade, a segurança e os bons costumes
e) Pagar multa correspondente até o quíntuplo do valor atribuído à contribuição para as despesas condominiais, se não cumprir reiteradamente os seus deveres perante o condomínio, conforme a gravidade das faltas e a reiteração, independentemente das perdas e danos que se apurem, mediante deliberação de três quartos dos condôminos restantes. O condômino ou o possuidor que, por seu comportamento antissocial, gerar incompatibilidade de convivência com os demais condôminos ou possuidores, poderá ser compelido a pagar multa de até dez vezes o valor de sua contribuição, de acordo com as disposições legais e convencionais aplicáveis ao caso concreto

Jurisprudência:
a) O prazo prescricional aplicável à pretensão de cobrança de taxas condominiais é de cinco anos, de acordo com art. 206, § 5º, I, do Código Civil (STJ, AgInt no AREsp 883973/DF)
b) Havendo compromisso de compra e venda não levado a registro, a responsabilidade pelas despesas de condomínio pode recair tanto sobre o promitente vendedor quanto sobre o promissário comprador, dependendo das circunstâncias de cada caso concreto. (STJ, AgInt no AREsp 733185/SP)
c) As cotas condominiais possuem natureza *proptem rem*, razão pela qual os compradores de imóveis respondem pelos débitos anteriores à aquisição (STJ, AgRg no AREsp 215906/RO)
d) É possível a penhora do bem de família para assegurar o pagamento de dívidas oriundas de despesas condominiais do próprio bem (STJ, AgRg no AgRg no AREsp 198372/SP)
e) "O condomínio, independentemente de previsão em regimento interno, não pode proibir, em razão de inadimplência, condômino e seus familiares de usar áreas comuns, ainda que destinadas apenas a lazer" (STJ, REsp 1.564.030-MG)

1.5.8.3. Administração do condomínio

a) Exercício: dá-se pelo síndico, cujo mandato é de até dois anos, permitida a reeleição
b) Competência do síndico: representa ativa e passivamente o condomínio, em juízo ou fora dele; pode ser condômino ou pessoa natural ou jurídica estranha
c) Assembleia: a Geral Ordinária tem por objeto aprovar, por maioria dos presentes, o orçamento das despesas, a contribuição dos condôminos e a prestação de contas. Já a Extraordinária é convocada pelo síndico ou por 1/4 dos condôminos
d) Quórum: salvo quando exigido quórum especial, as deliberações da assembleia serão tomadas, em primeira convocação, por maioria dos votos dos condôminos presentes que representem pelo menos metade das frações ideais. Em segunda votação, a assembleia poderá deliberar por maioria dos votos presentes. Depende da aprovação de 2/3 dos votos dos condôminos a alteração da convenção. A mudança de destinação do edifício depende da unanimidade

DIREITO CIVIL
Tema XII - Direito de Família - Família e Casamento I

1. Família e Casamento I

1.1. Princípios do Direito de Família

a) **Dignidade da pessoa humana:** (art. 1º, III, CF)
b) **Solidariedade familiar:** (art. 3º, I, CF)
c) **Igualdade entre os filhos:** (art. 227, § 6º, CF)
d) **Igualdade entre cônjuges e companheiros:** (art. 226, § 5º, CF)
e) **Não intervenção na família:** (art. 1.513 do CC e art. 226, § 7º, da CF)
f) **Maior interesse da criança, do adolescente e do jovem:** (art. 227 CF)
g) **Princípio da paternidade responsável**
h) **Princípio da função social da família:** (art. 226 da CF)
i) **Princípio da afetividade**

1.2. Casamento I

1.2.1. Conceito:
como o *vínculo jurídico entre um homem e uma mulher, estabelecido mediante intervenção estatal, e que cria deveres de comunhão de vida (moral, espiritual e material) e constitui a família*

1.2.2. Elementos de existência

a) **Diversidade de sexo** (art. 1.514 do CC): "homem e mulher"; esse elemento acaba por ser mitigado no momento em que se vem admitindo a conversão da união estável homoafetiva em casamento
b) **Consentimento** (art. 1.514 do CC): "declaração de vontade de estabelecer vínculo conjugal"
c) **Declaração do juiz na celebração de que estão "casados"** (art. 1.514 do CC);

1.2.3. Impedimentos matrimoniais

1.2.3.1. Causas suspensivas:

a) O viúvo ou a viúva que tiver filho do cônjuge falecido, enquanto não fizer inventário dos bens do casal e der partilha aos herdeiros
b) A viúva, ou a mulher cujo casamento se desfez por ser nulo ou ter sido anulável, até 10 meses depois do começo da viuvez, ou da dissolução da sociedade conjugal
c) O divorciado enquanto não houver sido homologada ou decidida a partilha dos bens do casal
d) O tutor ou o curador e os seus descendentes, ascendentes, irmãos, cunhados ou sobrinhos, com a pessoa protegida, enquanto não cessar a tutela ou curatela e não estiverem saldadas as respectivas contasAs sanções jurídicas para o casamento realizado ou que está para ser realizado com essa causa são: se o casamento ainda não foi realizado, ficará suspenso até que a causa deixe de existir; se já foi realizado, o regime patrimonial será o da separação de bens

1.2.3.2. Impedimentos dirimentes públicos ou absolutos

a) Os ascendentes com os descendentes, seja o parentesco natural ou civil
b) Os afins em linha reta
c) O adotante com quem foi cônjuge do adotado e o adotado com quem o foi do adotante
d) Os irmãos, unilaterais ou bilaterais
e) Entre colaterais até o terceiro grau inclusive
f) O adotado com o filho do adotante
g) Pessoas casadas
h) O cônjuge sobrevivente com o condenado por homicídio ou tentativa de homicídio contra o seu consorte
- As sanções jurídicas para o casamento realizado com esse impedimento são:
a) impossibilita a obtenção do certificado de habilitação;
b) adia o casamento, enquanto o impedimento persistir;
c) torna nulo o casamento porventura realizado (art. 1.548, II, do CC)

DIREITO CIVIL

TEMA XII - DIREITO DE FAMÍLIA - FAMÍLIA E CASAMENTO II

1. Família e Casamento II

1.2. Casamento II

1.2.4. Espécies de casamento

1.2.4.1. Casamento putativo: *é aquele que, embora nulo ou anulável, foi contraído de boa-fé por um ou por ambos os cônjuges*. Sanção: mesmo nulo, produzirá seus efeitos até o dia da sentença anulatória (art. 1.561 do CC), ou seja, a sentença terá efeitos *ex nunc*

1.2.4.2. Casamento nuncupativo: *é aquele contraído em situação de iminente risco de vida, sem possibilidade da presença da autoridade ou de seu substituto*. Sanção: preenchidos os requisitos legais (celebrado na presença de seis testemunhas, ratificado perante o juiz e registrado no Livro de Registro de Casamento), seus efeitos retroagirão à data da celebração

1.2.4.3. Casamento por procuração: é admitido pela lei civil; porém, a procuração deve se dar por instrumento público e com poderes especiais, sendo que o mandato tem eficácia por até noventa dias

1.2.4.4. Casamento em caso de moléstia grave: *é aquele realizado em caso de moléstia grave, estando um dos nubentes impedido de se locomover*. Forma: o juiz de casamentos irá celebrá-lo onde se encontrar o impedido, sendo urgente, ainda que à noite, fazendo-se necessária a presença de duas testemunhas que saibam ler e escrever

1.2.4.5. Casamento perante a autoridade diplomática ou consular: *é aquele constituído entre brasileiros e celebrado no estrangeiro, perante autoridades diplomáticas ou cônsules brasileiros*. Forma: o casamento deverá ser registrado em 180 dias, a contar da volta de um ou de ambos os cônjuges ao Brasil, no cartório do respectivo domicílio, ou, em sua falta, no 1º Ofício da Capital do Estado em que passarem a residir

1.2.4.6. Casamento religioso com efeitos civis: *é aquele que, celebrado perante autoridade religiosa, cumpre os requisitos habilitatórios previstos na lei civil e é inscrito no Registro Público*. A vantagem desse casamento é o fato de que não será necessária a celebração civil. Além disso, todos os efeitos civis retroagirão à data do casamento religioso

1.2.5. Efeitos do casamento

1.2.5.1. Efeitos sociais

a) A criação da família matrimonial
b) O estabelecimento do vínculo de afinidade entre cada cônjuge e os parentes do outro
c) A emancipação, se quem casa era menor de idade

1.2.5.2. Efeitos pessoais

a) A fidelidade mútua (arts. 1.566, I, e 1.573, I, do CC)
b) A coabitação (arts. 1.566, II, 1.511 e 1.797, I, do CC)
c) A mútua assistência (art. 1.566, III, do CC)
d) O respeito e a consideração mútuos (arts. 1.566, V, e 1.573, III, do CC)
e) A igualdade de direitos e deveres entre marido e mulher (art. 1.511 do CC e art. 226, § 5º, da CF)
f) O sustento, a guarda e a educação dos filhos (art. 1.566, IV, do CC)

1.2.5.3. Efeitos patrimoniais

a) Cria a sociedade conjugal, que será delineada de acordo com o regime de bens (direitos, deveres e restrições)
b) Estabelece o direito sucessório em favor do cônjuge sobrevivente, que é herdeiro necessário (art. 1.845 do CC)
c) Pais devem administrar bens do filho menor, não podendo dispor destes
d) Impõe o dever de alimentar entre os cônjuges e em favor dos filhos
e) Institui o bem de família (Lei 8.009/1990 e art. 1.711 do CC)

DIREITO CIVIL

TEMA XII - DIREITO DE FAMÍLIA - BEM DE FAMÍLIA

1. Bem de família

1.1. Modalidades:

Existem duas regulamentações para o bem de família. A primeira delas está prevista na Lei 8.009/1990 e trata do bem de família legal, que é aquele que decorre da própria lei, sem necessidade de qualquer medida por parte dos beneficiários. A segunda regulamentação se encontra nos arts. 1.711 e seguintes do Código Civil e diz respeito ao bem de família voluntário, que é aquele destinado por ato de vontade dos cônjuges, mediante escritura pública ou testamento. São duas modalidades de bem de família, portanto:
a) **Legal:** regulamentado pela Lei 8.009/1990
b) **Voluntário:** regulamentado pelos arts. 1.711 e seguintes do Código Civil

1.2. Bem de família voluntário:

1.2.1. Instituição: deve se dar por escritura pública ou testamento, com posterior registro no Registro de Imóveis

1.2.2. Objeto: pode recair sobre prédio residencial urbano ou rural, ou valores mobiliários, podendo se estender no máximo a 1/3 do patrimônio familiar

1.2.3. Consequência: impossibilidade de penhora por dívidas posteriores a sua instituição, salvo dívidas tributárias e condominiais

1.2.4. Prazo: durará enquanto viver um dos cônjuges, ou, na falta destes, até que os filhos completem a maioridade (art. 1.716 do CC)

1.3. Bem de família legal

1.3.1. Objeto: imóvel residencial, desde que seja próprio do casal ou da entidade familiar

1.3.2. Consequências: impossibilidade de penhora quanto a dívidas civis, comerciais, fiscais, previdenciárias ou de outra natureza, contraídas pelos beneficiários desse instituto. Porém, a lei estabelece exceções, em que bens de família serão considerados penhoráveis. Confira:

a) Pelo titular do crédito decorrente do financiamento destinado à construção ou à aquisição do imóvel, no limite dos créditos e acréscimos constituídos em função do respectivo contrato
b) Pelo credor de pensão alimentícia, resguardados os direitos, sobre o bem, do seu coproprietário que, com o devedor, integre união estável ou conjugal, observadas as hipóteses em que ambos responderão pela dívida (nova redação dada pela Lei 13.144/2015)
c) Para cobrança de impostos, predial ou territorial, taxas e contribuições devidas em função do imóvel familiar
d) Para execução de hipoteca sobre o imóvel oferecido como garantia real pelo casal ou pela entidade familiar
e) Por ter sido adquirido com produto de crime ou para execução de sentença penal condenatória a ressarcimento, indenização ou perdimento de bens
f) Por obrigação decorrente de fiança concedida em contrato de locação. Referida hipótese foi objeto de certa polêmica no passado, pois sustentava-se que a penhora do único imóvel do fiador feriria o direito constitucional à moradia. Contudo, atualmente os tribunais superiores tem se posicionado pela constitucionalidade do dispositivo

DIREITO CIVIL

Tema XII - Direito de Família - Regime de Bens I

1.1. Conceito: *O regime patrimonial do matrimônio pode ser conceituado como o conjunto de normas aplicáveis às relações e interesses econômicos resultantes do casamento*

Trata-se do estatuto patrimonial dos consortes. A lei não permite que os cônjuges disponham livremente sobre esse assunto, devendo estes aceitar o regime de bens que a lei estabelece como regra (regime da comunhão parcial de bens) ou pactuar um dos outros regimes previstos e regulamentados exaustivamente na lei civil (vide Enunciado 331 JDC/CJF)

1.2. Princípios:

a) Variedade de regime de bens: há quatro tipos de regime, quais sejam, comunhão universal, comunhão parcial, separação de bens e participação final dos aquestos
b) Liberdade dos pactos antenupciais (arts. 1.639, 1.640, parágrafo único, 1.655 e 1.641, I a III, do CC)
c) Mutabilidade justificada do regime adotado (art. 1.639, § 2º, do CC)
d) Formalidade (arts. 1.653 a 1.657 do CC)

1.3. Disposições comuns às variadas modalidades de regime

Cada regime de bens (comunhão parcial, comunhão universal etc.) tem as suas peculiaridades. Porém, todos os regimes de bens têm, em comum, as seguintes regras:
O cônjuge pode livremente, sem autorização do outro (arts. 1.642 e 1.643 do CC)**:**
a) Praticar todos os atos de disposição e de administração necessários ao desempenho de sua profissão, salvo alienar ou gravar de ônus real os bens imóveis
b) Administrar os bens próprios
c) Desobrigar ou reivindicar imóveis gravados ou alienados sem o seu consentimento ou sem suprimento judicial
d) Demandar a extinção de fiança, doação ou aval realizados pelo outro cônjuge sem o seu consentimento; porém, o terceiro, prejudicado com a sentença favorável ao autor, terá direito regressivo contra o cônjuge, que realizou o negócio jurídico, ou seus herdeiros (art. 1.646 do CC)
e) Reivindicar bens comuns doados ou transferidos pelo outro cônjuge ao concubino, salvo se o bem tiver sido adquirido pelo esforço comum destes ou se o casal estiver separado de fato por mais de 5 anos; aliás, segundo o art. 550 do CC, a doação do cônjuge adúltero ao seu cúmplice pode ser anulada pelo outro cônjuge, ou por seus herdeiros necessários, até dois anos depois de dissolvida a sociedade conjugal
f) Comprar, inclusive a crédito, as coisas necessárias à economia doméstica; por exemplo, pode o cônjuge fazer compras em supermercado sem autorização do outro
g) Obter, por empréstimo, as quantias que a aquisição dessas coisas possa exigir; aliás, as dívidas contraídas para esses fins obrigam solidariamente ambos os cônjuges (art. 1.644 do CC)
h) Praticar atos que não lhes forem vedados expressamente; por exemplo, dispor por testamento bem imóvel próprio ou doar bem móvel particular, como um carro pertencente só a um dos cônjuges
Por outro lado, o cônjuge não pode, sem a autorização do outro, salvo regime de separação absoluta (art. 1.647 do CC)**:**
a) Alienar ou gravar de ônus real os bens imóveis; nesse caso, falta legitimação ao cônjuge; tais bens, os imóveis, são considerados bens de raiz, ou seja, bens importantes para a família, de modo que a lei vai exigir o consenso do casal para a alienação ou o gravame sobre tais bens
b) Pleitear, como autor ou réu, acerca desses bens ou direitos; por exemplo, na ação reivindicatória será necessária a presença de ambos os cônjuges, diferentemente do que ocorre em mera ação possessória ou em ações relacionada à locação, pois não há direito real nesses casos
c) Prestar fiança ou aval; havendo violação dessa norma, apenas o cônjuge que não tiver autorizado o ato tem legitimidade para pedir a anulação deste; ademais, pode esse cônjuge ingressar com embargos de terceiro para excluir sua meação de eventual penhora, salvo quando a dívida tiver sido contraída com vistas a atender as necessidades da economia doméstica, ou seja, quando a dívida for contraída em proveito da família; quanto ao tema, a Súmula 332 do STJ fixou o entendimento de que "a fiança prestada sem autorização de um dos cônjuges implica a ineficácia total da garantia"
d) Fazer doação de bens comuns ou que possam integrar futura meação
Vale salientar que, quando um dos cônjuges não puder exercer a administração dos bens que lhe incumbe, segundo o regime de bens, caberá ao outro (art. 1.651)**:**
a) Gerir os bens comuns e os do consorte
b) Alienar os bens móveis comuns
c) Alienar os imóveis comuns e os móveis ou imóveis do consorte, mediante autorização judicial
Outra regra geral importante é a que dispõe que o cônjuge que estiver na posse dos bens particulares do outro será para com este e seus herdeiros responsável (art. 1.652)**:**
a) Como usufrutuário, se o rendimento for comum
b) Como procurador, se tiver mandato expresso ou tácito para os administrar
c) Como depositário, se não for usufrutuário, nem administrador – praticar atos que não lhes forem vedados expressamente; por exemplo, dispor, por testamento, bem imóvel próprio ou doar bem móvel particular, como um carro pertencente só a um dos cônjuges

1. Regime de Bens I

DIREITO CIVIL

Tema XII - Direito de Família - Regime de Bens II

1. Regime de Bens II

- **1.4. Modalidades de regimes de bens I:**
  - **1.4.1. Comunhão parcial:**
    - **1.4.1.1. Conceito:** *é aquele em que se comunicam os bens que sobrevierem ao casal, na constância do casamento, salvo exceções legais. Esse regime é o estabelecido pela lei, quando os nubentes não quiserem aderir a outro regime de bens*
    - **1.4.1.2. Regime jurídico:**

      – Excluem-se da comunhão (art. 1.659 do CC):
      a) Os bens que cada cônjuge possuir ao casar e os sub-rogados em seu lugar
      b) Os bens recebidos na constância do casamento, por doação ou sucessão, e os sub-rogados em seu lugar
      c) Bens adquiridos com valores exclusivamente pertencentes a um dos cônjuges em sub-rogação dos bens particulares
      d) As obrigações anteriores ao casamento
      e) As obrigações provenientes de atos ilícitos, salvo reversão em proveito do casal
      f) Os bens de uso pessoal, os livros, os instrumentos da profissão, desde que não integrem fundo de comércio ou patrimônio de sociedade da qual pertença o consorte
      g) Os proventos do trabalho pessoal de cada cônjuge
      h) As pensões, os meio-soldos (metade do soldo que o Estado paga ao militar reformado), os montepios (pensão de instituto de previdência) e outras rendas semelhantes
      i) Os bens cuja aquisição tiver por título causa anterior ao casamento (art. 1.661 do CC); por exemplo, os reivindicados antes do casamento, com sentença depois; ou o dinheiro recebido depois do casamento, mas relativo a venda feita antes deste

      – Entram na comunhão (art. 1.660 do CC):
      a) Os bens adquiridos onerosamente na constância do casamento, ainda que em nome de um dos cônjuges; presunção: presumem-se adquiridos na constância do casamento os bens móveis, salvo prova em contrário (art. 1.662 do CC)
      b) Os bens adquiridos por fato eventual, com ou sem concurso de trabalho ou despesa anterior; por exemplo, os bens ganhados em loteria, ou por aluvião ou avulsão
      c) Os bens recebidos por doação, herança ou legado em favor de ambos
      d) As benfeitorias em bens particulares de cada cônjuge; presumem-se feitas com esforço comum
      e) Os frutos dos bens comuns e particulares, percebidos na constância ou pendentes ao tempo em que cessar a comunhão

      – Quanto aos bens particulares, estes podem responder:
      a) Pelas dívidas da compra ou do empréstimo feitos quanto às coisas necessárias à economia doméstica em virtude da solidariedade
      b) Pelas dívidas contraídas na administração dos bens particulares
      c) Pelas dívidas em geral contraídas por seu proprietário

DIREITO CIVIL

Tema XII - Direito de Família - Regime de Bens III

1. Regime de Bens III

- **1.4. Modalidades de regimes de bens II:**
  - **1.4.2. Comunhão universal:**
    - **1.4.2.1. Conceito:** é aquele que importa a comunicação de todos os bens presentes e futuros dos cônjuges e suas dívidas passivas, salvo exceções legais
    - **1.4.2.2. Regime jurídico:**

      – **Excluem-se da comunhão** (art. 1.668 do CC):
      a) Os bens recebidos por doação ou herança com cláusula de incomunicabilidade e os sub-rogados em seu lugar; porém, é bom lembrar que a cláusula de incomunicabilidade prevista em testamento deve ser devidamente motivada, devendo haver justa causa, se disser respeito aos bens da legítima (art. 1.848 do CC)
      b) Bens gravados de fideicomisso e o direito do herdeiro fideicomissário, antes de realizada a condição suspensiva; nesses casos, temos direitos provisórios ou eventuais, de modo que não há mesmo como entrarem na comunhão
      c) As dívidas anteriores ao casamento, salvo as despesas com seus aprestos (exemplos: preparativos, enxoval e outras despesas para o casamento) ou se reverterem em proveito comum (exemplo: imóvel residencial do casal)
      d) As doações antenupciais feitas para um dos cônjuges ao outro com cláusula de incomunicabilidade
      e) Os bens de uso pessoal, os livros e os instrumentos de profissão; os proventos do trabalho pessoal de cada cônjuge, as pensões, meio-soldos, montepios e outras rendas semelhantes

      – **Entram na comunhão:**
      a) Todos os outros bens presentes e futuros dos cônjuges, inclusive os frutos (doados com incomunicabilidade) dos bens não comunicáveis percebidos ou vencidos na constância – art. 1.669 do CC
      b) Todas as dívidas passivas, salvo as invalidadas; aqui não entram somente as dívidas que geraram proveito da família ou que se refiram a bens comuns; aqui entram todas as dívidas passivas
      c) As despesas com os aprestos do casamento
      d) As despesas anteriores ao casamento que se reverterem em proveito comum (exemplo: o apartamento comprado para o casal)

      – Extinta a comunhão, e efetuada a divisão do ativo e do passivo, cessará a responsabilidade de cada um dos cônjuges para com os credores do outro (art. 1.671 do CC)

      – Por fim, há de se ressaltar que se deve aplicar ao regime de comunhão universal o disposto para o regime da comunhão parcial, quanto à administração dos bens

DIREITO CIVIL

TEMA XII - DIREITO DE FAMÍLIA - REGIME DE BENS IV

1. Regime de Bens IV

1.4. Modalidades de regimes de bens III:

1.4.3. Participação final nos aquestos

1.4.3.1. Conceito: *é aquele em que cada cônjuge possui patrimônio próprio, e lhe cabe, à época da dissolução da sociedade conjugal, direito à metade dos bens adquiridos pelo casal onerosamente na constância do casamento*

1.4.3.2. Regime jurídico:

– Excluem-se da comunhão:
a) Os bens que cada um possuía ao casar e os adquiridos, a qualquer título, na constância do casamento (art. 1.673 do CC)
b) As dívidas contraídas por um dos cônjuges, antes ou depois do casamento; porém, as dívidas contraídas após o casamento, que tiverem revertido em proveito do outro entrarão na comunhão (art. 1.677 do CC)

– Quanto à administração e à disposição de bens durante o casamento:
a) Cada cônjuge administra livremente seus bens particulares (art. 1.673, parágrafo único, do CC)
b) Cada cônjuge aliena livremente seus bens móveis particulares (art. 1.673, parágrafo único, do CC)
c) Por pacto antenupcial, pode-se convencionar que cada cônjuge aliena livremente seus bens imóveis particulares (art. 1.656 do CC); ou seja, a regra é não haver esse direito em favor dos cônjuges, mas a lei admite que o pacto antenupcial atribua aos cônjuges a possibilidade de alienar livremente seus bens particulares
d) Quanto às demais restrições previstas no art. 1.647 do CC e não mencionadas no item acima, devem ser obedecidas pelos que optaram pelo regime de participação final nos aquestos; assim, nenhum cônjuge pode, sem autorização do outro, prestar fiança ou aval (art. 1.647, III, do CC)

– Quanto aos efeitos patrimoniais da dissolução da sociedade conjugal:
a) Calcula-se o montante dos aquestos existentes, ou seja, dos bens onerosamente adquiridos na constância do casamento (**art. 1.674 do CC**)
b) Em seguida, exclui-se dessa soma de patrimônios próprios os bens anteriores ao casamento (e os sub-rogados em seu lugar), os bens que cada cônjuge tiver recebido por sucessão (exemplo: herança) ou liberalidade (exemplo: doação), e as dívidas relativas a esses bens
c) Em seguida, computa-se o valor das doações feitas por um dos cônjuges, sem a necessária autorização do outro; nesse caso o bem poderá ser reivindicado pelo cônjuge prejudicado ou por seus herdeiros, ou declarado no monte partilhável, por valor equivalente ao da época da dissolução (art. 1.675 do CC)
d) Em seguida, computa-se o valor dos bens alienados em detrimento da meação ou reivindica-se tais bens (art. 1.676 do CC); a lei está fazendo referência aos bens alienados indevidamente (por exemplo, por falta de autorização do outro cônjuge)
e) Feitas tais contas, chega-se ao montante dos aquestos à data em que cessou a convivência, seja por separação, divórcio ou morte (art. 1.683 do CC)
f) Procede-se à divisão desse montante, ficando metade para cada um dos cônjuges (meação)

1.4.4. Separação de bens:

1.4.4.1. Conceito: *é aquele em que os bens permanecerão sob a propriedade, administração e fruição exclusiva de cada um dos cônjuges, que os poderá livremente alienar ou gravar com ônus real*

1.4.4.2. Regime jurídico: o atual Código Civil aumentou os poderes de cada cônjuge sobre o seu patrimônio exclusivo. Isso se deu pois o art. 1.647 do CC estabelece algumas limitações aos cônjuges (exemplos: não podem, sem autorização do outro, alienar imóveis, prestar fiança e aval etc.), mas tais limitações não se aplicam aos que estão num regime de separação absoluta de bens (art. 1.647, caput, do CC). Por outro lado, ambos os cônjuges devem contribuir para as despesas do casal na proporção dos rendimentos de seu trabalho e de seus bens, salvo estipulação em contrário em pacto antenupcial

1.4.4.3. Casos: por vontade expressa em pacto antenupcial ou quando a lei determina
a) quanto às pessoas que o contraírem com inobservância das causas suspensivas da celebração do casamento;
b) quanto à pessoa maior de 70 anos. A doutrina entende que essa obrigatoriedade não se aplica para pessoa maior de 70 anos quando o casamento for precedido de união estável iniciada antes dessa idade (Enunciado. 261 JDC/CJD Obs.: esse Enunciado é anterior à Lei 12.344/2010, por isso em seu texto consta a idade de sessenta anos);
c) quanto a todos os que dependerem, para casar, de suprimento judicial. Quanto às causas previstas nos itens 'a" e "c", a obrigatoriedade da separação de bens não impede a alteração do regime, desde que superada a causa que o impôs (Enunciado 262 JDC/CJF)

DIREITO CIVIL

TEMA XII - DIREITO DE FAMÍLIA - DISSOLUÇÃO DO CASAMENTO

1. Dissolução do Casamento

1.1. Antes da mudança na Constituição Federal fazia mais sentido a distinção entre as hipóteses de dissolução da sociedade conjugal e as hipóteses de dissolução do casamento

A dissolução da sociedade conjugal se dá nos seguintes casos (art. 1.571 do CC):
a) Pela morte de um dos cônjuges
b) Pela nulidade ou anulação do casamento
c) Pela separação judicial
d) Pelo divórcio

Já a dissolução do casamento, isto é, do vínculo matrimonial propriamente dito, se dá nas seguintes hipóteses (art. 1.571, § 1º, do CC):
a) Pela morte de um dos cônjuges (inclusive presunção quanto ao ausente – abertura da sucessão definitiva)
b) Pela nulidade ou anulação do casamento
c) Pelo divórcio

1.2. Depois da EC 66/2010, a tendência é não mais se buscar a separação judicial, mas sim o divórcio diretamente, o que fará com que se extinga, ao mesmo tempo, a sociedade conjugal (e, portanto, os deveres conjugais e o regime patrimonial) e o casamento (o vínculo matrimonial)

DIREITO CIVIL

TEMA XII - DIREITO DE FAMÍLIA - UNIÃO ESTÁVEL

1. União Estável

1. 1. Conceito
o conceito tradicional de união estável é o seguinte: *consiste na convivência pública, contínua e duradoura entre um homem e uma mulher com o objetivo de constituição de família* (art. 1.723 do CC).
– Todavia, esse conceito, hoje, deve levar em conta o posicionamento do STF acerca da união estável homoafetiva. Com efeito, o Excelso Pretório, na ADI 4.277 e na ADPF 132, julgadas em 05.05.2011, tomou a seguinte decisão: pela procedência das ações e com efeito vinculante, no sentido de dar interpretação conforme a Constituição Federal para excluir qualquer significado do artigo 1.723 do Código Civil que impeça o reconhecimento da união entre pessoas do mesmo sexo como entidade familiar

1. 2. Requisitos:

a) Inexistência de impedimento para o casamento, ressalvada a situação de alguém casado, que esteja separado de fato ou judicialmente
b) Diversidade de sexos: esse requisito está superado após a decisão do STF mencionada, que admite a união estável entre pessoas do mesmo sexo (união homoafetiva)
c) Continuidade das relações sexuais: requisito implícito
d) Convivência duradoura: estabilidade na relação
e) Convivência pública: notoriedade de afeições recíprocas; pode ser convivência notória, porém discreta, limitada ao conhecimento de amigos, familiares e vizinhos; não requer publicidade, mas não pode se tratar de uma relação absolutamente secreta
f) Objetivo de constituir família: não se configura simplesmente pelo fato de suas pessoas dividirem despesas; também não é necessário que se queira ter filhos; mas há necessidade de formar uma parceria de natureza afetivo-amorosa com caráter duradouro

1. 3. Regime patrimonial

a) Os companheiros poderão estabelecer o regime patrimonial de sua relação, o que deve ser feito mediante contrato escrito; não é necessário que se trate de uma escritura pública, podendo ser mero escrito particular; no entanto, é muito comum que esse documento seja produzido em Cartório de Títulos e Documentos, como forma de se garantir o arquivamento de uma cópia do documento em registro público; todavia, "não é lícito aos conviventes atribuírem efeitos retroativos ao contrato de união estável, a fim de eleger o regime de bens aplicável ao período de convivência anterior à sua assinatura" (STJ, REsp 1.383.624-MG, DJ 12.06.2015), pois nem no casamento isso é possível
b) Caso não haja contrato escrito especificando as regras do regime patrimonial entre os companheiros, aplicar-se-á às relações patrimoniais, no que couber, o regime de comunhão parcial de bens (art. 1.725 do CC)

1. 4. Efeitos jurídicos

a) Gera o direito a alimentos (arts. 1.694 e 1.708 do CC)
b) Gera direito à sucessão do outro
c) Estabelece o regime de comunhão parcial de bens, salvo contrato escrito entre os companheiros (art. 1.725 do CC)
d) Confere direito real de habitação sobre o imóvel de residência da família, em caso de falecimento do companheiro (art. 7º, parágrafo único, da Lei 9.278/1996); tal direito favorece o companheiro sobrevivente enquanto sobreviver ou não constituir nova união ou casamento
e) Permite que o convivente tenha direito de usar o nome do outro (art. 57 da Lei 6.015/1973)
f) Assegura ao companheiro a condição de dependente para os fins legais (exemplo: imposto de renda; benefício previdenciário)
g) Outorga ao companheiro o direito de continuar a locação, havendo morte do outro (art. 11, I, da Lei 8.245/1991)
h) Obriga os companheiros a declarar a existência de união estável nos instrumentos com terceiros, sob pena de configurar má-fé
i) Permite o uso de tutela provisória para afastar o outro do lar (art. 297 do NCPC e art. 1.562 do CC)
j) Permite a adoção
k) Legitima o companheiro prejudicado a ingressar com embargos de terceiro para excluir sua meação de eventual penhora indevida
l) Faculta aos companheiros o direito de pleitear a conversão da união estável em casamento, mediante pedido destes ao juiz e assento no Registro Civil (art. 1.726 do CC)
m) Impõe aos companheiros os deveres especiais previstos no art. 1.724 do CC (lealdade, respeito etc.)

DIREITO CIVIL
Tema XII - Direito de Família - Alimentos I

1. Alimentos I

1.1. Conceito: *é a prestação que podem alguns parentes, os cônjuges ou os companheiros pedir uns aos outros, consistentes no necessário para que uma pessoa possa viver, fixada segundo a necessidade do reclamante e a possibilidade da pessoa obrigada*

1.2. Características da obrigação alimentar

a) É **transmissível**, já que a obrigação de prestar alimentos transmite-se aos herdeiros do devedor, na forma do art. 1.694 do CC (art. 1.700 do CC), respeitados os limites das forças da herança (Enunciado 343 JDC/CJF)

b) É **divisível** e comum, ou seja, a obrigação alimentar não é solidária, como regra, de modo que, havendo mais de um devedor, cada qual responde por sua cota-parte (STJ Resp. 50.153-9/94); de qualquer forma, há um caso em que a obrigação alimentar é solidária; trata-se da obrigação alimentar de vida em favor do idoso (art. 12 da Lei 10.741/2003)

1.3. Características do direito a alimentos

a) É **personalíssimo**, não podendo o direito ser transferido a terceiro

b) É **incessível**, de modo que o crédito de alimentos não pode ser objeto de cessão a terceiro; porém, as prestações atrasadas (vencidas) são consideradas créditos comuns, podendo ser cedidas (art. 1.707 do CC)

c) É **impenhorável**

d) É **incompensável**, ou seja, não é passível de compensação

e) É **irrepetível**, ou seja, uma vez pagos, não podem ser reclamados de volta

f) É **intransacionável**, pois, já que o direito a alimentos é indisponível e personalíssimo, não há como considerá-lo passível de transação (art. 841 do CC)

g) É **imprescritível**, ou seja, o direito de pedir alimentos não tem prazo para se exercer; todavia, uma vez que uma pensão alimentícia já está fixada, o direito de cobrar prestações vencidas prescreve, e isso acontece no prazo de 2 anos, contados da data em que cada prestação vencer (art. 206, § 2º, do CC – antes era 5 anos)

h) É **irrenunciável**, ou seja, o direito a alimentos não pode ser objeto de disposição, já que guarda relação com o próprio direito à vida, que é direito fundamental e de ordem pública; todavia, é possível deixar de exercer o direito a alimentos por um tempo (art. 1.707 do CC), situação que não se confunde com a renúncia ao direito a alimentos

i) É **atual**, ou seja, é exigível imediatamente; por conta disso, é possível até pedir a prisão civil do devedor, em certos casos, como meio coativo bastante eficaz para que os alimentos sejam pagos

DIREITO CIVIL
Tema XII - Direito de Família - Alimentos II

1. Alimentos II

1.4. Pressupostos da obrigação alimentar

a) Necessidade do reclamante: a necessidade se dá quando não se tem bens suficientes, nem se pode prover, pelo seu trabalho, à própria mantença (art. 1.695 do CC); porém, quando a necessidade dos alimentos se der por culpa de quem os pleiteia, os alimentos serão apenas os indispensáveis à subsistência (art. 1.694, § 2º, do CC);

b) Possibilidade da pessoa obrigada: a obrigação alimentar só atinge quem tem possibilidade de prestar alimentos, não atingindo, portanto, quem possui somente o necessário à sua subsistência, salvo os que decorrem do poder familiar, pois, nesse caso, os pais devem dar um jeito para prestar alimentos

1.5. Pessoas obrigadas a prestação alimentar (rol taxativo)

a) Ascendentes, em favor dos descendentes (exemplo: pai deve para filho)
b) Descendentes, em favor dos ascendentes (exemplo: filho deve para o pai)
c) Cônjuges
d) Companheiros
e) Irmãos

Confira as regras sobre a ordem preferencial da obrigação alimentar em relação a ascendentes, descendentes e irmãos (arts. 1.696 a 1.698 do CC):

a) Num primeiro momento, a obrigação recai sobre pais e filhos entre si (reciprocamente);
b) Na falta destes, a obrigação cabe aos demais ascendentes, na ordem de sua proximidade; por exemplo, na falta do pai, o avô deve alimentos para o neto. Neste contexto, a doutrina entende que observadas suas condições pessoais e sociais, os avós somente serão obrigados a prestar alimentos aos netos em caráter exclusivo, sucessivo, complementar e não solidário quando os pais destes estiverem impossibilitados de fazê-lo, caso em que as necessidades básicas do alimentando serão aferidas, prioritariamente, segundo o nível econômico-financeiro de seus genitores (Enunciado 342 JDC/CJF)
c) Na falta de ascendentes, a obrigação cabe aos descendentes, na ordem da sucessão; por exemplo, se um pai não tem mais um ascendente para arcar com alimentos em seu favor, poderá pedir alimentos para seu filho, preenchidos os pressupostos da obrigação alimentar;
d) Na falta de descentes, a obrigação cabe aos irmãos, unilaterais ou bilaterais (germanos), sem distinção ou preferência;
e) Se o parente, que deve em primeiro lugar, não estiver em condições de suportar totalmente o encargo, serão chamados a concorrer os de grau imediato; por exemplo, se o pai não tem condições de arcar com o valor mínimo necessário para a subsistência de seu filho, pode-se chamar o seu pai (avô da criança) para arcar com o complemento do encargo; cuidado, pois a responsabilidade dos avós não é direta, mas subsidiária e complementar; assim, não se pode querer acionar os avós diretamente, só porque estes têm melhores condições; deve-se acionar primeiramente o pai ou a mãe da criança e, caso estes se virem impossibilitados de prestá-la, total ou parcialmente, somente aí pode ser intentada a ação contra os avós (progenitores), para que estes arquem com toda a pensão ou com o complemento desta, respectivamente (STJ, REsp 1.077.010, j. 07.10.2011)
– Sendo várias as pessoas obrigadas a prestar alimentos, todas devem concorrer na proporção dos respectivos recursos, e, intentada ação contra uma delas, poderão as demais ser chamadas a integrar a lide (art. 1.698 do CC)

DIREITO CIVIL

Tema XIII - Direito das Sucessões - Sucessão em Geral I

1. Sucessão em Geral I

1.1. Espécies de sucessão *causa mortis*:

a) Testamentária: é a que se verifica quando o destino dos bens se dá por disposição de última vontade do próprio autor da herança, manifestada por meio de testamento

b) Legítima, legal ou "ab intestato": é regulada pela lei de forma supletiva; ou seja, quando não há testamento ou quando este for parcial, tiver sido declarado nulo ou tiver caducado

1.2. Efeitos da sucessão *causa mortis*:

a) A título universal: quando o sucessor (herdeiro) recebe todo o patrimônio do defunto ou uma fração da universalidade que este patrimônio representa

b) A título singular: quando o sucessor (legatário) é contemplado com bem certo e individualizado, ou com vários bens determinados, só existe por testamento

1.3. Abertura da sucessão:

1.3.1. Momento: é o da morte do "de cujus"

1.3.2. Consequências:

a) Os herdeiros sucessíveis sobrevivos recebem, sem solução de continuidade, a propriedade e a posse dos bens do defunto (art. 1.784 do CC). A herança transmite-se desde logo aos herdeiros legítimos e testamentários (princípio de saisine). A exceção se dá quanto ao legatário (aquele que recebe um bem certo por meio de testamento); nesse caso, desde a abertura da sucessão, a coisa passa a pertencer a este, salvo se pender condição suspensiva; porém, não se defere de imediato a ele a posse da coisa (art. 1.923, caput, e § 1º, do CC)

b) Faz iniciar o prazo de 30 dias para a instauração do inventário (art. 1.796 do CC). Destaca-se, porém, que o Código de Processo Civil traz o prazo de dois meses para instauração do inventário, conforme art. 611 do NCPC. O descumprimento do prazo acarreta a imposição de multa tributária a ser fixada em Lei Estadual

> **Dica:** o momento da sucessão também é relevante para a aferição da lei aplicável a esta. No caso, o art. 1.787 do CC dispõe que regula a sucessão e a legitimação para suceder (capacidade sucessória) a lei vigente ao tempo de sua abertura

DIREITO CIVIL

Tema XIII - Direito das Sucessões - Sucessão em Geral II

1. Sucessão em Geral II

1.4. Herança e sua administração: a herança tem as seguintes **características**:

a) Natureza imobiliária para efeitos legais
b) Indivisibilidade: o direito dos coerdeiros quanto à propriedade e à posse da herança não pode ser dividido até a partilha (art. 1.791, parágrafo único, do CC)
c) Unidade: a herança defere-se como um todo unitário, ainda que vários sejam os herdeiros (art. 1.791, caput, do CC)
d) Quanto à **cessão da herança**, como regra, é possível ceder a quota hereditária (fração ideal na herança), desde que por escritura pública e respeito à preferência dos coerdeiros (art. 1.794 do CC); se mais de um herdeiro quiser a coisa, entre eles se distribui o quinhão cedido (art. 1.795, parágrafo único, do CC), na proporção das respectivas quotas hereditárias
e) O herdeiro não responde por encargos superiores às forças da herança
f) A **administração da herança** caberá, sucessivamente (art. 1.797 do CC):
i) ao cônjuge ou companheiro, se com o outro convivia ao tempo da abertura da sucessão;
ii) ao herdeiro que estiver na posse e administração dos bens, e, se houver mais de um nessas condições, ao mais velho;
iii) ao testamenteiro;
iv) à pessoa de confiança do juiz, na falta ou escusa das indicadas nos incisos antecedentes, ou quando tiverem de ser afastadas por motivo grave levado ao conhecimento do juiz

1.5. Aceitação da herança: é o ato jurídico em sentido estrito unilateral pelo qual o herdeiro, legítimo ou testamentário, manifesta livremente sua vontade de receber a herança ou o legado que lhe é transmitido. Trata-se de ato declaratório. Não se pode aceitar a herança parcialmente, sob condição **ou** a termo

1.6. Renúncia da herança: é o ato jurídico em sentido estrito unilateral pelo qual o herdeiro declara expressamente que não aceita a herança ou legado a que tem direito

Requisitos:
a) Renunciante deve ser capaz e não pode renunciar com condições ou termos, nem parcialmente
b) Escritura pública ou termo judicial, sendo a renúncia irrevogável

⚠️ **Atenção:** na renúncia considera-se que a transmissão da herança não foi verificada, o que faz com que os herdeiros do renunciante não o representem, ficando a parte do renunciante acrescida a dos outros herdeiros da mesma classe e, sendo ele o único desta, devolve-se aos da classe subsequente (art. 1.810 do CC)

1.7. Exclusão por indignidade: é a pena civil que priva do direito à herança herdeiros ou legatários que cometerem atos graves contra o autor da herança ou pessoa próxima a ele, taxativamente enumerados em lei. Deve ser promovida ação pelos legitimados no prazo de 4 anos da abertura da sucessão

São causas da exclusão:
a) Quando houverem sido autores, coautores ou partícipes de homicídio doloso ou tentativa deste contra a pessoa de cuja sucessão se tratar: seu cônjuge, seu companheiro, seu ascendente, seu descendente
b) Quando houverem acusado caluniosamente em juízo autor da herança (denunciação caluniosa) (art. 339 do CP) ou incorrerem em crime contra a honra deste, ou de seu cônjuge ou companheiro
c) Quando por violência ou meios fraudulentos atentarem contra a liberdade de testar do autor da herança de dispor livremente de seus bens por ato de última vontade

⚠️ **Atenção:** a lei admite que autor da herança reabilite o herdeiro indigno, prejudicando-se assim a sua exclusão da sucessão, desde que o faça por testamento ou documento idôneo

💡 **Dica:** os efeitos da exclusão são pessoais, considerando-se o excluído *como se morto fosse*, de modo que os descendentes do excluído poderão representá-lo na herança do falecido

DIREITO CIVIL

Tema XIII - Direito das Sucessões - Sucessão Legítima

1. Sucessão em Legítima

1.1. Direito de representação: *é a convocação legal de parentes do falecido a suceder em todos os direitos em que ele sucederia se vivo fosse.* Tem por requisito haver o representado falecido antes do autor da herança. E acontece só na linha reta descendente e na transversal em benefício dos sobrinhos

São efeitos do instituto os seguintes:
a) Os representantes herdam exatamente o que caberia ao representado se vivo fosse e sucedesse
b) O quinhão do representado partir-se-á por igual entre os representantes
c) A quota que os representantes receberem não responde por débitos do representado, mas só por débitos do "de cujus"
d) Os representantes terão que trazer à colação bens recebidos em doação por representado

1.2. Ordem de vocação hereditária

1.2.1. Fundamento legal: art. 1.829 CC

1.2.2. Cônjuge em concorrência com descendente:

a) **Não herda:**
– Comunhão universal
– Separação obrigatória
– Comunhão parcial sem bens particulares do falecido
b) **Herda:**
– Separação convencional de bens
– Comunhão parcial com bens particulares do falecido
Obs.: aplica-se ao regime da participação final nos aquestos as regras da comunhão parcial
Quinhão: havendo descendentes comuns, receberá igual quinhão reservada a cota parte de 1/4, ressalvada a hipótese de filiação híbrida

1.2.3. Cônjuge em concorrência com ascendente: herdará independentemente do regime

Quinhão: 1/3 se concorrer com pai e mãe do falecido; metade se concorrer com qualquer outra combinação

1.2.4. Cônjuge sem concorrência com descendentes e ascendentes: herdará a totalidade da herança, independentemente do regime de bens. Há ainda o direito real de habitação

1.2.5. Colaterais: apenas se não houver descendentes, ascendentes e cônjuge. Serão considerados os colaterais até o quarto grau, sendo que os mais próximos excluem os mais remotos

Quinhão: os irmãos unilaterais receberão metade do que receber os bilaterais

Dica: na ausência de herdeiros sucessíveis ou tendo eles renunciado à herança, esta se devolve ao Município ou ao Distrito Federal, se localizada nas respectivas circunscrições, ou à União, quando situada em território Federal. Trata-se da hipótese de herança jacente

1.2.6. Sucessão dos descendentes:

a) **Por cabeça:** é dividida em partes iguais, de acordo com o número de herdeiros
b) **Por estirpe ou por direito de representação:** quando concorrem descendentes de graus diferentes

1.2.7. Sucessão do companheiro

O STF declarou inconstitucional o art. 1.790 do CC, que estabelecia diferenciação entre os regimes sucessórios entre cônjuges e companheiros, devendo-se aplicar a ambos o regime estabelecido no art. 1.829 do CC
Os fundamentos da decisão foram:
a) não pode haver hierarquização entre famílias;
b) violação da igualdade;
c) violação da dignidade da pessoa humana;
d) violação da proporcionalidade na modalidade de proibição à proteção deficiente;
e) vedação ao retrocesso

1.2.8. Herdeiros necessários

a) **Rol:** descendentes, os ascendentes e o cônjuge (taxativo)
b) **Privilégio:** têm reservado a metade dos bens da herança (parte legítima)
c) **Perda da legítima:** por meio da deserdação
d) **Cláusulas de inalienabilidade, impenhorabilidade e incomunicabilidade sobre a legítima:** apenas com autorização judicial

DIREITO CIVIL

TEMA XIII - DIREITO DAS SUCESSÕES - SUCESSÃO TESTAMENTÁRIA

1. Sucessão Testamentária I

1.1. Conceito: *é aquela que decorre de expressa manifestação de última vontade, em testamento ou codicilo.* Havendo herdeiros necessários, o testador apenas poderá testar sobre metade do seu patrimônio, a fim de que não atinja a legítima. Se assim o fizer, haverá a hipótese de redução das disposições testamentárias ou rompimento do testamento

Dica: por meio do testamento, o testador pode fazer disposições patrimoniais e não patrimoniais. Ou seja, além de poder dispor sobre os seus bens, poderá reconhecer filhos, nomear tutor, reabilitar o indigno, etc

Atenção: extingue-se em 5 anos o prazo para impugnação de sua validade, a partir de seu registro

1.2. Características do testamento:

a) É **personalíssimo:** ou seja, não pode ser feito por procurador
b) É **negócio jurídico unilateral**, ou seja, aperfeiçoa-se com única declaração de vontade
c) É **proibido o testamento conjuntivo** ou de mão comum ou mancomunado, já que a lei veda o pacto sucessório, tendo em vista a revogabilidade do testamento
d) É **negócio jurídico solene, gratuito, revogável, causa mortis**
(só tem efeito após a morte do testador)

1.3. Capacidade para testar: é conferida aos plenamente capazes e aos maiores de 16 anos (independentemente de assistência). Neste contexto, apenas as pessoas naturais têm capacidade para testar, excluindo-se, portanto, as pessoas jurídicas

1.4. Formas de testamento:

a) **Testamento público:** é o escrito por tabelião, de acordo com as declarações do testador, que pode se servir de notas, devendo ser lavrado o instrumento e lido em voz alta pelo primeiro ao segundo e a duas testemunhas (ou pelo testador na presença dos demais), com posterior assinatura de todos
b) **Testamento cerrado** (secreto ou místico)**:** é o escrito pelo testador ou outra pessoa (a seu rogo) e por aquele assinado, desde que aprovado pelo tabelião, que o recebe na presença de duas testemunhas, com a declaração pelo testador de que se trata de seu testamento e quer que seja aprovado, lavrando-se auto de aprovação, que deve ser lido, em seguida, ao testador e às testemunhas, assinando todos

Atenção: deve-se cerrar e coser o instrumento aprovado; ao final, entrega-se ao testador e lança-se no livro local a data em que o testamento foi aprovado e entregue

c) **Testamento particular** (hológrafo): trata-se de testamento elaborado pelo próprio testador, sem a presença do tabelião. Pode ser escrito de próprio punho ou mediante processo mecânico, devendo ser lido e assinado por quem o escreveu, na presença de pelo menos três testemunhas, que o devem subscrever

Atenção: morto o testador, o testamento deverá ser levado a juízo, com a citação dos herdeiros legítimos. As testemunhas também serão intimadas. O testamento apenas será confirmado se as testemunhas estiverem de acordo sobre o fato da disposição, ou ao menos sobre a sua leitura perante elas e reconhecerem as próprias assinaturas, bem como a do testador

1.5. Codicilo: trata-se de ato de última vontade destinado a disposições de pequeno valor. Toda pessoa capaz de testar poderá, mediante escrito particular seu, datado e assinado, fazer disposições especiais sobre seu enterro, sobre esmolas de pouca monta a certas e determinadas pessoas, ou, independentemente, aos pobres de certo lugar, assim como legar móveis, roupas ou joias, de pouco valor, de seu uso pessoal, e ainda nomear ou instituir testamenteiros

Dica: revoga-se o codicilo por outro (expressamente) ou por testamento posterior, de qualquer natureza, que não o confirme ou modifique. Se o codicilo estiver fechado, abrir-se-á do mesmo modo que o testamento cerrado

DIREITO CIVIL
Tema XIII - Direito das Sucessões - Sucessão Testamentária II

1. Sucessão Testamentária II

1.6. Invalidade: são anuláveis as disposições testamentárias inquinadas de erro, dolo ou coação. Extingue-se em quatro anos o direito de anular a disposição, contados de quando o interessado tiver conhecimento do vício

1.7. Legado: coisa certa e determinada deixada a alguém (legatário), por testamento ou codicilo. O legado pode ser de coisas, crédito, quitação de dívida, alimentos, usufruto, imóvel, dinheiro, renda ou pensão vitalícia. Exemplo: a casa na praia, o veículo Y

Dica: a sucessão por legado se dá a título singular, diferentemente da herança, que se dá a título universal.
A aquisição do legado é diferente da regra geral da aquisição da herança, que se dá com a *saisine*. Aberta a sucessão, o legatário adquire apenas a propriedade de coisa se esta for coisa certa, existente no acervo. Se se tratar de coisa incerta, só adquire essa coisa quando da partilha

1.8. Caducidade: um testamento deixa de produzir efeitos pela nulidade, pela revogação ou pela caducidade, que se dá pela falta do objeto (modificação substancial feita pelo testador, alienação da coisa, evicção ou perecimento) ou pela falta do beneficiário (por exclusão, renúncia, falta de legitimação ou morte – não há direito de representação). Essas causas também são aplicáveis à caducidade dos legados, hipótese em que eles se tornam ineficazes

1.9. Direito de acrescer: *dá-se quando o testador contempla vários beneficiários, deixando-lhes a mesma herança ou coisa, em porções não determinadas, e um dos concorrentes vem a faltar, salvo direito do substituto*

1.10. Substituição testamentária: *é a indicação de certa pessoa para recolher a herança ou legado, caso o nomeado venha a faltar ou não queira recebê-la*

1.11. Revogação do testamento: a revogação pode ser das seguintes espécies:

a) **Expressa** (ou direta)
b) **Tácita ou indireta** (exemplo: o novo testamento tem disposições incompatíveis com o anterior)
c) **Total**
d) **Parcial**
e) **Real** (quando o testamento cerrado ou particular for destruído com o consentimento do testador)

1.12. Rompimento do testamento: consiste na ineficácia deste pelo fato de o testador não ter conhecimento da existência de herdeiros necessários seus quando da elaboração do testamento. Exemplo: no momento da elaboração do testamento, o testador não possuía cônjuge, nem ascendentes nem descendentes. Todavia, era réu numa ação de investigação de paternidade, a qual foi julgada procedente. Logo, o testador passou a ter um herdeiro necessário, um filho. O testamento elaborado estará rompido

1.13. Testamento vital: é o documento que estabelece disposições sobre o tipo de tratamento de saúde, ou não tratamento, que a pessoa deseja no caso de não ter condições de manifestar a sua vontade. A doutrina, calcada no princípio da dignidade da pessoa humana, vem entendendo que é válida essa declaração de vontade, desde que expressa em documento autêntico

DIREITO PROCESSUAL CIVIL

Luiz Dellore

DIREITO PROCESSUAL CIVIL

Tema I - Formas de solução dos conflitos

1. Formas de Solução dos Conflitos

1.1. A **lide** (conflito qualificado por uma pretensão resistida), em regra, não pode ser solucionada pelas partes, pois a autotutela é vedada

- **1.1.1.** Por isso, há a solução dos conflitos por meio do Judiciário, ou seja, a solução via **jurisdição**, que é *poder de aplicar o direito (decidir) em relação a um caso concreto (lide)*

- **1.1.2.** Porém, considerando (i) a *morosidade* do Judiciário e (ii) a *tentativa de se mudar o paradigma litigante* da sociedade, ganham força os **meios alternativos de solução dos conflitos**

  Sigla útil: MASC ou, na sigla em inglês, **ADR** *(alternative dispute resolution)*

- **1.1.3.** São métodos alternativos a **conciliação, mediação** e **arbitragem**

  – Na conciliação e mediação busca-se **obter um acordo entre as partes**, especialmente via transação (mútuas concessões – NCPC, art. 487, III, b)

1.2. Conciliação: terceiro busca o fim do litígio mediante a apresentação de uma solução, a ser acolhida pelos litigantes

- **1.2.1.** Solução mais adequada para *situações episódicas* (NCPC, art. 165, § 2º: *O conciliador, que atuará preferencialmente nos casos em que não houver vínculo anterior entre as partes, poderá sugerir soluções para o litígio, sendo vedada a utilização de qualquer tipo de constrangimento ou intimidação para que as partes concilieim*)

1.3. Mediação: terceiro busca resgatar o diálogo entre os litigantes, para que *eles próprios construam a solução do conflito* (é regulada pelo NCPC e pela L. 13.140/2015)

- **1.3.1.** Solução mais adequada para situações em que há vínculo entre as partes – como casos de família, vizinhança e societário (NCPC, art. 165, § 3º: *O mediador, que atuará preferencialmente nos casos em que houver vínculo anterior entre as partes, auxiliará aos interessados a compreender as questões e os interesses em conflito, de modo que eles possam, pelo restabelecimento da comunicação, identificar, por si próprios, soluções consensuais que gerem benefícios mútuos*)

1.4. Audiência de conciliação ou mediação: prevê o Código que o início do procedimento será por meio de tentativa de solução consensual (NCPC, art. 334: *Se a petição inicial preencher os requisitos essenciais e não for o caso de improcedência liminar do pedido, o juiz designará audiência de conciliação ou de mediação com antecedência mínima de 30 (trinta) dias, devendo ser citado o réu com pelo menos 20 [vinte] dias de antecedência. § 1º O conciliador ou mediador, onde houver, atuará necessariamente na audiência de conciliação ou de mediação, observando o disposto neste Código, bem como as disposições da lei de organização judiciária*)

1.5. Arbitragem: regulada pela L. 9.307/1996, seu art. 1º preceitua: *"as pessoas capazes de contratar poderão valer-se da arbitragem para dirimir litígios relativos a direitos patrimoniais disponíveis"*

- **1.5.1.** A escolha pela arbitragem usualmente se dá **via contrato** em que se inclua a "cláusula compromissória", ou cláusula arbitral

  – Feita a opção pela arbitragem, a sentença arbitral é **impositiva** (art. 23) e *"produz, entre as partes e seus sucessores, os mesmos efeitos da sentença proferida pelos órgãos do Poder Judiciário e, sendo condenatória, constitui título executivo"* (trata-se de um **título executivo judicial** – NCPC, art. 515, VII)

DIREITO PROCESSUAL CIVIL

Tema II - Princípios processuais

1.1. Princípios no NCPC: O CPC/2015 traz também princípios processuais que antes estavam apenas na CF

🔒 **Cuidado:** art 1º do NCPC aponta a leitura do Código a partir da CF (*art. 1º: O processo civil será ordenado, disciplinado e interpretado conforme os valores e as normas fundamentais estabelecidos na Constituição da República Federativa do Brasil, observando-se as disposições deste Código*)

1. Princípios Processuais I → 1.2. Princípios em espécie

1.2.1. Acesso à Justiça / Inafastabilidade da Jurisdição
- **Conceito:** são indevidas quaisquer limitações à possibilidade de se acionar o Judiciário (CF, art. 5º, XXXV: a lei não excluirá da apreciação do Poder Judiciário lesão ou ameaça a direito)
- **Exemplo:** dificuldades financeiras não podem impedir acesso à justiça (justiça gratuita e Defensoria Pública)
- **Discussão:** a arbitragem, ao impedir a discussão da decisão arbitral, viola o princípio? STF: não (SEC 5.206) / NCPC, art. 3º, § 1º: É permitida a arbitragem, na forma da lei

1.2.2. Devido processo legal
- **Conceito:** o Judiciário deve agir mediante *regras previamente estabelecidas* (CF, art. 5º, LIV: ninguém será privado da liberdade ou de seus bens sem o devido processo legal)
- **Exemplo:** citação realizada em outra pessoa que não o réu não pode ser admitida
- **Discussão:** sempre haverá a nulidade se não observada a regra processual? Ainda que a forma não tenha sido observada, *"o juiz considerará válido o ato se, realizado de outro modo, lhe alcançar a finalidade"* (NCPC, art. 277 – este é o princípio da instrumentalidade)

1.2.3. Ampla defesa e contraditório
- **Conceito:** o contraditório significa: *necessidade de informação + possibilidade de manifestação + manifestação do Judiciário* (aos litigantes [...] são assegurados o contraditório e ampla defesa, com os meios e recursos a ela inerentes – CF, art. 5º, LV e NCPC, art. 9º)
- **Exemplo:** se os autos do processo não estão em cartório no momento do prazo de contestação do réu, deve haver a *devolução de prazo para contestar*
- **Discussão:** a concessão de uma medida liminar *sem ouvir a parte contrária* é permitida? Sim, pois o réu será ouvido, mas posteriormente (NCPC, art. 9º, parágrafo único)

1.2.4. Vedação de decisões surpresa
- **Conceito:** complemento do contraditório, é a impossibilidade de decisão sem que as partes tenham se manifestado a respeito de determinado tema (NCPC, art. 10. O juiz não pode decidir, em grau algum de jurisdição, com base *em fundamento a respeito do qual não se tenha dado às partes oportunidade de se manifestar,* ainda que se trate de matéria sobre a qual deva decidir de ofício)
- **Exemplo:** necessidade de o juiz ouvir as partes antes de decidir, mesmo que de ofício, a respeito da prescrição
- **Discussão:** aplica-se a *todos* os casos ou há exceções? Divergência. Exemplo: enunciado ENFAM 4. Na declaração de incompetência absoluta não se aplica o disposto no art. 10, parte final, do CPC/2015

DIREITO PROCESSUAL CIVIL
Tema II - Princípios processuais

1. Princípios Processuais II

- **1.3. Princípios em espécie no NCPC**

1.3.1. Juiz natural

– **Conceito:** "não haverá juízo ou tribunal de exceção". O juiz natural é o juiz competente previsto em lei (Constituição e Códigos) para julgar a lide, antes mesmo de sua ocorrência
– **Exemplo:** não pode existir a escolha da vara ou magistrado que irá julgar uma causa após a ocorrência do fato. O objetivo
é garantir a **imparcialidade** do magistrado
– **Discussão:** a existência de varas especializadas violaria o princípio? Turmas de Tribunais compostas por juízes convocados violariam o princípio?
Não, exatamente porque há previsão em lei

1.3.2. Publicidade e motivação

– **Conceito:** "todos os julgamentos dos órgãos do Poder Judiciário serão públicos, e fundamentadas todas as decisões", sob pena de **nulidade**
– **Exemplo:** não podem existir julgamentos secretos ou decisões não publicadas. E não cabe ao magistrado simplesmente afirmar "acolho o pedido pois estão presentes os requisitos" – há necessidade de se fundamentar a decisão judicial (* NCPC, art. 489)
– **Discussão:** sempre haverá a publicidade?
Não: **segredo de justiça** (NCPC, art. 189)

1.3.3. Princípio da cooperação

– **Conceito:** NCPC, art. 6º: Todos os sujeitos do processo devem **cooperar entre si** para que se obtenha, em tempo razoável, decisão de mérito justa e efetiva
– **Exemplo:** ao determinar a emenda, o juiz deve indicar qual o vício a ser corrigido; fixação do ônus da prova pelo juiz, no saneamento; perícia consensual; NJP
– **Discussão:** isso significa que o juiz deve ajudar a parte? Que não há mais conflito entre advogados?
Por certo que não

1.3.4. Julgamento em ordem cronológica

– **Conceito:** NCPC, art. 12: Os juízes e os tribunais deverão obedecer à **ordem cronológica** de conclusão para proferir sentença ou acórdão. **Há exceções** no § 2º
Cuidado: redação em vigor (L. 13.256/2016) NCPC, art. 12: Os juízes e os tribunais atenderão **preferencialmente**, à ordem cronológica de conclusão para proferir sentença ou acórdão
– **Debate:** se é preferencial, há necessidade de se elaborar a lista?
§ 1o: A lista de processos aptos a julgamento deverá estar permanentemente à disposição para consulta pública em cartório e na rede mundial de computadores. Na prática forense, essas listas não estão sendo feitas

DIREITO PROCESSUAL CIVIL

TEMA III - JURISDIÇÃO E COMPETÊNCIA

1. Classificação da jurisdição e competência

- **1.1.** A jurisdição (vide mapa 1, item 1.1.1) é **una e indivisível** como *função estatal*. Mas, para melhor compreensão do tema, há classificações

  - **1.1.1.** Divisão da jurisdição quanto à **matéria**

    – **Justiça especializada**
    a) Trabalhista (CF, art. 114)
    b) Eleitoral (CF, art. 125)
    c) Penal Militar (CF, art. 122)
    – **Justiça comum**
    d) Federal (CF, art. 109, I)
    e) Estadual (CF, art. 125)

- **1.2. Competência**

  - **1.2.1. Conceito:** medida, parcela, parte da jurisdição

  - **1.2.2. Tipos de competência:** absoluta e relativa

    – **Absoluta:** não pode ser alterada por vontade das partes (NCPC, art. 62). *A competência determinada em razão da matéria, da pessoa ou da função é inderrogável por convenção das partes*
    – **Relativa:** pode ser alterada por vontade das partes (NCPC, art. 63). *As partes podem modificar a competência em razão do valor e do território, elegendo foro onde será proposta ação oriunda de direitos e obrigações*

  - **1.2.3. Espécies de competência:** matéria, pessoa e hierarquia (espécies de competência *absoluta*); valor e território (espécies de competência *relativa*)

- **1.3. Exemplos:** Competência em razão da...

  - **1.3.1. Matéria:** Federal, Estadual ou Trabalhista? Vara Cível ou Família?

  - **1.3.2. Pessoa:** ente federal participa do processo?

  - **1.3.3. Hierarquia / Função:** causa ajuizada em 1º grau ou Tribunal?

  - **1.3.4. Valor:** JEC ou vara tradicional?

  - **1.3.5. Território:** São Paulo ou Rio de Janeiro?

DIREITO PROCESSUAL CIVIL

Tema III - Jurisdição e competência

1. Distinções incompetência absoluta e relativa

1.1. Há **diferenças** em relação às *consequências da incompetência absoluta ou relativa*

1.2. Juiz pode conhecer de ofício da incompetência?

- **1.2.1.** Incompetência **absoluta**: *sim*, deve (NCPC, art. 64, § 1º)
- **1.2.2.** Incompetência **relativa**: *não* (NCPC, art. 65)

⚠️ **Atenção:** há uma exceção, caso em que o juiz pode conhecer de ofício da incompetência relativa: art. 63, § 3º: Antes da citação, a cláusula de eleição de foro, se abusiva, pode ser reputada ineficaz de ofício pelo juiz, que determinará a remessa dos autos ao juízo do foro de domicílio do réu

🚫 **Exceção:** caso em que o juiz pode conhecer de ofício da incompetência relativa: art. 63, § 3o Antes da citação, a cláusula de eleição de foro, se abusiva, pode ser reputada ineficaz de ofício pelo juiz, que determinará a remessa dos autos ao juízo do foro de domicílio do réu

1.3. Como a parte alega a incompetência?

- **1.3.1.** Incompetência **absoluta**: na *contestação*, preliminar (NCPC, art. 64)
- **1.3.2.** Incompetência **relativa**: *idem*

1.4. E se a parte não alegar a incompetência? Há preclusão?

- **1.4.1.** Incompetência **absoluta**: pode ser alegada a qualquer *tempo* e *grau* de jurisdição
- Além disso, após o trânsito em julgado é possível ajuizar **ação rescisória**
- **1.4.2.** Incompetência **relativa**: há a *prorrogação da competência*, ou seja, o juiz passa a ser *relativamente competente* (NCPC, art. 65)

1.5. Perpetuatio jurisdictionis: perpetuação da competência (NCPC, art. 43). Determina-se a competência no momento do registro ou da distribuição da petição inicial, sendo irrelevantes as modificações do estado de fato ou de direito ocorridas posteriormente, salvo quando suprimirem órgão judiciário ou alterarem a competência absoluta

1.6. Competência no Brasil ou no exterior?

1.6.1. Competência concorrente: juiz brasileiro ou estrangeiro pode julgar a causa, quando (NCPC, arts. 21 e 22):

(i) réu domiciliado no Brasil;
(ii) obrigação tiver de ser cumprida no Brasil;
(iii) o fundamento da causa seja fato ocorrido / ato praticado no Brasil;
(iv) ação de alimentos, se credor tiver domicílio, residência ou vínculos (bens ou renda) no Brasil;
(v) consumidor domiciliado no Brasil;
(vi) partes se submetem à jurisdição brasileira (há o processo no Brasil e não há impugnação pelo réu, ainda que não se esteja diante de uma das hipóteses anteriores)

💡 **Dica:** para que a decisão estrangeira seja *cumprida no Brasil*, necessária a **homologação de sentença estrangeira**, a ser realizada no STJ (NCPC, art. 960)

🔒 **Cuidado:** a **decisão estrangeira de tutela de urgência**, poderá ser executada, via rogatória, pelo juiz competente para cumprir a medida, *sem homologação* (NCPC, art. 962, § 4º)

1.6.2. Competência exclusiva: somente juiz brasileiro poderá julgar a causa, quando (NCPC, art. 23):

(i) imóveis situados no Brasil;
(ii) ações relativas a sucessão hereditária de bens aqui situados;
(iii) em divórcio, separação judicial ou dissolução de união estável, para proceder à partilha de bens situados no Brasil

🔒 **Cuidado:** não compete à Justiça brasileira julgar quando houver **cláusula de eleição de foro exclusivo estrangeiro em contrato internacional**, arguida pelo réu na contestação (NCPC, art. 25)

DIREITO PROCESSUAL CIVIL
Tema III - Jurisdição e competência

1. Fixação de competência territorial

- **1.1.** A **fixação da competência territorial** é o tema mais regulado no NCPC

- **1.2.** Existem **duas regras gerais**
  - **1.2.1. Direito pessoal ou** direito real sobre bens *móveis*: competente é o *domicílio do réu* (NCPC, art. 46)
  - **1.2.2. Direito real** sobre *bens imóveis*: competente é o foro do local da coisa (NCPC, art. 47)

  ⚠️ **Atenção absoluta:** quanto ao art. 47, apesar de se tratar de *competência territorial*, o § 1º traz casos em que não cabe foro de eleição *("O autor pode optar pelo foro [...] se o litígio não recair sobre direito de propriedade, vizinhança, servidão, divisão e demarcação de terras e nunciação de obra nova")*

- **1.3. Exceções** quanto à regra de fixação de competência territorial (proteção *da parte mais fraca*)
  - **1.3.1.** Nas ações relativas a **sucessão**: foro do *último domicílio do falecido* (NCPC, art. 48)
  - **1.3.2.** Quando o **réu for ausente**: foro de seu *último domicílio* (NCPC, art. 49)
  - **1.3.3.** Quando o **réu for incapaz**: foro do domicílio de seu *representante* ou *assistente* (NCPC, art. 50)
  - **1.3.4.** No **divórcio** (e ações correlatas): a) foro do *domicílio do guardião do filho incapaz;* b) se não houver filho incapaz, do *último domicílio do casal;* c) se nenhum morar no último domicílio, no *último domicílio do réu* (NCPC, art. 53, I)
  - **1.3.5.** Na **ação de alimentos**: foro do domicílio de quem pede alimentos (NCPC, art. 53, II)
  - **1.3.6.** Na ação envolvendo **estatuto do idoso** (Lei 10.741/2003): na residência do idoso (NCPC, art. 53, III)
  - **1.3.7.** Nas **ações de reparação de danos**: no lugar do ato ou fato (NCPC, art. 53, IV, a)
  - **1.3.8.** Nas **indenizações decorrentes de acidente de veículo** (inclusive aeronave) ou **delito**: *foro do local do fato* ou *do domicílio do autor* (NCPC, art. 53, V)
  - **1.3.9.** Nas **relações de consumo**: *domicílio do consumidor* (CDC, art. 101, I)
  - **1.3.10.** Nas **ações locatícias**: foro da *situação do imóvel*, caso não haja foro de eleição (L. 8.245/1991, art. 58, II)

- **1.4. Alterações da competência**
  - **1.4.1. Regra:** fixa-se a competência *no momento da propositura* (NCPC, art. 43 – *perpetuatio jurisdictionis*)

  Exceções: poderá haver a mudança do foro competente após a propositura quando:
  – **Conexão:** *mesma causa de pedir ou pedido* (NCPC, art. 55)
  Cuidado: inovação do NCPC é a possibilidade de *reunião de processos semelhantes, mesmo que não haja conexão* (NCPC, art. 55, § 3º)
  – **Continência:** *identidade* de partes e causa de pedir; pedido de uma das causas é mais amplo (NCPC, art. 56)
  – **Conflito de competência** (CC – NCPC, art. 66)
  a) **Positivo:** dois ou mais juízes se declaram *competentes*
  b) **Negativo:** dois ou mais juízes se declaram *incompetentes*
  c) Conflito é **suscitado** por: *juiz, partes, MP* (NCPC, art. 951)
  d) Conflito é **decidido pelo Tribunal** (hierarquicamente superior ao juízo suscitante e suscitado)

DIREITO PROCESSUAL CIVIL
Tema IV - Processo

1. Processo, pressupostos processuais e procedimento

- **1.1. Processo**
  - **1.1. Conceito:** instrumento que o *Estado* coloca à disposição dos *litigantes* para *decidir a lide*

- **1.2. Pressupostos processuais**
  - **1.2.1. Conceito:** *requisitos* que devem estar presentes para que se considere existente o processo *(pressupostos de existência / constituição)* e para que haja o desenvolvimento de forma regular *(pressupostos de validade)*
  - – **Pressupostos de constituição:** jurisdição, capacidade postulatória, petição inicial e citação
    Cuidado: há um debate quanto a se a citação é pressuposto de constituição ou de validade
    – **Pressupostos de desenvolvimento** válido e regular: petição inicial apta, citação válida, capacidade processual do autor, competência do juízo e imparcialidade do juiz
    – **Pressupostos negativos** (se presentes, acarretam a extinção do processo): *litispendência* (NCPC, art. 337, § 3º), *coisa julgada* (NCPC, art. 337, § 4º), *perempção* (NCPC, art. 486, § 3º) e *convenção de arbitragem* (NCPC, art. 337, X)

- **1.3. Tipos de processo**
  - **1.3.1. O NCPC conhece 2 instrumentos**
  - – **Conhecimento** (tutela cognitiva): crise de incerteza, visa a uma sentença de mérito, para dizer quem tem razão
    – **Execução** (tutela satisfativa): crise de inadimplemento, visa à satisfação de um *direito já reconhecido*
    Cuidado: no CPC/1973 havia ainda o processo *cautelar* (crise de urgência), substituído pela *tutela provisória* no NCPC

- **1.4. Procedimento**
  - **1.4.1. Conceito:** forma, modo, *maneira pela qual o processo se desenvolve*
  - **Classificação:**
    – O processo de **conhecimento** se divide no **procedimento comum e especial**
    Cuidado: no NCPC não há mais a divisão do procedimento comum em ritos ordinário e sumário
    – O processo de **execução** tem procedimentos variáveis, conforme o *tipo de obrigação*

DIREITO PROCESSUAL CIVIL

Tema V - Ação

1. Ação, elementos da ação e condições da ação

1.1. Ação

1.1.1. Conceito: *direito ao processo*

🔊 **Tradução:** ação (direito à prestação da tutela jurisdicional, pelo processo) *não se confunde com o processo* (instrumento que o Estado coloca à disposição dos litigantes para decidir a lide)

1.2. Elementos da ação
(ou *elementos identificados da ação ou da demanda*)

1.2.1. Conceito: critérios para *verificar se uma demanda é igual a outra* (tríplice identidade)

– Mesmas **partes** – autor e réu no processo
– Mesma **causa de pedir** – fatos e fundamentos do pedido
– Mesmo **pedido** – objetivo da parte

1.2.2. Consequência da tríplice identidade

– Se duas demandas **tramitando ao mesmo tempo:** *litispendência*
– Se a primeira demanda **já transitou em julgado:** *coisa julgada*

1.3. Condições da ação

1.3.1. Conceito: condições mínimas para que uma demanda possa ser processada (busca evitar o trâmite de demandas inviáveis)

1.3.2. Consequência: a ausência das condições leva à extinção do processo sem mérito (NCPC, art. 337, XI, c/c 485, VI)

1.3.3. Condições da ação no NCPC

– **Legitimidade de partes:** *identidade entre as partes na relação jurídica processual e material*
– **Interesse de agir:** *necessidade e adequação do provimento jurisdicional*
Atenção especial: a **possibilidade jurídica do pedido** (o pedido formulado não deve ser vedado pelo sistema jurídico) *deixou de ser condição da ação no NCPC*. O que antes se entendia por impossibilidade jurídica agora está inserido na falta de interesse de agir

DIREITO PROCESSUAL CIVIL
TEMA VI - PARTES

1. Partes, MP e defensoria

1.1. Partes

1.1.1. Conceito: aquele que figura no polo ativo e passivo

1.1.2. Capacidades

– **Capacidade de ser parte:** pode ser parte em um processo judicial *quem tem a possibilidade de ser titular de direitos* (conceito ligado à personalidade jurídica – CC, art. 1º)
Dica: a legislação processual por vezes concede *capacidade de ser parte a entes sem personalidade*. Ex.: espólio, massa falida, condomínio (NCPC, art. 75, incisos)
– **Capacidade processual:** é a capacidade de *figurar no processo judicial por si*, sem o auxílio de outrem
Dica: *os absolutamente incapazes* (CC, art. 3º) devem ser *representados*; os *relativamente incapazes* (CC, art. 4º) devem ser *assistidos*
Cuidado: atenção para quem é incapaz, considerando as alterações decorrentes do Estatuto da Pessoa com Deficiência (L. 13.146/2015)
Solução de vícios: diferentemente da incapacidade de ser parte, a incapacidade processual pode ser suprida (NCPC, art. 76)
– **Capacidade postulatória:** é a capacidade de *representar as partes em juízo;* de falar nos autos perante o Poder Judiciário
Cuidado: em *regra* o advogado é o titular da capacidade postulatória. Mas há **exceções**, em que *a parte é dotada dessa capacidade: (i)* no JEC, até 20 salários-mínimos (Lei 9.099/1995, 9º); *(ii)* na *ação de alimentos* (Lei 5.478/1968, 2º); *(iii)* no *habeas corpus* (Lei 8.906/1994, 1º, § 2º) e *(iv)* nas *reclamações trabalhistas* (CLT, art. 791)

1.2. Ministério Público

1.2.1. Conceito: instituição permanente, essencial à função jurisdicional e destinada à *preservação dos valores fundamentais do Estado* (defesa da ordem jurídica, regime democrático e interesses sociais – CF, art. 127; NCPC, art. 176)

1.2.2. Atuação no processo civil: como *parte ou fiscal da ordem jurídica*

– Atuação do MP como **fiscal da ordem jurídica** (NCPC, art. 178)
a) Em demandas que envolvam *interesse público ou social*
b) Em demandas que envolvam *interesses de incapazes*
c) Em litígios coletivos que discutam *posse de terra rural ou urbana*

1.2.3. Consequência da não manifestação do MP: *nulidade do processo,* mas somente "após a intimação do Ministério Público, que se manifestará sobre a existência ou a inexistência de prejuízo" (NCPC, art. 279, § 2º)

1.3. Defensoria Pública

1.3.1. Conceito: instituição permanente, essencial à função jurisdicional, incumbindo-lhe a orientação jurídica, a promoção dos direitos humanos e a defesa dos direitos individuais e coletivos aos *necessitados* (CF, art. 134; NCPC, art. 185)

1.3.2. Atuação no processo civil: postulação em prol da população carente

1.3.3. Prerrogativas processuais da defensoria

– *Prazo em dobro* (NCPC, art. 186)
– *Intimação pessoal* (NCPC, art. 186, § 1º)
Dica: a defensoria pública tem as mesmas prerrogativas processuais que a advocacia pública e o MP

DIREITO PROCESSUAL CIVIL
Tema VI - Partes

1. Honorários advocatícios sucumbenciais

- **1.1. Cabimento:** NCPC, art. 85. *A sentença condenará o vencido a pagar honorários ao advogado do vencedor*

  § 1º São devidos honorários advocatícios na reconvenção, no cumprimento de sentença, provisório ou definitivo, na execução, resistida ou não, e nos recursos interpostos, cumulativamente

- **1.2. Valor dos honorários:** NCPC, art. 85, § 2º *Os honorários serão fixados entre o mínimo de dez e o máximo de vinte por cento sobre o valor da condenação, do proveito econômico obtido ou, não sendo possível mensurá-lo, sobre o valor atualizado da causa*

- **1.3. Honorários envolvendo entes estatais:** NCPC, art. 85, § 3º *Nas causas em que a Fazenda Pública for parte, a fixação dos honorários observará (...) os seguintes percentuais:*

  I - mínimo de dez e máximo de vinte por cento sobre o valor da condenação ou do proveito econômico obtido até 200 (duzentos) salários-mínimos
  II - oito e dez / acima de 200 a 2.000
  III - cinco e oito / acima de 2.000 a 20.000
  IV - três e cinco / acima de 20.000 a 100.000
  V - um e três / acima de 100.000

- **1.4. Honorários no caso de não acolhimento do pedido do autor:** mesmo na extinção ou improcedência, mínimo de 10% do valor da causa (NCPC, art. 85, § 6º)

- **1.5. Sucumbência recursal:** inova o NCPC ao prever a sucumbência também no recurso *(§ 11. O tribunal, ao julgar recurso, majorará os honorários fixados anteriormente levando em conta o trabalho adicional realizado em grau recursal, observando, conforme o caso, o disposto nos §§ 2º a 6º, sendo vedado ao tribunal, no cômputo geral da fixação de honorários devidos ao advogado do vencedor, ultrapassar os respectivos limites estabelecidos nos §§ 2º e 3º para a fase de conhecimento)*

  (Qual o teto) na sucumbência recursal? 20% entre particulares e escalonamento (vide item 1.3 acima) no caso da Fazenda

- **1.6. Características dos honorários:** titularidade do advogado, natureza alimentar e vedada a compensação no caso de sucumbência parcial (§ 14)

  🔒 **Cuidado:** com o § 14, superada a Súmula 306 do STJ ("*Os honorários advocatícios devem ser compensados quando houver sucumbência recíproca, assegurado o direito autônomo do advogado à execução do saldo sem excluir a legitimidade da própria parte*")

DIREITO PROCESSUAL CIVIL
Tema VI - Partes

1. Gratuidade de justiça

1.1. Conceito: isenção do pagamento de custas no processo judicial (NCPC, art. 98: *A pessoa natural ou jurídica, brasileira ou estrangeira, com insuficiência de recursos para pagar as custas, as despesas processuais e os honorários advocatícios têm direito à gratuidade da justiça, na forma da lei*)

1.2. Abrangência da gratuidade: a gratuidade abrange todos os custos do processo (NCPC, art. 98, § 1º: *A gratuidade da justiça compreende: [...] VIII - os depósitos previstos em lei para interposição de recurso, para propositura de ação e para a prática de outros atos processuais inerentes ao exercício da ampla defesa e do contraditório*)

1.2.1. Porém, a critério do juiz, é possível a concessão da **gratuidade parcial**, apenas para alguns atos do processo (NCPC, art. 98 [...] § 5º: *A gratuidade poderá ser concedida em relação a algum ou a todos os atos processuais, ou consistir na redução percentual de despesas processuais que o beneficiário tiver de adiantar no curso do procedimento*)

1.2.2. Além disso, é possível ao juiz deferir o **parcelamento das despesas** (NCPC, art. 98, § 6º: *Conforme o caso, o juiz poderá conceder direito ao parcelamento de despesas processuais que o beneficiário tiver de adiantar no curso do procedimento*)

1.3. Requerimento da gratuidade: pode ser feito a qualquer momento, por qualquer das partes (NCPC, art. 99: *O pedido de gratuidade da justiça pode ser formulado na petição inicial, na contestação, na petição para ingresso de terceiro no processo ou em recurso. § 1º Se superveniente à primeira manifestação da parte na instância, o pedido poderá ser formulado por petição simples, nos autos do próprio processo, e não suspenderá seu curso Justiça Gratuita*)

1.3.1. Existe **presunção de veracidade** na alegação de gratuidade para pessoa física (NCPC, art. 99 [...] § 3º: *Presume-se verdadeira a alegação de insuficiência deduzida exclusivamente por pessoa natural*)

1.3.2. Existe **necessidade de provar** dificuldade financeira para **pessoa jurídica** obter a gratuidade (Súmula 481 do STJ: *Faz jus ao benefício da justiça gratuita a pessoa jurídica com ou sem fins lucrativos que demonstrar sua impossibilidade de arcar com os encargos processuais*)

1.4. Advogado particular e gratuidade: não se concede gratuidade para quem for representado pela defensoria pública (art. 99, § 4º: *A assistência do requerente por advogado particular não impede a concessão de gratuidade da justiça*)

1.5. Impugnação à gratuidade: será feita nos próprios autos, *logo após o deferimento*, na próxima peça processual a ser apresentada (art. 100: *Deferido o pedido, a parte contrária poderá oferecer impugnação na contestação, na réplica, nas contrarrazões de recurso ou, nos casos de pedido superveniente ou formulado por terceiro, por meio de petição simples, a ser apresentada no prazo de 15 [quinze] dias, nos autos do próprio processo, sem suspensão de seu curso*)

DIREITO PROCESSUAL CIVIL
Tema VI - Partes

1. Litisconsórcio

1.1. Conceito: *pluralidade de partes* na relação processual

1.2. Classificação do litisconsórcio

1.2.1. Quanto ao polo da relação processual

– **Litisconsórcio passivo:** dois ou mais réus
– **Litisconsórcio ativo:** dois ou mais autores
– **Litisconsórcio misto ou recíproco:** ao mesmo tempo, mais de um autor e mais de um réu

1.2.2. Quanto ao momento de formação do litisconsórcio

– **Litisconsórcio originário ou inicial:** aquele formado desde a petição inicial
– **Litisconsórcio superveniente, incidental ou ulterior:** o qual é formado em momento posterior ao início da demanda

1.2.3. Quanto à necessidade de existência do litisconsórcio

– **Litisconsórcio facultativo:** há pluralidade de litigantes por opção das partes (apesar de existir, o litisconsórcio não é obrigatório)
– **Litisconsórcio necessário:** há pluralidade de litigantes porque *a lei ou a relação jurídica objeto do litígio assim determinam* (o litisconsórcio é obrigatório, sob pena de extinção do processo sem resolução do mérito)
– **Litisconsórcio multitudinário, plúrimo ou múltiplo:** grande número de *litisconsortes ativos facultativos*
Dica: nesse caso, é possível ao juiz desmembrar o processo (NCPC, art. 113, § 1º)

1.2.4. Se houver existência da mesma decisão para os litisconsortes

– **Litisconsórcio comum ou simples:** a decisão pode ser, mas não é obrigatório que seja a mesma para os litisconsortes
– **Litisconsórcio unitário:** a decisão deverá ser a mesma para os litisconsortes, invariavelmente
Cuidado: em **regra**, o litisconsórcio necessário será unitário, ao passo que o litisconsórcio *facultativo será simples*. Porém, é possível existir um litisconsórcio **necessário e simples** e também um litisconsórcio **facultativo e unitário**

DIREITO PROCESSUAL CIVIL
Tema VI - Partes

1. Intervenção de terceiros

- **1.1. Conceito:** figura processual que possibilita ao *terceiro participar do processo*

- **1.2. Classificação**
  - **1.2.1. Espontânea:** terceiro *busca seu ingresso* na demanda
  - **1.2.2. Provocada:** autor ou réu buscam *trazer o terceiro para o processo*

- **1.3. Formas de intervenção de terceiro**
  - **1.3.1. Assistência:** terceiro *ajuda uma das partes*
  - **Cabimento:** terceiro que tem *interesse jurídico* ingressa em processo para ajudar uma das partes (art. 119: *Pendendo causa entre 2 [duas] ou mais pessoas, o terceiro juridicamente interessado em que a sentença seja favorável a uma delas poderá intervir no processo para assisti-la*)

- **1.4. Modalidades de assistência**
  - **1.4.1. Assistência simples:** os poderes do assistente são limitados. A relação jurídica existente é entre o assistente e o assistido – como no caso de sublocatário e sublocador (art. 121 *O assistente simples atuará como auxiliar da parte principal, exercerá os mesmos poderes e sujeitar-se-á aos mesmos ônus processuais que o assistido. Parágrafo único. Sendo revel ou, de qualquer outro modo, omisso o assistido, o assistente será considerado seu substituto processual*)
  - **1.4.2. Assistência litisconsorcial:** o assistente tem *poderes ilimitados*. A relação jurídica existente é entre o assistente e a parte contrária – como no caso de diversos condôminos em relação a um invasor (art. 124 *Considera-se litisconsorte da parte principal o assistente sempre que a sentença influir na relação jurídica entre ele e o adversário do assistido*)

- **1.5. Procedimento:** a assistência será admitida em *qualquer tempo e grau de jurisdição* (art. 119: *Parágrafo único. A assistência será admitida em qualquer procedimento e em todos os graus de jurisdição, recebendo o assistente o processo no estado em que se encontre*)
  - **1.5.1. Se houver discordância de alguma das partes:** impugnação (art. 120: *Não havendo impugnação no prazo de 15 [quinze] dias, o pedido do assistente será deferido, salvo se for caso de rejeição liminar. Parágrafo único. Se qualquer parte alegar que falta ao requerente interesse jurídico para intervir, o juiz decidirá o incidente, sem suspensão do processo*)
  - **1.5.2. Recurso cabível da decisão quanto ao ingresso do assistente:** agravo de instrumento (art. 1.015, IX)

- **1.6. Denunciação da lide:** *ação de regresso*
  - **1.6.1. Cabimento:** parte busca, no próprio processo, acionar o terceiro por meio de ação de regresso, de modo a buscar ressarcimento (art. 125: *É admissível a denunciação da lide, promovida por qualquer das partes: I - ao alienante imediato, no processo relativo à coisa cujo domínio foi transferido ao denunciante, a fim de que possa exercer os direitos que da evicção lhe resultam; II - àquele que estiver obrigado, por lei ou pelo contrato, a indenizar, em ação regressiva, o prejuízo de quem for vencido no processo*)
  - **1.6.2. Obrigatoriedade:** *não há* qualquer obrigatoriedade na propositura da denunciação, sempre sendo possível o ajuizamento de ação autônoma (art. 125, § 1º: *O direito regressivo será exercido por ação autônoma quando a denunciação da lide for indeferida, deixar de ser promovida ou não for permitida*)
  - **1.6.3. Procedimento**
    - Se oferecida **pelo autor**, na inicial, cabe aditamento dessa peça pelo denunciado
    - Se oferecida **pelo réu**, na contestação, o denunciado *pode contestar a ação e denunciação ou só a denunciação*
    - A denunciação **somente será apreciada** se a ação principal *for procedente* (art. 129)
    - Se **não apreciada a denunciação**, o denunciante deverá pagar honorários para o advogado do denunciado (art. 129, parágrafo único)
    - **Procedente ação e denunciação**, cabe cumprimento de sentença diretamente no denunciado (art. 128, parágrafo único)

DIREITO PROCESSUAL CIVIL

TEMA VI - PARTES

1. Formas de intervenção de terceiro

1.1. Chamamento ao processo: réu aciona terceiro, com base na *solidariedade*

1.1.1. Cabimento: utilizado pelo réu quando, *diante de devedores solidários ou corresponsáveis*, somente um colocado no polo passivo (NCPC, art. 130: *É admissível o chamamento ao processo, requerido pelo réu: I - do afiançado, na ação em que o fiador for réu; II - dos demais fiadores, na ação proposta contra um ou alguns deles; III - dos demais devedores solidários, quando o credor exigir de um ou de alguns o pagamento da dívida comum*)

1.1.2. Procedimento

– Apresentado pelo réu, **na contestação**, sem suspensão do processo
– **Acolhido** o chamamento: sentença vale como título executivo em favor do réu que satisfizer a dívida (art. 132)

1.2. Incidente de desconsideração da Personalidade Jurídica (IDPJ)

1.2.1. Cabimento: utilizado para afastar a personalidade jurídica da pessoa jurídica e se *chegar ao sócio*, quando houver *abuso* (com base no CC, consumidor, trabalhista, tributário, ambiental – NCPC, art. 133, § 1º)

– Cabível também para a **desconsideração inversa**, ou seja, para se chegar à pessoa jurídica quando houver abuso da pessoa física (NCPC, art. 133, § 2º)

1.2.2. Procedimento

– Requerido pela parte ou MP (quando fiscal da ordem jurídica)
– Incidente é obrigatório para se acionar o patrimônio do terceiro (art. 795, § 4º)
– Apenas não haverá o incidente se for requerida a desconsideração na própria petição inicial

1.2.3. Momento de utilização: a qualquer momento (art. 134: *O incidente de desconsideração é cabível em todas as fases do processo de conhecimento, no cumprimento de sentença e na execução fundada em título executivo extrajudicial*)

1.3. *Amicus curiae*: "amigo da corte"

1.3.1. Cabimento: terceiro (pessoa física ou jurídica), com *conhecimento técnico* e sem interesse jurídico, manifesta-se no processo para auxiliar o juiz a julgar determinada demanda (NCPC, art. 138: *O juiz ou o relator, considerando a relevância da matéria, a especificidade do tema objeto da demanda ou a repercussão social da controvérsia, poderá, por decisão irrecorrível, de ofício ou a requerimento das partes ou de quem pretenda manifestar-se, solicitar ou admitir a participação de pessoa natural ou jurídica, órgão ou entidade especializada, com representatividade adequada, no prazo de 15 [quinze] dias de sua intimação*)

1.3.2. Poderes do *amicus curiae*: decisão do juiz ou relator (art. 138. [...] § 2º: *Caberá ao juiz ou ao relator, na decisão que solicitar ou admitir a intervenção, definir os poderes do amicus curiae*)

– **Pode o *amicus curiae* recorrer?** Somente via embargos de declaração, salvo no caso de IRDR (art. 138, § 1º: *A intervenção de que trata o caput não implica alteração de competência nem autoriza a interposição de recursos, ressalvadas a oposição de embargos de declaração e a hipótese do § 3º. [...] § 3º O amicus curiae pode recorrer da decisão que julgar o incidente de resolução de demandas repetitivas*)

DIREITO PROCESSUAL CIVIL
Tema VII - Juiz

1. Juiz: poderes e imparcialidade

1.1. Poderes do juiz

1.1.1. O NCPC prevê diversos poderes do juiz (art. 139)

– Novidade trazida pelo Código é a **atipicidade das medidas executivas** *(IV - determinar todas as medidas indutivas, coercitivas, mandamentais ou sub-rogatórias necessárias para assegurar o cumprimento de ordem judicial, inclusive nas ações que tenham por objeto prestação pecuniária)*

Cuidado: a jurisprudência **não está definida** a respeito de quais os limites dessas medidas – debate-se se o juiz poderia suspender o cartão de crédito, carteira de motorista ou passaporte do devedor (o STJ, (a) no RHC 97.876 afirmou que o passaporte só pode ser retido em situações muito excepcionais, (b) no REsp 1.782.418 disse ser possível a retenção de CNH e passaporte desde que (i) observado o contraditório, (ii) a decisão judicial seja fundamentada, (iii) haja prévio esgotamento dos meios executivos típicos e (iv) haja indícios de que o executado tenha patrimônio expropriável)

1.2. Imparcialidade do juiz

1.2.1. O magistrado deve ser imparcial, por isso existem as figuras do **impedimento** e **suspeição** do juiz

– Essas figuras não se restringem ao magistrado, mas a **outros participantes** do processo (como MP, oficial de justiça, perito etc)

1.2.2. Impedimento: situação objetiva em que se impede o julgamento do juiz

– Há várias hipóteses no Código (NCPC, art. 144), valendo destacar: (...)
VII - atuar em processo que for parte instituição de ensino com a qual tenha relação de emprego ou decorrente de contrato de prestação de serviços
VIII - quando for parte cliente do escritório de advocacia de seu cônjuge, companheiro ou parente, consanguíneo ou afim, em linha reta ou colateral, até o terceiro grau inclusive, mesmo que patrocinado por advogado de outro escritório
IX - quando o magistrado for autor de demanda contra a parte ou seu advogado

1.2.3. Suspeição: situação subjetiva na qual não é conveniente que haja o julgamento do juiz

– São hipóteses de suspeição do juiz (NCPC, art. 145), valendo destacar: (...)
I - amigo íntimo ou inimigo de qualquer das partes ou de seus advogados(...)
IV - interessado no julgamento do processo em favor de qualquer das partes § 1º Poderá o juiz declarar-se suspeito por motivo de foro íntimo, sem necessidade de declarar suas razões

DIREITO PROCESSUAL CIVIL

Tema VIII - Atos processuais

1. Prazos processuais e NJP

1.1. Prazos

1.1.1. Contagem de prazos: relevante inovação na contagem dos prazos no NCPC, em que se consideram *apenas os dias úteis* (art. 219: *Na contagem de prazo em dias, estabelecido por lei ou pelo juiz, computar-se-ão somente os úteis*)

1.1.2. Dias não úteis: feriados, sábados, domingos e dias sem expediente forense (art. 216)

1.1.3. Prazos contados em dias úteis: apenas os prazos processuais (art. 219, Parágrafo único: *O disposto neste artigo aplica-se somente aos prazos processuais*)

🔒 **Cuidado:** após muita polêmica sobre a contagem de prazo nos Juizados Especiais, houve alteração na lei para deixar claro que para a prática de qualquer ato processual, todos os prazos são contados em dias úteis (art. 12-A da L. 9.099/1995, alterado pela Lei 13.728/2018)

⚠️ **Atenção:** o STJ já decidiu que o prazo para pagamento, no cumprimento de sentença, é processual e, portanto, contado em dias úteis (REsp 1.693.784 e 1708348)

1.1.4. Forma de contagem de prazo: disponibilização, publicação, exclusão do dia do início e inclusão do dia do término (art. 224: *Salvo disposição em contrário, os prazos serão contados excluindo o dia do começo e incluindo o dia do vencimento. § 1º Os dias do começo e do vencimento do prazo serão protraídos para o primeiro dia útil seguinte, se coincidirem com dia em que o expediente forense for encerrado antes ou iniciado depois da hora normal ou houver indisponibilidade da comunicação eletrônica. § 2º Considera-se como data de publicação o primeiro dia útil seguinte ao da disponibilização da informação no Diário da Justiça eletrônico. § 3º A contagem do prazo terá início no primeiro dia útil que seguir ao da publicação*)

1.2. Negócio Jurídico Processual (NJP)

1.2.1. Conceito: possibilidade de *adequar o procedimento ao caso concreto e às partes*, mediante negociação, em contrato ou no processo

1.2.2. Previsão legal: o art. 190 prevê a "cláusula geral de negócio jurídico processual" (art. 190: *Versando o processo sobre direitos que admitam autocomposição, é lícito às partes plenamente capazes estipular mudanças no procedimento para ajustá-lo às especificidades da causa e convencionar sobre os seus ônus, poderes, faculdades e deveres processuais, antes ou durante o processo*)

1.2.3. Exemplo: cabe NJP para afastar a previsão de audiência de conciliação e julgamento

1.2.4. Calendarização: também é possível se estipular os diversos atos do processo (art. 191: *De comum acordo, o juiz e as partes podem fixar calendário para a prática dos atos processuais, quando for o caso. § 1º O calendário vincula as partes e o juiz, e os prazos nele previstos somente serão modificados em casos excepcionais, devidamente justificados. § 2º Dispensa-se a intimação das partes para a prática de ato processual ou a realização de audiência cujas datas tiverem sido designadas no calendário*)

DIREITO PROCESSUAL CIVIL

Tema VIII - Atos processuais

1. Comunicação dos atos processuais

- **1.1. Citação**
  - **1.1.1. Conceito:** o ato pelo qual são *convocados* o réu, o executado ou o interessado *para integrar a relação processual* (NCPC, art. 238)

- **1.2. Intimação**
  - **1.2.1. Conceito:** ato pelo qual se *dá ciência a alguém dos atos e termos do processo* – para que faça ou deixe de fazer algo (NCPC, art. 269)

- **1.3. Formas de citação**

  - **1.3.1. Citação por correio:** é a regra
    - **Destinatário** da carta: o próprio citando, salvo no caso de condomínio ou loteamento, quando possível a entrega ao *porteiro*
    - Hipóteses em que **descabe** a citação por correio (art. 247):
      a) Nas **ações de estado** (que envolvem o estado civil das partes, como *divórcio*)
      b) Quando o **citando for incapaz** (seja absoluto ou relativo)
      c) Quando o citando for **pessoa de direito público**
      d) Quando o citando residir em local **não atendido pelos correios**

  - **1.3.2. Citação por oficial de justiça:** se não houver êxito na citação postal ou quando vedada essa forma de citação
    - Oficial de justiça entregará o **mandado diretamente ao citando**
    - Se houver suspeita de ocultação, em 2 oportunidades, o oficial de justiça procederá à **citação por hora certa** (art. 252: *Quando, por 2 [duas] vezes, o oficial de justiça houver procurado o citando em seu domicílio ou residência sem o encontrar, deverá, havendo suspeita de ocultação, intimar qualquer pessoa da família ou, em sua falta, qualquer vizinho de que, no dia útil imediato, voltará a fim de efetuar a citação, na hora que designar*)

  - **1.3.3. Citação por edital:** se não se encontrar o citando, cabe a citação por edital
    - **Requisitos da citação por edital:** art. 257. São requisitos da citação por edital: (...)
      II - a publicação do edital na rede mundial de computadores, no sítio do respectivo tribunal e na plataforma de editais do Conselho Nacional de Justiça, que deve ser certificada nos autos;
      III - a determinação, pelo juiz, do prazo, que variará entre 20 (vinte) e 60 (sessenta) dias, fluindo da data da publicação única ou, havendo mais de uma, da primeira
      IV - a advertência de que será nomeado curador especial em caso de revelia

  - **1.3.4. Citação ficta:** hipótese em que há uma ficção de que houve a citação do réu *(citação por edital e por hora certa)*
    - **Curador especial:** se o réu citado de forma ficta permanecer revel, será nomeado curador especial para que o defenda (art. 72, II)

DIREITO PROCESSUAL CIVIL
Tema IX - Tutela provisória

1. Tutela Provisória

- **1.1. Finalidade dos processos**
  - **1.1.1. Processo de conhecimento:** solucionar *crise de incertez*
  - **1.1.2. Processo de execução:** solucionar *crise de inadimplemento*
  - **1.1.3. E para resolver uma situação de urgência?** Tutela provisória, pleiteada dentro de um dos processos

- **1.2. Divisão da tutela provisória** (NCPC, art. 294)
  - **1.2.1. Conceito:** utilizada quando houver necessidade de uma liminar, uma proteção judicial desde logo, antes do fim do processo
  - **1.2.2. Divisão da tutela provisória:** tutela de urgência e tutela de evidência

- **1.3. Tutela provisória de urgência**
  - **1.3.1. Subdivisão da tutela de urgência**
    - **Tutela cautelar:** utilizada para resguardar o direito debatido no processo
    - **Tutela antecipada:** utilizada para satisfazer o direito debatido no processo (art. 294: *A tutela provisória pode fundamentar-se em urgência ou evidência. Parágrafo único. A tutela provisória de urgência, cautelar ou antecipada, pode ser concedida em caráter antecedente ou incidental*)
    - **Fungibilidade** entre as tutelas de urgência: apenas se prevê que o *pedido cautelar* possa ser apreciado, pelo juiz, como pedido de tutela antecipada (NCPC, art. 305, parágrafo único)
    - a) **Fungibilidade de mão dupla?** O Código não prevê o contrário, a saber, o juiz receber um pedido de tutela antecipada como se fosse cautelar. No CPC/1973, a jurisprudência assim reconheceu

  - **1.3.2. Características**
    - **Medidas possíveis:** o juiz poderá determinar as medidas que considerar adequadas para efetivar a tutela provisória, que observará, no que couber, as normas referentes ao *cumprimento provisório* da sentença (NCPC, art. 297)
    - **Momento de concessão:** a tutela de urgência poderá ser concedida liminarmente ou após audiência de justificação prévia (NCPC, art. 300, § 2º)
    - **É vedada a concessão de tutela antecipada** se houver perigo de irreversibilidade (NCPC, art. 300, § 3º)
    - **Caução:** para deferir a tutela de urgência o juiz poderá, conforme o caso, exigir caução, podendo a caução ser dispensada se a parte economicamente hipossuficiente não puder oferecê-la (NCPC, art. 300, § 1º)
    - **Se revertida a tutela de urgência que foi anteriormente efetivada:** parte responderá pelos prejuízos que a efetivação da tutela tiver causado (NCPC, art. 302)
    - **Estabilidade da tutela antecipada:** se for pleiteada apenas a tutela antecipada na petição inicial, se a tutela for deferida e se o réu não recorrer dessa decisão, a tutela antecipada se estabiliza

DIREITO PROCESSUAL CIVIL
Tema IX - Tutela provisória

1. Tutela de evidência

- **1.1. Conceito:** tutela provisória que não é fundada na urgência, mas sim no *direito evidente*

- **1.2. Finalidade:** se já existe *direito razoavelmente plausível em favor do autor*, por que aguardar a sentença para sua fruição?

- **1.3. Cabimento:** será concedida, independentemente de perigo de dano, em 4 situações (NCPC, art. 311):

  - **1.3.1. Tutela de evidência penalizadora da má-fé:** cabível quando ficar caracterizado *abuso do direito de defesa ou manifesto propósito protelatório da parte*

  - **1.3.2. Tutela de evidência fundada em tese firmada em precedente vinculante:** cabível quando as alegações de fato puderem ser *comprovadas apenas documentalmente* e houver *tese firmada em julgamento de casos repetitivos ou súmula vinculante*

  - **1.3.3. Tutela de evidência fundada em contrato de depósito:** cabível nos casos de pedido reipersecutório fundado em *prova documental adequada do contrato de depósito*, caso em que será decretada a ordem de entrega do objeto depositado sob pena de multa

  - **1.3.4. Tutela de evidência fundada em prova incontroversa:** cabível quando a petição inicial for instruída com *prova documental suficiente* dos fatos constitutivos do direito do autor, a que o *réu não oponha prova capaz de gerar dúvida razoável*

DIREITO PROCESSUAL CIVIL

TEMA X - FORMAÇÃO, SUSPENSÃO E EXTINÇÃO DO PROCESSO

1. Formação, suspensão e extinção do processo

1.1. Formação do processo

1.1.1. Forma-se o processo com a propositura da demanda, ou seja, distribuição da petição inicial (art. 312: *Considera-se proposta a ação quando a petição inicial for protocolada, todavia, a propositura da ação só produz quanto ao réu os efeitos mencionados no art. 240 depois que for validamente citado*)

1.2. Suspensão do processo

1.2.1. Hipóteses: tem-se a suspensão do processo nos casos previstos no art. 313 do NCPC, como por exemplo:

II - pela convenção das partes
III - pela arguição de impedimento ou de suspeição
IV - pela admissão de incidente de resolução de demandas repetitivas
V - quando a sentença de mérito: a) depender do julgamento de outra causa ou da declaração de existência ou de inexistência de relação jurídica que constitua o objeto principal de outro processo pendente

1.2.2. E como proceder em relação aos atos urgentes durante a suspensão? (art. 314: Durante a suspensão é vedado praticar qualquer ato processual, podendo o juiz, todavia, determinar a realização de atos urgentes a fim de evitar dano irreparável, salvo no caso de arguição de impedimento e de suspeição

1.3. Extinção do processo

1.3.1. Hipóteses de extinção do processo sem resolução do mérito (extinção atípica): art. 485: *O juiz não resolverá o mérito quando:*

I - indeferir a petição inicial
II - o processo ficar parado durante mais de 1 (um) ano por negligência das partes
III - por não promover os atos e as diligências que lhe incumbir, o autor abandonar a causa por mais de 30 (trinta) dias
IV - verificar a ausência de pressupostos de constituição e de desenvolvimento válido e regular do processo
V - reconhecer a existência de perempção, de litispendência ou de coisa julgada
VI - verificar ausência de legitimidade ou de interesse processual (condições da ação)
VII - acolher a alegação de existência de convenção de arbitragem ou quando o juízo arbitral reconhecer sua competência
VIII - homologar a desistência da ação
IX - em caso de morte da parte, a ação for considerada intransmissível por disposição legal; e
X - nos demais casos prescritos neste Código
– **Cabe a repropositura?** Extinção sem resolução do mérito em regra, *não impede* (art. 486: *O pronunciamento judicial que não resolve o mérito não obsta a que a parte proponha de novo a ação. § 1º No caso de extinção em razão de litispendência e nos casos dos incisos I, IV, VI e VII do art. 485, a propositura da nova ação depende da correção do vício que levou à sentença sem resolução do mérito*)

1.3.2. Hipóteses de extinção do processo com resolução do mérito:

Art. 487: Haverá resolução de mérito quando o juiz:
I - acolher ou rejeitar o pedido formulado na ação ou na reconvenção
II - decidir, de ofício ou a requerimento, sobre a ocorrência de decadência ou prescrição
III - homologar:
• o reconhecimento da procedência do pedido formulado na ação ou na reconvenção
• a transação
• a renúncia à pretensão formulada na ação ou na reconvenção

DIREITO PROCESSUAL CIVIL

Tema XI - Julgamento conforme o estado do processo

1. Julgamento conforme o estado do processo

1.1. Momento do julgamento conforme o estado do processo

- **1.1.1.** Após a petição inicial, contestação e réplica

1.2. Quatro possibilidades de julgamento conforme o estado do processo

1.2.1. Extinção do processo: quando se tratar de extinção sem mérito (art. 485) ou prescrição / decadência ou transação / renúncia / reconhecimento (art. 487, II e III)

🔒 **Cuidado:** é possível que a extinção se refira a apenas *parcela do processo,* e nesse caso o recurso cabível será o **agravo de instrumento** (art. 354, parágrafo único)

= **Exemplo:** exclusão de um dos litisconsortes

1.2.2. Julgamento antecipado do mérito: juiz julga procedente ou improcedente o pedido antes da produção de prova em audiência (art. 355: *O juiz julgará antecipadamente o pedido, proferindo sentença com resolução de mérito, quando: I - não houver necessidade de produção de outras provas; II - o réu for revel, ocorrer o efeito previsto no* art. 344 *e não houver requerimento de prova, na forma do* art. 349)

1.2.3. Julgamento antecipado parcial do mérito: novidade do NCPC, é possível o julgamento antecipado de apenas parte do pedido (art. 356: *O juiz decidirá parcialmente o mérito quando um ou mais dos pedidos formulados ou parcela deles: I - mostrar-se incontroverso; II - estiver em condições de imediato julgamento, nos termos do* art. 355)

💡 **Dica:** o recurso cabível da decisão que julga antecipadamente parcial o mérito é o agravo de instrumento (art. 356, § 5º)

1.2.4. Saneamento e organização do processo: não ocorrendo nenhuma das hipóteses anteriores, então será proferida a decisão saneadora, preparando o processo para a instrução

– **Conteúdo do saneador:** deverá o juiz, nesse momento (art. 357): *I - resolver as questões processuais pendentes, se houver; II - delimitar as questões de fato sobre as quais recairá a atividade probatória, especificando os meios de prova admitidos; III - definir a distribuição do ônus da prova, observado o art. 373; IV - delimitar as questões de direito relevantes para a decisão do mérito; V - designar, se necessário, audiência de instrução e julgamento*
– **Esclarecimentos da decisão saneadora:** proferido o saneador, as partes poderão "pedir esclarecimentos ou solicitar ajustes", no prazo comum de 5 (cinco) dias (art. 357, § 2º)
– **Audiência de saneamento em cooperação** (§ 3º)**:** permite o Código que, em causas complexas, o juiz designe "audiência para que o saneamento seja feito em cooperação com as partes"

DIREITO PROCESSUAL CIVIL
Tema XII - Processo de conhecimento

1. Petição inicial I

- **1.1. Requisitos da petição inicial**
  - **1.1.1. Estão previstos no art. 319:**
    - Competência
    - Partes
    - Causa de pedir
    - Pedido
    - Valor da causa
    - Meios de prova
    - Audiência de conciliação ou mediação
  - **1.1.2. Além disso, a inicial deverá trazer:**
    - Prova documental
    - Eventual intervenção de terceiros
    - Não é obrigatório, mas vale apontar a forma de citação

- **1.2. Qualificação das partes**
  - **1.2.1. Requisitos para a adequada qualificação:** *art. 319: A petição inicial indicará: (...) II - os nomes, os prenomes, o estado civil, a existência de união estável, a profissão, o número de inscrição no Cadastro de Pessoas Físicas ou no Cadastro Nacional da Pessoa Jurídica, o endereço eletrônico, o domicílio e a residência do autor e do réu*
  - **1.2.2. Desconhecimento de alguma qualificação:** a parte informará isso ao juiz e, se for possível, com os dados informados na citação, *proceder a citar*, o juiz não indeferirá a petição (art. 319, § 2º)

- **1.3. Causa de pedir**
  - **1.3.1. Conceito:** fatos e fundamentos jurídicos do pedido, o porquê se vai ao Judiciário (art. 319: *A petição inicial indicará: [...] III - o fato e os fundamentos jurídicos do pedido*)
  - **1.3.2. Teoria adotada no Brasil:** *teoria da substanciação*, o que significa dizer que se leva em conta os *fatos narrados na inicial, não a relação jurídica existente* entre as partes

- **1.4. Opção pela audiência de Mediação ou Conciliação**
  - **1.4.1. Inovação:** essa audiência é inovação no Código e também o requisito da inicial. (art. 319: *A petição inicial indicará: [...] VII - a opção do autor pela realização ou não de audiência de conciliação ou de mediação*)
  - **1.4.2.** Ainda que o autor diga não ter interesse, pelo NCPC, a audiência deveria ser designada (art. 334. [...] § 4º: *A audiência não será realizada: I - se ambas as partes manifestarem, expressamente, desinteresse na composição consensual*)

DIREITO PROCESSUAL CIVIL

TEMA XII - PROCESSO DE CONHECIMENTO

1. Petição inicial II

- **1.5. Pedido**

  - **1.5.1. Conceito:** o que a parte pleiteia, o que se espera do Judiciário

  - **1.5.2. Classificação**

    – **O pedido deve ser certo** (art. 322): certeza quanto à tutela pleiteada, mas existem alguns pedidos implícitos (art. 322, § 1º: *Compreendem-se no principal os juros legais, a correção monetária e as verbas de sucumbência, inclusive os honorários advocatícios*)
    O pedido deve ser determinado (art. 324): determinação quanto ao bem da vida, mas por vezes se admite o pedido indeterminado, ou seja, genérico
    a) Hipóteses em que é admitido o pedido genérico: art. 324, § 1º: É lícito, porém, formular pedido genérico:
    I - nas ações universais, se o autor não puder individuar os bens demandados;
    II - quando não for possível determinar, desde logo, as consequências do ato ou do fato;
    III - quando a determinação do objeto ou do valor da condenação depender de ato que deva ser praticado pelo réu

  - **1.5.3. Cumulação de pedidos**

    – **Cabimento** (art. 327): É lícita a cumulação, em um único processo, contra o mesmo réu, de vários pedidos, ainda que entre eles não haja conexão
    – **Requisitos** (art. 327, § 1º): I - os pedidos sejam compatíveis entre si; II - seja competente para conhecer deles o mesmo juízo; III - seja adequado para todos os pedidos o tipo de procedimento
    – **Pedido alternativo:** autor pede A ou B, sem preferência (art. 325: *O pedido será alternativo quando, pela natureza da obrigação, o devedor puder cumprir a prestação de mais de um modo*)
    – **Pedido subsidiário:** autor pede A ou, se não for possível, B, de modo que há preferência quanto ao pedido principal, em relação ao subsidiário (art. 326: *É lícito formular mais de um pedido em ordem subsidiária, a fim de que o juiz conheça do posterior, quando não acolher o anterior*)
    – **Pedido sucessivo:** autor pede A e, se procedente A, também pleiteia B (é uma variação do pedido cumulado)
    – **Intepretação do pedido** (art. 322): (...) § 2º: *A interpretação do pedido considerará o conjunto da postulação e observará o princípio da boa-fé*

DIREITO PROCESSUAL CIVIL

Tema XII - Processo de conhecimento

1. Petição inicial III

- **1.6. Valor da causa**
  - **1.6.1. Toda causa cível terá valor** (art. 291 *A toda causa será atribuído valor certo, ainda que não tenha conteúdo econômico imediatamente aferível*)
  - **1.6.2. Critérios para fixação do valor da causa**
    - **Voluntária:** valor fixado por opção do autor, *pois não há previsão legal* para o valor da causa nesses casos
    - **Legal:** valor da causa é *previsto em lei* (art. 292)

- **1.7. Análise da petição inicial**
  - **1.7.1. O que o juiz pode fazer ao receber a inicial?** (arts. 321, 330, 332 e 334)
  - **1.7.2. Há admissibilidade negativa ou positiva**
    - Emenda da Inicial (negativa)
    - Indeferimento da Inicial (negativa)
    - Improcedência Liminar do Pedido (negativa)
    - Citação (positiva)

- **1.8. Emenda da inicial:** se houver **vício sanável,** o juiz determinará a correção da inicial (art. 321: *O juiz, ao verificar que a petição inicial não preenche os requisitos dos arts. 319 e 320 ou que apresenta defeitos e irregularidades capazes de dificultar o julgamento de mérito, determinará que o autor, no prazo de 15 [quinze] dias, a emende ou a complete, indicando com precisão o que deve ser corrigido ou completado*)
  - **Consequência da ausência de emenda:** extinção do processo sem resolução de mérito, em virtude do indeferimento da inicial

- **1.9. Indeferimento liminar da inicial:** se o vício for *insanável* ou não houver a correção da inicial (item anterior), haverá a extinção por esse motivo (art. 330: *A petição inicial será indeferida quando: I - for inepta; II - a parte for manifestamente ilegítima; III - o autor carecer de interesse processual; IV - não atendidas as prescrições dos arts. 106 e 321*)

- **1.10. Improcedência liminar do pedido:** se a petição estiver formalmente em ordem, mas o pedido formulado pelo autor já tem precedente vinculante contrário, o juiz deverá, desde logo, *julgar improcedente o pedido, sem nem ouvir o réu.* (art. 332: *Nas causas que dispensem a fase instrutória, o juiz, independentemente da citação do réu, julgará liminarmente improcedente o pedido que contrariar: I - enunciado de súmula do Supremo Tribunal Federal ou do Superior Tribunal de Justiça; II - acórdão proferido pelo Supremo Tribunal Federal ou pelo Superior Tribunal de Justiça em julgamento de recursos repetitivos; III - entendimento firmado em incidente de resolução de demandas repetitivas ou de assunção de competência; IV - enunciado de súmula de tribunal de justiça sobre direito local*)

- **1.11. Determinação de citação:** estando em termos a inicial, o juiz *determinará a citação do réu* (NCPC, art. 334)

DIREITO PROCESSUAL CIVIL
Tema XII - Processo de conhecimento

1. Provas

- **1.1. Ônus da prova**
  - **1.1.1. Regra geral:** carga *estática* da prova. (art. 373: *O ônus da prova incumbe: I - ao autor, quanto ao fato constitutivo de seu direito; II - ao réu, quanto à existência de fato impeditivo, modificativo ou extintivo do direito do autor*)
  - 💡 **Exceção:** carga *dinâmica* do ônus da prova (art. 373, § 1º: *Nos casos previstos em lei ou diante de peculiaridades da causa relacionadas à impossibilidade ou à excessiva dificuldade de cumprir o encargo nos termos do caput ou à maior facilidade de obtenção da prova do fato contrário, poderá o juiz atribuir o ônus da prova de modo diverso, desde que o faça por decisão fundamentada, caso em que deverá dar à parte a oportunidade de se desincumbir do ônus que lhe foi atribuído*)

- **1.2. Desnecessidade de prova** (art. 374)
  - **1.2.1.** Fatos notórios
  - **1.2.2.** Fatos afirmados por uma parte e confessados pela parte contrária
  - **1.2.3.** Admitidos no processo como incontroversos
  - **1.2.4.** Em cujo favor milita presunção legal de existência ou de veracidade

- **1.3. Requerimento e admissão da prova**
  - **1.3.1.** A petição inicial e a contestação trarão as provas que as partes pretendem produzir (art. 319, VI e 336)
  - **1.3.2.** O juiz decidirá, no saneamento (art. 357), quais provas serão produzidas – existindo a possibilidade de produção de prova de ofício (art. 370)

- **1.4. Momento de produção da prova**
  - **1.4.1. Prova documental:** petição inicial e contestação (art. 434: *Incumbe à parte instruir a petição inicial ou a contestação com os documentos destinados a provar suas alegações*)
  - **1.4.2. Demais provas:** prova *oral, em audiência;* demais provas sem momento específico

- **1.5. Meios de prova**
  - **1.5.1.** Prova documental
  - **1.5.2.** Ata notarial
  - **1.5.3.** Depoimento pessoal
  - **1.5.4.** Prova testemunhal
  - **1.5.5.** Prova pericial
  - **1.5.6.** Inspeção judicial
  - **1.5.7.** Exibição de documento ou coisa
  - **1.5.8.** Confissão

DIREITO PROCESSUAL CIVIL
TEMA XII - PROCESSO DE CONHECIMENTO

1. Contestação I

- **1.1. Conceito:** defesa do réu em relação ao pedido formulado pelo autor

  - **1.1.1. Princípio da eventualidade:** toda matéria de defesa deve ser alegada na contestação, ainda que contraditória, pois não há possibilidade de complemento da defesa (art. 336)

  - **1.1.2. Ônus da impugnação específica:** como reflexo da eventualidade, há esse ônus, de modo que, em relação àquilo que não for impugnado na contestação, haverá *presunção de verdade* (art. 341)

  - **1.1.3. Prazo para contestar:** *15 dias* (art. 335)

  - **– Termo inicial do prazo de contestação:** *variável* (art. 355, I: *da audiência de conciliação ou de mediação, ou da última sessão de conciliação, quando qualquer parte não comparecer ou, comparecendo, não houver autocomposição; II - do protocolo do pedido de cancelamento da audiência de conciliação ou de mediação apresentado pelo réu, quando ocorrer a hipótese do art. 334, § 4º, inciso I; III - prevista no art. 231, de acordo com o modo como foi feita a citação, nos demais casos*)

- **1.2. Divisão**

  - **1.2.1. Defesa processual:** discute-se a relação jurídica de direito processual, vícios de ordem formal, antes do mérito (por isso *preliminarmente*)

    – **Consequências da defesa processual, se acolhida:**
    a) **Extinção** sem mérito, se o *vício for grave* (art. 485)
    b) **Emenda,** *sob pena de extinção* e
    c) **Alteração de juízo**
    – **Defesa processual no NCPC:** art. 337: *Incumbe ao réu, antes de discutir o mérito, alegar:*
    I - inexistência ou nulidade da citação;
    II - incompetência absoluta e relativa
    III - incorreção do valor da causa;
    IV - inépcia da petição inicial;
    V - perempção;
    VI - litispendência;
    VII - coisa julgada;
    IX - incapacidade da parte, defeito de representação ou falta de autorização;
    X - convenção de arbitragem;
    XI - ausência de legitimidade ou de interesse processual;
    XII - falta de caução ou de outra prestação que a lei exige como preliminar;
    XIII - indevida concessão do benefício de gratuidade de justiça

  - **1.2.2. Defesa de mérito:** discute-se a relação jurídica de direito material, teses que se referem ao conteúdo da inicial

    – **Consequência da defesa de mérito, se acolhida:** improcedência do pedido (art. 487, I)

DIREITO PROCESSUAL CIVIL
Tema XII - Processo de conhecimento

1. Contestação II

- **1.3. Ilegitimidade passiva na contestação**
  - **1.3.1. Se houver alegação de ilegitimidade passiva:** o autor poderá alterar o polo passivo, substituindo o réu (art. 338: *Alegando o réu, na contestação, ser parte ilegítima ou não ser o responsável pelo prejuízo invocado, o juiz facultará ao autor, em 15 [quinze] dias, a alteração da petição inicial para substituição do réu*)
  - **1.3.2. Se o réu souber quem deve figurar no polo passivo:** deverá indicar, sob pena de ter de pagar valores (art. 339: *Quando alegar sua ilegitimidade, incumbe ao réu indicar o sujeito passivo da relação jurídica discutida sempre que tiver conhecimento, sob pena de arcar com as despesas processuais e de indenizar o autor pelos prejuízos decorrentes da falta de indicação*)
  - **1.3.3. Consequências da substituição do réu** (art. 338, parágrafo único)**:** se o autor requerer a substituição, o novo réu ingressa nos atos, o anterior é excluído e seu advogado receberá honorários, de 3% a 5%

- **1.4. Reconvenção**
  - **1.4.1. Conceito:** pedido formulado pelo réu contra o autor, no mesmo processo
  - **1.4.2. Forma:** na própria contestação (art. 343)
  - 🔒 **Cuidado:** no Código anterior, a reconvenção era apresentada em peça apartada

- **1.5. Impedimento e suspeição**
  - **1.5.1. Esses vícios do magistrado são apresentados em peça apartada:** única hipótese, no NCPC, de defesa do réu fora da contestação (art. 146: *No prazo de 15 [quinze] dias, a contar do conhecimento do fato, a parte alegará o impedimento ou a suspeição, em petição específica dirigida ao juiz do processo, na qual indicará o fundamento da recusa, podendo instruí-la com documentos em que se fundar a alegação e com rol de testemunhas*)

- **1.6. Revelia**
  - **1.6.1. Conceito:** revelia é a ausência de contestação (art. 334)
  - **1.6.2. Efeitos da revela**
    - **Presunção de veracidade das alegações de fato formuladas pelo autor** (art. 344)
    Não haverá a presunção de veracidade se (art. 345):
    I - havendo *pluralidade de réus,* algum deles contestar a ação
    II - o litígio versar sobre *direitos indisponíveis*
    III - a petição inicial não estiver *acompanhada de instrumento que a lei considere indispensável à prova do ato*
    IV - as alegações de fato formuladas pelo autor forem *inverossímeis ou estiverem em contradição com prova constante dos autos*
    – **Prazos fluem a partir da publicação no diário oficial**
    Porém, se o **revel tiver advogado constituído**, o patrono deverá ser intimado pela imprensa

DIREITO PROCESSUAL CIVIL
Tema XII - Processo de conhecimento

1. Sentença

- **1.1. Decisões judiciais**
  - **1.1.1. Um juiz pode proferir os seguintes pronunciamentos** (art. 203):
    - **Sentença** (§ 1º *Ressalvadas as disposições expressas dos procedimentos especiais, sentença é o pronunciamento por meio do qual o juiz, com fundamento* nos arts. 485 e 487, *põe fim à fase cognitiva do procedimento comum, bem como extingue a execução*)
    - **Decisão interlocutória:** todo pronunciamento judicial de natureza decisória que *não se enquadre no § 1º* (§ 2º)
    - **Despachos:** todos os *demais pronunciamentos do juiz praticados no processo*, de ofício ou a requerimento da parte
  - **1.1.2. No âmbito dos tribunais** (2º grau ou superior), são possíveis os seguintes pronunciamentos:
    - **Acórdão:** julgamento colegiado proferido pelos tribunais (art. 204)
    - **Decisão monocrática:** decisão proferida apenas do relator (art. 932, III, IV e V)

- **1.2. Elementos da sentença** (NCPC, art. 489)
  - **1.2.1. Relatório**
  - **1.2.2. Fundamentos**
  - **1.2.3. Dispositivo**

- **1.3. Fundamentação para as decisões judiciais**
  - **1.3.1. Inova o NCPC ao prever fundamentação distinta para a sentença e demais decisões judiciais** (§ 1º: *Não se considera fundamentada qualquer decisão judicial, seja ela interlocutória, sentença ou acórdão, que*):
    - I - se limitar à indicação, à reprodução ou à paráfrase de ato normativo, sem explicar sua relação com a causa ou a questão decidida
    - II - empregar conceitos jurídicos indeterminados, sem explicar o motivo concreto de sua incidência no caso;
    - III - invocar motivos que se prestariam a justificar qualquer outra decisão;
    - IV - não enfrentar todos os argumentos deduzidos no processo capazes de, em tese, infirmar a conclusão adotada pelo julgador;
    - V - se limitar a invocar precedente ou enunciado de súmula, sem identificar seus fundamentos determinantes nem demonstrar que o caso sob julgamento se ajusta àqueles fundamentos;
    - VI - deixar de seguir enunciado de súmula, jurisprudência ou precedente invocado pela parte, sem demonstrar a existência de distinção no caso em julgamento ou a superação do entendimento

- **1.4. Vícios da sentença:** a sentença deve refletir o que consta do pedido, sob pena de vício
  - **1.4.1. Classificação**
    - ***Extra petita:*** fora do pedido
    - ***Ultra petita:*** além do pedido
    - ***Infra ou citra petita:*** abaixo do pedido

DIREITO PROCESSUAL CIVIL

TEMA XII - PROCESSO DE CONHECIMENTO

1. Coisa julgada

- **1.1. Conceito:** *imutabilidade e indiscutibilidade* da decisão de mérito não mais sujeita a recurso (NCPC, art. 502)

- **1.2. Classificação**
  - **1.2.1. Coisa julgada formal:** imutabilidade da decisão no próprio processo em que foi proferida (atinge qualquer sentença, inclusive terminativas)
  - **1.2.2. Coisa julgada material:** imutabilidade e indiscutibilidade da decisão não só no processo em que foi proferida, mas em qualquer outro processo (atinge apenas as decisões definitivas)

- **1.3. Limites**
  - **1.3.1. Limites objetivos da coisa julgada:** *qual parte* da decisão judicial é coberta pela coisa julgada
    - O dispositivo é coberto pela coisa julgada (art. 503)
    - A verdade dos fatos e fundamentação não são (art. 504)
    - A questão prejudicial pode ser, desde que presentes alguns requisitos (art. 503, § 1º):
      a) For expressamente decidida pelo juiz
      b) Com contraditório prévio e efetivo
      c) Se o juiz for competente de forma absoluta para a questão prejudicial
  - **1.3.2. Limites subjetivos da coisa julgada:** *quem* é coberto pela coisa julgada
    - As **partes** litigantes são cobertas pela coisa julgada (art. 506)
    - E **terceiros**? O artigo 506 não repete, como no Código anterior, que a coisa julgada não beneficiará terceiros (art. 506: *A sentença faz coisa julgada às partes entre as quais é dada, não prejudicando terceiros*)
    - Isso significa que a coisa julgada **pode beneficiar** terceiros? Tema ainda em aberto na jurisprudência, mas a tendência é no **sentido de que não**
    (Enunciado 36/CJF: "O disposto no art. 506 do CPC não permite que se incluam, dentre os beneficiados pela coisa julgada, litigantes de outras demandas em que se discuta a mesma tese jurídica")

- **1.4. Ação rescisória (AR)**
  - **1.4.1. Conceito:** ação prevista em lei que busca *rescindir decisão de mérito transitada em julgado*
  - **1.4.2. Competência:** originária de *tribunal*
  - **1.4.3. Prazo para ajuizamento:** 2 anos do trânsito em julgado (NCPC, art. 975)
  - **1.4.4. Cabimento:** só é cabível a AR nas seguintes hipóteses (art. 966):
    I – decisão proferida por juiz corrupto;
    II – juiz impedido ou absolutamente incompetente
    III – dolo da parte vencedora ou colusão das partes
    IV – decisão viola coisa julgada anterior
    V – decisão viola manifestamente norma jurídica
    VI – decisão fundada em prova falsa
    VII – prova nova
    VIII – fundada em erro de fato

DIREITO PROCESSUAL CIVIL

Tema XII - Processo de conhecimento

1. Procedimentos Especiais

- **1.1. Procedimentos no processo de conhecimento:** *comum* e *especial*

  - **1.1.1. Utilização do procedimento comum:** utilizado quando *não houver*, para determinada demanda, nenhum procedimento especial previsto em lei

  - **– Trâmite do procedimento comum:**
    1) Inicial
    2) Audiência de conciliação ou mediação
    3) Contestação
    4) Réplica
    5) Decisão saneadora
    6) Audiência de instrução e julgamento
    7) Alegações
    8) Sentença

  - **1.1.2. Utilização do procedimento especial:** utilizado quando houver, para determinada demanda, procedimento especial previsto no NCPC ou em lei extravagante

  - **1.1.3. Distinção entre os procedimentos:** o procedimento é especial quando apresentar alguma diferença em relação ao procedimento comum (trâmite, prazo, audiência, limitação probatória, etc)

  - **1.1.4. Finalidade dos procedimentos especiais:** adequar o procedimento ao direito material debatido

  - **1.1.5. Classificação dos procedimentos especiais**

    - **Procedimentos especiais de jurisdição contenciosa:** há lide
    - **Procedimentos especiais de jurisdição voluntária:** não há lide, mas há necessidade de intervenção do Poder Judiciário (*administração pública de interesses privados*)
    Exemplo: divórcio consensual

  - **1.1.6. Procedimentos especiais no NCPC**
    - Da ação de consignação em pagamento
    - Da ação de exigir contas
    - Das ações possessórias
    - Da ação de divisão e da demarcação
    - Da ação de dissolução parcial de sociedade
    - Do inventário e da partilha
    - Dos embargos de terceiro
    - Da oposição
    - Da habilitação
    - Das ações de família
    - Da ação monitória
    - Da homologação do penhor legal
    - Da regulação de avaria grossa
    - Da restauração de autos

DIREITO PROCESSUAL CIVIL

Tema XIII - Cumprimento de sentença e execução

1. Cumprimento e execução

- **1.1. Finalidades dos processos**
  - **1.1.1. Processo de conhecimento:** solucionar uma *crise de incerteza* (não se sabe quem tem razão)
  - **1.1.2. Processo de execução:** solucionar uma *crise de inadimplemento* (já se sabe quem tem razão, mas quem não tem razão não cumpriu sua obrigação)

- **1.2. Requisitos do processo de execução**
  - **1.2.1. Inadimplemento:** não cumprimento da obrigação (NCPC, art. 786: *A execução pode ser instaurada caso o devedor não satisfaça a obrigação certa, líquida e exigível consubstanciada em título executivo*)
    - Ainda que o NCPC fale em *exigibilidade de obrigação*, mais fácil compreender a partir do **inadimplemento**
  - **1.2.2. Título executivo:** documento que permite o início da execução/cumprimento de sentença (NCPC, art. 783: *A execução para cobrança de crédito fundar-se-á sempre em título de obrigação certa, líquida e exigível*)

- **1.3. Distinção entre execução e cumprimento de sentença**
  - **1.3.1. Título executivo judicial + inadimplemento =** *fase* de cumprimento de sentença
  - **1.3.2. Título executivo extrajudicial + inadimplemento = processo de execução**
    - **Sempre que houver título executivo extrajudicial há execução? Nem sempre** (NCPC, art. 785: A existência de título executivo extrajudicial não impede a parte de optar pelo processo de conhecimento, a fim de obter título executivo judicial)

- **1.4. Aplicação subsidiária das regras de execução/cumprimento**
  - **1.4.1. Das regras do processo de execução para o cumprimento de sentença:** *sim,* no que não for colidente (NCPC, art. 513: *O cumprimento da sentença será feito segundo as regras deste Título, observando-se, no que couber e conforme a natureza da obrigação, o disposto no Livro II da Parte Especial deste Código*)
  - **1.4.2. Das regras do cumprimento de sentença para o processo de execução:** sim, no que não for colidente (NCPC, art. 771, Parágrafo único: *Aplicam-se subsidiariamente à execução as disposições do Livro I da Parte Especial*)

DIREITO PROCESSUAL CIVIL

Tema XIII - Cumprimento de sentença e execução

1. Título executivo

1.1. Conceito: documento que permite o *início da execução / cumprimento de sentença*

1.2. Classificação

1.2.1. Título executivo judicial: título *elaborado pelo Poder Judiciário* ou órgão equiparado a tanto, pelo legislador, para fins de *permissão do início do cumprimento de sentença*

– **Títulos executivos judiciais previstos no NCPC** (art. 515)
a) **Decisões proferidas no processo civil** (como *sentença*) que reconheçam a exigibilidade de obrigação de pagar quantia, de fazer, de não fazer ou de entregar coisa
b) **Decisão homologatória de autocomposição judicial** *(acordo* entre as partes)
c) **Decisão homologatória de autocomposição extrajudicial** de qualquer natureza (acordo *celebrado fora de processo,* levado ao juízo para *homologação)*
d) **Formal e certidão de partilha,** exclusivamente em relação ao inventariante, aos herdeiros e aos sucessores a título singular ou universal (título decorrente de *inventário* ou *arrolamento)*
e) **Crédito de auxiliar da justiça,** quando as custas, emolumentos ou honorários tiverem sido *aprovados por decisão judicial*
f) **Sentença penal condenatória** transitada em julgado (proferida, portanto, em sede de vara criminal)
g) **Sentença arbitral** *(não se trata título executivo extrajudicial,* por opção legislativa)
h) **Sentença estrangeira** homologada pelo Superior Tribunal de Justiça
i) **Decisão interlocutória estrangeira**, após a concessão do *exequatur* à carta rogatória pelo Superior Tribunal de Justiça

1.2.2. Início do cumprimento de sentença fundada em título judicial

– **Por intimação:** é a *regra,* perante o próprio juízo onde foi proferido o título executivo judicial
– **Por citação:** é a **exceção,** ocorrerá quando o título não foi elaborado no juízo cível onde se procede ao cumprimento (nos casos dos itens 2.1.1.6 a 2.1.1.9 do NCPC, art. 515, § 1º)

1.2.3. Título executivo extrajudicial: título *elaborado fora do Poder Judiciário,* conforme escolha do legislador, e que permite dar *início ao processo de execução*

– **Alguns títulos executivos extrajudiciais previstos no NCPC** (art. 784)
a) **Títulos de crédito:** a letra de câmbio, a nota promissória, a duplicata, a debênture e o cheque
b) **Escritura pública** ou outro *documento público assinado pelo devedor*
c) **Confissão de dívida:** o documento particular **assinado pelo devedor e por 2 (duas) testemunhas**
d) **Instrumento de transação referendado** pelo *Ministério Público, pela Defensoria Pública,* pela *Advocacia Pública,* pelos *advogados* dos transatores ou por *conciliador* ou *mediador* credenciado por tribunal
e) **Crédito referente às contribuições ordinárias ou extraordinárias de condomínio edilício**, previstas na respectiva convenção ou aprovadas em assembleia geral, desde que documentalmente comprovadas
Dica: no CPC/1973 cobrança de condomínio era *processo de conhecimento,* a tramitar pelo rito *sumário*
f) **Certidão expedida por serventia notarial** ou de registro relativa a valores de emolumentos e demais despesas devidas pelos atos por ela praticados, fixados nas tabelas estabelecidas em lei (ou seja, *documento emitido por cartório extrajudicial,* quanto aos seus emolumentos)

1.2.4. Início do processo de execução fundado em título extrajudicial: *citação* do executado

DIREITO PROCESSUAL CIVIL

Tema XIII - Cumprimento de sentença e execução

1. Procedimento do cumprimento de sentença para pagamento de quantia

- **1.1. Existindo decisão condenatória:** deverá haver o pagamento espontâneo pelo devedor
  - **1.1.1. Se o devedor não pagar:** o autor requererá o início do cumprimento de sentença (NCPC, art. 523)
  - **– Completa memória do débito**
  - **– Indicação de bens para penhora** (NCPC, art. 524) – sendo possível requerer a penhora online

- **1.2. Intimado o devedor**
  - **1.2.1. Se houver pagamento:** fim do cumprimento de sentença
  - **1.2.2. Se não houver pagamento:** passados 15 dias *úteis*, incidirá multa e honorários, no valor de 10% cada (NCPC, art. 523, § 1º)
  - **– No caso de não pagamento:** além da multa, *penhora e avaliação de bens* necessários à satisfação do débito (NCPC, art. 523)

- **1.3. Defesa do executado:** superado o prazo de 15 dias para pagar, tem início o prazo de 15 dias para *impugnação* (NCPC, art. 525)

- **1.4. Alienação do bem penhorado:** se a impugnação *não suspender* o cumprimento de sentença ou, ao final, *for rejeitada*, então ocorrerá a alienação do bem penhorado

- **1.5. Extinção da fase de cumprimento de sentença:** com o acolhimento da impugnação, pagamento da dívida ou outra forma (NCPC, art. 924)

DIREITO PROCESSUAL CIVIL

TEMA XIII - CUMPRIMENTO DE SENTENÇA E EXECUÇÃO

1. Procedimento da execução de quantia

- **1.1. Ajuizamento da execução:** apontando o inadimplemento, juntando o título executivo e apresentando memória do débito
  - **1.1.1. Se a inicial tiver falhas:** o juiz determina a emenda da inicial
  - **1.1.2. Se a inicial estiver correta:** o juiz determinará a citação do executado, para pagar o débito em 3 dias, contados a partir da efetiva citação (NCPC, art. 829)
  - – O juiz fixará, no despacho inicial, **honorários de 10%**

- **1.2. Recebida a petição inicial executiva:** poderá o exequente obter certidão da execução (identificadas as partes e valor da causa), para *"averbação no registro de imóveis, de veículos ou de outros bens sujeitos a penhora, arresto ou indisponibilidade"* (NCPC, art. 828)

- **1.3. Citado o executado**
  - **1.3.1. Se houver o pagamento em 3 dias:** extinção da execução e honorários *reduzidos à metade* (NCPC, art. 827, § 1º)
  - **1.3.2. Se não houver pagamento:** haverá a *penhora e avaliação* dos bens indicados pelo exequente; salvo se o executado indicar bens que configurem situação menos onerosa a ele e que não tragam prejuízo ao exequente (NCPC, art. 829, § 1º e 2º)
  - **1.3.3. Formas de citação na execução:** no NCPC, pode ser feita por *correio* (art. 247), além de por oficial de justiça. Além disso, também é possível que seja feita por hora certa e *edital* (NCPC, art. 830, § 1º e 2º)

- **1.4. Se o oficial de justiça não encontrar o executado:** será possível o *arresto executivo* dos bens (art. 830) que, pela jurisprudência do STJ, pode inclusive ser *online*

  🔒 **Cuidado:** não se deve confundir este arresto executivo com: (i) penhora, pois a penhora somente é possível após a citação, e este arresto somente ocorre se o executado não foi encontrado; e com (ii) arresto cautelar (NCPC, art. 301)

- **1.5. Defesa:** em até 15 dias após a citação, cabem embargos à execução

- **1.6. Alienação do bem penhorado:** se os embargos *não suspenderem* a execução ou, ao final, *forem rejeitados*, então ocorrerá a alienação do bem penhorado

- **1.7. Extinção da execução** (NCPC, art. 924 – aplicável também ao cumprimento de sentença)
  - **1.7.1. Quando a petição inicial for indeferida**
  - **1.7.2. Quando a obrigação for satisfeita** (principalmente no *pagamento do débito* – **remição** da execução – ou satisfação do crédito com a alienação do bem penhorado)
  - **1.7.3. Quando o executado obtiver, por qualquer outro meio, a extinção total da dívida** (como no caso de *novação ou prescrição*, dentre outros)
  - **1.7.4. Quando o exequente renunciar ao crédito** (perdão pelo credor – remissão da dívida)
  - **1.7.5. Quando ocorrer a prescrição intercorrente** (prescrição que ocorre não antes do ajuizamento, mas sim com a morosidade do exequente durante o processo – vide art. 921, §§)

DIREITO PROCESSUAL CIVIL

TEMA XIII - CUMPRIMENTO DE SENTENÇA E EXECUÇÃO - DEFESA DO EXECUTADO

	EMBARGOS À EXECUÇÃO (EXECUÇÃO DE TÍTULO EXTRAJUDICIAL)	**IMPUGNAÇÃO (CUMPRIMENTO DE SENTENÇA)**
1. Prazo	1.1. **15 dias** (NCPC, art. 915)	1.2. **15 dias** (NCPC, art. 525)
2. Contagem do prazo	2.1. Contado da **juntada aos autos** do mandado de citação ou da juntada do AR (NCPC, arts. 915 e 231)	2.2. Contado depois de **transcorrido o prazo de 15 dias para pagamento** voluntário (NCPC, arts. 525 e 523)
3. Necessidade de penhora	3.1. **Não** (NCPC, art. 914)	3.2. **Não** (NCPC, art. 525)
4. Efeito suspensivo	4.1. Em regra, **não** (NCPC, art. 919) 4.1.1. **Para concessão** (art. 919, § 1º) 4.1.1.1. Garantia do juízo pela penhora 4.1.1.2. Verificados os requisitos para a concessão da tutela provisória **Atenção**: são requisitos da tutela provisória de urgência (art. 300): (a) probabilidade do direito e (b) o perigo de dano ou o risco ao resultado útil do processo	4.2. Em regra, **não** (NCPC, art. 525, § 6º) 4.2.1. Para concessão 4.2.1.1. Garantia do juízo pela penhora 4.2.1.2. Fundamentos relevantes da impugnação 4.2.1.3. Prosseguimento da execução for capaz de causar grave dano de difícil ou incerta reparação 4.3. Assim, os requisitos para a concessão do efeito suspensivo são os mesmos, nos embargos e impugnação, ainda que o legislador tenha dito isso de forma distinta.
5. Autuação	5.1. **Em apartado** (NCPC, art. 914, § 1º)	5.2. **Nos mesmos autos** do cumprimento de sentença (NCPC, art. 525, *caput* e § 10)
6. Matérias de defesa	6.1. **Qualquer matéria**, já que não houve prévia manifestação do Poder Judiciário (NCPC, art. 917, VI)	6.2. **Matérias específicas** (NCPC, art. 525, § 1º), considerando que já houve manifestação do Judiciário (respeito à coisa julgada)
7. Recurso cabível	7.1. **Apelação** (NCPC, art. 1.009)	7.2. Variável 7.2.1. **Apelação**: se a fase de cumprimento *não prosseguir* (NCPC, art. 1.009) 7.2.2. **Agravo de instrumento**: se a fase de cumprimento prosseguir (NCPC, art. 1.015, parágrafo único)

DIREITO PROCESSUAL CIVIL

Tema XIV - Recursos

1. Recursos I

- **1.1. Conceito:** ato voluntário da parte que, dentro do mesmo processo, busca reformar, anular ou complementar a decisão judicial recorrida

- **1.2. Recursos existentes** no processo civil brasileiro (NCPC, art. 994)
  - I - Apelação
  - II - Agravo de instrumento (AI)
  - III - Agravo interno (AInt)
  - IV - Embargos de declaração (EDcl)
  - V - Recurso ordinário (ROC)
  - VI - Recurso especial (REsp)
  - VII - Recurso extraordinário (RE)
  - VIII - Agravo em recurso especial/extraordinário (AREsp / ARE)
  - IX - Embargos de divergência (Ediv)
  - – Além disso, há a modalidade adesiva para a apelação, REsp e RE (NCPC, art. 997)
  - – Nos Juizados Especiais: de sentença cabe recurso inominado (L. 9.099/1995, art. 41)

- **1.3. Cabimento**
  - **1.3.1. Princípio da singularidade ou unirrecorribilidade:** para cada decisão, cabe *um determinado recurso*
  - **1.3.2. Critério para cabimento dos recursos:** para verificar qual o recurso cabível, deve ser verificada a *natureza das decisões* dos magistrados

- **1.4. Um juiz pode proferir**
  - **1.4.1. Sentença, cujo recurso é a *apelação*** (NCPC, art. 1.009)
  - **1.4.2. Decisão interlocutória**, cujo recurso é o agravo de instrumento, desde que a decisão conste do rol do NCPC, art. 1.015; se não constar, a decisão será impugnada em preliminar de apelação (NCPC, art. 1.009, § 1º)
  - **1.4.3. Despacho, que é *irrecorrível*** (NCPC, art. 1.001)

- **1.5. No âmbito dos tribunais (2º grau ou superior), são possíveis as seguintes decisões:**
  - **1.5.1. Decisão monocrática:** cujo recurso é o agravo interno (NCPC, art. 1.021) ou AREsp / ARE (da decisão que não admite REsp ou RE – NCPC, art. 1.042)
  - **1.5.2. Acórdão, que pode ser impugnado pelos demais recursos** (REsp, RE, ROC e embargos de divergência)

- **1.6. Cabível de todas as decisões recorríveis:** embargos de declaração (NCPC, art. 1.022)

DIREITO PROCESSUAL CIVIL

Tema XIV - Recursos

1. Recursos II

- **1.7. Juízo de admissibilidade**
  - **1.7.1. Conceito:** análise da presença dos requisitos de admissibilidade recursais
  - **1.7.2. Consequências relativas à admissibilidade**
    - **– Ausentes os requisitos de admissibilidade:** o recurso não será conhecido (ou não será admitido / será negado seguimento)
    - **– Presentes os requisitos de admissibilidade:** o recurso será conhecido
    - **• Juízo de mérito:** apenas se positivo o juízo de admissibilidade é que se passa à análise do mérito do recurso, quando é possível:
      a) dar provimento ao recurso
      b) negar provimento ao recurso

- **1.8. Requisitos de admissibilidade recursal**
  - **1.8.1. Cabimento** (vide mapa anterior)
  - **1.8.2. Legitimidade recursal** (podem recorrer as *partes* e *terceiro prejudicado* – NCPC, art. 996)
  - **1.8.3. Interesse recursal** (existe quando houver *sucumbência,* ou seja, perda)
  - **1.8.4. Preparo** (necessidade de recolhimento de *custas,* sob pena de *deserção* – sendo que é possível o *complemento do que faltar* ou o *recolhimento em dobro* – NCPC, art. 1.007)
  - **1.8.5. Tempestividade** (interposição no *prazo*)
  - **1.8.6. Inexistência de fato impeditivo de recorrer** (*aquiescência, desistência, renúncia* – NCPC, arts. 998, 999 e 1.000)
  - **1.8.7. Regularidade formal** (requisito que não se enquadra em nenhum anterior, com a necessidade de cópias no agravo)

- **1.9. Efeitos dos recursos**
  - **1.9.1. Devolutivo:** nova análise da questão por parte do *Judiciário* (em regra por um órgão superior)
  - **1.9.2. Suspensivo:** a interposição do recurso *impede os efeitos da decisão recorrida* (NCPC, art. 995)

- **1.10. Prazo** (NCPC, art. 1.003)
  - **1.10.1. Regra geral:** 15 *dias* (quase todos os recursos)
  - **1.10.2. Exceção:** 5 *dias* (apenas para os embargos de declaração)

DIREITO PROCESSUAL CIVIL
Tema XIV - Recursos

1. Apelação

- **1.1. Cabimento:** recurso cabível de sentença, seja terminativa ou definitiva, qualquer que seja o processo ou procedimento (NCPC, art. 1.009)
  - **1.1.1.** Cabe exclusivamente de decisão de 1º grau
  - **1.1.2.** Nos Juizados Especiais, de sentença cabe recurso **inominado** (L. 9.099/1995, art. 41)
  - 🔒 **Cuidado:** também será impugnada na apelação, em preliminar, a decisão interlocutória, se dela não for cabível agravo de instrumento (NCPC, art. 1.015)

- **1.2. Prazo:** 15 dias (NCPC, art. 1.003, § 5º)

- **1.3. Custas:** há preparo e porte de remessa e retorno

- **1.4. Efeitos**
  - **1.4.1. Devolutivo:** sim
  - **1.4.2. Suspensivo:** em regra, sim
  - **– Sem efeito suspensivo nas seguintes decisões** (NCPC, art. 1.012):
    a) homologa divisão ou demarcação de terras
    b) condena a pagar alimentos
    c) extingue sem resolução do mérito ou julga improcedentes os embargos do executado
    d) julga procedente o pedido de instituição de arbitragem
    e) confirma, concede ou revoga tutela provisória
    f) decreta a interdição

- **1.5. Processamento**
  - **1.5.1. Interposição:** perante o *juiz de 1º grau (a quo)*
  - **1.5.2. Requisitos:** nome das *partes, fundamentos de fato e de direito (error in procedendo e in judicando)* e pedido de *nova decisão* (NCPC, art. 1.010)
  - **1.5.3. Contraditório:** vista ao recorrido, *contrarrazões* em 15 dias
  - **1.5.4. Remessa ao Tribunal *(ad quem)*:** *sem* juízo de admissibilidade na origem
  - **1.5.5. Juízo de retratação:** é possível ao juiz reconsiderar nos seguintes casos:
    - **Indeferimento da inicial** (NCPC, art. 331)
    - **Improcedência liminar** (NCPC, art. 332, § 3º)
    - **Extinção sem resolução do mérito** (NCPC, art. 485, § 7º)
  - **1.5.6. No Tribunal:** distribuição a um relator
  - **1.5.7. Possibilidade de decisão monocrática**
    - Se houver *vício processual*, que leve ao **não conhecimento** (NCPC, art. 932, III)
    - Se a matéria já estiver *pacificada por precedente vinculante*, poderá o relator **dar ou negar provimento ao recurso** (NCPC, art. 932, IV e V)
  - **1.5.8. Julgamento colegiado:** não sendo caso de decisão monocrática, relator elabora seu voto e o recurso vai a julgamento (NCPC, art. 934), com julgamento por 3 desembargadores (acórdão)
  - **1.5.9. Se houver voto vencido:** *técnica de julgamento estendido,* mais 2 desembargadores são chamados (NCPC, art. 942)
  - – Necessária publicação da pauta, antes do julgamento (NCPC, art. 935)
  - – Poderão os advogados sustentar as razões oralmente (NCPC, art. 937)
  - 🔒 **Cuidado:** não mais existe o recurso dos *embargos infringentes*

DIREITO PROCESSUAL CIVIL
Tema XIV - Recursos

1. Apelação adesiva

- **1.1. Cabimento:** será utilizada no caso de *sucumbência recíproca* (autor e réu sucumbiram em algum grau, o que ocorre no caso de **procedência parcial do pedido**)
  - **1.1.1. Sendo autor e réu vencidos, cada um pode recorrer de forma autônoma** – isso não se trata de recurso adesivo
  - **1.1.2. Se apenas uma das partes recorrer, só a situação do recorrente pode melhorar** (considerando a vedação da *reformatio in pejus* – ou seja, não pode haver a reforma para pior)

- **1.2. Processamento.** Se houver a apelação de uma das partes, pode o recorrido, no prazo das contrarrazões (15 dias), *também apresentar a apelação adesiva*
  - **1.2.1.** A apelação adesiva é apresentada em peça distinta das contrarrazões (NCPC, art. 997)
  - **1.2.2. A apelação adesiva tem todos os requisitos de admissibilidade da apelação regular**
  - **1.2.3. Após a interposição da apelação adesiva, será aberta *vista à parte contrária*,** para apresentação de contrarrazões à apelação adesiva
  - **1.2.4. O conhecimento da apelação adesiva fica condicionado ao conhecimento da apelação principal.** Assim, se for intempestiva ou houver a desistência da apelação principal, também não será conhecida a apelação adesiva

- **1.3. Exemplo:** pedido de dano material de R$ 10 mil
  - **1.3.1. Sentença:** parcial procedência do pedido, no valor de R$ 5 mil
  - **1.3.2. Apelação apenas do réu**
    - **No Tribunal, possibilidade de:** (i) manutenção de R$ 10 mil (recurso negado), (ii) redução do valor (recurso parcialmente provido) ou (iii) afastamento da condenação (recurso totalmente provido)
    - **No Tribunal, impossibilidade de:** majoração do valor da indenização
  - **1.3.3. Apelação adesiva do autor:** possibilidade de, no Tribunal, haver a majoração da apelação

DIREITO PROCESSUAL CIVIL

Tema XIV - Recursos

1. Agravo de instrumento

- **1.1. Cabimento:** somente cabe AI nos casos previstos no Código (NCPC, art. 1.015):

  ⚠️ **Atenção:** é taxativo o rol do art. 1.015? A polêmica é grande, e decidiu o STJ, em recurso repetitivo, que estamos diante de uma "taxatividade mitigada", cabendo agravo "quando verificada a urgência decorrente da inutilidade do julgamento da questão no recurso de apelação" (REsp 1.696.396 e 1.704.520)

  - 1.1.1. Tutelas provisórias
  - 1.1.2. Mérito do processo
  - 1.1.3. Rejeição da alegação de convenção de arbitragem
  - 1.1.4. Incidente de desconsideração da personalidade jurídica (IDPJ)
  - 1.1.5. Rejeição do pedido de gratuidade da justiça
  - 1.1.6. Exibição ou posse de documento ou coisa
  - 1.1.7. Exclusão de litisconsorte
  - 1.1.8. Rejeição do pedido de limitação do litisconsórcio
  - 1.1.9. Admissão ou inadmissão de intervenção de terceiros
  - 1.1.10. Concessão, modificação ou revogação do efeito suspensivo aos embargos à execução
  - 1.1.11. Redistribuição do ônus da prova nos termos do art. 373, § 1º
  - 1.1.12. Outros casos expressamente referidos em lei
  - 1.1.13. Qualquer decisão proferida na fase de liquidação de sentença
  - 1.1.14. Qualquer decisão proferida na fase de cumprimento de sentença
  - 1.1.15. Qualquer decisão proferida no processo de execução
  - 1.1.16. Qualquer decisão proferida no processo de inventário

- **1.2. Prazo:** *15 dias*

- **1.3. Custas:** há preparo e porte de retorno

- **1.4. Efeitos**
  - 1.4.1. Devolutivo: *sim*
  - 1.4.2. Suspensivo: em regra, *não* (pode o relator conceder)

- **1.5. Processamento**
  - **1.5.1. Interposição:** diretamente no Tribunal (juízo *a quo*)

    ⚠️ **Atenção:** ÚNICO caso em que o recurso é interposto diretamente no juízo de destino

  - **1.5.2. Requisitos:** necessidade de documentos para formar o instrumento (NCPC, art. 1.017, I: *obrigatoriamente, com cópias da petição inicial, da contestação, da petição que ensejou a decisão agravada, da própria decisão agravada, da certidão da respectiva intimação ou outro documento oficial que comprove a tempestividade e das procurações outorgadas aos advogados do agravante e do agravado*) – salvo se for processo eletrônico (art. 1.017, § 5º)

    – Agravante pode substituir documentos por declaração de que não existem alguns dos documentos (art. 1.017, II)
    – Se faltar alguma peça: relator deve dar *oportunidade de corrigir o vício* (art. 1.017, § 3º)

  - **1.5.3. Contraditório:** recorrido apresentará *contrarrazões ou contraminuta, em 15 dias*

  - **1.5.4. Em 3 dias após a interposição:** se os autos forem *físicos*, agravante deve juntar *cópia do agravo e documentos* na origem (CPC, art. 1.018)

  - **1.5.5. Relator, ao receber o recurso**

  - **1.5.6. Sustentação oral:** somente cabe no "no agravo de instrumento interposto contra decisões interlocutórias que versem sobre tutelas provisórias de urgência ou da evidência" (NCPC, art. 937, VIII)

    – Pode conceder ou negar o efeito suspensivo / antecipação de tutela recursal
    – Cabe julgamento monocrático nos mesmos casos da apelação

DIREITO PROCESSUAL CIVIL
Tema XIV - Recursos

1. Embargos de declaração

1.1. Cabimento (NCPC, art. 1.022): cabíveis de decisão que tiver *omissão, contradição, obscuridade ou erro material*

1.1.1. Cabível de qualquer decisão com carga decisória (salvo despacho), em *qualquer grau*

1.2. Prazo: *5 dias* (NCPC, art. 1.003, § 5º)

Cuidado: *único* recurso com prazo de 5 dias

1.3. Custas: não há custas

1.4. Efeitos

1.4.1. Devolutivo: *sim*

1.4.2. Suspensivo: em regra, *não* (mas pode o juiz ou relator conceder esse efeito ao recurso)

– Poderá ser concedido efeito suspensivo / antecipação de tutela recursal se houver *dano grave* e *probabilidade de provimento* do recurso (NCPC, arts. 995 e 1.026).

1.5. Processamento

1.5.1. Interposição: perante o próprio órgão prolator, seja juiz, relator ou turma julgadora (juízo *a quo* = juízo *ad quem*)

1.5.2. Interrupção do prazo para os demais recursos

– Não é possível a interposição simultânea de dois recursos (princípio da unirrecorribilidade)
Exemplo: primeiro há a oposição dos *declaratórios* de sentença e, após a decisão, será *interposta a apelação*

1.5.3. Contraditório: em regra, não há

Exceção: se os declaratórios puderem ser recebidos com *efeitos modificativos ou infringentes,* antes deverá o julgador abrir *vista para contrarrazões* (NCPC, art. 1.023, § 2º)

1.5.4. Prequestionamento: os declaratórios podem ser utilizados para fins de prequestionamento (requisitos do REsp e RE), no chamado prequestionamento ficto ou virtual (NCPC, art. 1.025)

1.5.5. Embargos de decisão monocrática: quando opostos dessa decisão, devem ser julgados pelo **próprio relator**, monocraticamente (NCPC, art. 1.024, § 2º)

– **Conversão em agravo interno:** se o relator entender que a finalidade é reformar a monocrática, poderá haverá a *conversão em agravo interno* – mas o recorrente deve ser intimado para ajustar o recurso (NCPC, art. 1.024, § 3º)

1.5.6. Embargos protelatórios: são penalizados com multa não superior a 2% do valor atualizado da causa (NCPC, art. 1.026, § 2º)

– **Reiteração de embargos protelatórios**
a) Multa será aumentada para 10% do valor atualizado da causa, e a interposição do outro recurso ficará condicionada ao depósito prévio do valor da multa (NCPC, art. 1.026, § 3º)
b) Vedada a oposição de novos declaratórios (NCPC, art. 1.026, § 4º)

DIREITO PROCESSUAL CIVIL
Tema XIV - Recursos

1. Agravo interno

- **1.1. Cabimento** (NCPC, art. 1.021): impugna decisão monocrática proferida por relator
  - **1.1.1.** Cabe também da *decisão da presidência do Tribunal de 2º grau* que aplica ao REsp e RE o regime da *repercussão geral ou repetitivos* (NCPC, art. 1.030, § 2º)

- **1.2. Prazo:** 15 dias (NCPC, art. 1.003, § 5º)

- **1.3. Custas:** *não há* previsão no NCPC (pode haver em regimentos internos de tribunais)

- **1.4. Efeitos:** apenas *efeito devolutivo*

- **1.5. Processamento**
  - **1.5.1. Interposição:** perante o próprio relator
  - **1.5.2. Contraditório:** há *contrarrazões* por parte do recorrido, no prazo de 15 dias
  - **1.5.3. Julgamento:** dará origem a uma decisão colegiada (acórdão)
  - – **Não pode o relator só reproduzir** os "fundamentos da decisão agravada para julgar improcedente o agravo interno" (§ 3º) – Se o recurso for inadmissível ou improcedente em votação unânime, haverá multa, entre 1 e 5% do valor atualizado da causa (§ 4º)

DIREITO PROCESSUAL CIVIL

Tema XIV - Recursos

1. Recurso especial (REsp) e Recurso extraordinário (RE)

- **1.1. Cabimento** (NCPC, art. 1.029): recursos destinados aos Tribunais Superiores, para *unificar a aplicação do direito no país*
  - **1.1.1.** Cabe REsp para o STJ quando há violação à **legislação infraconstitucional** (CF, art. 105, III, incisos)
  - **1.1.2.** Cabe RE para o STF quando há violação à **Constituição** (CF, art. 102, III, incisos)

- **1.2. Prazo:** *15 dias* (NCPC, art. 1.003, § 5º)

- **1.3. Custas:** *há preparo* e *porte de remessa e retorno*

- **1.4. Efeitos**
  - **1.4.1. Efeito devolutivo:** *sim*
  - **1.4.2. Efeito suspensivo:** em regra, *não*
    - – **Em situações de urgência**, poderá ser *concedido efeito suspensivo* (NCPC, art. 1.029, § 5º)

- **1.5. Processamento**
  - **1.5.1. Interposição:** perante o *tribunal de origem (a quo)*
  - **1.5.2. Contraditório:** vista ao recorrido, para *contrarrazões em 15 dias*
  - **1.5.3. Requisitos de admissibilidade específicos**
    - **Prequestionamento:** a matéria objeto do Resp e RE deve ter sido previamente debatida no acórdão
    - **Vedação de discussão de matéria fática:** apenas se debate tese jurídica nesses recursos (Súmulas 5 e 7 do STJ)
    - **Requisito exclusivo do Resp.** No especial fundado em **dissídio jurisprudencial:** deverá ser apresentado o *acórdão paradigma* (por cópia autenticada, repositório oficial ou obtido na internet – NCPC, art. 1.029, § 1º)
    - **Requisito exclusivo do RE.** Em todo RE deve existir a *repercussão geral da questão constitucional* (NCPC, art. 1.035): o recurso só *será admitido se estiver em debate questão que interesse à sociedade de uma forma geral* (temas relevantes do ponto de vista econômico, político, social ou jurídico, que ultrapassem os interesses subjetivos da causa)
    - **Dica:** Somente cabe ao STF dizer se *existe ou não repercussão geral*
  - **1.5.4. Admissibilidade:** realizada pela presidência (ou vice-presidência) do Tribunal de origem (NCPC, art. 1.030)
    - **Admitido o recurso**, será enviado ao Tribunal Superior
    - **Não admitido**, cabe agravo em recurso especial / agravo em recurso extraordinário (AREsp / ARE – NCPC, art. 1.042)
    - **Aplicado o regime da repercussão geral ou repetitivos**, cabe agravo interno (NCPC, art. 1.030, § 2º)
  - **1.5.5. Multiplicidade de recursos com fundamento em idêntica questão de direito:** processamento mediante recurso repetivo (NCPC, art. 1.036)

DIREITO PROCESSUAL CIVIL
Tema XIV - Recursos

1. Agravo em Resp (AREsp) e Agravo em RE (ARE)

- **1.1. Cabimento** (NCPC, art. 1.042): impugna decisão monocrática proferida por presidente (ou vice-presidente) de tribunal que não admite REsp ou RE

  - **1.1.1. Objetivo é "destrancar" o recurso não admitido ou "fazer subir" o recurso para Brasília** (também conhecido como agravo de decisão denegatória)

  - ⚠️ **Atenção:** Se a decisão de inadmissão do REsp/RE **decorrer de recurso repetitivo ou repercussão geral**, então não será cabível AREsp/ARE, mas sim *agravo* interno (NCPC, art. 1.030, § 2º). E não há fungibilidade nesse caso

- **1.2. Prazo:** *15 dias* (NCPC, art. 1.003, § 5º)

- **1.3. Custas:** *não há* (NCPC, art. 1.042, § 2º)

- **1.4. Efeitos:** somente efeito devolutivo

- **1.5. Pode-se tentar a concessão de efeito suspensivo no REsp e RE**, mas *não no AREsp e ARE*

- **1.6. Processamento**

  - **1.6.1. Interposição:** perante a *presidência do tribunal de origem (a quo)*
  - **1.6.2. Contraditório:** vista ao recorrido, para *contrarrazões em 15 dias*
  - **1.6.3. Juízo de retratação:** *existe*, se houver o Resp ou RE será admitido
  - – **Se não houver retratação:** *autos, na íntegra, serão encaminhados para o Tribunal Superior* (NCPC, art. 1.042, § 4º)
  - **1.6.4. Inadmissão de REsp e RE:** deve haver a *interposição de AREsp e ARE*
  - **1.6.5. Julgamento conjunto do agravo e do recurso:** pode o ministro no Tribunal Superior julgar, em conjunto, o agravo e respectivo recurso, *caso em que será permitida sustentação oral*

DIREITO PROCESSUAL CIVIL
Tema XIV - Recursos

1. Outros recursos

- **1.1. Recurso ordinário constitucional (ROC)**

  - **1.1.1. Cabimento** (NCPC, art. 1.027 e CF, art.102, II e art 105, II): impugna *acórdão denegatório de ação constitucional* (MS, HC, habeas data, mandado de injunção) *originária de Tribunal*

    – Se não estiverem presentes esses quatro requisitos (acórdão / decisão denegatória / ação constitucional / competência originária), descabe ROC

  - **1.1.2. Prazo:** *15 dias* (NCPC, art. 1.003, § 5º)

  - **1.1.3. Custas:** *há preparo* (NCPC, art. 1.042, § 2º)

  - **1.1.4. Efeitos:** somente *efeito devolutivo*

  - **1.1.5. Processamento**

    – **Interposição:** perante o *tribunal de origem (a quo)*
    – **Contraditório:** vista ao recorrido, para *contrarrazões em 15 dias*
    – **Competência** para julgamento (Tribunal *ad quem*)
    a) **Se o acórdão for de TJ ou TRF:** ROC será julgado pelo *STJ*
    b) **Se o acórdão for do STJ:** ROC será julgado pelo STF

- **1.2. Embargos de divergência**

  - **1.2.1. Cabimento** (NCPC, art. 1.043): cabíveis no *âmbito do STJ e do STF*, impugnam *acórdão proferido em sentido inverso ao decidido por outro órgão do próprio Tribunal* (outra turma, seção ou pleno)

    – **Assim, busca pacificar divergência interna de Tribunal Superior**

  - **1.2.2. Prazo:** *15 dias* (NCPC, art. 1.003, § 5º)

  - **1.2.3. Custas:** *há preparo* (NCPC, art. 1.042, § 2º)

  - **1.2.4. Efeitos:** somente efeito devolutivo

  - **1.2.5. Processamento**

    – **Interposição:** endereçados *ao relator do acórdão recorrido*
    – **Contraditório:** vista ao recorrido, para *contrarrazões em 15 dias*
    – **Julgamento:** será realizado pelo *conjunto dos Ministros* (seção ou pleno, conforme o caso)

  - **1.2.6. Requisitos**

    – **Acórdão de ação de competência originária** pode servir de paradigma, e não só outros recursos – o que é relevante é a tese jurídica (NCPC, art. 1.043, § 1º)
    – **A divergência pode ser de direito material ou processual**
    – **A divergência deve ser comprovada na mesma forma que no REsp fundado em divergência**

DIREITO PROCESSUAL CIVIL
Tema XV - Precedentes

1. Precedentes

- **1.1. Atributos da jurisprudência** (NCPC, art. 926)
  - 1.1.1. Uniforme
  - 1.1.2. Íntegra
  - 1.1.3. Estável
  - 1.1.4. Coerente

- **1.2. Precedente vinculantes** (NCPC, art. 927): devem ser observados por todos os juízes e tribunais
  - 1.2.1. Decisões do STF em controle concentrado (basicamente ADI, ADC, ADPF)
  - 1.2.2. Súmula vinculante
  - 1.2.3. Acórdãos em IAC, IRDR e recursos repetitivos
  - 1.2.4. Demais súmulas do STF em matéria constitucional e súmulas do STJ em matéria infraconstitucional
  - 1.2.5. Orientação do plenário ou do órgão especial de todos os tribunais, em relação aos juízes abaixo desse tribunal
  - 1.2.6. Precedente somente poderá não ser aplicado
    - **Distinção** *(distinguishing)*: caso concreto é *distinto do caso que deu origem ao precedente*
    - **Superação** *(overruling)*: mudança legislativa e/ou da sociedade justificam a *evolução do entendimento jurisprudencial*
    - Para que haja a superação é possível:
      a) **A realização de audiências públicas** (NCPC, art. 927, § 2º)
      b) **A participação de *amicus curiae*,** para trazer esclarecimentos quanto ao tema (NCPC, art. 927, § 2º)
      c) **A modulação dos efeitos da mudança jurisprudencial,** ou seja, que o novo entendimento só seja aplicado *a partir de determinado momento* (NCPC, art. 927, § 3º)
      d) **Há necessidade de fundamentação adequada e específica** (NCPC, art. 927, § 4º)
    - **Publicidade dos precedentes** (NCPC, art. 927, § 5º): os tribunais darão *publicidade a seus precedentes,* organizando-os por questão jurídica decidida e divulgando-os, preferencialmente, na *rede mundial de computadores*

DIREITO PROCESSUAL CIVIL
Tema XV - Precedentes

1. IRDR e IAC

- **1.1. Incidente de resolução de demandas repetitivas (IRDR)** (NCPC, art. 976)

  - **1.1.1. Finalidade:** pacificar o entendimento a respeito de uma *questão repetitiva* que venha recebendo *decisões divergentes*

  - **1.1.2. Requisitos**
    - Efetiva repetição de processos
    - Controvérsia sobre mesma questão de direito (descabe em relação a *questão de fato*)
    - Risco de ofensa à isonomia e à segurança jurídica
    - Não esteja afetado Resp ou RE repetitivo sobre a mesma matéria

  - **1.1.3. Competência:** será dirigido ao **TJ** ou **TRF**

  - **1.1.4. Legitimidade para requerer ou instaurar** (NCPC, art. 977)
    - Juiz ou relator
    - Partes
    - MP ou Defensoria

  - **1.1.5. Efeitos da admissão** (NCPC, art. 982)
    - **Suspensão dos processos individuais e coletivos** pendentes por um ano, no âmbito do tribunal (NCPC, art. 980)
    Dica: a suspensão pode ser ampliada, a pedido, para todo o país – *a ser deferida pelo STJ/F* (CPC, art. 982, § 3º e art. 1.029, § 4º)
    - Relator poderá requerer informações a juízos onde tem processos repetitivos
    - **MP será intimado a se manifestar**, em 15 dias (CPC, art. 976, § 2º)

  - **1.1.6. Decisão do IRDR** (NCPC, art. 985)
    - **Quanto aos processos suspensos:** será aplicada a tese do IRDR a *todos os processos individuais ou coletivos,* inclusive àqueles que tramitem nos *juizados especiais* do respectivo Estado ou região
    - **Quanto aos casos futuros:** tratando-se da *mesma questão de direito,* também deverá ser *aplicada a mesma tese jurídica,* salvo no caso de revisão (NCPC, art. 986)

  - **1.1.7. REsp ou RE no IRDR** (NCPC, art. 987)
    - **Características**
    a) Possuem efeito suspensivo
    b) A repercussão geral no RE é presumida
    c) Acarretam a suspensão dos processos individuais em nível nacional
    d) Julgados os recursos, ampliam os efeitos do julgamento do IRDR para nível nacional

- **1.2. Incidente de assunção de competência (IAC)**

  - **1.2.1. Cabimento** (NCPC, art. 947): recurso, remessa necessária ou ação originária com relevante questão de direito:
    - Com grande repercussão social, mas *sem repetitividade*
    - A respeito da qual seja conveniente evitar divergência

  - **1.2.2. Legitimidade**
    - Relator, de ofício
    - Requerimento da parte

  - **1.2.3. Decisão:** o acórdão proferido em IAC *vinculará todos os juízes e órgãos fracionários,* exceto se houver revisão de tese

DIREITO PROCESSUAL CIVIL

Tema XV - Precedentes

1. Reclamação

- **1.1. Cabimento** (NCPC, art. 988)
  - **1.1.1. Preservar a competência do tribunal** – não só do STJ ou STF
  - **1.1.2. Garantir a autoridade das decisões do tribunal** – não só do STJ ou STF
  - **1.1.3. Garantir observância das decisões do STF em ações de controle concentrado**
  - **1.1.4. Garantir observância de súmula vinculante**
  - **1.1.5. Garantir observância de precedente em IRDR, IAC ou recursos repetitivos**

- **1.2. Não cabe reclamação**
  - **1.2.1. Se a decisão reclamada já tiver transitado em julgado** (ou seja, há *necessidade de recorrer e reclamar*)
  - **1.2.2. Para garantir observância de precedente em RE com repercussão geral ou RE/REsp repetitivos** *antes de esgotadas as instâncias ordinárias* (ou seja, nesse caso, somente após a interposição do REsp e RE será possível ajuizar a reclamação)

  🔒 **Cuidado:** não existe total correlação entre as decisões vinculantes (NCPC, art. 927) e as hipóteses de cabimento de reclamação

- **1.3. Procedimento**
  - **1.3.1. Competência:** dirigida ao *presidente do tribunal que teve a competência usurpada* e distribuída a um relator
  - **1.3.2. Providências do relator**
    - Requisitará informações ao *juízo que proferiu a decisão reclamada*
    - Poderá *suspender o processo ou o ato reclamado* – inclusive liminarmente
    - Determinará a *citação do beneficiário* para contestar
    - Abrirá *vista ao Ministério Público*
  - **1.3.3. Julgamento:** com a procedência ou improcedência da reclamação

DIREITO PROCESSUAL CIVIL
Tema XV - Precedentes

1. Processo coletivo

- **1.1. Introdução:** O NCPC trata a lide do ponto de vista do indivíduo versus indivíduo (ou, eventualmente, em litisconsórcio). Na sociedade de massas em que vivemos, muitos conflitos passaram a ocorrer em grande quantidade, de forma análoga (consumidor, meio ambiente, idoso, criança etc.). Daí a necessidade do processo coletivo

- **1.2. Conceito:** "Ação coletiva é a ação proposta por um legitimado autônomo (legitimidade), em defesa de um direito coletivamente considerado (objeto), cuja imutabilidade do comando da sentença atingirá uma comunidade ou coletividade (coisa julgada)" (Antonio Gidi)

- **1.3. Instrumentos para a tutela coletiva**
  - **1.3.1 Ação popular** (Lei 4.717/1965)
    - **Legitimidade ativa:** é do cidadão (prova da cidadania é feita com título de eleitor)
    - **Objeto:** defesa do patrimônio público (declaração de nulidade dos atos lesivos a qualquer ente ligado ao Estado)
  - **1.3.2. Ação civil pública** (Lei 7.34719/85 – LACP)
    - **Legitimidade não é do indivíduo, mas de alguma entidade** (art. 5º): (i) MP, (ii) defensoria, (iii) União, Estados, DF e Municípios; (iv) autarquia, empresa pública, fundação ou sociedade de economia mista; V
    - **A associação que:**
      a) esteja constituída há pelo menos 1 ano e que
      b) inclua, entre suas finalidades institucionais, a proteção de algum direito objeto da ACP
    - **O Objeto** (art. 1º): defesa do(a): (i) meio ambiente; (ii) consumidor; (iii) bens de valor artístico, estético, histórico, turístico e paisagístico; (iv) qualquer outro interesse difuso ou coletivo. (v) infração da ordem econômica; (vi) ordem urbanística; (vii) honra e à dignidade de grupos raciais, étnicos ou religiosos; (viii) patrimônio público e social

- **1.4. Coisa julgada:** é *secundum eventum litis*, ou seja, depende do resultado da demanda (CDC, art. 103)
  - **1.4.1. No caso de direitos difusos**, a coisa julgada será erga omnes no caso de procedência, ou seja, a coisa julgada só terá eficácia em relação a todos se o pedido for julgado procedente. Se for improcedente por insuficiência de provas, qualquer legitimado poderá intentar outra ação, mediante nova prova (CDC, art. 103, § 1º)
  - **1.4.2. No caso de direitos coletivos**, a situação é semelhante aos direitos difusos, mas, se procedente, será ultra partes, limitada ao grupo, categoria ou classe
  - **1.4.3. No caso de direitos individuais homogêneos**, haverá coisa julgada erga omnes na hipótese de procedência. No caso de improcedência (qualquer que seja a causa), o indivíduo, salvo se não tiver se habilitado como litisconsorte, poderá propor ação individual

DIREITO ADMINISTRATIVO

Wander Garcia

Material complementar de Direito Administrativo está disponível online pelo site da Editora Foco, no link:
www.editorafoco.com.br/atualizacao

DIREITO ADMINISTRATIVO

Tema I - Regime Jurídico-Administrativo

1. Regime Jurídico-Administrativo

1.1. Atividade Administrativa

1.1.1. Conceito: *atividade de executar concreta, direta e imediatamente a lei*

Exemplos: fiscalização de trânsito, fiscalização de obras, fiscalização de posturas, fiscalização sanitária, gestão de serviços públicos (transporte, lixo etc)

1.1.2. Regime jurídico: de direito público, em que vigem dois princípios basilares, quais sejam, o da *supremacia do interesse público sobre o privado* e o da *indisponibilidade do interesse público*

Dica: no regime de direito privado, ao contrário, há dois princípios basilares bem diferentes: o da *igualdade* e o da *autonomia da vontade*

1.2. Conceito de Administração Pública:

1.2.1. Em sentido *formal*: a Administração é o conjunto de **órgãos** instituídos para consecução dos fins do governo (que é o comando, a iniciativa)

1.2.2. Em sentido *material*: a Administração é o conjunto das **funções** necessárias aos serviços públicos em geral

1.2.3. Em sentido operacional: a Administração é o **desempenho** sistemático dos serviços estatais

1.3. Transformações no Direito Administrativo moderno:

– Constitucionalização do Direito Administrativo
– Multiplicação de microssistemas administrativos – diversas leis pontuais e não um grande código
– Multiplicação das leis gerais nacionais de poder de polícia para a defesa de interesses difusos e coletivos
– Maior ingerência do Judiciário nas condutas omissivas e comissivas da Administração
– Maior participação popular
– Responsabilidade fiscal e responsabilização pessoal dos agentes públicos
– Busca da eficiência
a) Desburocratização
b) Transparência absoluta
c) Adoção de práticas privadas
d) Desestatização
e) Participação do Terceiro Setor
f) Dinamismo

1.4. Funções próprias da Administração Pública Moderna:

– Regulação de atividades e serviços públicos
– Prestação direta ou indireta de serviços públicos
– Fiscalização das concessões e permissões
– Poder de polícia
– Gestão de bens e agentes públicos
– Previdência pública obrigatória
– Fomento de certas atividades

1.5. Sistemas de controle jurisdicional da Administração:

1.5.1. Sistema do Contencioso Administrativo (Sistema Francês): trata-se da chamada *dualidade de jurisdição* (ou *contencioso administrativo*), em que um órgão exerce a jurisdição sobre os atos administrativos e outro órgão, o Poder Judiciário, a exerce sobre os demais atos e fatos jurídicos

Dica: na França, por exemplo, o Conselho de Estado é quem faz esse papel de exercer a jurisdição sobre atos administrativos, ficando o Judiciário responsável pelos demais conflitos de interesse

1.5.2. Sistema judiciário (sistema inglês): adotado pelo Brasil, no qual se tem jurisdição única, de maneira que compete apenas ao Poder Judiciário a jurisdição sobre o controle de atos administrativos postos em disputa

DIREITO ADMINISTRATIVO

Tema II - Princípios do Direito Administrativo

1. Princípios do Direito Administrativo I

- **1.1. Princípios Constitucionais** (art. 37, CF – L.I.M.P.E.)

  - **1.1.1. Legalidade**
    - **1.1.1.1. Conceito:** *a Administração só pode fazer o que a lei permitir ou determinar*
      - **Exemplo:** servidor não pode aplicar multa ao particular se não houver lei permitindo ou determinando isso
    - **1.1.1.2. Legalidade para o particular:** este pode fazer tudo o que a lei não proíbe (art. 5º, II, da CF)
      - **Tradução:** particular está livre para fazer o que quiser enquanto uma lei não proíba; agente público está amarrado e só pode fazer algo uando a lei autorizar
    - **1.1.1.3. Exceções ao princípio:**
      - Medida provisória (art. 62 da CF)
      - Decreto autônomo (art. 84, VI, da CF)

  - **1.1.2. Impessoalidade:** impõe as seguintes condutas:
    - **1.1.2.1. Igualdade** de tratamento às pessoas
    - **1.1.2.2. Neutralidade** *do agente público*
      - **Tradução:** os atos dos agentes são imputados diretamente à Administração (Teoria do Órgão), de modo que é vedada a autopromoção dos agentes públicos (art. 37, § 1º, da CF)
    - **1.1.2.3.** Respeito à **Finalidade** *de cada ato administrativo*

  - **1.1.3. Moralidade**
    - **1.1.3.1. Conceito:** *impõe obediência à ética, à honestidade e à probidade*
      - **Exemplo:** viola o princípio a contratação de parentes para cargo em comissão (Súmula Vinculante 13 do STF)
    - **1.1.3.2. Improbidade administrativa:** é a imoralidade administrativa qualificada – Lei 8.429/1992
    - **1.1.3.3. Meios de proteção:** ação popular, ação civil pública, ação por improbidade e outras ações judiciais

  - **1.1.4. Publicidade**
    - **1.1.4.1. Conceito:** *impõe divulgação dos atos oficiais para conhecimento público e início de efeitos externos*
      - **Exemplo:** notificação de uma multa, intimação em processo administrativo, publicação do resumo de um contrato administrativo
    - **1.1.4.2. É requisito de:** eficácia do ato administrativo
    - **1.1.4.3. Propaganda oficial:** não pode caracterizar promoção pessoal (art. 37, § 1º, CF), devendo ser objetiva e com caráter informativo, educativo ou de orientação social
    - **1.1.4.4. Exceções à publicidade:** quando necessário o sigilo para preservar a segurança da sociedade e do Estado, bem como a intimidade, vida privada e imagem de pessoas
      - **Dica:** a Lei 12.527/2011 regula o acesso à informação previsto no art. 5o, XXXIII, da CF; detalha sigilo por segurança da sociedade e do Estado (art. 23), que varia entre 5, 15 e 25 anos (informações reservada, secreta e ultrassecreta, respectivamente), bem como os casos em que cabe sigilo por motivo de respeito à intimidade, vida privada, honra e imagem das pessoas, que poderão ter seu acesso restrito pelo prazo máximo de 100 anos (art. 31)

  - **1.1.5. Eficiência**
    - **1.1.5.1 Conceito:** *impõe à Administração atender satisfatoriamente aos administrados e ao Administrador fazer o melhor como profissional* (EC 19/1998)
      - **Exemplo:** cabe indenização quando se prova que ineficiência estatal causa dano ao particular
    - **1.1.5.2. Instrumentos:** contrato de gestão; avaliação de desempenho de servidor

DIREITO ADMINISTRATIVO
Tema II - Princípios do Direito Administrativo

1. Princípios do Direito Administrativo II

1.3. Princípios não expressos na CF I

1.3.1. Razoabilidade

1.3.1.1. Conceito: *impõe adequação entre os meios e fins previstos em lei* (art. 2º, caput e parágrafo único, VI, da Lei 9.784/1999)

= **Exemplos:** viola o princípio a *demissão* de um servidor por uma mera 'falta leve' deste

1.3.1.2. Incidência do princípio: sobre atos *discricionários*, diminuindo a margem de liberdade

1.3.1.3. Princípio da Proporcionalidade: é a medida da razoabilidade; a *razoabilidade* tem fundamento nas noções de racionalidade e equilíbrio (mais subjetivas) e a *proporcionalidade* nas noções de adequação, necessidade e ponderação (mais objetivas)

1.3.1.4. Critérios para a aplicação da proporcionalidade na restrição a direitos fundamentais:

- **Adequação:** eficácia do meio escolhido
- **Necessidade:** uso do meio menos restritivo ou gravoso para atingir a finalidade, face ao indivíduo paciente
- **Proporcionalidade em sentido estrito:** ponderação entre os benefícios alcançados com o ato e os danos por ele causados

1.3.1.5. Consequências práticas: nas esferas administrativa, controladora e judicial, não se decidirá com base em valores jurídicos abstratos sem que sejam consideradas as consequências práticas da decisão (art. 20, caput, LINDB)

1.3.2. Motivação

1.3.2.1. Conceito: *impõe a indicação dos pressupostos de fato e de direito que determinam um ato administrativo* (arts. 2º, caput e parágrafo único, VII, e 50 da Lei 9.784/1999; art. 93, X, da CF)

= **Exemplo:** uma multa de trânsito (ato administrativo) deve conter os fatos ocorridos (exemplo: narrativa de que alguém estava em velocidade "x", acima da permitida) e o direito aplicável (exemplo: incidência do dispositivo do Código de Trânsito que trata da multa para quem trafega acima da velocidade)

🚫 **Exceções:** a motivação não precisa ser feita nos casos em que a lei a dispensar, como na nomeação e exoneração de alguém para cargo em comissão (art. 37, II, da CF)

1.3.2.2. Motivação aliunde: ocorre quando um ato administrativo é motivado em parecer anterior dado no processo; a lei admite (art. 50, § 1º, da Lei 9.784/1999)

1.3.2.3. Requisitos: a motivação demonstrará a necessidade e a adequação da medida imposta ou da invalidação de ato, contrato, ajuste, processo ou norma administrativa, inclusive em face das possíveis alternativas (art. 20, p. ún., LINDB)

💡 **Dica:** a motivação das decisões de órgãos colegiados e comissões ou de decisões orais constará da respectiva ata ou de termo escrito (art. 50, § 3º, da Lei 9.784/1999)

1.3.3. Segurança Jurídica

1.3.3.1. Conceito: *impõe maior estabilidade nas relações jurídicas* (art. 2º, caput, da Lei 9.784/1999)

1.3.3.2. Consequências:

- Impõe respeito **ao direito adquirido, à coisa julgada** e ao **ato jurídico perfeito**
- Permite **convalidação** de ato anulável (art. 55 da Lei 9.784/1999)
- Permite a **conversão** de um ato nulo e um outro ato que preenche os requisitos legais (art. 170 do CC)
- **Impede a anulação de um ato que beneficia terceiro de boa-fé** após 5 anos de sua expedição (art. 54, caput, da Lei 9.784/1999)
- **Impede a retroação de uma nova interpretação** por parte da administração (art. 2º, par. único XIII, da Lei 9.784/1999)

💡 **Dica:** esse princípio, apesar de sua força, não gera direito adquirido a um regime funcional ou contratual; assim, um servidor público não pode se opor a uma mudança legal no seu regime de trabalho

⚠️ **Atenção absoluta:** a LINDB criou regras que impactarão na aplicação prática desse princípio (arts. 23, 24, 26, 27 e 30)
- A decisão administrativa, controladora ou judicial que estabelecer interpretação ou orientação nova sobre norma de conteúdo indeterminado, impondo novo dever ou novo condicionamento, preverá regime de transição quando indispensável ao seu cumprimento adequado
- A revisão quanto à validade de tais atos cuja produção já se houver completado levará em conta as orientações gerais da época, sendo vedado que, com base em mudança posterior de orientação geral, se declarem inválidas situações plenamente constituídas
- Consideram-se orientações gerais as interpretações e especificações contidas em atos públicos de caráter geral ou em jurisprudência judicial ou administrativa majoritária, e ainda as adotadas por prática administrativa reiterada e de amplo conhecimento público
- Para eliminar irregularidade, incerteza jurídica ou situação contenciosa na aplicação da lei, a autoridade administrativa poderá, após oitiva do órgão jurídico e, se o caso, após consulta pública, havendo relevante interesse geral, celebrar compromisso com os interessados, o qual só produzirá efeitos a partir de sua publicação oficial
- A decisão do processo, nas esferas administrativa, controladora ou judicial, poderá impor compensação por benefícios indevidos ou prejuízos anormais ou injustos resultantes do processo ou da conduta dos envolvidos. Para prevenir ou regular a compensação, poderá ser celebrado compromisso processual entre os envolvidos
- As autoridades públicas devem atuar para aumentar a segurança jurídica na aplicação das normas, inclusive por meio de regulamentos, súmulas administrativas e respostas a consultas, que terão caráter vinculante em relação ao órgão ou entidade a que se destinam, até ulterior revisão

DIREITO ADMINISTRATIVO

Tema II - Princípios do Direito Administrativo

1. Princípios do Direito Administrativo III

- **1.3. Princípios não expressos na CF II**
  - **1.3.4. Princípio da proteção à confiança legítima**
    - **1.3.4.1. Conceito:** *protege expectativas legítimas das pessoas diante de promessas estatais firmes; é o aspecto subjetivo do princípio da segurança jurídica*
    - **1.3.4.2. Forma de atuação:** quando o Estado expede ato que gera confiança no administrado, levando este a praticar conduta no sentido da expectativa criada pelo Estado, este fica obrigado a manter a sua palavra
      - = **Exemplo:** aprovação em concurso dentro das vagas previstas no edital permite a candidato exigir sua nomeação
  - **1.3.5. Autotutela**
    - **1.3.5.1. Conceito:** A administração tem
      - – *O dever – de anular – atos ilegais*
      - – *O poder – de revogar – atos inconvenientes*
      - – *Respeitados* os direitos adquiridos
      - – E *independentemente* de apreciação judicial
    - **1.3.5.2. Previsão:** art. 53 da Lei 9.784/1999 e Súmula 473 do STF
      - **Jurisprudência:** de acordo com a Súmula 611 do STJ, "desde que devidamente motivada e com amparo em investigação ou sindicância, é permitida a instauração de processo administrativo disciplinar com base em denúncia anônima, em face do poder-dever de autotutela imposto à Administração"

- **1.4. Outros princípios**
  - **1.4.1. Controle jurisdicional dos atos administrativos** (art. 5º, XXXV, da CF)
  - **1.4.2. Responsabilidade objetiva do Estado** (art. 37, § 6º, da CF)
  - **1.4.3. Finalidade, Interesse Público, Contraditório e Ampla Defesa** (art. 2º, caput, da Lei 9.784/1999)

DIREITO ADMINISTRATIVO

Tema III - Poderes da Administração Pública

1. Poderes da Administração Pública I

1.1. Poder vinculado: *aquele em que a lei estabelece* **objetiva e claramente** *a competência, os elementos e os requisitos para a formalização do ato administrativo;*

= **Exemplo:** o poder para aplicar uma multa de trânsito por excesso de velocidade

1.2. Poder discricionário: *aquele em que a lei confere* **margem de liberdade** *à Administração na escolha da conveniência, oportunidade e conteúdo do ato administrativo;*

= **Exemplo:** o poder para escolher qual imóvel será desapropriado

1.3. Poder hierárquico: *aquele pelo qual a Administração pode* **distribuir** *e escalonar funções dos órgãos,* **ordenar** *e* **rever** *a atuação dos agentes, estabelecendo relação de subordinação entre os servidores;*

= **Exemplo:** o superior hierárquico pode avocar para ele (temporariamente) a competência do seu subordinado (art. 15 da Lei 9.784/1999)

💡 **Dica:** não confundir o poder *hierárquico*, que se exerce de **órgão para órgão** e é um poder bem amplo, com poder de *controle* ou *tutela*, que se exerce de **pessoa jurídica para pessoa jurídica** e é mais restrito

1.4. Poder regulamentar

1.4.1. Conceito: é a faculdade de que dispõe os Chefes do Executivo de explicar a lei para a sua correta execução, ou de expedir decretos autônomos sobre matéria de sua competência, quando cabível

1.4.2. Regra: em geral os regulamentos/decretos são de execução de lei (art. 84, IV, da CF), ou seja, só podem existir se for para explicar uma lei já existente

🚫 **Exceção:** excepcionalmente, cabem regulamentos /decretos autônomos de lei (art. 84, VI, da CF):
– Decreto sobre organização e funcionamento da administração, desde que não implique aumento de despesa, nem crie ou extinga órgãos
– Decreto para extinguir funções ou cargos, quanto estes estiverem vagos

1.4.4. Características:

– É indelegável (art. 13, I, da Lei 9.784/1999)
– Não pode inovar na ordem jurídica, mas apenas servir de meio para a fiel execução da lei (art. 84, IV, da CF)
– O Congresso pode sustar os atos que exorbitem o poder regulamentar (art. 49, V, da CF)
– O controle jurisdicional concentrado de um regulamento só pode se dar por ação de controle de constitucionalidade

1.5. Poder disciplinar: *aquele pelo qual a Administração pode* **punir** *internamente as infrações funcionais dos servidores e demais pessoas sujeitas à disciplina de seus órgãos e serviços*

DIREITO ADMINISTRATIVO

TEMA III - PODERES DA ADMINISTRAÇÃO PÚBLICA

1. Poderes da Administração Pública II

1.6. Poder de polícia

1.6.1. Conceito: poder de condicionar e restringir a propriedade, as atividades e a liberdade das pessoas, ajustando-as ao interesse da coletividade

1.6.2. Abrange: as **leis** (= limitações administrativas) e **atos administrativos** (= polícia administrativa ou poder de polícia em sentido estrito)

1.6.3. Polícia administrativa (ou poder de polícia em sentido estrito): atividade da Administração de fiscalização do cumprimento das leis (das limitações administrativas);

Dica: essa atividade impõe às pessoas um "não fazer", um "non facere"

1.6.4. Polícia administrativa (poder de polícia) x polícia judiciária
- Atua por variados órgãos x atua por Polícia Civil (PC) ou Polícia Federal (PF)
- Age sobre ilícito administrativo x age sobre ilícito penal
- Age sobre bens e atividades x age sobre pessoas
- Tem atuação preventiva, repressiva e punitiva x atua repressivamente, voltada a investigar ilícitos penais
- É custeada por taxas x é custeada por impostos

1.6.5. Características:
- Pode ser discricionário ou vinculado, conforme a lei
- Pode ter uso da força ou não, conforme a lei
- Abrange genericamente pessoas e atividades
- É exercido privativamente por autoridade pública; o particular só pode contribuir materialmente;

Exemplo: particular contratado pode operar um radar de trânsito, mas quem emite e assina a multa com base na foto do radar é apenas a autoridade pública

1.6.6. Ação punitiva decorrente da polícia administrativa (Lei 9.873/1999)

1.6.6.1. Prazo: prescreve em **5 anos** a ação punitiva da polícia administrativa; esse prazo é contado da prática do ato ou, se a infração for permanente, do dia em que tiver cessado

1.6.6.2. Em caso de ato que também é crime: nesse caso o prazo prescricional é o da lei penal

1.6.6.3. Prescrição intercorrente: ocorre se procedimento ficar parado por mais de 3 anos; pode ser reconhecida de ofício ou a pedido

1.6.6.4. Interrupção do prazo: a prescrição é interrompida pela citação, por ato inequívoco de apuração e por decisão condenatória irrecorrível

1.6.6.5. Suspensão do prazo: a prescrição é suspensa na vigência de Termo de Ajustamento de Conduta (TAC)

1.6.6.6. Execução da punição: uma vez constituído o ato punitivo (exemplo: uma multa), começa a correr um novo prazo prescricional, que é para a execução da punição (no exemplo dado, execução da multa); esse prazo também é de **5 anos**

1.6.6.7. Princípio da intranscendência das sanções: o art. 5º, XLV, da CF dispõe que "nenhuma pena passará da pessoa do condenado, podendo a obrigação de reparar o dano e a decretação do perdimento de bens ser, nos termos da lei, estendidas aos sucessores e contra eles executadas, até o limite do valor do patrimônio transferido"

1.6.6.8. Taxa: o exercício do poder de polícia é hipótese de incidência da "taxa" (art. 145, II, da CF)

DIREITO ADMINISTRATIVO

Tema IV - Atos Administrativos

1. Atos Administrativos - Noções Gerais

1.1. O que é um ato administrativo?

1.1.1. Conceito: *Declarações do Estado ou de quem lhe faça as vezes, no exercício de prerrogativas públicas, destinadas a cumprir concreta, direta e imediatamente a lei*

Dica: repare que há 3 informações-chave: *declaração estatal, rerrogativas públicas* e *cumprimento direto e imediato da lei*. Um ato privado não se encaixa nesse conceito por não haver prerrogativas públicas. Um ato jurisdicional também não, pois depende de provocação, não agindo de modo direto e imediato

Exemplos: uma multa de trânsito, uma pena disciplinar, uma inabilitação de um licitante na licitação; uma ordem para fechar um estabelecimento comercial

1.1.2. Não são atos administrativos

a) Os atos regidos pelo Direito Privado (faltam prerrogativas públicas)
b) Atos materiais ou fatos administrativos (faltam declaração estatal)
c) Atos políticos (são muito discricionários, previstos na própria CF, e têm status superior ao dos meros atos administrativos)

1.1.3. Silêncio administrativo: este só é relevante quando a lei atribuir algum efeito a ele; do contrário, se a Administração não declarar, não se pode inferir nenhum efeito jurídico

1.2. Planos do ato administrativo

1.2.1. Existência: plano em que o ciclo de formação de um ato administrativo está totalmente cumprido

Exemplo: no momento em que um policial de trânsito preenche e assina uma multa, ela passa a *existir*, pouco importando se a multa, é válida ou não

1.2.2. Validade: plano em que um ato existente é também compatível com a ordem jurídica

Exemplo: se a multa já preenchida e assinada é também feita conforme a lei, pode-se dizer que ela é também *válida*

1.2.3. Eficácia: plano em que um ato existente já tem aptidão para produzir efeitos

Exemplo: uma multa preenchida e assinada, caso venha a ser objeto de notificação do infrator passará a ter *eficácia* também

DIREITO ADMINISTRATIVO

TEMA IV - ATOS ADMINISTRATIVOS

1. Atributos do Ato Administrativo

1.1. Presunção de legitimidade:

1.1.1. Conceito: é a qualidade do ato pela qual este se presume verdadeiro e conforme ao Direito até prova em contrário

1.1.2. Natureza da presunção: *trata-se de presunção juris tantum (presunção relativa), e não de presunção juris et de jure (presunção absoluta)*

Exemplo: quando uma multa é aplicada, a parte da multa que narra os *fatos* praticados pelo infrator tem a **presunção de veracidade**, e a parte da multa que *aplica a lei* tem a **presunção de legalidade**; as *duas* presunções juntas são chamadas de **presunção de legitimidade**

1.2. Imperatividade:

1.2.1. Conceito: *é a qualidade do ato pela qual este se impõe a terceiros independentemente de sua concordância;* também chamado de "poder extroverso"

Exemplo: quando um policial rodoviário faz sinal para pararmos o carro, temos a imperatividade atuando. Temos que parar o carro, concordando ou não com o policial

1.3. Exigibilidade:

1.3.1. Conceito: *é a qualidade do ato pela qual, imposta a obrigação, esta pode ser exigida mediante coação indireta*

Exemplo: quando o policial rodoviário aplica uma multa temos justamente um caso de exigibilidade, cuja intenção é coagir indiretamente a todos nós a cumprir a lei pela ameaça da multa

1.4. Autoexecutoriedade (coercibilidade ou executoriedade):

1.4.1. Conceito: *é a qualidade do ato pela qual, imposta e exigida a obrigação, esta pode ser implementada mediante coação direta (= uso da força)*

Exemplo: quando o policial rodoviário, após fazer um sinal para pararmos o carro e aplicar uma multa, determina, com autorização expressa da lei, a remoção ou a retenção do nosso carro, temos um caso de autoexecutoriedade, cuja intenção é coagir diretamente a nós, com possibilidade do uso da força caso nos recusemos a cumprir a ordem

Dica 1: Hely Lopes chama de **autoexecutoriedade** a mera possibilidade de a Administração impor seus atos independentemente de pronunciamento do Poder Judiciário, chamando de coercibilidade essa possibilidade maior de a Administração usar a força

Dica 2: Parte da doutrina usa a expressão **executoriedade** para se referir ao que chamamos neste item de **autoexecutoriedade**

1.4.2. Casos em que cabe esse atributo:

a) Quando a **lei expressamente** autorizar a coação direta
b) Quando houver **urgência** no uso da coação direta e não houver tempo de pedir em Juízo autorização para o uso da força

Dica: Hely Lopes entende que a **coercibilidade** (que chamamos de **autoexecutoriedade**) é a regra em matéria de atos da administração (e não uma exceção que se pode dar apenas nos itens "a" e "b" acima); para Hely, a Administração sempre tem o poder da coercibilidade e só não poderá utilizá-la quando a lei expressamente a proibir, como o faz no caso da cobrança de tributos e multas já impostos e não pagos, em que será necessário a Administração promover uma execução fiscal junto ao Poder Judiciário

1.5. Tipicidade:

1.5.1. Conceito: *é a qualidade pela qual os atos administrativos devem corresponder aos tipos previstos em lei*

1.5.2. Crítica: para nós esse tema tem a ver com a **validade** do ato. Porém, em muitas provas e exames, a tipicidade é tratada como um **atributo** do ato administrativo

DIREITO ADMINISTRATIVO

Tema IV - Atos Administrativos

1. Requisitos dos Atos Administrativos (art. 2o da Lei 4.717/1965)

1.1. Competência: atribuição legal de um cargo, órgão ou pessoa jurídica

1.1.1. Delegação de competência – requisitos (arts. 12 a 14 da Lei 9.784/1999)

a) Só **órgão** ou **titular de órgão** podem delegar
b) Não haver **impedimento legal** (competência exclusiva é impedimento legal)
c) Só **parte da competência**
d) Cabe delegação mesmo a **não subordinado** hierarquicamente
e) Cabe delegação de um órgão colegiado **ao respectivo presidente**
f) **Não podem** ser delegados:
– Edição de **ato normativo**
– Decisão de **recurso administrativo**
– Matérias de **competência exclusiva** de órgão ou autoridade
g) Deve ser **publicada**
h) Deve especificar **matérias e poderes transferidos, duração, objetivos** e **recurso cabível**
i) É revogável a qualquer tempo

1.1.2. Avocação de competência (art. 15 da Lei 9.784/1999)

a) **Passagem** da competência de órgão hierarquicamente inferior para superior
b) **Temporária**
c) Excepcional, dependendo de **motivos relevantes** devidamente justificados

1.1.3. Vícios de competência

1.1.3.1. Usurpação de função: alguém finge ser agente público; atos são **inexistentes**

1.1.3.2. Excesso de poder: agente público excede da competência que tem; atos são **inválidos**

1.1.3.3. Função de fato: alguém irregularmente investido em função pública, com aparência de legalidade e boa-fé; atos são **válidos**

1.1.3.4. Incompetência relativa: em casos de incompetência relativa (em razão do território, por exemplo) o ato pode ser considerado **anulável**

1.2. Objeto:

1.2.1. Conceito: é o que o ato dispõe, enuncia;

Exemplo: o objeto da sua carteira de motorista é uma "licença para dirigir"

1.2.2. Características: o objeto de um ato administrativo deve ser **lícito, possível, determinável** e **moral**

1.2.3. Vício de objeto: ato é **nulo**

1.3. Forma:

1.3.1. Conceito: é conjunto de formalidades para a seriedade do ato

1.3.2. Características: esse requisito impõe 2 pontos:
a) Respeito à **forma propriamente dita**: exemplo: forma escrita
b) Ato acompanhado de **motivação**: indicação do fato e do direito aplicável

1.3.3. Vício de forma: ato é **nulo**, salvo se forma é só para padronização (mera **irregularidade**)

1.4. Motivo:

1.4.1. Conceito: consiste na matéria de fato e de direito em que se funda o ato

1.4.2. Características: aqui é verificado se o **fato** invocado para a prática do ato é **verdadeiro**; e se o **direito** aplicado é **adequado**

1.4.3. Teoria dos motivos determinantes: estabelece que a existência e a adequação do motivo invocado para a prática do ato condicionam a validade deste

1.4.4. Vício de motivo: o problema no motivo torna o ato **nulo**

1.5. Finalidade:

1.5.1. Conceito: consiste no *bem jurídico que a lei visa proteger com a prática de um dado ato*

1.5.2. Frase-chave: "cada ato administrativo tem uma finalidade prevista na lei"

Exemplo: a finalidade do ato "demissão" é **punir** um agente; já a finalidade do ato "remoção" é **organizar** o serviço público; assim, se um agente público praticar o ato "remoção" com finalidade de "punir", tem-se o chamado **desvio de finalidade** ou **desvio de poder**

1.5.3. Vício de finalidade: o problema na finalidade torna o ato **nulo**

Dica: não se deve confundir o **excesso de poder** (vício de sujeito, de competência) com o **desvio de poder** (vício de finalidade), os quais são espécies do gênero **abuso de autoridade**, que, aliás, é fundamento para que se ingresse com mandado de **segurança** (art. 5º, LXIX, CF)

DIREITO ADMINISTRATIVO

Tema IV - Atos Administrativos

1. Classificação dos Atos Administrativos I

1.1. Quanto à margem de liberdade

1.1.1. Ato vinculado: aquele em que a lei estabelece objetiva e claramente a competência, os elementos e os requisitos para a formalização do ato administrativo

1.1.2. Ato discricionário: aquele em que a lei confere margem de liberdade à Administração na escolha da conveniência, oportunidade e conteúdo do ato administrativo

Dicas:
– O ato vinculado não pode ser revogado
– A competência, forma e finalidade são vinculados
– O controle jurisdicional do ato discricionário limita-se à legalidade, razoabilidade e moralidade

1.2. Quanto à composição ou intervenção da vontade

1.2.1. Ato simples: 1 órgão (simples ou colegiado) / 1 ato;
- **Exemplo:** nomeação de um servidor público

1.2.2. Ato complexo: 2 ou + órgãos / 1 ato;
- **Exemplo 1:** uma portaria intersecretarial (assinada conjuntamente por vários Secretários);
- **Exemplo 2:** para o STF, a aposentadoria de um servidor é um ato complexo, pois depende do deferimento da Administração e do Tribunal de Contas

1.2.3. Ato composto: 2 ou + órgãos / 2 ou + atos;
- **Exemplo:** expedição de uma patente de um medicamento, que depende um ato do INPI mais um ato da Anvisa

1.3. Quanto às prerrogativas da administração

1.3.1. Ato de império: é o praticado no gozo de prerrogativas de autoridade;
- **Exemplo:** multa de trânsito; embargo de obra, apreensão de bens

1.3.2. Ato de gestão: é o praticado sem o gozo de prerrogativas, na administração de bens e serviços;
- **Exemplo:** locação de imóvel; negócio contratual

1.3.3. Ato de expediente: é o destinado a dar andamento aos processos e papéis que tramitam pelas repartições, preparando-os para decisão administrativa;
- **Exemplo:** remessa de autos para a conclusão de uma autoridade

1.4. Classificação de Hely Lopes Meirelles

1.4.1. Ato normativo: é o que contém comando geral com o objetivo de executar leis, regulamentos e outros atos;
- **Exemplo:** regulamento, instruções normativas, resoluções

1.4.2. Ato ordinatório: é aquele que disciplina o funcionamento da Administração e a conduta funcional de seus agentes;
- **Exemplo:** instruções, circulares, avisos, portarias, ordens de serviço, ofícios

1.4.3. Ato negocial: é a declaração de vontade coincidente com a pretensão do particular;
- **Exemplo:** licença, autorização, permissão e protocolo administrativo

1.4.4. Ato enunciativo: é aquele que apenas atesta, enuncia situação existente;
- **Exemplo:** certidões, atestados, apostilas e pareceres

1.4.5. Ato punitivo: é a sanção aplicada pela Administração aos servidores públicos e aos particulares;
- **Exemplo:** advertência, suspensão, demissão, multa, interdição

DIREITO ADMINISTRATIVO
TEMA IV - ATOS ADMINISTRATIVOS

1. Classificação dos Atos Administrativos II

1.5. Atos administrativos em espécie – Conteúdo

1.5.1. Admissão: *ato unilateral e vinculado pelo qual se reconhece o direito de receber serviço público*
= **Exemplo:** matrícula em escola

1.5.2. Licença: *ato unilateral e vinculado pelo qual se faculta o exercício de uma atividade*
= **Exemplo:** licença para construir

1.5.3. Autorização: *ato unilateral, discricionário e precário, que faculta ao particular, em proveito deste, o uso de um bem público ou o exercício de uma atividade*
= **Exemplos:** porte de arma e fechamento de rua para festa

1.5.4. Permissão: *ato unilateral, discricionário e precário, que faculta ao particular o uso de bem público ou a prestação de serviço público, mediante licitação*
= **Exemplos:** banca de jornal e transporte por van

1.5.5. Concessão: *ato bilateral (contratual) que faculta ao particular o uso de um bem público ou a prestação de serviço público, mediante licitação*
= **Exemplos:** estacionamento em aeroporto e transporte por ônibus

1.5.6. Credenciamento: *ato ou contrato formal pelo qual a administração pública confere a um particular (pessoa física ou jurídica), normalmente sem prévia licitação, a prerrogativa de exercer certas atividades materiais ou técnicas, em caráter instrumental ou de colaboração com o Poder Público, a título oneroso, remuneradas, na maioria das vezes, diretamente pelos interessados*
= **Exemplos:** ato que ocorre com as empresas de autoescola, que recebem credenciamento do Poder Público para a prática de certas atividades em colaboração com este (aulas, exames etc.)

1.5.7. Aprovação: *controle discricionário de atos administrativos*
= **Exemplos:** aprovação, pelo Senado, de indicação de Ministro do STF

1.5.8. Homologação: *controle vinculado de atos administrativos;*
= **Exemplos:** homologação de um concurso público

1.5.9. Parecer: *opinião técnica sobre um dado assunto*
- **Vinculante:** autoridade é obrigada a pedir e obrigado a acatar
- **Obrigatório:** autoridade é obrigada a pedir e não obrigado a acatar
- **Facultativo:** autoridade não é obrigada a pedir e não é obrigada a acatar

💡 **Dica:** o parecer vinculante é, na verdade, uma decisão; assim, o parecerista responde por culpa ou dolo

= **Exemplos:** parecer prévio em licitação (art. 38 da Lei 8.666/1993)

1.5.10. Visto: *ato administrativo unilateral pelo qual a autoridade atesta a regularidade formal de outro ato administrativo;*
= **Exemplos:** pedido de férias de um agente, que recebe o visto de seu chefe (o qual observa sua regularidade formal) antes deste encaminhar para o chefe subsequente apreciá-lo

1.5.11. Protocolo administrativo: *ato negocial pelo qual o Poder Público acerta com o particular a realização de determinado empreendimento ou atividade ou a abstenção de certa conduta*

1.6. Atos administrativos em espécie – Forma

1.6.1. Alvará: forma usada para expedir *licenças* e *autorizações*

1.6.2. Decreto: forma usada pelo Chefe do Executivo para expedir Regulamentos

1.6.3. Resoluções e portarias: formas usadas por autoridades que não são Chefe do Executivo, como Secretários Municipais e Estaduais; os Ministros usam as instruções normativas

1.6.4. Circular: forma para transmitir ordens internas para subordinados

1.6.5. Despacho: forma para transmitir decisões administrativas em geral

DIREITO ADMINISTRATIVO

Tema IV - Atos Administrativos

1. Extinção dos Atos Administrativos I

- **1.1. Renúncia:** do beneficiário do ato
  - **Exemplos:** permissionário renuncia a uma permissão de uso de bem público pelo seu beneficiário

- **1.2. Cumprimento dos efeitos:** o ato exauriu seus efeitos, seja porque o objeto foi cumprido, seja pelo término do prazo
  - **Exemplos:** advento do prazo final de uma permissão de uso de bem público

- **1.3. Desaparecimento do sujeito ou do objeto:** sobrevinda da inexistência do sujeito ou do objeto sobre os quais recaem o ato
  - **Exemplos:** morte de servidor e incêndio em bem tombado

- **1.4. Contraposição:** *extinção do ato pela edição de outro incompatível com o primeiro*
  - **Exemplos:** a exoneração de um servidor se contrapõe à sua nomeação, de modo que esta fica extinta com a primeira

- **1.5. Cassação:** *extinção do ato pelo descumprimento, por seu beneficiário, dos requisitos para continuar se beneficiando dele*
  - **Exemplos:** permissionário de um bem público deixa de pagar o preço público respectivo, impondo-se a cassação de sua permissão

- **1.6. Caducidade:** extinção do ato pelo fato de lei superveniente não mais admiti-lo
  - **Exemplo:** permissionário de um bem público tem a sua permissão extinta em virtude de uma lei superveniente não mais admitir aquele tipo de permissão de uso naquela localidade

- **1.7. Revogação:** *extinção do ato motivada pela superveniência de um fato novo que o torna inconveniente ou inoportuno*
  - **1.7.1. Motivo:** inconveniência ou inoportunidade ulteriores
    - **Exemplo:** revogação de uma licitação aberta motivada pela superveniente escassez de dinheiro da Administração
  - **1.7.2. Sujeito ativo:** só Administração pode revogar um ato administrativo
  - **1.7.3. Efeitos:** ex nunc (não retroage)
  - **1.7.4. Limites:** não se revogam atos
    - – Que geram direito adquiridos, pois nem mesmo a lei pode prejudicar o direito adquirido
    - – Vinculados, pois não há margem de liberdade para a revogação
    - – Já exauridos e nulos, ou seja, já extintos por outra razão
    - – Meramente enunciativos, com uma certidão

DIREITO ADMINISTRATIVO
Tema IV - Atos Administrativos

1. Extinção dos Atos Administrativos II

1.8. Anulação: extinção do ato por motivo de ilegalidade

1.8.1. Motivo: ilegalidade

= **Exemplos:** anulação de licitação porque seu vencedor usou documento falso

1.8.2. Sujeito ativo: Administração ou Judiciário podem anular um ato administrativo, mas o segundo depende de provocação para fazê-lo

1.8.3 Efeitos: *ex tunc* (retroage)

1.8.4. Prazo decadencial para anular os atos administrativos:
- **1.8.4.1.** Se ato beneficia alguém de boa-fé: 5 anos para anular
- **1.8.4.2.** Se ato beneficia alguém de má-fé: não há prazo para anular, porém, pelo princípio da segurança jurídica, pode-se aplicar o maior prazo do Código Civil, que é de 15 anos (art. 1.238 – usucapião extraordinária)

💡 **Dica:** a boa-fé é presumida, de modo que compete à Administração Pública que pretender anular o ato ou outro autor de ação para o mesmo fim (por exemplo, o autor popular e o Ministério Público) o ônus da prova

1.8.5. Termo "a quo" do prazo para anular:
- **1.8.5.1. Regra:** prazo começa a correr da data em que o ato foi praticado
- **1.8.5.2. Quanto a atos com efeitos patrimoniais contínuos:** prazo começa a correr da percepção do primeiro pagamento

1.8.6. Vantagem para a Administração: o art. 54, § 2º, da Lei 9.784/1999 traz regra interessante, que tem o seguinte teor: "considera-se exercício do direito de anular qualquer medida de autoridade administrativa que importe impugnação à validade do ato". Essa regra faz com que o prazo decadencial de 5 anos não se opere se, no seu curso, a autoridade administrativa tome medida que importe impugnação à validade do ato

1.8.7. Demais regras sobre anulação:

– A decisão que, nas esferas administrativa, controladora ou judicial, decretar a invalidação de ato, contrato, ajuste, processo ou norma administrativa deverá indicar de modo expresso suas consequências jurídicas e administrativas (art. 21, caput, da LINDB)
– Essa decisão deverá, quando for o caso, indicar as condições para que a regularização ocorra de modo proporcional e equânime e sem prejuízo aos interesses gerais, não se podendo impor aos sujeitos atingidos ônus ou perdas que, em função das peculiaridades do caso, sejam anormais ou excessivos (art. 21, p. ún., da LINDB)
– Os prazos mencionados são decadenciais e não prescricionais, não incidindo outras regras de suspensão e interrupção da prescrição previstas no Código Civil
– Esses prazos valem para a esfera federal e também para as esferas estaduais e municipais quando não houver lei local dispondo de maneira diversa
– No caso de aposentadoria, considerando que esta é considerada um ato complexo, finalizada somente quando confirmada pelo Tribunal de Contas, o prazo para a sua anulação não se inicia do deferimento dela pela Administração, mas da data em que o Tribunal de Contas a tiver aprovado

1.9. Convalidação (art. 55 da Lei 9.784/1999): é a supressão da invalidade de um ato pela expedição de outro, com efeitos retroativos; tem os seguintes requisitos:

– Só em caso de vícios sanáveis (atos anuláveis)
– Desde que não prejudique terceiro ou interesse público
– Desde que ato não tenha sido impugnado ainda

= **Exemplo:** a convalidação de ato expedido com vício de mera incompetência relativa

💡 **Dica:** a convalidação também será chamada de ratificação nas hipóteses em que há vício de incompetência, a qual, diga-se de passagem, não pode incidir nos casos em que essa for outorgada com exclusividade ou em razão de matéria

1.10. Conversão: é o aproveitamento do ato em outra categoria de atos em caso de vícios insanáveis (atos nulos), desde que não prejudique terceiro ou o interesse público; exemplo: conversão de permissão de uso de bem público dada sem licitação, para uma mera autorização de uso de bem público, já que esta não requer licitação

DIREITO ADMINISTRATIVO
Tema V - Estrutura da Administração Pública

1. Estrutura da Administração Pública I

1.1. Conceitos básicos

1.1.1. Pessoas jurídicas estatais: *entes estatais dotadas de personalidade;* exemplo: União

1.1.2. Órgãos: centros de competência integrantes de pessoas estatais; exemplo: Ministério da Justiça. Quanto à posição, são:

- **Independentes:** Legislativo, Executivo e Judiciário
- **Autônomos:** Ministérios, Secretarias, MP
- **Superiores:** departamentos
- **Subalternos:** seções

1.1.3. Desconcentração: distribuição interna de competências ou atribuições (órgão para órgão); exemplo: criação de nova Secretaria

1.1.4. Descentralização: distribuição externa de competências ou atribuições (PJ para PJ); exemplo: criação de nova autarquia; que pode ser por:

- **Serviço:** lei atribui *titularidade* do serviço
- **Colaboração:** contrato atribui *execução* do serviço

1.1.5. Administração Direta: *compreende os órgãos das pessoas políticas;* exemplo: órgãos dos Poderes, MP, Tribunal de Contas

1.1.6. Administração Indireta: compreende as pessoas jurídicas criadas pelos entes políticos; exemplo: autarquias, empresas estatais

1.1.7. Hierarquia: poder de fiscalização de órgão para órgão; o poder de revisar atos do subordinado é amplo

1.1.8. Controle: *poder de fiscalização finalística de pessoa jurídica para pessoa jurídica;* o poder de revisar ato do fiscalizado é limitado ao que a lei autorizar

1.2. Pessoas Jurídicas de Direito Público

1.2.1. Conceito: são os entes políticos e as pessoas criadas para o exercício de atividades típicas do Estado

1.2.2. Pessoas de direito público da Administração Indireta

a) Autarquias – exemplos: Banco Central, INSS
b) Fundações públicas – exemplo: Funai
c) Agências reguladoras – exemplos: Anatel, Aneel
d) Consórcios públicos de direito público (associações públicas)

1.2.3. Regime jurídico geral das PJDP da Administração Indireta

a) Criadas por lei específica (art. 37, XIX, da CF)
b) Possuem capacidade administrativa: podem regulamentar, fiscalizar e outorgar concessões
c) Expedem atos administrativos típicos e têm regime jurídico administrativo
d) Possuem imunidade de impostos quanto ao patrimônio, renda e serviços vinculados às suas finalidades essenciais (art. 150, § 2º, da CF)
e) Possuem bens públicos
f) Agentes têm regime estatutário em regra
g) Respondem objetivamente (art. 37, § 6º, da CF)
h) Possuem as vantagens processuais da Fazenda, como prazo em dobro para manifestações processuais (art. 183, caput, do NCPC)

1.2.4. Especificidades das fundações públicas:

a) São um patrimônio personalizado
b) São de direito privado se não forem criadas para titularizar atividade administrativa; e são de direito público, regido por este item, quando criadas para titularizar atividade administrativa (como é o caso da Funai), hipótese em que têm o regime de direito público

1.2.5. Especificidades das agências reguladoras

a) Criadas para controle de serviços públicos, poder de polícia, fomento e uso de bem público
b) Possuem poder normativo
c) Dirigentes são nomeados após aprovação do Senado
d) Dirigentes têm mandato fixo
e) Dirigentes se sujeitam a "quarentena" findo o mandato

> **Obs.:** não confundir com agências executivas, qualificativo de autarquias e fundações públicas que celebram contrato de gestão, com metas, de um lado, e benefícios, de outro

1.2.6. Especificidades dos consórcios (Lei 11.107/2005)

a) **Conceito:** *reunião de entes políticos (União, Estados, DF ou Municípios) para a gestão associada de serviços públicos*
b) **Espécies:**
– Direito público: criados para atividade típica de Estado ("associações públicas"); exemplo: criados para fiscalização
– Direito privado: criados para atividade não típica de Estado; exemplo: um hospital
c) **Criação:** protocolo de intenções entre os entes políticos + publicação nos DOs dos entes + ratificação por leis locais + contrato de consórcio público
d) **Contrato de rateio:** celebrado anualmente pelos entes políticos, serve para tratar dos recursos que entes políticos destinarão para o consórcio
e) **Contrato de programa:** nome do contrato de *prestação de serviço prestado por consórcio (ou por um órgão ou ente de um consorciado) em favor de um ente político consorciado*

DIREITO ADMINISTRATIVO
Tema V - Estrutura da Administração Pública

1. Estrutura da Administração Pública II

1.3. Pessoas Jurídicas de Direito Privado Estatal

1.3.1. Conceito: são as pessoas criadas para o exercício de atividades não típicas de Estado, tais como a mera execução de serviço público e a exploração de atividade econômica

Dica: só podem ser criadas para atuar na atividade econômica em 2 casos: de *relevante interesse público* ou de *imperativo de segurança nacional*

1.3.2. Pessoas de direito privado estatais

a) Empresa pública – exemplos: CEF, Correios
b) Sociedade de economia mista – exemplos: BB, Petrobrás
c) Fundações privadas – exemplo: um museu estatal
d) Consórcios públicos de direito privado

1.3.3. Regime jurídico das pessoas privadas estatais

a) São criadas mediante autorização de lei específica, de modo que a criação só se efetiva com o arquivamento dos atos constitutivos da sociedade na Junta Comercial. Também depende de autorização legislativa, em cada caso, a criação de subsidiárias de empresas estatais, assim como a participação de qualquer delas em empresa privada (art. 37, XX, CF)
b) São reguladas pelo direito privado: civil, empresarial e trabalhista; porém obedecem aos princípios da Administração e devem fazer licitação e concursos públicos
c) Não possuem imunidade de impostos, salvo Correios
d) Não possuem bens públicos, salvo Correios
e) Submetem seus agentes a regime celetista
f) Têm responsabilidade civil subjetiva, salvo se prestadores de serviço público, hipótese em que responsabilidade é objetiva (art. 37, § 6º, da CF)
g) Não possuem as vantagens processuais que a Fazenda Pública tem
h) São fiscalizadas pelos Tribunais de Contas
i) Obedecem aos princípios da Administração Pública, e seus agentes são equiparados a funcionários públicos para efeitos penais e de improbidade administrativa
j) Os dirigentes de empresas estatais estão sujeitos ao mandado de segurança quando exercem funções delegadas do Poder Público
k) Apesar de terem autonomia administrativa e financeira, sofrem o controle ou supervisão da entidade criadora, bem como condicionantes legais e constitucionais (vide artigo 169, § 1º, da CF)
l) Seus agentes estão sujeitos ao teto remuneratório previsto no art. 37, XI, da CF, nos casos estabelecidos no § 9º do art. 37; esse teto não se aplica à empresa estatal que não for dependente economicamente da entidade que a tiver criado;
m) Seus agentes estão sujeitos à proibição de acumulação remunerada de cargos, empregos ou funções na Administração (art. 37, XVII, CF)
n) Não estão sujeitas à falência (art. 2º, I, da Lei 11.101/2005)

1.3.4. Empresas pública x Sociedade de economia mista

1.3.4.1. Estatuto Jurídico das Empresas Estatais: cumprindo o art. 173, § 1º, da CF, veio a Lei 13.303/2016, com deveres como:

a) Ter governança corporativa e transparência, gestão de riscos, controle interno e mecanismos de proteção de acionistas
b) Elaborar Código de Conduta e Integridade (art. 9º, § 1º)
c) Exigir requisitos técnicos para membros da Diretoria/Conselho (art. 17)
d) Usar licitação especial (art. 28 e ss.) e não mais licitação da Lei 8.666/1993, salvo exceções (art. 41)

1.3.4.2. Diferenças entre empresa pública e sociedade de economia mista:

– Capital exclusivamente público x Capital público e privado (mas com controle societário público)
– Qualquer modalidade societária x Somente sociedade anônima (S/A)
– Foro na Justiça Federal, salvo contravenção penal x Foro na Justiça Estadual
– CEF e Correios x Banco do Brasil e Petrobras

DIREITO ADMINISTRATIVO
TEMA V - ESTRUTURA DA ADMINISTRAÇÃO PÚBLICA

1. Estrutura da Administração Pública III

1.4. Entidades de Cooperação (Paraestatais / 3º Setor)

1.4.1. Conceito: pessoas de direito privado não estatais, sem fins lucrativos, e que exercem atividades de interesse público não exclusivas do Estado

1.4.2. Serviços Sociais Autônomos:
– Sistema "S" (Sesi, Senac, Senai etc)
– Ligadas a categorias profissionais
– Prestam atividades privadas de interesse público
– Arrecadam contribuições parafiscais
– Não são obrigadas a fazer licitação e concursos, mas devem gastar recursos observando a impessoalidade e a moralidade
– Sujeitam-se à fiscalização do TCU

1.4.3. Organizações Sociais – OS (Lei 9.637/1998):
– Ensino, saúde, cultura, pesquisa, meio ambiente
– Atuam em atividades que o Estado deve prestar
– Devem ter representantes do Poder Público e da comunidade em seu órgão superior
– São qualificadas mediante aprovação do Ministério Supervisor e do Ministério da Reforma do Estado
– Celebram "Contrato de Gestão"

1.4.4. Organizações da Sociedade Civil de Interesse Público – OSCIPs (Lei 9.790/1999)
– Promoção da segurança alimentar, ética, paz, saúde
– Atuam em atividades de interesse público
– recebem fomento
– Qualificadas pelo Ministro da Justiça
– Celebram "Termo de Parceria"

1.4.5. Organizações da Sociedade Civil – OSC (Lei 13.019/2014)
– Assistência social, educação, saúde, esporte, cultura, direitos humanos
– Parcerias com a administração pública, em regime de mútua cooperação, para a consecução de finalidades de interesse público e recíproco
– Administração deve criar Conselho de Política Pública, Comissão de Seleção e Comissão de Monitoramento e Avaliação
– Celebram "Termo de Colaboração" e "Termo de Fomento" (2º nome é usado se plano de trabalho é proposto pela própria OSC), após chamamento público. Não se usará mais a palavra "convênio", agora reservada só para parcerias entre entes políticos

1.5. OAB

1.5.1. Natureza jurídica: é uma **autarquia especial** e que presta um **serviço público**, mas **não integra a Administração Indireta** como outro tipo de pessoa jurídica (STF ADI 3.026-4/DF). É figura ímpar no País: um Serviço Público Independente

1.5.2. Controle: não se sujeita ao controle estatal; assim, não é obrigada a fazer concursos públicos, licitações e a se submeter à fiscalização do TCU e ao regime estatutário dos agentes públicos, podendo contratar pelo regime celetista

1.5.3. Poderes: por ser um serviço público, a OAB pode fiscalizar os advogados e também tem direito a vantagens tributárias

DIREITO ADMINISTRATIVO
Tema VI - Agentes Públicos

1. Agentes Públicos – Noções Gerais

1.1 Classificação dos agentes públicos

1.1.1. Agentes políticos: titulares de cargos estruturais à organização política do País; exemplos: Chefes do Executivo, Parlamentares, Ministros e Secretários, além dos Membros do Judiciário, do MP e dos TCs

1.1.2. Agentes administrativos: os que mantêm relação de trabalho profissional, não eventual e com subordinação com a Administração Pública; exemplos: servidores públicos e empregados públicos das pessoas de direitos públicos, bem como empregados das pessoas de direito privado estatais;

1.1.3. Agentes honoríficos: os convocados para prestar serviço transitório ao Estado, em razão de sua honorabilidade; exemplos: mesários eleitorais e jurados do Tribunal do Júri

1.1.4. Agentes delegados: os que recebem delegação para agir em nome próprio e por conta e risco, mediante remuneração advinda do Estado ou dos usuários dos serviços; exemplos: tabeliães, oficiais de registro e concessionários de serviço público

1.1.5. Agentes credenciados: particulares que recebem incumbência específica para representar a administração; exemplos: advogado conveniado à Defensoria para representar necessitados em juízo

1.2. Vínculos

1.2.1. Cargo Público: mais simples unidade de competência criada por lei

1.2.1.1. Cargo efetivo
– Requer concurso público
– Estabilidade: após 3 anos de exercício + aprovação em avaliação especial de desempenho
– Desligamento do estável: só por processo administrativo com ampla defesa, sentença transitada ou excesso de despesa com pessoal

1.2.1.2. Cargo vitalício:
– Requer concurso (exemplo: juiz) ou indicação (exemplo: desembargadores)
– Vitaliciedade: após 2 anos de exercício, se o ingresso foi por concurso (juízes), ou logo após a posse, se por indicação (membros dos Tribunais)
– Desligamento do vitalício: só por sentença transitada

1.2.1.3. Cargo em comissão (art. 37, V, CF)
– Só para atribuições de confiança: direção, chefia e assessoria
– É provido sem concurso público: mas % mínimo de nomeados devem ser de carreira
– Não tem estabilidade: exoneração é livre ("ad nutum")
– Regime funcional: estatutário
– Regime previdenciário: Geral do INSS

💡 **Dica:** o **quadro** é o conjunto de todos os **cargos**, isolados e de carreira. A **carreira** é composta de **classes**, que por sua vez é o conjunto de cargos da mesma natureza de trabalho. Por fim temos os **cargos**, que são as menores unidades de competência. **Lotação** é o número de servidores que devem ter exercício em cada repartição

1.2.2. Função Pública

1.2.2.1. Função de confiança: é aquela de direção, chefia e assessoramento, preenchida exclusivamente por ocupante de cargo efetivo (art. 37, V, CF)

1.2.2.2. Outros: estágio, contratação temporária (37, IX, CF) e agentes de saúde e de combate a endemias (art. 198, § 4º, CF)

1.2.3. Emprego Público

1.2.3.1. Conceito: núcleo de encargo de trabalho contratado pela CLT

1.2.3.2. Hipóteses: pessoas de direito público (só para atribuições subalternas) e de direito privado (é a regra nessas entidades)

1.2.3.3. Características:
– Justiça do Trabalho é a competente para causas
– Empregados públicos não têm estabilidade, salvo se for um empregado público em pessoa jurídica de direito público (Súmula 390 do TST)
– A dispensa de empregado público que trabalhe em pessoa jurídica de direito privado estatal (exemplo: no Banco do Brasil ou na CEF) não requer motivação especial, salvo se for um empregado público de pessoa jurídica de direito privado que preste serviço público (exemplo: dos Correios)

DIREITO ADMINISTRATIVO

TEMA VI - AGENTES PÚBLICOS

1. Espécies de Provimento (Lei 8.112/1990)

1.1. Nomeação: é a designação inicial para cargo público

– Depois vem a **posse** (investidura): em até 30 dias, podendo ser por procuração específica (art. 13)
– Depois vem a **entrada em exercício**: em até 15 dias da posse (art. 15)

1.2. Promoção: é a designação para cargo superior na carreira (art. 17)

1.3. Readaptação: é a designação para cargo compatível com limitação superveniente de servidor (art. 24), com funções, escolaridade e vencimentos equivalentes; caso o agente revele incapacidade permanente para o trabalho, conceder-lhe-á a aposentadoria por invalidez, não se falando em readaptação

1.4. Reversão: é a designação do aposentado para retornar ao serviço; cabe em 2 casos (art. 25)

– Na aposentadoria por invalidez, cessados os motivos desta
– Na aposentadoria voluntária, havendo interesse da Administração, pedido do aposentado e desde que se dê em até 5 anos da aposentadoria

1.5. Aproveitamento: é a designação do servidor em disponibilidade para retornar a cargo equivalente (art. 30)

– **Disponibilidade:** é a inatividade remunerada do servidor estável, que tenha sido desalojado de seu cargo ou cujo cargo tenha sido extinto; os proventos são proporcionais

1.6. Reintegração: é a reinvestidura do servidor estável quando invalidada a sua demissão por decisão administrativa ou judicial (art. 28)

– O reintegrado terá direito ao ressarcimento de todas as vantagens quando a sentença criminal se comunica para a esfera administrativa (art. 126 da Lei 8.112/1990)? Apenas na absolvição por inexistência do fato e por negativa de autoria
– Comunicabilidade de instâncias x reintegração: como regra, as instâncias civil, administrativa e criminal são independentes. Porém a instância criminal produzirá efeitos nas demais quando importar em absolvição por inexistência do fato ou por negativa de autoria (art. 126 da Lei 8.112/1990). Assim, a mera absolvição criminal por falta de provas não é suficiente para que o agente público demitido na esfera administrativa leve essa sentença à Administração para pedir sua reintegração. Essa só vai acontecer se a absolvição do agente demitido for por inexistência material do fato ou negativa de autoria

1.7. Recondução: é o retorno do servidor estável ao cargo que antes titularizava por ter sido inabilitado no estágio probatório de outro cargo ou por ter sido desalojado pela reintegração daquele cuja vaga ocupou. A recondução, na primeira hipótese, depende de previsão expressa no estatuto local

Dica:
Vedação ao nepotismo (Súm. Vinculante nº 13)
– "A nomeação de cônjuge, companheiro ou parente em linha reta, colateral ou por afinidade, até o 3º grau, inclusive, [NOMEAÇÃO DE QUEM]
– da autoridade nomeante ou de servidor da mesma pessoa jurídica investido em cargo de direção, chefia ou assessoramento [PARENTE DE QUEM]
– para o exercício de cargo em comissão ou de confiança ou, ainda, de função gratificada [PARA O QUÊ]
– na administração pública direta e indireta em qualquer dos Poderes da União, Estados, DF e Municípios, [ONDE]
– compreendido o ajuste mediante designações recíprocas, [NEPOTISMO CRUZADO]
– viola a Constituição Federal."

Exceção: o STF tem admitido a nomeação de parentes para cargos de alto escalão político (exemplo: governador nomear parente para ser secretário estadual)

DIREITO ADMINISTRATIVO
Tema VI - Agentes Públicos

1. Espécies de Vacância
(Lei 8.112/1990)

1.1. Falecimento, promoção, posse em cargo não cumulável: a morte do agente torna vago o cargo, o emprego ou a função

1.2. Aposentadoria: a transferência para a inatividade remunerada (aposentadoria), seja ela voluntária, compulsória ou por invalidez, gera o desligamento do agente, a vacância, não podendo o servidor permanecer trabalhando no cargo que detinha. O agente público somente poderá cumular a aposentadoria com outra remuneração se for nomeado para um cargo em comissão ou se detiver mandato eletivo, respeitando, na somatória do que receber, o teto remuneratório respectivo

1.3. Perda do cargo, emprego ou função: por sentença em ação penal ou em ação de improbidade administrativa

1.4. Demissão: é o desligamento por justa causa quando há infração disciplinar. Tem natureza punitiva, sancionatória, o que a difere da exoneração, própria para os desligamentos que não têm tal natureza. A demissão por infração disciplinar depende de processo administrativo em que se assegure ampla defesa, seja para servidores estáveis, seja para servidores que ainda estão em estágio probatório

1.5. Exoneração: é o desligamento a pedido ou de ofício, sempre com caráter não punitivo. De ofício, pode ser **imotivada** (cargo em comissão) ou **motivada**, esta nas seguintes hipóteses:

– Não satisfação do estágio probatório
– Quando o agente não entrar em exercício
– Por avaliação insatisfatória de desempenho (art. 41, CF): tanto na avaliação especial de desempenho (aquela necessária para adquirir a estabilidade e que requer uma comissão específica), como na avaliação periódica de desempenho (aquela feita após a estabilidade, mas dependente de lei complementar e ampla defesa)
– Para atender aos limites de despesa com pessoal ativo e inativo (art. 169, § 4º, CF)

💡 **Dica:** neste último caso a Lei de Responsabilidade Fiscal traz limites de despesas com pessoal: 50% (União) e 60% (Estados e Municípios) da receita corrente líquida. Superado o limite, deve-se exonerar pessoal com os seguintes critérios (Lei 9.801/1999): primeiro reduzindo em pelo menos 20% os cargos em comissão e as funções de confiança; depois exonerando os não estáveis; por fim, exonerando servidores estáveis, condicionado a ato normativo motivado de cada um dos Poderes que especifique a atividade funcional, o órgão ou unidade objeto da redução e traga os seguintes critérios combinados: menor tempo de serviço, maior remuneração e menor idade. O servidor que perde cargo por esse motivo fará jus a indenização correspondente a um mês de remuneração por um ano de serviço. O cargo será extinto, vedada a criação de outro semelhante por pelo menos 4 anos

DIREITO ADMINISTRATIVO
TEMA VI - AGENTES PÚBLICOS

1. Concurso Público I

1.1. Acessibilidade: os cargos, empregos e funções públicas são acessíveis

a) aos brasileiros que preencham os requisitos legais;
b) aos estrangeiros, na forma da lei (art. 37, I, da CF)

Dica: repare que, enquanto a norma relativa aos brasileiros é de eficácia contida ou restringível (o que a faz produzir imediatamente efeitos, em que pese a lei poder restringi-los), a norma relativa aos estrangeiros é diferente, dando a ideia de ter eficácia limitada (o que a faz depender de uma lei para produzir efeitos)

1.2. Concurso – Noções gerais

1.2.1. Regra: os cargos, empregos e funções públicas dependem de aprovação prévia em concurso público

1.2.2. Exceções: cargo em comissão (livre nomeação), e contratações temporárias e de agentes de saúde e de combate a endemias (mero processo seletivo)

1.2.3. Avaliação: de acordo com a natureza e a complexidade do cargo ou emprego, na forma prevista em lei, podendo ser

a) de provas
b) de provas e títulos

1.2.4. Requisitos de acessibilidade:

a) Estejam previstos em lei (art. 37, I, da CF); decretos, resoluções e outros instrumentos não são suficientes para inserir no edital a previsão de exame psicotécnico; deve ser lei em sentido formal (STF, AI 529.219 Agr, DJ 26.03.2010);
b) Sejam objetivos, científicos e pertinentes, sob pena de violação ao princípio da isonomia (art. 5º, caput, da CF);
c) Sejam passíveis de recurso e impugnação, sob pena de violação aos princípios do contraditório e da ampla defesa; vide, por exemplo, o REsp 1.046.586 (STJ)

Jurisprudência selecionada
a) Súmula STF 683: "o limite de idade para a inscrição em concurso público só se legitima em face do art. 7º, XXX, da Constituição, quando possa ser justificado pela natureza das atribuições do cargo a ser preenchido"; segundo o STF, o limite de idade, quando regularmente fixado em lei e no edital de determinado concurso público, há de ser comprovado no momento da inscrição no certame, e não no momento da posse (ARE 840.592/CF, J. 23.06.2015)
b) Súmula STF 684: "é inconstitucional o veto não motivado à participação de candidato a concurso público"
c) Súmula STF 686: "só por lei se pode sujeitar a exame psicotécnico a habilitação de candidato a cargo público". Nesse sentido é também a Súmula Vinculante STF n. 44: "Só por lei se pode sujeitar a exame psicotécnico a habilitação de candidato a cargo público"
d) Não se pode exigir prova física desproporcional ao tipo de cargo, como de escrivão, papiloscopista, perito criminal e perito médico-legista de Polícia Civil (STF, Ag. Reg. no RE 505.654-DF)
e) Não se pode exigir sexo masculino para concurso de ingresso em curso de formação de oficiais de polícia militar estadual, requisito que fere a isonomia, traduzindo-se em indevido discrímen de gênero (STF, RE 528.684/MS, j. 03.09.2013)
f) Não se pode exigir que candidato não tenha inquérito penal ou ação penal ainda não transitada em julgada, requisito que fere o princípio da presunção de inocência (STF, Ag. Reg. no ARE 713.138-CE); ou seja, "na fase de investigação social em concurso público, o fato de haver instauração de inquérito policial ou propositura de ação penal contra candidato, por si só, não pode implicar a sua eliminação" (STJ, AgRg no RMS 39.580-PE, j. 11.02.2014)
g) Não se pode exigir que candidato não tenha tatuagem, ressalvadas situações que violem valores constitucionais, como tatuagens com obscenidades, ideologias terroristas, discriminatórias, que pregam violência e criminalidade, discriminação de raça, credo, sexo ou origem" (STF, RE 898450/SP, j. 17.08.2016)

DIREITO ADMINISTRATIVO
Tema VI - Agentes Públicos

1. Concurso Público II

- **1.3. Validade do concurso:**
  - **1.3.1. Prazo:**
    a) até 2 anos;
    b) prorrogável uma vez, por igual período (art. 37, III, da CF)

    Exemplo: se for fixado no edital prazo de validade de 6 meses, tal prazo poderá ser prorrogado, mas terá que ser somente uma vez e pelo mesmo período de 6 meses, de modo que, caso prorrogado, o prazo total do exemplo será de 1 ano de validade do concurso

  - **1.3.2. Prorrogação do prazo de validade:** candidatos não têm direito à prorrogação desse prazo. Trata-se de decisão discricionária da Administração. Porém, se novos cargos vierem a ser criados nesse prazo de validade, é recomendável a prorrogação (STF, RE 581.113-C)

- **1.4. Direitos do aprovado**
  - **1.4.1. Não ser preterido na ordem de classificação;** se for, tem direito de ser nomeado
  - **1.4.2. Não ser preterido em relação a novos concursados;** se for, tem direito de ser nomeado
  - **1.4.3. Ser nomeado no limite das vagas do edital;** se não for, pode ingressar com ação judicial para exigir nomeação; devem ser descontadas as vagas dos nomeados desistentes; Por exemplo, caso o edital preveja 40 vagas e, logo após a homologação do concurso, 25 aprovados sejam nomeados, os aprovados entre a 26ª e a 40ª colocações têm direito de nomeação imediata; a Administração só não terá de nomear se provar, mediante ato fundamentado, fato novo que inviabilize a nomeação

- **1.5. Proibição de acesso a novas carreiras sem concurso público:** a Súmula Vinculante STF n. 43 proíbe a **ascensão funcional**: "É inconstitucional toda modalidade de provimento que propicie ao servidor investir-se, sem prévia aprovação em concurso público destinado ao seu provimento, em cargo que não integra a carreira na qual anteriormente investido"

- **1.6. Direito à anulação de questões de concursos:** a princípio, o STF entende que o Judiciário é incompetente para substituir-se à banca examinadora de concurso público no reexame de critérios de correção das provas e de conteúdo das questões formuladas, salvo erro grosseiro

- **1.7. Cláusula de barreira:** é a regra do edital que prevê nota de corte para correção de provas de outra fase do concurso; segundo o STF, é constitucional

- **1.8. Pessoas com deficiência:** segundo o art. 37, VIII, da CF, "a lei reservará percentual dos cargos e empregos públicos para as pessoas portadoras de deficiência e definirá os critérios para a sua admissão". STF:
  a) na reserva de vagas para deficientes (concorrência específica), esses só concorrem entre si;
  b) para o cálculo do número de vagas reservadas, deve-se fazer o arredondamento "para cima" da fração

- **1.9. Vagas reservadas aos negros ("Cotas"):** a Lei Federal 12.990/2014 reservou aos negros 20% das vagas oferecidas nos concursos públicos para provimento de cargos efetivos e empregos públicos no âmbito da administração pública federal, das autarquias, das fundações públicas, das empresas públicas e das sociedades de economia mista controladas pela União (art. 1º). Estados, DF e Municípios também têm estabelecido regras nesse sentido e o STF entende que essas regras são constitucionais

- **1.10. Contratação temporária:** não exige concurso público, mas só pode ser feita se cumpridos 5 requisitos (art. 37, XI, da CF):
  a) prévia seleção simplificada que preserve a moralidade administrativa;
  b) os casos excepcionais que a autorizam devem estar previstos em lei;
  c) o prazo de contratação deve ser predeterminado;
  d) deve ser necessidade realmente temporária;
  e) que o interesse público seja excepcional. As controvérsias são resolvidas pela Justiça Comum e não Justiça do Trabalho, pois são servidores regidos pelo estatuto dessas contratações e não pela CLT

DIREITO ADMINISTRATIVO
Tema VI - Agentes Públicos

1. Direitos dos Agentes Públicos I

1.1. Acumulação de cargos, empregos e funções

1.1.1. Regra: é proibida a acumulação remunerada de cargos, empregos e funções, em toda a Administração Direta e Indireta

🚫 **Exceções:** há direito de acumulação, se houver compatibilidade de horário, nos seguintes casos:
a) 2 cargos de professor
b) 1 cargo de professor + 1 cargo técnico ou científico
c) 2 cargos de profissional da saúde com profissão regulamentada
d) 1 cargo de professor + 1 cargo de juiz/membro MP
e) 1 cargo + 1 mandato de vereador; caso o vereador não queira acumular, ele se afastará do cargo que tem e poderá escolher remuneração que pretende ganhar (de vereador ou do cargo que tem)

💡 **Dica 1:** o eleito para prefeito não pode acumular cargos, devendo afastar-se do cargo, emprego ou função que detinha, mas poderá optar pela remuneração (art. 38, II, CF); o eleito para mandato eletivo federal, estadual e distrital ficará afastado do cargo, emprego ou função anterior (art. 38, I, CF), sem poder optar pela remuneração

💡 **Dica 2:** nos casos de afastamento, o tempo de serviço do mandato será contado para todos os fins do cargo, emprego ou função originais (previdenciários, para concessão de quinquênios etc.), exceto promoção por merecimento

💡 **Dica 3:** no caso de acumulação, o STF passou a entender que o teto remuneratório é aplicável em relação a cada cargo ocupado e não à somatória das remunerações dos dois cargos acumulados

1.2. Acumulação de *remuneração* na atividade com *proventos* de inatividade

1.2.1. Regra: é proibida a acumulação de remuneração com proventos, em toda a Administração Direta e Indireta

🚫 **Exceções:** haverá direito acumular remuneração com proventos nos seguintes casos:
a) se oriundas de dois cargos acumuláveis na atividade
b) 1 provento + 1 remuneração de cargo em comissão
c) 1 provento + 1 subsídio de mandato eletivo

1.3. Estabilidade

1.3.1. Conceito: garantia de permanência, salvo

– Processo disciplinar com ampla defesa – Sentença transitada em julgado
– Não aprovação em avaliação periódica de desempenho (lei complementar + processo administrativo com ampla defesa)
– Atendimento a limites de despesa com pessoal

1.3.2. Requisitos

a) *Nomeação para cargo efetivo mediante concurso* (Súmula/TST 390: celetista de Pessoa de Direito Público tem direito)
b) *3 anos de efetivo exercício* (STJ: estágio probatório dura 3 anos)
c) *Aprovação em avaliação especial de desempenho (se não houver avaliação até 3 anos, fica estável direto)*

DIREITO ADMINISTRATIVO
TEMA VI - AGENTES PÚBLICOS

1. Direitos dos Agentes Públicos II

1.4. Sistema remuneratório:

1.4.1. Regra: servidor recebe **remuneração**, que é = vencimento + vantagens (indenizações, gratificações e adicionais)

🚫 **Exceção:** alguns agentes recebem subsídio, que é em parcela única;

1.4.3. Teto remuneratório:

1.4.3.1. Teto geral: subsídio dos Ministros do STF

1.4.3.2. Subtetos:

a) **Municípios:** subsídio do prefeito
b) **Estados/DF:** subsídio do governador (Executivo), deputados (Legislativo) e desembargadores (Judiciário)
– Subsídio do Desembargador: limitado a 90,25% do subsídio dos Ministros do STF
– STF entende inconstitucional limite de 90,25% para Desembargador, mas só para beneficiar os membros do Judiciário, mantido esse percentual para os demais cargos submetidos a esse percentual
c) **Ministério Público, Procuradores, Defensores:** limite do desembargador (90,25%)

1.4.4. Outras regras:

a) **Proibição de efeito cascata:** vantagens e gratificações não podem incidir umas sobre as outras (artigo 37, XIV, da CF)
b) **Fixação por lei e revisão geral anual:** *a remuneração/subsídio só podem ser alterados por lei específica, observada a iniciativa privativa em cada caso. Assegura-se revisão geral anual, sempre na mesma data e sem distinção de índices*
c) **Proibição de vinculação ou equiparação:** *é vedada a vinculação ou equiparação de quaisquer espécies remuneratórias para efeito de remuneração dos servidores*
d) **Irredutibilidade:** *os subsídios e os vencimentos são irredutíveis* (art. 37, XV, CF); o STF entende que fere esse princípio o aumento na carga de trabalho do servidor sem o consequente aumento na remuneração (RE 255792/MG); já a aplicação do teto remuneratório não fere o princípio (STF, RE 609.381)
e) **Proibição de indexação:** o STF editou a Súmula Vinculante n. 42, com o seguinte teor: "É inconstitucional a vinculação do reajuste de vencimentos de servidores estaduais ou municipais a índices federais de correção monetária"
f) **Publicação obrigatória:** "os Poderes Executivo, Legislativo e Judiciário publicarão anualmente os valores do subsídio e da remuneração dos cargos e empregos públicos" (art. 39, § 6º, CF)
g) **Direitos dos ocupantes de cargos públicos:** o § 3º do artigo 39 da Constituição dispõe que se aplica aos servidores ocupantes de cargo público o disposto no art. 7º, IV, VII, VIII, IX, XII, XIII, XV, XVI, XVII, XVIII, XIX, XX, XXII e XXX

🔊 **Tradução:** confira o disposto no incisos citados do art. 7º da CF: IV e VII (salário mínimo), VIII (décimo terceiro salário), IX (remuneração de trabalho noturno superior à do diurno), XII (salário-família ao trabalhador de baixa renda), XIII (jornada diária não superior a 8 horas e semanal não superior a 44 horas, facultadas compensações), XV (repouso semanal remunerado), XVI (hora extra superior em pelo menos 50% da hora normal), XVII (férias anuais, com 1/3 a mais de remuneração), XVIII (licença à gestante de 120 dias), XIX (licença-paternidade), XX (proteção do mercado de trabalho da mulher), XXII (redução dos riscos do trabalho) e XXX (proibição de diferença de salário, função ou admissão por discriminação)

DIREITO ADMINISTRATIVO

Tema VI - Agentes Públicos

1. Direitos dos Agentes Públicos III

1.5. Aposentadoria (EC 103/19):

1.5.1. Por incapacidade permanente para o trabalho: no cargo em que estiver investido, quando insuscetível de readaptação hipótese em que será obrigatória a realização de avaliações periódicas para verificar a continuidade das condições, na forma de Lei do respectivo ente federativo

1.5.2. Compulsória: 75 anos (Lei Complementar 152/15), com proventos proporcionais ao tempo de contribuição

1.5.3. Voluntária: a pedido

Servidores Públicos da União
- Idade mínima: 62 anos (mulheres) e 65 anos (homens)
- Tempo mínimo de contribuição: 25 anos, com 10 anos no serviço público e 5 no cargo

Professores
- Idade mínima: 57 anos (mulheres) e 60 anos (homens)
- Tempo mínimo de contribuição: 25 anos, com 10 anos no serviço público e 5 no cargo

Policiais federais, rodoviários federais, agentes penitenciários federais e policiais civis do DF
- Idade mínima: 55 anos (ambos os sexos)
- Tempo mínimo de contribuição: 30 anos, para ambos os sexos, com 25 anos no exercício na função
- Quanto ao valor do benefício da aposentadoria voluntária, quem cumpre os prazos mínimos de 62 anos mulher ou 65 anos homem, e 25 anos de contribuição, tem direito a 60% da média, com mais 2% a mais por ano que contribuir além de 20 anos. Há regras de transição para quem já era servidor ao tempo da promulgação da reforma

1.5. Direito de Greve

1.5.1. Regra: pode ser exercido nos termos de lei específica

– STF declarou mora legislativa abusiva e concedeu ao servidor o direito de exercer greve imediatamente (MIs 670, 708 e 712)
– Adotou-se a teoria concretista geral, utilizando-se a analogia, preenchendo lacuna legislativa, com efeito erga omnes
– Determinou aplicação da Lei 7.783/1989, inclusive com determinação de percentual mínimo de pessoal que precisa continuar trabalhando
– Não é possível exonerar/demitir por se fazer greve
– O STF admite o corte de remuneração dos servidores que entrarem em greve, salvo nos casos de conduta ilegal do órgão público, como quando deixa de pagar a remuneração dos servidores

🚫 **Exceção:** não podem fazer greve
a) Militar das Forças Armadas (CF);
b) Policial Militar (CF);
c) Policial Civil, Juízes e outros cargos relacionados à segurança pública (decisões do STF)

DIREITO ADMINISTRATIVO
Tema VI - Agentes Públicos

1. Processo Disciplinar I

- **1.1. Conceito:** é aquele destinado à apuração de faltas disciplinares, violação de deveres funcionais e imposição de sanções a servidores públicos

- **1.2. Garantias e princípios**

  - **1.2.1. Contraditório e ampla defesa:** "aos litigantes, em processo judicial ou administrativo, e aos acusados em geral são assegurados o contraditório e ampla defesa, com os meios e recursos a ela inerentes" (art. 5º, LV, CF); entretanto, o STF, na Súmula Vinculante 5, não entende que a simples falta de defesa técnica por advogado no processo disciplinar, por si só, ofenda o contraditório e a ampla defesa

  - **1.2.2. Juiz natural:** "ninguém será processado nem sentenciado senão pela autoridade competente" (art. 5º, LIII, CF)

  - **1.2.3. Vedação da prova ilícita:** "são inadmissíveis, no processo, as provas obtidas por meios ilícitos" (art. 5º, LVI, CF). Exemplos: não é possível interceptação telefônica em processo administrativo disciplinar (Lei 9.296/1996); porém, o STJ admite essa prova, na qualidade de "prova emprestada", se produzida em ação penal; não se considera ilícita a prova quando feita pela própria vítima (interlocutor) de fiscal que exigia propina, bem como não se considera flagrante preparado (mas flagrante esperado) no caso em que a solicitação de dinheiro pelo fiscal se dera dias antes de sua prisão; também não se consideram provas ilícitas as informações obtidas por monitoramento de e-mail corporativo de servidor público

  - **1.2.4. Direito ao silêncio, *in dubio pro reo*, presunção de inocência e ônus da prova da Administração:** por conta do princípio da presunção de inocência, não é possível cortar remuneração preventivamente, mas é cabível o afastamento cautelar do agente; por conta do ônus da prova da Administração não é possível que esta simplesmente coloque o ônus da prova sobre o servidor e atue de modo tendencioso e direcionado a culpabilizá-lo

  - **1.2.5. Gratuidade:** não se pode cobrar custas do agente público

  - **1.2.6. Oficialidade:** instaurado e desenvolvido de ofício pela Administração;

  - **1.2.7. Formalismo moderado:** assim, STJ entende que a prorrogação motivada do prazo do processo disciplinar não acarreta a nulidade do procedimento

  - **1.2.8. Motivação:** a motivação é fundamental no processo disciplinar, mas, segundo o STF, isso não quer dizer que a Administração tem o dever de fazer o exame detalhado de cada argumento trazido pelas partes

  - **1.2.9. Respeito aos demais princípios administrativos:** o STJ determinou a anulação de demissão em certa ocasião por ofensa aos princípios da impessoalidade (art. 37, caput, da CF) e da imparcialidade (art. 18 da Lei 9.784/1999), pelo fato de o processo administrativo ter sido instaurado por um dos investigados e também pelo fato de uma das testemunhas também se tratar de investigado, tendo prestado depoimento sem o compromisso de dizer a verdade

  - **1.2.10. Respeito ao devido processo substancial:** além do respeito aos princípios e regras administrativos em geral e ao respeito às garantias estritamente processuais, destaque-se a relevância de decidir consoante os princípios da **legalidade**, da **moralidade** e, mais do que nunca, **da razoabilidade** e da **proporcionalidade**

    - **Jurisprudência:** o Judiciário tem anulado a aplicação de penas de demissão (determinando que a Administração aplique nova pena), quando há violação à razoabilidade ou proporcionalidade (STJ, RMS 29.290-MG) ou quando a autoridade apenadora comete desvio de finalidade, apenando por perseguição por exemplo (STJ, MS 14.959-DF)

DIREITO ADMINISTRATIVO

TEMA VI - AGENTES PÚBLICOS

1. Processo Disciplinar II

1.3. Incidência do processo disciplinar: o processo administrativo é obrigatório para as hipóteses em que são cabíveis sanções mais graves, tais como:

a) Demissão
b) Perda do cargo
c) Suspensão por mais de 30 dias
d) Cassação da aposentadoria
e) Destituição de cargo em comissão como punição (diferente da livre exoneração, pois aqui o destituído comete uma infração disciplinar e é destituído por este motivo)

1.4. Fases do processo administrativo

a) **Instauração:** por portaria, auto de infração, representação ou despacho da autoridade;
b) **Instrução:** produção de provas com participação do acusado
c) **Defesa:** deve ser ampla e efetiva
d) **Relatório:** elaborado pelo presidente da comissão (que deve ser formada por pessoas estáveis de cargo idêntico ou superior ao processado); trata-se de mera peça opinativa, não vinculando autoridade julgadora(As quatro fases anteriores também são chamadas de **inquérito**)
e) **Julgamento:** decisão final, que deve ser motivada e fundamentada pela autoridade competente (exemplo: pelo prefeito). Não é obrigatória a intimação do interessado para apresentar alegações finais após o relatório do processo (STJ, MS 18.090-DF, j. 08.05.2013). Cabe recurso administrativo e ao Judiciário, que não adentra ao mérito do julgamento, mas ao respeito às formalidades e aos aspectos de legalidade. Em caso de anulação judicial da demissão, haverá reintegração do agente, com direito a indenização

1.5. Meios sumários

1.5.1. Sindicância: meio sumário de investigação, destinado à apuração preliminar de fatos com dois objetivos, que devem ser vistos no prazo de 30 dias:

a) **Aplicação de sanções menos severas:** multa, repreensão e suspensão de até 30 dias
b) **Processo preparatório:** meio de convencimento para instauração de processo administrativo ou arquivamento da peça de instauração

1.5.2. Verdade sabida: aquela testemunhada ou conhecida inequivocamente pelo superior hierárquico e que enseja sanção leve. Alguns estatutos admitem que a partir dela se imponha sanção, desde que se garanta ampla defesa ou contraditório. É inconstitucional

1.5.3. Termo de Declarações: servidor, confessando a falta, aceita a sanção aplicável, desde que não se exija processo disciplinar. É inconstitucional

1.6. Sanções disciplinares: normalmente, os estatutos dos funcionários públicos estabelecem as seguintes sanções disciplinares:

a) Demissão
b) Demissão a bem do serviço público
c) Suspensão
d) Advertência, repreensão
e) Multa
Porém, o estatuto local tem liberdade para estabelecer outros tipos de sanções disciplinares

1.7. Comunicabilidade de instâncias

1.7.1. Regra: é a da independência das instâncias cível, administrativa e criminal

Exceções: a absolvição ocorrida no juízo criminal irá se comunicar à instância administrativa se se tratar de "absolvição por negativa de autoria" ou de "absolvição por inexistência do fato", mas nunca se for "absolvição por falta de provas". De qualquer forma, o exercício do poder disciplinar pelo Estado não está sujeito ao encerramento da perseguição criminal, nem se deixar influenciar, como se viu, por eventual sentença absolutória nessa instância, salvo nos casos mencionados

1.7.2. Falta residual: de acordo com a Súmula 18 do STF, *"pela falta residual, não compreendida na absolvição pelo juízo criminal, é admissível a punição administrativa do servidor público"*

DIREITO ADMINISTRATIVO
Tema VII - Improbidade Administrativa

1. Improbidade Administrativa – Direito Material I

- **1.1. Conceito:** *imoralidade administrativa qualificada por uma das modalidades previstas na Lei 8.429/1992*

- **1.2. Modalidades**
  - **1.2.1. Enriquecimento ilícito** (art. 9º): *"constitui ato de improbidade administrativa importando enriquecimento ilícito auferir qualquer tipo de vantagem patrimonial indevida em razão do exercício de cargo, mandato, função, emprego ou atividade nas entidades mencionadas no art. 1º desta lei, e notadamente: [...]"*; essa modalidade requer dolo para se configurar:
  - **1.2.2. Prejuízo ao erário** (art. 10): *"constitui ato de improbidade administrativa que causa lesão ao erário qualquer ação ou omissão, dolosa ou culposa, que enseje perda patrimonial, desvio, apropriação, malbaratamento ou dilapidação dos bens ou haveres das entidades referidas no art. 1º desta lei, e notadamente: [...]"*; essa modalidade admite culpa ou dolo para se configurar
  - **1.2.3. Violação a princípios administrativos** (art. 11): *"constitui ato de improbidade administrativa que atenta contra os princípios da administração pública qualquer ação ou omissão que viole os deveres de honestidade, imparcialidade, legalidade, e lealdade às instituições, e notadamente: [...]"*; essa modalidade requer dolo para se configurar
  - **1.2.4. Concessão ou aplicação indevida de benefício financeiro ou tributário** (art. 10-A): *"constitui ato de improbidade administrativa qualquer ação ou omissão para conceder, aplicar ou manter benefício financeiro ou tributário contrário ao que dispõem o caput e o § 1º do art. 8º-A da LC nº 116, de 31 de julho de 2003"*, que trata da alíquota mínima de 2% para o Imposto sobre Serviços; não havendo previsão de tipo culposo, a configuração do tipo requer dolo

> ⚠️ **Atenção absoluta:** a LINDB criou regras que podem ser invocadas pelo acusado de improbidade para afastar a tipicidade na improbidade ou em outras leis sancionadoras de agentes públicos (arts. 22 e 28):
> - O agente público responderá pessoalmente por suas decisões ou opiniões técnicas em caso de dolo ou erro grosseiro. Essa regra, que só vale para decisões e opiniões técnicas, pode impactar na jurisprudência nos casos em que o agente público responda mediante simples conduta culposa (negligência, imperícia ou imprudência)
> - Na interpretação de normas sobre gestão pública, serão considerados os obstáculos e as dificuldades reais do gestor e as exigências das políticas públicas a seu cargo, sem prejuízo dos direitos dos administrados
> - Em decisão sobre regularidade de conduta ou validade de ato, contrato, ajuste, processo ou norma administrativa, serão consideradas as circunstâncias práticas que houverem imposto, limitado ou condicionado a ação do agente
> - Na aplicação de sanções, serão consideradas a natureza e a gravidade da infração cometida, os danos que dela provierem para a administração pública, as circunstâncias agravantes ou atenuantes e os antecedentes do agente
> - As sanções aplicadas ao agente serão levadas em conta na dosimetria das demais sanções de mesma natureza e relativas ao mesmo fato

- **1.3. Sujeitos do ato de improbidade**
  - **1.3.1. Sujeitos passivos:** podem ser vítimas do ato de improbidade as seguintes pessoas (art. 1º, caput e parágrafo único, da Lei 8.429/1992):
    a) Pessoas jurídicas de direito público e privado da Administração Direta e Indireta
    b) Empresa incorporada ao patrimônio público
    c) Entidade para cuja criação/custeio o Estado tenha contribuído com mais de 50% do patrimônio ou receita anual
    d) Entidade para cuja criação/custeio o erário haja concorrido com menos de 50% do patrimônio ou receita anual; nesse caso a sanção se limita à contribuição pública
    e) Entidades que recebam subvenção, benefício ou incentivo de órgãos/empresas estatais (ressarcimento só da contribuição pública)
  - **1.3.2. Sujeitos ativos:** ou seja, praticam atos de improbidade as seguintes pessoas (arts. 2º e 3º da Lei 8.429/1992):
    a) Agentes públicos, ou seja, todo aquele que exerce, ainda que transitoriamente ou sem remuneração, por eleição, nomeação, designação, contratação ou qualquer outra forma de investidura ou vínculo, mandato, cargo, emprego ou função nas entidades mencionadas acima como sujeitos passivos; aqui temos os chamados agentes próprios de improbidade
    b) Aquele que induziu ou concorreu para a prática do ato (art. 3º)
    c) Particular beneficiado, direta ou indiretamente, pelo ato (art. 3º). Vale informar que o STJ tem entendimento de que "não é possível o ajuizamento de ação de improbidade administrativa exclusivamente em face de particular, sem a concomitante presença de agente público no polo passivo da demanda"

> ⚖️ **Jurisprudência:** segundo o STF, agente político que responda por crime de responsabilidade (exemplo: presidente) não está sujeito à Lei 8.429/1992, para não haver duplicidade. Findo o mandato, agente pode ser acionado com base na Lei 8.429/1992. O STF não incluiu os prefeitos nesse rol, pois a regra só vale para autoridades com foro por crime de responsabilidade elencadas na CF

DIREITO ADMINISTRATIVO

TEMA VII - IMPROBIDADE ADMINISTRATIVA

1. Improbidade Administrativa – Direito Material II

1.4. Sanções:

1.4.1. Previsão: art. 12 da Lei 8.429/1992

1.4.2. Cumulação das sanções: o STJ entende que **não é necessário cumular** todas as sanções, o que, de resto já consta do art. 12, *caput*, da Lei 8.429/1992. Essa cumulação só deve ocorrer em casos mais graves. Casos que envolvam somente violação a princípios administrativos (art. 11) ou prejuízo ao erário (art. 10), desde que não dolosos neste último caso, dão ensejo, normalmente, apenas a multa civil e ressarcimento do dano. Por outro lado, reconheceu-se ser hipótese de aplicar a grave sanção de suspensão dos direitos políticos, mesmo em caso em que não havia enriquecimento ilícito do agente, num caso de contratação, por vereadores, de funcionários-fantasmas, gerando prejuízo ao erário

1.4.3. Requisitos para a aplicação das sanções: configuração de uma das hipóteses previstas nos arts. 9º a 11 da Lei 8.429/1992, seja um dos casos previstos nos incisos desse artigo seja um fato que esse enquadre na hipótese genérica do *caput* de cada um desses artigos. A aplicação das sanções **independe**:

a) Da efetiva ocorrência de dano ao patrimônio público
b) Da aprovação/rejeição de contas pelo órgão interno ou pelo Tribunal de Contas

1.4.4. Sanções previstas na lei:

a) **Suspensão dos direitos políticos:** de 8 a 10; de 5 a 8 anos; e de 3 a 5 anos; para os arts. 9º, 10 e 11, respectivamente
b) Perda da função pública
c) Indisponibilidade dos bens (§ 4º do art. 37 da CF)
d) Ressarcimento ao erário
e) Perda de bens e valores acrescidos ilicitamente
f) Multa civil: no valor de até 3 (três) vezes o valor do *acréscimo patrimonial* do agente, no caso do art. 9º; no valor de até 2 (duas) vezes o valor do *dano*, no caso do art. 10; e no valor de até 100 vezes a *remuneração percebida* pelo agente, no caso do art. 11
g) proibição de contratar com a Administração Pública ou dela receber benefícios ou incentivos fiscais ou creditícios, direta ou indiretamente, ainda que por intermédio de pessoa jurídica da qual seja sócio majoritário, por 10 anos, 5 anos e 3 anos, para os artigos 9º a 11, respectivamente

> ⚠ **Atenção:** no caso da nova modalidade de improbidade (**concessão ou aplicação indevida de benefício financeiro ou tributário – art. 10-A**), as sanções aplicáveis são as seguintes: perda da função pública, suspensão dos direitos políticos de 5 (cinco) a 8 (oito) anos e multa civil de até 3 (três) vezes o valor do benefício financeiro ou tributário concedido

> 💡 **Dica 1:** as quatro primeiras sanções foram criadas expressamente pela CF, enquanto as demais foram criadas pela Lei 8.429/1992

> 💡 **Dica 2:** quanto ao sucessor daquele que causar lesão ao patrimônio público ou se enriquecer ilicitamente, o art. 8º da Lei 8.429/1992, respeitando o princípio da intranscendência (art. 5º, XLV, da CF), dispõe que está sujeito à lei até o limite do valor da herança

> ⚖ **Jurisprudência:** para o STJ, a aplicação da demissão/perda do cargo não é competência exclusiva do juiz, podendo ser feita pela autoridade administrativa

DIREITO ADMINISTRATIVO

Tema VII - Improbidade Administrativa

1. Improbidade Administrativa – Direito Processual

1.1. Legitimado Ativo para ação judicial de improbidade:

a) Ministério Público
b) Pessoa jurídica interessada (= pessoa jurídica lesada)

> ⚠️ **Atenção:** caso a ação tenha sido promovida pelo MP, aplica-se o disposto no § 3º do art. 6º da Lei 4.717/1965, chamando-se a pessoa jurídica lesada para contestar, abster-se de contestar o pedido ou atuar ao lado do autor, de acordo com o interesse público (§ 3º do art. 17). O Ministério Público, se não for parte, será obrigatoriamente fiscal da lei, sob pena de nulidade

1.2. Foro por prerrogativa de função: não há

1.3. Rito: comum, mas com defesa preliminar em 15 dias antes do recebimento da petição inicial

1.4. Tutelas de Urgência: são cabíveis as seguintes

a) Sequestro (art. 16): havendo fundados indícios de responsabilidade. O pedido pode incluir investigação, exame e bloqueio de bens, contas bancárias e aplicações financeiras no exterior

b) Indisponibilidade de bens (art. 7º): recairá sobre bens que assegurem ressarcimento (arresto) e sobre o acréscimo patrimonial (pode ser sequestro); o STJ entende que a decretação da medida prescinde da individualização de bens na petição inicial e requer apenas o *fumus boni juris*, estando o *periculum in mora* implícito na lei, sendo possível, inclusive, que seja determinada antes do recebimento da petição inicial da ação de improbidade, em medida preparatória ou incidental, *inaudita altera pars*, ou seja, sem a oitiva da parte contrária

c) Afastamento do agente público (art. 20, parágrafo único): quando a medida for necessária à instrução processual, sem prejuízo da remuneração, podendo ser determinada pela autoridade judicial ou administrativa competente; o STJ é claro no sentido de que o afastamento cautelar do agente de seu cargo é excepcional e configura-se tão somente com a demonstração de um comportamento do agente público que, no exercício de suas funções ou em razão delas, importe efetiva ameaça à instrução processual

d) Exibição de documentos: apesar de não prevista na Lei de Improbidade, é cabível também a cautelar de exibição de documentos para fins de quebra do sigilo bancário ou fiscal do agente

1.5. Transação (acordo): não é possível fazer, pois a lei veda expressamente qualquer tipo de transação, acordo ou conciliação na ação por improbidade (art. 17, § 1º, da Lei 8.429/1992)

1.6. Sentença: aplicará as sanções e determinará o pagamento ou reversão dos bens em favor da pessoa jurídica (art. 18). A perda da função pública e a suspensão dos direitos políticos só produzirão efeitos com o trânsito em julgado da sentença condenatória (art. 20, caput)

1.7. Prescrição

1.7.1. Ressarcimento do erário: essa pretensão é imprescritível segundo o STF (art. 37, § 5º, da CF)

1.7.2. Aplicação das demais sanções

a) 5 anos: após o término do exercício do mandato, de cargo em comissão ou de função de confiança
b) No prazo da lei específica quanto à prescrição para faltas punidas com demissão a bem do serviço público, para os casos de cargo efetivo e emprego público (normalmente 5 anos contados da data do fato)
c) Até 5 anos da data da apresentação à administração pública da prestação de contas final pelas entidades referidas no parágrafo único do art. 1º da Lei 8.429/1992

DIREITO ADMINISTRATIVO

Tema VIII - Bens Públicos

1. Bens Públicos I

1.1. Conceito de bens públicos: são os bens pertencentes às pessoas jurídicas de direito público (art. 98 do CC)

🔊 **Tradução:** bens da União, Estados, DF, Municípios, autarquias, fundações públicas, agências reguladoras e associações públicas

1.2. Classificação quanto à destinação (art. 99)

1.2.1. Bens de uso comum do povo
a) **Conceito:** são os destinados ao uso indistinto de todos
b) **Exemplos:** rios, mares, estradas, ruas, praças
c) **Regra:** uso pode ser gratuito ou retribuído, conforme lei local

1.2.2. Bens de uso especial
a) **Conceito:** são os destinados a serviço ou estabelecimento da administração
b) **Exemplos:** repartições públicas, teatros, universidades, escolas, bibliotecas, museus, viaturas, cemitérios e mercados públicos

1.2.3. Bens dominicais
a) **Conceito:** são os que constituem mero patrimônio das pessoas jurídicas de direito público
b) **Exemplos:** bens adquiridos em execução fiscal, imóveis desocupados, terras devolutas
c) **Regra 1:** "não dispondo a lei em contrário, consideram-se dominicais os bens pertencentes às pessoas jurídicas de direito público a que se tenha dado estrutura de direito privado" (art. 99, parágrafo único); exemplo: fundações estatais)
Regra 2: podem ser alienados, observadas as exigências da lei; mas são impenhoráveis e imprescritíveis

⚠️ **Atenção:** conheça os seguintes conceitos:
– **Afetação:** ato ou fato que dá destinação a um bem público
– Bens de uso comum do povo e especial são afetados
– Dá-se por lei, ato administrativo, registro, construção, força da natureza
– **Desafetação:** ato ou fato que retira a destinação dada a um bem público
– Bens dominicais são desafetados
– Dá-se por ato da mesma hierarquia do ato que afetou, por caso fortuito e força maior

1.3. Regime jurídico

1.3.1. Imprescritíveis
a) **Conceito:** não estão sujeitos a usucapião
b) **Fundamento:** arts. 183, § 3º, e 191, p. único, da CF; art. 102 do CC; Súmula 340 do STF
c) **Atenuantes:** uso de bens públicos pode gerar direito à
– **Legitimação de posse:** arts. 29 a 31 da Lei 6.383/1976, gera licença de ocupação por um tempo + preferência na aquisição
– **Concessão de uso especial:** MP 2.220/2001 (art. 183, p. 1o, da CF); requer atendimento aos requisitos para usucapião especial **até 22/12/2016**; a concessão tem prazo indeterminável e é transferível

1.3.2. Impenhoráveis
a) **Conceito:** não estão sujeitos à constrição judicial
b) **Fundamento:** art. 100 do CC (bens são inalienáveis) + art. 100 da CF (pagamentos por precatório ou, se pequeno valor, à vista)
– Precatório: requisição de pagamento feita pelo Presidente do Tribunal ao Chefe do Executivo, que deve incluir o valor no orçamento do ano seguinte, se a requisição for até 1º de julho
c) **Atenuantes:** cabe constrição nos seguintes casos
– Sequestro pelo preterimento ou não pagamento (100, § 6º, da CF)
– Bloqueio de dinheiro para tratamento médico indispensável

1.3.3. Inalienáveis
a) **Conceito:** bens de uso comum e de uso especial são inalienáveis, enquanto conservarem a sua qualificação, na forma da lei
b) **Fundamento:** art. 100 do CC
c) **Requisitos para alienar imóvel** (art. 17 da Lei 8.666/1993)
– Interesse público justificado
– Desafetação/autorização legislativa
– Avaliação
– Licitação por concorrência

1.3.4. Não passíveis de oneração
a) **Conceito:** bens públicos não podem ser dados em garantia
b) **Fundamento:** art. 100 do CC; se são inalienáveis, não podem ser dados em garantia
c) **Exceções:** cabe vinculação de receitas nos seguintes casos previstos na Constituição
– Art. 167, IV: garantia às operações de crédito por antecipação de receita
– Art. 167, § 4º: garantia às dívidas junto à União

DIREITO ADMINISTRATIVO
Tema VIII - Bens Públicos

1. Bens Públicos II

1.4. Uso dos bens públicos

- **1.4.1. Uso livre:** existe nos bens de uso *comum do povo*, desde que sem exclusividade – exemplo: brincar em praça pública
- **1.4.2. Autorização de uso:** unil./discr./prec./proveito próprio – exemplo: fechar rua para uma festa de São João
- **1.4.3. Permissão de uso:** unil./discr./prec./licitação – exemplo: banca de jornal de praça pública
- **1.4.4. Concessão de uso:** bilat./ñ prec./licitação – exemplo: estacionamento privado em aeroporto
- **1.4.5. Concessão de direito real de uso:** bilat./ñ prec./licit./real – exemplo: instalação de indústria em terreno público
- **1.4.6. concessão de uso especial** (MP 2.220/2001); **art. 183, p. 1o, da CF):** como não se admite usucapião em bem público, nas hipóteses em que forem preenchidos os requisitos legais para a usucapião especial urbana até 22.12.2016, há direito do ocupante à concessão de uso especial, que se constitui administrativa ou judicialmente."
- **1.4.7. Cessão de uso:** cessão a outro ente público; exemplo: para a Polícia Militar

1.5. Bens públicos da União (art. 20 da CF)

- **1.5.1. Os que atualmente lhe pertencem e os que lhe vierem a ser atribuídos**
- **1.5.2. Terras devolutas indispensáveis à defesa:**
  a) das fronteiras, fortificações e construções militares;
  b) das vias federais de comunicação;
  c) da preservação ambiental, definidas em lei
- **1.5.3. Terras tradicionalmente ocupadas pelos índios**
  – Estes têm **posse permanente** e **usufruto exclusivo** das riquezas do solo, dos rios e dos lagos nelas existentes
  – Aproveitamento dos demais recursos só com autorização do Congresso Nacional, garantida a participação nos resultados
- **1.5.4. Lagos e rios:**
  a) de terrenos de seu domínio;
  b) que banhem mais de um Estado;
  c) que sirvam de limite com outros países;
  d) que se estendam a território estrangeiro ou dele provenham
  – Inclusive os terrenos marginais
- **1.5.5. Terrenos de marinha:** faixa de terra de 33 metros da linha preamar média, em direção ao continente
- **1.5.6. Praias marítimas**
- **1.5.7. Mar territorial:** 12 milhas do continente
- **1.5.8. Recursos da zona econômica exclusiva:** 12 a 200 milhas do continente
- **1.5.9. Ilhas:**
  a) **Fluviais** (de rios) e **lacustres** (de lagos) nas zonas limítrofes com outros países; as demais são dos Estados
  b) **Oceânicas** (no oceano)
  c) **Costeiras** (próximas à costa), excluídas as de terceiros
- **1.5.10. Cavidades subterrâneas e sítios arqueológicos e pré-históricos**
- **1.5.11. Potenciais de energia hidráulica**
- **1.5.12. Recursos minerais, inclusive dos subsolos**
  – Assegurada a participação (ou compensação financeira) no resultado da exploração de petróleo, gás natural, potencial hídrico e outros recursos minerais
  – No respectivo território, plataforma continental, mar territorial e zona econômica exclusiva
  – Em favor dos Estados, DF, Municípios e União
  – Nos termos da lei (art. 20, § 1º, da CF)

DIREITO ADMINISTRATIVO
Tema IX - Intervenção do Estado na Propriedade

1. Intervenção na Propriedade I

1.1. Introdução:

1.1.1. Propriedade tem função individual

1.1.2. Propriedade tem função social

– O Estado intervém na propriedade para garantir que esta atenda a sua função social
– O Estado está preocupado com os seguintes valores:
a) **Uso seguro da propriedade:** exemplo Código de Obras
b) **Uso organizado da propriedade:** exemplo: Zoneamento
c) **Uso legítimo da propriedade:** exemplo: Lei do Silêncio
d) **Uso social da propriedade:** exemplos: desapropriação, servidão, requisição, ocupação temporária
e) **Preservação do meio ambiente:** exemplo: tombamento

1.2. Limitação administrativa:

1.2.1. Conceito: *imposição geral e gratuita, que traz os limites dos direitos das pessoas, de modo a condicioná-los às exigências da coletividade;* exemplos: Códigos de Trânsito, de Obras e Sanitário; Lei de Zoneamento, Lei do Silêncio, Reserva Legal

1.2.2. Características:

a) **Incidência:** sobre atividades, direitos e propriedade
b) **Destinatário:** atinge pessoas indeterminadas (geral)
c) **Intensidade:** limita, mas não inviabiliza propriedade; impõe um non facere (não fazer)
d) **Consequência:** não enseja indenização (gratuita)

1.3. Requisição administrativa:

1.3.1. Conceito: *ato que determina a utilização de bens e serviços particulares, em caso de iminente perigo público, mediante indenização ulterior* (art. 5º, XXV, CF); exemplos: uso de clube privado para abrigar vítimas de inundação; uso de clínica privada para atender queimados

1.3.2. Características:

a) **Incidência:** bens ou serviços
b) **Destinatário:** atinge pessoas determinadas
c) **Intensidade:** atinge o uso e é transitória
d) **Consequência:** se houver dano, enseja indenização, mas posterior
e) **Aplicação:** é autoexecutória, dispensando ingresso com ação judicial

1.4. Ocupação temporária:

1.4.1. Conceito: *é o uso, pelo Poder Público, de um bem particular não edificado, com o objetivo de executar obras ou serviços públicos* (art. 36 do Dec.-lei 3.365/1941); exemplos: canteiro para obra pública; pesquisa de minérios em bem privado

1.4.2. Características:

a) **Incidência:** terreno não edificado
b) **Destinatário:** atinge pessoas determinadas
c) **Intensidade:** atinge o uso e é transitória
d) **Consequência:** enseja indenização
e) **Aplicação:** depende de ação própria, que fixará a indenização

DIREITO ADMINISTRATIVO
Tema IX - Intervenção do Estado na Propriedade

1. Intervenção na Propriedade II

1.5. Servidão administrativa:

1.5.1. Conceito: *ônus real de uso imposto ao particular para a realização de obras ou serviços públicos; exemplos: torre de energia elétrica, aqueduto, placa de rua*

1.5.2. Características:

a) **Incidência:** bens imóveis
b) **Destinatário:** atinge pessoas determinadas
c) **Intensidade:** ônus real impondo um suportar (pati)
d) **Consequência:** enseja indenização prévia
e) **Aplicação:** depende de acordo extrajudicial ou ação de desapropriação para instituição de servidão (art. 40 do Dec.-lei 3.365/1941)

1.6. Tombamento (Dec.-lei 25/1937)

1.6.1. Conceito: *ato que declara bem de valor especial para fins de proteção*

1.6.2. Objeto: material/imaterial, móvel/imóvel, imóvel isolado/conjunto arquitetônico, bairro, cidade

1.6.3. Modalidades:

a) **Voluntário:** a pedido do proprietário da coisa
b) **Contencioso:** praticado de ofício pela Administração; neste caso, esta notifica o proprietário para defesa em 15 dias; com a notificação ocorre o tombamento provisório, que já protege o bem a ser tombado

1.6.4. Instituição:

a) **Por ato administrativo:** após decisão, inscreve-se no Livro do Tombo; em sendo imóvel, há de se registrar no Registro de Imóveis;
b) **por ato legislativo;**
c) **por ato judicial**

1.6.5. Efeitos do tombamento:

a) O proprietário deve **conservar** a coisa (se não tiver recursos, o Poder Público está autorizado pela lei a arcar com os custos)
b) O proprietário depende de **autorização especial** para reparar, pintar ou restaurar a coisa
c) Os **vizinhos** não podem reduzir a visibilidade da coisa tombada) Bem tombado público é inalienável
e) Bem tombado **não pode sair do País**, salvo se por prazo curto, sem alienação, para fim de intercâmbio cultural e mediante autorização pública

1.7. Expropriação (art. 243 da CF):

1.7.1. Conceito: *consiste na retirada da propriedade de alguém sem o pagamento de indenização alguma*

1.7.2. Hipóteses:

a) Sobre gleba onde forem localizadas culturas ilegais de plantas psicotrópicas
b) Sobre bem apreendido em decorrência de tráfico

1.7.3. Destinação das glebas e bens apreendidos:

a) Glebas serão destinadas ao assentamento de colonos para cultivo de produtos alimentares e medicamentos
b) Bens reverterão em benefício de instituições e pessoal especializados no tratamento de viciados e no aparelhamento e custeio de atividades de fiscalização, controle, prevenção e repressão do crime de tráfico

DIREITO ADMINISTRATIVO

TEMA IX - INTERVENÇÃO DO ESTADO NA PROPRIEDADE

1. Desapropriação I

1.1. Conceito
procedimento em que o Poder Público, compulsoriamente, despoja pessoa de bem certo, adquirindo-o em caráter originário, mediante indenização

1.2. Fundamentos da desapropriação
a) **Utilidade pública** – Dec.-lei 3.365/1941
b) **Necessidade pública** Dec.-lei 3.365/1941
c) **Interesse social** – Lei 4.132/1962; Lei 8.629/1993 e LC 76/1993 (reforma agrária)

1.3. Forma originária de aquisição da propriedade
a) Ônus reais ficam sub-rogados no preço (art. 31 do Dec.-lei 3.365/1941)
b) Não há direito de reivindicação por terceiro (art. 35 Dec.-lei 3.365/1941)

1.4. Objeto
qualquer bem pode ser desapropriado; móvel/imóvel, material/imaterial, inclusive espaço aéreo e subsolo; não podem ser desapropriados:
a) dinheiro;
b) pessoas;
c) direitos da personalidade;
d) bens da União

⚠️ **Atenção:** bens privados podem ser desapropriados pelos entes políticos; dos Municípios, só pela União e Estados; dos Estados, só pela União; e desapropriação de bem público depende de autorização legislativa do ente expropriante

1.5. Competência
a) **Para legislar:** da União (art. 22, II, da CF)
b) **Para declarar** (intenção de desapropriar): entes políticos e entes autorizados pela lei, como a ANEEL
c) **Para executar** (fazer acordo ou entrar com ação): entes políticos; pessoas de direito público; concessionárias de serviço público autorizadas por lei ou contrato

1.6. Declaração

1.6.1. Requisitos
a) Identificação do bem e do destino a ser dado
b) Indicação do dispositivo legal
c) Decreto do Chefe do Executivo

💡 **Dica:** lei também pode declarar

1.6.2. Efeitos
a) Fixa o estado do bem para fins de indenização
b) Faculta ao Poder Público a entrada no bem
c) Faz iniciar o prazo decadencial da declaração
– 5 anos: regra
– 2 anos: desapropriação por interesse social

⚠️ **Atenção:** caducando, nova declaração só após 1 ano

1.7. Indenização

1.7.1. Prévia
a) Mesmo quando paga em dinheiro ou títulos
b) Não impede imissão na posse, desde que haja depósito do valor provisório fixado pelo juiz
Imissão provisória
– Basta declarar urgência e depositar o valor venal atual ou 20 vezes o valor locatício
– Alegação de urgência não pode ser renovada e obriga o expropriante a requerer a imissão em 120 dias
– Desapropriado pode levantar 80% do depósito

1.7.2. Justa
a) **Valor de mercado do bem**
b) **Demais danos emergentes e lucros cessantes** – exemplo: perda do ponto
c) **Juros compensatórios:** quando há imissão provisória
– 6% ao ano sobre a diferença entre 80% do preço ofertado e o valor fixado na sentença (STF, ADI 2332/DF, 17/05/18)
– Contados da imissão
d) **Juros moratórios:** quando há atraso no precatório – 6% ao ano – Contados de 1º/jan. do ano após ao que deveria ser pago
e) **Correção monetária:** da realização do laudo pericial
f) **Honorários:** 0,5 a 5% sobre a diferença entre a sentença e a oferta

1.7.3. Em dinheiro
salvo se não cumprida a função social, hipótese em que pagamento é por títulos

– **Área rural** (art. 184 da CF)
a) União desapropria para reforma agrária
b) Paga com títulos da dívida agrária, resgatáveis em até 20 anos, a partir do 2º ano de sua emissão
c) Benfeitorias úteis e necessárias em dinheiro
d) Não cabe desapropriação para reforma agrária de pequena e média propriedade rural (se proprietário não tiver outra) e de propriedade produtiva
– **Área urbana** (art. 182 da CF)
a) Município desapropria
b) Paga com títulos da dívida pública, de emissão aprovada pelo Senado, resgatáveis em até 10 anos, em parcelas anuais, iguais e sucessivas
c) Estatuto da Cidade estabelece que é o valor venal e não tem lucros cessantes
d) Requisitos para a aplicação do instituto:
– Lei federal, plano diretor municipal, lei municipal específica indicando as áreas que devem ser utilizadas
– Notificação para parcelamento, edificação ou utilização compulsória: 1 ano para projeto / 2 anos para iniciar
– IPTU progressivo por 5 anos: alíquota de até 15%, no máximo dobrando a cada ano

DIREITO ADMINISTRATIVO
Tema IX - Intervenção do Estado na Propriedade

1. Desapropriação II

1.8. Requisitos para a desistência da desapropriação:

a) O pedido de desistência deve ser feito em juízo, na própria ação de desapropriação
b) O pedido deve ocorrer antes do pagamento integral da indenização
c) O bem deve ser restituído no estado em que se encontrava antes da imissão provisória
d) O expropriado deve ser ressarcido de todos os danos que tiver
e) A Fazenda deve pagar as despesas processuais

1.9. Retrocessão:

1.9.1. Conceito: *direito real do ex-proprietário de reaver bem desapropriado não utilizado em finalidade pública*

1.9.2. Hipóteses:

a) **Tredestinação ilícita:** utilização do bem em finalidade que não é de interesse público; exemplo: imóvel desapropriado para construir escola, mas repassado a indústria; se era para fazer escola, mas faz hospital, tudo bem (tredestinação lícita)
b) **Não utilização do bem nos seguintes prazos:**
– Interesse social: 2 anos (art. 3º da Lei 4.132/1962), salvo parcelamento popular
– Reforma agrária: 3 anos (art. 16 da Lei 8.629/1993)
– Desapropriação-sanção urbana: 5 anos (art. 8º, § 4º, Lei 10.257/2001)
– Utilidade pública: 5 anos; analogia ao prazo decadencial

1.9.3. Prazo para entrar com ação de retrocessão: prazo decadencial para direitos reais – 10 anos; art. 205/CC

1.10. Desapropriação por zona

1.10.1. Conceito: *desapropriação de área maior do que a necessária para a realização de obra ou serviço, para abranger zona contígua a ela*

1.10.2. Hipóteses:

a) Para **reservar** área contígua para o futuro; Exemplo: escola
b) Para **revender** área contígua quando a obra ou serviço gerar extraordinária valorização; exemplo: metrô no local
– STF entende constitucional

1.11. Direito de extensão

1.11.1. Conceito: faculdade do expropriado de exigir que na desapropriação se inclua parte restante do bem que irá se tornar inútil ou de difícil utilização

1.11.2. Momento para exercer direito: direito deve ser exercido na contestação da ação de desapropriação

1.12. Desapropriação indireta

1.12.1. Conceito: *abusiva e irregular apropriação de bem particular pelo Poder Público, que passa a utilizá-lo em atividade de interesse da coletividade;* exemplo: utilização de área particular para alargar avenida

1.12.2. Requisitos: apossamento + atividade pública

1.12.3. Consequência:

– Particular deve ingressar com ação de indenização por desapropriação indireta, requerendo justa indenização, sendo que juros compensatórios são desde a ocupação pelo Poder Público e sobre o valor total
– Como a questão envolve direito real (propriedade), o prazo para tanto é o previsto para a usucapião extraordinária; assim, sob a égide do CC anterior, o prazo era de 20 anos (Súmula 119 do STJ); agora deverá ser 10 anos

DIREITO ADMINISTRATIVO

TEMA X - RESPONSABILIDADE CIVIL DO ESTADO

1. Responsabilidade Civil do Estado I

1.1. Evolução histórica

1.1.1. Fase da Irresponsabilidade: Estado não respondia por danos aos particulares; poder soberano dos reis era considerado divino – "The King can do no wrong"

1.1.2. Fase Civilista: Estado passa a responder se dano fosse causado por culpa ou dolo de um funcionário estatal; exemplo: um motorista da Prefeitura bebe muito e atropela alguém

1.1.3. Fase Publicista:

a) **Culpa administrativa:** Estado só responde se o dano tiver origem num serviço defeituoso; exemplo: um buraco na rua, não recapeado pelo Estado, propicia acidente– Foco não é a culpa do funcionário, mas a falha do serviço
b) **Risco administrativo:** Estado responde objetivamente pelos danos que causar, para que haja igualdade nos ônus e encargos sociais; exemplo: bala perdida da PM fere alguém; nossa CF adotou a responsabilidade objetiva do Estado por essa ótica (art. 37, § 6º)

1.2. Modalidades de responsabilidade estatal

1.2.1. Objetiva:

a) Por atos **comissivos** das pessoas de **direito público** (art. 37, § 6º, da CF)
b) Por atos **comissivos** das pessoas de **direito privado prestadoras de serviço público** (art. 37, § 6º, da CF)
c) Por condutas que, pela sua natureza, **são de risco** (art. 927, parágrafo único, do CC)
d) Por condutas **omissivas específicas**: para o STF a responsabilidade estatal por **condutas omissivas específicas** é objetiva; exemplo: agressão física a aluno por colega em escola estadual; não confunda *conduta omissiva genérica* (exemplo: o Estado não conseguir evitar furtos de carros), com conduta omissiva específica (exemplo: o Estado ter o dever de vigilância sobre alguém e não evitar o dano); no primeiro caso, o Estado responde subjetivamente (vide item abaixo); no segundo caso, objetivamente

1.2.2. Subjetiva:

a) Condutas **omissivas** genéricas das pessoas de direito público e das pessoas de direito privado prestadoras de serviço público
– Nesse caso responsabilidade dependerá da demonstração de que o serviço é **defeituoso** ("falta do serviço"): i) não funcionou, ii) funcionou atrasado ou iii) funcionou mal; exemplo: buraco na rua que vem a causar um acidente com veículo; observe que o fundamento é a "culpa administrativa" e não a "culpa de um servidor estatal";
b) Condutas **comissivas** ou **omissivas** das pessoas de direito privado não prestadoras de serviço público (art. 186 do CC) – verifica culpa/dolo do agente
c) Responsabilidade pessoal dos agentes públicos (art. 37, § 6º, da CF) – verifica culpa/dolo do agente

1.3. Requisitos da responsabilidade objetiva

1.3.1. Conduta: *ato de agente de pessoa de direito público ou de direito privado prestadora de serviço público; não discute culpa/dolo, nem se o serviço é defeituoso*

1.3.2. Dano indenizável

a) **Dano certo:** *é o existente, e não apenas o eventual*
b) **Dano especial:** *é o que atinge pessoas em particular*
c) **Dano anormal:** *é o que ultrapassa as dificuldades comuns da vida em sociedade*

1.3.3. Nexo de causalidade

– Admitem-se excludentes de responsabilidade: caso fortuito, força maior, culpa exclusiva da vítima ou de terceiro
– Teoria adotada: Risco Administrativo; e não Risco Integral

DIREITO ADMINISTRATIVO
Tema X - Responsabilidade Civil do Estado

1. Responsabilidade Civil do Estado II

1.4. Responsabilidade das Concessionárias de Serviço Público
a) **Modalidade:** objetiva
b) **Beneficiários:** usuários do serviço + terceiros não usuários (STF se pacificou nesse sentido)
c) **Responsabilidade do Estado:** é subsidiária em relação à prestadora de serviço público

1.5. Responsabilidade do Tabelião e do Registrador
a) **Modalidade:** jurisprudência considerava objetiva, na forma do art. 37, §6º, da CF; mas Lei 13.286/2016 alterou art. 22 da Lei 8.935/1994 para dizer que respondem apenas se agirem por si ou via seus substitutos e escreventes mediante conduta culposa ou dolosa
b) **Beneficiários:** usuários do serviço + terceiros não usuários
c) **Responsabilidade do Estado:** é subsidiária em relação ao delegatário do serviço público

1.6. Responsabilidade por Ato Legislativo
a) **Regra:** não responde
b) **Exceções:** lei inconstitucional; lei de efeitos concretos

1.7. Responsabilidade por Ato Jurisdicional
a) **Regra:** não responde
b) **Exceções:**
– Juiz agir com dolo, fraude ou prevaricar (art. 143 do NCPC)
– Prisão além do tempo (art. 5º, LXXV, da CF)
– Erro judiciário: i) reconhecido em revisão criminal; ii) erro grave (prisão sem qualquer envolvimento no crime)

1.8. Responsabilidade do agente público
a) **Regra:** responde por culpa ou dolo
b) **Responsabilidade indireta:** não é cabível acionar diretamente o agente público, ou seja, não cabe responsabilidade per *saltum* deste; prejudicado deve ingressar com ação diretamente contra o Estado e este pode denunciar da lide o agente público que agiu culposa ou dolosamente
c) **Denunciação da lide do Estado face ao agente:** não é obrigatória; o Estado deve imputar fato culposo ou doloso

1.9. Prescrição:
a prescrição em geral para exercer pretensão face à Fazenda Pública é de 5 anos (Decreto 20.910/1932)

1.10. Responsabilidade civil e administrativa de pessoas jurídicas:
a) Trata-se da chamada Lei Anticorrupção (Lei 12.846/2013);
b) Dispõe sobre a responsabilização objetiva, nas esferas administrativa e civil, de pessoas jurídicas, pela prática, por estas, de atos contrários à Administração Pública, inclusive atos contrários à Administração Pública estrangeira, ainda que cometidos no exterior (arts. 1º e 28)
c) Sanções administrativas podem ser aplicadas sem intervenção do Judiciário no caso de aplicação de multa e de publicação extraordinária de decisão condenatória (art. 6º);
d) Quanto às demais sanções administrativas (perdimento de bens, a suspensão ou interdição parcial de atividades, a dissolução compulsória da pessoa jurídica e a proibição de contratar com a Administração), bem como a reparação civil, cabe ao Poder Público ou ao MP ingressar com ação judicial,
e) A autoridade máxima de cada órgão ou entidade pública poderá celebrar **acordo de leniência** com as pessoas jurídicas responsáveis pela prática dos atos previstos na Lei que colaborem efetivamente com as investigações e o processo administrativo; o acordo isenta algumas sanções, diminui multa até 2/3, mas não exime da obrigação de reparar o dano

DIREITO ADMINISTRATIVO
Tema XI - Licitação Pública

1. Licitação I – Aspectos Gerais

- **1.1. Legislação**
  - **1.1.1. Constituição Federal**
    - Art. 22, XXVII: União legisla sobre normas gerais
    - Art. 173, § 1º, III: lei criará normas para estatais
    - Art. 37, XXI: ressalvados os casos especificados na legislação, as obras, serviços, compras e alienações serão contratados mediante processo de licitação pública que assegure igualdade de condições a todos os concorrentes, com cláusulas que estabeleçam obrigações de pagamento, mantidas as condições efetivas da proposta, nos termos da lei, o qual somente permitirá as exigências de qualificação técnica e econômica indispensáveis à garantia do cumprimento das obrigações
  - **1.1.2. Lei 8.666/1993:** Lei de Licitações e Contratos
  - **1.1.3. Lei 10.520/2002:** Lei do Pregão
  - **1.1.4. Lei 13.303/2016:** Lei das Empresas Estatais

- **1.2. Objetivos do procedimento licitatório** (art. 3º da Lei 8.666/1993)
  - 1.2.1. Garantir o princípio da **isonomia**
  - 1.2.2. Garantir a **seleção mais vantajosa** para a Administração
  - 1.2.3. Garantir a **promoção do desenvolvimento nacional sustentável**

- **1.3. Princípios do procedimento licitatório** (art. 3º)
  - 1.3.1. Legalidade
  - 1.3.2. Impessoalidade
  - 1.3.3. Moralidade e Probidade
  - 1.3.4. Publicidade: exceção: sigilo do conteúdo da proposta (art. 3º, § 3º)
  - 1.3.5. Igualdade
  - 1.3.6. Vinculação ao instrumento convocatório
  - 1.3.7. Julgamento objetivo

- **1.4. Quem deve licitar?** (art. 1º, p. ún.)
  - 1.4.1. Órgãos da Administração Direta
  - 1.4.2. Pessoas da Administração Indireta, sendo empresas estatais, devem obedecer à licitação da Lei 13.303/2016
  - 1.4.3. Entidades controladas direta ou indiretamente pelos entes políticos
  - 1.4.4. Fundos públicos
  - Entidades do Sistema "S", Organizações Sociais e OSCIPs não estão submetidas ao dever de licitar

- **1.5. O que deve ser licitado?** (art. 2º)
  - 1.5.1. **Contratos:** *obras* (exemplo: construção, reforma), *serviços* (exemplo: demolição, seguro), *compras, alienações e locações*
  - 1.5.2. **Concessões:** de uso de bem público e de serviço público
  - 1.5.3. **Permissões:** de uso de bem público e de serviço público

- **1.6 Incentivo ao desenvolvimento nacional sustentável:**
  - **1.6.1 Em caso de Empate,** haverá preferência, sucessiva, aos bens e serviços
    - a) Produzidos **no País**
    - b) Produzidos ou prestados **por empresas brasileiras**
    - c) Produzidos ou prestados **por empresas que invistam em pesquisa e desenvolvimento de tecnologia no País**
    - d) Produzidos ou prestados **por empresas que comprovem cumprimento de reserva de cargos prevista em lei para pessoa com deficiência ou para reabilitado da Previdência Social e que atendam às regras de acessibilidade previstas na legislação**
    - e) Permanecendo o empate, far-se-á um **sorteio**, em ato público, para o qual todos os licitantes serão convocados, vedado qualquer outro processo
  - **1.6.2. Margem de preferência** (art. 3º da Lei 8.666/1993)
    - **1.6.2.1. Margem de preferência ordinária:** poderá ser estabelecida para: i) bens e serviços produzidos ou prestados por empresas que comprovem cumprimento de reserva de cargos prevista em lei para pessoa com deficiência ou para reabilitado da Previdência Social e que atendam às regras de acessibilidade previstas na legislação; ii) produtos manufaturados e para serviços nacionais que atendam a normas técnicas brasileiras
    - **1.6.2.2. Margem de preferência adicional:** poderá ser estabelecida para os produtos manufaturados e serviços nacionais resultantes de desenvolvimento e inovação tecnológica realizados no País, em percentual adicional àquela prevista no item anterior
    - Essas margens serão definidas pelo Executivo Federal, não podendo a soma ultrapassar 25% sobre o preço estrangeiro
    - A margem pode se estender para favorecer produtos/serviços do Mercosul

DIREITO ADMINISTRATIVO
Tema XI - Licitação Pública

1. Licitação II – Casos especiais

1.1. ME/EPP têm vantagens (LC 123/2006):

1.1.1. Comprovação da regularidade fiscal apenas no momento da assinatura do contrato (art. 42)

1.1.2. Preferência em caso de empate com outras empresas

1.1.3. Empate ficto (art. 44); se proposta de ME/EPP forem iguais ou até 10% superiores à melhor proposta (no pregão, o intervalo é de até 5%), elas terão nova oportunidade de apresentar proposta de preço inferior e ganhar o certame

1.1.4. Licitação exclusiva para ME/EPP obrigatória para itens de até R$ 80 mil

1.1.5. Licitação com subcontratação obrigatória para ME/EPP, a critério da Administração

1.1.6. Licitação com cota para ME/EPP de até 25% do total, em certames para aquisição de bens de natureza divisível, providência obrigatória da Administração

⚠️ **Atenção:** os três últimos itens não se aplicam se não houver ao menos 3 fornecedores ME/EPP competitivos na região; se houver desvantagem para a Administração ou prejuízo ao objeto licitado; e se for caso de dispensa ou inexigibilidade de licitação

1.2. Sistemas de Defesa

1.2.1. Legislação: a Lei 12.598/2012 estabelece normas especiais para compras, contratações e desenvolvimento de produtos e sistemas de defesa – exemplo: licitação exclusiva para EED

1.2.2. Empresa Estratégica de Defesa: pessoa jurídica credenciada no Ministério da Defesa, com sede, operação, pesquisa e desenvolvimento de tecnologia no Brasil

1.3. RDC – Regime Diferenciado de Contratações Públicas

1.3.1. Legislação: Lei 12.462/2011

1.3.2. Hipóteses: o RDC é aplicável exclusivamente às contratações necessárias à realização:

a) Das Olimpíadas/2016 e Paraolimpíadas/2016
b) Da Copa das Confederações/2013 e Copa do Mundo/2014
c) Das obras de infraestruturas e serviços para os aeroportos das capitais dos Estados distantes até 350 km das cidades sedes dos mundiais referidos acima
d) Das ações do PAC
e) Das obras e serviços de engenharia no âmbito do SUS
f) Das obras e serviços de engenharia para construção, ampliação e reforma de estabelecimentos penais e unidades de atendimento socioeducativo;
g) Das ações no âmbito da segurança pública
h) Das obras e serviços de engenharia relacionados a melhorias na mobilidade urbana ou ampliação de infraestrutura logística
i) Dos contratos a que se refere o art. 47-A
j) Das ações em órgãos e entidades dedicados à ciência, à tecnologia e à inovação

1.3.3. Características marcantes:

– **Opção** pelo RDC afasta Lei 8.666/1993
– Acrescenta princípios da "economicidade" e "eficiência"
– Impõe respeito especial à série de interesses **difusos**
– Admite **contratação integrada**: do projeto básico e executivo a execução, testes e pré-operação
– Admite **remuneração variável** vinculada ao desempenho, com base em metas, qualidade, sustentabilidade e prazos de entrega
– Admite a locação **"built to suit"**, na qual Administração contrata locação em que locador realiza prévia aquisição, construção ou reforma do bem especificado pela administração (art. 47-A)
– Vedação de **nepotismo** nas contratações diretas

1.3.4. Fases da licitação: preparatória, publicação do instrumento convocatório (com prazos menores), apresentação de propostas ou lances, julgamento, habilitação, recursal e encerramento (adjudicação e homologação)

1.3.5. Tipos de licitação: menor preço ou maior desconto, técnica e preço, melhor técnica e conteúdo artístico, maior oferta de preço; ou maior retorno econômico

DIREITO ADMINISTRATIVO

TEMA XI - LICITAÇÃO PÚBLICA

1. Licitação III – Contratação Direta I

1.1. Hipóteses de Contratação Direta (= a sem licitação)

1.1.1. Licitação dispensada (art. 17)
- Relativa à alienação de bens públicos
- Rol taxativo
- **Não há** discricionariedade para a Administração

1.1.2. Dispensa de licitação (art. 24)
- Rol taxativo
- **Há** discricionariedade para realizar ou não a licitação – "a lei faculta a dispensa"

1.1.3. Inexigibilidade de licitação (art. 25)
- Rol exemplificativo
- A licitação é inviável, ou seja, "não tem como ser feita"
- **Não há** discricionariedade para a Administração

1.2. Licitação dispensada

1.2.1. Imóveis
– Alienação depende de interesse público, autorização legislativa, avaliação e licitação, dispensada esta na:
a) Dação em pagamento
b) Doação para Administração ou para programas sociais
c) Investidura (alienação a proprietário lindeiro, de área remanescente ou resultante de obra pública, inaproveitável isoladamente)

1.2.2. Móveis
– A alienação depende de interesse público, avaliação e licitação, dispensada esta na doação social, na permuta entre órgãos da Administração, entre outros casos

1.3. Dispensa de licitação (art. 24)

1.3.1. Em razão do valor (I e II)
a) Contratos de até 10% do valor limite para o convite, ou seja:
- R$ 15 mil para obras e serviços de engenharia (em valores atualizados, R$ 33 mil – vide Decreto 9.412/18)
- R$ 8 mil para compras e serviços (em valores atualizados, R$ 17,6 mil)
b) Contratos de até 20% do valor limite para o convite, se feitos por consórcios públicos, empresas estatais e agências executivas (§ 1º); quanto às empresas estatais vide as regras da Lei 13.303/2016
Obs.: não é possível o **fracionamento** de contratações que possam ser feitas de uma só vez, para que não haja violação reflexa da lei

1.3.2. Em razão de situações excepcionais
a) Em caso de guerra ou grave perturbação da ordem (III) – exemplo: greve
b) Em caso de calamidade pública ou emergência (IV) – exemplo: desmoronamento de uma ponte
- Somente para os bens/serviços relacionados à emergência
- Por, no máximo, 180 dias, vedada prorrogação do contrato
c) Em caso de licitação deserta (V)
- Caso não haja interessados na licitação e esta não possa ser repetida sem prejuízo, mantidas as condições do edital
Obs.: não se deve confundir licitação deserta com licitação fracassada; na última, aparecem interessados, mas estes ou são inabilitados ou são desclassificados, não cabendo dispensa, mas concessão de prazo para licitantes apresentarem nova documentação
d) Quando a União tiver que intervir no domínio econômico para regular preços ou normalizar o abastecimento (VI)
e) Em caso de rescisão contratual, para conclusão do remanescente de obra; contrata-se o 2º melhor classificado, nas condições oferecidas pelo vencedor do certame (XI)

1.3.3. Em razão do objeto
a) Para *compra* ou *locação* de **imóvel** pela Administração (X) – exemplo: aluguel de imóvel para instalar uma creche municipal
- Imóvel destinado a finalidade precípua da Administração
- Imóvel com instalação/localização ideais para Administração
- Imóvel com valor compatível com o de mercado
b) Para *aquisição* ou *restauração* de **obras de arte e objetos históricos** (XV)
- Desde que de autenticidade certificada
- Desde que compatível com finalidade do órgão

1.3.4. Em razão da pessoa
a) Na contratação de **instituição brasileira** de pesquisa, ensino, desenvolvimento institucional ou recuperação de preso, **com** inquestionável reputação ético-profissional e sem fins lucrativos (XIII) – exemplo: contratação da FGV para uma consultoria
b) Na contratação de serviços de **organizações sociais** para atividades contempladas no contrato de gestão (XXIV)
- Verificar os demais incisos do art. 24 da Lei 8.666/1993

DIREITO ADMINISTRATIVO
Tema XI - Licitação Pública

1. Licitação III – Contratação Direta II

1.4. Inexigibilidade de licitação (art. 25)

– Quando houver **inviabilidade de competição**, em especial (rol exemplificativo):

1.4.1. Em caso de fornecedor exclusivo (I) – exemplos: quando há único fornecedor de um medicamento; para contratação de serviço postal (só há os Correios, que têm monopólio)

– É vedada a preferência de marca, salvo para padronização

1.4.2. Caso seja necessário contratar serviço singular (II)

– Trata-se de serviço técnico *diferenciado*, não podendo se tratar de um serviço *comum*
– Havendo tal necessidade, deve-se contratar *profissional com notória especialização*
– Exemplo: se uma prefeitura precisar contratar um advogado para ingressar com ações de execução fiscal, que são ações corriqueiras/comuns, não se tem um caso de serviço técnico diferenciado, não cabendo contratar esse advogado sem licitação, por inexigibilidade; porém, se a mesma prefeitura quiser fazer uma parceria público-privada (PPP) extremamente complexa e diferenciada e quiser contratar um advogado para tanto, tem-se hipótese que enseja inexigibilidade de licitação; mas ainda assim outros requisitos devem ser cumpridos, como a contratação de um profissional com notória especialização nessa questão de PPP
– **Não há** inexigibilidade no serviço de publicidade/divulgação

1.4.3. Na contratação de **artista**, desde que consagrado pela crítica especializada **ou** pela opinião pública

1.5. Formalidades para a contratação direta

a) Existência de um processo administrativo
b) Justificativa da não realização da licitação
c) Justificativa de preço – pesquisa de preço
d) Razão da escolha do fornecedor
e) Comunicação, em 3 dias úteis, à autoridade superior, para ratificação
f) Publicação da contratação, em 5 dias, para eficácia do ato

1.6. Responsabilidade em caso de superfaturamento

a) *É solidária pelo dano causado à Fazenda Pública*
b) São responsáveis o fornecedor e o *agente público*
c) Sem prejuízo das demais sanções legais

DIREITO ADMINISTRATIVO
Tema XI - Licitação Pública

1. Licitação IV – Fases da Licitação

1.1. Fase interna:

a) Solicitação da compra ou aquisição, com motivação
b) Verificação da existência de dotação e de recursos financeiros ($)
c) Autorização da licitação e designação de comissão de licitação (3 membros, pelo menos 2 efetivos)
d) Audiência pública, a depender do valor
e) Minuta de edital
f) Aprovação pelo jurídico
g) Aprovação final pela autoridade competente

1.2. Fase externa

1.2.1. Edital: contém procedimento, condições de participação, critérios de julgamento, elementos do futuro contrato; em anexo, contém minuta do contrato

– Cabe impugnação do edital por:
i) Qualquer cidadão, até 5 dias úteis da data da abertura dos envelopes de habilitação
ii) Licitante, até 2º dia útil da abertura dos envelopes

1.2.2. Habilitação: *verificação da idoneidade, por meio da entrega de documentos.* Qualificações verificadas:

a) **Jurídica:** *documentos da pessoa*
b) **Fiscal:** *inscrição e regularidade com as Fazendas, com a Seguridade Social e com o FGTS;* inscrição fiscal e certidões negativas
c) **Técnica:** *experiência e disponibilidade de pessoal e equipamentos;* inscrição nos órgãos e atestados
d) **Econômico-financeira:** *existência de aptidão econômica para a satisfação do objeto contratual;* exige-se balanços, certidão negativa de falência e garantia de até 1% (caução, seguro-garantia ou fiança bancária)
e) **Regularidade quanto ao trabalho de menores**
f) **Trabalhista:** *inexistência de débitos inadimplidos perante a Justiça do Trabalho* (Lei 12.440/2011)
– Prova se dá pela CNDT, expedida eletrônica e gratuitamente
– O interessado não obterá CNDT se em seu nome constar inadimplemento de obrigações estabelecidas em sentença transitada em julgado, acordos judiciais e acordos firmados perante o MPT ou Comissão de Conciliação Prévia
– Verificada a existência de débitos garantidos por penhora suficiente ou com exigibilidade suspensa, será expedida Certidão Positiva de Débitos Trabalhistas em nome do interessado com os mesmos efeitos da CNDT
– A CNDT certificará a empresa em relação a todos os seus estabelecimentos, agências e filiais
– O prazo de validade da CNDT é de 180 dias da emissão

1.2.3. Julgamento e classificação

– Havendo problema nessa fase, promove-se a *desclassificação* do licitante, e não a *inabilitação* deste

1.2.4. Homologação: verificação da regularidade formal do procedimento

1.2.5. Adjudicação: atribuição do objeto ao vencedor

DIREITO ADMINISTRATIVO
TEMA XI - LICITAÇÃO PÚBLICA

1. Licitação V – Modalidades de Licitação (ritos)

1.1. Concorrência

1.1.1. Destinação:
- **Grande vulto:** obras e serviços de engenharia de valor superior a R$ 1,5 milhão (em valores atualizados, superior a R$ 3,3 milhões – vide Decreto 9.412/18), e, quanto às compras e demais serviços, de valor superior a R$ 650 mil (em valores atualizados, superior a R$ 1,43 milhão)
- Compra e alienação de imóveis, concessões e licitações internacionais

1.1.2. Características marcantes:
– Universalidade, com *habilitação preliminar*
– Prazos para apresentação da proposta: no mínimo 45 dias, se envolver técnica; e no mínimo 30 dias, nos demais casos; prazos contados da última publicação

1.2. Tomada de preços

1.2.1. Destinação:
- Médio vulto: obras e serviços de engenharia de valor **até** R$ 1,5 milhão (em valores atualizados, até R$ 3,3 milhões – vide Decreto 9.412/18), e, quanto às compras e demais serviços, de valor **até** R$ 650 mil (em valores atualizados, até R$ 1,43 milhão)- Licitações internacionais, se houver cadastro internacional

1.2.2. Características marcantes:
– *Habilitação prévia:* interessado deve apresentar *certificado de registro cadastral*
– Não cadastrado pode participar se atender condições de cadastro até o 3º dia anterior à data do recebimento das propostas
– Prazos para apresentação da proposta: no mínimo 30 dias, se envolver técnica, e no mínimo 15 dias nos demais casos; prazos contados da última publicação

1.3. Convite

1.3.1. Destinação:
– Pequeno vulto: obras e serviços de engenharia de valor até R$ 150 mil (em valores atualizados, até R$ 330 mil – vide Decreto 9.412/18), e, quanto às compras e demais serviços, de valor até R$ 80 mil (em valores atualizados, até R$ 176 mil – vide Decreto 9.412/18)

1.3.2. Características marcantes:
– Publicidade reduzida: não há edital, mas carta-convite e afixação desta no quadro de avisos
– Chamam-se no mínimo 3 pessoas, cadastradas ou não
– Se existir mais de 3 cadastrados, a cada novo convite há de se chamar cadastrado ainda não convidado
– Não cadastrado pode participar se manifestar interesse até 24 horas a partir da data da apresentação da proposta
– Prazo: 5 dias úteis, contados da expedição do convite
– Habilitação pode ser dispensada, salvo regularidade com a Seguridade Social

1.4. Concurso

1.4.1. Destinação:
– Para a escolha de trabalhos técnico, científico ou artístico, mediante prêmios ou remuneração aos vencedores
– Exemplo: concurso de fotografia, concurso de monografia jurídica, concurso de projeto arquitetônico

1.4.2. Características marcantes:
– Entrega-se trabalho pronto, e não uma proposta
– Prazo para a entrega do trabalho pronto: no mínimo 45 dias após a última publicação
– Habilitação pode ser dispensada, mas o edital deve indicar eventual qualificação exigida dos participantes

1.5. Leilão

1.5.1. Destinação:
– Para a *alienação de bens móveis inservíveis, produtos apreendidos ou penhorados, imóveis adquiridos em processo judicial ou por dação em pagamento e ativos, ações e outros direitos relacionados à desestatização*
– Exemplo: leilão de produtos apreendidos pela Receita Federal

1.5.2. Características marcantes:
– Prazo para realização do evento: no mínimo 15 dias após publicação
– Tipo: maior lance, igual ou superior ao da avaliação
– Habilitação pode ser dispensada, salvo regularidade junto à Seguridade Social
– Direção do evento: leiloeiro oficial ou servidor designado

1.6. Pregão (Lei 10.520/2002)

1.6.1. Destinação:
– *Aquisição de bens e serviços comuns* (com especificações usuais no mercado)
– Exemplos: material de escritório, serviço de limpeza

1.6.2. Características marcantes:
– Prazo para a realização da sessão de pregão: no mínimo 8 dias úteis, contados da última publicação
– Tipo: menor preço
– Dupla inversão de fases
– Classificação provisória + lances verbais + negociação
– Oralidade: recurso e adjudicação na própria sessão
– Direção por pregoeiro e equipe de apoio (maioria com cargos efetivos)
– Vedado: garantia da proposta e taxas

1.6.3. Procedimento
1º) Abertura dos envelopes com as propostas
2º) Classificação provisória
3º) Lances verbais entre o 1º e os com ofertas até 10% maiores – garantido 3 preços diferentes
4º) Classificação definitiva, negociação com 1º e exame da aceitabilidade da melhor proposta
5º) Abertura do envelope de habilitação do que apresentar melhor proposta
6º) Declaração do licitante vencedor
7º) Oportunidade para recurso oral e motivado com 3 dias para razões e 3 dias para resposta
8º) Adjudicação e, depois, homologação

DIREITO ADMINISTRATIVO
Tema XI - Licitação Pública

1. Licitação VI – Tipos e Extinção

1.1. Tipos de licitação (critério de julgamento)

1.1.1. Menor preço
– Mais comum, pois Administração adquire muitos bens e deseja o melhor preço
– É compatível com as *modalidades* concorrência, tomada de preços, convite e pregão
– Devem ser desclassificadas as propostas com preço simbólico, irrisório, de valor zero ou impraticável, tanto para mais como para menos. A lei diz que serão desclassificadas as propostas com preços manifestamente inexequíveis ou que não venham a ter demonstrada sua viabilidade por meio de documentação da coerência com os custos dos insumos e a produtividade

1.1.2. Maior lance ou oferta
– Tipo de licitação próprio para a alienação de bens móveis e imóveis e concessão de direito real de uso de bens públicos
– É compatível com as modalidades concorrência e leilão

1.1.3. Melhor técnica e técnica e preço
– Tipos de licitação utilizados exclusivamente para *serviços de natureza predominantemente intelectual*
– Quanto aos bens e serviços de informática cabe também o pregão
– Excepcionalmente é o tipo de licitação para contratos de grande vulto, quando dependentes de tecnologia sofisticada
– Na "melhor técnica", ato convocatório fixará preço máximo a ser pago. Há 3 espécies de documentos: de qualificação, com proposta técnica e com proposta de preço. Procedimento:
a) Abertura de *envelope com a documentação de habilitação*
b) Quanto aos habilitados, abertura do *envelope com a proposta técnica*
c) *Avaliação e classificação das propostas técnicas*
d) *Valorização mínima* das propostas técnicas
e) Abertura dos envelopes com as *propostas de preço* daqueles que têm a valorização mínima
f) Negociação entre os licitantes até se chegar ao vencedor
– Na "melhor técnica e preço" far-se-á a classificação das propostas segundo critério de média nas notas respectivas. Procedimento:
a) Abertura de envelope com a *documentação de habilitação*
b) Quanto aos habilitados, abertura do envelope com a *proposta técnica*
c) Avaliação e classificação das *propostas técnicas*
d) Será feita a avaliação e a valorização das *propostas de preços*, de acordo com critérios objetivos preestabelecidos no instrumento convocatório
e) A classificação dos proponentes far-se-á de acordo com a *média ponderada das valorizações das propostas técnicas e de preço*

1.2. Revogação da licitação

1.2.1. Hipótese: ocorre por motivo de fato novo que torne conveniente ou oportuna a extinção do certame, por ato do órgão competente da Administração, respeitada a ampla defesa e o contraditório e mediante motivação

1.2.2. Efeitos: a revogação da licitação tem efeitos *ex nunc,* já que, até a sua ocorrência, não havia nenhuma ilegalidade, daí porque, se já há vencedor e a licitação for revogada licitamente, deve-se indenizá-lo das eventuais despesas que já teve. Caso a licitação seja revogada ilicitamente, indeniza-se o prejudicado completamente

1.3. Anulação da licitação

1.3.1. Hipótese: a anulação ocorre por motivo ilegalidade ocorrida no certame, por ato da Administração ou do Judiciário, assegurada a ampla defesa e o contraditório

1.3.2. Efeitos: anulada a licitação, o contrato também fica anulado automaticamente, se já celebrado, já que a anulação tem efeitos *ex tunc;* ela não gera direito à indenização, ressalvado o que o contratado já realizou e desde que ele não tenha sido o culpado pela anulação

DIREITO ADMINISTRATIVO

TEMA XII – CONTRATOS ADMINISTRATIVOS

1. Contratos Administrativos I

1.1. Conceito
Acordo de vontades entre a Administração e terceiros, pertinente a obras, serviços, compras, alienações ou locações, em que existem cláusulas exorbitantes em favor da primeira, preservado o equilíbrio econômico-financeiro das partes.

1.2. Características marcantes

1.2.1. Cláusulas exorbitantes
a) Modificação e rescisão unilaterais
b) Fiscalização da execução e aplicação unilateral de sanções
c) Ocupação provisória de instalações – para acautelar a apuração de faltas ou no caso de rescisão

1.2.2. Manutenção do equilíbrio econômico-financeiro
– Equilíbrio das "cláusulas econômicas" deve ser mantido
– Administração aumenta tarefas, mas compensa economicamente

1.3. Regime jurídico geral
– Aplicam-se aos contratos administrativos as seguintes normas jurídicas, sucessivamente
1º) CF
– Exemplo: princípio da eficiência
2º) Lei 8.666/1993 e Preceitos de Direito Público
– Exemplo: casos de rescisão
3º) Cláusulas editalícias e contratuais
4º) Princípios da Teoria Geral dos Contratos
– Exemplo: princípio da função social dos contratos
5º) Disposições de Direito Privado
– Exemplo: regras sobre vícios redibitórios

1.4. Formalidades para a contratação

1.4.1. Processo de licitação ou de contratação direta

1.4.2. Convocação do adjudicatário
– Estipula-se prazo para adjudicatário (vencedor da licitação) comparecer para assinar o contrato
– Adjudicatário fica liberado do dever de assinar contrato decorridos 60 dias da data de entrega das propostas
– Se convocado não assinar contrato, administração pode:
a) Convocar licitante remanescente, na mesma condição
b) Revogar o certame

1.4.3. Instrumento escrito
– Verbal: só compra à vista, com valor até 5% do convite
– Concorrência e tomada de preços: usa-se contrato
– Demais casos: carta-contrato, nota de empenho, autorização de compra, ordem de execução de serviços

1.4.4. Garantia
– Faculta-se à Administração a exigência de garantias a fim de assegurar a execução do contrato, devendo estar prevista no edital
– O particular deve escolher entre caução, em dinheiro ou títulos da dívida pública, seguro-garantia ou fiança bancária
– A garantia não pode exceder a 5% do valor do contrato, salvo quanto a obras, serviços e fornecimentos de grande vulto envolvendo alta complexidade técnica e riscos financeiros consideráveis, quando o limite poderá ser elevado até a 10% do valor do contrato
– A garantia será liberada ou restituída após a execução, e, quando em dinheiro, será atualizada monetariamente

1.4.5. Publicação
– O contrato tem como condição de *eficácia* a publicação de seu resumo na Imprensa Oficial, a qual deve se dar até o 5º dia útil do mês seguinte à sua assinatura e até 20 dias após esta, seja de que valor for

DIREITO ADMINISTRATIVO

TEMA XII - CONTRATOS ADMINISTRATIVOS

1. Contratos Administrativos II

1.5. Alterações contratuais

1.5.1. Unilaterais: *feitas por imposição da Administração*

1.5.1.1. Qualitativas: em caso de alteração do projeto ou especificações, para adequação técnica aos seus objetivos

- **a) Situações novas:** decisão judicial impondo que dada obra atenda preceitos técnicos em matéria de acústica
- **b) Situações existentes, mas desconhecidas:** solo se revela diferente do imaginado, impondo fundação diferenciada
- **Obs. 1:** bom projeto básico evita isso
- **Obs. 2:** não pode alterar o próprio objeto do contrato

1.5.1.2. Quantitativas: quando necessária modificação do valor contratual em decorrência de aumento ou diminuição nas obras, serviços ou compras, com os seguintes limites

- **a) Acréscimo:** até 25% do valor inicial; 50%, se for reforma
- **b) Diminuição:** até 25% do valor inicial
- **Obs.:** não são computados nos limites os reajustes e revisões

1.5.2. Bilaterais (revisão): *feitas por acordo ou decisão judicial para restabelecer o equilíbrio econômico-financeiro do contrato, por prejuízo significativo causado por:*

1.5.2.1. Caso fortuito ou força maior: por exemplo, um tornado destrói uma obra pública construída por um particular

1.5.2.2. Sujeições ou interferências imprevistas: *descoberta de um óbice natural ao cumprimento do contrato na forma prevista.* Exemplo: descoberta de que o terreno em que o particular deverá construir a obra contratada é rochoso, aumentando em demasia os custos para a realização da fundação

1.5.2.3. Fato da administração: *conduta específica da Administração sobre um contrato, retardando ou impedindo sua execução;* exemplo: suspensão do contrato

1.5.2.4. Fato do príncipe: *conduta geral do Poder Público que acaba afetando um contrato;* exemplo: mudança da política cambial ou em tributos, interferindo nos custos do contratado

1.5.2.5. Modificação tributária: *criação, alteração ou extinção de tributo ou encargo legal que interfira diretamente nos preços (custos) para mais ou para menos* (art. 65, § 5º). Assim, aumentos significativos em tributos como ISS, ICMS, IPI, entre outros, geram o direito à revisão contratual. Note que o aumento no imposto sobre a renda não interfere nos custos de uma empresa, mas apenas na renda desta, não ensejando a revisão contratual; da mesma forma, a criação da CPMF não enseja a revisão, por não gerar um prejuízo significativo, segundo o TCU

1.5.2.6. Aplicação da Teoria da Imprevisão: caso não se configure nenhuma das hipóteses acima, é possível invocar-se cláusula genérica para alteração contratual, *que requer desequilíbrio contratual causado pela sobrevinda de fatos imprevisíveis ou previsíveis, porém de consequências incalculáveis, retardadores ou impeditivos da execução do contrato*. Vale dizer, são necessários: i) desequilíbrio contratual ulterior, ii) imprevisibilidade ou previsibilidade de consequência incalculável e iii) retardamento ou impedimento da execução do ajustado (prejuízo significativo). Exemplo: advento de guerra causando aumento demasiado no preço do petróleo, atingindo contratos em curso; crise mundial aumentando muito o dólar

> 💡 **Dica: não gera revisão** o dissídio coletivo, a inflação, a CPMF e o IR

1.5.3. Reajuste: *é a atualização monetária em contratos de trato sucessivo feita a cada 12 meses*

- Difere da revisão, pois esta decorre de evento extraordinário e o reajuste decorre de evento ordinário
- Reajuste tem como termo inicial a data prevista para a apresentação da proposta (art. 40, XI, da Lei 8.666/1993 e art. 3º, § 1º, da Lei 10.192/2001)
- Em caso de atraso no pagamento, incide correção monetária mensal (art. 15 da Lei do Plano Real)

DIREITO ADMINISTRATIVO
Tema XII - Contratos Administrativos

1. Contratos Administrativos III

1.6. Extinção do contrato

1.6.1. Decurso do tempo
– Duração deve respeitar autorização orçamentária
– Serviços contínuos: cabem sucessivas prorrogações, limitando contratação total em até 60 meses, sendo que, em casos excepcionais, devidamente justificados e mediante autorização da autoridade superior, cabe outra prorrogação, por **mais 12 meses**
– Até **120 meses**: serviços relativos à segurança nacional

1.6.2. Bilateral
– Em caso de acordo entre as partes (distrato)

1.6.3. Judicial
– Havendo *culpa* da Administração, particular entra em Juízo
– Particular não pode alegar exceção de contrato não cumprido, salvo após
i) 90 dias de atraso no pagamento
ii) 120 dias de suspensão do contrato
– Desde que, em qualquer caso, não haja calamidade pública, guerra etc

1.6.4. Unilateral
– Promovida pela Administração, respeitando o contraditório e a ampla defesa, nos seguintes casos:

1.6.4.1. Anulação
– Por motivo de ilegalidade na licitação ou no contrato
– Retroage, impedindo e desconstituindo efeitos
– Mas a Administração deve indenizar contratado pelo já executado e por prejuízos, salvo se houver culpa deste
– Boa-fé do particular é presumida
– Comprovada a má-fé do particular, não se indenizará

1.6.4.2. Revogação: por inconveniência ou inoportunidade
– Particular será indenizado por lucros cessantes

1.6.4.3. Inexecução do contrato pelo contratado

1.7. Outras questões

1.7.1. Aplicação da arbitragem para regular contratos de empresas estatais
– É possível

1.7.2. Retenção de pagamento pela não manutenção da regularidade fiscal
– Não é possível retenção por esse motivo
– Mas é possível rescindir o contrato no caso
– Retenção é cabível para cobrir multa (art. 87, § 1º)

1.7.3. Responsabilidade do contratado
– O contratado tem responsabilidade exclusiva pelos encargos trabalhistas, fiscais e comerciais que tiver (art. 71, § 1º)

> **Jurisprudência:** segundo o STF, essa regra inclui a responsabilidade por dívidas trabalhistas decorrentes de serviços terceirizados que a Administração contratar (exemplo: limpeza e vigilância). O TST vinha relativizando essa regra ao dispor que a Administração respondia subsidiariamente se agir com culpa na aplicação da Lei 8.666/1993, ressaltando a presumida culpa *in vigilando* da Administração (Súmula TST 331). A decisão do STF veio no sentido de voltar a dar força ao disposto no dispositivo legal, sendo que os órgãos públicos só poderão ser responsabilizados em casos excepcionais, se forem comprovadas falhas na fiscalização, não havendo que se falar em presunção de culpa da Administração
> – Já quanto à responsabilidade por dívida *previdenciária,* a Administração tem responsabilidade solidária com o contratado, nos termos do art. 71, § 2º

DIREITO ADMINISTRATIVO

TEMA XIII - SERVIÇOS PÚBLICOS

1. Serviço Público

1.1. Conceito: *atividade oferecida aos administrados, prestada pelo Estado ou por concessionário, sob regime de Direito Público*

– Exemplo: energia, água, telefone, transporte coletivo, lixo
– Constituição Federal ou lei local estabelecem os serviços que são ou serão públicos

1.2. Deveres do Estado quanto ao serviço público

– **Regulamentar:** dispor como o serviço deverá ser prestado
– **Fiscalizar:** verificar se o particular está cumprindo o regulamento do serviço
– **Executar:** por si ou por terceiro, mediante concessão ou permissão

1.3. Princípios do serviço adequado

1.3.1. Generalidade: *todos devem ter acesso ao serviço, garantido o tratamento equânime aos usuários que estiverem na mesma situação*

1.3.2. Eficiência

1.3.3. Segurança

1.3.4. Cortesia

1.3.5. Atualidade: *compreende a modernidade das técnicas, do equipamento e das instalações e a sua conservação, bem como a melhoria e expansão do serviço*

1.3.6. Modicidade das tarifas: *ou seja, as tarifas devem ter preços acessíveis*

1.3.7. Regularidade e Continuidade: *impõe que o serviço esteja sempre à disposição para utilização coletiva*

– O serviço público não pode ser interrompido, mesmo em caso de greve, quando será mantido para garantir o mínimo à população
– Exceções: o serviço pode ser interrompido em situação de emergência ou após aviso prévio, por:
a) razões de ordem técnica ou segurança;
b) inadimplemento do usuário, considerado o interesse da coletividade
– O STJ admite o corte do serviço por inadimplemento
– Não cabe o corte em 3 casos:
a) serviços essenciais;
b) débitos antigos;
c) cobrança por aferição unilateral

1.4. Classificação do serviço público

1.4.1. Quanto à essencialidade:

a) Serviços públicos: *são os que a Administração presta diretamente à comunidade, por serem essenciais à sobrevivência do grupo social* (exemplos: defesa, polícia)
– Outros nomes: *pró-comunidade* ou *próprios do Estado*
b) Serviços de utilidade pública: *são os prestados pela Administração ou concessionários, por ser conveniente que haja regulamentação e controle* (exemplos: luz, gás, telefone)
– Outros nomes: *pró-cidadão* ou *impróprios do Estado*

1.4.2. Quanto aos destinatários:

a) Uti singuli: *tem usuários determinados* (exemplo: água, luz)
b) Uti universi: *tem usuários indeterminados* (exemplo: segurança)

1.4.3. Quanto à finalidade:

a) Administrativos: *executados para atender as necessidades da Administração ou preparar outros serviços que serão prestados ao público*
b) Industriais/comerciais: *são os que produzem renda para quem os presta, por meio de tarifa ou preço* (exemplo: correios)
c) Sociais: educação, saúde etc

DIREITO ADMINISTRATIVO
TEMA XIII - SERVIÇOS PÚBLICOS

1. Concessões de Serviço Público

1.1. Conceito
atribuição do exercício de serviço público a alguém, que o prestará em nome próprio e por conta e risco, segundo condições fixadas pelo Poder Público

1.2. Noções Gerais
- Regulamentada na Lei 8.987/1995
- É concedido o *exercício*, e não a *titularidade* do serviço
- A remuneração se dá por *tarifas*, *subsídios* e outras formas, como a publicidade

1.3. Natureza contratual complexa
a) **Ato regulamentar:** ato unilateral do Poder Público, que fixa as condições da prestação do serviço
b) **Contrato:** trata da questão econômico-financeira

1.4. Poderes do concedente
a) **Fiscalização:** vê-se desempenho, cumprimento de deveres e de metas
b) **Alteração unilateral das cláusulas regulamentares:** respeitados o equilíbrio financeiro e os limites legais (por exemplo, não pode alterar a natureza do objeto da concessão)
c) **Intervenção:** em casos de comprometimento do serviço público, a Administração pode intervir na concessionária para regularizar a situação. Exemplo: intervenção em empresa de ônibus que não está desempenhando corretamente seu papel, mesmo após notificações e aplicação de multa
d) **Extinção da concessão antes do prazo:** pode se dar por motivos de conveniência e oportunidade para melhorar o serviço público ou por falta cometida pelo concessionário
e) **Aplicação de sanções ao concessionário inadimplente:** multas, por exemplo

1.5. Prazo
- Não existe na lei, devendo ser fixado no contrato
- Admite-se prorrogação do prazo, desde que haja previsão no contrato; exemplo: para amortizar investimentos

1.6. Transferência da concessão e do controle acionário da concessionária
- São autorizadas, mediante anuência da Administração

1.7. Direitos do concessionário
a) Manutenção do equilíbrio econômico-financeiro
b) Não sofrer exigência estranha ao objeto da concessão

1.8. Formas de extinção

1.8.1. Pelo advento do termo contratual: forma usual

1.8.2. Por rescisão judicial
- Feita a pedido do concessionário, por culpa do poder concedente
- A ação pode pleitear indenização por não ter havido, ainda, amortização do investimento feito pelo concessionário

1.8.3. Por rescisão consensual: por mútuo acordo

1.8.4. Pela falência da concessionária

1.8.5. Pela morte do permissionário ou pela extinção da pessoa jurídica

1.8.6. Por rescisão unilateral do Poder Concedente
a) **Encampação ou resgate:** extinção pela Administração durante o prazo da concessão, por motivo de conveniência e oportunidade administrativa
- Depende de lei específica e de prévia indenização
- Exemplo: fim dos bondes
b) **Caducidade:** extinção antes do prazo, por inadimplência do concessionário
- Requer prévio processo administrativo, com ampla defesa, para apuração da falta grave do concessionário
- Só se indeniza o investimento não amortizado, uma vez que houve culpa do concessionário
c) **Anulação:** extinção por ilegalidade; indeniza-se concessionário por despesas, salvo má-fé

1.9. Reversão dos bens

1.9.1. Conceito: é a passagem ao poder concedente dos bens do concessionário aplicados no serviço público, como consequência da extinção da concessão
- A finalidade é manter a continuidade do serviço

1.9.2. Extensão: a reversão se dará nos limites definidos no edital de convocação para a licitação, assegurando-se ao concessionário a amortização do investimento que fez

DIREITO ADMINISTRATIVO

Tema XIII - Serviços Públicos

1. Parceria Público - Privada
(Lei 11.079/2004)

1.1. Conceito

– Contrato de *prestação de serviços* ou de *concessão de serviços públicos* ou de obras públicas
i) De grande vulto (igual ou superior a R$ 10 milhões)
ii) De período não inferior a 5 anos
iii) Caracterizado pela busca da eficiência na realização de seu escopo
iv) E pela existência de garantias especiais e reforçadas
v) Para o cumprimento da necessária contraprestação pecuniária do parceiro público ao parceiro privado
vi) Financiado pelo mercado financeiro

1.2. Espécies

a) **Concessão patrocinada:** *é a concessão de serviços ou de obras públicas em que, além das tarifas cobradas dos usuários, há contraprestação pecuniária do parceiro público ao parceiro privado* (art. 2º, § 1º, da Lei 11.079/2004). Exemplo: saneamento básico, construção e reforma de rodovias
b) **Concessão administrativa:** *é o contrato de prestação de serviços qualificados de que a Administração seja usuária direta ou indireta* (art. 2º, § 2º, da Lei 11.079/2004)
– Não há cobrança de tarifa de usuários
– Não cabe se tiver como objeto único fornecimento de mão de obra, instalação de equipamentos ou obra pública
– Exemplo: construção de escolas, hospitais e presídios
c) **Concessão comum:** é a que não se encaixa numa PPP; exemplo: quando as tarifas dos usuários são suficientes para cobrir os custos do contratado. Usa-se a Lei 8.987/1995

1.3. Modelo

– O vencedor da licitação fará o investimento com recursos próprios e financiamento do mercado financeiro
– O vencedor entregará a obra pronta para o parceiro público
– Somente neste momento é que o parceiro público começará a pagar sua contraprestação, que tem garantias especiais, como seguro-pagamento, fiança bancária e fundo ou empresa estatais dotados de bens passíveis de penhora

1.4. Características da licitação na PPP

a) **Inversão de fases:** o edital poderá prever a inversão das fases de habilitação e julgamento
b) **Lances verbais:** o edital poderá prever que, após a entrega dos envelopes, serão feitos lances em viva-voz
c) **Tipo de licitação:** é o de "menor valor da contraprestação a ser paga pela Administração". Pode-se combinar com melhor técnica
d) **Saneamento de falhas:** o edital poderá prever a possibilidade de saneamento de falhas, de complementação de insuficiências ou ainda de correções de caráter formal no curso do procedimento, desde que o licitante possa satisfazer as exigências dentro do prazo fixado no instrumento convocatório (art. 12, IV)

DIREITO ADMINISTRATIVO

TEMA XIV - PROCESSO ADMINISTRATIVO

Processo Administrativo I

- **1.1. Importância:** é por meio dele que os requerimentos do particular são analisados, as punições são constituídas e a administração desenvolve suas competências

- **1.2. Conceito:** é o conjunto de atos coordenados para obtenção de uma decisão final no âmbito administrativo
  – São exemplos de processo administrativo o processo disciplinar, o processo licitatório, o processo para aplicação de sanções decorrentes da polícia administrativa, entre outros

- **1.3. Distinção:** processo não se confunde com procedimento; este é o rito

- **1.4. Regulamentação:** na esfera federal está prevista na Lei 9.784/1999
  – Trata-se de Lei Geral do Processo Administrativo Federal
  – Havendo lei específica federal, esta tem primazia, aplicando-se a Lei 9.784/1999 apenas subsidiariamente (art. 69)
  – Exemplo 1: Lei 8.112/1990 (processo disciplinar)
  – Exemplo 2: Lei 8.666/1993 (processo licitatório)
  – Lei 9.784/1999 também se aplica às demais Administrações dos outros entes políticos, por inteiro, não havendo lei local, ou subsidiariamente, quanto a aspectos não regulados no local

- **1.5. Incidência:** sobre a esfera administrativa direta e indireta dos três poderes, inclusive MP e Tribunal de Contas

- **1.6. Modalidades de processo administrativo**
  - **1.6.1. Processo de expediente:** destinado a registrar situações administrativas, não incidindo sobre direitos; exemplo: prontuário
  - **1.6.2. Processo de outorga:** destinado ao pleito de um direito ou situação individual perante a Administração; exemplo: licença
  - **1.6.3. Processo de controle:** destinado ao controle de mérito de ato (aprovação) ou de formalidade legal (homologação)
  - **1.6.4. Processo punitivo:** destinado à imposição de penalidades em geral; exemplo: multa administrativa
  - **1.6.5. Processo disciplinar:** destinado à apuração de faltas disciplinares de servidores; exemplo: demissão
  - **1.6.6. Processo tributário**, entre outros

- **1.7. Princípios do processo administrativo**
  - **1.7.1. Legalidade objetiva** (art. 2º): processo é para fazer valer lei
  - **1.7.2. Oficialidade ou impulsão** (art. 29): a Administração instaura e movimenta o processo de ofício
  - **1.7.3. Informalismo** (art. 2º, parágrafo único, IX): respeita-se a forma legal tendo em conta a instrumentalidade das formas
  - **1.7.4. Verdade material:** busca-se a verdade real
  - **1.7.5. Publicidade** (art. 2º, parágrafo único, V): divulgam-se atos oficiais
  - **1.7.6. Contraditório e ampla defesa** (art. 5º, LV, da CF)
  - **1.7.7. Devido processo legal** (art. 5º, LIV, da CF): devido *processo legal substancial* (ou *material*) é a exigência de proporcionalidade (razoabilidade) das decisões, ao passo que o *devido processo legal formal* é o conjunto de garantias mínimas para que um processo seja constitucionalmente devido
  - **1.7.8. Razoável duração do processo** (art. 5º, LXXVIII, da CF): além dos meios que garantam a celeridade da tramitação

DIREITO ADMINISTRATIVO

TEMA XIV - PROCESSO ADMINISTRATIVO

1. Processo Administrativo II

1.8. Fases do processo

a) Instauração
b) Instrução
c) Defesa
d) Relatório (peça informativa e opinativa)
e) Julgamento pela autoridade competente

1.9. Questões regulamentadas na Lei 9.784/1999:

a) Princípios administrativos (art. 2º)
b) Direitos e deveres dos administrados (arts. 3º e 4º)
c) Formação do processo (arts. 5º a 8º)
d) Legitimação dos interessados (arts. 9º e 10)
e) Competência (arts. 11 a 17)
f) Impedimentos e suspeições (arts. 18 a 21)
g) Forma, tempo, lugar, comunicações, instrução, julgamento e motivação (arts. 22 a 50)
h) Desistência, casos de extinção, anulação, revogação e convalidação (arts. 51 a 55)

1.10. Recurso hierárquico

1.10.1. Efeitos: como regra, o recurso hierárquico tem efeito somente devolutivo, tendo também efeito suspensivo nas hipóteses em que a lei assim dispuser ou quando o administrador aplicá-lo motivadamente, não se presumindo sua existência

– Recebido no efeito suspensivo, sem exigência de caução do particular, este não terá interesse processual em ingressar com demanda no Poder Judiciário, salvo se o recurso pleitear que a administração deixe de se omitir diante de um caso concreto
– Disso decorre o impedimento da fluência do prazo prescricional

1.10.2. Legitimidade: tem legitimidade para interpor recurso as seguintes pessoas:

a) Os titulares dos direitos discutidos no processo
b) Os terceiros afetados pela decisão
c) As organizações e associações representativas, em caso de interesses coletivos
d) Os cidadãos ou associações, quanto aos interesses difusos

1.10.3. Endereçamento: os recursos serão dirigidos à autoridade que proferiu a decisão, a qual, se não a reconsiderar no prazo de 5 dias, a encaminhará à autoridade superior (art. 56)

1.10.4. Prazo: como regra, é de 10 dias, contado da ciência ou divulgação oficial da decisão (art. 59)

– Na contagem dos prazos, exclui-se o dia do início e inclui-se o do vencimento (art. 66)

1.10.5. Instâncias: o recurso administrativo tramitará no máximo por três instâncias, salvo disposição legal diversa (art. 57)

1.10.6. Autotutela: o não conhecimento do recurso não impede a Administração de rever de ofício o ato ilegal, desde que não ocorrida a preclusão administrativa (art. 63)

1.10.7. Decisões possíveis:

a) **Não conhecimento** do recurso
b) **Confirmação**, **modificação**, **anulação** ou **revogação**, total ou parcial, da decisão recorrida, se a matéria for da competência de quem conhece o recurso

1.10.8. *Reformatio in pejus*: cabe quanto aos recursos hierárquicos, mas o recorrente deve ser cientificado previamente para que formule suas alegações antes da decisão (art. 64)

DIREITO ADMINISTRATIVO

Tema XV - Controle da Administração

1. Controle da Administração I – Controle Interno

1.1. Conceito: controle exercido no interior da própria administração, tendo fundamento no princípio da autotutela

1.2. Início: deve se dar de ofício, podendo iniciar-se, também, por provocação do interessado

1.3. Classificação

- **1.3.1. Quanto à extensão:** abrange a fiscalização contábil, financeira, orçamentária, operacional e patrimonial (art. 70 da CF)
- **1.3.2. Quanto aos critérios:** legalidade, legitimidade e economicidade (art. 70 da CF)
- **1.3.3. Quanto aos meios:** dá-se pela fiscalização hierárquica, pela supervisão ministerial e pelos recursos administrativos

1.4. Recursos administrativos em sentido amplo

– Os **recursos administrativos** são *todos os meios administrativos hábeis a provocar o controle da atividade administrativa*
– Aqui a expressão "recursos administrativos" é utilizada em sentido amplo, abrangendo todo e qualquer tipo de provocação administrativa do interessado, com vistas ao controle da atividade administrativa

1.5. Modalidades dos recursos administrativos:

- **1.5.1. Representação**, consistente na denúncia de irregularidade, feita junto à Administração
- **1.5.2. Reclamação administrativa**, consistente na dedução das seguintes pretensões:

a) Pedido de reconsideração: feito para a mesma autoridade que decidiu
b) Revisão: *destinada ao reexame de matéria já definitivamente apreciada pela Administração quando surgirem fatos ou circunstâncias que possam modificar a decisão anterior*
– Não pode haver reforma em prejuízo de quem a pede (art. 65 da Lei 9.784/9199), ou seja, em matéria de revisão não cabe *reformatio in pejus*
– Um exemplo é o pedido de revisão da demissão de um agente público, mas que acabou sendo absolvido na esfera criminal por negativa de autoria ou inexistência do fato
c) Recurso hierárquico: feito para o superior hierárquico do que decidiu
– Será hierárquico *próprio* se for julgado por autoridade superior do mesmo órgão da inferior (exemplo: para secretário da educação contra ato de um diretor da secretaria)
– Será hierárquico *impróprio,* se for julgado por autoridade superior fora do órgão da inferior (exemplo: para o prefeito contra ato do secretário da saúde)

DIREITO ADMINISTRATIVO
TEMA XV - CONTROLE DA ADMINISTRAÇÃO

1. Controle da Administração II – Controle Externo

1.1. Conceito: é o controle exercido por órgão ou pessoa que está fora da administração pública controlada

1.2. Espécies: pode ser parlamentar ou judicial

1.3. Controle parlamentar:

a) Fiscalização e controle geral dos atos do Poder Executivo, incluídos os da administração indireta (art. 49, X, da CF)
b) Sustação de atos normativos exorbitantes (art. 49, V, da CF)
c) Julgamento anual das contas do Chefe do Executivo
d) Apreciação de concessões de rádio e TV (art. 49, XII, da CF)
e) Aprovação de certas concessões de uso e ações nucleares (art. 49, XII e XIV, da CF)
f) Aprovação de estado de defesa e intervenção federal; autorização de estado de sítio (art. 49, IV, da CF)
g) Convocação de ministro para prestar informações; pela Casa ou Comissão da Casa (art. 50 da CF)
h) Aprovação de escolha para determinados cargos (Senado – art. 52 da CF)
i) Autorização de operações externas financeiras e endividamento (Senado)
j) Instituição de CPI por prazo certo e para apurar fato determinado (art. 58, § 3º, da CF)
k) Exercício do controle contábil, financeiro, orçamentário, operacional e patrimonial da Administração Direta e Indireta e de quem administre recurso público, com o auxílio do Tribunal de Contas (arts. 70 e 71 da CF)

1.4. Tribunal de Contas e Municípios

– O controle externo da Câmara Municipal será exercido com o auxílio dos Tribunais de Contas dos Estados ou do Município ou dos Conselhos ou Tribunais de Contas dos Municípios, onde houver, sendo vedada a criação de Tribunais, Conselhos ou órgãos de Contas Municipais (art. 31 da CF) ressalvados os já existentes nos municípios de São Paulo e Rio de Janeiro
– O parecer prévio, emitido pelo órgão competente sobre as contas que o prefeito deve anualmente prestar, só deixará de prevalecer por decisão de dois terços dos membros da Câmara Municipal (art. 31 da CF)

1.5. Competências dos Tribunais de Contas em Geral (art. 71 da CF):

a) Aplicar aos responsáveis, em caso de ilegalidade de despesa ou irregularidades de contas, as sanções previstas em lei, que estabelecerá, entre outras cominações, multa proporcional ao dano causado ao erário
b) Assinar prazo para que o órgão ou entidade adote as providências necessárias ao exato cumprimento da lei, se verificada ilegalidade
c) Sustar, se não atendida, a execução do ato impugnado, comunicando a decisão à Câmara dos Deputados e Senado
d) No caso de contrato, o ato de sustação será adotado diretamente pelo Congresso Nacional, que solicitará ao Poder Executivo, de imediato, as medidas cabíveis
e) Se o Congresso Nacional ou o Poder Executivo, no prazo de noventa dias, não efetivar as medidas previstas no parágrafo anterior, o Tribunal decidirá a respeito f) As decisões do Tribunal de que resulte imputação de débito ou multa terão eficácia de título executivo

1.6. Controle judicial:

1.6.1. Meios: por qualquer tipo de demanda, mas há ações especiais

1.6.2. Extensão: incide sobre a legalidade em sentido amplo, que abrange a legalidade em sentido estrito, a moralidade, a razoabilidade e os outros princípios

– Alguns atos têm controle especial, como os atos políticos (exemplo: iniciativa e veto a projeto de lei, nomeação de Ministro, concessão de indulto etc.), os atos legislativos (leis) e os atos *interna corporis* (regimentos de tribunais e de corporações legislativas)– Pela inafastabilidade da jurisdição, a pessoa não é obrigada a esgotar as vias administrativas p/ buscar o Judiciário

1.6.3. Prescrição contra a Fazenda (Dec. 20.910/1932):

Dec. 20.910/1932 – como regra, esse prazo é de 5 anos (art. 1º)
Dec. 20.910/1932 – cabe uma interrupção, ocasião em que prazo recomeça a contar por 2,5 anos (Súm/STF 383: não menos de 5 anos)
– Todavia, em matéria de ação indenizatória do particular em face da Fazenda, o prazo é de 5 anos
– Há regra própria quanto a eventos que ensejam direitos de trato sucessivo (lesão se renova periodicamente):
– Súmula 85 do STJ: nas relações jurídicas de trato sucessivo em que a fazenda pública figure como devedora, quando não tiver sido negado o próprio direito reclamado [fundo de direito], a prescrição atinge apenas as prestações vencidas antes do quinquênio anterior à propositura da ação

DIREITO TRIBUTÁRIO

Robinson Barreirinhas

Material complementar de Direito Tributário está disponível online pelo site da Editora Foco, no link:
www.editorafoco.com.br/atualizacao

DIREITO TRIBUTÁRIO

Tema I - Tributos

1. Tributo: Definição e Espécies

1.1. Definição Tributo

1.1.1. Conceito: toda prestação pecuniária compulsória, em moeda ou cujo valor nela se possa exprimir, que não constitua sanção de ato ilícito, instituída em lei e cobrada mediante atividade administrativa plenamente vinculada (art. 3º do CTN)

Dica: o conceito de tributo é dado por lei complementar federal (art. 146, III, a, da CF), e o CTN, apesar de formalmente lei ordinária, foi recepcionado pela Constituição atual como lei complementar

- **1.1.1.1. Prestação:** objeto da relação obrigacional tributária

- **1.1.1.2. Pecuniária:** prestação de dar dinheiro, moeda corrente nacional, não há tributo *in natura*; obrigação de fazer ou entregar qualquer coisa que não seja dinheiro

- **1.1.1.3. Compulsória:** independe da vontade, é imposição legal, *ex legis*

- **1.1.1.4. Não constituir sanção:** o tributo jamais decorre de fato ilícito; não se confunde com penalidade, multa

  Dica: são tributados fatos lícitos, ainda que realizados ilicitamente *(non olet)*

  Exemplo: traficante deve pagar imposto de renda, pois auferir renda, em si, é ato lícito

- **1.1.1.5. Instituída em lei:** a compulsoriedade depende de lei – ninguém é obrigado a fazer ou deixar de fazer algo senão em virtude de lei (art. 5º, II, da CF)

- **1.1.1.6. Cobrada mediante atividade administrativa plenamente vinculada:** a atuação do fisco na exigência do tributo é vinculada, não discricionária ou arbitrária

1.2. Espécies tributárias

1.2.1. Conceito: o gênero "tributo" é classificado em diversas "espécies", e os critérios para essa classificação são o fato gerador (art. 4º do CTN) e a base de cálculo

1.2.2. Pela teoria tripartida (art. 145 da CF e art. 5º do CTN) há três espécies de tributo: impostos, taxas e contribuições de melhoria

1.2.3. É pacífico, entretanto, que a Constituição Federal prevê mais duas espécies de tributo (total de cinco, portanto): empréstimos compulsórios e contribuições especiais

Dica: as espécies tributárias da teoria tripartida (impostos, taxas e contribuições de melhoria) realmente são definidas por seu fato gerador e sua base de cálculo. Os outros dois – empréstimos compulsórios e contribuições especiais –, entretanto, são definidos pela sua finalidade ou pelas situações que dão ensejo a sua criação

DIREITO TRIBUTÁRIO
Tema II - Espécies Tributárias

1. Espécies Tributária I

- **1.1. Impostos**
  - **1.1.1. Conceito:** tributo cuja obrigação tem por fato gerador uma situação independente de qualquer atividade estatal específica, relativa ao contribuinte (art. 16 do CTN)
  - **1.1.2. Características:**
    - **1.1.2.1. Tributo não vinculado:** fatos geradores são situações sem qualquer relação com a atividade estatal voltada ao contribuinte, como auferir renda, ser proprietário de algo
    - **1.1.2.2.** Sempre que possível, os impostos terão caráter pessoal e serão graduados segundo a capacidade econômica do contribuinte (art. 145, § 1º, da CF)
      - **- Capacidade contributiva:** quem tem mais contribui com mais
      - **- Progressividade de alíquotas:** alíquotas maiores conforme maior for a base de cálculo, diferente da simples proporcionalidade que há quando se aplica a mesma alíquota a bases de cálculo distintas
      - 💡 **Dicas:**
        - Devem ser progressivos, segundo a CF: IR e ITR
        - Podem ser progressivos, segundo a CF: IPTU (a Súmula Vinculante 668 do STF refere-se a período anterior à EC 29/2000) e ITCMD (segundo jurisprudência do STF, que admite a progressividade pelo valor, mas não pelo grau de parentesco)
        - Não podem ser progressivos, segundo entendimento tradicional do STF (que pode mudar!): outros impostos reais, como ITBI (Súmula 656 do STF) e IPVA
    - **1.1.2.3. Não vinculação das receitas dos impostos a despesas específicas:** princípio da não afetação (direito financeiro – art. 167, IV, da CF), com as exceções previstas na própria Constituição Federal

DIREITO TRIBUTÁRIO

Tema II - Espécies Tributárias

1. Espécies Tributária II

1.2. Taxas

1.2.1. Conceito: tributo cujo fato gerador é o exercício do poder de polícia ou a utilização, efetiva ou potencial, de serviços públicos específicos e divisíveis, prestados ao contribuinte ou postos a sua disposição (art. 145, II, da CF)

💡 **Dica:** só há esses dois tipos de taxa: pela utilização de serviço público ou pelo exercício de poder de polícia (= fiscalização)

1.2.2. Características: tributo vinculado a determinada atividade estatal voltada ao contribuinte

1.2.3. Base de cálculo das taxas:

- **1.2.3.1.** Deve quantificar o fato gerador (custo do serviço ou da fiscalização)
- **1.2.3.2.** Não pode ser calculada em função do capital das empresas (art. 77, parágrafo único, do CTN). Pode ser o valor da causa (taxa judiciária), mas não ilimitada (Súmula 667 do STF)
- **1.2.3.3.** É constitucional a adoção de um ou mais elementos da base de cálculo própria de determinado imposto, desde que não haja integral identidade entre uma base e outra (Súmula Vinculante 29 do STF, art. 145, § 2º, da CF e art. 77, parágrafo único, do CTN)

1.2.4. Taxa pelo exercício do poder de polícia (= taxa por fiscalização)

- **1.2.4.1. Conceito:** considera-se poder de polícia atividade da administração pública que, limitando ou disciplinando direito, interesse ou liberdade, regula a prática de ato ou abstenção de fato, em razão de interesse público concernente à segurança, à higiene, à ordem, aos costumes, à disciplina da produção e do mercado, ao exercício de atividades econômicas dependentes de concessão ou autorização do Poder Público, à tranquilidade pública ou ao respeito à propriedade e aos direitos individuais ou coletivos (art. 78, caput, do CTN)
- **1.2.4.2. Características:**
  - Considera-se regular o exercício do poder de polícia quando desempenhado pelo órgão competente nos limites da lei aplicável, com observância do processo legal e, tratando-se de atividade que a lei tenha como discricionária, sem abuso ou desvio de poder
  - **Presume-se a efetividade quando há estrutura de fiscalização:** o STJ afastou a Súmula 157, admitindo taxa na renovação de licença

1.2.5. Taxa pela utilização de serviço público

- **1.2.5.1. Conceito:** taxa cobrada pela utilização, efetiva ou potencial, de serviços públicos específicos e divisíveis (= serviços *uti singuli*), prestados ao contribuinte ou postos a sua disposição
- **1.2.5.2. Serviços *uti singuli*:** quando é possível identificar quanto cada pessoa se utiliza do serviço (art. 79, II e III, do CTN)
  - **Exemplos:** coleta de lixo (Súmula Vinculante 19 do STF), emissão de passaporte
- **1.2.5.3. Não permitem cobrança de taxa:**
  - **Serviços *uti universi*:** quando não é possível identificar quanto cada pessoa se utiliza do serviço
    - **Exemplos:** segurança pública, iluminação pública, limpeza de praças
  - **Serviços de utilização totalmente facultativa (admitem preço público)**
    - **Exemplos:** cópia simples de autos judiciais, publicidade em equipamentos públicos (Súmula 545 do STF)
  - Uso de espaços públicos (admite cobrança de preço público)
  - Serviços prestados por concessionárias de serviço público, que são remuneradas por tarifa paga pelo usuário
    - **Exemplos:** fornecimento de água, esgoto, energia, pedágio etc
- **1.2.5.4. Dois tipos de serviços públicos dão ensejo a taxa:** serviços de utilização compulsória e serviços de utilização não compulsória
  - **Serviços de utilização compulsória:** essenciais para o interesse público; permitem a cobrança pela utilização potencial, desde que estejam à disposição do usuário mediante atividade administrativa em efetivo funcionamento (art. 79, I, b, do CTN)
    - **Exemplo:** coleta de lixo domiciliar
  - **Serviços de utilização não compulsória:** indelegáveis, ínsitos à soberania. Há certa facultatividade, que não é total, pois, em determinadas circunstâncias, o cidadão não tem escolha senão valer-se do serviço. Nesses casos, a taxa somente pode ser cobrada no caso de utilização efetiva do serviço, não pela simples disposição (art. 79, I, a, do CTN)
    - **Exemplos:** processos judiciais, emissão de passaporte

DIREITO TRIBUTÁRIO
Tema II - Espécies Tributárias

1. Espécies Tributária III

- **1.3. Contribuições de Melhoria**
  - **1.3.1. Conceito:** tributo cujo fato gerador é a valorização imobiliária decorrente de obra pública (art. 81 do CTN)
  - **1.3.2. Características:** tributo vinculado a atividade estatal (obra): há atividade estatal indireta e mediatamente referida ao obrigado
    - **1.3.2.1. Há limite total para a cobrança:** valor gasto pelo poder público com a obra – a soma dos valores cobrados de cada contribuinte não pode ultrapassar esse custo total
    - **1.3.2.2. Há limite individual para a cobrança:** acréscimo de valor que a obra resultar para cada imóvel beneficiado – o art. 12 do DL 195/1967 refere-se ao limite anual de 3% do maior valor fiscal do imóvel
      - **Jurisprudência:** exige-se cálculo individualizado do benefício trazido ao imóvel de cada um dos contribuintes, não basta dividir o custo da obra pelos imóveis circundantes, não se admite base de cálculo presumida
  - **1.3.3. Permitem a cobrança:** construção de praças, escolas, hospitais, avenidas que valorizem o imóvel próximo. O art. 2º do DL 195/1967 refere-se à valorização apenas de imóveis privados (discutível sua recepção pela CF)
  - **1.3.4. Não permitem a cobrança:** simples manutenção de equipamentos (recapeamento de rua, reforma da praça, conserto de viaduto) ou obras que desvalorizem o imóvel
  - **1.3.5. Procedimento descrito no art. 82 do CTN:**
    - **1.3.5.1.** Publicação prévia de edital com memorial descritivo, orçamento, parcela a ser financiada pela contribuição, delimitação da zona beneficiada, fator de valorização para zona ou áreas diferenciadas
    - **1.3.5.2.** Prazo mínimo de 30 dias para impugnação
    - **1.3.5.3.** Regulamentação do processo administrativo

- **1.4. Empréstimos Compulsórios**
  - **1.4.1. Conceito:** tributo que pode ser instituído exclusivamente nas duas hipóteses previstas no art. 148 da CF: (a) para atender a despesas extraordinárias, decorrentes de calamidade pública, de guerra externa ou sua iminência; e (b) no caso de investimento público de caráter urgente e de relevante interesse nacional, observado o disposto no art. 150, III, b
    - **Atenção:** não subsiste hipótese do art. 15, III, do CTN – a CF/1988 não recepcionou a possibilidade de se instituir empréstimo compulsório em caso de conjuntura que exija a absorção temporária de poder aquisitivo. A competência é exclusiva da União, ou seja, somente a União pode instituir, jamais Estados, DF ou Municípios
  - **1.4.2. Características:**
    - **1.4.2.1.** Deve ser instituído por lei complementar federal
    - **1.4.2.2.** A lei deve fixar o prazo e as condições de resgate
    - **1.4.2.3.** No caso de despesa extraordinária não há anterioridade
    - **1.4.2.4.** A aplicação dos recursos é vinculada à despesa que fundamentou sua instituição (art. 184, p. único, da CF)
    - **1.4.2.5.** No caso de guerra externa ou sua iminência, a União também pode instituir imposto extraordinário, por lei ordinária

- **1.5. Contribuições Especiais**
  - **1.5.1. Conceito:** tributos previstos nos arts. 149 e 149-A da CF, caracterizados por sua finalidade:
    - **1.5.1.1. Contribuições sociais** (arts. 149 e 195 da CF): finalidade de custear a seguridade social
    - **1.5.1.2. Contribuições de intervenção no domínio econômico** (CIDE – arts. 149 e 177, § 4º, da CF): como diz o nome, finalidade de intervir no mercado
    - **1.5.1.3. Contribuições de interesse de categorias profissionais ou econômicas** (art. 149 da CF): finalidade de custear a atividade das entidades que regulam e representam essas categorias
    - **1.5.1.4. Contribuição para custeio dos regimes próprios previdenciários dos servidores públicos** (art. 149, § 1º, da CF): finalidade, como diz o nome, de gerar recursos para custeio da previdência própria dos servidores
    - **1.5.1.5. Contribuição para custeio do serviço de iluminação pública** (art. 149-A da CF): finalidade, também explicada pelo nome, de gerar recursos para os Municípios manterem e ampliarem a rede de iluminação pública
  - **1.5.2. Características:**
    - **1.5.2.1.** Tributos vinculados a atividade estatal, de modo indireto
    - **1.5.2.2.** Caracterizados pela finalidade
    - **1.5.2.3.** A Constituição Federal nem sempre indica o fato gerador, o que fica a cargo do legislador ordinário
    - **1.5.2.4.** Há autores que se referem a contribuições *parafiscais*, mas a *parafiscalidade* não ocorre sempre
      - **Dica:** há parafiscalidade quando o sujeito ativo delegado (quem cobra o tributo sem ser o ente federativo competente para instituí-lo) fica com os recursos arrecadados para realizar suas atividades essenciais
      - **Exemplos:** conselhos profissionais como CRM, CRC

DIREITO TRIBUTÁRIO

Tema III - Contribuições Especiais

1. Contribuições Especiais I

1.1. Contribuições Sociais

1.1.1. Conceito: tributos de competência exclusiva da União cuja finalidade é o custeio da seguridade social (previdência, saúde e assistência) (arts. 149 e 195 da CF)

1.1.2. Características:

- **1.1.2.1.** Submetem-se apenas ao princípio da anterioridade nonagesimal (criação e majoração exigível apenas 90 dias após a publicação da lei correspondente)
- **1.1.2.2.** Aquelas listadas expressamente no art. 195 da CF podem ser veiculadas por lei ordinária federal. Outras contribuições que sejam criadas pela União, nos termos do art. 195, § 4º, da CF, devem ser criadas e modificadas por lei complementar federal

1.1.3. Categorias de contribuições sociais (art. 195 da CF):

- **1.1.3.1.** Do empregador, da empresa e da entidade a ela equiparada na forma da lei, incidentes sobre: (a) a folha de salários e demais rendimentos do trabalho pagos ou creditados, a qualquer título, à pessoa física que lhe preste serviço, mesmo sem vínculo empregatício; (b) a receita ou o faturamento; e (c) o lucro
- **1.1.3.2.** Do trabalhador e dos demais segurados da previdência social, não incidindo contribuição sobre aposentadoria e pensão concedidas pelo regime geral de previdência social de que trata o art. 201 da CF
- **1.1.3.3.** Sobre a receita de concursos de prognósticos (= loterias)
- **1.1.3.4.** Do importador de bens ou serviços do exterior, ou de quem a lei a ele equiparar
- **1.1.3.5.** Outras criadas pela União, por lei complementar, observado o art. 154, I, da CF

1.1.4. Imunidade: não incidirão sobre receitas decorrentes de exportação (art. 149, § 2º, I, da CF)

Jurisprudência: a imunidade sobre receitas decorrentes de exportação não pode ser ampliada. O benefício não abrange a CSLL (que incide sobre lucro), nem a CPMF (que incidia sobre movimentação financeira). Não cabe interpretação teleológica nesse sentido. Admite-se, entretanto, a imunidade em relação às receitas decorrentes de variações cambiais ativas

1.1.5. Incidência: incidirão também sobre a importação de produtos estrangeiros e serviços (art. 149, § 2º, II, da CF), sendo que a pessoa natural destinatária das operações de importação poderá ser equiparada a pessoa jurídica, na forma da lei (art. 149, § 3º, da CF); a lei definirá as hipóteses em que as contribuições incidirão uma única vez (art. 149, § 4º, da CF)

1.1.6. Alíquotas: podem ser (a) *ad valorem* sobre o faturamento, receita bruta, valor da operação ou valor aduaneiro ou (b) específicas, sobre a unidade de medida adotada (art. 149, § 2º, III, da CF)

1.1.7. Normas do art. 195 da CF, §§ 3º e seguintes, que visam a garantir os recursos para a seguridade social e incentivar o emprego:

- **1.1.7.1.** Pessoa em débito com a seguridade social, conforme lei, não pode contratar com o Poder Público, nem dele receber benefícios ou incentivo fiscais ou creditícios
- **1.1.7.2.** São *isentas* (imunes) as entidades beneficentes de assistência social, atendidos os requisitos legais
- **1.1.7.3.** Produtor rural e pescador artesanal em economia familiar (sem empregados permanentes) contribuem sobre o resultado da comercialização da produção
- **1.1.7.4.** As contribuições devidas pelo empregador e equiparados poderão ter alíquotas ou bases diferenciadas, em razão da atividade econômica, da utilização intensiva de mão de obra, do porte da empresa ou da condição estrutural do mercado de trabalho
- **1.1.7.5.** É vedada a concessão de remissão ou anistia (perdão) de contribuições sociais sobre salários e rendimentos pagos e de contribuições devidas pelos empregados e equiparados em valor superior ao fixado em lei complementar
- **1.1.7.6.** A lei definirá setores para os quais as contribuições sobre receita, faturamento e importadores serão não cumulativas
- **1.1.7.7.** Essa não cumulatividade aplica-se à substituição gradual, total ou parcial da contribuição sobre salários e rendimentos pagos, pela contribuição sobre receita ou faturamento

DIREITO TRIBUTÁRIO
Tema III - Contribuições Especiais

1. Contribuições Especiais II

- **1.2. Contribuições de intervenção no domínio econômico – CIDE**
  - **1.2.1. Conceito:** tributos da União cuja finalidade é extrafiscal, de intervenção no mercado
  - **1.2.2. Imunidade:** não incidirão sobre receitas decorrentes de exportação (art. 149, § 2º, I, da CF)
  - **1.2.3. Incidência:** incidirão também sobre a importação de produtos estrangeiros e serviços (art. 149, § 2º, II, da CF), sendo que a pessoa natural destinatária das operações de importação poderá ser equiparada a pessoa jurídica, na forma da lei (art. 149, § 3º, da CF); a lei definirá as hipóteses em que as contribuições incidirão uma única vez (art. 149, § 4º, da CF)
  - **1.2.4. Alíquotas:** podem ser (a) *ad valorem* sobre o faturamento, receita bruta, valor da operação ou valor aduaneiro ou (b) específicas, sobre a unidade de medida adotada (art. 149, § 2º, III, da CF)
  - = **Exemplos:** sobre combustíveis, sobre remessas ao exterior, contribuições ao Sistema "S", Incra (Súmula 516 do STJ)
  - **1.2.5. CIDE sobre combustíveis** (art. 177, § 4º, da CF):
    - **1.2.5.1.** Relativa à importação ou comercialização de petróleo, gás natural e derivados, além de álcool combustível
    - **1.2.5.2.** Pode ter alíquotas diferenciadas por produto e uso e que podem ser reduzidas e restabelecidas pelo Executivo, não se submetendo à anterioridade
    - **1.2.5.3.** Os recursos arrecadados destinam-se a subsidiar preços ou transporte dos combustíveis, financiar projetos ambientais relacionados à indústria do petróleo e gás, e programas de infraestrutura em transportes

- **1.3. Contribuições de interesse de categorias profissionais ou econômicas**
  - **1.3.1. Conceito:** tributos da União, mas cobrados e destinados a entidades de classe com a finalidade de supri-las com recursos para suas atividades (*parafiscalidade*), sendo instrumento de atuação nas respectivas áreas
  - = **Exemplos:**
    - Contribuições para conselhos profissionais como CRM, CRC, CRE etc.
    - Contribuição sindical
  - ⚠ **Atenção:** não são contribuições de interesse de categorias profissionais ou econômicas:
    - Contribuição confederativa, que não tem natureza tributária (não compulsória) (Súmula Vinculante 40 do STF)
    - Contribuição para a OAB, considerada serviço público independente, e não autarquia especial (como são os conselhos profissionais), sendo que seus créditos têm natureza cível, não tributária

- **1.4. Contribuição para custeio dos regimes próprios previdenciários dos servidores públicos**
  - **1.4.1. Conceito:** tributos dos entes políticos (Estados, DF e Municípios), cuja finalidade é o custeio dos regimes próprios de previdência dos servidores
  - **1.4.2. Características:**
    - **1.4.2.1.** Sua instituição é obrigatória para Estados, Distrito Federal e Municípios
    - **1.4.2.2.** A alíquota não pode ser inferior à da contribuição a cargo dos servidores efetivos da União (11%)
    - **1.4.2.3.** A competência dos Estados refere-se apenas aos servidores efetivos
    - **1.4.2.4.** Abrange apenas a previdência (antes da EC 41/2003, abrangia também a assistência social)
    - **1.4.2.5.** Não pode haver cobrança compulsória para assistência à saúde

- **1.5. Contribuição para custeio do serviço de iluminação pública (COSIP, CIP, CCSIP)**
  - **1.5.1. Conceito:** tributo municipal e do DF, cuja finalidade, como o nome indica, é custear a iluminação pública
  - **1.5.2. Características:**
    - **1.5.2.1.** Pode ser cobrada na fatura de consumo de energia elétrica (o consumidor pode ser o contribuinte)
    - **1.5.2.2.** É comum a cobrança por valores fixos, embora o STF reconheça a possibilidade de gradação conforme o consumo de energia elétrica
  - 💡 **Dica:** antes da criação da contribuição para custeio do serviço de iluminação pública pela EC 39/2002, muitos municípios instituíam e cobravam taxas pela prestação desse serviço, que acabavam declaradas inconstitucionais, pois é serviço *uti universi*

DIREITO TRIBUTÁRIO

Tema IV - Competência Tributária

1. Competência Tributária I

- **1.1. Conceito:** atribuição dada pela Constituição Federal à União, aos Estados, ao Distrito Federal e aos Municípios para instituírem, alterarem e extinguirem tributos por meio de lei
  - **1.1.1.** A Constituição Federal não institui tributos, apenas fixa as competências
  - **1.1.2.** Compreende a competência legislativa plena para criar, alterar e extinguir tributos (art. 6º do CTN)
  - **1.1.3.** Somente os entes políticos (União, Estados, DF e Municípios) têm competência tributária (somente quem pode legislar)
  - **1.1.4.** Assim, não detém competência: autarquias, fundações, Territórios Federais
  - **1.1.5.** Não se confunde com sujeição ativa
  - **1.1.6.** A distribuição da receita da arrecadação (art. 6º, parágrafo único, do CTN) ou a parafiscalidade não alteram a competência tributária fixada constitucionalmente

- **1.2. Distrito Federal:** cumula as competências estaduais e municipais (art. 147 da CF)

  💡 **Dica:** lembre-se que o Distrito Federal é ente federado cujo território não é subdividido em Municípios

- **1.3. Territórios Federais (hoje não há):** os impostos estaduais serão da competência da União, assim como os municipais, se não houver Municípios (art. 147 da CF)

- **1.4. Classificação tradicional:**
  - **1.4.1. Competência privativa:** dos entes políticos em relação aos impostos
    - **1.4.1.1.** A CF lista os impostos federais, estaduais e municipais. O IR somente pode ser instituído pela União. O IPVA somente pelos Estados e DF. O IPTU apenas pelos Municípios e DF. Daí a *privatividade (= exclusividade)*
  - **1.4.2. Competência comum:** dos entes políticos, para taxas e contribuições de melhoria
    - **1.4.2.1.** Todos os entes políticos podem criar taxas e contribuições de melhoria, em relação a suas fiscalizações, seus serviços e suas obras
  - **1.4.3. Competência residual:** da União, que pode criar outros impostos além dos listados na CF
    - **1.4.3.1.** Somente a União detém competência residual. Para todos os outros entes políticos a listagem de impostos na Constituição Federal é taxativa
    - **1.4.3.2.** Devem ser instituídos por lei complementar, não cumulativos e não podem ter fato gerador ou base de cálculo de outro já existente (art. 154, I, da CF)
  - **1.4.4. Competência extraordinária:** da União, para imposto em caso de guerra externa ou sua iminência
    - **1.4.4.1.** Por lei ordinária
    - **1.4.4.2.** A Constituição Federal não indica fato gerador, podendo ser escolhido qualquer um, inclusive já existente
    - **1.4.4.3.** Deve ser suprimido, gradualmente, cessadas as causas de sua criação (art. 76 do CTN fixa prazo de 5 anos)

DIREITO TRIBUTÁRIO
Tema IV - Competência Tributária

1. Competência Tributária II

- **1.5. Características:**
  - **1.5.1. Privativa:** somente o ente competente pode legislar acerca de seus tributos, não há, em regra, isenções heterônomas (art. 151, III, da CF)
  - **1.5.2. Inalterável:** a legislação não pode alterar os conceitos, institutos e formas utilizados pela CF para delimitar as competências (art. 110 do CTN)
  - **1.5.3. Indelegável**
  - **1.5.4. Incaducável**
  - **1.5.5. Facultativa** (embora a não instituição e cobrança de tributos possa ser considerada irresponsabilidade fiscal) (art. 11 da LRF)
  - **1.5.6. Irrenunciável**

  ⚠️ **Atenção:** não confundir com a classificação tradicional, que utiliza termos semelhantes

- **1.6. Exercício da competência:**
  - **1.6.1.** Em regra, por meio de lei ordinária do ente competente
  - **1.6.2. Alguns tributos federais exigem lei complementar:**
    - a) empréstimo compulsório;
    - b) imposto da competência residual;
    - c) outras contribuições sociais (não previstas expressamente na CF);
    - d) imposto sobre grandes fortunas
  - **1.6.3.** Medida provisória e lei delegada substituem lei ordinária, mas não lei complementar

- **1.7. Conflitos de competência:**
  - **1.7.1. Bitributação:** quando dois entes políticos pretendem tributar a mesma situação
  - **1.7.2. *Bis in idem*:** quando o mesmo ente político pretende tributar duas vezes a mesma situação

- **1.8. Competências no art. 24 da CF**
  - **1.8.1. Competência concorrente:** no âmbito da legislação concorrente, a competência da União limitar-se-á a estabelecer normas gerais (art. 24, § 1º, da CF)
    - **1.8.1.1.** A União não pode invadir a competência tributária (em sentido estrito) dos Estados, DF e Municípios, ou seja, não pode instituir, isentar, extinguir tributos estaduais e municipais
    - **1.8.1.2.** Sua competência refere-se às normas gerais, veiculadas por lei complementar (art. 146 da CF)
  - **1.8.2. Competência suplementar dos Estados:** a competência da União para legislar sobre normas gerais não exclui a competência suplementar dos Estados (art. 24, § 2º, da CF)
    - **1.8.2.1.** Os Estados e o Distrito Federal suplementam a legislação federal, atendendo à realidade local
    - **1.8.2.2.** Inexistindo lei federal sobre normas gerais, os Estados exercerão a competência legislativa plena, para atender a suas peculiaridades (art. 24, § 3º, da CF). A omissão do Congresso não prejudica Estados
    - **1.8.2.3.** A superveniência de lei federal sobre normas gerais suspende a eficácia da lei estadual, no que lhe for contrária (art. 24, § 4º, da CF)
  - **1.8.3.** Competência suplementar dos Municípios: compete aos Municípios suplementar a legislação federal e a estadual no que couber (art. 30, II, da CF)

DIREITO TRIBUTÁRIO

Tema V - Sujeição Ativa

1. Sujeição Ativa

- **1.1. Conceito:** atribuição de ser o credor da obrigação tributária
  - **1.1.1.** O sujeito ativo é, em regra, o próprio ente competente para instituir o tributo (União, Estado, DF ou Município)
  - **1.1.2.** Não há solidariedade ativa na obrigação tributária

- **1.2. Desmembramento:** salvo disposição de lei em contrário, a pessoa jurídica de direito público que se constituir pelo desmembramento territorial de outra sub-roga-se nos direitos desta, cuja legislação tributária aplicar-se-á até que entre em vigor a sua própria (art. 120 do CTN)

- **1.3. Delegação:** a competência tributária é indelegável, salvo atribuição das funções de arrecadar ou fiscalizar tributos, ou de executar leis, serviços, atos ou decisões administrativas em matéria tributária, conferida por uma pessoa jurídica de direito público a outra (art. 7º do CTN)
  - **Dica:** apesar de o art. 7º, *caput*, do CTN referir-se a pessoa jurídica de direito público, há entendimento no sentido de que pessoas de direito privado, inclusive pessoas naturais, podem ser sujeitos ativos de tributo
  - **Exemplo:** delegatários de serventias extrajudiciais, que cobram taxas cartorárias

  - **1.3.1. Delegação ou atribuição da sujeição ativa:** a competência tributária é indelegável, mas a lei pode indicar outro ente (que não o político) como sujeito ativo da obrigação
    - **1.3.1.1.** A atribuição compreende as garantias e os privilégios processuais que competem à pessoa jurídica de direito público que a conferir (art. 7º, § 1º, do CTN).
      - **Exemplo:** delegatários de serventias extrajudiciais, que cobram taxas cartorárias
    - **1.3.1.2.** A atribuição pode ser revogada, a qualquer tempo, por ato unilateral da pessoa jurídica de direito público que a tenha conferido (art. 7º, § 2º, do CTN)
    - **1.3.1.3.** Não constitui delegação de competência o cometimento, a pessoas de direito privado, do encargo ou da função de arrecadar tributos (art. 7º, § 3º, do CTN). Contratação de banco para recebimento é simples cometimento (não delegação)

  - **1.3.2. Parafiscalidade:** quando o sujeito ativo delegado (quem cobra o tributo sem ser o ente federativo competente para instituí-lo) fica com os recursos arrecadados para realizar suas atividades essenciais
    - **Exemplos:** conselhos profissionais como CRM, CRC
    - **Dica:** a OAB é considerada serviço público independente, e não autarquia especial (como CRM, CRC etc.), e seus créditos têm natureza cível, não tributária

- **1.4. Caso do ITR:**
  - **1.4.1.** Os Municípios podem optar, na forma da lei, por fiscalizar e cobrar o ITR federal, ficando com 100% da arrecadação (arts. 153, § 4º, III, e 158, II, in fine, da CF)
  - **1.4.2.** Não há delegação da competência tributária (somente a União pode legislar)
  - **1.4.3.** A opção do Município não pode implicar redução do imposto ou qualquer outra forma de renúncia fiscal

DIREITO TRIBUTÁRIO
TEMA VI - IMUNIDADE

1. Imunidade I

- **1.1. Conceito:** delimitação negativa da competência tributária fixada pela CF (limitação constitucional ao poder de tributar)

  - **1.1.1.** A Constituição Federal fixa as competências positivamente (mapa seguinte) e negativamente (imunidades)

  - **1.1.2.** Sempre que a CF afastar a competência, há imunidade, independentemente do termo utilizado (isenção – arts. 184, § 5º, e 195, § 7º; não incidência – art. 156, § 2º, I)

  - **1.1.3.** Há autores que defendem que ela se aplica apenas a impostos, mas há casos de imunidades em relação a contribuições sociais (arts. 149, § 2º, I, e 195, § 7º) e taxas (art. 5º, XXXIV, LXXIV, LXXVI e LXXVII)

  - **1.1.4. Distinções:**

    - **1.1.4.1. Imunidade:** norma constitucional, afasta a competência tributária; não há incidência

    - **1.1.4.2. Isenção:** norma legal, pressupõe a competência tributária; segundo o CTN, mesmo no caso de isenção ocorre fato gerador, surge obrigação, mas o pagamento é dispensado

    - **1.1.4.3. Não incidência:** termo genérico e não muito técnico (define pela negativa), designa situações totalmente fora do alcance da norma de incidência

    - **1.1.4.4. Isenção heterônoma:** excepcionalmente, a CF prevê que o Congresso Nacional excluirá da incidência do ISS as exportações de serviços (art. 156, § 3º, II, da CF)

- **1.2. Regras comuns aplicáveis às imunidades recíproca, dos templos, dos partidos e das entidades:**

  - **1.2.1.** Aplicam-se apenas a impostos, e não a taxas, contribuição de melhoria, contribuições especiais e empréstimos compulsórios

  - **1.2.2.** Abrange qualquer imposto que implique redução do patrimônio, prejudique a renda ou onere os serviços

  - **1.2.3.** Abrange os impostos sobre patrimônio (ITR, IPVA, IPTU), renda (IR) e serviços (ISS, ICMS), além dos impostos sobre transmissão de bens (ITCMD e ITBI), operações financeiras (IOF) e os incidentes nas importações (II, IPI e ICMS), desde que o ente imune seja o contribuinte de direito

  - **1.2.4.** Os entes imunes não se eximem das responsabilidades tributárias (devem reter na fonte, quando assim determina a lei, por exemplo) e devem cumprir deveres acessórios (art. 9º, § 1º, do CTN)

  - **1.2.5.** Não afastam a tributação na exploração de atividade econômica, embora o STF a reconheça em caso de produção e venda de mercadoria por entidade imune

    - **Jurisprudência:** não beneficiam contribuinte de direito que vende produto, bem ou serviço a ente imune (Súmula 591 do STF)

    - **Jurisprudência:** ente imune (Município) não se exonera do ICMS na aquisição de serviços (telefonia, energia etc.), pois o contribuinte de direito é o fornecedor. Entretanto, a importação promovida por entidade imune (em que o importador é o contribuinte de direito) não se sujeita ao ICMS

DIREITO TRIBUTÁRIO

Tema VI - Imunidade

1. Imunidade II

1.3. Imunidade Recíproca

1.3.1. Conceito: é vedado à União, aos Estados, ao Distrito Federal e aos Municípios instituir impostos sobre patrimônio, renda ou serviços uns dos outros (art. 150, VI, a, da CF)

- **1.3.1.1.** Estendida às autarquias e fundações instituídas e mantidas pelo Poder Público, quanto ao patrimônio, à renda e aos serviços vinculados a suas finalidades essenciais ou às delas decorrentes
- **1.3.1.2.** Em princípio, a imunidade recíproca não abrange entidades de direito privado da administração indireta (empresas públicas e sociedades de economia mista)
- **1.3.1.3.** Excepcionalmente, o STF entende que a Empresa de Correios e Telégrafos (ECT) e a Empresa Brasileira de Infraestrutura Aeroportuária (Infraero) são imunes em relação aos serviços públicos essenciais que prestam

1.3.2. Características:

- **1.3.2.1.** Não beneficia entidades que exploram atividade econômica (empresas públicas e de economia mista)
- **1.3.2.2.** Não abrange concessionárias de serviço público que cobram tarifa dos usuários (art. 13 do CTN)
- **1.3.2.3.** Não exonera o promitente comprador da obrigação de pagar imposto relativamente ao bem imóvel (ITBI e IPTU) (Súmulas 75 e 583 do STF – art. 150, § 3º, da CF)
- **1.3.2.4.** Não afasta o IPTU em relação a imóvel cedido ou arrendado a pessoa jurídica privada que explore atividade econômica com fins lucrativos (temas 385 e 437/STF de repercussão geral)

1.4. Imunidade dos Templos de Qualquer Culto

- **1.4.1. Conceito:** é vedado à União, aos Estados, ao Distrito Federal e aos Municípios instituir impostos sobre templos de qualquer culto (art. 150, VI, b, da CF)
- **1.4.2.** Procura proteger e garantir a liberdade de culto, sem margem para juízo valorativo pelo fisco
- **1.4.3.** Abrange toda a atividade e o espaço necessário para o culto, incluindo casa do religioso, estacionamento etc., desde que "relacionados com as finalidades essenciais" (art. 150, § 4º, da CF)

> **Jurisprudência:** o imóvel alugado para terceiro também é imune ao IPTU, desde que a renda seja aplicada nas atividades essenciais do templo (Súmula 724 do STF)

> **Jurisprudência:** cemitérios que consubstanciam extensões de entidades de cunho religioso estão abrangidos pela imunidade

1.5. Imunidade dos Partidos, Entidades Sindicais, Educacionais e de Assistência Social

- **1.5.1. Conceito:** é vedado à União, aos Estados, ao Distrito Federal e aos Municípios instituir impostos sobre patrimônio, renda ou serviços (a) dos partidos políticos, inclusive suas fundações, (b) das entidades sindicais dos trabalhadores, e (c) das instituições de educação e de assistência social, sem fins lucrativos, atendidos os requisitos da lei (art. 150, VI, c, da CF)
- **1.5.2.** Prestigia entidades essenciais para a democracia representativa e para a defesa dos direitos dos trabalhadores e as que colaboram com o Estado em áreas sensíveis (educação e assistência social)
- **1.5.3.** Refere-se apenas a entidades sindicais de trabalhadores (não a patronais)
- **1.5.4.** Entidades sem fins lucrativos, na forma da lei (art. 14 do CTN)

> **Dica:** a regulamentação das limitações constitucionais ao poder de tributar, caso das imunidades, é feita por lei complementar federal (art. 146, II, da CF). No caso desta imunidade, a regulamentação é feita pelo art. 14 do CTN

- **1.5.5.** Abrange todo o patrimônio necessário para as atividades essenciais, incluindo prédios administrativos e estacionamento para estudantes

> **Jurisprudência 1:** o imóvel alugado para terceiro também é imune ao IPTU, desde que a renda seja aplicada nas atividades essenciais da entidade (Súmula Vinculante 52 do STF, Súmula 724 do STF)

> **Jurisprudência 2:** A imunidade tributária prevista no art. 150, VI, c, da CF/88 aplica-se aos bens imóveis, temporariamente ociosos, de propriedade das instituições de educação e de assistência social sem fins lucrativos que atendam os requisitos legais. (tese de repercussão geral 693/STF)

- **1.5.6.** Como as outras imunidades do art. 150, VI da CF, esta também se refere apenas a impostos. Há, entretanto, imunidade em relação a contribuições sociais, prevista no art. 195, § 7º, da CF (o constituinte utilizou o termo isenção, mas é mesmo imunidade)

1.5.7. Requisitos para a imunidade das entidades educacionais e de assistência social (art. 14 do CTN):

- **1.5.7.1.** Não distribuírem qualquer parcela de seu patrimônio ou de suas rendas, a qualquer título
- **1.5.7.2.** Aplicarem integralmente, no País, os seus recursos na manutenção dos seus objetivos institucionais
- **1.5.7.3.** Manterem escrituração de suas receitas e despesas em livros revestidos de formalidades capazes de assegurar sua exatidão
- **1.5.7.4.** Cumprirem as obrigações como responsáveis tributários, como retenção na fonte e deveres instrumentais (este requisito não está explícito no art. 14 do CTN)

DIREITO TRIBUTÁRIO

TEMA VI - IMUNIDADE

1. Imunidade III

1.6. Imunidade dos livros, jornais e periódicos

1.6.1. Conceito: é vedado à União, aos Estados, ao Distrito Federal e aos Municípios instituir impostos sobre livros, jornais, periódicos e o papel destinado a sua impressão (art. 150, VI, d, da CF)

1.6.2. A imunidade é objetiva e restrita aos impostos incidentes sobre os livros, jornais, periódicos e o papel para impressão

1.6.3. Abrange, portanto, Imposto de Importação, IPI e ICMS relativos à compra do papel, produção e comercialização desses bens

1.6.4. Não há imunidade em relação aos tributos que incidem direta ou indiretamente sobre a atividade ou outros bens (ISS, IR, IOF, IPTU etc.)

1.6.5. Pretende-se prestigiar o acesso à informação, à educação e à cultura

1.6.6. Abrange toda publicação, independentemente do conteúdo (mesmo fescenino, de baixo nível), listas telefônicas, livros-brinquedo (*pop up*, com música infantil, bonecos afixados etc.)

1.6.7. O livro eletrônico (e-book) é imune, incluindo os equipamentos exclusivos para leitura, como o "kindle" (tese de repercussão geral 593/STF)

Jurisprudência: a imunidade abrange, além do próprio livro, jornal ou periódico, apenas o papel utilizado na impressão, filmes e papéis fotográficos (Súmula 657 do STF)

Jurisprudência: a Suprema Corte não reconhece a imunidade em relação às tintas e aos equipamentos para impressão, serviços de composição gráfica ou de impressão onerosos ou serviços de distribuição das publicações. Tampouco há imunidade em relação a material promocional ou de propaganda

1.7. Imunidade dos fonogramas e videogramas

1.7.1. Conceito: é vedado à União, aos Estados, ao Distrito Federal e aos Municípios instituir impostos sobre fonogramas e videofonogramas musicais produzidos no Brasil, contendo obras musicais ou literomusicais de autores brasileiros, e/ou obras em geral interpretadas por artistas brasileiros, bem como os suportes materiais ou arquivos digitais que os contenham, salvo na etapa de replicação industrial de mídias ópticas de leitura a laser (art. 150, VI, e, da CF)

1.8. Outras imunidades, além das previstas no art. 150, VI, da CF:

1.8.1. Contribuição social e CIDE sobre receitas decorrentes de exportação (art. 149, § 2º, I)

1.8.2. Contribuição social de entidades beneficentes de assistência social (art. 195, § 7º)

1.8.3. Contribuição social sobre aposentadoria e pensão concedida pelo regime geral de previdência social (RGPS-INSS) (art. 195, II, in fine, da CF)

1.8.4. IPI e ICMS sobre exportação (arts. 153, § 3º, III, e 155, § 2º, X, a)

1.8.5. ITR sobre pequenas glebas (art. 153, § 4º, II)

1.8.6. ITBI sobre alterações societárias (art. 156, § 2º, I)

DIREITO TRIBUTÁRIO
Tema VII - Princípios Tributários

1. Princípios Tributários I

- **1.1. Conceito:** proposições de alta carga valorativa, que orientam a produção e a interpretação das demais normas
  - **1.1.1.** Há diversos princípios tributários incluídos entre as limitações constitucionais ao poder de tributar
  - **1.1.2.** Muitos deles refletem princípios gerais do Direito Brasileiro (ex.: legalidade) e outros indicam regras bastante objetivas (ex.: anterioridade)

- **1.2. Princípio da Legalidade**
  - **1.2.1. Conceito:** é vedado exigir ou aumentar tributo sem lei que o estabeleça (art. 150, I, da CF). Não há tributação sem previsão legal (art. 5º, II, da CF)
  - **1.2.2. Devem ser veiculados por lei** (art. 97 do CTN):
    - **1.2.2.1.** Instituição, majoração, redução e extinção de tributos e de penalidades
    - **1.2.2.2.** Fato gerador da obrigação principal
    - **1.2.2.3.** Alíquotas e base de cálculo dos tributos
    - **1.2.2.4.** Cominação de penalidades, dispensa ou redução
    - **1.2.2.5.** Hipóteses de suspensão, extinção e exclusão do crédito tributário
  - **1.2.3. Não precisam ser veiculados por lei:**
    - **1.2.3.1.** Alteração de alíquotas de II, IE, IPI, IOF, atendidas as condições e os limites estabelecidos pela lei, além de redução e restabelecimento da alíquota da CIDE sobre combustíveis (arts. 153, § 1º, e 177, § 4º, I, b, da CF)
    - **1.2.3.2.** Correção monetária da base de cálculo, dentro do índice oficial de inflação (Súmula 160 do STJ)
    - **1.2.3.3.** Vencimento do tributo
    - **1.2.3.4.** Modelos de guias e de livros fiscais
    - ⚠️ **Atenção:** há controvérsia em relação às obrigações acessórias. O CTN refere-se à legislação (o que inclui normas infralegais). O Judiciário tem aceitado obrigações acessórias previstas genericamente em lei e detalhadas em norma infralegal
  - **1.2.4. Regra específica de legalidade para benefícios fiscais:** qualquer subsídio ou isenção, redução de base de cálculo, concessão de crédito presumido, anistia ou remissão, relativos a impostos, taxas ou contribuições, só poderá ser concedido mediante lei específica, federal, estadual ou municipal, que regule exclusivamente as matérias acima enumeradas ou o correspondente tributo ou contribuição (art. 150, § 6º, da CF)

- **1.3. Princípio da Isonomia**
  - **1.3.1. Conceito:** é vedado instituir tratamento desigual entre contribuintes que se encontrem em situação equivalente, proibida qualquer distinção em razão de ocupação profissional ou função por eles exercida, independentemente da denominação jurídica dos rendimentos, títulos ou direitos (art. 150, II, da CF)
    - **1.3.1.1.** Deve-se tratar igualmente quem esteja na mesma situação, e o critério para se definir quem está na mesma situação é a capacidade contributiva avaliada objetivamente, em relação a cada tributo
  - **1.3.2. Viabilizam a isonomia (são constitucionais, portanto):**
    - **1.3.2.1.** Progressividade de alíquotas do IR, ITR, IPTU, ITCMD
    - **1.3.2.2.** Isenções e outros benefícios em favor de contribuintes de menor capacidade econômica
    - **1.3.2.3.** Seletividade de alíquotas do IPI e do ICMS
    - **1.3.2.4.** Diferenciação de alíquotas do IPVA e do IPTU
    - **1.3.2.5.** Tratamento diferenciado e favorecido para cooperativas e micro e pequenas empresas
  - **1.3.3. É vedado à União:** tributar a renda das obrigações da dívida pública dos Estados, do Distrito Federal e dos Municípios, bem como a remuneração e os proventos dos respectivos agentes públicos, em níveis superiores aos que fixar para suas obrigações e para seus agentes (art. 151, II, da CF)

DIREITO TRIBUTÁRIO
Tema VII - Princípios Tributários

1. Princípios Tributários II

- **1.4. Princípio da Irretroatividade**
  - **1.4.1. Conceito:** é vedado cobrar tributos em relação a fatos geradores ocorridos antes do início da vigência da lei que os houver instituído ou aumentado (art. 150, III, a, da CF)
    - **1.4.1.1.** A legislação tributária aplica-se imediatamente aos fatos geradores futuros e aos pendentes (ocorrência iniciada, mas ainda não concluída – art. 105 do CTN)
  - **1.4.2. A lei se aplica a atos e fatos pretéritos:**
    - **1.4.2.1.** No caso de lei expressamente interpretativa, sem penalidade pela infração dos dispositivos interpretados (arts. 106, I, do CTN)
    - **1.4.2.2.** Norma sancionadora mais benéfica ao infrator (lex mitior), exceto no caso de ato definitivamente julgado (art. 106, II, do CTN)
    - **1.4.2.3.** Novas regras para a fiscalização ou aumento das garantias e privilégios do crédito, exceto criação de responsabilidade (art. 144, § 1º, do CTN)

- **1.5. Princípio da Anterioridade**
  - **1.5.1. Conceito:** é vedado cobrar tributos
    a) no mesmo exercício financeiro em que haja sido publicada a lei que os instituiu ou aumentou e
    b) antes de decorridos noventa dias da data em que haja sido publicada a lei que os instituiu ou aumentou (art. 150, III, b e c, da CF)
    - **1.5.1.1.** Eficácia da norma somente após 90 dias da publicação (nonagesimal) ou em 1º de janeiro do ano seguinte (anual), o que ocorrer depois
    - **1.5.1.2.** Somente no caso de instituição ou majoração, e não no de redução ou extinção – é proteção ao contribuinte, limitação constitucional ao poder de tributar – os benefícios aplicam-se imediatamente
    - **1.5.1.3.** Apesar da expressão "cobrar tributos", entende-se que se refere aos fatos geradores
  - **1.5.2. Peculiaridade no caso do IR:** aplica-se a lei vigente no ano da declaração (exercício seguinte ao ano-base) (Súmula 584 do STF)
  - **Jurisprudência:** é cláusula pétrea, não pode ter seu alcance reduzido pelo constituinte derivado (foi caso de majoração da CSLL). A alteração do prazo de recolhimento não implica aumento ou diminuição do tributo, de modo que não se sujeita à anterioridade
  - **1.5.3.** No caso de medida provisória que institua ou majore imposto (exceto II, IE, IPI, IOF e extraordinário), só produzirá efeito no exercício seguinte se houver sido convertida em lei até o último dia do ano em que foi editada (art. 62, § 2º, da CF), sem prejuízo da anterioridade nonagesimal
  - **1.5.4. Exceções à anterioridade anual e à anterioridade nonagesimal (não se aplica qualquer uma delas):**
    - **1.5.4.1.** Empréstimo compulsório em caso de despesa extraordinária
    - **1.5.4.2.** Impostos de importação e impostos de exportação
    - **1.5.4.3.** IOF
    - **1.5.4.4.** Imposto extraordinário
  - **1.5.5. Exceções apenas à anterioridade anual** (aplica-se exclusivamente a nonagesimal):
    - **1.5.5.1.** IPI
    - **1.5.5.2.** Restabelecimento da alíquota do ICMS e da CIDE sobre combustíveis e lubrificantes Contribuições sociais
  - **1.5.6. Exceções apenas à anterioridade nonagesimal** (aplica-se exclusivamente a anual):
    - **1.5.6.1.** Imposto de renda
    - **1.5.6.2.** Fixação da base de cálculo do IPVA e do IPTU

DIREITO TRIBUTÁRIO
Tema VII - Princípios Tributários

1. Princípios Tributários III

1.6. Princípio da Vedação de Confisco

- **1.6.1. Conceito:** é vedado utilizar tributo com efeito de confisco (art. 150, IV, da CF)
- **1.6.2.** Decorre do princípio da capacidade contributiva e do direito à propriedade (não pode ser suprimida) – (art. 5º, caput, da CF)
- **1.6.3.** Tributação não deve atingir as fontes produtoras de riqueza dos contribuintes
- **1.6.4.** Aplicável também às penalidades
- **1.6.5.** Fácil de identificar nos impostos sobre propriedade e renda, das taxas e das contribuições de melhoria
- **1.6.6.** Difícil de aferir no caso dos impostos sobre produção e circulação de bens e serviços, à luz da seletividade
- **1.6.7.** Admitem-se alíquotas altas para impostos *extrafiscais*
- **1.6.8.** Progressividade indevida pode ser confiscatória

> **Jurisprudência:** a caracterização do efeito confiscatório pressupõe a análise de dados concretos e de peculiaridades de cada operação ou situação

1.7. Princípio da Vedação de Limitação ao Tráfego de Pessoas ou Bens

- **1.7.1. Conceito:** é vedado estabelecer limitações ao tráfego de pessoas ou bens, por meio de tributos interestaduais ou intermunicipais, ressalvada a cobrança de pedágio pela utilização de vias conservadas pelo Poder Público (art. 150, V, da CF)
- **1.7.2.** Tributos não podem ser utilizados nesse sentido, violando ou reduzindo o direito de locomoção no território nacional
- **1.7.3.** União não poderia criar imposto (competência residual) com esse efeito
- **1.7.4.** Pedágio, quando cobrado por concessionária, é considerado preço público ou tarifa, não tributo

1.8. Princípio da Uniformidade Territorial

- **1.8.1. Conceito:** é vedado à União instituir tributo que não seja uniforme em todo o território nacional ou que implique distinção ou preferência em relação a Estado, ao Distrito Federal ou a Município, em detrimento de outro, admitida a concessão de incentivos fiscais destinados a promover o equilíbrio do desenvolvimento socioeconômico entre as diferentes regiões do País (art. 151, I, da CF)
- **1.8.2.** É princípio que se refere exclusivamente à União, nos termos da Constituição Federal
- **1.8.3.** Visa a garantir tratamento isonômico da União em todo o território nacional
- **1.8.4.** Há uma única exceção: a indicada no dispositivo (art. 151, I, da CF), lembrando que o ITR leva em consideração peculiaridades locais

1.9. Princípio da Uniformidade Territorial

- **1.9.1. Conceito:** é vedado aos Estados, ao Distrito Federal e aos Municípios estabelecer diferença tributária entre bens e serviços, de qualquer natureza, em razão de sua procedência ou destino (art. 152 da CF)
- **1.9.2.** É princípio que se refere exclusivamente aos Estados, ao Distrito Federal e aos Municípios, nos termos da Constituição Federal
- **1.9.3.** Veda a cobrança de ICMS ou ISS de maneira discriminatória
- **1.9.4.** O incentivo à produção e à economia local não podem se dar em detrimento da unidade da Federação

DIREITO TRIBUTÁRIO
Tema VIII - Legislação Tributária

1. Legislação Tributária I

- **1.1. Conceito:** a expressão "legislação tributária" compreende: leis, tratados internacionais, decretos e normas complementares relativas à tributação (art. 96 do CTN)

- **1.2. Constituição Federal:**
  - **1.2.1.** As normas tributárias básicas estão na Constituição Federal
  - **1.2.2.** Princípios expressos e implícitos
  - **1.2.3.** Normas de competência tributária
  - **1.2.4.** Pode ser emendada, observadas as cláusulas pétreas (direitos dos contribuintes, princípio federativo)

- **1.3. Lei complementar federal:**
  - **1.3.1.** A lei complementar federal pode veicular normas nacionais, que se aplicam a todos os entes federados (União, Estados, Distrito Federal e Municípios) e seus contribuintes, e também normas federais, atinentes à competência tributária da União
  - **1.3.2.** Normas nacionais devem, em regra, ser reguladas por leis complementares nacionais, especialmente aquelas matérias listadas nos arts. 146 e 146-A da CF (ou seja, somente o Congresso Nacional, por lei complementar, pode regular as seguintes matérias):
    - **1.3.2.1.** Conflitos de competência
    - **1.3.2.2.** Regulamentação das limitações constitucionais ao poder de tributar
    - **1.3.2.3.** Normas gerais tributárias, especialmente sobre: (a) definição de tributos e de suas espécies, bem como, em relação aos impostos discriminados nesta Constituição, a dos respectivos fatos geradores, bases de cálculo e contribuintes; (b) obrigação, lançamento, crédito, prescrição e decadência tributários; (c) adequado tratamento tributário ao ato cooperativo praticado pelas sociedades cooperativas; (d) definição de tratamento diferenciado e favorecido para as microempresas e para as empresas de pequeno porte
      - ⚠️ **Atenção:** as normas nacionais listadas no art. 146 da CF devem ser veiculadas exclusivamente por lei complementar federal; significa que é inconstitucional haver norma sobre decadência ou prescrição veiculada por lei ordinária federal (Súmula Vinculante 8 do STF)
    - **1.3.2.4.** Critérios especiais de tributação para prevenir desequilíbrios da concorrência (neste caso, a regulação de normas gerais por lei complementar não afasta a competência da União para estabelecer normas de igual objetivo por lei ordinária)
      - 🔨 **Jurisprudência:** lei materialmente ordinária, embora formalmente complementar, pode ser alterada/revogada por lei ordinária posterior (Súmula 508 do STJ)
  - **1.3.3.** Alguns tributos federais exigem leis complementares para sua veiculação. Essas leis complementares veiculam simples normas federais (atinentes à competência tributária da União), e não normas nacionais. Referem-se aos seguintes tributos: (a) empréstimos compulsórios, (b) impostos da competência residual, (c) outras contribuições sociais além daquelas indicadas expressamente no art. 195 da CF e (d) imposto sobre grandes fortunas

- **1.4. Lei Ordinária**
  - **1.4.1.** A lei ordinária de cada ente competente é o instrumento normativo básico para veicular normas tributárias (quando em matéria tributária a Constituição refere-se simplesmente à *lei*, refere-se à lei ordinária)
  - **1.4.2.** Os elementos essenciais da tributação (art. 97 do CTN) devem ser veiculados por lei ordinária, em regra (há determinados tributos federais cuja regulação exige lei complementar)

DIREITO TRIBUTÁRIO
Tema VIII - Legislação Tributária

1. Legislação Tributária II

- **1.5. Medida provisória**
  - **1.5.1. Substitui lei ordinária (jamais lei complementar):** não pode tratar de matéria processual tributária
  - **1.5.2.** No caso de instituição e majoração de impostos (exceto II, IE, IPI, IOF e imposto extraordinário), produzirá efeitos apenas no exercício seguinte, se for convertida em lei até o final do ano de sua edição (art. 62, § 2º, da CF)
  - *Jurisprudência:* o STF admitiu MP estadual, pelo princípio da simetria

- **1.6. Lei delegada:** o Congresso Nacional pode atender à solicitação do Presidente e, por meio de resolução, delegar poder para produzir lei, nos termos do art. 68 da CF. A lei delegada não substitui lei complementar

- **1.7. Decretos legislativos e resoluções:** produzidos pelo Legislativo, mas sem posterior sanção do chefe do Executivo

- **1.8. Tratados internacionais:**
  - **1.8.1. Procedimento:**
    - 1º) Presidente celebra (art. 84, VIII, da CF);
    - 2º) Congresso Nacional referenda, aprovando por decreto legislativo (art. 49, I, da CF);
    - 3º) Presidente ratifica (manifestando o consentimento);
    - 4º) Presidente promulga por decreto, cuja publicação insere o tratado no sistema nacional
  - **1.8.2. Características:**
    - **1.8.2.1.** Em princípio, não há *acordos executivos* (sem referendo pelo Congresso) em matéria tributária
    - **1.8.2.2.** Em geral, os tratados são equivalentes a leis ordinárias federais (exceto no caso de Direitos Humanos), mas há grande debate em relação à matéria tributária
    - **1.8.2.3.** O art. 98 do CTN dispõe que os tratados e as convenções internacionais revogam ou modificam a legislação tributária interna, e serão observados pela que lhes sobrevenha
  - *Jurisprudência:* o STF decidiu que o disposto no art. 151, III, da CF não impede a concessão de isenções tributárias heterônomas por meio de tratados internacionais, ou seja, é possível instituição de benefícios fiscais relativos a tributos estaduais ou municipais por esse meio (RE 543.943 AgR/PR)

- **1.9. Decretos do executivo:**
  - **1.9.1.** São produzidos pelo chefe do Executivo (Presidente, Governadores e Prefeitos), normalmente referendado por ministros ou secretários
  - **1.9.2.** Regulamentam as leis e não podem ultrapassar seus limites (não há, em princípio, *decretos autônomos* em matéria tributária)
  - **1.9.3.** Servem também para consolidar a legislação (CTN prevê consolidação anual – art. 212)
  - **1.9.4.** Excepcionalmente podem ser utilizados para alteração de alíquotas de tributos federais (II, IE, IPI, IOF, CIDE sobre combustíveis)
  - **1.9.5.** Não são normas complementares, conforme terminologia do CTN

- **1.10. Normas complementares (art. 100 do CNT):**
  - **1.10.1.** Atos normativos expedidos pelas autoridades
  - **1.10.2.** Decisões administrativas com eficácia normativa
  - **1.10.3.** Práticas reiteradas das autoridades administrativas
  - **1.10.4.** Convênios entre União, Estados, DF e Municípios
  - **1.10.5.** A observância das normas complementares exclui a imposição de penalidades, a cobrança de juros de mora e a atualização do valor monetário da base de cálculo do tributo

DIREITO TRIBUTÁRIO

Tema VIII - Legislação Tributária

1. Vigência da Legislação Tributária

- **1.1. Conceito:** delimitação **temporal** e **espacial** da validade da norma

- **1.2. Vigência no espaço:**
  - **1.2.1. Princípio da territorialidade:** normas têm vigência nos limites do território do ente tributante (País, Estado, DF ou Município)
  - **1.2.2.** No âmbito federal, o IR aplica-se a fatos ocorridos no exterior, desde que haja elemento de conexão com o Brasil. São comuns tratados contra bitributação
  - **1.2.3.** No âmbito dos Estados, DF e Municípios, é possível a extraterritorialidade conforme convênios ou normas gerais (LC) (art. 102 do CTN)

- **1.3. Vigência no tempo:**
  - **1.3.1.** A vigência no tempo é regulada pelas normas gerais do direito brasileiro – regra de 45 dias para *vacatio legis* (art. 1º da LINDB)
  - **1.3.2.** Atualmente, as leis devem indicar quando entram em vigor (art. 8º da LC 95/1998), sendo comum "na data de sua publicação"
  - **1.3.3. Tratado internacional:** no âmbito interno, entra em vigor com a vigência do decreto presidencial que o promulga; no âmbito externo, conforme acordado ou a partir da manifestação de consentimento dos Estados
  - **1.3.4. Normas complementares** (art. 103 do CTN): salvo disposição em contrário, entram em vigor:
    - **1.3.4.1. Atos normativos das autoridades administrativas:** a partir da data de sua publicação
    - **1.3.4.2. Decisões com eficácia normativa:** 30 dias após a publicação
    - **1.3.4.3. Convênios:** nas datas neles previstas (a rigor, não há regra subsidiária)
  - **1.3.5. Vigência no tempo no caso de revogação de isenção:** em conformidade com o CTN, isenção é exclusão do crédito, de modo que sua revogação não corresponde à instituição ou majoração de tributo, aplicando-se imediatamente (exceção: impostos sobre patrimônio e renda submetem-se à anterioridade por determinação do art. 104, III, do CTN) (Súmula 615 do STF)

DIREITO TRIBUTÁRIO

Tema VIII - Legislação Tributária

1. Aplicação da Legislação Tributária

- **1.1. Conceito:** refere-se ao ato de vontade, pelo qual determinados agentes, em face de uma situação concreta, decidem qual norma incide

- **1.2.** A legislação aplica-se imediatamente aos fatos geradores futuros e pendentes (art. 105 do CTN)

- **1.3. Excepcionalmente, a lei se aplica a atos e fatos pretéritos nas seguintes hipóteses:**
  - **1.3.2.** Norma sancionadora mais benéfica ao infrator (*lex mitior*), exceto no caso de ato definitivamente julgado (art. 106, II, do CTN)
  - **1.3.1.** No caso de lei expressamente interpretativa, sem penalidade pela infração dos dispositivos interpretados (arts. 106, I, do CTN)
  - **1.3.3.** Novas regras para a fiscalização ou aumento das garantias e privilégios do crédito, exceto criação de responsabilidade (art. 144, § 1º, do CTN)

- **1.4. Jurisprudência:**
  - **1.4.1.** Lei supostamente interpretativa que, em verdade, inova no mundo jurídico deve ser considerada como lei nova, não se aplicando, portanto, a situações pretéritas
  - **1.4.2.** Retroatividade não se aplica às multas administrativas
  - **1.4.3.** Retroatividade não aproveita crédito extinto ao tempo da redução
  - **1.4.4.** Não se aplica ampliativamente norma que disponha sobre inclusão de atividade em regime especial de tributação

DIREITO TRIBUTÁRIO

TEMA VIII - LEGISLAÇÃO TRIBUTÁRIA

1. Interpretação e integração da Legislação Tributária

1.1. Conceito de interpretação: construir o conteúdo, o sentido e o alcance das normas jurídicas a partir da leitura dos textos legais; ou esforço para extrair do texto legal o significado depositado pelo legislador

- **1.1.1.** É pressuposta para a aplicação da legislação
- **1.1.2.** Utilizam-se no direito tributário os métodos da teoria geral do direito (gramatical ou literal, lógico-sistemático, teleológico ou, conforme a finalidade, histórico), mas há regras específicas no CTN

1.2. Conceito de integração: em caso de ausência de disposição expressa (lacuna), a autoridade competente para aplicar a legislação tributária utilizará, sucessivamente, na ordem indicada:
1º) analogia,
2º) princípios gerais de direito tributário,
3º) princípios gerais de direito público e
4º) equidade (art. 108 do CTN)

- **1.2.1. Analogia:** em caso de lacuna, o intérprete busca situação fática semelhante, verifica a norma aplicável a ela e, em seguida, adota-a para o caso analisado
  - **1.2.1.1.** Parte da premissa de que, se o legislador tivesse pensado no caso, teria fixado a mesma norma
  - **1.2.1.2.** O emprego da analogia não poderá resultar na exigência de tributo não previsto em lei (art. 108, § 1º, do CTN)
  - **1.2.1.3.** Tampouco é possível benefício fiscal por analogia
- **1.2.2. Princípios gerais de direito tributário:** capacidade contributiva, isonomia, irretroatividade, anterioridade, não confisco, uniformidade territorial, não diferenciação etc
- **1.2.3. Princípios gerais de direito público:** supremacia do interesse público, indisponibilidade do interesse público, ampla defesa etc
- **1.2.4. Equidade:** justiça aplicada ao caso concreto
  - **1.2.4.1.** *Summum jus summa injuria* × *dura lex sed lex* (reconhecimento de que aplicação "cega" da lei pode levar a injustiça no caso concreto, em contraposição ao entendimento de que a lei, mesmo sendo dura, deve ser aplicada)
  - **1.2.4.2.** O emprego da equidade não poderá resultar na dispensa do pagamento de tributo devido

1.3. Os princípios gerais de direito privado utilizam-se para pesquisa da definição, do conteúdo e do alcance de seus institutos, conceitos e formas, mas não para definição dos respectivos efeitos tributários (art. 109 do CTN)

= **Exemplo:** se a norma tributária se refere a "curador", o intérprete analisará o conceito à luz do direito privado, mas não seus efeitos tributários (responsabilidade), que serão interpretados à luz do direito tributário

1.4. A lei tributária não pode alterar a definição, o conteúdo e o alcance de institutos, conceitos e formas de direito privado, utilizados, expressa ou implicitamente, pela Constituição Federal, pelas Constituições dos Estados, ou pelas Leis Orgânicas do Distrito Federal ou dos Municípios, para definir ou limitar competências tributárias (art. 110 do CTN)

- **1.4.1.** A competência fixada pela CF é inalterável pela lei dos entes tributantes
- = **Exemplo:** a lei estadual não pode alterar o conceito de mercadoria, utilizado pela Constituição Federal, e cobrar ICMS sobre a venda do único automóvel de um particular

1.5. Interpreta-se literalmente a legislação tributária que disponha sobre:
a) suspensão ou exclusão do crédito tributário,
b) outorga de isenção e
c) dispensa do cumprimento de obrigações tributárias acessórias (art. 111 do CTN)

- **1.5.1.** A regra é a incidência e os deveres acessórios. A exceção (benefício) deve ser interpretada estritamente
- **1.5.2.** Subsídio, isenção, redução de base, crédito presumido, isenção ou remissão devem ser concedidos mediante lei específica (art. 150, § 6º, da CF)

1.6. A lei tributária que define infrações, ou lhe comina penalidades, interpreta-se da maneira mais favorável ao acusado, em caso de dúvida quanto:
a) à capitulação legal do fato;
b) à natureza ou às circunstâncias materiais do fato, ou à natureza ou extensão dos seus efeitos;
c) à autoria, imputabilidade, ou punibilidade; e
d) à natureza da penalidade aplicável, ou à sua graduação

DIREITO TRIBUTÁRIO

Tema IX - Obrigação Tributária

1. Obrigação Tributária

- **1.1.** Há obrigação principal, cujo objeto é prestação pecuniária, e obrigação acessória, cujo objeto não é pecuniário

- **1.2. Conceito de obrigação principal:** a obrigação principal surge com a ocorrência do fato gerador, tem por objeto o pagamento de tributo ou penalidade pecuniária e extingue-se juntamente com o crédito dela decorrente (art. 113, § 1º, do CTN)
  - **1.2.1.** O objeto é sempre a entrega de dinheiro (tributo ou penalidade pecuniária)
  - **1.2.2.** Apesar de ser obrigação *tributária* principal, seu objeto pode ser tributo (que jamais decorre de fato ilícito) ou algo que não é tributo (penalidade pecuniária, multa, decorrente de fato ilícito)

- **1.3. Conceito de obrigação acessória:** a obrigação acessória decorre da legislação tributária e tem por objeto as prestações, positivas ou negativas, nela previstas no interesse da arrecadação ou da fiscalização dos tributos (art. 113, § 2º, do CTN)
  - **1.3.1.** O objeto não é pecuniário
    - **Exemplos:** emitir nota fiscal, escriturar livros, apresentar declarações, permitir a entrada do fiscal
  - **1.3.2.** Pode existir independentemente da obrigação principal
  - **1.3.3.** A obrigação acessória, pelo simples fato da sua inobservância, converte-se em obrigação principal relativamente à penalidade pecuniária (art. 113, § 3º, do CTN)
    - **Exemplo:** a falta de emissão de nota fiscal (descumprimento de obrigação acessória) é ilícito que acarreta aplicação de multa ao infrator, ou seja, o descumprimento da obrigação acessória faz surgir a obrigação principal de pagar multa (multa = pecuniária)

DIREITO TRIBUTÁRIO

Tema X - Fato Gerador e Crédito Tributário

1. Fato Gerador

1.1. Conceito de fato gerador da obrigação principal
Fato gerador da obrigação principal é a situação definida em lei como necessária e suficiente à sua ocorrência (art. 114 do CTN)

- **1.1.1.** Somente lei pode prever fato gerador de obrigação principal
- **1.1.2. Situação necessária:** sem o fato gerador não há obrigação
- **1.1.3. Situação suficiente:** não é preciso mais nada para surgir a obrigação tributária
- **1.1.4. Duplo sentido:** previsão legal (hipótese de incidência, FG em abstrato) ou efetiva ocorrência (fato imponível, FG em concreto, fato jurídico tributário)

1.2. Conceito de fato gerador da obrigação acessória
Qualquer situação que, na forma da legislação aplicável, impõe a prática ou a abstenção de ato que não configure obrigação principal (art. 115 do CTN)

- **1.2.1. Situação prevista na *legislação*:** O CTN não se refere à *lei*, como no caso do fato gerador da obrigação principal
- **1.2.2.** Definido por exclusão (faz surgir dever no âmbito tributário que não é objeto da obrigação principal)

1.3. Momento da ocorrência do fato gerador (art. 116 do CTN):

- **1.3.1.** Se for **situação de fato**, considera-se ocorrido o fato gerador desde o momento em que se verifiquem as circunstâncias materiais necessárias a que produza os efeitos que normalmente lhe são próprios
  - **Exemplo:** o fato gerador do ICMS sobre circulação de mercadoria é a saída para o adquirente
- **1.3.2.** Se for **situação jurídica**, considera-se ocorrido o fato gerador desde o momento em que esteja definitivamente constituída, nos termos de direito aplicável
  - **Exemplo:** o fato gerador do IPTU é a propriedade de imóvel urbano, o que se verifica pelo registro imobiliário, conforme a lei civil

1.4. Momento da ocorrência do fato gerador no caso de situação jurídica que configure ato ou negócio jurídico condicionado, salvo disposição legal em contrário (art. 117 do CTN):

- **1.4.1.** Sendo suspensiva a condição, desde o momento de seu implemento (somente então ocorre o fato gerador)
  - **Exemplo:** doação condicionada a evento futuro e incerto (casamento do beneficiado), caso em que o ITBI incidirá somente com a ocorrência da condição e efetiva doação
- **1.4.2.** Sendo resolutiva (ou resolutória) a condição, desde o momento da prática do ato ou da celebração do negócio (a rigor, essa condição é irrelevante para o fato gerador)
  - **Exemplo:** empréstimo bancário com cláusula extintiva em caso de alta inflação, hipótese em que o IOF incide imediatamente com a disponibilização do valor emprestado

1.5. A definição legal do fato gerador é interpretada abstraindo-se (art. 118 do CTN):

- **1.5.1.** Da validade jurídica dos atos efetivamente praticados e da natureza de seu objeto ou dos seus efeitos
  - **Exemplo:** Marco exerce irregularmente a advocacia, sem registro na OAB; mesmo esses atos sendo nulos em conformidade com o Estatuto do Advogado (art. 4º da Lei 8.906/1994), ocorre a incidência do ISS e o valor deve ser recolhido ao fisco
- **1.5.2.** Dos efeitos dos fatos efetivamente ocorridos
  - **Exemplo:** Natália toma empréstimo no banco para comprar uma bicicleta, saca o dinheiro e é assaltada na porta da agência, perdendo todo o valor – mesmo assim, incide o IOF sobre o empréstimo e o imposto é devido

1.6. Norma antielisiva (art. 116, parágrafo único, do CTN)
A autoridade administrativa poderá desconsiderar atos ou negócios jurídicos praticados com a finalidade de dissimular a ocorrência do fato gerador do tributo ou a natureza dos elementos constitutivos da obrigação tributária, observados os procedimentos a serem estabelecidos em lei ordinária

- **1.6.1.** Dissimular é ocultar a ocorrência do fato gerador
- **1.6.2.** Aplicável quando há falta de propósito negocial, abuso de forma (há grande discussão a respeito)

1.7. Classificação clássica dos fatos geradores:

- **1.7.1. Fato gerador instantâneo:** evento isolado, ocorrido em momento determinado
  - **Exemplos:** ICMS, IPI, II
- **1.7.2. Fato gerador continuado:** situação que tende a perdurar indefinidamente no tempo
  - **Exemplos:** IPTU, IPVA
- **1.7.3. Fato gerador periódico:** perfaz-se ao longo de um período, dentro do qual está pendente
  - **Exemplo:** IR

DIREITO TRIBUTÁRIO

Tema X - Fato Gerador e Crédito Tributário

1. Crédito Tributário

- **1.1. Conceito:** decorre da obrigação principal e tem a mesma natureza desta (art. 139 do CTN)
  - **1.1.1.** A obrigação tributária nasce automaticamente com o fato gerador, mas é inexigível pelo fisco antes do lançamento
  - **1.1.2.** Com o lançamento, constitui-se o crédito tributário, que decorre da obrigação principal e tem a mesma natureza desta (art. 139 do CTN)
  - **1.1.3.** A extinção do crédito extingue a obrigação (art. 113, § 1º, do CTN)

- **1.2. Características:**
  - **1.2.1.** As circunstâncias que modificam o crédito, sua extensão ou seus efeitos, ou as garantias ou os privilégios, ou que excluem sua exigibilidade não afetam a obrigação tributária.
    - = **Exemplo:** a nulidade do crédito ou a concessão de garantia real não alteram, necessariamente, a obrigação tributária
  - **1.2.2.** Modificação, suspensão, extinção ou exclusão somente nos casos previstos no CTN
  - **1.2.3.** O crédito e suas garantias não podem ser dispensados, sob pena de responsabilidade funcional

DIREITO TRIBUTÁRIO

Tema XI - Lançamento Tributário

1. Lançamento Tributário

- **1.1. Conceito:** ato que constitui o crédito tributário. CTN define como procedimento de competência privativa da autoridade administrativa:
  - **1.1.1.** Compete privativamente à autoridade administrativa constituir o crédito tributário pelo lançamento, assim entendido o procedimento administrativo tendente a verificar a ocorrência do fato gerador da obrigação correspondente, determinar a matéria tributável, calcular o montante do tributo devido, identificar o sujeito passivo e, sendo o caso, propor a aplicação da penalidade cabível (art. 142 do CTN)
  - **1.1.2.** Parte da doutrina defende que o lançamento declara o crédito, que é ínsito à obrigação tributária principal. Há também entendimento intermediário de que o lançamento declara a ocorrência do fato gerador (passado) e constitui o crédito (presente), tornando exigível a obrigação

- **1.2. Privatividade do fisco:** CTN afirma ser competência privativa do fisco, como já mencionado, sendo atividade vinculada e obrigatória, sob pena de responsabilidade funcional (art. 142, parágrafo único, do CTN)
  - **1.2.1.** Entretanto, é pacífico o entendimento de que "a entrega de declaração pelo contribuinte reconhecendo débito fiscal constitui o crédito tributário, dispensada qualquer outra providência por parte do fisco" (Súmula 436 do STJ). O depósito feito pelo contribuinte tem efeito semelhante

- **1.3. Características:**
  - **1.3.1.** O lançamento documenta a ocorrência do fato gerador e formaliza a relação jurídica obrigacional
  - **1.3.2.** Indica-se o sujeito passivo, o valor do tributo (alíquota × base de cálculo), multas, juros e correção monetária
  - **1.3.3.** Se o valor estiver em moeda estrangeira, será feita a conversão em reais no lançamento, pelo câmbio da data de ocorrência do fato gerador
  - **1.3.4.** Muitas vezes, utiliza-se o termo *lançamento* para o tributo e *autuação* quando há constituição do crédito pela fiscalização, com aplicação de multa
  - **1.3.5.** Nos termos do CTN (art. 142, *caput*), a autoridade lançadora *propõe* a aplicação de penalidade (para a autoridade superior). Na prática, o próprio fiscal já aplica a multa, sendo aberto prazo para impugnação pelo interessado

- **1.4.** Há forte entendimento, consolidado pela Súmula Vinculante 24 do STF, de que a notificação do lançamento constitui provisoriamente o crédito tributário. A constituição definitiva ocorre somente com o fim do processo administrativo ou após o prazo para impugnação ou recurso pelo sujeito passivo

- **1.5. Lei aplicável:** em relação ao tributo, aplica-se sempre a lei vigente à época do fato gerador (art. 144 do CTN). Quanto à penalidade, pode haver retroatividade em favor do infrator – *lex mitior* (art. 106, II, do CTN)

- **1.6. O lançamento notificado só pode ser alterado em caso de** (art. 145 do CTN): (i) impugnação do sujeito passivo; (ii) recurso de ofício ou (iii) iniciativa de ofício da autoridade, nos casos do art. 149 do CTN (lançamento de ofício)
  - **1.6.1.** Modificação de critérios jurídicos (erro de direito) não permite a alteração do lançamento (Súmula 227 do TFR e art. 146 do CTN)
    - **Exemplo:** a autoridade administrativa, durante diligência fiscalizatória, detectou que determinado motor era a diesel, mas aplicou a alíquota menor fixada para motores elétricos, por analogia

- **1.7.** Erro de fato permite a revisão do lançamento
  - **Exemplo:** a autoridade administrativa aplicou a alíquota menor por engano, pensando que se tratava de motor elétrico, quando na verdade era motor a diesel (cuja alíquota é maior)

- **1.8. Modalidades de lançamento:**
  - **1.8.1. Lançamento por declaração (ou misto):** o sujeito passivo declara e o fisco calcula o crédito e notifica para o pagamento
    - **Exemplo:** há quem cite ITR e ITBI (discordamos)
  - **1.8.2. Lançamento de ofício (ou direto):** o fisco faz tudo, calcula e notifica o sujeito passivo para o pagamento
    - **Exemplos:** IPVA, IPTU
  - **1.8.3. Lançamento por homologação (ou autolançamento):** o contribuinte faz tudo, calcula e recolhe o tributo (o fisco só homologa)
    - **Exemplos:** ICMS, IPI, ISS, contribuições

DIREITO TRIBUTÁRIO

TEMA IX - LANÇAMENTO TRIBUTÁRIO

1. Modalidades Lançamento I

1.1. Lançamento por Declaração ou Misto

1.1.1. Conceito: lançamento realizado com base na declaração do sujeito passivo ou de terceiro, prestada ao fisco, na forma da legislação, com informações sobre matéria de fato indispensáveis para a constituição do crédito (art. 147 do CTN)

- **1.1.1.1.** Quando o contribuinte presta as declarações, mas ele mesmo preenche a guia de recolhimento e paga o tributo, há lançamento por homologação, não declaração

⚠️ **Atenção:** a simples existência de declaração do contribuinte não configura o lançamento por declaração. É essencial que o fisco recolha as informações prestadas, identifique os elementos da obrigação tributária e *notifique* o contribuinte para que pague

1.1.2. Erro e retificação (art. 147, §§ 1º e 2º, do CTN):

- **1.1.2.1.** O declarante pode retificar a declaração que vise a reduzir ou a excluir o tributo somente antes da notificação do lançamento, desde que comprove o erro
- **1.1.2.2.** Depois da notificação, o sujeito passivo pode contestar judicialmente o crédito (doutrina e jurisprudência)
- **1.1.2.3.** Se o erro for apurável pelo próprio exame da declaração, será corrigido de ofício pela autoridade

1.1.3. Arbitramento: quando o cálculo do tributo tenha por base, ou em consideração, o valor ou o preço de bens, direitos, serviços ou atos jurídicos; a autoridade lançadora, mediante processo regular, arbitrará aquele valor ou preço, sempre que sejam omissos ou não mereçam fé as declarações ou os esclarecimentos prestados, ou os documentos expedidos pelo sujeito passivo ou pelo terceiro legalmente obrigado; ressalvada, em caso de contestação, avaliação contraditória, administrativa ou judicial (art. 148 do CTN)

- **1.1.3.1.** Quando há omissão ou não mereçam fé as manifestações do sujeito passivo
- **1.1.3.2.** Quanto a valores ou preços apenas
- **1.1.3.3.** Deve ser instaurado processo administrativo regular para arbitramento, garantido o contraditório
- **1.1.3.4.** Cabe também no lançamento de ofício subsidiário

1.2. Lançamento de Ofício ou Direito

1.2.1. Conceito: lançamento realizado diretamente pela autoridade fiscal, sem participação imediata do sujeito passivo, verificando a ocorrência do fato gerador, determinando a matéria tributável, calculando o montante, aplicando eventual penalidade, identificando e notificando o devedor

1.2.2. Utiliza dados de cadastros, muitas vezes alimentados por declarações dos contribuintes (não confundir com o lançamento por declaração)

1.2.3. Cabe para todos os tributos, sempre, originariamente ou subsidiariamente (= revisão no prazo decadencial)

1.2.4. Cabe também para constituir o crédito relativo a penalidades (autuação)

1.2.5. Hipóteses de lançamento de ofício listadas nos incisos do art. 149 do CTN:

- **1.2.5.1.** Quando a lei assim o determine: caso do lançamento de ofício originário, quando a lei determina essa modalidade para determinado tributo (ex.: IPVA, IPTU)
- **1.2.5.2.** Quando a declaração não seja prestada, por quem de direito, no prazo e na forma da legislação tributária: caso de omissão do sujeito passivo ou do terceiro obrigado à declaração (no lançamento por declaração)
- **1.2.5.3.** Quando a pessoa legalmente obrigada, embora tenha prestado declaração nos termos do inciso anterior, deixe de atender, no prazo e na forma da legislação tributária, a pedido de esclarecimento formulado pela autoridade administrativa; recuse-se a prestá-lo; ou não o preste satisfatoriamente, a juízo daquela autoridade: outro caso de omissão, em relação a pedido de esclarecimento feito pelo fisco (peculiar "discricionariedade" da administração tributária)
- **1.2.5.4.** Quando se comprove falsidade, erro ou omissão quanto a qualquer elemento definido na legislação tributária como sendo de declaração obrigatória: caso de falsidade ou erro na declaração
- **1.2.5.5.** Quando se comprove omissão ou inexatidão, por parte da pessoa legalmente obrigada, no exercício da atividade atinente ao lançamento por homologação: outro caso de omissão ou inexatidão do sujeito passivo
- **1.2.5.6.** Quando se comprove ação ou omissão do sujeito passivo, ou de terceiro legalmente obrigado, que dê lugar à aplicação de penalidade pecuniária: refere-se à aplicação de penalidade pecuniária, sendo comum o uso do termo *autuação*
- **1.2.5.7.** Quando se comprove que o sujeito passivo, ou terceiro em benefício daquele, agiu com dolo, fraude ou simulação: reiteração da possibilidade de autuação no caso de ilícito tributário
- **1.2.5.8.** Quando deva ser apreciado fato não conhecido ou não provado por ocasião do lançamento anterior: erro de fato
- **1.2.5.9.** Quando se comprove que, no lançamento anterior, ocorreu fraude ou falta funcional da autoridade que o efetuou, ou omissão, pela mesma autoridade, de ato ou formalidade especial: revisão do lançamento de ofício anteriormente realizado, por fraude, falta ou omissão da autoridade fiscal

1.2.6. A revisão do lançamento só pode ser iniciada enquanto não extinto o direito da Fazenda Pública (art. 149, parágrafo único, do CTN): após o prazo decadencial, não é mais possível a revisão

DIREITO TRIBUTÁRIO

TEMA IX - LANÇAMENTO TRIBUTÁRIO

1. Modalidades Lançamento II

- **1.3. Lançamento por homologação ou autolançamento**

  - **1.3.1. Conceito:** lançamento em que o próprio sujeito passivo verifica a ocorrência do fato gerador, calcula o tributo devido e, antes de qualquer atuação do fisco, recolhe o valor correspondente
    - **1.3.1.1.** À autoridade administrativa resta homologar a atividade do sujeito passivo, expressa ou tacitamente

  - **1.3.2.** O art. 150 do CTN, ao definir o lançamento por homologação, procurou manter a tese de que o lançamento é privativo do fisco: ocorre quanto aos tributos cuja legislação atribua ao sujeito passivo o dever de antecipar o pagamento sem prévio exame da autoridade administrativa, opera-se pelo ato em que a referida autoridade, tomando conhecimento da atividade assim exercida pelo obrigado, expressamente a homologa

  - **1.3.3.** Apesar do disposto no art. 150, § 1º, do CTN, que se refere à condição resolutória da ulterior homologação ao lançamento, a legislação atual é clara ao definir que a extinção do crédito se dá com o pagamento, e não como a homologação pelo fisco (art. 3º da LC 118/2005)

  - **1.3.4. Homologação tácita** (art. 150, § 4º, do CTN):
    - **1.3.4.1.** Se não houver homologação expressa do fisco, ocorre a homologação tácita, após 5 anos contados do fato gerador
    - **1.3.4.2.** Após a homologação tácita, não há como o fisco rever o lançamento (há decadência)
    - **1.3.4.3.** Entretanto, para haver homologação tácita é preciso que tenha ocorrido recolhimento
    - **1.3.4.4.** Não há homologação tácita no caso de dolo, fraude ou simulação
    - **1.3.4.5.** Se não houver homologação tácita, a decadência é contada na forma do art. 173, I, do CTN

  - **1.3.5. Tributo declarado, mas não pago:**
    - **1.3.5.1.** Nos tributos empresariais lançados por homologação, (IPI, ICMS, COFINS etc.) costuma haver declaração prestada ao fisco, informando a matéria tributável e o valor do tributo
      - **Exemplo:** DCTF
    - **1.3.5.2.** Essa declaração é considerada "confissão" do devedor, que corresponde ao próprio lançamento (não é necessário lançamento pelo fisco, em caso de tributo declarado e não pago)
      - **Atenção:** não confundir os casos de declaração atinentes ao lançamento por homologação com os casos de efetivo lançamento por declaração, em que há notificação do fisco para que o sujeito passivo pague o crédito
      - **Jurisprudência:** a entrega de declaração pelo contribuinte reconhecendo débito fiscal constitui o crédito tributário, dispensada qualquer outra providência por parte do fisco (Súmula 436 do STJ)
    - **1.3.5.3.** O fisco não precisa realizar lançamento de ofício (não há contagem de prazo decadencial), bastando inscrever o débito e executá-lo

  - **1.3.6. Depósito judicial e lançamento:**
    - **1.3.6.1.** A suspensão da exigibilidade do crédito não impede o lançamento tributário. Entretanto, no caso do depósito judicial (que é modalidade de suspensão do crédito), o lançamento não é necessário
    - **1.3.6.2.** Também ocorre no depósito judicial realizado para suspender o crédito antes do lançamento
    - **1.3.6.3.** Isso porque, para realizar o depósito, o sujeito passivo acaba identificando a matéria tributável e o valor do tributo, conforme exigido pelo fisco (o que corresponde ao lançamento)

DIREITO TRIBUTÁRIO

TEMA XII - SUJEIÇÃO PASSIVA

1. Sujeição Passiva

1.1. Conceito de sujeito passivo: na obrigação principal é pessoa obrigada ao pagamento do tributo ou da penalidade pecuniária (art. 121 do CTN); na obrigação acessória é a pessoa obrigada às prestações que constituem seu objeto (art. 122 do CTN)

1.2. O sujeito passivo deve ser indicado pela lei

1.3. No caso dos impostos previstos na CF, o contribuinte deve estar definido em lei complementar federal (art. 146, III, a, da CF)

1.4. Salvo disposições de lei em contrário, as convenções particulares, relativas à responsabilidade pelo pagamento de tributos, não podem ser opostas à Fazenda Pública, para modificar a definição legal do sujeito passivo das obrigações tributárias correspondentes (art. 123 do CTN)

- **1.4.1.** Somente a lei pode alterar a sujeição passiva

1.5. Espécies de sujeito passivo:

- **1.5.1. Contribuinte** (sujeito passivo natural, direto): tem relação pessoal e direta com a situação que constitua o fato gerador (agente, titular, beneficiário)
- **1.5.2. Responsável** (sujeito passivo indireto): sem se revestir da condição de contribuinte, sua obrigação decorre de disposição expressa da lei

1.6. Contribuinte: sujeito passivo direto; quem naturalmente deve ocupar o polo passivo da obrigação, pois é quem demonstra capacidade contributiva; quem deve ser onerado pelo tributo

- **1.6.1.** Quando a lei indica responsável tributário, traz ferramentas para que o ônus econômico recaia sobre o contribuinte (ou quem deveria ser contribuinte): retenção na fonte, repasse no preço etc

1.7. Solidariedade (art. 124 do CTN): duas ou mais pessoas ocupando o polo **passivo** da obrigação tributária (não há solidariedade ativa)

- **1.7.1.** Não há benefício de ordem perante o fisco (eventual direito de regresso é regulado pelo direito privado)
- **1.7.2.** Solidariedade tributária é sempre legal, nunca convencional
- **1.7.3. Tipos de solidariedade** (art. 124, I e II, do CTN):
  a) natural, pessoas que têm interesse comum na situação que constitua o fato gerador da obrigação principal
  b) legal, pessoas expressamente designadas em lei
  - **Exemplo:** coproprietários são solidariamente responsáveis pelo recolhimento do IPTU
- **1.7.4. Efeitos da solidariedade** (art. 125 do CTN):
  - **1.7.4.1.** Pagamento por um coobrigado aproveita aos demais
  - **1.7.4.2.** Interrupção da prescrição em favor ou contra um coobrigado favorece ou prejudica os demais
  - **1.7.4.3.** Isenção ou remissão exonera todos, exceto se outorgada pessoalmente, caso em que a solidariedade subsiste quanto aos demais pelo saldo
  - **Exemplo:** Beatriz é idosa e coproprietária de imóvel urbano com Júlia, que não é idosa; no Município há isenção para idosos (pessoal), o que afasta o IPTU apenas em relação à cota-parte de Beatriz (Júlia deve pagar o IPTU em relação à sua cota-parte)

1.8. Capacidade tributária: expressão utilizada em dois sentidos:

- **1.8.1.** Aptidão para ocupar o polo passivo da obrigação tributária, ou seja, para ser sujeito passivo
- **1.8.2.** Aptidão para realizar o fato gerador do tributo

1.9. A capacidade tributária passiva independe
a) da capacidade civil das pessoas naturais;
b) de achar-se a pessoa natural sujeita a medidas que importem privação ou limitação do exercício de atividades civis, comerciais ou profissionais, ou da administração direta de seus bens ou negócios;
c) de estar a pessoa jurídica regularmente constituída, bastando que configure uma unidade econômica ou profissional

- **1.9.1.** Mesmo os incapazes (absoluta ou relativamente) podem ser sujeitos passivos de tributos. Temos fato gerador, não ato gerador
  - **Exemplos:** menor de idade, deficientes mentais, pródigos etc
- **1.9.2.** Falido, profissional com licença cassada etc. podem ser sujeitos passivos
- **1.9.3.** Sociedade irregular, espólio, condomínio e massa falida podem ser sujeitos passivos (ainda que não tenham personalidade jurídica própria)

1.10. Domicílio tributário (art. 159 do CTN): local em que o sujeito passivo será encontrado, onde as notificações serão entregues, onde, em princípio, o tributo será recolhido, onde a execução será proposta

- **1.10.1.** Eleição do domicílio pelo próprio sujeito passivo é a regra, desde que não prejudique a cobrança
- **1.10.2.** Na falta de eleição, aplicam-se as regras subsidiárias do art. 127 do CTN:
  a) quanto às pessoas naturais, a sua residência habitual, ou, sendo esta incerta ou desconhecida, o centro habitual de sua atividade;
  b) quanto às pessoas jurídicas de direito privado ou às firmas individuais, o lugar da sua sede, ou, em relação aos atos ou fatos que derem origem à obrigação, o de cada estabelecimento;
  c) quanto às pessoas jurídicas de direito público, qualquer de suas repartições no território da entidade tributante
- **1.10.3.** Quando não couber a aplicação das regras subsidiárias, ou quando a autoridade fiscal recusar o domicílio eleito (por impossibilitar ou dificultar a arrecadação ou fiscalização), considera-se como domicílio o lugar da situação dos bens ou da ocorrência dos atos ou fatos que deram origem à obrigação (art. 127, §§ 1º e 2º, do CTN)

DIREITO TRIBUTÁRIO
Tema XIII - Responsável Tributário

1. Responsável Tributário

- **1.1. Conceito:** definido por exclusão, aquele a quem a lei impõe a obrigação tributária, sem se revestir da condição de contribuinte (art. 121, parágrafo único, II, do CTN)

- **1.2.** Há responsabilidade no CTN e na lei de cada ente (art. 128 do CTN)

- **1.3.** Deve haver algum vínculo com o fato gerador

- **1.4.** Pode ser: exclusiva, subsidiária, principal ou solidária

- **1.5. Tipos de responsabilidade:**
  - **1.5.1. Transferência:** a obrigação tributária surge em relação ao contribuinte, mas, por conta de evento posterior ao fato gerador, outra pessoa passa a ocupar o polo passivo (casos do CTN são desse tipo, em regra)
  - **1.5.2. Substituição:** a obrigação já surge em relação ao responsável, pois a lei exclui a figura do contribuinte (substituição "para frente", retenção na fonte)

- **1.6. Substituição tributária "para frente" ou prospectiva** (art. 150, § 7º, da CF): a lei atribui a sujeito passivo de obrigação tributária a condição de responsável pelo pagamento de imposto ou contribuição, cujo fato gerador deva ocorrer posteriormente, assegurada a imediata e preferencial restituição da quantia paga, caso não se realize o fato gerador presumido
  - **Exemplo:** a fábrica de automóveis (substituta) recolhe não apenas o imposto devido pela venda dos carros para as concessionárias (substituídas), mas também antecipa aquele devido sobre as vendas posteriores para os consumidores
  - **Atenção:** O STF entedia que a substituição tributária para a frente gerava presunção absoluta, de forma que, se ocorrida a operação, independente do valor, não haveria direito à restituição, assim como não haveria dever de complementação (STF, RE 266.602-5/MG, Pleno, j. 14.09.2006, rel. Min. Ellen Gracie, DJ 02.02.2007). Ocorre que em outubro de 2016 o Pleno do STF modificou esse entendimento, fixando nova tese no RE 593.849/MG em repercussão geral, reconhecendo o direito à restituição também no caso de o fato gerador ocorrer por valor inferior ao presumido e que servirá de base de cálculo para o tributo recolhido na sistemática de substituição tributária "para frente"

- **1.7. Substituição tributária "para trás" ou regressiva:** adia-se o recolhimento do tributo para fase posterior da cadeia de produção e comercialização, sendo que determinado contribuinte recolhe não apenas o imposto devido pela operação que promove, mas também aquele devido por operação anterior
  - **Exemplo:** a fábrica (substituta) de laticínios recolhe não apenas o imposto devido pela venda do produto para a loja, mas também aquele devido sobre as vendas anteriormente realizadas pelos fornecedores de leite (substituídos)

- **1.8. O CTN regula três categorias de responsabilidade:**
  - **1.8.1.** Dos sucessores (arts. 129 a 133)
  - **1.8.2.** De terceiros (arts. 134 e 135)
  - **1.8.3.** Por infrações (arts. 136 a 138)

DIREITO TRIBUTÁRIO

Tema XIII - Responsável Tributário

1. Categorias de responsabilidade I:

1.1. Responsabilidade dos Sucessores I

- **1.1.1. Conceito:** casos de responsabilidade por transferência previstos nos arts. 131 a 133 do CTN, em que a sujeição passiva recai sobre o responsável por força de evento posterior ao fato gerador

- **1.1.2.** Abrange o tributo e a penalidade pecuniária, mesmo quando o artigo se refere apenas ao tributo (Súmula 554 do STJ)

- **1.1.3.** Refere-se a todos os fatos geradores já ocorridos, ainda que o crédito seja constituído depois do evento que gera a responsabilidade

- **1.1.4. Responsabilidade do adquirente de imóvel (art. 130 do CTN)**
  - **1.1.4.1. Conceito:** o adquirente do imóvel passa a ser responsável pelos tributos relacionados ao bem
  - **1.1.4.2.** Para afastar a responsabilidade, deve conseguir Certidão Negativa de Débito e fazer constar no título translativo
  - **1.1.4.3.** A aquisição em hasta pública é considerada originária e afasta essa responsabilidade (o ônus recai sobre o preço)
  - **1.1.4.4.** Tabeliães (terceiros) também podem ser responsabilizados (arts. 134, VI, e 135, I, do CTN)

- **1.1.5. Responsabilidade dos adquirentes de outros bens, sucessores do de cujus e do espólio (art. 131 do CTN)**
  - **1.1.5.1. Conceito:** em princípio, herdeiros e legatários não deveriam ser responsabilizados, pois os créditos devem ser recolhidos pelo espólio antes da partilha (art. 192 do CTN), mas pode haver lançamento posterior. O inventariante (terceiro) também pode ser responsabilizado, nos termos dos arts. 134, IV, e 135, I, do CTN
  - **Jurisprudência:** a responsabilidade solidária do ex-proprietário, prevista no art. 134 do Código de Trânsito Brasileiro – CTB, não abrange o IPVA incidente sobre o veículo automotor, no que se refere ao período posterior à sua alienação (Súmula 585 do STJ)
  - **Jurisprudência:** a hasta pública afasta a responsabilidade tributária também em relação a bens móveis

- **1.1.6. Responsabilidade nas alterações societárias (art. 132 do CTN)**
  - **1.1.6.1. Conceito:** a pessoa jurídica de direito privado que resultar de fusão, transformação ou incorporação de outra ou em outra é responsável pelos tributos devidos até a data do ato pelas pessoas jurídicas de direito privado fusionadas, transformadas ou incorporadas
  - **1.1.6.2.** Há também responsabilidade de sócio ou espólio que continue atividade empresarial de pessoa jurídica extinta, na forma do art. 132, parágrafo único, do CTN

DIREITO TRIBUTÁRIO

TEMA XIII - RESPONSÁVEL TRIBUTÁRIO

1. Categorias de responsabilidade II:

- **1.1. Responsabilidade dos Sucessores II**
  - **1.1.6. Responsabilidade nas alterações societárias** (art. 132 do CTN)
    - **1.1.6.3. Fusão:** duas ou mais sociedades se unem formando uma nova; transformação: sociedade passa de um tipo para outro
      - **Exemplo:** de limitada para sociedade anônima)
    - **1.1.6.4. Incorporação:** uma sociedade remanescente absorve outra, que deixa de existir
    - **1.1.6.5. Cisão:** sociedade transfere parcela de seu patrimônio para outra(s), total (deixando de existir) ou parcialmente
      - **Jurisprudência:** embora não conste expressamente do rol do art. 132 do CTN, a cisão da sociedade é modalidade de mutação empresarial sujeita, para efeito de responsabilidade tributária, ao mesmo tratamento jurídico conferido às demais espécies de sucessão
  - **1.1.7. Responsabilidade do adquirente de fundo de comércio ou estabelecimento** (art. 133 do CTN)
    - **1.1.7.1. Conceito:** responsabilidade pelos tributos e penalidades tributárias desde que, cumulativamente,
      a) adquira o estabelecimento ou fundo de comércio e
      b) continue explorando a mesma atividade empresarial do alienante
    - **1.1.7.2. Características:**
      - Se o alienante abandonar a atividade empresarial, a responsabilidade do adquirente é integral
      - Se o alienante continuar na atividade empresarial (ainda que em outro ramo) ou retornar em 6 meses, a responsabilidade do adquirente é subsidiária
        - **Jurisprudência:** simples continuidade da atividade no local, ou mesmo a simples locação do imóvel, mas sem aquisição do estabelecimento (cuja comprovação é ônus do fisco), não enseja a responsabilidade
    - **1.1.7.3. Exceção:** não há responsabilidade no caso de alienação judicial em processo de falência, ou de filial ou unidade produtiva isolada em processo de recuperação judicial (art. 133, § 1º, do CTN)
      - Entretanto, haverá responsabilidade, mesmo no caso de alienação judicial em falência ou recuperação, caso o adquirente seja
        a) sócio da sociedade falida ou em recuperação judicial, ou sociedade controlada pelo devedor falido ou em recuperação judicial;
        b) parente, em linha reta ou colateral até o 4o (quarto) grau, consanguíneo ou afim, do devedor falido ou em recuperação judicial ou de qualquer de seus sócios; ou
        c) identificado como agente do falido ou do devedor em recuperação judicial com o objetivo de fraudar a sucessão tributária (art. 133, § 2º, do CTN)
      - Os recursos da alienação em falência serão utilizados para pagar créditos extraconcursais (posteriores à quebra e à recuperação, basicamente), além de trabalhistas até 150 salários mínimos por credor, acidentários e com garantias reais, nos termos e prazos do art. 133, § 3º, do CTN

DIREITO TRIBUTÁRIO
Tema XIII - Responsável Tributário

1. Categorias de responsabilidade III:

- **1.2. Responsabilidade de Terceiros**

  - **1.2.1. Responsabilidade subsidiária do art. 134 do CTN**

    - **1.2.1.1. Conceito:** responsabilidade subsidiária em relação ao tributo e à multa moratória (não punitiva) dos sujeitos listados no art. 134 do CTN, que surge somente se
      a) o fisco não puder cobrar o tributo diretamente do contribuinte e
      b) houver ato praticado pelo responsável, ou omissão, relacionado ao débito (é preciso haver culpa – é praticamente uma sanção imposta ao responsável)

    - ⚠ **Atenção:** apesar de o art. 134 do CTN fazer referência à solidariedade, a responsabilidade é subsidiária, conforme jurisprudência do STJ

    - **Exemplos:**
      Daniela não recolhe o IR devido por sua filha menor Natália. Posteriormente, o fisco não consegue cobrar o débito da contribuinte (de Natália), pois a filha não tem mais patrimônio: a mãe responde pela dívida tributária
      Responsável pelo registro de imóveis não exige a comprovação do recolhimento do ITBI, conforme a legislação municipal, antes de registrar a alienação: se não for possível cobrar o contribuinte, o titular do cartório responde pelo débito

  - **1.2.2. Responsabilidade pessoal do art. 135 do CTN**

    - **1.2.2.1. Conceito:** responsabilidade pessoal dos sujeitos indicados no art. 135 do CTN decorrente da prática de atos com excesso de poderes ou infração de lei, contrato social ou estatutos

    - Situação mais grave que a do art. 134, pois há excesso de poderes, violação de lei, contrato social ou estatutos (há dolo, e não simples culpa) – abrange tributo e penalidades

    - ⚠ **Atenção:** o STJ tem entendimento no sentido de que a responsabilidade do art. 135 do CTN é subsidiária

    - **Jurisprudência:** o inadimplemento da obrigação tributária pela sociedade não gera, por si só, a responsabilidade solidária do sócio-gerente (Súmula 430 do STJ)

    - ⚠ **Atenção:** o STF decidiu pela inconstitucionalidade de lei que fixa responsabilidade solidária de sócio pelo simples inadimplemento, pois se afasta das "regras matrizes de responsabilidade de terceiros estabelecidas em caráter geral" pelos arts. 134 e 135 do CTN. Também haveria inconstitucionalidade pela confusão patrimonial entre sociedade e sócio, em violação ao direito à propriedade e à iniciativa privada (arts. 5º, XIII, e 170, p. único, da CF)

    - **Jurisprudência:** presume-se dissolvida irregularmente a empresa que deixar de funcionar no seu domicílio fiscal, sem comunicação aos órgãos competentes, legitimando o redirecionamento da execução fiscal para o sócio-gerente (Súmula 435 do STJ)

DIREITO TRIBUTÁRIO

TEMA XIII - RESPONSÁVEL TRIBUTÁRIO

1. Categorias de responsabilidade IV:

- **1.3. Responsabilidade por Infrações**

  - **1.3.1. Conceito:** salvo disposição de lei em contrário, a responsabilidade por infrações da legislação tributária independe da intenção do agente ou do responsável e da efetividade, natureza e extensão dos efeitos do ato (art. 136 do CTN)

  - **1.3.2. Características:** há autores que se referem à responsabilidade objetiva em relação às infrações tributárias, mas o dispositivo trata da irrelevância da intenção e do resultado

    = **Exemplos:**
    Se o contribuinte não recolhe o tributo, o fisco não precisa investigar a intenção do agente ou do responsável
    Se não houve emissão de nota fiscal, é devida a multa, ainda que não haja prejuízo para o fisco (caso o contribuinte tenha recolhido corretamente o tributo, por exemplo), pois o resultado é irrelevante

  - **1.3.3. Hipóteses excepcionais em que a intenção do agente é relevante e enseja sua responsabilidade pessoal** (art. 137 do CTN):

    - **1.3.3.1.** Casos em que o mesmo ato é tipificado como ilícito tributário e ilícito criminal, salvo quando praticado no exercício regular de administração, mandato, função, cargo ou emprego, ou no cumprimento de ordem expressa emitida por quem de direito

    - **1.3.3.2.** Caso em que a norma tributária, excepcionalmente, define o dolo do agente como elementar para a configuração da infração

    - **1.3.3.3.** Quanto às infrações que decorram direta e exclusivamente de dolo específico
      a) das pessoas referidas no art. 134 do CTN, contra aquelas por quem respondem;
      b) dos mandatários, prepostos ou empregados, contra seus mandantes, preponentes ou empregadores;
      c) dos diretores, gerentes ou representantes de pessoas jurídicas de direito privado, contra estas

  - **1.3.4. Denúncia espontânea:** exclusão das multas em caso de denúncia espontânea da infração, acompanhada, se for o caso, do pagamento do tributo devido e dos juros de mora, ou do depósito da importância arbitrada pela autoridade administrativa, quando o montante do tributo dependa de apuração (art. 138 do CTN)

    - **1.3.4.1.** Não se considera espontânea a denúncia apresentada após o início de qualquer procedimento administrativo ou medida de fiscalização, relacionados com a infração

    - **1.3.4.2.** Para haver denúncia espontânea, é preciso, cumulativamente:
      a) recolhimento total do tributo (ou do valor arbitrado) corrigido monetariamente e dos juros de mora e
      b) ocorrer antes do início de qualquer procedimento fiscalizatório relacionado com a infração

      - **Jurisprudência:** o procedimento fiscalizatório que obsta a denúncia não pode ser genérico, tem que se relacionar com a infração. Inquérito policial, por si só, não impede a denúncia espontânea. A denúncia espontânea afasta qualquer espécie de multa (moratória ou punitiva). Simples parcelamento do débito não implica denúncia espontânea (art. 155-A, § 1º, do CTN)

      - **Jurisprudência:** o benefício da denúncia espontânea não se aplica aos tributos sujeitos a lançamento por homologação regularmente declarados, mas pagos a destempo (Súmula 360 do STJ)

      - **Jurisprudência:** não há denúncia espontânea no caso de obrigações acessórias autônomas, de modo que não afasta a multa decorrente do atraso na entrega da declaração de rendimentos (IR)

  - **1.3.5. Responsabilidade de servidor público:** certidão negativa expedida com dolo ou fraude, que contenha erro contra a Fazenda Pública, responsabiliza pessoalmente o funcionário que a expedir, pelo crédito tributário e juros de mora acrescidos, sem prejuízo da responsabilidade criminal e funcional (art. 208 do CTN)

DIREITO TRIBUTÁRIO

Tema XIV - Modalidades de Suspensão dos Créditos Tributários

1. Modalidades de Suspensão dos Créditos Tributários I

- **1.1. Conceito:** hipóteses em que o crédito tem sua exigibilidade suspensa, não podendo ser cobrado durante o período de suspensão (art. 151 do CTN)

- **1.2. Características:**
  - **1.2.1.** Não dispensam obrigações acessórias
  - **1.2.2.** Impedem a cobrança e suspendem a prescrição
  - **1.2.3.** Não impedem o lançamento tributário, caso a suspensão ocorra antes da constituição do crédito (o que é possível), mas o depósito judicial integral dispensa atuação do fisco
  - **1.2.4.** As normas são interpretadas literalmente (art. 111, I, do CTN)

- **1.3. Moratória** (art. 152 e seguintes do CTN)
  - **1.3.1. Conceito:** ampliação do prazo de pagamento, favor legal que adia a exigibilidade do tributo
  - **1.3.2. Características:**
    - **1.3.2.1.** Para alguns autores, é concedida antes do vencimento (distinção em relação ao parcelamento)
    - **1.3.2.2.** Após o vencimento, afasta penalidades e juros
    - **1.3.2.3.** A rigor, se ainda não ocorreu o vencimento, basta norma infralegal para adiar o vencimento
  - **1.3.3. Espécies de moratória:**
    - **1.3.3.1. Caráter geral:** concedida pelo ente competente ou, excepcionalmente, pela União (desde que conceda simultaneamente o benefício para tributos federais e obrigações de direito privado)
    - **1.3.3.2. Caráter individual:** concedida por despacho da autoridade administrativa, conforme a lei
  - **1.3.4.** O art. 153, III, a, do CTN prevê moratória com prestações e vencimentos (= parcelamento), sendo que a lei poderia atribuir à autoridade administrativa a fixação dos prazos (o que é discutível, por conta do princípio da legalidade)
  - **1.3.5.** A moratória pode ser restrita a determinada região ou a determinada classe ou categoria de sujeitos
  - **1.3.6.** Salvo disposição legal em contrário, abrange apenas os créditos constituídos, ou com lançamento iniciado, à data da lei ou do despacho concessivo
  - **1.3.7.** A moratória não aproveita a casos de dolo, fraude ou simulação
  - **1.3.8. Requisitos:** a lei que concede moratória deve indicar (art. 153 do CTN):
    - **1.3.8.1.** Prazo de duração
    - **1.3.8.2.** Sendo o caso, os tributos a que se aplica, o número de prestações e os vencimentos
    - **1.3.8.3.** No caso de moratória de caráter individual, também:
      a) as condições para concessão,
      b) as garantias a serem fornecidas pelo beneficiado e
      c) a autoridade pode fixar as prestações e vencimentos

DIREITO TRIBUTÁRIO

Tema XIV - Modalidades de Suspensão dos Créditos Tributários

1. Modalidades de Suspensão dos Créditos Tributários II

1.4. Parcelamento (art. 155-A do CTN)

- **1.4.1. Conceito:** espécie de moratória, concedida por lei, em que a exigibilidade do crédito fica adiada (suspensa até data futura), qualificada pelos pagamentos periódicos

- **1.4.2.** Para alguns autores, a moratória (mesmo parcelada) é concedida antes do vencimento, enquanto o parcelamento é posterior ao vencimento

- **1.4.3. Características:**
  - **1.4.3.1.** Aplicam-se subsidiariamente as regras da moratória (art. 155-A, § 2º, do CTN)
  - **1.4.3.2.** Aplicabilidade da norma: salvo disposição contrária, só para créditos já constituídos ou com lançamento iniciado à data da lei ou do despacho concessivo
  - **1.4.3.3.** O crédito deve estar constituído para o efetivo parcelamento (normalmente exige-se confissão)
  - **1.4.3.4.** Não é novação, mas suspensão do crédito
  - **1.4.3.5.** Não exclui juros e multas, salvo disposição em contrário (não há denúncia espontânea) (Súmula 208 do TFR)

- **1.4.4.** Parcelamento na recuperação judicial: lei específica disporá sobre as condições de parcelamento (art. 155-A, § 3º, do CTN). Enquanto inexistir essa lei específica, aplicam-se as leis gerais de parcelamento do ente tributante, sendo que o prazo não pode ser inferior ao da lei federal (art. 155-A, § 4º, do CTN)

1.5. Depósito Integral

- **1.5.1. Conceito:** para que haja suspensão do crédito tributário, deve ser integral e em dinheiro (Súmula 112 do STJ), podendo ser judicial (mais comum) ou administrativo

- **1.5.2. Características:**
  - **1.5.2.1.** O depósito é prerrogativa, não imposição: não pode ser exigido como requisito para ações ou recursos administrativos ou judiciais (Súmula Vinculante 21 do STF e Súmula 373 do STJ)
  - **1.5.2.2.** Atualmente, o depósito judicial em favor da União é imediatamente disponibilizado ao Tesouro (Lei 9.703/1998). Permite-se sistemática semelhante para Estados, DF e Municípios
  - **1.5.2.3.** O depositante não responde pelos juros e correção

Durante o processo administrativo, relativo ao lançamento, a exigibilidade do crédito fica suspensa
É inconstitucional a exigência de depósito ou arrolamento prévios de dinheiro ou bens para admissibilidade de recurso administrativo (Súmula Vinculante 21 do STF, semelhante à Súmula 373 do STJ)

> **Jurisprudência:** o depósito implica "lançamento tácito" quanto ao valor correspondente

> **Jurisprudência:** depósito é faculdade, mas, após realizado, cumpre função de garantia, de modo que somente poderá ser levantado pelo contribuinte-depositante se vencer a demanda no mérito (caso contrário, o depósito é convertido em renda do fisco, exceto se o juiz não reconhecer o ente público como sujeito ativo)

1.6. Liminares e Antecipações de Tutela

- **1.6.1.** A simples impetração de mandado de segurança ou o ajuizamento de ação ordinária não suspendem a exigibilidade do crédito tributário

- **1.6.2.** Para isso, é necessário que o juiz defira liminar ou conceda antecipação da tutela

- **1.6.3.** Elas não impedem o lançamento do tributo (ou poderia haver decadência, cujo prazo não se suspende)

DIREITO TRIBUTÁRIO

TEMA XV - MODALIDADES DE EXTINÇÃO DOS CRÉDITOS TRIBUTÁRIOS

1. Modalidades de Extinção dos Créditos Tributários I

- **1.1. Conceito:** hipóteses em que o crédito é extinto, extinguindo igualmente a obrigação tributária correspondente (art. 156 do CTN)

- **1.2. Pagamento**
  - **1.2.1. Conceito:** no direito tributário, é entrega de dinheiro ao fisco
  - **1.2.2. Características:**
    - **1.2.2.1.** O pagamento parcial não importa presunção de pagamento das demais prestações ou, quando total, de outros créditos tributários (art. 158 do CTN)
    - **1.2.2.2.** A imposição de penalidade não afasta a obrigação de pagamento integral do crédito (art. 157 do CTN)
  - **1.2.3. Local de pagamento** (art. 159 do CTN): se a legislação não dispuser em contrário, o pagamento é feito na repartição do domicílio do sujeito passivo
  - **1.2.4. Formas de pagamento** (art. 162 do CTN): o pagamento é efetuado em dinheiro, cheque ou vale postal (a legislação pode exigir garantias). A lei pode prever pagamento em estampilha, papel selado ou processo mecânico
    - **1.2.4.1.** Vencimento e atraso (arts. 160 e 161 do CTN):
      - Se a legislação não fixar a data de vencimento, será 30 dias após a notificação do lançamento
      - A legislação pode conceder desconto pela antecipação
      - O atraso implica juros de mora, independentemente do motivo, com penalidades e execução de garantias
      - Se a lei não indicar, os juros serão de 1% ao mês
      - Não se cobram juros ou multa no caso de consulta formulada pelo devedor no prazo de pagamento
      - **Jurisprudência:** a taxa de juros de mora incidente na repetição de indébito de tributos estaduais deve corresponder à utilizada para cobrança do tributo pago em atraso, sendo legítima a incidência da taxa Selic, em ambas as hipóteses, quando prevista na legislação local, vedada sua cumulação com quaisquer outros índices (Súmula 523 do STJ)
  - **1.2.5. Imputação em pagamento** (art. 163 do CTN): se houver mais de um débito vencido, do mesmo sujeito passivo em relação ao mesmo sujeito ativo, a administração deve observar a imputação, nesta ordem:
    - **1.2.5.1.** 1º débitos por obrigação própria, depois os relativos à responsabilidade tributária
    - **1.2.5.2.** 2º contribuição de melhoria, depois taxas, por fim impostos
    - **1.2.5.3.** 3º ordem crescente dos prazos de prescrição
    - **1.2.5.4.** 4º ordem decrescente dos montantes
    - **Jurisprudência:** a regra de imputação de pagamentos estabelecida no art. 354 do Código Civil (juros vencidos, depois capital) não se aplica às hipóteses de compensação tributária (Súmula 464 do STJ)

- **1.3. Compensação**
  - **1.3.1. Características** (art. 170 do CTN):
    - **1.3.1.1.** É preciso previsão em lei do ente competente
    - **1.3.1.2.** Admite-se a compensação de crédito tributário, com créditos líquidos, certos, vencidos e também vincendos do particular contra o fisco
    - **1.3.1.3.** Se o crédito do particular for vincendo, a administração deve apurar o valor, exigindo desconto pela antecipação, que não pode ser maior que 1% ao mês
    - **Jurisprudência:** a compensação de créditos tributários não pode ser deferida em ação cautelar ou por medida liminar cautelar ou antecipatória (Súmula 212 do STJ)
  - **1.3.2.** Tributo discutido judicialmente não pode ser aproveitado para compensação antes do trânsito em julgado (art. 170-A do CTN)
    - **Jurisprudência:** o mandado de segurança constitui ação adequada para a declaração do direito à compensação tributária (Súmula 213 do STJ)
    - **Jurisprudência:** é incabível o mandado de segurança para convalidar a compensação tributária realizada pelo contribuinte (Súmula 460 do STJ)

DIREITO TRIBUTÁRIO

Tema XV - Modalidades de Extinção dos Créditos Tributários

1. Modalidades de Extinção dos Créditos Tributários II

1.4. Transação

- **1.4.1. Conceito (art. 171 do CTN):** a lei pode facultar, nas condições que estabeleça, aos sujeitos ativo e passivo da obrigação tributária celebrar transação que, mediante **concessões mútuas**, importe em determinação de litígio e consequente extinção de crédito tributário
  - **1.4.1.1.** A lei indicará a autoridade competente para autorizar a transação em cada caso

- **1.4.2. Características:**
  - **1.4.2.1.** A transação tributária deve estar prevista minuciosamente em lei
  - **1.4.2.2.** No direito tributário, há somente transação terminativa de litígio, não preventiva

1.5. Remissão

- **1.5.1. Conceito** (art. 172 do CTN): remissão (do verbo remitir) significa perdão do crédito tributário (art. 172 do CTN), não confundir com remição, do verbo remir, resgatar

- **1.5.2. Características:**
  - **1.5.2.1.** Refere-se ao tributo e à penalidade pecuniária (= crédito), diferente da anistia, que se restringe à multa
  - **1.5.2.2.** Exige lei específica, que regule apenas o benefício ou o tributo (art. 150, § 6º, da CF)

- **1.5.3. Requisitos:** a lei pode autorizar a autoridade a conceder, por despacho fundamentado, remissão total ou parcial, atendendo:
  - **1.5.3.1.** À situação econômica do sujeito passivo
  - **1.5.3.2.** Ao erro ou ignorância escusáveis do sujeito passivo, quanto a matéria de fato
  - **1.5.3.3.** À diminuta importância do crédito tributário
  - **1.5.3.4.** A considerações de equidade, em relação a características pessoais ou materiais do caso
  - **1.5.3.5.** A condições peculiares a determinada região do território da entidade tributante

- **1.5.4. Revogação da remissão individual:** a concessão de moratória, remissão, isenção ou anistia em caráter individual não gera direito adquirido; se o fisco verificar que o beneficiado não satisfazia ou deixou de satisfazer os requisitos para o benefício, deverá revogá-la de ofício
  - **1.5.4.1.** Se o beneficiário agiu com dolo, fraude ou simulação:
    a) o crédito tributário deve ser pago com juros moratórios e penalidades, e
    b) o tempo entre a concessão e a revogação do benefício não conta para fins de prescrição do direito à cobrança (não corre prescrição contra o fisco)
  - **1.5.4.2.** Se o beneficiário não agiu com dolo, fraude ou simulação (houve simples erro):
    a) o crédito tributário deve ser pago com juros moratórios, mas sem penalidades, e
    b) a revogação só pode ocorrer antes do término do prazo para cobrança, que não para de fluir (corre prescrição contra o fisco)

- **1.5.5. Vedação de remissão e anistia para contribuições sociais** (art. 195, § 11, da CF): a Constituição Federal veda expressamente a concessão de remissão ou anistia para débitos superiores ao valor fixado em lei complementar, para as contribuições sociais devidas por:
  a) empregadores e equiparados sobre folhas de salários e demais rendimentos pagos e
  b) trabalhadores e equiparados

DIREITO TRIBUTÁRIO

Tema XV - Modalidades de Extinção dos Créditos Tributários

1. Modalidades de Extinção dos Créditos Tributários III

1.6. Decadência

1.6.1. Conceito: perda do direito de o fisco constituir o crédito tributário (lançar), pelo decurso do prazo de 5 anos (art. 173 do CTN)

> **Jurisprudência:** A notificação do auto de infração faz cessar a contagem da decadência para a constituição do crédito tributário; exaurida a instância administrativa com o decurso do prazo para a impugnação ou com a notificação de seu julgamento definitivo e esgotado o prazo concedido pela Administração para o pagamento voluntário, inicia-se o prazo prescricional para a cobrança judicial (Súmula 622/STJ)

1.6.2. Características:

- **1.6.2.1.** Indicado pelo CTN como modalidade de extinção do crédito tributário
- **1.6.2.2.** Norma a ser veiculada exclusivamente por lei complementar federal (Súmula Vinculante 8 do STF)

1.6.3. Contagem: o prazo decadencial é quinquenal (5 anos), contado:

- **1.6.3.1.** Do primeiro dia do exercício seguinte àquele em que o lançamento poderia ter sido efetuado (regra)
- **1.6.3.2.** Da data em que se tornar definitiva a decisão que houver anulado, por vício formal, o lançamento anteriormente efetuado (caso de interrupção)
- **1.6.3.3.** Da data em que tenha se iniciado a constituição do crédito pela notificação do sujeito passivo, a respeito de qualquer medida preparatória indispensável

> **Exemplo** de tributo lançado de ofício (IPTU, IPVA) cujo fato gerador ocorreu em 2017: o prazo decadencial é contado a partir de 01/01/2018, terminando em 01/01/2023

1.6.4. Tributos lançados por homologação têm regra específica:
a) ocorre homologação tácita (que impede a revisão pelo fisco) após 5 anos contados do fato gerador (art. 150, § 4º, do CTN); mas,
b) se não houve pagamento ou se ocorreu dolo, fraude ou simulação, não há falar em homologação tácita e se aplica a regra geral do art. 173 (primeiro dia do exercício seguinte)

> **Exemplo:** ICMS cujo fato gerador ocorreu em 15/05/2017, em que houve pagamento a menor, mas sem dolo, fraude ou simulação (foi simples erro); em 15/05/2022 haverá homologação tácita e, portanto, decadência do direito de o fisco lançar e cobrar o valor não pago

> **Exemplo:** ICMS cujo fato gerador ocorreu em 15/05/2017, mas sem que houvesse qualquer pagamento, o prazo decadencial começa a partir de 01/01/2018, havendo decadência do direito de o fisco lançar e cobrar em 01/01/2023

> ⚠ **Atenção:** quando não houver declaração do débito, o prazo decadencial quinquenal para o fisco constituir o crédito tributário conta-se exclusivamente na forma do art. 173, I, do CTN, nos casos em que a legislação atribui ao sujeito passivo o dever de antecipar o pagamento sem prévio exame da autoridade administrativa (Súmula 555 do STJ)

> ⚠ **Atenção:** tributo lançado por homologação em que há declaração por parte do contribuinte, mas não há recolhimento, já está constituído o crédito, não havendo falar em prazo decadencial (Súmula 436 do STJ)

DIREITO TRIBUTÁRIO

TEMA XV - MODALIDADES DE EXTINÇÃO DOS CRÉDITOS TRIBUTÁRIOS

1. Modalidades de Extinção dos Créditos Tributários IV

1.7. Prescrição

1.7.1. Conceito: perda do direito de o fisco cobrar o crédito tributário, pelo decurso do prazo de 5 anos

⚠ **Atenção:** antes do lançamento corre prazo decadencial; após o lançamento corre o prazo prescricional

1.7.2. Características:

- **1.7.2.1.** Indicado pelo CTN como modalidade de extinção do crédito tributário
  - 💡 **Dica:** como a prescrição implica extinção do crédito e, portanto, da obrigação tributária, caso haja pagamento após a prescrição, o valor poderá ser repetido pelo interessado
- **1.7.2.2.** Norma a ser veiculada exclusivamente por lei complementar federal (Súmula Vinculante 8 do STF)

1.7.3. Contagem: o prazo prescricional é quinquenal (5 anos), contado da data de sua constituição definitiva

- **1.7.3.1.** Pela *actio nata*, o prazo somente flui a partir do momento em que o fisco poderia cobrar o tributo
- **1.7.3.2.** Assim, após a notificação do lançamento, se não há impugnação, o prazo começa a partir do vencimento
- **1.7.3.3.** Se há recurso administrativo (suspensão da exigibilidade) a prescrição flui após a decisão final, quando esgotado o prazo para pagamento
- **1.7.3.4.** Suspensão da exigibilidade suspende o prazo (*actio nata*)

⚖ **Jurisprudência:** considerando que a declaração de débito relativo a tributo lançado por homologação constituiu o crédito (Súmula 436 do STJ), o prazo prescricional para o fisco cobrar o crédito tributário declarado, mas não pago, inicia-se a partir da data do vencimento da obrigação tributária expressamente reconhecida. Se o vencimento é anterior à declaração, o prazo se inicia desta última data (da entrega da declaração)

1.7.4. Interrompem a prescrição:

- **1.7.4.1.** Despacho do juiz que ordena a citação em execução fiscal
- **1.7.4.2.** Protesto judicial
- **1.7.4.3.** Qualquer ato judicial que constitua em mora o devedor
- **1.7.4.4.** Qualquer ato inequívoco, ainda que extrajudicial, que importe em reconhecimento do débito pelo devedor

⚖ **Jurisprudência:** aplicando-se o art. 2019, § 1º, do CPC, à luz da LC 118/2005, à prescrição tributária, conclui-se que a interrupção atinente ao despacho que ordena a citação do executado retroage à data do ajuizamento, que deve ocorrer dentro do prazo prescricional. Porém, se há demora na citação por culpa exclusiva do fisco, não há essa retroatividade, podendo ser reconhecida a prescrição

DIREITO TRIBUTÁRIO

TEMA XV - MODALIDADES DE EXTINÇÃO DOS CRÉDITOS TRIBUTÁRIOS

1. Modalidades de Extinção dos Créditos Tributários V

1.8. Conversão do Depósito em Renda

1.8.1. Conceito: o depósito administrativo ou judicial apenas suspende a exigibilidade do crédito tributário. Com a decisão final, favorável ao fisco, esse depósito torna-se receita tributária, ou seja, é convertido em renda do ente tributante. Essa conversão, semelhante ao pagamento em dinheiro, é modalidade de extinção do crédito tributário

1.9. Pagamento Antecipado e Homologação

1.9.1. Conceito: no lançamento por homologação, quando o sujeito passivo recolhe o valor devido, ocorre a extinção do crédito tributário (como no caso do pagamento), condicionada à posterior homologação

1.9.2. Havia entendimento no sentido de que a extinção ocorreria no momento da homologação (expressa ou tácita), o que ficou ultrapassado pela interpretação autêntica veiculada pelo art. 3º da LC 118/2005: a extinção ocorre no momento do pagamento antecipado

1.10. Consignação em Pagamento

1.10.1. Conceito: a rigor, apesar de o CTN indicar como modalidade de extinção, a simples propositura da ação consignatória não extingue o crédito tributário. Somente com o julgamento de procedência é que o valor consignado é convertido em renda e, com isso, extingue-se o crédito tributário

1.10.2. Cabe ação de consignação em caso de
a) recusa de recebimento, ou subordinação deste ao pagamento de outro tributo ou de penalidade, ou ao cumprimento de obrigação acessória;
b) subordinação do recebimento ao cumprimento de exigências administrativas sem fundamento legal; e
c) exigência, por mais de uma pessoa jurídica de direito público, de tributo idêntico sobre um mesmo fato gerador
(art. 164 do CTN)

1.11. Decisão Administrativa Irreformável e Decisão Judicial Transitada em Julgada

1.11.1. Conceito: a decisão administrativa irreformável e a decisão judicial transitada em julgado, favoráveis ao sujeito passivo, extinguem o crédito tributário

1.11.2. Se a decisão for pela invalidade do lançamento, sem afastar a ocorrência do fato gerador, é possível nova constituição do crédito, desde que não esgotado o prazo decadencial

1.11.3. Se afastada apenas parcela e for possível aferir o montante restante por simples cálculo aritmético, não há necessidade de novo lançamento

1.12. Dação em Pagamento de Bens Imóveis

1.12.1. É preciso lei autorizativa do respectivo ente tributante (não basta a previsão genérica do CTN)

1.12.2. O fisco avalia o imóvel, inclusive quanto à conveniência em aceitá-lo (a lei pode prever a recusa)

1.12.3. O CTN não prevê a possibilidade de dação de bens móveis em pagamento: o STF já afastou a possibilidade lei distrital que instituía essa modalidade, por ofensa ao princípio da licitação (lei declarada inconstitucional)

DIREITO TRIBUTÁRIO

TEMA XVI - MODALIDADES DE EXCLUSÃO DOS CRÉDITOS TRIBUTÁRIOS

1. Modalidades de Exclusão dos Créditos Tributários I

- **1.1. Conceito:** hipóteses em que, apesar do surgimento da obrigação tributária, afasta-se a possibilidade de constituição do crédito (art. 175 do CTN)

- **1.2. Características:**
  - **1.2.1.** A isenção e a anistia, duas únicas modalidades de exclusão, somente podem ser concedidas por lei específica, que regule apenas o benefício ou o tributo (art. 150, § 6º, da CF)
  - **1.2.2.** Devem ser interpretadas estritamente (literalmente) (art. 111, I e II, do CTN)
  - **1.2.3.** A exclusão não dispensa as obrigações acessórias (art. 175, p. único, do CTN)

- **1.3. Isenção I**
  - **1.3.1. Conceito:** o CTN trata a isenção como dispensa do pagamento: há fato gerador e obrigação, mas o fisco não pode constituir o crédito (ele é excluído)
    - **1.3.1.1.** Boa parte da doutrina mais moderna entende que a isenção delimita negativamente a norma de incidência: não há fato gerador, nem obrigação tributária
  - **1.3.2. Requisitos da lei e delimitação** (arts. 176 e 177 do CTN):
    - **1.3.2.1.** A lei isentiva deve especificar as condições e os requisitos para a concessão do benefício, os tributos a que se aplica e, sendo o caso, o prazo de sua duração
    - **1.3.2.2.** Salvo disposição legal em contrário, não abrange (a) taxas e contribuições de melhoria, nem (b) tributos instituídos posteriormente à sua concessão
    - **1.3.2.3.** Pode ser restrita a determinada região, em função de condições a ela peculiares
  - **1.3.3. Distinção com imunidade e não incidência:**
    a) a imunidade é norma constitucional, a isenção é norma legal produzida pelo ente competente;
    b) a imunidade afasta a competência tributária, a isenção pressupõe a competência; e
    c) a não incidência refere-se genericamente a situações fora do alcance da norma de incidência
  - **1.3.4. Isenção de caráter individual** (art. 179 do CTN):
    - **1.3.4.1.** Se a isenção não for concedida em caráter geral, a autoridade administrativa efetivará, caso a caso, ao analisar o requerimento do interessado, que deve comprovar que preenche as condições e os requisitos para o benefício
    - **1.3.4.2.** Se o tributo for lançado periodicamente, a autoridade deverá renovar a concessão a cada período

DIREITO TRIBUTÁRIO

TEMA XVI - MODALIDADES DE EXCLUSÃO DOS CRÉDITOS TRIBUTÁRIOS

1. Modalidades de Exclusão dos Créditos Tributários II

1.3. Isenção II

1.3.5. Revogação da isenção:

- **1.3.5.1.** A isenção pode ser revogada a qualquer tempo, desde que por lei, já que a competência tributária é inafastável

- **1.3.5.2.** Entretanto, se a isenção foi concedia por prazo certo e em função de determinadas condições onerosas, ela não pode ser livremente revogada, ou seja, deve-se respeitar o direito adquirido (art. 178 do CTN – a Súmula 544 do STF refere-se apenas à condição onerosa)

- **1.3.5.3. Revogação de isenção e anistia individuais:** a concessão de moratória, remissão, isenção ou anistia em caráter individual não gera direito adquirido. Se o fisco verificar que o beneficiado não satisfazia ou deixou de satisfazer os requisitos para o benefício, deverá revogá-lo de ofício

- **1.3.5.4. Se o beneficiário agiu com dolo, fraude ou simulação:**
  a) o crédito tributário deve ser pago com juros moratórios e penalidades, e
  b) o tempo entre a concessão e a revogação do benefício não conta para fins de prescrição do direito à cobrança (não corre prescrição contra o fisco)

- **1.3.5.5. Se o beneficiário não agiu com dolo, fraude ou simulação (houve simples erro):**
  a) o crédito tributário deve ser pago com juros moratórios, mas sem penalidades, e
  b) a revogação só pode ocorrer antes do término do prazo para cobrança, que não para de fluir (corre prescrição contra o fisco)

1.1. Anistia

- **1.4.1. Conceito:** perdão das infrações, referindo-se apenas às penalidades pecuniárias (diferente da remissão, que é perdão de todo o crédito)

- **1.4.2. Delimitação da anistia:**
  - **1.4.2.1.** A anistia abrange exclusivamente as infrações cometidas anteriormente à vigência da lei concessiva
  - **1.4.2.2.** Não se aplica:
    a) a atos tipificados criminalmente ou como contravenção;
    b) a atos praticados com dolo, fraude ou simulação; e, salvo disposição em contrário,
    c) às infrações resultantes de conluio

- **1.4.3. Anistia de caráter individual:** se não for concedida em caráter geral, a autoridade administrativa a efetivará, caso a caso, ao analisar o requerimento do interessado, que deve comprovar que preenche as condições e os requisitos para o benefício (não há direito adquirido, podendo ser revogada de ofício)

- **1.4.4. Concessão limitada:** a anistia pode ser concedida limitadamente:
  a) às infrações relativas a determinado tributo;
  b) às infrações punidas com penalidades pecuniárias até determinado montante, conjugadas ou não com penalidades de outra natureza;
  c) a determinada região do território da entidade tributante, em função de condições a ela peculiares;
  d) sob condição do pagamento de tributo no prazo fixado pela lei que a conceder, ou cuja fixação seja atribuída pela mesma lei à autoridade administrativa

- **1.4.5.** A Constituição Federal veda expressamente a concessão de remissão ou anistia para débitos superiores ao valor fixado em lei complementar para as contribuições sociais devidas por:
  a) empregadores e equiparados sobre folhas de salários e demais rendimentos pagos;
  b) trabalhadores e equiparados (art. 195, § 11, da CF)

DIREITO DO TRABALHO

Hermes Cramacon

DIREITO DO TRABALHO

Tema I - Fontes e princípios do Direito do Trabalho

1. Fontes do Direito do Trabalho

- **1.1. Fontes materiais:** correspondem ao momento pré-jurídico. Norma ainda não positivada
  - **Exemplo:** greve

- **1.2. Fontes formais:** correspondem à norma jurídica já constituída, já positivada
  - **1.2.1. Fontes formais autônomas:** são formadas com a participação imediata dos próprios destinatários da norma jurídica
    - **Exemplos:** acordo e convenção coletiva de trabalho
  - **1.2.2. Fontes formais heterônomas:** decorrem da atividade normativa do Estado
    - **Exemplos:** Constituição Federal, CLT, LC 150/2015
    - **Atenção absoluta:** sentença normativa é considerada fonte formal heterônoma

- **1.3. Fontes supletivas:** servem para integrar as lacunas de normas na falta de disposição legal ou contratual (art. 8º, § 1º da CLT)
  - **1.3.1. Analogia:** aplicação de uma lei existente para exata hipótese a um caso semelhante
    - **Jurisprudência:** OJ 355 SDI 1 TST
  - **1.3.2. Jurisprudência:** consiste no conjunto de reiteradas decisões dos tribunais sobre certa matéria
    - **Atenção absoluta:** art. 8º, § 2º da CLT determina que as súmulas e outros enunciados de jurisprudência editados pelo TST e pelos TRTs não poderão restringir direitos legalmente previstos nem criar obrigações que não estejam previstas em lei
  - **1.3.3. Usos e costumes:** direito consuetudinário. Conduta de prática reiterada e observada pelo grupo social, que é considerada como de observância obrigatória
    - **Exemplo:** art. 5º da Lei 5.889/1973 – Trabalhador rural
  - **1.3.4. Princípios gerais do direito:** aplicação dos princípios de direito para suprir as lacunas
  - **1.3.5. Equidade:** forma de integração da norma jurídica a um caso específico em que são observados os critérios de justiça e igualdade
  - **1.3.6. Direito comparado:** estudo de diferenças e semelhanças entre leis de países diferentes

DIREITO DO TRABALHO

TEMA II - PRINCÍPIOS DO DIREITO DO TRABALHO

1. Princípios do Direito do Trabalho

1.1. Princípio protetor

1.1.1. *In dubio pro operario*: uma norma jurídica que admita diversas interpretações deverá ser interpretada da maneira que mais favorecer o empregado

⚠️ **Atenção absoluta:** não possui incidência no campo probatório

1.1.2. Aplicação da norma mais favorável: havendo diversas normas válidas incidentes sobre a mesma relação jurídica de emprego, deve ser aplicada aquela mais benéfica ao trabalhador

⚠️ **Atenção absoluta:** aplicação da teoria do conglobamento mitigado (art. 3º, II da Lei 7.064/1982)

🔒 **Cuidado:** art. 620 da CLT determina que as condições estabelecidas em acordo coletivo de trabalho sempre prevalecerão sobre as condições estipuladas em convenção coletiva de trabalho

1.1.3. Condição mais benéfica: as vantagens adquiridas não poderão ser retiradas, tampouco modificadas para pior

= **Exemplo:** alterações não podem causar prejuízos diretos ou indiretos ao empregado (art. 468 da CLT)

⚠️ **Atenção absoluta:** a Lei 13.467/2017 não se aplica aos fatos e contratos anteriores à sua vigência

⚖️ **Jurisprudência:** súmula 51, I do TST

1.2. Princípio da irrenunciabilidade
em regra, não se admite que o empregado renuncie, abrindo mão dos direitos assegurados por lei

⚠️ **Atenção absoluta:** os empregados com diploma de nível superior e que receba mais que 2 vezes o teto da previdência, podem abrir mão das disposições contidas no art. 611-A da CLT

1.3. Princípio da continuidade da relação de emprego
tem por objetivo preservar o contrato de trabalho, presumindo a contratação por prazo indeterminado, sendo exceção o contrato com prazo determinado

= **Exemplo:** sucessão trabalhista (arts. 10 e 448 da CLT)

⚖️ **Jurisprudência:** súmula 212 do TST

1.4. Princípio da primazia da realidade sobre a forma
deve prevalecer a realidade dos fatos e não a eventual forma construída em desacordo com a verdade

💡 **Dica:** ignora-se a disposição contratual para examinar-se a realidade dos fatos. "Contrato-realidade"

1.5. Princípio da irredutibilidade salarial
o salário do emprego é irredutível, salvo acordo coletivo ou convenção coletiva de trabalho (art. 7º, VI da CF)

⚠️ **Atenção absoluta:** Programa Seguro-Emprego (Lei 13.456/2017) permite a redução salarial mediante redução da jornada de trabalho

1.6. Princípio da intangibilidade salarial
é proibido ao empregador efetuar descontos no salário do empregado, salvo adiantamentos, dispositivos de lei ou contrato coletivo (art. 462 da CLT)

DIREITO DO TRABALHO

Tema III - Contrato de Trabalho

1. Contrato de trabalho

- **1.1. Denominação:** contrato individual de trabalho é o acordo tácito ou expresso correspondente à relação de emprego (art. 442 da CLT)

- **1.2. Natureza jurídica:** direito privado

- **1.3. Requisitos**
  - **1.3.1. Prestação de serviço por pessoa física:** deve ser prestado por pessoa natural; não se admite pessoa jurídica
  - **1.3.2. Pessoalidade:** o empregado não pode fazer-se substituir por outra pessoa
  - **1.3.3. Não eventual:** o trabalho exercido não pode ser eventual; deve haver habitualidade na prestação dos serviços
  - **1.3.4. Subordinada:** os serviços são prestados sob as ordens (poder diretivo) do empregador
    - ⚠ **Atenção absoluta:** trata-se, portanto, de subordinação jurídica
  - **1.3.5. Onerosidade:** serviços prestados mediante o pagamento de salários

  Sigla útil: SOPPA
  Subordinação
  Onerosidade
  Pessoa física
  Pessoalidade
  HAbitualidade

  - **1.3.6. Período de experiência na atividade contratada:** o empregador não exigirá do candidato à vaga de emprego comprovação de experiência prévia por tempo superior a 6 (seis) meses no mesmo tipo de atividade (art. 442-A da CLT)

  - **1.3.7. Elementos do contrato de trabalho:** para validade do contrato de trabalho, este deverá observar os elementos de validade do negócio jurídico previstos no art. 104 do CC

    - **Forma prescrita em lei:** em regra, o contrato de trabalho não exige forma determinada, podendo ser celebrado de forma escrita ou verbal, tácita ou expressamente
    - **Agente capaz:** proibição de trabalho noturno, perigoso ou insalubre a menores de dezoito e de qualquer trabalho a menores de dezesseis anos, salvo na condição de aprendiz, a partir de quatorze anos (art. 7º, XXXIII da CF)
    - **Vontade sem vícios:** ninguém poderá ser compelido a trabalhar
    - **Objeto:** as relações contratuais de trabalho podem ser objeto de livre estipulação das partes interessadas em tudo quanto não contravenha às disposições de proteção ao trabalho, aos contratos coletivos que lhes sejam aplicáveis e às decisões das autoridades competentes
    Atenção absoluta: O empregado portador de diploma de nível superior e que receba salário mensal igual ou superior a duas vezes o limite máximo dos benefícios do RGPS possui capacidade de negociação individual com eficácia plena nas hipóteses previstas no art. 611-A, (art. 444, parágrafo único, CLT)
    - **Objeto lícito:** o objeto do contrato de trabalho deve ser lícito, entendido como aquele cujo objeto não seja considerado crime ou contravenção penal
    - **Trabalho ilícito:** é aquele não permitido porque seu objeto consiste na prestação de atividades criminosas e/ou contravencionais
    Jurisprudência: OJ 199 SDI 1 TST
    - **Trabalho proibido:** é aquele que a lei impede que seja exercido por determinadas pessoas ou em determinadas circunstâncias
    Exemplo: trabalho do menor em condições insalubres (art. 405, I, da CLT)

- **1.4. Anotações na CTPS e Registro de funcionários**
  - **1.4.1. Anotação na CTPS:** O empregador terá o prazo de 5 (cinco) dias úteis para anotar na CTPS, em relação aos trabalhadores que admitir, a data de admissão, a remuneração e as condições especiais, se houver, facultada a adoção de sistema manual, mecânico ou eletrônico, conforme instruções a serem expedidas pelo Ministério da Economia (art. 29 CLT)
    - ⚠ **Atenção absoluta:** A CTPS será preferencialmente emitida em meio eletrônico – Carteira de Trabalho Digital – podendo excepcionalmente ser em meio físico, art. 14 da CLT
  - **1.4.2. Registro de empregados:** em todas as atividades será obrigatório para o empregador o registro dos trabalhadores, podendo ser adotados livros, fichas ou sistema eletrônico, conforme instruções a serem expedidas pelo Ministério do Trabalho (art. 41 CLT)

  Falta de registro: multa no valor de R$ 3.000,00 (três mil reais) por empregado não registrado, acrescido de igual valor em cada reincidência (art. 47, CLT)
    - ⚠ **Atenção absoluta:** microempresa ou empresa de pequeno porte, o valor final da multa aplicada será de R$ 800,00 (oitocentos reais) por empregado não registrado (art. 47 e § 1º, da CLT)

  - **1.4.3. Anotações sobre proteção do trabalhador:** além da qualificação civil ou profissional de cada trabalhador, deverão ser anotados todos os dados relativos à sua admissão no emprego, duração e efetividade do trabalho, a férias, acidentes. (art. 41, parágrafo único, CLT)

  Falta de anotação: multa de R$ 600,00 (seiscentos reais) por empregado prejudicado. (art. 47-A da CLT)

DIREITO DO TRABALHO
TEMA IV – DURAÇÃO DO CONTRATO DE TRABALHO

1. Duração do contrato de trabalho: o contrato individual de trabalho poderá ser acordado tácita ou expressamente, verbalmente ou por escrito, por prazo determinado ou indeterminado, ou para prestação de trabalho intermitente (art. 443 da CLT)

1.1. Contrato com prazo indeterminado: em regra, o contrato de trabalho vigora por prazo indeterminado

Dica: princípio da continuidade da relação de emprego

1.2. Contratos de trabalho por prazo determinado

1.2.1. Regulados pela CLT (art. 443, § 2º e alíneas)

- **Natureza ou transitoriedade do serviço que justifique a predeterminação do prazo – atividade de caráter transitório** (art. 443, § 2º, a da CLT): celebrado sempre que a necessidade do serviço prestado pelo empregado não seja permanente
Exemplo: situação transitória de aumento de demanda, substituição de empregado permanente afastado, trabalho a ser realizado certo e delimitado no tempo (treinamento de empregados)

- **Atividades empresariais de caráter transitório** (art. 443, § 2º, b da CLT): a atividade realizada pela empresa possui caráter transitório. É levada em consideração a natureza da empresa e não do serviço prestado
Exemplo: venda de fogos de artifício em festa junina ou fim de ano

- **Contrato de experiência** (art. 443, § 2º, c da CLT): modalidade do contrato por prazo determinado, onde as partes irão se testar mutuamente

1.2.2. Prazo e prorrogação: para os contratos cuja natureza ou transitoriedade do serviço justifique a predeterminação do prazo e para atividades empresariais de caráter transitório, o prazo máximo é de 2 anos, permitindo-se uma única prorrogação desde que na somatória não ultrapasse 2 anos. Já o contrato de experiência o prazo máximo é de 90 dias, permitindo-se uma única prorrogação desde que na somatória não ultrapasse 90 dias

- **Prorrogação irregular:** o contrato com prazo determinado que for prorrogado mais de uma vez passará a vigorar por prazo indeterminado (art. 451 da CLT)

1.2.3. Período entre um contrato e outro: entre uma contratação e outra, deve ser observado um período mínimo de 6 meses, sob pena de ser considerado contrato por prazo indeterminado (art. 452 da CLT)

Dica: caso a expiração do primeiro contrato dependeu da execução de serviços especializados ou a realização de certos acontecimentos, não será necessário aguardar o período de 6 meses mesmo estudado (art. 452, parte final da CLT)

1.2.4. Rescisão antecipada nos contratos por prazo determinado

- **Por vontade do empregador:** o empregador estará obrigado a pagar indenização correspondente a metade da remuneração a que o empregado teria direito até o termo do contrato (art. 479 da CLT)
- **Por vontade do empregado:** o empregado será obrigado a indenizar o empregador dos prejuízos comprovados que desse fato lhe resultarem. Nesse caso, a indenização paga pelo empregado não poderá ser mais alta à que ele teria direito em iguais condições (art. 480 da CLT)
Dica: além dessas indenizações, o obreiro ainda fará jus à indenização por despedida arbitrária ou sem justa causa (40% do saldo do FGTS)
- **Cláusula assecuratória do direito recíproco de rescisão:** cláusula que trata da hipótese de rescisão antecipada do contrato por prazo determinado. Nesse caso, serão aplicados os princípios que regem a rescisão dos contratos por prazo indeterminado
Dica: nesse caso, o contrato com prazo determinado, inclusive o de experiência, terá obrigatoriamente a concessão de aviso prévio
Jurisprudência: súmula 163 do TST

DIREITO DO TRABALHO
Tema V - Contrato de trabalho intermitente

1. Contrato de trabalho intermitente I

- **1.1. Conceito:** é o contrato no qual a prestação de serviços, com subordinação, não é contínua, ocorrendo com alternância de períodos de prestação de serviços e de inatividade, determinados em horas, dias ou meses, independentemente do tipo de atividade do empregado e do empregador (art. 443, § 3º da CLT)

  💡 **Dica:** não aplicável ao aeronauta

- **1.2. Requisitos** (art. 452-A da CLT)
  - **1.2.1. Contrato Escrito**
  - **1.2.2. Deve conter especificamente o valor da hora de trabalho**
    - ⚠️ **Atenção absoluta:** o valor da hora de trabalho não pode ser inferior ao valor horário do salário mínimo ou àquele devido aos demais empregados do estabelecimento que exerçam a mesma função em contrato intermitente ou não
  - **1.2.3. Anotação na CTPS do empregado**
  - **1.2.4. Identificação, assinatura e domicílio ou sede das partes**
  - **1.2.5. Local e o prazo para o pagamento da remuneração**
    - ⚠️ **Atenção absoluta:** Os requisitos trazidos nos itens 3, 4 e 5 estão dispostos no art. 2º da Portaria 349/2018 MTE

- **1.3. Convocação do empregado:** o empregador deverá convocar o empregado para prestar serviços por qualquer meio de comunicação eficaz, informando-o qual será a jornada, com, pelo menos, 3 dias corridos de antecedência (art. 452-A, § 1º da CLT)

- **1.4. Resposta do empregado:** o empregado terá o prazo de um dia útil para responder ao chamado. Caso não responda nesse prazo, ficará presumida a recusa

  💡 **Dica:** a recusa da oferta não descaracteriza a subordinação

- **1.5. Período de inatividade:** intervalo temporal distinto daquele para o qual o empregado intermitente haja sido convocado e tenha prestado serviços (art. 4º da Portaria 349/2018 MTE)
  - **1.5.1. Não será considerado tempo à disposição do empregador e não será remunerado**
    - ⚠️ **Atenção absoluta:** Caso haja pagamento de remuneração nesse período restará descaracterizado o contrato de trabalho intermitente (art. 4º, § 2º, da Portaria 349/2018 MTE)
  - **1.5.2. Nesse período o trabalhador poderá prestar serviços:** de qualquer natureza a outros tomadores de serviço, que exerçam ou não a mesma atividade econômica, utilizando contrato de trabalho intermitente ou outra modalidade de contrato de trabalho (art. 4º, § 1º, da Portaria 349/2018 MTE)

DIREITO DO TRABALHO
Tema V - Contrato de trabalho intermitente

1. Contrato de trabalho intermitente II

1.6. Descumprimento da oferta aceita: a parte que descumprir, sem justo motivo, pagará à outra parte, no prazo de trinta dias, multa de 50% (cinquenta por cento) da remuneração que seria devida, permitida a compensação em igual prazo

1.7. Pagamento: ao final de cada período de prestação de serviço, o empregado receberá o pagamento imediato das seguintes parcelas

- **1.7.1. Remuneração**
- **1.7.2. Férias proporcionais com acréscimo de um terço**
- **1.7.3. Décimo terceiro salário proporcional**
- **1.7.4. Repouso semanal remunerado**
- **1.7.5. Adicionais legais**

⚠️ **Atenção absoluta:** O recibo de pagamento deverá conter a discriminação dos valores pagos relativos a cada uma das parcelas

💡 **DICA:** Sempre que o período de convocação exceder um mês, o pagamento das parcelas não poderá ser estipulado por período superior a um mês, devendo ser pagas até o quinto dia útil do mês seguinte ao trabalhado (art. 2º, § 2º, Portaria 349/2018 MTE)

1.8. Férias: A cada 12 meses, o empregado adquire direito a usufruir, nos 12 meses subsequentes, um mês de férias, período no qual não poderá ser convocado para prestar serviços pelo mesmo empregador

1.8.1 Fracionamento do período de férias: o empregado, mediante prévio acordo com o empregador, poderá usufruir suas férias em até três períodos, nos termos dos §§ 1º e 3º do art. 134 da CLT (art. 2º, § 1º, Portaria 349/2018 MTE)

1.9. Recolhimento das contribuições previdenciárias: as contribuições previdenciárias (empregado e empregador) e o depósito do FGTS, deverão ser recolhidas pelo empregador, com base nos valores pagos no período mensal, devendo fornecer ao empregado comprovante do cumprimento dessas obrigações

1.10. Aviso prévio e verbas rescisórias: serão calculados com base na média dos valores recebidos pelo empregado no curso do contrato de trabalho intermitente (art. 5º da Portaria 349/2018 MTE)

DIREITO DO TRABALHO

Tema VI – Contrato de trabalho temporário previstos em leis específicas

1. Contrato de trabalho temporário (Lei 6.019/1974 de acordo com a redação dada pela Lei 13.429/2017 e Lei 13.467/2017, Decreto 10.060/2019)

1.1. Conceito: aquele prestado por pessoa física contratada por uma empresa de trabalho temporário que a coloca à disposição de uma empresa tomadora de serviços

Dica: a contratação ocorre por meio de uma "empresa de trabalho temporário"

1.2. Hipóteses de contratação
- **1.2.1.** Para atender à necessidade de substituição transitória de pessoal permanente
  - *Exemplo:* contratação para substituir uma empregada em licença-maternidade
- **1.2.2. Para atender à demanda complementar de serviços:** demanda complementar de serviços é aquela entendida como a oriunda de fatores imprevisíveis ou, quando decorrente de fatores previsíveis, tenha natureza intermitente, periódica ou sazonal

1.3. Ramo de atividade: o contrato de trabalho temporário pode versar sobre o desenvolvimento de atividades-meio e atividades-fim a serem executadas na empresa tomadora de serviços (art. 9º, § 3º da Lei 6.019/1974)

1.4. Requisitos do contrato de trabalho temporário
- **1.4.1.** Por escrito
- **1.4.2.** Qualificação das partes
- **1.4.3.** Indicar o motivo justificador da demanda de trabalho temporário
- **1.4.4.** Prazo da prestação de serviços
- **1.4.5.** Valor da prestação de serviços

⚠ **Atenção absoluta:** será considerada nula de pleno direito qualquer cláusula de reserva, proibindo a contratação do trabalhador pela empresa tomadora ou cliente ao fim do contrato

1.5. Prazo máximo: o contrato de trabalho temporário, com relação ao mesmo empregador, não poderá exceder ao prazo de 180 dias, consecutivos ou não

1.6. Prorrogação: o contrato poderá ser prorrogado por até 90 dias, consecutivos ou não, quando comprovada a manutenção das condições que o ensejaram

1.7. Prazo para nova contratação: o trabalhador temporário que cumprir o período estipulado, somente poderá ser colocado à disposição da mesma tomadora de serviços em novo contrato temporário, após 90 dias do término do contrato anterior

1.8. Direitos assegurados ao temporário
- **1.8.1. Remuneração equivalente:** ao temporário é garantida a remuneração equivalente à percebida pelos empregados de mesma categoria da empresa tomadora ou cliente calculados à base horária, garantida, em qualquer hipótese, a percepção do salário mínimo regional
- **1.8.2.** Jornada de 8 horas, remuneradas as horas extraordinárias não excedentes de duas
- **1.8.3.** Férias proporcionais
- **1.8.4.** Repouso semanal remunerado
- **1.8.5.** Adicional por trabalho noturno
- **1.8.6.** Indenização por dispensa sem justa causa ou término normal do contrato, correspondente a 1/12 (um doze avos) do pagamento recebido
- **1.8.7.** Seguro contra acidente do trabalho
- **1.8.8.** Proteção previdenciária

Dica: é proibida a contratação de trabalho temporário para a substituição de trabalhadores em greve, salvo nos casos previstos em lei

Dica: não se aplica o contrato de experiência

1.9. Responsabilidade trabalhista
- **1.9.1. Contratação regular:** não há vínculo de emprego; responsabilidade subsidiária
- **1.9.2. Contratação irregular:** vínculo de emprego; responsabilidade solidária

DIREITO DO TRABALHO

Tema VI - Contrato de trabalho temporário previstos em leis específicas

1. Contrato por prazo determinado pela Lei 9.601/1998

- **1.1. Conceito:** contratação para quaisquer atividades da empresa, desde que represente um aumento no número de empregados

- **1.2. Considerações**
  - **1.2.1. Prévia negociação coletiva:** é necessária a participação do sindicato. O número de empregados a serem contratados deve observar o estabelecido na negociação coletiva
  - **1.2.2. Indenização para rescisões antecipadas:** o valor da indenização por rescisão antecipada estará disposto no instrumento coletivo
  - **1.2.3. Multa por descumprimento das cláusulas:** estarão dispostas no instrumento coletivo
  - **1.2.4. Estabilidade:** são garantidas as estabilidades provisórias da gestante; do dirigente sindical, ainda que suplente; do empregado eleito para cargo de direção de comissões internas de prevenção de acidentes; do empregado acidentado (art. 118 da Lei 8.213/1991), durante a vigência do contrato por prazo determinado, que não poderá ser rescindido antes do prazo estipulado pelas partes (art. 1º, § 4º da Lei 9.601/1998)
  - **1.2.5. Rescisão antecipada do contrato:** não serão aplicadas as multas previstas nos arts. 479 e 480 da CLT. Isso porque as indenizações estarão dispostas no instrumento coletivo

- **1.3. Prazo máximo de duração:** 2 anos. Aplicação do art. 445 da CLT
  - **1.3.1. Prorrogação:** o presente contrato poderá ser prorrogado diversas vezes, desde que obedecido o prazo máximo. Não se aplica a regra prevista no art. 451 da CLT (art. 1º, § 2º da Lei 9.601/1998)

DIREITO DO TRABALHO
Tema VII - Terceirização

1. Terceirização (Lei 6.019/1974 com a redação dada pela Lei 13.429/2017 e Lei 13.467/2017)

Jurisprudência: súmula 331 do TST

1.1. Conceito: transferência feita pela contratante da execução de quaisquer de suas atividades, inclusive sua atividade principal, à pessoa jurídica de direito privado prestadora de serviços que possua capacidade econômica compatível com a sua execução

Jurisprudência: ADPF 324 e Recurso Extraordinário (RE) 958252, com repercussão geral

1.2. Sujeitos do contrato de terceirização

1.2.1. Empresa prestadora de serviços a terceiros

- **Requisitos para funcionamento** (art. 4º-B da Lei 6.019/1974)
  • Prova de inscrição no Cadastro Nacional da Pessoa Jurídica (CNPJ)
  • Registro na Junta Comercial
  • Capital social compatível com o número de empregados
- **Vedação para ser contratada:** a pessoa jurídica cujos titulares ou sócios tenham, nos últimos 18 meses, prestado serviços à contratante na qualidade de empregado ou trabalhador sem vínculo empregatício, exceto se os referidos titulares ou sócios forem aposentados

⚠️ **Atenção absoluta:** o empregado que for demitido não poderá prestar serviços para esta mesma empresa na qualidade de empregado de empresa prestadora de serviços antes do decurso de prazo de 18 meses, contados a partir da demissão do empregado

1.2.2. Contratante
pessoa física ou jurídica que celebra contrato com empresa de prestação de serviços relacionados a quaisquer de suas atividades, inclusive sua atividade principal (art. 5º-A da Lei 6.019/1974)

1.2.3. Requisitos do contrato (art. 5-B da Lei 6.019/1974)
- Qualificação das partes
- Especificação do serviço a ser prestado
- Prazo para realização do serviço, quando for o caso
- O valor

1.2.4. Local de prestação dos serviços
os serviços contratados poderão ser executados nas instalações físicas da empresa contratante ou em outro local de comum acordo entre as partes

1.2.5. Contratação irregular
é vedada à contratante a utilização dos trabalhadores em atividades distintas daquelas que foram objeto do contrato com a empresa prestadora de serviços

1.2.6. Ramo de atividade
quaisquer de suas atividades, inclusive atividade principal (atividade fim) da empresa contratante. Permite-se para atividade meio e atividade fim da contratante

1.2.7. Responsabilidade trabalhista
- **Terceirização regular:** não há vínculo de emprego entre a contratante e o obreiro; responsabilidade subsidiária
- **Terceirização irregular:** vínculo de emprego entre a contratante e o obreiro; responsabilidade solidária

1.2.8. Terceirização na administração pública
admite-se a terceirização de atividade ou serviço pela administração pública. Figura de contrato administrativo, firmado com a empresa prestadora de serviços que, em regra, é precedido de licitação

- **Responsabilidade trabalhista da administração pública:** embora não haja o reconhecimento de vínculo de emprego com a administração, por força da necessidade de concurso público (art. 37, II da CF), a responsabilidade será subsidiária, desde que comprovada conduta culposa da administração na fiscalização do contrato

Jurisprudência: súmula 331, IV e V do TST

1.2.9. Quarteirização
empresa prestadora de serviços subcontrata outras empresas para a realização dos serviços contratados pela empresa tomadora (art. 4º-A, § 1º da Lei 6.019/1974)

DIREITO DO TRABALHO

Tema VIII - Sujeitos da relação de emprego: "Empregador"

1. Empregador

1.1. Conceito: considera-se empregador a empresa, individual ou coletiva, que, assumindo os riscos da atividade econômica, admite, assalaria e dirige a prestação pessoal de serviço (art. 2º da CLT)

1.2. Figuras equiparadas a empregador
- **1.2.1.** Profissionais liberais
- **1.2.2.** Instituições de beneficência
- **1.2.3.** Associações recreativas
- **1.2.4.** Instituições sem fins lucrativos

1.3. Poder de direção: conforme Martins, é a "forma como o empregador define como serão desenvolvidas as atividades do empregador, pois este é quem dirige as atividades do empregado"

- **1.3.1. Poder de organização:** é o empregador quem organiza seu empreendimento, distribuindo os empregados em suas respectivas funções
  - **Exemplo:** horário de trabalho
- **1.3.2. Poder de controle/fiscalização:** é o empregador quem fiscaliza a atividade laboral de seus empregados, para que sejam cumpridas as regras impostas pelo próprio empregador e pelo sistema jurídico
  - **Exemplo:** uso dos Equipamentos de Proteção Individual – EPIs
- **1.3.3. Poder disciplinar/punição:** cabe ao empregador a aplicação das penalidades ao empregado que não observar as regras de organização impostas

Tipos de punição:
- **Advertência:** não prevista na CLT
- **Suspensão do empregado:** art. 474 da CLT
- **Dispensa por justa causa:** art. 482 da CLT

1.4. Grupo de empresas: sempre que uma ou mais empresas, tendo, embora, cada uma delas, personalidade jurídica própria, estiverem sob a direção, controle ou administração de outra, ou ainda quando, mesmo guardando cada uma sua autonomia, integrarão grupo econômico

1.4.1. Responsabilidade: serão responsáveis solidariamente pelas obrigações decorrentes da relação de emprego

Jurisprudência: súmula 129 do TST

Atenção absoluta: para a caracterização do grupo econômico, não basta a mera identidade de sócios. A nova regra requer a comunhão de interesses, demonstração de interesse integrado e atuação conjunta das empresas que pertençam ao mesmo grupo econômico

1.5. Sucessão trabalhista: ocorre com a transferência da titularidade do negócio pelo titular primário, chamado de sucedido, a um novo titular, chamado sucessor, que se tornará responsável por todos os direitos e dívidas existentes (arts. 10 e 448 da CLT)

1.5.1. Requisitos:
- Transferência da unidade econômico-jurídica
- Continuidade na prestação laboral

Jurisprudência: OJ 411 SDI 1 TST

1.5.2. Responsabilidade do sócio retirante: responde subsidiariamente pelas obrigações trabalhistas da sociedade relativas ao período em que figurou como sócio, somente em ações ajuizadas até 2 anos depois de averbada a modificação do contrato

Ordem de preferência: para responsabilização do sócio retirante deve-se observar a seguinte ordem:
- A empresa devedora
- Os sócios atuais
- Os sócios retirantes

1.5.3. Fraude na negociação: comprovada fraude na alteração societária decorrente da modificação do contrato, o sócio retirante responderá solidariamente com os demais sócios (art. 10-A da CLT)

Atenção absoluta: não há sucessão trabalhista em delegação de serviços notariais

DIREITO DO TRABALHO

Tema IX - Sujeitos da relação de emprego: "Empregado"

1. Empregado I

1.1. Conceito: considera-se empregado toda pessoa física que prestar serviços de natureza não eventual a empregador, sob a dependência deste e mediante salário (art. 3º da CLT)

1.2. Empregado doméstico I:

1.2.1. Conceito: aquele que presta serviços de forma contínua, subordinada, onerosa e pessoal e de finalidade não lucrativa à pessoa ou à família, no âmbito residencial destas, por mais de 2 (dois) dias por semana (art. 1º da LC 150/2015)

1.2.2. Contrato de empregado doméstico com prazo determinado (art. 4º da LC 150/2015)

- **Contrato de experiência:** tem como fim teste para ambas as partes
  • **Prazo máximo:** 90 dias; admite-se uma única prorrogação desde que não exceda o prazo máximo de 90 dias
- **Para atender necessidades familiares de natureza transitória:** necessidade transitória da pessoa ou família necessitar de um empregado doméstico
  • **Prazo máximo:** 2 anos
  Exemplo: pessoa da família sofre procedimento cirúrgico e, por consequência, necessitará de período de repouso
- **Substituição temporária de empregado com contrato interrompido ou suspenso:**
  • **Interrupção:** licença-maternidade, férias, etc
  • **Suspensão:** aposentadoria por invalidez, suspensão disciplinar, licença remunerada, etc
  • **Prazo máximo:** 2 anos

1.2.3. Rescisão antecipada nos contratos com prazo determinado

- **Por vontade do empregador:** o empregador estará obrigado a pagar indenização correspondente à metade da remuneração a que o empregado teria direito até o termo do contrato (art. 6º da LC 150/2015)
- **Por vontade do empregado:** o empregado será obrigado a indenizar o empregador dos prejuízos comprovados que desse fato lhe resultarem. Nesse caso, a indenização paga pelo empregado não poderá ser mais alta à que ele teria direito em iguais condições (art. 7º da LC 150/2015)

1.2.4. Estabilidade provisória: a confirmação do estado de gravidez durante o curso do contrato de trabalho, ainda que durante o prazo do aviso prévio trabalhado ou indenizado, garante à empregada gestante a estabilidade provisória prevista na alínea "b" do inciso II do art. 10 do ADCT (art. 25, parágrafo único da LC 150/2015)

Jurisprudência: súmula 244, III do TST

DIREITO DO TRABALHO

Tema IX - Sujeitos da relação de emprego: "Empregado"

1. Empregado II

1.2. Empregado doméstico II

1.2.5. Jornada de trabalho

- **Regra geral:** 8 horas/dia e 44 horas/semana
- **Registro do horário de trabalho:** deverá ser feito por qualquer meio manual, mecânico ou eletrônico, desde que idôneo, independentemente do número de empregados
- **Acordo de compensação de jornadas:** possibilidade da celebração por acordo individual (art. 2º, §§ 4º e 5º da LC 150)
- **Remuneração e compensação:** será devido o pagamento das 40 horas mensais excedentes ao horário normal de trabalho, como horas extraordinárias. Dessas 40 (quarenta) horas mensais, poderão ser deduzidas, sem o pagamento, as horas não trabalhadas, em função de redução do horário normal de trabalho ou de dia útil não trabalhado, durante o mês. O saldo deverá ser compensado em até 1 ano

> **Dica:** admite-se o sistema de compensação 12 x 36

> **Atenção absoluta:** intervalo para descanso poderá ser reduzido a 30 minutos, mediante acordo escrito entre empregado e empregador

1.2.6. Empregado doméstico em viagem:
acordo escrito entre as partes poderá prever o acompanhamento do empregador pelo empregado em viagens (art. 11 LC 150/2015)

- **Adicional:** mínimo de 25% (art. 11, § 2º da LC 150/2015)

> **Dica:** despesas por conta do empregador

1.2.7. Intangibilidade salarial:
é vedado o desconto salarial por fornecimento de alimentação, vestuário, higiene ou moradia, bem como por despesas com transporte, hospedagem e alimentação em caso de acompanhamento em viagem (art. 18 da LC 150/2015)

- **Possibilidade de desconto salarial**
- "Moradia" se refere à residência diversa àquela em que o empregado presta serviços e se houver consentimento expresso das partes
- Para sua inclusão em planos de assistência médico-hospitalar e odontológica
- De seguro e de previdência privada
- Adiantamento de salário

> **Atenção absoluta:** o total dos descontos não poderá ultrapassar 20% (vinte por cento) do salário

1.2.8. FGTS: inscrição obrigatória

- **Valores:** alíquota de 8% sobre a remuneração devida no mês anterior e 3,2% destinada ao pagamento da indenização compensatória da perda do emprego, sem justa causa ou por culpa do empregador
- **Levantamento dos valores depositados ao pagamento da indenização compensatória da perda do emprego**
- **Levantamento pelo empregado:** em caso de demissão imotivada ou rescisão por culpa do empregador

> **Atenção absoluta:** o levantamento servirá como indenização por despedida arbitrária ou sem justa causa

1.2.9. Justa causa do empregado:
as hipóteses de justa causa do empregado doméstico estão dispostas no art. 27 da LC 150/2015

1.2.10. Justa causa do empregador:
o empregado doméstico poderá dar por rescindido o contrato por culpa de seu empregador nas hipóteses trazidas pelo parágrafo único do art. 27 da LC 150/2015

DIREITO DO TRABALHO

TEMA X - EMPREGADO E EMPREGADOR RURAL

1. Empregado e empregador rural

- **1.1. Empregado rural:** é toda pessoa física que, em propriedade rural ou prédio rústico, presta serviços de natureza não eventual a empregador rural sob a dependência deste e mediante salário (art. 2º da Lei 5.889/1973)
  - **1.1.1. Propriedade rural:** situada na zona rural
  - **1.1.2. Prédio rústico:** situado na zona rural ou urbana e destinado a uma atividade agroeconômica

- **1.2. Empregador rural:** considera-se empregador rural, para os efeitos desta Lei, a pessoa física ou jurídica, proprietária ou não, que explore atividade agroeconômica, em caráter permanente ou temporário, diretamente ou através de prepostos e com auxílio de empregados (art. 3º da Lei 5.889/1973)
  - **1.2.1. Figuras equiparadas a empregador rural:** equipara-se ao empregador rural a pessoa física ou jurídica que, habitualmente, em caráter profissional, e por conta de terceiros, execute serviços de natureza agrária, mediante utilização do trabalho de outrem (intermediação)
  - **Dica:** não pode ser atividade industrial

- **1.3. Requisitos para caracterização de relação de emprego rural**
  - **1.3.1.** O trabalho deve ser desenvolvido em propriedade rural ou prédio rústico
  - **1.3.2. O empregador deve desenvolver atividade agroeconômica:** atividade agrícola, pastoril ou pecuária
    - **Indústria rural:** inclui-se na atividade econômica (atividade agroeconômica) a exploração industrial em estabelecimento agrário não compreendido na CLT (art. 3º, § 1º da Lei 5.889/1973)
    - Trata-se de atividades que compreendem o primeiro tratamento dos produtos agrários *in natura* sem transformá-los em sua natureza (art. 2º, § 4º do Dec. 73.626/1974)
    - **Jurisprudência:** OJ 38 SDI 1 TST
  - **1.3.3. Trabalho noturno**
    - **Lavoura:** o período noturno é aquele desenvolvido entre 21 horas de um dia até às 5 horas do dia seguinte
    - **Pecuária:** o período noturno é aquele desenvolvido entre as 20 horas de um dia até 4 horas do dia seguinte, nos termos do art. 7º da Lei 5.889/1973
  - **1.3.4. Adicional noturno:** 25%
    - **Dica:** não se aplica a hora fictamente reduzida
  - **1.3.5. Intervalo intrajornada:** em qualquer trabalho contínuo com duração superior a 6 (seis) horas, deverá ser concedido um intervalo para repouso ou alimentação observados os usos e costumes da região
  - **1.3.6. Intervalo interjornada:** entre duas jornadas de trabalho haverá um período mínimo de onze horas consecutivas para descanso
  - **1.3.7. Fornecimento de escola:** toda propriedade rural que mantenha a seu serviço ou trabalhando em seus limites mais de 50 famílias de trabalhadores é obrigada a possuir e conservar em funcionamento escola primária, inteiramente gratuita, para os filhos destes (art. 16 da Lei 5.889/1973)
  - **1.3.8. Descontos no salário:** em regra, não é permitido os descontos no salário do empregado rural, salvo:
    - Até o limite de 20% (vinte por cento) pela ocupação da morada
    - Até o limite de 25% (vinte por cento) pelo fornecimento de alimentação sadia e farta, atendidos os preços vigentes na região
    - Adiantamentos em dinheiro
    - **Dica:** os percentuais dos descontos efetuados no salário do obreiro deverão ser calculados sobre o salário mínimo. Essas deduções deverão ser previamente autorizadas, sem o que serão nulas de pleno direito (art. 9º, § 1º da Lei 5.889/1973)

DIREITO DO TRABALHO

Tema XI - Empregado aprendiz

1. Empregado aprendiz

- **1.1. Conceito:** o empregado maior de 14 anos e o menor de 24 anos que celebra contrato de aprendizagem

- **1.2. Contrato de aprendizagem:** contrato de trabalho especial, ajustado por escrito e por prazo determinado, em que o empregador se compromete a assegurar ao maior de 14 e menor de 24 anos, inscrito em programa de aprendizagem, formação técnico-profissional metódica compatível com o seu desenvolvimento físico, moral e psicológico, e o aprendiz, a executar com zelo e diligência as tarefas necessárias a essa formação (art. 428 da CLT)
  - **Formação técnico-profissional metódica:** são atividades teóricas e práticas metodicamente organizadas em tarefas de complexidade progressiva desenvolvidas no ambiente de trabalho

- **1.3. Requisitos para validade do contrato**
  - **1.3.1. Contrato escrito**
  - **1.3.2. Prazo determinado:** máximo de 2 anos, exceto para pessoas com deficiência
  - **1.3.3. Anotação em CTPS**
  - **1.3.4. Matrícula e frequência na escola** (para aprendizes que não completaram o ensino médio)
  - **1.3.5. Inscrição em programa de aprendizagem**

- **1.4. Jornada de trabalho**
  - **1.4.1.** - 6 (seis) horas por dia ou 8 (oito) horas por dia para aprendiz com ensino fundamental completo e horas destinadas a ensino teórico
  - ⚠️ **Atenção absoluta:** não são permitidas as prorrogações e compensação de jornada

- **1.5. Obrigatoriedade de contratação:** os estabelecimentos de qualquer natureza são obrigados a empregar e matricular nos cursos dos Serviços Nacionais de Aprendizagem (Sesi, Senai, Senac, etc.) número de aprendizes equivalente a 5%, no mínimo, e 15%, no máximo, dos trabalhadores existentes em cada estabelecimento, cujas funções demandem formação profissional
  - **1.5.1.** os estabelecimentos deverão ofertar vagas de aprendizes a adolescentes usuários do Sistema Nacional de Atendimento Socioeducativo (Sinase)
  - **1.5.2.** estabelecimentos poderão ofertar vagas de aprendizes a adolescentes usuários do Sistema Nacional de Políticas Públicas sobre Drogas – SISNAD
  - **Não necessitam observar a obrigatoriedade de contratação**
    - Microempresas e empresas de pequeno porte
    - Entidades sem fins lucrativos, que tenham por objeto a educação profissional

- **1.6. Extinção normal do contrato**
  - **1.6.1. Termo do contrato**
  - **1.6.2. Empregado completar 24 anos de idade**
  - ⚠️ **Atenção absoluta:** esse limite não se aplica para pessoas com deficiência

- **1.7. Extinção antecipada do contrato**
  - **1.7.1. Por desempenho insuficiente ou não adaptação do aprendiz**
  - **1.7.2. Falta disciplinar grave**
  - **1.7.3. Ausência injustificada à escola que provoque perda do ano letivo**
  - **1.7.4. A pedido do aprendiz**

DIREITO DO TRABALHO

Tema XII - Teletrabalho a anotações do empregador

1. Teletrabalho e Trabalho Autônomo

1.1. Teletrabalho

1.1.1. Conceito: prestação de serviços preponderantemente fora das dependências do empregador, com a utilização de tecnologias de informação e de comunicação que, por sua natureza, não se constituam como trabalho externo (art. 75-B da CLT)

⚠️ **Atenção absoluta:** o comparecimento do empregado às dependências do empregador para a realização de atividades específicas que exijam sua presença no estabelecimento não descaracterizará o regime de teletrabalho

🔒 **Cuidado:** não se confunde com os empregados externos, pois não possuem um local fixo para exercer suas atividades

1.1.2. Requisito contratual

- **Modalidade:** no contrato de trabalho, deverá constar expressamente a modalidade de prestação de serviços "teletrabalho", devendo especificar as atividades que serão realizadas pelo empregado
- Disposições acerca da responsabilidade pela aquisição, manutenção ou fornecimento dos equipamentos tecnológicos e da infraestrutura necessária e adequada à prestação do trabalho remoto
- Disposições sobre reembolso de despesas arcadas pelo empregado

⚠️ **Atenção absoluta:** essas utilidades não integram a remuneração do empregado

1.1.3. Alteração entre os regimes presencial e teletrabalho

- **Presencial para teletrabalho:** por mútuo acordo entre as partes, devendo ser registrado em aditivo contratual
- **Teletrabalho para presencial:** poderá ser realizada por determinação do empregador, sendo garantido prazo de transição mínimo de quinze dias, com correspondente registro em aditivo contratual

1.1.4. Jornada de trabalho: não é protegido pelo regime de duração do trabalho, podendo laborar acima do limite constitucional (art. 62, III da CLT)

1.1.5. Responsabilidades do empregador por doenças e acidentes do trabalho: por força do contrato de trabalho, o empregador está obrigado a dar ao empregado as condições plenas de trabalho, nos aspectos da segurança, salubridade e condições de higiene e conforto (art. 157 da CLT)

1.2. Trabalho Autônomo

1.2.1. Conceito: aquele que trabalha por conta própria

1.2.2. Fundamento legal: art. 442-B CLT

1.2.3. Requisitos de validade

- Cumprimento de formalidades legais pelo autônomo
- Inscrição como contribuinte individual perante o INSS (art. art. 12, inciso V, letra h, Lei 8.212/91)
- Inscrição na Prefeitura Municipal no Cadastro de Contribuinte Municipal - CCM
- Forma legal de contratação: mediante contrato escrito de prestação de serviços autônomos
- Forma de pagamento: Recibo de Pagamento de Autônomo - R.P.A.

⚠️ **Atenção absoluta:** Cumpridas pelo autônomo todas as formalidades legais, com ou sem exclusividade, de forma contínua ou não, afasta a qualidade de empregado (art. 1º da Portaria 349/2018 MTE)

1.2.4. Exclusividade: pode haver ou não exclusividade

- Não caracteriza a qualidade de empregado o fato de o autônomo prestar serviços a apenas um tomador de serviços

1.2.5. Possibilidade de prestação de serviços a outros tomadores: poderá prestar serviços de qualquer natureza a outros tomadores de serviços que exerçam ou não a mesma atividade econômica, sob qualquer modalidade de contrato de trabalho, inclusive como autônomo

1.2.6. Cláusula de penalidade: o contrato pode trazer cláusula prevendo penalidade em caso de recusa do trabalhador em realizar atividades demandadas pelo contratante (art. 1º, § 3º, da Portaria 349/2018 MTE)

1.2.7. Trabalhadores autônomos que NÃO possuem qualidade de empregado (art. 1º, § 5º, da Portaria 349/2018 MTE)

- Motoristas
- Representantes comerciais
- Corretores de imóveis
- Parceiros
- Trabalhadores de outras categorias profissionais reguladas por leis específicas relacionadas a atividades compatíveis com o contrato autônomo

💡 **Dica:** rol exemplificativo

1.2.8. Subordinação jurídica: não há subordinação jurídica no trabalho autônomo

- Presente a subordinação jurídica, será reconhecido o vínculo empregatício (art. 1º, § 5º, da Portaria 349/2018 MTE)

DIREITO DO TRABALHO
Tema XIII - Remuneração e salário

1. Remuneração e salário

1.1. Remuneração: consiste na somatória da contraprestação paga diretamente pelo empregador, seja em pecúnia, seja em utilidades, com a quantia recebida pelo obreiro de terceiros a título de gorjeta

💡 **Dica:** REMUNERAÇÃO = SALÁRIO + GORJETA

1.2. Salário: é contraprestação paga diretamente pelo empregador ao empregado pelos serviços prestados, seja em dinheiro, seja em utilidades, como, por exemplo, habitação, alimentação, etc

SALÁRIO

- **SALÁRIO BÁSICO** → PARTE EM DINHEIRO + UTILIDADE (*IN NATURA*)
- **SOBRESSALÁRIO** → ADICIONAIS

- **Salário mínimo:** é a contraprestação mínima devida e paga diretamente pelo empregador a todo trabalhador, inclusive ao trabalhador rural, sem distinção de sexo, por dia normal de serviço, e capaz de satisfazer, em determinada época e região do país, as suas necessidades normais de alimentação, habitação, vestuário, higiene e transporte
Atenção absoluta: o salário mínimo pago em dinheiro não será inferior a 30% (trinta por cento) do salário mínimo (art. 82, parágrafo único da CLT)

- **Salário *in natura*:** toda parcela, bem ou vantagem fornecida habitualmente pelo empregador como gratificação pelo trabalho desenvolvido ou pelo cargo ocupado
Dica: "prestação para o trabalho" = natureza não salarial; e "prestação pelo trabalho" = natureza salarial (salário *in natura*)
• **Não são considerados salário *in natura*:** art. 458, § 2º da CLT
Atenção absoluta: habitação e alimentação não poderão exceder 25 e 20%, respectivamente, do salário contratual
Jurisprudência: súmula 367 do TST

1.3. Gorjetas: correspondem não só à importância espontaneamente dada pelo cliente ao empregado como também o valor cobrado pela empresa, como serviço ou adicional, a qualquer título, e destinado à distribuição aos empregados

1.3.1. Anotações em CTPS: as empresas anotarão na Carteira de Trabalho e Previdência Social de seus empregados o salário fixo e a média dos valores das gorjetas referente aos últimos doze meses (art. 7º Portaria 349/2018 - MTE)

⚖️ **Jurisprudência:** Súmula 354 do TST

DIREITO DO TRABALHO

Tema XIV - Normas de proteção do salário

1. Normas de proteção do salário

- **1.1. Conceito:** são direitos dos trabalhadores urbanos e rurais, além de outros que visem a melhoria de sua condição social, a proteção do salário na forma da lei, constituindo crime sua retenção dolosa (art. 7º, X da CF)

- **1.2. Proteção contra o empregador**
  - **1.2.1. Irredutibilidade salarial**
  - **1.2.2. Intangibilidade salarial**

- **1.3. Proteção contra credores do empregado:** o art. 833, IV do CPC/2015 prevê a regra da impenhorabilidade do salário
  - ⚠️ **Atenção absoluta:** não se aplica à penhora para pagamento de prestação alimentícia, independentemente de sua origem (art. 833, § 2º do CPC/2015)
  - ⚖️ **Jurisprudência:** OJ 153 SDI 2 TST

- **1.4. Irredutibilidade salarial:** o salário é irredutível, salvo o disposto em convenção ou acordo coletivo (art. 7º, VI da CF)

- **1.5. Intangibilidade salarial:** não poderá haver desconto no salário do obreiro (art. 462 da CLT)
  - **1.5.1. Descontos permitidos**
    - Contribuições previdenciárias
    - Contribuições sindicais
    - Imposto de renda
    - Desconto para prestação alimentícia
    - Desconto para pagamento de pena criminal pecuniária
    - Pagamento de custas judiciais
    - Pagamento de prestações do Sistema Financeiro de Habitação
    - Retenção de saldo salarial por falta de aviso prévio do empregado
    - Faltas injustificadas
    - Empréstimos, até 30%
  - 💡 **Dica:** em caso de dano causado por culpa do empregado, o desconto é permitido desde que haja seu consentimento; já em caso de dolo, não é necessário seu consentimento

- **1.6. Local e forma de pagamento do salário:** o pagamento do salário, qualquer que seja a modalidade do trabalho, não deve ser estipulado por período superior a 1 (um) mês, salvo no que concerne a comissões, percentagens e gratificações

- **1.7. Condições para pagamento**
  - **1.7.1.** Quando estipulado por mês, deverá ser efetuado até o quinto dia útil do mês subsequente ao vencido (art. 459, § 1º da CLT)
    - ⚖️ **Jurisprudência:** súmula 381 do TST
  - **1.7.2.** Em dia útil e no local do trabalho, dentro do horário do serviço ou imediatamente após o encerramento, salvo quando efetuado por depósito em conta bancária
    - 💡 **Dica:** terá força de recibo o comprovante de depósito em conta bancária, aberta para esse fim em nome do empregado, com o consentimento deste, em estabelecimento de crédito próximo ao local de trabalho
  - **1.7.3.** Pago em moeda corrente do país
  - **1.7.4.** Deverá ser assinado pelo empregado
    - Em se tratando de analfabeto, mediante sua impressão digital, ou, não sendo esta possível, a seu rogo (a seu mando)
    - ⚠️ **Atenção absoluta:** é lícito ao menor firmar recibo pelo pagamento dos salários (art. 439 da CLT)

DIREITO DO TRABALHO

Tema XV - Parcelas salariais

1. Parcelas salariais e parcelas sem natureza salarial

1.1. Parcelas salariais: integram o salário a importância fixa estipulada, as gratificações legais e as comissões pagas pelo empregador (art. 457, § 1º da CLT)

1.1.1. Gratificações legais: gratificações previstas em lei

- **Exemplos:** décimo terceiro salário, adicional noturno, adicional de insalubridade, gratificação natalina, etc
- **Cuidado:** O termo "gratificações legais" engloba também aquelas estipuladas em negociação coletiva (acordo coletivo e convenção coletiva), em regulamento empresarial e, ainda, acordo individual de trabalho
- **Atenção absoluta:** A reversão ao cargo efetivo: não assegura ao empregado o direito à manutenção do pagamento da gratificação correspondente, que não se incorpora ao salário do empregado, independentemente do tempo de exercício da respectiva função (art. 468, §§ 1º e 2º, da CLT)

1.1.2. Comissões: participações do empregado no resultado dos negócios, representadas por percentual ou valor fixo ajustado

- **Atenção absoluta:** àquele empregado que recebe salário variável será assegurado o salário mínimo
- **Jurisprudência:** súmula 27 do TST
- **Atenção absoluta:** a parcela de participação nos lucros ou resultados, habitualmente paga, nos termos do art. 3º da Lei 10.101/2000, não possui natureza salarial, não integrando a remuneração do empregado

1.1.3. "Quebra de caixa": verba destinada a cobrir os riscos assumidos pelo empregado que lida com manuseio constante de numerário

- **Jurisprudência:** súmula 247 do TST

1.1.4. Salário complessivo: é a forma de ajustar um só salário, globalizando todas outras parcelas variáveis

- **Jurisprudência:** súmula 91 do TST

1.1.5. Décimo terceiro salário – Gratificação natalina (art. 7º, VIII da CF e Leis 4.090/1962 e 4.749/1965)

- **Valor:** equivale a um mês da remuneração do empregado quando este tenha completado 12 (doze) meses de serviços ou proporcional aos meses de trabalho quando incompletos 12 (doze) meses, com base na remuneração do empregado
- **Condições para pagamento:** deve ser paga até o dia 20 de dezembro de cada ano, compensada a importância que, a título de adiantamento, o empregado houver recebido
- **Adiantamento:** entre os meses de fevereiro e novembro de cada ano, o empregador pagará, como adiantamento da gratificação, de uma só vez, metade do salário recebido pelo respectivo empregado no mês anterior
- **Dica:** o empregador não estará obrigado a pagar o adiantamento, no mesmo mês, a todos os seus empregados
- **Atenção absoluta:** não é devida a gratificação natalina proporcional na demissão por justa causa

1.2. Parcelas sem natureza salarial: ainda que habituais, não integram a remuneração (art. 457, §2º da CLT)

1.2.1. Ajuda de custo

1.2.2. O auxílio-alimentação, vedado o seu pagamento em dinheiro

1.2.3. As diárias para viagem

1.2.4. Os prêmios: liberalidades concedidas pelo empregador em forma de bens, serviços ou valor em dinheiro a empregado ou a grupo de empregados, em razão de desempenho superior ao ordinariamente esperado no exercício de suas atividades

- **Atenção absoluta:** essas verbas não se incorporam ao contrato de trabalho e não constituem base de incidência de encargo trabalhista e previdenciário

DIREITO DO TRABALHO
Tema XVI - Equiparação salarial

1. Equiparação salarial

1.1. Conceito: Sendo idêntica a função, a todo trabalho de igual valor, prestado ao mesmo empregador, no mesmo estabelecimento empresarial, corresponderá igual salário, sem distinção de sexo, etnia, nacionalidade ou idade (art. 7º, XXX da CF, art. 461 da CLT)

> **Jurisprudência:** súmula 6 do TST

1.2. Requisitos

- **1.2.1. Identidade de funções:** a equiparação salarial só é possível se o empregado e o paradigma exercerem a mesma função, desempenhando as mesmas tarefas, não importando se os cargos possuem, ou não, a mesma denominação

- **1.2.2. Trabalho de igual valor:** será o que for feito com igual produtividade e com a mesma perfeição técnica, entre pessoas cuja diferença de tempo de serviço para o mesmo empregador não seja superior a quatro anos e a diferença de tempo na função não seja superior a dois anos

- **1.2.3. Mesmo empregador:** para proceder ao pedido de equiparação entende-se que deverá ser o mesmo empregador

- **1.2.4. Mesmo estabelecimento empresarial:** será possível se empregado e paradigma trabalharem no mesmo estabelecimento empresarial

- **1.2.5. Inexistência de quadro de carreira:** faz desaparecer o direito à equiparação salarial a existência de quadro de carreira ou se o empregador adotar, por meio de norma interna da empresa ou de negociação coletiva, plano de cargos e salários

> **Atenção absoluta:** para a validade é dispensada qualquer forma de homologação ou registro em órgão público
> - **Critério de promoção no plano de carreira:** poderá ser feita por merecimento e por antiguidade, ou por apenas um destes critérios, dentro de cada categoria profissional
> **Cuidado:** não é necessária a alternância entre os critérios de promoção

1.3. Equiparação para o trabalho intelectual: a avaliação para efeitos da equiparação poderá ser feita com base na perfeição técnica, adotando critérios objetivos

1.4. Paradigma: empregado que serve de equiparação para outro empregado

- **1.4.1.** O trabalhador readaptado em nova função por motivo de deficiencia física ou mental, atestada pelo orgão competente da Previdência Social não servirá de paradigma para fins de equipração salarial

- **1.4.2.** A equiparação salarial só será possível entre empregados contemporâneos, no cargo ou na função, ficando vedada a indicação de paradigmas remotos, ainda que o paradigma contemporâneo tenha obtido a vantagem em ação judicial própria

1.5. Equiparação salarial na administração pública: é vedada a vinculação ou equiparação de quaisquer espécies remuneratórias para o efeito de remuneração de pessoal do serviço público (art. 37, XIII da CF)

> **Atenção absoluta:** à sociedade de economia mista não se aplica a vedação à equiparação, pois ao admitir empregados sob o regime da CLT, equipara-se a empregador privado, conforme disposto no art. 173, § 1º, II da CF/1988

> **Jurisprudência:** OJ 455 SDI 1 TST

1.6. Multa por discriminação salarial: multa de 50% do valor máximo do benefício da Previdência em caso de disparate salarial motivado por diferença de sexo ou etnia

DIREITO DO TRABALHO

TEMA XVII - JORNADA DE TRABALHO

1. Jornada de trabalho I (art. 7º, incisos XIII e XIV da CF e arts. 57 a 75 da CLT)

1.1. Conceito: lapso temporal em que o empregado está à disposição do empregador, executando ou não o seu labor. Art. 4º da CLT

1.2. Duração máxima: 8 horas/dia – 44 horas/semana

⚠ **Atenção absoluta:** não serão descontadas nem computadas como jornada extraordinária as variações de horário no registro de ponto não excedentes de cinco minutos, observado o limite máximo de dez minutos diários (art. 58, § 1º da CLT)

1.3. Jornadas superiores: superiores ao limite imposto pela CF

Exemplo: aeronautas, jornada de 11 a 20 horas/dia (art. 21 da Lei 7.183/1984)

1.4. Jornadas inferiores: inferiores ao limite imposto pela CF

Exemplo: telefonistas, jornada de 6 horas/dia (art. 227 da CLT)

1.5. Trabalho noturno

1.5.1. Âmbito urbano
- Das 22 horas de um dia às 5 horas do dia seguinte
- Adicional noturno: 20% (integra o salário)
- Hora fictamente reduzida: a hora noturna é composta por 52 minutos e 30 segundos
Dica: aplica-se ao vigia noturno
Atenção absoluta: não se aplica às atividades de exploração, perfuração, produção e refinação do petróleo, industrialização do xisto, indústria petroquímica e transporte de petróleo e seus derivados por meio de dutos
Jurisprudência: súmula 112 do TST

1.5.2. Âmbito rural
- **Pecuária:** 20 horas de um dia às 4 horas do dia seguinte
- **Agricultura:** 21 horas de um dia às 5 horas do dia seguinte
- **Hora fictamente reduzida:** não aplicação
- **Adicional noturno:** 25%

1.5.3. Empregado doméstico (art. 14 da LC 150/2015)
- 22h até 5h do dia seguinte
- **Adicional noturno:** 20% sobre a hora diurna
Atenção absoluta: se contratado exclusivamente noturno, cálculo será sobre o salário

1.6. Período de sobreaviso: consiste no período computado como tempo à disposição do empregador, em que o empregado, mesmo fora do local de trabalho, fica aguardando ordens

Jurisprudência: súmula 428 do TST

1.7. Período não considerado como à disposição: art. 4º, § 2º da CLT

1.7.1. Quando o empregado, por escolha própria, buscar proteção pessoal, em caso de insegurança nas vias públicas ou más condições climáticas

1.7.2. Adentrar ou permanecer nas dependências da empresa para exercer atividades particulares, entre outras

- Práticas religiosas
- Descanso
- Lazer
- Estudo
- Alimentação
- Atividades de relacionamento social
- Higiene pessoal
- Troca de roupa ou uniforme, quando não houver obrigatoriedade de realizar a troca na empresa

1.8. Cálculo do valor hora/salário

Cálculo do valor hora/salário

Jrn. semanal/dias úteis x dias(mês) = divisor

44 horas / 6 dias x 30 dias = 220
40 horas / 6 dias x 30 dias = 200
36 horas / 6 dias x 30 dias = 180

Salário / divisor = Salário/hora
R$ 1.000,00 / 220 = R$ 4,54/hora.

Legenda:
/ = dividir
x = multiplicar

DIREITO DO TRABALHO

Tema XVII - Jornada de Trabalho

1. Jornada de trabalho – II

1.1. Trabalho em regime de tempo parcial

1.1.1. Conceito: é aquele cuja duração não exceda a 30 horas semanais, sem a possibilidade de horas suplementares semanais, ou ainda aquele cuja duração não exceda a 26 horas semanais, com a possibilidade de acréscimo de até seis horas suplementares semanais (art. 58-A da CLT)

1.1.2. Espécies
- **Parcial 30 horas:** duração não exceda 30 horas semanais, sem a possibilidade de prestação de horas extras
- **Parcial 26 horas:** duração da jornada semanal não exceda 26 horas, sendo permitida, nesse regime, a prestação de até 6 horas extras por semana

Atenção absoluta: se estabelecido em número inferior a 26 horas semanais, as horas suplementares a este número serão consideradas horas extras para fins do pagamento estipulado, estando também limitadas a 6 horas suplementares semanais

1.1.3. Características
- **Salário:** proporcional ao salário dos empregados em regime de tempo integral
- **Compensação de jornada:** as horas suplementares poderão ser compensadas diretamente até a semana imediatamente posterior à da sua execução, hipótese em que não serão remuneradas com o acréscimo de 50%
- **Compensação não realizada:** o empregador deverá fazer sua quitação na folha de pagamento do mês subsequente

1.1.4. Período de férias: o mesmo dos empregados em regime de tempo integral (art. 58-A, § 7º da CLT)

1.1.5. Abono pecuniário: poderão converter um terço de suas férias em abono pecuniário (art. 58-A, § 6º da CLT)

1.2. Horas *in itinere* (art. 58, § 2º da CLT)

1.2.1. Conceito: o tempo despendido pelo empregado desde a sua residência até a efetiva ocupação do posto de trabalho e para o seu retorno, caminhando ou por qualquer meio de transporte, inclusive o fornecido pelo empregador

1.2.2. Período não computado como tempo de trabalho: não é considerado tempo à disposição

Cuidado: o tempo despendido pelo empregado desde sua residência até a "efetiva ocupação do posto de trabalho" é excluído da jornada de trabalho (art. 58, § 2º da CLT)

1.3. Turnos ininterruptos de revezamento: regime em que os trabalhadores se sucedem na empresa pressupõe trabalho em horários com sucessivas modificações (art. 7º, XIV da CF)

1.3.1. Requisitos
- Prestação de serviços em diferentes períodos (manhã, tarde e noite)
- Alternância dos períodos (semanal, quinzenal ou mensalmente)

1.3.2. Jornada de trabalho: jornada de 6 horas/dia, salvo negociação coletiva

Jurisprudência: súmula 423, TST

DIREITO DO TRABALHO

TEMA XVII - JORNADA DE TRABALHO

1. Jornada de trabalho – III

1.1. Empregados excluídos do controle de jornada do trabalho

- **1.1.1.** Empregados que exercem atividade externa incompatível com a fixação de horário de trabalho
- **1.1.2.** Gerentes, diretores ou chefes de departamento, desde que essa condição seja anotada na CTPS e no Livro de Registro de Empregados
  - ⚠️ **Atenção absoluta:** cargo de confiança pressupõe poderes de mando, poderes de direção, etc. Deve, ainda, receber gratificação de 40% (art. 62, parágrafo único da CLT)
- **1.1.3.** Os empregados em regime de teletrabalho

1.2. Bancários: são considerados bancários os empregados em bancos e instituições financeiras

1.2.1. Figuras equiparadas ao bancário
- Empresas de crédito, financiamento ou investimento
- Empregados de empresa de processamento de dados que prestam serviços a banco integrante do mesmo grupo econômico
- Empregados de portaria e de limpeza, tais como porteiros, telefonistas (art. 226 da CLT)

1.2.2. Figuras não equiparadas ao bancário
- Empregados de cooperativas de crédito
Jurisprudência: OJ 379 SDI 1 TST
- Vigilantes
Jurisprudência: súmula 257 do TST
- Empregados de empresas distribuidoras e corretoras de títulos e valores mobiliários
Jurisprudência: súmula 119 do TST

1.2.3. Jornada de trabalho dos bancários: a jornada de trabalho comum dos bancários será de 6 horas, com exceção dos sábados, que é considerado dia útil não trabalhado, perfazendo um total de 30 horas semanais

- **Horário de trabalho:** horário compreendido entre 7 (sete) e 22 (vinte e duas) horas
- **Intervalo de descanso e alimentação:** intervalo de 15 minutos (art. 224, § 1º da CLT)
- **Bancários – cargos de confiança:** pressupõem atividades de coordenação, supervisão ou fiscalização
• **Plus salarial:** gratificação não inferior a 1/3 (um terço) do salário do cargo efetivo
Dica: não são abrangidos pela jornada especial de trabalho de 6 horas, laborando 8 horas/dia
Jurisprudência: súmula 102, V e VI do TST
- **Bancários – cargo de gestão:** pressupõe atividade de gestão, gerência
• **Plus salarial:** salário efetivo acrescido de 40% (quarenta por cento)

⚠️ **Atenção absoluta:** a jornada de trabalho do empregado de banco gerente de agência é regida pelo art. 224, § 2º da CLT, ou seja, 8 horas/dia. Quanto ao gerente-geral de agência bancária, presume-se o exercício de encargo de gestão, aplicando-lhe o art. 62 da CLT, ou seja, não possui limite de jornada de trabalho

Item 1.3. Quadro de funcionários
Para os estabelecimentos com mais de 20 (vinte) trabalhadores será obrigatória a anotação da hora de entrada e de saída, em registro manual, mecânico ou eletrônico, conforme instruções expedidas pela Secretaria Especial de Previdência e Trabalho do Ministério da Economia (art. 74 CLT)

1.3.1. Registro de ponto por exceção: permite a utilização de registro de ponto por exceção à jornada regular de trabalho, mediante acordo individual escrito, convenção coletiva ou acordo coletivo de trabalho

= **Exemplo:** Por meio desse controle são anotadas somente as exceções à jornada comum de trabalho, sendo dispensado o controle dos horários de entrada e saída regulares (art. 74, § 4º, da CLT)

DIREITO DO TRABALHO

Tema XVIII - Prorrogação da jornada de trabalho

1. Prorrogação da jornada de trabalho

- **1.1. Acordo de prorrogação de horas:** a duração normal do trabalho poderá ser acrescida de horas suplementares, em número não excedente de 2 (duas), mediante acordo escrito entre empregador e empregado, ou mediante contrato coletivo de trabalho (art. 59 da CLT)

  - **1.1.1. Formas de pactuação:** acordo individual, acordo coletivo ou convenção coletiva
  - **1.1.2. Período:** não superior a 2 horas/dia
  - **1.1.3. Adicional mínimo:** 50% (art. 7º, XVI da CF)
  - **1.1.4. Empregado menor:** para menores de 18 anos, a prorrogação não poderá ser remunerada; deve haver o descanso em outro dia
    - Em se tratando de força maior, apenas se o trabalho do menor for imprescindível, não superior a 12 horas, com adicional mínimo de 50%
  - **1.1.5. Atividades insalubres:** em atividades insalubres, apenas com autorização do Ministério do Trabalho (art. 60 da CLT)
    - ⚠️ **Atenção absoluta:** excetuam-se da exigência de licença prévia as jornadas de 12 x 36 horas ininterruptas de descanso (art. 60, parágrafo único da CLT)
  - **1.1.6. Regime de tempo parcial:** poderão prestar horas extras

- **1.2. Prorrogação por necessidade imperiosa** (art. 61, §§ 1º e 2º da CLT)

  - **1.2.1. Força maior**
    - **Prorrogação máxima:** a lei não traz limite; aplica-se a regra de serviços inadiáveis
  - **1.2.2. Realização ou conclusão de serviços inadiáveis ou cuja inexecução possa acarretar prejuízo**
    - **Prorrogação máxima:** o trabalho não poderá exceder 12 horas por dia (art. 61, § 2º da CLT)
    - ⚠️ **Atenção absoluta:** independe de acordo individual, acordo coletivo ou convenção coletiva de trabalho

- **1.3. Prorrogação para recuperação de tempo de não realização do trabalho** (art. 61 CLT, § 3º da CLT)

  - **1.3.1. Período de prorrogação**
    - Pelo tempo necessário, até o limite de 2 horas/dia, até 45 dias por ano
    - ⚠️ **Atenção absoluta:** necessária prévia autorização do Ministério do Trabalho e Emprego
  - **1.3.2. Adicional por hora extra:** 50%

- **1.4. Acordo de compensação de jornadas**

  - **1.4.1. Conceito:** consiste na compensação do excesso de horas trabalhadas em um dia, com a correspondente diminuição em outro dia
  - **1.4.2. Formas de pactuação:** acordo individual, acordo coletivo ou convenção coletiva
  - **1.4.3. Período:** deve ser utilizado no período máximo de 1 ano
    - 💡 **Dica:** não poderá ultrapassar 10 horas de trabalho por dia
  - **1.4.4. Sistemas de compensação**
    - **Sistema anual de compensação:** o excesso de horas trabalhadas em um dia deve ser compensado pela correspondente diminuição em outro dia, de maneira que a compensação não exceda o período máximo de um ano
    - **Cuidado:** pactuação poderá ser feita mediante acordo ou convenção coletiva de trabalho (art. 59, § 2º da CLT)
    - **Sistema semestral de compensação:** o excesso de horas trabalhadas em um dia deve ser compensado pela correspondente diminuição em outro dia, de maneira que a compensação não exceda o período máximo de seis meses
    - **Cuidado:** pactuação do banco de horas poderá ser ocorrer por acordo individual escrito (art. 59, § 5º da CLT)
    - **Sistema mensal de compensação:** o excesso de horas trabalhadas em um dia for compensado pela correspondente diminuição em outro dia, de maneira que a compensação ocorra no mesmo mês
    - **Cuidado:** poderá ser estabelecido por acordo individual, tácito ou escrito (art. 59, § 6º da CLT)
  - **1.4.5. Características**
    - Havendo prestação de horas extras habituais, o acordo de compensação NÃO restará descaracterizado (art. 59-B, parágrafo único da CLT)
    - Permissão da jornada de trabalho espanhola
    Jurisprudência: OJ 323 SDI 1 TST
    - Admite-se o regime 12 (trabalho) x 36 (descanso): é permitido por meio de convenção coletiva ou acordo coletivo de trabalho (art. 59-A da CLT)

DIREITO DO TRABALHO

TEMA XIX - INTERVALOS PARA DESCANSO

1. Intervalos para descanso

1.1. Conceito: período destinado ao repouso e à alimentação do empregado, não sendo computado na duração do trabalho

1.2. Intervalo intrajornada: ocorrem dentro da mesma jornada de trabalho e têm como objetivos a alimentação e o descanso do empregado (art. 71 da CLT)

- **1.2.1. Período de intervalo intrajornada**
  - Jornada superior a 6 horas: mínimo de 1 e máximo 2 horas
  - Jornada de 4 a 6 horas: 15 minutos
  - Jornada abaixo de 4 horas: sem intervalo
- **1.2.2. Ausência de intervalo:** implica o pagamento, de natureza indenizatória, apenas do período suprimido, com acréscimo de 50% (cinquenta por cento) sobre o valor da remuneração da hora normal de trabalho (art. 71, § 4º da CLT)

1.3. Intervalo interjornadas: é o intervalo que deve ocorrer entre uma e outra jornada de trabalho (art. 66 da CLT)

- **1.3.1. Período de intervalo interjornada:** 11 horas
- **1.3.2. Não concessão do intervalo:** acarretará o pagamento de horas extras (art. 71, § 4º da CLT)

Jurisprudência: OJ 355 SDI 1 TST

1.4. Redução do período de intervalo:

- **1.4.1. Competência:** por ato do Ministério do Trabalho e Emprego
- **1.4.2. Requisitos**
  - Atendimento às exigências concernentes à organização dos refeitórios
  - Empregados não estiverem sob regime de trabalho prorrogado a horas suplementares
- **1.4.3. Redução do período de intervalo por negociação coletiva:** é possível a redução do intervalo intrajornada, respeitado o limite mínimo de trinta minutos para jornadas superiores a seis horas (art. 611-A, III da CLT)

1.5. Intervalo para amamentação: para amamentar seu filho, inclusive se advindo de adoção, até que este complete 6 (seis) meses de idade, a mulher terá direito, durante a jornada de trabalho, a 2 (dois) descansos especiais de meia hora cada um (art. 396 da CLT)

- **1.5.1. Dilatação do período:** a critério da autoridade competente, quando o exigir a saúde do filho

Cuidado: os horários dos descansos deverão ser definidos em acordo individual entre a mulher e o empregador

1.6. Serviços em minas e subsolo (art. 298 da CLT)

- **1.6.1. Período:** em cada período de 3 (três) horas consecutivas de trabalho, será obrigatória uma pausa de 15 (quinze) minutos para repouso, a qual será computada na duração normal de trabalho efetivo

Dica: esse intervalo será computado na jornada de trabalho do empregado em minas e subsolo

1.7. Repouso semanal remunerado (art. 7º, XV da CF; Lei 605/1949; Decreto 27.048/1949)

- **1.7.1. Concessão:** deverá ser concedido ao obreiro dentro da semana de trabalho um descanso de 24 horas, preferencialmente nos domingos
- **Concessão atrasada:** a concessão após esse período, ou seja, a concessão no oitavo dia, constitui violação ao repouso semanal, devendo ser pago em dobro

Atenção absoluta: em regra, o descanso semanal remunerado não é obrigatoriamente aos domingos; a lei se utiliza da expressão "preferencialmente aos domingos"

- **1.7.2. Trabalhos autorizados aos domingos:** nas atividades do comércio em geral, observada a legislação municipal, é autorizado o trabalho aos domingos (art. 6º, caput da Lei 10.101/2000)
- **Descanso obrigatório no domingo:** nas atividades de comércio em geral o repouso semanal remunerado deverá coincidir, pelo menos uma vez no período máximo de três semanas, com o domingo (art. 6º, parágrafo único da Lei 10.101/2000)
- **1.7.3. Remuneração do descanso:** caso exista o trabalho no dia de descanso, sem folga compensatória, deverá ser pago em dobro, sem prejuízo da remuneração relativa ao descanso

Jurisprudência: súmula 146 do TST

DIREITO DO TRABALHO
Tema XX - Férias

1. Férias I

- **1.1. Conceito:** período de descanso em que o empregado não presta serviços, mas possui o direito de receber a remuneração
  - **Dica:** o período das férias será computado como tempo de serviço (art. 130, § 2º da CLT)
- **1.2. Natureza jurídica:** corresponde a uma hipótese de interrupção do contrato de trabalho
- **1.3. Proibição de trabalho nas férias:** durante o período o empregado não poderá prestar serviços a outro empregador, salvo se estiver obrigado por meio de contrato de trabalho mantido
- **1.4. Período aquisitivo:** período de 12 meses de vigência do contrato para que o empregado adquira o direito às férias
- **1.5. Período concessivo:** período de 12 meses subsequentes ao período aquisitivo que o empregador deverá conceder férias ao empregado (art. 137 da CLT)
  - **Atenção absoluta:** sempre que as férias forem concedidas após o período concessivo, o empregador deverá pagar em dobro a respectiva remuneração
  - **Jurisprudência:** súmula 450 do TST
- **1.6. Época da concessão das férias:** a de melhor interesse para o EMPREGADOR (art. 136 da CLT)
  - **1.6.1. Membros da mesma família:** desde que trabalhem no mesmo estabelecimento ou empresa, terão direito a gozar de férias no mesmo período, se desejarem, e não resultar prejuízo ao serviço
  - **1.6.2. Estudante menor de 18 anos:** terá direito de coincidir suas férias com as férias escolares
- **1.7. Espécies**
  - **1.7.1. Férias proporcionais:** período aquisitivo incompleto
    - **Jurisprudência:** súmula 261 do TST
  - **1.7.2. Férias simples:** período aquisitivo completo, período concessivo incompleto
  - **1.7.3. Férias vencidas:** período aquisitivo completo, período concessivo completo e ultrapassado
  - **Atenção absoluta:** havendo demissão por justa causa do empregado, não serão devidas férias proporcionais
  - **Jurisprudência:** súmula 171 do TST
- **1.8. Duração das férias** (art. 130 da CLT)

Duração das férias
Regimes integral e parcial de trabalho - art. 130 CLT

Número de faltas	Período de férias
até 05 faltas injustificadas	30 dias
06 a 14 faltas injustificadas	24 dias
15 a 23 faltas injustificadas	18 dias
24 a 32 faltas injustificadas	12 dias

OBS.: Sobre faltas injustificadas, arts. 131 e 473 da CLT

- **1.9. Fracionamento das férias:** desde que haja concordância do empregado, as férias poderão ser usufruídas em até três períodos, sendo que um deles não poderá ser inferior a quatorze dias corridos e os demais não poderão ser inferiores a cinco dias corridos cada um (art. 134, § 1º da CLT)
  - **Atenção absoluta:** menores de 18 e maiores de 50 anos PODERÃO fracionar as férias (revogação do art. 134, § 2º da CLT)
  - **Cuidado:** é vedado o início das férias no período de 2 dias que antecede feriado ou dia de repouso semanal remunerado (art. 134, § 3º da CLT)

DIREITO DO TRABALHO

TEMA XX - FÉRIAS

1. Férias II

1.10. Perda do direito de férias (art. 133 CLT)

- **1.10.1.** Deixar o emprego e não for readmitido dentro de 60 dias subsequentes à sua saída
- **1.10.2.** Permanecer em gozo de licença, com percepção de salários, por mais de 30 (trinta) dias
- **1.10.3.** Deixar de trabalhar, com percepção do salário, por mais de 30 (trinta) dias, em virtude de paralisação parcial ou total dos serviços da empresa
- **1.10.4.** Ficar afastado do serviço, durante o período aquisitivo, decorrente da concessão pelo INSS de auxílio-doença, previdenciário ou acidentário, ultrapassando 6 meses, sejam contínuos ou descontínuos

1.11. Férias coletivas
poderão ser concedidas férias coletivas a todos os empregados de uma empresa ou de determinados estabelecimentos ou setores da empresa (art. 139 e seguintes da CLT)

Características:
- Podem ser fracionadas em 2 períodos desde que nenhum deles seja inferior a 10 dias corridos
- Comunicação pelo empregador ao órgão local do MTE, com a antecedência mínima de 15 dias às datas de início e fim das férias, informando quais estabelecimentos ou setores participarão das férias coletivas
- No mesmo prazo, o empregador deverá encaminhar cópia da comunicação aos sindicatos
- O abono de férias deverá ser objeto de acordo coletivo entre o empregador e o sindicato representativo da respectiva categoria profissional, independentemente do requerimento individual do empregado
- Os empregados contratados há menos de 12 (doze) meses gozarão, na oportunidade, de férias proporcionais, iniciando-se, então, novo período aquisitivo

1.12. Remuneração das férias
a remuneração que lhe for devida na data da sua concessão, acrescida do terço (1/3) constitucional (art. 7º, XVII da CF, e arts. 142 e seguintes da CLT)

1.12.1. Prazo para pagamento: o valor deve ser pago 2 dias antes do início do período (art. 145 da CLT), sob pena de ser remunerado em dobro

Jurisprudência: súmula 450 dp TST

1.13. Abono pecuniário
permite que empregado converta 1/3 do período de férias a que tiver direito em abono pecuniário (art. 143 da CLT)

Dica: não são 10 dias, mas sim 1/3 do período que possui

1.13.1. Prazo para solicitação: deve ser requerido nos 15 dias anteriores ao término do período aquisitivo

Atenção absoluta: é um direito potestativo do empregado, ou seja, se o empregado manifestar interesse no abono, o empregador não poderá se opor

Cuidado: direito aplicável ao empregado em regime de tempo parcial

DIREITO DO TRABALHO

Tema XXI - Alteração do contrato de trabalho

1. Alteração do contrato de trabalho

- **1.1. Conceito:** só é lícita a alteração das respectivas condições por mútuo consentimento e, ainda assim, desde que não resultem direta ou indiretamente prejuízos ao empregado, sob pena de nulidade da cláusula infringente dessa garantia (art. 468 da CLT)

- **1.2. *Jus variandi* do empregador:** direito do empregador de variar a prestação de serviços, ou seja, o poder de realizar modificações no contrato de trabalho
  - **Dica:** as alterações podem ser realizadas livremente onde a lei não impuser proibição
  - **Exemplo:** tirar o empregado do horário noturno
  - **Jurisprudência:** súmula 265 do TST

- **1.3. *Jus resistentiae* (direito de resistência):** consiste no direito que o empregado possui de não acatar alteração que seja ilícita

- **1.4. Requisitos**
  - **1.4.1. Consentimento do empregado**
  - **1.4.2. Não acarretar prejuízo**
    - **Atenção absoluta:** não se considerada alteração unilateral a determinação do empregador para que o empregado reverta ao cargo efetivo, anteriormente ocupado, deixando o exercício da função de confiança (art. 468, § 1º da CLT)
    - **Atenção absoluta:** não é assegurado ao empregado o direito à manutenção do pagamento da gratificação correspondente, que não será incorporada, independentemente do tempo de exercício da respectiva função

- **1.5. Transferência de empregados:** diz respeito à transferência do local de trabalho (art. 469 da CLT)
  - **1.5.1. Transferência proibida:** é vedada, sem a anuência do empregado, a transferência que determine a mudança de seu domicílio
  - **1.5.2. Transferência permitida**
    - Empregados que exerçam cargos de confiança
    - Empregados cujos contratos contenham cláusulas expressa prevendo essa possibilidade
    - Casos em que a transferência decorra da própria natureza do serviço para o qual o empregado foi contratado
    - **Atenção absoluta:** para todas as hipóteses deve haver real necessidade de serviço
    - **Jurisprudência:** súmula 43 do TST
    - Ocorrendo a extinção do estabelecimento
    - Por necessidade de serviço, desde que a transferência seja provisória
  - **1.5.3. Adicional de transferência**
    - **Transferência definitiva:** não há adicional
    - **Transferência provisória:** mínimo de 25% do salário percebido na localidade da qual foi transferido, enquanto durar essa situação
    - **Atenção absoluta:** o valor não se incorpora ao salário do obreiro

- **1.6. Gastos por conta do empregador**
  - **1.6.1. Transferência provisória:** despesas + adicional de 25% enquanto durar a transferência
  - **1.6.2. Transferência definitiva:** gastos com despesas
  - **1.6.3. Transferência que não cause mudança de domicílio, com aumento nas despesas de transporte:** gastos do empregador

DIREITO DO TRABALHO

Tema XXII - Suspensão e interrupção do contrato de trabalho

1. Suspensão e interrupção do contrato de trabalho

1.1. Suspensão do contrato de trabalho
Na suspensão do contrato de trabalho, as obrigações contratuais são suspensas para ambos os contratantes

Dica: não há trabalho, não são devidos salários e não conta como tempo de serviço

Atenção absoluta: deixando de existir o motivo da suspensão, é assegurado ao empregado o retorno ao cargo que exercia na empresa, sendo que lhe serão garantidas todas as vantagens que, durante sua ausência, tenham sido atribuídas à categoria à qual pertence

Causas de suspensão do contrato de trabalho
- Acidente de trabalho ou doença, a partir do 16º dia
- Período de suspensão disciplinar, que não poderá ser superior a 30 (trinta) dias
- Suspensão superior a 30 dias caracterizará dispensa sem justa causa (art. 474 da CLT)
- Aposentadoria por invalidez, nos termos do art. 475 da CLT
- Greve
- Ausência para exercício de cargo público
- Faltas injustificadas

1.2. Interrupção do contrato de trabalho
O empregado suspende a prestação de serviços, mas continua recebendo a remuneração pelo empregador

Dica: não há trabalho, mas há pagamento de salário e conta como tempo de serviço

1.2.1. Causas de interrupção do contrato de trabalho
- Acidente de trabalho ou doença até o 15º dia
- Licença-maternidade
- Licença-paternidade
- Afastamento em caso de aborto espontâneo (art. 395 da CLT)
- Férias
- Qualquer espécie de licença remunerada
- Encargos públicos específicos

Exemplos: jurados, testemunhas
- Faltas justificadas (art. 473 da CLT)

1.2.2. Prazo para retorno: imediato

Atenção absoluta: caso não retorne em 30 dias, há presunção de abandono de emprego

Jurisprudência: súmula 32 do TST

1.2.3. Afastamento militar ou encargo público
O contrato é considerado suspenso, mas conta-se como tempo de trabalho; são devidos depósitos de FGTS

- **Retorno:** deverá informar seu retorno 30 dias após a baixa do serviço militar ou terminação encargo público, por meio de carta registrada, sob pena de ser considerado extinto o contrato (art. 472, § 1º da CLT)

1.3. Disposições comuns

1.3.1. Vantagens no período de interrupção ou suspensão
É assegurado ao empregado o retorno ao cargo que ocupava e as vantagens oferecidas durante sua ausência (art. 471 da CLT)

1.3.2. Vedada a dispensa do empregado durante a suspensão e interrupção do contrato de trabalho, salvo por justa causa ou extinção da empresa

1.3.3. O empregado poderá pedir demissão

DIREITO DO TRABALHO

Tema XXIII - Dano extrapatrimonial

1. Dano extrapatrimonial

- **1.1. Conceito:** causa dano de natureza extrapatrimonial a ação ou omissão que ofenda a esfera moral ou existencial da pessoa física ou jurídica, as quais são as titulares exclusivas do direito à reparação (arts. 223-B da CLT)
  - **1.1.1. Dano moral:** ofensa/violação aos direitos da pessoa humana, ou seja, violação aos direitos da personalidade, honra, fama, intimidade, etc
  - **1.1.2. Dano existencial:** ato do empregador que impossibilita o empregado de estabelecer a prática de um conjunto de atividades culturais, sociais, recreativas, esportivas ou de desenvolver seus projetos de vida nos âmbitos profissional, social e pessoal

⚠️ **Atenção absoluta:** o dano extrapatrimonial poderá ser sofrido por pessoas físicas (pessoas naturais) e também por pessoas jurídicas

- **1.2. Bens juridicamente tutelados para pessoa física** (art. 223-C da CLT)
  - 1.2.1. A honra
  - 1.2.2. A imagem
  - 1.2.3. A intimidade
  - 1.2.4. A liberdade de ação
  - 1.2.5. A autoestima
  - 1.2.6. A sexualidade
  - 1.2.7. A saúde
  - 1.2.8. A laser
  - 1.2.9. A integridade física

- **1.3. Bens juridicamente tutelados para pessoa jurídica** (art. 223-D da CLT)
  - 1.3.1. A imagem
  - 1.3.2. A marca
  - 1.3.3. O nome
  - 1.3.4. O segredo empresarial
  - 1.3.5. O sigilo da correspondência inerentes à pessoa jurídica

- **1.4. Responsabilidade:** todos aqueles que tenham colaborado para a ofensa ao bem jurídico tutelado serão responsáveis pelo dano extrapatrimonial, na proporção de sua ação ou omissão
  - **1.4.1. Cumulação:** o pedido de danos extrapatrimoniais poderá ser cumulado com a indenização por danos materiais decorrentes do mesmo ato lesivo
  - **1.4.2. Considerações do juiz ao apreciar danos extrapatrimoniais**
    - A natureza do bem jurídico tutelado
    - A intensidade do sofrimento ou da humilhação
    - A possibilidade de superação física ou psicológica
    - Os reflexos pessoais e sociais da ação ou da omissão
    - A extensão e a duração dos efeitos da ofensa
    - As condições em que ocorreram a ofensa ou o prejuízo moral
    - O grau de dolo ou culpa
    - A ocorrência de retratação espontânea
    - O esforço efetivo para minimizar a ofensa
    - O perdão, tácito ou expresso
    - A situação social e econômica das partes envolvidas
    - O grau de publicidade da ofensa

- **1.5. Parâmetros**
  - **1.5.1. Ofensa de natureza leve:** até 3 vezes o último salário contratual do ofendido
  - **1.5.2. Ofensa de natureza média:** até 5 vezes o último salário contratual do ofendido
  - **1.5.3. Ofensa de natureza grave:** até 20 vezes o último salário contratual do ofendido
  - **1.5.4. Ofensa de natureza gravíssima:** até 50 vezes o último salário contratual do ofendido
  - **1.5.5. Ofendido pessoa jurídica:** os mesmos critérios serão levados em consideração, porém a indenização será fixada em relação ao salário contratual do ofensor
  - **1.5.6. Reincidência:** entre partes idênticas
  - **Indenização:** o juízo poderá elevar ao dobro o valor da indenização

DIREITO DO TRABALHO

TEMA XXIV - TÉRMINO DO CONTRATO DE TRABALHO

1. Formas de extinção do contrato de trabalho I

- **1.1. Resilição:** uma ou ambas as partes resolvem, sem justo motivo, romper o pacto laboral
  - **1.1.1. Dispensa sem justa causa:** o vínculo empregatício é rompido imotivadamente pelo empregador
  - **- Verbas devidas na dispensa sem justa causa:** saldo de salário; aviso prévio; férias proporcionais, simples ou em dobro mais 1/3 (um terço); 13º salário; multa de 40%; levantamento do FGTS e seguro-desemprego ou indenização substitutiva
  - **1.1.2. Pedido de demissão do empregado:** pedido de rompimento do contrato de trabalho pelo próprio empregado
  - **- Verbas devidas no pedido de demissão:** saldo de salário; férias proporcionais, simples ou em dobro, acrescido do terço constitucional e 13º salário
  - **1.1.3. Programa de Incentivo à Demissão Voluntária**

- **1.2. Resolução:** sempre que uma ou ambas as partes praticarem uma falta grave
  - **1.2.1. Justa causa do empregado**
    - **Ato de improbidade:** improbidade revela mau caráter, desonestidade
    - **Incontinência de conduta:** comportamento desregrado ligado à vida sexual do obreiro
    - **Mau procedimento:** atitude irregular do empregado
    - **Negociação habitual:** práticas de ato de comércio pelo empregado, quando constituir ato de concorrência ou prejuízo ao trabalho
    - **Condenação criminal:** somente caracteriza quando a sentença já tiver transitado em julgado, ou ainda quando esta não tenha concedido a suspensão da execução da pena *(sursis)*
    - **Desídia no desempenho das respectivas funções:** hipótese em que o empregado deixa de prestar o serviço com zelo, interesse
    - **Embriaguez habitual ou em serviço:** decorrente de álcool ou drogas
    - **Violação de segredo da empresa:** violação do dever de fidelidade do empregado para com o empregador
    - **Ato de indisciplina:** descumprimento de ordens gerais
    - **Ato de insubordinação:** consiste no descumprimento de ordens pessoais de serviço
    - **Abandono de emprego:** configura-se por faltas reiteradas ao serviço, sem justo motivo e sem a autorização do empregador
    - **Ato lesivo da honra ou da boa fama contra qualquer pessoa ou ofensas físicas:** ato em que o empregado atinge ou fere a honra de outros empregados ou de terceiros
    - **Ato lesivo da honra ou da boa fama contra empregador e superior hierárquico ou ofensas físicas:** ofensa é dirigida ao empregador ou seu superior hierárquico
    - **Prática constante de jogos de azar:** é necessária a prática habitual, não importando se o jogo é a dinheiro ou não
    - **Perda da habilitação ou dos requisitos estabelecidos em lei para o exercício da profissão, em decorrência de conduta dolosa do empregado**
  - **1.2.2. Justa causa do empregado doméstico:** hipóteses idênticas às estudadas acima, acrescidas de (art. 27 da LC 150/2015):
    - **- Submissão a maus tratos de idoso, de enfermo, de pessoa com deficiência ou de criança sob cuidado direto ou indireto do empregado**
  - **1.2.3. Verbas rescisórias na justa causa:** saldo de salário e férias vencidas acrescida do terço constitucional

Dica: não terá direito às férias proporcionais

Jurisprudência: súmula 171 do TST

Dica: não há o pagamento de 13º salário proporcional (art. 3º da Lei 4.090/1962)

DIREITO DO TRABALHO

Tema XXIV - Término do contrato de trabalho

1. Formas de extinção do contrato de trabalho II

- **1.3. Justa causa do empregador/rescisão indireta:** a falta grave é praticada pelo empregador (art. 483 da CLT)

  - **1.3.1. Forem exigidos esforços superiores às suas forças**
    - = **Exemplo:** art. 390 da CLT – força muscular superior a 20 quilos para o trabalho contínuo, ou 25 quilos para o trabalho ocasional
  - **1.3.2. Quando forem exigidos serviços proibidos pela lei**
  - **1.3.3. Contrários aos bons costumes**
  - **1.3.4. Serviços alheios ao contrato**
  - **1.3.5. Tratamento com rigor excessivo: assédio moral**
  - **1.3.6. Correr perigo manifesto de mal considerável**
  - **1.3.7. Não cumprir o empregador as obrigações do contrato de trabalho**
    - = **Exemplo:** rescisão por atraso no pagamento: 3 meses
  - **1.3.8. Praticar o empregador ou seus prepostos atos lesivos da honra e boa fama**
  - **1.3.9. O empregador ou seus prepostos ofenderem fisicamente o empregado**
  - **1.3.10. Empregador que reduzir o trabalho que é remunerado por peça ou tarefa**
  - **1.3.11. Justa causa do empregador doméstico:** art. 27, parágrafo único da LC 150/2015
  - - O empregador praticar qualquer das formas de violência doméstica ou familiar contra mulheres de que trata o art. 5º da Lei 11.340/2006
  - **1.3.12. Rescisão indireta e permanência no emprego** (art. 483, § 3º da CLT)**:** nas hipóteses dos itens 1.4 e 1.7, poderá o empregado pleitear a rescisão de seu contrato de trabalho e o pagamento das respectivas indenizações, permanecendo ou não no serviço até final decisão do processo

- **1.4. Culpa recíproca:** empregado e empregador cometem faltas simultâneas
  - **1.4.1. Valor das indenizações:** indenização que seria devida em caso de culpa exclusiva do empregador será reduzida pela metade (art. 484 da CLT)
  - **1.4.2. Verbas devidas na culpa recíproca**
    - Saldo de salário (integral)
    - Aviso prévio (metade)
    - 13º salário vencido (integral)
    - 13º salário proporcional (metade)
    - Férias simples ou vencidas + adicional de 1/3 (integral)
    - Férias proporcionais + adicional de 1/3 (metade)
    - Depósitos de FGTS de 8% sobre o salário (integral)
    - Multa de 40% sobre os depósitos do FGTS (metade, ou seja, 20%)
    - **Atenção absoluta:** não há seguro-desemprego

- **1.5. *Factum principis*:** consiste em uma modalidade de extinção do contrato de trabalho por ato da autoridade pública, federal, estadual ou municipal, inclusive as autarquias (art. 486 da CLT)
  - **1.5.1. Responsabilidade pela indenização:** indenização ficará a cargo do governo responsável

- **1.6. Distrato:** forma de extinção do contrato de trabalho por comum acordo entre empregado e empregador (art. 484-A da CLT)
  - **1.6.1. Verbas devidas**
    - **Por metade:** o aviso prévio, se indenizado e a indenização sobre o saldo do FGTS
    - **Na integralidade:** as demais verbas trabalhistas, como por exemplo: 13ª salário, aviso prévio trabalhado, férias integrais ou proporcionais entre outras
  - **1.6.2. Movimentação da conta do FGTS:** permite a movimentação, limitada até 80% (oitenta por cento) do valor dos depósitos
  - **1.6.3. Seguro-desemprego:** não será autorizado o ingresso do empregado no Programa de Seguro-desemprego

DIREITO DO TRABALHO
Tema XXV - Aviso prévio

1. Aviso prévio

- **1.1. Conceito:** consiste em uma comunicação que uma parte faz a outra de que pretende extinguir o pacto laboral

- **1.2. Fundamento legal:** art. 7º, XXI da CF e Lei 12.506/2011

- **1.3. Aviso prévio proporcional ao tempo de serviço** (Lei 12.506/2011)**:** mínimo de 30 dias aos empregados que contem até 1 ano de serviço. Sobre esse período serão acrescidos 3 dias por ano de serviço prestado na mesma empresa, até o máximo de 60 dias, perfazendo um total de até 90 dias
  - **Dica:** veja Nota Técnica 184/2012 do MTE
  - **Jurisprudência:** súmula 441 do TST

- **1.4. Aviso prévio trabalhado:** hipótese em que o empregado trabalha durante o período de aviso prévio

- **1.5. Aviso prévio indenizado:** empregado dispensado de trabalhar durante o período de aviso prévio. Hipótese em que o empregador deverá pagar o período correspondente
  - **Jurisprudência:** OJ 14 SDI1 TST
  - **Atenção absoluta:** caso o empregador renuncie o direito de aviso prévio, deverá indenizar o empregado

- **1.6. Aviso prévio concedido pelo empregador**
  - **1.6.1.** Caso não conceda o aviso prévio, deverá pagar o período (aviso prévio indenizado)
    - Não pagará se comprovar que o empregado possui novo emprego
    - **Jurisprudência:** súmula 276 do TST e PN 24 do TST
  - **1.6.2.** O período de aviso prévio é contado como tempo de serviço
  - **1.6.3. Redução na jornada de trabalho:** o empregado escolhe 7 dias corridos ou redução de 2 horas/dia (art. 488 CLT)
    - **Empregado rural:** a redução da jornada será de um dia por semana (art. 15 da Lei 5.889/1973)
    - Ilegal substituir o período que se reduz da jornada de trabalho, no aviso prévio, pelo pagamento das horas correspondentes

- **1.7. Aviso prévio concedido pelo empregado**
  - **1.7.1.** Caso o empregado não conceda o aviso prévio, o empregador poderá descontar os salários correspondentes ao respectivo período

- **1.8. Características**
  - **1.8.1.** O registro da candidatura do empregado a cargo de dirigente sindical durante o período de aviso prévio não lhe assegura a estabilidade no emprego
    - **Jurisprudência:** súmula 369, I do TST
  - **1.8.2.** Pagamento relativo ao período de aviso prévio sujeita-se ao FGTS
    - **Jurisprudência:** súmula 305 do TST
    - **Dica:** poderá haver justa causa durante o aviso, hipótese em que se retira o pagamento de verbas indenizatórias

- **1.9. Retratação:** admite-se, desde que com o consentimento da parte contrária (art. 489 da CLT)

- **1.10. Projeção do aviso prévio**
  - **1.10.1.** Ainda que indenizado, integra o tempo de serviço (art. 487, § 1º da CLT)
  - **1.10.2.** A data de saída a ser anotada corresponde à do término do prazo do aviso prévio, ainda que indenizado
    - **Jurisprudência:** OJ 82 SDI 1 TST
  - **1.10.3.** A prescrição começa a fluir no final do término do aviso prévio
    - **Jurisprudência:** OJ 83 SDI 1 TST

DIREITO DO TRABALHO

Tema XXVI - Formalidades para extinção do contrato de trabalho

1. Formalidades para extinção do contrato de trabalho

- **1.1. Amparo legal:** as formalidades para a extinção do contrato de trabalho estão dispostas nos arts. 477 e seguintes da CLT

- **1.2. Homologação pelo sindicato nos contratos com prazo superior a 1 ano:** regra revogada com a reforma trabalhista (art. 477, § 1º da CLT)
  - 🔒 **Cuidado:** independente do período que tenha durado o contrato de trabalho, seja inferior ou superior a um ano, não há necessidade de homologação perante o sindicato da classe
  - **1.2.1. Pedido de demissão do empregado estável:** estável só será válido quando feito com a assistência do respectivo sindicato e, se não houver um, perante autoridade local competente do Ministério do Trabalho e Previdência Social ou da Justiça do Trabalho (art. 500 da CLT)

- **1.3. Instrumento de rescisão ou recibo de quitação:** qualquer que seja a causa ou forma de dissolução do contrato, deve ter especificada a natureza de cada parcela paga ao empregado e discriminado o seu valor, sendo válida a quitação apenas relativamente às mesmas parcelas

- **1.4. Pagamento ao empregado**
  - **1.4.1.** Em dinheiro, depósito bancário ou cheque visado, conforme acordem as partes
  - **1.4.2.** Em dinheiro ou depósito bancário quando o empregado for analfabeto

- **1.5. Pedido de compensação:** desde que as dívidas sejam da mesma natureza, ou seja, natureza trabalhista, até o limite de uma remuneração do empregado

- **1.6. Prazo para pagamento das verbas rescisórias:** deverão ser efetuados até dez dias contados a partir do término do contrato (art. 477, § 6º da CLT)

- **1.7. Multa por atraso no pagamento das verbas rescisórias**
  - **1.7.1. Multa administrativa:** imposta pelo auditor fiscal do trabalho que reverte ao governo
  - **1.7.2. Multa ao empregado:** em valor equivalente ao seu salário, devidamente corrigido
  - Caso seja o empregado que cause a mora, o empregador não poderá ser responsabilizado
  - ⚖️ **Jurisprudência:** súmula 462 do TST
  - ⚠️ **Atenção absoluta:** massa falida não se sujeita à multa
  - 🔒 **Cuidado:** a pessoa jurídica de direito público que não observa o prazo para pagamento das verbas rescisórias, submete-se à multa

DIREITO DO TRABALHO

TEMA XXVII - ESTABILIDADE PROVISÓRIA/GARANTIA DE EMPREGO

1. Estabilidade provisória / garantia de emprego – I

1.1. Conceito
Direito do empregado de permanecer no emprego, impossibilitando o direito do empregador de dispensá-lo sem justo motivo, só admitindo a terminação do contrato de trabalho em caso de falta grave.

1.2. Dirigente sindical

1.2.1. Fundamento legal: art. 8º, VIII da CF/1988 e art. 543, § 3º da CLT

1.2.2. Período de estabilidade: desde o registro da candidatura, e se eleito, até 1 ano após o final do mandato
- **Mandato:** 3 anos (art. 515, b, CLT)

1.2.3. Abrangência: titulares e suplentes eleitos, desde que exerçam na empresa atividade compatível com o sindicato que representa
- **Limitação:** 7 titulares e 7 suplentes (art. 522 da CLT)
- **Jurisprudência:** súmula 369, II do TST
- **Atenção absoluta:** não é garantida a estabilidade ao delegado sindical
- **Jurisprudência:** OJ 369 SDI 1 TST
- **Atenção absoluta:** não é garantida a estabilidade ao membro do conselho fiscal do sindicato
- **Jurisprudência:** OJ 365 SDI 1 TST

1.2.4. Características
- Necessidade de inquérito judicial para apuração de falta grave
- Havendo extinção da atividade empresarial, não há razão para subsistir a estabilidade
- **Jurisprudência:** súmula 369, IV do TST
- O registro da candidatura do empregado a cargo de dirigente sindical durante o período de aviso prévio, ainda que indenizado, não lhe assegura a estabilidade
- **Jurisprudência:** súmula 369, V do TST

1.3. Acidente de trabalho

1.3.1. Fundamento legal: art. 118 da Lei 8.213/1991

Dica: acidente de trabalho = doença profissional/ocupacional

1.3.2. Requisitos
- Ocorrência de acidente do trabalho
- Percepção de auxílio-doença, independentemente da percepção de auxílio-acidente

1.3.3. Prazo: 12 meses após a alta médica

1.3.4. Contrato com prazo certo: possui garantia de emprego

Jurisprudência: súmula 378, III do TST

1.4. Empregada gestante

1.4.1. Fundamento legal: art. 10, II, b do ADCT

1.4.2. Período de estabilidade: desde a confirmação da gravidez até 5 meses após o parto

Jurisprudência: súmula 244 do TST

1.4.3. Contrato com prazo determinado: é assegurada a garantia de emprego em qualquer tipo de contratos com prazo determinado

Jurisprudência: súmula 244, III do TST

1.4.4. Aviso prévio: a confirmação do estado de gravidez, ainda que durante o prazo do aviso prévio trabalhado ou indenizado, assegura a garantia de emprego (art. 391-A da CLT)

- Aplica-se ao empregado adotante ao qual tenha sido concedida guarda provisória para fins de adoção

1.4.5. Falecimento da genitora: a garantia de emprego será assegurada a quem detiver a guarda do filho (art. 1º da LC 146/2014)

DIREITO DO TRABALHO

Tema XXVII - Estabilidade provisória/garantia de emprego

1. Estabilidade provisória / garantia de emprego – II

1.5. Representantes dos empregados na CIPA
- **1.5.1. Fundamento legal:** art. 10, inciso II, a do ADCT
- **1.5.2. Abrangência:** titulares e suplentes
- **Jurisprudência:** súmula 339, I do TST
- **1.5.3. Período de estabilidade:** desde o registro da sua candidatura até um ano após o final de seu mandato

1.6. Comissão de Conciliação Prévia
- **1.6.1. Fundamento legal:** art. 625-B, § 1º da CLT
- **1.6.2. Abrangência:** titulares e suplentes
- **1.6.3. Período de estabilidade:** desde o registro da candidatura e, se eleitos, até um ano após o fim do mandato, salvo se cometerem falta grave

⚠️ **Atenção absoluta:** necessário inquérito judicial para apuração de falta grave

1.7. Empregados membros do conselho curador do FGTS
- **1.7.1. Fundamento legal:** art. 3º, § 9º da Lei 8.036/1990
- **1.7.2. Abrangência:** efetivos e suplentes
- **1.7.3. Período de estabilidade:** desde a nomeação até um ano após o término do mandato, somente podendo ser demitidos por motivos de falta grave

1.8. Empregados membros do Conselho Nacional de Previdência Social
- **1.8.1. Fundamento legal:** art. 3º, § 7º da Lei 8.213/1991
- **1.8.2. Abrangência:** titulares e suplentes
- **1.8.3. Período de estabilidade:** desde a nomeação até um ano após o término do mandato de representação, somente podendo ser demitidos por motivo de falta grave

⚠️ **Atenção absoluta:** necessário inquérito judicial para apuração de falta grave

1.9. Empregados eleitos diretores de sociedades cooperativas
- **1.9.1. Fundamento legal:** art. 55 da Lei 5.764/1971
- **1.9.2. Abrangência:** somente diretores de sociedades cooperativas e não de seus suplentes
- **1.9.3. Período de estabilidade:** gozarão das garantias asseguradas aos dirigentes sindicais, ou seja, desde o registro da candidatura, e, se eleito, até 1 ano após o final do mandato

⚠️ **Atenção absoluta:** necessário inquérito judicial para apuração de falta grave

1.10. Membros da comissão de representantes dos empregados
- **1.10.1. Fundamento legal:** art. 510-A da CLT
- **1.10.2. Casuística:** nas empresas com mais de 200 empregados, é assegurada a eleição de uma comissão para representá-los, com a finalidade de promover-lhes o entendimento direto com os empregadores
- **1.10.3. Composição da comissão**
  - **Empresas com mais de 200 e até 3.000 empregados:** 3 membros
  - **Empresas com mais de 3.000 e até 5.000 empregados:** 5 membros
  - **Empresas com mais de 5.000 empregados:** 7 membros
- **1.10.4. Empresas com filial em outros Estados:** será assegurada a eleição de uma comissão de representantes dos empregados por Estado
- **1.10.5. Período de estabilidade:** desde o registro da candidatura até um ano após o fim do mandato

1.11. Portadores do vírus HIV ou outra doença grave
- **1.11.1. Casuística:** presume-se discriminatória a demissão imotivada do portador de HIV ou outra doença grave
- **1.11.2. Reintegração ao emprego:** a demissão é considerada inválida e o empregado tem direito à reintegração no emprego

Jurisprudência: súmula 443 do TST

DIREITO DO TRABALHO

Tema XXVIII - Proteção ao trabalho da mulher

1. Proteção ao trabalho da mulher

Fundamento legal: art. 7º, XX, CF, arts. 372 ao 401 da CLT

1.2. Limitações ao empregador

1.2.1. Publicar ou fazer publicar anúncio de emprego com referência ao sexo, à idade, à cor ou situação familiar, salvo quando a natureza da atividade a ser exercida, pública e notoriamente, assim o exigir

1.2.2. Recusar emprego, promoção ou motivar a dispensa do trabalho em razão de sexo, idade, cor, situação familiar ou estado de gravidez, salvo quando a natureza da atividade seja notória e publicamente incompatível

1.2.3. Considerar o sexo, a idade, a cor ou situação familiar como variável determinante para fins de remuneração, formação profissional e oportunidades de ascensão profissional

1.2.4. Exigir atestado ou exame, de qualquer natureza, para comprovação de esterilidade ou gravidez, na admissão ou permanência no emprego

- **Proibição de prática discriminatória** (Lei 9.029/1995)

1.2.5. Impedir o acesso ou adotar critérios subjetivos para deferimento de inscrição ou aprovação em concursos, em empresas privadas, em razão de sexo, idade, cor, situação familiar ou estado de gravidez

- **Proceder o empregador ou preposto a revistas íntimas nas empregadas ou funcionárias**

1.3. Intervalo semanal de 24 horas: deverá ser aos domingos

- **Se houver trabalho aos domingos, será organizada uma escala de revezamento quinzenal que favoreça o repouso no domingo** (arts. 385 e 386 da CLT)

1.4. Descanso em caso de aborto não criminoso: repouso remunerado de 2 (duas) semanas

1.5. Dispensa para consultas médicas

- Dispensa do horário de trabalho pelo tempo necessário para a realização de, no mínimo, 6 (seis) consultas médicas e exames complementares (art. 392, § 4º, II da CLT)
- Faltas justificadas para o pai acompanhar esposa ou companheira: até 2 dias (art. 473, X da CLT)

1.6. Intervalos para amamentação: para amamentar seu filho, inclusive se advindo de adoção, até que este complete 6 (seis) meses de idade, a mulher terá direito, durante a jornada de trabalho, a 2 (dois) descansos especiais de meia hora cada um

- **Prorrogação do período a critério do Ministério do Trabalho:** quando o exigir a saúde do filho
Cuidado: os horários dos descansos supra indicados deverão ser definidos em acordo individual entre a mulher e o empregador (art. 396, § 2º, CLT)

1.7. Atividades com peso

- **Trabalho contínuo:** é vedado em serviço que demande o emprego de força muscular superior a 20 (vinte) quilos
- **Trabalho ocasional:** é vedado em serviço que demande o emprego de força muscular superior a 25 (vinte e cinco) quilos

1.8. Licença-maternidade

- **Fundamentos legais:** art. 7º, XVIII da CF; art. 392 da CLT; art. 71 da Lei 8.213/1991
- **Período:** 120 dias prorrogáveis por mais 60 dias se a empresa estiver inscrita no Programa Empresa Cidadã (art. 1º da Lei 11.770/2008)

1.9. Licença-maternidade por adoção ou guarda judicial: independente da idade da criança, à empregada que adotar ou obtiver guarda judicial para fins de adoção de criança ou adolescente será concedida licença-maternidade de 120 dias, prorrogáveis por mais 60 dias (art. 392-A da CLT)

⚠️ **Atenção absoluta:** a Lei 13.509/2017 traz a redação: "criança ou adolescente" e não apenas criança como tratava a antiga lei

1.10. Licença maternidade ao cônjuge ou companheiro: em caso de morte da genitora, por todo o período da licença-maternidade ou pelo tempo restante (art. 392-B da CLT)

1.11. Gestante em ambiente insalubre: Afastamento obrigatório da empregada gestante do ambiente insalubre, em qualquer grau de insalubridade (art. 394-A, I e II da CLT)

⚠️ **Atenção absoluta:** não haverá prejuízo (perda) da remuneração, incluído o valor do adicional de insalubridade

⚖️ **Jurisprudência:** ADI 5938 exclui a exigência de atestado médico

1.12. Empregada lactante em trabalho insalubre: afastamento de suas atividades em ambiente insalubre, em qualquer grau de insalubridade, independentemente de atestado médico (art. 394-A, III, CLT)

⚖️ **Jurisprudência:** ADI 5938 exclui a exigência de atestado médico

1.13. Impossibilidade de transferência da gestante ou lactante para ambiente salubre: a hipótese será considerada como gravidez de risco e ensejará a percepção de salário-maternidade

1.14 Aborto não criminoso (espontâneo): desde que comprovado por atestado médico oficial, a mulher terá um repouso remunerado de 2 (duas) semanas

⚠️ **Atenção absoluta:** é assegurado à mulher o direito de retornar à função que ocupava antes de seu afastamento

DIREITO DO TRABALHO
Tema XXIX - Trabalho insalubre

1. Atividade insalubre

- **1.1. Fundamento legal:** art. 189 da CLT e NR 15 do MTE
  - **1.1.1. Conceito:** aquelas que, por sua natureza, condições ou métodos de trabalho, exponham os empregados a agentes nocivos à saúde, acima dos limites de tolerância fixados em razão da natureza e da intensidade do agente e do tempo de exposição aos seus efeitos

- **1.2. Agentes insalubres**
  - 1.2.1. Ruído
  - 1.2.2. Radiação
  - 1.2.3. Pressão
  - 1.2.4. Vibração
  - 1.2.5. Frio
  - 1.2.6. Calor
  - 1.2.7. Umidade
  - 1.2.8. Poeira
  - 1.2.9. Agentes químicos
  - 1.2.10. Agentes biológicos

- **1.3. Competência para determinar o agente insalubre:** Ministério do Trabalho através de portarias (NR 15)
  - ⚠️ **Atenção absoluta:** não basta laudo técnico comprovando a insalubridade; é necessária a classificação da atividade insalubre na relação oficial elaborada pelo Ministério da Economia
  - ⚠️ **Atenção absoluta:** Com a transformação do Ministério do Trabalho, suas atribuições passaram a ser do Ministério da Economia, art. art. 57, I, da Lei 13.844/2019
  - **Jurisprudência:** súmula 448 do TST

- **1.4. Valor do adicional**
  - 1.4.1. Grau mínimo: 10%
  - 1.4.2. Grau médio: 20%
  - 1.4.3. Grau máximo: 40%
  - 1.4.4. Base de cálculo: salário mínimo
  - ⚠️ **Atenção absoluta:** súmula 228 do TST está com a redação suspensa

- **1.5. Características**
  - **1.5.1.** O caráter intermitente do trabalho executado não afasta o direito de recebimento do adicional
  - **Jurisprudência:** súmula 47 do TST
  - **1.5.2.** Prorrogações na jornada mediante licença prévia do Ministério da Economia (art. 60 da CLT)
  - - Excetuam-se da exigência de licença prévia as jornadas de doze horas de trabalho por trinta e seis horas ininterruptas de descanso
  - **1.5.3.** Integra a remuneração do empregado

- **1.6. Eliminação ou neutralização:** determinará a cessação do pagamento do adicional
  - **1.6.1.** Ocorrerá a eliminação ou neutralização da insalubridade (art. 191 da CLT)
  - - Com a adoção de medidas de ordem geral que conservem o ambiente de trabalho dentro dos limites de tolerância
  - - Com a utilização de equipamento de proteção individual que diminua a intensidade do agente agressivo a limites de tolerância
  - **Atenção absoluta:** o simples fornecimento do aparelho de proteção não o exime do pagamento do adicional de insalubridade

DIREITO DO TRABALHO

TEMA XXX - ATIVIDADES PERIGOSAS

1. Atividades perigosas

- **1.1. Fundamento legal:** art. 193 da CLT e NR 16 do MTE

  ⚠️ **Atenção absoluta:** Com a transformação do Ministério do Trabalho, suas atribuições passaram a ser do Ministério da Economia (art. art. 57, I, da Lei 13.844/2019)

- **1.2. Conceito:** aquelas que, por sua natureza ou métodos de trabalho, impliquem risco acentuado em virtude de exposição permanente do trabalhador a condições perigosas

- **1.3. Atividades perigosas** (condições perigosas)
  - **1.3.1.** Inflamáveis
  - **1.3.2.** Explosivos
  - **1.3.3.** Energia elétrica
  - **1.3.4.** Roubos ou outras espécies de violência física nas atividades profissionais de segurança pessoal ou patrimonial
  - **1.3.5.** Atividade com motocicleta (art. 193, § 4º da CLT)
    - **Exemplo:** motoboys, mototaxistas, motofretistas

- **1.4. Competência para determinar atividade perigosa:** Ministério da Economia através de portarias (NR 16)

- **1.5. Adicional:** 30% sobre o salário, sem os acréscimos
  - **1.5.1. Adicional ao eletricitário**
    - Antes da vigência da Lei 12.740/2012: calculado sobre a totalidade das parcelas de natureza salarial
    - Após a vigência da Lei 12.740/2012: o cálculo será realizado exclusivamente sobre o salário básico
    - **Dica:** a Lei 12.740/2012 entrou em vigor no dia 8 de dezembro de 2012
    - **Jurisprudência:** Súmula 191 do TST

- **1.6. Características**
  - **1.6.1.** Empregados que operam em bomba de combustível têm direito ao adicional de periculosidade
    - **Jurisprudência:** Súmula 39 do TST
  - **1.6.2.** Tem direito o empregado exposto permanentemente ou de forma intermitente
    - Indevido no contato eventual ou habitual por tempo extremamente reduzido
    - **Jurisprudência:** Súmula 364 do TST
  - **1.6.3.** Cessará com a eliminação do risco à sua saúde ou integridade física
    - 💡 **Dica:** os tripulantes e demais empregados que no momento do abastecimento da aeronave permanecem a bordo não têm direito ao adicional de periculosidade
    - **Jurisprudência:** Súmula 447 do TST

- **1.7. Prova pericial: obrigatória** (art. 195 da CLT)
  - **1.7.1. Não exigência de prova técnica**
    - **Bombeiro civil:** art. 6º, III, Lei 11.901/2009
    - Pagamento do adicional efetuado por mera liberalidade da empresa
    - **Jurisprudência:** Súmula 453 do TST

DIREITO DO TRABALHO
Tema XXXI - Direito Coletivo

1. Direito Coletivo

1.1. Conceito: Ramo do Direito do Trabalho que regula a organização sindical, a negociação coletiva e seus instrumentos, bem como a representação dos trabalhadores

1.2. Classificação das categorias

1.2.1. Categoria econômica: categoria dos empregadores

1.2.2. Categoria profissional: categoria dos empregados

1.2.3. Categoria profissional diferenciada: trabalhadores que possuem condições peculiares de trabalho e que levam consigo, em qualquer lugar que for trabalhar, essa condição especial

= **Exemplo:** engenheiro em metalúrgica

1.2.4. Entidades sindicais

- **Sindicatos:** são entidades associativas que representam os grupos coletivos, tanto laborais quanto patronais (art. 511 da CLT)
• Assembleia geral
• Diretoria
• Conselho fiscal
- **Federações:** entidades de grau superior organizadas nos Estados, formadas por número não inferior a cinco sindicatos, representando a maioria absoluta de um grupo de atividades ou profissões idênticas, similares ou conexas (art. 534 da CLT)
• Diretoria
• Conselho de representantes
• Conselho fiscal
- **Confederações:** sindicais de grau superior de âmbito nacional, formadas por no mínimo três federações, tendo sua sede em Brasília (art. 535 da CLT)
• Diretoria composta de no mínimo três membros
• Conselho Fiscal

1.2.5. Centrais sindicais: não fazem parte da organização sindical (Lei 11.648/2008)

1.2.6. Sistema de custeio

- **Contribuição sindical:** valor cobrado e revertido para as próprias entidades sindicais em seu benefício (art. 578 da CLT)
• **Não compulsória:** depende de expressa autorização do empregado
Atenção absoluta: não é permitido que a convenção ou o acordo coletivo de trabalho tornem obrigatórias qualquer tipo de contribuição sindical (art. 611-B, XXVI da CLT)
- **Contribuição confederativa:** objetiva custear o sistema confederativo como um todo (art. 8º, IV da CF)
• Devida somente aos associados
Jurisprudência: súmula 666 do STF e OJ 17 SDC TST
- **Contribuição assistencial:** contribuição dada em favor do sindicato, em razão dos custos decorrentes da negociação coletiva (art. 513, e da CLT)
• Pode ser cobrada somente dos associados
Jurisprudência: precedente normativo 119 do TST
- **Contribuição voluntária:** também é chamada de "mensalidade sindical", está prevista no estatuto da entidade sindical
• Devida somente pelos filiados do sindicato

1.3. Negociação coletiva: modalidade de autocomposição de conflitos

1.3.1 Convenção coletiva: é o acordo de caráter normativo pelo qual dois ou mais sindicatos representativos de categorias econômicas e profissionais estipulam condições de trabalho aplicáveis, no âmbito das respectivas representações, às relações individuais de trabalho (art. 611 da CLT)

1.3.2 Acordo coletivo: acordo pactuado entre uma ou mais empresas com o sindicato da categoria profissional em que são estabelecidas condições de trabalho aplicáveis às empresas envolvidas (art. 611, § 1º da CLT)

🔒 **Cuidado:** as condições estabelecidas em acordo coletivo de trabalho sempre prevalecerão sobre as estipuladas em convenção coletiva de trabalho (art. 620 da CLT)

1.3.3 Prazo de vigência do acordo e convenção coletiva, alterando-se a redação que está por: "máximo de 2 anos, sendo vedada a ultratividade" (art. 614, § 3º, da CLT)

⚠️ **Atenção absoluta?** Não confundir esse prazo com o prazo máximo de vigência da sentença normativa que é de 4 anos (art. 868, parágrafo único, CLT)

DIREITO DO TRABALHO

TEMA XXXII - PREVALÊNCIA DO NEGOCIADO SOBRE O LEGISLADO

1. Prevalência do negociado sobre o legislado

- **1.1. Conceito:** flexibilização de alguns direitos previstos em lei, desde que não contrariem ou violem a Constituição Federal

- **1.2. Casuística:** possibilidade de prevalência do negociado em acordo ou convenção coletiva de trabalho sobre o disposto na lei

- **1.3. Direitos que podem ser reduzidos ou alterados pela negociação coletiva** (art. 611-A da CLT)
  - 1.3.1. Pacto quanto à jornada de trabalho, observados os limites constitucionais
  - 1.3.2. Banco de horas anual
  - 1.3.3. Intervalo intrajornada, respeitado o limite mínimo de trinta minutos para jornadas superiores a seis horas
  - 1.3.4. Adesão ao Programa Seguro-Emprego (PSE)
  - 1.3.5. Plano de cargos, salários e funções compatíveis com a condição pessoal do empregado, bem como identificação dos cargos que se enquadram como funções de confiança
  - 1.3.6. Regulamento empresarial
  - 1.3.7. Representante dos trabalhadores no local de trabalho
  - 1.3.8. Teletrabalho, regime de sobreaviso, e trabalho intermitente
  - 1.3.9. Remuneração por produtividade, incluídas as gorjetas percebidas pelo empregado, e remuneração por desempenho individual
  - 1.3.10. Modalidade de registro de jornada de trabalho
  - 1.3.11. Troca do dia de feriado
  - 1.3.12. Enquadramento do grau de insalubridade
  - 1.3.13. prorrogação de jornada em locais insalubres, sem licença prévia das autoridades competentes do Ministério da Economia
  - 1.3.14. Prêmios de incentivo em bens ou serviços, eventualmente concedidos em programas de incentivo
  - 1.3.15. Participação nos lucros ou resultados da empresa

  ⚠️ **Atenção absoluta:** pactuada cláusula de redução do salário ou da jornada, a convenção coletiva ou o acordo coletivo de trabalho deverão prever a proteção dos empregados contra dispensa imotivada durante o prazo de vigência do instrumento coletivo

  ⚠️ **Atenção absoluta:** A inexistência de expressa indicação de contrapartidas recíprocas em convenção coletiva ou acordo coletivo de trabalho não ensejará sua nulidade por não caracterizar um vício do negócio jurídico

- **1.4. Direitos não podem ser negociados coletivamente** (art. 611-B da CLT)
  - 1.4.1. Normas de identificação profissional, inclusive as anotações na Carteira de Trabalho e Previdência Social
  - 1.4.2. Seguro-desemprego, em caso de desemprego involuntário
  - 1.4.3. Valor dos depósitos mensais e da indenização rescisória do Fundo de Garantia do Tempo de Serviço (FGTS)
  - 1.4.4. Salário mínimo
  - 1.4.5. Valor nominal do décimo terceiro salário
  - 1.4.6. Remuneração do trabalho noturno superior à do diurno
  - 1.4.7. Proteção do salário na forma da lei, constituindo crime sua retenção dolosa
  - 1.4.8. Salário-família
  - 1.4.9. Repouso semanal remunerado
  - 1.4.10. Remuneração do serviço extraordinário superior, no mínimo, em 50% à do normal
  - 1.4.11. Número de dias de férias devidas ao empregado
  - 1.4.12. Gozo de férias anuais remuneradas com, pelo menos, um terço a mais do que o salário normal
  - 1.4.13. Normas de saúde, higiene e segurança do trabalho previstas em lei ou em normas regulamentadoras do Ministério do Trabalho

  💡 **Dica:** regras sobre duração do trabalho e intervalos não são consideradas como normas de saúde, higiene e segurança do trabalho

  ⚠️ **Atenção absoluta:** esse rol exaure os direitos que não podem ser flexibilizados por negociação coletiva. Remetemos o leitor à leitura do art. 611-B da CLT

DIREITO PROCESSUAL DO TRABALHO

Hermes Cramacon

DIREITO PROCESSUAL DO TRABALHO

TEMA I - ÓRGÃOS DA JUSTIÇA DO TRABALHO

1. Órgãos da Justiça do Trabalho

- **1.1. Tribunal Superior do Trabalho:** órgão de cúpula da Justiça do Trabalho
  - **1.1.1. Composição:** 27 ministros, brasileiros, maiores de 35 e menores de 65 anos, nomeados pelo presidente da República, de notável saber jurídico e reputação ilibada, após aprovação da maioria absoluta do Senado Federal (art. 111-A da CF – EC 92/2016)
    - **1.1.1.1.** Regra do quinto constitucional: 1/5 dos ministros são oriundos do Ministério Público do Trabalho e da classe dos advogados (art. 111-A, I, da CF)
  - **1.1.2. Escola Nacional da Magistratura do Trabalho:** aperfeiçoamento dos magistrados. Regulamenta os cursos para ingresso e promoção na carreira (art. 111-A, § 2º, I, CF)
  - **1.1.3. Conselho Superior da Justiça do Trabalho:** exerce supervisão administrativa, orçamentária, financeira e patrimonial de 1º e 2º graus (art. 111-A, § 2º, II, CF)

- **1.2. Tribunais Regionais do Trabalho**
  - **1.2.1. Composição:** mínimo de 7 juízes, maiores de 30 e menores de 65 anos, nomeados pelo presidente da República (art. 115 da CF)
  - **1.2.2. Regra do quinto constitucional:** 1/5 dos ministros são oriundos do Ministério Público do Trabalho e da classe dos advogados
    - 💡 **Dica:** o Brasil possui 24 TRTs (art. 674 da CLT)
  - **1.2.3. Competência:** julgamento de recurso ordinário e, originariamente, ações rescisórias, dissídios coletivos, etc.

- **1.3. Juiz do Trabalho:** órgão de 1º grau de jurisdição, composto pelo juiz do Trabalho substituto ou juiz titular de Vara do Trabalho (art. 116 da CF)
  - **1.3.1. Requisitos:** aprovação em concurso público; 3 anos de atividade jurídica
  - ⚠️ **Atenção absoluta:** nas localidades em que não há juiz do Trabalho, o juiz de Direito terá competência, com recurso dirigido ao TRT competente (art. 112 CF)

DIREITO PROCESSUAL DO TRABALHO

Tema II - Serviços auxiliares da Justiça do Trabalho

1. Serviços auxiliares da Justiça do Trabalho

- **1.1. Secretarias das Varas**
  - **1.1.1. Composição:**
    - 1.1.1.1. Diretor
    - 1.1.1.2. Assistente de diretor
    - 1.1.1.3. Assistente de juiz
    - 1.1.1.4. Secretário de audiências
    - 1.1.1.5. Assistente de cálculo
    - 1.1.1.6. Oficial de justiça avaliador
    - 1.1.1.7. Demais funcionários
  - **1.1.2. Competência das secretarias** (art. 711 da CLT):
    - 1.1.2.1. Recebimento, autuação, andamento, guarda dos processos
    - 1.1.2.2. Registro de decisões
    - 1.1.2.3. Abertura de vista dos processos às partes, na secretaria
    - 1.1.2.4. A contagem das custas

- **1.2 Diretor:** designado pelo juiz da Vara do Trabalho
  - **Dica:** percepção dos vencimentos acrescido de gratificação de função
  - **1.2.1. Competência do diretor:** art. 712 da CLT
    - **Exemplo:** cumprir e fazer cumprir as ordens do juiz; abrir a correspondência oficial

- **1.3. Secretarias dos Tribunais**
  - **1.3.1. Diretor:** "Secretário"
  - **1.3.2. Designação:** presidente do TRT
  - **1.3.3. Competência** – art. 719 da CLT:
    - 1.3.3.1. Conclusão dos processos ao presidente e sua remessa, depois de despachados, aos respectivos relatores
    - 1.3.3.2. Organização e a manutenção de um fichário de jurisprudência do Conselho para consulta dos interessados
  - **Exemplo:** além daqueles dispostos para as varas; conclusão dos processos ao presidente; organização de fichários de jurisprudência

- **1.4. Distribuidores:** art. 713 da CLT
  - **1.4.1. Designação:** designados pelo presidente do TRT dentre os funcionários das Varas do Trabalho e do Tribunal (art. 715 da CLT)
  - **1.4.2. Competência** – art. 714 da CLT:
    - 1.4.2.1. Distribuição das reclamações nas varas e de processos nos tribunais
    - 1.4.2.2. Emitir recibo da distribuição
    - 1.4.2.3. Informações sobre processos distribuídos
    - 1.4.2.4. Baixa na distribuição
    - 1.4.2.5. Realizar a marcação de audiência e notificação para as partes do processo

DIREITO PROCESSUAL DO TRABALHO

Tema III - Princípios

1. Princípios

1.1. Princípio protecionista: normas que objetivam proteger o trabalhador também no plano processual, assegurando prerrogativas processuais devido à sua hipossuficiência

- **Exemplo:** execução *ex officio*, art. 878 da CLT

1.2. Princípio conciliatório: os conflitos trabalhistas, tanto os dissídios individuais como os conflitos coletivos, estão sujeitos a conciliação (art. 764 da CLT)

- **1.2.1. Momentos obrigatórios**
- **1.2.2. Audiência inicial:** art. 846 da CLT
- **1.2.3. Após razões finais:** art. 850 da CLT
- **Jurisprudência:** súmula 418 do TST

1.3. Princípio dispositivo: ensina que o juiz somente prestará a tutela jurisdicional quando a parte ou o interessado requerer

- **Exceção:** início da execução *ex officio* pelo juiz (art. 878 da CLT)

1.4. Princípio da oralidade: consiste na realização dos atos processuais pelas partes e pelo juiz na audiência, de forma verbal

1.5. Princípio da irrecorribilidade imediata das decisões interlocutórias: as decisões interlocutórias (art. 203, § 2º, do CPC/2015) não ensejam, de imediato, a interposição de recurso. Todavia, permite-se a apreciação do seu merecimento em recurso de decisão definitiva, art. 893, § 1º, da CLT

- **1.5.1. Exceções:** (art. 799, § 2º, da CLT e súmula 214 do TST)
  - **1.5.1.1.** Decisão que reconhece incompetência absoluta da Justiça do Trabalho
  - **1.5.1.2.** Decisão que acolhe incompetência relativa/territorial com remessa a TRT distinto
    - **Atenção absoluta:** devem ser TRTs distintos
  - **1.5.1.3.** Decisão de TRT contrária à súmula ou orientação jurisprudencial do Tribunal Superior do Trabalho
  - **1.5.1.4.** Decisão suscetível de impugnação mediante recurso para o mesmo Tribunal
  - **1.5.1.5.** Decisão que acolher ou rejeitar o incidente de desconsideração de personalidade jurídica na fase de execução (art. 855-A, § 1º, II, da CLT e art. 6º, § 1º, II, IN 39, TST)

1.6. Princípio do *jus postulandi* da parte: empregado e empregador poderão reclamar e acompanhar pessoalmente, perante a Justiça do Trabalho, sem a presença de advogado, suas reclamações trabalhistas do início ao fim do processo (art. 791 da CLT)

- **1.6.1. Alcance:** 1ª e 2ª instâncias
- **1.6.2. Limitações do *jus postulandi*:** não alcance do *jus postulandi*
  - **1.6.2.1.** Recursos de competência do TST
  - **1.6.2.2.** Ação rescisória
  - **1.6.2.3.** Ação cautelar (pedido cautelar)
  - **1.6.2.4.** Mandado de segurança
  - **1.6.2.5** Processo de homologação de acordo extrajudicial (art. 855-B da CLT)
- **Sigla importante:**
  Acordo extrajudicial
  Ação rescisória
  Mandado de Segurança
  Ação cautelar
  Recursos de competência do TST
- **Jurisprudência:** súmula 425 do TST

1.7. Princípio da identidade física do juiz: o juiz que colher a prova é o juiz que deverá proferir a sentença

- **Atenção absoluta:** cancelamento da súmula 136 do TST que determinava a não aplicação na Justiça do Trabalho do princípio da identidade física do juiz
- **Jurisprudência:** súmula 222 do STF

1.8. Princípio da subsidiariedade: havendo omissão na CLT e desde que haja compatibilidade no processo de conhecimento, o direito processual comum será fonte subsidiária do processo do trabalho (art. 769 da CLT) (art. 15 do CPC/2015)

- **1.8.1. Execução:** nos casos omissos, deverá ser aplicada no Processo do Trabalho a Lei de Execução Fiscal (Lei 6830/1980). Persistindo a omissão, será aplicado o Código de Processo Civil

DIREITO PROCESSUAL DO TRABALHO

Tema IV - Competência material da Justiça do Trabalho

1. Competência material da Justiça do Trabalho: diz respeito às matérias que serão apreciadas pela Justiça do Trabalho (art. 114 da CF)

- **1.1. Controvérsias decorrentes da relação do trabalho abrangidas os entes da administração**
  - **1.1.1. Outras ações de competência da Justiça do Trabalho**
    - **1.1.1.1.** Ação indenizatória por não fornecimento de guias de seguro-desemprego (súmula 389, I, do TST)
    - **1.1.1.2.** Ações acerca do cadastramento no PIS: súmula 300 do TST
  - ⚠️ **Atenção absoluta:** somente ações de servidores celetistas serão processadas na Justiça do Trabalho. As demais serão julgadas pela justiça comum, federal ou estadual, conforme o caso
  - ⚠️ **Atenção absoluta:** ações acidentárias são de competência da justiça comum estadual, exceção do art. 109, I, da CF, e art. 643, § 2º, da CLT
  - ⚖️ **Jurisprudência:** ADI 3395-6

- **1.2. Mandado de segurança:** que envolvem matérias decorrentes da relação de trabalho
  - **1.2.1. Fundamento legal:** art. 5º, LXIX, da CF. Lei 12.016/2009
  - **1.2.2. Competência para apreciação**
    - **1.2.2.1. Vara do Trabalho:** contra ato de auditor fiscal
    - **1.2.2.2. TRT:** contra ato de juiz do Trabalho, diretor e demais funcionários, juízes de direito investidos na jurisdição trabalhista (art. 112 da CF), juízes e funcionários do TRT
    - **1.2.2.3. TST:** contra ato do presidente do TST ou outro ministro

- **1.3. Habeas corpus e habeas data:** art. 5º, LXVIII e LXXII, da CF. Lei 9.507/1997
  - ⚖️ **Jurisprudência:** OJ 89 E 143 SDI 1 TST, ADIn 3684-0
  - ⚠️ **Atenção absoluta:** súmula vinculante 25 do STF ensina ser ilícita a prisão civil de depositário infiel

- **1.4. Conflitos de competência entre órgãos trabalhistas**
  - **1.4.1. Conflito positivo de competência:** dois órgãos judiciais se dizem competentes
  - **1.4.2. Conflito negativo de competência:** dois órgãos judiciais se dizem incompetentes

- **1.5. Ações de indenização por dano moral ou patrimonial:** o dano sofrido deve ser oriundo da relação de trabalho
  - **1.5.1. Ação contra o empregador:** competência da Justiça do Trabalho
  - ⚖️ **Jurisprudência:** súmula vinculante 22 do STF e OJ 421 SDI 1 TST
  - **1.5.2. Ação acidentária contra o INSS:** justiça comum estadual – vara dos acidentes do trabalho

- **1.6. Ações que envolvem o exercício do direito de greve**
  - ⚠️ **Atenção absoluta:** greve dos servidores públicos será apreciada pela Justiça comum, federal ou estadual

- **1.7. Ações sobre representação sindical**

- **1.8. Ações relativas às penalidades administrativas impostas aos empregadores pelos órgãos de fiscalização das relações de trabalho**

- **1.9. Execução das contribuições sociais de ofício** (art. 876, parágrafo único, da CLT)
  - 💡 **Dica:** a competência se restringe às decisões que proferir e acordo que homologar
  - ⚖️ **Jurisprudência:** súmulas 368 e 454 do TST

DIREITO PROCESSUAL DO TRABALHO

Tema V - Competência territorial da Justiça do Trabalho

1. Competência territorial da Justiça do Trabalho: diz respeito ao limite territorial de cada órgão da Justiça do Trabalho

- **1.1 Fundamento legal:** art. 651 da CLT
  - **Dica:** Trata-se de um critério de regra de competência relativa

- **1.2. Regra geral:** local da prestação de serviço
  - **1.2.1. Trabalho prestado em diversas localidades**
    - **1.2.1.1. Corrente restritiva:** última localidade
    - **1.2.1.2. Corrente extensiva:** competência concorrente
    - **Dica:** por conta do princípio protetor, prevalece a aplicação da corrente extensiva

- **1.3. Exceções:**
  - **1.3.1. Agente ou viajante comercial:** vara da localidade em que a empresa tenha agência ou filial, local de seu domicílio ou localidade mais próxima
  - **1.3.2. Lides de empregados brasileiros no estrangeiro em empresas com sede ou filial no País:** Justiça do Trabalho brasileira e direito material do país mais benéfico
    - **Dica:** aplicação do art. 3º, inciso II, da Lei 7.064/82 – teoria do conglobamento mitigado
  - **1.3.3. Empregador que desenvolver suas atividades fora do local do contrato:** foro da celebração ou local da prestação de serviços, ou ainda, no seu domicílio
    - **Exemplo:** trabalho em feiras e exposições

- **1.4. Defesa da reclamada:** apresentação de exceção de incompetência territorial (art. 800 da CLT)
  - **Dica:** Vide Tema XI
  - **1.4.1. Prazo:** Cinco dias a contar da notificação, antes da audiência e em peça que sinalize a existência desta exceção
  - **1.4.2. Rejeição:** natureza de decisão interlocutória; não passível de interposição de recurso imediato
  - **1.4.3. Admissão com remessa para localidade pertencente a TRT distinto:** decisão interlocutória terminativa de feito
    - **1.4.3.1. Desafia interposição de recurso ordinário**
    - **Jurisprudência:** súmula 214, c, do TST
    - **Exemplo:** decisão de SP Capital (2ª região) para Campinas (15ª Região)
  - **1.4.4. Admissão com remessa para outra localidade pertencente ao mesmo TRT:** decisão interlocutória simples
    - **1.4.4.1. Não desafia interposição de recurso imediato.** Caberá pedido de uniformização de jurisprudência
    - **Exemplo:** São Caetano do Sul (2ª região) para SP Capital (2ª Região)

- **1.5. Foro de eleição:** é aquele em que os contratantes escolhem livremente, de antemão, o foro onde serão dirimidos eventuais conflitos decorrentes do negócio jurídico (art. 63 CPC/2015)
  - **1.5.1. Não aplicação ao processo do trabalho** – art. 2º, I, da IN 39/2016 do TST

DIREITO PROCESSUAL DO TRABALHO

TEMA VI - ATOS, PRAZOS E CUSTAS PROCESSUAIS

1. Atos, prazos e custas processuais

1.1. Atos processuais: serão públicos salvo quando o contrário determinar o interesse social

- **1.1.1. Horário de realização:** deverão ser realizados nos dias úteis das 6 (seis) às 20 (vinte) horas (art. 770 da CLT)
  - **1.1.1.1.** A penhora poderá realizar-se em domingo ou dia feriado, mediante autorização expressa do juiz

1.2. Prazos processuais: os prazos processuais serão contados em dias úteis, com exclusão do dia do começo e inclusão do dia do vencimento

- **1.2.1. Prorrogações**
  - **1.2.1.1.** Pelo tempo estritamente necessário pelo juiz ou tribunal
  - **1.2.1.2.** Em virtude de força maior, devidamente comprovada
  - **Jurisprudência:** súmulas 262 e 385 do TST

- **1.2.2. Suspensão do prazo:** nos dias compreendidos entre 20 de dezembro e 20 de janeiro, inclusive (art. 775-A CLT)
  - **1.2.2.1. Audiências e sessões de julgamento:** Durante a suspensão do prazo, não se realizarão audiências nem sessões de julgamento
  - **Atenção absoluta:** os juízes, os membros do Ministério Público, da Defensoria Pública e da Advocacia Pública e os auxiliares da Justiça exercerão suas atribuições, ressalvadas as férias individuais e os feriados instituídos por lei
  - **Dica:** a contagem se reinicia da data em que paralisou

- **1.2.3. Interrupção do prazo:** o prazo recomeça a ser contado na íntegra

- **1.2.4. Saída de autos dos cartórios:**
  - **1.2.4.1.** Desde que solicitada por advogado regularmente constituído por qualquer das partes
  - **1.2.4.2.** Quando tiverem de ser remetidos aos órgãos competentes, em caso de recurso ou requisição

- **1.2.5. Desentranhamento de documentos:** os documentos juntos aos autos poderão ser desentranhados somente depois de findo o processo, ficando traslado (art. 780 da CLT)

Tradução: os documentos poderão ser retirados dos autos somente após o término do processo, devendo ser substituído por cópia

1.3. Custas processuais

- **1.3.1. Valor:** no importe de 2%, observado o mínimo de R$ 10,64 (dez reais e sessenta e quatro centavos) e o máximo de quatro vezes o limite máximo dos benefícios do Regime Geral de Previdência Social, calculados da seguinte maneira
  - **1.3.1.1. Acordo ou condenação:** sobre o respectivo valor
  - **Atenção absoluta:** sempre que houver acordo, se de outra forma não for convencionado, o pagamento das custas caberá em partes iguais aos litigantes
  - **1.3.1.2. Total improcedência ou sem apreciação do mérito:** 2% sobre o valor da causa
  - **Dica:** reclamante/empregado apenas pagará as custas em caso de total improcedência ou extinção sem resolução do mérito, salvo se beneficiário da assistência judiciária gratuita
  - **1.3.1.3. Ações declaratórias e constitutivas:** 2% sobre o valor da causa
  - **1.3.1.4. Condenações com valor indeterminado:** 2% sobre o valor arbitrado pelo juiz

- **Atenção absoluta:** aplica-se nas decisões que fixem custas, proferidas a partir da entrada em vigor da Lei nº 13.467/2017 (art. 4º, IN 41/2018 TST)

- **1.3.2. Considerações:**
  - **1.3.2.1.** Serão pagas pelo vencido após o trânsito em julgado da decisão
  - **1.3.2.2.** No caso de recurso, serão pagas e comprovado o recolhimento dentro do prazo recursal
  - **Recolhimento insuficiente do valor de custas e/ou depósito recursal:** juiz deverá conceder prazo de 5 dias para regularização
  - **Jurisprudência:** súmula 245 do TST

- **1.3.3. Não recolhimento:** recurso não será conhecido por ser considerado deserto

- **1.3.4. Custas em caso de acordo:** se de outra forma não for convencionado, o pagamento das custas caberá em partes iguais aos litigantes (art. 789, § 3º, da CLT)

1.4. Isenção: estão dispensados do recolhimento das custas (art. 790-A da CLT)

- **1.4.1. Beneficiários da justiça gratuita:** arts. 98 a 102 do CPC/2015 e Lei 1.060/1950 e art. 790, §§ 3º e 4º, da CLT
- **Jurisprudência:** OJ 269 SDI 1 do TST
- **1.4.2. União, Estados, Distrito Federal, Municípios**
- **1.4.3. Autarquias e fundações públicas federais, estaduais ou municipais que não explorem atividade econômica**
- **1.4.4. Ministério Público do Trabalho**

Atenção absoluta: as isenções acima citadas não alcançam as entidades fiscalizadoras do exercício profissional, como, por exemplo, OAB, CREA, entre outras

DIREITO PROCESSUAL DO TRABALHO

Tema VII - Partes e Procuradores

1. Partes e procuradores

- **1.1. Partes:** autor e réu
  - **1.1.1. Reclamação trabalhista:** reclamante e reclamado
  - **1.1.2. Execução trabalhista:** exequente e executado
  - **1.1.3. Dissídio coletivo:** suscitante e suscitado

- **1.2. *Jus postulandi* das partes:** possibilidade de as partes acompanharem suas ações na Justiça do Trabalho do início ao fim
  - **1.2.1. Alcance:** 1ª e 2ª instâncias
    - **Jurisprudência:** súmula 425 do TST
  - **1.2.2. Limitações do *jus postulandi*:** não alcance do *jus postulandi*
    - **1.2.2.1.** Recursos de competência do TST
    - **1.2.2.2.** Ação rescisória
    - **1.2.2.3.** Ação cautelar (pedido cautelar)
    - **1.2.2.4.** Mandado de segurança
    - **1.2.2.5.** Processo de homologação de acordo extrajudicial
  - **Sigla importante:** A.A.M.A.R
    - **A**cordo extrajudicial (processo de homologação)
    - **A**ção rescisória
    - **M**andado de Segurança
    - **A**ção cautelar
    - **R**ecursos de competência do TST
  - **Jurisprudência:** súmula 425 do TST

- **1.3. Representação por advogado:** poderão as partes constituir procuradores para defender seus interesses (art. 791, § 1º, da CLT; art. 103, parágrafo único, do CPC/2015)
  - **1.3.1. Mandato:** procuração geral para o foro (art. 105 do CPC/2015; art. 653 e seguintes do Código Civil)
  - **1.3.2. Mandato tácito (*apud acta*):** efetivado mediante simples registro em ata de audiência, a requerimento verbal do advogado interessado, com anuência da parte representada (art. 791, § 3º, da CLT)
  - **1.3.3. Substabelecimento:** ato pelo qual o procurador (advogado) transfere ao substabelecido (outro advogado) os poderes que lhe foram conferidos pelo mandante (art. 655 do Código Civil)
  - **Jurisprudência:** súmulas 395, III e IV, e 427 do TST
  - **Atenção absoluta:** é inválido o substabelecimento de advogado investido de mandato tácito
  - **Jurisprudência:** OJ 200 SDI 1 TST

- **1.4. Substituição processual (legitimidade extraordinária)**
  - **1.4.1. Conceito:** fenômeno processual pelo qual alguém, autorizado por lei, atua em juízo como parte, em nome próprio, na defesa de interesse alheio
  - **1.4.2.** Cabe ao sindicato a defesa dos direitos e interesses coletivos ou individuais da categoria, inclusive em questões judiciais ou administrativas (art. 8º, III, da CF)

- **1.5. Honorários advocatícios sucumbenciais**
  - **1.5.1. Não cabimento:** caso as partes não estejam representadas por advogado, fazendo uso do *jus postulandi* (art. 791 da CLT)
  - **1.5.2. Hipóteses de cabimento:** em qualquer tipo de lide, sempre que as partes estiverem assistidas por advogado (art. 791-A da CLT)
  - **1.5.3. Valor:** mínimo de 5% (cinco por cento) e máximo de 15% (quinze por cento) sobre o valor que resultar da liquidação da sentença, do proveito econômico obtido ou, não sendo possível mensurá-lo, sobre o valor atualizado da causa
  - **1.5.4. Critérios para fixação de honorários advocatícios**
    - **1.5.4.1.** o grau de zelo do profissional
    - **1.5.4.2.** o lugar de prestação do serviço
    - **1.5.4.3.** a natureza e a importância da causa
    - **1.5.4.4.** o trabalho realizado pelo advogado e o tempo exigido para o seu serviço
  - **1.5.5. Sucumbência recíproca:** Na hipótese de procedência parcial, o juízo arbitrará honorários de sucumbência recíproca, vedada a compensação entre os honorários (art. 791-A, § 3º, da CLT)
  - **Tradução:** numa reclamação trabalhista em que o reclamante pleiteia 10 pedidos, caso seu pedido seja julgado parcialmente procedente, obtendo êxito em 4 desses pedidos, deverá arcar com os honorários sucumbenciais referentes aos 6 pedidos improcedentes
  - **Atenção absoluta:** É vedada a compensação dos honorários sucumbenciais

DIREITO PROCESSUAL DO TRABALHO
Tema VII - Partes e Procuradores

RÉGUA PROCESSUAL: FASE DE CONHECIMENTO

- **PETIÇÃO INICIAL** (art. 840 da CLT)
  - **EXCEÇÃO DE INCOMPETÊNCIA TERRITORIAL** (art. 800 da CLT)
  - **AUDIÊNCIA** (art. 843 da CLT)
    - **NÃO ACORDO** →
    - **ACORDO** (art. 846, § 1º da CLT) ✗
      - **AÇÃO RESCISÓRIA** (súmula 257 do TST)

NÃO ACORDO → **RESPOSTAS** → **CONTESTAÇÃO** (art. 847 da CLT)

RÉPLICA → **PROVAS** (art. 848/818 da CLT) → **RAZÕES FINAIS** (art. 850 da CLT) → **2ª PROPOSTA DE CONCILIAÇÃO**

2ª CONCILIAÇÃO → **SENTENÇA** (art. 852 da CLT)

DIREITO PROCESSUAL DO TRABALHO
Tema VIII - Procedimentos

1. Procedimento: é o modo pelo qual o processo se desenvolve no tempo para atingir sua finalidade

- **1.1. Procedimento ordinário:** ações cujo valor ultrapassa 40 salários mínimos
  - **1.1.1. Fundamento legal:** arts. 837 a 852 da CLT

- **1.2. Procedimento sumário:** ações cujo valor não ultrapassa 2 salários mínimos
  - **1.2.1. Fundamento legal:** art. 2º, §§ 3º e 4º, da Lei 5.584/1970
    - **1.2.1.1. Dispensa do resumo de depoimento:** deve constar na ata conclusão do juiz sobre a matéria de fato
    - **1.2.1.2. Recurso:** caberá somente recurso extraordinário para o STF em caso de afronta à Constituição Federal
  - **Jurisprudência:** súmula 356 do TST

- **1.3. Procedimento sumaríssimo:** ações cujo valor não ultrapassa 40 salários mínimos
  - **1.3.1. Fundamento legal:** arts. 852-A a 852-I da CLT. Lei 9.957/2000
  - **1.3.2. Características:**
    - **1.3.2.1.** Causas cujo valor não supere 40 vezes o salário-mínimo
    - **1.3.2.2.** Recurso de revista somente por contrariedade à súmula do TST, súmula vinculante do STF ou violação à CF (art. 896, § 9º, da CLT)
    - **Dica:** não é admitido recurso de revista por contrariedade à Orientação Jurisprudencial
    - **Jurisprudência:** súmula 442 do TST
    - **1.3.2.3.** Não estão abrangidas as demandas em que for parte a administração pública direta, autárquica e fundacional (art. 852-A, parágrafo único, da CLT)
    - **1.3.2.4.** Pedido deverá ser certo e determinado, necessitando, ainda, a indicação do valor correspondente, sob pena de arquivamento
    - **Dica:** não se admite a emenda da petição inicial
    - **1.3.2.5.** O reclamante deverá indicar o nome e endereço correto do reclamado
    - **1.3.2.6.** Não é admitida a citação por edital
    - **Atenção absoluta:** o não atendimento dos requisitos dos dois itens anteriores acarretará na extinção do processo sem resolução de mérito
    - **1.3.2.7.** Audiência deverá ocorrer no prazo máximo de 15 (quinze) dias contados do ajuizamento da ação
    - **1.3.2.8.** Máximo de 2 (duas) testemunhas por parte
    - **1.3.2.9.** Nas sentenças é dispensável o relatório
    - **1.3.2.10.** Admite-se prova pericial
    - **1.3.2.11.** Incidentes e exceções que possam interferir no prosseguimento da audiência e do processo serão decididas de plano

- **1.4. Incidente de desconsideração da personalidade jurídica**
  - **1.4.1. Legitimidade**
    - **1.4.1.1.** Partes
    - **1.4.1.2.** Ministério Público
    - **1.4.1.3.** Juiz *ex officio*, na forma do art. 878 da CLT
    - **Dica:** iniciativa *ex officio* somente nos processos de parte que não possua advogado nos autos (art. 13 da IN 41/2018 TST)
  - **1.4.2. Processamento do incidente:** aplicação dos arts. 133 e seguintes do CPC/2015 (art. 855-A da CLT)
    - **1.4.2.1. Na petição inicial:** citação do sócio ou a pessoa jurídica para manifestação em 15 dias (arts. 134, § 2º, e 135 do CPC)
    - **1.4.2.2. Petição distinta:** suspensão do processo
  - **1.4.3. Decisão do incidente**
    - **1.4.3.1. Fase de cognição:** incabível recurso de imediato (art. 855-A, § 1º, I, da CLT)
    - **1.4.3.2. Fase de execução:** caberá agravo de petição, independentemente de garantia do juízo (art. 855-A, § 1º, II, da CLT)
    - **1.4.3.3. Instaurado originariamente no Tribunal:** se proferida pelo Relator, caberá agravo interno (art. 855-A, § 1º, III, da CLT)

DIREITO PROCESSUAL DO TRABALHO

Tema IX - Reclamação Trabalhista

1. Reclamação trabalhista

- **1.1. Reclamação escrita:** art. 840, § 1º, da CLT
  - **1.1.1. Requisitos:**
    - **1.1.1.1.** Designação do juiz do Trabalho ou do juiz de Direito (art. 112 da CF) a quem for dirigida
    - **1.1.1.2.** A qualificação das partes
    - **1.1.1.3.** Uma breve exposição dos fatos de que resulte o dissídio
    - **1.1.1.4.** O pedido, que deverá ser certo, determinado e com indicação de seu valor
      - ⚠ **Atenção absoluta:** os pedidos que não atendam essa determinação serão julgados extintos sem resolução do mérito (art. 840, § 3º, CLT)
      - ⚠ **Atenção absoluta:** o valor da causa será estimado, assim os valores de cada pedido serão, também, estimados (art. 12, § 2º, da IN 41/2018 TST)
    - **1.1.1.5.** A data
    - **1.1.1.6.** A assinatura do reclamante ou de seu representante
      - ⚠ **Atenção absoluta:** subsidiariamente deverá seguir o padrão dos arts. 319 e 320 do CPC/2015
    - **1.1.1.7.** Fundamento jurídico do pedido
    - **1.1.1.8.** Requerimento de produção de provas
    - **1.1.1.9.** Pedido de citação da reclamada
    - **1.1.1.10.** Documentos essenciais
    - **1.1.1.11.** Valor da causa

- **1.2. Reclamação verbal:** art. 840, § 2º, da CLT
  - **1.2.1. Requisitos**
    - **1.2.1.1.** Reduzida a termo, em 2 (duas) vias datadas e assinadas pelo escrivão ou secretário
  - **1.2.2. Processamento da reclamação verbal**
    - **1.2.2.1.** O interessado se dirige até o Fórum Trabalhista – Justiça do Trabalho, ao Setor de Atermação e Reclamação
    - **1.2.2.2.** O interessado relata a situação ao servidor e apresenta, além de seus documentos pessoais, outros que permitam a comprovação do que foi alegado
    - **1.2.2.3.** A reclamação será distribuída antes mesmo de sua redução a termo (art. 786 da CLT)
    - **1.2.2.4.** Comparecimento do reclamante na Vara do Trabalho, no prazo de 5 dias, para reduzi-la a termo
    - ⚠ **Atenção absoluta:** o reclamante que não retorna no prazo de 5 dias para redução a termo perderá o direito de propor nova reclamação por 6 meses (art. 731 da CLT)

- **1.3. Emenda da petição inicial:** alteração ou correção da petição inicial, quando não preenchidos os requisitos legais (art. 321 do CPC/2015)
  - **1.3.1. Prazo:** 15 dias
  - ⚖ **Jurisprudência:** súmula 263 do TST

- **1.4. Aditamento da petição inicial:** consiste na modificação do pedido ou da causa de pedir, solicitada pelo reclamante antes da citação, independentemente de autorização da parte contrária (art. 329 do CPC/2015)
  - **1.4.1. Prazo:** admite-se o aditamento antes da apresentação de defesa
    - **1.4.1.1.** Apresentada resposta pelo réu, não será possível o aditamento, salvo com o consentimento daquele (art. 329, II, do CPC/2015)

DIREITO PROCESSUAL DO TRABALHO

Tema X - Audiência trabalhista

1. Audiência trabalhista

- **1.1. Dia e horário:** dias úteis previamente fixados, entre 8 (oito) e 18 (dezoito) horas
  - **1.1.1. Tempo máximo:** não poderá ultrapassar 5 (cinco) horas seguidas, salvo quando houver matéria urgente (art. 813 CLT)

- **1.2. Prazo mínimo:** 5 dias após o recebimento da notificação (art. 841 da CLT)
  - ⚠️ **Atenção absoluta:** a notificação se presume recebida após 48 horas de seu envio. O não recebimento ou a demora na entrega constitui ônus de prova do destinatário
  - **Jurisprudência:** súmula 16 do TST

- **1.3. Pregão das partes:** secretário ou escrivão realiza a chamada das partes, testemunhas e demais pessoas que devam comparecer (art. 815 da CLT)
  - **1.3.1. Ausência do juiz:** até 15 (quinze) minutos após a hora marcada; se o juiz não comparecer, os presentes poderão retirar-se (art. 815, parágrafo único, da CLT)
  - **1.3.2. Possibilidade do advogado retirar-se:** após 30 (trinta) minutos do horário designado e ao qual ainda não tenha comparecido a autoridade, mediante comunicação protocolizada em juízo (art. 7º, XX, da Lei 8.906/1994 – Estatuto da OAB)
  - ⚠️ **Atenção absoluta:** atrasos na pauta de audiência não justificam a retirada das partes

- **1.4. Poder de polícia processual:** o juiz manterá a ordem nas audiências, podendo mandar retirar do recinto os assistentes que a perturbarem (art. 816 da CLT)
  - **1.4.1. Incumbência do juiz na audiência** (art. 360 do CPC/2015)**:**
    - **1.4.1.1.** Manter a ordem e o decoro na audiência
    - **1.4.1.2.** Ordenar que se retirem da sala de audiência os que se comportarem inconvenientemente
    - **1.4.1.3.** Requisitar, quando necessário, força policial
    - **1.4.1.4.** Tratar com urbanidade as partes, os advogados, os membros do Ministério Público e da Defensoria Pública e qualquer pessoa que participe do processo
    - **1.4.1.5.** Registrar em ata, com exatidão, todos os requerimentos apresentados em audiência

DIREITO PROCESSUAL DO TRABALHO

TEMA X - AUDIÊNCIA TRABALHISTA

1. Audiência UNA: a audiência será contínua. Audiência de conciliação, instrução e julgamento. Pode ser fracionada a critério do juiz

- **1.1. Fracionamento da audiência: 3 sessões**
  - **1.1.1. Audiência de inaugural:** audiência de conciliação. Objetiva a busca de conciliação e em muitos casos a apresentação de defesa pela reclamada
  - **1.1.2. Audiência de instrução:** audiência em prosseguimento, tem como objetivo a colheita de provas
  - **1.1.3. Audiência de julgamento:** objetivo único de dar ciência às partes acerca da sentença

- **1.2. Abertura da audiência:** se inicia com o pregão das partes

- **1.3. Comparecimento das partes**
  - **1.3.1. Reclamações individuais:** deverão estar presentes, pessoalmente, o reclamante e o reclamado, independentemente de seus representantes
    - **1.3.1.1. Reclamante:** deverá comparecer pessoalmente
    - ⚠️ **Atenção absoluta:** por motivo de doença ou motivo poderoso poderá ser representado por empregado da mesma profissão ou pelo sindicato (art. 843, § 2º, da CLT)
    - **1.3.1.2. Reclamado:** poderá ser representado por gerente, ou qualquer outro preposto que tenha conhecimento dos fatos
    - 💡 **Dica:** O preposto não precisa ser empregado da parte reclamada (art. 843, § 3º, da CLT)
  - **1.3.2. Plúrimas ou Ações de Cumprimento:** os empregados poderão fazer-se representar pelo Sindicato de sua categoria

- **1.4. Consequências do não comparecimento**
  - **1.4.1. Reclamante:** arquivamento, devendo arcar com as custas do processo, ainda que beneficiário da justiça gratuita
    - **1.4.1.1.** Não pagará custas se comprovar, no prazo de 15 dias, que a ausência ocorreu por motivo legalmente justificável
    - 🔒 **Cuidado:** O pagamento das custas é condição para a propositura de nova demanda (art. 844, §§ 2º e 3º)
    - ⚠️ **Atenção absoluta:** dispositivo legal é objeto da ADI 5766 no STF, que até o fechamento dessa edição está pendente de apreciação
    - 💡 **Dica:** o reclamante que, por 2 (duas) vezes seguidas, der causa ao arquivamento, perderá o direito de propor nova reclamação por 6 meses (art. 732 da CLT)
  - **1.4.2. Reclamado:** revelia, além de confissão quanto à matéria de fato
    - **1.4.2.1. Presença do advogado e ausência do reclamado:** serão aceitos a contestação e os documentos eventualmente apresentados (art. 844, § 5º, da CLT)
  - **1.4.3. Revelia não produz efeitos**
    - **1.4.3.1.** Havendo pluralidade de reclamados, algum deles contestar a ação
    - **1.4.3.2.** O litígio versar sobre direitos indisponíveis
    - **1.4.3.3.** a petição inicial não estiver acompanhada de instrumento que a lei considere indispensável à prova do ato
    - **1.4.3.4.** as alegações de fato formuladas pelo reclamante forem inverossímeis ou estiverem em contradição com prova constante dos autos
  - **1.4.4. Não comparecimento simultâneo do reclamante e reclamado:** extinção do processo sem resolução de mérito, com arquivamento dos autos

DIREITO PROCESSUAL DO TRABALHO

Tema X - Audiência trabalhista

1. Ausência em audiência de prosseguimento

- **1.1. Reclamante:** após contestada a reclamação não importa o arquivamento do processo
  - **Jurisprudência:** súmula 9 do TST
- **1.2. Reclamado:** em caso de adiamento da audiência, após ter sido contestada a reclamação, se intimado, não comparece à audiência subsequente, ocorrerá confissão ficta por falta de depoimento
  - **Jurisprudência:** súmula 74, I, do TST
- **1.3. Justificativa de ausência**
  - **1.3.1. Reclamante:** por doença ou qualquer outro motivo poderoso, devidamente comprovado, poderá fazer-se representar por outro empregado que pertença à mesma profissão, ou pelo seu sindicato
  - **1.3.2. Reclamado:** apresentação de atestado médico, que deverá declarar, expressamente, a impossibilidade de locomoção do empregador ou do seu preposto no dia da audiência
    - **Dica:** é proibido ao advogado funcionar no mesmo processo, simultaneamente, como patrono e preposto do empregador ou cliente (art. 25 do Código de Ética e Disciplina da OAB)

1. Partes presentes na audiência: o juiz do Trabalho dará início à audiência

- **1.1. Primeira tentativa de conciliação:** aberta a audiência, o juiz proporá a conciliação (art. 846 da CLT)
  - **Dica:** proposta de conciliação é obrigatória
  - **1.1.1. Acordo celebrado:** lavrar-se-á termo, assinado pelo juiz e pelos litigantes, consignando-se o prazo e demais condições para seu cumprimento
    - **Atenção absoluta:** o termo lavrado valerá como decisão irrecorrível, salvo para o INSS quanto às contribuições que lhe forem devidas
    - **Dica:** as partes poderão impugnar o termo de homologação via ação rescisória
    - **Jurisprudência:** súmula 259 do TST
  - **1.1.2. Acordo não celebrado:** reclamado apresentará sua defesa
- **1.2. Apresentação de defesa pela reclamada:** 20 (vinte) minutos para apresentar sua resposta (defesa)
- **1.3. O reclamante poderá se manifestar em réplica acerca da reposta da reclamada no prazo assinalado pelo juiz
- **1.4. Interrogatório das partes**
  - **1.4.1. Depoimento pessoal do reclamante**
  - **1.4.2. Depoimento da reclamada**
- **1.5. Oitiva de testemunhas**
  - **1.5.1. Oitiva de testemunhas do reclamante**
  - **1.5.2. Oitiva de testemunhas da reclamada**
  - **1.5.3. Número de testemunhas**
    - **Procedimento ordinário:** 3 testemunhas para cada parte (art. 821 da CLT)
    - **Procedimento sumaríssimo:** 2 testemunhas para cada parte (art. 852-H, § 2º, da CLT)
    - **Inquérito judicial para apuração de falta grave:** 6 testemunhas para cada parte (art. 821 da CLT)
- **1.2.6. Razões finais:** Terminada a instrução, poderão as partes aduzir razões finais, em prazo não excedente de 10 (dez) minutos para cada uma (art. 850 CLT)
- **1.2.7. Renovação da proposta de conciliação**
  - **Dica:** a renovação da proposta de conciliação é obrigatória
- **1.2.8. Prolação de sentença**

DIREITO PROCESSUAL DO TRABALHO

Tema XI - Resposta do réu

1. Exceções: visam a atacar a imparcialidade do juiz ou a competência do juízo a ele vinculado para processar e julgar a lide

1.1. Exceção de incompetência territorial/relativa
visa o reconhecimento da incompetência relativa de um juízo em razão da localidade onde a reclamação foi proposta

- **1.1.1. Momento de arguição:** no prazo de cinco dias a contar da notificação, antes da audiência e em peça (art. 800 da CLT)
- **1.1.2.** Protocolada a petição, será suspenso o processo e não se realizará a audiência inaugural designada

1.2. Prazo para resposta: 5 dias
- **1.2.1 Perda do prazo:** preclusão. A matéria estará preclusa, não podendo o reclamado fazê-lo em audiência

1.3. Produção de provas
se entender necessária o juízo designará audiência, garantindo o direito de o excipiente e de suas testemunhas serem ouvidos, por carta precatória, no juízo que este houver indicado como competente

1.4. Decisão da exceção
o processo retomará seu curso normal, com designação de audiência, apresentação de defesa e instrução no juízo competente

1.5. Não acolhimento da exceção de incompetência territorial
- **1.5.1. Natureza jurídica:** decisão interlocutória
- **Dica:** não enseja interposição de recurso imediato (art. 893, § 1º, da CLT). A questão será atacada em preliminar de recurso ordinário

1.6. Acolhimento da exceção de incompetência territorial
uma vez acolhida, os autos serão remetidos para o juízo competente
- **1.6.1. Acolhimento e remessa para outra localidade dentro do mesmo TRT:** impossibilidade de interposição de recurso
- **1.6.2. Acolhimento e remessa para outra localidade pertencente a TRT diverso:** possibilidade de recurso imediato
- **Jurisprudência:** súmula 214, item c, do TST

1.7. Exceção de suspeição
- **1.7.1. Legitimidade:** reclamante ou reclamado
- **1.7.2. Momento de arguição**
  - **Reclamante:** primeira oportunidade de falar nos autos (art. 795 da CLT)
  - **Reclamado:** contestação ou primeira oportunidade de falar nos autos (art. 795 da CLT)
- **1.7.3. Hipóteses:** art. 801 da CLT e art. 145 do CPC/2015
  - **Dica:** o juiz declarar-se suspeito por motivo de foro íntimo, sem necessidade de declarar suas razões
  - **Atenção absoluta:** poderá ser declarada de ofício pelo juiz, ou apresentada pela parte sob pena de preclusão
- **1.7.4. Procedimento**
  - **Reconhecimento da causa de suspeição:** ordenará imediatamente a remessa dos autos ao seu substituto legal
  - **Não reconhecimento da causa de suspeição:** no prazo de 15 dias, dará as suas razões, acompanhadas de documentos e de rol de testemunhas, se houver, ordenando a remessa dos autos ao tribunal, art. 146, § 1º, do CPC/2015

1.8. Exceção de impedimento:
- **1.8.1. Hipóteses:** art. 801 da CLT e art. 144 do CPC/2015
  - **Atenção absoluta:** não se sujeita à preclusão, podendo ser invocada em ação rescisória, (art. 966, II, do CPC/2015)
- **1.8.2. Procedimento:** o juiz suspenderá o processo (art. 799 da CLT)
  - **Reconhecimento da causa de impedimento:** ordenará imediatamente a remessa dos autos ao seu substituto legal
  - **Não reconhecimento da causa de impedimento:** no prazo de 15 dias, o juiz dará as suas razões, acompanhadas de documentos e de rol de testemunhas, se houver, ordenando a remessa dos autos ao tribunal (art. 146, § 1º, do CPC/2015)

DIREITO PROCESSUAL DO TRABALHO

TEMA XI - RESPOSTA DO RÉU

1. Resposta do réu

- **1.1. Contestação:** modalidade de resposta do réu que impugna todos os direitos do autor
  - **1.1.1. Preliminares ao mérito:** Defesas processuais. Impugnam vícios processuais (art. 337 do CPC/2015)
    - **1.1.1.1.** Inexistência ou nulidade da citação
    - **1.1.1.2.** Incompetência absoluta
    - **1.1.1.3.** Incorreção do valor da causa
    - **1.1.1.4.** Inépcia da petição inicial
    - **1.1.1.5.** Perempção
    - **1.1.1.6.** Litispendência
    - **1.1.1.7.** Coisa julgada
    - **1.1.1.8.** Conexão
    - **1.1.1.9.** Incapacidade da parte, defeito de representação ou falta de autorização
    - **1.1.1.10.** Convenção de arbitragem
    - **1.1.1.11.** Ausência de legitimidade ou de interesse processual
    - **1.1.1.12.** Falta de caução ou de outra prestação que a lei exige como preliminar
    - **1.1.1.13.** Indevida concessão do benefício de gratuidade de justiça
    - 💡 **Dica:** a incompetência absoluta deverá ser tratada como preliminar. Já a incompetência relativa (territorial) será tratada em petição avulsa na forma do art. 800 da CLT
  - **1.1.2. Prejudiciais de mérito:** defesa indireta de mérito
    - **1.1.2.1. Prescrição:** perda da pretensão pelo decurso do prazo estabelecido por lei (art. 7º, XXIX, CF; art. 11, da CLT)
      - **Prescrição bienal:** 2 anos após a extinção do contrato de trabalho
      - **Prescrição quinquenal:** 5 anos anteriores ao ajuizamento da reclamação trabalhista
      - ⚖️ **Jurisprudência:** súmulas 308 do TST
    - **1.1.2.2. Decadência:** perda de um direito potestativo devido ao decurso de determinado prazo decadencial fixado e lei
      - ⚖️ **Jurisprudência:** súmulas 403 do TST
    - **1.1.2.3. Compensação:** autor e réu são, simultaneamente, credores e devedores um do outro
      - 💡 **Dica:** apenas poderá ser alegada como matéria na contestação e está restrita a dívidas de natureza trabalhista
      - ⚖️ **Jurisprudência:** súmulas 18 e 48 do TST
    - **1.1.2.4. Retenção:** direito do réu de reter alguma coisa do autor até que este cumpra sua dívida com aquele
      - 💡 **Dica:** apenas poderá ser alegada como matéria na contestação (art. 767 da CLT)
  - **1.1.3. Defesa direta de mérito:** réu nega o fato constitutivo do direito do autor ou nega as consequências jurídicas pretendidas
- **1.2. Reconvenção:** modalidade de resposta do réu, concernente a um ataque e não a uma defesa
  - **1.2.1. Natureza jurídica:** ação
  - **1.2.2. Partes:** réu/reconvinte e autor/reconvindo
  - **1.2.3. Requisitos**
    - **1.2.3.1.** Deve ser apresentada na contestação em capítulo próprio
    - **1.2.3.2.** O juízo da causa principal deve ser competente para apreciar o pedido da reconvenção
    - **1.2.3.3.** Compatibilidade entre os procedimentos
    - **1.2.3.4.** Pendência da ação principal
    - **1.2.3.5.** Conexão entre as ações: mesmo pedido ou causa de pedir (art. 55 do CPC/2015)
  - 💡 **Dica:** será apresentada em capítulo próprio na contestação (art. 343 do CPC/2015)

DIREITO PROCESSUAL DO TRABALHO

TEMA XII - PROVA

1. Provas: todos os meios de prova serão admitidos

1.1 Princípios

- **1.1.1. Contraditório e ampla defesa:** as partes têm direito de se manifestarem sobre todas as provas apresentadas (art. 5º, LV, da CF)
- **1.1.2. Princípio da necessidade da prova:** a parte deve comprovar suas alegações; os fatos não provados são inexistentes no processo
- **1.1.3. Princípio da unidade da prova:** a prova deve ser analisada no seu conjunto; não pode ser apreciada isoladamente
- **1.1.4. Princípio da oralidade:** preferencialmente a prova será produzida oralmente na audiência de instrução e julgamento
- **1.1.5. Princípio da imediação:** é o juiz quem colhe diretamente a prova (art. 848 da CLT)

⚠️ **Atenção absoluta:** não se aplica ao Processo do Trabalho a norma do art. 459 do CPC/2015, que permite a inquirição direta das testemunhas pela parte (art. 11 IN 39/TST)(art. 820 da CLT)

1.2. Fundamentos legais: art. 818 da CLT e arts. 373 e seguintes do CPC/2015

1.3. Tipos de provas admitidas

1.3.1. Depoimento pessoal e interrogatório: o juiz poderá interrogar. Caso não interrogue, poderão as partes requerer o depoimento pessoal da outra

- **1.3.1.1** O depoimento das partes e testemunhas que não souberem falar a língua nacional será feito por meio de intérprete nomeado pelo juiz ou presidente

⚠️ **Atenção absoluta:** as despesas decorrentes do intérprete correrão por conta da parte sucumbente, salvo se beneficiária de justiça gratuita (art. 819, § 2º, da CLT)

1.3.2. Confissão
- **1.3.2.1. Real:** reconhecimento da veracidade dos fatos pela parte; presunção absoluta
- **1.3.2.2. Ficta:** embora não manifestada de forma expressa, é presumida, deduzida de algum fato ou do modo de agir

1.3.3. Prova testemunhal:
- **1.3.3.1. Rito ordinário:** 3 testemunhas
- **1.3.3.2. Rito sumaríssimo:** 2 testemunhas
- **1.3.3.3. Inquérito judicial para apuração de falta grave:** 6 testemunhas

💡 **Dica:** o juiz deve adotar providências para que o depoimento de uma testemunha não seja ouvido pelas demais que tenham de depor no processo

⚖️ **Jurisprudência:** súmula 357 do TST

⚠️ **Atenção absoluta:** a testemunha que for parente até o terceiro grau civil, amigo íntimo ou inimigo de qualquer das partes será ouvida como informante

1.3.4. Prova documental
- **1.3.4.1. Autenticidade:** os documentos poderão ser declarados autênticos pelo advogado

⚠️ **Atenção absoluta:** impugnada a autenticidade, a parte que a produziu será intimada para apresentar cópias devidamente autenticadas ou o original

1.3.5. Prova pericial: prova técnica
- **1.3.5.1. Depósito prévio:** sua exigência é ilegal (art. 790-B, § 3º, da CLT)

⚖️ **Jurisprudência:** OJ 98 SDI 1 TST

- **1.3.5.2. Assistente técnico:** as partes poderão indicar assistente que deverá entregar o laudo no mesmo prazo do perito judicial
- **1.3.5.3. Responsabilidade pelo pagamento dos honorários periciais:** parte sucumbente na pretensão objeto da perícia, ainda que beneficiário da justiça gratuita (art. 790-B da CLT)
- **1.3.5.4. Perícia de parte beneficiária de assistência gratuita:** Somente no caso em que o beneficiário da justiça gratuita não tenha obtido em juízo créditos capazes de suportar a despesa, ainda que em outro processo, a União responderá pelo encargo

⚠️ **Atenção absoluta:** o dispositivo legal é objeto da ADI 5766 perante o STF, que até o fechamento dessa edição está pendente de apreciação

💡 **Dica:** veja art. 5º da IN 41/2018 TST

1.3.6. Prova emprestada: o juiz poderá admitir a utilização de prova produzida em outro processo, atribuindo-lhe o valor que considerar adequado, observado o contraditório (art. 372 do CPC/2015)

1.4. Fatos que não dependem de prova (art. 374 do CPC/2015)

- **1.4.1.** Fatos notórios
- **1.4.2.** Fatos afirmados por uma parte e confessados pela parte contrária
- **1.4.3.** Fatos admitidos no processo como incontroversos
- **1.4.4.** Fatos em cujo favor milita presunção legal de existência ou de veracidade

1.5. Ônus da prova

- **1.5.1. Autor:** quanto ao fato constitutivo de seu direito (art. 818, I, da CLT)
- **1.5.2. Réu:** quanto à existência de fato impeditivo, modificativo ou extintivo do direito do autor (art. 818, II, da CLT)

⚖️ **Jurisprudência:** súmula 212 do TST

1.6. Distribuição dinâmica da prova: autoriza o juiz por meio de decisão fundamentada a inversão do ônus estático da prova (art. 818, § 1º, da CLT)

1.6.1. Hipóteses
- **1.6.1.1.** casos previstos em lei
- **1.6.1.2.** peculiaridades da causa relacionadas à impossibilidade ou à excessiva dificuldade de cumprir o ônus

1.6.2. Requisitos
- **1.6.2.1.** decisão fundamentada
- **1.6.2.2.** decisão acerca da inversão deve ser proferida antes de iniciada a instrução processual (art. 818, § 2º, a CLT)

DIREITO PROCESSUAL DO TRABALHO
Tema XIII – Responsabilidade por Dano Processual

1. Responsabilidade: A legislação prevê uma punição por litigância de má-fé à parte que agir dolosamente (art. 793-A da CLT)

- **1.1. Responsáveis pelo dano**
  - 1.1.1. Reclamante
  - 1.1.2. Reclamado
  - 1.1.3. Interveniente
    - **Exemplos:** perito ou até mesmo a testemunha que intencionalmente alterar a verdade dos fatos ou omitir fatos essenciais ao julgamento da causa (art. 793-D da CLT)

- **1.2. Considera-se litigância de má-fé** (art. 793-B da CLT)
  - 1.2.1. Deduzir pretensão ou defesa contra texto expresso de lei ou fato incontroverso
  - 1.2.2. Alterar a verdade dos fatos
  - 1.2.3. Usar do processo para conseguir objetivo ilegal
  - 1.2.4. Opuser resistência injustificada ao andamento do processo
  - 1.2.5. Proceder de modo temerário em qualquer incidente ou ato do processo
  - 1.2.6. Provocar incidente manifestamente infundado
  - 1.2.7. Interpuser recurso com intuito manifestamente protelatório

- **1.3 Podem requer danos processuais**
  - 1.3.1. Juiz *ex officio*
  - 1.3.2. Parte que se sentir prejudicada

- **1.4. Valor da multa:** deverá ser superior a 1% (um por cento) e inferior a 10% (dez por cento) do valor corrigido da causa (art. 793-C da CLT)
  - **1.4.1. valor da causa inestimável ou irrisório:** a multa poderá ser fixada em até duas vezes o limite máximo dos benefícios do Regime Geral de Previdência Social
  - **1.4.2. Fixação do *quantum* indenizatório:** será fixado pelo juízo ou se não for possível mensurá-lo, liquidado por arbitramento ou pelo procedimento comum, nos próprios autos
    - **Atenção absoluta:** O litigante de má-fé deverá, ainda, arcar com os honorários advocatícios e com todas as despesas

- **1.5. Dois ou mais litigantes de má-fé:** o juízo condenará cada um na proporção de seu respectivo interesse na causa ou solidariamente aqueles que se coligaram para lesar a parte contrária

- **1.6. Processamento da multa:** será processada nos mesmos autos

- **1.7 Direito intertemporal:** aplica-se apenas às ações ajuizadas a partir de 11 de novembro de 2017 (Lei nº 13.467/2017) (arts. 8º, 9º e 10 da IN 41/2018 TST)

DIREITO PROCESSUAL DO TRABALHO

TEMA XIV - ASSISTÊNCIA JUDICIÁRIA E JUSTIÇA GRATUITA

1. Assistência judiciária e justiça gratuita

1.1. Assistência judiciária:
Para aqueles que não têm condições de contratar advogado, o Estado confere o "benefício da Assistência Judiciária" (art. 5º LXXIV, da CF)

1.1.1. Prestado pelo sindicato da classe (art. 14 da Lei 5.584/70)

1.1.2. Destinatários: todos que perceberem salário igual ou inferior ao dobro do mínimo legal

Estende-se o benefício ao trabalhador de maior salário, uma vez provado que sua situação econômica não lhe permite demandar, sem prejuízo do sustento próprio ou da família

1.2. Justiça gratuita:
Benefício concedido à parte por não possuir condições de arcar com os gastos do processo (art. 790, § 3º, da CLT)

1.2.1. Destinatários: àqueles que perceberem salário igual ou inferior a 40% (quarenta por cento) do limite máximo dos benefícios do Regime Geral de Previdência Social

1.2.2. Comprovação da condição: não prevalece a presunção pela mera declaração de miserabilidade da parte, devendo-se provar a insuficiência de recursos

1.2.3. Benefícios da justiça gratuita

- Taxas ou as custas judiciais
- Selos postais
- Despesas com publicação na imprensa oficial, dispensando-se a publicação em outros meios
- Indenização devida à testemunha que, quando empregada, receberá do empregador salário integral, como se em serviço estivesse
- Despesas com a realização de exame de código genético – DNA e de outros exames considerados essenciais
- Honorários do advogado e do perito e a remuneração do intérprete ou do tradutor nomeado para apresentação de versão em português de documento redigido em língua estrangeira
- Custo com a elaboração de memória de cálculo, quando exigida para instauração da execução
- Depósitos previstos em lei para interposição de recurso, para propositura de ação e para a prática de outros atos processuais inerentes ao exercício da ampla defesa e do contraditório
- Os emolumentos devidos a notários ou registradores em decorrência da prática de registro, averbação ou qualquer outro ato notarial necessário à efetivação de decisão judicial ou à continuidade de processo judicial no qual o benefício tenha sido concedido

1.2.4. Oportunidade para o pedido

- Na petição inicial
- Na contestação
- Na petição para ingresso de terceiro no processo
- Em recurso

Dica: O requerimento deve ser formulado no prazo alusivo ao recurso

Jurisprudência: OJ 269 SDI 1 do TST

1.2.5. Justiça gratuita para pessoas jurídicas (art. 98 CPC/2015)

- **Comprovação de miserabilidade jurídica:** por meio de documentos

Exemplos: balanços contábeis e imposto e renda

1.2.6. Pedidos feitos por advogado

- **Devem ter procuração com poderes específicos para pedirem a gratuidade de justiça** (art. 105 CPC/2015)

DIREITO PROCESSUAL DO TRABALHO

Tema XV - Recursos

MAPA PROCESSUAL: FASE RECURSAL

2ª Instância

TRT Relator → Turma → Acórdão

E.D.   A.I.

Sentença → R.O. → C.R.R.O.

1ª Instância

STF

Instância Superior

Recurso Extraordinário

TST Ministro → Turma → Acórdão → Embargos no TST

AI

TRT Relator → AR → Turma → Acórdão → R.R. → CR RR

2ª Instância

DIREITO PROCESSUAL DO TRABALHO

TEMA XV - RECURSOS

1. Recursos Trabalhistas

1.1. Conceito: é o poder de provocar o reexame de uma decisão, pela mesma autoridade judiciária, ou por outra hierarquicamente superior, visando a obter a sua reforma ou modificação

1.2. Peculiaridades

1.2.1. Irrecorribilidade imediata das decisões interlocutórias: em regra, as decisões interlocutórias não ensejam a interposição imediata de recurso (art. 893, § 1º, da CLT)

1.2.1.1. Decisões interlocutórias recorríveis de imediato
- Decisão que acolhe exceção de suspeição/impedimento e incompetência material com remessa dos autos ao juiz competente (art. 799, § 2º, da CLT)
- Decisão interlocutória que contraria súmula ou OJ
- Decisão suscetível de impugnação mediante recurso para o mesmo tribunal
- Decisão que acolhe exceção de incompetência territorial, com remessa dos autos para Tribunal distinto
- Decisão interlocutória que acolher ou rejeitar o incidente de desconsideração da personalidade jurídica proferida na fase de execução, independentemente de garantia do juízo (art. 855-A, § 1º, II, da CLT e art. 6º, § 1º, II, IN 39/2016 do TST)

1.2.2. Efeito devolutivo: os recursos no processo do trabalho são dotados unicamente, em regra, do efeito devolutivo

1.2.3. Uniformidade do prazo recursal: o prazo para interpor e contra-arrazoar qualquer recurso trabalhista é de 8 dias

1.2.3.1. Exceções
- **Embargos de declaração:** 5 dias
- **Pedido de revisão do valor da causa:** 48 horas
- **Recurso extraordinário ao STF:** 15 dias

1.2.3.2. Prazo diferenciado em dobro
- **Pessoas jurídicas de direito público:** União, Estados, DF, Municípios, autarquias, fundações públicas (art. 183 CPC/2015 e Decreto-lei 779/1969)
- **Ministério Público do Trabalho:** art. 180 do CPC/2015

💡 **Dica:** regra do prazo em dobro é aplicável aos Correios

⚠ **Atenção absoluta:** empresas públicas e sociedades de economia mista não possuem essa prerrogativa

⚠ **Atenção absoluta:** litisconsortes com procuradores distintos não possuem prazo em dobro

1.3. Efeitos dos recursos

1.3.1. Efeito devolutivo: a matéria impugnada pelo recorrente será reexaminada pelo órgão superior hierárquico

1.3.2. Efeito suspensivo: o efeito suspensivo impede a produção imediata dos efeitos da decisão

1.3.2.1. Exceção
- Recurso ordinário interposto contra sentença normativa (art. 7º, § 2º, da Lei 7.701/1988)

1.3.2.2. Pedido de efeito suspensivo: pedido dirigido ao Tribunal

⚖ **Jurisprudência:** súmula 414, I, do TST

💡 **Dica:** recebido recurso no efeito suspensivo, a decisão impugnada não poderá ser executada provisoriamente

1.3.3. Efeito substitutivo: a decisão proferida no acórdão prolatado pelo Tribunal hierarquicamente superior substituirá a decisão dada na instância inferior

1.3.4. Efeito translativo: possibilidade do Tribunal conhecer matérias de ordem pública não invocadas pelo recorrente no corpo de seu recurso

1.3.5. Efeito regressivo/juízo de retratação: consiste na possibilidade de o próprio órgão que prolatou a decisão retratar-se

DIREITO PROCESSUAL DO TRABALHO

Tema XVI - Juízo de admissibilidade e Pressupostos recursais

1. Juízo de admissibilidade: juízo *a quo* e *ad quem* fazem o exame de verificação do preenchimento dos pressupostos recursais

Dica: regra do duplo juízo de admissibilidade

1.1. Pressupostos intrínsecos/subjetivos

- **1.1.1. Capacidade:** capacidade civil (arts. 3º e 4º do Código Civil)
- **1.1.2. Legitimidade:** partes legítimas
- **1.1.3. Interesse:** o recuso ser útil e necessário à parte

1.2. Pressupostos extrínsecos/objetivos:

- **1.2.1. Recorribilidade do ato:** o ato deve ser recorrível. As decisões interlocutórias não ensejam a interposição de recurso imediato (art. 893, § 1º, da CLT)

- **1.2.2. Representação:** o recurso deve estar subscrito pela parte ou seu procurador
  - **1.2.2.1.** Admite-se o mandato tácito – *apud acta*
    - ⚠️ **Atenção absoluta:** recursos de competência do TST não se admite o *jus postulandi*
  - **1.2.2.2.** Não é admitido o recurso apócrifo (sem assinatura)
    - ⚖️ **Jurisprudência:** OJ 120 SDI 1 TST
  - **1.2.2.3.** É inadmissível recurso firmado por advogado sem procuração juntada aos autos até o momento da sua interposição, salvo mandato tácito
    - ⚖️ **Jurisprudência:** súmula 383 do TST

- **1.2.3. Adequação:** o recurso utilizado deve ser o adequado para atacar a decisão

- **1.2.4. Tempestividade:** o recurso deve ser interposto no prazo legal

- **1.2.5. Preparo** (custas e depósito recursal): compreende o pagamento de custas e depósito recursal
  - **1.2.5.1. Custas:** em regra calculadas à base de 2% (dois por cento)
    - **Isentos de pagamento:** União, Estados, Distrito Federal, Municípios e as respectivas autarquias e fundações públicas federais, estaduais ou municipais que não explorem atividade econômica, o Ministério Público do Trabalho, a massa falida e beneficiários da justiça gratuita
    - **Não isentos de pagamento:** entidades fiscalizadoras do exercício profissional, empresas em liquidação extrajudicial, sociedades de economia mista e as empresas públicas
  - **1.2.5.2. Depósito recursal:** será feito em conta vinculada ao juízo e corrigido com os mesmos índices da poupança (art. 899, § 4º, da CLT)
    - **Isentos:** beneficiários da justiça gratuita, as entidades filantrópicas e as empresas em recuperação judicial (art. 899, § 10, da CLT)
    - **Depósito recursal pela metade:** para entidades sem fins lucrativos, empregadores domésticos, microempreendedores individuais, microempresas e empresas de pequeno porte pagam somente 50% do valor (art. 899, § 9º, da CLT)
    - ⚠️ **Atenção absoluta:** regras a serem observadas para os recursos interpostos contra as decisões proferidas a partir de 11 de novembro de 2017 (art. 20 da IN 41/2018 TST)
    - 💡 **Dica:** exigível apenas do EMPREGADOR para condenações em dinheiro
    - ⚠️ **Atenção absoluta:** poderá ser substituído por fiança bancária ou seguro garantia judicial (art. 899, § 11, da CLT), apenas para os recursos interpostos contra as decisões proferidas a partir de 11 de novembro de 2017 (art. 20 IN 41/2018 TST)
  - **1.2.5.3. Insuficiência no valor do preparo (custas e depósito recursal):** antes de considerar inadmissível o recurso, o relator concederá o prazo de 5 (cinco) dias ao recorrente para complementar e comprovar o valor devido
    - ⚖️ **Jurisprudência:** OJ 140 da SDI 1 do TST
    - ⚠️ **Atenção absoluta:** regras aplicáveis somente para recursos interpostos contra as decisões proferidas após 11 de novembro de 2017

DIREITO PROCESSUAL DO TRABALHO

TEMA XVII - EMBARGOS DE DECLARAÇÃO

1. Embargos de declaração

- **1.1. Fundamento legal:** art. 897-A da CLT e arts. 1.022 e seguintes do CPC/2015

- **1.2. Hipóteses de cabimento**
  - **1.2.1. Contradição:** contradição entre a fundamentação e o dispositivo do julgado
  - **1.2.2. Omissão:** omissão sobre ponto ou questão sobre o qual deveria o magistrado se pronunciar
  - **1.2.3. Corrigir erro material:** equívoco ou inexatidão relacionado a aspectos objetivos
    - **Exemplos:** cálculo errado, ausência de palavras, erros de digitação, troca de nome entre outros
  - **1.2.4. Obscuridade:** falta de clareza no julgado
  - **Sigla importante:** C.O.C.O

- **1.3. Pronunciamentos judiciais passíveis de embargos de declaração**
  - **1.3.1. Decisões interlocutórias**
  - **1.3.2. Sentenças**
  - **1.3.3. Acórdãos**
  - **1.3.4. Decisões monocráticas**

- **1.4. Prazo:** 5 (cinco) dias
  - ⚠️ **Atenção absoluta:** os embargos de declaração não se sujeitam a preparo

- **1.5. Efeito interruptivo:** o prazo para interposição de outros recursos é interrompido para ambas as partes, salvo quando forem intempestivos, irregular a representação da parte ou ausente a sua assinatura (art. 897-A, § 3º, da CLT)

- **1.6. Efeito modificativo/ efeito infringente:** pedido de procedência dos embargos que acarretará a reforma do ato judicial embargado
  - **1.6.1. Intimação da parte contrária:** havendo possibilidade de efeito modificativo, a parte adversa deverá ser intimada para apresentação de contrarrazões aos embargos de declaração, no prazo de 5 dias (art. 897-A, § 2º, da CLT)
  - **Jurisprudência:** OJ 142 SDI 1 TST

- **1.7. Embargos de declaração protelatórios:** opostos com a intenção de procrastinar/ atrasar o curso regular do processo
  - **1.7.1. Multa:** condenação da parte em multa de 2% sobre o valor atualizado da causa (art. 1.026, § 2º, do CPC/2015)
  - 💡 **Dica:** os embargos de declaração protelatórios interrompem o prazo para outros recursos
  - **1.7.2. Reiteração de embargos de declaração protelatórios:** elevação da multa para 10%, ficando condicionada a interposição de qualquer outro recurso ao depósito do valor respectivo (art. 1.026, § 3º, do CPC/2015 e art. 9º IN 39/2016 do TST)
  - ⚠️ **Atenção absoluta:** não serão aceitos novos embargos e declaração se os dois anteriores forem considerados protelatórios

- **1.8. Embargos de declaração com fins de prequestionamento:** objetiva o pronunciamento explícito sobre a matéria impugnada
  - **Jurisprudência:** súmula 297 do TST e súmula 98 do STJ
  - 💡 **Dica:** prequestionamento é um pressuposto específico para a interposição de recursos de natureza extraordinária dirigidos ao TST (por exemplo: recurso de revista) ou até mesmo para o STF

- **1.9. Embargos de declaração por manifesto equívoco no exame dos pressupostos extrínsecos do recurso:** recorribilidade do ato, representação, adequação, tempestividade e preparo

DIREITO PROCESSUAL DO TRABALHO

Tema XVIII - Recurso ordinário

1. Recurso ordinário

- **1.1. Conceito:** recurso cabível não somente de sentenças, sendo possível também sua interposição contra acórdãos proferidos pelos TRTs em sua competência originária, tanto nos dissídios individuais como nos dissídios coletivos
  - **1.1.1. Prazo:** 8 (oito) dias

- **1.2. Fundamento legal:** art. 895 da CLT

- **1.3. Hipóteses de cabimento do recurso ordinário**
  - **1.3.1. Sentenças terminativas:** sentenças que extinguem o processo sem resolução do mérito
    - **Exemplos:** inépcia da inicial, coisa julgada, litispendência, arquivamento do processo por ausência do reclamante (art. 485 do CPC/2015)
  - **1.3.2. Sentenças definitivas:** sentenças que extinguem o processo com resolução do mérito
    - **Exemplo:** prescrição (art. 487, II, do CPC/2015)
  - **1.3.3. Decisões interlocutórias terminativas de feito**
    - a) Declara a incompetência absoluta da Justiça do Trabalho: (art. 799, § 2º, da CLT)
    - b) Decisão que acolhe incompetência territorial, com a remessa dos autos para TRT distinto (súmula 214, c, do TST)

- **1.4. Recurso ordinário em procedimento sumaríssimo** (art. 895, § 1º, da CLT)
  - **1.4.1.** Recebido no Tribunal, será imediatamente distribuído, devendo o relator liberá-lo no prazo máximo de 10 dias, e a Secretaria do Tribunal ou Turma colocá-lo imediatamente em pauta para julgamento, sem revisor
  - **1.4.2.** Se entender necessário, o MPT fará parecer oral, com registro na certidão
  - **1.4.3.** Acórdão consistente unicamente na certidão de julgamento, com a indicação suficiente do processo e parte dispositiva, e das razões de decidir do voto prevalente
    - **Dica:** se a sentença for confirmada pelos próprios fundamentos, a certidão de julgamento servirá de acórdão

- **1.5. Efeitos do recurso ordinário**
  - **1.5.1. Dissídio individual:** regra geral, efeito devolutivo
    - **1.5.1.1. Efeito suspensivo:** por meio de pedido feito ao Tribunal competente
      - **Jurisprudência:** súmula 414, item I, do TST
  - **1.5.2. Dissídio coletivo:** efeito devolutivo, com possibilidade de efeito suspensivo (art. 9º da Lei 7.701/1988)

- **1.6. Processamento do recurso ordinário**
  - **1.6.1.** Interposto o recurso, o juiz fará o primeiro juízo de admissibilidade
  - **1.6.2.** Não conhecido o recurso, poderá a parte interessada interpor agravo de instrumento
  - **1.6.3.** Conhecido o recurso o juiz abrirá o prazo para contrarrazões
  - **1.6.4.** Admitido o recurso o juiz remeterá os autos ao TRT competente
  - **1.6.5.** No TRT, após parecer do MPT, se necessário, será distribuído a um relator, que fará o 2º juízo de admissibilidade (não vinculado ao primeiro)
  - **1.6.6.** Poderá não conhecer do recurso pela ausência dos pressupostos recursais, hipótese em que se admite a interposição de agravo regimental
  - **1.6.7.** Conhecido o recurso pelo relator, será remetido à Turma para julgamento

DIREITO PROCESSUAL DO TRABALHO

TEMA XIX - RECURSO DE REVISTA

1. Recurso de revista

- **1.1. Conceito:** Recurso de natureza extraordinária que visa atacar decisões proferidas pelos TRTs em dissídios individuais em grau de recurso ordinário
  - **1.1.1. Prazo:** 8 (oito) dias
  - ⚠ **Atenção absoluta:** em razão de sua natureza jurídica, não se presta para o exame de provas e fatos
  - ⚖ **Jurisprudência:** súmula 126 do TST

- **1.2. Fundamento legal:** art. 896 da CLT

- **1.3. Requisitos especiais:** além dos pressupostos comuns, o recurso de revista exige o preenchimento de 3 pressupostos especiais
  - ⚠ **Atenção absoluta:** o relator poderá negar seguimento, em decisão monocrática, nas hipóteses de intempestividade, deserção, irregularidade de representação ou de ausência de qualquer outro pressuposto extrínseco ou intrínseco de admissibilidade (art. 896, § 14, da CLT)
  - **1.3.1. Transcendência:** repercussão, ou seja, a questão debatida no recurso deverá ter repercussão nos aspectos econômico, jurídico, político e social (art. 896-A da CLT)
    - Aspecto econômico: elevado valor da causa
    - Aspecto jurídico: existência de questão nova em torno da interpretação da legislação trabalhista
    - Aspecto político: desrespeito da instância recorrida à jurisprudência sumulada do Tribunal Superior do Trabalho ou do Supremo Tribunal Federal
    - Aspecto social: postulação, por reclamante-recorrente, de direito social constitucionalmente assegurado
    - Não demonstrada a transcendência, poderá o relator, monocraticamente, denegar seguimento ao recurso
    - Contra a decisão será cabível a interposição de agravo ao órgão colegiado
  - **1.3.2. Prequestionamento:** a matéria já tenha sido objeto de debates no acórdão guerreado
    - ⚖ **Jurisprudência:** súmula 297 do TST
  - **1.3.3. Indicações e exposição das razões** (art. 896, § 1o-A, da CLT)
    - **1.3.3.1.** Indicar o trecho da decisão recorrida que consubstancia o prequestionamento
    - **1.3.3.2.** Indicar, de forma explícita e fundamentada, contrariedade a dispositivo de lei, súmula ou orientação jurisprudencial do TST
    - **1.3.3.3.** Expor as razões do pedido de reforma, impugnando todos os fundamentos jurídicos da decisão recorrida, inclusive mediante demonstração analítica de cada dispositivo de lei, da CF, de súmula ou OJ cuja contrariedade aponte
    - **1.3.3.4.** transcrever na peça recursal, no caso de suscitar preliminar de nulidade de julgado por negativa de prestação jurisdicional, o trecho dos embargos declaratórios em que foi pedido o pronunciamento do tribunal sobre questão veiculada no recurso ordinário e o trecho da decisão regional que rejeitou os embargos quanto ao pedido, para cotejo e verificação, de plano, da ocorrência da omissão

- **1.4. Hipóteses de cabimento**
  - **1.4.1. Procedimento ordinário:** art. 896, alíneas a, b e c, da CLT
    - **1.4.1.1.** Divergência jurisprudencial na interpretação de lei federal
      - ⚖ **Jurisprudência:** súmula 337 do TST
    - **1.4.1.2.** Contrariedade a súmula TST, OJ TST ou súmula vinculante do STF
    - **1.4.1.3.** Divergência jurisprudencial na interpretação de lei estadual, acordo coletivo, convenção coletiva, sentença normativa, regulamento de empresa
    - **1.4.1.4.** Violação à lei federal
    - **1.4.1.5.** Afronta direta ou literal à Constituição Federal
      - ⚖ **Jurisprudência:** súmula 221 do TST
  - **1.4.2. Procedimento sumaríssimo:** art. 896, § 9º, da CLT
    - **1.4.2.1.** Por contrariedade a súmula de jurisprudência uniforme do Tribunal Superior do Trabalho
      - ⚠ **Atenção absoluta:** não é admitido por contrariedade à orientação jurisprudencial
      - ⚖ **Jurisprudência:** súmula 442 do TST
    - **1.4.2.2.** Por contrariedade à súmula vinculante do Supremo Tribunal Federal
    - **1.4.2.3.** Por violação direta da Constituição Federal
  - **1.4.3. Procedimento sumário:** não há possibilidade do manejo de recurso de revista
  - **1.4.4. Fase de execução:** art. 896, § 2º, da CLT
    - **1.4.4.1.** Por ofensa direta e literal de norma da Constituição Federal
  - **1.4.5. Execução Fiscal:** art. 896, § 10, da CLT
    - **1.4.5.1.** Por violação a lei federal
    - **1.4.5.2.** Por divergência jurisprudencial
    - **1.4.5.3.** Por ofensa à Constituição Federal
  - **1.4.6. Fase de execução que envolva Certidão Negativa de Débitos Trabalhistas (CNDT):** art. 896, § 10, da CLT
    - **1.4.6.1.** Por violação a lei federal
    - **1.4.6.2.** Por divergência jurisprudencial
    - **1.4.6.3.** Por ofensa à Constituição Federal
  - **1.4.7. Denegação do recurso de revista:** no caso de decisão regional em consonância com súmula ou orientação jurisprudencial do Tribunal Superior do Trabalho, o relator denegará seguimento ao recurso
  - **1.4.8. Recurso de revista repetitivo:** possibilidade de julgamento de recursos repetitivos, ou seja, recursos que tratam de matérias idênticas, que se fundam em idêntica questão de direito (arts. 896-B e 896-C da CLT)

DIREITO PROCESSUAL DO TRABALHO

Tema XX - Agravo de instrumento

1. Agravo de instrumento

- **1.1. Conceito:** recurso apto para impugnar os "despachos" proferidos pelo juízo a quo no 1º juízo de admissibilidade recursal que negarem seguimento a recursos
  - **1.1.1. Prazo:** 8 (oito) dias

- **1.2. Fundamento legal:** art. 897, *b*, da CLT. IN 16/1999 do TST

- **1.3. Hipóteses:** visando destrancar os seguintes recursos:
  - **1.3.1.** Recurso ordinário
  - **1.3.2.** Recurso de revista
  - **1.3.3.** Recurso adesivo
  - **1.3.4.** Agravo de petição
  - **1.3.5.** Recurso extraordinário
  - **1.3.6.** Agravo de instrumento

  ⚠ **Atenção absoluta:** negado seguimento ao recurso de embargos no TST (art. 894 da CLT), não será cabível agravo de instrumento, mas sim agravo regimental

- **1.4. Depósito recursal:** agravante deverá efetuar depósito recursal que corresponderá a 50% (cinquenta por cento) do valor do depósito do recurso ao qual se pretende destrancar (art. 899, § 7º, da CLT)

  ⚠ **Atenção absoluta:** o depósito recursal deve ser efetuado no ato (momento) da interposição do recurso. Não aplicação da súmula 245 do TST

- **1.5. Efeitos**
  - **1.5.1. Efeito regressivo:** permite retratação do juiz que negou seguimento ao recurso
  - **1.5.2. Efeito devolutivo:** limitando-se a matéria que será analisada pelo juízo *ad quem* à validade ou não da decisão denegatória do recurso
  - **1.5.3. Efeito suspensivo:** não há; o meio adequado para obtenção desse efeito é o pedido de tutela provisória cautelar proposta perante o órgão competente para julgar o recurso

  ⚖ **Jurisprudência:** súmula 414 do TST

- **1.6. Formação do instrumento:** interposição deve ser instruída obrigatoriamente com cópias:
  - **1.6.1.** Da decisão agravada e certidão da respectiva intimação
  - **1.6.2.** Das procurações outorgadas aos advogados do agravante e do agravado
  - **1.6.3.** Da petição inicial
  - **1.6.4.** Da contestação
  - **1.6.5.** Da decisão originária
  - **1.6.6.** Da comprovação do depósito recursal e do recolhimento das custas e,
  - **1.6.7.** Facultativamente, peças que entender necessárias para o julgamento do recurso

  ⚠ **Atenção absoluta:** para processos eletrônicos não há necessidade de juntada das peças ou formação do instrumento (art. 34 da Resolução 136/2014, CSJT)

- **1.7. Processamento**
  - **1.7.1.** Interpostos em autos apartados e dirigidos ao juiz que indeferiu o seguimento do recurso
  - **1.7.2.** Admite-se juízo de retratação
  - **1.7.3.** Havendo retratação, o juiz determinará a subida do recurso
  - **1.7.4.** Sendo mantida a decisão, o juiz deverá intimar o agravado para apresentação das contrarrazões ao agravo de instrumento e ao recurso principal
  - **1.7.5.** A tramitação e o julgamento do agravo de instrumento no Juízo competente obedecerão à disciplina legal e ao constante dos respectivos Regimentos Internos
  - **1.7.6.** Provido o agravo de instrumento, a Turma deliberará sobre a conveniência do recurso principal

DIREITO PROCESSUAL DO TRABALHO

Tema XXI - Agravo de petição e Agravo regimental

1. Agravo de petição e Agravo regimental

1.1. Agravo de petição

- **1.1.1. Conceito:** recurso cabível em face das decisões do juiz do Trabalho proferidas na fase de execução de sentença
  - **1.1.1.1. Prazo:** 8 (oito) dias
- **1.1.2. Fundamento legal:** art. 897, *a*, da CLT
- **1.1.3. Hipóteses**
  - **1.1.3.1.** Decisão que julga embargos à execução ou impugnação
  - **1.1.3.2.** Decisão que julga embargos de terceiros
  - **1.1.3.3.** Decisão que julga embargos à arrematação
  - **1.1.3.4.** Decisão que julga embargos à adjudicação
  - **1.1.3.5.** Decisão que indefere a expedição de ofício a órgãos públicos para encontrar bens em nome do executado
  - **1.1.3.6.** Decisão interlocutória que determina a suspensão da execução
  - **1.1.3.7.** Extinção total ou parcial da execução
  - **1.1.3.8.** Decisão que julga integralmente exceção de pré-executividade
  - **1.1.3.9.** Decisão que remete os autos à Justiça comum para prosseguimento da execução
  - **1.3.10.** decisão interlocutória que acolher ou rejeitar o incidente de desconsideração da personalidade jurídica proferida na fase de execução (art. 855-A, § 1º, II, da CLT)
- **1.1.4. Pressuposto recursal específico:** delimitação de matérias e valores (art. 897, § 1º, da CLT)
  - **1.1.4.1. Parcelas não delimitadas/impugnadas:** poderão imediatamente ser executadas de ofício
  - *Jurisprudência:* súmula 416 do TST
- **1.1.5. Características**
  - **1.1.5.1.** Interposto na Vara do Trabalho em que estiver tramitando a execução
  - **1.1.5.2. Não há o requisito do preparo:** as custas serão pagas apenas ao final do processo (art. 789-A, IV, da CLT). Depósito recursal somente será exigido caso a execução não esteja devidamente garantida ou havendo elevação do débito
  - *Jurisprudência:* súmula 128, II, do TST

1.2. Agravo regimental

- **1.2.1. Conceito:** recurso cabível em face das decisões monocráticas dos juízes relatores dos Tribunais Regionais ou do Tribunal Superior do Trabalho
  - **1.2.1.1. Prazo:** no TST: prazo de 8 (oito) dias. Poderá variar de acordo com o regimento interno do Tribunal
- **1.2.2. Fundamento legal:** art. 709, § 1º, da CLT; Lei 7.701/1988 e nos regimentos internos dos Tribunais Regionais e do Tribunal Superior do Trabalho
- **1.2.3. Hipóteses de cabimento**
  - **1.2.3.1.** Em face das decisões monocráticas dos juízes relatores dos Tribunais Regionais ou do Tribunal Superior do Trabalho que negarem seguimento a recursos no 2º juízo de admissibilidade
  - **1.2.3.2.** Para atacar decisão monocrática do presidente do TST que negar seguimento ao recurso de embargos previsto no art. 894 da CLT
  - **1.2.3.3.** Para o reexame pelo tribunal das decisões monocráticas proferidas por seus próprios juízes
  - *Jurisprudência:* OJ 69 SDI 2 TST

DIREITO PROCESSUAL DO TRABALHO
TEMA XXII - EMBARGOS NO TST

1. Embargos no TST

- **1.1. Embargos infringentes**
  - **1.1.1. Conceito:** recurso cabível contra decisões não unânimes proferidas pela seção especializada em dissídios coletivos nos processos de dissídios coletivos de competência originária do Tribunal
    - **1.1.1.1. Prazo:** 8 (oito) dias
  - **1.1.2. Fundamento legal:** art. 894, I, a, da CLT
  - **1.1.3. Natureza jurídica:** ordinária (realiza exame de fatos e provas)
  - **1.1.4. Características**
    - **1.1.4.1.** Não serão cabíveis caso a decisão guerreada estiver em consonância com precedentes jurisprudenciais ou súmula do TST
    - **1.1.4.2.** Contra despacho do presidente do Tribunal que denegar seguimento aos embargos infringentes, caberá a interposição de agravo regimental no prazo de 8 (oito) dias
    - **1.1.4.3.** Serão julgados pela Seção Especializada em Dissídios Coletivos (SDC) do TST
    - **1.1.4.4.** Não necessita de prequestionamento

- **1.2. Embargos de divergência**
  - **1.2.1. Conceito:** recurso cabível em face das decisões que contenham divergência jurisprudencial entre as Turmas do Tribunal Superior do Trabalho, em dissídios individuais
    - **1.2.1.1. Prazo:** 8 (oito) dias
  - **1.2.2. Fundamento legal:** art. 894, II, da CLT
  - **1.2.3. Tipos de divergência que ensejam a interposição do recurso**
    - **1.2.3.1.** Divergência entre as turmas do TST
    - **1.2.3.2.** Divergência entre uma turma e a SDI
    - **1.2.3.3.** Divergência entre uma turma e OJ ou súmula do TST
    - **1.2.3.4.** Divergência entre uma turma e súmula vinculante do STF
  - **1.2.4. Características**
    - **1.2.4.1.** Natureza jurídica extraordinária
    - **1.2.4.2.** Não se admite exame de fatos
    - **1.2.4.3.** Matéria deve estar prequestionada
  - **1.2.5. Denegação de seguimento (pelo relator)**
    - **1.2.5.1.** Se a decisão recorrida estiver em consonância com súmula ou orientação jurisprudencial do TST ou do STF
    - **1.2.5.2.** Nas hipóteses de intempestividade, deserção, irregularidade de representação ou de ausência de qualquer outro pressuposto extrínseco de admissibilidade
    - **1.2.5.3.** Da decisão denegatória dos embargos caberá agravo, no prazo de 8 (oito) dias
  - **1.2.6. Embargos com repercussão social:** recurso que envolve relevante questão de direito, com grande repercussão social
    - **1.2.6.1. Afetação do julgamento:** por iniciativa de um dos membros da SDI 1 do TST e após a aprovação da maioria de seus integrantes
    - **1.2.6.2. Julgamento do recurso com repercussão social:** havendo a afetação o julgamento será realizado pelo Tribunal Pleno (art. 20 da IN 38 do TST)

DIREITO PROCESSUAL DO TRABALHO
Tema XXIII - Execução

MAPA EXECUÇÃO

Sentença ilíquida Art. 879 CLT → Cálculos / Arbitramento / Proced. comum → **Impugnação Art. 879, § 2º CLT** → **Sentença de homologação dos cálculos** → **Mandado de citação, penhora e avaliação Art. 880 CLT**

TST — Relator → TURMA → ACÓRDÃO → Embargos de divergência

TRT — Relator → TURMA → ACÓRDÃO → Recurso de revista art. 896, §§ 2º e 10, CLT

Garantia do juízo → Embargos à execução Art. 884 CLT → Impugnação aos embargos Art. 884, § 2º, CLT → Sentença → Agravo de petição

DIREITO PROCESSUAL DO TRABALHO
Tema XXIII - Execução

1. Execução I: objetiva a satisfação prática dos direitos do credor, consubstanciados em um título executivo

1.1. Espécies

- **1.1.1. Execução mediata:** se dá com a instauração de um processo autônomo
- **1.1.2. Execução imediata:** se dá como uma sequência da fase que a precede (fase de conhecimento), sem a instauração de um novo processo
- **1.1.3. Execução por título judicial:** cobrança calcada em título judicial. Pressupõe a existência de um processo de conhecimento
- **1.1.4. Execução por título extrajudicial:** cobrança imediata do crédito, sem a necessidade de um processo para que se conheça seu crédito – processo de conhecimento
- **1.1.5. Execução provisória:** utilizada sempre que a decisão estiver pendente de recurso desprovido de efeito suspensivo, ou seja, quando não houver o trânsito em julgado da decisão
  - **Dica:** seguirá até a fase de julgamento dos embargos à execução ou até mesmo do agravo de petição, não podendo haver atos de expropriação
- **1.1.6. Execução definitiva:** utilizada após o trânsito em julgado, quando não há possibilidades de recursos
  - **Jurisprudência:** súmula 417 do TST

1.2. Requisitos

- **1.2.1. Título executivo:** judicial ou extrajudicial; documento que traduz uma obrigação e permite a propositura da execução
- **1.2.2. Inadimplemento/exigibilidade:** devedor que não satisfaz a obrigação líquida, certa e exigível

1.3. Títulos executivos trabalhistas

1.3.1. Judiciais (art. 876, caput, da CLT)
- **1.3.1.1.** Sentenças ou acórdãos condenatórios transitados em julgado
- **1.3.1.2.** Sentenças ou acórdãos que tenham sido impugnados com recurso no efeito devolutivo
- **1.3.1.3.** Decisões que homologam acordo entre as partes: acordos não cumpridos

Atenção absoluta: é considerado inexigível o título judicial fundado em Lei ou ato normativo declarados inconstitucionais pelo STF ou em aplicação ou interpretação tidas por incompatíveis com a CF (art. 884, § 5º, da CLT)

1.3.2. Extrajudiciais (art. 876, caput, da CLT)
- **1.3.2.1.** Os Termos de Compromisso de Ajustamento de Conduta – TAC – com conteúdo obrigacional firmados perante o MPT
- **1.3.2.2.** Os termos de conciliação celebrados perante a Comissão de Conciliação Prévia
- **1.3.2.3.** Certidões da Dívida Ativa decorrentes das multas aplicadas pelo MTE (art. 114, VII, CF)
- **1.3.2.4.** Cheques e notas promissórias dadas em reconhecimento de dívida inequivocamente de natureza trabalhista (art. 13 da IN 39 do TST)

DIREITO PROCESSUAL DO TRABALHO

TEMA XXIII - EXECUÇÃO

1. Execução II

- **1.1. Legislação aplicável na execução trabalhista** (art. 889 da CLT)
  - **1.1.1.** CLT
  - **1.1.2.** Lei 5.584/1970: art. 12 (avaliação) e art. 13 (remição)
  - **1.1.3.** Lei 6.830/1980: Lei de Execução Fiscal
  - **1.1.4.** CPC/2015

  ⚠️ **Atenção absoluta:** na fase de execução, o CPC somente será aplicado havendo omissão na CLT, na Lei 5.584/1970 e também na Lei 6.830/1980

  💡 **Dica:** veja IN 39/2016 TST

- **1.2. Competência**
  - **1.2.1. Fundamento legal:** arts. 877 e 877-A da CLT
  - **1.2.2. Execução judicial:** tramitará no juízo ou Tribunal que tiver conciliado ou julgado originariamente o conflito
  - **1.2.3. Execução extrajudicial:** tramitará no juízo ou Tribunal que teria competência para o processo de conhecimento (art. 651 da CLT)

- **1.3. Legitimidade**
  - **1.3.1. Ativa:** art. 878 da CLT
    - **1.3.1.1.** Credor
      - Quando estiver representado por advogado
    - **1.3.1.2.** O juiz *ex officio*
      - Se a parte não estiver representada por advogado
    - **1.3.1.3.** Ministério Público do Trabalho, nos casos previstos em lei
    - **1.3.1.4.** O espólio, herdeiros ou sucessores do credor
    - **1.3.1.5.** O cessionário, quando o direito resultante do título executivo lhe for transferido por ato entre vivos
    - **1.3.1.6. O sub-rogado:** nos casos de sub-rogação legal ou convencional
    - **1.3.1.7.** Próprio devedor

    ⚠️ **Atenção absoluta:** a União também será parte legítima na cobrança de multas aplicadas aos empregadores (art. 114, VII, da CF e art. 4º da Lei 6.830/1980)

  - **1.3.2. Passiva**
    - **1.3.2.1.** Empregador ou empregado
    - **1.3.2.2.** Espólio, herdeiros e sucessores
    - **1.3.2.3. O responsável tributário:** devedor de custas, bem como o devedor de contribuições previdenciárias decorrentes das condenações da Justiça do Trabalho
    - **1.3.2.4. Responsável subsidiário nos casos de intermediação de mão de obra:** terceirização, dono de obra e empreiteiro
    - **1.3.2.5. Sucessor:** havendo sucessão trabalhista

- **1.4. Fases**
  - **1.4.1. Quantificação:** consiste em fixar o montante da obrigação devida pelo devedor ao credor
  - **1.4.2. Constrição:** consiste em garantir a execução do crédito
  - **1.4.3. Expropriação:** visa a alienação dos bens penhorados, por meio da praça ou leilão, para a satisfação do crédito do exequente

DIREITO PROCESSUAL DO TRABALHO

Tema XXIII - Execução

1. Execução III

- **1.1. Liquidação de sentença** (art. 879 da CLT e arts. 509 e ss. do CPC/2015)
  - **1.1.1. Liquidação por cálculos:** utilizada quando a determinação do valor da condenação depender de cálculos meramente aritméticos
  - **1.1.2. Liquidação por arbitramento:** as partes ou o próprio juiz designará um árbitro para que mensure os valores dos direitos assegurados ao exequente na sentença judicial
  - **1.1.3. Liquidação por artigos/pelo procedimento comum:** sempre que houver a necessidade de provar fatos novos que servirão de base para apuração do valor devido ao credor
  - **1.1.4. Atualização dos créditos decorrentes da condenação:** será feita pela Taxa Referencial (TR), divulgada pelo Banco Central do Brasil (art. 879, § 7º, da CLT)

- **1.2. Impugnação à liquidação (aos cálculos):** elaborada a conta e tornada líquida, o juízo deverá abrir às partes prazo comum de 8 dias para impugnação fundamentada com a indicação dos itens e valores objeto da discordância, sob pena de preclusão (art. 879, § 2º, da CLT)

  - **Dica:** trata-se de um dever do juiz
  - **Atenção absoluta:** a intimação do INSS para manifestação no prazo de 10 dias, acerca dos cálculos é obrigatória, sob pena de preclusão (art. 879, §3º, da CLT)

- **1.3. Sentença de liquidação:** decisão que resolve a fase de liquidação
  - **1.3.1. Natureza jurídica:** decisão interlocutória, não ensejando a interposição de recurso imediato (art. 893, § 1º, da CLT)

- **1.4. Trâmites iniciais da execução:** elaborada a conta e tornada líquida o juiz do Trabalho deverá:
  - **1.4.1. Mediante impugnação aos cálculos**
    - **1.4.1.1.** Abrir prazo sucessivo de 8 (oito) dias para que as partes apresentem impugnação aos cálculos, sob pena de preclusão (art. 879, § 2º, da CLT)
      - **Atenção absoluta:** aberto o prazo para impugnação, a parte tem o dever de impugnar, sob pena de não poder fazer em outra oportunidade no processo
    - **1.4.1.2. Homologação dos cálculos:** sentença de liquidação. Ato irrecorrível, dada sua natureza jurídica
    - **1.4.1.3.** Citação do executado para pagamento ou nomeação de bens, sob pena penhora (art. 880 da CLT)
    - **1.4.1.4.** Garantia do juízo
    - **1.4.1.5.** Oferecimento de embargos à execução
    - **1.4.1.6.** Impugnação aos embargos à execução
    - **1.4.1.7.** Prolação de sentença

DIREITO PROCESSUAL DO TRABALHO

TEMA XXIII - EXECUÇÃO

1. Execução IV

- **1.1. Execução contra devedor solvente:** se realizará objetivando a expropriação de bens do executado
  - **1.1.1. Expropriação:** o ato de expropriar consiste em (art. 825 do CPC/2015):
    - **1.1.1.1.** Adjudicação
    - **1.1.1.2.** Alienação
    - **1.1.1.3.** Apropriação de frutos e rendimentos da empresa ou de estabelecimento e outros bens

- **1.2. Procedimento**
  - **1.2.1. Expedição de mandado de citação:** para que o executado cumpra a decisão ou o acordo no prazo, pelo modo e sob as cominações estabelecidas ou, quando se tratar de pagamento em dinheiro, inclusive de contribuições sociais devidas à União, para que o faça em 48 (quarenta e oito) horas ou garanta a execução, sob pena de penhora (art. 880 da CLT)
    - **1.2.1.1. Devedor não encontrado:** não localizado por 2 vezes, será citado por edital
    - **1.2.1.2. Devedor encontrado:** possui 48 horas para:
      - Pagar a dívida: o pagamento será feito perante o escrivão ou secretário, lavrando-se termo de quitação, em 2 (duas) vias, assinadas pelo exequente, pelo executado e pelo mesmo escrivão ou secretário, entregando-se a segunda via ao executado e juntando-se a outra ao processo (art. 881 da CLT)
      - Depositará quantia correspondente, atualizada e acrescida das despesas processuais
      - Apresentar seguro-garantia judicial
      - Indicar bens para penhora, de acordo com a ordem do art. 835 do CPC/2015, para apresentação de embargos à execução

      ⚠️ **Atenção absoluta:** caso o executado permaneça inerte, seus bens serão penhorados até o limite do crédito exequendo

    ⚠️ **Atenção absoluta:** a citação será feita por oficial de justiça (art. 880, § 2º, da CLT)

  - **1.2.2. Protesto da decisão transitada em julgado:** somente poderá ser levada a protesto, gerar inscrição do nome do executado em órgãos de proteção ao crédito ou no Banco Nacional de Devedores Trabalhistas (BNDT), depois de transcorrido o prazo de 45 dias a contar da citação do executado, se não houver garantia do juízo (art. 883-A da CLT)
    - **Direito intertemporal:** aplica-se somente às execuções iniciadas a partir de 11 de novembro de 2017 (art. 15 da IN 41/2018 TST)

- **1.3. Penhora:** consiste na constrição de bens do executado que servirá para a garantia da execução
  - **1.3.1. Particularidades**
    - **1.3.1.1.** Obedecer a ordem do art. 835 do CPC/2015
      - 🔨 **Jurisprudência:** OJ 93 da SDI 2 do TST
    - **1.3.1.2.** Credor deverá ser intimado sobre a penhora para manifestar sua concordância

  - **1.3.2. Bens impenhoráveis**
    - **1.3.2.1.** Os bens inalienáveis e os declarados, por ato voluntário, não sujeitos à execução
    - **1.3.2.2.** Os móveis, os pertences e as utilidades domésticas que guarnecem a residência do executado, salvo os de elevado valor ou os que ultrapassem as necessidades comuns correspondentes a um médio padrão de vida
    - **1.3.2.4.** Os vencimentos, os subsídios, os soldos, os salários, as remunerações, os proventos de aposentadoria, as pensões, os pecúlios e os montepios, bem como as quantias recebidas por liberalidade de terceiro e destinadas ao sustento do devedor e de sua família, os ganhos de trabalhador autônomo e os honorários de profissional liberal, ressalvado o § 2o
    - **1.3.2.5.** Os livros, as máquinas, as ferramentas, os utensílios, os instrumentos ou outros bens móveis necessários ou úteis ao exercício da profissão do executado
    - **1.3.2.6.** O seguro de vida
    - **1.3.2.7.** Os materiais necessários para obras em andamento, salvo se essas forem penhoradas
    - **1.3.2.8.** A pequena propriedade rural, assim definida em lei, desde que trabalhada pela família
    - **1.3.2.9.** Os recursos públicos recebidos por instituições privadas para aplicação compulsória em educação, saúde ou assistência social
    - **1.3.2.10.** A quantia depositada em caderneta de poupança, até o limite de 40 (quarenta) salários-mínimos
    - **1.3.2.11.** Os recursos públicos do fundo partidário recebidos por partido político, nos termos da lei
    - **1.3.2.12.** Os créditos oriundos de alienação de unidades imobiliárias, sob regime de incorporação imobiliária, vinculados à execução da obra
    - **1.3.2.13.** Bens públicos
    - **1.3.2.14.** Bens de família
    - 🔨 **Jurisprudência:** OJ 153 da SDI 2 do TST

  - **1.3.3. Dispensa de garantia de juízo ou penhora:** entidades filantrópicas e/ou àqueles que compõem ou compuseram a diretoria dessas instituições

DIREITO PROCESSUAL DO TRABALHO

Tema XXIII - Execução

1. Embargos à execução

- **1.1. Fundamento legal:** art. 884 da CLT
- **1.2. Natureza jurídica:** ação
- **1.3. Prazo:** 5 dias contados da garantia do juízo
- **1.4. Matérias arguíveis:** nos embargos à execução é admitido que o executado apresente as seguintes fundamentações:
  - **1.4.1. Matérias dispostas no art. 884, §1º, da CLT**
    - 1.4.1.1. Cumprimento da decisão ou do acordo
    - 1.4.1.2. Quitação
    - 1.4.1.3. Prescrição da dívida - prescrição intercorrente
  - **1.4.2. Matérias relativas aos embargos à execução** (art. 917 do CPC/2015)
    - 1.4.2.1. Inexequibilidade do título ou inexigibilidade da obrigação
    - 1.4.2.2. Penhora incorreta ou avaliação errônea
    - 1.4.2.3. Excesso de execução ou cumulação indevida de execuções
    - 1.4.2.4. Retenção por benfeitorias necessárias ou úteis, nos casos de execução para entrega de coisa certa
    - 1.4.2.5. Incompetência absoluta ou relativa do juízo da execução
    - 1.4.2.6. Qualquer matéria que lhe seria lícito deduzir como defesa em processo de conhecimento
  - **1.4.3. Matérias relativas à impugnação** (art. 525, § 1º, CPC/2015): além das descritas acima:
    - 1.4.3.1. Falta ou nulidade da citação se, na fase de conhecimento, o processo correu à revelia
    - 1.4.3.2. Ilegitimidade de parte
    - 1.4.3.3. Qualquer causa modificativa ou extintiva da obrigação, como pagamento, novação, compensação, transação ou prescrição, desde que supervenientes à sentença
  - **1.4.4. Características dos embargos à execução:**
    - 1.4.4.1. Serão processados nos mesmos autos da execução, sendo recebidos com efeito suspensivo
    - 1.4.4.2. Poderão ser liminarmente indeferidos quando intempestivos; quando inepta sua petição (art. 330, I, do CPC/2015); ou, ainda, quando manifestamente protelatórios
- **1.5. Valor da causa**
  - 1.5.1. Se versar sobre o total do débito executado: o valor da causa será o valor da execução
  - 1.5.2. Se versar sobre parte do montante: deverá ser atribuído à causa o valor correspondente ao montante do benefício econômico pretendido
- **1.6. Exceção de pré-executividade:** admite-se para questões processuais e para matérias de ordem pública que a visem invalidar o título executivo
  - **1.6.1. Decisão da exceção de pré-executividade**
    - 1.6.1.1. **Não admitida:** não caberá recurso, art. 893, § 1º, da CLT
    - 1.6.1.2. **Admitida:** caberá agravo de petição por ser uma decisão interlocutória terminativa de feito
  - **Dica:** a exceção de pré-executividade não está prevista expressamente em nosso ordenamento jurídico
- **1.7. Embargos de terceiro:** ação que tem por fim livrar da constrição judicial injusta bens que foram apreendidos em um processo no qual o seu proprietário ou possuidor não é parte
  - **1.7.1. Fundamento legal:** arts. 674 ao 681 do CPC/2015
  - **1.7.2. Características**
    - 1.7.2.1. Deverão ser distribuídos por dependência ao juízo do processo que originou o ato de constrição e por ele será apreciado
    - 1.7.2.2. Poderão ser opostos a qualquer tempo no processo de conhecimento, enquanto não transitado em julgado a sentença ou acórdão e no processo de execução até 5 dias após a lavratura do termo de penhora
    - 1.7.2.3. Decisão recorrível via agravo de petição
  - **Jurisprudência:** súmula 419 do TST

DIREITO PROCESSUAL DO TRABALHO

TEMA XXIV - EXPROPRIAÇÃO DE BENS

1. Expropriação de bens

- **1.1. Adjudicação**
  - **1.1.1. Conceito:** é o ato pelo qual o credor incorpora ao seu patrimônio o bem constrito submetido a hasta pública
  - **1.1.2. Características:**
    - **1.1.2.1.** O exequente sempre tem preferência em adjudicar
    - **1.1.2.2.** Se não houver lance o exequente terá direito a adjudicar pelo valor da avaliação
    - **1.1.2.3.** Se houver lance, a adjudicação será deferida pelo valor do maior lance
    - **1.1.2.4.** Deverá manifestar o interesse em adjudicar, logo em seguida à praça ou em 24 horas após a praça

- **1.2. Arrematação:** é o ato que termina a expropriação de bens do devedor mediante alienação
  - **1.2.1. Alienação por iniciativa particular:** não efetivada a adjudicação, o exequente poderá requerer a alienação (art. 880 do CPC/2015)
  - **1.2.2. Por sua própria iniciativa**
  - **1.2.3. Por intermédio de corretor ou leiloeiro público credenciado perante o órgão judiciário**
    - ⚠️ **Atenção absoluta:** também é possível a alienação por leiloeiro particular (art. 888, § 3º, da CLT)
  - **1.2.4. Procedimento:** feito pedido pelo exequente, deverá o juiz:
    - **1.2.4.1.** Fixar prazo em que a alienação deverá ser realizada
    - **1.2.4.2.** A forma da publicidade
    - **1.2.4.3.** Preço mínimo
    - **1.2.4.4.** Condições de pagamento
    - **1.2.4.5.** Garantias
    - **1.2.4.6.** Comissão de corretagem, se for o caso
  - **1.2.5. Alienação por meio eletrônico:** pedido do exequente para que o leilão seja efetuado na *internet*, por meio de páginas virtuais criadas pelos TRTs
    - 💡 **Dica:** não sendo possível a sua realização por meio eletrônico, o leilão será presencial (art. 882 do CPC/2015)

- **1.3. Hasta pública:** ato por meio do qual se torna possível a transferência coativa do patrimônio
  - **1.3.1. Praça:** expropriação de bens imóveis, realizada no Fórum por funcionário da secretaria
    - **1.3.1.1. Leilão:** expropriação de bens móveis, feita por leiloeiro, podendo ser realizada fora das dependências do Fórum (art. 879, II, CPC/2015)
      - a) Leilão judicial
      - b) Leilão eletrônico
    - ⚠️ **Atenção absoluta:** os bens somente podem ser vendidos pelo valor da avaliação
    - ⚠️ **Atenção absoluta:** permite-se lances inferiores ao valor da avaliação
  - **1.3.2. Lance mínimo:** o juiz fixará o lance mínimo (art. 885, § 1º, do CPC/2015)
  - **1.3.3. Lance vil:** considera-se vil o preço inferior ao mínimo estipulado pelo juiz e constante do edital, e, não tendo sido fixado preço mínimo, considera-se vil o preço inferior a 50% do valor da avaliação
    - 💡 **Dica:** não será aceito lance com preço vil

- **1.4. Remição:** pagamento pelo executado (art. 888, § 1º, da CLT)
  - **1.4.1. Prazo para remição**
    - **1.4.1.1.** Até o momento imediatamente anterior ao pedido de adjudicação
    - **1.4.1.2.** Até as 24 horas que sucedem a arrematação
  - **1.4.2. Valor para remição:** executado deve oferecer preço igual ao valor da condenação em qualquer hipótese (art. 13 da Lei 5.584/1970)

- **1.5. Prioridade no processo do trabalho**
  - **1.5.1.** A remição prevalece sobre a adjudicação
  - **1.5.2.** A adjudicação prevalece sobre a arrematação

DIREITO PROCESSUAL DO TRABALHO

TEMA XXV - AÇÃO RESCISÓRIA

1. Ação rescisória

1.1. Conceito: ação que objetiva o desfazimento dos efeitos de decisões já transitados em julgado, tendo em vista a existência de vícios insanáveis

- **1.1.1. Fundamento legal:** art. 836 da CLT e 966 do CPC/2015

- **1.1.2. Requisitos**
  - **1.1.2.1.** Decisão interlocutória de mérito
  - **1.1.2.2.** Sentença ou acórdão de mérito
  - **1.1.2.3. Decisão sem resolução de mérito:** desde que impeça nova propositura de demanda ou que impeça admissibilidade de recurso correspondente (art. 966, § 2º, do CPC/2015)
  - **1.1.2.4.** Trânsito em julgado da decisão
  - **1.1.2.5.** Depósito prévio de 20% do valor da causa

- **1.1.3. Destino do depósito**
  - **1.1.3.1. Ação procedente:** restituição do depósito
  - **1.1.3.2. Ação improcedente:** depósito revertido em favor do réu

- **1.1.4. Isenção do depósito prévio**
  - **1.1.4.1.** União, Estado, DF, Município
  - **1.1.4.2.** Ministério Público do Trabalho
  - **1.1.4.3.** Beneficiários da assistência judiciária gratuita

- **1.1.5. Hipóteses de cabimento** (art. 966 do CPC/2015)
  - **1.1.5.1.** Se verificar que foi proferida por prevaricação, concussão ou corrupção do juiz
  - **1.1.5.2.** Proferida por juiz impedido ou juízo absolutamente incompetente
  - **1.1.5.3.** Resultar de dolo ou coação da parte vencedora em detrimento da parte vencida, ou, ainda, de simulação ou colusão entre as partes, a fim de fraudar a lei
  - **1.1.5.4.** Ofender a coisa julgada
  - **1.1.5.5.** Violar manifestamente a norma jurídica
  - **1.1.5.6.** Se fundar em prova cuja falsidade tenha sido apurada em processo criminal ou que seja provada na própria ação rescisória
  - **1.1.5.7.** Obtiver o autor, posteriormente ao trânsito em julgado, prova nova cuja existência ignorava ou de que não pôde fazer uso e capaz por si só de lhe assegurar pronunciamento favorável
    - **Jurisprudência:** súmula 402 do TST
  - **1.1.5.8.** Fundada em erro de fato, verificável do exame dos autos

- **1.1.6. Legitimidade** (art. 967 do CPC/2015)
  - **1.1.6.1.** Quem foi parte no processo ou o seu sucessor a título universal ou singular
  - **1.1.6.2.** O terceiro juridicamente interessado
  - **1.1.6.3.** O Ministério Público do Trabalho
    - Se não foi ouvido no processo em que lhe era obrigatória a intervenção
    - Quando a decisão rescindenda é o efeito de simulação ou de colusão das partes a fim de fraudar a lei
    - Em outros casos em que se imponha sua atuação
    - **Jurisprudência:** súmula 407 do TST
  - **1.1.6.4.** Aquele que não foi ouvido no processo em que lhe era obrigatória a intervenção

- **1.1.7. Competência originária**
  - **1.1.7.1. TRT:** decisão rescindenda for de juiz do Trabalho ou de acórdão do próprio Tribunal Regional do Trabalho
  - **1.1.7.2. TST:** decisão rescindenda for do próprio TST

- **1.1.8. Prazo:** decadencial de 2 anos contados do trânsito em julgado da decisão da última decisão
  - **Jurisprudência:** súmula 100 do TST

- **1.1.9. Documentos indispensáveis**
  - **1.1.9.1.** Prova do trânsito em julgado da decisão rescindenda
  - **Ausência do documento:** deverá o relator abrir prazo de 15 (quinze) dias para que o faça, sob pena de indeferimento (art. 321 do CPC/2015)
  - **Jurisprudência:** súmulas 263 e 299 do TST

- **1.1.10. Contestação:** prazo de 15 a 30 dias (art. 970 do CPC/2015)

- **1.1.11. Produção de provas:** relator delegará para o órgão que proferiu a decisão rescindenda, fixando prazo de 1 a 3 meses para devolução dos autos

- **1.1.12. Honorários advocatícios:** é possível a condenação em honorários advocatícios em até 20% do valor da causa
  - **Jurisprudência:** súmula 219, II e IV, do TST

DIREITO PROCESSUAL DO TRABALHO

TEMA XXVI - MANDADO DE SEGURANÇA

1. Mandado de segurança

1.1. Conceito: remédio constitucional que objetiva a proteção de direito líquido e certo, não amparado por *habeas corpus ou habeas data*, sempre que, ilegalmente ou com abuso de poder, qualquer pessoa física ou jurídica sofrer violação ou houver justo receio de sofrê-la por parte de autoridade pública

1.1.1. Fundamento legal: Lei 12.016/2009

1.2. Competência
Será da Justiça do Trabalho quando o ato questionado envolver matéria sujeita à sua jurisdição (relação de trabalho) ou for proferido por autoridades da Justiça do Trabalho (art. 114, IV, da CF)

1.2.1. Competência originária do MS

- **1.2.1.1. Juiz do Trabalho/Vara do Trabalho:** contra ato do fiscal do trabalho ou autoridade no exercício de função pública em empresa pública, sociedade de economia mista
- **1.2.1.2. TRT:** contra ato do juiz da vara, diretor da secretaria, demais funcionários, juízes do TRT e demais funcionários do TRT
- **1.2.1.3. TST:** contra ato do presidente do TST ou outro ministro do TST

1.3. Principais hipóteses de cabimento de MS

- **1.3.1. Indeferimento de medida liminar em ação de reintegração de posse de dirigente sindical** (art. 659, X, da CLT)
- **1.3.2. Indeferimento de liminar sobre transferência ilegal** (art. 659, IX, da CLT)
- **1.3.3. Deferimento de tutela antecipada antes da sentença** (arts. 294 e 300 do CPC/2015)
- **1.3.4. Exigência de depósito prévio para custeio dos honorários periciais**
  - *Jurisprudência:* OJ 98 SDI2 TST
- **1.3.5. Suspensão do empregado para inquérito judicial para apuração de falta grave:** o empregador possui o direito líquido e certo de suspender o empregado até o fim do inquérito judicial para apuração de falta grave
  - *Jurisprudência:* OJ 137 SDI 2 TST

1.4. Hipóteses de não cabimento

- **1.4.1.** Caso caiba recurso administrativo com efeito suspensivo, independentemente de caução
- **1.4.2.** Contra decisões judiciais das quais caiba recurso com efeito suspensivo
- **1.4.3.** A homologação de acordo
  - *Jurisprudência:* súmula 418 do TST
- **1.4.4.** Decisão judicial transitada em julgado

1.5. Prazo
Decadencial de 120 dias, contados da ciência do ato taxado de ilegal ou abusivo

1.6. Peculiaridades
- **1.6.1.** Não admite a produção de provas
- **1.6.2.** Petição deve ser instruída com prova pré-constituída

1.7. Processamento
- **1.7.1.** Impetrado no prazo decadencial de 120 dias, contados da ciência do ato ilegal
- **1.7.2.** Intimação da autoridade coatora para prestar informações no prazo de 10 dias
- **1.7.3.** Intimação do MPT, que opinará dentro do prazo improrrogável de 10 dias
- **1.7.4.** Com ou sem o parecer do Ministério Público, os autos serão conclusos ao juiz para a decisão, a qual deverá ser necessariamente proferida em 30 dias
- **1.7.5.** Da decisão, denegando ou concedendo a segurança, caberá recurso

⚠ **Atenção absoluta:** não há pagamento de honorários advocatícios (art. 25 da Lei 12.016/2009)

1.8. Recursos
- **1.8.1. Decisão de órgão de 1º grau que concede ou denega liminar no MS:** decisão interlocutória. Não cabe recurso. Será possível novo MS
- **1.8.2. Indeferimento da inicial por órgão de 1º grau:** sentença. Caberá interposição de recurso ordinário (art. 895, I, da CLT)
- **1.8.3. Indeferimento da inicial por órgão de 2º grau (relator):** decisão monocrática. Será cabível agravo interno/regimental
- **1.8.4. Julgamento por juiz de 1º grau:** sentença. Será cabível interposição de recurso ordinário (art. 895, I, da CLT)
- **1.8.5. Julgamento por juiz de 2º grau:** acórdão. Será cabível a interposição de recurso ordinário (art. 895, II, da CLT)
- **1.8.6. Julgamento pelo TST:** acórdão. Será cabível a interposição de Recurso Ordinário Constitucional – ROC – (art. 102, II, da CF) ou Recurso extraordinário (art. 102, III, da CF)

DIREITO PROCESSUAL DO TRABALHO

TEMA XXVII - PROCESSO PARA HOMOLOGAÇÃO DE ACORDO EXTRAJUDICIAL

1. Processo de jurisdição voluntária: questões que são submetidas ao Estado-Juiz, porém, não há conflito de interesses

1.1. Fundamento legal: arts. 855-B a 855-E da CLT

1.2. Obrigatoriedade de representação por advogado

🔒 **Cuidado:** não é cabível o *jus postulandi*

- **1.2.1. Empregado/trabalhador:** poderá ser assitido por advogado do sindicato
- **1.2.2. As partes não poderão ser representadas por advogado comum**
- **1.2.3. Prazo para pagamento das verbas rescisórias** (art. 477, § 6º, da CLT): não será afetado pela distribuição do processo de homologação
- **1.2.4. Multa por atraso no pagamento das verbas rescisórias:** a distribuição do processo de homologação não afasta a multa
- **1.2.5. Análise do juiz:** no prazo de 15 dias a contar da distribuição da petição
  - **1.2.5.1. Audiência:** designação pelo juiz se entender necessário
- **1.2.6. Homologação do acordo é faculdade do juiz:** Juiz não é obrigado a homologar o acordo

⚖️ **Jurisprudência:** Súmula 418 TST

⚠️ **Atenção absoluta:** Importante frisar que a recusa por parte do juiz deve ser fundamentada, requisito para a validade de qualquer decisão judicial

- **1.2.7. Suspensão da prescrição:** quanto aos direitos especificados no pedido
  - **1.2.7.1. Reinício da contagem do prazo prescricional:** voltará a fluir no dia útil seguinte ao do trânsito em julgado da decisão que negar a homologação do acordo
- **1.2.8. Decisão**
  - **1.2.8.1. Não homologação do acordo:** cabível recurso ordinário (art. 895 da CLT)
  - **1.2.8.2. Homologado em parte:** cabível recurso ordinário (art. 895 da CLT)

DIREITO PROCESSUAL DO TRABALHO

TEMA XXX - PRESCRIÇÃO TRABALHISTA

1. Prescrição: perda da pretensão pelo decurso do prazo estabelecido por lei (art. 7º, XXIX, CF; art. 11 da CLT)

- **1.1. Prescrição bienal:** 2 anos após a extinção do contrato de trabalho

- **1.2. Prescrição quinquenal:** 5 anos anteriores ao ajuizamento da reclamação trabalhista
  - *Jurisprudência:* súmulas 308 TST

- **1.3. Prescrição FGTS**
  - **1.3.1. casos em que a ciência da lesão ocorreu a partir de 13.11.2014:** prescrição quinquenal para reclamar contra o não-recolhimento de contribuição para o FGTS, observado o prazo de dois anos após o término do contrato
  - **1.3.2. casos em que a ciência ocorreu antes de 13.11.2014:** para os casos em que o prazo prescricional já estava em curso em 13.11.2014, aplica-se o prazo prescricional que se consumar primeiro: trinta anos, contados do termo inicial, ou cinco anos, a partir de 13.11.2014
  - *Jurisprudência:* súmulas 362 TST

- **1.4. Ações que tenham por objeto anotações para fins de prova junto à Previdência Social:** os prazos prescricionais não se aplicam (art. 11, § 1º, da CLT)

- **1.5. Ação em que se objetiva a soma de períodos descontínuos de trabalho:** o prazo prescricional começa a fluir da data de extinção do último contrato
  - *Jurisprudência:* súmulas 156 TST

- **1.6. Complementação de aposentadoria:** a pretensão à complementação de aposentadoria jamais recebida prescreve em 2 (dois) anos contados da cessação do contrato de trabalho
  - *Jurisprudência:* súmulas 326 TST

- **1.7. Diferenças de complementação de aposentadoria:** sujeita-se à prescrição parcial e quinquenal, salvo se o pretenso direito decorrer de verbas não recebidas no curso da relação de emprego e já alcançadas pela prescrição, à época da propositura da ação
  - *Jurisprudência:* súmulas 327 TST

- **1.8. Pretensão com pedido de prestações sucessivas decorrente de alteração ou descumprimento do pactuado:** prescrição total (2 anos) (art. 11, § 2º, da CLT)
  - **Atenção absoluta:** regra não aplicável quando o direito à parcela esteja também assegurado por preceito de lei
  - *Jurisprudência:* súmulas 294 TST

- **1.9. Ação de cumprimento:** O prazo de prescrição com relação à ação de cumprimento de decisão normativa flui apenas da data de seu trânsito em julgado
  - *Jurisprudência:* súmulas 350 TST

- **1.10. Interrupção da prescrição:** somente pelo ajuizamento de reclamação trabalhista, mesmo que em juízo incompetente, ainda que venha a ser extinta sem resolução do mérito
  - *Jurisprudência:* súmulas 268 TST
  - **Atenção absoluta:** produzirá efeitos apenas em relação aos pedidos idênticos

- **1.11. Oportunidade de arguição:** poderá ser requerida dentro da instância ordinária, ou seja, até em grau de recurso ordinário
  - *Jurisprudência:* súmulas 153 TST

- **1.12 Prescrição intercorrente:** é aquela que se configura no curso da execução (art. 11-A da CLT)
  - **1.12.1. Início do prazo**
    - **Descumprimento de determinação após a 11 de novembro de 2017:** a fluência do prazo prescricional intercorrente inicia-se quando o exequente deixar de cumprir determinação judicial no curso da execução (art. 11, § 1º, da CLT e art. 2º IN 41/2018 do TST)
    - **Descumprimento de determinação anterior a 11 de novembro de 2017:** aplicam-se as regras das súmulas 114 TST e 327 STF

- **1.13. Declaração de ofício pelo Juiz:** diferente das prescrições bienal e quinquenal, a prescrição intercorrente poderá ser declara ex officio pelo magistrado (art. 11-A, § 2º, da CLT)

DIREITO AMBIENTAL

Wander Garcia

DIREITO AMBIENTAL

Tema I - Introdução e Princípios de Direito Ambiental

1. Introdução e Princípios de Direito Ambiental

1.1. Histórico da preocupação ambiental no mundo

1.1.1. Conferência de Estocolmo (1972): fez a Declaração do Meio Ambiente, a qual reconheceu que a rápida aceleração da ciência e da tecnologia vinha causando vários danos ao meio ambiente

1.1.2. RIO-92 (ECO-92): fez a Declaração do Rio, a qual tratou do desenvolvimento sustentável, da precaução, do poluidor-pagador e de instrumentos econômicos. Redigiu também a Agenda 21, com ações a serem cumpridas pelos Estados signatários

1.1.3. RIO+10 (2002): a África do Sul sediou a 3ª Conferência Mundial sobre o meio ambiente, que fez O Compromisso de Joanesburgo sobre Desenvolvimento Sustentável, cujos objetivos são erradicar a pobreza, mudar os padrões insustentáveis de produção e consumo e proteger os recursos naturais

1.1.4. RIO+20 (2012): o Rio de Janeiro sediou a 4ª Conferência Mundial, que redigiu O Futuro que Queremos, reafirmando compromissos anteriores

1.1.5. COP-21 (2015): Paris sediou Conferência Sobre a Mudança Climática, com destaque para as inéditas medidas dos EUA e da China, que se comprometeram a reduzir emissões de gases do efeito estufa; dois anos depois Trump tirou os EUA do acordo

1.2. História da proteção ambiental no Brasil

1.2.1. Fase da exploração desregrada:
– Até a década de 1960
– Não há normas de proteção ao meio ambiente

1.2.2. Fase fragmentária:
– Até o início dos anos 1980
– Existência de leis pontuais de proteção ao meio ambiente
Exemplos: Código Florestal (65) e Código de Caça (67)

1.2.3. Fase holística:
– Nasce em 1981, com a Lei 6.938/1981
– Existência de leis gerais sobre meio ambiente
– Regulamentação do SISNAMA
Exemplos: Política Nacional do Meio Ambiente (PNMA) e Constituição Federal de 1988 (CF/88)

1.3. Princípios do Direito Ambiental

1.3.1. Desenvolvimento sustentável
a) **Conceito:** determina a harmonização entre o desenvolvimento econômico e social, de um lado, e a garantia da preservação dos recursos ambientais, de outro
b) **Antecedentes:** conferências
Exemplos: leis determinando aquecimento solar, descargas sustentáveis, reutilização de água, telhado verde, coleta seletiva e sacolas de pano

1.3.2. Poluidor-pagador
a) **Aspecto repressivo:** impõe responsabilidade civil objetiva àquele que degrada o meio ambiente
b) **Aspecto preventivo:** impõe a internalização das externalidades negativas
Externalidades: degradação e uso do meio ambiente
Internalização: dos custos sociais disso
Exemplo 1: outorga onerosa do direito de construir (art. 28 da Lei 10.257/2001): paga-se para construir além do coeficiente básico de aproveitamento (usa-se $ em favor do meio ambiente)
Exemplo 2: paga-se para poder emitir gases na atmosfera mediante a compra de "créditos de carbono"

1.3.3. Prevenção e Precaução
a) **Em comum:** ambos impõem a tomada de medidas prévias de modo a proteger o meio ambiente
b) **Prevenção:** incide em caso de certeza científica de que haverá dano ambiental
c) **Precaução:** incide em caso de incerteza científica de que haverá dano ambiental:
– Vige a máxima do in "dubio pro societate"
– Inverte o ônus da prova

1.3.4. Educação ambiental
a) **Aspecto 1:** impõe ao Poder Público a promoção da educação ambiental em todos os níveis de ensino
b) **Aspecto 2:** impõe ao Poder Público a promoção da conscientização pública para a preservação do meio ambiente (art. 225, § 1º, VI, da CF; Lei 9.795/99 impõe dever à sociedade também)

1.3.5. Equidade intergeracional: as presentes e futuras gerações têm os mesmos direitos em relação ao meio ambiente ecologicamente equilibrado (arts. 225/CF e 6º da Lei 11.428/2006)

1.3.6. Obrigatoriedade da intervenção estatal

1.3.7. Participação e cooperação coletiva

1.3.8. Responsabilidade objetiva

1.3.9. Reparação integral

1.3.10. Direito Humano Fundamental

1.3.11. Transparência das informações e atos

1.3.12. Função socioambiental da propriedade

> **Jurisprudência:** de acordo com a Súmula 613 do STJ, "não se admite a aplicação da teoria do fato consumado em tema de Direito Ambiental"

DIREITO AMBIENTAL

Tema II - Direito Ambiental na Constituição Federal

1. Direito Ambiental na Constituição Federal

1.1. Competência em matéria ambiental

1.1.1. Competência administrativa

a) É a competência para executar as leis (art. 23, III a VII, da CF)
Exemplos: fiscalização, preservação, licenciamento ambiental e tombamento
b) é comum da União, Estados, DF e Municípios
Exemplos: poder de polícia, tombamento cumulativo
c) Leis complementares regularão a cooperação entre os entes políticos na competência comum – vide a Lei Complementar 140/11

1.1.2. Competência legislativa

a) É a competência para legislar (arts. 24, VI a VIII, 25 e 30 da CF)
b) É concorrente da União, Estados e DF
c) União: estabelece leis gerais (art. 24, § 1º); meio ambiente do trabalho é matéria privativa da União (art. 22, I, da CF)
d) Estados e DF:
– **Existindo lei federal:** podem suplementar esta (art. 24, § 2º); exemplo de suplementação: regular aspecto não regulamentado na lei federal; como aplicar a lei local
– **Inexistindo lei federal:** legislam plenamente, para atender a suas peculiaridades (art. 24, § 3º)
Atenção: sobrevindo lei federal, lei estadual fica com eficácia suspensa, no que for contrária (§ 4º)
e) Municípios (art. 30, I e II, da CF):
– Legislam sobre assuntos de interesse local
– Suplementam a legislação federal e estadual no que couber

1.2. Outras disposições da CF (art. 225)

1.2.1. Princípios ambientais já mencionados

1.2.2. Deveres do Poder Público:

a) Fiscalizar, controlar, preservar e restaurar (I, II, V e VII)
b) Criar espaços territoriais especialmente protegidos (III)
c) Exigir Estudo de Impacto Ambiental – EIA (IV)
d) Aplicar sanções penais, administrativas e civis a pessoas físicas ou jurídicas (§ 3º)

1.2.3. Definição de Patrimônio Nacional (§ 4º)

a) Floresta Amazônica
b) Mata Atlântica
c) Serra do Mar
d) Pantanal Mato-Grossense
e) Zona Costeira

1.2.4. Definição de Terras Indisponíveis (§ 5º):
Devolutas ou arrecadadas pelos Estados, por ações discriminatórias, necessárias à proteção dos ecossistemas naturais

1.2.5. Instalação de usinas nucleares (§ 6º):
Usinas nucleares devem ter sua localização definida em lei federal, sem o que não poderão ser instaladas

DIREITO AMBIENTAL

Tema III - Bens Ambientais

1. Bens Ambientais

1.1. Conceito de meio ambiente:
conjunto de condições, leis, influências e interações de ordem física, química e biológica, que permite, abriga e rege a vida em todas as suas formas

1.2. Natureza jurídica do bem ambiental:

a) Para fins processuais: bem difuso (transindividual, indivisível, titulares indetermináveis, ligados por circunstâncias de fato) (art. 81, parágrafo único, I, do CDC)
b) Para fins de identificação do titular: público ou particular; mas o "meio ambiente ecologicamente equilibrado" é bem de uso comum do povo

1.3. Natureza jurídica do dano ambiental:

– Depende do pedido formulado em juízo

1.4. Espécies de bens ambientais:

a) Meio ambiente natural: *elementos que existem mesmo sem a influência do homem*
Exemplos: solo, água, ar, fauna e flora
b) Meio ambiente artificial: *espaço construído pelo homem, na interação com a natureza*
Exemplo: edificações
c) Meio ambiente cultural: *elementos utilizados ou construídos pelo homem, que detêm valor especial para a sociedade*
Exemplo: Pelourinho
d) Meio ambiente do trabalho: *espaço onde o homem exerce suas atividades laborais*
– Previsto na CF (art. 200, VIII); competência da União

1.5. Meio ambiente cultural:

1.5.1. Conceito: são os bens *materiais* ou *imateriais* portadores de referência especial, como:

a) As formas de expressão
b) Os modos de criar, fazer e viver
c) As criações científicas, artísticas e tecnológicas
d) As obras, objetos, documentos, edificações e demais espaços destinados à arte e à cultura
e) Os conjuntos urbanos e sítios de valor histórico, paisagístico, artístico, arqueológico etc.

1.5.2. Instrumentos de proteção previstos na CF

a) Inventários
b) Registros
c) Vigilância
d) Tombamento
e) Desapropriação

1.5.3. Tombamento (Decreto-lei 25/37)

1.5.3.1. Conceito: ato do Poder Público que declara determinado bem de valor histórico, artístico, paisagístico, turístico, cultural ou científico, para fins de proteção

1.5.3.2. Objeto:

– Material/imaterial
– Móvel/imóvel
– Imóvel isolado/conjunto arquitetônico
– Bairro
– Cidade
Obs.: cabe tombamento cumulativo

1.5.3.3. Modalidades:

a) Voluntário: a pedido
b) Contencioso:
– Notificação
– Defesa em 15 dias
– Após notificação, fica implementado o tombamento provisório

1.5.3.5. Efeitos do tombamento:

a) Por ato administrativo: após decisão, inscreve-se no Livro do Tombo; em se tratando de imóvel, há de se registrar no Registro de Imóveis
b) Por ato legislativo: um exemplo é o art. 216, § 5º, da CF, que tomba os documentos e sítios detentores de reminiscências históricas dos antigos quilombos
c) Por ato judicial: ACP, AP

1.5.3.4. Instituição:

a) O proprietário deve **conservar** a coisa
– Se não tiver recursos, o Poder Público está autorizado pela lei a arcar com os custos
b) O proprietário depende de **autorização especial** para reparar, pintar ou restaurar a coisa
c) Os **vizinhos** não podem reduzir a visibilidade da coisa tombada
d) Bem tombado **público** é inalienável
e) Bem tombado **não pode sair do País**, salvo se por prazo curto, sem alienação, para fim de intercâmbio cultural e mediante autorização pública

DIREITO AMBIENTAL

Tema IV – SISNAMA

1. SISNAMA

1.1. Conceito (art. 6º da Lei 6.938/81): conjunto articulado de órgãos e entidades da União, dos Estados, do DF e dos Municípios responsáveis pela proteção e melhoria da qualidade ambiental, com estrutura federativa

1.2. Estrutura:

1.2.1. Órgão Superior

a) Conselho de Governo (CG)
b) Competência: assessorar o presidente da República na formulação da Política Nacional e nas diretrizes governamentais

1.2.2. Órgão Consultivo e Deliberativo

a) **CONAMA** – Conselho Nacional do Meio Ambiente
b) **Competências:**
– Assessorar e propor ao CG diretrizes de políticas governamentais para o meio ambiente
– Deliberar sobre normas e padrões ambientais
c) **Composição** (Dec. 99.274/1990):
– Ministro do Meio Ambiente é o presidente
– Secretário Executivo do Ministério do Meio Ambiente é o secretário executivo
- 1 representante por Ministério: da Casa Civil da Presidência da República; da Economia; Infraestrutura; Agricultura, Pecuária e Abastecimento; de Minas e Energia; do Desenvolvimento Regional; Secretaria de Governo da Presidência da República
- 1 representante de cada região geográfica do País indicado pelo governo estadual
- 2 representantes de Governos municipais, dentre as capitais dos Estados
- 4 representantes de entidades ambientalistas de âmbito nacional inscritas, há, no mínimo 1 ano, no Cadastro Nacional de Entidades Ambientalistas - Cnea, mediante carta registrada ou protocolizada junto ao Conama
- 2 representantes indicados pelas seguintes entidades empresariais: Confederação Nacional da Indústria; do Comércio; de Serviços; da Agricultura; do Transporte
- Obs: o Ministério Público Federal poderá indicar um representante, titular e suplente, para participar do Plenário do Conama na qualidade de membro convidado, sem direito a voto
d) **Vantagens dos membros:**
– Participação é serviço de natureza relevante
– Não recebem remuneração
– Deslocamento e estadia por conta das entidades representadas
e) **Estrutura:** tem Plenário, Comitê de Integração de Políticas Ambientais e Câmaras Técnicas, Grupos de Trabalho e Assessores

1.2.3. Órgão Central

a) **Secretaria do Meio Ambiente da Presidência da República**
b) **Competência:** planejar, coordenar e controlar a política nacional e as diretrizes governamentais fixadas para o meio ambiente

1.2.4. Órgão Executor

a) **IBAMA** (licenciamentos e poder de polícia) e **Instituto Chico Mendes** (UCs federais)
b) **Competência:** executar e fazer executar a política e as diretrizes fixadas para o meio ambiente

1.2.5. Órgãos Seccionais e Locais

a) **Órgãos ou entidades estaduais ou municipais**, respectivamente
b) **Competência:** fiscalizar atividades capazes de provocar degradação ambiental

DIREITO AMBIENTAL

TEMA V - INSTRUMENTOS DE PROTEÇÃO AO MEIO AMBIENTE

1. Instrumentos de Proteção ao Meio Ambiente

1.1. Instrumentos da Política Nacional do Meio Ambiente (PNMA):

1.1.1. Estabelecimento de padrões de qualidade ambiental
Exemplo: poluição das águas, poluição atmosférica, composição dos combustíveis, licenciamento ambiental, EIA/RIMA

1.1.2. Zoneamento ambiental
– Delimitação geográfica de áreas territoriais com o objetivo de estabelecer regimes especiais de uso, gozo e fruição
Exemplo: urbano, costeiro, agrícola, ecológico-econômico

1.1.3. Avaliação de impactos ambientais
– AIA (Avaliação de Impacto Ambiental): simples avaliação
– EIA (Estudo de Impacto Ambiental): avaliação em caso de significativo impacto ambiental

1.1.4. Licenciamento e revisão de atividades efetiva ou potencialmente poluidoras

1.1.5. Incentivos à produção e instalação de equipamentos e à criação ou absorção de tecnologia, voltados para a melhoria da qualidade ambiental

1.1.6. Criação de espaços territoriais especialmente protegidos (Lei 9.985/2000)

1.1.7. Imposição de penalidades disciplinares ou compensatórias

1.1.8. Sistema nacional de informações sobre o meio ambiente + garantia de informações ambientais

1.1.9. Cadastro Técnico Federal de Atividades e Instrumentos de Defesa Ambiental

1.1.10. Cadastro Técnico Federal de Atividades Potencialmente Poluidoras ou Utilizadoras de Recursos Ambientais

1.1.11. Instituição do Relatório de Qualidade do Meio Ambiente, divulgado anualmente pelo IBAMA

1.1.12. Concessão Florestal (Lei 11.284/06)
– Gestão de florestas públicas:
a) pelo Poder Público, com criação de UCs (unidades de conservação)
b) pelo particular, com concessão florestal:
– onerosa
– manejo florestal sustentável
– pessoa jurídica, em consórcio ou não
– licitação na modalidade concorrência
– até 40 anos
– auditorias florestais no mínimo a cada 3 anos

1.1.13. Servidão Ambiental (Lei 11.284/2006)
a) Renúncia voluntária ao direito de uso e exploração do imóvel
b) Pelo proprietário rural
c) Em caráter permanente ou temporário
d) Na totalidade ou em parte do bem
e) Não se aplica às áreas de preservação permanente e de reserva legal
f) Averbada no registro de imóveis
Exemplo: para compensação ambiental (exemplo: cota de reserva ambiental – CRA, vantagens tributárias)
– A CRA pode ser utilizada para fins de compensação de reserva legal; é transferível

1.2. Outros instrumentos de proteção do MA:

– **Área de preservação permanente**
• Lei 12.651/2012: em zona rural ou urbana
a) **Legal** (art. 4º): por exemplo, raio de 50 m de nascentes
b) **Instituída** (art. 6º): por exemplo, floresta destinada a evitar erosão do solo
• Uso só em caso de utilidade pública, interesse social ou baixo impacto ambiental
– **Reserva legal:** Lei 12.651/2012 (art. 12)
• % em área rural em que se proíbe o corte
• Regra é 20%; na Amazônia chega a 80%
• É livre a coleta de produtos não madeireiros; cabe exploração econômica com manejo sustentável, mediante autorização oficial (arts. 21 e 22)
– **Tombamento**
– **Desapropriação**
– **Responsabilidade civil**
– **Responsabilidade administrativa**
– **Responsabilidade penal**

DIREITO AMBIENTAL

TEMA VI - LICENCIAMENTO AMBIENTAL E EIA/RIMA

1. LICENCIAMENTO AMBIENTAL E EIA/RIMA

1.1. Licenciamento ambiental

1.1.1. Conceito: procedimento administrativo obrigatório para atividades capazes de causar degradação ambiental

1.1.2. Regulamentação: LC 140/11 e Resolução 237/97 do CONAMA

1.1.3. Competência: princípio do licenciamento exclusivo, ou seja, somente um ente político será responsável pelo licenciamento ambiental, segundo os critérios de impacto ambiental abaixo

1.1.3.1. Impacto nacional e regional
– É competência do IBAMA, com colaboração de Estados e Municípios. IBAMA pode delegar competência aos Estados, se o dano for regional, por convênio ou lei
– Empreendimento em 2 estados, em país limítrofe, no mar territorial, plataforma continental ou zona econômica exclusiva, em terras indígenas, em unidades de conservação da União, de caráter militar ou nuclear

1.1.3.2. Impacto microrregional
– É competência do Estado-membro
– Empreendimentos em 2 ou mais Municípios, em unidades de conservação do Estado e em casos que não sejam da União ou dos Municípios. **Exemplo:** construção de estrada que liga 3 municípios

1.1.3.3. Impacto local
– É competência do Município, se tiver ESTRUTURA + Conselho do Meio Ambiente
– Nas unidades de conservação municipais e em casos de impacto ambiental local, conforme tipologias estabelecidas pelo Conselho Estadual do Meio Ambiente local
Exemplos: construção de uma casa com corte de árvore; obra em uma unidade de conservação municipal

1.1.3.4. Atuação supletiva
– Ação do ente da Federação que substitui o ente competente, por falta dos requisitos para poder licenciar
Exemplo: Estado-membro é competente para o licenciamento em caso de impacto local, se o Município local não tiver estrutura ou Conselho Municipal do Meio Ambiente

1.1.3.5. Atuação subsidiária
– Ação do ente da Federação que visa auxiliar no desempenho das atribuições decorrentes das competências comuns, quando solicitado pelo ente federativo competente

1.1.4. Espécies de licença:

1.1.4.1. Licença prévia: autoriza a localização do empreendimento e os requisitos para as próximas fases do procedimento
– Validade: até 5 anos

1.1.4.2. Licença de instalação: autoriza a implantação do empreendimento
– Validade: até 6 anos

1.1.4.3. Licença de operação: autoriza o início das atividades e o funcionamento do empreendimento
– Validade: de 4 a 10 anos - **Obs.:** a renovação da licença deve ser requerida com antecedência de 120 dias, ficando automaticamente prorrogada até manifestação do órgão competente

1.2. Estudo de Impacto Ambiental – EIA

1.2.1. Conceito: estudo multidisciplinar obrigatório para atividades capazes de causar significativa degradação ambiental

1.2.2. Regulamentação:
a) Art. 225, § 1º, IV, da CF
b) Resolução nº 1/86 do CONAMA
c) A resolução traz rol exemplificativo dos casos em que se deve fazer o EIA/RIMA; por Exemplo:
– Estrada com duas ou mais faixas de rolagem
– Ferrovias, portos, aterros sanitários, distritos industriais

1.2.3. Demais características
a) **Momento:** antes do licenciamento ambiental
b) **Fases:** diagnóstico da área de influência, análise dos impactos e alternativas, definição das medidas mitigadoras, elaboração do programa de acompanhamento
c) **Custos:** empreendedor arca com os custos
d) **Profissionais:** empreendedor escolhe
e) **Publicidade:** como regra o estudo é público, cabendo sigilo em caso de necessidade de preservar sigilo industrial
f) **Audiência pública:** pode ser requerida pelo Ministério Público, por órgão ambiental ou por 50 ou mais cidadãos

DIREITO AMBIENTAL

TEMA VII - UNIDADES DE CONSERVAÇÃO

1. Unidades de Conservação

1.1. Conceito de SNUC (Sistema de Unidades de Conservação): conjunto de unidades territoriais de conservação das esferas federativas, cujo objetivo é contribuir para a manutenção da diversidade biológica, dos recursos genéticos e do meio ambiente ecologicamente equilibrado

1.2. Previsão legal: art. 225, § 1º, III, da CF; Lei 9.985/2000

1.3. Órgãos gestores do SNUC:

a) *Órgão Consultivo e Deliberativo:* CONAMA
– Acompanha a implantação do sistema
b) *Órgão Central:* Ministério do Meio Ambiente
– Coordena o Sistema
c) *Órgãos Executores:* Instituto Chico Mendes, IBAMA e órgãos estaduais e municipais
– Implantam o SNUC, subsidiam propostas de criação e administram unidades de conservação (as organizações civis do tipo OSCIP também podem gerir mediante instrumento)

1.4. Outros conceitos

1.4.1. Unidades de conservação: espaços territoriais com características naturais relevantes, instituídos pelo Poder Público com o objetivo de conservação

1.4.2. Manejo: todo e qualquer procedimento que vise assegurar a conservação da diversidade biológica e dos ecossistemas

1.4.3. Plano de manejo: documento técnico que estabelece o zoneamento e as normas que presidem o uso de uma área

1.4.4. Recuperação: restituição de um ecossistema ou de uma população silvestre degradada a uma condição não degradada, que pode ser diferente de sua condição original

1.4.5. Restauração: restituição de um ecossistema ou de uma população silvestre degradada o mais próximo possível da sua condição original

1.4.6. Zona de amortecimento: o entorno de uma unidade de conservação, onde as atividades humanas estão sujeitas a normas e restrições específicas, para minimizar os impactos negativos sobre a unidade

1.4.7. Corredores ecológicos: porções de ecossistemas, ligando unidades de conservação, que possibilitam entre elas o fluxo de genes e o movimento da biota, facilitando a dispersão de espécies, a recolonização de áreas degradadas e a manutenção de populações que demandam para sua sobrevivência áreas com extensão maior do que a das unidades individuais

1.5. Grupos de Unidades de Conservação

1.5.1. Unidades de proteção integral

a) **Conceito:** são aquelas que admitem apenas o uso indireto dos seus recursos naturais
b) **Uso indireto:** não envolve consumo, coleta, dano ou destruição; admite apenas recreação, turismo, educação
c) **Objetivo:** preservar a natureza
d) **Categorias:**
– Estação Ecológica: pesquisa
– Reserva Biológica: só preservação integral da biota
– Parque Nacional: grande relevância e beleza, possibilitando pesquisa, educação, recreação e turismo
– Monumento Natural: sítios naturais raros, singulares e de grande beleza
– Refúgio de Vida Silvestre: assegurar reprodução de espécies de flora ou fauna

1.5.2. Unidades de uso sustentável

a) **Conceito:** são aquelas que admitem o uso direto de parcelas de seus recursos naturais, mas de forma sustentável
b) **Uso direto:** aquele que envolve coleta e uso, comercial ou não, dos recursos naturais; admite uso parcial e sustentável da área
c) **Objetivo:** compatibilizar conservação da natureza com uso sustentável de parcela dos seus recursos
d) **Categorias:**
– Área de Proteção Ambiental (APA): área com ocupação humana
– Área de Relevante Interesse Ecológico: exemplares raros regionais
– Floresta Nacional: uso múltiplo sustentável
– Reserva Extrativista: populações extrativistas tradicionais; exemplo: seringueiros
– Reserva de Fauna: estudo sobre manejo econômico desta
– Reserva de Desenvolvimento Sustentável: populações tradicionais com conhecimentos a serem valorizados
– Reserva Particular do Patrimônio Natural: área privada gravada com compromisso de preservação

1.6. Instituição de UCs

a) **Ato do Poder Público:** lei, decreto ou outro ato
b) **Estudos técnicos:** obrigatórios
c) **Consulta pública:** obrigatória, salvo Estação Ecológica e Reserva Biológica
d) **Zona de amortecimento:** obrigatória, salvo APA e Reserva Particular do Patrimônio Natural
e) **Corredores Ecológicos:** se for o caso
f) **Plano de manejo:** obrigatório em até 5 anos
g) **Desapropriação obrigatória:** Estação Ecológica, Reserva Biológica, Parque Nacional, Floresta Nacional, Reserva Extrativista, Reserva de Fauna

1.7. Alterações

1.7.1. Transformação para proteção integral ou ampliação: para aumentar a restrição, basta um ato da mesma hierarquia do que criou a unidade + estudos técnicos e consulta pública

1.7.2. Desafetação ou redução dos limites: somente mediante lei específica

DIREITO AMBIENTAL

TEMA VIII - RESPONSABILIDADE CIVIL AMBIENTAL

1. Responsabilidade Civil Ambiental

1.1. Modalidades de responsabilidade civil

1.1.1. Objetiva: é a regra em matéria ambiental

= **Exemplo:** indústria que gera gases e resíduos sólidos e líquidos e agroindústria que gera resíduo e desmatamento respondem objetivamente (independentemente de prova de culpa ou dolo de sua parte)

⚠ **Atenção:** boa parte da doutrina e também o STJ entendem que essa responsabilidade objetiva ambiental é fundamentada na **Teoria do Risco Integral**, de modo que o responsável sequer pode alegar excludentes de sua responsabilidade. O STF ainda não tem decisão conclusiva a respeito do tema. Em caso de danos nucleares é pacífico que a responsabilidade é calcada no risco integral

1.1.2. Subjetiva: dá-se quando o Poder Público se omite no dever de fiscalizar o meio ambiente, caso em que se deve verificar se o serviço público foi defeituoso para que se possa responsabilizar civilmente o Estado (STJ, Resp. 647493)

– Neste caso, o empreendedor e o Poder Público respondem solidariamente

⚠ **Atenção:** se o Poder Público é o próprio empreendedor causador do dano, sua responsabilidade é do tipo objetiva

1.2. Requisitos da responsabilidade objetiva

1.2.1. Conduta

1.2.2. Dano

1.2.3. Nexo de causalidade

– **Lei 12.651/2012 (Código Florestal):** "As obrigações previstas nesta Lei têm natureza real e são transmitidas ao sucessor, de qualquer natureza, no caso de transferência de domínio ou posse do imóvel rural"

🚫 **Exceção:** dispensa-se prova do nexo de causalidade na responsabilidade de adquirente de imóvel já danificado, por se tratar de obrigação *propter rem* (STJ, Resp. 1056540)

1.3. Responsáveis (art. 3º da Lei 9.605/1998):

1.3.1. Pessoas físicas: autoras, coautoras ou partícipes da conduta lesiva ao meio ambiente

1.3.2. Pessoas jurídicas: aquelas cuja conduta

a) Seja **lesiva** ao meio ambiente
b) Seja cometida por **decisão** de seu representante legal ou contratual, ou de seu órgão colegiado
c) Seja no **interesse** ou **benefício** de sua entidade

⚠ **Atenção:** poluidor pode ser pessoa física ou jurídica, pública ou privada

1.4. Desconsideração da personalidade:
o art. 4º da Lei 9.605/1998 adotou a **Teoria Menor da Desconsideração**, pela qual a desconsideração da personalidade jurídica se dará sempre que a personalidade for obstáculo ao ressarcimento de prejuízos causados ao meio ambiente

1.5. Reparação integral dos danos:

1.5.1. Reparação natural ou *in specie*: retorno ao estado anterior, reparação específica; restauração

1.5.2. Compensação ambiental: o STF entendeu como constitucional regra que determina apoio financeiro a unidades de conservação de proteção integral em caso de atividades sujeitas a EIA, como forma de compensação (ADI 3.378)

1.5.3. Indenização em dinheiro

1.6. Prescrição:
de acordo com o STJ, o direito ao pedido de reparação de danos ambientais está protegido pelo manto da **imprescritibilidade**, por se tratar de direito inerente à vida, fundamental e essencial à afirmação dos povos, independentemente de não estar expresso em texto legal (Resp. 1120117 e 647493)

1.7. Instrumentos de proteção civil do MA:

– **Inquérito Civil:** procedimento investigatório inquisitivo, privativo do Ministério Público, que pode ser arquivado, ensejar TAC ou ensejar Ação Civil Pública
– **Requisições:** feitas pelo MP, sob pena de crime
– **Termo de Ajustamento de Conduta (TAC):** tomado pelo MP ou Órgão Público, é título executivo extrajudicial
– **Ação Civil Pública**
– **Ação Popular**
– **Mandado de segurança individual e coletivo**
– **Mandado de Injunção**
– **Ações de controle de constitucionalidade**
– **Ação de responsabilidade por improbidade** (exemplo: art. 52 da Lei 10.527/2001)

DIREITO AMBIENTAL

Tema IX - Responsabilidade Administrativa Ambiental

1. Responsabilidade Administrativa Ambiental

1.1. Infração administrativa ambiental: toda ação ou omissão que viole as regras jurídicas de uso, gozo, promoção, proteção e recuperação do meio ambiente (art. 70 da Lei 9.605/1998)

1.2. Autoridades competentes para lavrar auto de infração e instaurar processo administrativo:

a) Funcionários de órgãos ambientais integrantes do SISNAMA designados para a fiscalização
b) Agentes da Capitania dos Portos, da Marinha

1.3. Responsáveis por infrações ambientais:
(arts. 3º e 70, § 3º, Lei 9.605/1998)

- **1.3.1. Pessoas físicas:** autoras, coautoras ou partícipes da conduta lesiva ao meio ambiente
- **1.3.2. Pessoas jurídicas:** cuja conduta lesiva seja cometida por decisão de seu representante legal ou contratual, ou de seu órgão colegiado, no interesse ou benefício de sua entidade
- **1.3.3. Autoridade que tiver conhecimento** da infração e não tiver promovido apuração imediata (corresponsável)

1.4. Rito do processo administrativo:

a) Representação por qualquer pessoa ou instauração de ofício do processo
b) Auto de infração
c) 20 dias para defesa contra o auto de infração, contados da ciência da autuação
d) 20 dias para infrator recorrer à instância superior do SISNAMA ou à Diretoria dos Portos e Costas
e) 5 dias para pagamento da multa, contados do recebimento da notificação

1.5. Sanções administrativas:

a) Advertência (1ª providência para menor lesividade)
b) Multa simples (culpa/dolo) – R$ 50 a R$ 50 milhões
c) Multa diária (infração que se prolonga no tempo)
d) Apreensão de animais, produtos, instrumentos etc.
e) Destruição ou inutilização do produto
f) Suspensão de venda ou fabricação do produto
g) Embargos de obra ou atividade
h) Demolição de obra
i) Suspensão parcial ou total de atividades
j) Restritiva de direitos: suspensão ou cancelamento de registro ou de licença; proibição de contratar com Poder Público

1.6. Infrações simultâneas: aplica-se ao infrator, cumulativamente, as sanções a ele cominadas

1.7. Multas simultâneas por mais de um órgão competente: pagamento de multa imposta pelos Estados, Municípios, Distrito Federal ou Territórios substitui a multa federal na mesma hipótese de incidência

1.8. Conversão de multa simples em serviços de preservação, melhoria e recuperação:

– Art. 72, § 4º, da Lei 9.605/1998
– Autuado deve requerer a conversão na defesa, apresentando pré-projeto
– Celebra-se termo de compromisso – só a cada 5 anos

1.9. Prescrição da cobrança da multa: 5 anos

DIREITO AMBIENTAL

TEMA X - RESPONSABILIDADE PENAL AMBIENTAL

1. Responsabilidade Penal Ambiental

1.1. Responsáveis: arts. 2º e 3º da Lei 9.605/1998

1.1.1. Pessoas físicas: autoras, coautoras ou partícipes da conduta lesiva ao meio ambiente

– Também responde o diretor, administrador, membro de conselho, auditor, gerente, preposto ou mandatário de PJ que, sabendo da conduta, deixa de impedi-la, quando podia agir para evitá-la

1.1.2. Pessoas jurídicas:
– Conduta típica
– Cometida por decisão de seu representante legal ou contratual, ou de seu órgão colegiado
– Cometida no interesse ou benefício de sua entidade

1.2. Penas aplicáveis às pessoas jurídicas

1.2.1. Multa

1.2.2. Restritivas de direitos: suspensão das atividades, interdição temporária, proibição de contratar

1.2.3. Prestação de serviços à comunidade: custeio de programas ambientais, execução de recuperação, manutenção de espaços, contribuições a entidades ambientais ou culturais

⚠ **Atenção:** cabe **liquidação forçada** da PJ constituída ou utilizada preponderantemente para crimes

1.3. Ação penal: pública e incondicionada

1.4. Competência: Justiça Estadual, ressalvado o artigo 109 da CF

1.5. Sentença penal:
– A sentença penal condenatória, sempre que possível, fixará o valor mínimo para reparação dos danos causados pela infração, considerando os prejuízos sofridos pelo ofendido ou pelo meio ambiente
– Transitada em julgado a sentença, a execução será efetuada pelo valor fixado na sentença, sem prejuízo da liquidação para apuração do dano sofrido

1.6. Principais crimes: (arts. 29 e ss.)

– **Art. 29:** Matar, perseguir, caçar, apanhar, utilizar espécimes de fauna silvestre, nativos ou em rota migratória sem a devida permissão, licença ou autorização da autoridade competente, ou em desacordo com a obtida
– **Art. 30:** Exportar peles e couros de anfíbios e répteis em bruto, sem autorização
– **Art. 32:** Abuso ou maus-tratos em animais silvestres, domésticos ou domesticados
– **Art. 34:** Pescar em período no qual a pesca é proibida ou em lugar interditado

⚠ **Atenção:** não é crime o abate de animal, quando realizado em estado de necessidade (para saciar a fome do agente ou de sua família), e para proteger lavouras, pomares, rebanhos, desde que autorizado

– **Art. 38:** Destruir ou danificar floresta considerada de preservação permanente, mesmo que em formação, ou utilizá-la com infringência das normas de proteção. Se o crime for culposo, a pena se reduz à metade
– **Art. 40:** Causar dano direto ou indireto às Unidades de Conservação. Se o crime for culposo, a pena se reduz à metade
– **Art. 41:** Provocar incêndio em mata ou floresta
– **Art. 42:** Fabricar, vender, transportar ou soltar balões que possam provocar incêndios na flora
– **Art. 54:** Causar poluição em níveis que resultem ou possam resultar danos à saúde humana ou mortandade de animais ou destruição significativa da flora
– **Art. 60:** Realizar empreendimento potencialmente poluidor sem licença ou autorização dos órgãos competentes
– **Art. 62:** Destruir, inutilizar ou deteriorar bem protegido, arquivo, museu, biblioteca ou similar protegido
– **Art. 65:** Pichar, grafitar ou por outro meio conspurcar edificação ou monumento urbano

ESTATUTO DA CRIANÇA E DO ADOLESCENTE

Eduardo Dompieri

Lucas Corradini

ESTATUTO DA CRIANÇA E DO ADOLESCENTE

Tema I - Noções Introdutórias

1. Noções introdutórias do ECA

1.1. Princípios informadores do ECA

1.1.1. Princípio da proteção integral

– **Conceito:** todas as crianças e adolescentes, como sujeitos de direito, são merecedores de ampla e integral proteção
– **Previsão legal:** art. 1º do ECA

Exemplo: art. 6º da CF ("são direitos sociais a educação (...) a proteção à infância..."); medidas aplicáveis aos pais ou responsável – art. 129 do ECA

1.1.2. Princípio da prioridade absoluta

– **Conceito:** todas as crianças e adolescentes, como sujeitos de direito, são merecedores de ampla e integral proteção
– **Previsão legal:** arts. 227, *caput* da CF e 4º do ECA
– **Os 4 aspectos do princípio:**
a) primazia de receber proteção e socorro em quaisquer circunstâncias;
b) precedência de atendimento nos serviços públicos ou de relevância pública;
c) preferência na formulação e na execução das políticas sociais públicas;
d) destinação privilegiada de recursos públicos nas áreas relacionadas com a proteção à infância e à juventude (art. 4º, parágrafo único do ECA)

1.3. Princípio da condição peculiar de pessoa em desenvolvimento

1.3.1. Conceito: o destinatário das normas contempladas no ECA é um sujeito especial de direito, em processo de formação, razão por que toda medida a ele aplicada deve levar em conta essa situação peculiar

1.3.2. Previsão: art. 6º do ECA

1.4. Estrutura do ECA

1.4.1. Livro I: matérias de natureza civil; formas de colocação em família substituta; conceituação de família natural; dentre outros temas

1.4.2. Livro II: cuida do acesso à Justiça; procedimentos; apuração de ato infracional; crimes e infrações administrativas contra crianças e adolescentes, dentre outros temas

1.5. Conceitos (art. 2º do ECA)

1.5.1. Criança: pessoa de até doze anos de idade incompletos

1.5.2. Adolescente: pessoa entre doze anos (completos) e dezoito anos de idade (incompletos)

> **Dica:** o ECA se refere constantemente à primeira infância, fase que compreende os seis primeiros anos de vida da criança

> **Dica:** vale recordar que o Estatuto da Juventude (Lei 12.852/2013) ainda conceitua jovem como sendo as pessoas com idade entre 15 e 29 anos, ressaltando que, para os jovens entre 15 e 18 anos aplica-se, preferencialmente, o ECA (art. 1º, §§1º e 2º do Estatuto da Juventude)

1.6. Aplicabilidade do ECA

1.6.1. Regra: em regra, as normas trazidas no ECA destinam-se ao regramento da situação das *crianças e adolescentes*

1.6.2. Aplicação excepcional aos jovens entre 18 e 21 anos: no que toca às medidas socioeducativas de semiliberdade e internação, o ECA poderá ser aplicado aos jovens de tal faixa etária (STF, HC 96.355 – Informativo 547)

> **Cuidado:** nestes casos, é necessário que a conduta tipicamente relevante tenha sido praticada antes do advento da maioridade, perdurando até os 21 anos, desde que respeitado o período máximo previsto para as medidas socioeducativas, que é de 3 anos

ESTATUTO DA CRIANÇA E DO ADOLESCENTE

Tema II - Direitos Fundamentais

1. Direitos à vida e à saúde

1.1. Conceito (arts. 7º a 14 do ECA): como todo ser humano, as crianças e os adolescentes são titulares do direito fundamental à vida e à saúde, cuja proteção deve ser implementada por políticas públicas que viabilizem o nascimento e o desenvolvimento sadio

– **Extensão da proteção:** tem início com o atendimento pré e perinatal, assegurado à gestante por meio do SUS (art. 8º do ECA)

Tradução: a proteção compreende o acesso à programas de planejamento reprodutivo, nutrição adequada, atenção humanizada à gravidez, ao parto e ao puerpério (período subsequente ao nascimento da criança – atendimento pós-natal). Além disso, prevê a obrigação de o poder público proporcionar assistência psicológica à gestante e à mãe, inclusive àquelas que manifestem interesse em entregar os filhos à adoção, como forma de reduzir as consequências do estado puerperal (§4º). A gestante e a parturiente têm direito, ainda, a um acompanhante de sua escolha durante o período do pré-natal, do trabalho de parto e no pós-parto imediato (§6º)

1.2. Aleitamento materno: a gestante receberá orientação sobre aleitamento materno (art. 8º, §7º do ECA), sendo obrigação dos empregadores e do poder público propiciarem condições adequadas à prática, inclusive para as mães privadas de liberdade (art. 8º, §9º do ECA)

1.3. Obrigações impostas pelo ECA a hospitais públicos e particulares (art. 10 do ECA):

a) manter, por 18 anos, registros das atividades desenvolvidas por meio de prontuários individuais (ver art. 228 do ECA);
b) identificar o recém-nascido por meio do registro de sua impressão plantar e digital e da impressão digital da mãe (ver art. 229 do ECA);
c) realizar exames para diagnóstico e terapêutica de anormalidades no metabolismo do recém-nascido, informando os pais (ver art. 229 do ECA);
d) fornecer declaração de nascimento da qual constem as intercorrências do parto e do desenvolvimento do neonato (ver art. 228 do ECA);
e) possibilitar ao neonato a permanência junto à mãe

1.4. Acesso das crianças e adolescentes aos serviços de saúde: é assegurado o acesso de crianças e adolescentes, por meio do SUS, às linhas de cuidado voltadas à saúde de pessoas da faixa etária, observado o *princípio da equidade no acesso a ações e serviços para a promoção, proteção e recuperação da saúde* (art. 11 do ECA)

– **Atendimento a crianças e adolescentes com deficiência:** deverão ser atendidos em suas necessidades gerais de saúde, com observância das necessidades específicas de habilitação e reabilitação (art. 11, §1º do ECA)
– **Fornecimento de medicamentos, próteses e outros recursos:** é incumbência do poder público o fornecimento gratuito (art. 11, §2º do ECA)

1.5. Direito de acompanhamento durante internação hospitalar: em caso de internação hospitalar, os estabelecimentos de saúde, inclusive unidades neonatais e UTI, deverão proporcionar condições para que um dos pais ou responsáveis permaneça em tempo integral na companhia do infante (art. 12 do ECA)

1.6. Casos de maus-tratos: em casos de castigos físicos, tratamento cruel ou degradante e de maus-tratos, ou suspeitas destes, contra crianças e adolescentes, deverão ser comunicados ao Conselho Tutelar (art. 13 do ECA)

Atenção absoluta: o dispositivo foi incorporado pela Lei 13.010/2014 (Lei da Palmada), sendo obrigados à comunicação o **médico**, o **professor**, o **responsável por estabelecimento de saúde e de ensino**. A omissão importa na aplicação de multa por infração administrativa prevista no art. 245 do ECA

ESTATUTO DA CRIANÇA E DO ADOLESCENTE
Tema II - Direitos Fundamentais

1. Direito à liberdade, ao respeito e à dignidade

- **1.1. Direito à liberdade** (art. 16 ECA): compreende os seguintes aspectos, contidos em seus incisos:

  - **1.1.1. Ir, vir e permanecer nos logradouros públicos e espaços comunitários, ressalvadas as restrições legais**

    = **Exemplo:** o tema ganhou repercussão com os chamados *toques de recolher*, ocorridos quando portarias judiciais, de juízes de Varas da Infância e da Juventude, restringiram horários em que crianças e adolescentes poderiam permanecer ou circular, desacompanhadas, em determinados locais. O STJ reconheceu a ilegalidade da prática no julgamento do HC 207.720, por restringir indevidamente, sem aparato em lei (violação ao princípio da legalidade), o direito à liberdade das crianças e adolescentes. Entretanto, vale consignar a existência de decisões favoráveis ao *toque de recolher* (TJSP, apelação 990.10.094596-3, j, em 13/12/2010), sendo o tema polêmico

  - **1.1.2. Opinião e expressão**

  - **1.1.3. Crença e culto religioso**

  - **1.1.4. Brincar, praticar esportes e divertir-se**

  - **1.1.5. Participar da vida familiar e comunitária, sem discriminação**

  - **1.1.6. Participar da vida política, na forma da lei:** o voto para os adolescentes é facultado aos 16 anos

  - **1.1.7. Buscar refúgio, auxílio e orientação**

1.2. Direito ao respeito (art. 17 do ECA): todos são titulares do direito ao respeito, já que são invioláveis a integridade física, psíquica e moral de qualquer pessoa. As crianças e adolescentes, contudo, pela peculiar condição de pessoas em desenvolvimento, possuem direito qualificado ao respeito, por serem maiores as consequências de seu descumprimento

– Abrangência: abrange não só o respeito à integridade física, psíquica e moral, mas também à preservação da imagem, da identidade, da autonomia, dos valores, ideias e crenças, dos espaços e objetos pessoais

1.1.3. Direito à dignidade (art. 18 do ECA): segundo o dispositivo, "é dever de todos velar pela dignidade da criança e do adolescente, pondo-os a salvo de qualquer tratamento desumano, violento, aterrorizante, vexatório ou constrangedor"

– **Lei da *Palmada*** (Lei 13.010/2014): incrementou a proteção à dignidade das crianças e adolescentes, prevendo que os infantes têm o direito de serem educados e cuidados sem o uso de castigos físicos ou de tratamento cruel ou degradante, como forma de correção, disciplina, educação, ou qualquer outro pretexto (art. 18-A do ECA)
a) **Castigo físico:** ação de natureza disciplinar ou punitiva aplicada com o uso da força física, de modo a resultar em sofrimento físico ou lesão (art. 18-A, parágrafo único, I do ECA)
b) **Tratamento cruel ou degradante:** conduta ou forma cruel de tratamento que humilhe, ameace gravemente ou ridicularize (art. 18-A, parágrafo único, II do ECA)
c) **Destinatários da proibição:** pais, integrantes da família ampliada (outros familiares que não os pais), responsáveis (v.g., guardião ou tutor), agentes públicos executores das medidas socioeducativas ou qualquer pessoa encarregada de cuidar, tratar, educar ou proteger (professores, babás, cuidadores, etc.)
d) **Medidas aplicáveis aos que descumprem a proibição:** além das consequências penais e cíveis que as condutas podem trazer, o art. 18-B do ECA, cuja leitura ora se recomenda, elencou medidas educativas que poderão ser aplicadas àqueles que aplicam os castigos físicos ou causam o tratamento cruel ou degradante

ESTATUTO DA CRIANÇA E DO ADOLESCENTE

Tema II - Direitos Fundamentais

1. Direito à convivência familiar e comunitária – I

1.1. Conteúdo (art. 19 do ECA): prevê que toda criança ou adolescente tem o direito de ser criado e educado no seio de sua família (natural ou extensa), e excepcionalmente em família substituta, assegurada sua convivência em ambiente que garanta seu desenvolvimento integral

- **1.1.1. Família natural:** é a comunidade formada pelos pais, ou qualquer deles, e seus descendentes (art. 25 do ECA)

- **1.1.2. Família extensa ou ampliada:** aquela que se estende para além da unidade *pais e filhos*, formada por parentes próximos com os quais a criança ou adolescente convive e mantém vínculos de afinidade ou afetividade (art. 25, parágrafo único do ECA)

🔊 **Tradução:** extrai-se do dispositivo que a regra é a criação e educação da criança e do adolescente no seio de sua **família natural**. Assim, devem ser enveredados todos os esforços necessários à manutenção dela em tal ambiente, inclusive mediante aplicação de medidas de proteção aos pais e responsáveis, com vistas ao aparelhamento da família natural para bem tratar dos interesses dos infantes nela inseridos. Em um segundo momento, não sendo possível a manutenção do petiz no seio da família natural, busca-se encaminhá-lo à família extensa ou ampliada (outros familiares que não os pais, abrangendo os avós, os tios, os primos, etc., preferindo-se aqueles que reúnam melhores condições de cuidar e educar o infante). Somente excepcionalmente, na completa inviabilidade de manutenção da criança ou adolescente no seio da família natural e extensa, é que será providenciada seu encaminhamento à família substituta (mediante *guarda*, *tutela* ou *adoção*)

1.2. Caráter supletivo da adoção: mesmo diante do quadro narrado no item anterior, a colocação em família substituta mediante adoção é medida supletiva, que apenas tem lugar quando a família natural não se reestruturar, sendo possível, temporariamente, e até que isto ocorra, além da colocação em família substituta mediante guarda ou tutela, a inserção do infante em programas de acolhimento familiar ou institucional (art. 19, §3º do ECA)

1.3. Caráter temporário dos programas de acolhimento familiar ou institucional: o acolhimento familiar (inserção da criança ou adolescente em núcleo familiar cadastrado no Juízo da Infância e da Juventude, apto a recebê-lo temporariamente até a reestruturação de sua família, ou inserção em família substituta) ou institucional (inserção da criança ou adolescente em entidade apropriada para a residência de infantes, sob fiscalização do Juízo da Infância e da Juventude e do Ministério Público) terá caráter temporário, cuja necessidade será reavaliada a cada 6 meses (art. 19, §1º do ECA)

🔒 **Cuidado:** no caso do acolhimento institucional, o art. 19, §2º do ECA, aduz que a permanência do infante não se prolongará para além de 2 anos, salvo demonstrada necessidade, que atenda a seu superior interesse

1.4. Convivência com mãe ou pai privado de liberdade: é assegurada por meio de visitas periódicas, promovidas pelo responsável, ou pela entidade de acolhimento institucional, independentemente de prévia autorização judicial (art. 19, §4º do ECA)

1.5. Falta ou carência de recursos materiais: não constitui motivo suficiente para a perda ou suspensão do poder familiar, nos termos do art. 23 do ECA

💡 **Dica:** na hipótese, a criança ou adolescente deve ser mantida no seio de sua família natural, que deverá ser inserida em programas oficiais de auxílio, com vistas à sua promoção social (art. 23, §1º do ECA)

ESTATUTO DA CRIANÇA E DO ADOLESCENTE
Tema II - Direitos Fundamentais

1. Direito à convivência familiar e comunitária – II

- **1.6. Colocação em família substituta:** medida excepcional, determinada diante de casos em que a permanência da criança ou adolescente junto à família natural mostrar-se absolutamente contrária aos interesses dos infantes, tornando necessária a substituição para salvaguardá-los de situação de risco

  - **1.6.1. Modalidades:** guarda, tutela e adoção

    Dica: a colocação de criança ou adolescente em família substituta estrangeira somente é possível na modalidade adoção, tratando-se de medida excepcional (art. 31 do ECA)

  - **1.6.2. Aspectos comuns a todas as modalidades**

    - **1.6.2.1. Papel da equipe multiprofissional do Juízo:** o Juízo da Infância e da Juventude contará com equipe multiprofissional, constituída por assistente social e psicólogo, que ouvirá, havendo possibilidade, a criança ou o adolescente, sendo sua opinião sobre a colocação em família substituta levada em consideração (art. 28, §1º do ECA). Além disso, a equipe multiprofissional fará preparação gradativa e acompanhamento posterior dos infantes junto à família substituta (art. 28, §5º do ECA)

    - **1.6.2.2. Consentimento do adolescente em Juízo:** em se tratando de adolescente, além do estudo com a equipe multiprofissional, será necessário seu consentimento, colhido em audiência (art. 28, §2º do ECA)

    - **1.6.2.3. Preferência pela família extensa ou ampliada:** sendo necessária a colocação em família substituta, será dada preferência à inserção com parentes próximos, com os quais o infante tenha vínculos de afinidade e afetividade, como forma de atenuar as consequências decorrentes da medida (art. 28, §3º do ECA)

    - **1.6.2.4. Manutenção de grupos de irmãos:** os grupos de irmãos devem, em regra, permanecer juntos quando inseridos em família substituta, salvo comprovada existência de risco de abuso, ou outra situação que justifique solução diversa (art. 28, §4º do ECA)

    - **1.6.2.5. Criança ou adolescente indígena, ou proveniente de comunidade remanescente de quilombo:** em se tratando de colocação em família substituta de criança ou adolescente indígena, ou proveniente de comunidade remanescente de quilombo, devem ser observadas as peculiaridades do art. 28, §6º do ECA, dando-se preferência à inserção no seio de sua comunidade (II), fazendo-o de modo a respeitar sua identidade social e cultural, bem como os costumes e tradições (I), havendo necessidade de intervenção do órgão federal responsável pela política indigenista ou de antropólogos (III)

ESTATUTO DA CRIANÇA E DO ADOLESCENTE

TEMA II - DIREITOS FUNDAMENTAIS

1. Direito à convivência familiar e comunitária – III

1.7. Guarda (arts. 33 a 35 do ECA)

1.7.1. Conceito: modalidade de colocação da criança ou do adolescente em família substituta destinada a regularizar a posse de fato, a ser deferida no curso dos processos de tutela e adoção, bem assim, em caráter excepcional, para atender a situações peculiares ou ainda para suprir a falta eventual dos pais ou responsável

> ⚠️ **Atenção absoluta:** a guarda não poderá ser concedida no curso do processo de adoção por estrangeiros (art. 33, §1º do ECA)

1.7.2. Características

1.7.2.1. Caráter provisório: modalidade de colocação em família substituta em caráter provisória, visto que, depois de concedida, a criança ou o adolescente poderão retornar à família natural, ou ser encaminhado a uma família substituta em caráter definitivo (*v.g.*, em adoção). Bem por isso, a guarda pode ser revogada a qualquer tempo, por ato judicial fundamentado, após oitiva do MP (art. 35 do ECA)

1.7.2.2. Compatibilidade com o poder familiar: ao contrário do que ocorre com a tutela, a colocação em família substituta mediante guarda é compatível com o exercício do poder familiar. Assim, sua concessão a terceiros não obsta, *a priori*, o exercício do direito de visitas pelos pais, nem os desobrigam de prestar alimentos

1.7.2.3. Guarda x dever de guarda: a guarda como modalidade de colocação em família substituta não se confunde com o dever de guarda, decorrência lógica do poder familiar (art. 1.566, IV do CC). O descumprimento, pelos detentores do poder familiar, do dever de guarda, pode dar causa ao instituto da guarda como modalidade de colocação em família substituta

1.7.2.4. Preferência em relação ao acolhimento institucional: a colocação em família substituta mediante guarda é medida que deve prevalecer em relação à medida de proteção de acolhimento institucional (art. 34, §1º do ECA)

1.7.2.5. Condição de dependente: a guarda torna a criança ou o adolescente dependentes do guardião para todos os fins de direito, inclusive previdenciários (art. 33, §3º do ECA)

> 🔒 **Cuidado:** a guarda não pode ser deferida exclusivamente para o fim de gerar efeitos previdenciários, devendo haver situação de risco para autorizar a colocação do infante em família substituta

1.8. Tutela (arts. 36 a 38 do ECA)

1.8.1. Conceito: forma de colocação em família substituta que pressupõe a perda ou a suspensão do poder familiar (art. 36, parágrafo único do ECA)

1.8.2. Características

1.8.2.1. Extensão dos efeitos: trata-se de instituto mais amplo do que a guarda, na medida em que confere ao detentor o direito/dever de representação em caráter amplo, devendo administrar bens e interesses do pupilo

1.8.2.2. Destituição da tutela: deve ser decretada em processo judicial na qual seja assegurado o contraditório, aplicando-se as regras do art. 24 do ECA

1.8.3. Classificação

1.8.3.1. Tutela testamentária (art. 37 do ECA): instituída por vontade dos pais, em conjunto, devendo constar de testamento ou outro documento autêntico

1.8.3.2. Tutela legítima: à falta de tutor nomeado pelos pais em vida, ou durante a vigência do poder familiar, incumbe a tutela aos parentes consanguíneos, consoante ordem estabelecida no art. 1.731 do CC

1.8.3.3. Tutela dativa: na ausência de tutor testamentário ou legítimo, ou quando estes forem excluídos ou escusados da tutela, ou removidos por inidoneidade, o juiz nomeará tutor idôneo (art. 1.732 do CC)

ESTATUTO DA CRIANÇA E DO ADOLESCENTE

Tema II - Direitos Fundamentais

1. Direito à convivência familiar e comunitária – IV

1.9. Adoção

1.9.1. Conceito: modalidade de colocação de criança ou adolescente em família substituta, de caráter definitivo, que estabelece o parentesco civil entre adotante e adotado

⚠️ **Atenção absoluta:** trata-se de medida excepcional e irrevogável, que somente deve ocorrer quando não for possível a manutenção do infante na sua família natural, ou sua colocação em família extensa (art. 39, §1º do ECA)

1.9.2. Modalidades de adoção

- **Adoção unilateral** (art. 41, §1º do ECA): permanecem os vínculos de filiação com um dos pais
- **Adoção bilateral:** os vínculos com os genitores originários rompem-se por completo

---

1.9.3. Requisitos da adoção

- **Idade**
a) **Adotando:** deve contar com até 18 anos na data do pedido, salvo se já estiver sob a guarda ou tutela dos adotantes (art. 40 do ECA)
b) **Adotante:** deve ser maior de 18 anos (art. 42, caput do ECA)
c) **Diferença de idade:** o adotante deve ser 16 anos mais velho que adotando (art. 42, §3º do ECA)
Dica: a adoção da pessoa com menos de 18 anos é regida pelas normas do ECA, ao passo que a adoção do maior de 18 anos é regida pelas normas do Código Civil (arts. 1.618 e 1.619 do CC)
- **Consentimento dos pais:** é necessário, salvo se forem eles desconhecidos ou destituídos do poder familiar (art. 45, §1º do ECA)
- **Consentimento do adolescente:** se o adotando for adolescente, será necessário seu consentimento para a adoção (art. 45, §2º do ECA)
- **Demonstração da existência de reais vantagens ao adotando:** a adoção deve trazer efetiva vantagem ao adotando, além de se fundar em motivos legítimos (art. 43 do ECA)

1.9.4. Estágio de convivência (art. 46, *caput* do ECA): lapso prévio à adoção, que visa a aferir se o adotando se adapta à convivência com os adotantes, bem assim para elucidar se a medida é, de fato, benéfica ao infante

- **Prazo de duração:** fixado pelo juiz, a partir das peculiaridades do caso concreto
Cuidado: na adoção internacional, o estágio de convivência deve observar prazo mínimo de 30 (trinta) dias (art. 46, §3º do ECA)
- **Dispensa do estágio de convivência:** é possível quando o adotando já estiver sob a tutela ou guarda legal do adotante, por tempo relevante (art. 46, §1º ECA)
Atenção absoluta: a mera guarda de fato não autoriza, por si só, a dispensa da realização do estágio de convivência, nos termos do art. 46, §2º do ECA

1.9.5. Impedimentos e vedações

- **Adoção por procuração:** é vedada, tratando-se de ato personalíssimo (art. 39, §2º do ECA)
- **Adoção entre ascendente e descendente, e entre irmãos:** são vedadas (art. 42, §1º do ECA)
- **Adoção pelo tutor ou curador:** é possível, desde que tenha dado conta de sua administração e saldado eventual débito (art. 44 do ECA)

1.9.6. Adoção conjunta: é imprescindível que os adotantes sejam casados ou convivam em união estável (art. 42, §2º do ECA)

💡 **Dica:** a jurisprudência já admite com tranquilidade a adoção conjunta por casais homoafetivos (STJ, REsp 889852/RS, Rel. Ministro Luis Felipe Salomão, Quarta Turma, julgado em 27/04/2010)

1.9.7. Adoção *post mortem*: o adotante, tendo manifestado de forma inequívoca sua vontade no sentido de adotar, vem a falecer no curso do processo, enquanto ainda não prolatada a sentença. Neste caso, a adoção será deferida (art. 42, § 6º do ECA)

1.9.8. Adoção internacional: é aquela em que o(s) adotante(s) é residente ou domiciliado fora do Brasil. Observa as peculiaridades dos arts. 51 e 52 do ECA

💡 **Dica:** a adoção realizada por brasileiros domiciliados fora do Brasil é considerada internacional. Por outro lado, a adoção realizada por estrangeiros domiciliados no Brasil não é internacional

---

1.9.9. Procedimento: consta do art. 50 do ECA, sendo necessário prévio cadastramento, com lapso de preparação psicossocial e jurídica

💡 **Dica:** são exceções à regra do prévio cadastro aquelas previstas no art. 50, §13º do ECA, dentre as quais a adoção unilateral e a adoção *intuitu personae* (quando há prévio vínculo afetivo entre a criança e os adotantes, ou estes detêm a guarda legal de infante maior de 3 anos, inexistindo má-fé)

ESTATUTO DA CRIANÇA E DO ADOLESCENTE

TEMA II - DIREITOS FUNDAMENTAIS

1. Direito à educação, à cultura, ao esporte e ao lazer (arts. 53 a 59 do ECA)

- **1.1. Dimensões**
  - **1.1.1.** Igualdade de condições para o acesso e permanência na escola
  - **1.1.2.** Acesso à escola pública e gratuita, próxima da sua residência, garantindo-se vagas no mesmo estabelecimento a irmãos que frequentem a mesma etapa ou ciclo de ensino da educação básica (Redação dada pela Lei nº 13.845, de 2019)
  - **1.1.3.** Direito dos pais de conhecer o processo pedagógico, bem como participar das definições das propostas educacionais

- **1.2. Deveres do Estado relacionados aos direitos em pauta**
  - **1.2.1. Fornecer ensino fundamental, obrigatório e gratuito, inclusive para os que a ele não tiveram acesso na idade própria:** o art. 208, I da CF, cuja redação foi determinada pela EC 59/2009, impõe ao Estado o dever de garantir a todos educação básica obrigatória e gratuita dos 4 aos 17 anos de idade, assegurada inclusive sua oferta gratuita para todos os que a ela não tiveram acesso na idade própria
    - *Dica:* o ensino médio enquadra-se na definição de ensino obrigatório, ficando abrangido pelo item acima
  - **1.2.2.** Atendimento em creche e pré-escola às crianças de 0 a 5 anos de idade, conforme alteração promovida nos art. 54, IV, e 208, III, do ECA pela Lei 13.306/2016
  - **1.2.3. Oferta de ensino noturno regular, adequado às condições do adolescente trabalhador:** como sabido, o adolescente pode manter vínculo empregatício a partir dos 16 anos de idade (ou a partir dos 14 anos, na condição de aprendiz). Por consectário, o Estado tem o dever de assegurar-lhe ensino noturno, em horário adequado à sua rotina de trabalho

- **1.3. Dever dos pais ou responsáveis:** matricular os filhos ou pupilos na rede regular de ensino (art. 55 do ECA)
  - *Dica:* o STJ já decidiu que inexiste amparo constitucional e legal que autorize os pais a ministrarem disciplinas do ensino fundamental aos filhos

- **1.4. Deveres dos dirigentes de estabelecimentos de ensino:** devem comunicar o Conselho Tutelar sobre situações envolvendo:
  a) maus-tratos de seus alunos;
  b) reiteração de faltas injustificadas e de evasão escolar; e
  c) elevados níveis de repetência
  - *Dica:* A Lei n. 13.845/19 acrescentou o artigo 53-A ao ECA, segundo o qual é dever da instituição de ensino, clubes e agremiações recreativas e de estabelecimentos congêneres assegurar medidas de conscientização, prevenção e enfrentamento ao uso ou dependência de drogas ilícitas

1. Direito à profissionalização e à proteção no trabalho (arts. 60 a 69 do ECA)

- **1.1. Trabalho permitido para adolescentes**
  - **1.1.1. Entre 14 e 16 anos:** somente na condição de aprendiz
  - **1.1.2. Entre 16 e 18 anos:** qualquer trabalho, exceto noturno, insalubre e perigoso (art. 7º, XXXIII da CF)

ESTATUTO DA CRIANÇA E DO ADOLESCENTE

Tema III - Prevenção e medidas de proteção

1. Prevenção (arts. 70 a 85 do ECA)

1.1. Conceito: complexo de normas destinadas a prevenir a violação a direitos fundamentais da criança e do adolescente

1.2. Prevenção geral: trazida nos artigos 70 a 73 do ECA

1.3. Prevenção especial: normas específicas de proteção

1.3.1. Diversões e espetáculos públicos (art. 75 do ECA)**:** toda criança ou adolescente terá acesso a diversões e espetáculos públicos classificados como adequados à sua faixa etária

– **Classificação etária:** é regulamentada pela Portaria 368/2014 do Ministério da Justiça
– **Menores de 10 anos:** deverão estar obrigatoriamente acompanhadas dos pais ou responsáveis nos locais de exibição ou apresentação (art. 75, parágrafo único do ECA)
– **Obrigações dos responsáveis pelos estabelecimentos:** devem afixar, em local visível e de fácil acesso, na entrada do local, informação destacada sobre a natureza do espetáculo e a faixa etária especificada (art. 74, parágrafo único do ECA)
– **Casa de jogos:** o responsável cuidará para que não seja permitida a entrada de criança ou adolescente no local (arts. 80 e 258 do ECA)

1.3.2. Televisão e rádio: no horário recomendado para o público infanto-juvenil, exibirão programas com finalidades educativas, artísticas, culturais e informativas (art. 76 do ECA)

1.3.3. Fitas de vídeo: os proprietários e funcionários dos estabelecimentos devem impedir o comércio ou locação em desacordo com a classificação etária (art. 77 do ECA)

1.3.4. Revistas e publicações: se o conteúdo for inadequado, devem ser vendidas com a embalagem lacrada, com advertência do teor. Se a própria capa for imprópria, deve ser vendida com embalagem opaca (art. 78 do ECA)

⚠️ **Atenção absoluta:** as revistas e publicações destinadas ao público infanto-juvenil não podem fazer qualquer menção a bebidas alcoólicas, tabaco, armas e munições, devendo respeito a valores éticos e sociais (arts. 79 e 257 do ECA)

1.3.5. Itens com venda proibida a crianças e adolescentes (art. 81 do ECA)**:** armas, munições, explosivos, bebidas alcoólicas, produtos cujos componentes podem causar dependência física ou psíquica, ainda que por utilização indevida, fogos de estampido e de artifício, exceto os inofensivos, revistas e publicações impróprias e bilhetes lotéricos ou equivalentes

1.3.6. Hospedagem: proibida a hospedagem em qualquer estabelecimento de criança ou adolescente, salvo se autorizado ou acompanhado pelos pais ou responsáveis

1.3.7. Viagem no território nacional

– **Criança:** não pode viajar para fora da comarca desacompanhada dos pais ou responsáveis, sem expressa autorização judicial (art. 83, caput do ECA)
– **Adolescente menor de 16 anos:** não pode viajar desacompanhado de pais ou responsáveis sem autorização judicial (artigo 83 do ECA)
Exceções (art. 83, §1º do ECA)
a) Viagem a comarca contígua situada no mesmo Estado, ou situada na mesma região metropolitana
b) Criança ou adolescente menor de 16 anos acompanhada de ascendente ou colateral maior, até o terceiro grau, com comprovação documental do parentesco
c) Criança ou adolescente menor de 16 anos acompanhada de pessoa maior, expressamente autorizada pelo pai, mãe ou responsável
– **Adolescente com 16 anos ou mais:** pode viajar desacompanhado, sem autorização judicial

⚠️ **Atenção absoluta:** antes do advento da Lei n. 13.812/19, os adolescentes podiam viajar desacompanhados pelo território nacional. A lei em questão estendeu a vedação antes vigente para as crianças aos adolescentes menores de 16 anos, aumentando o âmbito protetivo da norma

1.3.8. Viagem ao exterior (Resolução 131/2011 do CNJ)**:** vale tanto para crianças como para adolescentes

– **Viagem autorizada por ambos pais ou responsáveis:** não é necessária autorização judicial. Autorização deve ser subscrita com reconhecimento de firma
– **Viagem acompanhada de um dos pais ou responsáveis:** não é necessária autorização judicial se houver autorização por escrito do outro genitor, com firma reconhecida
– **Viagem autorizada ou acompanhada por somente um dos pais, sem consentimento do outro:** necessária a autorização judicial para suprir a ausência de autorização do outro genitor
– **Viagem ao exterior, na companhia de estrangeiro domiciliado no exterior:** necessária autorização judicial, ainda que conte com o consentimento dos pais

💡 **Dica:** recentemente, o plenário do CNJ havia editado norma substitutiva da Resolução n. 131/11, com nova disciplina do regramento para autorização de viagem ao exterior de crianças e adolescentes. Até o fechamento desta edição, porém, o texto da nova resolução não havia sido publicado

ESTATUTO DA CRIANÇA E DO ADOLESCENTE

Tema III - Prevenção e medidas de proteção

1. Medidas de proteção (arts. 98 a 102 do ECA)

- **1.1. Conceito:** medidas aplicadas quando as crianças ou adolescentes se encontrarem em situação de risco, ou quando do cometimento de ato infracional, ou seja, devem ser adotadas sempre que os direitos consagrados no ECA forem ameaçados ou violados, seja por ação ou omissão da sociedade, do Estado ou dos pais ou responsáveis, sejam em razão da própria conduta do infante (art. 98 do ECA)

- **1.2. Atribuição para aplicação das medidas**
  - **1.2.1. Conselho Tutelar:** está credenciado a aplicar a crianças e adolescentes em situação de risco, ou a crianças que cometeram ato infracional, as medidas de proteção do art. 101, I a VI do ECA
    - 🔊 **Tradução:** o Conselho Tutelar não pode aplicar as medidas de acolhimento institucional, inclusão em programa de acolhimento familiar e colocação em família substituta
  - **1.2.2. Juiz:** pode aplicar todas as medidas de proteção

- **1.3. Medidas de proteção em espécie** (art. 101 do ECA)
  - **1.3.1.** Encaminhamento aos pais ou responsável, mediante termo de responsabilidade
  - **1.3.2.** Orientação, apoio e acompanhamento temporários
  - **1.3.3.** Matrícula e frequência obrigatórias em estabelecimento oficial de ensino fundamental
  - **1.3.4.** Inclusão em serviços e programas comunitários ou oficiais de proteção, apoio e promoção da família, da criança e do adolescente (conforme inciso IV, que teve a sua redação alterada pela Lei 13.257/2016)
  - **1.3.5.** Requisição de tratamento médico, psicológico ou psiquiátrico, em regime hospitalar ou ambulatorial
  - **1.3.6.** Inclusão em programa oficial ou comunitário de auxílio, orientação e tratamento a alcoólatras e toxicômanos
  - **1.3.7. Acolhimento institucional**
    - 🔊 **Tradução:** tem caráter provisório e excepcional (art. 101, § 1º do ECA). Só pode ser aplicado pelo juiz, a quem cabe fiscalizar o cumprimento da medida. Havendo risco que justifique a retirada da criança ou adolescente de sua família natural, deverão esses ser inseridos, sob a forma de guarda ou tutela, na sua família extensa (família substituta); não sendo possível, recorre-se ao acolhimento familiar e, após, ao institucional; tanto uma quanto a outra tem caráter provisório. Assim, tão logo a situação de risco cesse, a criança ou adolescente retornará à família natural; se isso não for possível, será encaminhado para adoção
  - **1.3.8. Inclusão em programa de acolhimento familiar**
    - 🔊 **Tradução:** também tem caráter provisório e excepcional. Só o juiz pode determinar tal medida protetiva. Neste caso, a criança ou adolescente ficará sob os cuidados de uma família acolhedora. Esta, que somente entra em cena ante a impossibilidade de a criança ou o adolescente permanecer na sua família natural ou extensa, deve ser previamente cadastrada no programa de acolhimento. Assim, trata-se de pessoas que tomam a iniciativa de colaborar com seres em desenvolvimento que, em determinado momento da vida, encontram-se em situação de risco, o que, sem dúvida, é louvável
  - **1.3.9.** Colocação em família substituta

ESTATUTO DA CRIANÇA E DO ADOLESCENTE

TEMA IV - ATO INFRACIONAL, GARANTIAS PROCESSUAIS E MEDIDAS SOCIOEDUCATIVAS

1. Ato infracional

1.1. Conceito: conduta tipicamente relevante, dotada de antijuridicidade, definida na legislação penal como crime ou contravenção penal (art. 103 do ECA)

Tradução: caso uma criança ou um adolescente cometa um fato descrito na lei como crime ou contravenção penal, estará cometendo um ato infracional, e não um crime. Por serem inimputáveis, não estão sujeitos à responsabilidade penal. Contudo, deverão ser submetidos ou a medidas de proteção, se crianças, ou a medidas socioeducativas (cumuladas ou não com medidas de proteção), se adolescentes

Dica: são aplicáveis integralmente aos atos infracionais a principiologia do Direito Penal (legalidade, reserva legal, anterioridade e insignificância, etc.). Neste sentido: STJ, HC 241.248/SP

1.2. Tempo do ato infracional: o ECA, como o CP, adotou a teoria da ação para definição do momento em que se considera praticado o ato infracional. Assim, importa a idade do sujeito ativo no momento da conduta (ação ou omissão), ainda que posterior seja o momento do resultado (art. 104, parágrafo único do ECA)

Exemplo: adolescente dispara arma de fogo pretendendo matar terceiro na véspera do dia em que completará 18 anos. A morte do desafeto ocorre após o advento da maioridade. Aplica-se o ECA e não o CP

1.3. Direitos individuais dos adolescentes em conflito com a lei

1.3.1. Restrição da liberdade do adolescente (art. 106 do ECA): ocorre somente em casos de flagrante de ato infracional, ou com a existência de ordem escrita e fundamentada da autoridade judiciária competente

- Dever de comunicação: ocorrendo a apreensão em flagrante do adolescente, o Juiz da Infância e da Juventude será imediatamente comunicado, assim como a família do apreendido (art. 107, caput do ECA)

Dica: a ausência da comunicação importa em crime previsto no art. 231 do ECA

1.4. Garantias processuais: decorrem do devido processo legal, previsto no art. 110 do ECA. Aplicam-se todas as garantias já estudadas aos imputáveis

1.4.1. Ciência da imputação (art. 111, I do ECA): é assegurado pleno e formal conhecimento do ato infracional a ele atribuído, o que se materializa pela citação

1.4.2. Igualdade processual (art. 111, II do ECA)

1.4.3. Defesa técnica por advogado (art. 111, III do ECA): é obrigatória a defesa técnica por advogado

1.4.4. Assistência judiciária gratuita (art. 111, IV do ECA): o adolescente tem o direito à defesa gratuita, na forma da Lei 1.060/1950

1.4.5. Autodefesa (art. 111, V do ECA): o adolescente tem o direito de ser ouvido pessoalmente pela autoridade competente

1.4.6. Presença dos pais ou responsáveis (art. 111, VI do ECA): o adolescente tem direito de solicitar, a qualquer momento, a presença dos pais ou responsáveis

ESTATUTO DA CRIANÇA E DO ADOLESCENTE

TEMA IV - ATO INFRACIONAL, GARANTIAS PROCESSUAIS E MEDIDAS SOCIOEDUCATIVAS

1. Medidas socioeducativas

- **1.1. Notas introdutórias**

  - **1.1.1. Conceito:** são medidas corretivas aplicadas ao adolescente que pratica ato infracional com vistas à sua ressocialização, bem como sua responsabilização e integração social e a desaprovação da conduta infracional

  - **1.1.2. Competência para aplicação** (art. 112 do ECA): somente o juiz poderá aplicar medida socioeducativa (súmula 108 do STJ)

  - **1.1.3. Requisitos para a aplicação**
    - **Medida socioeducativa de advertência:** por ser a medida mais branda, basta a existência de prova da materialidade e indícios suficientes de autoria (art. 114, parágrafo único do ECA)
    - **Demais medidas socioeducativas:** para as demais medidas, é necessária a existência de provas suficientes da materialidade e da autoria da infração (art. 114, caput do ECA)

  - **1.1.4. Critérios para a escolha da medida** (art. 112, §1º do ECA): o juiz deve levar em conta a sua capacidade de cumpri-la, as circunstâncias e a gravidade do ato

  - **1.1.5. Objetivos das medidas socioeducativas:** constam do artigo 1º, §2º da Lei 12.594/2012 (Sistema Nacional de Atendimento Socioeducativo – SINASE)

  - **1.1.6. Adolescentes com doença ou deficiência mental:** não serão submetidos às medidas socioeducativas, devendo receber tratamento individual e especializado (art. 112, §3º do ECA)

- **1.2. Espécies de medidas socioeducativas**

  - **1.2.1. Advertência** (art. 112, I, e 116 do ECA): reservada aos atos infracionais de pequena gravidade, consiste em mera admoestação verbal, que será reduzida a termo e assinada pelo juiz, MP, adolescente e seus responsáveis

  - **1.2.2. Obrigação de reparar o dano** (art. 112, II, e 115 do ECA): adequada aos atos infracionais com reflexos patrimoniais, consistindo na restituição da coisa, no ressarcimento do dano ou na imposição de outra medida que compense o prejuízo causado à vítima

  - **1.2.3. Prestação de serviços à comunidade** (art. 112, III, e 117 do ECA): realização de tarefas gratuitas de interesse geral, por período não excedente a seis meses, junto a entidades assistenciais ou púbicas, devendo as missões serem atribuídas conforme as aptidões do adolescente, com jornada máxima de oito horas semanais, distribuída de modo a não prejudicar a frequência escolar ou no trabalho

  - **1.2.4. Liberdade assistida** (art. 112, IV, e 118 do ECA): o adolescente, embora permaneça na companhia de sua família e inserido na comunidade, deve se sujeitar a acompanhamento, auxílio e orientação de profissional de entidade de atendimento, designado pelo juiz, para exercer a função de orientador. Vigora por prazo mínimo de seis meses, podendo ser prorrogada, revogada ou substituída por outra medida (art. 118, §2º do ECA)

    > **Dica:** o legislador não previu prazo máximo para a duração da LA, razão pela qual entende-se pela aplicação, por analogia, do dispositivo que prevê como prazo máximo da internação o lapso de 3 anos

  - **1.2.5. Semiliberdade** (art. 112, V, e 120 do ECA): espécie de medida socioeducativa privativa de liberdade, permite que o adolescente realize atividades externas independentemente de autorização judicial. Na prática, o adolescente permanece realizando as atividades externas durante o dia, retornando para pernoitar na entidade de atendimento no período noturno. Deve ser reavaliada a cada 6 meses, tendo prazo máximo de duração de 3 anos

ESTATUTO DA CRIANÇA E DO ADOLESCENTE

Tema IV – Ato infracional, garantias processuais e medidas socioeducativas

1. Medida socioeducativa de internação (art. 112, VI do ECA)

- **1.1. Conceito:** medida socioeducativa de maior rigor prevista no ordenamento jurídico, encerra privação de liberdade do adolescente em regime integral

- **1.2. Princípios que regem a internação**
  - **1.2.1. Brevidade:** a medida socioeducativa de internação deve perdurar pelo menor lapso possível, apenas persistindo enquanto for absolutamente imprescindível à responsabilização e ressocialização do adolescente em conflito com a lei
  - **1.2.2. Excepcionalidade:** a medida de internação somente deve ser adotada em caráter excepcional, quando as medidas mais brandas não se mostrarem aptas à responsabilização e ressocialização do adolescente, devendo sua aplicação, portanto, pautar-se em estrita investigação de sua necessidade, bem como dar-se de modo fundamentado (STJ, HC 207.582)

- **1.3. Hipóteses de cabimento da medida socioeducativa de internação** (art. 122 do ECA): a medida socioeducativa de internação somente pode ser aplicada nas hipóteses elencadas no dispositivo, desde que demonstrada a necessidade
  - **1.3.1. Ato infracional cometido mediante grave ameaça ou violência à pessoa:** em razão do notável desvalor da conduta, além da demonstração de personalidade com maior grau de deturpação pelo adolescente, autoriza-se a aplicação da medida extrema
    - 🔒 **Cuidado:** embora não se trate de conduta praticada com violência ou grave ameaça, tem-se entendido pela possibilidade da aplicação da medida socioeducativa de internação ao tráfico de drogas, em razão da concreta gravidade da conduta, bem como por tratar-se de crime equiparado a hediondo. Sobre o assunto, editou-se a súmula 492 do STJ, segundo a qual "o ato infracional análogo ao tráfico de drogas, por si só, não conduz obrigatoriamente à imposição de medida socioeducativa de internação". Logo, embora por si só o tráfico não autorize a internação, havendo fundadas e concretas razões, à luz das circunstâncias do caso e da personalidade do adolescente, a medida pode ser aplicada
  - **1.3.2. Reiteração no cometimento de outras infrações graves:** caso o adolescente seja useiro e vezeiro na prática de infrações graves, ainda que sem violência ou grave ameaça à pessoa, surge a possibilidade de aplicação da medida de internação
  - **1.3.3. Descumprimento reiterado ou injustificado de medida anteriormente imposta (internação com prazo determinado ou internação-sanção):** uma vez aplicada medida socioeducativa por sentença, seu descumprimento pode dar causa à denominada internação-sanção, com prazo máximo de três meses
    - 💡 **Dica:** haja vista que é o injustificado descumprimento que dá causa à decretação da internação-sanção, é necessária a oitiva das razões do adolescente, entendimento consolidado na súmula 265 do STJ, segundo a qual "é necessária a oitiva do menor infrator antes de decretar-se a regressão da medida socioeducativa"

ESTATUTO DA CRIANÇA E DO ADOLESCENTE

TEMA V - PROCEDIMENTO DE APURAÇÃO DE ATO INFRACIONAL

1. Apreensão de adolescente

- **1.1. Conceito:** como já visto, o adolescente somente pode ser apreendido por flagrante de ato infracional, ou por força de ordem judicial. Passa-se a analisar o procedimento a ser adotado nas hipóteses

- **1.2. Ordem judicial:** o adolescente apreendido por forçoa de ordem judicial deve ser encaminhado de imediato à autoridade judiciária (art. 171 do ECA)

- **1.3. Flagrante:** o adolescente apreendido em flagrante de ato infracional deverá ser conduzido à presença da autoridade policial competente
  - **1.3.1. Flagrante de ato infracional cometido sem violência ou grave ameaça à pessoa:** lavra-se boletim de ocorrência circunstanciado, comunica-se a família ou pessoa indicada pelo adolescente, que é liberado sob compromisso de comparecer ao Ministério Público no mesmo dia, ou no dia útil imediato
  - **1.3.2. Flagrante de ato infracional cometido mediante violência ou grave ameaça à pessoa:** a autoridade policial cuidará para que seja lavrado o auto de apreensão, com seus consectários. Em seguida, delibera-se pela liberação do adolescente aos seus familiares, quando será observado o mesmo procedimento indicado acima, ou manutenção da apreensão, quando, pela gravidade do ato ou sua repercussão social, a autoridade policial entender que o adolescente deve ficar sob internação, hipótese na qual deverá ser encaminhado ao Ministério Público, imediatamente ou no prazo de 24h (arts. 174 e 175 do ECA)

- **1.4. Providências do MP:** em resumo, deverá ouvir o adolescente e, se possível, seus responsáveis (art. 179 do ECA), seguindo-se a propositura da ação socioeducativa, concessão da remissão ou promoção de arquivamento, conforme o caso. Em caso de adolescente apreendido, oferecendo representação, deverá deliberar, ainda, pela necessidade de decretação, ou não, da internação provisória, postulando perante a autoridade judiciária competente a aplicação da cautelar, se o caso. Todos os institutos serão a seguir estudados

  - **1.4.1. Oitiva informal** (art. 179 do ECA): o representante do MP ouve o adolescente e seus responsáveis, como instrumento para a formação de sua convicção a respeito do ato infracional e da necessidade da propositura da ação socioeducativa
    - 💡 **Dica:** prevalece o entendimento de que a ausência de oitiva informal pelo MP não acarreta a nulidade do procedimento (STJ, REsp 662.499)

  - **1.4.2. Promoção de arquivamento:** entendendo que o fato não é típico ou ilícito, ou que não há prova da materialidade e indícios de autoria, o MP deverá promover o arquivamento do procedimento, submetendo-o à homologação judicial (art. 181 do ECA)
    - 💡 **Dica:** na hipótese de o juiz discordar do arquivamento, remeterá os autos ao procurador-geral de Justiça para que delibere sobre o cabimento do arquivamento ou não (a exemplo da regra do art. 28 do CPP)

  - **1.4.3. Remissão:** não sendo caso de arquivamento, mas observando que a ação socioeducativa não se mostra necessária, o membro do MP pode conceder a remissão como forma de exclusão do procedimento. A remissão nada mais é senão um perdão pela conduta praticada, destinada ao adolescente que, embora tenha praticado fato penalmente relevante, tenha restabelecido a conduta social adequada, tornando desnecessário o procedimento
    - **Cumulação com medida socioeducativa:** é possível a cumulação da remissão com medida socioeducativa que não importe em restrição de liberdade (advertência, obrigação de reparar o dano, prestação de serviços à comunidade e liberdade assistida)
    - **Após o início do processo:** a remissão somente poderá ser concedida pela autoridade judiciária, e importará em extinção ou suspensão do processo
    - 🔒 **Cuidado:** o descumprimento da medida socioeducativa imposta com a remissão, seja ela do MP (exclusão do processo) ou judicial (suspensão ou extinção do processo), não importa em decretação da internação-sanção

ESTATUTO DA CRIANÇA E DO ADOLESCENTE

Tema V - Procedimento de apuração de ato infracional

1. Fase processual da aplicação da medida socioeducativa

- **1.1. Representação:** na sequência das providências de atribuição do MP, caso não seja caso de arquivamento ou remissão, o promotor de Justiça oferecerá a representação, que é a peça inicial da ação socioeducativa, que tem por objetivo o reconhecimento da prática do ato infracional e a aplicação da medida socioeducativa mais adequada ao caso
  - **1.1.1. Requisitos para o oferecimento:** a representação independe de prova pré-constituída da autoria ou materialidade do ato infracional (art. 182, §2º do ECA)
  - **1.1.2. Conteúdo da representação:** assemelha-se à denúncia, peça inicial da ação penal pública, devendo conter breve resumo dos fatos, a classificação jurídica do ato infracional e rol de testemunhas, quando necessário (art. 182, §1º do ECA)
  - **1.1.3. Legitimidade ativa:** todo ato infracional processa-se mediante ação pública incondicionada, de modo que o Ministério Público é o único legitimado para o oferecimento da representação

- **1.2. Internação provisória** (art. 108 do ECA)**:** medida excepcional que, assemelhando-se à prisão preventiva no âmbito processual penal, somente pode ser decretada, no curso do processo (havendo representação oferecida pelo MP), diante da demonstração imperiosa de sua necessidade, além de se basear em indícios suficientes de autoria e materialidade
  - **1.2.1. Prazo:** duração máxima de 45 dias, tempo no qual o processo deverá se findar (art. 183 do ECA). Em caso negativo, deverá ocorrer a liberação imediata do adolescente. O descumprimento do prazo configura o crime do art. 235 do ECA

- **1.3. Procedimento judicial de apuração do ato infracional**
  - **1.3.1.1. Não localização do adolescente para a audiência de apresentação:** deverá ser expedido mandado de busca e apreensão, com o sobrestamento do feito até a apresentação (art. 184, §3º do ECA)
  - **1.3.1.2. Adolescente intimado que não comparece:** é determinada a condução coercitiva (art. 187 do ECA)
  - **1.3.1.3. Não localização dos responsáveis pelo adolescente:** o juiz nomeará curador especial para companhá-lo (art. 184, §2º do ECA)

Fluxograma:

Representação → Notificação Adolescente/Responsável → Audiência de Apresentação
- Oitiva Adolescente
- Oitiva Pais/Responsáveis

Decisão sobre eventual internação provisória ou não

Remissão após ouvido o MP
- Extinção do processo
- Suspensão do processo

Designação de Audiência e continuação

Defesa prévia + Rol de testemunha

Audiência em Continuação
- Oitiva testemunhas
- Apresentação relatórios multidisciplinares
- Debates orais: 20 min., prorrogáveis por + 10 min.
- Sentença → Apelação

ESTATUTO DA CRIANÇA E DO ADOLESCENTE

Tema VI - Medidas aplicáveis aos pais e responsáveis, conselho tutelar e infrações administrativas

1. Medidas aplicáveis aos pais e responsáveis, conselho tutelar e infrações administrativas

1.1. Medidas aplicáveis aos pais e responsáveis (arts. 129 a 130 do ECA)

1.1.1. Conceito: são as medidas aplicáveis aos pais ou responsável (crianças ou adolescentes criados por avós, irmãos – que detêm a guarda de fato) quando violarem direitos das crianças e dos adolescentes. Essas medidas terão lugar em relação aos pais em face da violação do poder familiar, que é, grosso modo, a autoridade que estes exercem sobre a criança e o adolescente

1.1.2. Finalidade: buscar a restruturação dos pais e responsáveis a fim de garantir a manutenção da criança ou adolescente no seio de sua família natural ou em boas condições perante a família ampliada ou substituta

1.1.3. Medidas em espécie

I. Encaminhamento a serviços e programas oficiais ou comunitários de proteção, apoio e promoção da família (redação alterada pela Lei 13.257/2016)
II. Inclusão em programa oficial ou comunitário de auxílio, orientação e tratamento a alcoólatras e toxicômanos
III. Encaminhamento a tratamento psicológico ou psiquiátrico
IV. Encaminhamento a cursos ou programas de orientação
V. Obrigação de matricular o filho ou pupilo e acompanhar sua frequência e aproveitamento escolar
VI. Obrigação de encaminhar a criança ou adolescente a tratamento especializado
VII. Advertência
VIII. Perda da guarda
IX. Destituição da tutela
X. Suspensão ou destituição do poder familiar

1.2. Conselho tutelar (arts. 131 a 140 do ECA)

1.2.1. Conceito: órgão permanente e autônomo, não jurisdicional, encarregado pela sociedade de zelar pelo cumprimento dos direitos da criança e do adolescente (art. 131 do ECA)

1.2.2. Características

1.2.2.1. Personalidade jurídica: não possui, sendo mero órgão situado na estrutura da Administração Pública municipal (art. 132 do ECA)

1.2.2.2. Autonomia: embora esteja sujeito à fiscalização pelo MP e pelo Judiciário, é independente no exercício de suas atribuições

1.2.2.3. Caráter não jurisdicional: não está habilitado a solucionar conflitos, ante a natureza não jurisdicional

1.2.2.4. Estrutura

– **Número mínimo de componentes:** cada município, ou cada região administrativa do DF, deve possuir, no mínimo, um Conselho Tutelar, constituído de cinco membros (art. 132 do ECA)
– **Estrutura administrativa e remuneração:** defina na legislação municipal (art. 134 do ECA)
– **Mandato de conselheiro:** 4 anos, permitida recondução

💡 **Dica:** antes da Lei n. 13.824/19, somente uma recondução era permitida no mandato de conselheiro. Com a alteração, permitiu-se subsequentes reconduções

1.2.2.5. Eleição: por voto direto, facultativo e secreto, em eleição promovida pelo Conselho Municipal dos Direitos da Criança e do Adolescente (CMDCA), sob fiscalização do MP (art. 139 do ECA)

💡 **Dica:** a partir das alterações promovidas pela Lei 12.696/2012, o processo de escolha do CT ocorrerá em data unificada em todo território nacional, a cada quatro anos, no primeiro domingo do mês de outubro do ano subsequente ao da eleição presidencial

1.2.2.6. Atribuições do CT: constam do art. 136 do ECA

1.3. Infrações administrativas

1.3.1. Tipificação: estão tipificadas nos arts. 245 a 258-C do ECA

1.3.2. Apuração: dá-se em procedimento judicial perante a Vara da Infância e da Juventude, observando o rito dos arts. 194 a 198 do ECA

1.3.3. Iniciativa: serviço voluntariado da Vara da Infância e da Juventude, Conselho Tutelar e MP

1.3.4. Tentativa *(conatus)*: não é punida, visto que inexiste norma de extensão que possibilite a tipificação derivativa

1.3.5. Prescrição: não há previsão no ECA, entendendo-se pela aplicabilidade das regras de prescrição do direito administrativo, em que o prazo é de 5 anos (STJ, REsp 820.364)

DIREITO PENAL

Arthur Trigueiros

Você poderá acessar o texto com o conteúdo dos crimes em espécie no Direito Penal no seguinte link:
www.editorafoco.com.br/atualizacao

DIREITO PENAL

Tema I - Princípios do Direito Penal

1. Princípios do direito penal

- **1.1. Princípio da legalidade:** nenhum crime ou pena podem ser criados senão em virtude de lei (art. 5º, XXXIX da CF). Também chamado "anterioridade penal" (art. 1º do CP)

- **1.2. Princípio da anterioridade:** o indivíduo não poderá ser criminalmente responsabilizado se a sua conduta não estiver expressa em *lei anterior* à prática do fato (não há crime sem lei anterior que o defina – art. 5º, XXXIX, CF)

- **1.3. Princípio da retroatividade penal benéfica:** o agente pode ser beneficiado por leis anteriores ou posteriores ao fato criminoso que tenha praticado (art. 5º, XL da CF); é exceção, pois em regra aplicam-se ao fato as leis vigentes à época de sua ocorrência *(tempus regit actum)*

- **1.4. Princípio da personalidade ou da responsabilidade pessoal:** a punição criminal jamais passará da pessoa do condenado (art. 5º, XLV da CF). Porém, terceiros podem ter que arcar com a responsabilidade civil decorrente do ilícito

- **1.5. Princípio da individualização da pena:** cada um responde na exata medida de sua culpabilidade (art. 5º, XLVI da CF). Ex.: decisão do STF que declarou inconstitucional o art. 2º, § 1º da Lei dos Crimes Hediondos, que previa o regime integralmente fechado de cumprimento de pena (HC 82.959-SP)

- **1.6. Princípio da humanidade:** embora criminosos, os agentes delitivos devem ser tratados de maneira digna. Ex.: a CF, em seu art. 5º, XLVII, veda as penas de morte (salvo em caso de guerra declarada), de caráter perpétuo, de trabalhos forçados, de banimento e as cruéis (castigos físicos, por exemplo)

- **1.7. Princípio da intervenção mínima:** o Direito Penal deve intervir minimamente na esfera do indivíduo, já que a CF garante o direito à liberdade como uma regra a ser observada. Deve ser encarado como *ultima ratio*, e não *prima ratio*

- **1.8. Princípio da fragmentariedade:** o Direito Penal é apenas uma parcela, um fragmento do ordenamento jurídico, devendo se ocupar apenas das situações mais graves que aflijam a sociedade. Ex.: algumas infrações de trânsito não precisam ser sempre punidas pelo Direito Penal, sendo suficiente as multas do Direito Administrativo

- **1.9. Princípio da insignificância ou bagatela:** o Direito Penal não deve atuar diante de fatos insignificantes, de somenos importância. Ex.: absolvição pelo furto de um botão de camisa. Exclui-se a tipicidade penal (tipicidade material). Para o STF, a aplicação do princípio requer o seguinte: *a) mínima ofensividade da conduta; b) nenhuma periculosidade social da ação; c) reduzido grau de reprovabilidade do comportamento;* e *d) inexpressividade da lesão jurídica provocada* (STF, HC 98.152-MG)

- **1.10. Princípio da culpabilidade ou da responsabilidade subjetiva:** não é possível que alguém seja punido se não houver atuado com dolo ou culpa. Como regra não há responsabilidade objetiva no Direito Penal

- **1.11. Princípio da taxatividade:** não se admite que as leis penais sejam muito genéricas (pouco detalhadas). Deve o legislador criar crimes bem definidos, sem que se possam gerar dúvidas quanto à sua aplicação e alcance

- **1.12. Princípio da proporcionalidade:** a sanção penal deve ser proporcional ao gravame causado pelo agente. Assim, deve existir uma proporcionalidade entre a conduta do agente e a resposta estatal que lhe será imposta

- **1.13. Princípio da vedação da dupla punição** *(ne bis in idem)* **:** veda-se que alguém seja duplamente apenado (ou processado) pela mesma infração penal

DIREITO PENAL

TEMA I - PRINCÍPIOS DO DIREITO PENAL

1. Aplicação da lei penal no tempo I

1.1. O princípio da retroatividade benéfica (ou irretroatividade prejudicial)

1.1.1. Conceito: a lei penal retroagirá se for para beneficiar o réu. Trata-se de exceção à regra de que a lei penal é irretroativa ("*tempus regit actum*")

1.1.2. Hipóteses:

a) *Abolitio criminis:* também chamada de lei posterior *supressiva de incriminação*. Pressupõe a edição de lei posterior que deixa de considerar o fato como crime (art. 2º do CP), por isso *retroagirá* em favor do réu, seja na fase de processo (ação penal) ou da execução penal, e mesmo após o trânsito em julgado

b) *Novatio legis in mellius:* é a *lei posterior mais benéfica*, mantendo-se, no entanto, a incriminação. Poderá *retroagir* em benefício do réu em qualquer fase, mesmo após o trânsito em julgado (parágrafo único, art. 2º do CP)

c) *Novatio legis in pejus:* é a lei posterior que, embora mantenha a incriminação, é *prejudicial* ao réu. Por isso, é *irretroativa*, aplicando-se a lei anterior mais benéfica, que terá a característica da *ultratividade*

d) *Novatio legis incriminadora:* é a lei que passa a considerar um fato criminoso. Por óbvio, não retroagirá, até porque a prática do fato, até então, não tem amparo legal

Dica: as leis processuais aplicam-se desde logo (art. 2º do CPP), ficando preservados os atos processuais praticados até então. Pouco importa se são benéficas ou prejudiciais ao réu. Aqui sempre vigora o tempus regit actum

1.2. Leis excepcionais e temporárias

1.2.1. Lei excepcional: é aquela que *vigora durante um período de exceção*, como, por exemplo, em período de guerra, calamidades etc. Quando cessar o período de exceção, as leis excepcionais serão revogadas automaticamente

1.2.2. Lei temporária: é aquela que contém, em seu próprio texto, o *período de vigência*. São leis "marcadas para morrer", com contagem regressiva de "vida" (vigência). Atingindo o termo final, cessará sua vigência. Ex.: a "Lei Geral da Copa/14" estabeleceu tipos com vigência até o dia 31/12/2014

Atenção: em ambas as leis, aplica-se a *ultratividade*, ou seja, ainda que revogadas, atingirão os agentes delitivos em momento ulterior à revogação

DIREITO PENAL

Tema I - Princípios do Direito Penal

1. Aplicação da lei penal no tempo II

1.3. Momento do crime

1.3.1. Regra: "considera-se praticado o crime no **momento da ação ou omissão,** ainda que outro seja **o momento do resultado"** (art. 4º do CP)

1.3.2. Teorias a respeito:

– **Teoria da atividade:** considera-se praticado o crime no momento da ação ou da omissão, pouco importando o momento do resultado
– **Teoria do resultado:** considera-se praticado o crime no momento em que se verifica o resultado, independentemente do momento da ação ou omissão
– **Teoria mista ou da ubiquidade:** considera-se praticado o crime tanto no momento da ação ou omissão, quanto no momento do resultado

1.3.3. Teoria adotada: o CP adotou a **teoria da atividade,** pela qual o **tempo do crime** é o da *atividade do agente* (ação ou omissão), independentemente do momento em que o resultado ilícito se verificar

> **Exemplo:** "A, em 10.03.2015, efetuou três disparos de arma de fogo contra B, que faleceu apenas em 17.03.2015, após uma semana na UTI". Verificam-se **dois momentos distintos,** o dos disparos *(atividade)* e o da morte *(resultado).* Considera-se praticado o homicídio (art. 121) **no momento dos disparos** (10.03.2015 – ação), e não no momento da morte da vítima (17.03.2015 – resultado)

1.3.4. Importância: para a aferição da **imputabilidade penal** (capacidade pessoal do agente para entender o caráter ilícito do fato – ex.: menoridade penal) e para a análise de **qual lei é mais ou menos benéfica para o agente**

1.4. Conflito aparente de leis penais

1.4.1. Conceito: situação em que duas ou mais leis penais parecem incidir sobre um mesmo fato. Na realidade, apenas uma delas regerá o ato praticado pelo agente

1.4.2. Princípios para a resolução do conflito:

– **Princípio da especialidade:** *a lei especial prevalece sobre a geral.* Será especial a lei que contiver todos os elementos da geral e mais alguns denominados especializantes. Ex.: homicídio (lei geral) e infanticídio (lei especial)
– **Princípio da subsidiariedade:** *a lei primária prevalece sobre a subsidiária.* Lei subsidiária é aquela que descreve um grau menor de violação de um mesmo bem jurídico integrante da descrição típica de outro delito mais grave. Ex.: lesão corporal (lei primária) e periclitação da vida ou saúde de outrem (lei subsidiária)
– **Princípio da consunção ou absorção:** *o crime mais grave absorve outro menos grave quando este integrar a descrição típica daquele* (quando for meio de execução de outro mais grave)
Hipóteses:
a) **Crime progressivo:** o agente pretende, desde o início, produzir resultado mais grave, praticando sucessivas violações ao mesmo bem jurídico. Ex.: querendo matar, dá golpes de taco de beisebol em todo o corpo da vítima até matá-la. Pratica, portanto, lesões corporais até chegar ao resultado morte
b) **Crime complexo:** é composto de vários tipos penais autônomos. Prevalece o fato complexo sobre os autônomos. Ex.: para roubar, o agente furta o bem e emprega violência ou grave ameaça. Não responderá por furto, lesões corporais e/ou ameaça, mas só pelo roubo
c) **Progressão criminosa:** o agente, de início, pretende produzir resultado menos grave. Contudo, no decorrer da conduta, decide por produzir resultado mais grave. Ex.: primeiro o agente pretendia lesionar e conseguiu seu intento. Contudo, após a prática das lesões corporais, decide matar a vítima e o faz. O resultado final (mais grave) absorve o resultado inicial (menos grave)

DIREITO PENAL

Tema I - Princípios do Direito Penal

1. Aplicação da lei penal no espaço I

1.1. Considerações iniciais: o tema é relevante para que seja possível a resolução de conflitos de soberania entre dois ou mais países

1.2. Princípios relacionados com a aplicação da lei penal no espaço

- **1.2.1. Princípio da territorialidade:** a lei nacional será aplicada aos fatos praticados em território nacional (art. 5º do CP)

- **1.2.2. Princípio da nacionalidade:** a lei penal de um país será aplicada ao seu cidadão, ainda que fora do território nacional; também denominado de princípio da personalidade

- **1.2.3. Princípio da defesa:** será aplicada a lei do país do bem jurídico lesado ou ameaçado de lesão, independentemente da nacionalidade do agente ou do local da infração penal; também conhecido como princípio real ou princípio da proteção

- **1.2.4. Princípio da justiça penal universal:** o sujeito que tenha praticado uma infração penal deverá ser punido pela justiça do local onde se encontre, ainda que tenha outra nacionalidade ou o interesse do bem jurídico lesionado seja de outro território; também denominado de princípio universal, princípio da universalidade da justiça, ou princípio da justiça cosmopolita

- **1.2.5. Princípio da representação:** o agente deverá ser punido por infração praticada no estrangeiro pelo país de origem de embarcações e aeronaves privadas, quando praticadas em seu interior, e desde que não tenha sido punido no país em que tenha praticado a infração penal. Também conhecido como princípio da bandeira (lei da bandeira) ou do pavilhão

- **1.2.6. Princípio adotado no Brasil:** a lei adotou como regra o **princípio da territorialidade** ao prescrever: "Aplica-se a lei brasileira, sem prejuízo de convenções, tratados e regras de direito internacional, ao crime cometido no território naci-onal" (art. 5o do CP). Trata-se da territorialidade temperada, pela ressalva às **convenções, tratados e regras de direito internacional**

1.3. Conceito de território: *espaço terrestre, marítimo, aéreo e fluvial,* base esta na qual a **soberania nacional** será amplamente exercida (salvo nos casos de tratados, convenções e regras de direito internacional!)

- **1.3.1. Espaço terrestre:** toda a extensão até as fronteiras territoriais, abarcando, nesse conceito, o **solo** e o **subsolo**

- **1.3.2. Espaço aéreo:** é aquele correspondente à coluna atmosférica acima do espaço terrestre, nos termos do disposto no Código de Aeronáutica (Lei 7.565/1966, art. 11)

- **1.3.3. Espaço marítimo:** deve-se entender a *extensão do mar territorial,* que corresponde a uma faixa de **12 (doze) milhas marítimas**, conforme art. 1º, *caput* da Lei 8.617/1993

- **1.3.4. Espaço fluvial:** todo o conjunto de rios pertencentes ao território nacional

1.4. Conceito de território por equiparação (ou território ficto): consideram-se como **extensão** do território nacional:

a) Embarcações e aeronaves brasileiras públicas ou a serviço do governo brasileiro
b) Embarcações e aeronaves brasileiras mercantes ou de propriedade privada em espaço aéreo correspondente ou alto-mar
c) Embarcações e aeronaves estrangeiras de propriedade privada, pousadas ou em voo no espaço aéreo nacional, ou em porto ou mar territorial

DIREITO PENAL

Tema I - Princípios do Direito Penal

1. Aplicação da lei penal no espaço II

1.5. Lugar do crime (art. 6º do CP)

1.5.1. Definição: com base na **teoria mista** ou da **ubiquidade**, a lei considera como lugar do crime tanto o da ação ou omissão quanto aquele em que se verificar o resultado

1.5.2. Exemplo: "A" ministra veneno na xícara de café que "B" ingeriu em um trem, que partiu do Brasil rumo à Bolívia. Se "B" morrer na Bolívia, ainda assim o Brasil poderá aplicar a lei penal a "A". Se o contrário ocorresse ("A" tivesse envenenado "B" na Bolívia e o resultado morte se verificasse no Brasil), ainda assim nossa legislação poderia ser aplicada

1.5.3. Importância da definição: objetivo é descobrir o **território** ou o **país** com soberania para aplicar sua legislação penal. Não se cuida de definir o **foro competente** para o julgamento do agente delitivo, questão tratada no estudo da **competência no processo penal** (arts. 69 e seguintes do CPP)

1.5.4. Aplicabilidade: o art. 6º do CP somente é aplicado na hipótese de uma infração penal **ter início em nosso território nacional**, e o resultado ocorrer em outro (exterior), ou vice-versa. Trata-se do **crime à distância** ou de **espaço máximo**

1.6. Extraterritorialidade (art. 7º do CP)

1.6.1. Conceito: possibilidade da lei penal brasileira ser aplicada a agente que tiver praticado uma infração penal fora do território nacional

1.6.2. Espécies:

– **Extraterritorialidade incondicionada:** a mera prática do delito em outro país que não o Brasil já é suficiente para provocar a aplicação da lei penal brasileira, independentemente de qualquer requisito. Casos:
a) A vida ou a liberdade do Presidente da República
b) O patrimônio ou a fé pública da União, do DF, de Estado, Território, Município, de empresa pública, sociedade de economia mista, autarquia ou fundação instituída pelo Poder Público
c) A administração pública, por quem está a seu serviço
d) De genocídio, quando o agente for brasileiro ou domiciliado no Brasil
– **Extraterritorialidade condicionada:** somente se admitirá a aplicação da lei penal brasileira se satisfeitas algumas condições (definidas no § 2º do art. 7º do CP). Casos:
a) Crimes que, por tratado ou convenção, o Brasil se obrigou a reprimir
b) Crimes praticados por brasileiro
c) Crimes praticados em aeronaves ou embarcações brasileiras, mercantes ou de propriedade privada, quando em território estrangeiro e aí não sejam julgados
Atenção: são **condições** para a aplicação da lei penal nos casos acima mencionados são:
a) Entrar o agente no território nacional
b) Ser o fato punível também no país em que foi praticado
c) Estar o crime incluído entre aqueles pelos quais a lei brasileira autoriza a extradição
d) Não ter sido o agente absolvido no estrangeiro ou não ter aí cumprido a pena
e) Não ter sido o agente perdoado no estrangeiro ou, por outro motivo, não estar extinta a punibilidade, segundo a lei mais favorável
Dica: a lei brasileira aplica-se também ao crime cometido por estrangeiro contra brasileiro fora do Brasil, se, além de reunidas as condições mencionadas acima, ocorrer o seguinte:
a) Não foi pedida ou negada a extradição
b) Houve requisição do Ministro da Justiça

DIREITO PENAL

Tema I - Princípios do Direito Penal

1. Aplicação da lei penal com relação às pessoas (imunidades)

1.1. Considerações iniciais: a CF e o art. 1º, II do CPP arrolam as pessoas que, excepcionalmente, terão regras próprias para a verificação da sua culpabilidade. Tais regras são denominadas imunidades

1.2. Conceito de imunidade: é uma prerrogativa conferida a certas pessoas em virtude das atividades por elas desempenhadas como forma de garantir, assim, o livre exercício de suas funções. A imunidade pode ser *diplomática* ou *parlamentar*

1.3. Imunidade diplomática: é aplicada a qualquer delito praticado por agente diplomático (embaixador, secretários da embaixada, pessoal técnico e administrativo das representações), estendendo-se à sua família, a funcionários de organismos internacionais em serviço (exemplos: ONU, OEA) e quando em visita oficial. Os chefes de Estados estrangeiros e os membros de sua comitiva também estão acobertados pela imunidade diplomática

Dica: é uma imunidade irrenunciável

Atenção: o agente diplomático não é obrigado a prestar depoimento como testemunha, salvo se o depoimento estiver relacionado com o exercício de suas funções

1.4. Imunidade parlamentar: imunidade que garante ao parlamentar (deputado federal e senador) a ampla liberdade de palavra no exercício de suas funções (denominada **imunidade material** – art. 53, *caput* da CF), bem como a garantia de que não possam ser presos, exceto em flagrante por delito inafiançável (art. 53, § 2º, 1ª parte da CF/1988 – é a denominada **imunidade formal**)

Dica: também é irrenunciável, por decorrer da função exercida e não da pessoa do parlamentar

Atenção: estende-se também (a imunidade material) aos vereadores se o crime foi praticado no exercício do mandato e na circunscrição do Município. Porém, referidos membros do Poder Legislativo não gozam de imunidade formal (também denominada processual ou relativa)

DIREITO PENAL

Tema II - Teoria do Crime

1. Teoria do Crime

1.1. Considerações iniciais: o estudo da denominada **Teoria do Crime** tem por objetivo destacar os aspectos jurídicos acerca deste fenômeno social que assola a sociedade

1.2. Critério dicotômico: nossa lei adotou em matéria de **infração penal** o critério denominado pela doutrina de **dicotômico**, eis que esta comporta **2 espécies**:

a) **Crimes** (ou delitos – são sinônimos)
b) **Contravenções penais**

Dica: intrinsecamente, crimes e contravenções penais não guardam diferenças entre si. Vale lembrar que ambos dependem de **lei** para sua criação (princípio da legalidade – art. 5º, XXXIX da CF). De qualquer forma, importa destacar que a contravenção penal é mais branda do que o crime, vale dizer, a resposta estatal pela prática do segundo é mais rígida do que pela primeira

1.3. Conceitos de crime

1.3.1. Conceito material: crime é todo comportamento humano que **lesa** ou **expõe a perigo de lesão** bens jurídicos tutelados pelo Direito Penal. Trata-se de conceito que busca traduzir a essência de crime, ou seja, busca responder à seguinte indagação: o que é um crime?

1.3.2. Conceito formal: crime corresponde à violação da lei penal. Em outras palavras, corresponde à relação de subsunção ou de concreção entre o fato e a norma penal incriminadora (ex.: Se "A" matar "B", terá violado a norma penal inserida no art. 121 do CP)

1.3.3. Conceito analítico: se se adotar a **concepção bipartida** (defendida por Damásio de Jesus, Julio Mirabete e Fernando Capez, por exemplo), crime é **fato típico e antijurídico**. Já se for adotada a concepção tripartida (defendida pela doutrina majoritária), **crime é fato típico, antijurídico e culpável**

Dica: partindo-se do pressuposto que crime é fato típico e antijurídico, a culpabilidade será elemento estranho à sua caracterização, sendo imprescindível sua análise apenas para que seja possível, verificada a reprovação da conduta praticada pelo agente, a aplicação de sanção penal ao infrator

DIREITO PENAL

TEMA III - TEORIA DO CRIME - FATO TÍPICO

1. Fato Típico I

1.1. Considerações iniciais: o fato típico é o primeiro requisito do crime. Portanto, podemos afirmar que não existe crime se não houver um **fato típico**

1.2. Conceito de fato típico: é o **fato material** descrito em lei como **crime**

1.3. Estrutura do fato típico:

a) Conduta
b) Resultado
c) Nexo causal (ou de causalidade, ou, ainda, relação de causalidade)
d) Tipicidade

💡 **Dica:** conduta, resultado, nexo causal e tipicidade são os **elementos** do **fato típico**. Os três primeiros correspondem ao que denominamos de fato material. Já o último será o responsável pela **descrição** deste fato material em **lei**

1.4. Conduta:

1.4.1. Conceito: todo comportamento humano, positivo ou negativo, consciente e voluntário, dirigido a uma finalidade específica

1.4.2. Pessoa jurídica: muito se discute a possibilidade da prática de **crimes por pessoas jurídicas**. Entende-se que pessoa jurídica somente pode praticar crimes ambientais, por força do art. 225, § 3º da CF, regulamentado pela Lei 9.605/1998

1.4.3. Espécies de conduta

– **Ação:** comportamento positivo, gerador dos **crimes comissivos**. Essa é a regra em matéria de tipificação de crimes
– **Omissão:** comportamento negativo, gerador dos crimes **omissivos**. Ex.: omissão de socorro (art. 135 do CP). Como regra, um não fazer não gera qualquer efeito, de modo que só quando a lei expressamente prever a omissão será relevante penalmente.
Espécies:
a) **Omissão própria** *(crimes omissivos próprios ou puros)* – vem descrita na lei. O dever de agir deriva da própria norma. Frise-se que os crimes omissivos próprios não admitem tentativa, visto que basta a omissão para o crime se consumar. Ex.: omissão de socorro (art. 135 do CP)
b) **Omissão imprópria** *(crimes omissivos impróprios, impuros, espúrios ou comissivos por omissão)* – o agente tem o dever jurídico de agir para evitar um resultado. Não o fazendo, responderá por sua omissão (art. 13, § 2º do CP). O agente somente responderá por crime omissivo impróprio se tiver o **dever de agir e puder agir**. O **dever jurídico de agir** decorrerá de uma das seguintes situações:
i. Quando tenha por **lei** obrigação de cuidado, proteção ou vigilância (ex.: dever legal dos pais de zelar pela integridade dos filhos)
ii. Quando, de **outra forma**, assumiu a responsabilidade de impedir o resultado, assumindo a posição de *garante* (ex.: enfermeira contratada para ministrar medicamento a pessoa idosa)
iii. Quando, com o seu **comportamento anterior**, criou o risco da ocorrência do resultado. Trata-se do que a doutrina denomina de *dever de agir por ingerência na norma* (ex.: veteranos arremessam calouro em piscina, não sabendo este nadar. Terão o dever de salvá-lo, sob pena de responderem pelo resultado que não evitaram)

1.4.4. Comportamento consciente e voluntário: o indivíduo deve saber o que está fazendo, bem como ter liberdade locomotora para agir (ou deixar de agir). Excluirá a conduta (inexistirá fato típico) as seguintes situações:

a) Atos reflexos
b) Sonambulismo e hipnose
c) Coação física irresistível
d) Caso fortuito
e) Força maior

💡 **Dica:** à luz da teoria finalista da ação, adotada por boa parte da doutrina, **não há conduta que não tenha uma finalidade**. O agir humano é sempre voltado à realização de algo, lícito ou ilícito

DIREITO PENAL

TEMA III - TEORIA DO CRIME - FATO TÍPICO

1. Fato Típico II

1.5. Resultado

1.5.1. Considerações iniciais: a consequência ou decorrência natural da conduta humana é o **resultado**. A doutrina costuma classificá-lo de duas formas:

a) resultado naturalístico e;
b) resultado normativo (ou jurídico)

1.5.2. Resultado naturalístico: *é a modificação do mundo exterior provocada pela conduta*. É a percepção dos efeitos do crime pelos sentidos humanos (ex.: morte, redução patrimonial, destruição de coisa alheia etc.). Nem todo crime acarreta um resultado naturalístico (como é o caso da violação de domicílio), por isso este se divide em 3 espécies:

a) Crimes materiais (ou de resultado) – são os que exigem resultado (ex.: homicídio, furto, roubo)
b) Crimes formais (ou de consumação antecipada) – são os que, embora possam ter um resultado, restarão caracterizados mesmo sem sua verificação (ex.: extorsão mediante sequestro – basta o arrebatamento da vítima para a consumação do crime, ainda que o resgate não seja pago pelos familiares)
c) Crimes de mera conduta (ou de simples atividade) – como o próprio nome diz, são aqueles que não têm resultado naturalístico, que é impossível de acontecer (ex.: violação de domicílio e ato obsceno)

1.6. Nexo de causalidade

1.6.1. Conceito: é o elo entre a conduta praticada pelo indivíduo e o resultado dela decorrente

1.6.2. Regra: o art. 13, primeira parte do CP, determina que "o resultado, de que depende a existência do crime, somente é imputável a quem lhe deu causa". Em outras palavras, somente é possível imputar (atribuir) a uma pessoa um resultado se este for **causado** por ela

1.6.3. Causas:

– **Conceito:** tudo o que concorrer para a existência de um resultado
– **Teoria adotada:** em matéria de nexo causal, o CP adotou a chamada teoria da *conditio sine qua non,* ou **teoria da equivalência dos antecedentes**. Daí a segunda parte do art. 13 do CP salientar: "considera-se causa toda a ação ou omissão sem a qual o resultado não teria ocorrido"
– **Causa superveniente:** se uma nova causa for superveniente (à conduta do agente) e, **por si só, produzir o resultado**, este não poderá ser atribuído ao indivíduo, uma vez que a situação estará fora da linha de desdobramento normal da conduta. É caso de "A" que, querendo matar "B", atira nele e causa lesões corporais. "B" é socorrido por uma ambulância que se envolve em acidente, e morre. O acidente não poderá ser imputado a "A", que não responderá pela morte de "B", mas apenas pelos atos até então praticados (tentativa de homicídio, no caso)
– **Teoria da causalidade adequada:** no caso de verificação de causa superveniente (art. 13, § 1º do CP), a doutrina aponta que o Código Penal adotou a **teoria da causalidade adequada**, e não da equivalência dos antecedentes. Disso decorre o seguinte:
Atenção: nos crimes formais e de mera conduta, nos quais não se exige a ocorrência de resultado (naturalístico), não haverá que se falar em nexo causal, já que este é o elo entre a conduta e o **resultado**. Se referidos tipos de crimes não exigem resultado, evidentemente não existirá nexo causal

DIREITO PENAL

Tema III - Teoria do Crime - Fato Típico

1. Fato Típico III

1.7. Tipicidade

1.7.1. Conceito: é a subsunção (adequação) entre o fato concreto e a norma penal incriminadora. Haverá tipicidade penal quando a ação ou omissão praticada pelo indivíduo tiver previsão legal (ex.: se "A" mata "B", realizou o fato descrito no art. 121 do CP)

1.7.2. Espécies de tipicidade:

– **Tipicidade formal:** mero enquadramento do fato à previsão legal
– **Tipicidade material:** configuração de lesão ou perigo de lesão provocados ao bem jurídico pelo comportamento praticado pelo agente

1.7.3. Tipo penal

– **Conceito:** é a descrição de uma conduta proibida em lei. Trata-se de um **modelo legal** e **abstrato** daquela conduta que deve ou não ser realizada pelo agente
– **Categorias de tipos penais**
a) **Tipos penais incriminadores (ou legais):** são aqueles que descrevem a figura criminosa ou contravencional, cominando as respectivas penas
b) **Tipos penais permissivos (ou justificadores, ou justificantes):** são aqueles que descrevem a forma pela qual a conduta humana será considerada lícita. Traduzem-se nas causas excludentes da ilicitude ou antijuridicidade (ex.: legítima defesa – art. 25 do CP; estado de necessidade – art. 24 do CP)
– **Elementos dos tipos penais incriminadores**
a) **Objetivos:** são aqueles que traduzem as circunstâncias em que a conduta criminosa ou contravencional é praticada. Ex.: no homicídio, temos o verbo "matar", seguido da expressão "alguém"
b) **Subjetivos:** são aqueles que dizem respeito à intenção do agente. Ex.: no furto não basta ao agente agir com dolo na subtração da coisa, sendo imprescindível a intenção de assenhorear-se definitivamente da coisa furtada
c) **Normativos:** são aqueles que não conseguirão ser compreendidos sem a emissão de um juízo de valor. Podem exigir uma compreensão jurídica (**elementos normativos jurídicos**), ou extrajurídica (moral, cultural), redundando nos **elementos normativos extrajurídicos**. Exs.: conceitos como documento (jurídico) e ato obsceno (moral)
Dica: os tipos penais que somente contiverem elementos objetivos serão denominados de **tipos normais**. Já os que contiverem elementos subjetivos e/ou normativos são **tipos anormais**

DIREITO PENAL

TEMA III - TEORIA DO CRIME - FATO TÍPICO

1. Fato Típico IV

1.8. Crime doloso

1.8.1. Conceito de dolo: corresponde à vontade livre e consciente do sujeito ativo (agente) em realizar os elementos do tipo

1.8.2. Teoria adotada quanto ao dolo: o art. 18, I do CP adotou a teoria da vontade e a teoria do assentimento. Diz-se o crime doloso quando o agente quis produzir o resultado (dolo direto) ou assumiu o risco de produzi-lo (dolo eventu-al)

1.8.3. Espécies de dolo:

– **Dolo direto:** quando o agente tem a vontade livre e consciente de produzir o resultado
– **Dolo indireto:** subdivide-se em **eventual** (o agente assume o risco de produzir o resultado, não se importando que ele ocorra) e **alternativo** (o agente não se importa em produzir um ou outro resultado). O CP não tratou do dolo alternativo, mas apenas do eventual

1.9. Crime culposo

1.9.1. Conceito de crime culposo: considera culposo o crime quando o agente dá causa ao resultado por imprudência, negligência ou imperícia (art. 18, II do CP)

1.9.2. Modalidades de culpa

– **Imprudência:** corresponde a um **agir perigosamente** (portanto, uma ação)
– **Negligência:** verifica-se quando o sujeito **deixa de fazer algo que deveria ter feito** (portanto, uma omissão)
– **Imperícia:** verifica-se quando o sujeito realiza algo **sem aptidão técnica para tanto**. É a denominada **culpa profissional**

1.9.3. Elementos do crime culposo

a) Conduta inicial voluntária (o agente age sem ser forçado)
b) Quebra do dever objetivo de cuidado (o agente rompe o dever de cuidado ao agir com imprudência, negligência ou imperícia)
c) Resultado involuntário (sobrevém da quebra do dever objetivo de cuidado em relação a um resultado não querido pelo agente)
d) Nexo de causalidade (entre a conduta voluntária e o resultado involuntário deve existir relação de causalidade)
e) Tipicidade (a forma culposa do delito deve estar expressamente prevista em lei – art. 18, parágrafo único, CP)
f) Previsibilidade objetiva (terceira pessoa, que não o agente, dotada de prudência e discernimento medianos, conseguiria prever o resultado)
g) Ausência de previsão (apenas na culpa inconsciente)

1.9.4. Espécies ou tipos de culpa

– **Culpa consciente:** é aquela em que o agente acredita sinceramente que o resultado não se produzirá, embora o preveja. É a exceção. Difere do **dolo eventual**, visto que neste o agente não só prevê o resultado, mas *pouco se importa com sua produção*. Na culpa consciente o agente prevê o resultado, mas *acredita que este não ocorrerá*
– **Culpa inconsciente:** é aquela em que o agente não prevê o resultado, embora seja previsível. É a regra

⚠ **Atenção:** os **crimes culposos não admitem tentativa**, visto que esta somente é compatível com os crimes dolosos

💡 **Dica:** no Direito Penal não existe **compensação de culpas**. É possível a **concorrência de culpas** (2 ou mais pessoas concorrerem culposamente para um resultado), mas nesse caso todos responderão na medida de suas culpabilidades

1.10. Crime preterdoloso (ou preterintencional)

1.10.1. Conceito: é aquele é que há dolo na **conduta antecedente** e culpa no **resultado consequente**. É um misto de dolo e culpa. Trata-se de uma das espécies de crimes qualificados pelo resultado (art. 19 do CP)

1.10.2. Tentativa: pelo fato de ser formado por um resultado culposo agravador (culpa no consequente), é **inadmissível a tentativa**

DIREITO PENAL

Tema III - Teoria do Crime - Fato Típico

1. Fato Típico V

1.11. *Iter criminis* I

1.11.1. Etapas:

– **Cogitação (fase interna):** como não se pode punir o pensamento, essa fase é impunível
– **Preparação (fase externa):** tratando-se da mera tomada de providências pelo agente para ser possível a realização do crime, essa fase também é impunível; porém, há casos em que o CP incrimina típicos atos preparatórios, como o crime de associação criminosa (art. 288 do CP)
– **Execução (fase externa):** esta se verifica quando da prática do **primeiro ato idôneo e inequívoco**, hábil a consumar o crime; aqui já é possível punir o agente
– **Consumação (fase externa):** é a última etapa do iter criminis, verificando-se de acordo com cada crime (material, formal, mera conduta...)

1.11.2. Critérios para definir início da execução

– **Critério material:** quando iniciada a lesão ou o perigo ao bem jurídico
– **Critério formal:** quando iniciada a execução do verbo (ação nuclear) do tipo; é o que prevalece
– **Critério objetivo-individual:** atos imediatamente anteriores à execução da conduta típica, mas voltados à realização do plano criminoso do agente

1.11.3. Crime consumado

– **Conceito:** o crime foi consumado quando nele se reunirem todos os elementos de sua definição legal (art. 14, I do CP)
– **Momento da consumação:** quando se verificar o resultado naturalístico. Já os crimes formais, ou de consumação antecipada, consumam-se independentemente de o agente delitivo alcançar seu intento. Finalmente, os crimes de mera conduta, como o próprio nome sugere, consumam-se com a simples atividade

1.11.4. Crime tentado *(conatus)*

– **Conceito:** o crime é tentado quando, iniciada sua execução, não se consumar por circunstâncias alheias à vontade do agente (art. 14, II do CP), como por fuga da vítima, chegada da polícia etc.
– **Pena:** o agente será punido com a mesma pena do crime consumado, mas reduzida de 1/3 a 2/3, adotando-se como critério para o *quantum* de diminuição a "proximidade da consumação" (quanto mais próximo o crime tiver chegado da consumação, menor será a redução). Adotou-se a teoria objetiva
Cuidado: excepcionalmente, o crime tentado será punido com o mesmo rigor do consumado, tal como ocorre no art. 352 do CP (evasão de preso). É o que se denomina de *crime de atentado*

1.11.5. Tipos de tentativa

a) **Tentativa imperfeita (ou inacabada):** é aquela em que o agente é interrompido na execução do crime enquanto ainda o praticava, por circunstâncias alheias à sua vontade, não conseguindo esgotar todo o seu potencial ofensivo
b) **Tentativa perfeita (ou acabada, ou crime falho):** é aquela em que o agente esgota toda sua potencialidade ofensiva, indo até o fim com os atos executórios. Contudo, o crime não se consuma por circunstâncias alheias à vontade do agente
c) **Infrações penais que não admitem tentativa:**
a) Crimes culposos
b) Crimes preterdolosos
c) Contravenções penais (art. 4º da LCP)
d) Crimes omissivos próprios
e) Crimes unissubsistentes
f) Crimes habituais
g) Crimes condicionados, em que a lei exige a ocorrência de um resultado (ex.: art. 122 do CP)
h) Crimes de atentado ou de empreendimento, cuja figura tentada recebe a mesma pena do crime consumado (ex.: art. 352 do CP)

DIREITO PENAL

Tema III - Teoria do Crime - Fato Típico

1. Fato Típico VI

1.11. Iter criminis II

1.11.6. Desistência voluntária e arrependimento eficaz (art. 15 do CP)

– **Desistência voluntária:** *consiste em o agente, voluntariamente, desistir de prosseguir na execução do crime.* Nesse caso o agente só responderá pelos atos **anteriormente praticados**, sendo **atípica a tentativa do crime inicialmente visado**

Exemplo: "A", querendo matar "B", inicia a execução de um homicídio. Tendo efetuado um disparo, podendo efetuar outros, desiste de prosseguir em seu intento criminoso, abandonando o local. Se "B" não morrer, "A" responderá apenas por lesões corporais

– **Arrependimento eficaz:** consiste em o agente, depois de esgotados os atos executórios do crime, tomar uma atitude e impedir a consumação do crime. Nesse caso o agente não responde pela tentativa do crime inicialmente visado, mas apenas pelos atos já praticados

Exemplo: "A", querendo matar "B", inicia a execução de um homicídio. Tendo efetuado todos os disparos, arrepende-se e socorre a vítima, levando-a ao hospital. Se "B" não morrer, "A" responderá apenas por lesões corporais

1.11.7. Arrependimento posterior (art. 16 do CP)

a) Crime cometido sem violência ou grave ameaça à pessoa
b) Reparação integral do dano ou restituição da coisa
c) Conduta voluntária – não se exige espontaneidade
d) Reparação do dano ou restituição da coisa até o recebimento da denúncia ou queixa – se for feito posteriormente, incidirá uma atenuante genérica, prevista no art. 65, III do CP

– **Consequência:** trata-se de causa genérica de diminuição de pena. A intenção do legislador foi "premiar" o agente que, embora tenha cometido um crime, arrepende-se e procura minorar os efeitos do ilícito praticado

– **Proibição:** não se admite a incidência do instituto em comento em qualquer crime, mas apenas naqueles cometidos **sem violência ou grave ameaça à pessoa** (ex.: roubo, extorsão e extorsão mediante sequestro não admitem arrependimento posterior)

DIREITO PENAL

TEMA III - TEORIA DO CRIME - FATO TÍPICO

1. Fato típico VII

1.12. Crime impossível

1.12.1. Previsão legal e expressões sinônimas: vem previsto no art. 17 do CP. É também chamado de **tentativa impossível**, **tentativa inidônea**, **tentativa inadequada** ou **quase crime**

1.12.2. Conceito: caracteriza-se quando a consumação do crime tornar-se impossível em virtude da **absoluta ineficácia do meio empregado** ou pela **impropriedade absoluta do objeto material do crime**

1.12.3. Natureza jurídica: trata-se, segundo aponta a doutrina, de hipótese de **atipicidade da tentativa do crime inicialmente visado pelo agente**

1.12.4. Hipóteses: como definiu o legislador, somente haverá crime impossível por força de duas circunstâncias:

a) **Ineficácia absoluta do meio:** quando o agente valer-se de meio para a prática do crime que jamais poderia levar à sua consumação, estar-se-á diante de meio absolutamente ineficaz. É o caso de ser ministrada água, em um copo de suco, para matar a vítima, ou dose absolutamente inócua de substância apontada como veneno, que jamais causaria sua morte
b) **Impropriedade absoluta do objeto:** quando a ação criminosa recair sobre objeto que absolutamente não poderá sofrer lesão em face da conduta praticada pelo agente, estar-se-á diante de objeto absolutamente impróprio. É o caso de "A" que atira em "B", morto há duas horas, ou de uma mulher que pratica manobras abortivas (ex.: toma medicamento abortivo) não estando grávida
c) **Impropriedade relativa:** ressalva a doutrina que, se a impropriedade for **relativa**, o agente responderá pela tentativa do crime que tiver iniciado, não havendo que se falar em crime impossível
Exemplo: "A", querendo matar "B", coloca em sua comida quantidade de veneno insuficiente para a morte, mas cuja substância seria apta a provocá-la. Embora o meio para o homicídio tenha sido ineficaz, certo é que não o foi absoluta, mas sim relativamente impróprio, não se podendo afastar a tentativa (inocorrência da consumação por circunstâncias alheias à vontade do agente)

1.13. Erro de tipo

1.13.1. Conceito de erro: entende-se por **erro** uma *falsa percepção da realidade*. Quando essa "falsa percepção" recair em algum elemento do tipo penal, estaremos diante do denominado **erro de tipo**

1.13.2. Espécies: O erro de tipo pode ser:

– **Essencial:** é aquele que irá recair sobre *elementares* (dados essenciais do tipo) e *circunstâncias* (dados acessórios do tipo, que somente refletem na pena). O erro de tipo essencial se subdivide em:
a) **Incriminador:** afasta o dolo e a culpa, se invencível; afasta o dolo se vencível, remanescendo a culpa, se admissível for
b) **Permissivo:** afasta o dolo, remanescendo a culpa se o erro for vencível – é a chamada *culpa imprópria*. Recai sobre os pressupostos fáticos de uma causa excludente da ilicitude – ex.: legítima defesa e estado de necessidade, dando azo ao surgimento das descriminantes putativas por erro de tipo
Importante: o erro de tipo essencial afastará sempre o dolo, remanescendo a culpa se houver previsão legal da modalidade culposa da infração penal. Se o agente incidir em erro de tipo essencial, poderá ser afastada completamente a possibilidade de ser criminalmente responsabilizado
– **Acidental:** é aquele que recai sobre dados acidentais, vale dizer, irrelevantes para a caracterização do crime ou contravenção. Subdivide-se em:
a) *Aberratio ictus* – erro na execução (o agente, por falha de pontaria, por exemplo, atinge uma pessoa diversa da preten-dida, respondendo como se houvesse atingido a vítima visada)
b) *Aberratio criminis* – resultado diverso do pretendido (o agente, por erro na execução, atinge bem jurídico diverso do inicialmente pretendido, motivo pelo qual responderá pela forma culposa, se existir, do resultado efetivamente provocado por sua conduta)
c) *Aberratio causae* – erro quanto ao nexo causal (o agente acredita, com sua conduta, haver causado o resultado quando, em verdade, outra foi a causa efetiva do resultado)
d) *Error in persona* – erro quanto à pessoa (o agente, por equívoco, acredita que a vítima seja "A" quando, em verdade, a "vítima correta" seria "B", motivo pelo qual responderá como se houvesse praticado o crime contra a vítima visada – "A", no caso)
e) *Error in objecto* – erro quanto ao objeto (o agente acredita que o objeto do crime seja um, quando, em verdade, é outro – ex: "A" furta 1 kg de sal acreditando tratar-se de açúcar)
Importante.: o erro de tipo acidental, como o nome diz, é meramente acidental, remanescendo a responsabilidade penal do agente

DIREITO PENAL

Tema IV - Teoria do Crime - Antijuricidade

1. Antijuridicidade (ilicitude) I

1.1. Conceito: corresponde a ilicitude (ou antijuridicidade) à relação de **contradição entre a conduta praticada pelo agente e o ordenamento jurídico**. Assim, ilicitude é a contrariedade entre o comportamento praticado pelo agente e aquilo que o ordenamento jurídico prescreve (proíbe ou fomenta). Sem ilicitude, o comportamento praticado pelo agente, ainda que típico, não será considerado crime

1.2. Caráter indiciário da ilicitude: diz a doutrina que a tipicidade é um indício de antijuridicidade. Em outras palavras, em princípio, todo fato típico é antijurídico (contrário ao direito). A isso se dá o nome de **caráter indiciário da ilicitude**

1.3. Causas excludentes da antijuridicidade (ou ilicitude)

- **1.3.1. Conceito:** são aquelas que, se presentes, afastam a ilicitude do comportamento, ainda que considerado típico. São também chamadas de causas justificantes ou excludentes de criminalidade

- **1.3.2. Rol do art. 23 do CP:** embora em rol exemplificativo, as principais causas excludentes da ilicitude são:
  a) Legítima defesa
  b) Estado de necessidade
  c) Estrito cumprimento do dever legal
  d) Exercício regular de um direito

1.4. Estado de necessidade (EN)

- **1.4.1. Conceito:** é causa excludente da ilicitude que traduz a ideia de um conflito de interesses penalmente protegidos. Contudo, diante de uma **situação de perigo**, permite-se o sacrifício de um bem jurídico para a proteção de outro, desde que haja **razoabilidade**

- **1.4.2. Falta de razoabilidade:** não sendo razoável exigir-se o sacrifício do **bem efetivamente lesado** (bem ameaçado é de valor inferior ao bem lesado), não se pode falar em **estado de necessidade**. Contudo, o **art. 24, § 2º** do CP, prevê apossibilidade de **redução de pena de 1/3 a 2/3**

- **1.4.3. Requisitos:** para que se possa validamente invocar o EN, são necessários os seguintes requisitos:
  – **Subjetivo:** o agente que invoca o EN deve saber que sua conduta é voltada à proteção de um bem jurídico próprio ou alheio
  – **Objetivos:** são aqueles previstos no art. 24 do CP
  a) **Perigo atual** (parte da doutrina entende que o perigo **iminente** também pode ensejar o EN). Este perigo pode derivar de conduta humana, ato animal ou eventos da natureza
  b) **Existência de ameaça a bem jurídico próprio** (EN próprio) ou de **terceiro** (EN de terceiro)
  c) **Perigo não causado pela vontade de quem invoca o EN** – a doutrina admite que o perigo culposamente provocado por alguém não afasta a possibilidade de invocar o EN
  d) **Inexigibilidade de sacrifício do direito ameaçado** – o bem jurídico que se pretende salvar do perigo deve ser de igual ou maior relevância do que aquele que será sacrificado}
  e) **Inexistência do dever legal de enfrentar o perigo** – não pode invocar o EN aquela pessoa que, por força de lei, tiver o dever de enfrentar a situação de perigo (ex.: bombeiros e policiais)

- **1.4.4. Espécies:** fala-se em EN próprio e de terceiro, EN real e putativo e EN defensivo e agressivo

  – **EN próprio e de terceiro:** verifica-se o EN próprio quando quem invocar a excludente da ilicitude em tela agir para salvaguardar direito próprio. Já se a excludente for invocada por pessoa que atuar para a salvaguarda de direito alheio, estaremos diante do **EN de terceiro**
  – **EN real e putativo:** diz-se que o **EN é real** quando os requisitos objetivos da causa excludente estão presentes no caso concreto. No entanto, será **putativo** se quem o invocar acreditar que se encontra amparado pela excludente (art. 20, § 1º do CP)
  – **EN defensivo e agressivo:** tem-se o **EN defensivo** quando o bem jurídico lesado pertence ao causador da situação de perigo. Será agressivo quando o bem jurídico lesado pertencer a pessoa diversa da causadora da situação de perigo

- **1.4.5. Excesso no EN:** havendo excesso na excludente analisada, o agente responderá pelo resultado a título de dolo (excesso doloso) ou culpa (excesso culposo)

DIREITO PENAL

TEMA IV - TEORIA DO CRIME - ANTIJURICIDADE

1. Antijuridicidade (ilicitude) II

1.5. Legítima defesa (LD)

1.5.1. Conceito: é causa excludente da ilicitude que traduz a ideia de agressão injusta. Assim, a pessoa que a invocar para fazer cessar a agressão injusta, ataca bem jurídico alheio, repelindo o ataque a bem jurídico próprio ou de terceiro. Contudo, primordial é que a pessoa que invocar a legítima defesa utilize moderadamente dos meios necessários, suficiente à cessação da agressão injusta a direito próprio ou de terceiro

1.5.2. Requisitos: são necessárias duas ordens de requisitos:

– **Subjetivo:** ciência do agente de que há situação de agressão injusta e que a sua atuação é voltada a repelir tal situação
– **Objetivos:** são aqueles descritos no art. 25 do CP, a saber:
a) Agressão injusta atual ou iminente – a agressão sempre deriva de conduta humana. Ataques por animais, quando espontâneos (não provocados por ser humano), ensejarão estado de necessidade. Já se o animal for incitado (atiçado) por um ser humano, pode-se invocar legítima defesa
b) Direito próprio ou alheio agredido ou próximo de sê-lo – admite-se a legítima defesa própria ou de terceiro
c) Uso dos meios necessários – para repelir a agressão injusta, atual ou iminente, a pessoa deverá valer-se dos meios indispensáveis à cessação da agressão
d) Moderação no uso dos meios necessários – ao escolher o meio (havendo mais de um, deve-se optar pelo menos lesivo), a pessoa que invocar a legítima defesa deve ser moderada na sua utilização, atuando com razoabilidade

1.5.3. Espécies: fala-se em LD própria ou de terceiro, LD real ou putativa, LD recíproca e sucessiva

– **LD própria e de terceiro:** chama-se de **LD própria** aquela em que a pessoa que a invoca repele agressão injusta a direito ou bem jurídico próprio, ao passo que a **LD de terceiro** pressupõe que haja agressão a bem jurídico alheio e a pessoa rechace a agressão, defendendo, pois, um terceiro
– **LD real e putativa:** a **LD** será **real** quando, de fato, estiverem presentes os requisitos do art. 25 do CP; ao passo que será putativa se o agente, pelas circunstâncias de fato, acreditar que se encontra amparado pela legítima defesa (art. 20, § 1º do CP)
– **LD recíproca e sucessiva: a LD recíproca é inviável em nosso ordenamento**, tendo em vista que é impossível que, ao mesmo tempo, uma pessoa esteja agredindo a outra injustamente e vice-versa. Ou uma está sendo agredida injustamente, e poderá invocar a LD, ou a outra estará sofrendo agressão injusta, quando, então, poderá agir amparada pela excludente em apreço. Na **LD sucessiva**, perfeitamente admissível, ocorre em caso de **excesso**. Assim, inicialmente, alguém é vítima de agressão injusta. Para tanto, passa a atacar o agressor. No entanto, utiliza-se imoderadamente dos meios necessários, excedendo-se no revide, deixando de ser agredido e passando a ser agressor

DIREITO PENAL

Tema IV - Teoria do Crime - Antijuricidade

1. Antijuridicidade (ilicitude) III

1.6. Estrito cumprimento de um dever legal (ECDL) e exercício regular de direito (ERD)

1.6.1. Observação relevante: as causas excludentes referidas não estão expressamente detalhadas no Código Penal, mas apenas indicadas no art. 23, III do CP. A explicação sobre seus conteúdos decorre de ensinamentos da doutrina e jurisprudência

1.6.2. Estrito cumprimento de dever legal (ECDL): geralmente esta é causa excludente da ilicitude invocada por **agentes públicos**, cujas condutas, muitas vezes, estão pautadas (e determinadas) por lei. É o caso, por exemplo, do policial que tem o dever de prender quem se encontre em flagrante delito (art. 301 do CPP). Em caso de resistência, o uso da força poderá ocorrer, desde que nos limites do razoável. Nesse caso, terá atuado em ECDL para que efetive a prisão

1.6.3. Exercício regular de direito (ERD): temos a regra de que **podemos fazer tudo o que a lei permite ou não proíbe**. Assim, se agirmos de forma regular no exercício de um direito, ainda que isto seja tipificado em lei (fato típico), não será contrário ao direito (antijurídico). É o caso, por exemplo, das **intervenções cirúrgicas** e das **práticas desportivas**

1.7. Descriminantes putativas

1.7.1. Conceito: é possível que alguém, pela análise das circunstâncias concretas, acredite que se encontre amparado por alguma das causas excludentes da ilicitude. Se, supondo sua existência por uma falsa percepção da realidade (erro), o agente viole bem jurídico alheio, ainda assim não responderá criminalmente pelo fato, desde que o erro seja plenamente justificado. É o que vem previsto no art. 20, § 1º do CP

= **Exemplo:** o clássico exemplo é a **legítima defesa putativa**. Imagine que "A", inimigo de "B" e que prometeu a este morte, insira de repente a sua mão em sua blusa, fazendo crer que iria sacar um revólver. Ato seguinte, "A", acreditando estar diante de uma agressão injusta iminente, saca uma arma e atira em "B", que, em verdade, iria tirar do bolso uma carta com pedido de desculpas. Se o erro em que incorreu "A" for plenamente justificável pelas circunstâncias, terá incidido em erro de tipo permissivo (no caso, legítima defesa putativa), respondendo apenas por **homicídio culposo**

1.7.2. Natureza jurídica: embora discutível a **natureza jurídica das descriminantes putativas**, prevalece o seguinte entendimento:

a) Se o erro recair sobre os **pressupostos fáticos** de uma causa excludente da ilicitude, estaremos diante de um erro de tipo (permissivo). É o caso do agente que, acreditando piamente ser vítima de uma agressão injusta atual ou iminente, mata seu suposto agressor. Nesse caso, terá incidido em um erro de tipo permissivo, que irá recair sobre o pressuposto fático da excludente (no caso, a agressão injusta, indispensável ao reconhecimento da legítima defesa)
b) Se o erro recair sobre a **existência de uma causa excludente da ilicitude**, configurar-se-á o erro de proibição. É o que se verifica quando o agente, crendo que sua conduta é permitida pelo direito (portanto, uma conduta que não seja antijurídica), pratica um fato típico. Nesse caso, faltará ao agente a potencial consciência da ilicitude, pelo que será afastada a culpabilidade
c) E se o erro recair sobre os **limites de uma causa excludente da ilicitude**, igualmente restará configurado o erro de proibição. Ocorrerá nos casos em que o agente incidir em excesso (por exemplo, na legítima defesa, quando, após cessada a agressão injusta, o agente prosseguir no contra-ataque ao agressor original acreditando que ainda está agindo em LD)

DIREITO PENAL

TEMA V - TEORIA DO CRIME - CULPABILIDADE

1. Culpabilidade

1.1. Conceito: trata-se de **pressuposto de aplicação da pena**. Se adotada a **concepção bipartida** (crime: fato típico e antijurídico), não integra o conceito de crime, estando **fora de sua estrutura básica**. Já para a **concepção tripartida**, é parte integrante do crime, embora seja, igualmente, pressuposto para aplicação da pena

1.2. Elementos da culpabilidade: são três elementos – quais sejam: a imputabilidade, a potencial consciência da ilicitude e a exigibilidade de conduta diversa. Esses *elementos citados são cumulativos*. Ausente qualquer um, ao agente não se poderá impor pena

1.3. Causas excludentes da culpabilidade: se verificadas, inviabilizarão a imposição de pena ao agente

1.3.1. Causas excludentes da imputabilidade: são as seguintes:

a) **Inimputabilidade** por doença mental ou desenvolvimento mental incompleto ou retardado – art. 26 do CP. Adotou-se o critério biopsicológico. Não basta a doença mental **(critério biológico)**, sendo indispensável que, em razão dela, o agente no momento da ação ou omissão seja inteiramente incapaz de **entender** o caráter ilícito do fato ou de **determinar-se de acordo com esse entendimento (critério psicológico)**
b) **Menoridade** – o menor de 18 anos é penalmente inimputável. Trata-se de presunção absoluta. Aqui, o legislador adotou o **critério biológico** (não se leva em conta se o adolescente entendia o caráter ilícito do fato). O adolescente que praticar crime ou contravenção terá cometido ato infracional, de acordo com o art. 103 do ECA, apurado pela Vara da Infância e Juventude
c) **Embriaguez completa, decorrente de caso fortuito ou força maior** – art. 28, § 1º do CP. Apenas a embriaguez involuntária e completa retira a capacidade do agente de querer e entender, tornando-o inimputável. Se a embriaguez for incompleta e involuntária, o agente será penalmente responsabilizado, porém com possibilidade de pena reduzida. Acerca da embriaguez, o CP adotou a teoria da *actio libera in causa*. Se o agente deliberadamente (voluntariamente) ingeriu álcool ou substância com efeitos análogos, ainda que no momento da prática da infração não tenha capacidade de entendimento e autodeterminação, ainda assim será responsabilizado (art. 28, II do CP). Apenas se a embriaguez for involuntária, e desde que completa, ficará o agente isento de pena

1.3.2. Causa excludente da potencial consciência da ilicitude: é o **erro de proibição** (art. 21 do CP). Um agente somente poderá sofrer pena se puder saber que sua conduta é profana, contrária ao direito, ainda que não saiba que se trata de crime ou contravenção penal. Afinal, ninguém pode escusar-se de cumprir a lei alegando ignorância (art. 3º da LINDB)

– **Modalidades:**
a) **Invencível, inevitável ou escusável:** aqui, é impossível que o agente pudesse superar o erro sobre a ilicitude do fato. Neste caso, ficará **isento de pena**
b) **Vencível, evitável ou inescusável:** nesse caso, se o agente tivesse sido um pouco mais diligente, poderia superar o erro. Responderá criminalmente, porém com **pena reduzida de 1/6 a 1/3**

1.3.3. Causas excludentes da exigibilidade de conduta diversa: são a coação moral irresistível e a obediência hierárquica a ordem não manifestamente ilegal

– **Coação moral irresistível:** prevista na primeira parte do art. 22 do CP. O agente (ou familiares ou pessoas muito próximas) é vítima de coação irresistível (não física, que afastaria a conduta, mas moral), não lhe sendo exigível conduta diversa da praticada
Exemplo: é o caso do gerente de banco cujos familiares são sequestrados. A libertação apenas ocorrerá se subtrair dinheiro do cofre do banco em que trabalha. Sabendo da senha, subtrai o montante e entrega aos sequestradores. Nesse caso, o gerente de banco ficará isento de pena, respondendo pelo crime os coatores (sequestradores)
– **Obediência hierárquica a ordem não manifestamente ilegal:** prevista na segunda parte do art. 22 do CP. Será imprescindível, para sua caracterização, a existência de uma relação de direito público entre superior hierárquico e subordinado. Este, por força da hierarquia, tem o dever de cumprir as ordens de seus superiores, sob pena de incorrer em falta disciplinar. Assim, se o subordinado receber ordem do superior hierárquico e cumpri-la, ficará isento de pena caso sua execução redunde na prática de um crime. Contudo, somente se a ordem não for *manifestamente ilegal* é que poderá socorrer-se da causa excludente da culpabilidade. Caso contrário, se cumprir ordem ilegal, responderá por sua ação ou omissão

DIREITO PENAL

Tema VI - Teoria do Crime - Concurso de pessoas

1. Concurso de pessoas I

1.1. Conceito: concurso de pessoas, ou concurso de agentes, codelinquência ou concurso de delinquentes, consiste na **reunião consciente** e **voluntária, de duas ou mais pessoas,** para a **prática de infrações penais**

1.2. Requisitos: o reconhecimento do concurso de pessoas exige a satisfação dos seguintes requisitos, cumulativamente

Sigla para memorização: **PRIL**
Pluralidade de agentes (cada pessoa tem comportamento próprio)
Relevância causal de cada uma das ações
Identidade de fato (ou identidade de crime)
Liame subjetivo ou vínculo psicológico entre os agentes (todos devem visar a um mesmo objetivo, um aderindo à conduta dos outros – não se exige, contudo, o ajuste prévio, ou seja, o acordo de vontades anterior à prática do crime)
– **Falta de liame subjetivo:** a falta do liame subjetivo acarreta o que a doutrina chama de *autoria colateral*
– **Autoria colateral:** duas ou mais pessoas, desconhecendo a existência uma(s) da(s) outra(s), praticam atos executórios com o mesmo objetivo. Nesse caso, não haverá concurso de agentes, eis que lhes falta liame subjetivo. Cada uma responderá pelos atos que tiver cometido
– **Autoria incerta:** na autoria colateral, havendo dúvida acerca de qual dos agentes deu causa ao resultado, mas sendo constatada a prática de atos executórios, cada qual responderá pela tentativa (ex.: homicídio). É a denominada *autoria incerta*

1.3. Classificação dos crimes quanto ao concurso de pessoas

a) Crimes unissubjetivos (ou monossubjetivos, ou de concurso eventual): são aqueles que podem ser perpetrados por um ou mais agentes, não fazendo o tipo penal qualquer distinção. Ex.: roubo, furto, estelionato, homicídio
b) Crimes plurissubjetivos (ou crimes coletivos, ou de concurso necessário): são aqueles que, para sua própria tipificação, exigem a presença de dois ou mais agentes delitivos. Ex.: associação criminosa (denominado de quadrilha ou bando antes do advento da Lei 12.850/2013), que exige, pelo menos, três pessoas (art. 288 do CP); rixa, que também exige um mínimo de três pessoas (art. 137 do CP); associação para o tráfico, a exigir, pelo menos, duas pessoas (art. 35 da Lei 11.343/2006)

1.4. Autoria

1.4.1. Teorias: existem três teorias acerca da autoria, a saber:

a) Teoria material-objetiva (ou **extensiva**): autor é aquele que concorre com qualquer causa para o implemento de um resultado, e não só o que realiza o verbo-núcleo do tipo penal incriminador. Assim, não há distinção entre autor, coautor e partícipe
b) Teoria formal-objetiva (ou **restritiva**): autor é somente aquela pessoa que pratica a conduta típica descrita em lei (matar, subtrair, constranger...), executando o verbo-núcleo do tipo. Toda ação que não for propriamente a correspondente ao verbo do tipo será acessória. Contudo, se, de qualquer modo, concorrer para a prática do crime, a pessoa será considerada partícipe. **Esta é a teoria adotada pelo CP, mas com algumas críticas, por não abranger a autoria mediata**
c) Teoria normativa-objetiva (ou do domínio do fato): autor é aquele que tem o controle final do fato, ou seja, domina finalisticamente a empreitada criminosa. Enfim, é o "chefe", que determina cada passo do crime. Será partícipe aquele que colaborar com o autor, mas sem ter o domínio final do fato. Esta teoria foi muito empregada, embora com equívocos, na Ação Penal do Mensalão

1.4.2. Autoria mediata

– **Conceito:** de acordo com a teoria do domínio do fato, **autor mediato** (ou indireto) é aquele que *"usa" alguém, por exemplo, desprovido de imputabilidade ou que atue sem dolo, para a execução de determinado comportamento criminoso. Em outras palavras, o autor mediato se vale de um executor material (autor imediato) como instrumento para o cometimento do ilícito penal*
Exemplo: uma pessoa, querendo matar outra, pede a um louco que a esfaqueie, o que é por este cumprido. O louco (executor material) não responderá pelo homicídio, mas apenas seu mandante
– **Hipóteses:** a autoria mediata pode resultar das seguintes hipóteses:
a) *Ausência de capacidade mental* da pessoa utilizada como instrumento (inimputável)
b) *Coação moral irresistível*
c) *Provocação de erro de tipo escusável* (ex.: médico que quer matar paciente e determina que a enfermeira aplique uma injeção de "medicamento", mas que, na realidade, é veneno)
d) *Obediência hierárquica* a ordem não manifestamente ilegal
– **Consequências:** em qualquer caso, responderá pelo crime não o executor deste (autor imediato ou direto), mas o autor mediato (ou indireto)

DIREITO PENAL

TEMA VI - TEORIA DO CRIME - CONCURSO DE PESSOAS

1. Concurso de pessoas II

1.5. Modalidades de concurso de agentes

1.5.1. Coautoria: será coautor aquele que, juntamente com o autor do crime, com ele colaborar diretamente, de forma consciente e voluntária, para a realização do verbo-núcleo do tipo. Há a seguinte subdivisão:

a) **Coautoria parcial:** quando cada um dos agentes realizar atos executórios diversos, mas que, somados, redundem na consumação do crime (ex.: enquanto "A" segura a vítima, com uma faca em sua barriga, "B" subtrai seus pertences. Ambos respondem por roubo, em coautoria)
b) **Coautoria total (ou direta):** quando todos os agentes praticarem a mesma conduta típica (ex.: "A" e "B", cada um com um revólver, atiram na vítima "C"; ambos serão coautores no homicídio)

1.5.2. Participação: será partícipe aquele que não realizar o verbo-núcleo do tipo, mas, de qualquer modo, concorrer para o crime. Quanto à participação, adotou-se a **teoria da acessoriedade limitada**. Só será partícipe aquele que realizar conduta acessória (não realização do verbo-núcleo do tipo) à do autor e desde que esse pratique conduta típica e ilícita

– **Espécies de participação:** a participação pode ser:
a) **Moral:** corresponde ao induzimento ou instigação do autor à prática de um crime
b) **Material:** corresponde ao auxílio

1.6. Teorias acerca do concurso de pessoas

1.6.1. Teoria unitária (monista ou monística): ainda que duas ou mais pessoas realizem condutas diversas e autônomas, considera-se praticado um só crime (o mesmo, para todas)

– **Participação de menor importância e cooperação dolosamente distinta:** o art. 29, § 1º, do CP, prevê a figura da **participação de menor importância,** que importa na diminuição da pena do agente. Já o art. 29, § 2º, também do CP, traz a figura da *cooperação dolosamente distinta,* segundo a qual o agente que se desviar do "plano original" e praticar crime diverso, por este responderá, enquanto que o coautor ou partícipe responderão pelo crime "originalmente combinado", sendo que sua pena poderá ser aumentada de metade caso o resultado mais grave fosse previsível

1.6.2. Teoria pluralística: para esta teoria, cada agente responde por um crime, independentemente do outro. Excepcionalmente, o Código Penal adota exceções pluralísticas ao princípio monístico. É o caso do binômio corrupção ativa/corrupção passiva e aborto com o consentimento da gestante e o terceiro que o provocou

1.6.3. Teoria dualística: para esta teoria, há um crime para os autores e outro crime para os partícipes. Não foi adotada pelo CP

1.6.4. Teoria adotada pelo CP: apenas para não haver dúvidas, o CP adotou a *teoria unitária ou monista*

1.7. Comunicabilidade e incomunicabilidade de elementares e circunstâncias

1.7.1. Explicações preliminares: considerando que o CP adotou, como regra, a **teoria unitária** de concurso de pessoas, nada mais "justo" do que todos os agentes que concorrerem para o mesmo fato responderem pela mesma infração penal. No entanto, em algumas situações, a imputação de um mesmo crime a duas ou mais pessoas pode parecer estranho e até injusto. É o caso de "A", em estado puerperal, durante o parto, auxiliada por "B", matar o próprio filho. Não há dúvidas de que "A" deverá responder por infanticídio (art. 123 do CP). E quanto a "B", responderá por qual delito? Também por infanticídio!

1.7.2. Art. 30 do CP: as **condições de caráter pessoal, somente quando elementares do tipo** (leia-se: dados essenciais à caracterização do crime), **comunicam-se aos coautores ou partícipes**

– **Regras:** temos **três regras** extraídas, ainda que implicitamente, do art. 30 do CP:
a) As **elementares** comunicam-se aos demais agentes (coautores ou partícipes), desde que conhecidas por estes
b) As **circunstâncias objetivas** (reais ou materiais) comunicam-se aos demais agentes (coautores ou partícipes), desde que, é claro, delas tenham conhecimento
c) As **circunstâncias subjetivas** (de caráter pessoal) jamais se comunicam aos demais agentes (coautores ou partícipes) quando não forem elementares

DIREITO PENAL
Tema VI - Teoria da Pena

1. Penas

1.1. Conceito: *pena é a consequência jurídica do crime.* A prática de qualquer ato ilícito, em nosso ordenamento jurídico, deve gerar uma sanção, sob pena de nenhuma pessoa ser desestimulada a delinquir. Na seara penal não poderia ser diferente

1.1.1. Sanção penal: é gênero que comporta as seguintes espécies:

a) Penas
b) Medidas de segurança

1.2. Finalidades das penas

1.2.1. Caráter polifuncional: as penas, em nosso ordenamento jurídico, têm um caráter polifuncional, ou seja, assumem diferentes finalidades ou funções, a saber:

a) **Retributiva**: é a retribuição do mal pelo mal
b) **Preventiva:** a cominação abstrata de uma pena impõe à coletividade um temor (prevenção geral) e sua efetiva aplicação ao agente delitivo tem por escopo impedir que venha a praticar novos delitos (prevenção especial)
c) **Ressocializadora:** a imposição de pena tem por escopo a readaptação do criminoso à vida em sociedade

1.3. Classificação ou espécies de penas: de acordo com o art. 32 do CP, as penas podem ser:

a) **Privativas de liberdade** (sigla: PPL)**:** restringem a plena liberdade de locomoção do condenado. São de três espécies: *reclusão, detenção e prisão simples*
b) **Restritivas de direitos** (sigla: PRD)**:** são sanções *autônomas* que substituem as penas privativas de liberdade. Não são, como regra, cominadas abstratamente em um tipo penal incriminador
c) **Multa:** consiste no pagamento ao FUNPEN de quantia fixada na sentença e calculada em dias-multa (art. 49 do CP)

DIREITO PENAL

TEMA VII - TEORIA DA PENA - PENAS PRIVATIVAS DE LIBERDADE

1. Penas privativas de liberdade (PPLs) I

- **1.1. Espécies:** as PPLs se subdividem em:

  - **1.1.1. Reclusão** (apenas para os crimes): quem comete crime punido com **reclusão** poderá iniciar o cumprimento da pena em **regime fechado**, semiaberto ou, desde logo, **aberto**

  - **1.1.2. Detenção** (apenas para os crimes): para os crimes punidos com **detenção**, os regimes iniciais de cumprimento de pena podem ser o **semiaberto** ou o **aberto**. Assim, não se pode impor ao condenado por crime punido com detenção o **regime inicial fechado**

  - **1.1.3. Prisão simples** (apenas para as contravenções penais): é espécie de PPL cabível **apenas** para as **contravenções penais**, que será cumprida em regime **semiaberto** ou **aberto**, sem rigor penitenciário (art. 6º, caput e § 1º da LCP). Não há, pois, regime fechado para essa espécie de pena

- **1.2. Regimes de cumprimento de pena (ou regimes penitenciários):** são três

  - **1.2.1. Fechado:** somente pode ser o regime inicial fixado quando a pena privativa de liberdade cominada for de **reclusão**

    – **Aplicação do regime fechado:** será o regime inicial fechado indicado ao agente condenado a **pena superior a 8 (oito) anos**, *reincidente ou não*. Também será este o regime quando a pena aplicada for de reclusão, **superior a 4 (quatro) anos e inferior a 8 (oito) anos**, mas sendo o condenado *reincidente* (art. 33, § 2º, b do CP)
    – **Cumprimento do regime fechado:** o regime fechado deve ser cumprido em **estabelecimentos penais de segurança máxima ou média** (art. 33, § 1º, a do CP)
    – **Crimes hediondos:** de acordo com o art. 2º, § 1º, da Lei 8.072/1990 (Lei dos Crimes Hediondos), será o regime inicial fechado obrigatório a todos aqueles que cometerem crimes hediondos ou equiparados. Contudo, o **STF**, no julgamento do **HC 111.840**, em 2012, **declarou incidentalmente a inconstitucionalidade** do referido dispositivo legal, reconhecendo que até mesmo o regime inicialmente fechado não pode ser obrigatório, sob pena de ofensa ao princípio da individualização da pena (art. 5º, XLVI da CF)

  - **1.2.2. Semiaberto:** é o regime inicial mais gravoso para os crimes punidos com **detenção**. Também poderá ser imposto, desde logo, aos condenados punidos por delito apenado com **reclusão**. Será também escolhido quando a pena aplicada ao condenado for **superior a 4 (quatro) e inferior a 8 (oito) anos**, desde que *não seja reincidente* (art. 33, § 2º, "b" do CP)

    – **Cumprimento do regime semiaberto:** será cumprido em **colônia penal agrícola, industrial ou estabelecimento similar** (art. 33, § 1º, "b" do CP)

    – **Cumprimento do regime aberto:** será cumprido em Casa do Albergado ou estabelecimento adequado (art. 33, § 1º, "c" do CP)

    – **Cumprimento do regime aberto:** será cumprido em **Casa do Albergado** ou **estabelecimento adequado** (art. 33, § 1º, "c" do CP)

  - **1.2.4. Relevância da reincidência na escolha do regime penitenciário:** a **reincidência**, *independentemente da quantidade de pena*, imporá ao condenado, em princípio, o cumprimento da pena no regime inicial mais gravoso que a espécie de pena privativa de liberdade permitir

DIREITO PENAL

Tema VII - Teoria da Pena - Penas Privativas de Liberdade

1. Penas privativas de liberdade (PPLs) II

1.3. Circunstâncias que influenciam na fixação do regime inicial de cumprimento de pena

1.3.1. Espécie de PPL: o primeiro ponto a ser analisado é a espécie de PPL cominada:

a) **Reclusão:** admite a fixação dos regimes fechado, semiaberto ou aberto
b) **Detenção:** admite a fixação dos regimes semiaberto ou aberto
c) **Prisão simples:** admite a fixação dos regimes semiaberto ou aberto

1.3.2. Quantidade de PPL aplicada

a) **Até quatro anos:** regime aberto
b) **Mais de quatro até oito anos:** regime semiaberto
c) **Mais do que oito anos:** regime fechado

1.3.3. Reincidência

a) **Presença:** acarretará a imposição do regime mais rigoroso que a espécie de PPL permitir, independentemente da quantidade de PPL aplicada
b) **Ausência:** acarretará a imposição do regime penitenciário de acordo com a quantidade de PPL aplicada

1.3.4. Análise do art. 59 do CP (circunstâncias judiciais): independentemente da quantidade de pena imposta, respeita das, porém, as espécies de PPL (reclusão, detenção ou prisão simples), a culpabilidade, os antecedentes, a conduta social e a personalidade do agente, bem como os motivos, circunstâncias e consequências do crime e o comportamento da vítima, deverão ser levados em consideração pelo magistrado para a escolha do regime inicial de cumprimento de pena

1.3.5. Súmulas do STJ:

a) **Súmula 269:** "é admissível a adoção do regime prisional semiaberto aos reincidentes condenados a pena igual ou inferior a quatro anos se favoráveis as circunstâncias judiciais"
b) **Súmula 440:** "fixada a pena-base no mínimo legal, é vedado o estabelecimento de regime prisional mais gravoso do que o cabível em razão da sanção imposta, com base apenas na gravidade abstrata do delito"

1.3.6. Súmulas do STF

a) **Súmula 718:** "a opinião do julgador sobre a gravidade em abstrato do crime não constitui motivação idônea para a imposição de regime mais severo do que o permitido segundo a pena aplicada"
b) **Súmula 719:** "a imposição do regime de cumprimento mais severo do que a pena aplicada permitir exige motivação idônea"

DIREITO PENAL

TEMA VII - TEORIA DA PENA - PENAS PRIVATIVAS DE LIBERDADE

1. Penas privativas de liberdade (PPLs) III

1.4. Regras específicas dos regimes penitenciários

1.4.1. Regras específicas do regime fechado: de acordo com o art. 34 do CP, o condenado a cumprir pena em regime fechado será submetido inicialmente a **exame criminológico** a fim de que seja possível a **classificação e individualização da pena**

– **Trabalho e recolhimento em cela:** o condenado ao regime fechado trabalhará durante o dia, recolhendo-se à noite em cela individual. A ideia do legislador foi a de submeter o preso a um isolamento mais rigoroso
– **Trabalho externo:** é admissível o trabalho externo do preso durante o cumprimento da pena em regime fechado em serviços ou obras públicas, mediante vigilância

1.4.2. Regras específicas do regime semiaberto: são semelhantes às regras do regime fechado

– **Trabalho e recolhimento em cela:** o condenado ao regime semiaberto irá trabalhar durante o dia em **colônias penais agrícolas**, **industriais** ou **similares**, recolhendo-se à noite em celas coletivas
– **Trabalho externo e cursos:** é admissível o trabalho externo e também que os condenados frequentem cursos profissionalizantes

1.4.3. Regras específicas do regime aberto: a ideia central deste regime é a de testar a **autodisciplina** do condenado e seu **senso de responsabilidade**

– **Trabalho e outras atividades:** será dever do condenado exercer trabalho, frequentar curso ou outras atividades autorizadas durante o dia, recolhendo-se à noite e nos dias de folga às **Casas do Albergado**

DIREITO PENAL

Tema VII - Teoria da Pena - Penas Privativas de Liberdade

1. Penas privativas de liberdade (PPLs) III

1.5. Progressão de regime penitenciário

1.5.1. Sistema progressivo: a legislação penal brasileira adota, atualmente, o sistema progressivo de penas, materializado no art. 112 da LEP e art. 33, § 2º do CP

– **Definição de sistema progressivo:** a pessoa condenada a cumprir sua pena em determinado regime, desde que preenchidos alguns requisitos, poderá migrar para o mais benigno, até que, com o cumprimento total da pena, esta restará extinta

1.5.2. Requisitos para a progressão de regime: para que se admita a progressão de regime penitenciário, é necessária a satisfação de dois requisitos:

a) **Objetivo** = cumprimento de parte da pena privativa de liberdade
b) **Subjetivo** = mérito do condenado
– Requisito objetivo: a depender da natureza do crime praticado, poderá variar. Assim, temos a seguinte situação:
a) Para os **crimes "comuns"**, o condenado deverá cumprir 1/6 (um sexto) da pena para poder migrar para o regime mais benigno
b) Para os **crimes hediondos** (assim definidos no art. 1º da Lei 8.072/1990) e **equiparados** (tráfico de drogas, tortura e terrorismo), o condenado deverá cumprir **2/5 (dois quintos)** da pena, se **primário**, ou **3/5 (três) quintos** da pena, se **reincidente**
c) Para **mulher gestante ou que seja mãe ou responsável por crianças ou pessoas com deficiência, a progressão** (denominada de **progressão especial**) ocorrerá após o cumprimento de 1/8 (um oitavo) da pena, desde que presentes os seguintes requisitos: I - não ter cometido crime com violência ou grave ameaça a pessoa; II - não ter cometido o crime contra seu filho ou dependente; III - ser primária e ter bom comportamento carcerário, comprovado pelo diretor do estabelecimento; IV - não ter integrado organização criminosa
– **Requisito subjetivo:** corresponde ao **bom comportamento carcerário**, assim consignado em atestado emitido pela autoridade administrativa competente (diretor do estabelecimento penal)
a) **Exame criminológico:** a questão que se coloca é: exige-se, para a progressão de regime, que o condenado obtenha parecer favorável em exame criminológico? Com a edição da Lei 10.792/2003, o exame criminológico, mencionado no art. 112 da LEP, deixou de ser requisito indispensável à progressão de regime
• **STF:** após editar a **súmula vinculante 26**, passou a admitir a exigência de exame criminológico àqueles condenados por crimes hediondos, desde que as peculiaridades do caso indiquem que a medida é necessária
• **STJ:** com a edição da **súmula 439**, previu-se ser admissível o exame criminológico, desde que as peculiaridades do caso indiquem que seja necessário e desde que haja decisão motivada nesse sentido
– **Requisito específico para a progressão de regime nos crimes cometidos contra a Administração Pública:** com relação aos **crimes cometidos contra a administração pública** (arts. 312 a 326 do CP), a progressão de regime, consoante determina o art. 33, § 4º do CP, somente será admissível após o condenado haver reparado o dano causado ao erário ou **devolvido o produto do ilícito cometido**, com os devidos acréscimos legais
– **Progressão de regime e crimes hediondos e equiparados:** após o advento da Lei 11.464/2007, não mais se pode falar em vedação à progressão de regime. Apenas se imporá ao condenado o **regime inicialmente fechado**, admitindo-se a progressão após o cumprimento de 2/5 ou 3/5 da pena, a depender, respectivamente, de ser primário ou reincidente
• **Regime inicial fechado obrigatório:** o STF, ao julgar, em 2012, o HC 111.840, impetrado pela Defensoria Pública do Espírito Santo em favor de paciente condenado por tráfico de drogas, declarou, incidentalmente, **a inconstitucionalidade do regime inicial fechado obrigatório** aos condenados por crimes hediondos ou equiparados
– **Progressão por salto:** a doutrina majoritária, bem assim a jurisprudência, objetam a ideia de uma **"progressão por salto"**, vale dizer, o condenado que cumpre pena no regime fechado migrar, diretamente, para o regime aberto, sem passar pelo semiaberto
• **Súmula 491 do STJ:** "é inadmissível a chamada progressão per saltum de regime prisional". No entanto, em situações excepcionais, poderá ser admitido, na prática, o "salto" ao regime mais brando. A esse respeito, o STF editou a **súmula vinculante 56**: "A falta de estabelecimento penal adequado não autoriza a manutenção do condenado em regime prisional mais gravoso, devendo-se observar, nessa hipótese, os parâmetros fixados no RE 641.320/RS" (STF. Plenário. Aprovada em 29.06.2016)
– **Prática de falta grave e progressão de regime:** o STJ, em sua **súmula 534**, editada em 2015, consolidou o entendimen-to de que: "A prática de falta grave interrompe a contagem do prazo para a progressão de regime de cumprimento de pena, o qual se reinicia a partir do cometimento dessa infração" (REsp 1364192)
– **Pena substitutiva e regime aberto:** de acordo com a **súmula 493 do STJ**, é inadmissível a fixação de pena substitutiva (art. 44 do CP) como condição especial ao regime aberto, medida muito utilizada por juízes da execução penal

DIREITO PENAL

TEMA VII - TEORIA DA PENA - PENAS PRIVATIVAS DE LIBERDADE

1. Penas privativas de liberdade (PPLs) IV

1.6. Regressão de regime penitenciário, remição e detração

1.6.1. Regressão de regime: é o oposto da progressão. Nosso sistema penitenciário é o progressivo. Contudo, o conde-nado poderá ser transferido de regime mais benigno para outro mais gravoso quando (art. 118 da LEP)

- **Hipóteses de regressão de regime:** temos as seguintes hipóteses:
a) **Cometimento de crime doloso ou falta grave:** importante anotar o teor das **súmulas 526 e 533 do STJ**, ambas editadas em 2015, respectivamente: "*O reconhecimento de falta grave decorrente do cometimento de fato definido como crime doloso no cumprimento da pena prescinde do trânsito em julgado de sentença penal condenatória no processo penal instau-rado para apuração do fato*" e "*Para o reconhecimento da prática de falta disciplinar no âmbito da execução penal, é imprescindível a instauração de procedimento administrativo pelo diretor do estabelecimento prisional, assegurado o direito de defesa, a ser realizado por advogado constituído ou defensor público nomeado*"
b) **Condenação por crime anterior, cuja pena, somada àquela que está sendo executada, supere o teto permitido para aquele regime em que estiver o condenado**
c) **Frustrar os fins da execução ou não pagar, podendo o condenado, a multa cumulativamente imposta**
d) O condenado submetido à vigilância indireta eletrônica (monitoração eletrônica) **deixar de adotar os cuidados neces-sários com o equipamento, bem como não observar os deveres que lhe são inerentes** (art. 146-C, parágrafo único, I da LEP)
- **Regressão por salto:** admite-se a regressão diretamente do regime aberto para o fechado
- **Regime fechado em crime punido com detenção:** o condenado que esteja cumprindo pena por crime punido com detenção, muito embora esta espécie de PPL não admita a imposição de regime inicial fechado, poderá regredir a este regime

1.6.2. Remição da pena: é benefício a que o condenado faz jus, desde que esteja cumprindo a pena em *regime fechado* ou *semiaberto*, **reduzindo-se sua pena em razão do trabalho ou do estudo**

- **Proporção do tempo de trabalho ou estudo:** de acordo com o art. 126, § 1º da LEP, alterado pela Lei 12.433, de 29.06.2011, a contagem do prazo, para fins de remição, será feito da seguinte maneira:
a) 1 (um) dia de pena a cada 12 (doze) horas de frequência escolar em atividade de ensino fundamental, médio, inclusive profissionalizante, ou superior, ou ainda de requalificação profissional, divididas, no mínimo, em 3 (três) dias
b) 1 (um) dia de pena a cada 3 (três) dias de trabalho
- **Estudo presencial ou à distância:** o estudo, nos termos do art. 126, § 2º da LEP, poderá ser desenvolvido de forma presencial ou por metodologia de ensino a distância, sendo de rigor a certificação pelas autoridades educacionais competentes dos cursos frequentados
- **Cumulação de trabalho e estudo:** será perfeitamente possível a cumulação do trabalho e do estudo do preso para fins de remição (ex.: trabalho na parte da manhã e estudo à noite). Nesse caso, a cada 3 (três) dias de estudo e trabalho, será re-compensado o condenado com o abatimento de 2 (dois) dias de pena
- **Remição e acidente:** o preso impossibilitado, por acidente, de prosseguir no trabalho ou nos estudos, continuará a beneficiar-se com a remição (art. 126, § 4º da LEP)
- **Conclusão do ensino e "bônus-remição":** ao preso que, durante o cumprimento da pena, concluir o ensino fundamental, médio ou superior, desde que haja certificado expedido pelo órgão competente, terá acrescido 1/3 (um terço) às horas de estudo que serão utilizadas para a remição (art. 126, § 5º da LEP)
- **Remição e falta grave:** em caso de falta grave, o juiz poderá revogar até 1/3 (um terço) do tempo remido, recomeçando a contagem a partir da data da infração disciplinar (art. 127 da LEP). Assim, a súmula Vinculante 9 do STF foi tacitamente revogada pela Lei 12.433/2011, que alterou a redação do art. 127 da LEP
- **Remição nos regimes fechado, semiaberto ou aberto:** a remição, até o advento da Lei 12.433/2011, somente era admissível aos condenados que cumprissem pena em regime fechado ou semiaberto, visto que o trabalho era requisito indispensável à progressão ao regime aberto. No entanto, acrescentado o estudo do preso como fator de remição, mesmo o condenado que cumpra pena em regime aberto ou semiaberto, bem assim o que usufrui do livramento condicional, poderá beneficiar-se da remição pela frequência a curso de ensino regular ou de educação profissional
- **Salas de aula:** para que se implementem os novos comandos da LEP, a Lei 12.245/2010 determinou a **instalação de salas** de aula nos estabelecimentos penais, destinadas a **cursos do ensino básico e profissionalizante**

1.6.3. Detração penal: é o cômputo (ou desconto, ou abatimento) na pena privativa de liberdade ou na medida de segurança, do tempo de prisão provisória ou de internação, cumprida no Brasil ou no estrangeiro (art. 42 do CP)

- **Influência na fixação de regime de cumprimento de pena:** nos termos do art. 387, § 2º do CPP, o tempo de prisão provisória será computado para fins de fixação do regime inicial de cumprimento de pena
- **Detração em processos penais distintos:** é possível, desde que o agente tenha, em determinado processo-crime, sido absolvido, mas submetido a custódia cautelar, e condenado em outro processo-crime
Saldo positivo para delinquir: para não se criar um "saldo positivo" para delinquir, importante que o processo pelo qual o agente tenha sido absolvido seja posterior àquele em que tiver havido condenação

DIREITO PENAL

Tema VII - Teoria da Pena - Penas Privativas de Liberdade

1. Penas privativas de liberdade (PPLs) V

- **1.7. Fixação das PPLs (dosimetria da pena)**

  - **1.7.1. Sistema adotado pelo CP:** o art. 68 do CP consagrou o denominado sistema trifásico de fixação de pena, idealizado pelo grande mestre penalista Nelson Hungria

  - **1.7.2. Sistema trifásico:** como o próprio nome sugere, o magistrado, no momento em que for aplicar a pena ao agente, deverá fazê-lo em três etapas:

    – **Primeira fase:** análise das **circunstâncias judiciais** do art. 59 do CP. Aqui, o juiz irá verificar a *culpabilidade, os antecedentes, a conduta social, a personalidade do agente, os motivos, as circunstâncias e as consequências do crime,* bem como o *comportamento da vítima,* a fim de que se fixe a **pena-base**
    • **Maus antecedentes:** quanto aos maus antecedentes, é mister ressaltar que o STJ, ao editar a súmula 444, assentou ser **vedada a utilização de inquéritos policiais e ações penais em curso para agravar a pena-base**
    – **Segunda fase:** análise das **circunstâncias atenuantes e agravantes genéricas** (previstas na Parte Geral do CP), que vêm indicadas, respectivamente, nos arts. 65, 66, 61 e 62, todos do CP
    • **Concurso de agravantes e atenuantes:** havendo o concurso de circunstâncias atenuantes e agravantes, caberá ao juiz impor a pena que se aproxime do limite indicado pelas **circunstâncias preponderantes**, entendendo-se como tais as que resultam dos motivos determinantes do crime, da personalidade do agente e da reincidência (art. 67 do CP)
    • **Atenuantes e agravantes e limites para a fixação da pena:** de acordo com a **súmula 231 do STJ**, a incidência de circunstância atenuante não pode conduzir à redução da pena abaixo do mínimo legal. Por evidente, o mesmo se aplica às agravantes, que não podem conduzir ao aumento da pena acima do máximo legal
    – **Terceira fase:** análise das causas de diminuição (minorantes) e aumento (majorantes) de pena. Podem ser genéricas, quando previstas na Parte Geral do CP, ou específicas, quando na Parte Especial ou legislação extravagante. São represen-tadas por *frações* (1/6, 1/3, 1/2, 2/3...)
    • **Causas de aumento e de diminuição e limites para a fixação da pena:** diversamente do que ocorre com as atenuantes e agravantes, as causas de diminuição e aumento de pena podem, respectivamente, conduzir à fixação de reprimenda **abaixo do mínimo ou acima do máximo** previsto em lei

DIREITO PENAL

TEMA VIII - TEORIA DA PENA - PENAS RESTRITIVAS DE DIREITO

1. Penas restritivas de direitos (PRDs) I

1.1. Conceito: como o próprio nome sugere, são penas que não privam o agente de sua liberdade, mas, restringem alguns direitos. São também conhecidas como penas alternativas, visto que são uma "alternativa" à pena de prisão

1.2. Características: as PRDs são autônomas, eis que têm regras e princípios próprios, não podendo coexistir com as PPLs, bem como substitutivas, ou seja, substituem as PPLs impostas em sentença

1.3. Requisitos para a substituição da PPL por PRD: são de natureza objetiva e subjetiva, sendo cumulativos (art. 44 do CP)

1.3.1. Requisitos objetivos:
a) Crime cometido **sem violência ou grave ameaça** à pessoa
b) Que a PPL a ser substituída seja de até **4 (quatro) anos**, e, quanto aos crimes culposos, qualquer que seja a quantidade de pena imposta

1.3.2. Requisitos subjetivos:
a) *Réu não reincidente em crime doloso* (não se tratando de **reincidência específica**, ou seja, não tendo o agente sido condenado em virtude da prática do mesmo crime, até **será possível a substituição da PPL por PRD, desde que a medida seja socialmente recomendável** – art. 44, § 3º do CP)
b) *A culpabilidade, os antecedentes, a conduta social, a personalidade do agente, bem como os motivos e as circunstâncias do crime indiquem que a substituição é suficiente.* É o que se convencionou chamar de **princípio da suficiência**

1.4. Espécies de PRDs: as PRDs estão previstas, em rol taxativo, no art. 43 do CP, a saber:

I – Prestação pecuniária (art. 45, § 1º do CP)
II – Perda de bens e valores (art. 45, § 3º do CP)
III – Prestação de serviços à comunidade ou a entidades públicas (art. 46 do CP)
IV – Interdição temporária de direitos (art. 47 do CP)
V – Limitação de fim de semana (art. 48 do CP)

1.5. Prestação pecuniária (art. 45, §1º do CP): consiste no **pagamento em dinheiro** *à vítima, a seus dependentes ou a entidade pública ou privada com destinação social*, de importância fixada pelo juiz, não inferior a **1 (um) salário mínimo**, nem superior a **360 (trezentos e sessenta) salários mínimos**

1.5.1. Dedução na reparação civil: o valor pago pelo condenado será deduzido do montante de eventual ação de reparação civil, desde que coincidentes os beneficiários

1.5.2. Substituição da prestação pecuniária: a prestação pecuniária poderá ser substituída por prestação de outra natureza desde que haja aceitação, nesse sentido, do beneficiário (art. 45, § 2º do CP)

1.5.3. Descumprimento: diversamente do que ocorre com a pena de multa, que é considerada dívida de valor (art. 51 do CP), se o condenado não cumprir a prestação pecuniária imposta, esta será **convertida em PPL**, conforme se depreende da regra geral imposta no art. 44, § 4º do CP

DIREITO PENAL

TEMA VIII - TEORIA DA PENA - PENAS RESTRITIVAS DE DIREITO

1. Penas restritivas de direitos (PRDs) II

- **1.6. Perda de bens e valores** (art. 45, §3º do CP): consiste no "confisco" (retirada compulsória) de bens e valores que componham o **patrimônio lícito** do condenado, em favor do FUNPEN (Fundo Penitenciário Nacional), ressalvada a legislação especial
  - **1.6.1. Extensão:** será correspondente, ao que for maior, ao montante do prejuízo causado ou ao proveito obtido pelo agente com a prática do crime (art. 45, § 3º do CP)

- **1.7. Prestação de serviços à comunidade ou a entidades públicas** (art. 46 do CP): impõe ao condenado o cumprimento de **tarefas gratuitas** em *entidades assistenciais, hospitais, escolas, orfanatos e outros estabelecimentos congêneres, em programas comunitários e estatais* (art. 46, caput, e § 1º e 2º do CP)
  - **1.7.1. Cabimento:** somente é aplicável essa espécie de pena restritiva às **condenações que superarem 6 (seis) meses de PPL**
  - **1.7.2. Carga horária:** as tarefas gratuitas não poderão atrapalhar a jornada de trabalho normal do condenado, motivo pelo qual corresponderão a **1 (uma) hora de tarefa por dia de condenação** (art. 46, § 3º do CP)
  - **1.7.3. PPL superior a 1 (um) ano:** em caso de a PPL substituída **superar 1 (um) ano**, o condenado poderá cumprir a prestação de serviços à comunidade ou entidades públicas em **tempo menor**, respeitado período jamais **inferior à metade** da pena privativa de liberdade substituída (art. 46, § 4º do CP)

- **1.8. Interdição temporária de direitos** (art. 47 do CP): somente será imposta quando o crime **violar deveres inerentes a cargo, atividade, ofício ou função pública**
  - **1.8.1. Espécies:** hipóteses de interdição temporária de direitos:

    I – Proibição para o exercício de cargo, função ou atividade pública, bem como mandato eletivo
    II – Proibição do exercício de profissão, atividade ou ofício que dependam de habilitação especial, de licença ou autorização do poder público
    III – Suspensão de CNH (somente para os crimes culposos de trânsito)
    IV – Proibição de frequentar determinados lugares
    V – Proibição de inscrever-se em concurso, avaliação ou exames públicos

- **1.9. Limitação de fim de semana** (art. 48 do CP): consiste na obrigação de o condenado permanecer, por 5 (cinco) horas diárias, aos sábados e domingos, em Casa do Albergado, para que participe de palestras e cursos ou realize atividades educativas (art. 48, parágrafo único do CP)

- **1.10. Descumprimento das PRDs:** conforme enuncia o art. 44, § 4º do CP, a pena restritiva de direitos **converte-se** em privativa de liberdade quando ocorrer o **descumprimento injustificado** da restrição imposta. Trata-se da conversão ou reconversão da PRD pela PPL
  - **1.10.1. Contraditório e ampla defesa:** antes da decretação da conversão/reconversão é mister a prévia oitiva do condenado, em respeito ao contraditório e ampla defesa
  - **1.10.2. Conversão ou reconversão facultativa:** em caso de condenação a PPL por outro crime, o juiz da execução penal decidirá sobre a conversão, podendo deixar de aplicá-la se for possível ao condenado cumprir a pena substitutiva anterior. Se for possível ao condenado prosseguir no cumprimento da PRD anterior e cumprir, concomitantemente, a nova PRD imposta pela prática de outro crime, não haverá razões para a conversão da primeira

DIREITO PENAL

TEMA IX - TEORIA DA PENA - PENAS DE MULTA

1. Pena de multa (arts. 49 a 52 do CP)

- **1.1. Conceito:** a pena de multa é de cunho eminentemente **pecuniário**. Consiste no **pagamento de um certo montante** ao Fundo Penitenciário Nacional (FUNPEN) ou fundos estaduais (para os crimes de competência da Justiça Estadual), fixado em sentença e calculado em **dias-multa**

- **1.2. Sistema de aplicação da multa:** a aplicação da multa segue um sistema bifásico, visto que, primeiramente, será estabelecido o número de dias-multa, seguindo-se ao cálculo de seu valor unitário

  - **1.2.1. Quantidade de dias-multa:** na **primeira fase**, o juiz fixará a quantidade da multa entre 10 (dez) e 360 (trezentos e sessenta) dias-multa

  - **1.2.2. Valor de cada dia-multa:** na **segunda fase**, o juiz fixará o valor de cada dia-multa, que não poderá ser inferior a **1/30 (um trigésimo)** do salário mínimo, nem superior a **5 (cinco)** vezes esse valor, levando-se em conta a **capacidade econômica do réu** (arts. 49 e 60, ambos do CP)

    – **Valor insuficiente:** se o magistrado entender que o poder econômico do réu poderá revelar **ineficácia** da sanção penal, o valor da multa poderá ser elevado até o **triplo** (art. 60, § 1º do CP)

- **1.3. Natureza jurídica e execução da multa**

  - **1.3.1. Natureza jurídica:** conforme preconiza o art. 51 do CP, transitada em julgado a sentença condenatória, a **multa** será considerada **dívida de valor**, aplicando-se-lhe as normas da legislação relativa à **dívida ativa da Fazenda Pública**, inclusive no que concerne às causas interruptivas e suspensivas da prescrição

    – **Impossibilidade de conversão em PPL:** caso o condenado não pague a pena de multa imposta, esta não poderá ser convertida em PPL, visto que o CP a considera mera dívida de valor

  - **1.3.2. Execução da pena de multa:** a execução da pena de multa, caso não ocorra o pagamento voluntário no prazo de 10 (dez) dias após o trânsito em julgado da sentença condenatória (art. 50 do CP), deve ser promovida pela **Fazenda Pública** federal ou estadual, a depender da competência jurisdicional (crimes federais ou estaduais), nas **Varas das Execuções Fiscais**

    – **Súmula 521 do STJ:** "A legitimidade para execução fiscal de multa pendente de pagamento imposta em sentença condenatória é exclusiva da Procuradoria da Fazenda Pública". Porém, o STF, na ADI 3150, decidiu que a legitimidade ativa para executar multa penal é do **Ministério Público**. Se em **90 dias** o MP não proceder à execução da multa, o juízo comunicará a Procuradoria da Fazenda Pública para que promova a cobrança na vara de execução fiscal

    – **Doença mental:** caso sobrevenha ao condenado doença mental, suspende-se a execução da pena de multa, conforme determina o art. 52 do CP

DIREITO PENAL

TEMA IX - TEORIA DA PENA - CONCURSO DE CRIMES

1.1. Conceito: concurso de crimes ocorre quando o(s) agente(s), mediante a prática de uma ou várias condutas, pratica(m) dois ou mais crimes. Pressupõe, portanto, pluralidade de fatos

1. Concurso de crimes I

1.2. Espécies de concurso de crimes: os arts. 69, 70 e 71 do CP tratam, respectivamente, do concurso material, do concurso formal e do crime continuado

1.2.1. Concurso material (ou real): previsto no art. 69 do CP, ficará caracterizado quando o agente, mediante mais de uma ação ou omissão, praticar dois ou mais crimes, idênticos ou não

– **Consequência:** serão aplicadas, cumulativamente, as penas privativas de liberdade em que haja incorrido o agente
– **Requisitos: pluralidade de condutas** (mais de uma ação ou omissão) e **pluralidade de fatos** (cometimento de dois ou mais crimes, idênticos ou não)
– **Fixação em sentença:** reconhecida essa espécie de concurso, o juiz, na sentença, fixará as penas de **cada uma das infrações penais separadamente** para, somente depois, **somá-las**
– **Sistema do cúmulo material:** aplica-se no concurso material o **sistema do cúmulo material** (soma das penas)
– **Penas privativas de liberdade de espécies distintas:** caso o agente tenha praticado diversos crimes em concurso material ou real, e havendo **penas privativas de liberdade distintas** (reclusão e detenção, por exemplo), a execução ocorrerá primeiramente da mais grave (reclusão, *in casu*)

1.2.2. Concurso formal (ou ideal): previsto no art. 70 do CP, ficará caracterizado quando o agente, mediante uma só ação ou omissão, praticar dois ou mais crimes, idênticos ou não

– **Consequência:** será aplicada a pena mais grave, se distintas, ou, se idênticas, qualquer uma delas, mas, em qualquer caso, aumentada de 1/6 (um sexto) até 1/2 (metade)
– **Requisitos:** unidade de conduta (uma só ação ou omissão) e **pluralidade de fatos** (dois ou mais crimes, idênticos ou não)
– **Espécies de concurso formal:** quantos aos crimes praticados, o concurso formal pode ser:
a) Homogêneo: verifica-se quando os crimes cometidos forem **idênticos** (ex.: dois homicídios culposos de trânsito, praticados mediante uma só ação imprudente do condutor do veículo automotor)
b) Heterogêneo: verifica-se na hipótese de o agente, mediante uma só ação ou omissão, praticar dois ou mais **crimes distintos** (ex.: dirigindo imprudentemente, o condutor do veículo mata um pedestre e provoca lesões corporais em outro)
– **Concurso formal perfeito e imperfeito:** quanto ao **desígnio** do agente para o cometimento dos crimes, classifica-se o concurso formal em:
a) Perfeito (ou próprio): verifica-se quando o agente, mediante uma só ação ou omissão, pratica dois ou mais crimes, idênticos ou não, mas com **unidade de desígnio**
b) Imperfeito (ou impróprio): verifica-se quando o agente, mediante uma só ação ou omissão, pratica dois ou mais crimes, mas com pluralidade de desígnios (mais de uma vontade)
– **Consequências:**
a) Concurso formal perfeito: a pena será acrescida de **1/6 a 1/2**, aplicando-se o chamado **critério ou sistema da exasperação**. O *quantum* de aumento de pena será definido pelo **número de crimes** cometidos pelo agente, e da seguinte forma: (i) dois crimes = +1/6; (ii) três crimes = +1/5; (iii) quatro crimes = +1/4; (iv) cinco crimes = +1/3. (v) seis ou mais crimes = +1/2
b) Concurso formal imperfeito: as penas serão **somadas**, aplicando-se o **critério ou sistema do cúmulo material**
– **Cúmulo material benéfico:** se da **exasperação da pena** (1/6 a 1/2) decorrer pena **superior** àquela que seria verificada com a soma das penas, aplicar-se-á a regra do **cúmulo material benéfico**, ou seja, as penas serão **somadas** (art. 70, pará-grafo único do CP)

DIREITO PENAL

TEMA IX - TEORIA DA PENA - CONCURSO DE CRIMES

1. Concurso de crimes II

1.3. *Crime continuado* *(ou continuidade delitiva)*: previsto no art. 71 do CP, **ficará caracterizado** quando quando o agente, mediante mais de uma ação ou omissão, praticar dois ou mais crimes da mesma espécie, em condições "especiais"

1.3.1. Condições especiais: os diversos crimes da mesa espécie praticados pelo agente somente o serão em continuidade delitiva se cometidos em *circunstâncias de tempo, lugar, maneira de execução e outras semelhantes*, de modo que os crimes *subsequentes sejam havidos como continuação do primeiro*

1.3.2. Tríplice semelhança: como se vê da redação do art. 71, *caput* do CP, a continuidade delitiva depende do reconhecimento de uma tríplice semelhança entre os crimes praticados, todas de caráter objetivo:

a) **Circunstâncias de tempo semelhantes:** de acordo com a doutrina e jurisprudência majoritárias, entre um crime e outro não pode transcorrer lapso superior a 30 (trinta) dias
b) **Circunstâncias de lugar semelhantes:** os crimes devem ser perpetrados na mesma cidade ou cidades vizinhas (contíguas)
c) **Modo de execução semelhante:** os crimes devem ser praticados com um mesmo padrão *(modus operandi)*

1.3.3. Requisito subjetivo: a jurisprudência do STJ está consolidada no sentido de que a configuração do crime continuado exige, além da tríplice semelhança (requisitos objetivos) um requisito subjetivo, qual seja, um nexo de continuidade entre os delitos (prática de todos eles com *unidade de desígnios*)

1.3.4. Consequências: será aplicada a pena de um só dos crimes, se idênticas, ou a mais grave, se diversas, aumentadas, em qualquer caso, de 1/6 (um sexto) a 2/3 (dois terços). Aplica-se, aqui, o critério ou sistema da exasperação

1.3.5. Aumento de pena: o *quantum* de aumento de pena, à semelhança do concurso formal perfeito, variará de acordo com o número de crimes cometidos, a saber: (i) dois crimes = +1/6; (ii) três crimes = +1/5; (iii) quatro crimes = +1/4; (iv) cinco crimes = +1/3; (v) seis crimes = +1/2; (vi) sete ou mais crimes = +2/3

1.3.6. Crime continuado qualificado ou específico: o art. 71, parágrafo único do CP, traz a regra do **crime continuado qualificado ou específico**, pela qual o juiz poderá aumentar a pena até o **triplo** na hipótese de terem sido cometidos crimes **dolosos com violência ou grave ameaça à pessoa**, contra vítimas diferentes. Todavia, deve-se observar, em qualquer caso, o cúmulo material benéfico (se a exasperação revelar-se prejudicial, as penas deverão ser somadas)

1.3.7. Pena de multa em caso de concurso de crimes: de acordo com o art. 72 do CP, no concurso de crimes (material, formal ou continuado), as penas de multa serão aplicadas distinta e integralmente

DIREITO PENAL
Tema X - Teoria da Pena - Limite das Penas

1. Limite das penas (art. 75 do CP)

1.1. Aspecto constitucional: nos termos do art. 5º, XLVII, "b" da CF, nenhuma pena terá caráter perpétuo, razão por que o CP, em seu art. 75, prevê o lapso temporal máximo de 30 (trinta) anos

1.2. Pena aplicada x pena a ser cumprida: a limitação em 30 (trinta) anos contida no art. 75 do CP diz respeito ao **tempo de cumprimento da pena**, e não ao tempo de aplicação dela

= **Exemplo:** imaginemos um *serial killer* condenado por 10 (dez) homicídios dolosos qualificados em concurso material. Ainda que tenha sido condenado à pena mínima (doze anos de reclusão) por cada um deles, a soma delas resultará em 120 (cento e vinte) anos de reclusão, o que é perfeitamente possível (tempo de aplicação da pena)

1.3. Unificação das penas: o tempo da condenação superior a 30 (trinta) anos é perfeitamente possível, em decorrência, inclusive, da aplicação das regras de concurso de crimes. Contudo, em sede de **execução penal**, a pena deverá ser **unificada**, a fim de que se respeite o lapso temporal máximo de 30 (trinta) anos, consoante determina o art. 75, caput e § 1º do CP

1.4. Tempo de cumprimento de pena nas contravenções penais: o tempo máximo de prisão simples é de 5 (cinco) anos (art. 10 da LCP)

1.5. Súmula 715 do STF: para evitar impunidade, o STF editou a súmula 715, que determina que para a concessão de benefícios legais (livramento condicional e progressão de regimes), será levada em conta não a pena unificada na execução, mas a pena aplicada na decisão condenatória

= **Exemplo:** se um *serial killer* tiver sido condenado a cento e vinte anos de reclusão pela prática de diversos homicídios qualificados (crimes hediondos), somente poderá obter a progressão de regime após o cumprimento de 2/5 de 120 (cento e vinte) anos, se primário, ou 3/5 de 120 (cento e vinte) anos, se reincidente. Não se levará em conta a pena unificada para atingir o limite máximo de execução (30 anos), mas sim a pena aplicada (120 anos)

DIREITO PENAL

TEMA XI - TEORIA DA PENA - SUSPENSÃO CONDICIONAL DA PENA (SURSIS)

1. Suspensão condicional da pena (sursis) I

1.1. Conceito: *sursis*, do francês *surseoir*, consiste na suspensão da execução da pena privativa de liberdade imposta ao condenado mediante o cumprimento de certas condições. Daí ser chamado de suspensão condicional da pena

1.2. Sistemas: são dois os sistemas de *sursis* mais conhecidos no mundo:

a) ***Probation system*** **(sistema angloamericano):** o juiz reconhece a culpabilidade do réu, mas não profere sentença condenatória, suspendendo o processo
b) **Franco-belga (ou belga-francês, ou europeu continental):** o juiz não só reconhece a culpabilidade como condena o réu. Todavia, preenchidas as condições impostas por lei, suspende a execução da pena. **É o sistema adotado pelo nosso CP**

1.3. Concessão: o *sursis* é concedido pelo juiz na própria sentença. Haverá a condenação do réu a uma PPL, mas o juiz, no mesmo ato, desde que presentes os requisitos legais, concede a suspensão condicional da pena ao réu. Para tanto, será de rigor que, na hipótese, não seja cabível a substituição da PPL por PRD ou por multa (art. 77, III do CP)

1.4. Audiência admonitória: transitada em julgado a sentença que impôs o sursis, o condenado será intimado a comparecer a uma audiência de advertência (também chamada de **admonitória**), oportunidade em que será avisado das condições impostas e alertado das consequências de seu descumprimento

1.4.1. Não comparecimento e cassação: se o condenado não comparecer à audiência admonitória, o *sursis* será **cassado**, impondo-lhe, portanto, o cumprimento da PPL que lhe fora imposta

1.5. Requisitos para o sursis (art. 77 do CP): são de duas ordens:

a) **Objetivos:**
- Condenação a PPL não superior a 2 (dois) anos (em regra)
- Impossibilidade de substituição da PPL por PRD
b) **Subjetivos:**
- Não ser reincidente em crime doloso (exceto se a condenação anterior foi exclusivamente à pena de multa – art. 77, § 1º do CP e súmula 499 do STF)
- Circunstâncias judiciais favoráveis (culpabilidade, antecedentes, conduta social e personalidade do agente, assim como os motivos e as circunstâncias do crime autorizarem a concessão do *sursis*)

1.6. Espécies de sursis

1.6.1. Sursis simples ou comum (art. 77 do CP): aplicável aos condenados, não reincidentes, a PPL não superior a 2 (dois) anos. Será cabível quando o condenado não houver reparado o dano, salvo se tiver comprovado a impossibilidade de fazê-lo e/ou as circunstâncias judiciais previstas no art. 59 do CP não lhe forem completamente favoráveis

– **Período de prova:** será de 2 (dois) a 4 (quatro) anos

1.6.2. Sursis especial (art. 78, § 2º do CP): aplicável aos condenados, não reincidentes, a PPL não superior a 2 (dois) anos, desde que as circunstâncias judiciais do art. 59 do CP lhe sejam completamente favoráveis, bem como se houver reparado o dano, salvo impossibilidade justificada. Seus requisitos são mais rígidos do que para o sursis simples, mas as condições são mais brandas

– **Período de prova:** será de 2 (dois) a 4 (quatro) anos

1.6.3. Sursis etário (art. 77, § 2º do CP): aplicável aos condenados que contarem com mais de 70 (setenta) anos de idade na data da sentença, cuja PPL imposta não seja superior a 4 (quatro) anos

– **Período de prova:** será de 4 (quatro) a 6 (seis) anos

1.6.4. Sursis humanitário (art. 77, § 2º do CP): aplicável aos condenados a PPL não superior a 4 (quatro) anos, desde que o estado de saúde justifique a suspensão da pena (pacientes terminais)

– **Período de prova:** será de 4 (quatro) a 6 (seis) anos

DIREITO PENAL

TEMA XI - TEORIA DA PENA - SUSPENSÃO CONDICIONAL DA PENA (SURSIS)

1. Suspensão condicional da pena (sursis) II

1.7. CONDIÇÕES PARA A CONCESSÃO DO SURSIS

1.7.1. Para o sursis simples:

a) Prestação de serviços à comunidade ou limitação de fim de semana (primeiro ano do período de prova – art. 78, § 1º do CP)

1.7.2. Para o sursis especial:

a) Proibição de frequentar determinados lugares
b) Proibição de se ausentar da comarca sem a autorização do juiz
c) Comparecimento pessoal mensalmente para justificar as atividades exercidas

1.7.3. Condições legais: são aquelas impostas pela lei, tais como a prestação de serviços à comunidade ou a limitação de fim de semana, para o sursis simples

1.7.4. Condições judiciais: nos termos do art. 79 do CP, são aquelas que poderão ser impostas pelo juiz, além das que a lei determinar

1.7.5. Condições legais indiretas: são aquelas causas ensejadoras da revogação do sursis (art. 81 do CP)

1.8. Período de prova

1.8.1. Conceito: é o lapso temporal dentro do qual o condenado beneficiado pelo sursis deverá cumprir as condições impostas, bem como demonstrar **bom comportamento**. É também denominado de **período depurador**

1.8.2. Prazo: será **de 2 (dois) a 4 (quatro) anos** nos sursis simples e especial, e de **4 (quatro) a 6 (seis) anos** nos sursis etário e humanitário

1.8.3. Prorrogação: conforme dispõe o art. 81, § 2º do CP, se o beneficiário estiver sendo processado por outro crime ou contravenção, considerar-se-á prorrogado o prazo da suspensão até o julgamento definitivo. Quando facultativa a revogação, o juiz pode, em vez de decretá-la, prorrogar o período de prova até o máximo, se este não foi o fixado (art. 81, §3º do CP)

1.9. Revogação do sursis

1.9.1. Obrigatória: se:

a) O beneficiário vier a ser condenado irrecorrivelmente por crime doloso
b) O agente frustra, embora solvente, a execução de pena de multa, ou não repara o dano, salvo motivo justificado
c) Descumprir as condições do sursis simples

1.9.2. Facultativa: se:

a) O beneficiário vier a ser condenado irrecorrivelmente por contravenção ou crime culposo, salvo se imposta pena de multa
b) Descumprir as condições do sursis especial
c) Descumprir as condições judiciais

1.10. Extinção da punibilidade: com a expiração do prazo (período de prova) sem que tenha havido revogação, considerar-se-á extinta a pena privativa de liberdade suspensa (art. 82 do CP)

DIREITO PENAL

Tema XII - Teoria da Pena - Livramento Condicional

1. Livramento condicional (LC)

1.1. Conceito: é a libertação antecipada do condenado, mediante o cumprimento de certas condições, pelo prazo restante da pena que deveria cumprir

1.2. Direito público subjetivo: a concessão do livramento condicional é direito público subjetivo do condenado, ou seja, não pode ser negado por mera discricionariedade do magistrado. Preenchidos os requisitos, deverá ser concedido

1.3. Competência: a competência para a concessão do livramento condicional é do juiz da execução penal (art. 66, III, "e" da LEP)

1.4. Requisitos para a concessão: são de 2 ordens:

1.4.1. Objetivos

a) Condenação a PPL igual ou superior a 2 (dois) anos (art. 83 do CP)
b) Reparação do dano, salvo impossibilidade de fazê-lo (art. 83, IV do CP)
c) Cumprimento de parte da pena (art. 83, I e II do CP):
- Mais de 1/3, para condenado de bons antecedentes e primário
- Mais de 1/2, se o condenado for reincidente em crime doloso
- Entre 1/3 e 1/2, se o condenado não for reincidente em crime doloso, mas tiver maus antecedentes
- Mais de 2/3, nos casos de condenação por crime hediondo, prática de tortura, tráfico ilícito de entorpecentes e drogas afins, tráfico de pessoas e terrorismo, se o apenado não for reincidente específico em crimes dessa natureza

1.4.2. Subjetivos:

a) Comportamento satisfatório durante a execução da pena
b) Bom desempenho no trabalho
c) Aptidão para prover a própria subsistência mediante trabalho honesto
d) Prova da cessação de periculosidade para os condenados por crime doloso cometido com violência ou grave ameaça

1.5. Condições

1.5.1. Obrigatórias:

a) Obter o condenado ocupação lícita
b) Comunicar periodicamente ao juiz sua ocupação
c) Não mudar da comarca da execução sem prévia autorização

1.5.2. Facultativas (ou judiciais):

a) Não mudar de residência sem comunicar o juízo
b) Recolher-se à habitação em hora fixada
c) Não frequentar determinados lugares

1.5.3. Legais indiretas: inexistência das causas geradoras de revogação do benefício

1.6. Revogação

1.6.1. Obrigatória: condenação irrecorrível a PPL pela prática de crime havido antes ou durante o benefício (art. 86, I e II do CP)

1.6.2. Facultativa: condenação irrecorrível, por crime ou contravenção, à pena não privativa de liberdade ou se houver descumprimento das condições impostas (art. 87 do CP)

1.7. Período de prova: é lapso de tempo em que o condenado observará as condições impostas, pelo prazo restante da PPL que havia para cumprir. Findo este período sem revogação do LC, o juiz julgará extinta a punibilidade do agente (art. 90 do CP)

1.8. Prorrogação do período de prova: se durante o período de prova o liberado (condenado) responder a ação penal por crime havido durante a vigência do livramento condicional, deverá o juiz da execução penal prorrogar o período de prova até o trânsito em julgado, não podendo declarar extinta a punibilidade enquanto isso (art. 89 do CP)

⚠️ *Atenção: A prorrogação ora tratada não é automática, consoante doutrina e jurisprudência majoritárias, exigindo-se, pois, decisão judicial nesse sentido*

DIREITO PENAL
Tema XIII - Teoria da Pena - Efeitos da Condenação

1. Efeitos da condenação

1.1. Conceito: diz-se que são efeitos da condenação todas as consequências fáticas e jurídicas advindas de uma sentença penal condenatória transitada em julgado

1.2. Espécies: a doutrina divide os efeitos da condenação em dois grandes grupos, a saber, os efeitos principais e os efeitos secundários

1.2.1. Efeitos principais: correspondem à imposição das penas, sejam elas privativas de liberdade, restritivas de direitos ou multa

– **Imputáveis e semi-imputáveis:** os efeitos principais da condenação são impostos aos **imputáveis e semi-imputáveis** que revelarem periculosidade, os quais serão condenados a uma pena reduzida (art. 26, parágrafo único do CP), substituída por medida de segurança

1.2.2. Efeitos secundários: podem ser de natureza penal ou extrapenal

– **Efeitos secundários de natureza penal:**
a) Reincidência
b) Impossibilidade de concessão do *sursis*
c) Revogação do sursis se o crime for doloso
d) Revogação do livramento condicional se o crime redundar em aplicação de pena privativa de liberdade
e) Aumento do prazo da prescrição da pretensão executória

– **Efeitos secundários de natureza extrapenal:**
a) **Genéricos:** são automáticos, sem necessidade de constar da sentença (art. 91 do CP):
- Torna certa a obrigação de reparar o dano, sendo que a sentença penal condenatória trânsita é título executivo no cível
- Confisco, pela União, dos instrumentos ilícitos e produtos do crime
- Suspensão dos direitos políticos (art. 15, III do CF)
b) **Específicos:** não automáticos, devendo constar da sentença (art. 92 do CP):
- Perda do cargo, função pública ou mandato eletivo em virtude da prática de crimes funcionais (pena igual ou superior a 1 ano) ou em crimes de qualquer natureza se a pena for superior a 4 anos
- - Incapacidade para o exercício do poder familiar, da tutela ou da curatela nos crimes dolosos sujeitos à pena de reclusão cometidos contra outrem igualmente titular do mesmo poder familiar, contra filho, filha ou outro descendente ou contra tutelado ou **curatelado** (nova redação dada ao inc. II do art. 92 do CP pela Lei 13.715/2018)
- Inabilitação para dirigir veículo desde que o crime seja doloso e que o veículo tenha sido usado como instrumento do crime (difere da suspensão de CNH, nos delitos culposos de trânsito)

DIREITO PENAL

Tema XIV - Teoria da Pena - Reabilitação

1. Reabilitação

1.1. Conceito: é o instituto por meio do qual o condenado terá restabelecida parte dos direitos atingidos pela condenação, assegurando sigilo dos registros sobre seu processo (arts. 93 a 95 do CP)

1.2. Sigilo: o art. 202 da LEP (Lei 7.210/1984) assegura, de forma automática, o **sigilo** quanto à **"folha de antecedentes"** do condenado. Contudo, o sigilo decorrente da reabilitação traz efeito mais amplo, visto que qualquer autoridade judiciária, membro do Ministério Público ou autoridade policial terá acesso àquele antecedente. Já com a reabilitação, o sigilo será mais restrito, somente podendo ser "quebrado" por juiz criminal, mediante requisição

1.3. Requisitos: são quatro os requisitos para que o condenado obtenha sua reabilitação:

a) Decurso de dois anos do dia em que tiver sido extinta, de qualquer modo, a pena ou terminar sua execução
b) Ter tido domicílio no país no prazo acima mencionado
c) Demonstrar efetivamente constante bom comportamento público e privado
d) Ter ressarcido o dano, ou demonstrado a impossibilidade de fazê-lo, até o dia do pedido, ou que exiba documento comprobatório de que a vítima renunciou ao direito de ser indenizada ou que tenha havido novação da dívida

1.4. Juízo competente para conceder a reabilitação: compete ao juízo de 1º grau, e não ao da execução penal, como se poderia imaginar, a apreciação do pedido de reabilitação

1.5. Revogação da reabilitação: a reabilitação poderá ser revogada se o reabilitado vier a ser condenado irrecorrivelmente, como reincidente, a pena que não seja de multa (art. 95 do CP)

1.6. Possibilidade de novo pedido de reabilitação: conforme o art. 94, parágrafo único do CP, negada a reabilitação, poderá ela ser requerida novamente, a qualquer tempo, desde que o pedido seja instruído com novos elementos dos requisitos necessários

DIREITO PENAL

Tema XV - Teoria da Pena - Medidas de Segurança

1. Medidas de segurança

1.1. Conceito: é espécie de sanção penal imposta pelo Estado a um inimputável ou semi-imputável com reconhecida periculosidade, desde que tenha praticado um fato típico e antijurídico

1.2. Pressupostos:

a) **Periculosidade:** efetiva probabilidade de o agente voltar a delinquir
b) **Prática de fato típico e antijurídico**
c) **Inexistência de causa extintiva da punibilidade**

1.3. Natureza jurídica e finalidades

1.3.1. Natureza jurídica: a medida de segurança é **espécie do gênero sanção penal**. Não se trata de pena, que também é modalidade de sanção penal, visto que aquela pressupõe culpabilidade; já esta pressupõe periculosidade (prognóstico de que a pessoa portadora de um déficit mental poderá voltar a delinquir)

1.3.2. Finalidades: diversamente das penas, que apresentam forte caráter retributivo, as medidas de segurança objetivam a cura do inimputável ou semi-imputável perigoso. Trata-se aqui de forte aspecto preventivo

1.4. Sistema vicariante: após a reforma da Parte geral do CP, que ocorreu com o advento da Lei 7.209/1984, adotou-se o sistema vicariante, pelo qual se aplica aos semi-imputáveis uma pena reduzida ou medida de segurança, desde que, neste último caso, verifique-se a periculosidade real mediante perícia

1.5. Natureza jurídica da sentença que impõe medida de segurança: é denominada pela doutrina de absolutória imprópria (art. 386, VI do CPP). É absolutória, pois a inimputabilidade é causa que isenta o réu de pena; imprópria, pois a sentença, embora absolva o réu, impõe-lhe sanção penal (medida de segurança)

Atenção: se estivermos falando de réu semi-imputável (art. 26, parágrafo único do CP), o juiz proferirá sentença condenatória, seja para aplicar-lhe pena reduzida de um a dois terços, seja para substituí-la por medida de segurança

1.6. Espécies de medidas de segurança

1.6.1. Detentiva: será imposta em caso de o crime cometido pelo agente ser apenado com **reclusão**. Consiste na **internação** do inimputável ou semi-imputável em **hospital de custódia e tratamento psiquiátrico** ou em outro estabelecimento adequado

1.6.2. Restritiva: será imposta em caso de o crime cometido pelo agente ser apenado com detenção, consistindo na sujeição do inimputável ou semi-imputável a **tratamento ambulatorial**

– Grau de periculosidade: adverte a doutrina que, no caso de pena de **detenção**, a escolha entre as medidas de segurança detentiva e restritiva deve ser guiada pelo grau de periculosidade do réu

DIREITO PENAL

TEMA XV - TEORIA DA PENA - MEDIDAS DE SEGURANÇA

1. Medidas de Segurança

1.7. Prazo de duração da medida de segurança

- **1.7.1. Mínimo:** variável de **1 (um) a 3 (três)** anos, conforme art. 97, § 1º, parte final do CP, devendo ser aplicado na sentença pelo juiz. Ao término desse prazo, o agente deverá ser submetido a **exame de cessação de periculosidade**

- **1.7.2. Máximo:** pelo texto legal (art. 97, § 1º do CP), a medida de segurança poderia ser eterna, visto que seu prazo seria **indeterminado**

– **Entendimento do STF:** à luz da regra constitucional que veda as **penas de caráter perpétuo**, convencionou que o prazo máximo de duração é de 30 (trinta) anos
– **Entendimento do STJ:** com base nos princípios da proporcionalidade e isonomia, a duração da medida de segurança não **pode superar o limite máximo de pena privativa de liberdade cominada**. Nesse sentido, a súmula 527 de referida Corte: "O tempo de duração da medida de segurança não deve ultrapassar o limite máximo da pena abstratamente cominada ao delito praticado."

1.8. Cessação de periculosidade: findo o prazo mínimo fixado para a medida de segurança, deverá o agente ser submetido a um exame a fim de que se constate se houve a cessação da periculosidade. Em caso positivo, o juiz deverá determinar a suspensão da execução da medida de segurança e a desinternação (medida de segurança detentiva) ou liberação (medida de segurança restritiva) do indivíduo. Em caso negativo, a medida de segurança persistirá

- **1.8.1. Novos exames:** após o primeiro exame, anualmente novas perícias (exames de cessação de periculosidade) deverão ser realizadas

- **1.8.2. Condições:** importa ressaltar que a desinternação ou a liberação são **condicionais**, tal como ocorre com o livramento condicional, devendo o agente atentar às mesmas condições daquele benefício, nos termos do art. 178 da LEP

1.9. Revogação da desinternação ou liberação: considerando que a desinternação ou a liberação do agente serão condicionadas, é certo que, se antes do decurso de 1 (um) ano ele praticar fato indicativo de que a periculosidade persiste, deverá retornar ao status quo ante, ou seja, a medida de segurança será restabelecida

1.10. Desinternação progressiva: embora não exista expressa previsão legal, a desinternação progressiva vem sendo admitida pela doutrina mais moderna e pela jurisprudência, à semelhança da progressão de regime penitenciário

- **1.10.1. Conceito:** consiste na transferência do agente do regime de internação em hospital de custódia e tratamento psiquiátrico para o tratamento ambulatorial, especialmente quando aquela espécie de medida de segurança se revelar desnecessária

1.11. Conversão de pena privativa de liberdade em medida de segurança

- **1.11.1. Doença ou perturbação mental permanente:** se durante a execução da pena privativa de liberdade sobrevier ao condenado **doença ou perturbação mental permanente**, o art. 183 da LEP determina que o juiz da execução penal, de ofício ou a requerimento do Ministério Público, da Defensoria Pública ou autoridade administrativa, **substitua a pena por medida de segurança**, persistindo pelo restante da pena que deveria ser cumprida

- **1.11.2. Doença ou perturbação mental transitória:** se estivermos diante de **doença ou perturbação mental transitória ou temporária**, aplicar-se-á o art. 41 do CP, que determina que seja o condenado recolhido a hospital de custódia e tratamento psiquiátrico ou estabelecimento adequado

DIREITO PENAL

TEMA XVI - TEORIA DA PENA - EXTINÇÃO DA PUNIBILIDADE

1. Punibilidade e suas causas extintivas I

1.1. Conceito de punibilidade: é a possibilidade jurídica de se impor a um agente culpável uma pena. Não integra a punibilidade o conceito de crime, que, analiticamente, é fato típico, antijurídico e culpável (concepção tripartida)

1.2. Surgimento da punibilidade: a punibilidade existe em estado latente, ou seja, abstratamente, até que um agente pratique um crime ou uma contravenção penal. A partir deste momento, a punibilidade se transmuda para um direito de punir concreto *(jus puniendi estatal)*, tendo por objetivo a imposição da correspondente sanção penal

1.3. Causas extintivas da punibilidade: ainda que o direito de punir em concreto surja (quando da prática da infração penal), há situações em que falecerá ao Estado a possibilidade de imposição ou de execução da pena. É nesse momento que o exercício do direito de punir sofre restrições, dentre elas as causas extintivas da punibilidade, previstas, exemplificativamente, no art. 107 do CP

1.3.1. Estudo das causas extintivas da punibilidade em espécie: para os fins da presente obra, estudaremos as causas previstas no art. 107 do CP

1.4. Morte do agente (art. 107, I do CP)

1.4.1. Intransmissibilidade ou intranscendência: de acordo com o art. 5º, XLV da CF, nenhuma pena passará da pessoa do condenado. Morto o agente delitivo, não poderão seus parentes sofrer os efeitos de uma pena criminal. Todavia, a obrigação de reparar o dano e o perdimento de bens poderão se estender aos sucessores nos limites das forças da herança

1.4.2. Uso de documento falso: se a morte do agente for comprovada por meio de documento falso (ex.: certidão de óbito falsa), duas são as correntes:

a) Responderá por uso de documento falso (art. 304 do CP), mas a ação penal não poderá ser retomada (inadmissibilidade da revisão criminal pro *societate*)
b) Será possível a retomada da ação penal, já que um documento falso não pode gerar efeitos (extinção da punibilidade)

1.4.3. Anistia, graça ou indulto (art. 107, II do CP)

– **Anistia:** consiste na edição, pelo Congresso Nacional, de uma lei, de âmbito federal, capaz de promover a exclusão do crime imputado ao agente delitivo, atingindo todos os efeitos penais da condenação, subsistindo, contudo, os extrapenais (genéricos e específicos – arts. 91 e 92 do CP)
– **Graça:** denominada pela LEP de indulto individual, consiste no benefício por meio do qual o agente terá excluído o efeito principal da condenação, qual seja, a pena, remanescendo os efeitos penais e extrapenais (lembre-se de que, na anistia, subsistem apenas os extrapenais). Dependerá a graça de pedido do condenado, do MP, Conselho Penitenciário ou da autoridade administrativa (art. 187 da LEP) e será concedida mediante despacho do Presidente da República, que poderá delegar tal mister a Ministros de Estado (geralmente Ministro da Justiça), Procurador-Geral da República (PGR) e Advogado-Geral da União (AGU)
– **Indulto:** diferentemente da graça, tem caráter coletivo, sendo concedido mediante decreto presidencial. Atingirá, também, os efeitos principais da condenação (penas), subsistindo os efeitos secundários de natureza penal e extrapenal
Importante: de acordo com a súmula 535 do STJ, editada em 2015, "A prática de falta grave não interrompe o prazo para fim de comutação de pena ou indulto" (REsp 1364192)

1.4.4. Abolitio criminis (art. 107, III do CP)**:** é a lei posterior ao fato que deixa de considerá-lo como criminoso. É também denominada de lei supressiva de incriminação, gerando, por ser benéfica, efeitos retroativos *(ex tunc)*

– **Consequências:** com a *abolitio criminis,* que pode ocorrer durante a ação penal ou mesmo no curso da execução, será declarada extinta a punibilidade do agente, fazendo desaparecer todos os efeitos penais da condenação (inclusive a pena – efeito principal), remanescendo apenas os **efeitos civis** (ex.: obrigação de reparar o dano)
– **Dupla revogação:** somente haverá *abolitio criminis* se estivermos diante de uma dupla revogação do crime: i) revogação do tipo penal (revogação formal; e ii) revogação da figura típica (revogação material)

DIREITO PENAL

TEMA XVI - TEORIA DA PENA - EXTINÇÃO DA PUNIBILIDADE

1. Punibilidade e suas causas extintivas II

1.5. Decadência, perempção e prescrição (art. 107, IV do CP)

1.5.1. Decadência:

a) Conceito: consiste na perda do direito de intentar a queixa ou oferecer a representação pelo decurso do prazo. Em regra, esse lapso temporal é de **6 (seis) meses**, contados do **conhecimento da autoria delitiva** pelo ofendido, seu representante legal, ou CADI (cônjuge, ascendente, descendente ou irmão – art. 38, CPP e 103 do CP)

b) Ação privada subsidiária da pública: no caso de **ação penal privada subsidiária da pública** (art. 29 do CPP), a fluência do prazo decadencial tem início a partir da data em que o Ministério Público deveria ter se manifestado. Frise-se, porém, que, neste caso, o Estado não perderá a possibilidade de iniciar a persecução penal em juízo, haja vista que o titular da ação (Ministério Público), respeitado o prazo de prescrição da pretensão punitiva, poderá ofertar denúncia

c) Aplicabilidade: a decadência é instituto que se verifica somente nos crimes de ação penal privada ou pública condicionada à representação

d) Natureza do prazo decadencial: o prazo decadencial tem natureza penal, vale dizer, é contado nos termos do art. 10 do CP (inclui-se o dia do começo e exclui-se o dia do vencimento)

1.5.2. Perempção:

a) Conceito: é a perda do direito de prosseguir com a ação penal em virtude de **negligência** ou **desídia** processual. Somente será cabível na ação penal privada propriamente dita (ou exclusivamente privada), já que, na ação privada subsidiária da pública, a perempção não acarretará a extinção da punibilidade em favor do querelado, mas a retomada da titularidade da ação pelo Ministério Público.

b) Hipóteses: as causas de perempção vêm previstas no art. 60 do CPP, a saber:
- Abandono processual (mais de 30 dias sem andamento da ação pelo querelante)
- Inocorrência de sucessão processual (no caso de falecimento do querelante, ou sobrevindo sua incapacidade, não se habilitarem no processo, em 60 dias, o CADI – cônjuge, ascendente, descendente ou irmão)
- Falta de comparecimento injustificado a qualquer ato do processo em que a presença do querelante seja necessária
- Inexistência de pedido de condenação em alegações finais (a falta de apresentação delas também redunda em perempção)
- Sendo o querelante pessoa jurídica, esta se extinguir sem deixar sucessor

DIREITO PENAL

Tema XVI - Teoria da Pena - Extinção da Punibilidade

1. Punibilidade e suas causas extintivas III

1.6. Prescrição:

a) Conceito: consiste na **perda do direito de punir** *(jus puniendi)* ou **de executar a pena** *(jus punitionis)* do Estado pelo **decurso de determinado lapso de tempo previsto em lei**

b) Tabela do prazo prescricional: o prazo de prescrição deve ser contada, salvo disposição especial em contrário, de acordo com a "tabela" do art. 109 do CP, que fixa o prazo mínimo de **3 (três) anos** e máximo de **20 (vinte) anos**, variando de acordo com a pena prevista para o crime

c) Natureza do prazo: o prazo prescricional tem **natureza penal**, motivo pelo qual se conta nos termos do art. 10 do CP (inclui o dia do começo e exclui o do vencimento)

d) Espécies: A prescrição comporta duas grandes espécies, quais sejam, a **prescrição da pretensão punitiva (PPP)** e a prescrição da **pretensão executória (PPE)**

e) Prescrição da pretensão punitiva (PPP): temos três possibilidades:
- **Prescrição da pretensão punitiva propriamente dita** (ou pura): rege-se nos termos do precitado art. 109 do CP. É calculada levando-se em conta o máximo da pena privativa de liberdade abstratamente cominada ao crime
- **Prescrição da pretensão punitiva intercorrente** (ou superveniente): ocorre somente após a publicação da sentença penal condenatória, momento em que haverá uma pena fixada (pena em concreto, e não mais em abstrato, como na prescrição pura). Assim, se entre a publicação da sentença condenatória e o trânsito em julgado para a acusação decorrer lapso de tempo superior ao previsto no art. 109 do CP, ocorrerá a prescrição superveniente, rescindindo os efeitos da condenação. A previsão legal da prescrição intercorrente (ou superveniente) consta do art. 110, § 1º do CP
- **Prescrição da pretensão punitiva retroativa:** pressupõe, sempre, a fixação de uma pena em concreto (sentença penal condenatória), tendo por pressuposto o trânsito em julgado para a acusação. Também aqui temos como parâmetro a tabela do art. 109 do CP. A prescrição retroativa deve ser verificada em momento **anterior** à publicação da sentença, mas analisada, no máximo, até a denúncia ou queixa, consoante nova redação dada ao art. 110, § 1º do CP
- **Prescrição virtual:** o STJ, ao editar a **súmula 438**, pacificou o entendimento segundo o qual não se admite a extinção da punibilidade pela prescrição da pretensão punitiva com fundamento em pena hipotética, independentemente da existência ou sorte do processo penal. O que tratou, aqui, aludida Corte, foi de objetar a denominada "prescrição virtual", que levava em consideração uma condenação eventual do réu, com base em pena hipotética
- **Prescrição da pretensão executória (PPE):** somente pode ocorrer após o *trânsito em julgado.* Daí ser chamada de prescrição da pena. Também leva em conta a tabela do art. 109 do CP e a pena aplicada em concreto. Começará a fluir a partir do trânsito em julgado para a acusação (termo inicial)

f) Causas interruptivas: o prazo prescricional admite situações em que será interrompido, ou seja, recomeçará sua contagem (art. 117 do CP), bem como circunstâncias em que ficará suspenso (art. 116 do CP)
– **Causas interruptivas:**
I – Recebimento da denúncia ou da queixa II
– Pronúncia
III – Decisão confirmatória da pronúncia
IV – Publicação da sentença ou acórdão condenatórios recorríveis
V – Início ou continuação do cumprimento da pena
VI – Reincidência

g) Termo inicial de contagem: as situações previstas no art. 111 do CP, dizem respeito ao termo inicial de contagem da prescrição da pretensão punitiva, a saber:
I – Do dia em que o crime se consumou
II – No caso de tentativa, do dia em que cessou a atividade criminosa
III – Nos crimes permanentes, do dia em que cessou a permanência
IV – Nos de bigamia e nos de falsificação ou alteração de assentamento do registro civil, da data em que o fato se tornou conhecido
V – Nos crimes contra a dignidade sexual de crianças e adolescentes, previstos no Código Penal ou em legislação especial, da data em que a vítima completar 18 (dezoito) anos, salvo se a esse tempo já houver sido proposta a ação penal

h) Redução do prazo prescricional: o art. 115 do CP trata de situações em que o prazo prescricional será reduzido pela metade:
- Se o agente, à época do fato, contar com mais de dezoito anos, porém, menos de vinte e um anos
- Se o agente, à época da sentença, for maior de setenta anos

i) Prescrição da pena de multa: de acordo com o art. 114 do CP, a multa prescreverá:
- Em 2 (dois) anos, quando a multa for a única cominada ou aplicada (art. 114, I do CP)
- No mesmo prazo estabelecido para a prescrição da pena privativa de liberdade, quando a multa for alternativa ou cumulativamente cominada ou cumulativamente aplicada

j) Prescrição das penas restritivas de direitos: nos termos do art. 109, parágrafo único do CP, temos que se aplicam os mesmos prazos prescricionais previstos para as penas privativas de liberdade. Extrai-se, portanto, da lei, que a prescrição de qualquer das penas previstas no art. 43 do CP, por serem substitutivas à pena de prisão, seguirá a mesma sorte da prescrição das penas privativas de liberdade (reclusão, detenção e prisão simples)

DIREITO PENAL

TEMA XVI - TEORIA DA PENA - EXTINÇÃO DA PUNIBILIDADE

1. Punibilidade e suas causas extintivas IV

1.7. Renúncia do direito de queixa e perdão aceito (art. 107, V do CP)

1.7.1. Renúncia ao direito de queixa: é ato unilateral (não depende de aceitação), anterior ao oferecimento da queixa-crime, que se verifica quando o ofendido, em crime de ação penal privada, toma determinada atitude incompatível com a vontade de ver o agente delitivo processado. Poderá decorrer de:

a) **Ato expresso** (ex.: mediante petição escrita e assinada)
b) **Ato tácito** (ex.: o ofendido passa a andar diariamente com seu ofensor, como se fossem "bons amigos")

⚠ **Atenção:** no JECRIM (Juizado Especial Criminal), o recebimento de indenização (composição civil) em crimes de menor potencial ofensivo, de ação penal privada, importa em **renúncia tácita ao direito de queixa**, conforme art. 74 da Lei 9.099/1995, situação que já não se verifica com relação aos crimes "comuns" (leia-se: os que não são considerados infrações de menor potencial ofensivo), consoante prescreve o art. 104, parágrafo único, parte final do CP

⚠ **Atenção:** a renúncia ao direito de queixa quanto a um dos autores do crime, a todos os demais (se existirem) se estenderá, vendo todos eles extintas suas punibilidades (art. 49 do CPP). Portanto, pode-se dizer ser a renúncia **indivisível**

1.7.2. Perdão do ofendido: é ato bilateral (depende de aceitação) somente admissível nos **crimes de ação penal privada**, tendo aplicação apenas após o início da ação penal, mas desde que antes do trânsito em julgado (art. 106, § 2º do CP)

⚠ **Atenção:** de acordo com o art. 51 do CPP, o perdão concedido a um dos querelados irá estender-se aos demais. Contudo, somente produzirá efeitos (leia-se: extinguirá a punibilidade) com relação àqueles que o aceitarem

⚠ **Atenção:** o perdão deve ser aceito pelo querelado no prazo de 3 (três) dias após ser cientificado (art. 58, caput do CPP). Se ficar silente no tríduo legal, a inércia implicará aceitação. Findo o prazo sem manifestação, ou tendo havido a aceitação do perdão, o juiz decretará extinta a punibilidade (art. 58, parágrafo único do CPP)

1.7.3. Retratação do agente nos casos em que a lei admite (art. 107, VI do CP): retratar-se é o mesmo que **desdizer**. É o que ocorre, por exemplo, com os crimes de calúnia e difamação (art. 143 do CP), bem como com o falso testemunho (art. 342, § 2º do CP)

⚠ **Atenção:** indispensável que haja **expressa previsão legal** da admissibilidade da retratação, ou seja, somente nos crimes que a admitirem será possível a extinção da punibilidade

1.7.4. Perdão judicial nos casos previstos em lei (art. 107, IX do CP): não se trata de medida discricionária da autoridade judiciária, exigindo expressa previsão legal para sua aplicabilidade

– **Identificação:** em geral, identificamos o perdão judicial pela previsão, em lei, da seguinte expressão: **"o juiz poderá deixar de aplicar a pena"**

Exemplo: é o que se vê no art. 121, § 5º do CP, que admite o perdão judicial em caso de homicídio culposo, situação em que o juiz poderá deixar de aplicar a pena se as consequências do crime atingirem o agente de forma tão grave que a imposição daquela se afigure desnecessária

⚠ **Atenção:** conforme o entendimento do STJ, consagrado na súmula 18, a sentença concessiva do perdão judicial tem natureza **declaratória** de extinção da punibilidade. Tanto é verdade que o art. 120 do CP prevê que o perdão judicial não será considerado para efeitos de reincidência

DIREITO PENAL

TEMA XVII - INTRODUÇÃO À PARTE ESPECIAL DO CP

1. Classificação doutrinária dos crimes I

1.1. Introdução aos crimes em espécie - antes de ingressarmos no estudo propriamente dito dos crimes (Parte Especial do CP), entendemos ser necessário trazer à baila algumas classificações doutrinárias, bem como fazermos o resgate de alguns conceitos analisados no início do presente trabalho

1.2. Classificação geral dos crimes I

1.2.1. Com relação ao sujeito ativo

a) Crime comum: é aquele que pode ser praticado por qualquer pessoa, não se exigindo nenhuma qualidade especial do agente delitivo (sujeito ativo). Ex.: homicídio (art. 121 do CP)

b) Crime próprio: é aquele que não pode ser praticado por qualquer pessoa, mas somente por aquelas que apresentem algumas qualidades específicas determinadas pela lei. O crime próprio admite coautoria e participação, desde que o terceiro tenha conhecimento da condição especial do agente (ex.: funcionário público). Ex.: peculato (art. 312 do CP)

c) Crime de mão própria: é aquele que, além de exigir qualidades especiais do sujeito ativo, demandam uma atuação pessoal, sendo incabível a coautoria. Trata-se de crime de atuação personalíssima, não podendo o agente ser substituído por terceiro. No entanto, é admissível a participação. Ex.: autoaborto (art. 124 do CP)

1.2.2. Com relação aos vestígios do crime

a) Crime transeunte: é aquele que, uma vez praticado, não deixa vestígios materiais. Ex.: injúria praticada verbalmente (art. 140 do CP)

b) Crime não transeunte: é aquele cuja prática deixa vestígios materiais. Ex.: homicídio praticado mediante disparo de arma de fogo (art. 121 do CP)

1.2.3. Com relação ao momento consumativo

a) Crime instantâneo: é aquele em que a consumação ocorre em um determinado momento, sem continuidade no tempo. Ex.: injúria verbal (art. 140 do CP)

b) Crime permanente: é aquele cuja consumação se prolonga no tempo por vontade do agente delitivo. Ex.: extorsão mediante sequestro (art. 159 do CP)

c) Crime instantâneo de efeitos permanentes: é aquele que se consuma num dado instante, mas seus resultados são irreversíveis. Ex.: homicídio (art. 121 do CP)

DIREITO PENAL

TEMA XVII - INTRODUÇÃO À PARTE ESPECIAL DO CP

1. Classificação doutrinária dos crimes II

1.2. Classificação geral dos crimes II

1.2.4. Com relação à quantidade de atos

a) **Crime unissubsistente:** é aquele cuja conduta dá-se por um só ato. Ex.: injúria verbal (art. 140 do CP)
b) **Crime plurissubsistente:** é aquele cuja conduta dá-se por dois ou mais atos executórios. Ex.: homicídio em que a vítima é diversas vezes esfaqueada (art. 121 do CP)

1.2.5. Com relação à exposição de lesão ao bem jurídico

a) **Crime de dano:** é aquele que, para atingir a consumação, exige um dano efetivo ao bem jurídico. Ex.: homicídio (art. 121 do CP)
b) **Crime de perigo:** é aquele que, para ser consumado, exige a mera probabilidade da ocorrência de dano. Pode ser crime de **perigo concreto** (presunção relativa), que exige a **demonstração efetiva** do perigo de lesão, ou **crime de perigo abstrato** (presunção absoluta), que não exige a demonstração da situação de perigo, que é presumida. Ex.: periclitação da vida ou saúde (art. 132 do CP)

1.2.6. Com relação ao tipo de conduta

a) **Crime comissivo:** é aquele praticado mediante um comportamento positivo, vale dizer, por ação. Ex.: roubo (art. 157 do CP)
b) **Crime omissivo:** é aquele praticado mediante um comportamento negativo, vale dizer, por omissão. Pode ser **omissivo próprio**, quando a própria lei prever o comportamento negativo (ex.: omissão de socorro – art. 135 do CP), ou **omissivo impróprio**, quando o crime for cometido por alguém que tenha o dever jurídico de agir para impedir o resultado (art. 13, § 2º do CP). Ex.: a mãe que deixa de amamentar o filho recém-nascido responderá por homicídio – art. 121, c.c. art. 13, § 2º, "a" do CP

1.2.7. Outras classificações

a) **Crime vago:** é aquele cujo sujeito passivo é um ente desprovido de personalidade jurídica. Ex.: tráfico de drogas (art. 33 da Lei 11.343/2006)
b) **Crime habitual:** é aquele que exige uma reiteração de atos que, reunidos, traduzem um modo de vida do sujeito ativo. Ex.: manter casa de prostituição (art. 229 do CP)
c) **Crime material:** também chamado de *crime causal,* é aquele que se caracteriza pela exigência de um resultado naturalístico (modificação do mundo exterior provocada pela conduta do agente) para a sua consumação. Assim, por exemplo, o homicídio (art. 121 do CP) somente se consuma com a morte da vítima; a sonegação fiscal prevista no art. 1º da Lei dos Crimes contra a Ordem Tributária (Lei 8.137/1990) somente se consumam quando o agente, empregando fraude, suprimir ou reduzir tributo ou contribuição social
d) **Crime formal:** também chamado de crime de consumação antecipada, é aquele que, para a sua caracterização (e consumação), não exige a ocorrência de um resultado naturalístico, ainda que este seja possível. É o que se verifica, por exemplo, com o crime de concussão (art. 316 do CP), que se consumará no momento em que o funcionário público exigir da vítima, em razão de sua função, uma vantagem indevida
e) **Crime de mera conduta:** também chamado de crime de simples atividade, se consumará, como o próprio nome sugere, com a prática do comportamento ilícito descrito no tipo penal, sendo impossível a ocorrência de um resultado naturalístico. É o que se verifica, por exemplo, com o crime de violação de domicílio (art. 150 do CP), bastando, para sua caracterização, que o agente delitivo ingresse ou permaneça em casa alheia sem o consentimento do morador

DIREITO PENAL

Tema XVII - INTRODUÇÃO À PARTE ESPECIAL DO CP

1. Classificação doutrinária dos crimes III

1.3. Introdução à Parte Especial do Código Penal

O CP é dividido em dois Livros. O Livro I trata da Parte Geral, enquanto o Livro II traz a Parte Especial. Na Parte Especial, a maior parte das normas tem natureza incriminadora, vale dizer, encerram descrições de **condutas típicas e as respectivas penas**. Todavia existem também, na mesma Parte Especial *normas penais permissivas,* que são aquelas que autorizam alguém a realizar uma conduta típica, mas sem incriminá-lo posteriormente. É o caso do art. 128 do CP (aborto legal).

Por fim, a Parte Especial traz, ainda, *normas penais explicativas,* que são aquelas que **esclarecem outras normas ou limitam o âmbito de sua aplicação.** É o caso do art. 327 do CP, que encerra o conceito de funcionário público para fins de tipificação dos delitos previstos nos arts. 312 a 326.

Por essas considerações, verificamos que a Parte Especial não traz apenas crimes, mas também contém outras espécies de normas penais

1.4. Normas penais incriminadoras

As normas penais incriminadoras são dotadas de duas partes, denominadas **preceitos**. O **preceito primário** da norma penal incriminadora diz respeito à *conduta descrita pelo legislador como criminosa* (ex.: art. 121: *matar alguém*). Já o **preceito secundário** traz a respectiva *pena cominada abstratamente ao delito* (ex.: Pena – *reclusão, de 6 a 20 anos*).

O preceito primário, quando for incompleto e depender de outra norma para ser completado, trará à cena a *norma penal em branco.* Já o preceito secundário jamais poderá ser incompleto. Afinal, não há crime sem pena!

1.5. Conceitos básicos para o estudo dos crimes

É importante para o estudo da Parte Especial o conhecimento de alguns conceitos básicos, a saber:

a) Objetos do crime
Dois podem ser os objetos de um crime:
(i) Objeto material = *é a pessoa ou coisa sobre a qual recai a conduta típica.* Ex.: no furto (art. 155 do CP), é o bem subtraído; no homicídio (art. 121 do CP), é a vítima, a pessoa
(ii) Objeto jurídico = *é o bem jurídico tutelado pela lei penal.* Ex.: no furto (art. 155 do CP), é o patrimônio móvel alheio; no homicídio (art. 121 do CP), é a vida humana extrauterina

b) Sujeitos do crime
(i) Sujeito ativo = *é aquele que direta ou indiretamente pratica a conduta típica ou concorre para sua prática.* Ex.: "A" desfere um tiro em "B", praticando, pois, a conduta típica prevista no art. 121 do CP (matar alguém). Logo, "A" foi sujeito ativo do crime de homicídio, já que ele realizou a conduta descrita no tipo penal
(ii) Sujeito passivo = *é aquele titular do bem jurídico lesado ou exposto a perigo de lesão.* Ex.: no exemplo acima, enquanto "A" foi sujeito ativo, "B" é o sujeito passivo do homicídio, já que é o titular do bem jurídico lesado, qual seja, a própria vida

Quando o tipo penal incriminador não exigir nenhuma qualidade especial do sujeito ativo do crime, estaremos diante de um **crime comum**, ou seja, *aquele que pode ser praticado por qualquer pessoa*. Já se o tipo penal trouxer alguma qualidade específica do sujeito ativo do crime, sem a qual a conduta será atípica, estaremos diante de um **crime próprio** ou de **mão própria**. Essas duas classificações não se confundem. Enquanto o crime próprio pode ser praticado por duas ou mais pessoas ao mesmo tempo, em coautoria ou participação (ex.: peculato doloso – art. 312 do CP), o crime de mão própria admite apenas a participação, jamais a coautoria, já que se trata de crime de atuação **pessoal (ex.: falso testemunho – art. 342 do CP)**

c) Tipo objetivo
O tipo objetivo corresponde à descrição dos **elementos objetivos do tipo**

d) Tipo subjetivo
Corresponde à descrição do **elemento subjetivo do crime**, qual seja, o dolo (crimes dolosos) ou a culpa (crimes culposos).
O tipo subjetivo não se confunde com o **elemento subjetivo do tipo**, ou, como dizem alguns, "dolo específico". Nem todo tipo penal tem elemento subjetivo, visto ser este um "especial fim de agir do agente", tal como ocorre com o crime de furto (não basta o dolo na subtração da coisa alheia móvel, sendo necessário, ainda, um "especial fim de agir do agente", qual seja, o de subtrair a coisa "para si ou para outrem")

e) Consumação e tentativa
A consumação de um crime nem sempre é igual em todos os casos. Se o **crime for material**, a *consumação somente restará configurada com a ocorrência do resultado naturalístico.* Já se o **crime for formal** ou de **mera conduta**, *bastará a conduta do agente delitivo* (prática da ação ou omissão prevista em lei) para que se atinja o momento consumativo.

De outra borda, veremos mais à frente que nem todo crime admite tentativa, especialmente os culposos e os preterdolosos, ou, ainda, aqueles que somente se consumarem após a verificação de determinado resultado

DIREITO PENAL

TEMA XVIII - CRIMES CONTRA VIDA

1. Crimes contra a vida I

1.1. Homicídio (art. 121 do CP)

1.1.1. Considerações iniciais

Trata-se do mais grave crime previsto no Código Penal, não necessariamente na pena que lhe é cominada, mas no bem jurídico atacado pelo agente: **a vida humana**.

Corresponde, portanto, à conduta do agente de exterminar a vida humana extrauterina, agindo com vontade livre e consciente (no caso do homicídio doloso) de eliminá-la, embora seja possível a prática de tal delito por negligência, imprudência ou imperícia, situações configuradoras do homicídio culposo.

Vem o homicídio previsto no art. 121 do CP, embora, especificamente em matéria de trânsito, o homicídio também venha previsto no Código de Trânsito Brasileiro (Lei 9.503/1997), desde que praticado culposamente. Isso porque a morte de alguém causada pelo agente, na condução de veículo automotor, querendo tal resultado, não configura delito de trânsito, aplicando-se, pois, o Código Penal

1.1.2. O CP prevê seis hipóteses/espécies de homicídio, a saber:

a) Homicídio doloso simples (previsto no caput do art. 121 do CP)
b) Homicídio doloso privilegiado (previsto no § 1º do CP)
c) Homicídio doloso qualificado (previsto nos §§ 2º e 2º-A do CP)
d) Homicídio culposo (previsto no § 3º do CP)
e) Homicídio culposo majorado (previsto no § 4º, 1ª parte do CP)
f) Homicídio doloso majorado (previsto no § 4º, 2ª parte e §§ 6º e 7º do CP)

DIREITO PENAL

Tema XVIII - Crimes contra vida

1. Crimes contra a vida II

1.2. Espécies de homicídio I

1.2.1. Homicídio doloso simples (art. 121, caput do CP)

Corresponde à forma básica do crime, vale dizer, ao tipo fundamental. É punido o agente que o praticar com a pena de 6 a 20 anos de reclusão.
O **sujeito ativo** do crime pode ser qualquer pessoa. Trata-se, portanto, de **crime comum** (pode, frise-se, ser praticado por qualquer pessoa).
Já o **sujeito passivo** do homicídio é o ser humano vivo, com **vida extrauterina**. Inicia-se a vida extrauterina quando tem início o parto, ou seja, com a ruptura do saco amniótico em que se encontrava o feto.
O **tipo objetivo**, ou seja, a **conduta típica**, consiste no verbo "matar", que significa eliminar, exterminar a vida humana da vítima cujo parto já teve início. Pouco importa se teria horas ou minutos de sobrevida.
Caracteriza-se como homicídio a simples aceleração ou antecipação de uma morte futura, ainda que iminente.
Se a tentativa de eliminação recair sobre um cadáver, ocorrerá exemplo típico de **crime impossível**, dada a absoluta impropriedade do objeto, nos termos do art. 17 do CP.
A morte da vítima pode ser realizada por qualquer maneira, seja mediante uma ação (ex.: disparos de arma de fogo) ou omissão (ex.: mãe que deixa de alimentar o filho recém-nascido). Trata-se, portanto, de crime de ação livre. Dependendo da forma utilizada pelo agente para a prática do delito em tela, poderemos verificar hipóteses da modalidade qualificada (ex.: homicídio por meio de veneno, fogo, explosivo...). É possível matar até por meio de violência psíquica, como palavras de terror, susto etc.
O **tipo subjetivo** é o dolo, ou seja, o agente age, de forma livre e consciente, querendo a morte do agente (é o denominado *animus necandi*).
Consuma-se o crime com a morte do agente, pelo que o homicídio é doutrinariamente reconhecido como material (exige-se o resultado, portanto).
A **tentativa** é plenamente possível, já que o iter criminis é fracionável, tratando-se, pois, de delito plurissubsistente. Frise-se que será considerado **hediondo** o homicídio doloso simples, desde que **praticado em atividade típica de grupo de extermínio**, ainda que por uma só pessoa (art. 1º, I, da Lei 8.072/1990 – Lei dos Crimes Hediondos). Trata-se do denominado homicídio condicionado (na modalidade simples, somente será considerado hediondo se preenchida a condição citada, qual seja, ter sido praticado em atividade típica de grupo de extermínio)

1.2.2. Homicídio doloso privilegiado (art. 121, § 1º do CP)

Previsto no § 1º, do art. 121 do CP, trata-se de crime cuja pena será reduzida de 1/6 a 1/3, por situações ligadas à motivação do crime.
Assim, considera-se privilegiado o homicídio praticado por:
a) Relevante valor social – é o motivo relacionado com os interesses de uma coletividade (daí ser mencionado o "valor social")
b) Relevante valor moral – é o motivo relacionado com os interesses individuais do criminoso, tais como o ódio, misericórdia, compaixão. É o caso da eutanásia, que é punida no Brasil
c) Domínio de violenta emoção, logo em seguida a injusta provocação da vítima – trata-se de homicídio praticado pelo agente que se encontra com estado anímico bastante abalado (a emoção deve ser violenta, e não simplesmente passageira).
No caso de violenta emoção, o agente atua em verdadeiro "choque emocional". O CP exige que a reação seja imediata à provocação da vítima, vale dizer, sem um interstício longo. Assim não fosse, o Direito Penal estaria privilegiando a vingança (a reação efetivada muito tempo após a provocação da vítima configura vingança, pensada e planejada).
No caso de concurso de agentes, as "privilegiadoras" previstas no dispositivo legal analisado são incomunicáveis aos coautores e partícipes por se tratarem de circunstâncias de caráter pessoal não elementares do crime de homicídio. Por fim, a natureza jurídica do privilégio é de causa especial/específica de diminuição de pena, incidente na terceira fase do esquema trifásico de sua aplicação

DIREITO PENAL

TEMA XVIII - CRIMES CONTRA VIDA

1. Crimes contra a vida III

1.2. Espécies de homicídio II

1.2.3. Homicídio doloso qualificado (art. 121, §§ 2º e 2º-A do CP) I

Vem previsto no art. 121, §§ 2º e 2º-A do CP, sendo punido o agente com pena que varia entre 12 e 30 anos de reclusão. Cumpre ressaltar, desde logo, que todas as qualificadoras do homicídio tornam-no crime hediondo (art. 1º, I, da Lei 8.072/1990).

São 7 as hipóteses de homicídio qualificado, a saber:

I – Mediante paga ou promessa de recompensa, ou por outro motivo torpe – trata-se de qualificadora considerada de **caráter subjetivo**, já que ligada à motivação do agente para a prática do crime. Enquanto a "paga" pressupõe o prévio acertamento do agente com o executor da morte (ex.: entrega de dinheiro, bens suscetíveis de apreciação econômica ou mesmo vantagens econômicas, como promoções no emprego), a promessa de recompensa traduz a ideia de pagamento futuro, ainda que não se verifique de fato. Em matéria de concurso de agentes, fica evidente que a qualificadora em comento exige a intervenção de duas pessoas, pelo que configurada a situação de concurso necessário (delito plurissubjetivo, portanto): um mandante e um executor. Pela doutrina majoritária, ambos responderão com a mesma pena (inclusive o mandante, que não executa a morte), por força do art. 30 do CP. Por fim, o motivo torpe significa um motivo vil, abjeto, repugnante, revelador da personalidade distorcida do agente. Tem-se, como exemplo, o caso de um homicídio praticado para recebimento de herança

II – Por motivo fútil – trata-se, também, de qualificadora de **caráter subjetivo**, já que vinculada à motivação do delito. É a morte provocada por um motivo de somenos importância, ínfimo, desproporcional, desarrazoado. É necessário que se demonstre a existência de um motivo "pequeno" para a morte, sob pena de, não sendo encontrado qualquer motivo para o crime, não restar configurada a qualificadora em comento. É exemplo de motivo fútil aquele causado por uma brincadeira da vítima, por um "tapinha nas costas", por uma refeição ruim servida ao agente

III – Com emprego de veneno, fogo, explosivo, asfixia, tortura ou outro meio insidioso ou cruel, ou de que possa resultar perigo comum – trata-se de qualificadora considerada de **caráter objetivo**, uma vez que não está vinculada à motivação do crime, mas sim ao modo/meio de execução de que se vale o agente para a sua prática. Considera-se "meio insidioso" aquele disfarçado, utilizado pelo criminoso "às escondidas", camuflando o futuro fato (ex.: remoção das pastilhas dos freios de um veículo)

IV – À traição, de emboscada, ou mediante dissimulação ou outro recurso que dificulte ou torne impossível a defesa do ofendido – trata-se de qualificadora de caráter objetivo, já que, igualmente ao inciso anterior, não está ligada aos motivos do crime, mas à forma como será praticado. Nas circunstâncias previstas nessa qualificadora, o agente se prevalece de situações que dificultam a defesa da vítima, como no caso da traição (o agente e a vítima já guardam alguma relação de confiança, o que possibilita a ação daquele – ex.: matar a namorada enquanto dorme). Já na emboscada, o agente age sem que a vítima o perceba, eis que se encontra escondido (tocaia). Por fim, a dissimulação consiste em ser utilizado algum recurso pelo agente que engane a vítima (ex.: uso de uma fantasia/disfarce; agenciador de modelos – foi o caso do "maníaco do parque")

V – Para assegurar a execução, a ocultação, a impunidade ou vantagem de outro crime – trata-se de qualificadora de **caráter subjetivo**, uma vez que também está relacionada à motivação do crime. *In casu,* o agente pratica o homicídio como forma de assegurar a **execução** de outro crime (conexão teleológica – ex.: para estuprar uma mulher famosa, o agente mata, antes de ingressar em seu quarto, o segurança da residência), ou ainda para a garantia da **ocultação, impunidade ou vantagem** de outro crime. Nesses três casos (ocultação, impunidade e vantagem), existe a denominada conexão consequencial, já que o agente primeiramente pratica outro crime para, somente então, cometer o homicídio. É hipótese de ocultação de crime antecedente a situação do funcionário público corrupto que, após receber vantagem indevida em razão da função pública que ocupa, mata o cinegrafista que filmou o momento do "suborno". Terá o agente matado alguém para ocultar delito antecedente. Verifica-se a situação da impunidade quando o agente não quer ocultar o crime, mas garantir que fique impune, como no caso de matar uma mulher após estuprá-la. Por fim, configura homicídio qualificado quando o agente pratica um homicídio como forma de assegurar a vantagem (os proveitos) de outro crime, como no caso de um roubador matar o comparsa para ficar com todo o produto do dinheiro subtraído de um banco

EXAME da OAB • MAPAMENTALIZADO

DIREITO PENAL

TEMA XVIII - CRIMES CONTRA VIDA

1. Crimes contra a vida IV

1.2. Espécies de homicídio III

1.2.3. Homicídio doloso qualificado (art. 121, §§ 2º e 2º-A do CP) **II**

VI – Contra a mulher por razões da condição de sexo feminino – trata-se da nova modalidade qualificada de homicídio, denominada de **feminicídio**, incluída no CP pela Lei 13.104/2015. Estamos diante, importante registrar, de qualificadora de **caráter subjetivo**. Nos termos do novel § 2º-A, do art. 121, considera-se que *há razões de condição de sexo feminino quando o crime envolve violência doméstica e familiar ou menosprezo ou discriminação à condição de mulher*. Trata-se de qualificadora que, para sua configuração, exige uma violência baseada no gênero, ou seja, a violência perpetrada contra a vítima deverá ter por motivação a opressão à mulher. Importante registrar que o feminicídio também integra o rol dos crimes hediondos, ao lado das demais modalidades qualificadas de homicídio e modalidade simples (desde que praticada em atividade típica de grupo de extermínio, ainda que por uma só pessoa);

VII – Contra autoridade ou agente descrito nos arts. 142 e 144 da Constituição Federal, integrantes do sistema prisional e da Força Nacional de Segurança Pública, no exercício da função ou em decorrência dela, ou contra seu cônjuge, companheiro ou parente consanguíneo até terceiro grau, em razão dessa condição – trata-se de mais uma qualificadora do homicídio, inserida no CP pela Lei 13.142/2015. Podemos denominar a novel situação de **"homicídio funcional"**, visto que a circunstância em comento, para sua incidência, exigirá que o agente delitivo esteja ciente da condição especial da vítima ou de seus parentes, cônjuges ou companheiros. Estamos, aqui, diante de um crime próprio quanto ao sujeito passivo. Trata-se de qualificadora de natureza subjetiva, vinculada, portanto, à motivação delitiva. Tencionou o legislador punir mais gravemente o agente que elimina a vida de pessoas que, de forma geral, se dedicam ao combate à criminalida-de.

Cabe consignar, ainda, que é possível a prática de **homicídio qualificado privilegiado** (**ou homicídio híbrido**), situação compatível apenas com as **qualificadoras de caráter objetivo** (ex.: eutanásia praticada com emprego de veneno). Não se admitiria, até pela absoluta incompatibilidade, a coexistência de uma das "privilegiadoras", todas de caráter subjetivo, com as qualificadoras de igual roupagem (ex.: homicídio praticado por relevante valor moral qualificado pelo motivo fútil). Registre-se que o homicídio híbrido **não será considerado hediondo**.

Interessante, por fim, anotar a posição do então Min. Joaquim Barbosa (STF) acerca da incompatibilidade do dolo eventual com as qualificadoras relativas ao modo de execução do homicídio. Segue a notícia:

HC N. 95.136-PR – RELATOR: MIN. JOAQUIM BARBOSA
"*Habeas Corpus*. Homicídio qualificado pelo modo de execução e dolo eventual. Incompatibilidade. Ordem concedida.O dolo eventual não se compatibiliza com a qualificadora do art. 121, § 2º, IV do CP ('traição, emboscada, ou mediante dissimulação ou outro recurso que dificulte ou torne impossível a defesa do ofendido'). Precedentes. Ordem concedida". (Inform. STF 621) – noticiado no Informativo 618.

Dolo eventual e qualificadora: incompatibilidade
"São incompatíveis o dolo eventual e a qualificadora prevista no inc. IV do § 2º do art. 121 do CP ('§ 2º Se o homicídio é cometido: ... IV – à traição, de emboscada ou mediante dissimulação ou outro recurso que dificulte ou torne impossível a defesa do ofendido'). Com base nesse entendimento, a 2ª Turma deferiu habeas corpus impetrado em favor de condenado à pena de reclusão em regime integralmente fechado pela prática de homicídio qualificado descrito no artigo referido. Na espécie, o paciente fora pronunciado por dirigir veículo, em alta velocidade, e, ao avançar sobre a calçada, atropelara casal de transeuntes, evadindo-se sem prestar socorro às vítimas. Concluiu-se pela ausência do dolo específico, imprescindível à configuração da citada qualificadora e, em consequência, determinou-se sua exclusão da sentença condenatória". Precedente citado: HC 86163/SP (DJU de 3.2.2006). HC 95136/PR, rel. Min. Joaquim Barbosa, 01.03.2011. (HC-95136) (Inform. 618 do STF)

DIREITO PENAL

TEMA XVIII - CRIMES CONTRA VIDA

1.2.4. Homicídio culposo (art. 121, § 3º do CP)

Previsto no art. 121, § 3º do CP, é punido com detenção de 1 a 3 anos. Será verificado quando o agente não querendo ou não assumindo o risco, produzir a morte de alguém **por imprudência, negligência ou imperícia**

1.2.5. Homicídio majorado (se culposo – art. 121, § 4º do CP)

Vem prevista no art. 121, § 4º do CP, em sua 1ª parte, a situação de, no **homicídio culposo**, o *agente não observar regra técnica de profissão, arte ou ofício, ou se o agente deixa de prestar imediato socorro à vítima, não procura diminuir as consequências do seu ato, ou foge para evitar prisão em flagrante.*
Nesses casos, sua pena **será aumentada** em 1/3. Verifique que a situação acima transcrita somente incidirá se o homicídio for *culposo*.
Ex.: "A", limpando um revólver, não verificou se estava municiado, ocasião em que, acionando o gatilho por engano, efetuou um disparo e acertou pessoa que passava próximo ao local. Em vez de socorrê-la imediatamente, foge do local temendo sua prisão

1.2.6. Homicídio majorado (se doloso – art. 121, §§ 4º, 6º e 7º do CP)

No mesmo § 4º do art. 121 do CP, vem prevista a situação de o **homicídio doloso** ser praticado contra *pessoa menor de 14 ou maior de 60 anos.* Nesses casos, a pena será aumentada também em 1/3, seja o homicídio simples, privilegiado ou qualificado.
Porém, **deverá o agente saber que a vítima conta com menos de 14 ou mais de 60 anos**, sob pena de ser punido objetivamente, vale dizer, sem a exata consciência da condição do sujeito passivo.
Ainda, o § 6º do art. 121 do CP, inserido pela Lei 12.720/2012, passou a prever aumento de pena de 1/3 até a 1/2 se o homicídio for praticado por milícia privada, sob o pretexto de prestação de serviço de segurança, ou por grupo de extermínio. Entende-se por **"milícia privada"** o grupo de pessoas que se instala, geralmente, em comunidades carentes, com o suposto objetivo de restaurar a "paz" e a "tranquilidade" no local, criando, com isso, verdadeiro "grupo paralelo de segurança pública". Já por **"grupo de extermínio"** entende-se a reunião de pessoas popularmente chamadas de "justiceiros", cujo objetivo é a eliminação de pessoas identificadas supostamente como "perigosas" ao corpo social.
Finalmente, no tocante ao **feminicídio** (art. 121, §2º, VI do CP), a pena será aumentada de um 1/3 até a 1/2, conforme determina o art. 121, § 7º, do CP, nos seguintes casos: i) se praticado durante a gestação ou nos três meses posteriores ao parto; ii) contra pessoa menor de 14 ou maior de 60 anos ou com deficiência; e iii) na presença de descendente ou ascendente da vítima

1.2. Espécies de homicídio IV

1. Crimes contra a vida V

1.2.7. Perdão judicial

Trata-se de **causa extintiva da punibilidade**, conforme art. 107, IX do CP. Irá incidir quando as **consequências da infração atingirem o próprio agente de forma tão grave que a sanção penal se torne desnecessária**.
Assim verificando, **o juiz poderá (deverá) deixar de aplicar a pena**.
É o caso de um pai atingir o próprio filho por um disparo acidental de arma de fogo. As consequências para ele são tão gravosas que a maior pena é a perda do ente querido. O mesmo se diga se um pai, por imprudência, atropela o próprio filho, ao sair de sua garagem.
A **súmula 18 do STJ**, tratando do perdão judicial, prescreve que "a sentença concessiva do perdão judicial é declaratória da extinção da punibilidade, não subsistindo qualquer efeito condenatório". Assim, a sentença do juiz, em caso de perdão judicial, **não tem natureza condenatória**, mas **declaratória**, pelo que não pode remanescer qualquer dos efeitos da condenação (ex.: obrigação de reparar o dano, reincidência, lançamento do nome do 2 réu no rol dos culpados etc)

DIREITO PENAL

Tema XVIII - Crimes contra vida

1. Crimes contra a vida VI

1.3. Induzimento, instigação ou auxílio a suicídio (art. 122 do CP)

1.3.1. Considerações iniciais:

O Direito Penal não pune aquela pessoa que quer dar cabo de sua própria vida, mas sim o agente que induz, instiga ou auxilia alguém a praticar suicídio (também denominado de autocídio ou autoquíria). Em outras palavras, a atividade do suicida é atípica, já que, em regra, não se pode punir a destruição de um bem próprio, somente alheio (princípio da alteridade). Daí explicar-se que a autolesão é impunível, já que o agente pode fazer o que bem quiser de seu corpo (desde que não o faça para recebimento de seguro contra acidentes pessoais, o que configuraria fraude).
Embora o *nomen juris* do crime ora analisado seja de "induzimento, instigação ou auxílio" a suicídio (art. 122 do CP), não se trata de situação semelhante à participação, espécie de concurso de pessoas. Isso porque o partícipe é aquele que tem conduta acessória para a prática de um crime realizado por um executor do verbo do tipo (autor).
No caso em tela, **a participação do agente consiste na atuação principal**, e não acessória, como no caso do concurso de pessoas. Quem induzir, instigar ou auxiliar alguém a tirar sua própria vida será autor do crime e **não partícipe**.
Trata-se de crime contra a vida

1.3.2. Tipo objetivo

O CP prevê, em seu art. 122, o delito de "induzimento, instigação ou auxílio a suicídio", com a seguinte redação: "induzir ou instigar alguém a suicidar-se ou prestar-lhe auxílio para que o faça. Pena: reclusão, de dois a seis anos, se o suicídio se consuma; ou reclusão de um a três anos, se da tentativa de suicídio resulta lesão corporal de natureza grave".
Verifica-se, portanto, que o crime em tela pode ser cometido por três maneiras, que correspondem às condutas típicas (verbos do tipo):
a) Induzir – nesse caso, o agente faz nascer na mente da vítima a ideia de praticar suicídio
b) Instigar – aqui, o agente apenas reforça a ideia, que já existia no espírito da vítima, de realizar o suicídio
c) Auxiliar – trata-se da ajuda material para a concretização do suicídio pela vítima. É o caso de fornecimento dos instrumentos para que a vítima ceife sua própria vida (ex.: faca, revólver). Esse "auxílio" deve ter uma **relação acessória** com o suicídio e não positiva nos atos de execução, sob pena de o agente responder por homicídio (ex.: "A" empresta a "B" um revólver, e a seu pedido o "auxilia", apertando o gatilho. Terá, então, matado "B", situação configuradora do crime de homicídio).
O crime poderá ser praticado por ação ou mesmo por omissão (neste último caso, desde que o sujeito ativo tenha o dever jurídico de agir, o que configura a omissão imprópria)

1.3.3. Tipo subjetivo

É o dolo, ou seja, a vontade livre e consciente do agente em induzir, instigar ou auxiliar alguém a suicidar-se.
Admite-se, inclusive, a forma eventual (dolo eventual), ou seja, o agente pode praticar o crime em tela, embora não querendo que a vítima se suicide, assumindo o risco de que o faça. É o caso do pai que, sabendo das tendências suicidas da filha, a expulsa de casa, fazendo com que ela, desamparada, dê cabo de sua própria vida

1.3.4. Sujeito passivo

É considerada vítima do crime a pessoa com um mínimo de discernimento e poder de resistência. Assim não sendo, estaremos diante de homicídio (ex.: o pai induz o filho de 4 anos de idade a pular da janela, eis que, com a capa do Super-Homem, conseguirá voar)

1.3.5. Consumação e tentativa

Parte da doutrina diz que não se admite a tentativa do crime previsto no art. 122 do CP, o que se extrai do preceito secundário do tipo: se o suicídio efetivamente ocorre, a pena do sujeito ativo será de 2 a 6 anos de reclusão; já se resultar lesão corporal grave, será de 1 a 3 anos de reclusão.
Em outras palavras, o crime estaria consumado com a efetiva morte da vítima ou no caso de sofrer lesão corporal de natureza grave.
Já outros doutrinadores, como Cezar Bittencourt, admitem a punição do crime a título de tentativa, mas que já foi prevista no próprio tipo penal (pena de 1 a 3 anos de reclusão). Trata-se, segundo ele, de uma "tentativa qualificada", já que o agente do crime deve ser punido com menor rigor quando a vítima não conseguir tirar sua própria vida, mas sofrer, em decorrência da tentativa, lesões corporais de natureza grave.
De qualquer forma, se a vítima tentar se matar, mas sofrer apenas lesões leves, o fato será atípico (ou a vítima consegue suicidar-se, configurando a modalidade consumada, ou sofre lesões corporais graves, com o que o delito será tentado)

1.3.6. Causas de aumento de pena

Se o crime for cometido por motivo egoístico, a pena será duplicada
Esse aumento também será verificado se a vítima for menor (maior de 14 e menor de 18 anos, segundo Guilherme Nucci, pois, nesse caso, se sequer pode consentir para um ato sexual, com muito mais razão não poderá decidir sobre sua vida, sendo o caso de homicídio).
Por fim, a pena será igualmente duplicada quando a vítima tiver reduzida, por qualquer motivo, a capacidade de resistência. É o caso de alguém embriagado, ou com algum déficit mental (não completo, pois, nesse caso, haverá homicídio), ou no caso de senilidade (idade avançada)

DIREITO PENAL

TEMA XVIII - CRIMES CONTRA VIDA

1. Crimes contra a vida VII

1.4. Infanticídio (art. 123 do CP)

1.4.1. Considerações iniciais

Trata-se de crime doloso contra a vida.
Corresponde à eliminação, pela própria mãe, durante ou logo após o parto, do próprio filho, estando ela sob influência do estado puerperal. Intrinsecamente, não há diferença entre o infanticídio e o homicídio. Afinal, ocorre a morte de alguém. Porém, esse "alguém" não é qualquer pessoa, mas o próprio filho da genitora, que é quem realiza os elementos do tipo penal

1.4.2. Tipo objetivo

A conduta nuclear (verbo do tipo) é a mesma do homicídio, qual seja, **matar**. Ocorre, portanto, a eliminação da vida humana extrauterina. Indispensável é, portanto, que o nascente esteja vivo no momento da ação ou omissão da genitora. Difere o infanticídio do homicídio por uma situação anímica em que se encontra o agente, vale dizer, a mãe: o estado puerperal
Segundo Guilherme de Souza Nucci, "estado puerperal é aquele que envolve a parturiente durante a expulsão da criança do ventre materno. Há profundas alterações psíquicas e físicas, que chegam a transformar a mãe, deixando-a sem plenas condições de entender o que está fazendo. (...) O puerpério é o período que se estende do início do parto até a volta da mulher às condições de pré-gravidez" (**Manual de Direito Penal** – 3ª edição – editora RT – pág. 621)
O tipo penal exige que a mãe esteja sob "influência" do estado puerperal. Que toda mãe passa pelo puerpério, isto é fato incontroverso. Porém, deve-se demonstrar que tal estado anímico tirou-lhe a plena capacidade de entendimento, levando-a a cometer o homicídio do próprio filho
Ademais, o elemento cronológico do tipo ("durante o parto ou logo após") é algo a ser analisado, revelando que o legislador impõe reprimenda mais branda à mãe que matar o próprio filho quase que numa "imediatidade" ao parto (simultaneamente a este, ou logo após). Todavia, é possível que a acusação comprove que, mesmo transcorrido um lapso considerável de tempo, a mãe estivesse, ainda, sob influência do estado puerperal, o que não descaracterizaria o delito
Porém, quanto mais tempo passar do parto, menor é a chance de que a mãe sofra com as alterações que o puerpério lhe acomete. Daí haver uma "inversão" do ônus da prova, no sentido de que caberá à defesa demonstrar, transcorrido tempo razoável do parto, que a mãe ainda se encontrava influenciada pela alteração anímica

1.4.3. Tipo subjetivo

É o dolo, não sendo punida a modalidade culposa do infanticídio. Se tal situação ocorrer, poderá ser verificado o homicídio culposo, ainda que a mãe esteja sob influência do estado puerperal (é o posicionamento de Cezar Roberto Bittencourt).
Já Damásio de Jesus entende que a mulher, influenciada pelo estado puerperal, não tem a diligência normal que a todos se impõe, razão pela qual sequer por homicídio culposo poderia responder, caso viesse a matar o próprio filho por imprudência ou negligência. É que, explica o doutrinador, nesse caso, seria inviável a demonstração da ausência de prudência normal na mulher que, pelo momento peculiar de sua vida, padece de certo desequilíbrio psíquico

1.4.4. Sujeitos do crime

O sujeito ativo do crime é a mãe (parturiente), que, influenciada pelo estado puerperal, mata o próprio filho. Trata-se, pois, de **crime próprio**.
Já o **sujeito passivo** é o recém-nascido (neonato) ou aquele que ainda está nascendo (nascente). Isso é extraído do próprio tipo penal: "durante o parto (nascente) ou logo após (neonato)".
Embora o estado puerperal seja algo típico da mulher que está em trabalho de parto ou que há pouco tempo a ele se submeteu, tal situação configura uma circunstância pessoal, que, por ser elementar, comunica-se aos coautores ou partícipes, nos termos do art. 30 do CP. Se a mãe, por engano, influenciada pelo estado puerperal, dirige-se até o berçário do hospital e mata um bebê que não o seu filho, ainda assim responderá por infanticídio, já que presente um erro de tipo acidental (erro quanto à pessoa – art. 20, § 3º do CP)

1.4.5. Consumação e tentativa

O crime de infanticídio exige, para sua consumação, a morte do neonato ou do nascente (crime material). Caso isso não ocorra, estaremos diante da tentativa

DIREITO PENAL

Tema XVIII - Crimes contra vida

1. Crimes contra a vida VIII

1.5. Aborto I (arts. 124 a 128 do CP)

1.5.1. Considerações iniciais

Por primeiro, cabe ressaltar que o termo "aborto" não corresponde à ação de se eliminar a vida de um feto, mas sim o resultado da ação criminosa. A lei trocou, conforme explica Rogério Sanches Cunha, *a ação pelo seu produto* (**Direito Penal** – Parte Especial – ed. RT, pág. 52). Melhor seria falar-se em "abortamento".
Assim, o "aborto" corresponde à eliminação do produto da concepção, tutelando a lei a **vida humana** intrauterina.
A lei trata de **5 (cinco) espécies** de aborto:
a) Autoaborto (art. 124, 1ª parte do CP)
b) Aborto consentido (art. 124, 2ª parte do CP)
c) Aborto provocado por terceiro com o consentimento da gestante (art. 126 do CP)
d) Aborto provocado por terceiro sem o consentimento da gestante (art. 125 do CP)
e) Aborto qualificado (art. 127 do CP)

1.5.2. Autoaborto

Vem definido no art. 124, 1ª parte, do CP: "provocar aborto em si mesma..."
Trata-se de **crime de mão própria** (segundo Cezar Roberto Bittencourt, por exemplo), já que é a própria mãe quem irá realizar o abortamento, efetivando ela própria as manobras abortivas (ex.: ingestão de medicamentos abortivos; inserção, no útero, de agulhas ou curetas etc) Admite-se, portanto, apenas a participação (conduta acessória), jamais a coautoria. Se terceiro realiza manobras abortivas junto com a gestante, ela responderá por autoaborto e ele pelo crime do art. 126 do CP (aborto provocado por terceiro com o consentimento da gestante).
O **sujeito passivo** do crime é o feto (produto da concepção), ainda que, para a lei civil, não tenha personalidade jurídica (que se adquire com o nascimento com vida). Por esse motivo, alguns doutrinadores chegam a declarar que a vítima é a sociedade, já que o feto não é considerado "pessoa".
Consuma-se o crime com a morte do feto ou a destruição do produto da concepção, ainda que não seja expelido pelo corpo da mulher. Mesmo que o feto nasça com vida após as manobras abortivas, mas venha a morrer em decorrência de uma "aceleração do parto", a mãe responderá por autoaborto. Admite-se a **tentativa**, já que se trata de crime material e plurissubsistente (vários atos)

1.5.3. Aborto consentido

Corresponde à 2ª parte do art. 124, do CP: "... ou consentir que outrem lho provoque".
Trata-se de conduta omissiva (a gestante permite que terceira pessoa pratique manobras abortivas, provocando a morte do feto ou do produto da concepção).
Também, aqui, o crime é de mão própria, cujo sujeito ativo é apenas a gestante. O terceiro responderá pelo crime do art. 126 do CP

1.5.4. Aborto provocado por terceiro sem o consentimento da gestante (art. 125 do CP)

O crime, descrito no art. 125 do CP, consiste na ação de "provocar aborto" (tipo objetivo), havendo dissenso real (violência física) ou **presumido** (quando a gestante não é maior de 14 anos, ou é alienada ou débil mental, ou se o consentimento é obtido mediante fraude, grave ameaça ou violência – art. 126, parágrafo único, do CP).
Trata-se da forma mais grave de aborto, punida com 3 a 10 anos de reclusão.
O **sujeito ativo** pode ser qualquer pessoa (crime comum). Já o **sujeito passivo** é o feto ou produto da concepção e a gestante (dupla subjetividade passiva).
O crime é **material**, consumando-se com a morte do feto ou produto da concepção

DIREITO PENAL

TEMA XVIII - CRIMES CONTRA VIDA

1. Crimes contra a vida IX

1.5. Aborto II (arts. 124 a 128 do CP)

1.5.5. Aborto provocado por terceiro com o consentimento da gestante (art. 126 do CP)

O crime em tela vem descrito no art. 126 do CP, configurando nítida **exceção pluralística à teoria unitária**, eis que o agente responderá por crime diverso da gestante que consentiu com o aborto (art. 124, 2ª parte do CP). Em outras palavras, o provocador do aborto responderá pelo crime do art. 126, ao passo que a gestante que consentiu com tal ação responderá por aborto consentido (art. 124, 2ª parte do CP).
Trata-se de **crime comum**, ou seja, pode ser praticado por qualquer pessoa. O crime em tela somente estará configurado se houver **consentimento válido** da gestante, ou seja, se ausente qualquer das hipóteses do **parágrafo único do art. 126 do CP**.
Se assim não ocorrer, responderá o agente pelo crime do art. 125 do CP (aborto sem consentimento da gestante), enquanto que a gestante ficará isenta de pena (se alienada ou débil mental, ou não maior de 14 anos, presumindo-se a invalidade de seu consentimento nesses casos). Consuma-se o crime com a morte do feto/produto da concepção (crime material), admitindo-se a **tentativa**

1.5.6. Aborto qualificado (art. 127 do CP)

A pena será aumentada em 1/3 caso a gestante sofra lesão corporal de natureza grave, resultando dos meios empregados para o aborto ou como sua consequência.
No caso de morte da gestante, as penas serão duplicadas. O art. 127 do CP somente pode ser aplicado aos crimes previstos nos arts. 125 e 126, já que o art. 124 é próprio da gestante, não podendo ela ser mais gravemente punida se sofrer lesão corporal grave (a lei não pune a autolesão) ou morte (hipótese em que haverá extinção da punibilidade – art. 107, I do CP).
A ocorrência de lesão corporal leve não acarreta a exacerbação da pena, eis que implicitamente vem prevista no tipo penal. Afinal, abortamento sem um mínimo de lesão é quase impossível.
Em qualquer hipótese (lesão corporal grave ou morte da gestante), o delito será preterdoloso, ou seja, o resultado agravador terá sido praticado pelo agente a título de culpa. Por se tratar de delito preterdoloso, não se admite tentativa, respondendo o agente, segundo Fernando Capez, pela forma consumada do crime, ainda que não ocorra o aborto, mas a gestante morra ou sofra lesão corporal grave.
Se quiser a morte ou lesão corporal grave na gestante, além do aborto, responderá o agente em concurso de crimes

1.5.7. Aborto legal (art. 128 do CP)

O CP admite, em duas situações, a prática do aborto:
a) Se a gravidez gerar risco de vida à gestante
b) Se a gravidez resultou de estupro, desde que a gestante consinta com o abortamento, ou, se incapaz, haja autorização do representante legal
A primeira hipótese é denominada **aborto terapêutico ou necessário**, já que praticado para que não se sacrifique a vida da gestante, em risco por conta da gravidez.
Já a segunda hipótese é chamada de **aborto humanitário, sentimental ou ético**, eis que a lei admite que a mulher estuprada não leve a cabo uma gravidez cujo produto resulta de ato violento contra sua liberdade sexual
Em qualquer caso, somente poderá realizar o abortamento o médico, conforme reza o art. 128, *caput* do CP ("não se pune o aborto praticado por médico")
Se terceira pessoa, que não médico, realizar o aborto na primeira hipótese, poderá ser excluído o crime se a gestante correr perigo de vida atual, caracterizador do **estado de necessidade**
No caso do **aborto humanitário**, é imprescindível que haja **autorização da gestante para sua prática, ou de seu representante legal**, caso incapaz. A lei não exige que o estuprador tenha sido irrecorrivelmente condenado, nem mesmo autorização judicial para que seja efetivado
Todavia, na prática, é bom que o médico se cerque de alguns cuidados, como a exigência de boletim de ocorrência, declarações de testemunhas etc

DIREITO PENAL

Tema XVIII - Crimes contra vida

1. Crimes contra a vida X

1.5. Aborto III
(arts. 124 a 128 do CP)

1.5.8. O aborto eugênico (feto anencefálico)

Não vem definida no CP a possibilidade de realizar o aborto se o feto possuir má formação ou mesmo anencefalia (ausência de tronco cerebral).
O STF, na ADPF 54 (Arguição de Descumprimento de Preceito Fundamental), decidiu pela possibilidade de realização do aborto do anencéfalo, desde que haja laudo médico dando conta da situação do feto.
Entendeu-se que a vedação ao aborto, nesse caso, atenta contra a dignidade humana, impondo à gestante um sofrimento desnecessário e cruel, visto que a anencefalia culminará, necessariamente, com a morte do feto. Pode-se, aqui, argumentar, que a vida se encerra com a cessação da atividade encefálica, nos termos do art. 3º da Lei 9.434/1997, razão pela qual o fato (aborto de feto anencefálico) é atípico.
Interessante anotar que a ANADEP – Associação Nacional dos Defensores Públicos levou ao STF, por meio de ADI e ADPF propostas perante o STF, postulou a possibilidade de interrupção de gravidez em caso de feto acometido por microcefalia, haja vista a verdadeira epidemia de casos supostamente decorrentes da contaminação da gestante pelo vírus *zika*. A questão é tormentosa, havendo quem sustente ser inadmissível o aborto nesse caso, eis que não se trata de feto com vida inviável (a despeito das inúmeras complicações de saúde que poderão atingi-lo). Porém, importante registrar, a posição adotada pelo MPF foi no sentido da possibilidade da interrupção da gravidez, em contraposição ao parecer da AGU, que entende que o aborto, em caso de microcefalia, afronta o direito à vida. Até o fechamento dessa edição não havia decisão do STF. Aguardemos!

1.5.9. A (des)criminalização do aborto até o terceiro mês de gestação

A 1ª Turma do STF, em polêmica decisão tomada no julgamento do HC 124306, em 29 de novembro de 2016, no qual se analisava a questão da prisão cautelar (preventiva) decretada em desfavor dos dois pacientes, denunciados pela prática dos crimes de aborto com o consentimento da gestante e associação criminosa (arts. 126 e 288 do CP), decidiu pela revogação do encarceramento dos acusados ante a ausência dos requisitos autorizadores da medida processual restritiva da liberdade, bem como em razão de a *criminalização do aborto ser incompatível com diversos direitos fundamentais, entre eles os direitos sexuais e reprodutivos e a autonomia da mulher, a integridade física e psíquica da gestante e o princípio da igualdade.*
Em voto-visto, o Min. Luís Roberto Barroso, seguido pela Min. Rosa Weber e Edson Fachin, sustentou: *"No caso aqui analisado, está em discussão a tipificação penal do crime de aborto voluntário nos artigos 124 e 126 do Código Penal, que punem tanto o aborto provocado pela gestante quanto por terceiros com o consentimento da gestante"*. E prosseguiu dizendo que se deve dar interpretação conforme à Constituição aos arts. 124 e 126 do Código Penal para o fim de afastar a interrupção voluntária da gestação até o fim do primeiro trimestre de gravidez. Em verdade, por se tratar de norma anterior à CF, concluiu o Ministro que, *"como consequência, em razão da não incidência do tipo penal imputado aos pacientes e corréus à interrupção voluntária da gestação realizada nos três primeiros meses, há dúvida fundada sobre a própria existência do crime, o que afasta a presença de pressuposto indispensável à decretação da prisão preventiva"*.
Os principais fundamentos invocados pela maioria da 1ª Turma do STF foram: (i) a criminalização do aborto antes de concluído o primeiro trimestre de gestação viola diversos direitos fundamentais da mulher (autonomia, o direito à integridade física e psíquica, os direitos sexuais e reprodutivos e a igualdade de gênero); (ii) a criminalização do aborto não observa, de forma suficiente, o princípio da proporcionalidade; (iii) a criminalização do aborto acarreta discriminação social e impacto desproporcional, especialmente às mulheres pobres.
Sustentou o Min. Barroso, ainda, que *"o aborto é uma prática que se deve procurar evitar, pelas complexidades físicas, psíquicas e morais que envolve. Por isso mesmo, é papel do Estado e da sociedade atuar nesse sentido, mediante oferta de educação sexual, distribuição de meios contraceptivos e amparo à mulher que deseje ter o filho e se encontre em circunstâncias adversas"*.
Importante frisar que não se trata de decisão com efeitos vinculantes, até porque tomada em controle difuso de constitucionalidade. Também não reflete, necessariamente, o pensamento de toda a Corte, eis que tomada por órgão fracionário (1ª Turma). Porém, relevante nosso leitor ter conhecimento desse importante – e, repita-se, polêmico – precedente de nossa Excelsa Corte

DIREITO PENAL

Tema XIX - Lesão Corporal

1. Lesão corporal I (art. 129 do CP)

1.1. Considerações iniciais

Embora o crime de lesões corporais atente contra a pessoa, não se trata de infração que ofenda a vida, mas a integridade física ou a saúde corporal.

Para que se verifique o crime em tela, é imprescindível que a vítima sofra uma efetiva alteração de seu corpo ou saúde, de modo a causar-lhe um dano. É importante mencionar que a causação de dor, por si só, é insuficiente à configuração de lesões corporais. É possível, inclusive, praticar este crime sem que se cause dor no ofendido (ex.: corte, contra a vontade da vítima, de seus cabelos)

1.2. Espécies de lesão corporal

A lesão corporal, vale frisar de início, pode ser praticada nas formas dolosa ou culposa, podendo ser classificada da seguinte forma:

a) Leve *(caput)*
b) Grave (§ 1º do CP)
c) Gravíssima (§ 2º do CP)
d) Seguida de morte (§ 3º do CP)
e) Privilegiada (§ 4º do CP)
f) Culposa (§ 6º do CP)
g) Majorada (§§ 7º, 10, 11 e 12 do CP)
h) Qualificada pela violência doméstica (§ 9º do CP)

1.3. Tipo objetivo

O CP prevê, em seu art. 129, o delito de "lesão corporal", com a seguinte redação: "ofender a integridade corporal ou a saúde de outrem"

Verifica-se, portanto, que o verbo do tipo (conduta típica) é *ofender*, que pressupõe causação de dano ao corpo (integridade corporal) ou à saúde (segundo Bento de Faria, "dano à saúde é a desordem causada às atividades psíquicas ou ao funcionamento regular do organismo" – **Código Penal Brasileiro Comentado** – Parte Especial – v. 4, p. 67-68)

Embora um dano à integridade física ou à saúde alheia venha, de regra, acompanhado de dor, tal circunstância não consta como elementar do tipo penal em estudo, pelo que se torna dispensável no caso concreto

Como já dissemos, a depender da intenção do agente, é possível que o corte de cabelo da vítima configure lesão corporal, o que, por certo, não causa dor

A pluralidade de ofensas à integridade física ou à saúde de terceiro caracteriza *crime único* e não vários crimes (ex.: 1 ou 10 facadas na vítima, com a intenção de lesionar, caracteriza o mesmo delito – lesões corporais – e não dez crimes idênticos).

Todavia, o magistrado, ao fixar a pena do agente, irá levar em conta a pluralidade de lesões provocadas na vítima (o art. 59 do CP, que trata da fixação da pena-base, determina ao magistrado, dentre outras circunstâncias, que analise a personalidade do agente, bem como as consequências do crime)

A ofensa à integridade corporal é de fácil entendimento: provocação de hematomas, equimoses, perfurações, quebradura de ossos etc

Um pouco mais difícil de se avaliar é a ofensa à saúde, que, conforme já mencionamos, consiste no conjunto de atividades psíquicas ou o funcionamento regular dos órgãos. Assim, configurada estará uma lesão corporal se o agente provocar falta de ar na vítima (ex.: deitar-se em seu tórax; atirar um gás que cause irritação nasal) ou mesmo se redundar em vômitos (regular funcionamento do sistema digestivo – ex.: dar comida estragada ao ofendido)

Questão que se coloca na doutrina é a respeito do grau de disponibilidade do bem jurídico protegido pelo crime de lesão corporal: a integridade física ou a saúde. Seria ele disponível ou indisponível?

Para um entendimento mais ultrapassado, a integridade física e a saúde são indisponíveis, não cabendo qualquer consentimento da vítima como forma de exclusão do crime. Já para o entendimento mais moderno, encampado, inclusive, por Cezar Roberto Bittencourt (**Tratado de Direito Penal** – vol. 2, ed. Saraiva), trata-se de bem relativamente disponível, vale dizer, o consentimento da vítima na produção de lesões é válida, desde que não contrarie os bons costumes e não se caracterize como algo extremamente grave.

Em outras palavras, a provocação de pequenas lesões, desde que contem com o consentimento do ofendido, não caracteriza crime de lesão corporal. É o caso de colocação de brincos e *piercings*. Quem o faz não comete crime!

E o médico que pratica cirurgia plástica, quebrando cartilagens (nariz, por exemplo), ou retirando ossos e tecidos, comete lesão corporal? Entende-se que não, visto que não tem o dolo de causar um dano à vítima, mas, ao contrário, de melhorar seu corpo ou saúde

DIREITO PENAL

TEMA XIX - LESÃO CORPORAL

1. Lesão corporal II (art. 129 do CP)

1.4. Tipo subjetivo

A lesão corporal pode ser punida por três formas: dolo, culpa e preterdolo.
A lesão corporal culposa vem prevista no art. 129, § 6º do CP, ao passo que a preterdolosa típica é a lesão corporal seguida de morte (art. 129, § 3º do CP), mas também admitida tal modalidade nas formas grave e gravíssima, conforme veremos a seguir.
De qualquer forma, na lesão dolosa, o agente tem a intenção (dolo direto) ou assume o risco de produzir um dano à integridade física ou à saúde de outrem. Age, portanto, com o chamado *animus laedendi*.
Se "A" atinge "B" com uma pedra, com a intenção de matá-lo *(animus necandi)*, mas a morte não se verifica, responderá por tentativa de homicídio e não por lesão corporal dolosa consumada. Afinal, deve-se verificar a intenção do agente

1.5. Sujeitos do crime

O sujeito ativo da lesão corporal pode ser qualquer pessoa (salvo no caso de violência doméstica, o que veremos mais à frente). Trata-se, em regra, de crime comum
Adverte Rogério Sanches Cunha (**Direito Penal** – Parte Especial – ed. RT) que, se o agressor for policial militar, caberá à Justiça Militar processá-lo pelas lesões corporais, sem prejuízo do delito de abuso de autoridade, que será de competência da Justiça Comum
O Direito Penal não pune a autolesão, ou seja, se o agente ofender sua própria integridade física ou saúde, não poderá referido ramo do Direito intervir para puni-lo. Porém, se alguém se vale de um inimputável (menor de idade), ou de alguém que tenha a capacidade de discernimento reduzida ou suprimida (doente mental, ébrio), determinando-lhe a causar em si próprio uma lesão, haverá situação de autoria mediata. Assim, quem induzir ou instigar a pessoa a praticar autolesão responderá pelas ofensas que se verificarem na vítima (ex.: "A" induz "B", embriagado, a cravar uma faca na própria mão, o que é feito. "A" é autor mediato da lesão corporal provocada por "B" em si mesmo)
Por fim, em algumas situações, o sujeito passivo do crime em estudo será especial, como é o caso da lesão corporal que causa aceleração do parto (lesão grave) ou aborto (lesão gravíssima), tendo por vítima a mulher grávida. O mesmo se pode dizer com relação ao § 7º do art. 129 do CP, que prevê causa de aumento de pena quando a vítima for menor de 14 ou maior de 60 anos

1.6. Consumação e tentativa

A lesão corporal é crime material, vale dizer, somente se consuma com a efetiva ofensa à integridade corporal ou à saúde de outrem. Logo, é perfeitamente possível a tentativa quando se tratar de lesões dolosas, embora seja de difícil comprovação na prática (como condenar alguém por tentativa de lesões corporais graves ou gravíssimas?)

1.7. Lesão corporal dolosa leve

A pena é de detenção de 3 meses a 1 ano.
O art. 88 da Lei 9.099/1995 determina que a vítima represente (condição de procedibilidade da ação penal) quando se tratar de lesão corporal leve, sob pena de decadência, o que implicará a impossibilidade de o Ministério Público oferecer denúncia e a consequente extinção da punibilidade em favor do agente (art. 107, IV, do CP). Frise-se que se se tratar de lesão corporal praticada contra mulher, em **violência doméstica e familiar**, a teor do art. 41 da Lei 11.340/2006, a jurisprudência pacificou o entendimento de que não será aplicado o referido art. 88 da Lei do JECRIM, tratando-se, pois, de crime de **ação penal pública incondicionada**. Nessa esteira, o STJ, em junho de 2015, editou a súmula 536, segundo a qual "a suspensão condicional do processo e a transação penal não se aplicam na hipótese de delitos sujeitos ao rito da Lei Maria da Penha".
O caráter residual da lesão corporal leve (tudo o que não configurar lesão grave, gravíssima ou seguida de morte) não comporta reconhecimento de adequação típica quando a ofensa à integridade corporal for levíssima (ex.: um microfuro provocado por "A" em "B", por meio de uma agulha; um arranhão de unha produzido por "A" em "B"). Aqui, é de ser aplicado o princípio da insignificância penal

DIREITO PENAL

TEMA XIX - LESÃO CORPORAL

1. Lesão corporal III
(art. 129 do CP)

1.8. Lesão corporal grave: a pena para as situações previstas no § 1º do art. 129 do CP, varia de 1 a 5 anos de reclusão. Será verificada tal espécie de lesão corporal quando:

1.8.1. Resultar incapacidade para as ocupações habituais, por mais de 30 (trinta) dias: aqui, tal incapacidade pode ser física ou mental. Pressupõe que a vítima, em razão da ofensa à sua integridade corporal ou à sua saúde, não consiga, por lapso superior a 30 dias, realizar as tarefas do dia a dia, não necessariamente relacionadas com o trabalho (ex.: tomar banho, vestir-se sozinha, erguer peso, andar normalmente)

Deve-se ressaltar que a vergonha da vítima em realizar as suas ocupações habituais, em razão das lesões, não configura a qualificadora em análise. É o que ensina Damásio E. de Jesus. Exemplifica a situação da vítima que, ferida no rosto, tem vergonha de realizar suas ocupações habituais (trabalho) por mais de 30 dias. Por fim, a comprovação da qualificadora em comento depende de um exame pericial complementar, a ser realizado no trigésimo dia subsequente ao dia do crime (art. 168, § 2º do CPP)

1.8.2. Resultar perigo de vida: tal qualificadora exige que, em razão da lesão causada à vítima, experimente ela um efetivo perigo de morte, com probabilidade concreta de ocorrência. Tal situação deve ser constatada em exame de corpo de delito, devendo o médico legista apontar qual foi o perigo causado ao ofendido, não bastando mencionar que as lesões causaram perigo de morte. Trata-se de qualificadora atribuída ao agente a título de preterdolo, eis que, quisesse ele o risco de morte da vítima, deveria responder por tentativa de homicídio

A qualificadora estará presente se das lesões sofridas pela vida resultar a diminuição ou o enfraquecimento de membros, sentidos ou funções. Entende-se por debilidade não uma situação que se perdura para sempre, mas que seja de difícil ou incerta recuperação
Pergunta-se: um soco na boca da vítima, do qual resulte a perda de 3 dentes, pode ser considerada lesão corporal grave?
Resposta: depende do laudo pericial. A função mastigatória pode ser seriamente abalada pela perda de determinados dentes, mas de outros, não (ex.: queda do último dente molar)

1.8.3. Resultar debilidade permanente de membro, sentido ou função: entende-se por membro todos os apêndices ligados ao corpo humano (braços, pernas, mãos, pés), responsável pelos movimentos. Já o sentido pode ser definido como tudo o quanto permita ao homem ter sensações (visão, audição, paladar, tato e olfato). Por fim, função é todo o complexo de órgãos responsáveis por atividades específicas em nosso organismo (sistema respiratório, circulatório, digestivo, reprodutivo)

1.8.4. Se resultar aceleração de parto: se em decorrência das lesões, o agente provoca, em mulher grávida, a aceleração do parto (nascimento adiantado do feto), sem que disso haja a morte da criança, configurada estará a qualificadora em tela Indispensável que o agente, no momento de praticar as lesões na mulher, saiba do seu estado gravídico, sob pena de ser verificada responsabilidade objetiva, vedada no Direito Penal. Caso desconheça a gravidez da vítima, responderá por lesões corporais leves (desde que não se configure qualquer outra qualificadora)

DIREITO PENAL
TEMA XIX - LESÃO CORPORAL

1. Lesão corporal VI (art. 129 do CP)

1.9. Lesão corporal gravíssima: vem prevista no § 2º do art. 129 do CP, cuja pena varia de 2 a 8 anos de reclusão. Temos as seguintes qualificadoras caracterizadoras dessa espécie de lesão corporal:

1.9.1. Incapacidade permanente para o trabalho: diferentemente da lesão corporal grave da qual resulta incapacidade para as ocupações habituais por mais de trinta dias, aqui a vítima, em razão das lesões, ficará incapacitada (recuperação impossível ou sem previsão de cessação) para o trabalho

A doutrina majoritária defende que a incapacidade deve ser para qualquer tipo de trabalho e não necessariamente para o desempenhado pela vítima antes de sofrer as lesões. Já para a doutrina minoritária, basta a incapacidade para o trabalho até então desempenhado para que se configure a qualificadora em comento

1.9.2. Enfermidade incurável: verifica-se essa qualificadora quando a vítima, em razão das lesões à sua saúde, adquire doença para a qual não exista cura. A transmissão da patologia, nesse caso, deve ser intencional (o agente deve querer que a vítima adquira enfermidade incurável)

Não importa se, anos após a transmissão da doença, a medicina tenha a cura. O que importa é que, no momento do crime, não havia tratamento para a enfermidade.
A doutrina entende, ainda, que a enfermidade que somente possa ser extirpada por intervenção cirúrgica configura a qualificadora, já que não se pode obrigar a vítima a se submeter a tais procedimentos difíceis ou a tratamentos incertos, ainda não implantados e testados exaustivamente pela medicina

1.9.3. Perda ou inutilização de membro, sentido ou função: perda de membro, sentido ou função pressupõe a amputação ou mutilação de um deles, ao passo que a inutilização corresponde à perda da sua capacidade, ainda que ligado ao corpo

Assim, furar os dois olhos da vítima configura a inutilização de um sentido (visão). Arrancar uma perna do ofendido, amputando-a, também configura a perda de um membro. Também configura a qualificadora em análise a amputação total ou parcial do pênis do homem (perda da função reprodutora)
No tocante aos órgãos duplos (olhos, rins, orelhas, pulmões), a supressão ou inutilização de apenas um deles acarreta debilidade permanente de membro, sentido ou função, que configura lesão corporal grave e não gravíssima (perda ou inutilização de membro, sentido, ou função)

1.9.4. Deformidade permanente: trata-se de qualificadora ligada ao dano estético permanente, provocado pelas lesões corporais causadas pelo agente à vítima. Não é qualquer dano, ainda que perene, que se enquadrará na circunstância em análise. Deve ser um dano sério, capaz de gerar constrangimento à vítima e a quem a cerca

Há quem sustente que a deformidade permanente deva ser analisada no caso concreto, diferenciando-se vítima a vítima (ex.: uma marca permanente no rosto de uma jovem Miss Universo ou no rosto de um indigente idoso desprovido de beleza)

1.9.5. Aborto: se as lesões corporais provocarem a morte do feto, a título de preterdolo, configurada estará a qualificadora

Exige-se, por evidente, que o agente tenha conhecimento do estado gravídico da vítima e que não queria ou assumiu o risco de provocar-lhe o abortamento. Assim não sendo, responderá por aborto (art. 125 do CP)
Nos termos da Lei 13.142/2015, se qualquer das hipóteses de lesão corporal gravíssima forem cometidas contra autoridade ou o agente descrito nos arts. 142 e 144 da Constituição Federal, integrantes do sistema prisional e da Força Nacional de Segurança Pública, no exercício da função ou em decorrência dela, ou contra seu cônjuge, companheiro ou parente consanguíneo até terceiro grau, em razão dessa condição, estaremos diante de crime hediondo (art. 1º, I-A da Lei 8.072/1990)

1.10. Lesão corporal seguida de morte

Prevista no § 3º do art. 129 do CP, pressupõe que o agente atue com dolo na causação das lesões corporais e com culpa na produção do resultado agravador (morte)
O próprio tipo penal já exclui tal crime se o agente atuar querendo a morte da vítima ou assumindo o risco de produzi-la. Trata-se, portanto, de típico exemplo de crime preterdoloso
Se o evento antecedente à morte não for lesão corporal, mas qualquer outra conduta (ex.: ameaça, vias de fato), não se verificará a lesão corporal seguida de morte, mas sim o homicídio culposo
Impossível a modalidade tentada do crime em tela, eis que o resultado agravador, produzido a título de culpa, impede tal figura (afinal, a culpa é incompatível com a tentativa)
Nos termos da Lei 13.142/2015, se a lesão corporal seguida de morte for praticada contra autoridade ou agente descrito nos arts. 142 e 144 da Constituição Federal, integrantes do sistema prisional e da Força Nacional de Segurança Pública, no exercício da função ou em decorrência dela, ou contra seu cônjuge, companheiro ou parente consanguíneo até terceiro grau, em razão dessa condição, estaremos diante de crime hediondo (art. 1º, I-A da Lei 8.072/1990)

DIREITO PENAL

TEMA XIX - LESÃO CORPORAL

1. Lesão corporal V (art. 129 do CP)

1.11. Lesão corporal privilegiada

Nos mesmos termos já estudados no tocante ao homicídio, se o agente age por motivo de relevante valor moral ou social, ou sob o domínio de violenta emoção, logo em seguida a injusta provocação da vítima, o magistrado poderá reduzir a pena de um sexto a um terço

1.12. Substituição da pena

Nos casos de lesão corporal privilegiada, poderá o juiz, não sendo grave, substituir a pena de detenção pela de multa. Também poderá fazê-lo quando houver lesões recíprocas

1.13. Lesão corporal culposa

O art. 129, § 6º do CP, trata da lesão corporal culposa, punida com 2 meses a 1 ano de detenção. Qualquer situação em que o agente atue com imprudência, negligência ou imperícia, causando ofensa à integridade corporal ou à saúde de outrem, será caracterizadora do crime em tela
Por se tratar de crime culposo, inadmissível a tentativa
Se a lesão corporal culposa for praticada na direção de veículo automotor, não será aplicado o CP, mas sim o CTB (Lei 9.503/1997, art. 303)

1.14. Lesão corporal majorada e perdão judicial

O art. 129, § 7º do CP, bem assim o § 8º, recebem a mesma disciplina do homicídio culposo e doloso majorados e perdão judicial
No tocante à majoração da pena em 1/3 (um terço) do crime em estudo, remetemos o leitor aos itens 2.1.2.5 e 2.1.2.6, *supra*

1.15. Lesão corporal e violência doméstica

A Lei 10.886/2004 introduziu ao art. 129 o §§ 9º e 10, que receberam o nome de "violência doméstica"
Ocorre que a Lei 11.340/2006 (Lei Maria da Penha) alterou a pena da lesão corporal quando praticada com violência doméstica, que passou a ser de 3 meses a 3 anos de detenção (e não mais 6 meses a 1 ano de detenção!)
Assim, quando a lesão corporal for praticada contra ascendente (pais, avós), descendente (filhos, netos, bisnetos), irmão (colateral em segundo grau), cônjuge (pressupõe casamento), companheiro (união estável), ou com quem o agente conviva ou tenha convivido, ou prevalecendo-se ele das relações domésticas, de coabitação ou de hospitalidade, responderá pelo crime denominado "violência doméstica"
Saliente-se, por oportuno, que a figura típica ora analisada incidirá não apenas se a vítima for mulher, mas também para os homens. Afinal, os §§ 9º e 10 do art. 129 não fizeram distinção de gênero, tal como se tem na Lei Maria da Penha

1.16. Causa de aumento de pena

A Lei Maria da Penha inseriu mais um parágrafo ao art. 129, o de número 11, prevendo aumento da pena em um terço se, no caso de violência doméstica (§ 9º), for a vítima deficiente (física ou mental). Também, aqui, pouco importa se a vítima for homem ou mulher!

1.17. Lesão corporal praticada contra autoridade ou agente de segurança pública

A Lei 13.142/2015 acrescentou o § 12 ao art. 129 do CP, que passou a dispor que a pena da lesão corporal (dolosa, nas modalidades leve, grave, gravíssima ou seguida de morte) será majorada de um a dois terços quanto praticada contra autoridade ou agente descrito nos arts. 142 e 144 da Constituição Federal, integrantes do sistema prisional e da Força Nacional de Segurança Pública, no exercício da função ou em decorrência dela, ou contra seu cônjuge, companheiro ou parente consanguíneo até terceiro grau, em razão dessa condição
Repise-se que se a lesão corporal de natureza gravíssima (art. 129, § 2º do CP) e a seguida de morte (art. 129, § 3º do CP) forem perpetradas contra as pessoas acima referidas, estaremos diante de crimes hediondos (art. 1º, I-A da Lei 8.072/1990)

DIREITO PENAL

Tema XXI - CRIMES CONTRA A HONRA

1. Crimes contra a honra I

1.1. Crimes contra a honra
(arts. 138 a 145 do CP)

1.1.1. Considerações iniciais

A honra é bem jurídico constitucionalmente protegido, conforme se infere do art. 5º, X da CF: "são invioláveis a intimidade, a vida privada, a honra e a imagem das pessoas, assegurado o direito a indenização pelo dano material e moral decorrente de sua violação"

A doutrina costuma dividir a honra sob dois aspectos: um objetivo e outro subjetivo

Sob o enfoque objetivo, que dá ensejo à denominada honra objetiva, diz-se que se trata daquilo que terceiros pensam do sujeito. Em outras palavras, a **honra objetiva** condiz com o conceito que a pessoa goza de seu meio social (reputação)

Já no tocante ao aspecto subjetivo, do qual se origina a **honra subjetiva**, diz-se que se trata daquilo que a pessoa pensa de si própria, um sentimento sobre a própria dignidade

Embora a doutrina costume diferenciar honra objetiva de subjetiva, é certo que não se pode tratá-las de forma estanque, eis que, por vezes, segundo adverte Rogério Greco, "uma palavra que pode ofender a honra subjetiva do agente também pode atingi-lo perante a sociedade da qual faz parte. Chamar alguém de mau-caráter, por exemplo, além de atingir a dignidade do agente, macula sua imagem no meio social" (**Curso de Direito Penal** – vol. 2 – Parte Especial – ed. Impetus)

A distinção a que ora fazemos referência guarda importância apenas para a distinção dos três tipos penais incriminadores que serão doravante estudados (bem como os momentos consumativos): a injúria (que ofende a *honra subjetiva* da vítima), a **calúnia** e a **difamação** (ambas ofendendo a honra objetiva do sujeito passivo das condutas ilícitas)

DIREITO PENAL
TEMA XXI - CRIMES CONTRA A HONRA

1. Crimes contra a honra II

1.2. Calúnia I (art. 138 do CP)

1.2.1. Considerações iniciais

O art. 138 do CP prevê o crime de calúnia, que, como já dito anteriormente, ofende a **honra objetiva** da vítima, vale dizer, sua reputação e fama perante terceiros

1.2.2. Tipo objetivo

A conduta típica é caluniar, ou seja, fazer uma falsa acusação, tendo o agente, com tal conduta, a intenção de afetar a reputação da vítima perante a sociedade

O tipo penal em comento enuncia: "caluniar alguém, imputando-lhe falsamente fato definido como crime"

Guilherme de Souza Nucci (**Manual de Direito Penal** – Parte Geral e Parte Especial – 3ª ed., editora RT, pág. 657), criticando a redação do art. 138 do CP, faz a seguinte ressalva: "portanto, a redação feita no art. 138 foi propositadamente repetitiva (fala duas vezes em 'atribuir': caluniar significa atribuir e imputar também significa atribuir). Melhor seria ter nomeado o crime como sendo 'calúnia', descrevendo o modelo legal de conduta da seguinte forma: Atribuir a *alguém, falsamente, fato definido como crime.* Isto é caluniar"

Em suma, o crime de calúnia fica caracterizado quando o agente atribui, imputa a alguém, *falsamente,* fato definido como crime

Deve o agente delitivo, portanto, imputar um **fato determinado**, e não genérico, sob pena de restar descaracterizada a calúnia, tipificando, eventualmente, a conduta prevista no art. 140 do CP (injúria). Exemplo de fato determinado: "João foi quem ingressou no Banco Real, na semana passada, e comandou o roubo à agência". Nesse caso, verifica-se a atribuição de um fato determinado (no espaço e no tempo), que somente configura o crime em comento se for falso

Considera-se falso o fato atribuído à vítima se ele sequer ocorreu ou, tendo ocorrido, não teve como autor, coautor ou partícipe, o ofendido

Se o agente atribuir à vítima fato definido como contravenção penal (ex.: "João é o dono da banca do jogo do bicho do bairro X, tendo recebido, somente na semana passada, mais de 300 apostas em sua banca"), não se configura o crime de calúnia, que pressupõe a falsa imputação de fato *criminoso.* No exemplo dado, poderíamos estar diante de uma difamação (art. 139 do CP)

1.2.3. Tipo subjetivo

O elemento subjetivo da conduta é o dolo, ou seja, a vontade livre e consciente do agente de atribuir a alguém, sabendo ser falso, um fato definido como crime

Exige-se, ainda, o elemento subjetivo do tipo específico (dolo específico), qual seja, o *animus diffamandi,* a intenção de ofender a honra da vítima

1.2.4. Sujeitos do crime

O **sujeito ativo** do crime pode ser qualquer pessoa, razão pela qual a calúnia é doutrinariamente qualificada como **crime comum**

O **sujeito passivo** também pode ser **qualquer pessoa**

Diverge a doutrina acerca da possibilidade de pessoa jurídica ser vítima de calúnia. Entende-se que sim, apenas em se tratando de **crimes ambientais**, nos quais a pessoa jurídica pode ser autora da conduta típica (vide Lei 9.605/1998)

Se a vítima for o Presidente da República e o crime tiver conotação política o fato será regulado pela Lei de Segurança Nacional (art. 26 da Lei 7.170/1983)

Antes do julgamento, pelo STF, da ADPF 130, no mês de abril de 2009, se o meio de dispersão da calúnia à sociedade fosse a imprensa (escrita ou falada), o delito seria aquele previsto na Lei de Imprensa (Lei 5.250/1967). Frise-se que referido diploma legal foi declarado não recepcionado pela nova ordem constitucional. Nesse sentido, confira-se parte da ementa do julgado: Arguição de descumprimento de preceito fundamental (ADPF). Lei de imprensa. Adequação da ação. Regime constitucional da "liberdade de informação jornalística", expressão sinônima de liberdade de imprensa. A "plena" liberdade de imprensa como categoria jurídica proibitiva de qualquer tipo de censura prévia
(...)
10. Não recepção em bloco da Lei 5.250 pela nova ordem constitucional
(...)
12. Procedência da ação. Total procedência da ADPF, para o efeito de declarar como não recepcionado pela Constituição de 1988 todo o conjunto de dispositivos da Lei federal 5.250, de 09.02.1967

Atualmente (leia-se: desde o julgamento da já citada ADPF 130), se o crime de calúnia for perpetrado por meio da imprensa, aplicar-se-ão as regras "comuns" do Código Penal

DIREITO PENAL

TEMA XXI - CRIMES CONTRA A HONRA

1. Crimes contra a honra III

1.2. Calúnia II (art. 138 do CP)

1.2.5. Consumação e tentativa

Consuma-se o crime de calúnia no momento em que a falsa atribuição de fato criminoso **chegar ao conhecimento de terceiros** (ainda que a só uma pessoa), independentemente de a circunstância macular a honra da vítima
Assim, ainda que, de fato, a reputação do ofendido não seja abalada, entende-se consumado o delito (trata-se, pois, de **crime formal**). É possível a tentativa se, por exemplo, os atos executórios ocorrerem por escrito e os papéis caluniadores não chegarem ao conhecimento de terceiros

1.2.6. Propalar ou divulgar a calúnia

O § 1º do art. 138 do CP também pune a conduta daquele que simplesmente propala ou divulga a falsa imputação de fato definido como crime, desde que saiba ser falsa
Nesse caso, aquele que simplesmente repassar a calúnia estará, por óbvio, caluniando a vítima, eis que a ele estará atribuindo fato definido como crime, sabendo-o falso

1.2.7. Calúnia contra os mortos

O § 2º do art. 138 do CP também pune a **calúnia contra os mortos**. Nesse caso, como as pessoas já morreram, as vítimas não serão propriamente elas, que já sequer contam com personalidade jurídica (que se encerra, para as pessoas naturais, com a morte), mas seus **familiares**

1.2.8. Calúnia contra inimputáveis. É possível?

Aos adeptos da teoria tripartida de crime (fato típico, antijurídico e culpável), o inimputável por doença mental, desenvolvimento mental incompleto ou desenvolvimento mental retardado (art. 26 do CP), embora pratique os dois primeiros elementos do crime, é isento de pena, pelo que a culpabilidade estaria afastada. Em outras palavras, o "louco" não praticaria crime
O mesmo se pode dizer com relação aos inimputáveis por idade (menores de dezoito anos), que não se submetem ao Código Penal, mas apenas à legislação específica (ECA)
Entende a maioria, entretanto, que contra os inimputáveis é possível a prática de calúnia, embora não possam praticar crime. É que o legislador utilizou os termos "fato definido como crime", e não "prática de crime". Dessa forma, é possível que se atribua a um "louco", ou a um menor de idade, um fato definido em lei como crime (ex.: homicídio, aborto, roubo, furto etc)
Concluindo, percebe-se que é possível, portanto, que inimputáveis, embora não pratiquem crime (em seu sentido técnico-jurídico), possam ser vítima de calúnia

1.2.9. Exceção da verdade

O § 3º do art. 138 do CP prevê o instituto da "exceção da verdade". Trata-se de um incidente processual, que deve ser obrigatoriamente enfrentado pelo magistrado antes da sentença final, visto que pode conduzir à absolvição do suposto agente delitivo
A lei penal admite que a pessoa que atribui a terceiro fato definido como crime comprove a *veracidade* da imputação. Logo, se o crime de calúnia pressupõe a atribuição falsa de um fato definido como crime, a exceção (defesa) da verdade pode tornar a conduta atípica
Assim, pode o autor da suposta calúnia provar que a pretensa vítima realmente praticou o fato definido como crime, razão pela qual a imputação seria verdadeira e não falsa. Todavia, a lei previu algumas situações em que a exceção da verdade é vedada:
a) Inciso I – se, constituindo o fato imputado crime de ação privada, o ofendido não foi condenado por sentença irrecorrível: aqui, se o crime for de ação privada e a vítima sequer intentou a competente queixa-crime, torna-se impossível que um terceiro, que não a própria vítima, queira provar a ocorrência de um crime que o diretamente interessado não julgou oportuno investigá-lo e processar seu autor. Outra situação ocorre se o autor da calúnia atribui a alguém um fato definido como crime de ação privada e ainda não houve a condenação definitiva (irrecorrível)
b) Inciso II – se o fato é imputado a qualquer das pessoas indicadas no n. I do art. 141: referido dispositivo faz alusão ao Presidente da República e a chefe de governo estrangeiro. Nesse caso, ainda que referidas pessoas houvessem praticado crime, o CP não admite sua comprovação. Há quem sustente que essa vedação à exceção da verdade viola o princípio constitucional da ampla defesa, entendimento que também comungamos
c) Inciso III – se do crime imputado, embora de ação pública, o ofendido foi absolvido por sentença irrecorrível: no caso em tela, se a Justiça já absolveu, de maneira irrecorrível, a vítima do crime de calúnia, não poderá o agente querer provar algo sobre o qual não mais cabe discussão (coisa julgada)

DIREITO PENAL

TEMA XXI - CRIMES CONTRA A HONRA

1. Crimes contra a honra IV

1.3. Difamação I (art. 139 do CP)

1.3.1. Considerações iniciais

Trata-se de crime que atenta contra a **honra objetiva** da vítima, vale dizer, sua reputação e fama no meio social. É esse, portanto, o **objeto jurídico** do crime em comento

1.3.2. Tipo objetivo

A conduta típica corresponde ao verbo do tipo **difamar**, que significa desacreditar uma pessoa, maculando sua reputação no meio social. Parecida com a calúnia, a difamação pressupõe que haja imputação de um **fato** (não definido como crime, mas que tenha a possibilidade de ofender a reputação da vítima)

O tipo penal, segundo Guilherme de Souza Nucci (op. cit., pág. 659), também foi repetitivo, já que difamar significa exatamente imputar um fato "desairoso", silenciando a respeito da veracidade ou falsidade dele

Em suma, difamar a vítima significa imputar-lhe fatos maculadores de sua fama (honra objetiva), ainda que verídicos (ex.: "João, todas as sextas-feiras, é visto defronte a um bordel, consumindo drogas e bebida alcóolica, na esquina do viaduto da Rua 'X'")

1.3.3. Tipo subjetivo

É o dolo, ou seja, a vontade livre e consciente do agente em atribuir a alguém (ainda que verdadeiramente) fato ofensivo à reputação
Além disso, exige-se o elemento subjetivo do tipo (dolo específico), qual seja, o animus *diffamandi*

1.3.4. Sujeitos do crime I

A difamação pode ser praticada por qualquer pessoa, tratando-se, pois, de crime comum. A vítima também pode ser qualquer pessoa
Antes do julgamento, pelo STF, da ADPF 130, no mês de abril de 2009, se o meio de dispersão da difamação à sociedade fosse a imprensa (escrita ou falada), o delito seria aquele previsto na Lei de Imprensa (Lei 5.250/1967). Frise-se que referido diploma legal foi declarado não recepcionado pela nova ordem constitucional. Nesse sentido, confira-se parte da ementa do julgado:
Arguição de Descumprimento De Preceito Fundamental (ADPF). Lei de imprensa. Adequação da ação. Regime constitucional da "liberdade de informação jornalística", expressão sinônima de liberdade de imprensa. A "plena" liberdade de imprensa como categoria jurídica proibitiva de qualquer tipo de censura prévia
(...)
10. Não recepção em bloco da Lei 5.250 pela nova ordem constitucional
(...)
12. Procedência da ação. Total procedência da ADPF, para o efeito de declarar como não recepcionado pela Constituição de 1988 todo o conjunto de dispositivos da Lei federal 5.250, de 09.02.1967
Atualmente (leia-se: desde o julgamento da já citada ADPF 130), se o crime de difamação for perpetrado por meio da imprensa, aplicar-se-ão as regras "comuns" do Código Penal. Questiona-se se a **pessoa jurídica pode ser vítima de difamação**. Entende-se, majoritariamente, que **sim**, eis que as empresas gozam de reputação no mercado. Em suma, as pessoas jurídicas têm uma imagem a ser preservada, pelo que sua "honra objetiva" pode ser maculada (ex.: "a empresa 'Y' trata muito grosseiramente seus empregados, especialmente o Joaquim, que foi escorraçado de seu posto de trabalho na semana passada").
Interessante para o Exame da OAB que se conheça a posição do STF acerca de difamação perpetrada por advogado, que, de acordo com o art. 7º, § 2º, do Estatuto da OAB (Lei 8.906/1994) é imune por suas manifestações em juízo ou fora dele, desde que no exercício da profissão, a referido crime

DIREITO PENAL

Tema XXI - CRIMES CONTRA A HONRA

1. Crimes contra a honra V

1.3. Difamação II
(art. 139 do CP)

1.3.4. Sujeitos do crime II

Confira-se:
Difamação e imunidade profissional de advogado
"A 1ª Turma, por maioria, denegou habeas corpus em que se pleiteava o trancamento da ação penal. Na espécie, a paciente – condenada pelo crime de difamação – teria ofendido a reputação de magistrada, desmerecendo a sua capacitação funcional, diante dos serventuários e demais pessoas presentes no cartório da vara judicial. De início, aduziu-se que as alegações de atipicidade da conduta e de inexistência de dolo não poderiam ser apreciadas nesta via, uma vez que, para chegar a conclusão contrária à adotada pelas instâncias ordinárias, seria necessário o reexame do conjunto fático-probatório, não admissível nesta sede. Em seguida, ponderou-se estar diante de fato, em tese, típico, ilícito e culpável, revestido de considerável grau de reprovabilidade. Ressaltou-se que o comportamento da paciente amoldar-se-ia, em princípio, perfeitamente à descrição legal da conduta que a norma visaria coibir (CP, art. 139). Desse modo, afirmou-se que não haveria falar em atipicidade da conduta. Ante as circunstâncias dos autos, reputou-se, também, que não se poderia reconhecer, de plano, a ausência do *animus diffamandi,* identificado na sentença condenatória e no acórdão que a confirmara. No tocante à alegação de que teria agido acobertada pela imunidade conferida aos advogados, asseverou-se que seria inaplicável à espécie a excludente de crime (CP, art. 142), haja vista que a ofensa não teria sido irrogada em juízo, na discussão da causa. Acrescentou-se que a mencionada excludente não abrangeria o magistrado, que não poderia ser considerado parte na relação processual, para os fins da norma. Frisou-se, também, que a jurisprudência e a doutrina seriam pacíficas nesse sentido, na hipótese de ofensa a magistrado. O Min. Luiz Fux enfatizou que a frase proferida pela advogada encerraria uma lesão penal bifronte. Vencidos os Ministros Marco Aurélio, relator, e Dias Toffoli, que concediam a ordem. Aquele, para assentar a atipicidade da conduta da paciente sob o ângulo penal; este, porquanto afirmava que a difamação estaria expressamente imunizada pelo § 2º do art. 7º do Estatuto da Advocacia". HC 104385/SP, rel. orig. Min. Marco Aurélio, red. p/ o acórdão Min. Ricardo Lewandowski, 28.6.2011. (HC-104385) (Inform. STF 633)

1.3.5. Consumação e tentativa

Consuma-se o crime de difamação quando a ofensa à reputação da vítima chega ao conhecimento de terceiros (ainda que a uma só pessoa), independentemente de haver um resultado lesivo à sua fama. Trata-se, portanto, de crime formal, que independe de resultado naturalístico
Admissível a tentativa, por exemplo, se a difamação for feita por escrito e não chegar ao conhecimento de terceiros por extravio dos papéis

1.3.6. Exceção da verdade (parágrafo único)

Somente é admitida a exceção (defesa) da verdade se o agente tentar comprovar que o fato ofensivo à reputação de funcionário público foi efetivamente praticado se tiver relação direta com o exercício de suas funções
Diz-se que a Administração Pública admite a exceção da verdade nesses casos pelo fato de que tem entre seus princípios informadores o da moralidade e o da eficiência
Imagine que "A" imputa a "B", juiz de direito, o seguinte fato: "o Dr. 'B', juiz da vara criminal da cidade 'X', ao invés de presidir a audiência do dia 20.03.2015, na qual eu era advogado do autor, ficou bebendo no bar da esquina"
Se o juiz ingressasse com queixa-crime contra o advogado, dizendo-se vítima de difamação, poderia ele demonstrar a verdade do fato atribuído ao magistrado. Como dissemos, a lei tem o interesse de provar um fato desonroso atribuído a um funcionário público que o tenha praticado no exercício de suas funções. Quer-se, com isso, proteger a própria imagem da Administração Pública, que pode ser maculada por um funcionário que aja de maneira vexatória, já que sua imagem, querendo ou não, acaba sendo vinculada ao Poder Público

DIREITO PENAL

Tema XXI - CRIMES CONTRA A HONRA

1. Crimes contra a honra VI

1.4. Injúria I (art. 140 do CP)

1.4.1. Considerações iniciais

Trata-se de crime que ofende a honra subjetiva da vítima, vale dizer, sua dignidade ou seu decoro ("autoimagem da pessoa, isto é, a avaliação que cada um tem de si mesmo" – Guilherme de Souza Nucci – op. cit., pág. 661)
Portanto, o objeto jurídico do crime em estudo é a honra subjetiva, e não a objetiva, protegida pelos delitos de calúnia e difamação

1.4.2. Tipo objetivo

Enquanto nos delitos de calúnia e difamação o agente imputa um fato (definido como crime, na primeira, ou ofensivo à reputação, na segunda), na injúria este não se verifica
No crime previsto no art. 140 do CP, o agente ofende a vítima atribuindo-lhe uma qualidade negativa, infamante àquilo que ela pensa de si mesma, ofendendo sua autoestima

1.4.3. Tipo subjetivo

Além do dolo (vontade livre e consciente de ofender a honra subjetiva da vítima), exige-se o elemento subjetivo do tipo, ou seja, o *animus injuriandi*, a intenção de, com sua fala, gesto ou escrito, lesar a autoestima do ofendido

1.4.4. Sujeitos do crime

O sujeito ativo da injúria pode ser qualquer pessoa, tratando-se, pois, de crime comum
Em tese, o sujeito passivo também pode ser qualquer pessoa. Dizemos "em tese" pelo fato de o crime em análise depender da ofensa à dignidade ou decoro da vítima. Em algumas circunstâncias, torna-se impossível que o ofendido entenda que sua autoestima foi ferida (ex.: crianças de tenra idade; doentes mentais sem capacidade de discernimento)
Lembremos que o crime pressupõe que a vítima se veja (e entenda) lesada em sua autoimagem, o que nem sempre é possível
Não se admite crime de injúria contra pessoa jurídica, já que a honra subjetiva é própria de pessoas naturais e não de uma ficção legal
Até mesmo aos "desonrados" é possível a configuração de injúria. Diz-se que sempre há uma gota de dignidade ou decoro a se resguardar, por mais "desonrada" que seja a pessoa (ex.: pode-se injuriar uma prostituta, ainda que se tente ofender sua autoimagem no que tange à atividade sexual)

1.4.5. Consumação e tentativa

Consuma-se o crime no momento em que a imputação de qualidades negativas **chega ao conhecimento da própria vítima**, e não de terceiros, como na calúnia e difamação.
Não se exige que a pessoa se sinta, de fato, ofendida, bastando a potencialidade lesiva da conduta, chamando-se o delito em estudo de **formal** (ex.: chamar alguém de verme fétido e imundo tem potencialidade de causar um dano à autoestima, ainda que, no caso concreto, não se verifique)
Admite-se a forma **tentada**, por exemplo, se a injúria for **por escrito** e o papel não chegar às mãos da vítima por extravio

DIREITO PENAL

Tema XXI - CRIMES CONTRA A HONRA

1. Crimes contra a honra VII

1.4. Injúria II (art. 140 do CP)

1.4.6. Exceção da verdade

Obviamente não é admitida. Seria absurdo, por exemplo, imaginar-se a prova de que a vítima é, de fato, um verme fétido e imundo. Como no crime de injúria não se atribuem fatos, mas qualidades, torna-se impossível querer prová-las verdadeiras, diferentemente da calúnia e difamação (nelas se atribuem fatos, os quais podem não ter ocorrido)

1.4.7. Perdão judicial

Poderá o juiz deixar de aplicar a pena (perdão judicial – causa extintiva da punibilidade – v. art. 107, IX do CP) nas seguintes hipóteses, previstas no § 1º do art. 140 do CP:
a) Quando o ofendido, de forma reprovável, provocou diretamente a injúria (inc. I)
b) Quando houver retorsão imediata, que consista em outra injúria (inc. II)
No primeiro caso, a vítima, dadas as provocações, cria no espírito do agente a raiva, combustível para que o injurie
Na segunda hipótese, embora o agente injurie a vítima, esta revida imediatamente (logo após a injúria), de tal forma que também atribua ao seu "agressor inicial" um fato ofensivo à dignidade ou decoro. Com a devida vênia, aqui se aplica perfeitamente a famosa frase: "chumbo trocado não dói". Nesse caso, ninguém responderá por injúria, dada a incidência do perdão judicial, causa extintiva da punibilidade

1.4.8. Injúria qualificada

– Injúria real
Vem prevista no § 2º do art. 140 do CP. Ocorre quando o agente, valendo-se de lesões corporais ou vias de fato, tenciona não diretamente atingir a integridade corporal ou a saúde da vítima, mas atingir-lhe a dignidade ou o decoro
Opta o agente, em vez de injuriar a vítima com palavras ou escritos, produzir-lhe um insulto de maneira mais agressiva (ex.: tapa no rosto; cusparada na face; empurrão diante de várias pessoas). Contudo, de tal situação, deve-se vislumbrar que a intenção do agente foi a de ofender a autoestima da vítima. Daí a palavra "aviltante" prevista na qualificadora ora analisada
De qualquer modo, o legislador irá punir o agente pela violência de maneira autônoma (ex.: se do tapa, a boca da vítima fica machucada e sangra, além da injúria qualificada, irá responder o agente por lesão corporal leve). No tocante às vias de fato, a doutrina defende que serão absorvidas pelo crime contra a honra
– Injúria qualificada pelo preconceito de raça ou cor *(ou injúria racial)*
Prevista na primeira parte do § 3º do art. 140 do CP, restará configurada quando o agente, para injuriar a vítima, utilizar-se de elementos referentes à raça, cor, etnia, **religião** ou **origem**
Assim, estaremos diante da qualificadora em comento se o agente, por exemplo, injuriar um judeu dizendo que "todo judeu é corrupto e mão de vaca", ou um negro dizendo que "todo negro é ladrão e desonesto"
– Injúria qualificada contra idoso ou deficiente
Quando, para cometer a injúria, o agente ofender a vítima em razão de ser pessoa idosa ou portadora de deficiência, a pena será de 1 a 3 anos de reclusão, a mesma prevista para a injúria racial
Tal proteção no CP foi inserida pelo Estatuto do Idoso
Guilherme Nucci cita, como exemplo de injúria qualificada contra idoso ou deficiente, as seguintes situações: "não atendemos múmias neste estabelecimento" ou "aleijado só dá trabalho" (op. cit., pág. 663)

DIREITO PENAL
TEMA XXI - CRIMES CONTRA A HONRA

1. Crimes contra a honra VIII

1.5. Disposições gerais dos crimes contra a honra I
(arts. 141 a 145 do CP)

1.5.1. Formas majoradas

As penas são aumentadas de 1/3 se os crimes já estudados (calúnia, difamação ou injúria) forem praticados:
a) Contra Presidente da República ou chefe de governo estrangeiro (inc. I, art. 141 do CP)
b) Contra funcionário público, em razão de suas funções (inc. II, art. 141 do CP)
c) Na presença de várias pessoas, ou por meio que facilite a divulgação da calúnia, da difamação ou da injúria (inc. III, art. 141 do CP)
d) Contra pessoa maior de 60 (sessenta) anos ou portadora de deficiência, exceto no caso de injúria (inc. IV, art. 141 do CP)
Na última hipótese supra, excetuou-se a injúria pelo fato de o art. 140, § 3º do CP, punir mais gravemente a injúria contra pessoa idosa ou deficiente. Assim não fosse, estaríamos diante de inegável bis in idem. Prevalece, contudo, para os crimes de calúnia e difamação
Por fim, o parágrafo único do art. 141 do CP menciona a aplicação de pena em dobro se o crime é cometido mediante paga ou promessa de recompensa. Trata-se de situação mais duramente punida pela lei, tendo em vista a torpeza do crime, demonstrada no fato de que o agente, por dinheiro ou sua mera expectativa, ofende a honra de terceiros

1.5.2. Exclusão do crime

O art. 142 do CP traz algumas causas específicas de exclusão do crime (excludentes de ilicitude), apenas no tocante à **difamação e à injúria**, a saber:
a) A ofensa irrogada (atribuída, praticada) em juízo, na discussão da causa (limite material da excludente), pela parte ou por seu procurador (advogado)
b) A opinião desfavorável da crítica literária, artística ou científica, salvo quando inequívoca a intenção de injuriar ou difamar
c) O conceito desfavorável emitido por funcionário público, em apreciação ou informação que preste no cumprimento do dever de ofício (ex.: certidão assinada por um escrivão, dando conta da existência dos maus antecedentes do réu)
Nos casos das letras "a" e "c", pune-se o terceiro que dá publicidade aos fatos ocorridos (parágrafo único do art. 142 do CP)

DIREITO PENAL

TEMA XXI - CRIMES CONTRA A HONRA

1. Crimes contra a honra IX

1.5. Disposições gerais dos crimes contra a honra II (arts. 141 a 145 do CP)

1.5.3. Retratação (art. 143 do CP)

Extingue-se a punibilidade daquela pessoa que atribuiu a alguém um falso fato definido como crime (calúnia) ou desonroso (difamação) se, até a sentença de 1º grau, retratar-se do que fez, vale dizer, "voltar atrás", desmentir-se

Se o faz até a prestação jurisdicional ser efetivada em 1ª instância, o querelado (réu na ação penal privada) ficará isento de pena. Tal instituto tem por objetivo restabelecer a honra objetiva da vítima, que se vê, com a atitude do réu, "livre" da má reputação conferida pelo agente

Antes do julgamento, pelo STF, da ADPF 130, no mês de abril de 2009, se o meio de dispersão da injúria à sociedade fosse a imprensa (escrita ou falada), o delito seria aquele previsto na Lei de Imprensa (Lei 5.250/1967). Frise-se que referido diploma legal foi declarado não recepcionado pela nova ordem constitucional. Nesse sentido, confira-se parte da ementa do julgado:
Arguição de Descumprimento de Preceito Fundamental (ADPF). Lei de imprensa. Adequação da ação. Regime constitucional da "liberdade de informação jornalística", expressão sinônima de liberdade de imprensa. A "plena" liberdade de imprensa como categoria jurídica proibitiva de qualquer tipo de censura prévia
(...)
10. Não recepção em bloco da Lei 5.250 pela nova ordem constitucional
(...)
12. Procedência da ação. Total procedência da ADPF, para o efeito de declarar como não recepcionado pela Constituição de 1988 todo o conjunto de dispositivos da Lei federal 5.250, de 09.02.1967

Atualmente (leia-se: desde o julgamento da já citada ADPF 130), se o crime de injúria for perpetrado por meio da imprensa, aplicar-se-ão as regras "comuns" do Código Penal. Logo, não mais se pode admitir que a injúria praticada pela imprensa admita a retratação, o que era possível pelo art. 26 da Lei 5.250/1967, a qual, como se sabe, foi declarada não recepcionada pelo STF. Contudo, no tocante à difamação e a calúnia, aplicável o disposto no art. 143, parágrafo único do CP, acrescentado pela Lei 13.188/2015, que assim dispõe: " Nos casos em que o querelado tenha praticado a calúnia ou a difamação utilizando-se de meios de comunicação, a retratação dar-se-á, se assim desejar o ofendido, pelos mesmos meios em que se praticou a ofensa"

1.5.4. Pedido de explicações (art. 144 do CP)

Não havendo certeza da intenção do agente ao proferir impropérios contra alguém, poderá o suposto ofendido pedir explicações em juízo ao suposto ofensor, a fim de que se tenha certeza ou probabilidade de que tenha havido injúria, calúnia ou difamação

Se o suposto ofensor não comparecer em juízo para prestar esclarecimentos, ou, a critério do juiz, não der as explicações de maneira satisfatória, poderá vir a ser criminalmente processado

Exemplo seria dizer a uma mulher "extravagante", em uma roda de pessoas: "Fulana, você é uma mulher cara". Ora, essa frase poderia tanto significar que a mulher "cobra caro" em seus serviços, ou é uma pessoa dileta, querida. Havendo dúvidas, poderá a mulher formular pedido de explicações ao suposto agressor de sua honra

1.5.5. Ação penal

Em regra, os crimes contra a honra (calúnia, difamação e injúria) exigem atuação da vítima, que deverá, no prazo legal, oferecer a competente queixa-crime. Trata-se, portanto, de crimes de **ação penal privada**

Todavia, poderá a **ação ser pública** no caso de injúria real (praticada com violência ou vias de fato)

Já se o crime for praticado contra o Presidente da República ou chefe de governo estrangeiro, a ação será **pública condicionada à requisição do Ministro da Justiça**.

Em se tratando de crime contra a honra de funcionário público em razão de suas funções, a ação será **pública condicionada à representação**. Todavia, o STF, ao editar a súmula 714, permite a legitimidade concorrente do ofendido, mediante queixa, e do Ministério Público, mediante denúncia, desde que haja representação, quando o crime for contra a honra de servidor público em razão do exercício de suas funções. Trata-se de entendimento jurisprudencial consolidado na mais alta corte de nosso país, embora seja nitidamente *contra legem*

Por fim, a injúria racial (art. 140, § 3º do CP), igualmente, é crime de ação penal pública condicionada à representação

DIREITO PROCESSUAL PENAL

Márcio Pereira   Fernando Leal Neto   Lucas Corradini

DIREITO PROCESSUAL PENAL

TEMA I - LINHAS INTRODUTÓRIAS

1. Introdução ao Direito Processual Penal

- **1.1. Conceito:** Processo Penal apresenta, basicamente, dois significados: *Processo Penal como instrumento legitimador do direito de punir do Estado;* e *Processo Penal como ramo da ciência jurídica*

  - **1.1.1. Processo Penal como instrumento legitimador do direito de punir:** modelo que deve, obrigatoriamente, ser observado pelo Estado para que seja possível o exercício do direito de punir

  - **1.1.2. Processo Penal como ramo da ciência jurídica:** trata-se, ainda, de um ramo da ciência jurídica que estuda as normas, regras e princípios que disciplinam o processo penal, instrumento legitimador do direito de punir do Estado

- **1.2. Fontes do Direito Processual Penal**

  - **1.2.1. Conceito:** é fonte de um ramo do direito tudo aquilo que contribui para o surgimento das normas jurídicas a ele relacionadas

  - **1.2.2. Classificação**

    – **Fontes materiais (substanciais ou de produção):** revelam quem detém a competência para produzir a norma jurídica. No caso do Direito Processual Penal, a fonte material principal é a **União** (art. 22, I da CF)

    🔒 **Cuidado:** a competência da União para legislar sobre normas processuais penais é *privativa*, porém não *exclusiva*. Em razão disso, em casos específicos, também poderão fazê-lo os Estados e o Distrito Federal (arts. 22, parágrafo único e 24, ambos da CF)

    – **Fontes formais (de cognição ou de revelação):** referem-se aos modos pelos quais se revelam a norma criada
    a) **Fontes formais imediatas, diretas ou primárias:** são as leis (CF, leis ordinárias e complementares, tratados e convenções, decretos e normas complementares etc)
    b) **Fontes formais mediatas, indiretas, secundárias ou supletivas:** compreendem *os princípios gerais do direito: a doutrina, o direito comparado, os costumes, a jurisprudência e a analogia*

    💡 **Dica:** questão polêmica é saber se as súmulas vinculantes (vide art. 103-A da CF e Lei 11.417/2006) seriam fontes formais imediatas (equiparadas às leis, portanto) ou se seriam fontes formais apenas mediatas (equiparadas à doutrina, por exemplo). Predomina esta última posição (fonte formal mediata), sob o principal argumento de que a súmula vinculante não emana do Poder Legislativo, não podendo, portanto, ser equiparada à lei

    🔒 **Cuidado:** a analogia é admitida no Processo Penal (ver art. 3º do CPP), onde é possível, inclusive, *in malam partem* (em desfavor do réu), diferentemente do que ocorre no Direito Penal

    ⚠️ **Atenção absoluta:** não se pode confundir *analogia com interpretação extensiva*. Na analogia, não há norma reguladora do caso concreto, sendo, portanto, aplicada uma norma que rege caso semelhante (ex.: súmula 696 do STF). Na interpretação extensiva, existe, de fato, uma norma regulando o caso, porém, o alcance dessa norma é limitado, sendo necessária, portanto, a sua extensão. Ex.: cabe recurso em sentido estrito (RESE) da decisão que não recebe a denúncia (art. 581, I do CPP) e, por interpretação extensiva, também cabe RESE da decisão que não recebe o aditamento (acréscimo) à denúncia

DIREITO PROCESSUAL PENAL

TEMA I - LINHAS INTRODUTÓRIAS

1. Interpretação da Lei Processual Penal

- **1.1. Conceito:** interpretar consiste na atividade de determinar o sentido e o alcance da norma (arts. 5º do LINDB e 3º do CPP)

- **1.2. Classificação**

  - **1.2.1. Quanto ao sujeito que a realiza**

    - **Autêntica ou legislativa:** efetuada pelo próprio legislador. Pode ser *contextual,* quando consta do próprio texto a ser interpretado (ex.: art. 327 do CP), ou *posterior à vigência da lei,* quando, embora realizada pelo legislador, é feita em outro diploma legislativo, promulgado em momento futuro em relação ao advento da norma interpretada
    - **Doutrinária ou científica:** a interpretação é realizada pelos estudiosos do Direito
    - **Jurisprudencial ou judicial:** a interpretação dada pelos juízes ou Tribunais às normas. Ganhou importância significativa com o advento das súmulas vinculantes (art. 103-A da CF)

    > 🔒 **Cuidado:** a exposição de motivos de um Código não é considerada texto de lei. Portanto, não se pode falar em interpretação autêntica nesse caso. Trata-se, assim, de interpretação doutrinária ou científica

  - **1.2.2. Quanto aos meios empregados**

    - **Gramatical, literal ou sintática:** leva em conta o sentido literal das palavras contidas na lei ("letra fria da lei")
    - **Teleológica:** advinda do termo *telos* (do grego, "fim"), busca-se a finalidade da norma
    - **Lógica:** o intérprete se utiliza das regras gerais de raciocínio buscando compreender o "espírito" da lei e a intenção do legislador
    - **Sistemática:** a norma deve ser interpretada como parte de um sistema jurídico, de modo a levar em conta as relações entre ela e o todo
    - **Histórica:** considera o contexto histórico e político em que a norma foi elaborada, a partir dos debates travados na época, eventuais propostas de emenda, vetos, teor do projeto de lei, etc

  - **1.2.3. Quanto aos resultados obtidos com a interpretação**

    - **Declarativa ou declaratória:** ocorre quando a lei não pretendeu dizer nada, seja além, seja aquém, do que o constante do texto. Nesse caso, o hermeneuta apenas declara o significado do texto
    - **Restritiva:** ocorre quando a lei acabou por trazer conteúdo mais extenso do que se desejava, devendo o intérprete restringir seu alcance, a fim de conseguir atingir o seu real significado
    - **Extensiva ou ampliativa:** aqui, ao contrário, a norma trouxe conteúdo mais restrito do que se desejava, devendo o intérprete ampliar seu alcance, a fim de atingir seu real significado (art. 3º do CPP)
    - **Progressiva, adaptativa ou evolutiva:** é aquela que, no decurso do tempo, vai se adaptando aos novos contextos sociais, políticos, científicos, jurídicos e morais, como forma de proporcionar uma maior efetividade aos dizeres do legislador

DIREITO PROCESSUAL PENAL

TEMA I - LINHAS INTRODUTÓRIAS

1. Sistemas (ou Tipos) Processuais Penais

- **1.1. Conceito:** ao longo da história, o Estado, para impor o seu direito de punir, utilizou-se de diferentes sistemas processuais penais, que continham ora mais ora menos garantias em prol do indivíduo. Nesse sentido, costuma-se apontar três espécies de sistemas (tipos históricos/ideais) processuais penais: acusatório, inquisitivo e misto

- **1.2. Sistema acusatório:** as funções de acusar, julgar e defender estão acometidas a órgãos distintos
  - **1.2.1. Características:** contempla a ampla defesa, o contraditório, a presunção de inocência, a oralidade e a publicidade dos atos processsuais, o tratamento isonômico das partes, a imparcialidade do julgador e a incumbência do ônus da prova às partes (e não ao juiz)

- **1.3. Sistema inquisitivo:** concentra no mesmo órgão as funções de acusar, julgar e defender
  - **1.3.1. Características:** é marcado por um processo escrito e sigiloso, pela inexistência de contraditório e ampla defesa, pela produção probatória realizada pelo próprio juiz-inquisidor (e não pelas partes). Nesse sistema, o réu, na realidade, não é tratado como um sujeito de direitos, mas como um verdadeiro objeto da persecução penal

- **1.4. Sistema misto:** reúne características dos sistemas anteriores
  - **1.4.1. Características:** marcado por uma instrução preliminar (sigilosa, escrita e conduzida por um juiz que produz provas) e por uma fase judicial em que se assegura o contraditório, a ampla defesa, a publicidade etc

⚠️ **Atenção absoluta:** apesar da polêmica que o tema encerra, predomina no âmbito da doutrina e jurisprudência (STF, ADI 5104MC/DF, DJe 30/10/2014, v. g.) que, tendo em vista os seguintes dispositivos constitucionais – arts. 129, I, 93, IX, 5º, XXXVII, LIII, LIV, LV e LVII, o Brasil teria adotado o sistema acusatório. Diversos informativos jurisprudenciais do STJ acolhem tal posicionamento, vide: Inf. 577, 5ª e 6ª Turmas, do período de 20/02/2016 a 02/03/2016, Inf. 565, da Corte Especial, do período de 01/07/2015 a 07/08/2015 e Inf. 558, de 19/03/2015 a 06/04/2016, da Corte Especial. Vale lembrar que, no Brasil, as funções de acusar, defender e julgar são desempenhadas por órgãos distintos e independentes entre si (Ministério Público; Defensoria ou Advogado; e Magistratura), haja vista que o sistema ora em comento impõe a separação orgânica das funções concernentes à persecução penal, vide entendimento esposado pela 2ª Turma do STF no HC 115015/SP, DJ 12/09/2013

DIREITO PROCESSUAL PENAL

TEMA II - LEI PROCESSUAL PENAL NO ESPAÇO, NO TEMPO E EM RELAÇÃO ÀS PESSOAS

1. Lei Processual Penal no espaço

- **1.1. Princípio da territorialidade da Lei Processual Penal** (art. 1º do CPP): em regra, aplica-se a Lei Processual brasileira às infrações penais praticadas no território nacional (locus regit actum – art. 6º do CP)

  🔒 **Cuidado:** há casos em que, mesmo que a infração tenha sido cometida fora do território nacional, aplica-se a Lei Processual Penal brasileira (art. 7º do CP). Por consequência, em tais hipóteses, denominada de extraterritorialidade (estudadas em Direito Penal), também será aplicada a Lei Processual Penal

- **1.2. Aplicabilidade do CPP:** em regra, como visto, as normas do CPP são aplicáveis aos crimes e contravenções penais praticados no território brasileiro. Contudo, há casos casos em que, mesmo tendo sido a infração penal praticada no território brasileiro, não se aplica a legislação processual vigente (CPP e leis extravagantes)

  - **1.2.1. Tratados, convenções e regras de direito internacional** (art. 1º, I do CPP): a subscrição pelo Brasil de tratados, convenções e regras de direito internacional, com normas processuais próprias (específicas), afasta a jurisdição brasileira. Ex.: diplomata a serviço de seu país de origem que pratica crime no Brasil. Em razão de o Brasil ser signatário da Convenção de Viena sobre Relações Diplomáticas (vide Decreto 56.435/1965), não será aplicada ao caso a nossa legislação (material e processual)

  - **1.2.2. Prerrogativas constitucionais do Presidente da República, dos ministros de Estado, nos crimes conexos com os do Presidente da República, e dos ministros do Supremo Tribunal Federal, nos crimes de responsabilidade** (art. 1º, II do CPP): trata-se aqui da chamada jurisdição política. Certas condutas praticadas por determinadas autoridades públicas (Presidente, Ministros etc.) não são apreciadas pelo Judiciário, mas pelo Legislativo, não sendo observado o rito previsto no CPP, mas o quanto disposto na Lei 1.079/1950, na CF, e no regimento interno do Senado (conferir o art. 52, I e II da CF)

    💡 **Dica:** não se deve confundir a expressão *crimes de responsabilidade* com a noção comum que temos de crime. Isto porque os crimes de responsabilidade são, na verdade, infrações político-administrativas cujas penalidades costumam ser a perda do cargo ou a inabilitação temporária para o exercício de cargo ou função. Desse modo, não há penalidade de prisão ou multa nesses casos

    🔒 **Cuidado:** os arts. 86, 89 e 100, mencionados no inciso II, art. 1º do CPP, referem-se à CF/1937

  - **1.2.3. Processos da competência da Justiça Militar** (art. 1º, III do CPP): nesse caso, também não se aplica o CPP, mas o Código de Processo Penal Militar (DL 1.002/1969)

  - **1.2.4. Processos da competência do tribunal especial** (artigo 1º, IV do CPP): esse inciso encontra-se prejudicado, pois faz menção à CF/37, sendo que não há norma similar na CF/1988

  - **1.2.5. Processos por crimes de imprensa:** também prejudicado este inciso, por dois motivos: *(a)* a Lei de Imprensa (Lei 5.250/1967, art. 48) prevê a aplicação do CPP; *(b)* o STF, em 2009 (ADPF 130-7 DF), declarou não recepcionada pela CF/1988 a Lei de Imprensa. Diante dessa decisão, aplica-se, atualmente, o CP e o CPP aos eventuais crimes contra a honra cometidos por meio da imprensa (e não mais a antiga Lei de Imprensa)

DIREITO PROCESSUAL PENAL

TEMA II - LEI PROCESSUAL PENAL NO ESPAÇO, NO TEMPO E EM RELAÇÃO ÀS PESSOAS

1. Lei Processual Penal no tempo

1.1. Princípio da aplicação imediata (art. 2º do CPP): para as normas puramente processuais penais (que são aquelas que regulam aspectos ligados ao procedimento ou à forma dos atos processuais, ex.: formas de intimação), aplica-se o *princípio da aplicação imediata (tempus regit actum)*, conservando-se, no entanto, os atos processuais praticados sob a vigência da lei anterior

> **Traduzindo:** aos atos processuais, aplica-se a lei vigente no momento de sua execução, sendo esta a normatização definidora de sua validade. Portanto, se praticado um ato com observância da legislação processual vigente à época, a superveniência de legislação que altere a forma de materializá-lo não interfere em sua higidez e validade, sendo desnecessária a repetição

1.2. Normas processuais materiais, mistas ou híbridas: são normas que, embora inseridas em diploma processual, abrigam, a um só tempo, caracteres de norma processual e norma penal material (cuidam do crime, das sanções penais, dos efeitos da condenação, das causas extintivas da punibilidade, etc)

1.3. (Ir)retroatividade das normas processuais materiais: conforme entendimento majoritário, para as normas mistas não vigora o princípio da aplicação imediata, previsto no art. 2º do CPP, mas sim o regulamento da aplicação da lei penal no tempo (art. 5º, XL da CF). Portanto, se o aspecto penal da lei híbrida for benéfico à pessoa *(novatio legis in mellius)*, esta retroagirá integralmente. Na hipótese contrária *(novatio legis in pejus)*, não retroagirá

> **Atenção absoluta:** nos termos da súmula 501 do STJ, não é cabível a combinação das leis, fracionando as normas de natureza material e processual. Por exemplo: determinada lei, além de tratar de novas formas de intimação das partes (aspecto processual – aplicação imediata, portanto), também criou, em seu bojo, uma nova causa de perempção da ação penal (art. 60 do CPP) – causa de extinção da punibilidade, que, portanto, tem natureza penal. Conclusão: nessa situação, devemos aplicar a regra do art. 5º, XL da CF, que prevê a retroatividade da lei mais benigna. Caso contrário, se o dispositivo penal fosse prejudicial ao acusado, nenhum aspecto da nova lei seria aplicável

> **Dica:** são denominadas *normas heterotópicas* as regras e princípios que, possuindo natureza específica, estejam inseridas em diploma normativo que guarde natureza, em geral, diversa

DIREITO PROCESSUAL PENAL

TEMA II - LEI PROCESSUAL PENAL NO ESPAÇO, NO TEMPO E EM RELAÇÃO ÀS PESSOAS

1. Lei Processual Penal em relação às pessoas: a Lei Processual Penal deverá ser aplicada a qualquer pessoa que venha a cometer infração em território nacional

1.1. Exceções: algumas pessoas, em razão do cargo que ocupam, gozam, em determinadas situações, de imunidade penal e, por consequência, imunidade processual penal

1.1.1. Imunidades diplomáticas em sentido amplo:
estão excluídos, em caráter absoluto, da jurisdição penal dos países em que desempenham suas funções, os chefes de Estado, os representantes de governo estrangeiro e os agentes diplomáticos (embaixadores, secretários da embaixada, pessoal técnico e administrativo das respectivas representações, seus familiares e funcionários de organismos internacionais quando em serviço)

Traduzindo: os detentores dos cargos em questão estão absolutamente imunes às normas penais e processuais penais do Estado em que se encontram, devendo ser processados e julgados pelo Estado que representam

Cuidado: *os agentes consulares,* visto que atuam no âmbito do interesse privado de seus compatriotas, não representando propriamente o Estado, possuem apenas *imunidade relativa,* de modo que apenas não serão submetidos às autoridades brasileiras em relação aos atos praticados no exercício das funções consulares (art. 43 da Convenção de Viena)

Dica: além das imunidades acima indicadas, as sedes diplomáticas são também invioláveis, não podendo ser objeto de busca e apreensão, penhora ou qualquer outra medida coercitiva

1.1.2. Imunidades parlamentares

– **Imunidade parlamentar material (penal, absoluta ou inviolabilidade):** os Deputados e Senadores são invioláveis, civil e penalmente, por quaisquer de suas opiniões, palavras e votos (art. 53 da CF). *Eis o que se chama de freedom of speech*
– **Imunidade formal (processual ou relativa):** abrange questões de ordem processual penal, relativas à prisão provisória (art. 53, §2º da CF), possibilidade de sustação do processo criminal (art. 53, §3º da CF), desobrigação de testemunhar (art. 53, §6º da CF) e prerrogativa de foro (artigo 53, §1º da CF)

Traduzindo: com relação à prisão provisória, "desde a expedição do diploma, os membros do Congresso Nacional *não poderão ser presos, salvo* em flagrante de crime *inafiançável.* Nesse caso, os autos serão remetidos dentro de vinte e quatro horas à Casa *respectiva,* para que, pelo *voto da maioria* de seus membros, resolva sobre a prisão". Quanto à sustação do andamento do processo criminal, "*recebida a denúncia* contra o Senador ou Deputado, por crime ocorrido após a diplomação, o Supremo Tribunal Federal dará ciência à *Casa respectiva,* que, por iniciativa de *partido político* nela representado e pelo *voto da maioria* de seus membros, poderá, até a decisão final, *sustar* o andamento da ação". Quanto à condição de testemunha, os parlamentares federais *não estão obrigados* a testemunhar sobre "informações recebidas ou prestadas em razão do exercício do mandato, nem sobre as pessoas que lhes confiaram ou deles receberam informações"

Cuidado: com relação aos vereadores, parlamentares municipais, são aplicáveis apenas as imunidades materiais (art. 29, VIII da CF), circunscritas, entretanto, às palavras e votos proferidos no exercício do mandato **e** no âmbito do Município em que exerce a função legislativa

DIREITO PROCESSUAL PENAL

Tema III - Princípios constitucionais e processuais penais

1. Princípios constitucionais e processuais penais I

1.1. Devido processo legal

1.1.1. Conceito: oriundo do direito anglo-americano (*due processo of law*), o princípio do devido processo legal vem expressamente previsto no art. 5º, LIV da CF com os seguintes dizeres: *"ninguém será privado da liberdade ou de seus bens sem o devido processo legal"*

Dica: perceba o leitor, desde já, que esse princípio deve ser encarado como uma espécie de fonte a partir da qual emanam diversas garantias e princípios processuais fundamentais. Assim, afirma-se a necessidade de um processo prévio, informado pelo contraditório; ampla defesa; juiz natural; motivação das decisões; publicidade; presunção de inocência; direito de audiência; direito de presença do réu; e duração razoável do processo

1.2. Presunção de não culpabilidade (estado de inocência ou presunção de inocência)

1.2.1. Conceito: expressamente previsto no art. 5º, LVII da CF, que diz: *"ninguém será considerado culpado até o trânsito em julgado de sentença penal condenatória"*

Dica: o princípio do estado de inocência gera grande impacto no **ônus da prova**, fazendo com que a acusação tenha de provar a culpa *lato sensu* do acusado, sob pena de ocorrer a absolvição com base na regra do *in dubio pro reo*, ressalvado, para a maioria da comunidade jurídica, o ônus que sempre possui a defesa de provar eventuais alegações que venha a fazer sobre excludentes de tipicidade, ilicitude, culpabilidade, atenunantes ou causas de diminuição de pena e, ainda, questões fáticas, como possível álibi

Cuidado: o princípio em comento não é incompatível com a prisão provisória (prisão preventiva ou prisão temporária). Posto de outra forma: o princípio em questão não é absoluto. Atente-se que a própria Constituição previu a possibilidade de prisão provisória, por exemplo, no art. 5º, LXI – além do que, há na Magna Carta o direito à segurança pública, que também torna possível falar em prisão decretada antes do trânsito em julgado. Não se tratando, pois, de princípio absoluto, harmoniza-se com o instituto da prisão provisóra na medida em que força o aplicador do direito a não banalizar o instituto da prisão provisória, que somente poderá ser decretada quando estritamente preenchidos seus pressupostos, fundamentos e condições de admissibilidade (ou requisitos), sob pena de violação ao princípio, por caracterização da prisão provisória como mera antecipação da pena

1.2.2. Direito à não autoincriminação *(nemo tenetur se detegere):* por decorrência, o indivíduo goza do *direito de não se autoincriminar*

Dica: a garantia em pauta vai além do direito ao silêncio, assegurando-se ao sujeito o poder de negar-se a colaborar com qualquer tipo de produção probatória que dele dependa. Ex.: negativa de participação em reprodução simulada dos fatos; recusa em realizar teste do bafômetro, exame grafotécnico, de DNA, dentre outros

1.3. Razoável duração do processo

1.3.1. Conceito: a todos, no âmbito judicial e administrativo, são assegurados a razoável duração do processo e os meios que garantam a celeridade de sua tramitação (art. 5º, LXXVIII da CF)

Traduzindo: as partes têm direito de exigir do Estado a prestação jurisdicional em tempo razoável, devendo ser banidas as dilações indevidas

DIREITO PROCESSUAL PENAL

Tema III - Princípios constitucionais e processuais penais

1. Princípios constitucionais e processuais penais II

1.4. Contraditório (bilateralidade da audiência ou bilateralidade dos atos processuais)

1.4.1. Conceito: expresso no art. 5º, LV da CF, reflete-se no binômio: ciência + participação

Traduzindo: trata-se do direito que possuem as partes de serem cientificadas sobre os atos processuais (ciência), como também do direito que possuem de se manifestar, de interagir (participação) sobre esses mesmos atos

Exemplo: finda a instrução processual, o juiz profere sentença sobre o caso. Nesta hipótese, as partes serão cientificadas (intimadas) dessa decisão (ciência), bem como poderão participar recorrendo do *decisium* (participação)

Cuidado: para que o princípio seja atendido, não basta que a parte tenha mero direito à ciência e participação no ato processual (contraditório formal), sendo imprescindível que possa exercer verdadeira influência na decisão do julgador, que, assim, deve se debruçar sobre os argumentos e provas trazidas, valorando-os e apreciando-os de modo fundamentado (contraditório material)

1.5. Ampla defesa

1.5.1. Conceito: igualmente prevista no art. 5º, LV da CF, significa que o réu tem o direito de defender-se de uma acusação da forma mais ampla possível, podendo empregar todos os recursos cabíveis para o cumprimento desta finalidade

1.5.2. Classificação: subdivide-se em autodefesa (facultativa em razão do direito ao silêncio, exercida pelo próprio acusado, notadamente no momento do interrogatório) e defesa técnica (absolutamente indispensável, devendo o réu, obrigatoriamente, contar com profissional habilitado atuando na defesa de seus interesses – art. 261 do CPP)

Cuidado: nos termos da súmula 523 do STF, "no processo penal, a falta da defesa constitui nulidade absoluta, mas a sua deficiência só o anulará se houver prova de prejuízo para o réu"

1.6. Igualdade processual (ou paridade de armas)

1.6.1. Conceito: as partes devem contar com tratamento igualitário e com oportunidades iguais. Decorre tal princípio do art. 5º, *caput* da CF (princípio da isonomia)

Cuidado: em certos casos, porém, quando justificável, admite-se o tratamento diferenciado da parte, a fim de ser promovida uma igualdade mais substancial. Trata-se aqui da antiga máxima: "tratar desigualmente os desiguais na medida de suas desigualdades". Exemplos: *favor rei* (princípio segundo o qual os interesses da defesa prevalecem sobre os da acusação – art. 386, VII do CPP); revisão criminal como ação exclusiva da defesa; Defensoria Pública com prazo em dobro (art. 128, I da LC 80/1994, e do art. 5º, § 5º da Lei 1.060/1950 – ver STF, ADI 2144, DJ 14/06/2016 e HC 81.019/MG, Inf. 247)

1.7. Iniciativa das partes, demanda ou ação *(ne procedat judex ex officio)*

1.7.1. Conceito: decorrência da adoção do sistema acusatório, cabe à parte interessada o exercício do direito de ação, uma vez que a jurisdição é inerte, sem prejuízo da possibilidade de o juiz, de ofício, impulsionar o regular desenvolvimento do processo (impulso oficial)

Traduzindo: A propositura da ação penal incumbe ao MP (ação penal pública) ou à vítima (ação penal privada), sendo vedado ao juiz proceder de ofício nessa seara

Cuidado: não foi recepcionado pela CF o art. 26 do CPP, o qual prevê que, no caso de contravenção penal, a ação penal será iniciada por portaria expedida pelo delegado ou pelo juiz (procedimento judicialiforme)

DIREITO PROCESSUAL PENAL

Tema III - Princípios constitucionais e processuais penais

1. Juiz natural

- **1.1. Conceito:** decorre do art. 5º, LIII da CF, que diz: *"ninguém será processado nem sentenciado senão pela autoridade competente"*

  - **Traduzindo:** significa que o indivíduo só pode ser privado de seus bens ou liberdade se processado por autoridade judicial imparcial e previamente conhecida por meio de regras objetivas de competência fixadas por lei anteriormente à prática da infração

- **1.2. Consequência:** decorre desse princípio o fato de não ser possível a criação de juízo ou tribunal de exceção, i. e., não pode haver designação casuística de magistrado para julgar este ou aquele caso (art. 5º, XXXVII da CF)

- **1.3. Hipóteses em que não há violação ao juiz natural**

  - **1.3.1. Convocação de juiz de 1ª instância para compor órgão julgador de 2ª instância:** STJ HC 332.511/ES, 5ª, Turma, DJ 24/02/2016

  - **1.3.2. Redistribuição da causa decorrente da criação de nova Vara com a finalidade de igualar os acervos dos Juízos:** STJ HC 322.632/BA, 6ª Turma, DJ 22/09/2015 e HC 283173/CE, DJ 09/04/2015

  - **1.3.3. Atração por continência do processo do corréu ao foro especial do outro denunciado:** ex.: prefeito e cidadão comum praticam furto em concurso (súmula 704 do STF). Todo o processo segue para julgamento pelo TJ

  - **1.3.4. Fundamentação *per relationem*:** juiz utiliza como motivação da decisão as alegações de uma das partes, texto de algum precedente ou decisão anterior do mesmo processo (STJ HC 353.742/RS, 6ª Turma, DJ 16/05/2016)

- **1.4. Imparcialidade do juiz**

  - **1.4.1. Conceito:** o juiz deve ser pessoa neutra, estranha à causa e às partes. O magistrado eventualmente interessado no feito – suspeito (art. 254 do CPP) ou impedido (art. 252 do CPP) – deve ser afastado

- **1.5. Identidade física do juiz**

  - **1.5.1. Conceito:** o magistrado que acompanhar a instrução probatória – logo, que tiver tido contato direto com as provas produzidas ao longo do processo – deverá ser o mesmo a proferir sentença (art. 399, §2º do CPP)

  - **1.5.2. Exceções admitidas**
    - Interrogatório do réu por meio de carta precatória: STJ, RHC 47.729/SC, DJ 01/08/2016
    - Casos de convocação, licença, afastamento, promoção ou aposentadoria do juiz que presidiu as provas: STJ HC 306.560/PR, DJe 01/09/2015, AgInt no AREsp 852.964/AL, DJ 23/08/2016 e Informativo nº 494
    - Julgamento de embargos de declaração por outro juiz: STJ, HC 46408/SP, DJe 03/11/2009
    - Casos relacionados ao Estatuto da Criança e do Adolescente: STJ AgRg no AREsp 465.508/DF, DJ 26/02/2015 e HC 164369/DF, DJ 09/11/2011

- **1.6. Publicidade**

  - **1.6.1. Conceito:** expresso na CF nas seguintes passagens: arts. 5º, LX e 93, IX. Trata-se do dever que tem o Judiciário de dar transparência aos seus atos

- **1.7. Duplo grau de jurisdição**

  - **1.7.1. Conceito:** as decisões judiciais são, em regra, passíveis de revisão por instâncias superiores por meio da interposição de recursos

  - **1.7.2. Previsão supralegal:** art. 8º, 2, h da CADH (Decreto 678/1992)

  - **Dica:** para parte da doutrina, o duplo grau de jurisdição está implicitamente contido no art. 5º, LV da CF, no ponto em que há menção a recursos inerentes à ampla defesa

  - **Exceção:** processos de competência originária do STF (art. 102, I da CF)

DIREITO PROCESSUAL PENAL

Tema IV - Inquérito policial

1. Inquérito policial - Noções introdutórias

1.1. Conceito: conjunto de diligências realizadas pela autoridade policial (Delegado de Polícia) que tem por finalidade a colheita de elementos de informação para apuração de uma infração penal e sua respectiva autoria, de modo a fornecer subsídios ao titular da ação penal (MP ou querelante) para o exercício desta (art. 4º, caput do CPP)

> **Dica:** o IP é uma das modalidades de investigação preliminar que podem fornecer subsídios à acusação para o oferecimento de ação penal. Outras formas de investigação preliminar são: CPI (art. 58, § 3º da CF); investigação pelo MP; investigação efetuada pelo próprio particular; investigação por tribunais (foro por prerrogativa de função); IP militar (IPM – art. 8º do CPPM); dentre outras

> ⚠ **Atenção:** não se pode confundir os *elementos de informação* com provas, termo este reservado aos elementos colhidos na fase judicial, sob o crivo do contraditório

1.2. Natureza jurídica: o IP tem natureza de **procedimento administrativo** e não de processo

> **Dica:** por força disso, eventuais vícios constantes do inquérito policial não têm o condão de causar nulidade do processo

1.3. Atribuição para a presidência do inquérito policial: é do Delegado de Polícia de carreira (art. 3º da Lei 12.830/2013 – diploma com leitura muito recomendada). Em regra, a atribuição é do Delegado que atua no local onde o crime se consumou, de acordo com as regras de competência territorial vigentes. Havendo Delegacias Especializadas, prevalecerá o critério material

> **Dica:** o art. 22 do CPP aduz que nas comarcas onde houver mais de uma circunscrição policial, o delegado com exercício em uma delas (em uma das circunscrições) poderá diligenciar nas demais, *independentemente de precatórias ou requisições*. Dentro de sua comarca de atuação, o delegado tem, portanto, "livre-trânsito" para diligenciar nas várias circunscrições policiais

1.4. Características do IP

1.4.1. Inquisitivo: diz-se que o inquérito policial é procedimento inquisitivo, pois não há obrigatoriedade da observância do contraditório em seu trâmite

1.4.2. Dispensável: *o IP não é um caminho necessário para o oferecimento da ação penal.* Segundo vimos anteriormente, esta poderá se fundamentar em diversas outras investigações preliminares, ou em outras peças de informação que não o IP. Neste sentido: art. 39, §5º do CPP

1.4.3. Sigiloso: na fase do IP não vigora o princípio da publicidade (art. 20 do CPP). O sigilo não alcança o MP, o juiz, e o advogado do indiciado (este tem publicidade limitada aos elementos de informação já documentados – SV 14)

1.4.4. Indisponível: a autoridade policial não pode, em nenhuma hipótese, arquivar o IP (art. 17 do CPP)

1.4.5. Discricionário: o delegado, visando ao sucesso da investigação, tem discricionariedade para adotar as medidas e diligências que entender adequadas (vide arts. 6º e 7º do CPP; e o art. 2º, § 2º da Lei 12.830/2013)

1.4.6. Escrito: o art. 9º do CPP estabelece que todas as peças do IP serão reduzidas a escrito e rubricadas pela autoridade policial

1.4.7. Oficiosidade: em caso de crime de ação penal pública incondicionada, deve o delegado agir de ofício, instaurando o IP (art. 5º, I do CPP)

DIREITO PROCESSUAL PENAL
Tema IV - Inquérito policial

1. Instauração do IP I

1.1. Crimes de ação penal pública incondicionada

1.1.1. De ofício (art. 5º, I do CPP): tomando conhecimento da prática de crime de ação penal pública *incondicionada* por meio de suas atividades rotineiras, deve o delegado *agir de ofício*, instaurando o IP

– **Peça inaugural:** portaria

> **Dica:** a doutrina costuma denominar essa hipótese de instauração do IP de *notitia criminis* (notícia do crime) espontânea (de cognição direta ou imediata)

1.1.2. Por requisição do membro do MP ou do juiz (art. 5º, II, primeira parte do CPP): o IP poderá ser instaurado por meio de *requisição* de membro do MP ou da magistratura. Vale recordar que a *requisição* nesse contexto tem caráter de ordem para que o delegado instaure o IP

– **Peça inaugural:** será a própria requisição

> **Dica:** a doutrina costuma apelidar essa instauração do IP de *notitia criminis* provocada (de cognição indireta ou mediata)

1.1.3. Por requerimento do ofendido (art. 5º, II, segunda parte do CPP): a vítima de crime de ação penal pública *incondicionada* também poderá provocar a autoridade policial para fins de instauração de IP

– **Peça inaugural:** embora haja doutrina indicando ser o próprio requerimento, prevalece ser necessária a portaria

> **Dica:** os autores também denominam essa hipótese de *notitia criminis* provocada (de cognição indireta ou mediata)

> ⚠ **Atenção:** no caso de indeferimento desse requerimento do ofendido, cabe *recurso administrativo* ao Chefe de Polícia (art. 5º, § 2º do CPP), que, hoje, é representado ou pelo Delegado-Geral de Polícia ou pelo Secretário de Segurança Pública, conforme a legislação de cada Estado Federado

1.1.4. Por provocação de qualquer do povo (art. 5º, §3º do CPP): em caso de delito que se processe por via de ação penal pública *incondicionada*, *qualquer pessoa* pode provocar a autoridade policial para que instaure o IP

– **Peça inaugural:** portaria

> **Dica:** a doutrina nomeia essa hipótese de *delatio criminis* (delação do crime) **simples**

1.1.5. Pela prisão em flagrante do agente: ocorrendo a prisão em flagrante do indivíduo que cometeu crime de ação penal pública incondicionada, instaura-se o IP

– **Peça inaugural:** auto de prisão em flagrante (APF)

> **Dica:** os autores costumam denominar essa hipótese de instauração do IP de *notitia criminis* de cognição coercitiva

1.2. Crimes de ação pública condicionada à representação ou à requisição do Ministro da Justiça
o IP será instaurado por meio, respectivamente, da representação da vítima e da requisição do Ministro da Justiça

> **Dica:** a doutrina denomina essa situação de instauração do IP de *delatio criminis* **postulatória**

1.3. Crimes de ação penal privada:
o IP só poderá ser instaurado por meio de **requerimento** da vítima (ou seu representante legal)

1.4. Denúncia anônima (delação apócrifa ou notitia criminis inqualificada):
é imprestável para, *isoladamente*, provocar a instauração de inquérito policial. Somente é admitida se for usada para *movimentar* os órgãos responsáveis pela persecução penal. Neste caso, tais órgãos deverão proceder averiguações preliminares e só instaurar inquérito policial caso descubram outros elementos de prova idôneos (STF: HC 106152, DJ 24/05/2016 e HC 109598 AgR, DJ 27/04/2016)

DIREITO PROCESSUAL PENAL

Tema IV - Inquérito policial

1. Instauração do IP II

1.5. Incomunicabilidade do indiciado preso: o art. 21 do CPP prevê que, a pedido do delegado ou do MP, o juiz poderá decretar a *incomunicabilidade* do indiciado preso

1.5.1. Não recepção do dispositivo pela CF: segundo pensa a *majoritária* doutrina, o dispositivo em questão *não foi recepcionado pela CF*

🔊 **Traduzindo:** isso porque, mesmo durante a vigência de Estado de Defesa (situação excepcional em que diversas garantias podem ser suprimidas), é vedada a incomunicabilidade do preso (art. 136, §3º, IV da CF), não sendo admissível que ela ocorra em situação de normalidade. Além disso, a incomunicabilidade afronta o disposto no art. 5º, LXIII da CF, que garante ao preso a assistência da família e de advogado

1.6. Valor probatório do IP

1.6.1. Noções gerais: questiona-se se os elementos de informação coligidos no IP podem dar suporte à sentença condenatória. É assente que os elementos de informação obtidos em sede de IP *não podem*, **de modo exclusivo,** fundamentar uma sentença penal condenatória (art. 155 do CPP), visto que se trata de procedimento inquisitório

🔊 **Traduzindo:** interpretando-se o art. 155 do CPP, conclui-se que, associado a provas colhidas sob contraditório, na fase judicial, os elementos de informação do IP podem ser utilizados na fundamentação da sentença condenatória

1.6.2. Provas produzidas no curso do IP: existem, porém, efetivas provas que são produzidas antes do início da ação penal, sujeitas, em regra, a contraditório postergado ou diferido (exercido após, durante o processo penal), que têm valor probatório idêntico àquelas produzidas em Juízo (art. 155 do CPP, parte final). São elas:

– **Provas cautelares:** aquelas que necessitam ser produzidas em caráter de urgência para evitar o seu desaparecimento. Ex.: busca e apreensão e interceptação telefônica
– **Provas não repetíveis:** aquela em que a renovação em juízo revela-se praticamente impossível, por conta do desaparecimento do vestígio. Ex.: perícia sobre um crime de estupro
– **Provas antecipadas:** aquela que, por conta da ação do tempo, apresenta alta probabilidade de não poder ser mais realizada em juízo. Ex.: testemunho de pessoa bastante idosa

⚠️ **Atenção:** nesta hipótese, deve-se fazer uso do instituto cautelar da produção antecipada de prova (art. 225 do CPP), de modo que, aqui, diferente das hipóteses anteriores, não há contraditório postergado, mas contraditório em tempo real

💡 **Dica:** No RHC 89.385, o STJ decidiu pela necessidade de autorização judicial para acesso ao conteúdo de mensagens e comunicações armazenadas em aparelhos de telefonia celular eventualmente apreendidos no inquérito policial, sendo ilícito seu acesso diretamente pela polícia civil ou militar

DIREITO PROCESSUAL PENAL

TEMA IV - INQUÉRITO POLICIAL

1. Providências que podem ser tomadas no curso do IP: constam, em rol exemplificativo, dos arts. 6º e 7º do CPP. Abaixo, segue análise das mais importantes delas

1.1. Oitiva do indiciado (art. 6º, V do CPP): o delegado deverá ouvir o indiciado observando, no que for aplicável (frente ao caráter inquisitório), as regras do interrogatório judicial (art. 185 e ss. do CPP)

🔊 **Traduzindo:** frente ao caráter inquisitorial, a presença de defensor no momento da oitiva, exigida no interrogatório judicial, é dispensável na fase policial. Por outro lado, em razão do *nemo tenetur se detegere,* deve ser informado pela autoridade policial a respeito do direito ao silêncio, tal como ocorre no ato judicial

1.2. Realização de exame de corpo de delito (art. 6º, VII do CPP): quando a infração deixar vestígios (ex.: estupro, homicídio etc.), o delegado não poderá se negar a realizar o exame de corpo de delito, por ser este indispensável nessa situação (art. 158 do CPP)

1.3. Identificação criminal (art. 6º, VIII, primeira parte do CPP)

- **1.3.1. Identificação civil x identificação criminal:** identificar-se **civilmente** é apresentar qualquer documento capaz de precisar a sua identidade. Identificar alguém **criminalmente** significa submeter o indivíduo à coleta de material datiloscópico, fotográfico, dentre outros

- **1.3.2. Garantia constitucional:** a CF, em seu art. 5º, LVIII, garante que "o civilmente identificado não será submetido à identificação criminal, salvo nas hipóteses previstas em lei"

- **1.3.3. Hipóteses legais que autorizam a identificação criminal** (art. 3º da Lei 12.037/2009): em síntese, pode ocorrer em casos de dúvida a respeito da identificação civil

  – Documento apresentando rasura ou indícios de falsificação
  – Documento apresentado insuficiente para identificação cabal do indiciado
  – Indiciado portando documentos de identidade distintos
  – **Identificação criminal essencial às investigações policiais:** compete ao juiz decidir pela identificação criminal na hipótese, fazendo-o de ofício, ou a requerimento do MP, da autoridade policial ou da defesa
  Atenção: esta é a única hipótese que não diz respeito à dificuldade de identificação civil
  – Constar de registros policiais o uso de outros nomes ou outras qualificações
  – O estado de conservação ou a distância temporal ou da localidade da expedição do documento apresentado impossibilita a completa identificação dos caracteres essenciais

1.4. Informações sobre a existência de filhos (art. 6º, X): alteração introduzida pela Lei 13.257/2016, dentro das políticas públicas para crianças da primeira infância, que são aquelas até os 6 anos de idade (art. 2º da Lei 13257/2016)

1.5. Indiciamento: ato privativo da autoridade policial (STJ, Informativo 552), indiciar significa que há nos autos do IP elementos sérios, razoáveis de que determinada pessoa (ou pessoas) cometeu, aparentemente, uma infração penal (ou várias infrações). Regulamentado no artigo 2º, §6º da Lei 12.830/2013

- **1.5.1. Pessoas não sujeitas ao indiciamento:** magistrados (art. 33, parágrafo único, LC 35/1979); membros do MP (arts. 18, parágrafo único da LC 75/1993, e 41, parágrafo único da Lei 8.625/1993); parlamentares federais (salvo se houver autorização do Min. Relator do IP – STF, AP 933, DJ 03/02/2016)

DIREITO PROCESSUAL PENAL

Tema IV - Inquérito policial

1. Prazo para conclusão do IP

1.1. Regra (art. 10 do CPP)

- **1.1.1. Indiciado preso:** 10 dias
- **1.1.2. Indiciado solto:** 30 dias, prorrogável por iguais períodos (artigo 10, §3º do CPP)

1.2. Prazos especiais

1.2.1. IP a cargo da PF (art. 66 da Lei 5.010/1966)
- **Indiciado preso:** 15 dias, prorrogável por igual período por autorização judicial, mediante pedido fundamentado ao juiz
- **Indiciado solto:** 30 dias, prorrogável na forma do art. 10, §3º do CPP

1.2.2. Lei de Drogas (artigo 51 da Lei 11.343/2006)
- **Indiciado preso:** 30 dias, duplicável por decisão judicial (art. 51, parágrafo único)
- **Indiciado solto:** 90 dias, duplicável por decisão judicial (art. 51, parágrafo único)

1.2.3. Crimes contra a economia popular (art. 10, §1º da Lei 1.521/1951): prazo de 10 dias, estando o indiciado preso ou solto

⚠️ **Atenção:** o prazo em questão é improrrogável

1.2.4. Inquérito policial militar (art. 20, caput e §1º do CPPM)
- **Indiciado preso:** 20 dias
- **Indiciado solto:** 40 dias, prorrogável por mais 20 dias pela autoridade militar superior

1.2.5. IP com prisão temporária decretada por crime hediondo: por força do prazo da prisão (art. 2º, §4º da Lei 8.072/1990), o prazo será de 30 dias, prorrogáveis por mais 30 dias

1.3. Contagem do prazo de conclusão do IP
prevalece ser prazo de natureza processual, devendo ser contado na forma do artigo 798, §1º do CPP. Há corrente minoritária que entende que a contagem será nos termos do artigo 10 do CP (incluindo-se o dia do começo, não se suspendendo, nem interrompendo-se, tampouco se prorrogando até o dia útil subsequente quando encerrar-se em dia não útil) se o indiciado estiver preso (ex: Guilherme de Souza Nucci)

1.4. Encerramento do IP
a autoridade policial deverá elaborar minucioso relatório do que tiver sido apurado (arts. 10, §§ 1º e 2º, e 11 do CPP)

⚠️ **Atenção:** em regra, não é necessário ao delegado tipificar a conduta do indiciado no relatório. Porém, na Lei de Drogas, o art. 52, I, exige que o delegado tipifique a conduta do agente no relatório

1.4.1. Dispensabilidade do relatório: o relatório não é indispensável ao oferecimento da ação penal, tratando-se de mera formalidade de encerramento da investigação e detalhamento das diligências realizadas

1.4.2. Encaminhamento do IP: após a conclusão, o IP será encaminhado ao MP, diretamente ou por intermédio do Poder Judiciário (a depender das normas de organização local da Justiça)

	PRESO	SOLTO
CPP	10	30, prorrogáveis
IP Federal	15 +15	30, prorrogáveis
Lei de Drogas	30 + 30	90 + 90
Crimes contra a economia popular	10	10, prorrogáveis
IP com prisão temporária decretada por crime hediondo ou equiparado	30 + 30	Prejudicado
IPM	20	40 + 20

DIREITO PROCESSUAL PENAL
Tema IV - Inquérito policial

1. Providência subsequentes ao encerramento do IP: ao receber o IP, poderá o MP:
(a) oferecer denúncia;
(b) requisitar novas diligências;
(c) promover o arquivamento

- **1.1. Oferecimento de denúncia:** é necessária a existência de prova da materialidade do fato (crimes materiais), ou da ocorrência do fato (crimes formais ou de mera conduta), e indícios suficientes de autoria. Ademais, o IP deve fornecer elementos que permitam o oferecimento de denúncia apta (dados a respeito do local, horário e das circunstâncias do fato, etc)

- **1.2. Requisição de novas diligências** (art. 16 do CPP): para a formação da *opinio delicti*, o MP vislumbra a imprescindibilidade de realização de novas diligências, requisitando da autoridade policial a realização

- **1.3. Promoção de arquivamento:** o MP se convence de que não é o caso de ser exercida a ação penal, por falta de substrato fático mínimo (justa causa), porque o fato é atípico, ou, ainda, por estarem presentes hipóteses de exclusão da ilicitude, da culpabilidade ou, por fim, se estiver extinta a punibilidade dos fatos

    Dica: as hipóteses em que a denúncia deverá ser rejeitada pelo juiz (estabelecidas no art. 395 do CPP) são exatamente os casos em que o MP não deverá oferecer denúncia, requerendo, ao revés, o arquivamento do IP

    - **1.3.1. Legitimidade para o arquivamento:** é ato complexo que, em regra, enseja dupla manifestação: pedido do MP + homologação do juiz (fiscal do princípio da obrigatoriedade da ação penal)

        Cuidado: a autoridade policial não pode arquivar o IP (art. 17 do CPP)

    - **1.3.2. Recorribilidade da decisão que homologa o arquivamento:** tal decisão é, em regra, irrecorrível. Exceções: recurso de ofício da decisão que arquiva o IP em casos de crime contra a economia popular e contra a saúde pública (art. 7º da Lei 1.521/1951); e recurso em sentido estrito da decisão que arquiva o IP em casos de contravenção de jogo do bicho e de aposta de corrida de cavalos fora do hipódromo (art. 6º da Lei 1.508/1951 c/c arts. 58 e 60 do DL 6.259/1944)

    - **1.3.3. Desarquivamento do IP:** é possível se houver notícias do surgimento de novos elementos de informação (art. 18 do CPP) – em regra, o arquivamento só faz coisa julgada formal

        Atenção absoluta: para o desarquivamento, basta a existência de notícias de novos elementos de informação. Contudo, para o oferecimento de denúncia após o desarquivamento, imprescindível a existência de elementos de informação substancialmente novos (súmula 524 do STF)

        Cuidado: os arquivamentos que têm por base a atipicidade ou a extinção da punibilidade fazem coisa julgada formal e material, sendo descabido o desarquivamento (STF, HC 100.161 AgR/RJ, DJe 16/09/2011)

    - **1.3.4. Discordância do juiz com o arquivamento** (art. 28 do CPP): deverá remeter o caso ao Procurador-Geral de Justiça (ou à Câmara de Coordenação e Revisão do MPF, no caso de crime federal), que poderá:
        – **Insistir no arquivamento:** o juiz estará obrigado a acolhê-lo (princípio acusatório)
        – **Oferecer denúncia:** também discordando do arquivamento, pode oferecer denúncia, ou designar outro Promotor de Justiça para fazê-lo

        Cuidado: nesta hipótese, o membro do MP designado estará obrigado a oferecer a peça acusatória, já que atua como *longa manus* do PGJ, não incidindo sua independência funcional

DIREITO PROCESSUAL PENAL

TEMA V - AÇÃO PENAL

1. Ação penal I

- **1.1. Conceito:** direito público subjetivo de pedir ao Estado-juiz a aplicação do Direito Penal objetivo a um caso concreto

- **1.2. Condições genéricas da ação:** para que o direito de ação possa ser exercido, é preciso o preenchimento de certas condições, que não se confundem com o mérito da causa, sendo analisadas em caráter preliminar

  - **1.2.1. Possibilidade jurídica do pedido:** aquilo que está sendo pedido deve ser admitido pelo direito objetivo. Ex.: é juridicamente impossível o pedido de condenação por fato não previsto no ordenamento como crime (fato atípico)

    ⚠ **Atenção absoluta:** embora trate-se de clássica condição da ação, a possibilidade jurídica do pedido foi extirpada do ordenamento jurídico pelo CPC/2015, de modo que a impossibilidade jurídica do pedido passou a operar decisão de mérito, sendo, no caso do processo penal, em geral, hipótese para absolvição sumária

  - **1.2.2. Interesse processual:** reflete a necessidade e utilidade de se buscar o Judiciário para a obtenção do resultado pretendido com a lide penal (interesse-necessidade e interesse-utilidade), bem como a adequação do procedimento empregado com a proteção jurisdicional que se pretende alcançar (interesse-adequação)

    – **Interesse-necessidade:** no processo penal, a necessidade é presumida, já que é vedada a solução extrajudicial dos conflitos criminais *(nulla poena sine judicio)*
    – **Interesse-utilidade:** não há interesse para movimentar-se o sistema judicial se não houver possibilidade de concretização do *jus puniendi* estatal. Ex.: inexiste interesse utilidade no ajuizamento de ação penal por fato prescrito

  - **1.2.3. Legitimidade:** a ação deve ser proposta somente pelo sujeito ativo pertinente e apenas contra aquele legitimado para figurar no polo passivo da causa– Legitimidade ativa

    a) Ação penal pública: deve figurar, em regra, o MP (art. 129, I da CF). Exceção: ação penal privada subsidiária da pública (art. 29 do CPP – para haver legitimidade do particular, indispensável a verificação da omissão do MP, nos termos do dispositivo)
    b) Ação penal privada: o autor é o ofendido, ou, em caso de morte do ofendido ou seu representante legal. Trata-se de hipótese de legitimidade extraordinária, já que o *jus puniendi* pertence ao Estado
    Dica: sendo vítima, a pessoa jurídica pode figurar como querelante
    – **Legitimidade passiva:** o polo passivo deve ser ocupado pelo provável autor do fato criminoso, com pelo menos 18 anos completos
    a) Pessoa jurídica: possui legitimidade passiva apenas para os crimes ambientais (art. 225, §3º da CF, c/c art. 3º da Lei 9.605/1998)
    Cuidado: embora a CF preveja a possibilidade de responsabilização criminal da pessoa jurídica nas infrações penais praticadas contra a economia popular e à ordem econômica e financeira (art. 173, §5º da CF), não houve regulamentação destas pela lei ordinária
    b) Casos de ilegitimidade passiva: ação penal proposta contra menor de 18 anos; ação penal proposta contra homônimo do autor do fato; erro material no nome do denunciado (ex.: ação proposta contra a testemunha, por equívoco)

  - **1.2.4. Justa causa:** para o exercício da ação penal, é necessário que haja lastro informativo mínimo quanto à autoria, além de prova da materialidade do fato (ou prova de sua ocorrência nos crimes que não deixam vestígios)

DIREITO PROCESSUAL PENAL

Tema V - Ação penal

1. Ação penal II

1.3. Condições específicas da ação penal: além das condições acima, comuns a todas as modalidades de ação penal, há certas ações que exigem condições específicas. São as chamadas condições de procedibilidade, que condicionam o exercício da ação penal, dizendo respeito à sua admissibilidade.
Ex.: representação do ofendido nos crimes de ação penal pública condicionada à representação

1.3.1. Condição de procedibilidade x condições objetivas de punibilidade: não se pode confundir as condições da ação com as condições objetivas de punibilidade. Estas, são condições estabelecidas em lei para que o fato seja concretamente punível, situando-se entre os preceitos primário e secundário do tipo penal. Nestes casos, a punibilidade fica condicionada à verificação de elementos externos ao tipo penal, tratando-se de evento futuro e incerto. Consiste em questão ligada ao direito material, e não ao direito processual, razão pela qual não se trata de condição da ação penal. Ex.: sentença que decreta a falência é condição objetiva de punibilidade dos crimes falimentares (art. 180 da Lei 11.105/2005)

> 💡 **Dica:** as condições são objetivas de punibilidade, pois independem do dolo ou da culpa do agente

1.3.2. Condição de procedibilidade x condição de prosseguibilidade: a última pressupõe ação penal já instaurada, que, assim, era dotada das condições da ação. Porém, há óbice em sua continuidade. Ex.: o réu/querelado manifesta insanidade mental superveniente. Impõe-se a necessidade do agente recobrar a sanidade mental para que a ação penal tenha a sua regular continuidade. Enquanto não retomar a sanidade (condição de prosseguibilidade), o processo ficará paralisado e a prescrição correrá normalmente (art. 152 do CPP)

1.4. Classificação da ação penal: a classificação clássica toma por base a legitimidade ativa

1.4.1. Ação penal pública: ajuizada pelo MP, órgão estatal a quem foi conferida a titularidade privativa da ação penal (art. 129, I da CF)

Peça acusatória: denúncia
– **Incondicionada:** inexiste necessidade de autorização do ofendido para que o MP deflagre a ação penal
– **Condicionada:** há necessidade de autorização da vítima, ou de requisição do Ministro da Justiça para sua deflagração (condição específica da ação penal)

1.4.2. Ação penal privada: ajuizada pelo ofendido

Peça acusatória: queixa
– **Exclusivamente privada:** no caso de incapacidade ou morte do ofendido, o representante legal ou seus sucessores poderão ingressar ou continuar com a ação penal
a) **Sucessores:** cônjuge ou companheiro (C), ascendente (A), descendente (D) ou irmão (I)
Sigla útil: CADI
– **Personalíssima:** em casos de incapacidade ou morte da vítima, ninguém poderá ingressar ou continuar com a ação penal. Ex.: art. 236 do CP
– **Subsidiária da pública:** se o MP ficar inerte no prazo do art. 46 do CPP, a própria vítima pode ingressar com ação penal (art. 29 do CPP). Ex.: após receber inquérito de réu solto pelo crime de roubo, o MP não toma qualquer atitude em 15 dias. Surge, então, o prazo para o ofendido ajuizar a ação penal privada subsidiária da pública, dentro do prazo decadencial de 6 meses (art. 38 do CPP)

DIREITO PROCESSUAL PENAL

TEMA V - AÇÃO PENAL

1. Princípios da ação penal pública

- **1.1. Obrigatoriedade:** presentes os requisitos legais e as condições da ação, o MP está obrigado a exercer a ação penal, oferecendo denúncia, não podendo valer-se de juízo de conveniência e oportunidade para não fazê-lo
  - **1.1.1. Mitigação:** transação penal no âmbito do JECRIM (art. 76 da Lei 9.099/1995) (MP age com discricionariedade regrada)

- **1.2. Indisponibilidade:** uma vez proposta a ação penal, o MP não pode dela dispor (art. 42 do CPP). Por consectário, não pode o MP desistir de recurso interposto (art. 576 do CPP)
  - **1.2.1. Mitigação:** suspensão condicional do processo, prevista no art. 89 da Lei 9.099/1995

  > **Dica:** o fato de o MP não poder desistir da ação penal não implica necessário pedido de condenação. O órgão pode pedir a absolvição na fase de alegações finais, entendendo não ser caso de condenação. Bem assim, pode recorrer em favor do réu, ou, até mesmo, impetrar HC em proveito dele, visto que, mesmo atuando como autor, não perde sua permanente condição de fiscal da ordem jurídica

- **1.3. Oficialidade:** a ação penal pública está a cargo de um órgão oficial MP: art. 129, I da CF

  > ⚠ **Atenção absoluta:** diante disso, consectário do princípio da oficialidade, o art. 26 do CPP, que prevê o processo judicialiforme (iniciado pelo juiz, *ex officio*), não foi recepcionado pela CF

- **1.4. Intranscendência:** a ação penal somente pode ser proposta em face de quem se imputa a prática do delito, não atingindo seus sucessores, mesmo em caso de óbito

- **1.5. Modalidades de ação penal pública**
  - **1.5.1. Ação penal pública incondicionada:** dispensa qualquer condicionamento para seu exercício, sendo a regra do ordenamento jurídico
  - **1.5.2. Ação penal pública condicionada:** exige certas condições para o exercício da ação penal pelo MP

> **Traduzindo:** em razão da natureza do bem jurídico violado, o legislador optou por deixar a cargo da vítima (ou do Ministro da Justiça, em alguns casos), a autorização para que o MP possa dar início à ação penal
> **a) Representação do ofendido:** trata-se de anuência dada pelo ofendido para que o MP possa deflagrar a ação penal, configurando condição de procedibilidade para a instauração da ação penal
> – **Prazo para a representação:** prazo decadencial de 6 meses a contar do conhecimento da autoria da infração (art. 38 do CPP)
> – **Legitimidade para a representação:** vítima ou representante legal (vítima menor de 18 anos ou incapaz) – arts. 24 e 39 do CPP
> **Dica:** havendo discordância entre a vítima incapaz e o representante legal, haverá nomeação de curador especial (art. 33 do CPP)
> **b) Morte da vítima:** poderão oferecer representação em lugar do ofendido o cônjuge (ou companheiro), o ascendente, o descendente e o irmão (art. 24, §1º do CPP)
> **Sigla útil:** CADI
> – **Retratação da representação:** pode ocorrer até o oferecimento da denúncia (art. 25 do CPP c/c art. 102 do CP)
> **Atenção absoluta:** havendo incidência da Lei Maria da Penha, a retratação poderá ocorrer até o recebimento da denúncia, mas somente será admitida em audiência judicial designada para tal fim (art. 16 da LMP)
> **c) Requisição do Ministro da Justiça (MJ):** em outros crimes, haverá necessidade de autorização por parte do MJ, sendo ato de conveniência política a respeito da persecução penal
> **Atenção absoluta:** aqui, requisição não é sinônimo de ordem, mas autorização para a persecução penal
> – **Prazo:** diferentemente da representação, não há prazo decadencial, podendo ocorrer enquanto o delito não estiver prescrito

DIREITO PROCESSUAL PENAL

TEMA V - AÇÃO PENAL

1. Princípios da ação penal privada

- **1.1. Oportunidade e conveniência:** fica à conveniência da vítima ingressar ou não com a ação penal (questão de foro íntimo), inexistindo, aqui, obrigatoriedade

- **1.2. Disponibilidade:** o querelante dispõe do conteúdo material do processo, sendo possível a ele desistir da ação penal intentada

- **1.3. Indivisibilidade** (arts. 48 e 49 do CPP)**:** embora não esteja obrigado a intentar a ação penal, caso opte por fazê-lo, havendo concurso de agentes estará obrigado a ajuizar a queixa contra todos os que praticaram o fato

    - **1.3.1. Fiscalização da indivisibilidade:** o MP desempenha papel fundamental na fiscalização da indivisibilidade da ação privada (art. 48 do CPP)

        Traduzindo: caso a indivisibilidade não seja observada, o MP deverá instar o querelante a aditar a queixa para incluir todos os agentes criminosos, dentro do prazo decadencial (art. 46, §2º do CPP), sob pena de configurar a renúncia tácita para todos eles, com consequente extinção da punibilidade (art. 107, V do CP)

- **1.4. Legitimidade para a ação privada:** segue as mesmas regras já estudadas para a representação

- **1.5. Institutos da ação penal privada**

    - **1.5.1. Renúncia ao direito de ação** (arts. 49, 50 e 57 do CPP)**:** manifestação de vontade da vítima no sentido de não promover ação penal

        – **Momento da renúncia:** somente pode ocorrer antes do ingresso da queixa
        – **Características da renúncia:** ato unilateral da vítima, não necessitando de anuência dos agentes criminosos. Além disso, é irretratável e indivisível (a renúncia para um dos autores, importa em renúncia para todos os agentes). Por fim, pode ser expressa ou tácita.
        – **Consequência:** extinção da punibilidade do fato (art. 107, V do CP)

    - **1.5.2. Perdão do ofendido** (arts. 51, 53 e 55 a 59 do CPP)**:** manifestação de vontade do querelante indicativa do perdão ao(s) agente(s) pela prática do delito

        – **Momento do perdão:** somente é possível após o ingresso da queixa, antes do trânsito em julgado da respectiva sentença
        – **Características do perdão:** trata-se de ato bilateral, sendo necessária a aceitação do querelado para que tenha efeitos. O querelado pode desejar prosseguir no feito para provar sua inocência, não admitindo o perdão. Também pode ocorrer de forma expressa ou tácita, sendo, outrossim, irretratável e indivisível
        Dica: o silêncio do querelado frente à manifestação do perdão importa em aceitação
        – **Consequência:** extinção da punibilidade do fato (art. 107, V do CP)

    - **1.5.3. Perempção:** consequência da desídia do querelante após a instauração do processo

        – **Hipóteses de perempção** (art. 60 do CP)
        a) **Deixar de promover o andamento do processo durante 30 dias seguidos** (inciso I)
        b) **Falecendo o querelante, ou sobrevindo sua incapacidade, não comparecerem os sucessores (CADI) para prosseguir no processo em 60 dias** (inciso II)
        Exceção: ação penal privada personalíssima (ex.: art. 236 do CP)
        c) **O querelante deixar de comparecer, sem justa causa, a qualquer ato do processo** (inciso III)
        d) **Deixar de formular pedido de condenação nas alegações finais** (inciso III)
        e) **Sendo o querelante pessoa jurídica, esta se extinguir sem deixar sucessores** (inciso IV)
        – **Consequência:** extinção da punibilidade do fato (art. 107, IV, terceira figura do CP)

DIREITO PROCESSUAL PENAL

TEMA V - AÇÃO PENAL

1. Peça acusatória: a denúncia e a queixa-crime

1.1. Requisitos comuns à denúncia e à queixa (art. 41 do CPP)

1.1.1. Exposição do fato criminoso com todas as suas circunstâncias: deve ocorrer completa narrativa de acontecimento que se encaixe perfeitamente a um tipo penal

> **Dica:** o não atendimento desse requisito ensejará a inépcia da denúncia ou da queixa, dando causa à sua rejeição (art. 395, I do CPP)

1.1.2. Qualificação do acusado ou fornecimento de dados que permitam a sua identificação: a inicial deve trazer a qualificação do acusado (nome, estado civil, profissão, etc.), ou, ao menos, os dados que permitam sua segura identificação física (art. 259 do CPP), a fim de se evitar o processo criminal em face de pessoa diversa da autora do fato

1.1.3. Classificação do crime: a inicial deve tipificar a conduta delituosa descrita

> ⚠ **Atenção absoluta:** a classificação do crime dada pelo MP ou pelo querelante não vinculará o juiz, que, no momento da sentença, poderá aplicar a regra do art. 383 do CPP, conferindo nova definição jurídica para os fatos narrados na inicial *(emendatio libelli)*. Não se trata, portanto, de causa para inépcia da inicial o erro na classificação jurídica do crime

1.1.4. Rol de testemunhas: a inicial é o momento processual para indicação das testemunhas que eventualmente se pretenda ouvir na fase instrutória, sob pena de preclusão

1.1.5. Pedido de condenação: a inicial deve trazer pedido de condenação, que deve ser, preferencialmente, expresso

1.1.6. Endereçamento: deve ocorrer com observância das regras de competência

1.1.7. Identificação do acusador: o órgão legitimado para a acusação deve, ao final da peça, identificar-se e assiná-la, sob pena de inexistência do ato

1.2. Requisito específico da queixa (art. 44 do CPP):
além dos requisitos comuns acima delineados, a queixa precisa vir acompanhada de procuração com poderes especiais, consistentes em: nome do querelado e menção ao fato criminoso

> 💡 **Dica:** com isso, em caso de denunciação caluniosa, define-se que o autor do delito é o querelante (que outorgou a procuração com poderes especiais) e não o advogado

1.3. Prazo para oferecimento da denúncia:
se não observado, surge a possibilidade de a vítima ingressar com ação penal privada subsidiária da pública (art. 29 do CPP)

1.3.1. Regra: 5 dias em caso de réu preso; 15 dias em caso de réu solto

1.3.2. Prazos especiais

– **Crimes eleitorais:** 10 dias, indiciado preso ou solto (art. 357 da CE)
– **Tráfico de drogas:** 10 dias, indiciado preso ou solto (art. 54, III da Lei 11.343/2006)
– **Abuso de autoridade:** 48h, indiciado preso ou solto (art. 13 da Lei 4898/1965)
– **Crimes contra a economia popular:** 2 dias, indiciado preso ou solto (art. 10, §2º da Lei 1.521/1951)

1.4. Prazo para oferecimento da queixa

1.4.1. Regra: 6 meses (art. 38 do CPP), contados do conhecimento da autoria

1.4.2. Prazos especiais

– **Induzimento a erro essencial e ocultação de impedimento ao casamento** (art. 236, parágrafo único do CP): o prazo também é de 6 meses, mas o termo inicial é o trânsito em julgado da sentença de anulação do casamento
– **Crimes contra a propriedade imaterial que deixarem vestígios:** homologado o laudo pericial, a vítima terá 30 dias para ingressar com a queixa, sob pena de decadência. Se o laudo não for homologado em 6 meses, opera-se normalmente a decadência, sendo este o prazo máximo observado em tais crimes

DIREITO PROCESSUAL PENAL

Tema VI - Jurisdição e competência

1. Jurisdição: sendo vedada, em regra, a autotutela, o estado avocou para si, por meio da atividade jurisdicional, a pacificação dos conflitos sociais, agindo em substituição à vontade das partes envolvidas

- **1.1. Conceito de jurisdição:** poder-dever de o Estado aplicar o direito ao caso concreto, por meio de um processo, como forma de pacificar os conflitos sociais

- **1.2. Princípios da jurisdição**
  - **1.2.1. Investidura:** a jurisdição somente pode ser exercida por magistrado, investido na função jurisdicional
  - **1.2.2. Indelegabilidade:** não pode um órgão jurisdicional delegar sua função a outro, ainda que também órgão jurisdicional
    - 🚫 **Exceções à indelegabilidade:** expedição de cartas precatória e rogatória, substituição de juízes em férias ou outras hipóteses de afastamento, etc
  - **1.2.3. Inafastabilidade:** previsto no art. 5º, XXXV da CF, segundo o qual *"a lei não excluirá da apreciação do Poder Judiciário lesão ou ameaça a direito"*
  - **1.2.4. Inevitabilidade:** a jurisdição não está sujeita à vontade das partes, não sendo lícito a qualquer delas recusar seu exercício
    - 💡 **Dica:** na esfera cível há "equivalentes jurisdicionais" como a mediação e a arbitragem, que serão utilizados a depender da vontade das partes, mas o mesmo não ocorre no âmbito da justiça criminal em que a atividade jurisdicional, como vimos, é irrecusável
  - **1.2.5. Improrrogabilidade:** o exercício da jurisdição pelo magistrado somente pode ocorrer dentro dos limites que lhe são traçados pela lei, tanto em relação à abrangência territorial, como em relação à matéria a ser apreciada
  - **1.2.6. Correlação:** a atividade jurisdicional deve corresponder ao pedido formulado na inicial, em razão da característica da inércia da jurisdição, sendo vedado o julgamento extra, citra ou ultra petita

- **1.3. Características da jurisdição**
  - **1.3.1. Inércia:** a atuação inicial dos órgãos jurisdicionais depende de provocação da parte, sendo totalmente vedado ao juiz dar início à ação penal
  - **1.3.2. Substitutividade:** o Estado, por meio da jurisdição, substitui a vontade das partes
  - **1.3.3. Atuação do Direito:** a atividade jurisdicional tem por objetivo aplicar o direito ao caso concreto
  - **1.3.4. Imutabilidade:** após o trânsito em julgado da sentença, torna-se imutável aquilo que ficou decidido pelo órgão julgador
    - ⚠️ **Atenção absoluta:** é preciso estar atento que, no processo penal, somente a sentença absolutória definitiva é imutável (não podendo, portanto, haver a reabertura do caso). A imutabilidade não se aplica às sentenças condenatórias definitivas, uma vez que é possível impugná-las por meio de ação de revisão criminal (vide arts. 621 e ss. do CPP)

DIREITO PROCESSUAL PENAL

TEMA VI - JURISDIÇÃO E COMPETÊNCIA

1. Competência – I

1.1. Conceito: competência é a medida da jurisdição

🔊 **Traduzindo:** todos os juízes possuem jurisdição. Porém, as regras de competência atribuem a cada um desses órgãos o efetivo exercício da função jurisdicional, limitando o campo de aplicação do direito objetivo ao caso concreto por determinado juiz

1.2. Competência em razão da matéria (*ratione materiae*): considera a natureza da infração penal praticada. A depender dela, conclui-se pela competência da Justiça Comum (Federal ou Estadual) ou da Justiça Especial (Militar ou Eleitoral)

1.2.1. Competência da Justiça Eleitoral: é competente para julgar os crimes eleitorais (arts. 118 a 121 da CF e Lei 4.737/1965). Ex.: calúnia cometida em período de campanha eleitoral

⚠️ **Atenção absoluta:** O STF, no julgamento do Inquérito 4435, decidiu ser de competência da Justiça Eleitoral, também, o julgamento dos crimes conexos aos delitos eleitorais, até então de competência da Justiça Comum

1.2.2. Competência da Justiça Militar: competência para julgar os crimes militares, definidos no art. 9º do CPM

⚠️ **Atenção absoluta:** Com o advento da Lei n. 13.491/17, houve uma ampliação do conceito de crimes militares do artigo 9º já mencionado. Em grande síntese, passou-se a considerar crime militar e, portanto, de competência da Justiça Castrense, qualquer delito praticado por militar contra civil, quando o primeiro estiver no exercício de suas funções. Ressalva é feita para o crime doloso contra a vida, que permanece de competência do Tribunal do Júri da Justiça Estadual, mesmo quando praticado por militar contra civil

💡 **Dica:** A Justiça Militar subdivide-se em Justiça Militar Estadual (art. 125, §4º da CF) e Justiça Militar da União. A primeira detém competência para julgar os crimes militares praticados por policiais militares e bombeiros. A segunda, para julgar membros das Forças Armadas (Exército, Marinha e Aeronáutica) (art. 124 da CF)

⚠️ **Atenção absoluta:** A JME não tem competência para julgar civil, ainda que este cometa crime em concurso com militar (súmula 53 do STJ). Já a JMU, pode vir a processar civil, quando este praticar crime em concurso com membros das Forças Armadas

1.2.3. Justiça Comum Federal: competência expressamente fixada nas hipóteses do art. 109 da CF, que traz rol taxativo. Principais hipóteses:

– **Crimes políticos** (inciso IV, 1ª parte)**:** definidos na Lei 7.170/1983
– **Crime praticados em detrimento da União, suas autarquias e empresas públicas** (inciso IV, parte final)**:** não inclui contravenções penais, que serão julgadas pela Justiça Comum Estadual; nem os crimes praticados contra sociedade de economia mista (ex.: Banco do Brasil e Petrobrás), salvo se houver interesse jurídico da União (STF, RE 614.115)
– **Crimes previstos em tratados ou convenções internacionais, quando, iniciada a execução no país, o resultado tenha ou devesse ter ocorrido no estrangeiro, ou reciprocamente** (inciso V)**:** p. ex., tráfico internacional de drogas
– **Causas relativas a direitos humanos** (inciso V-A)**:** possibilidade de federalização dos crimes contra direitos humanos. Inicialmente, a competência é da Justiça Estadual, mas o PGR poderá suscitar incidente de deslocamento de competência para a JF (art. 109, §5º da CF)
– **Crimes a bordo de navios ou aeronaves** (inciso IX)**:** competência que subsiste mesmo nas hipóteses de navio atracado ou aeronave pousada. A competência será da JF dos locais indicados nos arts. 89 e 90 do CPP

1.2.4. Justiça Comum Estadual: competência residual para os casos que não sejam da Justiça Especial (Eleitoral ou Militar) ou da Comum Federal

💡 **Dica:** Com base no mencionado caráter residual, interessante observar que o STJ decidiu ser a Justiça Estadual competente para julgar crimes envolvendo transações com bitcoins (STJ, CC 161123)

DIREITO PROCESSUAL PENAL

Tema VI - Jurisdição e competência

1. Competência II

1.3. Competência em razão da pessoa (ratione personae): diz respeito ao foro por prerrogativa de função

1.3.1. STF

– **Infrações penais comuns** (art. 102, I, b da CF): compete ao STF julgar o Presidente, o Vice-Presidente, Deputados, Senadores, Ministros do STF e o PGR

– **Infrações penais comuns e crimes de responsabilidade** (art. 102, I, c da CF): membros de Tribunais Superiores (STJ, TST, TSE e STM), membros do TCU, chefes de missão diplomática permanente; os Ministros de Estado; e os Comandantes das Forças Armadas. Note que, no caso destes dois últimos (Ministros de Estado e Comandantes das Forças Armadas), se praticarem crime de responsabilidade em conexão com o do Presidente da República ou com o Vice-Presidente, a competência será do Senado Federal (e não do STF) – vide art. 52, I da CF

Dica: certas autoridades, embora não tenham sido mencionadas pelo art. 102, I, c da CF (examinado anteriormente), terminaram, por força de lei federal (art. 25, parágrafo único da Lei 10.683/2003), sendo equiparadas a Ministros de Estado. São elas: o AGU; o Presidente do BACEN; o Chefe da Casa Civil; e o Controlador-Geral da União. Assim, essas autoridades, caso pratiquem infrações penais comuns ou crimes de responsabilidade, *também serão processadas e julgadas pelo STF*

1.3.2. STJ

– **Crimes comuns** (art. 105, I, a da CF): Governadores dos Estados e do DF
– **Crimes comuns e responsabilidade** (art. 105, I, a da CF): Desembargadores dos TJs e do TJDFT; membros dos TCEs e TCDF; membros dos TRFs, TREs e TRTs; membros dos Conselhos ou TCMs; e os do MPU que oficiem perante os Tribunais (Procuradores Regionais da República, por exemplo)

1.3.3. TRF (art. 108, I, a da CF): nos crimes comuns e de responsabilidade, julgar os juízes federais de sua área de jurisdição, incluindo aqueles da Justiça Militar e da Justiça do Trabalho; os membros do Ministério Público da União (inclusive os do MPDFT – conforme STJ, HC 67416/DF, DJe 10/09/2007)

1.3.4. TJ (art. 96, III da CF): nos crimes comuns e de responsabilidade, julgar os juízes estaduais e membros do MP dos Estados da sua esfera de jurisdição

– **Prefeito** (art. 29, X da CF): por força do art. 29, X da CF, caso pratique crime comum, também deverá ser julgado pelo TJ. Agora, se praticar crime eleitoral ou federal, a competência passará, respectivamente, ao TRE e TRF (critério de simetria) – consultar súmula 702 do STF, e súmulas 208 e 209 do STJ

– **Deputado Estadual:** em razão do art. 27, § 1º, c/c art. 25 da CF, caso pratique crime comum, também deverá ser julgado pelo TJ. Agora, se praticar crime eleitoral ou federal, a competência passará, respectivamente, ao TRE e TRF (critério de simetria)

Atenção absoluta: Durante o julgamento da Ação Penal 937, em questão de ordem, os ministros do STF decidiram que o foro por prerrogativa de função dos parlamentares federais somente é aplicável aos crimes praticados durante o exercício do cargo e em razão dele. Ex: crime do artigo 129, §9º, do CP, praticado por Senador contra o cônjuge deve ser julgado pelo Juízo de 1ª instância por não ter sido praticado em razão do cargo. Além disso, fixaram o desfecho da instrução processual (publicação da decisão de intimação para apresentação de alegações finais) como momento da fixação definitiva da competência em caso de superveniência de alteração do substrato fático que alicerça a competência em razão da pessoa, como no caso de diplomação ou renúncia posteriores ao marco (STF, AP 937 QO/RJ, rel. Min. Barroso, j. em 3/5/18). Ex: indivíduo julgado em primeira instância torna-se deputado federal após o desfecho da instrução. O processo segue no Juízo de origem. Posteriormente, em 7.5.18, o STJ estendeu o entendimento do STF às autoridades com foro sob sua jurisdição (STJ, AP 866, rel. Min. Luis Felipe Salomão)

DIREITO PROCESSUAL PENAL
TEMA VI - JURISDIÇÃO E COMPETÊNCIA

1. Competência – III

1.4. Competência em razão do lugar *(ratione loci)*: trata-se de complemento das regras anteriores, visto que, após verificar a Justiça Competente em razão da matéria ou da pessoa, será, sempre, necessário identificar o foro competente

1.4.1. Regra geral (art. 70 do CPP): em regra, o juízo competente será o da respectiva justiça (em razão da matéria ou da pessoa) do local da consumação do crime

Dica: adotou-se a teoria do resultado, diferentemente do que ocorre no local do crime para fins penais (art. 6º do CP), regra reservada para dispor sobre a incidência da lei brasileira aos crimes de espaço máximo, entendidos como aqueles em que o início da execução ocorre no Brasil, e o resultado em outro país, e reciprocamente
– **Crime tentado:** competente o local onde o último ato de execução foi praticado
– **Crime de espaço máximo (crime à distância):** se, iniciada a execução no território nacional, a infração se consumar fora dele, a competência será determinada pelo lugar em que tiver sido praticado, no Brasil, o último ato de execução (art. 70, § 1º do CPP)
Atenção absoluta: quando o último ato de execução, diferentemente da hipótese acima tratada, foi praticado fora do território nacional, será competente o juiz do lugar em que o crime, embora parcialmente, tenha produzido ou devia produzir o resultado (art. 70, §2º do CPP)
– **Infração de Menor Potencial Ofensivo:** adota-se a teoria da atividade (e não do resultado), sendo a competência fixada pelo local da ação ou da omissão (art. 63 da Lei 9.099/1995)

1.4.2. Imprecisão do local da consumação: a competência fixa-se pela prevenção, tornando-se competente o juiz que primeiro tomar conhecimento do fato (art. 83 do CPP)

Traduzindo: Conforme os arts. 70, § 2º, e 71 do CPP, fixa-se a competência por prevenção nas seguintes hipóteses: I. Quando o crime ocorre na divisa entre duas comarcas ou for incerto o limite entre elas; II. Em caso de crime continuado ou permanente praticado em território de duas ou mais "jurisdições" (comarcas, na verdade – o texto do CPP foi impreciso neste particular)

1.4.3. Domicílio do réu (art. 72 do CPP): critério subsidiário à regra geral, aplicado quando for totalmente impossível aferir o local da infração. Assim, não sendo conhecido o lugar da infração, será competente o foro do domicílio ou da residência do réu

Dica: em caso de ação penal exclusivamente privada, o querelante poderá optar entre propor a ação no local da consumação ou no domicílio do réu (art. 73 do CPP)

1.4.4. Crime praticado no exterior (art. 88 do CPP): a competência será fixada de acordo com a última residência em território brasileiro, ou, caso nunca tenha residido aqui, na capital da República

1.5. Competência absoluta x competência relativa: ver quadro comparativo

Competência absoluta	Competência relativa
Regra criada com base no interesse público	Regra criada com base no interesse preponderante das partes
Insuscetível de modificação pela vontade das partes ou do juiz	Possibilidade de flexibilização ou relativização
Causa de nulidade absoluta: pode ser arguida a qualquer tempo, ser reconhecida de ofício pelo juiz e o prejuízo é presumido	Causa de nulidade relativa: deve ser arguida em momento oportuno, não pode ser reconhecida de ofício pelo juiz e o prejuízo deve ser demonstrado
Exemplos: competência em razão da matéria e da pessoa	Exemplo: competência territorial

DIREITO PROCESSUAL PENAL

Tema VI - Jurisdição e competência

1. Competência IV

1.1. Modificação de competência: em algumas situações, é preciso haver modificação da competência visando à uniformidade dos julgados, à segurança jurídica e à economia processual. Exs.: conexão, continência e desaforamento dos processos do Tribunal do Júri

1.1.1. Conexão (art. 76 do CPP): é o nexo entre duas ou mais infrações que aconselha a junção dos processos, proporcionando ao julgador uma melhor visão sobre o caso, além de atender a razões de economia processual e evitar decisões conflitantes sobre casos análogos

Classificação
– **Conexão intersubjetiva** (art. 76, I do CPP): duas ou mais infrações interligadas forem praticadas por duas ou mais pessoas. Subdivide-se em:
a) **Intersubjetiva por simultaneidade:** quando várias infrações, praticadas ao mesmo tempo, por várias pessoas reunidas
b) **Intersubjetiva concursal:** quando vários indivíduos, previamente ajustados, praticam diversas infrações, em circunstâncias distintas de tempo e de lugar
c) **Intersubjetiva por reciprocidade:** quando forem cometidas duas ou mais infrações, por diversas pessoas, mas umas contra as outras
– **Conexão objetiva** (artigo 76, II do CPP): ocorre quando uma infração é praticada para facilitar ou ocultar outra, ou para conseguir impunidade ou vantagem. Aqui, há um vínculo relacionado à motivação do crime. Divide-se em:
a) **Teleológica:** uma infração é cometida para facilitar a prática de outra. Ex.: lesão corporal contra o pai de uma criança para sequestrá-la
b) **Consequencial:** uma infração é cometida para conseguir a ocultação, impunidade ou vantagem de outra já praticada. Ex.: homicídio de testemunha para conseguir a impunidade de outro crime
– **Conexão probatória ou instrumental** (art. 76, III do CPP): ocorre quando a prova de uma infração influi na prova de outra. Ex.: a prova da existência do furto influi na prova da receptação

1.1.2. Continência: é o vínculo que liga uma pluralidade de infratores a apenas uma infração ou a reunião em decorrência do concurso formal de crimes, em que várias infrações decorrem de uma conduta

Classificação
– **Cumulação Subjetiva** (art. 77, I do CPP): duas ou mais pessoas estão sendo acusadas da mesma infração
– **Cumulação objetiva** (art. 77, II do CPP): ocorre em todas as modalidades de concurso formal (art. 70 do CP), incluindo o *aberratio ictus* (art. 73, 2ª parte do CP) e *aberratio criminis* (art. 74 do CP)

1.1.3. Foro prevalente: caracterizada a conexão ou a continência, impõe-se a definição de qual o foro competente

– **Crime doloso contra a vida e crime comum** (art. 78, I do CPP): prevalece a competência do Tribunal do Júri
– **Concurso de jurisdições da mesma categoria** (art. 78, II do CPP): prepondera o lugar da infração da pena mais grave. Se forem iguais as penas, prevalece a do lugar em que houver ocorrido o maior número de infrações. Por fim, se os critérios anteriores não solucionarem, prevalecerá o Juízo prevento
– **Concurso de jurisdições de diversas categorias** (art. 78, III do CPP): prevalecerá a de maior graduação
– **Concurso de jurisdição comum e especial** (art. 78, IV do CPP): prevalece a especial

💡 **Dica:** embora não esteja previsto no dispositivo, havendo concurso entre crimes da Justiça Estadual e da Federal, esta prevalecerá, atraindo para si o julgamento de ambos os delitos (súmula 122 do STJ)

DIREITO PROCESSUAL PENAL

Tema VI - Jurisdição e competência

1. Competência – V

- **1.1. Separação de processos:** há casos em que, ainda que haja conexão ou continência, é possível que os processos tramitem separadamente

  - **1.1.1. Separação obrigatória** (art. 79 do CPP): impõe-se a separação dos processos
    - **Concurso entre jurisdição comum e militar:** súmula 90 do STJ
    - **Concurso entre jurisdição comum e Justiça da Infância:** não é possível reunir processos por crime e ato infracional
    - **Doença mental superveniente:** três réus estão sendo processados e um deles passa a sofrer de insanidade mental. Haverá o desmembramento dos processos e o processo ficará suspenso quanto ao réu insano

  - **1.1.2. Separação facultativa** (art. 80 do CPP)
    - **Infrações praticadas em circunstâncias de tempo e lugar distintas:** a depender do caso, pode ser conveniente a separação dos processos para uma melhor colheita probatória
    - **Houver número excessivo de acusados:** o grande número de acusados pode acarretar sério prejuízo à duração do processo, pois deve ser dada a oportunidade às oitivas de todas as testemunhas, à apresentação de provas por todos eles, bem como às suas defesas técnicas e interrogatórios. Assim, o juiz, à luz do caso concreto, poderá proceder à separação dos processos
    - **Surgir qualquer outro motivo relevante:** a lei aqui não é específica, deixando, portanto, ao prudente arbítrio do juiz a decisão a respeito da separação de processos. De todo o modo, essa decisão deverá ser fundamentada

- **1.2. Conflito de competência:** ocorre quando dois ou mais Juízes ou Tribunais consideram-se competentes ou incompetentes para processar e julgar a causa

  - **1.2.1. Conflito positivo** (art. 114, I, primeira parte do CPP): dois ou mais Juízes consideram-se competentes para processar e julgar a causa

  - **1.2.2. Conflito negativo** (art. 114, I, segunda parte do CPP): quando dois ou mais órgãos jurisdicionais julgam-se incompetentes para apreciar a causa

  - **1.2.3. Competência para decidir o conflito**
    - **STF** (art. 102, I, o da CF): possui competência para decidir conflitos entre
      (a) STJ e quaisquer tribunais. Ex.: STJ x TRF;
      (b) Tribunais superiores. Ex.: STJ x TSE;
      (c) Tribunais superiores e qualquer outro tribunal. Ex.: TSE x TJ
    - **STJ** (art. 105, I, d da CF): decide conflitos entre
      (a) quaisquer tribunais, exceto os superiores. Ex.: TRF x TJ;
      (b) Tribunal e juízes não vinculados. Ex.: TRF 1ª Região x juiz federal do TRF 5ª Região;
      (c) juízes vinculados a tribunais distintos. Ex.: juiz federal x juiz estadual
    - **TRF** (art. 108, I, e da CF): decide conflitos entre juízes federais vinculados ao próprio tribunal
    - **TJ:** pelo critério da simetria, compete-lhe julgar conflito de competência entre juízes estaduais a ele vinculados, abrangendo os magistrados da vara comum, dos juizados criminais, das turmas recursais etc. Ver os seguintes julgados a respeito: STF, RE 590409/RJ, DJe 29/10/2009; STJ EDcl no AgRg no CC 105796/RJ, DJ 30/09/2010

DIREITO PROCESSUAL PENAL
Tema VII - Questões e processos incidentes

1. Questões prejudiciais

1.1. Conceito: são as questões relacionadas ao direito material, penal ou extrapenal, mas que possuem ligação com o mérito da causa penal, motivo pelo qual se impõe a sua solução antes do julgamento do processo criminal. Ex.: Fulano está sendo processado pelo crime de bigamia e alega em sua defesa, entre outros aspectos, a invalidade do 1º casamento

Traduzindo: Da situação anteriormente indicada, identificamos como questão prejudicial a nulidade do 1º casamento, que tem natureza cível (extrapenal), e como questão prejudicada, ou seja, a que está condicionada à solução da prejudicial, o crime de bigamia. Se o casamento for nulo, não há que se falar em bigamia

1.2. Classificação

1.2.1. Quanto à matéria acerca da qual versam

– **Homogêneas:** quando a questão prejudicial versa sobre matéria do mesmo ramo do Direito da questão principal. Ex.: furto em relação à receptação, pois esta última pressupõe a procedência criminosa do bem

– **Heterogêneas:** *quando pertencem a outro ramo do Direito que não o da questão principal.* Ex.: validade do casamento (cível) em relação ao crime de bigamia (penal). Estas, podem ser, ainda, quanto à necessidade de suspensão do processo criminal:

a) Heterogêneas obrigatórias (necessárias ou devolutivas absolutas – art. 92 do CPP)**:** ocorre quando há questão prejudicial sobre o estado civil. O processo criminal será obrigatoriamente suspenso pelo juiz penal até que a questão prejudicial seja resolvida pelo juiz cível

Dica: nessa hipótese, não há prazo determinado para a suspensão (provas urgentes poderão ser produzidas, no entanto); sendo que o prazo prescricional ficará suspenso, por força do disposto no art. 116, I do CP

b) Heterogêneas facultativas (devolutivas relativas – art. 93 do CPP)**:** embora haja uma questão prejudicial a ser resolvida no cível, o juiz penal não está obrigado a suspender o curso do processo criminal. Caso não o suspenda, o próprio juiz, na sentença, decidirá a prejudicial, que não terá efeito *erga omnes.* Ex.: crime de furto e discussão da propriedade do bem no juízo cível

DIREITO PROCESSUAL PENAL
TEMA VII - QUESTÕES E PROCESSOS INCIDENTES

1. Processos incidentes:

- **1.1. Conceito:** também precisam ser resolvidos pelo juiz antes de decidir a causa principal, dizendo respeito ao processo (à sua regularidade formal)

  - **1.1.1. Exceções** (art. 95 do CPP): meios de defesa indireta, de natureza processual, que versa sobre a ausência das condições da ação ou dos pressupostos processuais

    Dica: podem ser **peremptórias** (objetivam a extinção do processo. Ex.: exceção de coisa julgada) e **dilatórias** (*objetivam prolongar o curso do processo.* Ex.: exceção de incompetência). Vejamos as principais:
    – **Exceção de suspeição:** visa a combater a parcialidade do juiz. Precede às outras exceções, pois, antes de qualquer coisa, é preciso haver um juiz imparcial
    a) **Hipóteses de suspeição:** constam do art. 254 do CPP
    b) **Procedimento da exceção de suspeição:** consta dos arts. 97 a 106 do CPP
    – **Exceção de incompetência** (arts. 108 e 109 do CPP): visa a corrigir a competência do juiz

- **1.2. Restituição de coisas apreendidas** (arts. 118 a 124 do CPP): os objetos apreendidos em decorrência do crime praticado, não sendo ilícitos e não havendo dúvidas quanto àquele que os reclama, serão devolvidos à pessoa pelo delegado ou pelo juiz, por meio de simples pedido de restituição

  - **1.2.1. Casos de não restituição**

    – **Objetos que interessam ao processo:** se tais objetos importarem ao processo, não poderão ser restituídos até o trânsito em julgado da sentença (art. 118 do CPP)
    – **Instrumentos do crime cujo uso é proibido** (art. 91, II do CP): Ex.: armas pertencentes ao exército, de uso proibido pelo civil
    – **Perdimento de bens decretado na Lei de Drogas:** art. 63 e seguintes da Lei 11.343/2006

- **1.3. Medidas assecuratórias** (arts. 125 a 144-A do CPP) visam a assegurar, de forma preventiva, a reparação dos danos à vítima e à coletividade em caso de futura sentença penal condenatória

  - **1.3.1. Sequestro:** visa à retenção de bens imóveis e móveis adquiridos com o proveito da infração penal

    – **Requisito:** indícios veementes da proveniência ilícita dos bens (art. 126 do CPP)
    – **Destinação final do bem em caso de sentença condenatória:** avaliação do bem e a venda deste em leilão público. Os valores decorrentes desse leilão serão recolhidos ao Tesouro Nacional, excetuada a parte correspondente ao ofendido ou ao terceiro de boa-fé

  - **1.3.2. Hipoteca legal** (art. 134 do CPP): recai sobre os bens imóveis de origem **lícita** do réu. Visa a assegurar que o réu tenha patrimônio suficiente para ressarcir os danos experimentados pela vítima

  - **1.3.3. Arresto prévio ou preventivo** (art. 136 do CPP): medida acautelatória da hipoteca legal (procedimento demorado), que garante a inalienabilidade do bem, para a ultimação daquela

    – **Revogação do arresto preventivo:** ocorre se, em 15 dias, não foi promovida a hipoteca legal dos bens constritos (art. 136, parte final do CPP)

  - **1.3.4. Arresto** (arts. 137 a 144 do CPP): é uma medida semelhante à hipoteca legal, recaindo, porém, sobre bens móveis lícitos do agente

- **1.4. Incidente de falsidade documental** (arts. 145 a 148 do CPP): visa a impugnar documento tido por inidôneo. Somente pode ocorrer no curso do processo

- **1.5. Incidente de insanidade mental** (arts. 149 a 154 do CPP): trata-se de incidente que visa a averiguar a higidez mental do réu/indiciado. Pode ser instaurado em qualquer fase do processo ou do IP, pelo juiz, de ofício, ou a pedido do MP, do delegado, do defensor ou dos familiares do acusado (CADI)

DIREITO PROCESSUAL PENAL
TEMA VIII - PROVA

1. Teoria Geral da Prova I

- **1.1. Conceito de prova:** é todo elemento pelo qual se procura demonstrar a veracidade de uma alegação ou de um fato, buscando, com isso, influenciar o convencimento do julgador

  - **1.1.1. Objeto da prova:** são os fatos, principais ou secundários, que, por serem capazes de gerar dúvida no magistrado, precisam ser demonstrados (provados)

  - **1.1.2. Objetivo da prova:** a prova visa a convencer (influenciar) o juiz a respeito de determinado fato/argumento

  - **1.1.3. Objeto de prova:** diz respeito ao que é e ao que não é necessário ser demonstrado. Certos fatos não precisam ser provados, não sendo, portanto, objeto de prova. Vejamos quais são eles:
    - **Fatos notórios:** não precisa ser demonstrado ao juiz que, por exemplo, no dia 25 de dezembro se comemora o Natal
    - **Fatos axiomáticos:** são os considerados evidentes. Ex.: não será preciso fazer exame interno no cadáver quando o falecimento tiver decorrido de decapitação. É que a decapitação é causa (fato axiomático) evidente da morte da pessoa. *Vide* art. 162 do CPP
    - **Presunções absolutas:** não precisa ser demonstrado ao juiz que, por exemplo, o menor de 18 é inimputável, pois se trata de presunção legal absoluta (critério biopsicológico adotado pelo legislador)
    - **Fatos inúteis:** não tendo qualquer relevância para o processo, os fatos inúteis também não serão objeto de prova. Ex.: a religião da vítima, não tendo qualquer relação com o fato criminoso, não será objeto de prova, visto ser considerada fato inútil

  - **1.1.4. Meios de prova:** é tudo o que pode servir à comprovação dos fatos narrados no processo. Ex.: testemunha, documento, perícia, etc.

- **1.2. Sistemas de apreciação da prova pelo juiz**

  - **1.2.1. Sistema da prova legal ou tarifada (certeza moral do legislador):** a lei estipula o valor de cada prova, estabelecendo inclusive hierarquias, engessando o julgador

    - **Dica:** resquício deste sistema entre nós: parágrafo único do art. 155 do CPP (o estado das pessoas deve ser provado de acordo com a lei civil. Assim, a filiação não pode ser provada por meio de prova testemunhal)

  - **1.2.2. Sistema da convicção íntima (ou certeza moral do julgador):** o julgador decide com base na sua íntima convicção, sendo desnecessária a fundamentação. Vigora entre nós apenas em relação aos jurados no Tribunal Júri

  - **1.2.3. Sistema do livre convencimento motivado (ou persuasão racional do juiz):** o juiz é livre para julgar. Porém, deve fazê-lo de forma fundamentada – art. 93, IX da CF. É a regra que vigora entre nós

- **1.3. Ônus da prova** (art. 156 do CPP)**:** aquele que alega algo tem o ônus de provar o que alegou

  - **Traduzindo:** prevalece na comunidade jurídica o entendimento de que o ônus da prova *se reparte* entre a acusação e a defesa. À primeira (à acusação) incumbe provar a existência do fato e sua respectiva autoria, a tipicidade da conduta, o elemento subjetivo da infração (dolo ou culpa), bem como eventuais agravantes, causas de aumento e/ou qualificadoras alegadas. A defesa, por sua vez, tem o ônus de provar eventuais alegações que faça sobre excludentes de tipicidade, ilicitude e/ou culpabilidade, circunstâncias atenuantes e causas de diminuição da pena

DIREITO PROCESSUAL PENAL

Tema VIII - Prova

1. Teoria Geral da Prova II

1.4. Provas inadmissíveis: apesar de as partes possuírem amplo direito à prova (direito de tentar, por meio de provas, influenciar o convencimento julgador), este direito não é, logicamente, ilimitado, sendo vedada a utilização de prova ilícita (ex.: confissão mediante tortura)

1.4.1. Espécies de provas inadmissíveis: classificação doutrinária

- **Provas ilícitas:** obtida com violação a normas constitucionais ou legais, violando o direito material (art. 157 do CPP)
- **Prova ilegítima:** violadora de normas e princípios de direito processual (Ex.: art. 159, §1º do CPP)

1.4.2. Consequência da inadmissibilidade da prova: reconhecida a ilicitude (ou ilegitimidade) da prova, deverá ser ela desentranhada dos autos por meio de decisão judicial. Preclusa esta decisão, a prova deverá então ser inutilizada, também por meio de decisão judicial (vide § 3º do art. 157 do CPP)

1.4.3. Provas ilícitas por derivação (art. 157, §1º do CPP): são igualmente consideradas ilícitas as provas que derivem da ilícita (chamadas de *ilícitas por derivação*). Trata-se da adoção da teoria norte-americana *fruits of the poisonous tree* (frutos da árvore envenenada). Ex.: após obter uma confissão mediante tortura (prova ilícita), agentes policiais descobrem o local onde certa quantidade de droga estava escondida e a apreendem observando a lei (prova, em tese, lícita, que, por derivação, acaba se tornando igualmente ilícita)

1.4.4. Teorias que afastam a ilicitude da prova

- **Teoria da fonte independente** *(independent source doctrine)*: fonte independente é *aquela que por si só, seguindo os trâmites típicos e de praxe, próprios da investigação ou instrução criminal, seria capaz de conduzir ao fato objeto da prova* art. 157, §2º do CPP)

  Dica: o conceito legal de fonte independente brasileiro não corresponde à sua origem norte-americana (Bynum x US). Ao contrário, o dispositivo legal utiliza a definição da teoria da descoberta inevitável

  Traduzindo: considera-se fonte independente aquela que não possui ligação causal e cronológica com a prova ilícita já produzida. Em decorrência disso, estará livre de qualquer vício e será aproveitada no processo

- **Teoria da descoberta inevitável** *(inevitable discovery exception):* aproveita-se a prova derivada da ilícita se esta seria obtida de qualquer maneira, por meio de diligências válidas na investigação, afastando-se o vício (STF, HC 91867/PA, DJ 20/09/2012 e STJ, Info. nº 447, período de 13 a 17/09/2010 e HC 152.092/RJ, DJ 28/06/2010)

  Exemplo: um indivíduo que cometeu homicídio e ocultou o corpo, mediante tortura (prova ilícita), confessa o crime e o local onde deixou o cadáver. Porém, uma busca no local estava em andamento ou estava no planejamento da investigação e foi/seria suficiente para descobrir o corpo, ainda que não houvesse a confissão. A prova, portanto (descoberta do cadáver), deve ser admitida

- **Prova ilícita a favor do réu:** a comunidade jurídica tem amplamente aceitado a prova ilícita quando utilizada em *prol do réu*. É que aqui se entende que o *status libertatis* do indivíduo deve suplantar a vedação à prova ilícita

DIREITO PROCESSUAL PENAL
Tema VIII - Prova

1. Provas em espécie I

1.1. Exame de corpo de delito: exame pericial imprescindível para constatação dos vestígios resultantes da conduta do núcleo do tipo penal (denominado *corpo de delito*), necessário, portanto, para a comprovação da própria existência do crime

1.1.1. Exame de corpo de delito x prova pericial: embora o exame de corpo de delito seja uma espécie de prova pericial, com ela não se confunde. Por ser a prova da própria materialidade do fato, a ausência do exame de corpo de delito gera nulidade do processo (art. 564, III, b do CPP), ao passo que a ausência da prova pericial em geral apenas influencia no convencimento do julgador

= **Exemplo:** num homicídio, a necropsia é o exame de corpo de delito, indispensável à prova da materialidade do fato. Por outro lado, um exame de balística realizado em determinada arma de fogo, visando a estabelecer a autoria do crime, é prova pericial cuja ausência pode enfraquecer o conjunto probatório, influenciando no convencimento do julgador

1.1.2. Obrigatoriedade: é obrigatório nos crimes que deixam vestígios. Nem mesmo a confissão pode suprir sua falta (art. 158 do CPP). A ausência ainda acarreta a nulidade do processo (art. 564, III, b do CPP)

1.1.3. Modalidades
- **Exame de corpo de delito direto:** é a regra, devendo ser realizado diretamente sobre o corpo de delito
- **Exame de corpo de delito indireto:** excepcionalmente, pode ser realizado o exame de corpo de delito na modalidade indireta, ou seja, pautado em outras provas idôneas (testemunhal, documental, etc.) que indiquem as características do corpo de delito (art. 167 do CPP)

= **Exemplo:** crime de lesão corporal, a vítima vai ao médico que emite um relatório indicando as lesões. Com o desaparecimento dos vestígios sem a realização do exame direto, o laudo pode ser feito indiretamente, a partir dos dados do relatório médico

⚠ **Atenção Absoluta:** A Lei n. 13.721/18 acrescentou ao artigo 158, parágrafo único, do CPP, hipóteses nas quais há prioridade da realização do exame de corpo de delito, sendo elas violência doméstica e familiar contra a mulher, violência contra criança, adolescente, idoso ou pessoa com deficiência. Compete, assim, à autoridade policial que preside a investigação garantir as prioridades previstas no diploma processual

1.1.4. Legitimidade para realização: deve ser feito por perito oficial, portador de diploma de curso superior (art. 159 do CPP). Na falta dele, pode ser realizado por 2 pessoas idôneas, portadoras de diploma de curso superior, preferencialmente na área do exame (§1º)

1.2. Interrogatório (arts. 185 e ss. do CPP): ato em que o acusado poderá, se quiser, apresentar sua versão dos fatos (exercer a sua autodefesa) perante a autoridade, vigendo plenamente neste momento o direito ao silêncio

1.2.1. Natureza: prevalece ter natureza híbrida, sendo, a um só tempo, meio de prova e meio de defesa

1.2.2. Momento: enquanto não houver trânsito em julgado, poderá ser realizado e repetido, de ofício ou a pedido fundamentado de qualquer das partes (art. 196 do CPP)

1.2.3. Conteúdo do interrogatório: o interrogatório é dividido em duas partes

- **Interrogatório de qualificação do réu:** o magistrado faz perguntas sobre a pessoa do interrogado (art. 187, §1º do CPP). Para a maioria da doutrina, nesta fase não vigora o direito ao silêncio
- **Interrogatório de mérito:** o magistrado faz perguntas sobre os fatos imputados ao acusado (art. 187, §2º do CPP). Aqui, vigora o direito ao silêncio, devendo o juiz informar expressamente sobre isso

1.2.4. Contraditório (art. 188 CPP): podem as partes, após as perguntas do juiz, formular as suas próprias ao acusado. As perguntas devem ser realizadas pelo sistema presidencialista (exceto no procedimento do Júri – art. 474, §1º do CPP), ou seja, as partes devem direcioná-las ao juiz e esse, por sua vez, as fará ao acusado

1.2.5. Condução coercitiva para interrogatório: no julgamento das ADPFs 345 e 444, o STF decidiu que a condução coercitiva para interrogatório é incompatível com a CF, constituindo indevida restrição da liberdade de locomoção, violação da presunção de não culpabilidade, além de violação ao princípio da não autoincriminação, do princípio da ampla defesa (podendo restringir o acesso à assistência de advogado) e da dignidade humana

DIREITO PROCESSUAL PENAL

TEMA VIII - PROVA

1. Provas em espécie – II

1.3. Confissão: é a admissão do fato criminoso pelo acusado, que gera, em caso de condenação, a atenuação de sua pena

1.3.1. Valor probatório: para que possa levar à condenação do réu, é preciso que esteja em harmonia com as demais provas do processo (art. 197 do CPP)

1.3.2. Silêncio do réu e confissão: o silêncio do réu no processo penal não importa em confissão presumida ou ficta. Não esquecer que o silêncio do réu é um direito, e, sendo um direito, não pode trazer consequência jurídica negativa para o acusado. Não valem as fórmulas: "quem cala consente"; "quem não deve não teme" etc. Por tudo isso, a parte final do art. 198 do CPP, deve ser considerada inconstitucional

1.3.3. Características

– **Divisibilidade:** a confissão é divisível, podendo o juiz aceitá-la apenas em parte (o que lhe pareça mais verossímil)
– **Retratabilidade:** o réu pode se arrepender da confissão prestada, o que não impede que o juiz, na sentença, valore livremente, de forma fundamentada, a confissão anteriormente efetuada
– **Pessoalidade:** apenas o réu pode confessar, sendo vedada a confissão por procuração
– **Liberdade:** o acusado não pode ser compelido a confessar, situação que pode caracterizar, inclusive, o crime de tortura (art. 1º, I da Lei 9.455/1997)

1.3.4. Classificação

– **Explícita:** o acusado explicitamente confessa a prática do delito
– **Implícita:** determinada conduta do acusado é tida, de forma inequívoca, como confissão. Ex.: réu indeniza espontaneamente a vítima
– **Simples:** o réu apenas confessa a prática do crime imputado
– **Complexa:** o réu confessa a prática de mais de um fato criminoso
– **Qualificada:** o réu confessa, ao mesmo tempo em que invoca justificante ou dirimente. Ex.: réu confessa que atirou, mas diz que foi em legítima defesa
– **Judicial:** quando realizada em juízo (perante o Magistrado)
– **Extrajudicial:** quando realizada na delegacia ou perante outra pessoa, que não o juiz

1.4. Perguntas ao ofendido (art. 201 do CPP): sempre que possível, a vítima deverá ser chamada para ser ouvida no processo como forma de auxiliar a formação do convencimento do magistrado a respeito do caso concreto

1.4.1. Obrigatoriedade do comparecimento (art. 201, §1º do CPP): o ofendido, intimado, não pode deixar de comparecer sem justo motivo, sob pena de ser conduzido coercitivamente

Dica: A Lei 13.431/17 instituiu o sistema de garantia de direitos da criança e do adolescente vítima ou testemunha de violência, prevendo a escuta especializada (procedimento de entrevista sobre situação de violência com criança ou adolescente perante órgão da rede de proteção, limitado o relato estritamente ao necessário para o cumprimento de sua finalidade) e o depoimento especial (procedimento de oitiva de criança ou adolescente vítima ou testemunha de violência perante a autoridade policial ou judiciária), devendo ser realizados em local apropriado e acolhedor, com infraestrutura e espaço físico que garantam a privacidade do petiz, prevendo as regras procedimentais para ambos os casos

1.5. Reconhecimento de pessoas e coisas: visa a identificar o acusado, o ofendido ou testemunhas, podendo ser determinado no curso da investigação preliminar (pelo delegado) ou do processo (pelo juiz)

1.5.1. Procedimento do reconhecimento (art. 226 do CPP):

I. A pessoa que tiver de fazer o reconhecimento será convidada a descrever a pessoa que deva ser reconhecida;
II. A pessoa, cujo reconhecimento se pretender, será colocada, se possível, ao lado de outras que com ela tiverem qualquer semelhança, convidando-se quem tiver de fazer o reconhecimento a apontá-la;
III. Se houver razão para recear que a pessoa chamada para o reconhecimento, por efeito de intimidação ou outra influência, não diga a verdade em face da pessoa que deve ser reconhecida, a autoridade providenciará para que esta não veja aquela;
IV. Do ato de reconhecimento lavrar-se-á auto pormenorizado, subscrito pela autoridade, pela pessoa chamada para proceder ao reconhecimento e por duas testemunhas presenciais

of
DIREITO PROCESSUAL PENAL
Tema VIII - Prova

1. Provas em espécie – III

1.6. Prova testemunhal

1.6.1. Testemunha: é pessoa desinteressada que depõe no processo acerca daquilo que sabe sobre o fato

1.6.2. Características do depoimento da testemunha

– **Oralidade** (art. 204 do CPP): o depoimento será prestado oralmente, não sendo permitido à testemunha trazê-lo por escrito. Porém, é possível consultar breves apontamentos
Exceção: art. 221, §1º do CPP
– **Objetividade** (art. 213 do CPP): a testemunha deve responder objetivamente às perguntas
– **Individualidade:** cada testemunha deve ser ouvida individualmente
– **Incomunicabilidade:** as testemunhas não podem se comunicar entre si (art. 210, parágrafo único do CPP)
– **Prestação de compromisso:** a pessoa arrolada para depor no processo deve, antes de iniciar o seu depoimento, prestar o compromisso de dizer a verdade perante o magistrado (art. 203 do CPP)
– **Obrigatoriedade:** em regra, todas as pessoas arroladas como testemunhas estão obrigadas a depor (art. 206, primeira parte do CPP).
Exceções: art. 206, parte final, e art. 207, ambos do CPP

1.6.3. Perguntas das partes: com a reforma de 2008, passou-se a adotar, como regra, o sistema denominado *cross examination* (art. 212, primeira parte do CPP), por meio do qual as partes fazem suas perguntas diretamente à testemunha, sem a intervenção do juiz (sistema presidencialista, vigente até 2008)

1.6.4. Condução coercitiva (art. 218 do CPP): se, regularmente intimada, a testemunha deixar de comparecer sem motivo justificado, o juiz poderá requisitar à autoridade policial a sua apresentação ou determinar que seja conduzida por oficial de justiça, que poderá solicitar o auxílio da força pública

💡 **Dica:** além da condução coercitiva, o juiz poderá aplicar à testemunha faltosa multa, além de condená-la pelas custas da diligência (art. 219 do CPP)

1.6.5. Depoimento na ausência do réu: quando a testemunha se sentir intimidada pela presença do réu em audiência, autoriza a lei, nessa situação, a realização de sua oitiva por meio de videoconferência. Sendo impossível o uso dessa tecnologia, deve então o réu ser retirado da sala de audiência enquanto a testemunha depõe (art. 217 do CPP)

1.6.6. Testemunha e direito ao silêncio: quando o teor do depoimento puder incriminá-la, a testemunha tem direito ao silêncio

1.7. Acareação: é pôr face a face pessoas que apresentaram depoimentos divergentes nos autos. Pode se dar entre testemunhas, acusados, ofendidos, entre acusado e testemunha, entre acusado e ofendido ou entre testemunha e ofendido (art. 229 do CPP)

1.7.1. Procedimento: consoante o parágrafo único desse dispositivo, os acareados serão indagados pela autoridade para que expliquem os pontos de divergências, reduzindo-se a termo o ato de acareação

1.8. Indícios: segundo o art. 239 do CPP, *"considera-se indício a circunstância conhecida e provada, que, tendo relação com o fato, autorize, por indução, concluir-se a existência de outra ou outras circunstâncias"*

💡 **Dica:** indício não se confunde com presunção, que é uma noção hodierna da realidade que prevalece até que haja prova em contrário

DIREITO PROCESSUAL PENAL

Tema VIII - Prova

1. Provas em espécie – IV

1.9. Prova documental: de acordo com o art. 232 do CPP, documentos são quaisquer escritos, instrumentos ou papéis, públicos ou particulares

- **1.9.1. Requisitos:** são requisitos da prova documental: a verdade (a constatação do que está contido no documento) e a autenticidade (identificação de quem produziu o documento)
- **1.9.2. Momento de produção:** ressalvadas algumas exceções legais, os documentos podem ser apresentados pelas partes em qualquer fase do processo. Exemplo de exceção legal: art. 479 do CPP (apresentação de documentos no Plenário do Júri)

Dica: atualmente, porém, em termos jurídicos, considera-se documento tudo aquilo capaz de demonstrar determinado fato. Ex.: áudio, vídeo etc. (documento em sentido amplo)

1.10. Busca e apreensão: segundo a melhor doutrina, não se trata propriamente de um meio de prova (consoante sugere o CPP), mas sim um meio de obtenção da prova, de natureza acautelatória e coercitiva, consistente no apossamento de objetos ou pessoas

- **1.10.1. Objeto da busca e apreensão:** constam do art. 240, §§1º (busca domiciliar) e 2º (busca pessoa) do CPP

- **1.10.2. Momento da busca e apreensão domiciliar** (art. 245 do CPP)**:** conforme impõe o art. 5º, XI da CF, deverá ser realizada, como regra, de dia
  - **Critério físico-astronômico:** dia é o período compreendido entre a aurora e o crepúsculo (nascer do sol e pôr-do-sol)
  - **Critério temporal:** dia é o período compreendido entre às 6h às 18h (é o critério que prevalece)

- **1.10.3. Conteúdo do mandado de busca** (art. 243 do CPP)**:** o mandado deverá:
  (I) indicar, o mais precisamente possível, a casa em que será realizada a diligência e o nome do respectivo proprietário ou morador; ou, no caso de busca pessoal, o nome da pessoa que terá de sofrê-la ou os sinais que a identifiquem
  (II) mencionar o motivo e os fins da diligência
  (III) ser subscrito pelo escrivão e assinado pela autoridade que o fizer expedir

- **1.10.4. Emprego de força:** em caso de resistência por parte do morador, é permitido o uso da força, podendo-se inclusive arrombar a porta e usar de força contra os demais obstáculos existentes (§§ 2º e 3º do art. 245 do CPP). Estando ausente o morador, qualquer vizinho poderá ser intimado para assistir a diligência (§ 4º do art. 245 do CPP)

- **1.10.5. Lavratura do auto:** finda a diligência, os executores lavrarão auto circunstanciado, assinando-o com duas testemunhas presenciais (§ 7º do art. 245 do CPP)

DIREITO PROCESSUAL PENAL
Tema IX - Sujeitos processuais

1. Sujeitos processuais I

1.1. Noções introdutórias

1.1.1. Conceito: são os sujeitos ligados, de qualquer modo, à relação jurídico-processual, que atuam no curso do feito praticando os atos processuais

1.1.2. Classificação

- **Sujeitos processuais essenciais:** a existência é essencial para que se tenha uma relação jurídica processual regularmente instaurada (juiz, MP ou querelante e o réu)
- **Sujeitos processuais secundários:** embora não imprescindíveis à formação do processo, nele poderão intervir com o escopo de formular determinada pretensão. Ex.: assistente de acusação

1.2. Juiz
conforme dispõe o art. 251 do CPP, ao magistrado cabe assegurar a regularidade do processo e a ordem no curso dos atos processuais

1.2.1. Impedimento do juiz (incapacidade objetiva do juiz): ocorre quando há interesse do juiz no objeto da demanda, por motivos objetivos. Os casos de impedimento constam do art. 252 do CPP

⚠️ **Traduzindo:** as hipóteses colocam em risco a imparcialidade do julgador, nela influindo direta ou indiretamente. Influem diretamente quando este já atuou, manifestou-se sobre os fatos anteriormente, ou tem interesse no deslinde da demanda (II, III e IV); indiretamente, quando algum parente ou cônjuge atua ou atuou no feito (I e IV)

1.2.2. Suspeição do juiz *(incapacidade subjetiva do juiz):* ocorre quando o juiz, por motivos subjetivos, não tem a necessária imparcialidade para julgar *(incapacidade subjetiva do juiz).* As hipóteses de suspeição constam do art. 254 do CPP (rol não taxativo)

📢 **Atenção absoluta:** não é possível o reconhecimento da suspeição quando a parte, deliberadamente, injuriar ou provocar situação que enseje a suspeição do magistrado (art. 256 do CPP). A lei não pode premiar aquele que age mediante torpeza

💡 **Dica:** eventuais desentendimentos entre juiz e advogado não conduzem à suspeição, já que essa diz respeito à relação do juiz com as partes do processo e não com o advogado

1.3. Ministério Público
de acordo com o art. 127 da CF: "o Ministério Público é instituição permanente, essencial à função jurisdicional do Estado, incumbindo-lhe a defesa da ordem jurídica, do regime democrático e dos interesses sociais e individuais indisponíveis". O MP é, assim, responsável pela manutenção do equilíbrio jurídico da sociedade

1.3.1. Natureza da instituição: o MP integra o Estado, mas não está atrelado a nenhum dos Poderes. É, portanto, instituição *independente e fiscalizadora dos Poderes,* desempenhando função essencial à justiça

1.3.2. Dúplice função do MP no processo penal: atua como órgão legitimado para a acusação, sendo o titular privativo das ações penais públicas (art. 129, I da CF), mas, acima de tudo, funciona, necessariamente, como fiscal da ordem jurídica em todos os processos (art. 127 da CF), zelando pela correta aplicação das normas e preservação das garantias fundamentais. Bem por isso, o MP pode pedir a absolvição, se não houver provas para a condenação

1.3.3. Suspeição e impedimento do membro do MP: observam as mesmas hipóteses de suspeição e impedimento do Magistrado

⚠️ **Atenção absoluta:** vale recordar a súmula 234 do STJ, que diz: *"a participação de membro do Ministério Público na fase investigatória criminal não acarreta o seu impedimento ou suspeição para o oferecimento da denúncia".* Portanto, na hipótese, não há que se falar em suspeição

DIREITO PROCESSUAL PENAL
TEMA IX - SUJEITOS PROCESSUAIS

1. Sujeitos processuais II

1.4. Acusado: ocupa o polo passivo da relação processual penal

1.5. Defensor: é aquele que, possuindo capacidade postulatória, patrocina a defesa técnica do acusado

1.5.1. Obrigatoriedade da defesa técnica: é obrigatória, sob pena de nulidade absoluta do processo (art. 261 do CPP). Nesse sentido, súmula 523 do STF: "no processo penal, a falta da defesa constitui nulidade absoluta, mas a sua deficiência só o anulará se houver prova de prejuízo para o réu"

1.5.2. Tipos de defensor

– **Constituído (ou procurador):** é o defensor constituído pelo acusado por meio de procuração ou, diretamente, por meio de indicação verbal no momento em que for ouvido pela primeira vez
– **Defensor público:** membro da Defensoria Pública, atua na defesa dos interesses daqueles que não dispõem de recursos financeiros para arcar com as despesas de um advogado particular. A sua atuação, em regra, independe da constituição por meio de procuração, salvo nas hipóteses dos arts. 39 e 44 do CPP
– **Defensor *ad hoc*:** é o advogado designado pelo juiz para atuar na prática de determinado ato do processo. Esta designação decorre da ausência de defensor constituído e/ou de defensor público no momento em que se necessita de um patrono para atuar/acompanhar certo ato
– **Em causa própria:** se o réu for advogado, pode se autodefender

1.6. Assistente de acusação: é a vítima ou seu representante legal, ou, na falta destes, seus sucessores (CADI), que se habilita para intervir como auxiliar acusatório do MP na ação penal pública (vide art. 268 do CPP)

1.6.1. Momento da habilitação: A partir do recebimento da denúncia até o trânsito em julgado (arts. 268 e 269 do CPP). Assim, não cabe o instituto da assistência na fase de IP e na fase de execução penal

💡 **Dica:** no procedimento do Júri, o assistente deverá requerer sua habilitação até 5 (cinco) dias antes da data da sessão (art. 430 do CPP)

1.6.2. Procedimento de habilitação: efetuado o pedido de habilitação o juiz o remeterá ao MP para a manifestação deste órgão (art. 272 do CPP). Após, o juiz decidirá se admite ou não a assistência

1.6.3. Indeferimento da habilitação: a teor do art. 271 do CPP, não é cabível recurso. Entretanto, há doutrina que sustenta a possibilidade de impetração de MS, na hipótese de indeferimento arbitrário

1.6.4. Faculdades processuais do assistente de acusação (art. 271 do CPP): "ao assistente será permitido propor meios de prova, requerer perguntas às testemunhas, aditar o libelo e os articulados, participar do debate oral e arrazoar os recursos interpostos pelo Ministério Público, ou por ele próprio, nos casos dos arts. 584, § 1º, e 598"

💡 **Dica:** destaque-se também a súmula 210 do STF, que diz: "o assistente do Ministério Público pode recorrer, inclusive extraordinariamente, na ação penal, nos casos dos arts. 584, § 1º, e 598 do Código de Processo Penal"

⚠ **Atenção absoluta:** a doutrina discute se haveria interesse do assistente de acusação em interpor recurso para aumentar a pena do réu. Para a primeira corrente, é impossível, visto que o interesse do assistente da acusação se limita a buscar título executivo que lhe garanta indenização pelo prejuízo advindo do delito. A doutrina mais moderna admite a possibilidade, pois haveria interesse da vítima em buscar a pena mais justa

DIREITO PROCESSUAL PENAL

Tema X - Prisão, medidas cautelares e liberdade provisória

1. Prisão – I

1.1. Noções introdutórias: prisão é a *supressão da liberdade de locomoção do indivíduo*

1.1.1. Modalidades de prisão

– **Prisão-pena:** é aquela que decorre de sentença penal condenatória transitada em julgado
– **Prisão sem pena:** ocorre antes de uma sentença penal definitiva, podendo dar-se em duas modalidades, a saber:
a) **Prisão civil:** atualmente reservada apenas para o devedor, voluntário e inescusável, de alimentos (art. 5º, LXVII da CF, com interpretação à luz do teor da súmula vinculante 25)
b) **Prisão provisória (cautelar ou processual):** consiste no encarceramento cautelar do indivíduo, antes da sentença penal condenatória, materializando-se, atualmente, em *prisão em flagrante, prisão temporária* ou *prisão preventiva*

1.1.2. Prisão e ordem judicial:
no ordenamento jurídico pátrio, por força do disposto no art. 5º, LXI da CF, a regra é que a prisão seja sempre decorrente de decisão judicial

– **Hipóteses excepcionais de prisão sem ordem judicial:** nos termos do mesmo dispositivo constitucional, só há prisão sem ordem escrita e fundamentada da autoridade judiciária nos casos de flagrante delito, transgressão militar ou crime propriamente militar
– **Materialização da ordem de prisão:** o magistrado que decretou a prisão deverá expedir o competente mandado prisional, que deverá conter os requisitos do art. 285, parágrafo único do CPP, e será registrado no banco de dados mantido pelo CNJ (art. 289-A do CPP), a fim de que a ele seja dada a necessária publicidade

1.1.3. Uso de força para a prisão (arts. 284 e 292 do CPP):
só se deve empregar a força absolutamente necessária para efetuar a prisão do indivíduo, podendo os eventuais excessos das autoridades caracterizar abuso de autoridade, lesão corporal, etc

Dica: a Lei 13.060/2014 estabelece as diretrizes para o uso da força priorizando os instrumentos de menor potencial ofensivo, que são definidos no art. 4º. Exs.: *tasers,* algemas, gás lacrimogênio, balas de borracha, etc

1.1.4. Uso de algemas:
"só é lícito o uso de algemas em caso de resistência e de fundado receio de fuga ou de perigo à integridade física própria ou alheia, por parte do preso ou de terceiros, justificada a excepcionalidade por escrito, sob pena de responsabilidade disciplinar civil e penal do agente ou da autoridade e de nulidade da prisão ou do ato processual a que se refere, sem prejuízo da responsabilidade civil do Estado" (SV 11 do STF)

1.1.5. Prisão e inviolabilidade de domicílio:
para o cumprimento de ordem de prisão, deve ser observado o direito à inviolabilidade ao domicílio (art. 5º, XI da CF)

– **Captura durante o dia**: se o indivíduo a ser preso estiver dentre de uma casa, durante o dia será possível, sem mandado judicial, se houver situação de flagrante, para prestar socorro e em caso de desastre; com mandado judicial será possível ingressar na residência para captura do indivíduo
– **Captura durante a noite:** será possível nas hipóteses acima vistas (que autorizam o ingresso sem mandado). Embasado apenas em mandado judicial, não é possível ingressar em casa alheia durante a noite. Então, deve se proceder nos termos do art. 293 do CPP

Dica: para a maioria da doutrina, dia é o período que vai das 6h às 18h

DIREITO PROCESSUAL PENAL

TEMA X - PRISÃO, MEDIDAS CAUTELARES E LIBERDADE PROVISÓRIA

1. Prisão – II

1.2. Prisão em flagrante I: ocorre no momento em que uma infração penal está sendo cometida ("certeza visual do crime") ou pouco tempo depois de seu cometimento, sendo desnecessária prévia ordem judicial

1.2.1. Natureza: prevalece o entendimento de que se trata de ato complexo (ato administrativo + ato processual)

Traduzindo: no ato da *captura*, a prisão em flagrante teria natureza *administrativa*. Por outro lado, no momento da comunicação do flagrante ao juiz competente (conforme impõe o art. 5º, LXII da CF), e em caso de *manutenção* do ato prisional por parte deste, a prisão em flagrante passaria a ter natureza *processual* (cautelar)

1.2.2. Sujeito ativo (art. 301 do CPP):

– **Flagrante facultativo:** qualquer pessoa do povo tem a faculdade de efetuar a prisão do infrator ao se deparar com uma situação flagrancial
Dica: a prisão realizada por guardas municipais insere-se nesta hipótese
– **Flagrante obrigatório:** ao revés, as autoridades policias e seus agentes (delegados, policiais civis e policiais militares) têm o dever de prender quem quer que se encontre em flagrante delito
Dica: o dever de efetuar a prisão em flagrante não se exclui em períodos de folga, licença ou férias

1.2.3. Sujeito passivo: em regra, todos que praticam crimes podem ser presos em flagrante. Vejamos algumas exceções:

– **Presidente da República:** não está sujeito a nenhuma modalidade de prisão cautelar, somente podendo ser preso por sentença penal condenatória transitada em julgado (art. 86, §3º da CF)
– **Diplomatas estrangeiros:** não podem ser presos em flagrante (art. 1º, I do CPP, c/c art. 41 da Convenção de Viena)
– **Senadores, Deputados Federais, Deputados Estaduais, membros do MP e da Magistratura:** só podem ser presos em flagrante por crime inafiançável
– **Período da eleição:** durante o período compreendido entre cinco dias antes e 48h depois do encerramento da eleição, a ***prisão em flagrante do eleitor*** só será possível pela prática de crime inafiançável (art. 236 da CE)
– **Crime de trânsito:** não se imporá prisão em flagrante, nem se exigirá fiança se o condutor prestar pronto e integral socorro à vítima (art. 301 da CTB)
– **Infração de Menor Potencial Ofensivo:** o autor de uma IMPO só pode ser preso em flagrante se não se dirigir imediatamente ao juizado e nem se comprometer a comparecer posteriormente (art. 69, parágrafo único da Lei 9.099/1995)
Dica: prevalece o entendimento de que, se a IMPO for a do art. 28 da Lei 11.343/2006, não se imporá a prisão em flagrante ainda que o indivíduo se recuse a comparecer em juízo, ante a inexistência de previsão de pena de prisão

Atenção absoluta: em todos os casos, a faceta administrativa da prisão em flagrante pode ser executada (captura do agente, fazendo cessar a atividade ilícita, e condução à autoridade policial), sendo vedada, apenas, a lavratura do auto de prisão em flagrante e encaminhamento ao cárcere (faceta processual da prisão em flagrante)

DIREITO PROCESSUAL PENAL
Tema X - Prisão, medidas cautelares e liberdade provisória

1. Prisão – III

└── **1.2. Prisão em flagrante – II**

1.2.4. Modalidades de prisão em flagrante

– **Flagrante próprio (propriamente dito, real ou verdadeiro):** ocorre quando o agente está cometendo a infração penal ou acaba de cometê-la (art. 302, I e II do CPP)
Dica: neste último caso ("acaba de cometê-la"), há uma *relação de imediatidade* entre a prática do delito e a prisão do agente. Ex.: agente que, assim que termina de efetuar o roubo, é surpreendido pela polícia logo na porta da agência bancária

– **Flagrante impróprio (irreal ou quase flagrante):** ocorre quando o agente é perseguido logo após a prática da infração penal em situação que faça presumir ser ele o autor do fato
Traduzindo: *logo após* compreende o período necessário para a polícia (ou particular) chegar ao local do crime, colher informações e iniciar a perseguição do agente (vide art. 290, § 1º do CPP). Ademais, note que a perseguição do agente pela polícia deve ser ininterrupta – caso ocorra interrupção, não mais será possível efetuar a prisão em flagrante
Dica: se a perseguição, iniciada logo após a prática do crime, durar por dias ou semanas, desde que seja ininterrupta, será possível efetuar a prisão em flagrante ao alcançar o agente

– **Flagrante presumido (ficto ou assimilado):** ocorre quando o agente é encontrado, logo depois, com instrumentos, armas, objetos ou papéis que façam presumir ser ele autor da infração (art. 302, IV do CPP)
Traduzindo: entende a doutrina que o lapso de tempo nessa situação é *ainda maior* do que o do inciso anterior ("logo após"). Atente o leitor que nessa modalidade de flagrante *não há perseguição.* O agente é, na verdade, encontrado ocasionalmente logo depois da prática do delito
Dica: note-se que não há também um prazo fixo para a expressão "logo depois", devendo ser interpretado como *lapso razoável* (conforme STJ, HC 49898/SE, DJe 22.09.2008 e HC 157.017/MG, DJe 03/05/2010)

1.2.5. Modalidades doutrinárias de flagrante: não constam da legislação, sendo classificação criada pela comunidade jurídica

– **Flagrante preparado ou provocado (delito putativo por obra do agente provocador):** o indivíduo é induzido ou instigado pela polícia (ou terceiros) a praticar o crime e, ao cometê-lo, é preso "em flagrante"
Dica: visto que, ao mesmo tempo em que se incita o indivíduo a delinquir, são tomadas todas as providências para impedir a consumação do crime, essa modalidade de prisão, além de ser considerada *ilegal,* configura hipótese de **crime impossível** (súmula 145 do STF)
– **Flagrante esperado:** ocorre quando o policial ou o particular, tomando conhecimento da prática de crimes, fica a esperar que a conduta delituosa seja cometida para então efetuar a prisão, que, nesta hipótese, é válida
– **Flagrante prorrogado, postergado, diferido (ação controlada):** em certos casos, a lei faculta à autoridade policial não cumprir o dever de efetuar a prisão em flagrante para que, retardando-a, possa recolher mais provas ou capturar o maior número de infratores
Previsão legal: art. 53, II da Lei 11.343/2006; art. 8º da Lei 12.850/2013; art. 4º-B Lei 9.613/1998
– **Flagrante forjado:** ocorre quando o policial (ou terceiro) cria provas com o objetivo de incriminar uma pessoa inocente. Trata-se de crime praticado pelo forjador

DIREITO PROCESSUAL PENAL

Tema X - Prisão, medidas cautelares e liberdade provisória

1. Prisão – IV

1.2. Prisão em flagrante – III

1.2.6. Formalidades da prisão em flagrante

– **Autoridade policial com atribuição para lavrar o auto (APF):** é o delegado do local onde ocorreu a prisão, que não necessariamente é o mesmo local onde ocorreu a infração (art. 290 do CPP); inexistindo autoridade policial no local da captura, deverá o agente ser apresentado à do lugar mais próximo (art. 308 do CPP)

– **Formalidades do APF:** o delegado deverá ouvir o condutor, colhendo-lhe a assinatura e entregando-lhe cópia do termo e recibo de entrega do preso. Em seguida, deverá ouvir as testemunhas (ao menos duas) que, porventura, tiverem acompanhado o condutor, bem como inquirir o agente sobre a imputação que lhe é feita, colhendo as assinaturas de todos e lavrando, ao final, o APF (art. 304, *caput* do CPP)

– **Comunicações devidas por ocasião da prisão:** efetuada a prisão em flagrante de alguém, impõe-se a imediata comunicação **(no prazo máximo de 24h)** ao juiz competente, ao MP, ao defensor do preso (constituído, dativo ou público) e à família do preso (ou pessoa por ele indicada) – vide: art. 5º, LXII da CF, art. 306, caput do CPP e art. 10 da Lei Complementar 75/1993

Dica: a ausência das comunicações caracteriza o crime de abuso de autoridade, previsto no art. 4º, c da Lei 4.898/1965

– **Nota de culpa:** no mesmo prazo de 24h, a contar da captura, deverá ser entregue ao preso a chamada nota de culpa, que se trata de um documento assinado pela autoridade, contendo o motivo da prisão e os nomes do condutor e das testemunhas (art. 306, §§1º e 2º do CPP)

– **Audiência de custódia:** ainda não incorporada no CPP, vem sendo realizada a partir de previsão no Pacto de San José da Costa Rica (art. 7º, §5º), regulamentada na Resolução 213/15 do CNJ. Tem por finalidade averiguar eventuais ilegalidades cometidas durante à prisão, bem como decidir pela regularidade formal do flagrante, e, ainda, se a prisão cautelar deverá ou não ser mantida. O preso é apresentado em 24h à autoridade judiciária, com a presença do MP e do defensor (público ou constituído)

1.2.7. Providências judicias posteriores à prisão em flagrante: o juiz, ao receber a comunicação da prisão em flagrante de alguém por meio do APF, deverá adotar uma das seguintes medidas (art. 310 do CPP)

– **Relaxar a prisão ilegal** (inciso I)**:** haverá relaxamento da prisão (leia-se: soltura do indivíduo) quando o juiz, pela leitura do APF, perceber que a prisão do indivíduo se deu de modo ilegal

– **Converter a prisão em flagrante em preventiva** (inciso II)**:** ocorre quando estiverem presentes os requisitos que dão causa à decretação da prisão preventiva (arts. 312 e 313 do CPP), desde que as medidas cautelares diversas da prisão mostrarem-se insuficientes

– **Conceder a liberdade provisória, com ou sem fiança** (inciso III)**:** não sendo o caso de relaxamento da prisão em flagrante, nem de decreto da preventiva, o juiz deverá conceder a liberdade provisória (LP), com ou sem fiança, ao preso

DIREITO PROCESSUAL PENAL

Tema X - Prisão, medidas cautelares e liberdade provisória

1. Prisão – V

1.3. Prisão preventiva: medida cautelar de cerceamento provisório da liberdade do indivíduo que pode ser durante o curso de uma investigação ou processo criminal

1.3.1. Caráter excepcional: o juiz só poderá decretar a preventiva se outra medida cautelar menos drástica não for suficiente (neste sentido: STJ, HC 219.101)

1.3.2. Atuação de ofício do juiz: o juiz pode decretar a prisão preventiva de ofício apenas na fase do processo; na fase de investigação, a prisão preventiva depende de requerimento do MP, da autoridade policial ou, em caso de ação privada, do ofendido (art. 311 do CPP), sob pena de violação do sistema acusatório

1.3.3. Pressupostos da prisão preventiva (art. 302, in fine do CPP)

– **Prova da existência do crime:** presença de elementos contundentes que demonstrem a existência da infração penal
– **Indícios suficientes de autoria:** presença de elementos, ainda que indiciários, da autoria do crime

1.3.4. Fundamentos da prisão preventiva (art. 302, 1ª parte do CPP): para a decretação da prisão preventiva, é necessário o preenchimento de, ao menos, um dos fundamentos a seguir

– **Garantia da ordem pública:** embora o conceito seja indeterminado, da jurisprudência foi possível extrair basicamente dois significados para a expressão: há necessidade de garantia da ordem pública quando **há perigo de reiteração criminosa** (prática de novos crimes – STF HC 84.658 e HC 99.676), ou **em razão da periculosidade do agente** (modus operandi violento e gravidade concreta do crime – STJ, HC 125.924 e RHC 60.446; STF, HC 118.810)
– **Garantia da ordem econômica:** visa a coibir ataques vultosos à ordem econômico-financeira, que ocorreriam com a manutenção da liberdade do agente
– **Conveniência da instrução criminal:** o réu está dificultando ou inviabilizando a produção de provas, ou existe fundado receio de que, em liberdade, venha a fazê-lo
– **Assegurar a aplicação da lei penal:** há notícias de que o indivíduo pretende fugir, ou há fundado receio de que o faça em razão das circunstâncias fáticas existentes, pondo em xeque, portanto, o cumprimento de eventual sentença condenatória a ser proferida

1.3.5. Condições de admissibilidade (art. 313 do CPP): são os casos em que a prisão preventiva é admissível (desde que presentes os pressupostos e ao menos um dos fundamentos)

– **Crimes dolosos punidos com pena máxima superior a 4 anos (I)**
– **Indivíduo reincidente (II):** mesmo que a pena do delito não supere 4 anos, cabível a prisão preventiva se o agente for reincidente em crime doloso
– **Violência doméstica e familiar contra a mulher, criança, adolescente, idoso, enfermo ou pessoa com deficiência, para garantir a execução das medidas protetivas de urgência (III):** independe da pena do delito e da reincidência do agente, devendo haver crime nas circunstâncias mencionadas, com descumprimento à medida protetiva anteriormente imposta
– **Dúvida sobre a identidade civil da pessoa (parágrafo único):** se a identificação criminal suprir a dúvida (art. 3º da Lei 12.037/2009), não haverá que se falar em prisão. Uma vez identificado, não persistindo razão, a prisão deverá ser revogada
– **Descumprimento de outras medidas cautelares** (arts. 319 e 282, §4º do CPP)

DIREITO PROCESSUAL PENAL

Tema X - Prisão, medidas cautelares e liberdade provisória

1. Prisão VI

1.4. Prisão temporária (Lei 7.960/1889 da LPT):
modalidade de prisão cautelar, com prazo de duração determinado, cuja decretação é apenas possível no âmbito do inquérito policial e se presentes os requisitos fixados pela lei

1.4.1. Atuação de ofício pelo juiz: como somente pode ser decretada na fase de investigação, é vedada a decretação de ofício pelo juiz, dependendo de representação da autoridade policial ou requerimento do MP (art. 2º da Lei 7.960/1889)

1.4.2. Prazo: em regra, é de 5 dias prorrogável por mais 5 (art. 2º da LPT). Porém, sendo o crime hediondo ou equiparado, será de até 30 dias, prorrogável por mais 30 em caso de extrema e comprovada necessidade (art. 2º, § 4º da Lei 8.072/1990)

1.4.3. Hipóteses de cabimento (art. 1º da LPT)

– **Imprescindível para as investigações do inquérito policial (I):** é preciso demonstrar que a liberdade do investigado oferece risco concreto ao êxito da investigação
– **Indiciado não tiver residência fixa ou não fornecer elementos necessários à sua identificação (II):** é preciso que a falta de residência fixa ou a ausência de elementos esclarecedores da identidade configurem um risco concreto de fuga do indiciado
– **Fundadas razões de autoria ou participação nos crimes elencados no rol (III):** recomenda-se a leitura do rol de delitos que admitem a prisão temporária

⚠️ **Atenção absoluta:** para ser possível a decretação da temporária, deve-se combinar os incisos da seguinte forma: I + III ou II + III. Note então que o inciso III deve sempre estar presente, necessitando ser combinado, pelo menos, com o inciso I ou o II

1.5. Prisão domiciliar

1.5.1. Conceito (art. 317 do CPP): consiste no recolhimento do indiciado ou acusado em sua residência, em substituição à prisão preventiva, só podendo dela ausentar-se com autorização judicial

1.5.2. Hipóteses de cabimento (art. 318 do CPP): poderá se dar quando o agente for: (I) maior de 80 anos; (II) extremamente debilitado por doença grave; (III) imprescindível aos cuidados de pessoa menor de 6 anos ou com deficiência; (IV) gestante; (V) mulher com filho de até 12 anos incompletos; (VI) homem, caso seja o único responsável por filho de até 12 anos incompletos

- **Situação da mulher gestante ou responsável por filho:** com o advento da Lei n. 13.769/18, incorporou-se ao CPP, nos artigos 318-A e 318-B, o entendimento que havia sido consolidado pelo STF, no julgamento do HC Coletivo 143.641 (Informativo 891). Com isso, tornou-se regra a substituição da prisão preventiva por prisão domiciliar da mulher gestante ou responsável por crianças ou pessoas com deficiência, desde que (I) não tenha praticado crime com violência ou grave ameaça; ou (II) o crime não tenha sido praticado contra o próprio filho ou dependente. Consignou-se, ainda, a possibilidade ed cumulação da prisão domiciliar com outras medidas cautelares diversas da prisão

💡 **Dica:** mesmo após a edição da nova lei acima tratada, o STJ vem mantendo o entendimento firmado pelo STF no HC Coletivo 143.641, no sentido de ser possível ao juiz negar a prisão domiciliar nas hipóteses acima quando houver situação excepcionalíssima (exceção não prevista na nova lei), quando ao encontro do objetivo da lei em pauta, qual seja a proteção à criança (STJ, HC 426.526). Com isso, devolveu-se a discricionariedade judicial excluída com a edição da Lei n. 13.769/18

1.6. Medidas cautelares diversas da prisão:
incorporadas no ordenamento jurídico a partir da Lei 12.403/2011, consistem em verdadeiro meio-termo entre a liberdade plena e a prisão preventiva, acarretando menores restrições à liberdade do indivíduo para acautelamento do processo ou da ordem pública

1.6.1. Medidas cautelares em espécie: constam do rol do art. 319 do CPP (leitura obrigatória)

1.6.2. Aplicação das medidas: podem ser aplicadas isolada ou cumulativamente, tanto no curso do processo, como na fase de investigação, devendo-se levar em conta a necessidade e adequação da medida às especificidades do caso concreto

1.6.3. Cabimento: não se aplicam à infração a que não for isolada, cumulativa ou alternativamente cominada pena privativa de liberdade (art. 283, §1º do CPP)

1.6.4. Atuação de ofício pelo juiz: como no caso da prisão preventiva, somente podem ser decretadas de ofício pelo juiz durante o processo

1.6.5. Contraditório: é a regra, mas pode ser dispensado nos casos urgentes, ou havendo perigo de ineficácia da medida (art. 282, §3º do CPP)

1.6.6. Descumprimento: o juiz poderá substituir a medida, impor outra em cumulação, ou, em último caso, decretar a prisão preventiva (art. 282, §4º do CPP)

DIREITO PROCESSUAL PENAL

TEMA X - PRISÃO, MEDIDAS CAUTELARES E LIBERDADE PROVISÓRIA

1. Liberdade provisória (LP)

1.1. Conceito: instituto processual que busca colocar em liberdade o indivíduo que aguarda o desdobramento de uma persecução penal. Questiona, assim, a necessidade da prisão, e não sua legalidade

💡 **Dica:** a LP e a prisão preventiva são institutos antagônicos, de modo que quando estiverem presentes os requisitos que autorizam a última, não será cabível a primeira, seja com, seja sem fiança, e vice-versa

1.2. LP com fiança

1.2.1. Conceito de fiança: garantia real cujo objetivo é assegurar a liberdade do indivíduo, podendo consistir em "depósito de dinheiro, pedras, objetos ou metais preciosos, títulos da dívida pública, federal, estadual ou municipal, ou em hipoteca inscrita em primeiro lugar" (art. 330 do CPP)

1.2.2. Infrações inafiançáveis (casos em que a fiança não será concedida): constam dos arts. 323 (dispositivo que repetiu o que diz a CF a esse respeito (art. 5º, XLII, XLIII e XLIV da CF) e 324 do CPP (quebra da fiança, caso de prisão civil ou militar ou quando presentes as razões que autorizam a decretação da prisão preventiva)

1.2.3. Legitimidade para arbitrar a fiança: em regra deve ser arbitrada pelo juiz. Porém, a autoridade policial poderá arbitrar fiança nas infrações cuja pena máxima não supere 4 anos (art. 322 do CPP)

1.2.4. Valor da fiança: deve observar os parâmetros do art. 325 do CPP, que o atrelam ao montante máximo de pena cominada ao crime

1.2.5. Obrigações do afiançado (arts. 327, 328 e 341 do CPP): dever de comparecimento perante a autoridade quando intimado; proibição de mudança de residência, sem prévia permissão; proibição de se ausentar por mais de 8 dias de sua residência, sem comunicar à autoridade; proibição de praticar nova infração penal dolosa; proibição de praticar ato de obstrução ao andamento do processo; proibição de descumprir medida cautelar imposta com a fiança; proibição de resistir injustificadamente a ordem judicial

1.2.6. Quebra da fiança: o descumprimento injustificado das obrigações importará na quebra da fiança, que significa a perda de metade do valor caucionado ao Fundo Penitenciário Nacional; possibilidade de imposição de medidas cautelares diversas da prisão, ou decretação da prisão preventiva, sem falar na impossibilidade de prestar nova fiança no mesmo processo (arts. 343, 346 e 324, I do CPP)

1.2.7. Perda da fiança (arts. 344 e 345 do CPP): ocorre quando o réu é condenado em definitivo à pena privativa de liberdade e empreende fuga

1.2.8. Cassação da fiança (arts. 338 e 339 do CPP): ocorre quando *há equívoco na concessão da fiança por parte da autoridade*. O valor deve ser restituído ao investigado ou acusado

1.2.9. Reforço da fiança (art. 340 do CPP): o montante prestado a título de fiança é insuficiente (inidôneo), necessitando, pois, ser complementado (reforçado)

1.3. LP sem fiança

1.3.1. Quando o indivíduo for pobre (art. 350 do CPP): ocorre quando há absoluta impossibilidade de recolher a fiança, ocorrendo a dispensa do pagamento, com subsistência das demais obrigações

1.3.2. Excludentes de ilicitude (art. 310, parágrafo único do CPP): se a conduta for praticada em hipótese de excludente de ilicitude, deverá o juiz conceder LP sem fiança

1.3.3. Crimes inafiançáveis: nos crimes inafiançáveis, se não estiverem presentes os requisitos da prisão preventiva, a LP sem fiança poderá ser concedida

1.3.4. Desnecessidade da fiança: por fim, será concedida LP sem fiança quando não estiverem presentes os requisitos da prisão preventiva e a garantia não for necessária ao caso concreto

DIREITO PROCESSUAL PENAL

Tema XI - Citações e intimações

1. Citações e intimações

1.1. Citação: Ato de comunicação processual pelo qual se informa ao réu/querelado a existência de uma imputação (ação penal) contra si

Dica: a citação completa a formação do processo, i. e., a relação triangular entre as partes e o juiz resta plenamente formada, possibilitando o contraditório e a dialética no processo (art. 363 do CPP)

1.1.1. Requisito de validade: a citação válida é requisito de validade do processo, de modo que sua ausência acarreta sua nulidade absoluta, enquanto que sua deficiência importará em nulidade relativa

Atenção absoluta: a falta ou nulidade da citação será sanada se o réu comparecer espontaneamente antes da consumação do ato (ainda que para apontar a nulidade ou a falta) (art. 570 do CPP)

1.1.2. Espécies de citação

– **Citação real:** realizada na pessoa do réu, havendo certeza de que este tomou conhecimento da acusação
– **Citação ficta ou presumida:** não sendo possível a citação real, proceder-se-á a citação ficta
a) **Citação por edital** (art. 361 do CPP)**:** pressupõe o esgotamento dos meios de localização do réu para citação pessoal. Quando o esgotamento ocorre, o réu é considerado em local incerto e não sabido, sendo autorizada a citação por edital, que se dá mediante a publicação do edital em veículo de comunicação periódico com circulação local e de sua notícia afixada na sede do juízo (Fórum), com observância dos requisitos do art. 365 do CPP
Atenção absoluta: se o réu for citado por edital e não comparecer nos autos, nem constituir advogado, significa que a citação ficta não se materializou, devendo o juiz determinar a suspensão do andamento do processo e do prazo prescricional, sem prejuízo da possibilidade de realizar a produção antecipada de provas urgentes (ver súmula 455 do STJ) e decretar a prisão preventiva, se o caso (art. 366 do CPP). Isso porque, o processo não pode correr à revelia do acusado
– **Citação por hora certa** (art. 362 do CPP)**:** ocorre quando se verificar que o réu se oculta para não ser citado
Atenção absoluta: neste caso, a não apresentação de defesa pelo réu não enseja a suspensão do processo nos termos do art. 366 do CPP, sendo-lhe nomeado defensor dativo para que o feito tenha normal seguimento

1.1.3. Revelia (art. 367 do CPP)**:** ocorre quando o réu é citado pessoalmente e, após, muda-se de endereço sem comunicar o Juízo (não sendo mais localizado), ou deixa de comparecer injustificadamente a qualquer ato do processo

– **Efeitos da revelia:** não intimação do réu para os atos processuais futuros. Somente seu defensor será intimado (já que a defesa técnica é obrigatória); quebra da fiança, se houver (art. 341 do CPP)

1.2. Intimação e notificação: materialização das comunicações dos atos processuais dirigida a pessoa que deva intervir, de qualquer modo, na relação processual

1.2.1. Intimação: ciência dada à parte ou outra pessoa de um ato já realizado. Intima-se **de algo**

1.2.2. Notificação: ciência dada para que a parte ou outra pessoa pratique um ato no futuro. Notifica-se **para algo**

Dica: o CPP não faz tal distinção, tratando intimação e notificação como sinônimos, mesmo tratamento que será conferido aos termos no presente trabalho

DIREITO PROCESSUAL PENAL
TEMA XII - SENTENÇA PENAL

1. Sentença penal I

1.1. Classificação dos atos jurisdicionais

1.1.1. Despachos de mero expediente (ou ordinatórios): atos de mero impulso do processo, sem carga decisória. Ex.: despacho de designação de audiência

Dica: os despachos de mero expediente são irrecorríveis, mas podem ser atacados por correição parcial quando forem tumultuários ou abusivos

1.1.2. Decisões: são todos os atos jurisdicionais que possuem carga decisória, gerando sucumbência

– **Decisões interlocutórias simples:** dirime questões ligadas ao andamento do processo, sem adentrar em seu mérito. Não encerram o processo, nem qualquer fase dele
– **Decisões interlocutórias mistas:** colocam fim ao procedimento ou a uma de suas fases
a) **Decisões interlocutórias mistas terminativas:** põem fim ao procedimento. Ex.: impronúncia, rejeição da denúncia
b) **Decisões interlocutórias mistas não terminativas:** põem fim a apenas uma etapa do procedimento. Ex.: decisão de pronúncia
– **Decisões definitivas (ou sentenças):** põem fim ao processo, julgando o mérito da causa.
Subdividem-se em:
a) **Sentenças condenatórias:** o juiz acolhe, ainda que parcialmente, a pretensão punitiva deduzida na inicial
b) **Sentenças absolutórias:** o juiz não acolhe a pretensão punitiva deduzida na inicial
– **Decisão terminativa de mérito:** o juiz, apesar de julgar o mérito, não condena nem absolve o réu. Ex.: decisão que declara extinta a punibilidade

1.2. Sentenças

1.2.1. Requisitos da sentença

– **Relatório:** resumo dos acontecimentos processuais mais importantes
Dica: no âmbito do JECRIM o relatório é dispensado (art. 81, §3º da Lei 9.099/1995)
– **Fundamentação ou motivação** (art. 93, IX da CF)**:** decorrência da adoção do princípio do livre convencimento motivado, expõe as razões que conduziram à decisão, possibilitando um controle de racionalidade pelas partes e pela sociedade
Dica: a sentença despida de fundamentação é denominada sentença vazia
– **Dispositivo ou conclusão:** contém o comando da decisão, sua conclusão, indicando a condenação ou a absolvição. A ausência importa em inexistência de sentença
Dica: o dispositivo deve ser decorrência lógica da fundamentação da decisão. Denomina-se *sentença suicida* aquela em que o dispositivo contraria sua fundamentação
– **Autenticação:** é a assinatura do juiz, física ou digital, que deve dar lastro à decisão, bem como a indicação do local e da data em que a sentença foi proferida. A ausência de assinatura também torna a sentença inexistente

1.2.2. Sentença absolutória: não acolhe a pretensão acusatória deduzida na inicial

– **Classificação:**
a) **Própria:** é aquela que absolve o réu, sem reconhecer que ele praticou crime
b) **Imprópria:** é aquela que declara que o réu praticou crime, mas, por reconhecer-lhe como inimputável, absolve-lhe, aplicando medida de segurança
– **Fundamentos da sentença absolutória:** constam do art. 386 do CPP
Dica: os fundamentos insculpidos nos incisos I, IV e VI (algumas das hipóteses), por encerrarem juízos de certeza, fazem coisa julgada na esfera cível, bem como obstam a propositura da ação civil *ex delicto*. Por isso, a sentença absolutória fundada nos demais incisos pode ser objeto de recurso de apelação para que o acusado busque ser absolvido com base nas hipóteses que mais lhe beneficiam

DIREITO PROCESSUAL PENAL

TEMA XII - SENTENÇA PENAL

1. Sentença penal II

1.3. Correlação entre acusação e sentença: o princípio da correlação visa a impedir que o réu seja condenado por fato não contido na denúncia ou na queixa, do qual, por não constar da imputação, ele não teve oportunidade de se defender, sob pena de violação do princípio do contraditório

💡 **Dica:** em razão disso, são vedados os julgamentos *citra* (aquém do objeto da imputação), *ultra* (além do objeto da imputação) ou *extra* (diverso do objeto da imputação) petita

1.3.1. Emendatio libelli: não viola o princípio da correlação o juiz que, sem modificar a descrição do fato contida na denúncia (imputação), der nova definição jurídica à conduta atribuída ao acusado, ainda que com isso tenha de lhe aplicar pena mais grave (art. 383 do CPP). Ex.: denúncia narra um roubo, mas, ao classificar a conduta, aponta o art. 155 do CP. O juiz, na sentença, ao classificar a conduta, poderá corrigir a classificação legal para o art. 157 do CP

💡 **Dica:** a *emendatio libelli* pode ser realizada pelo Tribunal, em segunda instância. Porém, se não houve recurso do MP, não poderá ser aplicada ao réu pena mais grave, já que é vedada a *reformatio in pejus* (piora recursal da situação da pessoa quando não há recurso da acusação)

1.3.2. Mutatio libelli: aqui, diferentemente da hipótese anterior, as provas coligidas demonstram que os fatos foram narrados na denúncia de forma equivocada, o que, por consequência, em regra, altera sua classificação jurídica. Ex.: o promotor na denúncia narra um furto, capitulando-o corretamente no art. 155 do CP. Na instrução, a vítima aduz que a subtração se deu mediante violência, com o que se percebe que se está diante de um roubo

Traduzindo: Perceba que não se trata de um novo fato típico, mas de **elemento** ou **circunstância** que não estavam presentes originalmente. Eles podem ser entendidos como *as circunstâncias elementares do delito, a prova de qualificadoras, causas de aumento e de diminuição da pena (circunstâncias legais)*
– **Consequência do surgimento da prova de nova circunstância ou elementar:** em razão do princípio da correlação, o juiz notificará o MP para aditar a denúncia em 5 dias (art. 384 do CPP). Oferecido o aditamento, a defesa pode se manifestar em 5 dias. As partes poderão arrolar até 3 novas testemunhas e o réu será novamente interrogado
Atenção absoluta: não cabe *mutatio libelli* em segundo grau, sob pena de supressão de instância (súmula 453 do STF)

1.4. Coisa julgada: é o efeito de imutabilidade oriundo de uma decisão judicial sobre a qual não seja mais possível qualquer discussão

⚠️ **Atenção absoluta:** na seara penal, a imutabilidade incide sobre as sentenças absolutórias, já que a condenação pode ser revista a qualquer tempo (revisão criminal – art. 621 do CPP)

1.4.1. Espécies de coisa julgada

– **Formal:** impede que o próprio juiz que decidiu a causa reexamine o conteúdo da sentença
– **Material:** impede que qualquer juízo ou tribunal reexamine a causa já decidida

1.4.2. Limites da coisa julgada: a imutabilidade da coisa julgada é limitada pelos seguintes fatores

– **Objetivos:** os limites da coisa julgada são as imputações, que limitam a atividade jurisdicional na sentença por força do princípio da correlação
– **Subjetivos:** incidem sobre o acusado, sujeito passivo da relação processual penal

DIREITO PROCESSUAL PENAL

Tema XIII - Procedimentos penais

1. Procedimentos penais

1.1. Noções introdutórias

1.1.1. Rito ou procedimento: é a sucessão ordenada de atos processuais, dirigidos a um fim último, qual seja a sentença

1.1.2. Classificação dos procedimentos penais

– **Procedimento comum** (art. 394, §1º do CPP)
a) **Ordinário** (art. 394, §1º, I do CPP): aplicável aos crimes cuja pena máxima seja igual ou superior a 4 anos
b) **Sumário** (art. 394, §1º, II do CPP): aplicável aos crimes cuja pena máxima seja superior a 2 anos e inferior a 4 anos
c) **Sumaríssimo** (art. 394, §1º, III do CPP): aplicável quando a pena máxima é inferior a 2 anos (infrações de menor potencial ofensivo – art. 61 da Lei 9.099/1995)
Dica: para a eleição do procedimento adequado devem ser consideradas as causas de aumento (considerada a fração máxima) e diminuição de pena (considerada a fração mínima), bem como as regras decorrentes do concurso de crimes (considerada a fração máxima)
– **Procedimentos especiais:** rito do Júri, da Lei de Drogas, dos crimes funcionais, dentre outros

1.2. Procedimento Comum Ordinário

1.2.1. Análise de algumas etapas importantes do procedimento ordinário

– **Rejeição da denúncia ou queixa** (art. 395 do CPP)
a) **Inépcia:** desatendimento dos requisitos do art. 41 do CPP (principalmente a não descrição dos fatos, com todas as suas circunstâncias)
b) **Falta de pressuposto processual ou condição da ação:** Ex.: de falta de pressuposto processual: litispendência (acusação do mesmo réu sobre o mesmo fato). Ex.: de falta de condição da ação: ausência de representação do ofendido em crime de ação pública condicionada à representação
c) **Ausência de justa causa:** falta de suporte informativo mínimo (prova da materialidade ou da ocorrência do fato e indícios suficientes de autoria)
– **Resposta à acusação** (art. 396 e 396-A do CPP): uma vez citado, o réu tem 10 dias para apresenta-la
a) **Obrigatoriedade:** trata-se de peça obrigatória, de modo que se o réu não a apresentar, será nomeado defensor dativo para fazê-lo. Assim, a falta é causa de nulidade absoluta
b) **Conteúdo:** pode alegar tudo o que interesse à sua defesa (notadamente a possibilidade de absolvição sumária, se houver), oferecer documentos, especificar as provas pretendidas e arrolar testemunhas (até 8)
– **Absolvição sumária** (art. 397 do CPP): após a resposta à acusação, o juiz absolverá sumariamente o réu quando:
a) **Manifesta causa excludente de ilicitude:** a excludente deve estar extreme de dúvidas para possibilitar que o juiz suprima a fase instrutória, absolvendo sumariamente. Se houver dúvida sobre a existência, deve-se aguardar a instrução para verificar a ilicitude do fato
b) **Manifesta excludente de culpabilidade do agente, salvo inimputabilidade:** idem ao item anterior. A inimputabilidade não pode ser aqui reconhecida, pois não seria possível, antes do contraditório (com o qual poderá ser defendida a absolvição própria) a aplicação de medida de segurança ao réu
c) **O fato evidente não constituir crime:** ocorre na hipótese de clara atipicidade do fato. Ex.: conduta insignificante; furto de uso
d) **Extinção da punibilidade:** a extinção da punibilidade não se trata de absolvição, mas sim de decisão terminativa que não adentra o mérito da causa. Portanto, a despeito do dispositivo, estando extinta a punibilidade, isso deve ser declarado por decisão terminativa, e não por sentença absolutória sumária

---

Oferecimento Denúncia (Rol c/ até 8 testemunhas) →
- Recebimento denúncia → Citação
- Rejeição denúncia (art. 395 CPP) → RESE

Citação → 10 dias → **Resposta à Acusação** (até 8 testemunhas) — **Absolvição Sumária** (art. 397 CPP)

Resposta à Acusação → **Designação da Audiência** — Apelação

Designação da Audiência → 60 dias → **Audiência**
- Declarações ofendido
- Testemunhas acusação
- Esclarecimentos peritos
- Acareações
- Reconhecimentos
- Interrogatórios
- Debates orais (ou conversão em memorial)
- Sentença

DIREITO PROCESSUAL PENAL

Tema XIII - Procedimentos penais

1. Procedimentos penais

1.3. Procedimento Comum Sumário

1.3.1. Diferenças com o rito ordinário:
– Prazo para designação de audiência de instrução: 30 dias, e não 60 dias
– Número de testemunhas: 5, e não 8

1.4. Procedimento Comum Sumaríssimo

1.4.1. Fase preliminar

– **Termo Circunstanciado de Ocorrência:** substitui o inquérito policial nas infrações de menor potencial ofensivo. Trata-se de um boletim de ocorrência mais detalhado, que deve conter as versões dos envolvidos, sem necessidade de oitivas em apartado
– **Audiência preliminar:** tem a finalidade de promover a composição civil dos danos e a transação penal
a) Composição civil dos danos (art. 74 da Lei 9.099/1995): visa a reparar os danos causados ao ofendido. Sendo homologada por sentença (decisão irrecorrível) pelo juiz, terá eficácia de título a ser executado no juízo cívelEfeitos: nos crimes de ação privada, importa em renúncia ao direito de queixa, provocando a extinção da punibilidade; ação pública condicionada à representação, haverá renúncia ao direito de representação (extinção da punibilidade); ação pública, mero redutor de pena (art. 16 do CP)
b) Transação penal: não sendo caso de arquivamento, o MP examinará a viabilidade de propor imediatamente a aplicação de pena restritiva de direitos ou multa (a ser especificada na proposta)
Não cabimento da transação penal: *(i)* ter sido o autor da infração condenado, pela prática de crime, à pena privativa de liberdade, por sentença definitiva; *(ii)* ter sido o agente beneficiado anteriormente, no prazo de cinco anos, pela aplicação de pena restritiva ou multa, nos termos deste artigo. Cumprimento da transação penal: gera extinção da punibilidade. Não cumprimento da transação penal: é possível o oferecimento de denúncia (SV 35)

1.4.2. Fase processual

1.4.3. Suspensão condicional do processo (art. 89 da Lei 9.099/1995): proposta efetuada pelo MP ao autor do fato (quando presentes certos requisitos) que suspende temporariamente o processo ao mesmo tempo em que impõe determinadas condições ao indivíduo *(sursis processual)*, evitando a imposição da pena de prisão

– **Momento da proposta:** oferecimento da denúncia, devendo, após o recebimento da peça acusatória, ser designada audiência para aceitação e homologação
– **Requisitos**
a) Pena mínima não superior a um ano: note que a suspensão condicional do processo se aplica não apenas às IMPOs, *mas a todo e qualquer crime que possua pena mínima de até 1 ano*
b) Autor do fato não estar sendo processado por outro crime
c) Autor do fato não ter sido condenado por outro crime
d) A culpabilidade, os antecedentes, a conduta social e personalidade do agente, bem como os motivos e as circunstâncias devem se mostrar adequados à elaboração da proposta
– **Duração:** o processo pode ficar suspenso de 2 a 4 anos
– **Condições:** I. Reparação do dano, salvo impossibilidade de fazê-lo; II. Proibição de frequentar determinados lugares; III. Proibição de ausentar-se da comarca onde reside, sem autorização do juiz; IV. Comparecimento pessoal e obrigatório a juízo, mensalmente, para informar e justificar suas atividades
Dica: o juiz poderá especificar outras condições a que fica subordinada a suspensão, desde que adequadas ao fato e à situação pessoal do acusado
– **Cumprimento:** encerrado o período sem descumprimento das condições, extingue-se a punibilidade

DIREITO PROCESSUAL PENAL

Tema XIII - Procedimentos penais

1. Procedimento especial do Júri I

- **1.1. Princípios do Júri** (art. 5º, XXXXVIII da CF)

  - **1.1.1. Plenitude de defesa:** compreende a defesa técnica, a autodefesa e a *defesa metajurídica* (para além do direito). Pode-se, por exemplo, pedir clemência aos jurados para que absolvam o réu (argumento metajurídico)

  - **1.1.2. Sigilo das votações:** tanto o local em que se dá a votação é sigiloso (sala secreta), como também a forma da votação é sigilosa, não podendo o jurado informar o seu voto às demais pessoas e nem se comunicar com os demais jurados sobre o caso que está *sub judice*. Ademais, deve o juiz-presidente evitar a unanimidade da votação. Significa isto que o juiz, no momento da leitura dos votos, ao atingir a maioria (4 votos, uma vez que são 7 jurados), deve interromper a leitura dos demais votos como forma de velar pelo sigilo das votações

  - **1.1.3. Soberania dos veredictos:** aquilo que os jurados decidirem não pode ser reformado pelo juiz-presidente e/ou por instância superior. No máximo, será possível a anulação (mas não a reforma) do veredicto, em caso de decisão manifestamente contrária à prova dos autos (art. 593, III, d do CPP). Ainda assim, só caberá apelação por este motivo uma única vez

  - **1.1.4. Competência para julgar crimes dolosos conta a vida e seus conexos:** Ou seja, homicídio doloso, infanticídio, aborto e instigação ao suicídio

    > **Atenção absoluta:** o júri não é competente para julgar latrocínio (súmula 603 do STF), genocídio e tortura, ainda que seguida de morte

- **1.2. Características**

  - **1.2.1. Órgão colegiado heterogêneo:** composto por um juiz togado (juiz-presidente) e 25 leigos, dos quais 7 serão sorteados para integrar o chamado Conselho de Sentença

    > **Dica:** para que a sessão seja instalada bastam 15 jurados

  - **1.2.2. Horizontal:** inexiste hierarquia entre juiz-presidente e jurados

  - **1.2.3. Decisão por maioria de votos:** não se exige unanimidade

  - **1.2.4. Rito escalonado (bifásico):** o procedimento é composto por duas fases

- **1.3. Primeira fase do Júri (sumário da culpa)**

  - **1.3.1. Peculiaridades da fase do sumário da culpa**

    – **Manifestação da acusação sobre resposta à acusação:** diferente do que se dá no rito ordinário, a lei prevê a intimação do MP para se manifestar sobre as matérias arguidas na resposta à acusação
    – **Inexistência de absolvição sumária:** após a resposta à acusação (art. 397 CPP), não há previsão de absolvição sumária no rito do Júri, que somente pode ocorrer ao final da primeira fase (art. 415 do CPP)

    Fluxograma:
    - **Denúncia** → Recebimento → Citação → Resposta à acusação → Manifestação da acusação sobre resposta à acusação → **Audiência** (Ofendido se possível; Testemunhas; Peritos; Acareações; Reconhecimentos; Interrogatórios; Decisão em audiência ou em 10 dias)
    - Denúncia → Rejeição (395, CPP) → RESE
    - **Apelação** → Impronúncia / Absolvição sumária
    - **RESE** → Desclassificação / Pronúncia → 2ª Fase - Júri

DIREITO PROCESSUAL PENAL

Tema XIII - Procedimentos penais

1. Procedimento especial do Júri II

1.4. Primeira fase do Júri (sumário da culpa)

1.4.1. Encerramento da fase do sumário da culpa

– **Pronúncia** (art. 413 do CPP): significa que o juiz entende viável a acusação, e, assim, remete o acusado para julgamento do Júri. Além disso, a pronúncia fixa os limites da imputação em plenário. Preclusa a pronúncia, não poderá a acusação inovar em plenário. Estará a acusação adstrita aos termos definidos na pronúncia
Requisitos: prova da materialidade + indícios suficientes de autoria (plausibilidade da acusação)
Dica: vigora na fase de pronúncia o princípio do *in dubio pro societate*. Significa isto que, nesta etapa, em vez do tradicional *in dubio pro reo*, a dúvida quanto à autoria resolve-se em favor da sociedade (acusação)
Natureza: decisão interlocutória mista não terminativa
Recurso cabível: RESE (art. 581, IV do CPP). Com ele, a acusação pode buscar o reconhecimento de qualificadora afastada, e a defesa pode pleitear a despronúncia, que significa a reforma da decisão de pronúncia com o fim de impronunciar o acusado
– **Impronúncia** (art. 414 do CPP): significa que pelo menos um dos requisitos da pronúncia não estão presentes. Não se trata de absolvição, mas do reconhecimento por parte do juiz da inadmissibilidade da acusação formulada contra réu
Natureza: decisão interlocutória mista terminativaRecurso: apelação (art. 416 do CPP)
Impronúncia e crime conexo: preclusa a decisão de impronúncia, o juiz deve remeter o feito a eventual juiz competente para julgar o crime conexo que havia sido atraído para a competência do júri
– **Absolvição sumária** (art. 415 do CPP): encerra juízo de certeza (sendo, portanto, excepcional) a respeito da inocência do acusado, por estar *(I)* provada a inexistência do fato; *(II)* provado não ser o acusado o autor do fato; *(III)* demonstrado que o fato não constitui infração penal; *(IV)* demonstrada causa de isenção de pena ou exclusão do crime
Atenção absoluta: não pode o juiz absolver sumariamente o réu com base na inimputabilidade (doença mental ao tempo do fato – art. 26 do CP), salvo se esta (a inimputabilidade) for a única tese defensiva. Recorde-se que o reconhecimento de inimputabilidade implica aplicação de medida de segurança ao réu. Por isso, caso haja tese defensiva subsidiária, é mais benéfico ao réu submetê-lo a Júri popular, pois pode, por exemplo, terminar sendo absolvido (o que é mais vantajoso)
– **Desclassificação** (art. 419 do CPP): ocorre quando o juiz entende que não ocorreu crime doloso contra a vida, não sendo, portanto, o Júri o órgão competente para conhecer o caso. Desclassificada a infração, deve o juiz remeter o processo ao juiz competente – caso não seja ele próprio o magistrado indicado para o julgamento.
Recurso: RESE (art. 581, II do CPP)

1.5. Segunda fase do rito do Júri

Pronúncia → **Fase 422, CPP**
a) Até 5 testemunhas podem ser arroladas
b) Requerimentos/diligências

Juiz: Ordenação e Relatório ⊕ Designação do Júri

Sorteio Jurados: 25 (Arts. 425 a 432)

SESSÃO DE JULGAMENTO

- **1º Início** c/ ao menos 15 jurados presentes
- **2º Advertência** aos jurados sobre impedimentos (Arts. 448, 449, 466)
- **3º Sorteio:** 7 jurados p/ Conselho de Sentença - 3 recusas p/ cada parte
- **4º Exortação/compromisso/entrega de cópias** (472, CPP)
- **5º Instrução plenário**
  - Vítima (se possível)
  - Test. acusação
  - Test. defesa
  - Interrogatório
- **6º Debates**
  - MP: 1h30 (ou 2h30 + réus)
  - Defesa: idem
  - **Réplica/Tréplica**
  - MP: 1h (ou 2h + réus)
  - Defesa: idem
- **7º Explicação/quesitos**
- **8º Sala secreta/votação**

→ **Leitura da Sentença**

1.6. Procedimento da Lei de Drogas (Lei 11.343/2006)

Denúncia (Rol 5 testemunhas) — **Notificação acusado** — **Defesa preliminar**

→ **Recebimento denúncia ⊕ Designação de audiência** → **Citação** → 30 dias → **Audiência**
- Interrogatório
- Testemunhas acusação
- Testemunhas defesa
- Debates orais
- Sentença

Rejeição denúncia → **RESE**

- Há entendimento de que deve haver resposta à acusação e, se o caso, absolvição sumária
- Há entendimento de que o interrogatório deve ser o último ato da instrução

DIREITO PROCESSUAL PENAL

Tema XIV - Nulidades

1. Nulidades

- **1.1. Conceito:** nulidade é uma sanção imposta pelo Estado-juiz ao ato que não cumpriu as formalidades estabelecidas pela lei. Em sentido amplo, pode-se dizer que há um vício no ato praticado. A nulidade pode recair, a depender do caso, sobre um só ato ou sobre todo o processo

- **1.2. Classificação do ato viciado**
  - **1.2.1. Irregularidade:** defeito sem maior importância, decorrente de mínima inobservância do modelo ilegal. O ato é mantido e produz regulares efeitos
  - **1.2.2. Nulidade relativa:** violação a norma infraconstitucional, que afeta o interesse privado da parte. Para que o ato seja anulado, é preciso que sua arguição se dê em momento oportuno, demonstrando efetivo prejuízo
  - **1.2.3. Nulidade absoluta:** o defeito é grave e há interesse público em seu reconhecimento, visto que são violadas garantias decorrentes, direta ou indiretamente, da CF. Pode ser arguida a qualquer tempo, ou reconhecida de ofício pelo juiz, não havendo preclusão, além de o prejuízo ser presumido, independendo de comprovação
  - **1.2.4. Inexistência:** o vício é gravíssimo, tratando-se de um não-ato. Ex.: sentença sem dispositivo, ou proferida por pessoa que não é juiz

- **1.3. Princípios aplicáveis à nulidade**
  - **1.3.1. Princípio do prejuízo (*pas de nullité sans grief*):** nenhum ato será declarado nulo se da nulidade não resultar prejuízo (art. 563 do CPP)
  - **1.3.2. Princípio da instrumentalidade das formas:** o ato será considerado válido se a sua finalidade for atingida. A finalidade vale mais do que a forma
  - **1.3.3. Princípio da conservação dos atos processuais:** preservação dos atos não decisórios nos casos de incompetência do Juízo (art. 567 do CPP)
  - **1.3.4. Princípio do interesse:** nenhuma das partes poderá arguir nulidade a que tenha dado causa, ou para a qual tenha concorrido, ou referente à formalidade que só interesse à parte contrária (art. 565 do CPP)
  - **1.3.5. Princípio da causalidade ou contaminação:** a nulidade de um ato causará a nulidade dos atos que dele diretamente dependerem (art. 573, §1º do CPP)
  - **1.3.6. Princípio da convalidação dos atos processuais:** permite a convalidação ou ratificação dos atos processuais eivados de vícios (arts. 568 a 570 do CPP)

- **1.4. Momento para arguição**
  - **1.4.1. Nulidade absoluta:** a qualquer tempo
  - **1.4.2. Nulidade relativa:** devem ser arguidas em momento próprio, sob pena de convalidação
    - **Nulidades da instrução criminal, no processo do júri, no procedimento ordinário e nos procedimentos especiais:** devem ser arguidas até as alegações finais (ou memorial)
    - **Nulidades no procedimento sumário:** devem ser arguidas no prazo da resposta à acusação, ou, se ocorridas após, logo depois de aberta a audiência de instrução
    - **Nulidades posteriores à pronúncia:** logo depois de anunciado o julgamento e apregoadas as partes
    - **Nulidades ocorridas após a sentença:** em preliminar do recurso de apelação, ou logo após anunciado o julgamento do recurso e apregoadas as partes
    - **Nulidades ocorridas no julgamento em plenário, em audiência ou na sessão do tribunal:** devem ser arguidas logo depois de ocorrerem, constando em ata

- **1.5. Nulidades em espécie:** constam do rol exemplificativo do art. 564 do CPP

DIREITO PROCESSUAL PENAL

Tema XV - Recursos

1. Teoria Geral dos Recursos I

1.1. Conceito de recurso: meio jurídico pelo qual, na mesma relação processual, impugna-se uma decisão que ainda não transitou em julgado, objetivando, com isso, seu reexame

1.2. Princípios que norteiam os recursos

1.2.1. Voluntariedade (art. 574, caput, 1ª parte do CPP): os recursos dependem de manifestação de vontade da parte que queira ver a decisão reformada

1.2.2. Taxatividade: para se recorrer de uma decisão é preciso que exista previsão expressa na lei a respeito do cabimento de tal recurso

1.2.3. Fungibilidade (conversibilidade dos recursos): não havendo erro grosseiro ou má-fé na interposição de um recurso e sendo atendido o prazo do recurso efetivamente cabível à espécie, poderá o julgador aceitar o recurso equivocado como se fosse o correto (vide art. 579 do CPP)

1.2.4. Vedação à reformatio in pejus (art. 617 do CPP e súmula 160 do STF): não pode a situação do réu sofrer qualquer piora na instância *ad quem*, caso apenas ele recorra da decisão judicial (*i. e.,* sem interposição de recurso por parte da acusação e sem previsão de recurso de ofício para o caso)

– **Reformatio *in pejus* indireta:** apenas a defesa apela a sentença e obtém sua anulação. A nova sentença a ser proferida não pode piorar a situação do réu antes do provimento do recurso
Dica: súmula 160 do STF: "é nula a decisão do tribunal que acolhe, contra o réu, nulidade não arguida no recurso da acusação, ressalvados os casos de recurso de ofício" (vedação a *reformatio in pejus*)

1.2.5. Unirrecorribilidade (singularidade ou unicidade): em regra, cabe apenas um recurso específico para atacar determinada decisão (art. 593, § 4º do CPP)

1.3. Pressupostos recursais:
para se recorrer de uma decisão, necessário o preenchimento de certos pressupostos. A satisfação de tais pressupostos autoriza que o órgão julgador, exercendo juízo de admissibilidade, considere viável (admita ou conheça) o recurso

1.3.1. Pressupostos objetivos

– **Cabimento:** o recurso deve possuir previsão expressa em lei
– **Tempestividade:** é preciso interpor o recurso dentro do prazo previsto pela lei
– **Regularidade formal:** interpor o recurso conforme a forma estabelecida por lei
– **Inexistência de fatos impeditivos e extintivos do direito de recorrer:** para que o recurso possa ser apreciado pelo órgão julgador é preciso ainda que certos fatos impeditivos e extintivos não se façam presentes. Os mais comuns são a renúncia ao recurso (fato impeditivo) e a desistência do recurso (fato extintivo)

1.3.2. Pressupostos subjetivos

– **Interesse:** somente a parte que possuir interesse, caracterizado pela sucumbência, na reforma/anulação da decisão poderá recorrer (art. 577, parágrafo único do CPP)
Dica: Em caso de sentença *absolutória,* há interesse de a *defesa* recorrer da decisão para alterar a sua fundamentação quando a motivação da sentença for daquelas que, embora absolvendo o réu, permita a ação cível contra esse. Ademais, o MP sempre possui interesse em recorrer a favor do réu, em razão da função de fiscal da ordem jurídica
– **Legitimidade:** o recurso deve ser interposto por quem é parte na relação processual ou, excepcionalmente, por terceiros quando houver autorização legal expressa nesse sentido (ex.: art. 598 do CPP)
Dica: a súmula 210 do STF, diz: "o assistente do Ministério Público pode recorrer, inclusive extraordinariamente, na ação penal, nos casos dos arts. 584, § 1º e 598 do Código de Processo Penal"

DIREITO PROCESSUAL PENAL
TEMA XV - RECURSOS

1. Teoria Geral dos Recursos – II

1.4. Efeitos dos recursos

1.4.1. Devolutivo: o recurso *devolve* a matéria recorrida à instância ad quem, bem como permite que a instância superior tome contato (e se pronuncie) sobre matéria passível de conhecimento de ofício pelo julgador (ex.: falta de citação)

1.4.2. Suspensivo: ocorre quando o recurso suspende a produção dos efeitos da decisão impugnada. Ex.: no caso de recurso contra a decisão de pronúncia, o julgamento do processo pelos jurados ficará suspenso até que se decida a respeito do recurso interposto (art. 584, § 2º do CPP)

> **Dica:** o recurso contra a sentença absolutória não possui efeito suspensivo. Desse modo, o réu, se preso estiver, deverá ser colocado em liberdade imediatamente, mesmo que, p. ex., a acusação tenha interposto recurso contra a referida absolvição (art. 596 do CPP)

1.4.3. Regressivo (ou diferido): possibilidade de o próprio juiz se retratar da decisão que prolatou. No Processo Penal, tal efeito existe no RESE (recurso em sentido estrito) (art. 589 do CPP), no agravo em execução (art. 197 da LEP – que segue o mesmo rito do RESE), na carta testemunhável e no agravo contra despacho denegatório de recurso especial e extraordinário

1.4.4. Extensivo (expansivo, iterativo ou extensão subjetiva do efeito devolutivo): pode ocorrer em caso de concurso de pessoas. Explica-se. Se um réu interpõe recurso fundado em motivo de caráter não xclusivamente pessoal (ex.: questionando a tipicidade da conduta), sendo provido o recurso, este aproveitará ao corréu que não tenha recorrido (art. 580 do CPP)

1.5. Recursos em espécie

1.5.1. Recurso em sentido estrito: busca atacar decisões interlocutórias

– **Previsão legal:** sobretudo, no CPP (art. 581), porém há também hipóteses esparsas em legislação extravagante (ex.: – art. 294, parágrafo único, Lei 9.503/1997 – CTB)
– **Efeitos:** devolutivo (restrito à matéria impugnada) e regressivo. Em regra, não possui efeito suspensivo. Exceções: RESE contra a decisão que denega a apelação ou que a julga deserta; contra a pronúncia; e contra a decisão que determina a perda ou a quebra da fiança (art. 584 do CPP)
– **Prazo:** 5 dias para a interposição (dirigida ao juízo *a quo*); 2 dias para as razõe recursais (dirigida ao juízo *ad quem*)
Exceções: I. 20 dias (parágrafo único do art. 586) no caso de RESE contra a decisão que inclui ou exclui jurado da lista geral do Tribunal do Júri; II. 15 dias para a vítima não habilitada como assistente de acusação para interpor RESE contra declaração da extinção da punibilidade em caso de inércia do MP – art. 584, § 1º, c/c art. 598 do CPP
– **Hipóteses de cabimento:** rol taxativo do art. 581 do CPP

> ⚠️ **Atenção absoluta:** é preciso estar atento a esse art. 581, pois diversos de seus incisos encontram-se prejudicados (em razão do cabimento do agravo em execução) (art. 197 da LEP – em lugar do RESE). São os casos dos incisos XI, XII, XVII, XIX, XXI, XXII e XXIII. Está prejudicado, também, o inciso XXIV, ante a impossibilidade de conversão de multa em ppl (art. 51 do CP)

DIREITO PROCESSUAL PENAL

TEMA XV - RECURSOS

1. Apelação

1.1 Efeitos

1.1.1. Devolutivo: a apelação possui o mais amplo efeito devolutivo dos recursos, com possibilidade de discussão de toda a matéria de fato e de direito

1.1.2. Suspensivo: a apelação interposta contra a sentença absolutória não tem efeito suspensivo. No caso de sentença condenatória, o art. 597 do CPP, sublinha que há efeito suspensivo

> 🔊 **Traduzindo:** Não estamos querendo dizer com isso que não é possível a prisão do acusado no momento da sentença penal condenatória. Não é isto. É possível a prisão desde que presentes os requisitos da preventiva (prisão cautelar)

1.1.3. Extensivo: pode ocorrer em caso de concurso de pessoas (art 580 do CPP)

1.1.4. Prazo: em regra, 5 dias para a interposição (dirigida ao juízo *a quo*); 8 dias para as razões (dirigidas ao juízo *ad quem*)

> ⚠️ **Atenção absoluta:** no âmbito do JECRIM o prazo para apelação é de 10 dias, devendo ser apresentadas conjuntamente a interposição e as razões recursais. Em caso de inércia do MP, o prazo é de 15 dias para a vítima não habilitada como assistente de acusação para interpor apelação (art. 598 do CPP), a contar do transcurso do prazo para o MP (súmula 448 do STF)

1.2. Hipóteses de cabimento

1.2.1. Contra sentenças definitivas de condenação (art. 593, I do CPP)

1.2.2. Contra sentenças definitivas de absolvição (art. 593, I do CPP): incluia-se a absolvição sumária

1.2.3. Contra decisões definitivas ou com força de definitiva, quando não couber recurso em sentido estrito (art. 593, II do CPP): como já visto, o rol do RESE é taxativo. Denomina-se apelação subisdiária. Ex.: decisão que cancela hipoteca legal

1.2.4. Contra decisão de impronúncia (art. 416 do CPP)

1.2.5. Contra decisão que rejeita denúncia ou queixa no JECRIM (art. 84 da Lei 9.099/1995)

1.3. Apelação no Tribunal do Júri (art. 593, III do CPP)

1.3.1. Quando ocorrer nulidade posterior à pronúncia (*a*): o Tribunal pode anular a sentença caso reconheça a nulidade

1.3.2. Sentença do juiz-presidente contrária à lei expressa ou à decisão dos jurados: Ex.: juiz suprime qualificadora reconhecida pelos jurados. O Tribunal poderá retificar a sentença (art. 593, §1º do CPP)

1.3.3. Houver erro ou injustiça no tocante à pena ou à medida de segurança: o Tribunal retificará a sentença (art. 593, §2º do CPP)

1.3.4. A decisão dos jurados for manifestamente contrária à prova dos autos: é preciso que a decisão dos jurados tenha se dado de forma totalmente dissociada do conjunto probatório constante dos autos. Nessa situação, a instância ad quem (o tribunal) tem apenas poder para anular (cassar) a decisão do júri, determinando a realização de novo julgamento (por outros jurados)

> ⚠️ **Atenção absoluta:** só se pode apelar com base nesse motivo (decisão dos jurados manifestamente contrária à prova dos autos) uma única vez. Este comando atinge, inclusive, a parte contrária do processo, isto é, se uma parte apelar com base nesse fundamento, não poderá, posteriormente, a parte contrária (que não havia recorrido) apelar embasada no mesmo fundamento (STJ, HC 116913/RJ, DJe 07/02/2011)

> 💡 **Dica:** súmula 713 do STF: "o efeito devolutivo da apelação contra decisões do Júri é adstrito aos fundamentos da sua interposição"

DIREITO PROCESSUAL PENAL

TEMA XV - RECURSOS

1. Embargos de declaração:

1.1 Conceito: oponível contra a decisão que apresente ambiguidade, obscuridade, omissão ou contradição (arts. 382, 619 e 620 do CPP)

1.1.1. Prazo: em regra, 2 dias, dirigido ao Juízo a quo (que é quem o julga)

Dica: no JECRIM, o prazo é de 5 dias (art. 83 da Lei 9.099/1995)

1.2. Efeito no prazo para outros recursos: prevalece que o prazo para os demais recursos será integralmente devolvido às partes após o julgamento dos embargos

Dica: no JECRIM, ocorre apenas a suspensão do prazo recursal (vide: art. 83, § 2º, Lei 9.099/1995)

1.3. Embargos infringentes e de nulidade (art. 609, parágrafo único do CPP): exclusivo da defesa que, ao atacar a falta de unanimidade dos julgadores de 2ª instância, busca reverter a situação em favor do acusado

1.3.1. Requisitos para o cabimento
- Decisão de 2ª instância não unânime e desfavorável ao réu (2 votos a 1, por exemplo)
- Voto vencido de um dos julgadores favorável ao réu
- Cabível contra o acórdão que julgar a apelação, o RESE e, segundo já decidiu o STF (HC 65988/PR, DJe 18/08/1989), o *agravo em execução* (art. 197 da LEP)

Atenção absoluta: não será cabível esse recurso se a divergência dos julgadores se der apenas no tocante à fundamentação da decisão, sendo unânime o dispositivo do julgado (STF, Informativo 735, DJe 13/02/2014)

1.3.2. Extensão do efeito devolutivo: os embargos ficam restritos à matéria divergente. Não poderão abranger, portanto, questões unânimes decididas pelos julgadores

1.3.3. Prazo: 10 dias da publicação do acórdão

1.4. Carta testemunhável: de acordo com o art. 639 do CPP, trata-se de recurso residual (só podendo ser usado quando não existir outro recurso específico), cabível contra a decisão que não receber o recurso interposto pela parte ou que lhe obstaculizar o seguimento ao órgão *ad quem*

1.4.1. Cabimento
- **Da decisão que denegar o recurso:** Ex.: decisão que denega RESE ou agravo em execução
- **Decisão que, embora tenha admitido o recurso, obste o seu seguimento para o órgão *ad quem***

1.4.2. Interposição: é feita perante o escrivão, e não ao juiz (art. 640 do CPP)

1.4.3. Prazo: 48h

1.5. Agravo em execução (art. 197 da LEP): cabível contra as decisões proferidas no curso da execução da pena pelo juízo da Execução Penal

1.5.1. Cabimento: não possui hipóteses taxativas, bastando tratar-se de decisão no curso da execução penal

1.5.2. Procedimento: segue o mesmo rito e mesmas formalidades do RESE

1.6. Recurso Ordinário Constitucional Criminal: visa a assegurar o duplo grau de jurisdição a algumas situações específicas

1.6.1. Cabimento para o STF (art. 102, II da CF)
- **Decisão denegatória dos tribunais superiores (STJ, TSE, STM) em única instância de HC ou mandado de segurança (MS):** casos de competência originária dos Tribunais Superiores. Prazo: 5 dias
- **Decisões relativas a crimes políticos:** correspondem aos crimes previstos pela Lei de Segurança Nacional (Lei 7.170/1983). O 2º grau de jurisdição será sempre do STF, mediante interposição de ROC (STF, RC 1468/RJ, DJe 16/08/2000). Prazo: 3 dias

1.6.2. Cabimento para o STJ (art. 105, II da CF)
- **Decisão denegatória de HC proferida por TRF ou TJ em única ou última instância:** prazo de 5 dias
- **Decisão denegatória de MS proferida por TRF ou TJ em única instância:** prazo de 15 dias

DIREITO PROCESSUAL PENAL

TEMA XVI - AÇÕES AUTÔNOMAS DE IMPUGNAÇÃO

1. Ações autônomas de impugnação

1.1. Habeas Corpus

1.1.1. Natureza jurídica: ação autônoma de impugnação. Embora se encontre no capítulo dos recursos, deles não se trata, pois os recursos pressupõem a existência de processo

1.1.2. Bem jurídico tutelado: combater a *ameaça* ou a *coação ilegal* à liberdade de locomoção do indivíduo

1.1.3. Espécies de HC

– **Preventivo:** indivíduo encontra-se na iminência de ser preso ilegalmente. Impetra-se o HC e pede-se aqui um documento chamado de "salvo-conduto"
– **Liberatório ou repressivo:** a pessoa encontra-se presa ilegalmente. Impetra-se o HC e requer-se o alvará de soltura (art. 660, § 1º do CPP)
– **Suspensivo:** foi expedido um mandado de prisão (ilegal) contra o sujeito. Impetra-se o HC e pede-se o contramandado de prisão, visando a neutralizar a ordem de prisão anteriormente expedida

1.1.4. Legitimidade ativa: qualquer pessoa, sendo desnecessária a capacidade postulatória

1.1.5. Legitimidade passiva: é possível impetrar HC contra ato de autoridade ou mesmo contra ato de particular (ex.: diretor de hospital que não deixa o paciente sair do ambulatório enquanto este não quitar a conta)

1.1.6. Competência

– **Juiz de primeira instância:** em regra, quando o coator for o delegado, o agente policial ou o particular
– **TJ:** em regra, quando coator for o promotor ou o juiz de 1ª instância, ou membro do MP com atuação em primeira instância
Atenção absoluta: quando a autoridade coatora for Turma Recursal (JECRIM), a competência para o HC será do TJ
– **Turma Recursal:** quando a autoridade coatora for o juiz do JECRIM, ou membro do MP nele atuante
– **TRF:** quando a autoridade coatora for juiz federal ou procurador da república (MPF) – art. 108, I, d da CF
– **STJ** (art. 105, I, c da CF): quando o coator ou paciente for Governador, desembargador do TJ, TRF, TRE, TRT, membro do Tribunal de Contas do Estado ou do Município ou membro do MPU que oficie perante tribunais
– **STF** (art. 102, I, d da CF): quando o paciente for o Presidente da República, o Vice-Presidente, os membros do Congresso Nacional, os membros dos tribunais superiores e do Tribunal de Contas da União ou os chefes de missão diplomática de caráter permanente

1.1.7. Hipóteses de cabimento: o art. 648 do CPP traz rol exemplificativo de hipóteses que autorizam a impetração de HC. Este, porém, será cabível sempre que houver restrição indevida ou ameaça de restrição indevida à liberdade de locomoção do indivíduo

1.2. MS Criminal: utilizado em casos específicos no âmbito penal, funciona como verdadeiro sucedâneo recursal

1.2.1. Base legal: art. 5º, LXIX da CF e Lei 12.016/2009 (doravante: LMS)

1.2.2. Requisito: demonstração de que o impetrante possui direito líquido e certo

– **Direito líquido e certo:** é aquele em relação ao qual não há dúvida de sua existência (demonstrável de plano). Prova documental pré-constituída. Descabe dilação probatória no âmbito do MS

1.2.3. Legitimidade ativa: MP, querelante, assistente de acusação e réu. Há necessidade de capacidade postulatória

1.2.4. Legitimidade passiva (autoridade coatora): apenas autoridade pública (descabe contra ato de particular)

1.2.5. Hipóteses mais comuns de cabimento de MS Criminal: indeferimento arbitrário de habilitação como assistente de acusação – art. 273 do CPP; indeferimento arbitrário de acesso do advogado aos autos do IP; para conferir efeito suspensivo ao RESE em caso de liberdade provisória teratológica

DIREITO PROCESSUAL PENAL
TEMA XVI - AÇÕES AUTÔNOMAS DE IMPUGNAÇÃO

1. Revisão criminal (arts. 621 a 631 do CPP)

- **1.1. Finalidades:** restabelecer o estado de dignidade ou liberdade do condenado

- **1.2. Revisão em prol da sociedade:** trata-se de ação exclusiva réu, sendo vedada a revisão *pro societate*
  - **Dica:** é preciso destacar que o STF (HC 104998/SP, DJe 09/05/2011) permite a reabertura do caso pela acusação numa hipótese específica: quando a declaração da extinção da punibilidade do réu estiver embasada em certidão de óbito falsa

- **1.3. Pressupostos da revisão criminal:** existência de sentença penal condenatória transitada em julgado: não importa a natureza da pena aplicada (pecuniária ou privativa de liberdade), a sua quantidade, se já foi cumprida ou não, ou se é vivo ou morto o sentenciado
  - **Dica:** cabe RC contra a **sentença absolutória imprópria** transitada em julgado, pois há reconhecimento da prática de fato típico e ilícito e imposição de sanção penal. Também é cabível em face de sentença definitiva do júri, visto que a liberdade do indivíduo prepondera sobre a soberania dos veredictos

- **1.4. Legitimidade ativa:** o próprio condenado (independentemente de advogado); procurador legalmente habilitado (advogado); sucessores (C.A.D.I., no caso de morto); MP – embora o tema seja polêmico, prevalece que é possível (Luiz Flávio Gomes e Hidejalma Muccio, por exemplo)

- **1.5. Hipóteses de cabimento:** diz-se que a revisão criminal é ação que tem fundamentação vinculada. Assim, ela somente pode ser ajuizada nos casos específicos previstos em lei. Portanto, o rol do art. 621 do CPP é taxativo
  - **1.5.1. Sentença contrária a texto expresso de lei penal:** lei penal" entenda-se lei penal e processual penal. É preciso que a sentença tenha sido contrária a texto expresso de lei, pois, no caso de existir interpretação controvertida sobre o dispositivo legal, não cabe a revisão
  - **1.5.2. Sentença contrária à evidência das provas:** é a condenação que não se ampara em nenhuma prova e não aqueles casos em que se têm provas favoráveis e contrárias ao réu, optando o juiz por estas últimas
  - **1.5.3. Surgimento de novas provas da inocência:** ex.: após a condenação definitiva do réu, vem a juízo pessoa que confessa categoricamente a prática do crime pelo qual o acusado foi condenado
  - **1.5.4. Atenuante genérica e causas de diminuição:** ex.: após condenação definitiva observa-se que o julgador não observou a atenuante referente à menoridade do réu quando da prática do crime

- **1.6. Competência**
  - **1.6.1. STF e STJ:** julgam suas próprias condenações (em sede de competência originária) e aquelas por eles mantidas
  - **1.6.2. TRF:** julgam suas próprias condenações e a dos juízes federais
  - **1.6.3. TJ:** julgam suas próprias condenações e a dos juízes federais
  - **Dica:** podemos concluir da leitura deste item que o juiz de primeira instância nunca julga RC

- **1.7. Reiteração do pedido** (art. 622, parágrafo único do CPP): *"não será admissível a reiteração do pedido, salvo se fundado em novas provas"*

DIREITOS HUMANOS

Renan Flumian

DIREITOS HUMANOS

Tema I - Introdução: conceito e paradigma de proteção

1. Introdução

- **1.1. Direitos Humanos**
  - **1.1.1. Conceito:** ramo do direito que tem como função proteger a dignidade da pessoa humana
    - **1.1.1.1. Dignidade da pessoa humana:** situação de **mínimo gozo** garantido dos direitos pessoais, civis, políticos, de subsistência, judiciais, econômicos, sociais e culturais **(definição objetiva)**
  - **1.1.2. Concepção contemporânea:** inaugurada pela Declaração Universal dos Direitos Humanos de 1948 e reforçada pela Declaração de Direitos Humanos de Viena de 1993
    - **1.1.2.1. Característica:** a Organização das Nações Unidas (ONU) e a Declaração Universal dos Direitos Humanos criaram um verdadeiro sistema de proteção global da dignidade humana
    - 💡 **Dica:** isso gerou uma mitigação da soberania dos Estados em função da característica de universalidade dos direitos humanos
  - **1.1.3. Eficácia: vertical** (oponíveis ao Estado) e **horizontal** (oponíveis entre os particulares)
  - **1.1.4. Paradigma da proteção:** foi do paradigma nacional para o **compartilhado** (sistemas nacional e internacional de proteção dos direitos humanos atuando conjuntamente)
    - **1.1.4.1. Característica:** a Declaração Universal dos Direitos Humanos significou o fim do paradigma da proteção nacional (e único) dos direitos humanos

DIREITOS HUMANOS
Tema II - Gerações dos Direitos Humanos

1. Gerações dos Direitos Humanos

- **1.1. Gerações dos Direitos Humanos**
  - **1.1.1. Conceito:** as gerações trazem exemplos de direitos humanos que foram sendo confeccionados em conformidade com a evolução da vida humana
  - **1.1.2. Características:** a divisão dos direitos humanos em gerações, idealizada por Karel Vasak, tem por finalidade permitir uma boa análise de sua amplitude, além de dar uma boa ideia sobre a causa de seu surgimento e seu contexto
  - 💡 **Dica:** a análise das gerações tem que ter por fundamento não a ótica sucessória (de substituição da anterior pela posterior), mas sim a **interacional** (de complementação da anterior pela posterior)
  - 📢 **Tradução:** em função dessa ideia, alguns autores preferem classificar como **gestações** ou **dimensões** e não gerações de direitos, tudo para reforçar a noção de continuidade e de acúmulo

- **1.2. Primeira Geração**
  - **1.2.1. Conceito:** diz respeito aos direitos civis e políticos
  - **1.2.2. Titularidade:** atribuída ao indivíduo (direitos individuais)
  - **1.2.3. Fundamento:** ideia de **liberdade**
  - 💡 **Dica:** a sua defesa foi feita sobretudo pelos EUA, que defendiam a perspectiva liberal dos direitos humanos, os quais foram consagrados no Pacto Internacional de Direitos Civis e Políticos

- **1.3. Segunda Geração**
  - **1.3.1. Conceito:** diz respeito aos direitos econômicos, sociais e culturais
  - **1.3.2. Titularidade:** atribuída à coletividade (direitos coletivos)
  - **1.3.3. Fundamento:** ideia de igualdade
  - **1.3.4. Exemplo:** esses direitos aparecerem em primeiro lugar na Const. Mexicana de 1917 e na Const. Alemã de 1919 ("Constituição de Weimar")
  - 💡 **Dica:** a sua defesa foi feita sobretudo pelos EUA, que defendiam a perspectiva liberal dos direitos humanos, os quais foram consagrados no Pacto Internacional de Direitos Civis e Políticos

- **1.4. Terceira Geração**
  - **1.4.1. Conceito:** diz respeito aos direitos à paz, ao desenvolvimento, ao meio ambiente e à propriedade do patrimônio cultural
  - **1.4.2. Titularidade:** atribuída à humanidade (difusos)
  - **1.4.3. Fundamento:** ideia de fraternidade
  - 💡 **Dica:** estes direitos surgiram em grande medida como resposta à polaridade Norte/Sul (países ricos versus países pobres), da qual surgiu o **princípio da autodeterminação dos povos**, fundamento jurídico do processo de descolonização, e se inserem na busca por uma nova ordem política e econômica mundial mais justa e solidária
  - **1.4.4. Exemplos:** os direitos de terceira geração foram consagrados na Convenção para a Proteção do Patrimônio Mundial, Cultural e Natural de 1972, e na Convenção sobre a Diversidade Biológica, de 1992
  - ⚖️ **Jurisprudência:** são classificados pelo STF como novíssimos direitos

- **1.5. Quarta e Quinta Gerações**
  - **1.5.1. Conceito** (Eliana Calmon): defende que a quarta geração seria composta de direitos referentes à manipulação do patrimônio genético, como os alimentos transgênicos, a fertilização *in vitro* com escolha do sexo e a clonagem
  - **1.5.2. Conceito** (Paulo Bonavides): a quarta geração diz respeito à universalização de direitos fundamentais já existentes, como os direitos à democracia direta, à informação e ao pluralismo, enquanto que o direito à paz seria de quinta geração
  - **1.5.3. Conceito** (José Alcebíades de Oliveira Júnior): faz coro com Eliana Calmon em relação à quarta geração e assinala que a quinta é ligada ao direito cibernético
  - 💡 **Dica:** outros, como Alberto Nogueira, que relaciona a quarta geração com os direitos a uma tributação justa, e Ricardo Lorenzetti, ministro da Suprema Corte Argentina, que define a quarta geração como sendo aquela do "direito a ser diferente", isto é, à tutela de todos tipos de diversidade – sexual, étnica etc.
  - ⚠️ **Atenção absoluta:** percebe-se que resta impossível categorizar cabalmente quais os direitos componentes da quarta e da quinta gerações, mas o importante é apontar possíveis interpretações e sublinhar a **natureza dinâmica dos direitos humanos**, os quais sempre estarão em construção
  - 📢 **Tradução:** a constante criação de "novos" direitos humanos torna impossível sua tipificação fechada, portanto, é necessária uma tipificação aberta para permitir a inserção de novos conceitos protetores da dignidade humana à medida que eles aparecerem

DIREITOS HUMANOS

Tema III - Características dos Direitos Humanos

1. Características dos Direitos Humanos

1.1. Universalidade ou transnacionalidade

- **1.1.1. Conceito:** os direitos humanos transcendem as criações culturais no sentido lato (religião, tradição, organização política etc.) por serem adstritos à condição humana
- **1.1.2. Requisito:** a condição de pessoa humana é requisito único e exclusivo para ser titular de direitos
- **1.1.3. Exemplo:** a Declaração Universal dos Direitos Humanos de 1948 internacionalizou a noção de direitos humanos

⚠️ **Atenção absoluta:** as particularidades regionais e nacionais devem ser levadas em conta, mas nunca impedir a proteção mínima dos direitos humanos, até porque estes fazem parte do *jus cogens*. Assim, sob a perspectiva protetora, o universalismo derrota o *relativismo*

1.2. Historicidade

- **1.2.1. Conceito:** a amplitude de proteção conferida pelos DHs é marcada por sua contínua majoração, o que os torna direitos históricos, pois no evolver da história novos direitos são reconhecidos como direitos humanos – processo não findo

1.3. Indivisibilidade

- **1.3.1. Conceito:** todos os direitos humanos se retroalimentam e se complementam, assim é infrutífero buscar a proteção de apenas uma parcela deles
- **1.3.2. Exemplo:** direito à vida; este compreende o direito do ser humano não ter sua vida ceifada (**atuação estatal negativa**), como também o direito de ter acesso aos meios necessários para conseguir sua subsistência e uma vida digna (**atuação estatal positiva**)

💡 **Dica:** ler art. 13 da Carta Democrática Interamericana e Nota Geral nº 3 dos Princípios de Limburgo relativos à aplicabilidade do Pacto Int. dos Direitos ECOSOCs

1.4. Interdependência

- **1.4.1. Conceito:** os direitos humanos se retroalimentam e se complementam; dessa forma, cada direito depende dos outros para ser substancialmente realizado

1.5. Normatividade Indiscutível

- **1.5.1. Conceito:** os direitos humanos estão disciplinados nos sistemas nacionais, regionais e globais de proteção, além de serem normas imperativas de direito internacional (***jus cogens***)

1.6. Irrenunciabilidade

- **1.6.1. Conceito:** por serem direitos adstritos à condição humana, estes não podem ser renunciáveis, pois formam o indivíduo na sua plenitude

💡 **Dica:** são indisponíveis tanto pelo Estado como pelo particular

1.7. Imprescritibilidade

- **1.7.1. Conceito:** os direitos humanos não são passíveis de prescrição, isto é, não caducam com o transcorrer do tempo

💡 **Dica:** os direitos humanos são atemporais, pois, como dito, estão adstritos à condição humana

1.8. Inalienabilidade

- **1.8.1. Conceito:** os direitos humanos não podem ser alienados, isto é, não podem ser objeto de transação

1.9. Complementaridade Solidária

- **1.9.1. Conceito:** tal característica dialoga com a universalidade, a interdependência e a indivisibilidade dos DHs
- **1.9.2. Exemplo:** foi proclamada solenemente na segunda Conferência Mundial de Direitos Humanos, realizada em Viena em 1993 (ponto 5 da Declaração de Direitos Humanos de Viena)

DIREITOS HUMANOS
Tema IV - Responsabilidade Internacional

1. Responsabilidade Internacional

- **1.1. Formas:**
  - **1.1.1. Ação:** como consequência de atos do Estado ou de seus agentes
  - **1.1.2. Aquiescência:** como consequência do consentimento tácito do Estado ou de seus agentes
  - **1.1.3. Omissão:** resultante do fato de que o Estado, ou seus agentes, não atuaram quando deveriam tê-lo feito

- **1.2. Cláusula Federal**
  - **1.2.1. Apresentação:** é sempre o governo central que responderá perante a comunidade internacional, pois é o representante do Estado como um todo e único detentor de personalidade jurídica
  - **1.2.2. Exemplo:** Federação de Estados ou Estado Federal (Brasil é Estado Federal desde a Constituição de 1891)

  > **Dica:** a divisão de autonomias em relação às competências internas não interfere na responsabilização internacional

  > **Legislação:** art. 28, ponto 2, da Convenção Americana de DHs

- **1.3. Agentes Causadores de Dano:**
  - **1.3.1. Executivo**
  - **1.3.2. Legislativo**
  - **1.3.3. Judiciário**
  - **1.3.4. Indivíduo:** o ilícito internacional proveniente de ato dos particulares não dá causa, por si só, à responsabilidade internacional do Estado; necessário se faz comprovar a falta de diligência do Estado, notadamente em seus deveres

DIREITOS HUMANOS

Tema V - Sistema Global de Proteção Geral dos Direitos Humanos

1. Sistema Global de Proteção Geral: Declaração Universal e Pacto Int. dos Direitos Civis e Políticos

- **1.1. Declaração Universal dos Direitos Humanos**
  - **1.1.1. Apresentação:** em 1948 foi aprovada pela **Resolução n. 217 A (III)** da Assembleia Geral da ONU a Declaração Universal dos Direitos Humanos com a função de bem definir o conteúdo dos DHs, já que a Carta das Nações Unidas não o fez
    - **Dica:** a chamada "Carta Internacional dos DHs" é formada pela DUDH + PIDCP + PIDESC
  - **1.1.2. Característica:** segundo a Declaração, a condição de pessoa humana é requisito único e exclusivo para ser titular de direitos **(caráter universal dos direitos humanos)**
    - **Atenção absoluta:** a Declaração é um exemplo de *soft law*, já que não supõe mecanismos constritivos para a implementação dos direitos previstos. Em contrapartida, quando um documento legal prevê mecanismos constritivos para a implementação de seus direitos, estamos diante de um exemplo de *hard law*
  - **1.1.3. Exemplos:** no seu bojo encontram-se direitos civis e políticos (arts. 3º a 21) e direitos econômicos, sociais e culturais (arts. 22 a 28)
  - **1.1.4. Obrigatoriedade:**
    - **1.1.4.1.** Não tem força legal, mas sim material (moral) – *recomendação*
    - **1.1.4.2.** Tem força legal, pois definiu o conteúdo dos DHs insculpidos na Carta das Nações Unidas e acima de tudo inderrogável por fazer parte do *jus cogens*
      - **Cuidado:** do ponto de vista estritamente formal, a DUDHs é parte da assim denominada *soft law*. Assim, sua violação não deveria implicar responsabilidade internacional do Estado, mas, por outro, sujeitaria o recalcitrante a sanções de ordem moral

- **1.2. Pacto Int. dos Direitos Civis e Políticos (PIDCP)**
  - **1.2.1. Apresentação:** entrou em vigor internacional no ano de 1976 **(Resolução 2.200 A (XXI) da AG)**
  - **1.2.2. Características:** tornou obrigatórios, vinculantes e expandiu os direitos civis e políticos elencados na Declaração Universal dos Direitos Humanos
    - **Dica:** é um exemplo de *hard law*
    - **Legislação:** no Brasil, via Decreto 592 de 1992
    - **Atenção absoluta:** possui aplicabilidade imediata (autoaplicabilidade)
  - **1.2.3. Mecanismos de monitoramento:**
    - **1.2.3.1.** *Submissão de relatórios* pelos Estados-partes (obrigatória)
    - **1.2.3.2.** *Comunicações interestatais* ou *actio popularis* (opcional)
  - **1.2.4. Órgão responsável:** Comitê dos Direitos Humanos (art. 28 do Pacto)
    - **1.2.4.1.** É o órgão criado com o objetivo de controlar a aplicação, pelos estados-partes, das disposições deste instrumento. Essa fiscalização é denominada **controle de convencionalidade internacional**

DIREITOS HUMANOS

TEMA V - SISTEMA GLOBAL DE PROTEÇÃO GERAL DOS DIREITOS HUMANOS

1. Sistema Global de Proteção Geral: Controle de Convencionalidade Internacional e 1º e 2º Protocolos Facultativos ao PIDCP

- **1.1. Controle de Convencionalidade Internacional**
  - **1.1.1. Conceito:** o controle de convencionalidade internacional é a atividade de fiscalização de atos e condutas dos Estados em confronto com seus compromissos internacionais. Em geral, o controle de convencionalidade é atribuído a órgãos compostos por julgadores independentes, criados por tratados internacionais, o que evita que os próprios Estados sejam, ao mesmo tempo, fiscais e fiscalizados (André de Carvalho Ramos)
  - **Jurisprudência:** o citado controle pode ser exercido até em face das Constituições nacionais, podendo gerar as chamadas normas constitucionais inconvencionais (caso "A última tentação de Cristo" versus Chile – Corte IDHs)

- **1.2. 1º Protocolo Facultativo ao PIDCP**
  - **1.2.1. Características:** cria o mecanismo das petições individuais e coroa a capacidade processual internacional do indivíduo
  - **1.2.2. Requisitos de admissibilidade das petições indiv. e comunicações interestatais:**
    - **1.2.2.1.** Inexistência de litispendência internacional
    - **1.2.2.2.** Esgotamento de todos os recursos internos disponíveis
    - **Cuidado:** a regra não será aplicada quando o indivíduo for privado de seu direito de ação pela jurisdição doméstica ou lhe forem ceifadas as garantias do devido processo legal e, ainda, se os processos internos forem excessivamente demorados
    - **Jurisprudência:** o ônus da prova da existência de um recurso acessível e suficiente recai sobre o Estado demandado (jurisprudência das cortes internacionais)
  - **1.2.3. Procedimento:** o Comitê dos DHs emitirá decisão que conterá:
    - **1.2.3.1.** Declaração sobre a existência ou não de violação de direitos humanos insculpidos no Pacto
    - **1.2.3.2.** Determinação de reparação da violação
    - **1.2.3.3.** Determinação de adoção de medidas para efetivar os DHs
    - **Dica:** a decisão do Comitê não é vinculante, isto é, não obriga legalmente o Estado

- **1.3. Segundo Protocolo Facultativo ao PIDCP**
  - **1.3.1. Característica:** reforça a obrigação dos Estados-partes de tomar as medidas adequadas para abolir a pena de morte no âmbito da sua jurisdição
  - **Dica:** não é admitida reserva
  - **Cuidado:** só é permitida reserva formulada na ratificação ou adesão prevendo a aplicação da pena de morte por infração penal de natureza militar de gravidade extrema, desde que cometida em tempo de guerra (artigo 2º do Protocolo)

DIREITOS HUMANOS

TEMA V - SISTEMA GLOBAL DE PROTEÇÃO GERAL DOS DIREITOS HUMANOS

1. Sistema Global de Proteção Geral: Pacto Int. dos Direitos Econômicos, Sociais e Culturais e Protocolo Facultativo ao PIDESC

- **1.1. Pacto Inter. dos Direitos Econômicos, Sociais e Culturais (PIDESC)**
  - **1.1.1. Apresentação:** entrou em vigor internacional no ano de 1976
  - **1.1.2. Característica:** tornou obrigatório, vinculante e expandiu os direitos econômicos, sociais e culturais elencados na DUDHs
    - **1.1.2.1. Exemplo:** art. 4º, ponto 3, da Convenção Americana de Direitos Humanos ("Não se pode restabelecer a pena de morte nos Estados que a hajam abolido")
      - **Cuidado:** essa vedação se estende aos novos tratados de DHs; assim, não é possível a diminuição protetiva e a restrição para o gozo dos DHs por meio da edição de um novo tratado. Fica nítido o **caráter vinculativo** desse *princípio*
      - **Jurisprudência:** pode-se defender que essa regra deve ser aplicada como garantia para a efetividade de todos os tipos de DHs (voto em separado do juiz Piza Escalante no Parecer Consultivo 04/84 da Corte Int. e art. 29 da Conv. Americana dos DHs)
      - **Jurisprudência:** a proibição de retrocesso social não é absoluta (*Caso Associação Nacional de Ex-servidores* do Instituto Peruano de Previdência Social e outros vs. Peru. Itens 133 e 144 da decisão)
    - **Dica:** é um exemplo de *hard law*
    - **Legislação:** no Brasil, via Decreto 591 de 1992
    - **Atenção absoluta:** possui aplicabilidade mediata (progressividade partindo de um *mínimo essencial*)
    - **Cuidado:** A progressividade na implementação dos direitos do Pacto cria, como consequência, o **princípio ou cláusula da proibição/vedação do retrocesso social ou da evolução reacionária**; ou ainda a **vedação da contrarrevolução social** nas palavras de José Gomes Canotilho. Outro termo utilizado para conceituar tal regra é **efeito cliquet**
    - **Dica:** ler o Ponto 9 do Comentário Geral nº 3 do Comitê dos Direitos Econômicos, Sociais e Culturais
    - **Tradução:** os Estados somente podem avançar na implementação dos direitos do Pacto, e nunca recuar
  - **1.1.3. Mecanismo de monitoramento:** *submissão de relatórios* pelos Estados-partes (obrigatória)
  - **1.1.4. Órgão responsável:** Comitê Direitos Econômicos, Sociais e Culturais

- **1.2. Protocolo Facultativo ao PIDESC**
  - **1.2.1. Mecanismo de monitoramento:**
    - **1.2.1.1.** Cria o mecanismo das *petições individuais*
    - **1.2.1.2.** Cria o mecanismo das *comunicações interestatais*
    - **1.2.1.3.** Cria o mecanismo das *investigações* in loco
    - **1.2.1.4.** Cria o mecanismo das medidas provisórias
    - **Dica:** os tratados internacionais de direitos humanos, diferentemente dos tradicionais, que visam compor os interesses dos Estados, buscam garantir o exercício de direitos por indivíduos

DIREITOS HUMANOS

Tema VI - Sistema Global de Proteção Específica dos Direitos Humanos

1. Sistema Global de Proteção Específica I: Convenção Int. sobre a Eliminação de todas as formas de Discriminação Racial e Convenção Int. sobre a Eliminação de todas as formas de Discriminação contra a Mulher

- **1.1. Introdução:** certos instrumentos internacionais são considerados específicos por protegerem indivíduos determinados, e não todos os seres humanos. Nas palavras de Norberto Bobbio, é o processo de especificação dos sujeitos titulares de direitos

- **1.2. Convenção Internacional sobre a Eliminação de todas as formas de Discriminação Racial**
  - **1.2.1. Apresentação:** promulgada no Brasil em 8/12/1969 pelo Dec. 65.810
  - **1.2.2. Características:** estipulou a obrigação dos Estados-partes proibirem a discriminação (igualdade formal) e adotarem políticas promocionais **temporárias** (igualdade material)
    - **Dica:** ler o art. 1º, ponto 1, que define discriminação racial
    - **Cuidado:** as ações afirmativas não serão consideradas como discriminação racial (art. 1º, ponto 4)
  - **1.2.3. Mecanismos de monitoramento:**
    - **1.2.3.1.** Submissão de relatórios pelos Estados-partes
    - **1.2.3.2.** Comunicações interestatais
    - **1.2.3.3.** Petições individuais
      - **Atenção absoluta:** o Comitê apenas receberá petições contra Estados que tenham feito a declaração facultativa do art. 14 da Convenção, que reconhece a competência do Comitê para tanto (o Brasil já o fez)
  - **1.2.4. Órgão responsável:** Comitê sobre a Eliminação da Discriminação Racial
    - **Dica:** a decisão do Comitê não é vinculante

- **1.3. Convenção Int. sobre a Eliminação de todas as formas de Discriminação contra a Mulher**
  - **1.3.1. Apresentação:** promulgada no Brasil em 13/9/2002 pelo Dec. 4.377
  - **1.3.2. Características:** estipulou a obrigação dos Estados-partes progressivamente eliminarem a discriminação e promoverem a igualdade de gênero (formal e material)
    - **Cuidado:** as ações afirmativas não serão consideradas discriminatórias (art. 4º, ponto 1)
  - **1.3.3. Mecanismos de monitoramento:**
    - **1.3.3.1.** Submissão de relatórios pelos Estados-partes
    - **1.3.3.2.** Investigações *in loco* (adicionado pelo Protocolo Facultativo à Convenção)
    - **1.3.3.3.** Petições individuais (adicionado pelo Protocolo Facultativo)
  - **1.3.4. Órgão responsável:** Comitê sobre a Eliminação da Discriminação contra a Mulher
    - **Dica:** a decisão do Comitê não é vinculante

DIREITOS HUMANOS

Tema VI - Sistema Global de Proteção Específica dos Direitos Humanos

1. Sistema Global de Proteção Específica II: Convenção sobre os Direitos da Criança e Convenção contra a Tortura

1.4. Convenção sobre os Direitos da Criança

- **1.4.1. Apresentação:** promulgada no Brasil em 21/11/1990 pelo D. 99.710
- **1.4.2. Características:** estipulou a obrigação dos Estados-partes protegerem a criança contra todas as formas de discriminação e garantir-lhes a assistência apropriada em diversas áreas
  - **Dica:** a Convenção determina que criança é todo ser humano **com menos de dezoito anos de idade**, a não ser que, em conformidade com a lei aplicável à criança, a maioridade seja alcançada antes (art. 1º)
- **1.4.3. Mecanismo de monitoramento:** submissão de relatórios pelos Estados-partes
- **1.4.4. Órgão responsável:** Comitê sobre os Direitos da Criança
  - **Dica:** a decisão não é vinculante

1.5. Convenção contra a Tortura e outros Tratamentos ou Penas Cruéis, Desumanos ou Degradantes

- **1.5.1. Apresentação:** promulgada no Brasil em 15/2/1991 pelo Dec. 40
- **1.5.2. Características:** estipulou a obrigação dos Estados-partes proibirem a tortura, esta não podendo ser utilizada nem mesmo em circunstâncias excepcionais, e punir os torturadores
  - **Atenção absoluta:** a Conv. estabelece **jurisdição compulsória** e **universal** para julgar os acusados de tortura
  - **Dica:** não restringe qualquer instrumento internacional ou legislação nacional que contenham ou possam conter dispositivos de alcance mais amplo (artigo 1º, *in fine*, da Convenção)
  - **Cuidado:** tortura é crime próprio, pois as dores ou os sofrimentos são infligidos por um funcionário público ou outra pessoa no exercício de funções públicas, ou por sua instigação, ou com seu consentimento (art. 1º)
- **1.5.3. Mecanismos de monitoramento:**
  - **1.5.3.1.** *Submissão de relatórios* pelos Estados-partes
  - **1.5.3.2.** Comunicações interestatais (necessidade de declaração expressa pelo Estado-parte – art. 21, ponto I)
  - **1.5.3.3.** Petições individuais (necessidade de declaração expressa pelo Estado parte – art. 22, ponto I)
  - **1.5.3.4.** Investigação instaurada pelo Comitê
    - **Dica:** sempre serão consideradas inadmissíveis as petições apócrifas (art. 22, ponto 2)
- **1.5.4. Órgão responsável:** Comitê contra a Tortura
  - **Dica:** a decisão do Comitê não é vinculante

DIREITOS HUMANOS
Tema VI - Sistema Global de Proteção Específica dos Direitos Humanos

1. Sistema Global de Proteção Específica III: Convenção sobre os Direitos das Pessoas com Deficiência e Convenção para a Proteção de Todas as Pessoas contra o Desaparecimento Forçado

1.6. Convenção sobre os Direitos das Pessoas com Deficiência

- **1.6.1. Apresentação:** Promulgada no Brasil em 25/8/2009 pelo D. 6.949

  - **Atenção absoluta:** a Convenção e seu respectivo Protocolo Facultativo foram internalizados em conformidade com o art. 5º, §3º, da CF, isto é, tem hierarquia constitucional tanto pelo aspecto formal quanto pelo material (**Regime Especial de Incorporação**)

  - **Cuidado:** uma eventual denúncia, em conformidade com o art. 48 da mesma Convenção, não retira a vigência, no direito brasileiro, dos direitos ali reconhecidos, pois possuem *status* de cláusula constitucional pétrea (art. 60, § 4.º, IV, da Constituição Federal)

  - **Tradução:** o Decreto 6.949 dará azo ao controle de constitucionalidade pois possui hierarquia de emenda constitucional

- **1.6.2. Características:** estipulou a obrigação dos Estados-partes protegerem e promoverem o pleno exercício dos DHs das pessoas com deficiência. A atuação estatal deverá ter duas frentes: uma repressiva, que proíba a discriminação (**igualdade formal**), e outra promocional, que estabeleça ações afirmativas temporárias (**igualdade material**)

- **1.6.3. Mecanismos de monitoramento:**
  - **1.6.3.1.** Submissão de relatórios pelos Estados-partes
  - **1.6.3.2.** Investigações *in loco* (adicionado pelo Protocolo Facultativo)
  - **1.6.3.3.** Petições individuais (adicionado pelo Protocolo Facultativo)

- **1.6.4. Órgão responsável:** Comitê para os Direitos das Pessoas com Deficiência

  - **Dica:** a decisão do Comitê não é vinculante

1.7. Convenção contra o Desaparecimento Forçado

- **1.7.1. Apresentação:** Promulgada no Brasil em 11/5/2016 pelo D. 8.767

  - **Dica:** a definição de desaparecimento forçado está disciplinada no artigo 2º

  - **Atenção absoluta:** nenhuma circunstância excepcional, seja estado de guerra ou ameaça de guerra, instabilidade política interna ou qualquer outra emergência pública, poderá ser invocada como justificativa para o desaparecimento forçado (art. 1º, ponto 2)

- **1.7.2. Características:** Estipulou a obrigação dos Estados-partes adotarem todas as medidas necessárias para proceder à investigação dos casos de desaparecimento forçado e punir seus responsáveis, como também tornar o desaparecimento forçado um crime tipificado pelo direito penal de cada país (arts. 3º e 4º da Convenção)

- **1.7.3. Mecanismos de monitoramento:**
  - **1.7.3.1.** Submissão de relatórios pelos Estados-partes
  - **1.7.3.2.** Pedidos de busca e localização (regime de urgência)
  - **1.7.3.3.** Petições individuais (declaração específica)
  - **1.7.3.4.** Comunicações interestatais (declaração específica)
  - **1.7.3.5.** Agendamento de visita

- **1.7.4. Órgão responsável:** Comitê contra Desaparecimentos Forçados

DIREITOS HUMANOS

Tema VII - Sistema Regional de Proteção dos Direitos Humanos

1. Sistema Interamericano de Proteção dos DHs: Convenção Americana de DHs e Protocolo San Salvador

1.1. Sistema Regional de Proteção

- **1.1.1. Apresentação:** o sistema interamericano (sistema regional) de proteção dos DHs junta-se ao global para formar o **sistema internacional de proteção** dos direitos humanos

  💡 **Dica:** Importante: os sistemas internacionais possuem **caráter complementar e subsidiário**, assim, apenas serão acionados caso o sistema jurídico nacional tenha sido incapaz ou não tenha demonstrado interesse em julgar o caso

1.2. Sistema Interamericano

- **1.2.1. Apresentação:** foi instalado, em 1948, pela Carta da OEA, esta, por sua vez, foi adotada na 9º Conferência Internacional Americana (Bogotá, Colômbia)

  💡 **Dica:** na mesma Conferência foi adotada a Declaração Americana dos Direitos e Deveres do Homem (primeiro acordo internacional sobre direitos humanos) – exemplo de *soft law*

- **1.2.2. Característica:** seu principal instrumento protetivo é a **Convenção Americana de Direitos Humanos** de 1969 ou **Pacto de San José da Costa Rica**, a qual instituiu a Comissão Interamericana de Direitos Humanos e a Corte Interamericana (*hard law*)

1.3. Convenção Americana de Direitos Humanos

- **1.3.1. Apresentação:** promulgada no Brasil em 6/11/1992 pelo Dec. 678/1992

  ⚠️ **Atenção absoluta:** a declaração interpretativa, disposta no art. 2º desse decreto, funciona como uma ressalva que limita os poderes da Comissão

- **1.3.2. Requisito:** na Convenção só é permitida a participação dos países-membros da OEA

- **1.3.3. Características:** na Convenção é possível identificar inúmeros direitos civis e políticos, mas apenas uma única menção aos direitos econômicos, sociais e culturais (art. 26)

1.4. Protocolo San Salvador

- **1.4.1. Apresentação:** esse Protocolo Facultativo à Convenção modificou o cenário porque enumerou os direitos econômicos, sociais e culturais

- **1.4.2. Característica:** a Corte Interamericana tem competência para interpretar e aplicar o Protocolo de San Salvador somente em relação ao art. 8, ponto 1, a **(direitos sindicais dos trabalhadores)**, e o art. 13 **(direito à educação)** – conforme artigo 19, ponto 6

- **1.4.3. Protocolo Facultativo sobre Abolição da Pena de Morte:** os Estados que aderem ficam impedidos, em qualquer hipótese, de aplicar a pena de morte

  💡 **Dica:** o Brasil ratificou, mas declarou reserva conforme art. 2º do Protocolo, o qual assegura aos Estados-partes o direito de aplicar pena de morte em tempo de guerra para delitos sumamente graves de caráter militar

DIREITOS HUMANOS
Tema VII - Sistema Regional de Proteção dos Direitos Humanos

1. Sistema Interamericano de Proteção dos DHs: Comissão Interamericana de DHs

- **1.1. Comissão Interamericana de DHs**
  - **1.1.1. Apresentação:** é o órgão administrativo do sistema regional de proteção americano e tem por função promover o respeito aos DHs na América
  - **1.1.2. Competência:**
    - **1.1.2.1.** Enviar recomendações aos Estados-partes (da Conv. ou até mesmo da OEA)
    - **1.1.2.2.** Solicitar informações aos estados
    - **1.1.2.3.** Confeccionar relatório anual para ser submetido à Assembleia Geral
    - **1.1.2.4.** Confeccionar relatórios especiais ou gerais sobre a situação dos direitos humanos nos Estados-membros sempre que considerar necessário
    - **Dica:** as recomendações e os relatórios (tanto o anual e o alicerçado em alguma acusação) não têm poder vinculante
    - **1.1.2.5.** Receber comunicações interestatais (para ter validade, os dois estados, denunciante e denunciado, devem ter expressamente declarada a competência da Comissão para tanto)
    - **1.1.2.6.** Pedir que o Estado adote medidas cautelares ou que a Corte adote medidas provisórias
    - **1.1.2.7.** Receber petições individuais (essa competência só poderá ser exercida se o estado violador aderiu à Convenção Americana de Direitos Humanos)
  - **1.1.3. Requisitos de Admissibilidade das pet. ind. e comunicações interestatais:**
    - **1.1.3.1.** Inexistência de litispendência internacional
    - **1.1.3.2.** Ausência de coisa julgada internacional
    - **1.1.3.3.** Esgotamento de todos os recursos internos disponíveis
    - **1.1.3.4.** Ser apresentada dentro do prazo de seis meses, a partir da data em que o presumido prejudicado em seus direitos tenha sido notificado da decisão definitiva exarada no sistema protetivo nacional (art. 46 da Convenção)
    - **Cuidado:** os requisitos não serão aplicados quando o indivíduo for privado de seu direito de ação pela jurisdição doméstica ou quando lhe forem ceifadas as garantias do devido processo legal, ou, ainda, se os processos internos forem excessivamente demorados
    - **Dica:** o ônus da prova da existência de um recurso acessível e suficiente recai sobre o Estado demandado
    - **Jurisprudência:** o Estado-parte tem direito de renunciar a regra do prévio esgotamento dos recursos internos (caso Viviana Gallardo e outras). Essa regra é considerada como meio de defesa e, como tal, renunciável, ainda que de modo tácito. Essa renúncia, uma vez anunciada, é irrevogável

DIREITOS HUMANOS

Tema VII - Sistema Regional de Proteção dos Direitos Humanos

1. Sistema Interamericano de Proteção dos DHs: Corte Interamericana de DHs I

- **1.1. Corte Interamericana de DHs**
  - **1.1.1. Apresentação:** é o órgão jurisdicional do sistema regional de proteção americano
  - **1.1.2. Característica:** funciona via petição de algum Estado-parte ou da Comissão (art. 61 da Convenção)
    - **Cuidado:** o indivíduo fica proibido de apresentar petição à Corte
  - **1.1.3. Competência contenciosa**
    - **1.1.3.1. Característica:** só será exercida em relação aos Estados-partes da Convenção que expressamente tenha aceitado esta competência da Corte (art. 62)
    - **1.1.3.2. Requisitos:**
      - "Só os Estados ou a Comissão podem acioná-la (limitação *ratione personae*)" "Apenas pode conhecer de casos que tenham por supedâneos a CADH, o Protocolo de San Salvador (só em relação aos artigos 8º, ponto 1, alínea a, e 13), a Conv. Inter. para Prevenir e Punir a Tortura (art. 8º) e a Conv. Interamericana sobre o Desaparecimento Forçado de Pessoas (art. 13) – limitação *ratione materiae*"
      - "O caso tem de ser tanto submetido à Corte no prazo de três meses contados da data de envio do relatório, pela Comissão, aos Estados interessados, como também as alegadas violações devem datar de momento posterior ao reconhecimento da competência contenciosa da Corte pelo Estado (limitação *ratione temporis*)"
        - **Dica:** o Brasil reconheceu a competência obrigatória da Corte em 8 de novembro de 2002 (Decreto 4.463/2002). O reconhecimento foi feito por prazo indeterminado, mas abrange fatos ocorridos após 10 de dezembro de 1998

DIREITOS HUMANOS

Tema VII - Sistema Regional de Proteção dos Direitos Humanos

1. Sistema Interamericano de Proteção dos DHs: Corte Interamericana de DHs II

1.2. Sentença da Corte

1.2.1. Apresentação: O cumprimento da sentença se dá geralmente de maneira voluntária pelos Estados.

1.2.2. Exemplo: no Brasil, caso isso não ocorra, o cumprimento se dará mediante execução da sentença, como título executivo judicial, perante a justiça federal (art. 109, I, da CF)

⚠️ **Atenção absoluta:** caso o Estado levante óbices jurídicos para viabilizar a execução da sentença em conformidade com o processo interno vigente, estará incorrendo em violação adicional da Convenção Americana (art. 2º), por não adotar providências no sentido de adequar o seu direito interno às obrigações internacionalmente assumidas

1.2.3. Características: será sempre fundamentada, definitiva e inapelável (arts. 66 e 67 da Conv.)

🔒 **Cuidado:** em caso de divergência sobre o sentido ou alcance da sentença, a Corte irá interpretá-la, a pedido de qualquer das partes, desde que o pedido seja apresentado dentro de 90 dias a partir da data da notificação da sentença

1.3. Competência consultiva (funções):

1.3.1. Uniformizar a interpretação da CADH e dos tratados de direitos humanos confeccionados no âmbito da OEA

1.3.2. Fazer análise de compatibilidade entre a legislação doméstica de um país-membro da OEA e o sistema protetivo americano com o intuito de harmonizá-los

💡 **Dica:** dentro dessa competência, qualquer Estado-membro ou órgão da OEA pode pedir que a Corte emita parecer que indique a correta interpretação da Convenção e dos tratados concernentes à proteção dos direitos humanos nos Estados Americanos (art. 64, ponto 1)

1.4. Opiniões consultivas

1.4.1. Apresentação: a CADH cria um sistema paralelo ao do art. 62 e oferece um **método judicial alternativo de caráter consultivo**, destinado a ajudar os Estados e os órgãos a cumprir e a aplicar tratados em matéria de direitos humanos, sem se submeter ao formalismo e ao sistema de sanções que caracterizam o processo contencioso

1.4.2. Características: a Corte IDHs emite opiniões consultivas de duas espécies

1.4.2.1. Pareceres interpretativos de tratados de DHs do sistema interamericano

1.4.2.2. Pareceres sobre a compatibilidade entre leis ou projetos de lei internos e a CADH

DIREITOS HUMANOS

Tema VIII - Interpretação e Aplicação: princípios específicos

1. Interpretação e Aplicação: princípios específicos

1.1. Interpretação e Aplicação

1.1.1. Apresentação: em determinadas situações vai ocorrer uma sobreposição de normas (oriundas do sistema global, do regional e do nacional). Mas isso não configura um problema, pois o que se busca é a substancial proteção dos direitos humanos. Dessa forma, o sistema que estiver mais bem organizado para bem proteger o indivíduo naquele caso será o aplicado

Dica: os sistemas não competem, mas antes se completam (esse exercício foi denominado por Erik Jaime de *diálogo das fontes*)

1.1.2. Exemplo: a Constituição brasileira traz previsão expressa da "cláusula de diálogo ou dialógica" no seu art. 4º, II

1.2. Princípios

1.2.1. Princípio da Primazia da Norma mais Favorável à Vítima: determina a busca da maior efetividade possível na proteção dos direitos humanos

1.2.2. Princípio *Pro Homine*: a interpretação das regras protetivas dos direitos humanos deve ser sempre favorável ao seu destinatário, ou seja, o indivíduo, e nunca em prol dos Estados, que se beneficiariam de interpretações restritivistas

1.2.2.1. Esse princípio deu azo à construção de **três linhas interpretativas** pela jurisprudência internacional:

"Interpretação sistemática dos direitos: objetiva o reconhecimento de direitos implícitos mediante a análise holística das regras protetivas dos direitos humanos"

"Interpretação restritiva das limitações de direitos: tudo para impedir ao máximo a diminuição da proteção da pessoa humana"

"Preenchimento de lacunas e omissões em benefício do indivíduo"

1.2.3. Princípio da Máxima Efetividade: propugna o papel da interpretação dos direitos humanos no atingimento da plena aplicabilidade de seus preceitos, conferindo, dessa forma, maior proteção à pessoa humana, posto que efetiva

- Mediante tal princípio interpretativo, o argumento reacionário de que os direitos humanos são meras normas programáticas cairia por terra

1.2.4. Princípio da Interpretação Autônoma (André de Carvalho Ramos): defende que "os conceitos e termos inseridos nos tratados de direitos humanos podem possuir sentidos *próprios*, distintos dos sentidos a eles atribuídos pelo direito interno, para dotar de maior efetividade os textos internacionais de direitos humanos"

1.2.5. Princípio da Interpretação Evolutiva dos DHs: os direitos humanos contam com inúmeros termos de conceito fluido, que demandam uma interpretação atual para sua pertinente aplicação

Jurisprudência: Corte IDH, OC 16/99 e Casi do "Massacre de Mapiripán" vs. Colômbia (2005)

DIREITOS HUMANOS

TEMA IX - DIREITOS HUMANOS NO BRASIL (SISTEMA NACIONAL DE PROTEÇÃO)

1. Direitos Humanos no Brasil (sistema nacional de proteção): Art. 5º da CF e Federalização dos crimes contra os DHs

1.1. Art. 5º da CF

1.1.2. §1º

- **1.1.1. Apresentação:** o legislador constituinte regrou direitos civis e políticos, como também os econômicos, sociais e culturais como fundamentais. A CF ainda traçou certos direitos coletivos e difusos como fundamentais

  ⚠ **Atenção absoluta:** no Brasil, qualquer pessoa, brasileiro, estrangeiro **residente ou não**, goza dos direitos individuais previstos na CF

- **1.1.2.1. Características:** as normas definidoras dos direitos e garantias fundamentais têm aplicação imediata

  🔊 **Tradução:** o juiz pode aplicar diretamente os direitos fundamentais, sem a necessidade de qualquer lei que os regulamente

1.1.3. §2º

- **1.1.3.1. Característica:** o §2º possibilita a **ampliação progressiva** dos direitos fundamentais, pois o Brasil poderá aumentar seu catálogo de direitos à medida que internaliza tratados internacionais de DHs

  💡 **Dica:** trata-se de evidente cláusula de abertura do rol de direitos fundamentais (Carlos Weis)

  ⚠ **Atenção absoluta:** a comunhão dos §§ 1º e 2º permite-nos concluir que um tratado de DHs internalizado pelo Brasil faz parte de seu bloco de constitucionalidade, e, assim, pode ser aplicado direta e imediatamente pelo juiz

1.1.4. §3º do art. 5º da CF:

- **1.1.4.1.** Tratado incorporado no Brasil é equiparado hierarquicamente à lei ordinária infraconstitucional

- **1.1.4.2.** Tratado de DH incorporado no BR:

  "Se for aprovado, em cada Casa do Congresso Nacional, em dois turnos, por três quintos dos votos dos respectivos membros (regime especial de incorporação), terá hierarquia constitucional (art. 5º, §3º)"

  🔒 **Cuidado:** cabe ao CN decidir quando aprovará o tratado internacional de direitos humanos pelo quórum especial

  "Se não seguir o rito do art. 5º, §3º, da CF, será supralegal, segundo posição atual do STF (RE 466.343-SP, STF)"

1.2. Federalização dos crimes contra os DHs

- **1.2.1. Apresentação:** o incidente de deslocamento só será provido se ficar comprovado que a justiça estadual constitui verdadeira barreira ao cumprimento dos compromissos internacionais de proteção dos direitos humanos assumidos pelo Brasil (§5º ao art. 109 da CF)

  ⚖ **Jurisprudência:** necessidade de se observar os princípios da proporcionalidade e da razoabilidade quando da efetivação do deslocamento (IDC 1-PA/STJ)

DIREITOS HUMANOS

TEMA IX - DIREITOS HUMANOS NO BRASIL (SISTEMA NACIONAL DE PROTEÇÃO)

1. Direitos Humanos no Brasil (sistema nacional de proteção): Controle de convencionalidade e supralegalidade

1.1. Controle de convencionalidade e supralegalidade

1.1.1. Apresentação: tem a função de compatibilizar a legislação interna (objeto) com os tratados internacionais de direitos humanos em vigor no Brasil (paradigma ou parâmetro)

1.1.2. Características:

- **1.1.2.1. Premissa adotada:** os tratados de DHs que foram incorporados pelo procedimento *simples* (art. 5º, § 2º) terão *status* constitucional (materialmente constitucional). Por outro lado, quando forem pelo procedimento *especial* (art. 5º, § 3º), os tratados de DHs serão formal e materialmente constitucionais

- **1.1.2.2.** Os outros tratados terão *status* supralegal (art. 27 da Conv. de Viena sobre Direito dos Tratados) e servirão de paradigma para o controle de supralegalidade da legislação infraconstitucional

- **1.1.2.3.** O controle de conv. e de supralegalidade será exercido de **forma difusa**, isto é, por todos os juízes e tribunais no caso concreto. Por outro lado, só existirá **controle concentrado** de conv. na hipótese de o paradigma de verificação ser um tratado de DHs formal e materialmente constitucional

1.1.3. Controle de Convencionalidade Preventivo: tanto pelo Congresso Nacional, quando julgar inconvencional um projeto de lei (especialmente por obra da Comissão de Constituição e Justiça – CCJ), como pelo presidente da República, quando vetar o projeto de lei considerado inconvencional

> 🔊 **Tradução:** o controle de convencionalidade entrará em ação quando a lei interna (objeto) estiver em sintonia com a Constituição, mas em desarmonia com o tratado de direitos humanos (paradigma ou parâmetro) – tanto no controle concentrado como no difuso

> 💡 **Dica:** gera o fenômeno chamado doutrinariamente de **ampliação de parametricidade constitucional**

1.2. Diferença entre Direitos Humanos e Direitos Fundamentais

1.2.1. Direitos Fundamentais: segundo a doutrina atual, principalmente a alemã, são os valores éticos sobre os quais se constrói determinado sistema jurídico nacional

1.2.2. Direitos Humanos: existem mesmo sem o reconhecimento da ordem jurídica interna de um país, pois possuem vigência universal

> 🔒 **Cuidado:** na maioria das vezes, os direitos humanos são reconhecidos internamente pelos sistemas jurídicos nacionais, situação que os torna também direitos fundamentais, ou seja, os direitos humanos previstos na Constituição de um país são denominados direitos fundamentais

FILOSOFIA DO DIREITO

Renan Flumian

FILOSOFIA DO DIREITO

TEMA I - ÉTICA DOS ANTIGOS

1. Ética dos Antigos I (Platão)

1.1. Introdução

1.1.1. Conceito: etimologicamente, a palavra *ética* possui conexões com as palavras gregas *ēthos* e *areté*

Tradução: *ēthos* significa costume, uso, hábito, mas também significa caráter, temperamento, índole, maneira de ser de uma pessoa. Na filosofia latina (Cícero), a palavra *ēthos* foi traduzida por moral *(moralem)*

Tradução: *areté* significa mérito ou qualidade naquilo em que alguém é o mais excelente: excelência do corpo, da alma e da inteligência. *Areté* foi traduzida para o latim por *virtus* (virtude)

1.2. Ética segundo Platão

1.2.1. Apresentação: sua filosofia (metafísica) se fundamenta numa concepção dualista do universo

– Esferas:

a) Esfera da realidade inteligível (mundo das ideias): domínio ideal, assim denominado por ser o plano das essências. Tais formas puras teriam sua origem na ideia de Bem – ou de Deus – que é a causa produtora de todas as outras ideias que são as formas gerais do universo. Tais entidades são inacessíveis a nossos órgãos dos sentidos; e imutáveis, uma vez que não estão submetidas às leis do espaço e do tempo

b) Esfera da realidade aparente (mundo sensível): a realidade aparente ou sensível é aquela de que temos experiência ordinária. Uma mera aparência ou simulacro das formas puras e sujeita às condições de espaço e do tempo

Atenção absoluta: para Platão, todo conhecimento verdadeiro seria uma espécie de recordação daquilo que a alma contemplou no mundo das formas puras (mundo das ideias). As formas puras (cuja vigência é universal e necessária) constituem as referências metafísicas, que dão sustentação tanto ao conhecimento científico quanto às ações morais do ser humano no mundo

Dica: a *areté* aqui está ligada à perfeita compleição física

FILOSOFIA DO DIREITO

TEMA I - ÉTICA DOS ANTIGOS

1. Ética dos Antigos II (Platão e Sócrates)

1.1. Conceito antigo de Justiça

1.1.1. Conceito: é originário da linguagem processual e contém uma matriz de igualdade que permanece no pensamento grego através dos tempos. Assim, o conceito de justiça (*díke*) passa a ser fixado na expressão *"dar a cada um o que é seu"*

- **Atenção absoluta:** *hýbris* é tudo que ultrapassa a medida, é o excesso ou desmedida
- **Tradução:** *díke* aparece para conter o excesso e a desmedida dos homens que estão sob o domínio de *hýbris*
- **Dica:** a ideia de justiça, na cultura grega, adquire essa concepção forte de igualdade

1.2. Tipos de justiça em *Díke*

1.2.1. Conceito: a balança e a espada de Díke apontam dois tipos de justiça. Um é representado pelo princípio da represália (espada) e o outro é representado pelo princípio da reciprocidade (balança)

- **Tradução:** na sociedade moderna, o *princípio da represália* se exerce primordialmente na forma de pena restritiva da liberdade (detenção ou reclusão). Nos crimes culposos (contra a vida) e alguns crimes contra a propriedade (pequenos furtos), há uma tendência de estipular a prestação de serviços à comunidade (espécie de reciprocidade)

1.3. Sócrates

1.3.1. Apresentação: com Sócrates, o pensamento desloca-se da contemplação da natureza para a contemplação do homem na sua subjetividade. Sócrates dialoga, não há ensinamento de dogmas. A partir da **maiêutica**, que corresponde à investigação metódica, é possível ao homem redescobrir as virtudes que existem em si mesmo

- **Tradução:** para agir virtuosamente, o homem precisa saber o que é virtude. Assim, a virtude aparece identificada ao saber. Daí a fórmula de Sócrates: "ninguém é mau voluntariamente", portanto, a ignorância é a origem de todos os vícios e de todos os erros
- **Cuidado:** a ação, liberdade política, que implica deliberação sobre os meios e não sobre os fins, deve ser conduzida pela virtude (justiça), só assim o direito pode ser sentido como uma prática virtuosa que serve ao bom julgamento
- **Dica:** a liberdade como opção totalmente desvinculada não aparece entre os gregos, posto que o querer está vinculado ao próprio bem (não faz sentido querer o próprio mal) e querer algo impossível é não ser livre

FILOSOFIA DO DIREITO

TEMA I - ÉTICA DOS ANTIGOS

1. Ética dos Antigos III (Aristóteles)

1.1. Aristóteles

1.1.1. Apresentação: para Aristóteles, a filosofia corresponde à totalidade do saber. O saber distingue-se entre teorético (contemplativo) e prático (ação humana)

💡 **Dica:** a ação humana é objeto das ciências práticas, portanto, não é possível submetê-la à ideia universal e necessária de bem e justiça. E a justiça, nas ciências práticas, consiste numa disposição de caráter que resulta de uma deliberação voluntária e própria do homem virtuoso

🔒 **Cuidado: lei particular** é aquela que cada povo dá a si mesmo, podendo as normas dessa lei particular ser escritas ou não escritas. **Lei comum** é aquela de acordo com a natureza

💡 **Dica:** a distinção mais célebre de Aristóteles é entre **justiça positiva** e **justiça natural**. Para Bobbio, direito natural tem validade universal e não é extraído das opiniões dos homens (estabelece o que é justo e injusto por si mesmo) – trabalhado na obra de Aristóteles, *Ética a Nicômaco*

⚠️ **Atenção absoluta:** uma conclusão é **apodítica** quando parte de proposições universais, verdadeiras e primárias, ou delas derivadas (método analítico); uma conclusão é **dialética** quando se extrai de opiniões gerais (prováveis ou verossímeis). Os problemas políticos e éticos são problemas práticos que devem estar subordinados à dialética

1.1.2. Virtude

– **Apresentação:** a virtude só pode ser uma disposição de caráter, um hábito
– **Definição:** a virtude não é uma coisa natural no ser humano, mas um hábito adquirido ou uma disposição permanente. A ética orienta o homem para a aquisição dos hábitos virtuosos que o encaminham no sentido da perfeição. Virtude, portanto, é ação, atividade da vontade que delibera, isto é, examina várias possibilidades possíveis e escolhe. O ato de escolher passa a ser um ato racional e voluntário próprio do cidadão ético e político. Portanto, a virtude se desenvolve na pólis; ou seja, no encontro dos homens enquanto cidadãos. Por isso, os fins racionais de uma escolha têm sempre em vista um bem, que é o bem comum

⚠️ **Atenção absoluta:** a mediania ou medida relativa que caracteriza a virtude é o justo meio, entendido como equilíbrio ou moderação entre dois extremos: excesso e escassez (a ética aparece, assim, como a ciência da moderação e do equilíbrio). Coragem (virtude), por exemplo, é o justo meio entre a temeridade (excesso) e a covardia (escassez), amor (virtude) é o justo meio entre a possessão (excesso) e a indiferença (escassez), e assim em relação a todas as virtudes. Nesse sentido, a noção aristotélica de justiça tem algo a ver com a antiga noção de *díke*

FILOSOFIA DO DIREITO

TEMA I - ÉTICA DOS ANTIGOS

1. Ética dos Antigos IV (Aristóteles e Estoicismo)

1.1. Aristóteles

1.1.1. Justiça Universal

Conceito: também denominada de justiça em sentido lato, define-se como a conduta de acordo com a lei

Tradução: *justiça universal* diz respeito ao hábito de respeitar a lei, que faz do homem respeitador da lei um homem justo. A lei tem uma abrangência ética, posto que envolve o cumprimento de todos os deveres e o exercício de todas as virtudes; portanto, não se trata tão somente de leis no sentido jurídico moderno, mas também de leis morais (pode ser natural ou convencional e escritas ou costumeiras)

1.1.2. Justiça Particular

Conceito: denominada, às vezes, de justiça em sentido estrito, define-se como o hábito que realiza e respeita a igualdade

Tradução: *justiça particular* pode ser uma igualdade consistente na distribuição proporcional geométrica (igualar o desigual) de bens e outras vantagens entre os cidadãos da *pólis* (justiça distributiva) ou uma igualdade que desempenha um papel corretivo nas transações entre os cidadãos (justiça retificadora ou comutativa) e que consiste numa proporcionalidade aritmética (igual)

1.2. Ética estoica

1.2.1. Apresentação: a ética estoica é subdivida em:

a) Moral do *dever reto*: identifica-se com o *honestum*, consiste na retidão da vontade *(recta ratio)*, na firmeza moral, na convicção inabalável e no caráter incorruptível

b) Moral dos *deveres médios*: consiste no cumprimento das ações conforme as tendências naturais que todo homem possui, como a tendência à conservação da vida e à sociabilidade ou na escolha de coisas e condutas tidas como úteis, convenientes, preferíveis ou desejáveis relativas à vida prática ou cotidiana

1.2.2. Moral do dever reto

Tradução: não surge espontaneamente, depende do saber filosófico (sabedoria) que possibilita compreender as relações que se estabelecem entre natureza (aquilo que é dado) e cultura (aquilo que é construído pela ação humana). Essa sabedoria se identifica com o *honestum*, a expressão de uma harmonia interior em conformidade com a harmonia da natureza

Dica: o *dever reto* é o supremo bem (a virtude). As demais virtudes não são mais do que aspectos ou exteriorizações dessa virtude fundamental

1.2.3. Moral dos deveres médios

Tradução: há um conjunto de coisas que não se enquadram nem na categoria de bens, nem na categoria de males (ex.: vida, saúde, prazer, beleza, etc.). Essas coisas são consideradas *indiferentes* porque não beneficiam nem prejudicam por si mesmas, podem ser boas ou más, dependendo do uso que delas se faz. Algumas são dignas de serem escolhidas ou preferidas em razão de sua utilidade, pois podem contribuir para uma vida equilibrada em conformidade com a natureza. É a sabedoria que orienta a escolha e o uso adequado das coisas indiferentes

Atenção absoluta: em síntese, *os deveres médios* (escolha das coisas indiferentes) se encontram na esfera do útil (Direito), mas estão submetidos ao *dever reto* (virtude) que reside na esfera do *honestum* (ética)

FILOSOFIA DO DIREITO
Tema I - Ética dos Antigos

1. Ética dos Antigos V (Cícero)

1.1. Cícero

1.1.1. Apresentação: a sabedoria é a principal virtude. Cícero segue a trilha estoica porque entende que a sabedoria é capaz de neutralizar as paixões. Isto é, ela implica no conhecimento das ciências (lógica e física), qualificadas como virtudes porque, ao explicar a organização da natureza, evitam que a pessoa dê o seu assentimento ao falso e não seja enganada por uma verossimilhança capciosa

> **Dica:** na concepção de Cícero, a ação é a parte mais importante da sabedoria. Assim, é preciso instruir os homens para que se tornem cidadãos melhores e mais úteis à cidade

1.1.2. Direito Natural

– **Características:** o direito natural é um referencial, um critério, modelo ou padrão para a legislação (direito da *civitas*), posto que ele oferece uma certa universalidade e necessidade. A legislação não pode, pois, pleitear o universal porque sempre estará adstrita ao tempo e ao lugar, ao particular e contingente

1.1.3. Permanência da legislação

– **Apresentação:** a permanência da legislação está ligada à estabilidade que Políbio e Cícero exaltam ao falar das formas de governo. Para eles, a melhor forma de governo é aquela que possui a nota da estabilidade, que garante a sua permanência pelo maior espaço de tempo possível, como ocorre com a república romana. Segundo Cícero, a crise (instabilidade) da República deve-se ao afastamento dos governantes das condutas em conformidade com o dever

> **Atenção absoluta:** Cícero conectou a *moral dos deveres* elaborada pelos filósofos estoicos com o Direito romano. Assim, o *honestum* é o único bem, motivo pelo qual a "utilidade" não pode contrapor-se à honestidade. Assim, a ação não deve conferir vantagens pessoais em detrimento do honesto

1.1.4. Justiça

– **Conceito:** em *sentido amplo*, justiça consiste em dar a cada um o que é seu, incide sobre a distribuição dos bens e se liga à equidade e à liberalidade (um dos fundamentos da justiça é a boa-fé). E em *sentido estrito*, justiça consiste no ato de julgar realizado por um homem bom (justiça depende da qualidade moral do julgador)

> **Exemplo:** se o pacto favorece em demasia ou prejudica uma das partes do contrato, deve haver uma flexibilização da *pacta sunt servanda*. Cícero vai além da *rebus sic stantibus* e estabelece o princípio da boa-fé como fundamento último de todos os contratos (art. 421 do CC)

FILOSOFIA DO DIREITO

TEMA II - ÉTICA DOS MEDIEVAIS

1. Ética dos Medievais I (Agostinho)

1.1. Agostinho

1.1.1. Apresentação: esse pensador define liberdade como livre arbítrio, logo a possibilidade de escolher o mal é correlata à possibilidade de não o escolher (logo, recai sobre o homem a responsabilidade pelas suas ações)

Dica: a graça é um socorro outorgado por Deus ao livre-arbítrio, ela não o elimina, mas coopera com ele, restituindo-lhe a eficácia para o bem. A graça nasce da fé, a própria fé é uma graça. Para realizar boas obras, são necessárias duas condições: a graça e o livre-arbítrio

1.1.2. Querer e Poder (Paulo de Tarso)

Apresentação: o homem se torna justo, não pela observância da lei positiva, mas pela fé e pelo amor em Cristo. E introduz a famosa distinção, desconhecida na filosofia grega, entre querer e poder que, assumida pelos filósofos medievais, possibilitou a construção da noção de liberdade subjetiva (livre-arbítrio)

Cuidado: se, para a filosofia grega, não faz sentido o homem querer o impossível ou o próprio mal; para a filosofia cristã, essa possibilidade aparece com a noção de livre-arbítrio

Tradução: a liberdade da vontade (querer) torna-se a condição essencial da igualdade humana e a efetividade de seu exercício (poder), a condição das diferenças. Todos os homens são criados por Deus igualmente livres, mas nem todos podem o que querem

Atenção absoluta: com os gregos, o homem é livre porque pertence a uma pólis ou porque vive em conformidade com a natureza; com os medievais, o homem é livre porque possui livre-arbítrio

1.1.3. Princípio da subjetividade

Apresentação: a vontade livre e igual irá constituir-se na categoria operacional decisiva para a arquitetura do Direito e do Estado na modernidade. É a noção de autonomia da vontade que permite compreender a teorização do Estado e do Direito como formas contratuais, que será implementada a partir do século XVII com o racionalismo moderno, especialmente com John Locke, Thomas Hobbes e Jean Jacques Rousseau. Também é importante nesse processo a noção de *soberania* construída pela filosofia renascentista, especificamente pelo jurista Jean Bodin

FILOSOFIA DO DIREITO
Tema II - Ética dos Medievais

1. Ética dos Medievais II (Tomás de Aquino e Nominalistas)

1.1. Tomás de Aquino

1.1.1. Apresentação: segundo Joaquim Carlos Salgado, Aquino segue a orientação aristotélica ao entender que justiça é uma virtude que se define como hábito com o qual se fazem coisas justas. A justiça é, pois, um hábito para agir segundo a razão tendo em vista o bem (a felicidade)

1.1.2. Tipos de lei:

– **Eterna:** é a expressão da razão divina, que governa todo o universo, de ninguém conhecida inteiramente em si, mas da qual o homem pode obter conhecimento parcial através de suas manifestações
– **Divina:** é a lei revelada, ou seja, a expressão da lei eterna (ex.: Sagradas Escrituras)
– **Natural:** é a lei que pode ser conhecida pelo homem por meio da razão, consiste, por exemplo, em fazer o bem e evitar o mal, conservar a vida, educar a prole, participação na vida social, etc.
– **Escrita:** é a lei humana (lei positiva) que determina o justo com base na lei natural e dirigida à utilidade comum

1.2. Os Nominalistas

1.2.1. Partidários: Roger Bacon, Duns Scot e Guilherme de Ockham

1.2.2. Apresentação: para esses franciscanos, todas as leis morais estão submetidas à pura e simples vontade de Deus, portanto, o mais essencial em Deus é a vontade, e não a razão. Assim, o bem e o mal não se definem em si mesmos, mas apenas em função da vontade de Deus

Dica: com os nominalistas franciscanos, a vontade passa a ser o núcleo da determinação do direito divino. O mesmo ocorre com o direito que rege as relações humanas, ele procede da vontade do soberano, da vontade manifesta nos pactos, da vontade que se consolidou com a tradição

Dica: para Tomás de Aquino, Deus não pode querer o mal, para os nominalistas o mal é o não querido por Deus. O pecado não é fruto da ignorância, mas do desamor e da vontade livre

1.2.3. Características: transformação de toda ciência em conhecimento empírico dos indivíduos e a separação radical entre ciência e teologia, de modo que a fé não poderia encontrar qualquer apoio na razão, pois os dois campos seriam indiferentes e alheios um ao outro

FILOSOFIA DO DIREITO

Tema III - Ética Moderna

1. Ética Moderna I (Kant)

1.1.1. Apresentação: Joaquim Carlos Salgado anota que Kant usa a expressão *ética* em dois sentidos:

– **Sentido amplo:** ética é a ciência das leis da liberdade, que são as leis éticas, as quais se dividem em morais e jurídicas
– **Sentido estrito:** ética é a teoria das virtudes e, como tal, diferencia-se do direito. Em sentido estrito, direito e moral são formas particulares de uma legislação universal, cujos princípios a ética em sentido amplo contém

1.1.2. Metafísica dos Costumes

– **Diferenças entre direito e moral:**
a) Moralidade e legalidade: essa diferença diz respeito aos motivos da ação e toma como base a noção de boa vontade. *Boa vontade* é aquela que não está determinada por atitude alguma e por cálculo interessado algum, mas somente pelo respeito ao dever. Assim, tem-se *moralidade* quando a ação é cumprida por dever, ou seja, a legislação moral é aquela que não admite que uma ação possa ser cumprida segundo inclinação ou interesse. Tem-se *legalidade*, quando a ação é cumprida em conformidade ao dever, mas segundo alguma inclinação ou interesse
b) Autonomia e heteronomia: *autonomia* é a qualidade que a vontade tem de dar leis a si mesma. A vontade moral é por excelência uma vontade autônoma. *Heteronomia* é quando a vontade é determinada por outra vontade. A vontade jurídica (estatal) é por excelência uma vontade heterônoma. Pode-se dizer que quando a pessoa age conforme a sua vontade, encontra-se no terreno da moralidade (autonomia); quando age em obediência à lei do Estado, encontra-se no terreno da legalidade (heteronomia)
c) Imperativo categórico e imperativo hipotético: *categóricos* são os imperativos que prescrevem uma ação boa por si mesma, por exemplo: "Você não deve mentir", e chamam-se assim porque são declarados por meio de um juízo categórico. *Hipotéticos* são aqueles que prescrevem uma ação boa para alcançar um certo fim, por exemplo: "Se você quer evitar ser condenado por falsidade, você não deve mentir", e chamam-se assim porque são declarados por meio de um juízo hipotético

Dica: a norma jurídica é um imperativo hipotético

Tradução: o imperativo categórico é o superior critério do ético em geral, portanto, do direito e da moral e prescreve o que deve acontecer e não descreve o que acontece

1.3. Ser e dever ser

1.3.1. Apresentação: a razão deve ser concebida de duas maneiras, a saber:

– **Razão teórica** ou **intelecto:** tem por finalidade conhecer e seu objeto é a lei da natureza expressa em relações necessárias de causa e efeito
– **Razão prática** ou **vontade:** tem como finalidade o conhecimento das coisas enquanto princípio de ação, determina o que deve acontecer e se expressa por uma relação de obrigatoriedade. O intelecto se ocupa do ser, a vontade cria o dever ser

Dica: os fundamentos da ética (moral e direito) kantiana são encontrados na esfera do dever ser, de que a norma é sua expressão

Dica: em Kant, é a ideia de liberdade (autonomia) da vontade (que é por isso boa) que fundamenta toda ordem normativa

Tradução: o dever ser existe porque o homem é livre, sobreleva-se ao instinto, porque só poderá viver em sociedade com outros seres que também sejam livres, se o seu arbítrio é limitado por regras, por normas, por um dever ser. E uma vontade livre e não determinada e nem determinável externamente, mas tão só pela razão pura, vale dizer, por si mesma, é a condição de todo dever ser

Atenção absoluta: na filosofia prática de Kant, a ideia de liberdade é o fundamento da ideia de justiça; a ideia de justiça é o fundamento do direito; o direito, por sua vez, razão de ser da existência do Estado que, finalmente, como Estado de Direito, garante a paz perpétua

FILOSOFIA DO DIREITO
Tema III - Ética Moderna

1. Ética Moderna II (Utilitarismo)

- **1.1. Apresentação:** Movimento fortemente influenciado pelo Iluminismo francês e que teve em Bentham o seu grande expoente. É uma doutrina consequencialista

- **1.2. Ética utilitarista**

  - **1.2.1. Apresentação:** defende que com o aumento do prazer e a diminuição da dor (chegando a sua eliminação), a felicidade humana estaria garantida (cunho hedonista). E depende de uma administração de interesses conflitantes, tanto pelo legislador (sociedade) como pelo indivíduo

    - 💡 **Dica:** a felicidade não é o objetivo, mas consequência da ética defendida por Bentham. Assim, afirma "onde está a utilidade, está a felicidade"

    - ⚠️ **Atenção absoluta:** o princípio da utilidade é o parâmetro para julgamento da conduta individual e coletiva. E afirma que a utilidade permitiria encontrar a fórmula que proporcione a maior quantidade de felicidade ao maior número de integrantes da sociedade

  - **1.2.2. Objetivo:** Bentham define que a ética, em sentido amplo, é a arte de dirigir as ações do homem para a produção da maior quantidade possível de felicidade

    - 💡 **Dica:** segundo Bentham, o legislador não deve focar na felicidade de cada qual, mas sim de garantir um estado de bem-estar social (utilidade geral que garanta a felicidade da maioria). Na prática, toma corpo via o estímulo e o desestímulo de condutas que possam ou não contribuir para o aumento de felicidade

    - 🔊 **Tradução:** toda moral e legislação seriam fruto do cálculo benthamista

  - **1.2.3. Crítica:** E. Bittar sublinha que o bem-estar encontra-se, para o utilitarismo, acima mesmo dos direitos individuais e fundamentais. E também que o cálculo entre dor e prazer é tomado tendo por base uma análise uniforme de todos os indivíduos (irreal)

FILOSOFIA DO DIREITO
Tema IV - Ética Contemporânea

1. Ética Moderna III (Nietzsche)

1.1. Niilismo e Voluntarismo

1.1.1. Apresentação: para Nietzsche, o niilismo, base da cultura ocidental, exalta a dor, pondera o autoaniquilamento como virtude; e aponta que a raiz disso é a própria religião, pois essa aposta na espiritualidade em detrimento da materialidade

💡 **Dica:** Nietzsche atenta contra a religião e a moral tradicionais, ou qualquer filosofia metafísica; e isso para desfazer todas as amarras possíveis à vontade de potência

📣 **Tradução:** a vontade de potência é o motor da ação que caracteriza o voluntarismo nietzschiano. É a vontade de expansão que garante transformações no mundo. A vontade é o princípio de tudo

1.2. Filosofia moral

1.2.1. Apresentação: "Não existem fenômenos morais, mas uma interpretação moral dos fenômenos", *Além do bem e do mal*

📣 **Tradução:** busca refundar a moral mediante a pesquisa genealógica dos valores e das crenças humanas. Defende a superação da moral tradicional (especificamente a moral cristã e a metafísica platônica) via a figura do "martelo". A moral nada mais é do que a cristalização dos valores do passado (impossibilita o exercício da liberdade ética)

1.2.2. Moral dos senhores e moral dos escravos:

- **Moral dos senhores:** é a da aristocracia (bom)
- **Moral dos escravos:** é a dos plebeus (mau)

💡 **Dica:** foi a nobreza aristocrática que criou o termo "bom" e o relacionou a ela mesma (se autoafirmam na categoria superior). E ainda criou o termo "ruim" para fazer referência ao que é baixo, comum ou plebeu

💡 **Dica:** Nietzsche estatui que a moral tradicional é resultado do conflito e do ódio entre as pessoas, fruto da dor, do castigo, da autocondenação, etc. ("O passado subjuga o presente e determina o futuro")

1.2.3. Transvaloração

- **Apresentação:** é a superação da moral tradicional. Nas palavras de E. Bittar, é o instrumento necessário para superar o passado e construir o futuro, para desconstruir o passado e refundar o futuro em novas bases

⚠️ **Atenção absoluta:** momento de surgimento do super-homem nietzschiano: não responsável, autônomo, sem dever nada a ninguém, sem necessidade de justiça – livre da moral tradicional, da crença metafísica e da autoflagelação

1.3. Principais obras:
Humano, demasiadamente humano; *A gaia ciência*; *Assim falava Zaratustra*; *A genealogia da moral*; e *Ecce homo: como me tornei eu mesmo*

FILOSOFIA DO DIREITO
Tema IV - Ética Contemporânea

1. Ética Contemporânea I (George Edward Moore)

1.1. Filosofia analítica

Apresentação: "filosofia analítica" abarca um conjunto amplo de escolas e autores. Mas é possível identificar características comuns:
a) proximidade entre filosofia e linguagem;
b) em princípio, não utilização de explicações metafísicas;
c) utilização do saber científico

> ⚠️ **Atenção absoluta:** a filosofia analítica é dividida em dois grupos, um focado no empirismo lógico (Bertrand Russell) e outro na filosofia da linguagem ordinária (Moore)

1.2. George Edward Moore

Principal obra: *Principia ethica*

> 💡 **Dica:** essa obra trouxe a ética para o problema analítico da linguagem

> 💡 **Dica:** Moore é apontado por muitos autores como o grande responsável pela autonomia científica da ética

> 🔊 **Tradução:** segundo E. Bittar, a intervenção de Moore em solo ético é no sentido de reflexões meta-éticas, ao modo de uma epistemologia para as ciências, ou seja, versará sobre as possibilidades de ensino e conhecimento das regras éticas e das proposições éticas

> 💡 **Dica:** Moore não aceita a ponderação essencialista sobre a existência de substâncias éticas, pois defende que a prática da ética é livre e não existe um parâmetro ético único

1.3. Falácia naturalista

Apresentação: como bem apontado por E. Bittar, Moore denomina de falácia naturalista um tipo de postura teórica que faz residir em algum ponto, natural ou sobrenatural, a essência das coisas e a partir daí faz uma série de deduções que servem de guia ético do homem

> 💡 **Dica:** Moore adota posição utilitária para averiguar os atos, pois defende que não existe ação boa ou má por natureza, mas apenas os efeitos da ação podem ser julgados (efeito útil)

1.4. Ética como ciência do bom

Apresentação: a ética versa sobre o bom e o mau e não sobre a conduta humana. A busca da definição de bom segue a lógica metaética. Dado como noção simples e empírica

> 🔊 **Tradução:** a noção de bom, segundo E. Bittar, pode ser tratada não como um substantivo, mas como um adjetivo qualificativo de coisas, comportamentos e qualidades. Nada é bom até ter sido experimentado como sendo bom

> 💡 **Dica:** bom é indefinível. Tem-se apenas intuições

> **Exemplos:** tem-se dois tipos de proposições éticas, uma sobre a natureza das coisas (intuição) e outras sobre as ações a serem realizadas (podem ser apreciadas e comprovadas)

FILOSOFIA DO DIREITO

Tema IV - Ética Contemporânea

1. Ética Contemporânea II (John Rawls)

1.1. Teoria da Justiça

1.1.1. Apresentação
como bem estatui Manuel Atienza, a teoria de justiça de Rawls busca superar o *intuicionismo* e o *utilitarismo*, e busca inspiração na filosofia kantiana para construir uma nova versão da teoria do contrato social

Dica: Ralws se posiciona no campo da ética normativa, deixando bem claro sua não intenção em construir uma ética teórica ou metaética

Tradução: segundo E. Bittar, trata-se de ética deontológica, porém diferenciada por não se restringir a enfatizar somente os deveres. Mas sobretudo os direitos; ou melhor, evidencia a importância dos deveres das instituições como molas propulsoras dos direitos dos cidadãos. Visa o bem-estar social

1.1.2. Objetivo
a teoria de justiça de Rawls tem por objetivo garantir a liberdade individual (via tolerância) e a igualdade econômica e social

1.1.3. Posição original e véu da ignorância

Apresentação: trata-se de uma situação hipotética que permitirá a criação dos princípios de justiça por consenso. Quem enunciam tais princípios – que regularão a vida ordinária – são as pessoas em posição original

Dica: para garantir a imparcialidade, Rawls cria o conceito de véu da ignorância

Tradução: *véu da ignorância significa,* conforme Manuel Atienza, que quem está na posição original não pode saber a posição que ocupará na sociedade, seu *status* social, sua sorte na distribuição de dotes naturais (inteligência, força física), a situação econômica e política, o nível de civilização e cultura, etc. Mas deve saber que a sociedade está sujeita a uma série de fatores objetivos e subjetivos que demonstrem ser a cooperação humana possível e necessária

1.1.4. Teoria da Justiça como equidade

Apresentação: a equidade é garantida pelo véu da ignorância na posição original, momento em que serão definidas as estruturas institucionais da sociedade, ou seja, o "contrato social pactuado". A escolha dos direitos e deveres é feita totalmente com base na igualdade inicial, que impossibilita a definição de princípios que visem privilegiar a condição particular de alguém (garantindo a neutralidade das pessoas pactuantes)

Tradução: nas considerações de Rawls, funciona como um jogo para formular, por consenso, os princípios de justiça. Composto de um número indeterminado de jogadores, com soma zero (o que uns ganham, os outros perdem), caráter cooperativo e não necessariamente competitivo ("estado de natureza"), plena liberdade para estabelecer acordos e sem limitação temporal

Funcionamento: para Rawls, o consenso se daria em torno de dois princípios:
a) Cada pessoa deve ter direito ao mais amplo sistema de liberdades básicas, compatível com um sistema similar de liberdades para as outras (p. da igualdade – protege as liberdades individuais)
b) As desigualdades econômicas e sociais devem respeitar dois requisitos:
b.1) Que os cargos e funções sejam acessíveis para todos em condições iguais de oportunidade
b.2) Que garantam o maior benefício possível aos membros menos favorecidos (p. da diferença)

Dica: Rawls estabelece uma escala hierárquica de prioridades: a>b e b.1>b.2

Atenção absoluta: é uma teoria de justiça processual: o correto equacionamento dos dois princípios garante a correta distribuição dos direitos e deveres (via instituições)

FILOSOFIA DO DIREITO

TEMA IV - ÉTICA CONTEMPORÂNEA

1. Ética Contemporânea III (Jurgen Habermas)

1.1. Ética do discurso

1.1.1. Apresentação: a ética habermasiana está centrada na ideia de interação pelo discurso

💡 **Dica:** Habermas separa dois conceitos de ação social, um chamado de ação estratégica que é orientado ao êxito, e outro de ação comunicativa que é orientado à compreensão intersubjetiva

1.1.2. Características: a ética do discurso, segundo E. Bittar, é uma forma de interação social que privilegia o entendimento e o envolvimento racional dos atores no processo de formação da vontade e de expressão de deliberações comuns. Por isso, a ética aqui significa menos a capacidade de exprimir virtudes e mais a capacidade de interagir com outro

📢 **Tradução:** Habermas está alinhado à tradição cognitivista ocidental. E. Bittar assim analisa: a ética na concepção de Habermas possui duas dimensões fundamentais, quais sejam, uma primeira dimensão, que consiste na possibilidade de ser evitada toda forma de recurso à violência como mecanismo de resolução de conflitos, e, uma segunda dimensão, que reflete a imperiosa necessidade de recurso e apelo à via racional, ao uso do entendimento, como forma de predisposição à solução de conflitos intersubjetivos

💡 **Dica:** Habermas centra-se na discussão dos *procedimentos* utilizados para se chegar ao consenso e entendimento. Isso quer dizer que sua ética não tenta definir o conteúdo mesmo dos valores, mas apenas em descrever a formação racional da vontade

1.1.3. Funcionamento: na prática, os participantes de um discurso racional estabeleceriam, por consenso, um princípio geral da ética. Nas palavras de Manuel Atienza, trata-se de uma nova versão do imperativo categórico kantiano, mas agora formulado em termos sociais e não individuais: moral não é atuar de acordo com uma máxima que cada um pode querer, sem contradição, como lei universal, mas sim uma máxima que todos, de comum acordo, querem como norma universal

📢 **Tradução:** no mesmo sentido, E. Bittar assevera que não é pelo conteúdo do ato que se chega à justiça, mas pelo procedimento pelo qual se delibera para alcançar um resultado semântico

⚠️ **Atenção absoluta:** com base na ideia acima descrita, Habermas justifica a existência do Estado de Direito e dos princípios fundamentais do Direito e defende uma radicalização da democracia, possibilitando assim o surgimento e o aperfeiçoamento de instrumentos de participação democrática. O destinatário de uma norma jurídica (ou moral) deveria participar de sua formulação, afinal ele sofrerá as consequências da incidência dessa norma. Afinal, nada mais legítimo do que uma sociedade ser regida por um direito criado pela sua própria população